国家重点档案专项资金资助项目

抗日战争档案汇编

抗战时期乐西公路档案汇编

1

西昌市档案馆　编

中華書局

图书在版编目（CIP）数据

抗战时期乐西公路档案汇编．1 / 西昌市档案馆编．
－北京：中华书局，2021.12
（抗日战争档案汇编）
ISBN 978-7-101-15473-3

Ⅰ．抗… Ⅱ．西… Ⅲ．①抗日战争－历史档案－
汇编－西昌 ②道路工程－技术档案－汇编－西昌
Ⅳ．① K265.063 ② G275.3

中国版本图书馆 CIP 数据核字 (2021) 第 254761 号

书　　名	抗战时期乐西公路档案汇编 1
丛 书 名	抗日战争档案汇编
编　　者	西昌市档案馆
策划编辑	许旭虹
责任编辑	刘　楠
装帧设计	许丽娟
出版发行	中华书局 （北京市丰台区太平桥西里38号 100073） http://www.zhbc.com.cn E-mail:zhbc@zhbc.com.cn
图文制版	北京禾风雅艺文化发展有限公司
印　　刷	天津艺嘉印刷科技有限公司
版　　次	2021年12月北京第1版 2021年12月第1次印刷
规　　格	开本889×1194毫米 1/16 印张33¼
国际书号	ISBN 978-7-101-15473-3
定　　价	500.00元

抗日战争档案汇编编委会

编纂出版工作领导小组

组　长　李明华

副组长　胡旺林　王绍忠　付　华　刘鲤生

编纂委员会

主　任　李明华

副主任　王绍忠

顾　问　杨冬权

成　员（按姓氏笔画为序排列）

于学蕴　于晶霞　马振犊　王　放　孔凡春　田　洪

付　杰　白明标　邢建榕　刘玉峰　刘新华　许桂清

苏东亮　杜　梅　李华强　李宗春　吴志强　张荣斌

林　真　罗亚夫　郑惠姿　孟玉林　赵国强　赵　深

胡元潮　耿树伟　徐春阳　徐　峰　黄凤平　黄菊艳

常建宏　覃兰花　程　勇　程潜龙　焦东华　谭向文

编纂出版工作领导小组办公室

主　任　常建宏

副主任　李莉娜　孙秋浦

成　员（按姓氏笔画为序排列）

石　勇　李　宁　贾　坤

四川省抗日战争档案汇编编纂出版工作机构

编纂出版工作领导小组

组　长　陈念芜

副组长　张辉华

成员单位　省委办公厅档案管理一处
省委办公厅档案管理二处
省档案馆档案编研处

编纂出版工作领导小组办公室

主　任　王秀娟

副主任　付　劲

成　员　万　军　林　莉　王晓春　蒋筱茜　官　明
刘　勇

编纂委员会

主　任　陈念芜

副主任　张辉华

成　员　王秀娟　付　劲　张晓芳　万　军　米晓燕
蒋筱茜　官　明

《抗战时期乐西公路档案汇编1》编委会

组　长　姚天友

副组长　朱跃平　施　楠

成　员　肖志福　陶茂晗　付丹丹　魏　鸥

总序

为深入贯彻落实习近平总书记「让历史说话，用史实发言，深入开展中国人民抗日战争研究」的重要指示精神，国家档案局根据《全国档案事业发展「十三五」规划纲要》和《「十三五」时期国家重点档案保护与开发工作总体规划》的有关安排，决定全面系统地整理全国各级综合档案馆馆藏抗战档案，编纂出版《抗日战争档案汇编》（以下简称《汇编》）。

中国人民抗日战争是近代以来中国反抗外敌入侵第一次取得完全胜利的民族解放战争，开辟了中华民族伟大复兴的光明前景。这一伟大胜利，也是中国人民为世界反法西斯战争胜利、维护世界和平作出的重大贡献。加强中国人民抗日战争研究，具有重要的历史意义和现实意义。

全国各级档案馆保存的抗战档案，数量众多，内容丰富，全面记录了中国人民抗日战争的艰辛历程，是研究抗战历史的珍贵史料。一直以来，全国各级档案馆十分重视抗战档案的开发利用，陆续出版公布了一大批抗战档案，对揭露日本帝国主义侵华罪行，讴歌中华儿女勠力同心、不屈不挠抗击侵略的伟大壮举，弘扬伟大的抗战精神，引导正确的历史认知，发挥了积极作用。特别是国家档案局组织有关方面共同努力和积极推动，「南京大屠杀档案」被联合国教科文组织评选为「世界记忆遗产」，列入《世界记忆名录》，捍卫了历史真相，在国际上产生了广泛而深远的影响。

全国各级档案馆馆藏抗战档案开发利用工作虽然取得了一定的成果，但是，在档案信息资源开发的系统性和深入性方面仍显不足。正如习近平总书记所指出的：「同中国人民抗日战争的历史地位和历史意义相比，同这场战争对中华民族和世界的影响相比，我们的抗战研究还远远不够，要继续进行深入系统的研究。」「抗战研究要深入，就要更多通过档案、资料、事实、当事人证词等各种人证、物证来说话。要加强资料收集和整理这一基础性工作，全面整理我国各地抗战档案、照片、资料、实物等……」

国家档案局组织编纂《汇编》，对全国各级档案馆馆藏抗战档案进行深入系统地开发，是档案部门贯彻落实习近平总书记重要指示精神，推动深入开展中国人民抗日战争研究的一项重要举措。本书的编纂力图准确把握中国人民抗日战争的历史进程、主流和本质，用详实的档案全面反映一九三一年九一八事变后十四年抗战的全过程，反映中国共产党在抗日战争中的中流砥柱作用以及中国人民抗日战争在世界反法西斯战争中的重要地位，反映国共两党「兄弟阋于墙，外御其侮」进行合作抗战、共同捍卫民族尊严的历史，反映各民族、各阶层及海外华侨共同参与抗战的壮举，展现中国人民抗日战争的伟大意义，以历史档案揭露日本侵华暴行，揭示日本军国主义反人类、反和平的实质。

编纂《汇编》是一项浩繁而艰巨的系统工程。为保证这项工作的有序推进，国家档案局制订了总体规划和详细的实施方案，明确了指导思想、工作步骤和编纂要求。为保证编纂成果的科学性、准确性和严肃性，国家档案局组织专家对选题进行全面论证，对编纂成果进行严格审核。

各级档案馆高度重视并积极参与到《汇编》工作之中，通过全面清理馆藏抗战档案，将政治、军事、外交、经济、文化、宣传、教育等多个领域涉及抗战的内容列入选材范围。入选档案包括公文、电报、传单、文告、日记、照片、图表等多种类型。在编纂过程中，坚持实事求是的原则和科学严谨的态度，对所收录的每一件档案都仔细鉴定、甄别与考证，维护档案文献的真实性，彰显档案文献的权威性。同时，以《汇编》编纂工作为契机，以项目谋发展，用实干育人才，带动国家重点档案保护与开发，夯实档案馆基础业务，提高档案人员的业务水平，促进档案馆各项事业的发展。

守护历史，传承文明，是档案部门的重要责任。我们相信，编纂出版《汇编》，对于记录抗战历史，弘扬抗战精神，发挥档案留史存鉴、资政育人的作用，更好地服务于新时代中国特色社会主义文化建设，都具有极其重要的意义。

抗日战争档案汇编编纂委员会

编辑说明

乐西公路起自四川省乐山县，止于西康省西昌县，全长五百二十五公里，是我国在抗日战争最艰苦的一九三九年至一九四〇年修建的一条战略公路。抗日战争全面爆发后，京津地区、华东地区、华南地区以及众多城市相继被日军攻占，中国沿海港口也多陷敌手，战时物资供应问题显得异常严峻，进口物资、华侨捐赠物资、国际援华物资只能通过东南亚地区辗转运进。一九三八年八月，国际通道滇缅公路全线通车，大批援华物资能够源源不断运入中国。但是，运往四川特别是战时陪都重庆的物资仍需绕道贵州，因此，作为四川通往缅甸国际公路的一条最直接通道，乐西公路成为当时中国抗战最紧迫修建的公路。一九三九年八月，乐西公路正式开始修建。乐西公路路况复杂，工程艰巨，先后征集川康地区彝汉等各族筑路民工二十四万余人参与修筑，由于缺粮、疲劳、疾病、工伤以及自然条件恶劣等原因，在修建过程中伤亡人数竟多达三万人，乐西公路因此也被誉为「血肉筑成的长路」。公路建成后不辱使命，为输送抗日军政物资、保卫大后方发挥了重要作用，在中国抗战史、中国公路建筑史上留下了雄浑、悲壮的一页。

西昌市档案馆存有大量民国档案，本卷收录馆藏抗战时期修建川滇西路乐西段（乐西公路）的档案，较为详实地反应了当时该公路的测绘、修筑、养护、安保、人事、经费等内容。档案时间起自一九三九年，迄至一九四四年，按照「组织机构—时间」体例编排。

选用档案原标题完整或基本符合要求的，使用原标题，对标题有明显缺陷的进行了修改或重拟。历史地名沿用当时地名，部分机构名称在标题中使用规范简称，如：军事委员会运输统制局川滇西路工务局，简称「川滇西路工务局」；交通部公路管理局川滇西路管理局，简称「川滇西路管理局」；军事委员会运输统制局川滇西路工务局第四总段，简称「川滇西路工务局第四总段」；交通部公路管理局川滇西路管理局工务第六总段，简称「川滇西路管理局工务第六总段」。

档案所载时间不完整或不准确的，做了补充与订正。时间只有年份和月份的排在该月末，只有年份的档案排在该年末，没有时间且无法考证的标注「时间不详」。

选用档案均为本馆馆藏原件全文影印，未做删节，如有缺页，为档案自身缺页。

本书使用规范的简化字，对标题中人名、历史地名、机构名称中出现的繁体字、错别字、不规范异体字等，予以径改。

由于时间紧，档案公布量大，编者水平有限，在编辑过程中可能存在疏漏之处，考订难免有误，欢迎方家斧正。

编 者

二〇一九年五月

目录

二、乐西公路工程处

三、川滇西路工务局

四、川滇西路运输局

五、川滇西路管理局

一、交通部公路总管理处

交通部公路总管理处抄发《非常时期交通员工联保办法》及《交通部奖励查缉汉奸暂行办法》致乐西公路第三测量队的训令（一九三九年四月二十九日）

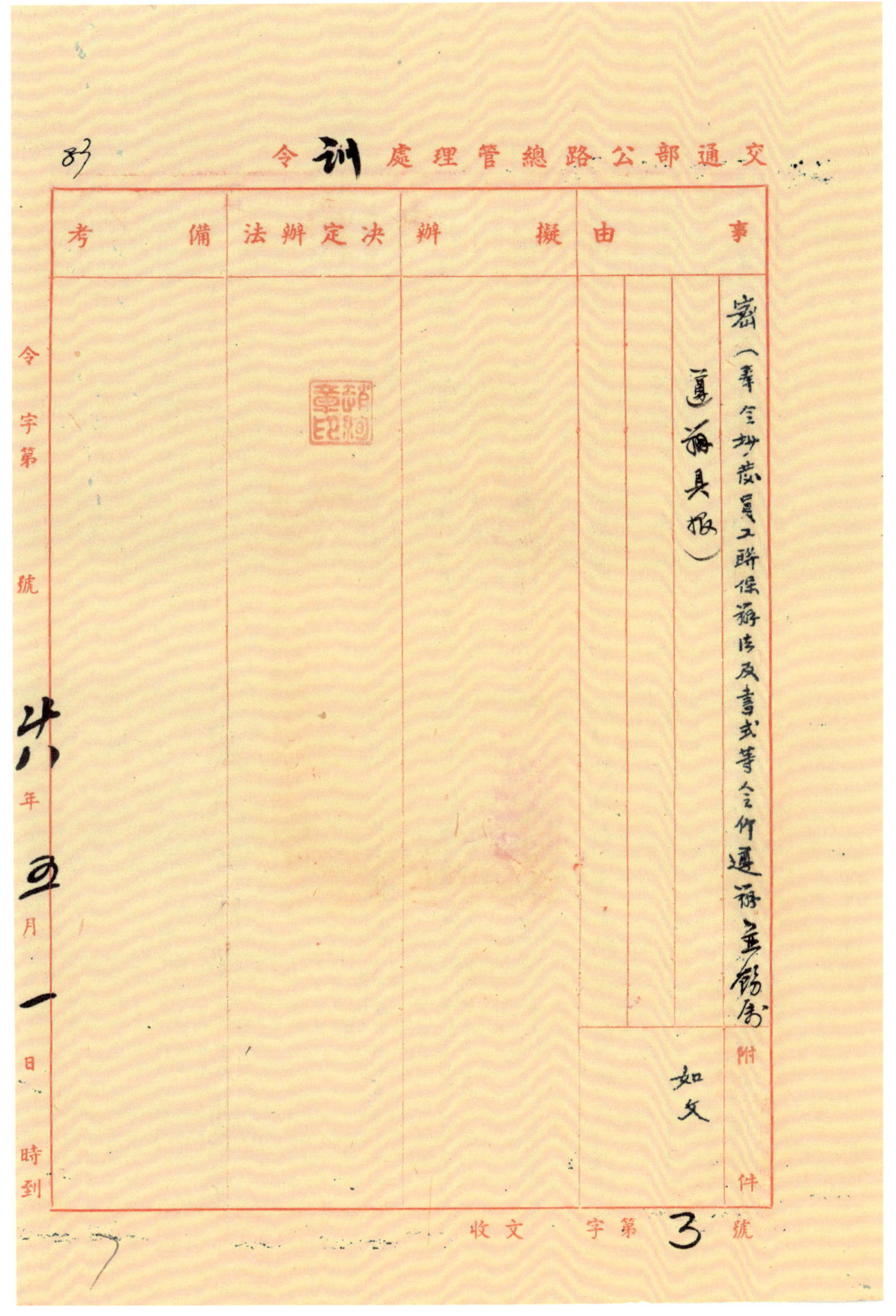

83

交通部公路總管理處訓令

事由	擬辦	決定辦法	備考
爲（奉令抄發員工聯保辦法及書式等令仰遵辦並飭屬遵辦具報）			
附件：如文			

令　字第　號

廿八年五月一日　時到

收文　字第3號

824

交通部公路總管理處訓令

字第4226號

令樂西公路第三測量隊

案奉

交通部二十八年四月二十二日人字第八七六號訓令開：「前奉

軍事委員會二十八年一月養川侍參代電，據報敵在滬積極招收我失業員工，加以利用，並派精幹者潛入我後方刺探消息，擬請對淪陷區域員工任用時須嚴密考察，防範間諜潛入，轉飭斟酌辦理等因。業經本部於本年二月二日以人甄渝字第二四一號訓令通飭「責任用此項人員時，如已規定保証辦法者，應切實依照辦理，其尚未規定辦法者，務須嚴密防範，隨時考察，並擬具保証及檢舉辦法呈核，以免間諜潛入。在案。現當第二期抗戰開始，軍事益臻緊急，中央規定國民精神總動員，業經實施，各項交通事業，應在與作戰相關，所有在事員工，尤應益加淬礪，以輔助軍事之進展，促成最後之勝利。查二十六年抗戰發動之際，本部所頒電政員工聯保單式，及前鐵道部所頒肅清漢奸辦法，暨獎勵查緝漢奸辦法，原僅分別適用於電政及鐵道兩部，似殊不足以昭畫一，而示普遍。茲特重行規定非常時期交通員工聯保辦法九條及聯保保証書式一份，暨交通部獎勵查緝漢奸暫行辦法九條，隨令附發，除以前業經遵照原頒聯保單式及辦法具保有案者，仍應繼續有效，無庸重行具保外，其餘未經具保之員工，均應一體具保，勿得遺漏。仰即遵

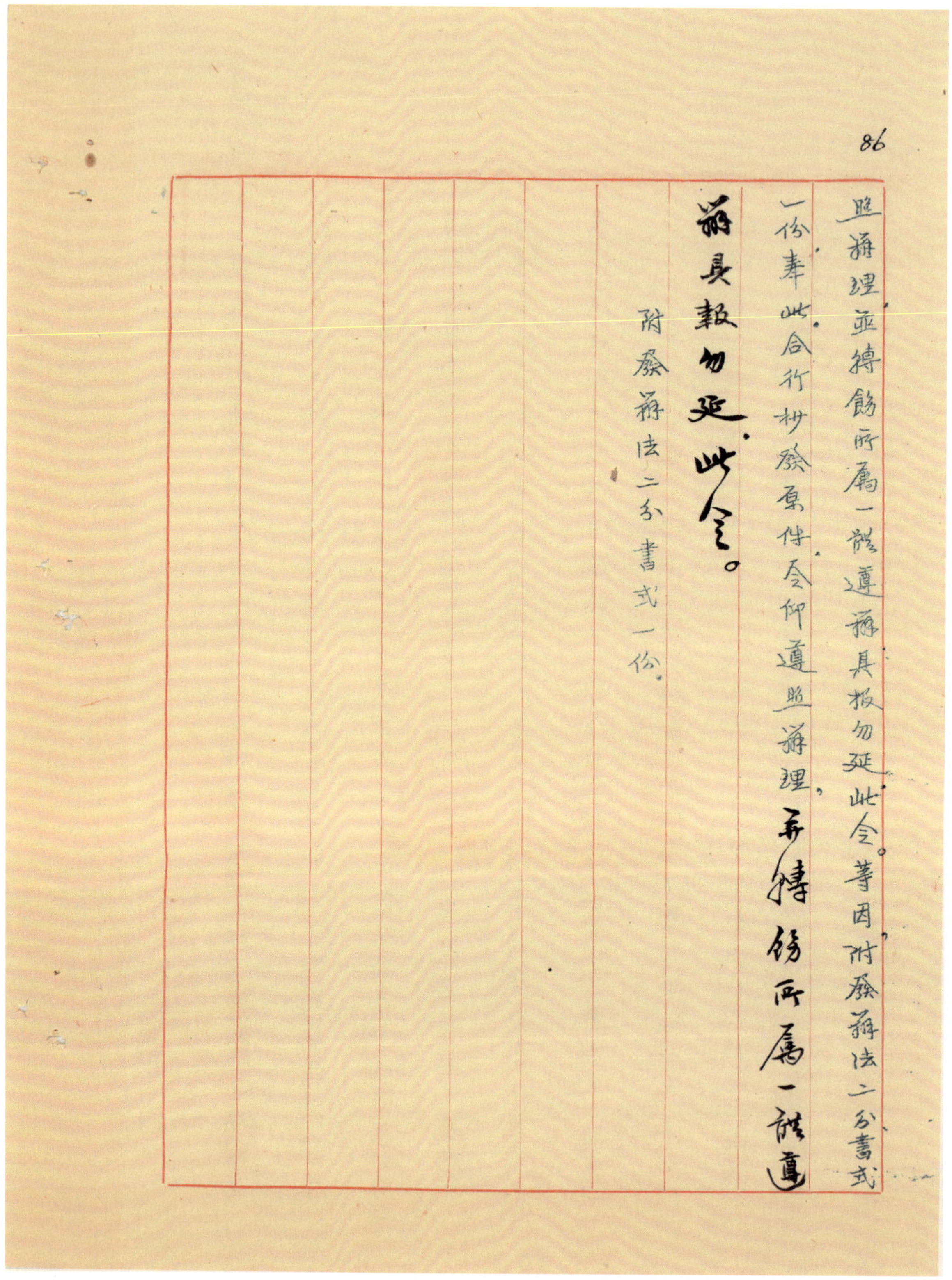

86

照辦理，並轉飭所屬一體遵辦具報勿延，此令。等因，附發辦法二分、書式一份。奉此，合行抄發原件，令仰遵照辦理，並轉飭所屬一體遵辦具報勿延，此令。

附發辦法二分、書式一份。

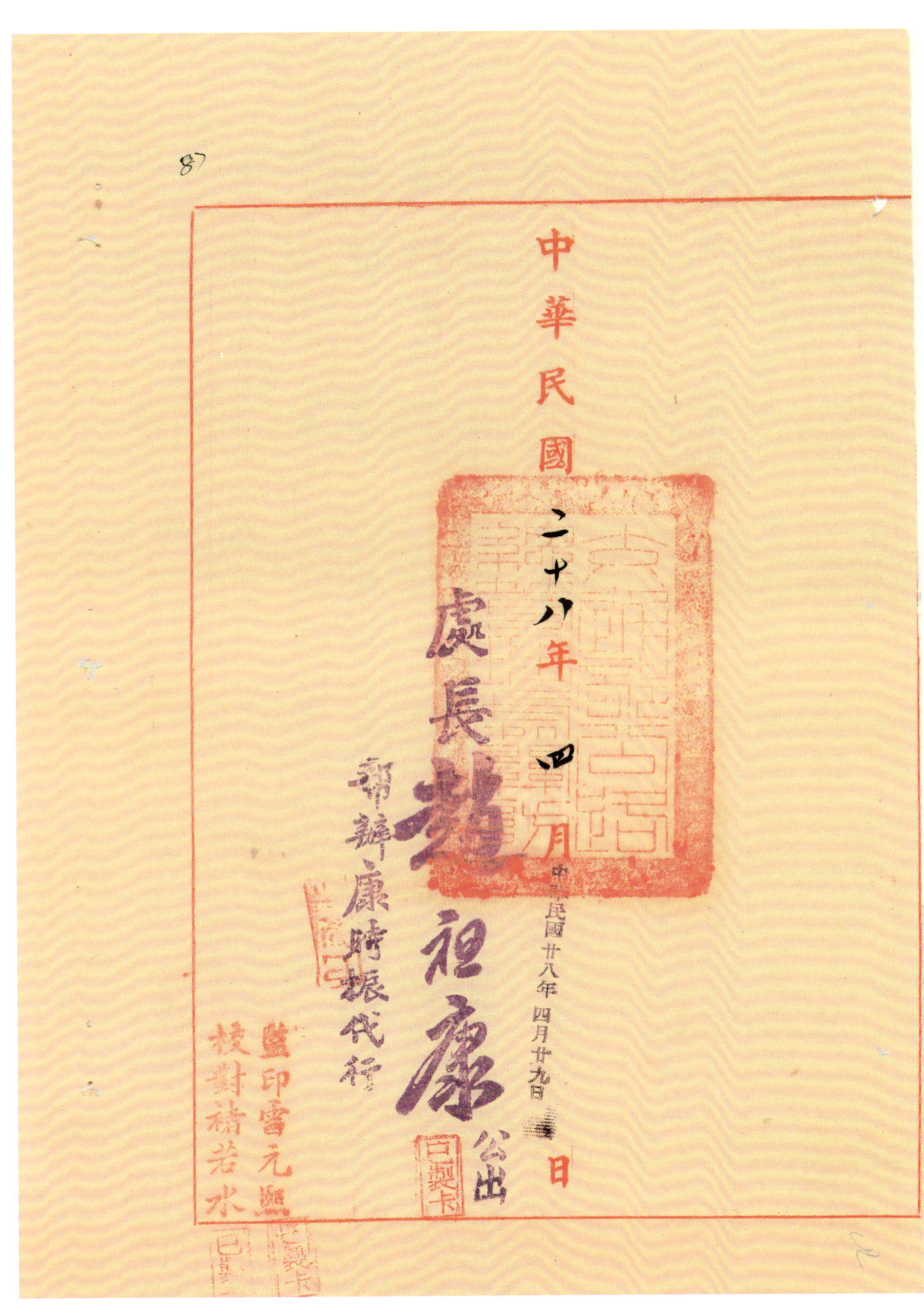

中華民國二十八年四月　日

中華民國廿八年四月廿九日

處長趙祖康（公出）

幫辦康時振代行

監印雷元熙

校對褚若水

附（一）非常时期交通员工联保办法

88

非常時期交通員工聯保辦法

第一條　交通部各附屬機關員工在非常時期內除恪遵國民公約各項規定外並應依本辦法之規定舉行聯保

前項所稱員工包括職員工匠警察公役而言

第二條　各員工應就在同一機關內服務之員工中自覓保証人三人填具聯保証書保証其不為觸犯修正懲治漢奸條例規定之行為

第三條　同一機關內服務之員工人數過少時得與性質相同或相類之部屬機關聯合辦理聯保

第四條　保証人至多以保証三人為限並不得與被保人互保

第五條　保証人中任何一人去職或調派其他機關或因其他事故經主管長官認為不能担負保証責任時被保人應另覓保証人補充之

第六條　被保人去職或遇地方淪陷亦及隨同機關撤退或調派其他機關服務時保証人解除保証責任

10

被保人調派其他部屬機關時應在該機關另行覓具保証

第七條 保証人如發現被保人有觸犯修正懲治漢奸條例之行為時應以書面或口頭向主管長官或其他主管機關秘密舉發

第八條 保証人對於被保人之行為失於查察亦依前條之規定舉發者應依其情形之輕重分别予以懲戒如有故為包庇縱容窩藏等情事并應送請主管機關依法嚴行治罪

第九條 本辦法自公布日施行

附（二）交通部奖励查缉汉奸暂行办法

交通部獎勵查緝漢奸暫行辦法

第一條　交通部各附屬機關員工軍警或其他人員查獲意圖着手或實施危害交通之漢奸者依本辦法獎勵之

第二條　當場緝獲或舉發因而破獲意圖着手或實施危害交通之漢奸者分別情形獎勵如左

一、記功

二、獎金

三、加薪

四、升職

非部轄機關員工軍警不適用前項一三四各款規定

第三條　非部轄機關員工軍警緝獲意圖着手或實施危害交通之漢奸者每獲漢奸一名獎國幣壹百元，密報漢奸蹤跡因而破獲者每獲漢奸一名獎國幣伍拾元如所獲之漢奸情節重大或因而破

91

獲漢奸機關者另行特別獎勵之

前項獎金俟案經判决確定後照數發給

部轄機關員工軍警依第二條規定給予獎金者照本條規定數額發給之

第四條 凡舉發漢奸須署本人真實姓名職業住址必要時得約面談

舉發人之姓名絕對保守秘密如有挾嫌誣衊或栽贓陷害情事應送法院依法治罪

第五條 凡因查緝漢奸致傷或死亡者依照左列規定撫卹之

一、非部轄機關人員協同交通機關員工軍警緝拿漢奸致死者給予喪葬費伍拾元撫卹費叁百元致傷者由交通機關指定之醫院救治並在治療期間每日給予安家費壹元殘廢不能工作者給予一次撫慰金叁百元

二、部轄機關員工軍警依照本部及前鐵道部所頒章程條例

分别撫卹

第六條　漢奸因悔悟而自首並能密舉同夥蹤跡因而緝獲其他漢奸[illegible]者照第二第三第五條獎勵及撫卹之並將事實列舉送請上官機關照最有利於自首者辦理之

第七條　舉發漢奸或漢奸自首得向部轄交通機關暨交通路警或交通機關之員工軍警舉發或自首

第八條　部轄機關員工軍警明知同事中有危害交通之漢奸而不加有效之制止及舉發有確實證據者應即予撤職並送軍事機關依法辦理

第九條　本辦法自公布日施行

92

12

（保証書格式）

非常時期交通員工聯保保証書

保證人（一）（二）（三） 職務 服務機關

被保證人 職務 服務機關

茲遵照非常時期交通員工聯保辦法之規定保証〇〇君在職期間不為觸犯修正懲治漢奸條例規定之行為如有失察或故為包庇縱容窩藏不報等情事願依該項辦法規定分別受懲戒或刑事處分須至保証者

具保証書人（一）（二）（三） （親筆簽名並蓋章或按指印）

中華民國 年 月 日

交通部公路总管理处关于转饬续征飞机捐期限致乐西公路第三测量队的训令（一九三九年七月十三日）

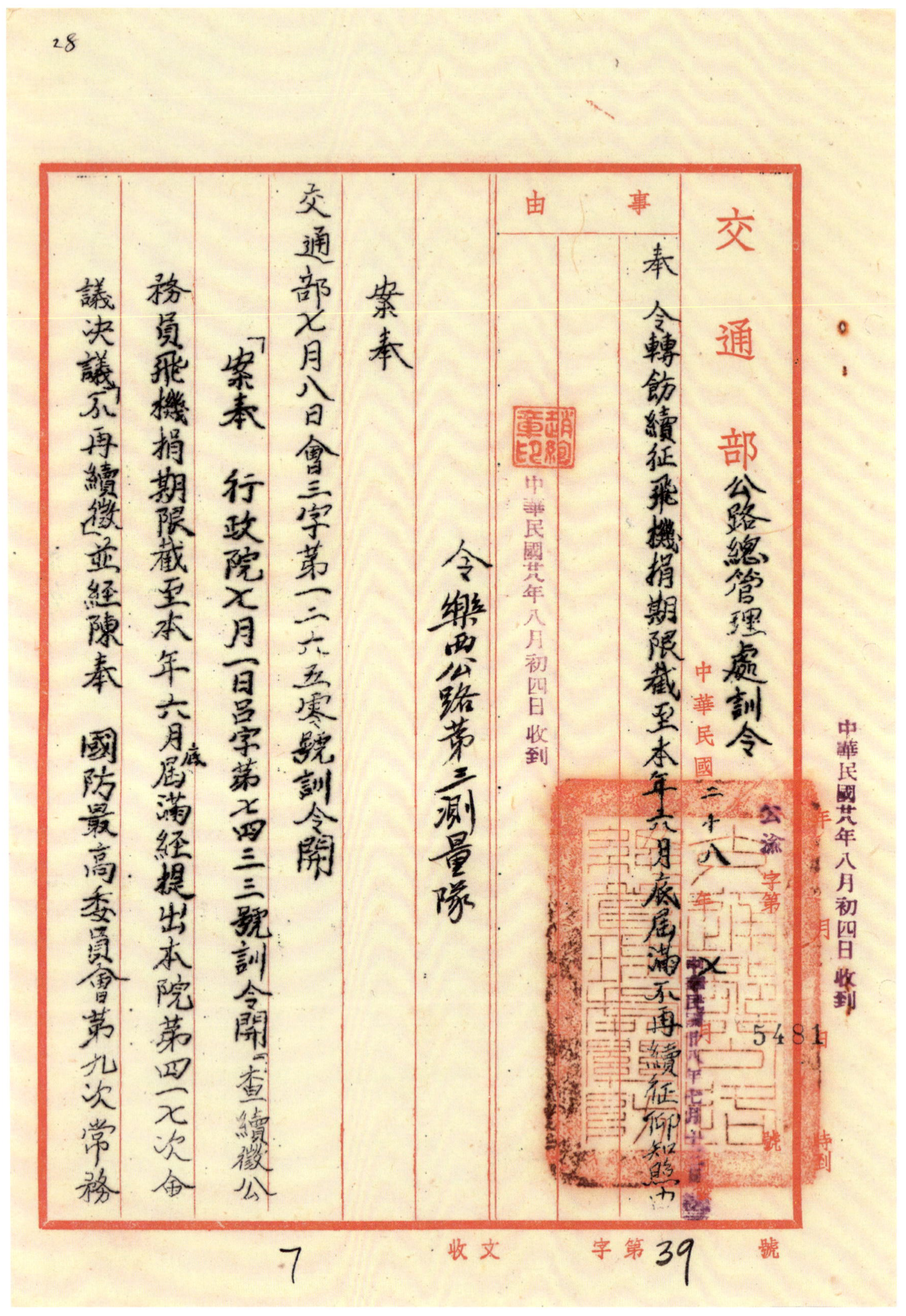

28

交通部公路總管理處訓令

公渝字第　　號

中華民國二十八年　月　日

事由：奉令轉飭續征飛機捐期限截至本年六月底屆滿不再續征仰知照由

令樂西公路第三測量隊

案奉

交通部七月八日會三字第一二六五〇號訓令開：「案奉

行政院七月一日呂字第七四三三號訓令開：『查續徵公務員飛機捐期限截至本年六月底屆滿，經提出本院第四一七次會議決議：不再續徵，並經陳奉

國防最高委員會第九次常務

中華民國廿八年八月初四日收到

5481

收文 7 字第 39 號

會議決議准予備案暨呈奉　國民政府本年六月二十六日渝字
第一一五二號指令准予照辦並通令飭知各等因奉此除分令外合行
令仰知照并轉飭所屬一体知照此令」等因奉此除分令外合行
令仰知照并轉飭所屬一体知照此令」
等因奉此除分行外合行令仰知照此令

處長　趙祖康

監印　雷元熙
校對　褚若水

交通部 4018;15m;6-27

交通部公路总管理处关于转发肃清私存烟土办法大纲及督办肃清私存烟土公署组织规程致乐西公路第三测量队的训令（一九三九年七月二十九日）

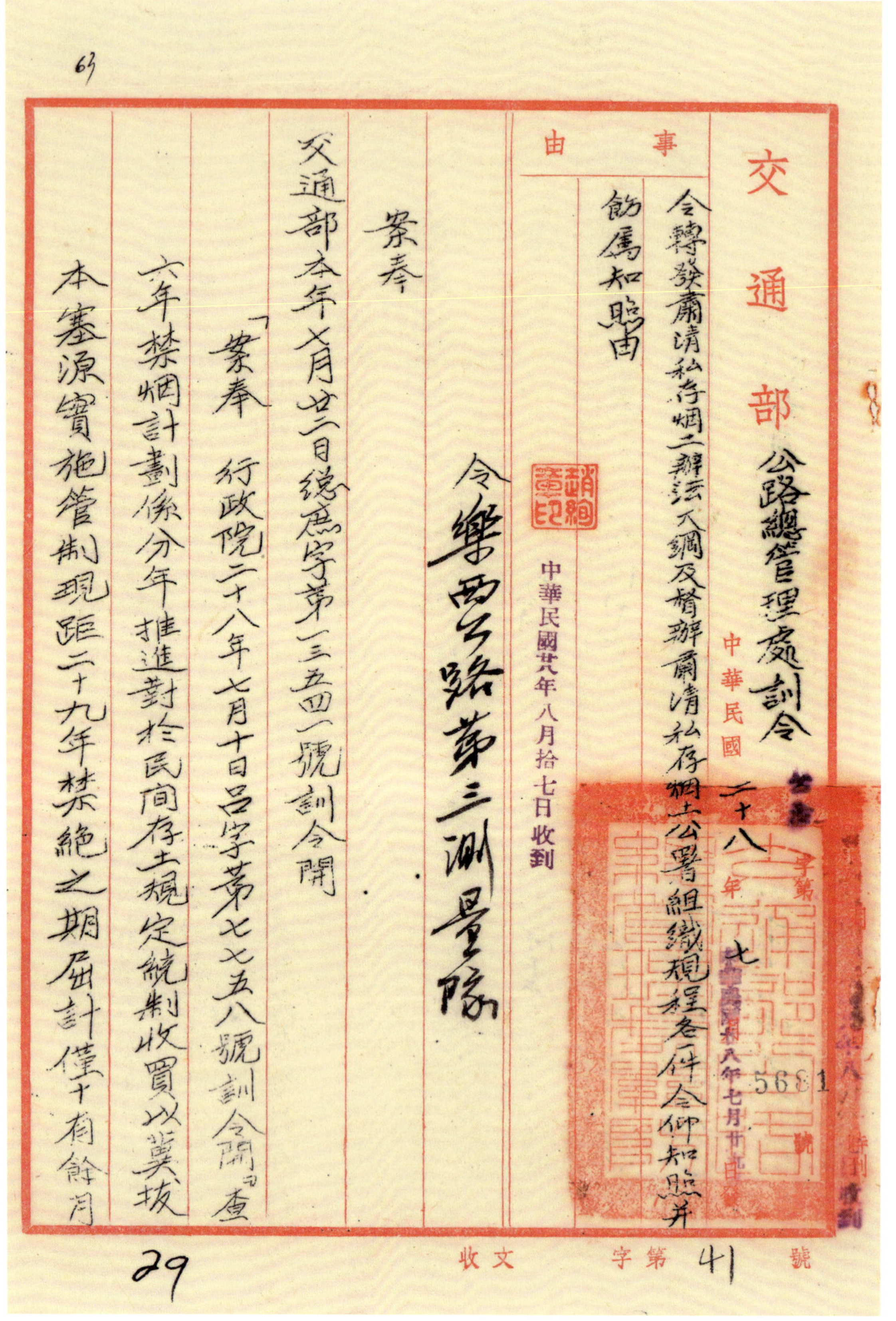

63

交通部公路總管理處訓令

中華民國二十八年七月　日　字第　號

事由：令轉發肅清私存烟土辦法大綱及督辦肅清私存烟土公署組織規程各一件令仰知照並飭屬知照由

中華民國廿八年八月拾七日收到

令樂西公路第三測量隊

案奉

交通部本年七月廿二日總庶字第一三五四一號訓令開：

「案奉 行政院二十八年七月十日呂字第七七五八號訓令開：查六年禁烟計劃係分年推進，對於民間存土規定統制收買，以冀拔本塞源，實施管制，現距二十九年禁絕之期屆計僅十有餘月

收文　字第41號

29

若不按照原定計劃將民間存土嚴加管制統收集中，必難使之根本肅清。迺者

總裁鑒於禁絕期近，又頒佳侍祕渝手令，本年秋冬絕對不准再有一株偷種，違者從重一律處以死刑，則今後對於肅清民間存土工作，尤非加緊進行不足以收計日程功之效。惟辦理統收，在與地方軍政有關，為防止不肖軍警團隊以及各地土劣販私放私，更非責成軍政機關嚴密查禁不為功。除雲南省產土早經該省政府統制管理，陝甘寧等省情形正在考察議擬外，至於向來產土之川康黔等省，民間存土為數尚多，為貫澈禁政，加緊肅清工作起見，自應於各該省特設督辦肅清煙土事宜公

65

署暨令各該省民政長官兼任督辦督飭各縣縣長嚴厲執行以專責成而利推進並於該署內分設第一第二兩處秘書軍法糾察三室第一處長由該省民政廳長兼任第二處長由該省禁煙督察分處長兼任本其固有職權聯繫辦理通力合作俾赴事功私犯案件不分官民胥由軍法室審理其主任擬由軍法執行總監部遴派關於統收存土之稽核及各級人員之監察則由糾察室專理其主任擬由軍委會遴派並於肅清煙土各縣設置監察委員會延聘縣党部書記長臨時參議員及地方熱心禁煙公正士紳充任委員執行監察任務以杜流弊此外對於各縣縣長尤應嚴令督率區聯保甲長曉諭民衆使知政府禁煙之決心凡藏有煙土

第　頁

30

者限期呈繳公家按照主管机关核定价格付給辦竣之日并應由
區聯保甲長出具并無絲毫隱漏切結以昭核实而示体恤至於
所收存土依六年禁煙計劃瘾民係按年齡分期傳戒在未屆限
期之前責由禁煙机关遵照禁煙法規憑戒煙執照配給分期
遞減從前瘾民領照登記辦理尚欠認真應由各地方政府再
補行普遍登記一次經查驗後换發新照免予收費以為配
給傳戒及遞減之根據務期禁種禁運禁售禁吸四端平流并
進貫澈到底如限禁絶倘有逾此肅清定向而尚故為隱匿
者即以私論没收充公并加嚴懲其包庇縱容及販私放私者
無論各級文武官吏及土豪劣紳均以軍法從重治罪以昭炯戒

67

戒如此嚴密辦理，則民間存土既可肅清，庶六年禁煙計劃亦可如期達到。茲制定肅清私存煙土辦法大綱及督辦肅清私存煙土公署組織規程，除呈報并分令外，合行抄發該項辦法大綱及組織規程，令仰知照，并轉飭所屬一體知照。此令。等因；奉此，除分令外，合亟抄同原件，令仰知照，並轉飭所屬一体知照。此令。附抄發肅清私存煙土辦法大綱及督辦肅清私存煙土公署組織規程各一件。等因；奉此，除分令外，合將原件抄發，令仰知照，并轉飭所屬一體知照。此令。

附抄發肅清私存烟土辦法大綱及督辦肅清私存烟土公署組織規程各一件

第　頁

31

68

處長趙祖廉

已製叁十

監印雷元熙

校對褚若冰

交通處4023: 10m: 28-5

交通部公路总管理处关于处内分设总务监理工程桥渡四科和督察室及抄发该处组织规程致乐西公路第三测量队的训令（一九三九年八月十五日）

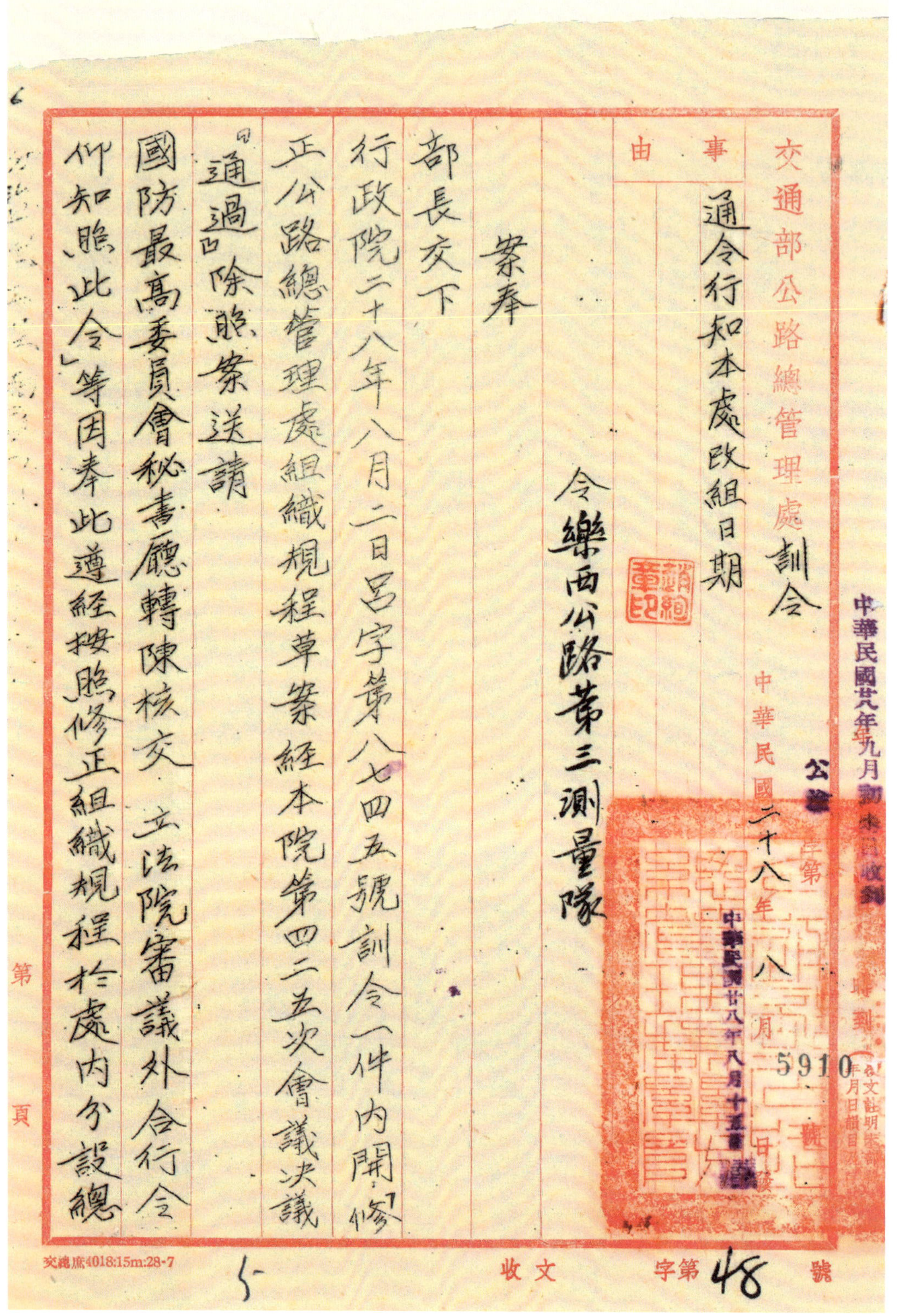
交通部公路總管理處訓令

事由：通令行知本處改組日期

令樂西公路第三測量隊

案奉

部長交下

行政院二十八年八月二日呂字第八七四五號訓令一件，内開：「修正公路總管理處組織規程草案經本院第四二五次會議決議『通過』，除照案送請

國防最高委員會秘書廳轉陳核交

立法院審議外，合行令仰知照。此令」等因，奉此，遵經按照修正組織規程於處内分設總

中華民國二十八年八月

務監理工程橋渡四科並陳奉
核准設置督察室業於八月十四日改組就緒照常辦公除報部備
案外合行抄發修正本處組織規程令仰知照此令
附抄發組織規程一份

處長 趙祖康

已製卡

監印雷光昌
校對趙若冰

附：交通部公路总管理处组织规程

8

交通部公路總管理處組織規程 行政院第四二五次會議通過 二十八年八月二日呂字第八七四三號訓令知照

第一條 交通部為規劃建設管理全國公路並指揮監督各公路管理處依組織法第四條之規定設置公路總管理處

第二條 公路總管理處分設左列各科

一、總務科

二、監理科

三、工程科

四、橋渡科

第三條 總務科掌理事項如左

一、關於本處文書收發撰擬保存事項

二、關於典守印信事項

一

三、關於本處及所屬人事暨技術人員之登記事項
四、關於本處所屬機關事業專款之計核及出納事項
五、關於本處庶務及其他不屬於各科之事項

第四條　監理科掌理事項如左
一、關於公路交通行政之管理及其法規之擬訂事項
二、關於汽車及其駕駛人與技工之考驗登記給照檢查與其他管理事項
三、關於公路商營及私營汽車運輸機關之立案開業與監督考核等事項
四、關於公路旅行之提倡管理及警衛安全之監督事項
五、其他有關公路交通管理事項

第五條　工程科掌理事項如左
一、關於公路工程計劃之擬訂及審核事項

二、關於公路工程計劃應需經費之核計事項
三、關於公路工程建築與修養之督察考核事項
四、關於本部直轄公路工程之直接實施事項
五、其他有關公路設施之工務事項

第六條 橋渡科掌理事項如左：
一、關於公路橋渡計劃之擬訂及審核事項
二、關於公路橋渡計劃應需經費之核計事項
三、關於公路橋渡工程建築與修養之督察考核事項
四、關於本部直轄公路橋渡工程之直接實施事項
五、其他有關公路橋渡之工務事項

第七條 公路總管理處設處長一人，簡任，秉承本部部次長之命綜理處務並監督所屬職員及各機關

二

第八條　公路總管理處設秘書二人薦任秉承處長之命辦理機要審核及其他交辦事項

第九條　公路總管理處設科長四人薦任秉承處長之命督率所屬辦理各科主管事務

第十條　公路總管理處設科員十四人至十六人其中三人薦任餘委任辦事員四人至六人委任承長官之命辦理各項事務

第十一條　公路總管理處設技正六人至八人其中三人簡任餘薦任技士十二人至十四人其中六人薦任餘委任技佐四人至六人繪圖員二人至四人委任承長官之命辦理各項技術事務

第十二條　公路總管理處設專員五人至七人其中三人簡任待

12

遇餘荐任待遇承長官之命辦理指定事務

第十三條　公路總管理處設主任督察工程司四人至六人其中二人簡任待遇餘荐任待遇督察工程司六人至八人荐任待遇承長官之命辦理督察公路工程事務

第十四條　公路總管理處於必要時得設各種工程隊及其他附屬廠所

第十五條　公路總管理處因事務上之必要得酌用雇員練習員報部備案

第十六條　公路總管理處辦事細則另定之

第十七條　本規程自公布日施行

9

交通部公路总管理处关于空袭时应接受防护人员劝导致乐西公路第三测量队的训令（一九三九年九月二十二日）

36

交通部公路總管理處訓令

事由：飭于空襲時應接受防護人員勸導由

令樂西公路第三測量隊

案奉

交通部本年九月十三日防字第一七〇四號訓令開：

「案奉

行政院八月三十一日呂字第九八七〇號訓令內開：『准軍事委員會二十八年八月二十七日辦一會字第六七五一號公函開：「案據重慶衛戍總司令部巧代電稱：『竊查重慶警疏散於附近各縣之各機關、各學校中上級職員每於空襲時不接受防護人員之勸

中華民國二十八年九月 日發 公渝 6606

中華民國廿八年拾月叁日收到

（覆文注明本部發文年月日號目及字號）

第 頁

交通處1018:15m:28-7 收文 字第80號

9

37

導甚至緊急警報發佈後仍有汽車自由行駛任意照射手電及
強行通過警戒線等情事發現以致空襲防護人員無法制止糾
紛迭生似此不僅有礙各防護人員工作感受困難抑且危及公衆
安全擬請鈞會賜予分别函令重慶附近各党軍政及教育機
關通飭所屬職員嗣後於空襲時應接受防護人員及部隊之
勸導並遵守防空守則俾作一般民衆表率用維秩序而策安全」
等情據此除分别函令外相應函請查照通飭所屬接受勸導以
資表率而策安全爲荷」等由准此除分行外合行令仰知照并飭屬
知照」等因奉此合行令仰知照並飭屬知照此令」
等因奉此除分令外合行令仰知照并飭屬知照此令

10

已製本
已製本
已製本

交通部公路总管理处关于抄发《中央公务员雇员公役遭受空袭损害救济办法》致乐西公路第三测量队的训令（一九三九年九月二十二日）

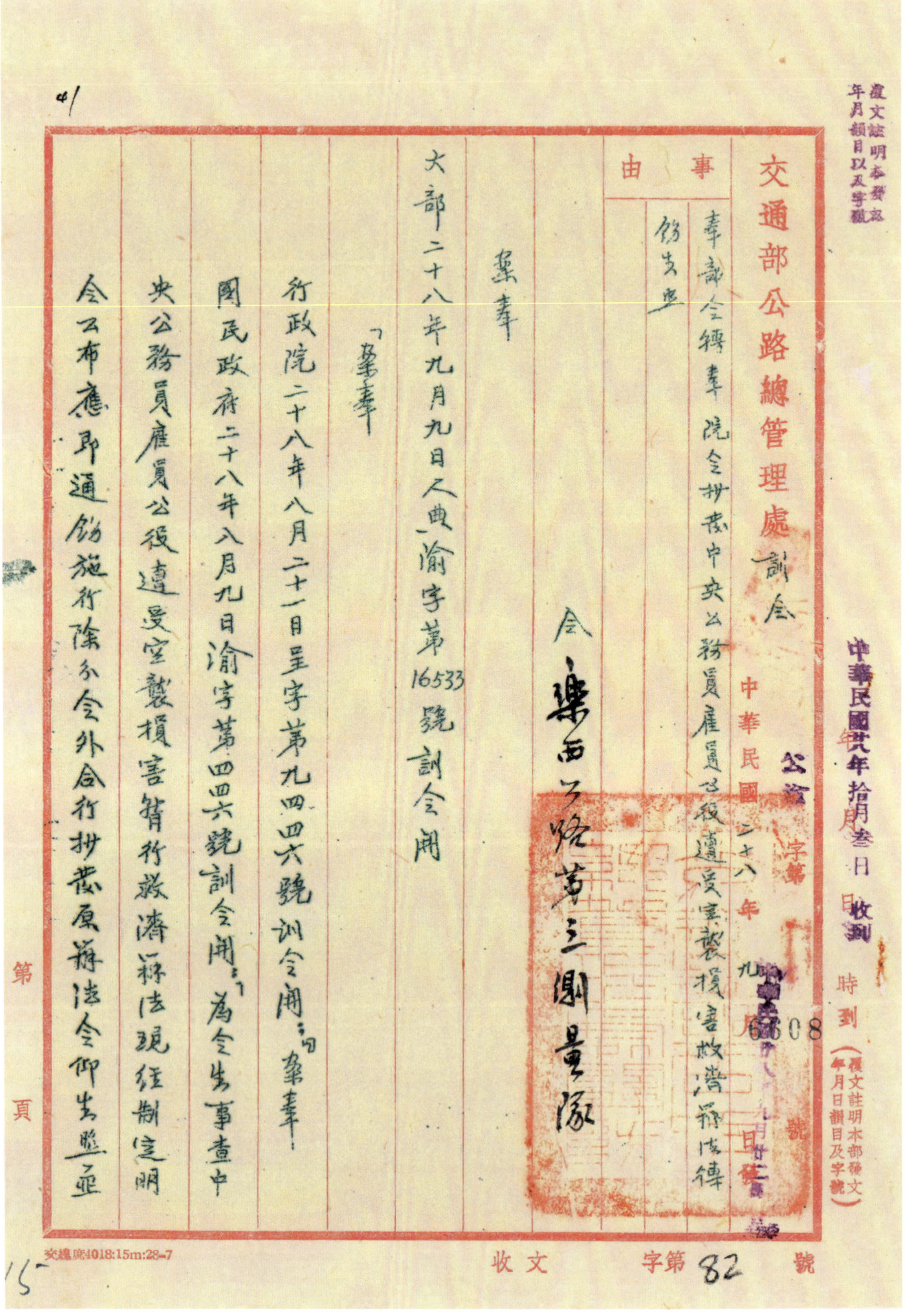

交通部公路總管理處訓令

事由：奉部令轉奉院令抄發中央公務員雇員公役遭受空襲損害救濟辦法轉飭知照由

中華民國二十八年九月　日　公　字第　號

令樂西公路第三測量隊

案奉

交部二十八年九月九日人典渝字第16533號訓令開：

「案奉

行政院二十八年八月二十一日呈字第九四四六號訓令開：

『案奉

國民政府二十八年八月九日渝字第四四六號訓令開：「為令知事，查中央公務員雇員公役遭受空襲損害救濟辦法現經制定明令公布，應即通飭施行，除分令外，合行抄發原辦法，令仰知照並

中華民國廿八年拾月叁日收到

收文字第82號

42

轉飭知照此令」等因奉此除分令外合行抄發原件辦法令仰

知照並轉飭知照此令」等因抄發中央公務員雇員公役遭受

空襲損害暫行救濟辦法一份奉此除分令外合行抄發原辦法

令仰知照並轉飭知照此令」

等因附中央公務員雇員公役遭受空襲損害暫行救濟辦法一份奉此

除分令外合行抄發原辦法令仰知照並轉飭知照此令

附抄發中央公務員雇員公役遭受空襲損害救濟辦法一份

廳長 趙祖康

監印 雷元

16

附：中央公务员雇员公役遭受空袭损害暂行救济办法

中央公務員雇員公役遭受空襲損害暫行救濟辦法 二十八年八月九日公布

一、公務員雇員公役遭受空襲損害者依本辦法救濟之

二、公務員雇員公役被炸受傷須送醫院療治者應送免費公立醫院或其他免費診療機關施治如此項醫院及診療機關未能予以治療時得按傷勢輕重分別核給醫藥費但至多不得逾一百元

三、公務員雇員被炸殉難及因傷重致死其家屬無力自行殮埋者得核給殮埋費以二百元爲度

四、公務員雇員公役被炸殉難及因傷重致死或致肢體殘廢心神喪失不能繼續服務者除照本辦法分別核給殮埋費醫藥費或救濟費外其應領卹金仍各依定章辦理

公務員雇員公役因辦理醫衛消防救護搶運公物及其他外差事宜致受傷殉難或私財損失者除照本辦法及撫卹法規分別核給醫藥費殮埋費救濟費及卹金外並得分別酌給特別獎卹金

五、各機關對於公務員雇員公役得辦理團體人壽保險（包括意外險在內）保險費以由各員役自付爲原則但每月實支俸薪工餉在一百元以內者得由各該機關酌給每年十元以內之補助費

投保辦法由各機關與承保人壽保險機關商訂之

六、公務員雇員公役之直系親屬或配偶遇難經查明確係無力自行殮埋者死亡一名發給殮埋費一百元未成年者減半

公務員雇員公役之直系親屬或配偶受傷無力自行醫治者得分別傷勢輕重酌給醫藥費每名不得超過四十元

七、公務員雇員私物被毀者由本機關查明情形依左列規定酌給救濟費

甲、公務員雇員無家屬在任所一身財物遭受損失者得按損失輕重依左列標準分別核給救濟費

(1)月俸實支在二百元以內者酌給五十元至一百元

(2)月俸實支二百零一元至三百元者酌給五十元至一百五十元

(3)月俸實支超過三百元者不另給救濟費

乙、公務員雇員有家屬在任所一家財物遭受損失者得按損失輕重依左列標準分別核給救濟費

(1)月俸實支在一百元以內者酌給一百元至四百元

(2)月俸實支一百零一元至一百五十元者酌給一百元至三百五十元

(3)月俸實支一百五十一元至二百元者酌給一百元至三百元

(4)月俸實支二百零一元至二百五十元者酌給一百元至二百五十元

(5)月俸實支二百五十一元至三百元者酌給一百元至二百元

(6)月俸實支超過三百元者不另給救濟費

八、公役被炸殉難及負傷重致死者得核給殮埋費一百元

九、公役無家屬在服務機關所在地一身財物遭受損失者得按損失輕重分別核給三十元至六十元之救濟費

公役有家屬在服務機關所在地一家財物遭受損失者得按損失輕重分別核給五十元至一百五十元之救濟費

十、凡已向當地救濟機關領有卹金者不得再請領本辦法所規定之殮埋費、醫藥費或救濟費

十一、本辦法所定殮埋費、醫藥費、救濟費、特別獎卹金及因辦理團體人壽保險所需補助費以在各機關原有經費內勻支為原則，但經費困難者得呈請主管機關在主管費內勻支（例如內政部及其所屬機關得在內務費類內勻支）如再有不敷並得呈請核准在救濟費類難民救濟費項下核撥

45 十二、本辦法所定殮埋費、醫藥費及救濟費各機關因經費關係得酌量緊縮辦理

18

十三、各機關發給埋葬費醫藥費救濟費特別獎卹金及因辦理團體人壽保險所需補助費仍須報由上級主管機關依次核轉審計部查核

十四、軍警員兵遭受空襲損害救濟辦法由最高軍警機關另定之

十五、地方公務員雇員公役遭受空襲損害救濟辦法由各該地方政府依當地情形參酌本辦法訂定之

十六、本辦法至抗戰終了時廢止之

交通部公路总管理处关于抄发《公路职员薪俸等级表》致乐西公路第三测量队的训令（一九三九年十月二十日）

22

交通部公路總管理處訓令

中華民國二十八年十月　日發　公務字第　號

事由：抄發公路職員薪俸等級表仰遵照由

令樂西公路第三測量隊

准本部人事司廿八年九月六日人司字第三三七九號函開

「查本部本年五月十日人典渝字第八五五九號訓令抄發之公路職員薪俸等級表因油印不清横格未能準確茲再由本司按照原卷重行繕寄一份俾資應用而免錯誤」

等由准此合行抄發薪俸等級表一份令仰遵照此令

附發公路職員薪俸等級表一份

中華民國廿八年拾月卄號收到

7136

76

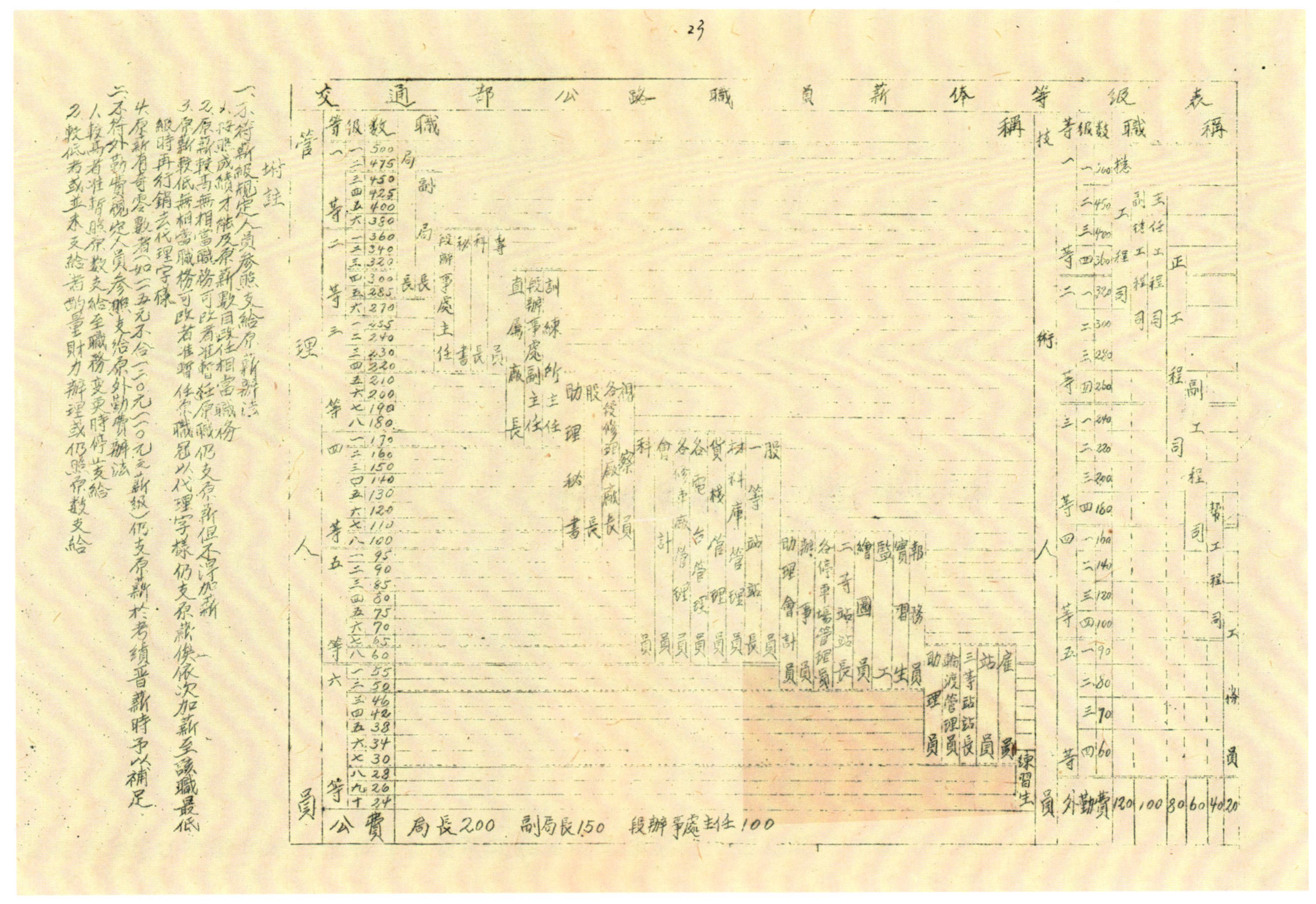

23

交通部公路職員薪俸等級表

附註

一、不符新級規定人員參照支給原薪辦法
1、按照成績才能及原薪數目改任相當職務
2、原薪較高無相當職務可改者准暫任原職仍支原薪但不得加薪
3、原薪較低無相當職務可改者准暫任原職冠以代理字樣仍支原薪俟依次加薪至該職最低級時再行銷去代理字樣
4、原薪有奇零數者(如一五五元不合一五〇元一〇〇元之薪級)仍支原薪於考績晉薪時予以補足

二、不符外勤費規定人員參照支給原外勤費辦法
1、較高者准暫照原數支給至職務變更時停止支給
2、較低者或並未支給者酌量財力辦理或仍照原數支給

管理人員

等	級	數
一等	一	500
	二	475
	三	450
	四	425
	五	400
	六	380
二等	一	360
	二	340
	三	320
	四	300
	五	285
	六	270
三等	一	255
	二	240
	三	230
	四	220
	五	210
	六	200
	七	190
	八	180
四等	一	170
	二	160
	三	150
	四	140
	五	130
	六	120
	七	110
	八	100
五等	一	95
	二	90
	三	85
	四	80
	五	75
	六	70
	七	65
	八	60
六等	一	55
	二	50
	三	46
	四	42
	五	38
	六	34
	七	30
	八	28
	九	26
	十	24
公費	局長200 副局長150 段辦事處主任100	

職稱：局長　副局長　段辦事處主任　秘書　科長　專員　訓練所主任　段辦事處副主任　直屬廠廠長　助理秘書　股長　各段修理廠廠長　稽察員　科員　會計員　各修車廠管理員　各電台管理員　貨棧管理員　材料庫管理員　一等站站長　股員　助理會計員　辦事員　各停車場管理員　二等站站長　繪圖員　監工　實習生　報務員　助理員　輪渡管理員　三等站站長　站員　雇員　練習生

技術人員

等	級	數
一等	一	500
	二	450
	三	400
	四	360
二等	一	320
	二	300
	三	280
	四	260
三等	一	240
	二	220
	三	200
	四	180
四等	一	160
	二	140
	三	120
	四	100
五等	一	90
	二	80
	三	70
	四	60
外勤費	120 100 80 60 40 20	

職稱：總工程司　副總工程司　主任工程司　正工程司　副工程司　幫工程司　工務員

交通部公路总管理处关于催报抗战损失调查致乐西公路第三测量队的训令（一九三九年十月二十四日）

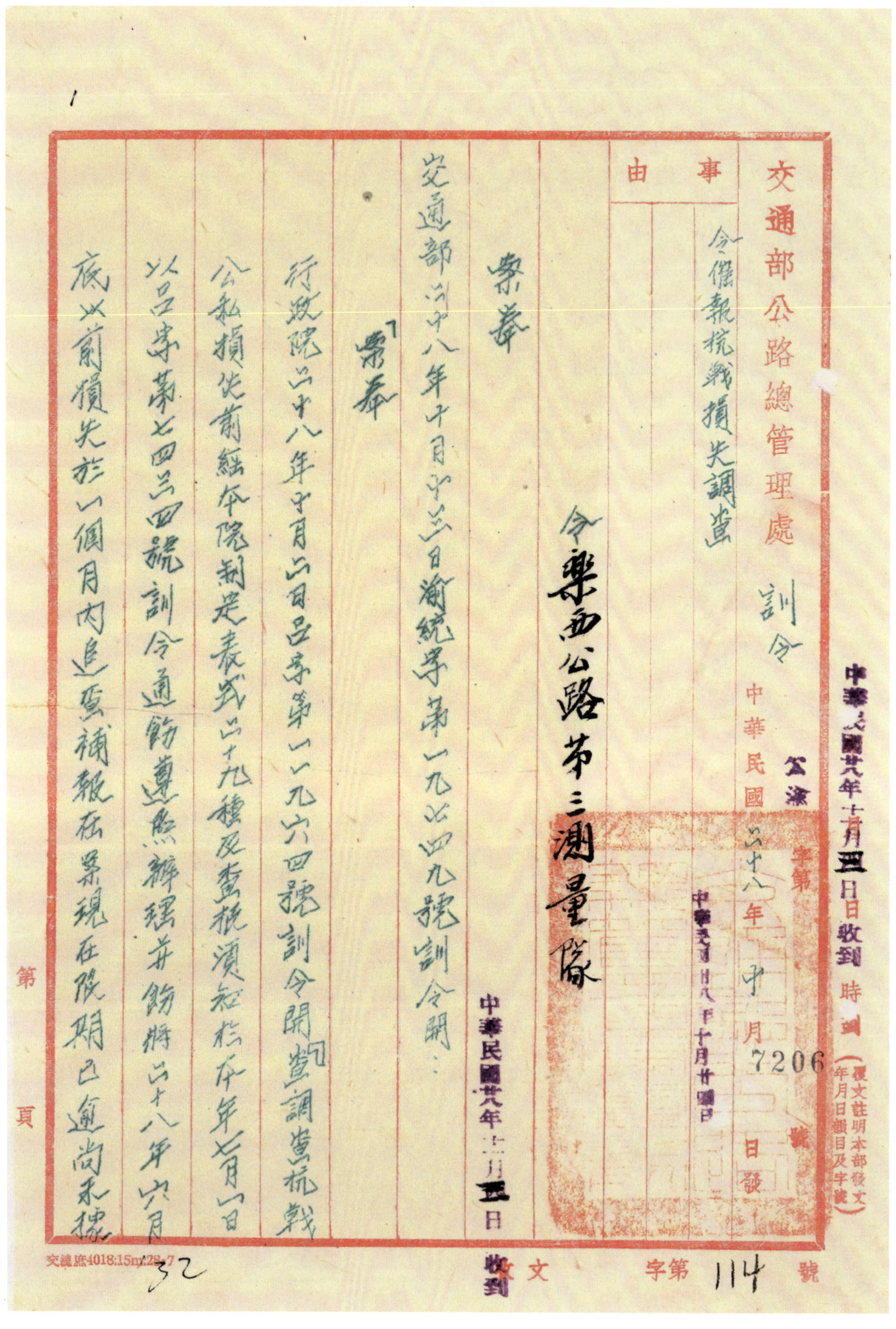

1

交通部公路總管理處 訓令

中華民國廿八年十月　日發　公渝　字第7206號

事由：令催報抗戰損失調查

中華民國廿八年十一月五日收到 時（覆文註明本部發文年月日號目及字號）

中華民國廿八年十月廿四日

令樂西公路第三測量隊

案奉

交通部廿八年十月廿三日渝統字第一九七四九號訓令開：

「案奉

行政院廿八年十月廿日呂字第一二九六四號訓令開：『查調查抗戰公私損失，前經本院制定表式廿九種及查報須知，於本年七月一日以呂字第七四三四號訓令通飭遵照辦理，并飭將廿八年六月底以前損失於二個月內追查補報在案。現在限期已逾，尚未據

中華民國廿八年十一月五日收到

第　頁

交總庶4018:15m28.7

32

收文　字第114號

呈報到院合行令仰遵照前令迅將三十八年六月底以前損失分次追查明確填表補報以後每遇有損失務須即時查報並轉飭所屬一体遵照此令」等因奉此查本部舉辦戰時損失一案迭經令飭遵照辦理在案惟逾期已久據呈報者尚屬不多合亟令仰遵照飭領表式迅將三十八年六月底以前損失分次追查補報以後每遇損失務須即時查報並轉飭所屬一体遵照此令」等因奉此自應遵辦查戰時損失調查業經於本年八月二十五日以公渝字第六〇六三號令飭遵辦並於九月以後總渝代電催報在案除分令外合再令仰遵照並飭屬遵照此令

已製卡

監印雷元

133

交通部公路总管理处关于转知各机关职员督导其成年家属踊跃参加国民月会致乐西公路第三测量队的训令（一九三九年十月二十四日）

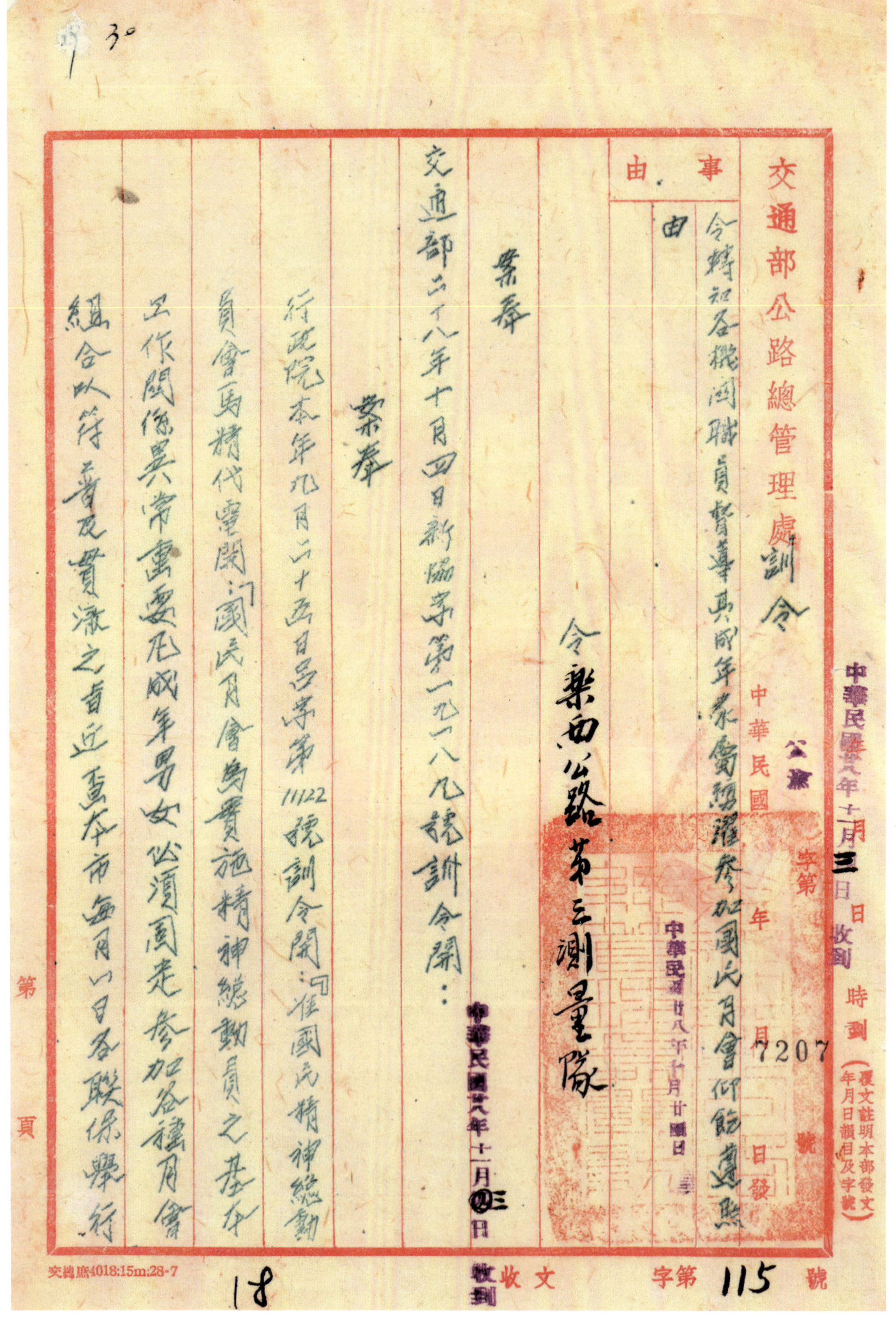
交通部公路總管理處訓令

事由：令轉知各機關職員督導其成年家屬踴躍參加國民月會仰飭遵照

中華民國廿八年十月廿四日發 字第 號

令樂西公路第三測量隊

案奉

交通部二十八年十月四日新協字第一九一八九號訓令開：

案奉

行政院本年九月二十五日呂字第11122號訓令開：「准國民精神總動員會馬精代電開：「國民月會為貫施精神總動員之基本工作，關係異常重要，凡成年男女必須同走參加各種月會組合，以符普及貫澈之旨。近查本市每月一日各聯保舉行

中華民國廿八年十一月三日收到

收文 字第115號

7207

國民月會時雖經保甲長一再鳴鑼通知而一般公務員家屬多有仗勢推諉或任意缺席者普通民衆資爲口實參加人數逐次減少似此情形殊有礙國民月會之舉行難期精神動員之實效除分電外特此電請查照希即轉飭所屬各機關職員務希負責督導其成年男女家屬準時就近參加各聯保所組織之國民月會毋任藉故推諉等由應即照辦除分行外合行令仰轉飭所屬各機關職員一律知照此令等因奉此自應遵照辦理除分令外合行令仰該處轉飭所屬各機關職員一体遵照爲要此令等因奉此自應遵辦除分令外合行令仰遵照轉飭所屬職員

一体遵照为要。此令

监印 雷元熙
校对 缮 若冰

交通部公路总管理处关于旅川同胞应与当地民众化除地域成见致乐西公路第三测量队的训令（一九三九年十月二十五日）

36

交通部公路總管理處訓令

事由：奉令旅川同胞與當地民衆應設法化除地域成見仰轉飭所屬注意由

中華民國二十八年十月　日發　公渝字第7233號

（覆文注明本部發文年月日號目及字號）

中華民國廿八年十一月七日收到

令樂西公路第三測量隊

案奉

交通部二十八年十月十七日財產字第一九九零一號訓令開：

「案奉行政院二十八年十月十一日呂字第一二四四零號訓令內開：

『據四川省政府本年九月二十七日民秘字第一六七八六號呈稱：「准四川省臨時參議會參字第二一八號公函，以經大會第十八次會議議決通過參議員陳端林提請化除旅川同胞與當地民衆地域成見俾利團結抗建案，抄同原件函請查照辦理等由。過府查原件關於地方者，除

第　頁

交通部4018:15m:28-7　10

收文　字第120號

已令飭各專署市縣政府查酌當地情形隨時設法化除地域成見以期團結而利抗建外關於旅川同胞一方面其原籍法所指各項可否酌予採擇施行之處理合並錄原件呈請鈞院鑒核示遵」等情據此除分令外合行抄發原件令仰注意並轉飭所屬一體注意此令」等因附抄發原附說明及辦法一份奉此合亟抄同原附件令仰注意並轉飭所屬一體注意此令」等因奉此除分令外合行將原附說明及辦法抄發令仰轉飭所屬一體注意爲要此令

附抄發原附說明及辦法一份

附原說明

報載　軍委會成都行轅奉　軍委會電開「據王家烈報稱各省來川同胞與當地民眾每因畛域之見情感惡化迭生事端請飭主管機關力謀化除等情查抗戰建國凡屬同胞應各矢精誠互相親愛嗣後各機關對於在川征用土地似宜優給地價以消除人民之隔閡並宜羅致地方有聲望之紳耆使其向當地民眾廣為勸導化除地域之成見用免為漢奸所利用而施其造謠煽惑之慣技擾亂後方之安寧」等因對於畛域成見問題引起相當注意可見情勢之嚴重依本席見聞此事發於各鄉較少發於四川省會與交通不便之地亦少唯川東沿江各埠及鹽渝路綫上各縣份特多尤以重慶為甚引起旅川同胞與當地民眾不良印象漸見惡感發生歷據由口角爭吵而動武以致釀成慘劇者已屢見不鮮當軸鬱為改此良非偶然若不亟謀解救後患實不堪設想查此種現象自有其發生原因不能專責任何一方面必須針對各方癥結所在加以改善謹就意見所及臨時動議如次

辦　法

(一)關於旅川同胞者

地方民眾對旅川同胞自當容忍且須優異擬請　中央申　警旅川之各地官吏軍人及教育技術人等亦當顧念地方民眾因交通不便智識不齊語言習尚之各殊　中央

39

所結機關所營事業益須體諒民衆利害先自化除成見不僅對於優給徵用土地價一層應遵 籌委會電令辦理凡 中央與地方事項自當劃清至已成案之地方企業務予保全不必調動之名或在不必多所更張先使了解增進信仰庶惡感不致發生消極以免無謂之紛爭積極以謀互助之道自應溶成一片於抗戰建國兩俱兼利矣以上所陳概要可否交付審查並補充辦法以請 省方實行敬候公決

右案經本屆大會第十八次會議決議通過

二、乐西公路工程处

乐西公路第三测量队一九三九年六、七月工作月报表（一九三九年七月至八月）

交通部公路總管理處

樂西公路第三測量隊工作月報表

28年6月份

起訖地點	里(公里)程 約計	里(公里)程 實測	經過城鎮地名	測量隊組織及工作標準 組別／人員及工作	中線組		水準組		地形組		横斷面組		預定測繪費
至漢源縣富林　義邊縣大天池	67.000		大天池　蓑衣嶺　苦火林　中興場　冷竹坪　黄木廠　木舊　菜子店　馬烈　富林	測量員	1人		1人		2人		2人		
				練習員	1人		1人		人		人		
				測工	5人		2人		2人		2人		
				小工	6人		2人		2人		2人		
				工作標準	椿號距離	5.10.20	最小高差	每公里1公分	中線兩旁測距	50公尺	中綫兩旁測距	20公尺	
					平面圖比例尺	1/2000	斷面圖比例尺	縱1/200 横1/2000	地形綫高差	2m.5m	横斷面圖比例尺	1/200	

預算全部測量時間	測量開始日期	本月份測量地段	本月份内實測日數	本月份内已測公里數	截至本月底共測公里數	本月份内繪製圖件情形	測竣日期 預計	測竣日期 實際	預計設計完竣日期
28年6月11日至9月20日	6月11日	大天池—曹溝池	共10日	5.9公里	5.9公里	繪製縱横斷面及地形底圖	9月20日		10月10日

沿綫人口物産農礦工商概况	沿綫土質及築路材料情形	全路工程難易概况	預計全路建築費約數	備註
本月所測沿綫盡屬荒山故人口稀少最大村落大天池亦不過二十户農産差堪自給以玉米洋芋為主米麥等食糧向須賴外縣輸入人民生活困苦故工商不興礦産亦未開採惟善産臘年有輸出	沿綫石料所在皆有多係砂石及石灰石土層甚薄以砂質壤土為多内雜礫石木料甚少且無大材其他鐵件等均須仰自外來	本月全路6公里内全用半坡取綫次石工較多其在穆老山牛脊山及二崗坡等處以山坡陡峭填土難穩須加擋牆工程較巨其他以土方軟石為多惟二崗坡一帶有山溝大涵洞七道工程亦較困難也		完線組測工一人　砍伐樹木小工平均每日五人

注意　此項月報表須由測量隊隊長蓋章務於次月五日以前填齊寄送本處

報告者　隊長　趙如章
28年7月　日自義邊大天池寄

交通部公路總管理處
樂西公路第二測量隊工作月報表

28年7月份

起訖地點	里程（公里）約計	里程（公里）實測	經過城鎮地名	測量隊組織及工作標準 組别／人員及工作	中線組		水準組		地形組		横斷面組		預定測繪費
峩邊縣大天池至漢源縣富林	67.000		大天池、苦次林、冷竹坪、木蕾、馬烈、蓑衣嶺、中興場、黄木廠、菜子店、富林	測量員	1人		2人		1人		2人		
				練習員	1人		人		人		人		
				測工	5人		2人		2人		2人		
				小工	6人		3人		3人		3人		
				工作標準	椿號距離	5m 10m 20m	最小高差	每公里1公分	中綫兩旁測距	50m	中綫兩旁測距	20m	
					平面圖比例尺	1/2000	斷面圖比例尺	縱1/200 横1/2000	地形線高差	1m 2m 5m	斷面圖比例尺	1/200	

預算全部測量時間	測量開始日期	本月份測量地段	本月份内實測日數	本月份内已測公里數	截至本月底共測公里數	本月份内繪製圖件情形	測竣日期 預計	測竣日期 實際	預計設計完竣日期
28年6月11日至9月20日	28年6月11日	1.蓑衣嶺詳細地形	共7日	0.4平方公里	0.4平方公里	繪製1/500地形圖	9月20日		10月10日
		2.西行綫，蓋案地—猓兇坪	共4日	28公里	13.5公里	繪製縱横斷面及地形底圖			
		3.東行綫，富林—老灇地	共9日	48公里					

沿綫人口物產農礦工商概況	沿綫土質及築路材料情形	全路工程難易概况	預計全路建築費約數	備註
1.西行綫　自蓋案地至猓兇坪一帶全綫人口僅五六户，農作以玉米荳類爲多，年產勉能自給，工商不興。2.東行綫　富林一帶人口較密，自雅安而下商品經此轉運，農產以米谷玉米爲大宗，畧有向西輸出，别無物產	1.西行綫　蓋案地魚池一帶面土尚厚，猓兇坪附近土石參雜，但堅石較少，石料尚便，其他材料一無出產。2.東行綫　除老灇地一帶吉島砂礫碎石外，餘均土質，石料木材附近尚有出產，餘均仰自外來。	1.西行綫　土多石少，故工程尚不困難，惟猓兇坪附近須跨山溝數道，工程較鉅。2.東行綫　老灇地一段雨後山洪即漲，須涵挖浮礫建築函水路面，工程較難，餘尚簡易。		突綫組練習員1人、測工1人，砍伐樹木小工平均每日5人

注意　此項月報表須由測量隊隊長蓋章，務於次月五日以前填寄至本處

報告者　隊長＿＿＿＿

28年8月　日自漢源富林寄

乐西公路工程处抄发防止逃兵办法第十五、十六两条致乐西公路第三测量队的训令（一九四〇年一月十日）

15

交通部樂西公路工程處訓令

事由：抄發防止逃兵辦法第十五十六兩條希遵照辦理由

中華民國廿九年一月十日發

樂總字第1328號

令第三測量隊

案奉

公路總局廿八年十二月八日渝字第四三四號總渝代電開：

案准

總務司抄送本部廿八年十二月廿三日總文渝字第二五四八〇號訓令開：案奉

行政院廿八年十二月十八日呂字第一六五五九號訓令開：案據軍政部本年十二月七日役編字

第三八六八號呈稱：案准軍事委員會辦公廳渝辦一參字第七八五四號函開：案奉

33

收文 字第 27 號

16

交重庆卫戍总司令部并一体转达本市各行政及财务机关暨工厂警卫队每以优饷诱招，真以致本部所指挥督练各机关部队饷项较少之士兵多有私自逃往另投者，其有关兵额及战斗力影响至钜，拟请钧会通令各厂予禁止，嗣后倘有私自逃往之士兵，一经查出，应即遣送原属机关部队惩办，并准其逃往之工厂毋得收容」等因，案奉批「交军政部核拟有效办法」等因，相应函请贵部查照核办见复。正在案。准此。查逃兵之防止及缉捕，本部已饬防止逃兵办法另为缉送行并分呈钧院准予备案在案。兹删据第二稽训处呈报该处第二团自移驻泸县后，士马至为缺少，查其原因均以饷少而逃往泸县各工厂团体，转[illegible]情，呈请本部……十一月……代电转饬……切实查禁，不容有所隐匿……

17

致干法紀，而[illegible]役政[illegible][illegible]在案[illegible][illegible][illegible][illegible]出處。請分與本部防止逃兵辦法第

十五六兩條規[illegible][illegible][illegible][illegible]各署司遵辦外，惟該州近中央地方各機關

并嚴予撤[illegible]吾[illegible][illegible][illegible][illegible][illegible][illegible]防止起見，理合摘情轉呈鈞院分别咨令各

院部會署等轉飭所屬各機關部隊團體嚴切遵照該辦法第十五六兩條規

定辦理，以維役政而利抗戰。是否有當，理合呈請鑒核。等情。據此，應准照

辦。除分别函令外，合行抄發防止逃兵辦法第十五十六兩條條文，令仰遵照，并

飭屬一體遵照。此令。等因。奉此，除分令外，合行抄發原條文，令仰遵照，并飭所屬

一體遵照。此令。等因。奉此，除分電外，合將原條文抄發，希飭屬遵照。

等因。附抄發防止逃兵辦法第十五十六兩條條文。等因，奉此，除分令外，合行抄發

原條文，令仰轉飭所屬遵照。

34

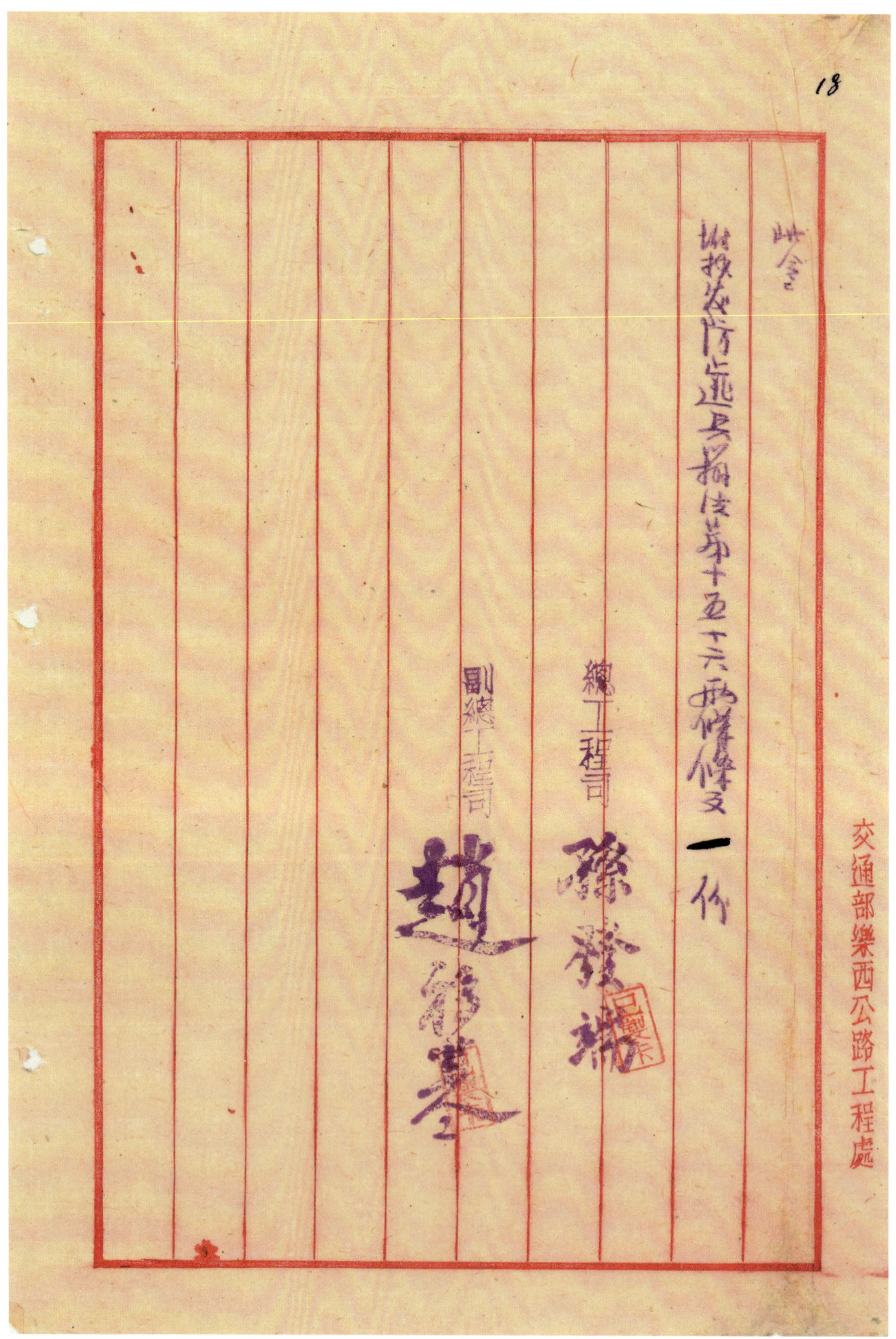

18

此令

附报农历运兵路线第十五十六两附件修支一份

總工程司 孫發端

副總工程司 趙[illegible]

交通部樂西公路工程處

乐西公路工程处关于石方路基弯道处加宽的电（一九四〇年二月十日）

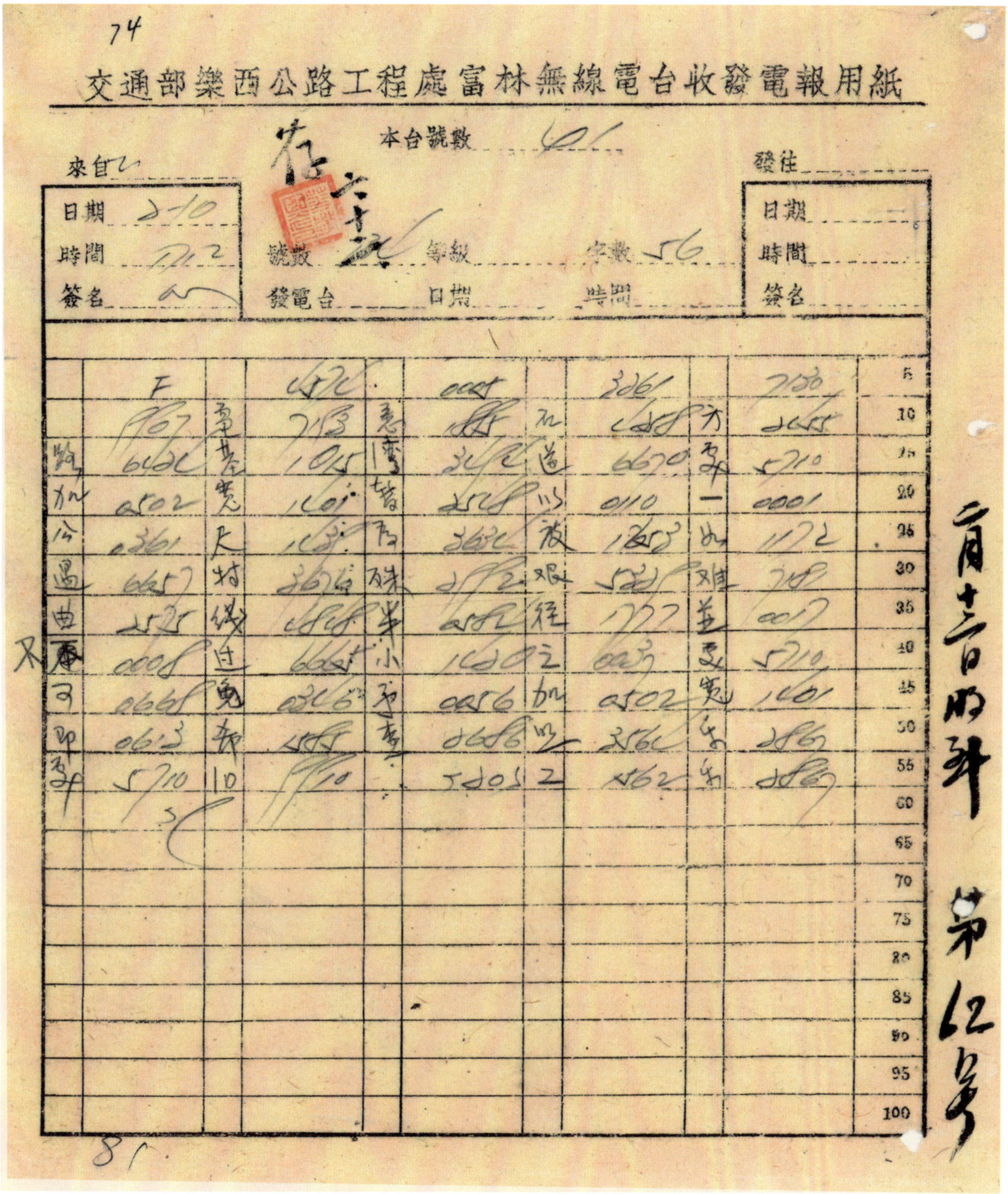

74

交通部樂西公路工程處富林無線電台收發電報用紙

本台號數 601

來自 發往

日期 2-10

時間

簽名

號數 等級 字數 56

發電台 日期 時間

81

乐西公路工程处关于不得收容及包庇壮丁致乐西公路第三测量队的训令（一九四〇年二月十四日）

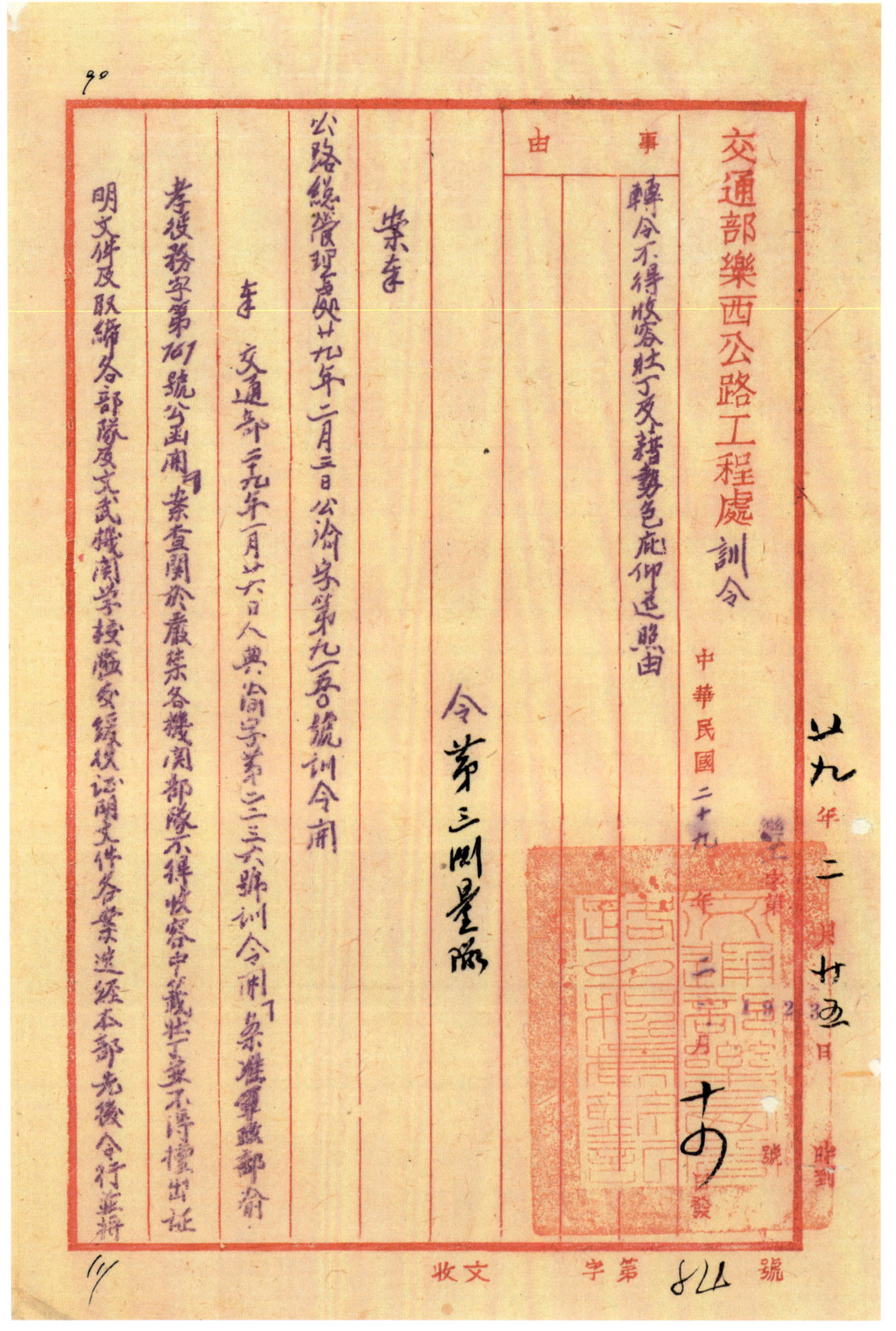

交通部樂西公路工程處訓令

事由：轉令不得收容壯丁及藉勢包庇仰遵照由

中華民國二十九年二月十四日發

令第三測量隊

案奉

公路總管理處廿九年二月三日公渝字第九一〇一號訓令開：

「案奉

交通部二九年一月廿六日人典渝字第二三三六號訓令開：『案准軍政部俞

孝役務字第1071號公函開：「案查關於嚴禁各機關部隊不得收容中籤壯丁並不得擅出證

明文件及取締各部隊及文武機關學校濫發緩役證明文件各案，迭經本部先後令行並將

廿九年二月廿五日到

收文 字第178號

91

取締各部隊及文武機關學校濫發證明文件一案呈請　行政院核准咨行各院轉飭所屬遵照各在案茲迭據各方報告各部隊機關學校仍有收容壯丁及藉勢包庇情事殊於兵役推行大有防碍亟應責成各級辦理機關認真檢舉依法處懲以儆效尤除分別函令並呈請　行政院咨行各院轉飭所屬遵照外相應函請查照轉飭所屬一律遵照嗣後如有收容壯丁及藉勢包庇情事一經檢舉即行嚴予懲處決不寬貸以重兵役」等由准此除分令外合行令仰遵照並轉飭所屬一體遵照」等因奉此除分令外合行令仰遵照並轉飭所屬一體遵照此令

等因奉此自應遵辦除分令外合行令仰遵照并轉飭所屬一體遵照此令

總工程司　孫發端

副總工程司　[illegible]

存　六、二十

乐西公路工程处关于保护名胜古迹及风景树木致乐西公路第三测量队的训令（一九四〇年二月二十二日）

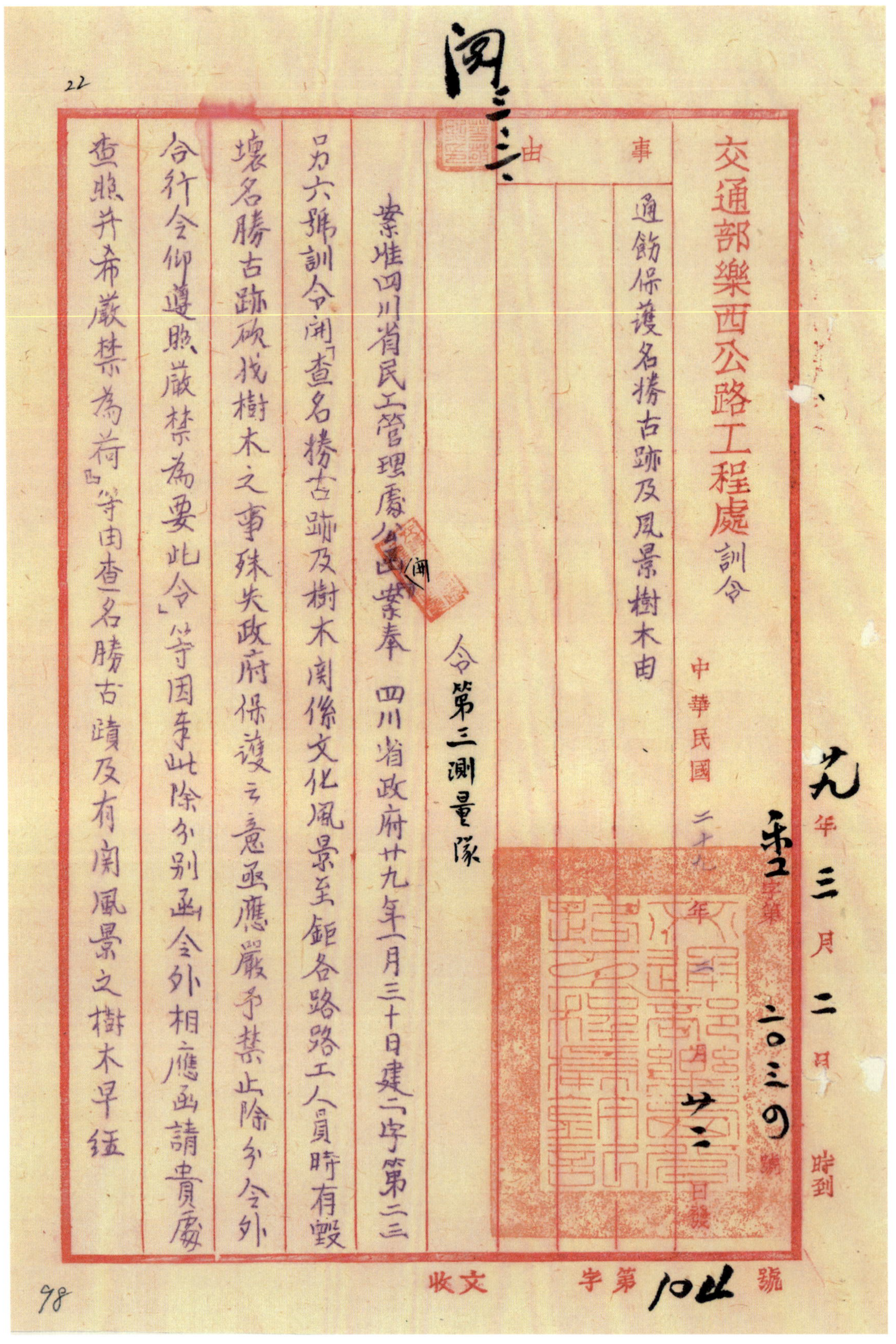

閱 三、三、

交通部樂西公路工程處訓令

事由：通飭保護名勝古跡及風景樹木由

中華民國二十九年二月二十二日發　字第　號

令第三測量隊

案准四川省民工管理處公函（開）案奉四川省政府廿九年一月三十日建二字第二三另六號訓令開「查名勝古跡及樹木關係文化風景至鉅，各路路工人員時有毀壞名勝古跡砍伐樹木之事，殊失政府保護之意，亟應嚴予禁止，除分令外，合行令仰遵照嚴禁為要。此令」等因奉此，除分別函令外，相應函請貴處查照，并希嚴禁為荷」等由，查名勝古蹟及有關風景之樹木早經

二九年三月二日收到

收文　字第104號

98

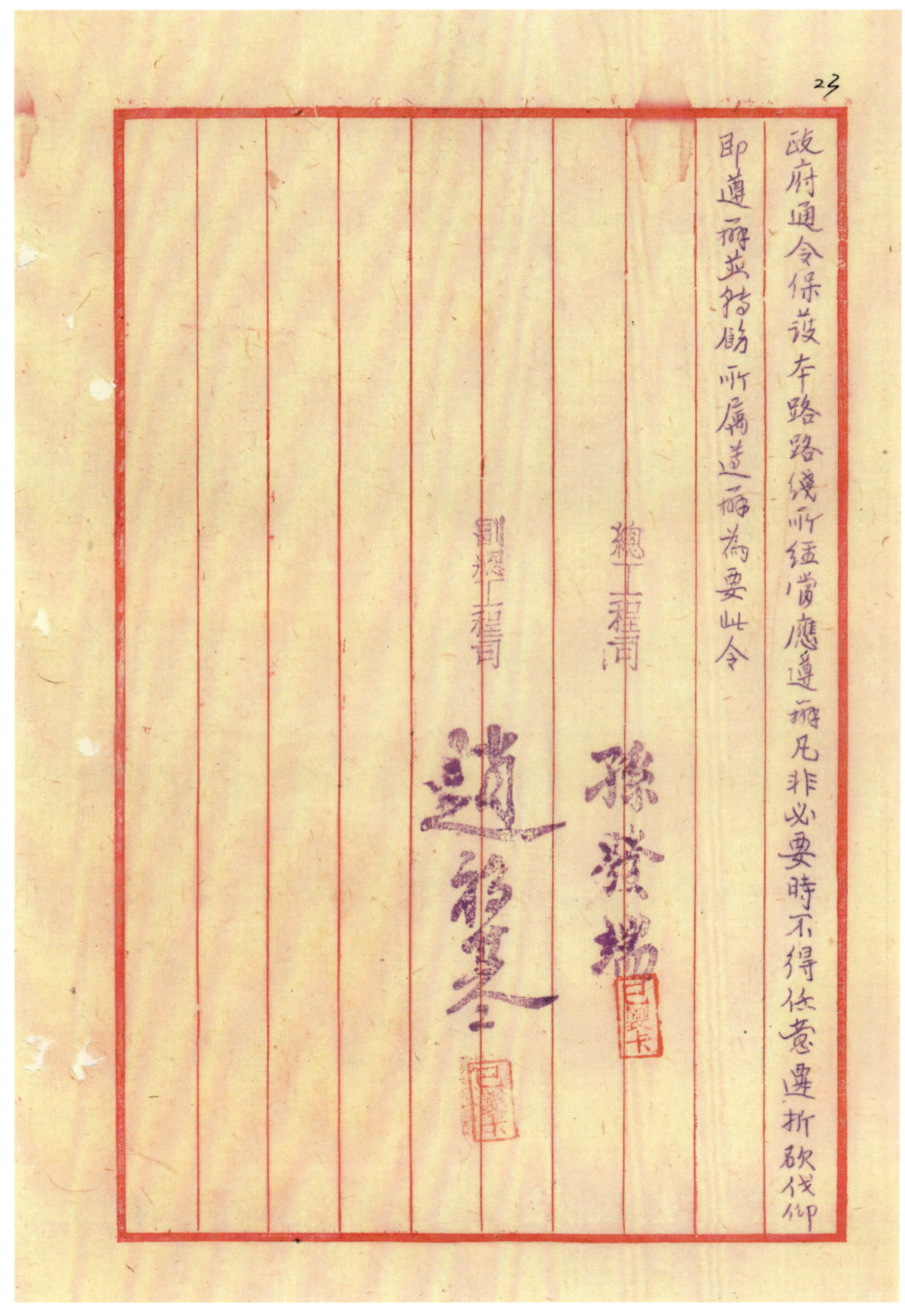

23

政府通令保護本路路綫所經當應遵辦凡非必要時不得任意遷折砍伐仰即遵辦並轉飭所屬遵辦爲要此令

總工程司 孫發端

已製卡

副總工程司 趙德三

已製卡

汉源县筑路委员会关于白崖河以东地段定期开工致乐西公路工程处工务第三总段的函（一九四〇年三月十一日）

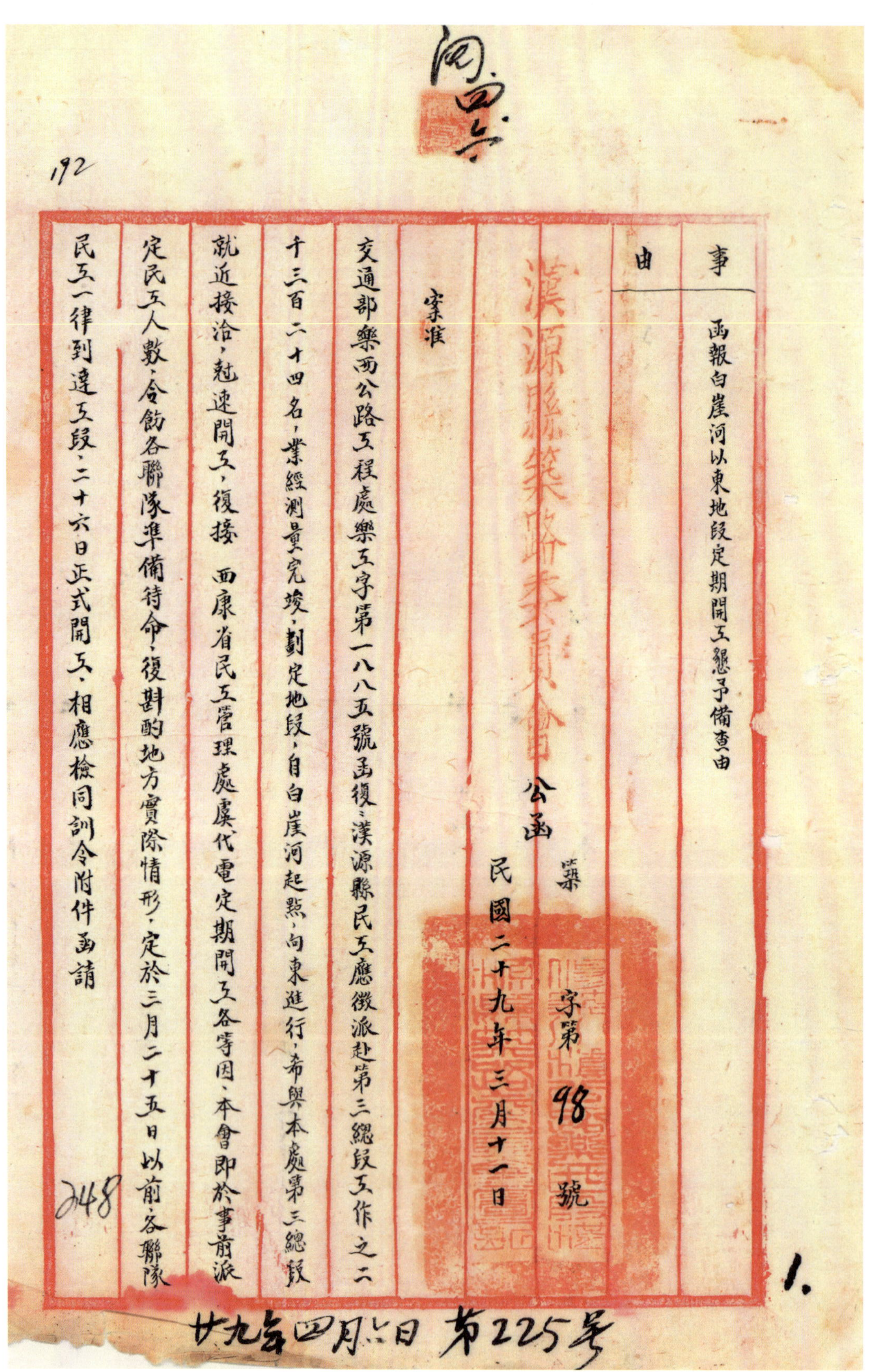

事由：函報白崖河以東地段定期開工懇予備查由

漢源縣築路委員會公函　築字第98號

民國二十九年三月十一日

案准

交通部樂西公路工程處樂工字第一八八五號函復：漢源縣民工應徵派赴第三總段工作之二千三百二十四名，業經測量完竣，劃定地段，自白崖河起點，向東進行，希與本處第三總段就近接洽，尅速開工，復據

西康省民工管理處虞代電定期開工各等因，本會即於事前派定民工人數，令飭各聯隊準備待命，復斟酌地方實際情形，定於三月二十五日以前各聯隊民工一律到達工段，二十六日正式開工，相應檢同訓令附件函請

廿九年四月六日　第225号

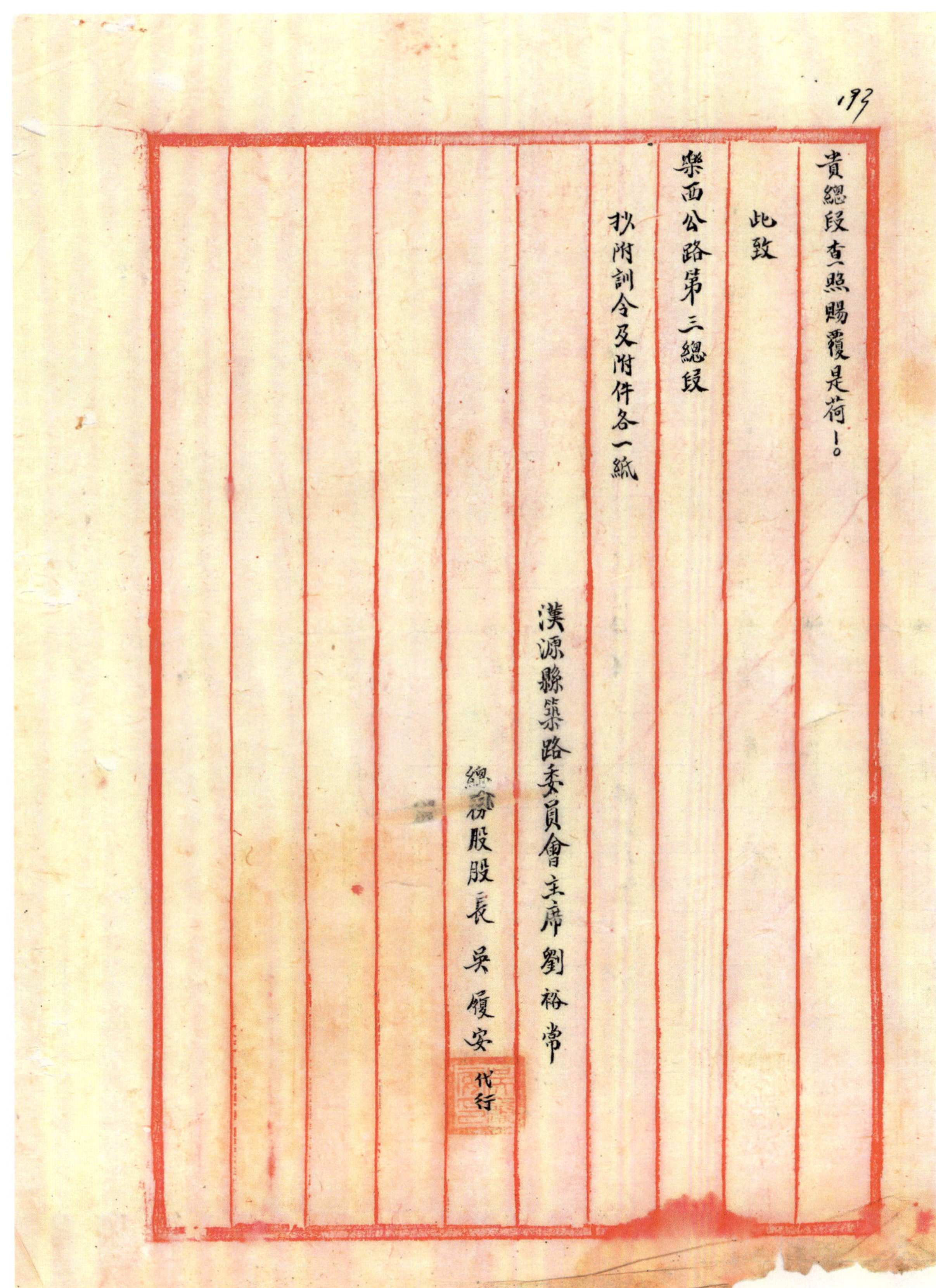

193

貴總段查照賜覆是荷！。

此致

樂西公路第三總段

抄附訓令及附件各一紙

漢源縣築路委員會主席劉裕常

總務股股長吳履安代行

附：汉源县筑路委员会致各保甲人员的训令

各聯保文

查本府會前為顧念民瘼，關於修築樂西公路白冷段路工事，迭經道呈總
列峯請予展緩期日，或改修其他就近路線，奉令俱以該路關係國防，奉
蔣委員長手令限期完成，務須加工趕築，所請碍難照准在案，茲以該段業已
測量完竣，奉令趕速動員，城區、牛市坡、漢源、田域、豐厚、馬烈、馬驛、七聯保民工，
於三月二十六日（即陰曆二月十八日）開始工作，所有該聯保應行動員民工務須徵派足額，
不得短少，按照規定時間到達工段工作，至該民工需用食糧，因　上峯發給工
欵有限，不敷配用，曾經迭次召集本會各職員及各聯保主任會議決就地官價
徵購食糧（米每斗六元，苞麥每斗三元六角）每石先交訂金弍元，購運工段，接濟食
用，餘欵俟以後　上峯工價發下時再行結算照補，業經通令飭遵在案，各該
保甲人員，務須善為勸諭，以利工務，其有不明大義，故於撓碍路政，閉倉阻售
者，准其送案究辦，以懲刁風，除分令并佈告外，所有應行遵辦事項條列附後，
仰該主任即便遵照辦理，迅赴事功，勿稍瞻徇，致干罪戾為要。

此令。

附發修築樂西公路白冷段各聯保注意立即辦理事項一份

漢源縣縣長兼主席

乐西公路工程处核发民工边民来往旅费结算单（一九四〇年六月十日）

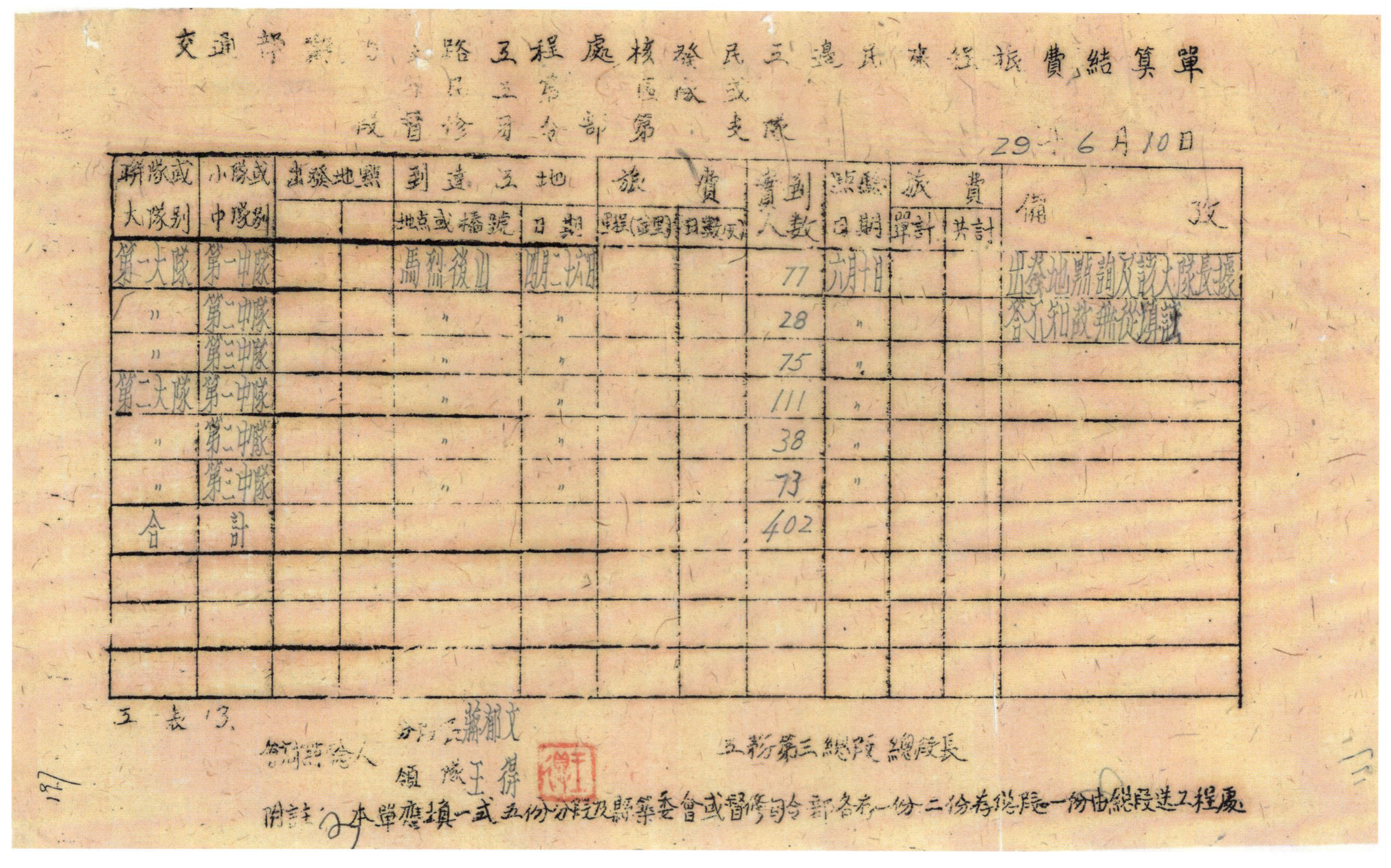

交通部第□公路工程處核發民工邊民來往旅費結算單

分段 第 區隊或

成督修司令部第 支隊

29.6月10日

聯隊或大隊別	小隊或中隊別	出發地點		到達工地		旅費		實到人數	發款日期	旅費		備攷
				地點或樁號	日期	里程(公里)	日數(天)			單計	共計	
第一大隊	第一中隊			馬烈後山	四月二十六日			77	六月十日			出發地點詢及該大隊長據答不知故無從填註
〃	第二中隊			〃	〃			28	〃			
〃	第三中隊			〃	〃			75	〃			
第二大隊	第一中隊			〃	〃			111	〃			
〃	第二中隊			〃	〃			38	〃			
〃	第三中隊			〃	〃			73	〃			
合計								402				

工表13.

187

領款人 分隊長蘇郁文 領隊王□

工務第三總段 總段長

附註：本單應填一式五份分段及縣築委會或督修司令部各存一份二份存總段一份由總段送工程處

乐西公路工程处工务第三总段关于监工赵西峰借公诈索即行斥革致第十一分段的函（一九四〇年七月一日）

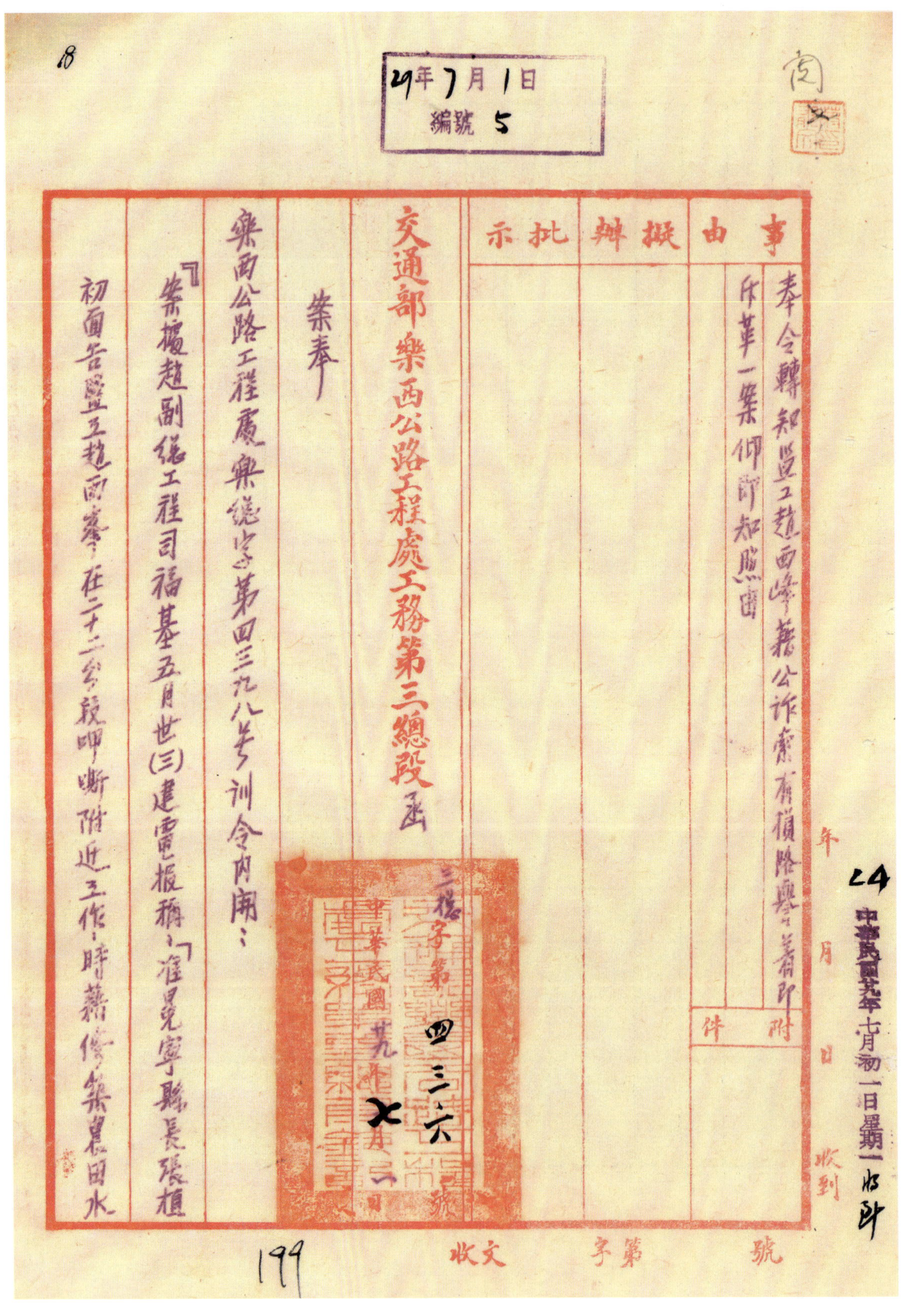

29年7月1日 编號 5

事由：奉令轉知監工趙西峰藉公詐索有損路譽着即斥革一案仰即知照由

交通部樂西公路工程處工務第三總段函 三總字第四三六號 中華民國廿九年七月一日

案奉

樂西公路工程處樂總字第四三九八號訓令内開：

「案據趙副總工程司福基五月卅(三)電報稱：『准冕寧縣長張植初函告監工趙西峰在二十三公里段呷嘶附近工作，時藉修築農田水

中華民國廿九年七月初一日星期一收到

收文 字第 號

19

溝向当地籌索捐款有碍撫存縣等語該員膽敢自行向地方籌
款跡近詐索殊属不合本處依法究办姑念智識淺薄不明法令除
電飭回總着即開除以懲效尤並函復罪亨縣外謹電請查照
並通飭各段飭照為禱等情據此查該員王毓西擅敢藉
公詐索殊属目無法紀有損路譽除將該員立予斥革驅逐出境
並通令飭照外合行令仰轉飭該属一体照飭為要此令
等因奉此合行仰即知照並轉飭該属一体知照為荷

此致

第十二分段

總段長 華壽熙

田城联队长郝光耀关于粮食紧缺痢疟流行请予解决致乐西公路工程处工务第三总段的呈（一九四〇年八月二十五日）

呈為工程浩大築路日久食糧缺乏痢瘧流行收穫將近請予雙方兼顧以維困難事

竊值此國難當前，公路固屬要政，但民力財力亦宜愛惜，倘損一分民力，即與國家減一分抗戰力量，損一分民財，即與國家除一分經濟。職隊自到工以來，已近半載，人力財力，已消耗殆盡，素仰段長深知民情，節損物力，理合將職隊困難，據實呈明，尚乞鑒原，是所切盼。職隊築路半載有餘，食糧羅掘淨盡，民力不堪設想，以致遷移他縣者至二百家以上，食糧除方價用盡外，無力徵購，此應陳明者一也。民工築路日久，傳染至二百名以上，今之歸家，甚至染及家屬者，至五六十戶之多，其慘痛情形，殆難言喻，此應陳明者二也。在段民工，均屬農人，茲值大春告成，無人看守，或被鼠賊偷竊，或被野獸殘食，則將來難免凍餒之憂，故身雖在段，而心久已在家，此應陳明者三也。工程在可能範圍內，監工指導，竭力接受，不敢稍有違悞，如大拐大灣處，原由鈞段擬交石工修築，後因難鑿而他逃，復命職隊修築，我段長因德威感人，何敢有違，乃中途修築，現已將近完工，此應陳明者四也。深溪溝內之路基，前由監工員指導，已照規定修築寬額，現又加寬，其溝向言免填，因恐洪水暴漲，枉費民力，今復命填，於民力未免無損，應請減免，以舒民困，此應陳明者五也。深溪曾蒙段長面諭，若修橋樑消耗國家財力，足見

100

段長為國省財，無任欽仰，但民工填土，無論洪水暴漲與否，沖毀與否，而消耗民力，又須消耗民財，雖直接未損國力，而間接亦有損抗建力量，請予設法減免，稍省民財兩力，此應呈明者六也。

鈞段以前監工，曾由段長親委，所有指導工程，民工未敢違抗，今復某處不足，某處枉填，或某溝應填等等，

段長深知民工無智，且已延久，倘今之復作，則多有不願意者，應請設法維持，以免民工之私逃及臨怒情事，此應陳明者七也。總之國以民立，民以國存，職隊之種種慘劇，

段長久已明鑒，為此呈請設法減免，以期早日歸休，而免誤及秋收，則雙方兼顧，且久勞之民工，亦戴德無涯矣，所有呈明各節，是否有當，理合具文呈請

鈞處俯賜察核令遵！

謹呈

總段長 華

田城聯隊長 郝光耀 [印：郝光耀章]

中華民國二十九年八月二十五日

存 八·廿六

694

中華民國廿九年八月廿六日星期一 收到

[印：已製卡]

乐西公路工程处第三总段路基石方承揽合同（一九四〇年九月一日）

108

工程名稱　路基石方　段別　第三總段　地點

承攬商號　萬昌營造廠　經理　李桓　住址　浮圖關

工程總價　國幣拾萬元

交通部樂西公路工程承攬　基字第弍柒號

開工日期　民國二十九年十月一日

竣工日期　民國二十九年十二月卅一日

逾期罰款　每日叁拾元

29

交通部樂西公路工程承攬

立承人萬昌營造廠今攬到

交通部樂西公路工程處第三總段第　　分段路基工程之石方部份應行遵照條件

訂立如左：

一、本工程承攬數量約計石方叁萬公方總額暫定為國幣拾萬元確實數額根據實做工程數量及所附單價表核算之

二、於具領第一期預借墊欵時應繳承攬總額百分之二之工程保證金國幣貳仟元

此項保證金於繳得　鈞處同意後得以有價証券代之俟工程竣工經正式驗收合格後由　鈞處無息發還之並免覓保邀同負責代表人保證承攬人履行本承攬之一切責任

119

三、承揽人非得　钧处同意书面决不将本工程之全部或一部转包他人如有此项情事愿将承揽书取消听由　钧处没收全部保证金

四、承揽人应于签订承揽之日起三十天内招集工人六百名到达工地开工如延不开工或开工后人数有陆续减少情事　钧处得取消承揽所有预领垫款除将应得工价扣抵外不足之数应由保证人负责偿还

五、承揽人于签订承揽后得向　钧处支领工人到乐旅费津贴按每名五十元计算共计国币叁万元此款于每批工人出发前由　钧处驻渝办事处拨出发人数计算核发之工人到乐后输送前往工地时另得　钧处支领工人到工旅费津贴按每名贰拾元计算共计国币壹万贰仟元由　钧处按每批工人到乐人数核发之承揽人所送工人到工以后在未完成包数量以前如有减少

30

逃亡情事願按減少人數照比例退還其已領之旅費津貼承攬人每次請監工人如有拉伕充數混騰冒領情形一經查實除由 鈞處如數追還已領之旅費津貼外願受法律上應得之處分

承攬因購備米糧置備工具材料（均包括在各項單價內）等另得向 鈞處預借墊款總額國幣叁萬元此款分三期支領第一期於第一批工人貳百名到達樂山工地後支付國幣壹萬元第二期於全數三分之二工人（肆百名）到達工地後支付國幣壹萬元第三期於全數工人（陸百名）到達工地後支付國幣壹萬元均須由 鈞處查監實際支付之上項墊款於徵得 鈞處同意後得向 鈞處按照每期陸續到達人數前比例另行分期支領之所有墊款於開工後三個月內由 鈞處在承攬人應得工款項下全數扣回第　個月扣百分之

三十第二個月扣百分之三十第三個月扣百分之四十

（本條於二十九年六月一日修正）

六、本工程領款辦法開工後每屆半個月按照該期所做工程數量九成支領工款所餘一成俟工程完竣經　鈞處相驗合格後支領半成再經　交通部派員正式驗收後一次領清

七、本工程之任何部份如有變更計劃之必要時事先由　鈞處以書面通知承攬人承攬人不得异議因上項情事致須變更單價或延長完工期限者由雙協議補訂之如因變更計劃而使承攬人廢棄該項已成工程之工料時承攬人得呈請　鈞處依照原單價估算給價之

八、本工程所需之鋼錘鋼釺洋鎬鐵鍬等一切工具及開山火藥或製藥所需之硝

磺概由承攬人備據具領其代墊之一切料款運費雜費等在應得工款
內陸續償還
九、承攬人或其所派代表應常駐工地並須雇有經驗之監工人員到工管理
此項派雇員工　鈞處認為不適當時由承攬人撤換之
十、承攬人對於所屬工人應嚴密管理如有互相爭鬥或與地方發生糾葛
而致傷亡或影響地方治安及財產者概由承攬人負責處理
十一、本工程於簽訂承攬後照第四條規定天數內開工不論晴雨限至民國二十
九年十二月三十一日止完工逾限承攬人願每日受罰國幣叁拾元在應
得包價或保証金內扣除之
十二、全部工程完竣後由承攬人得書面呈請　鈞處派員驗收如有不合規定

114

及坍塌不平等情形應由承攬人負責修理不得藉詞推諉

十三、簽訂承攬後承攬人如延不履行本承攬各條或遇有意外事故不能負責完工時統由保証人負完全責任

十四、本承攬及附件繕具五份以便　鈞處分别存備

十五、本承攬之附件計設計圖樣一份計　張施工細則一份工程數量約估及單價表一份領用工具數量表一份

中華民國二十九年九月一　日

32

115

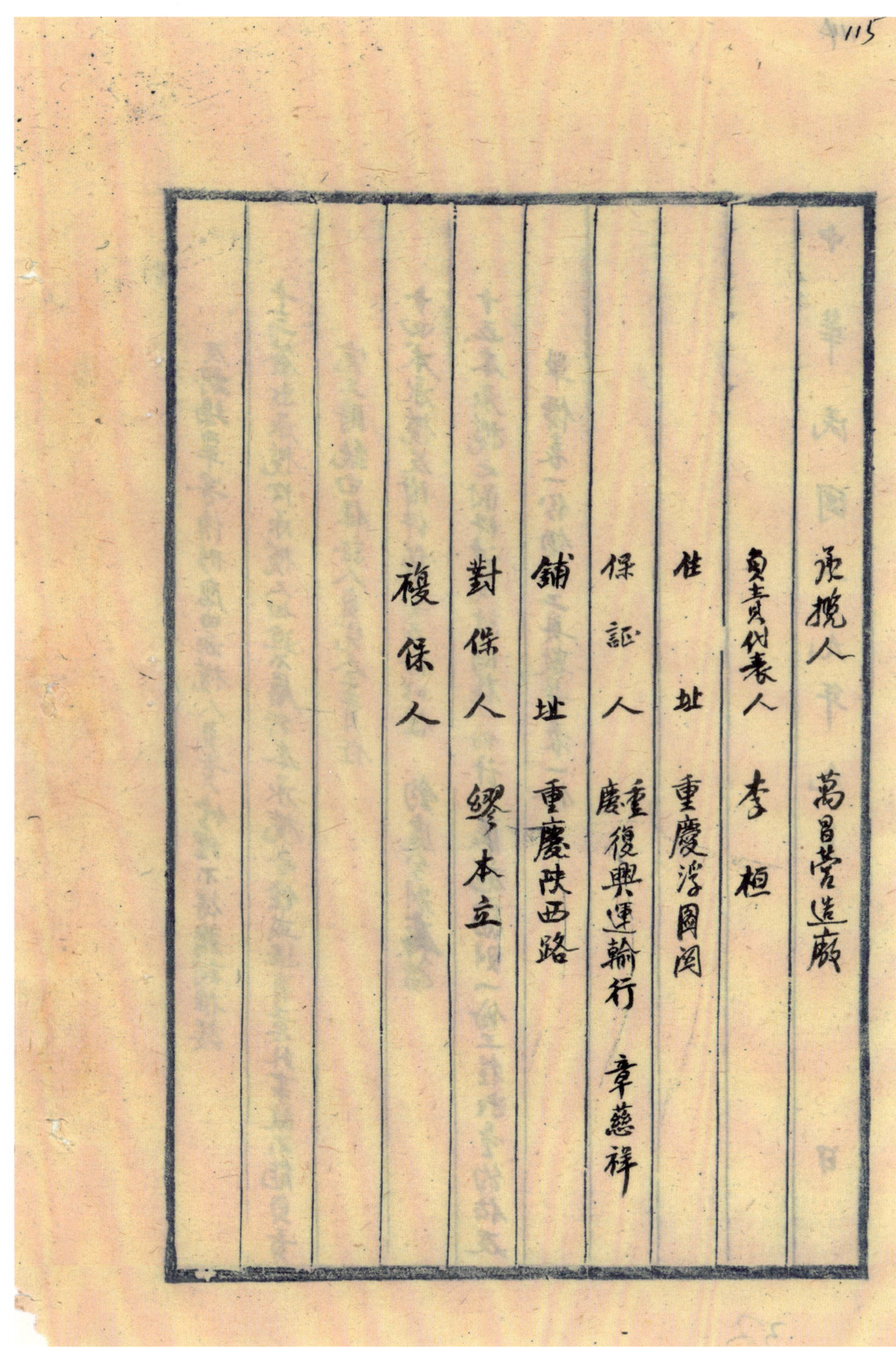

承攬人　萬昌營造廠

負責代表人　李　桓

住　址　重慶浮圖關

保證人　重慶復興運輸行　章蕙祥

鋪　址　重慶陝西路

對保人　繆本立

複保人

职员郑彤文关于包商不能核定领粮办法实行等情致乐西公路工程处工务第三总段的呈（一九四〇年九月八日）

事由：請示包商不能按當秣辦事處核定領糧辦法實行及新到工人員責無人請予維持應如何辦理由

擬辦

批示

備考

附

九〇字五一五號

仁

字第　號　廿九年九月8日　時到

收文　字第741號

暫時予以維持，核定辦理可也。九、六

案奉

鈞段八〇一號函開：「逕啓者，茲檢發樂西公路工程處富林辦事處工務第三、四總段核發包工工糧辦法壹份，希查照辦理為荷」等因，奉此。查職段包商按當處核發工糧辦法之第四條第一期食米均不能自籌，即須備一日亦無能力，尤以新到之振豐公司到達時即大小伙均無，請予維持，且無負責人蓋章，尤難按照手續辦理。將來續到工人情形恐多類此，對於現有公司第一期食糧不能自籌及續到工人無負責人請予維持時應如何辦理，懇祈

核示。謹呈

總段長華

職鄭彤文謹呈

80

协合建筑公司承揽乐西公路工程处第三总段路基工程之一部分草约（一九四〇年九月二十九日）

協合建築公司承攬本路路基工程草約

立草約人協合建築公司茲因承攬

交通部樂西公路工程處第三總段路基工程之一部份在未訂立正式承攬以前先行訂立草約如左：

一、承攬人應於簽訂草約後招集技術工人壹百名限十月十日以前到齊

承攬人如不遵照上項規定限期到齊工人開工或開工後工人有陸續減少情事　鈞處得取消訂立正式承攬之資格預領墊款除將應得工款扣抵外不足之數由保証人負責償還

二、承攬人因支付工人旅費搭蓋工棚及籌備開工事宜得向　鈞處預借墊款國幣伍仟元此款於簽訂草約後一次領清如承攬人所招工人起過

壹佰名時得呈請　鈞處按照超過人數比例增加預借墊款上項墊款在承攬人應得工款內陸續扣回如應得工款不敷扣還時由保証人負責償還

三、承攬人所需工人米糧工具得請由　鈞處指定糧站材料庫發給按照核定單價扣收

四、所有路基工程單價俟工人到達工地根據當地米價及附近其他已商議定單價辦理並訂立正式承攬在正式承攬未簽訂之前到路工作工人所需伙食雜耗請由　鈞處撥發款維持

五、本草約於正式承攬成立後即行作廢

立草約人 罗炳棠 印

住址 璧山縣楼梯塆 北住嘉定縣街和记旅館

保證人 郝志棠 印

舖保 犍为竹根滩盐码头 義昌生 印

對保人 王焕蔚 印

中華民國二十九年九月廿九日訂約

乐西公路工程处富林办事处关于具报汉源县筑路委员会第二期提前完工应予奖励等情致工务第三总段的训令

（一九四〇年九月二十九日）

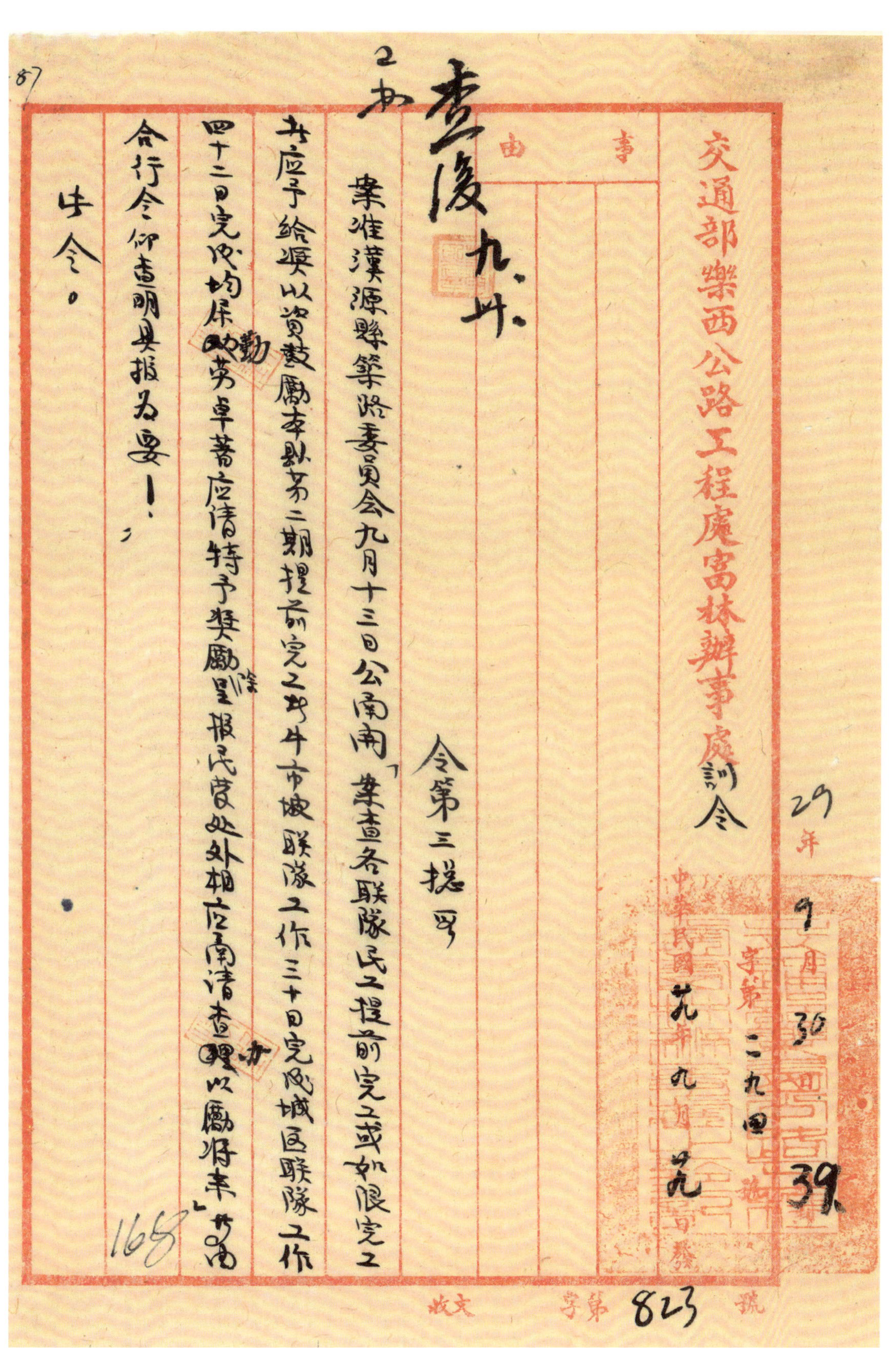
交通部樂西公路工程處富林辦事處訓令

中華民國二十九年九月二十九日 字第二九四 39 號

令第三總段

案准漢源縣築路委員會九月十三日公函開：「案查各联隊民工提前完工或如限完工并應予給奬以資鼓勵本縣第二期提前完工之牛市坡联隊工作三十日完成城區联隊工作四十二日完成均係勤勞卓著應請特予奬勵除呈報民廳處外相應函請查照以勵將來」等由，合行令仰查明具報為要！

此令。

查後九卅

二办

收文 字第823號

88

副总工程司
兼主任 张佐周

汉源县筑路委员会关于该会办事处移驻马烈办公及财务股长刘靖藩仍驻富林致乐西公路工务第三总段的通知（一九四〇年十月一日）

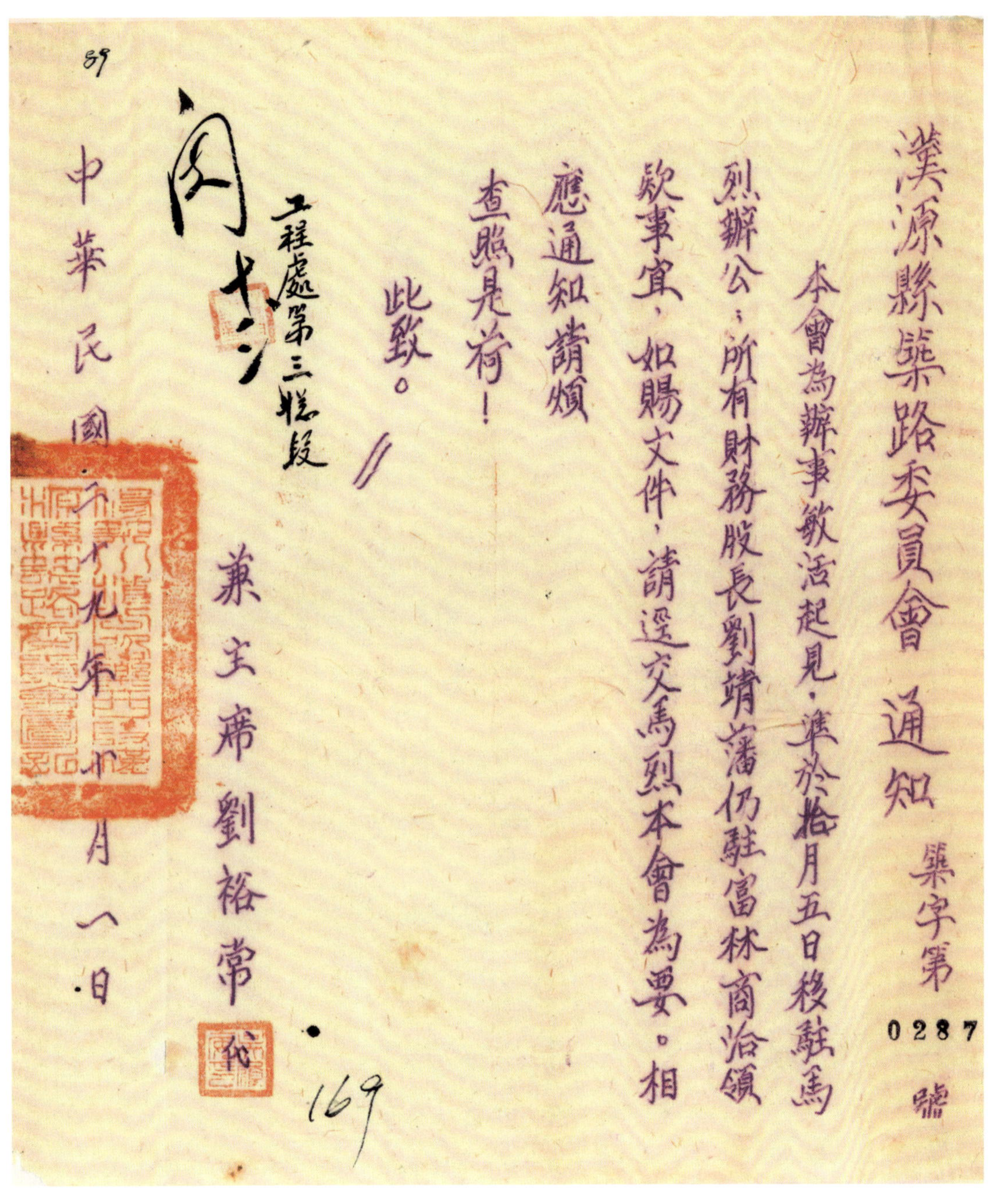
漢源縣築路委員會通知 築字第0287號

本會為辦事敏活起見，准於拾月五日移駐馬烈辦公，所有財務股長劉靖藩仍駐富林商洽領欵事宜，如賜文件，請逕交馬烈本會為要。相應通知，請煩查照是荷！

此致

工程處第三總段

兼主席劉裕常

中華民國二十九年十月一日

汉源县筑路委员会关于报送冷马段开工日期致乐西公路工程处工务第三总段的公函（一九四〇年十月十一日）

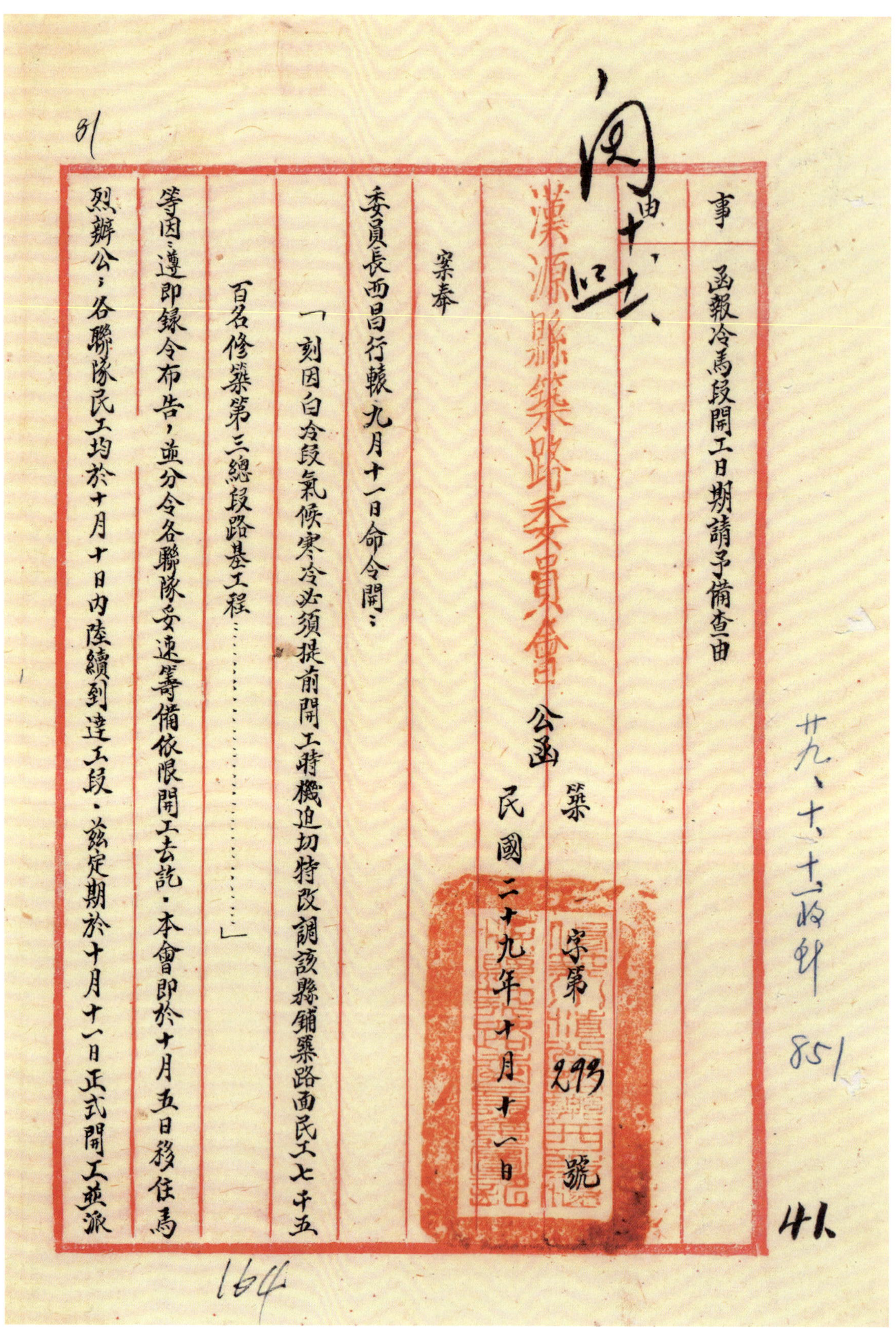

事由　函報冷馬段開工日期請予備查由

漢源縣築路委員會公函　築字第293號

民國二十九年十月十一日

案奉

委員長西昌行轅九月十一日命令開：「一、刻因白冷段氣候寒冷，必須提前開工，時機迫切，特改調該縣鋪築路面民工七千五百名修築第三總段路基工程……」等因。遵即錄令布告，並分令各聯隊妥速籌備，依限開工去訖。本會即於十月五日移住馬烈辦公。各聯隊民工均於十月十日內陸續到達工段，茲定期於十月十一日正式開工，並派

82

縣府技士劉文林爲工務股長，除分别呈函外，相應函請

查照是荷！

此致。

工程處第三總段

漢源縣渠路委員會主席劉裕常

總務股長吴履安

乐西公路工程处工务第三总段与汉源县筑路委员会关于军队强拉民夫的来往文书

汉源县筑路委员会致乐西公路工程处工务第三总段的代电（一九四〇年十月三十日）

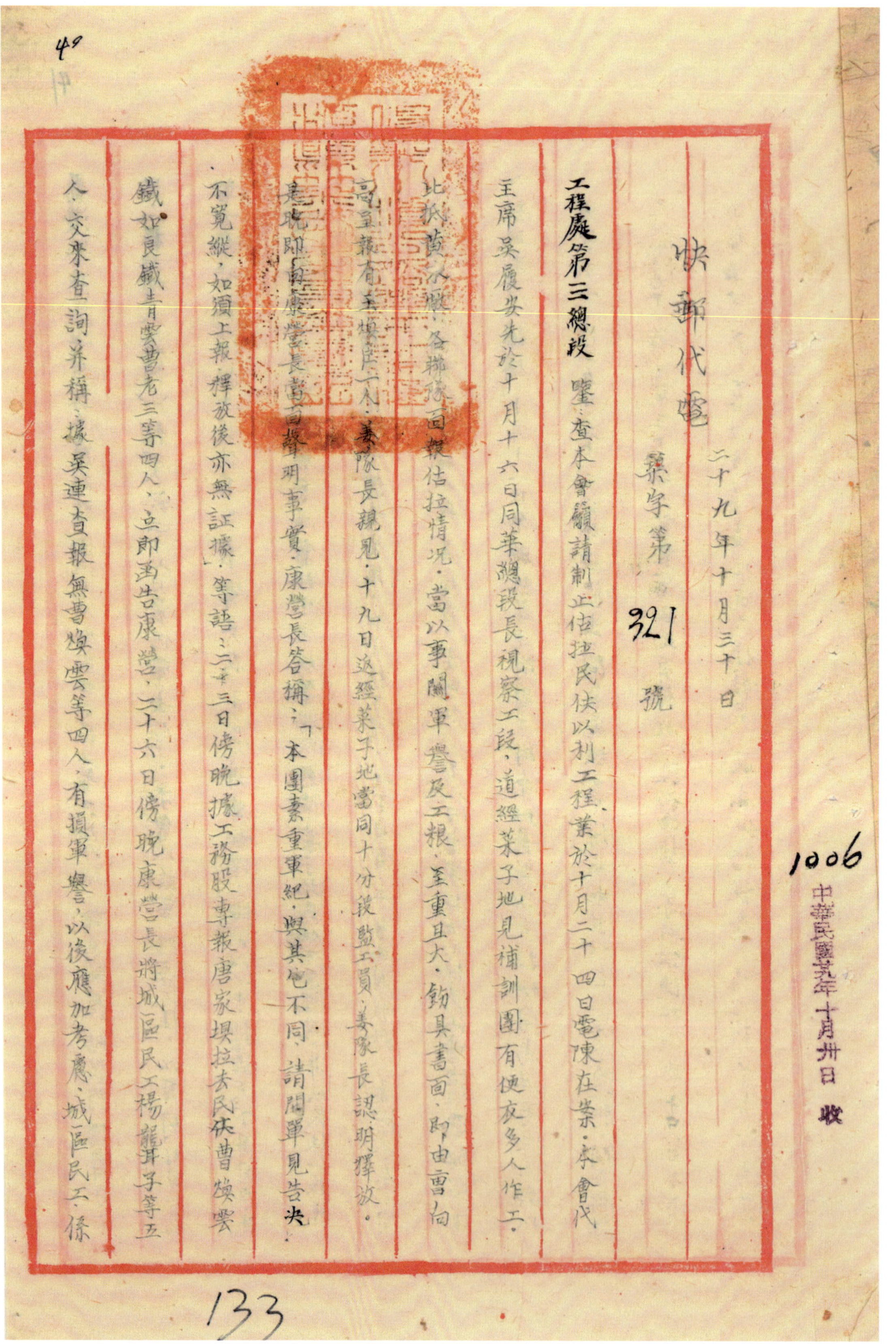
49

快郵代電

二十九年十月三十日

栗字第321號

工程處第三總段鑒：查本會籲請制止估拉民伕以利工程，業於十月二十四日電陳在案。本會代主席吳履安先於十月十六日同華總段長視察工段，道經菜子地，見補訓團有便衣多人作工。比[illegible]人[illegible]，各排隊回報估拉情況，當以事關軍譽及工粮，至重且大，飭具書面，即由曹向高呈報有[illegible][illegible]（十八人），姜隊長親見。十九日返經菜子地，當同十分段監工員、姜隊長認明釋放。是晚即由康營長當面聲明事實，康營長答稱：「本團素重軍紀，與其他不同，請開單見告，决不寬縱，如須上報，釋放後亦無証據」等語。二十三日傍晚據工務股專報唐家壩拉去民伕曹煥雲、鐵如良、鐵青雲、曹老三等四人，立即函告康營。二十六日傍晚康營長將城區民工楊龍[illegible]子等五人交來查詢，并稱：據吳連查報無曹煥雲等四人，有損軍譽，以後應加考慮。城區民工，係

1006

中華民國二十九年十月卅日 收

133

41

屬潰逃、照議決案每名應給獎金三元及火食費。民工等只知叩頭、請求開恩、結果將楊龔子交出。（據稱有人講情）餘四人於二十七日晨仍帶去作工，本會以茲事妨害工程，以耳聞目見，反各方報告証明，拉去民伕甚多，事實具在，康營諱莫如深，殆欲以一手掩盡天下耳目也。先是宜東漢源富庄豐厚唐家堪富林牛市坡等聯隊報告：菜子地民伕不敢經過，并以民伕一經釋放如同大赦，即深閉不出，謂為失蹤，如食根不濟。決不負責。本會為國服務，委曲求全。同此工作，同是國民，設易地以處，其痛苦又當何如，二十八日唐家堪五七保民伕曹老三曹煥雲運糧過馬烈，據稱「十月十八日午時經吳連附周連附李班長周班長拉伊同馬洪春三人與以軍裝不受，作工五日，二十三日午後放出。問無馬姓答：係鐵如良項名，鐵青雲逃脫，問各聯隊民伕有若干，答常見三十餘人宜東富庄均有釋放」，証以楊龔子等所稱隨拉隨放，十日八日不等尚屬脗合，并令各聯隊清查拉去民伕姓名，取具供結報查，總之事實勝於雄辯。

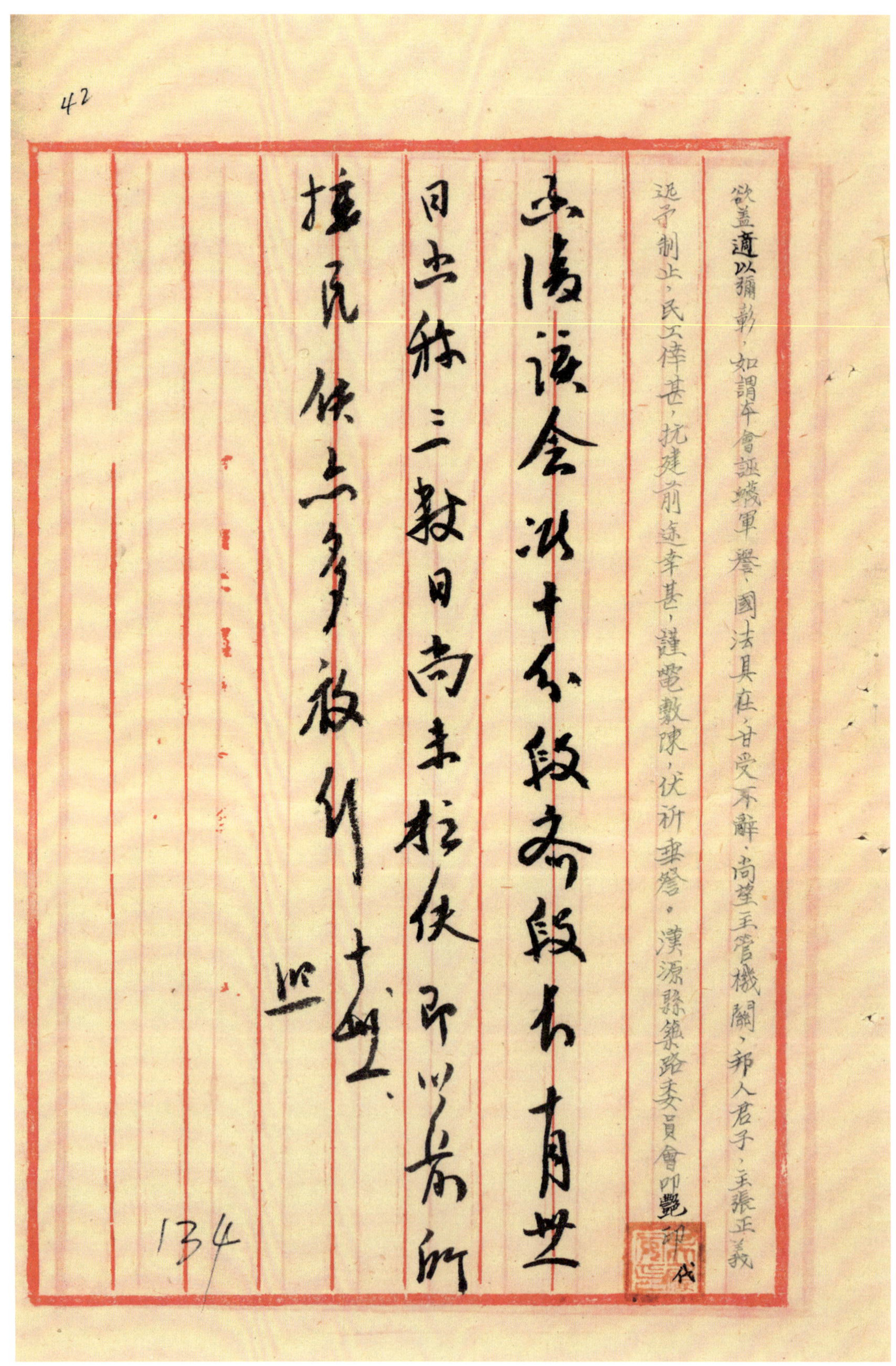

42

欲蓋適以彌彰，如謂本會誣蔑軍譽，國法具在，甘受不辭，尚望主管機關，邦人君子，主張正義，迅予制止，民工倖甚，抗建前途幸甚，謹電敷陳，伏祈垂察。漢源縣築路委員會叩艷印

[illegible]（代）

函復該會，淞十八段、各段均有廿日出發，三數日尚未抵伕，即以前所據民伕亦多散行。

[illegible]　[illegible]

134

乐西公路工程处工务第三总段致汉源县筑路委员会的复函（一九四〇年十一月九日）

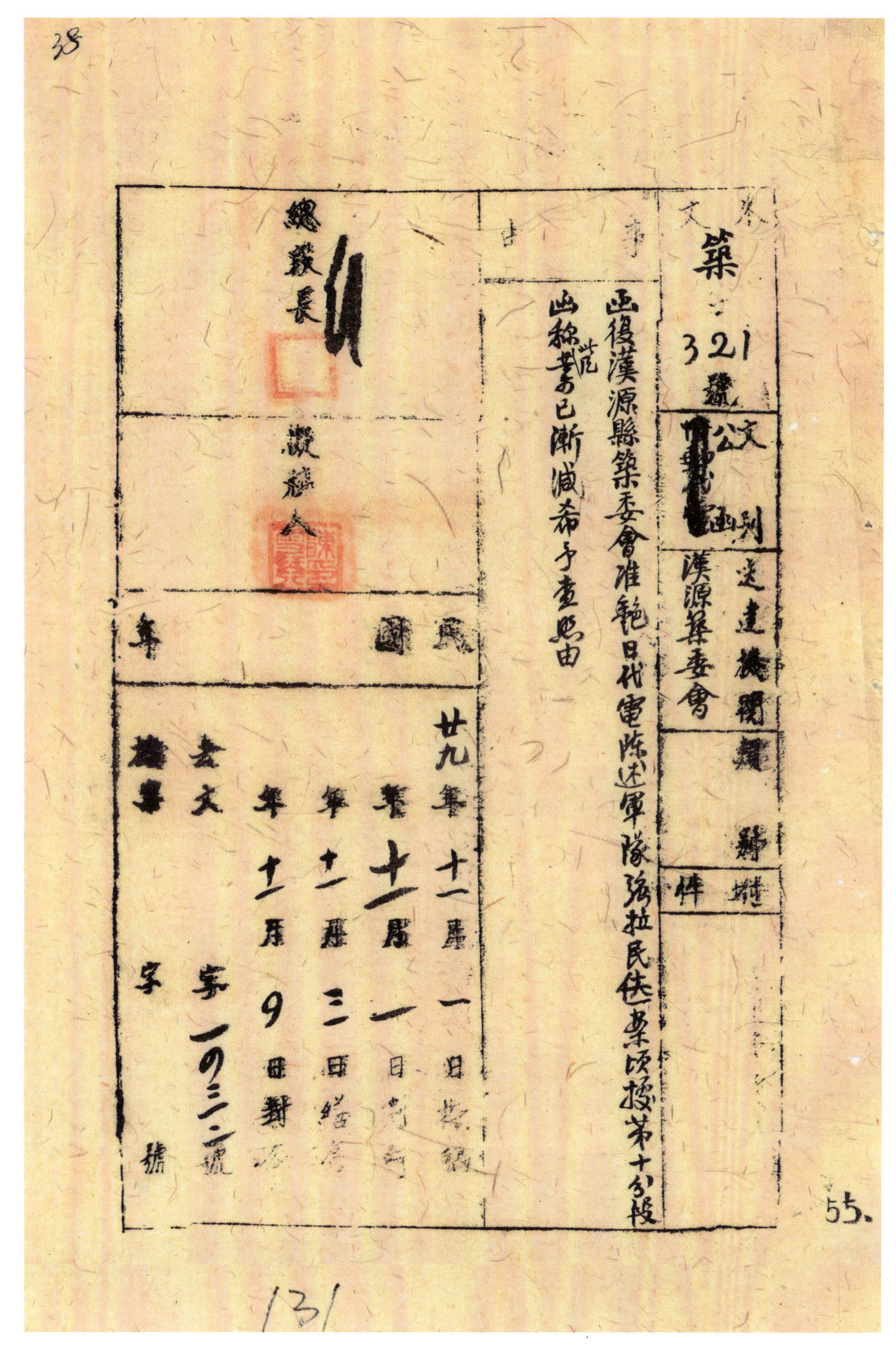

築字321號

文別：公函

送達機關：漢源築委會

附件

事由：函復漢源縣築委會准鈍日代電陳述軍隊強拉民伕一案頃據第十分段函稱業已漸減希予查照由

總段長

擬稿人

民國　年

廿九年十一月一日收到

十一月一日擬稿

十一月三日繕寫

十一月9日封發

去文　字一〇三二號

歸卷　字　號

案准

貴會築字第三二一號艷日快郵代電除原文有案不録外以開三團之五實隊推辦一伏祈垂詧

等因准此查軍隊估拉民伕工作實屬違法干紀惟迫於十分段齊段長十月三十一日函稱三數日來尚無

拉伕情事即從前所拉之民伕亦多放行等語足見強拉之風業已漸減茲准前由相應函復請煩

查照爲荷

此致

漢源叙築路委員會

分段長華〇〇

行

乐西公路工程处工务第三总段抄发乐西段民工管理处《纠察组服务守则》及配备表致第十一分段的训令（一九四〇年十月）

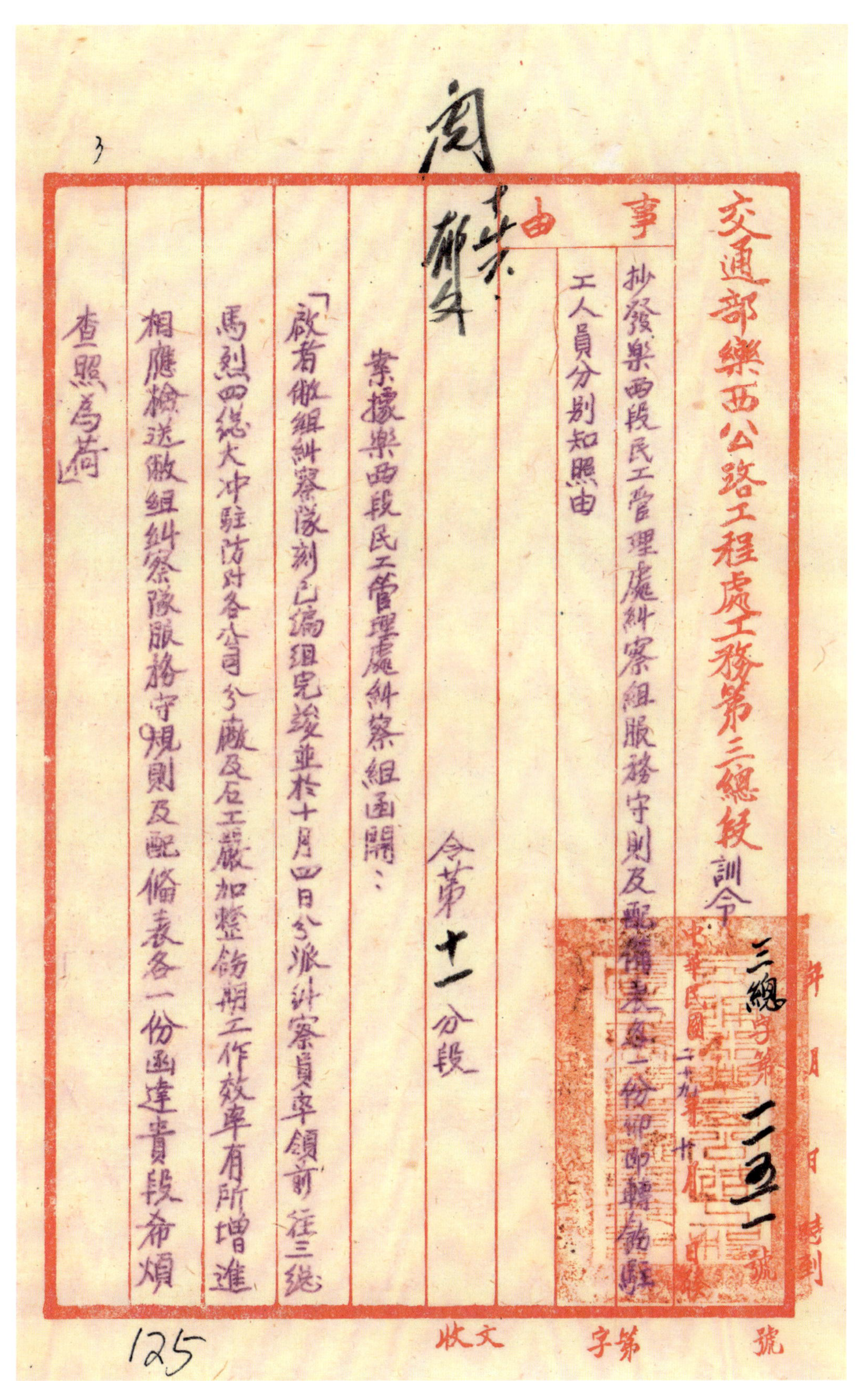
交通部乐西公路工程处工务第三总段训令 三總字第一一三一号

令第十一分段

事由：抄發樂西段民工管理處糾察組服務守則及配備表各一份仰即轉飭駐工人員分別知照由

案據樂西段民工管理處糾察組函開：

「敝會敝組糾察隊刻已編組完竣並於十月四日分派糾察員率領前往三總馬烈四總大冲駐防對各公司分廠及石工廠加緊飭督工作效率有所增進相應檢送敝組糾察隊服務守則及配備表各一份函達貴段希煩查照為荷」

125

4

等由附糾察隊服務守則及配備表各一份准此查該隊業已到達馬烈擬在即日內前往各工段會率兹抄發糾察隊服務守則及服務配備表各一份仰即轉飭駐工人員分別知照爲要

此令

總段長 華[illegible]熙

附糾察隊服務守則一份

西康省修築川滇西路樂西段民工管理處糾察組糾察隊配備表

段別	配備兵力	駐地名稱	△	指揮負責人職級	指揮負責人姓名	備考
第三總段	隊兵一班	馬烈	△	糾察員	羅耀軍	馬烈距富林較近隨時可以接應故兵力較少
第四總段	隊兵兩班	大冲	△	糾察員	張堯欽	

二九、一〇、三、

糾察隊服務守則

一、本守則係依據民營處頒發糾察組服務規則並參酌實際情形擬定之

二、凡派進工區之糾察隊官長士兵均應常川住在指定地域並遵照本守則勤慎工作非經許可或特別事故不得擅離工區

三、糾察隊應行糾察之範圍及處置

1、各公司工場負責人未盡厥職致碍工程進展者。

2、各公司分廠領工不在工地督率致工程進度遲緩者。

3、工人質量太差工作效率低微者。

4、工具火藥食糧儲備不足影響工程進度者

6

有右列情事之一者应随时予以纠正

5. 在本路范围内利用流氓地痞或其他方法暗地勾引其他公司工人者。

6. 盗卖盗买钢料火药工粮者。

有右列情事之一者应随时予以裁制并呈请法办

7. 专以勾引工人而骗领募工费为营业者。

8. 专以利用工人盗买盗卖工具火药工粮等为营业者。

9. 各公司分厂有将工资侵吞之征候至逃避者

10. 各公司分厂领工有剥扣工资工粮待遇不良致工人逃亡众多者。

有右列情事之一者应随时予以遣散解送法办

7

四、糾察隊官長士兵凡檢獲逃工鋼具火藥等均應立即呈報不得隱瞞並由經酌給奬勵（奬勵办法另定之）

五、糾察隊官長士兵執行職務時絕對公正廉潔不得偏私徇情受賄舞弊如違即按軍法論罪

六、本守則呈准民管處後施行

七、本守則如有未盡事項得備呈請民管處修正之

127

乐西公路工程处工务第三总段第十二分段第一期验收凭证（一九四〇年十一月一日）

145

交通部樂西公路工程處第三總段第十二分段

第一期驗收憑証　29 年 11 月 1 日

地點或時間	何項工程	單位	稱呼	數量	人數	開工日期	完成日期	驗收日期	附註
自 34^K+520 至 35^K+250	路基	立公方	普通土	約3600	260	10月15日	10月31日	11月1日	該段精確數量俟斷面測竣後再行計算之

上項工程業經驗收無訛特給此証為憑

榮經縣縣長　　城東聯隊　　隊長

工程人員

築委會人員

第一期驗收憑証　29 年 11 月 1 日

地點或時間	何項工程	單位	稱呼	數量	人數	開工日期	完成日期	驗收日期	附註
自 34^K+520 至 35^K+250	路基	立公方	普通土	約3600	260	10月15日	10月31日	11月1日	該段精確數量俟斷面測竣後再行計算之

上項工程業經驗收無訛特給此証為憑

榮經縣縣長　　城東聯隊　　隊長

工程人員

築委會人員

89

乐西公路工程处工务第三总段关于荥经县筑委会驻工办事处名称及主持人姓名致第十一分段的训令
（一九四〇年十一月八日）

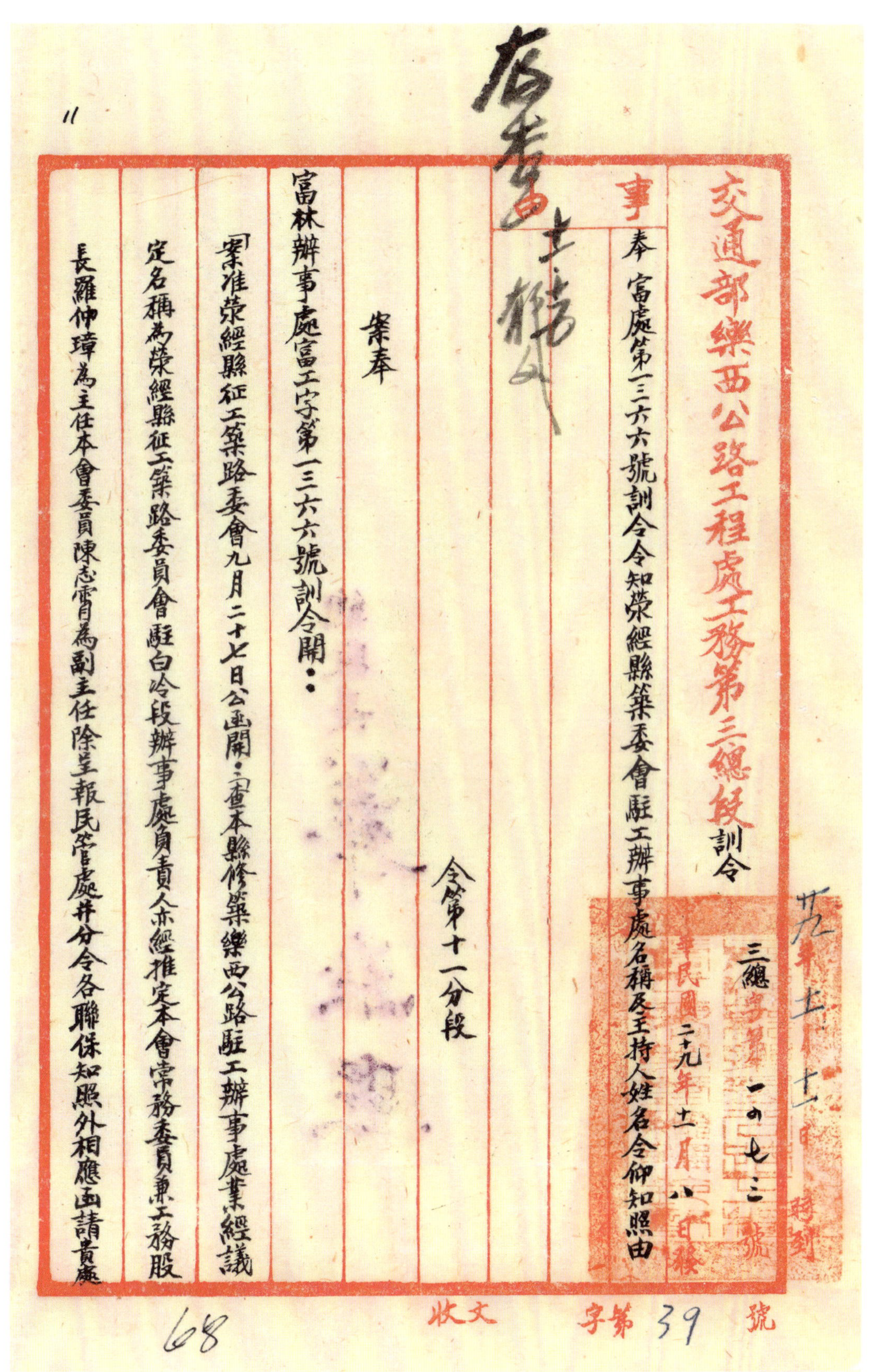

交通部樂西公路工程處工務第三總段訓令

三總字第一〇七三號

中華民國二十九年十一月八日發

事由：奉富處第一三六六號訓令令知滎經縣築委會駐工辦事處名稱及主持人姓名令仰知照由

令第十一分段

案奉

富林辦事處富工字第一三六六號訓令開：

「案准滎經縣征工築路委會九月二十七日公函開：'查本縣修築樂西公路駐工辦事處業經議定名稱為滎經縣征工築路委員會駐白岭段辦事處，負責人亦經推定本會常務委員兼工務股長羅仲璋為主任，本會委員陳志霄為副主任，除呈報民管處并分令各聯保知照外，相應函請貴處

收文　字第39號

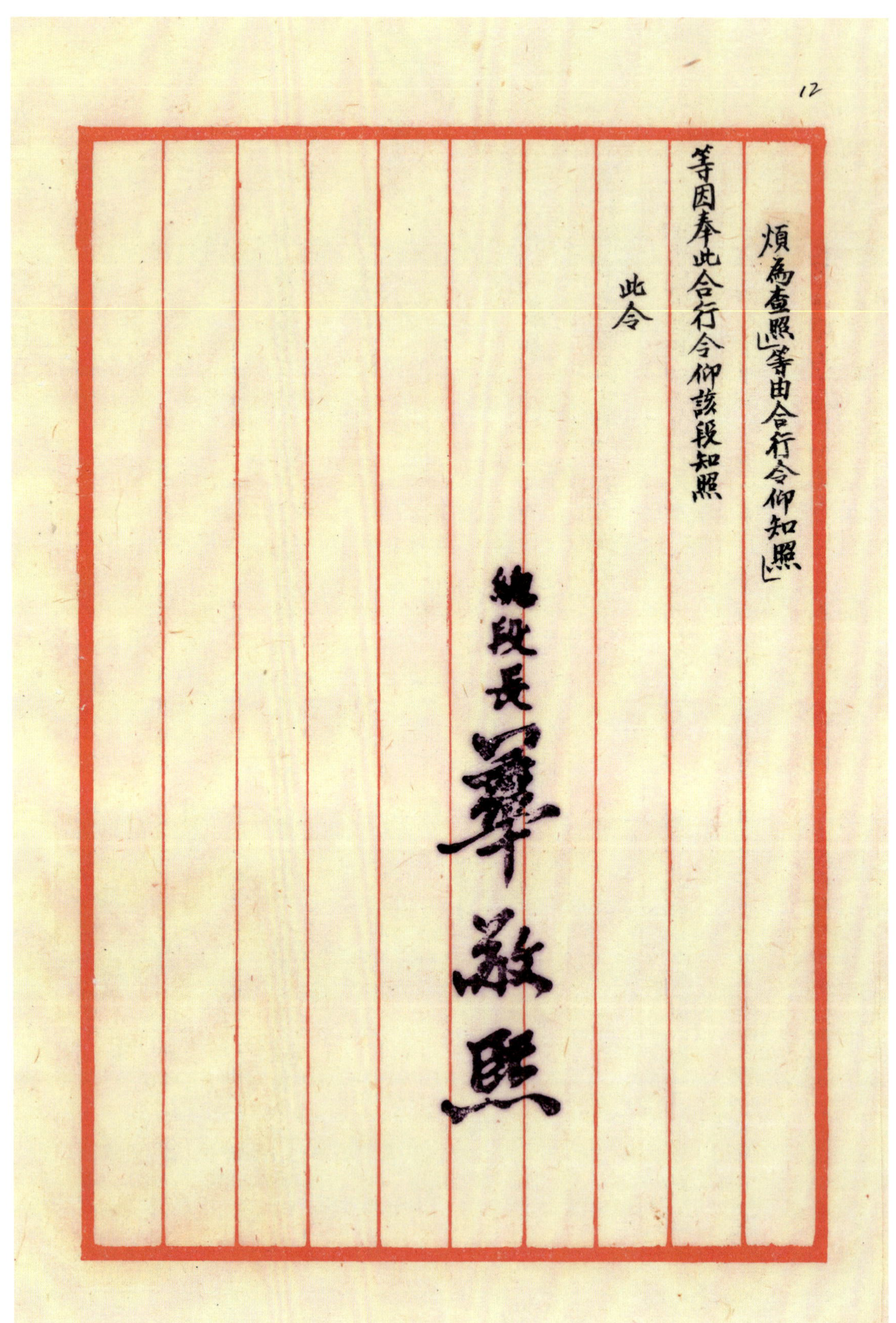
12

烦为查照！等由合行令仰知照！

等因奉此合行令仰该段知照

此令

总段长 华敏熙

乐西公路工程处工务第三总段关于嘉奖一、六两段人员并勉励主持人员致第十一分段的训令（一九四〇年十一月十日）

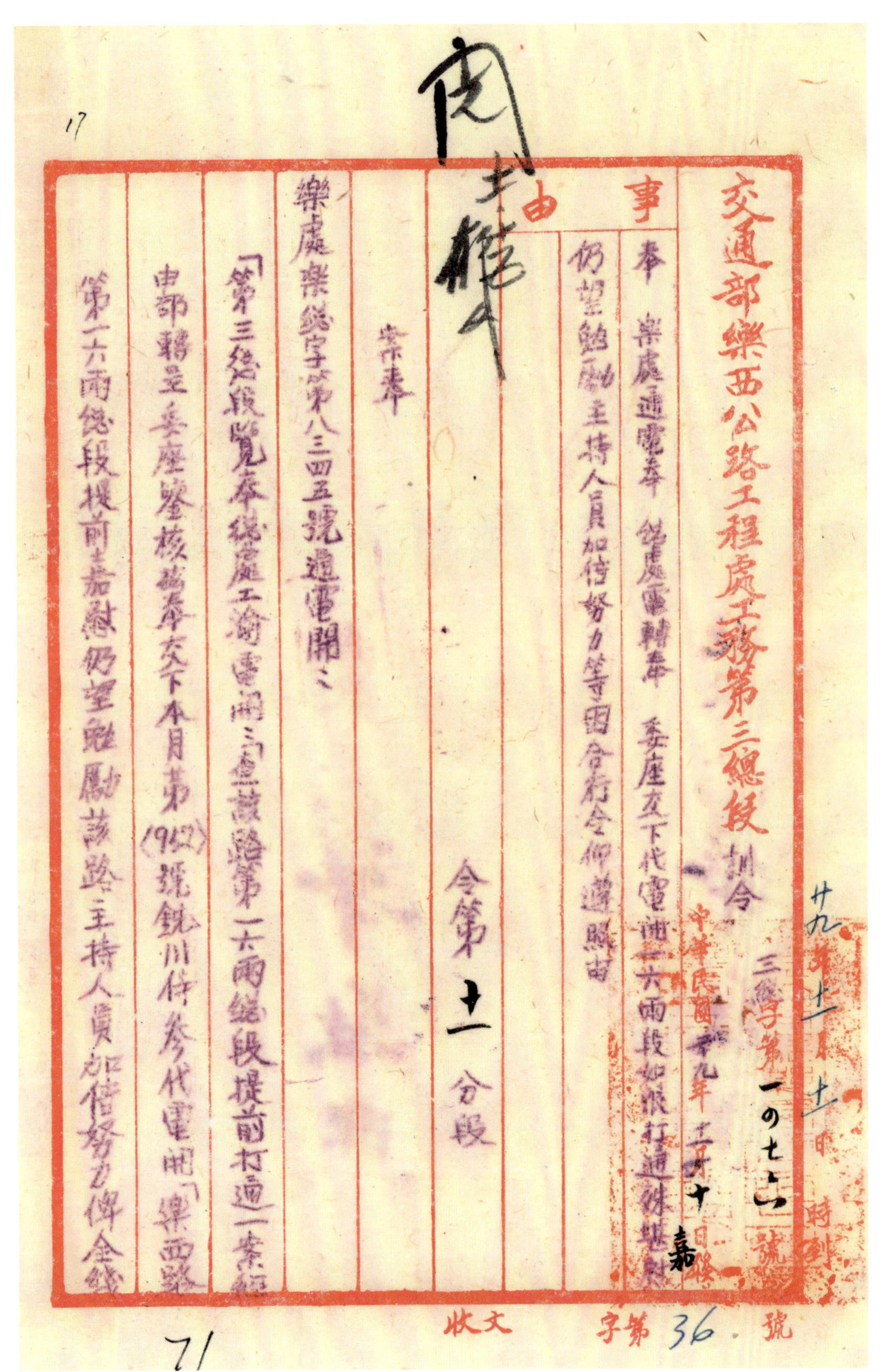

交通部樂西公路工程處工務第三總段訓令

三總字第一〇七六號

中華民國廿九年十一月十日

事由：奉樂處通電奉總處電轉奉委座支下代電通一六兩段如限打通殊堪嘉慰仍望勉勵主持人員加倍努力等因合行令仰遵照由

令第十一分段

案奉

樂處樂總字第八三四五號通電開：「案三總段覽奉總處工渝電開：『查該路第一六兩總段提前打通一案，經由部轉呈委座鑒核，茲奉支下本月第〈9162〉號銑川侍參代電開：「樂西路第一六兩總段提前嘉慰，仍望勉勵該路主持人員加倍努力，俾全線

收文　字第36號

18

早日通車為盼」等因奉此合行轉飭知照一六兩段總工得力人員除已提升者外並准再加考核擇尤具報以便呈部傳令嘉獎并仰轉飭各段人員加倍努力期早通車」等因除一六兩段總工得力人員已呈總處從優獎敘外查本路工期限迫近所有尚未打通各段務各當仁不讓努力爭先俾全線得以早日通車得以屆期實現以仰副層峰訓勉之至意除分電外合行電仰遵照樂西處總工3104印」等因奉此除分令外合行令仰遵照

此令

總段長 華敬熙

乐西公路工程处工务第三总段关于《征伐木料办法》及单价致第十一分段的代电（一九四一年一月十四日）

交通部樂西公路工程處工務第三總段代電稿

第 全 頁 事

第 二三〇九 號 由

第十一分段鑒：案奉富處真富工村會字第0481號代電開：「查本處征伐木料辦法及單價業經漢源縣政府備查并轉飭知照，公佈施行在案。茲准復開：案准貴處富材字第2607號呈開，為『橋樑涵洞亭站及其他工程木料參照市價擬定征伐木料辦法，并希協助』一案等由，准此，除飭令富林區署轉飭各保甲切實協助外，相應函復，并煩查照為荷。等由，特電知照。」等因。奉此，除分電外，即希查照為荷。三總 99/14

附征伐木料辦法及單價表各一份

中華民國三十年一月十四日 分發

290

附（一）交通部乐西公路富林办事处征购木料办法

交通部樂西公路富林辦事處征購木料辦法

一、凡本辦事處所屬三、四兩總段管轄範圍內征購木料均用本辦法辦理之

一、征用木料由本處所屬各總分段派員會同當地保甲長先行議定

二、凡經議定之木料不得再行出售或砍下自用

四、木料砍下後由工段人員會同保甲長業主點收按木料尺寸發給征用木料憑單一俟木料征用價金規定由工段約會日期通知當地聯保主任會同憑據發給價款如有逾期未領者即由聯保處公告展期在展期內仍有未領者即作無主充捐概不給價

五、砍樹鋸料及運送由本辦木料包商辦理當地聯保主任應負協助及保護之責

六、樹木長以合用者為準
七、樹木大小以丈量後樹木之上下直徑參平均為計算標準
八、凡公墳樹以及風景有關之樹木禁華凡上列實需要可暫免砍伐
九、樹木價格照徵木辦法按照征用木料暫價表計算之
十、本辦法如有未盡事宜得隨時修正之
十一、本辦法自公佈之日施行

附（二）交通部乐西公路第四总段拟定征伐木料单价表

交通部樂西公路第四總段擬定征伐木料單價表

年　月　日

直（公分）徑	長度	單（元）價		備註	
		雜木	松杉		
15	每公尺	2.50	3.00	0.08/B.M.	0.096
20	〃〃〃	3.50	4.00	0.064/B.M.	0.073
30	〃〃〃	6.50	9.00	0.053	0.065
40	〃〃〃	11.00	14.00	0.05	0.064

註 1、各料單價平均以每公方/20M/140元為計算標準

2、砍價及運价另計

3、直徑45公分以上酌量情形臨時另定

56

292

交通部樂西公路工程處路面工程臨時事務所第二段工務第一總段第二分段核發工粮辦法

一、在本段工作之石工、民工、包工及工隊請領工粮均依照本辦法辦理之

發粮日期：

二、各工工粮規定每五日（一、六、十一、十六、廿一、廿六、）核發一次

發粮數量：

三、每工每日發粮二市斤，病殤工不得超過百分之廿（病工發米數量減半即每工每日發粮（市斤）

四、各期核發之粮均以上期到工人數為準，備本期新到工人如請增發工粮時應有本段駐工人員之証明始能生效

五、石工民工包工或工隊請領工粮時應由各該工駐工負責人

書面通知本段（通知書須註明該工本期末日到工人數及工作地点，請發數量與須由本段駐工人員簽名蓋章之證明）本段根據工項書面通知核填工糧領單交由各該駐工負責人持往指定糧站領用，該工駐工負責人須填具工糧領單收據交本段存查。

六、本辦法於民國三十年三月二十日起實行。

（附收據樣式）

茲收到

交通部樂西公路工程處工務第一總段第二分段

簽發合字第　　號工糧領單一份

計食米　千　百　十　市斤正

（工別）　△△△（蓋章）

民國三十年　月　日

路面材料數量計算表

種類	料別	每平方公尺所需材料				三公尺半路面每公里路面所需材料	總計長度（公里）	總計數量	備考
		各層材料厚度		單位	數量				
		虛鋪	壓實						
甲種（二五公分厚之路面）	大塊石（大於10公分者）	0.18	0.144	公方	0.18	630	1	630	1. 路面工程係依照鋪築路面工程施工細則第七條之規定填方處採用甲種路面挖方處用丙種路面所有石子依照第四條規定之大小擊碎之 2. 材料按照三公尺半寬路面計其數量以虛鋪厚度計算之 3. 本段現僅小部份開工對於路基地質未能精確調查計算除面層已顯石質地段作為甲等地質外其餘約估9.5公里作為乙等地質必須鋪築路面以期雨天行車填土處約估長一公里挖土處約估長8.5公里計
	5~8公分石子	0.07	0.056	〃	0.07	245	1	245	
	2~4公分石子	0.05	0.040	〃	0.05	175	1	175	
	0.5~2公分小石子	0.015	0.010	〃	0.015	52.50	1	52.50	
	粗砂			〃	0.015	52.50	1	52.50	
	黄土			〃	0.020	70	1	70	
丙種（一五公分厚之路面）	5~8公分石子	0.13	0.10	〃	0.13	455	8.5	3867.50	
	2~4公分石子	0.05	0.04	〃	0.05	175	8.5	1487.50	
	0.5~2公分小石子	0.015	0.01	〃	0.015	52.50	8.5	446.25	
	粗砂				0.015	52.50	8.5	446.25	
	黄土				0.020	70	8.5	595.00	

57

乐西公路路面材料采运镐锤及铺压所需工数表（时间不详）

路面材料採運搞捶及鋪壓所需工數表

項別	工別	單位	每單位須工數	總計數量	總需工數	說明	備考
石料	採挖	公方	3	6903.75	20711	1.石料均須沿綫採取之	
	搬運	半公里公方	1		6904	2.由採取地點運至路綫後又沿途分運其平均運距約半公里每人每日約可運半公里公方	
	捶碎	公方	4		27615	3.所有石子均須捶碎至規定大小	
	裝堆	〃	0.5		3452		
粗砂	採挖	〃	2	498.75	997	4.所有砂子均須從馬烈溝中採取之	
	搬運	公里公方	~~7~~ 10		3491	5.由採取地點運至工地後又沿綫分運其平均運距約爲一公里 砂子每公方計重~~……~~3600市斤	
	裝堆	公方	0.5		249	每人每次背運60市斤日行九次往返行程合計每人每日約運0.15公里公方	
黃土	採運	〃	2	665	1330	6.黃土即在沿綫附近採取故不計運工	
	裝堆	〃	0.5		333		
鋪砌		平方公尺	0.25	33250	8313		
滾壓		〃	0.02		665	十五倍	
總計工數					74060		

三、川滇西路工务局

事由：為規定公路工程技術人員銓叙規則補充辦法令仰遵照由

運輸統制局訓令

三十一年一月三十一日
渝統秘字第一〇七叁號

令川滇西路工務局

查公路工程技術人員銓叙規則前經本局三十年十月十六日渝統秘字第零三零六三號訓令通飭在案，茲再補充規定如下：

一、規定三十年年底以前派用之技術人員一律作在職論，三十一年一月一日起新派人員一律照新派規定辦理。

二、工程技術人員均限三十一年三月底以前送審，在資格未經審定以前不得加薪及任何待遇。

三、各公路遇請委派正工程司副工程司幫工程司等職，應於呈內叙明已否銓叙資格，其尚未銓叙者亦應依照規定辦理，惟以工程迫切，准遴擇資格相當人員先行試用自到差之日起以三個月為限各公路會計部份應切實核計除以在寄遞途程或本局審查文件超過定期者外其逾期薪費一律不得簽發

四、過三個月期限尚未呈送驗叙如有特殊理由得呈局展期三個月但以一次為限

五、審查手續初核審查手續負責人簽章一概以為初核機關長官簽章

六、呈局核叙資位時應附呈各該員動態登記表以憑登記另附本人二寸半身相片一張記書費陸元印花稅費肆元

前列各項除分行外合行令仰遵照。此令。

戰時軍事機關或部隊徵用民夫暫行辦法

三一年二月二日軍委會辦制
渝字第三五五八號訓令修正

一、本辦法依軍事徵用法擬定之。

二、戰時軍事機關或部隊為構築防禦陣地及其他與軍事有關之工事等徵用民夫依本辦法辦理之。

三、徵用民夫須於左列各機關之命令行之

軍事委員會

軍事委員會西安桂林辦公廳

軍政部

海軍總司令部

航空委員會

綏靖公署

戰區司令長官部

集團軍總司令部

衛戍總司令部

江防總司令部

四、徵用民夫以不妨碍兵役為主，就兵役年齡内（二十五至四十五）歲之壯丁征集之。

五、征用民夫以就地征用為原則，不足時得由鄰近行政區征用之。

六、需用多數民夫時應在多數行政區内分别征集。

七、在一地區征集較多民夫時須分批施行，每批征集數目不得超過當地壯丁數量百分之一。

八、被征民夫除第十條規定外不得拒絕應征。

九、民夫征用次序如左：

一、無職業者應先於有業者。

二、年少者應先於年長者。

三、人口較多之户應先於較少者。

十、各機關或部隊征用民夫時應呈由第三条所列各機關核准轉行征用當地有關之行政機關征交征用機關或部隊不得自行派索但須於呈請同時擬定計劃分別征用人數擬征地及征用日期等送呈核定。

十一、左列人員不得征用。

一、現任公務員

二、學校教職員及學生

三、外國使領事館雇用人員及依條約應免征者

四、在服兵役中者

五、獨立經營農工商業因被征用而致營業事項無法維持者

六、因被征用而家屬之生活難以維持者

七、身體衰弱及疾病不堪勞役者

八、本身事業對於所在地之民众有重大貢獻而為當地民众

82

所不可缺少者。

十二、工程完畢所征民夫迅速遣散，不得抑留。

十三、征用民夫者須每日以兩市升米或兩市斤麵（該非麥區）照軍糧局代金價格按日計算折發代金，木石匠增加八分之一發給之。

十四、征用遠地民夫須由征用機關或部隊酌給往來川資，每日七角，並派員照護。

十五、關於民夫工資及川資，征用機關或部隊不便直接辦理時，得委託各地行政機關代為處理。

十六、民夫因工作上所需器具，由征用機關給發，工程完畢後仍行收回。

十七、前項器具情形緊急不及置備時，得由就地征集應用，但須酌發償款。

十八、關於民夫管理、衛生及給養，應由征用機關或部隊妥為處理。

十九、征用機關或部隊對於民夫不得有虐待、扣款等事。

二十、已到征集地之民夫有死亡者其棺殮運送或埋葬等事應由征集機關或隊部妥為處理。

二十一、關於征用民夫所需經費由征用機關或部隊在久程經費內開支。

二十二、民夫征集後關於紀律裁判事項適用現役軍人之規定。

二十三、本辦法自公布之日施行。

川滇西路工务局第四总段第十八分段薪俸表（一九四二年四月）

138

川滇西路工務局
薪俸表

機關名稱　第四總段第十八分段　　（31年度4月份）

職別	姓名	月支數目：薪俸	生活補助費	超工費	米貼	合計	工作日數	應支總數	應扣數目：所得稅	實支總數	科目	簽名蓋章	備註
幫工程司兼第十八分段段長	鄭延祺	200.00	120.00	60.00	372.00	752.00	30	752.00	2.60	749.40			
工務員	周光熹	140.00	120.00	30.00	372.00	662.00	30	662.00	1.40	660.60			
工務員	黄達武	120.00	120.00	30.00	372.00	642.00	30	642.00	1.00	641.00			
練習生	胡世乾	60.00	120.00	25.00	372.00	577.00	30	577.00	0.20	576.80			
辦事員	彭繼宣	65.00	120.00	25.00	372.00	582.00	30	582.00	0.30	581.70			
監工	謝[illegible]廷	100.00	120.00	25.00	372.00	617.00	30	617.00	0.60	616.40			
監工	吳作雲	80.00	120.00	25.00	372.00	597.00	30	597.00	0.40	596.60			
監工	劉科泉	55.00	120.00	25.00	372.00	572.00	30	572.00	0.20	571.80			
	郭润泊	60.00	120.00	25.00	372.00	577.00		577	[illegible]	576.80			
		[illegible]	1080.00	[illegible]	[illegible]	[illegible]				[illegible]			

製表員　會計員　主管首領　覆核員　稽核股長　會計科長　副局長　副局長　局長

31年4月30日

川滇西路工务局抄发《战时汽车司机技工出差旅费支给办法》的训令（一九四二年五月十六日）

152

事由：奉令发战时汽车司机技工出差旅费支给办法仰即遵照由

年 五 月 十六 日

時到（原文請註明原來文年月日及字號）

附件：辦法一份

擬辦批示：傳閱 令發

軍事委員會運輸統制局川滇西路工務局訓令

中華民國三十一年五月 日 字第一四一〇號

案奉

軍事委員會運輸統制局俞統訓字第一一七八〇號訓令開：

查戰時汽車司機技工出差旅費支給辦法業經本局會同

收文工字第28號

71

案准三月二十七日由行政院令集有关各机关商讨修正本案，嗣准该院秘书长四月六日顺五字第六零三七号函开：「该项办法已由院令交通、财政、经济三部知照并分函军事委员会通饬施行，相应抄同该项办法函达查照」等由，准此，合行抄发该项办法，随令附发，仰自本年五月一日起遵照实行为要。此令

当经将战时汽车司机技工出差旅费办法另行抄发一份在案。合行抄发随令，令仰知照遵照为要。此令

附发战时汽车司机技工出差旅费办法一份

局长 周凤九

154

戰時汽車司機技工出差旅費支給辦法

一、本辦法所訂出差旅費支給標準除軍用駕駛士兵外其他各機關學校公司商號所僱用之汽車司機技工均應按照本辦法辦理之

二、汽車司機技工因公派遣出差其出差旅費按左列規定支給之

1.浙江、安徽、江西、福建、湖南、湖北、廣東、廣西、河南、陝西—以上各省出差旅費應按每人每日十二元支給之

2.四川、貴州、雲南、西康、新疆、綏遠、甘肅、甯夏、青海、—以上各省出差旅費應按每人每日十五元支給之

3.如沿途設有免費宿站者得減出差費三分之一

三、汽車司機技工如出差地區在緬甸或印度者每人每日支給出差旅費盧比四盾

72

155

四、司機技工出差國外如留往一地在一月以上者自屆滿一月之次日起按出差旅費半數支給之

五、汽車司機技工出差國內往留一地在十五日以上者自第十六日起按出差旅費三分之二支給之

六、司機技工出差國內留往一地在兩個月以上者並得酌情核減或停止之

七、司機技工出差回返原地時其到達之日按出差旅費三分之二支給之

八、司機技工在本地短程運輸如時間超過半日不及一日者得按出差旅費半數支給之

九、值車出差之助手工役均按司機技工出差旅費三分之二支給之

十、本辦法自公佈之日起施行

川滇西路工务局与第四总段关于占用殷家祠堂房屋的相关文书

川滇西路工务局致第四总段的训令（一九四二年五月十八日）

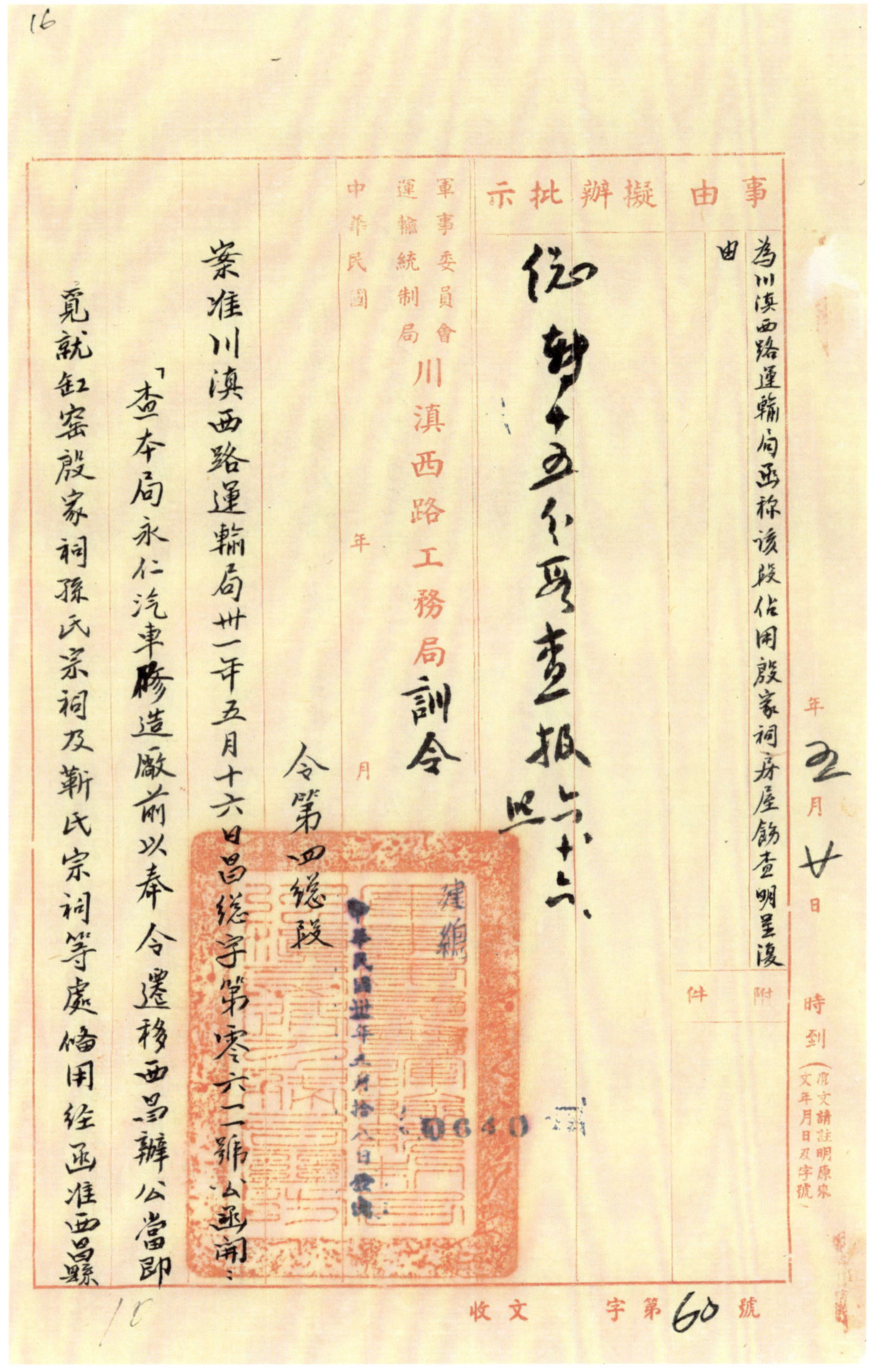

事由：為川滇西路運輸局函稱該段佔用殷家祠房屋飭查明呈復

擬辦批示：飭第五分段查報　照　六、廿六

附件

五月廿日　時到（原文請註明原來文年月日及字號）

軍事委員會運輸統制局

川滇西路工務局訓令

中華民國　年　月

令第四總段

案准川滇西路運輸局卅一年五月十六日昌總字第零六一一號公函開：

「查本局永仁汽車修造廠前以奉令遷移西昌辦公，當即覓就缸窑殷家祠孫氏宗祠及靳氏宗祠等處借用，經函准西昌縣

中華民國卅一年五月拾八日發出

0640

收文　字第60號

17

政府将该屋贴封并与该房东办理租手续各在案兹据叛敌家祠

原封条业被贵局第四总段扯去并加贴该段封条等情前来查该

屋既由本局租用在先且永仁修造厂业已派员来昌准备还移用

特函请贵局转知该段查照还让并希见复为荷，

等由准此究竟如何情形仰该总段查明具复凭办为要此令。

局长 周凤九

已製卡

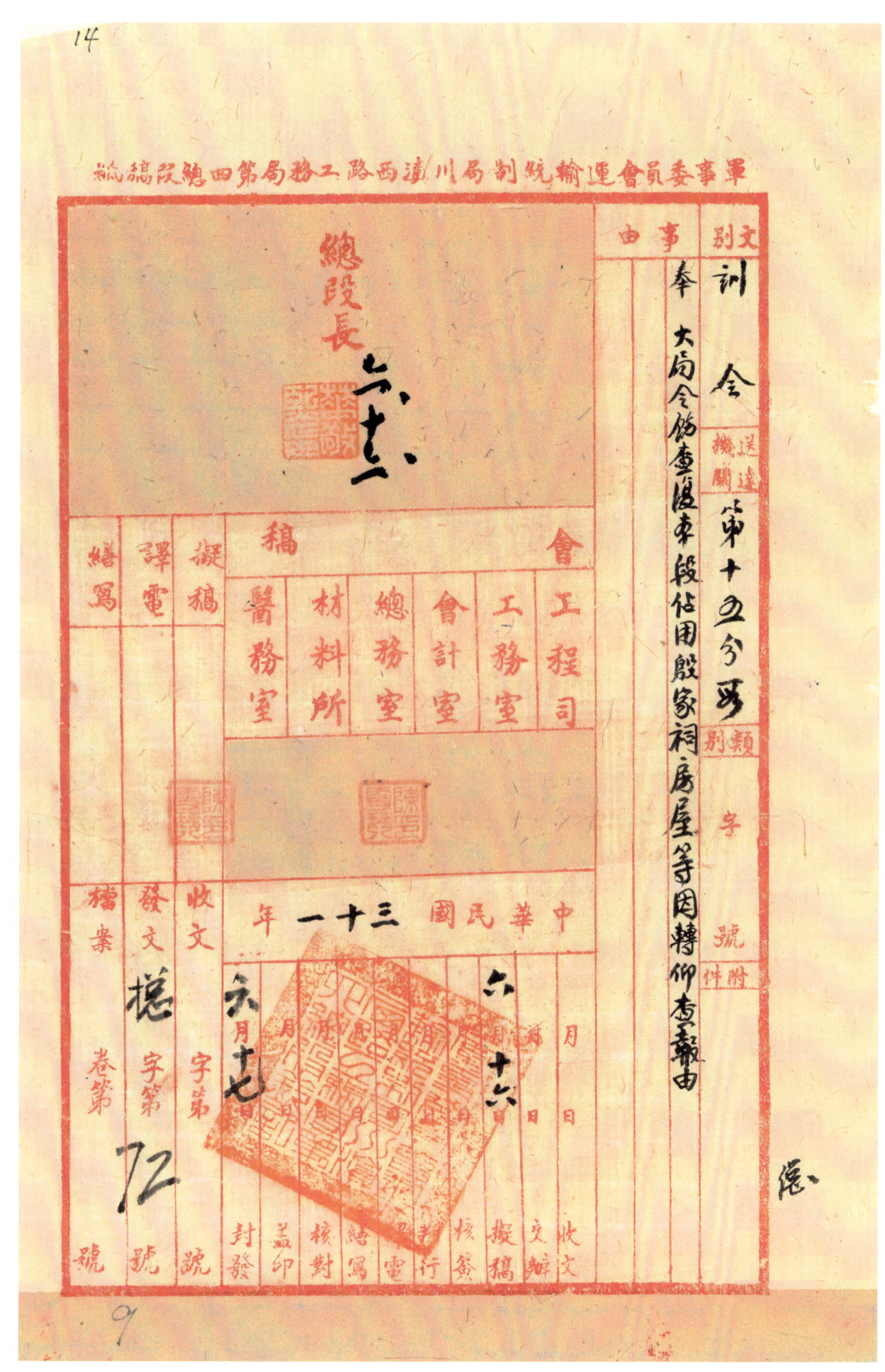

軍事委員會運輸統制局川滇西路工務局第四總段稿紙

文別：訓令

送達機關：第十五分段

事由：奉大局令飭查復本段佔用殷家祠房屋等因轉仰查報由

總段長 六、十六

會稿：工程司　工務室　會計室　總務室　材料所　醫務室

擬稿　譯電　繕寫

中華民國三十一年

六月十六日　六月十七日

收文　字第　號

發文　總字第 72 號

檔案　卷第　號

收文　交辦　擬稿　核簽　判行　譯電　繕寫　核對　蓋印　封發

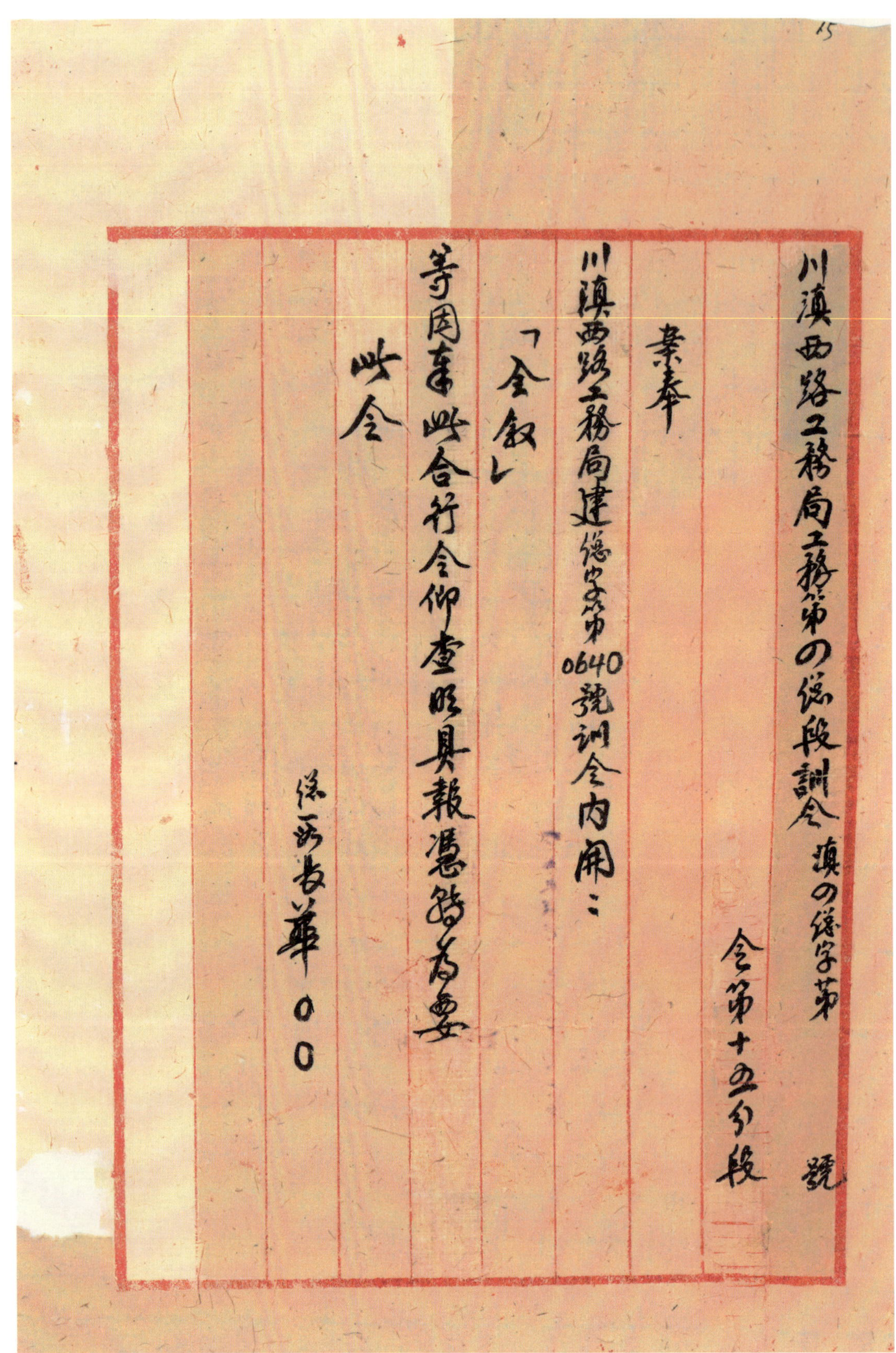

川滇西路工務局工務第四總段訓令 滇四總字第 號

令第十五分段

案奉

川滇西路工務局建總字第0640號訓令内開：

「令飭」

等因奉此合行令仰查明具報憑飭為要

此令

總段長 華〇〇

川滇西路工务局第四总段第十五分段致第四总段的呈（一九四二年六月二十二日）

12

軍事委員會運輸統制局川滇西路工務局第四總段第十五分段呈

昌橋字第6號

中華民國三十一年六月廿二日發

事由：為奉令呈報殷家祠查封情形并此刻碍難遷讓恭請鑒核賜轉由

案奉

鈞段六月十七日滇西總字第零零七二號訓令内開：「案奉川滇西路工務局建總字第0640號訓令内開：『案准川滇西路運輸局三十年五月未月昌總字第零六一號公函開：「查本局永仁汽車修理廠前以奉令遷移西昌辦公，當即覓就缸窯殷家祠及靳氏祠等處，備用經函准西昌縣政府將該房封并與該房東辦理手續在案。茲據報殷家祠原封條業被貴局第四總段扯去，并貼該段封條等情前來。查該房既由本局租用在先，且永仁修造廠業已派員來昌準備遷移用，特函請貴局轉知該段查照遷讓，并希見復為荷。」等由。准此，究竟如何

收文 字第243號

8

傷情形呈核

六，廿三

廿一年六月廿二日午后六時到

中華民國卅一年六月廿弍日送交

13

情形仰該總段查明具復憑辦為要」等因奉此合行令仰查明具報憑轉為要」

等因；奉此。查殷家祠本為大局劃作員工辦公及住宅之區（見大局籌備委員會繪置平面圖）嗣因屬段成立曾面呈

請局長撥作十五分段段址乃於五月四日由職前往查封當時并未見有運輸局封条更無扯去原封之事該祠現已設立監工

站如必要時屬段仍擬遷往該處辦公實困難遷讓奉令前因理合具文呈復恭請

鑒核賜轉

謹呈

總段長華

第十五分段段長周仲謀

已製卡

周仲謀

川滇西路工务局第四总段致川滇西路工务局的呈（一九四二年六月二十五日）

10

軍事委員會運輸統制局川滇西路工務局第四總段稿紙

文別：呈

送達機關：工務局

類別：字 號

附件：

事由：為據十五分段呈復殷家祠查封情形及碍難遷讓各情理合據情轉報仰祈鑒核示遵由

總段長 六、五

會稿：工程司、工務室、會計室、總務室、材料所、醫務室

擬稿　譯電　繕寫

中華民國三十一年

收文 月 日　交辦 月 日　擬稿 六月廿四日　核簽 月 日　判行 月 日　譯電 月 日　繕寫 月 日　校對 月 日　蓋印 月 日　封發 六月廿五日

收文 字第 號

發文 總字第 號

檔案 卷第 號

總

7

11

全衔呈　滇四總字第　號

案查五月二十四日奉

鈞局津總字第640號訓令飭查復佔用殷家祠房屋等因

當經令飭第十五分查報去訖茲據該段呈稱：

「查殷家祠本為大局……賜示」

等情到段查所稱各節尚屬不虛且該段既無扯去封條情

事並已設立監工站似難遷讓茲奉令前因理合據情備文轉報

仰祈

鑒核示遵 謹呈

局長 周
副局長 黄 徐

西工程司
兼總段長 華〇〇

川滇西路工务局第四总段与第十八分段关于留用夷务指挥部一营三连官兵驻段防卫的来往文书

第十八分段致第四总段的签呈（一九四二年五月十九日）

簽呈　五月十九日　于摩泮營第十八分段

查前西祥路第十八總段路線自分水嶺至永定營一帶人煙稀少夷匪出沒無常築路員工治安問題係請西康省寧屬屯墾委員會夷務指揮部指派第一營第三連第一排全排官兵卅四名駐路保護每月津貼伙食需壹仟伍百元在路員工得以安心工作自始迄今該排士兵仍繼續在路維護　職自奉令前來接收之際以未奉明令對該路護士兵之處置未敢自專惟查曆年地方情形匪患頻生　職段治安問題似可仍依前西祥路第十八總段之例函請夷務指揮部仍舊指派該排兵士駐路以資保護事關他日路政之以利進行及員工生命之安全用特呈明伏乞

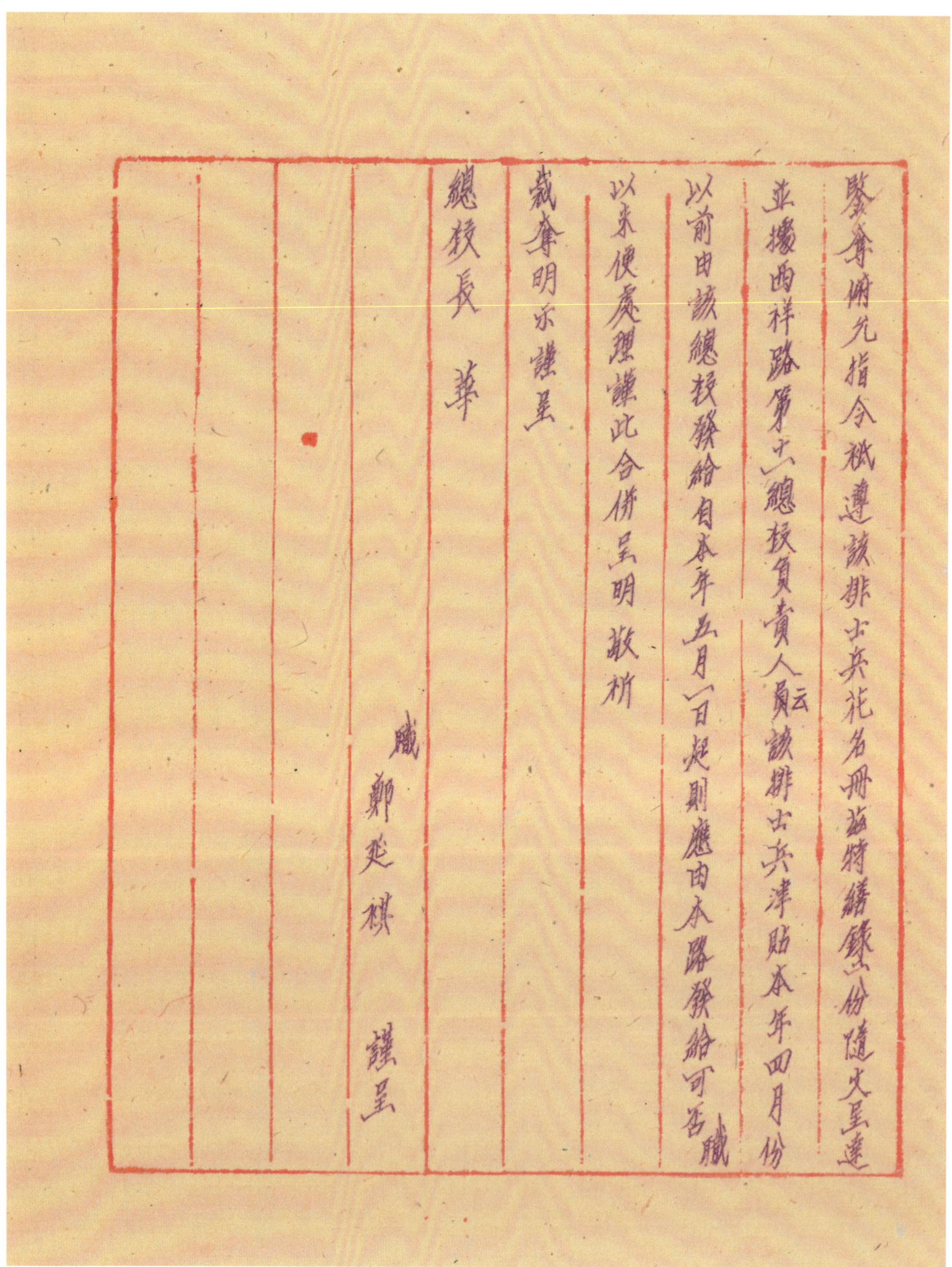

鑒奪俯允指令祗遵該排出兵花名冊茲特繕錄一份隨文呈送

並據西祥路第十八總段負責人員云該排出兵津貼本年四月份

以前由該總段發給自本年五月一日起則應由本路發給可否職

以未便處理謹此合併呈明敬祈

裁奪明示謹呈

總段長 華

職 鄭延棋 謹呈

川滇西路工务局第四总段致第十八分段的指令（一九四二年六月二十七日收）

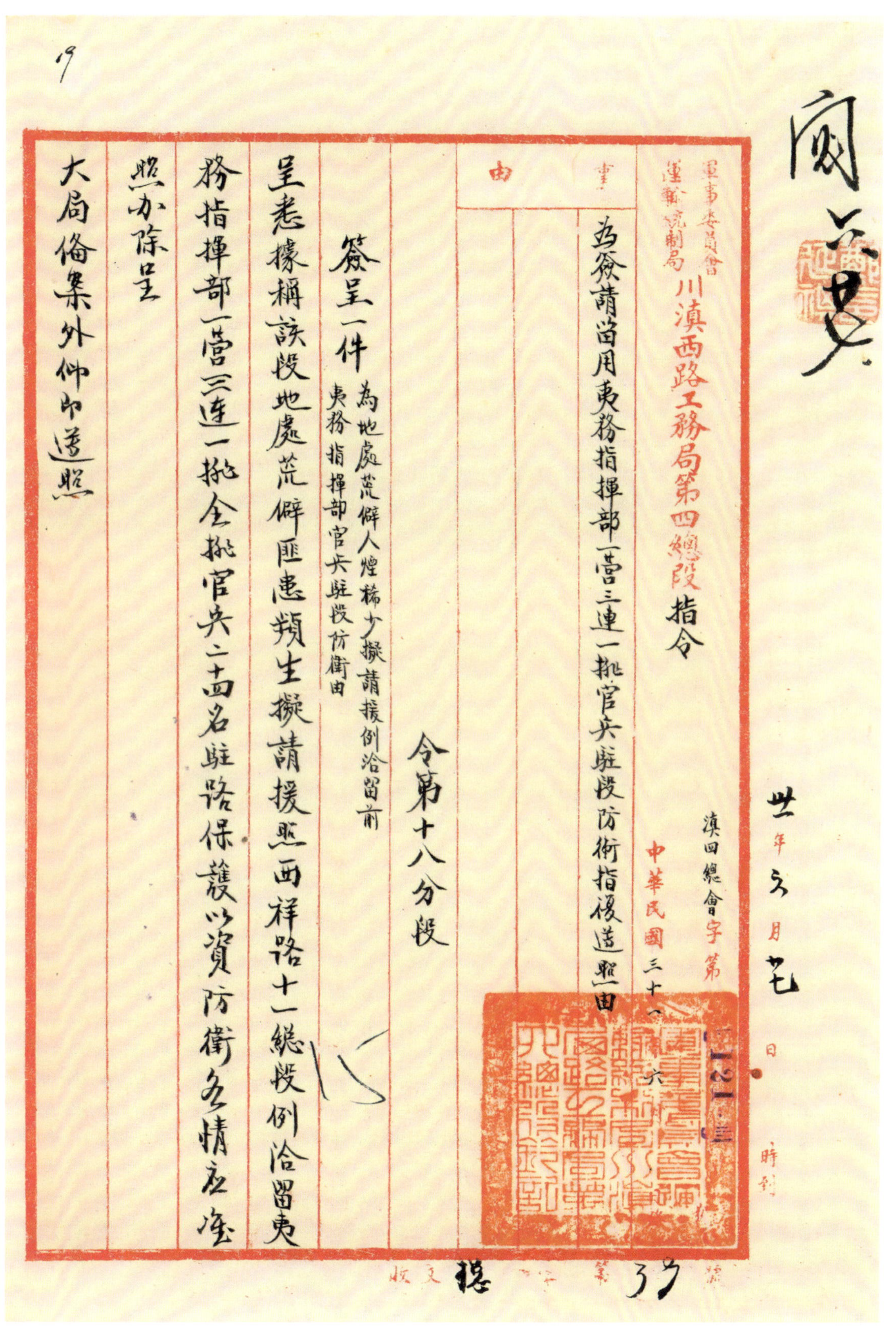

軍事委員會運輸統制局川滇西路工務局第四總段指令

滇四總會字第　號

中華民國三十一年六月　日

為簽請酌用東務指揮部一營三連一排官兵駐段防衛指復遵照由

令第十八分段

簽呈一件為地處荒僻人煙稀少擬請援例洽留前東務指揮部官兵駐段防衛由

呈悉。據稱該段地處荒僻，匪患頻生，擬請援照西祥路十一總段例，洽留東務指揮部一營三連一排全排官兵二十名駐路保護，以資防衛各情，應准照办，除呈大局備案外，仰即遵照。

.20

此令

附件存转

總段長 華駿

軍事委員會運輸統制局川滇西路工務局養路工友保證書

出具保證書人黃聯臣今保証黃春山在

川滇西路工務局第四總段第十八分段充當養路道班第三十六班

工目確係保其勤慎工作操守廉潔並不致有侵蝕公物舞弊營私及不良

嗜好與不法行爲等情事倘被保人犯有前項行爲保証人願負追繳及

賠償責任或連同依法受處所保是實

保証人　黃聯臣（簽名蓋章）

住址　摩孝營街上天順店

被保人　黃春山

中華民國三十一年五月二十七日

軍事委員會運輸統制局川滇西路工務局養路工友保證書

具保證書人朱少云今保證趙南亭在

川滇西路工務局第四總段第十八分段充當養路臨時飛班第二班

工目，擔保其勤慎工作，操守廉潔，並不致有侵蝕公款公物、舞弊營私及勒索良

嗜好與不法行為等情事。倘被保人犯有前項行為，保證人願負追繳及賠償

責任，或連同依法受處，所保是實。

保證人　朱少云　簽名蓋章　朱少云印

住址　摩岸豐街衛生理髮店

被保人　趙南亭　趙南亭印

中華民國三十一年八月十四日

42

具保證人黃良成今願保黃春山係

貴分段道班頭目倘有違犯規則命令不聽指揮對於所屬工人不能督率勤奮工作或故意偷懶聽憑

貴分段隨時處分其有遺失或損壞公物及虧空工餉等弊情事發生時

貴分段所蒙受之損失概由保證人負責如數償清特立此書為據

此上

川滇西路工務第十八分段

中華民國卅一年五月二十七日

81

43

保證人黄聯成

職業商人家十萬

住址天順店

川滇西路工务局养路道班及飞班组织暂行办法及应行注意事项（一九四二年五月三十日）

參照工員修規 云若

軍事委員會
運輸統制局 川滇西路工務局養路道班及飛班組織暫行辦法及應行注意事項

民國三十一年五月五日頒布
民國三十一年五月三十日修正

(一)本局為辦理川滇西路樂山至祥雲間養路起見設置道班及飛班分隸三十分段[?]

(二)道班隸屬於工務分段承分段長之命令受監工之督導擔任劃定地段內之養路工作

每班設工目一人伙伕一人工人一十八人

(三)飛班隸屬於工務總段每班設工目一人伙伕一人工人二十五人聽候總段長之命令隨時調赴所屬各分段工程緊急處工作

(四)道飛班工人之雇用遷調解雇均應填具單表分別呈報單表格式另定之

(五)道飛班每班得抽派工人一名出外採購日用各物但須由工目隨時將派出工人姓名事由及去處向監工報明並於歸後即行照常上工

(六)道飛班應辦理之工作分述如次

(甲)路基保養(修) 1、側坡修理 2、路肩修理 3、側溝修理 4、塌方陷方翻方之清理

15

6

16

（乙）路面保修　1、沙石採運　2、路面整理　3、路面鋪壓　4、路面翻方

（丙）橋涵保修　1、橋頭防護　2、橋涵修整　3、基礎保護　4、橋涵面修理　5、橋墩修理　6、涵管疏浚

（丁）標誌保修　1、豎立　2、油漆　3、補修

（戊）其他　1、房屋修理（總分段及道班房屋）　2、船埠修理　3、保坎修理

（七）道飛班番號按分段次序排定之各班旗幟及工人號衣均由局方製發並用兩碼編號以便考查前二碼為班次號數後二碼為名次號數（例如第五大班第十八號工人應為5618號飛班在號數前加一「飛」字）

（八）道飛班工目須擇品行端正幹練耐勞有養路經驗且無不良習慣者充任之工人亦須擇年富力強無不良嗜好者工目必須服從工段人員之指示常川隨班在工地負責指揮工人工作應受工目督促管理

（九）工目須具殷實舖保工人須取具五人联保保証書及联保單格式另定之

17

（十）道飛班所需之工具雨具膳具等由局備辦發交各工段分發各班應用工目應負責保管如有損壞應隨時報段更換但不得任意損壞如有遺失而理由不充分者概由工目照價賠償

（十一）道飛班於出工時應將旗幟插於工作地點各工人并須穿號衣在號衣未製發前由局暫發符號佩帶以資考查

（十二）道飛班每日工作時間為九小時并須在工地午餐不得遲到早退

（十三）工目工人應住宿道房在道房未建築以前由段在沿綫租佃民房或借住廟宇公屋必須集中居住俾便管理

（十四）道飛班工人概無例假如有因特別事故請假者按日扣除薪資請假逾一週者即予解雇但因公受傷致病而不能工作者可報請主管轉呈核准病假免予扣薪

（十五）監工對於所屬道班飛班工人均應每日用點工單點名所有每月工餉單

7

18

之核造內以監工單為根據監工單由工目執掌監工或工務員查工時應隨時按名點驗

（十六）道飛班二人辛工規定由分段按月發給並編造辛工單層呈核銷工人伙食得由分段酌量預支並於發放辛工時彙扣之

（十七）工段主管人員應時時注意道飛班工人之成績、能力及風紀並須注重實地訓練工人年齡以十八歲至二十五歲為合格如查有老幼病弱或性情怠惰兇暴者應立即解雇另雇合格工人補充足數

（十八）監工須每日按照道飛班班次將工作名稱數量及人數填具工作日報呈送分段轉呈總段彙報本局

（十九）總分段應隨時派員出外考工并對工人之精神訓練尤當注意如提倡識字運動及灌輸普通常識等均應相機實行

（二十）道飛班工人不得藉公家服務名義在民間強買強賣及其他擾索情事

（廿）道班工人於居住地旁如有公家空地經呈准後得利用空餘時間墾植菜蔬藉助給養

（廿一）道飛班工人獎懲辦法悉照本局員工獎懲辦法辦理

（廿二）本辦法如有未盡事宜得隨時修正之

（廿三）本辦法自公佈之日施行

川滇西路工务局与第四总段等关于三十三分段占住锦川乡中心学校的相关文书

川滇西路工务局致第四总段的训令（一九四二年五月三十日）

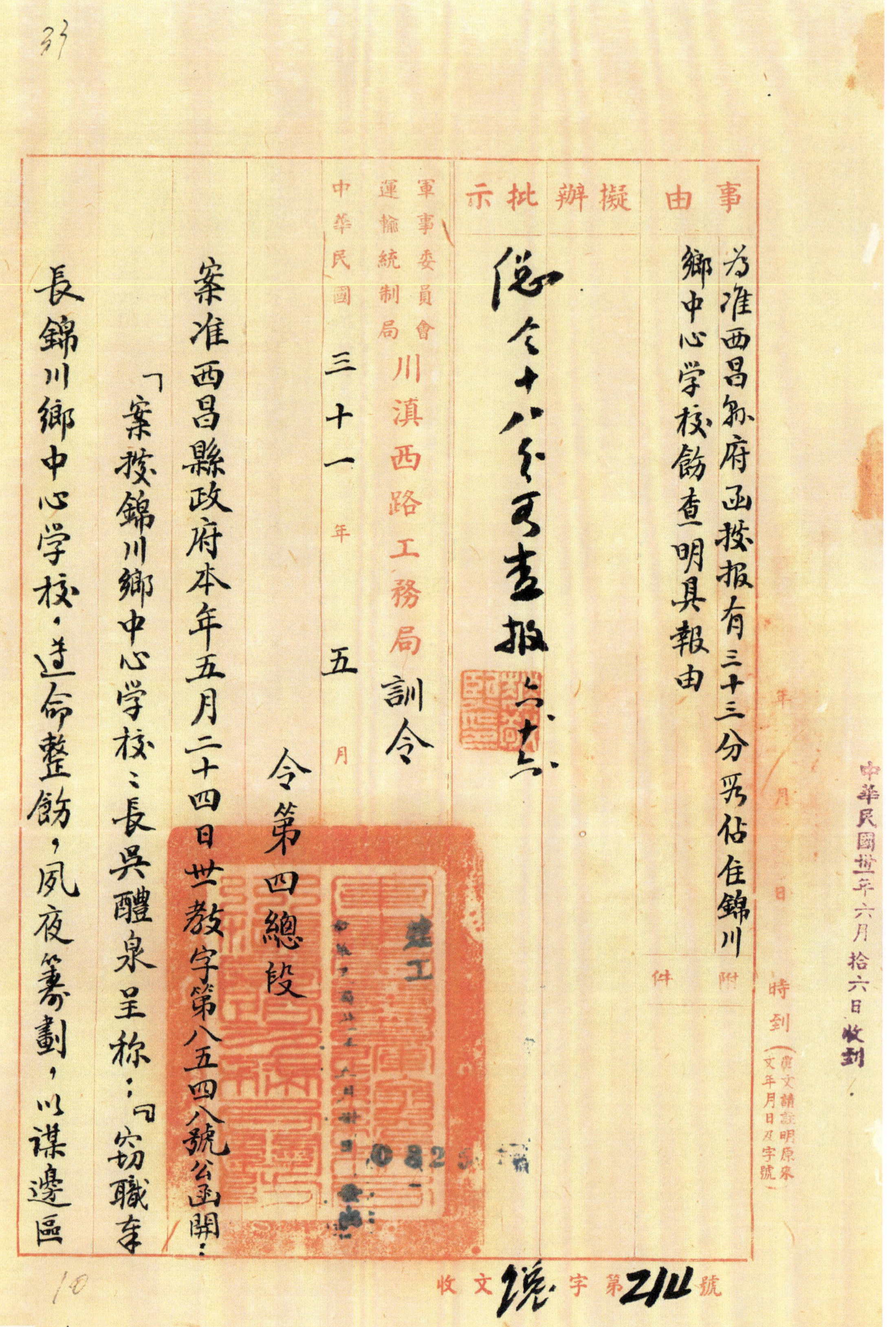

事由：为准西昌县府函据报有三十三分段占住锦川乡中心学校饬查明具报由

拟办批示：稿令十八分段查报 六、十六

军事委员会运输统制局川滇西路工务局训令

中华民国三十一年五月

令第四总段

案准西昌县政府本年五月二十四日世教字第八五四八号公函开：「案据锦川乡中心学校校长吴醴泉呈称：『窃职奉长锦川乡中心学校，遵命整饬，夙夜筹划，以谋边区

中华民国卅一年六月拾六日收到

收文 总字第2114号

教育之发展，用副主座施训之至意。溯本校创办迄今，十有一载，经营各项，颇费苦心，一切设备，稍具规模，不意去岁修筑西祥公路，三十三分局迁址本校，竟将前院概行侵占，虽成偏安，犹冀工作完毕，或能归还。初尚共由大门出入，嗣竟不顾教育，擅将出入要道阻断，必经之门，重加锁钥，逼使员生概绕后门进出，道经厨房厕所，臭秽难免，狭隘不堪，有失卫生，兼碍通行，妨害一也；教室不敷，相隔数间，声浪冲突，光线不足，影响教学，妨害二也；寝室缺少，或拥挤一室，或地上设铺，因之疾病时生，直接危及儿童健康；间接有碍学生来源，妨害三也。公路既经完成，分所亦已撤销，随处均可就住，何能假借优胜，久住不还，以教育之重地，作娱乐之私园，可还而不还，可搬而不搬，更欲大兴土木，培作永久私宅，蔑视教育，胡至于此，职也投实无力，用特备呈利害，恳请作主，赐详川滇西路局，着饬全部交还，以利教育，而重主权！谨呈」等情，前来。查修筑公路时，由工程司会同当地士绅开会决定，暂时借住，现公路既经完成，即应归还学校，以便管教，若复扩大建筑，供给娱乐，不无妨害教育之處，據呈前情，除指令印發外，相應函請貴局查照令飭三十三分段另覓住址遷移，以維教育，即使一時難覓適宜地點，亦請令飭該段人員緊縮居住，俾學生仍從大門出入，不致妨礙教育，如何之處，希即賜覆，以憑飭遵。」

等由准此查本局工段番號並無三十三分段究竟該校駐住是否本局員工合行令仰該總段迅即查明有無所屬員工借住該校如果屬實務須嚴飭縮小範圍注重秩序勿礙該校教課並將查辦情形具報為要。

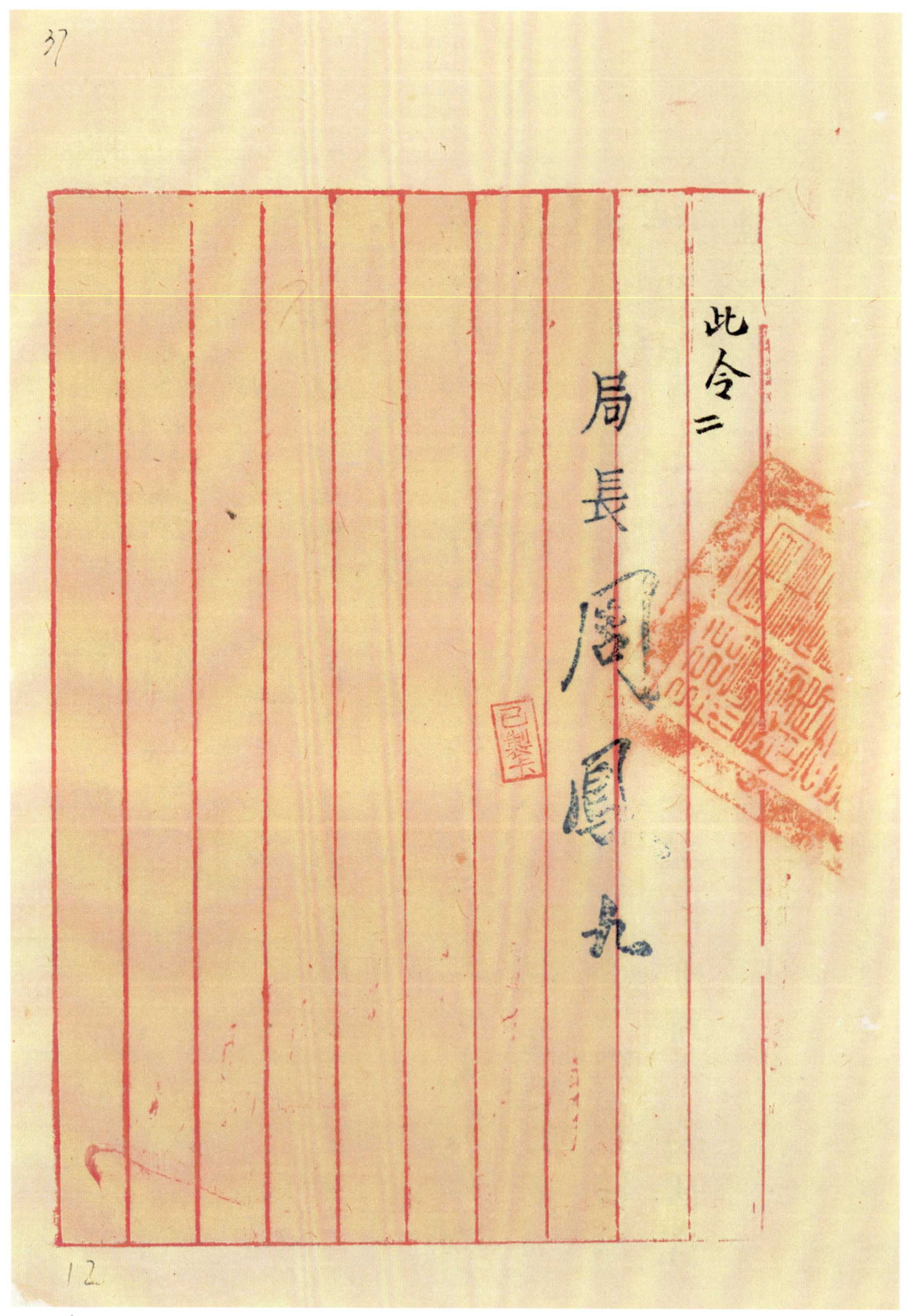
此令

局長 周鳳九

川滇西路工务局第四总段致第十八分段的训令（一九四二年六月十七日）

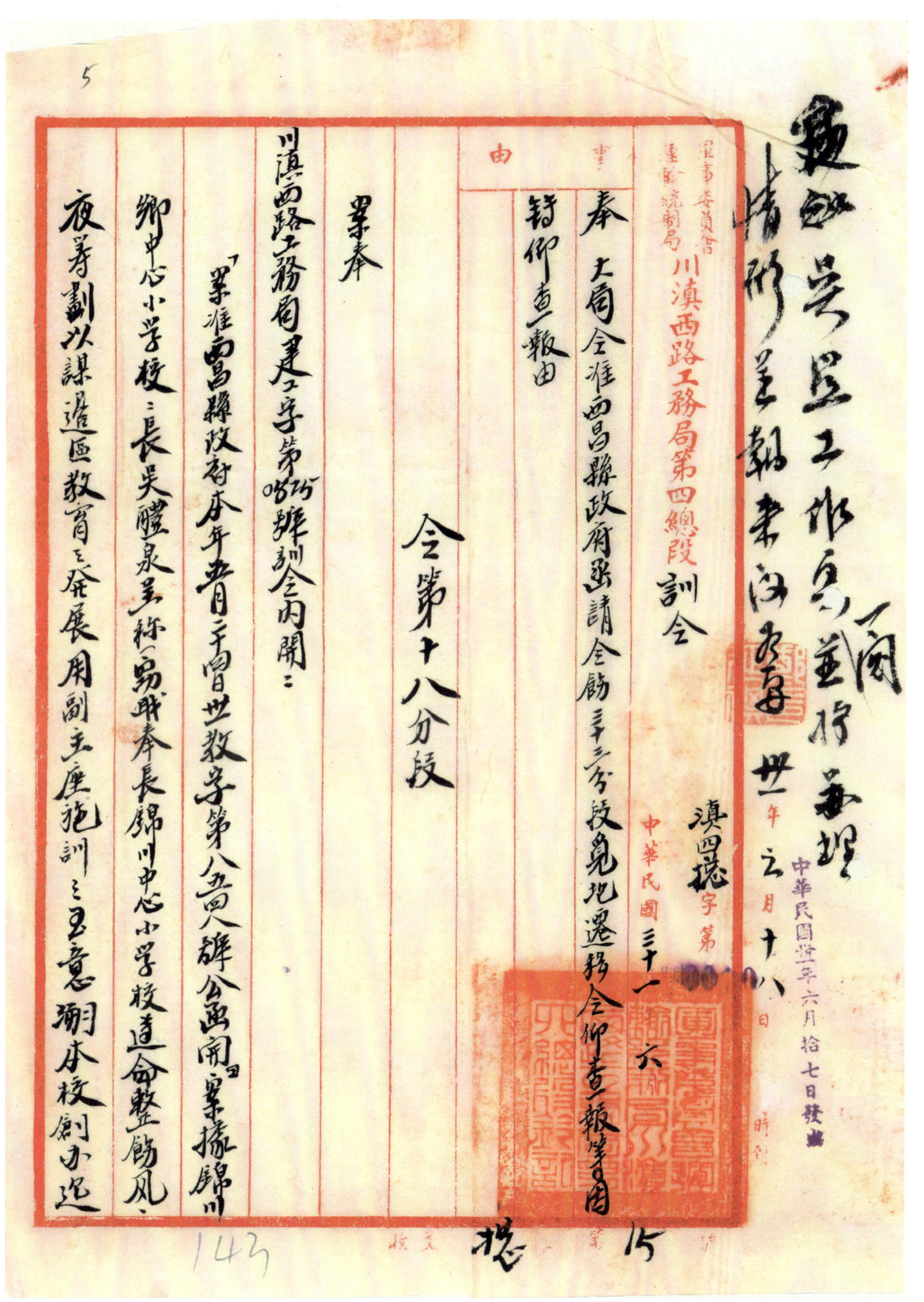

軍事委員會運輸統制局川滇西路工務局第四總段訓令

滇四總字第　號

中華民國三十一年六月　日

事由：奉大局令准西昌縣政府函請令飭第十八分段覓地遷移，令仰查照具報等因，飭仰查照具報由

令第十八分段

案奉

川滇西路工務局建工字第0865號訓令內開：

「案准西昌縣政府本年五月二十日世教字第八五四八號公函開：『案據錦川鄉中心小學校校長吳體泉呈稱：竊職奉長錦川中心小學校，遵命整飭風氣，夜籌劃以謀邊區教育之發展，用副主座施訓之至意。溯本校創辦迄

中華民國卅一年六月拾七日發出

6

今十有壹載經營各項頗費苦心一切設備稍具規模不意去歲修築西樂公路二十三分段遷地本校竟將前院概行侵佔雖感偏安尤冀工作完畢或能歸還初尚共由大門出入嗣竟不顧教育擅將出入要道阻斷必經之門重加鎖鑰逼使員生概繞後門進出道經廚房廁所臭穢難免狹隘不堪有失衛生兼碍通行妨害一也教室不敷相隔數間声浪衝突光線不足影響教育妨害二也寢室缺少或擁擠一室或地上設舖因之疾病時生直接危及兒童健康間接有礙學生來源妨害三也公路既經完成分段亦已撤銷隨處均可就住何能假借優勝久住不還況教育重地作僕衆之私園可遷而不遷可搬而不搬更欲大興土木培作永久私宅蔑視教育莫甚於此職以校處無力周轉備呈利害懇請作主

請西許川滇西路局着飭全部交還以利教育而重主權謹呈等
情前來查修築公路時工程司會同當地士紳開會決定暫時借住
現公路既經完成即應歸還學校以便管教若復擴大建築供給鐵渠
圍之處不無妨害教育據呈前情除指令印發外相應函請貴局查照令飭三十三分段另覓
住址遷移以維教育即使一時難覓適當地點亦請令飭該段人
員緊縮居住俾學生仍從大門出入不致妨碍教育如何之處希即賜
復以憑飭遵等由准此查本局工段番號並無三十三分段究竟該
校所住是否本局員工合行令仰該總段迅即查明有無所屬員
工借住該校如果屬實務須嚴飭緊縮範圍注重秩序勿碍該校
教課並將查辦情形具報為要

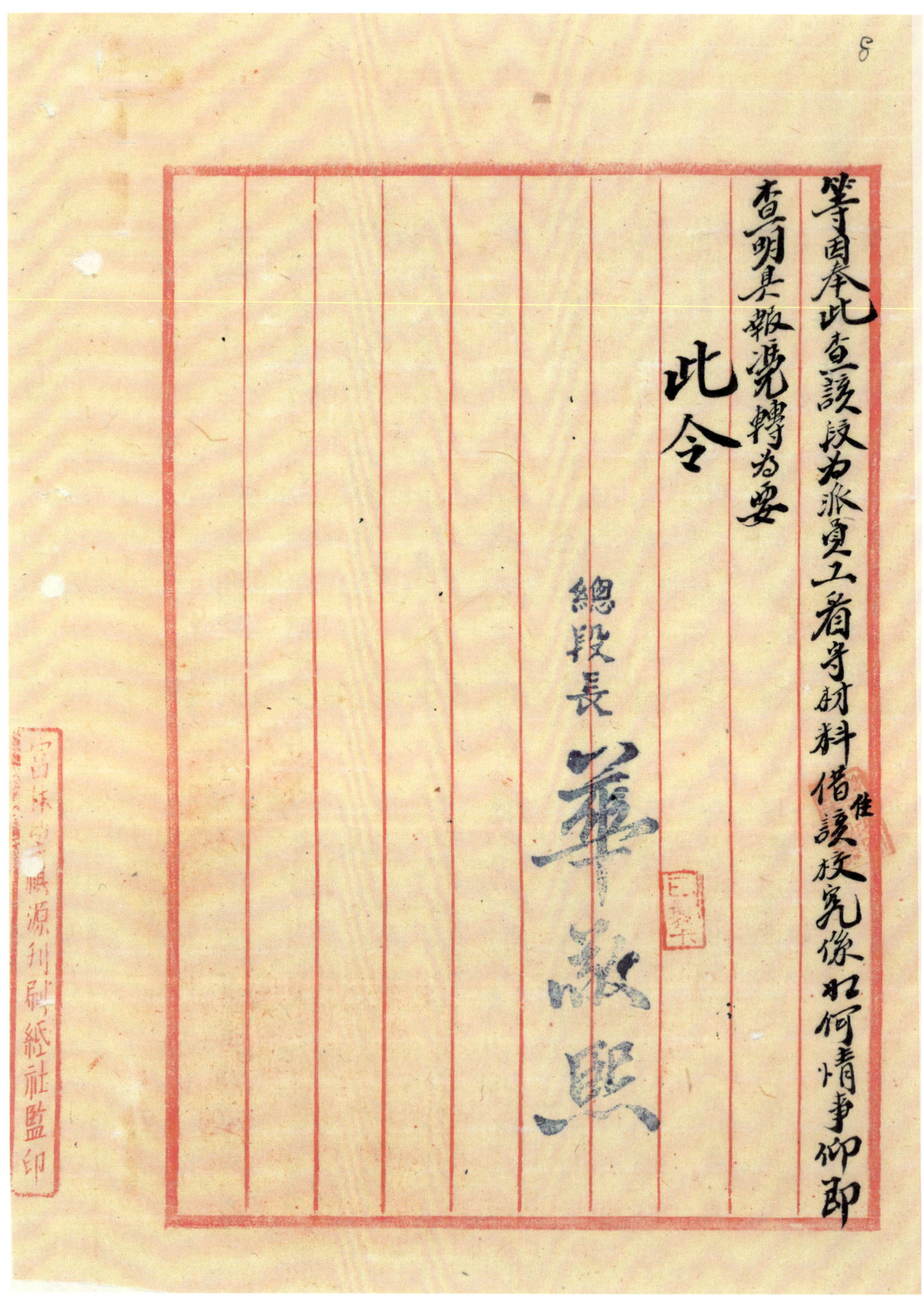

等因奉此查該段爲派員工看守材料借住該校究係如何情事仰即

查明具報凴轉爲要

此令

總段長　華敏熙

富林□□興源刊刷紙社監印

川滇西路工务局第四总段第十八分段致第四总段的呈（一九四二年七月四日）

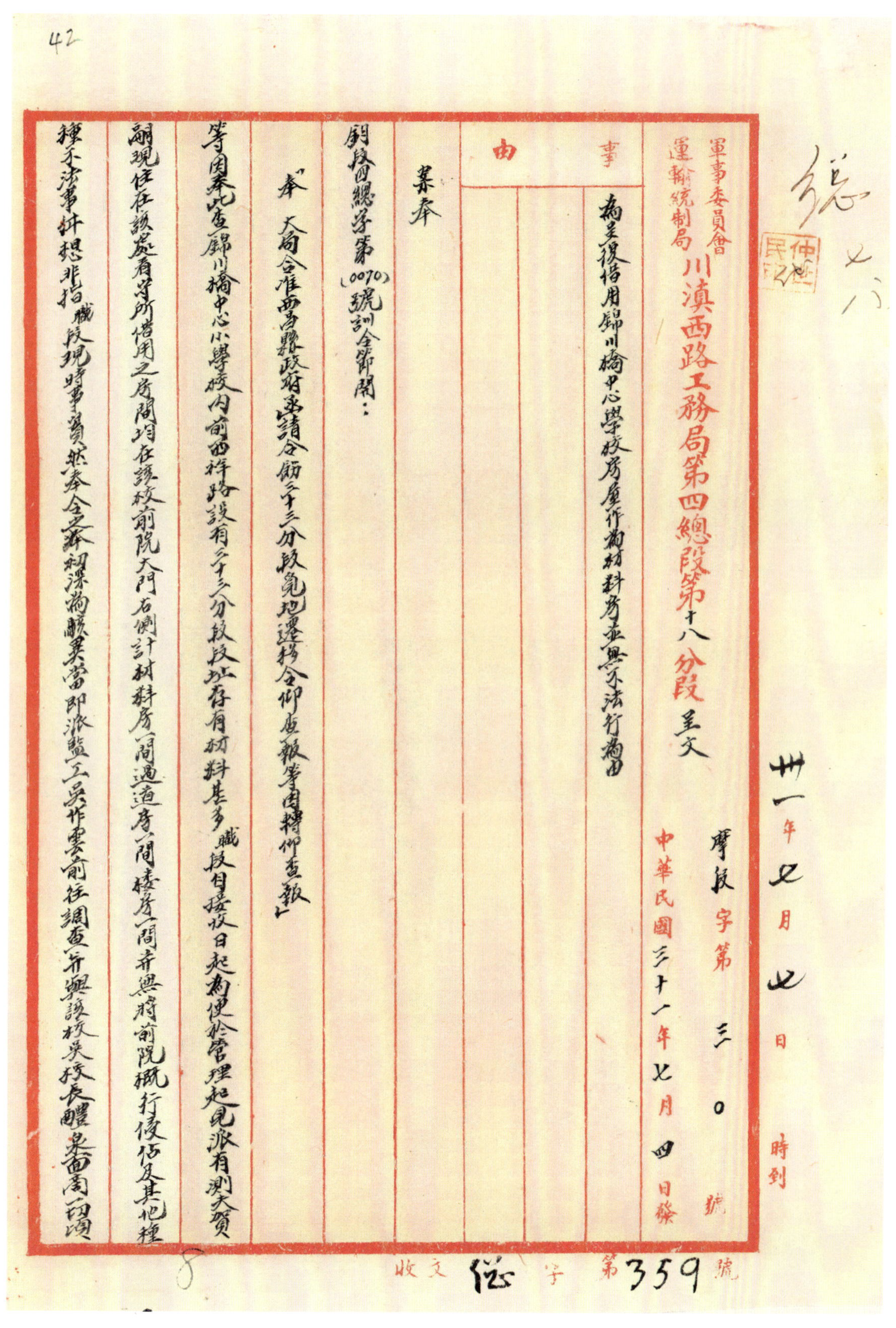

42

軍事委員會運輸統制局川滇西路工務局第四總段第十八分段 呈文

廣段字第三〇號

中華民國三十一年七月四日發

卅一年七月七日時到

事由：為呈復借用歸川橋中心學校房屋作為材料房並無不法行為由

案奉

鈞段四總字第（0070）號訓令節開：

"奉大局令准西昌縣政府函請令飭二十三分段克日遷移，令仰查報"等因，轉仰查報。

等因，奉此。查歸川橋中心小學校內前西祥路設有二十三分段段址，存有材料甚多。職段自接收日起，為便於管理起見，派有測夫賀翮現住在該處看守。所借用之房間均在該校前院大門右側，計材料房一間，過道房一間，樓房一間，并無將前院概行侵佔及其他種種不法事。拼懇非指。職段現時事實然，奉令遷移，初深為駭異，當即派監工吳作雲前往調查，并與該校吳校長醴泉面商一切。適

8

收文 総 字第359號

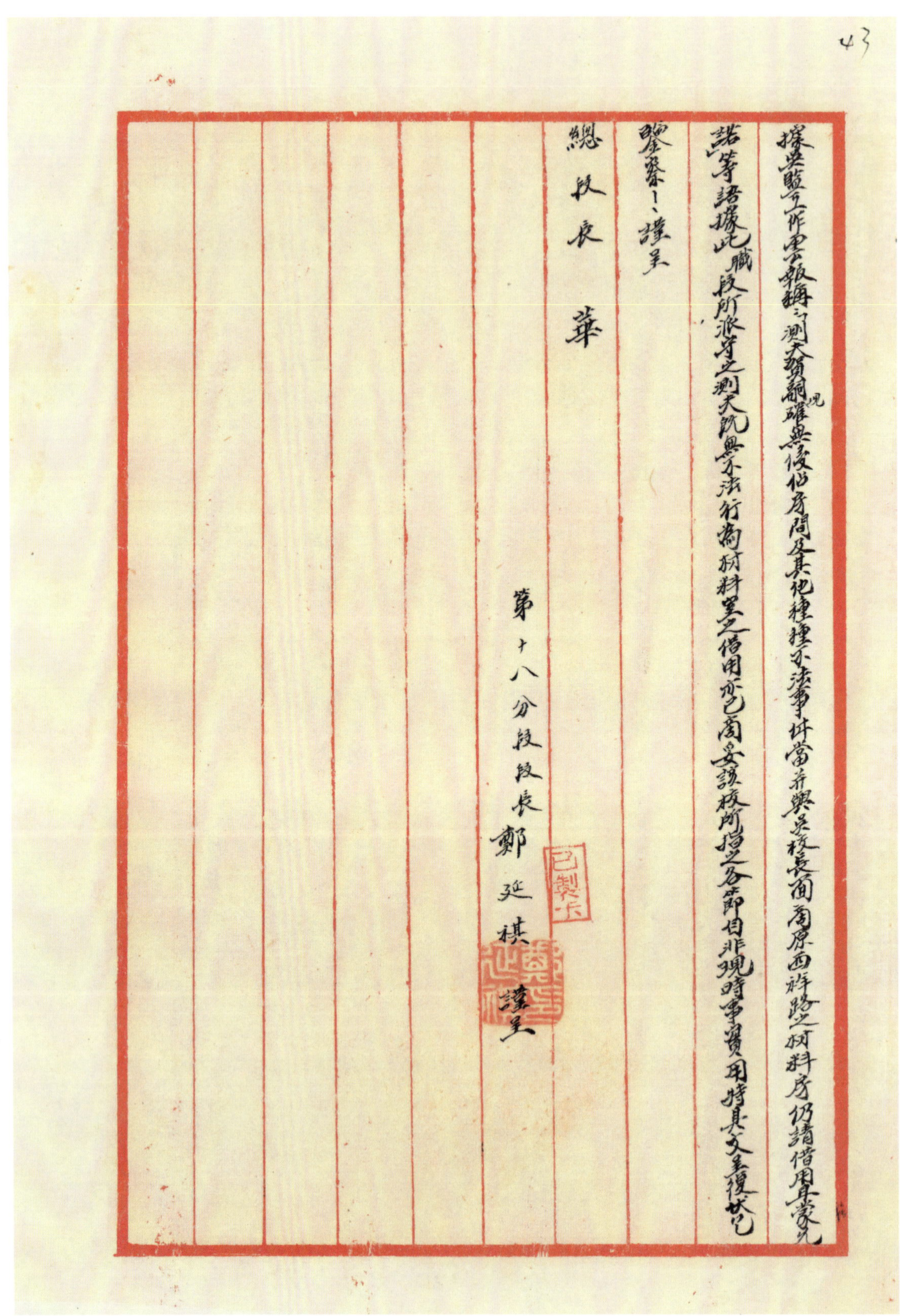

43

據吳監工作霖報稱：“測夫賀嗣確無現復佔房間及其他種種不法事情，當并與吳校長面商原西祥路之材料房仍請借用，吳校長允諾”等語。據此，職段所派駐之測夫既無不法行為，材料室之借用亦已商妥，該校所指之各節自非現時事實，用特具文呈復，伏乞

鑒察！謹呈

總段長華

第十八分段段長鄭延祺（印）謹呈

已製卡

川滇西路工务局第四总段致川滇西路工务局的呈（一九四二年七月十日）

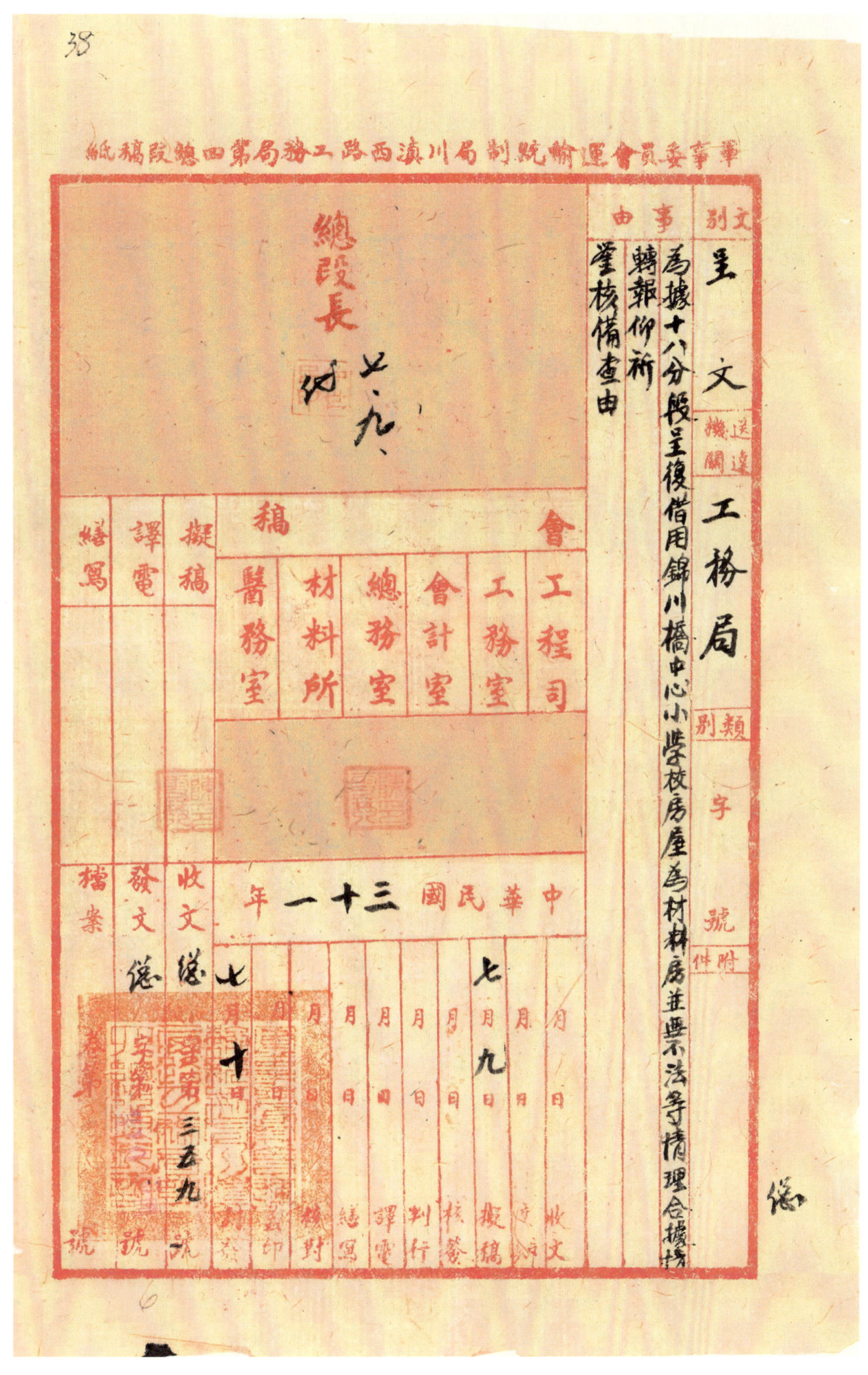
军事委员会运输统制局川滇西路工务局第四总段稿纸

文别：呈文
送达机关：工务局
事由：为据十八分段呈复借用锦川桥中心小学校房屋为材料房并无不法等情理合据情转报仰祈鉴核备查由

总段长 [印] 代 七、九、

中华民国三十一年 七月九日拟稿 七月十日收文
发文第三五九号

案查本年五（六）月十（十六）日奉

（為准西雷縣政府函據報有三十三分段佔住錦川鄉中心小學校飭查明具報一案）

鈞局建工字第8085號訓令，除原文有案邀免全錄外，後開：

「查本局工段並無（番號）三十三分段……具報為要」

等因奉此，遵即錄令轉飭第十八分段查復借用錦川鄉中心小學校經過情形去訖。茲據該段七月四日摩段字第三〇號文呈稱：

「查錦川橋中心小學校內……伏乞鑒察」

等情到段。除指令外，理合將（查明）經過情形備文呈報，恭請

鑒核備案。

謹呈

局長 周

副局長 黄 徐

正工程司兼總段長 華〇〇

川滇西路工务局第四总段致第十八分段的指令（一九四二年七月十日）

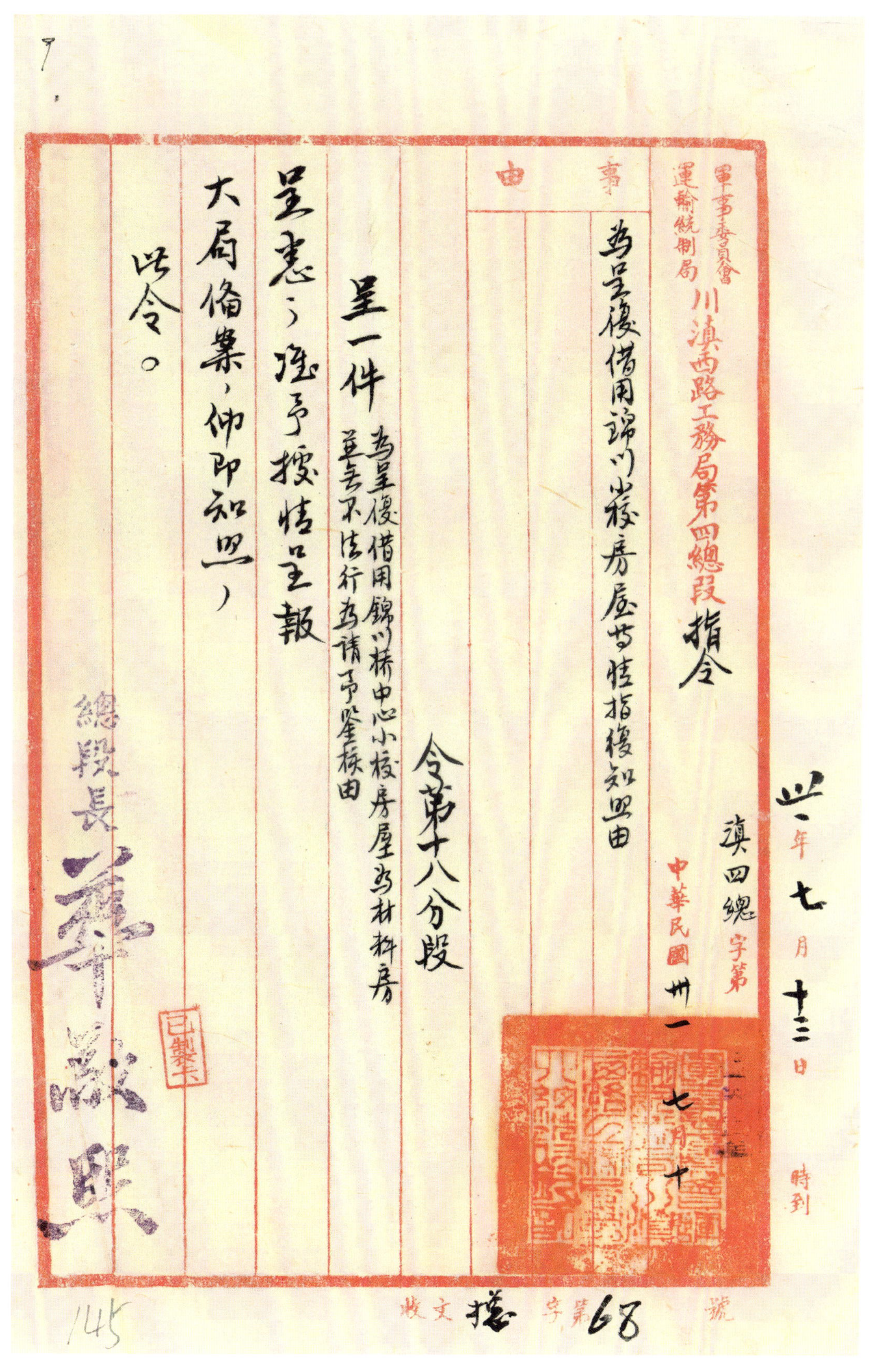

軍事委員會運輸統制局川滇西路工務局第四總段指令

滇四總字第　號

中華民國卅一年七月十日

事由：為呈復借用錦川小校房屋並指復知照由

令第十八分段

呈一件　為呈復借用錦川橋中心小校房屋為材料房並無不法行為請予鑒核由

呈悉。準予援情呈報

大局備案，仰即知照。

此令。

總段長　華巖興

川滇西路工务局第四总段与第十八分段关于租借云定乡中心小学校舍为分段之址的相关文书

第四总段第十八分段租借云定乡中心小学房舍双方订立条约（一九四二年五月）

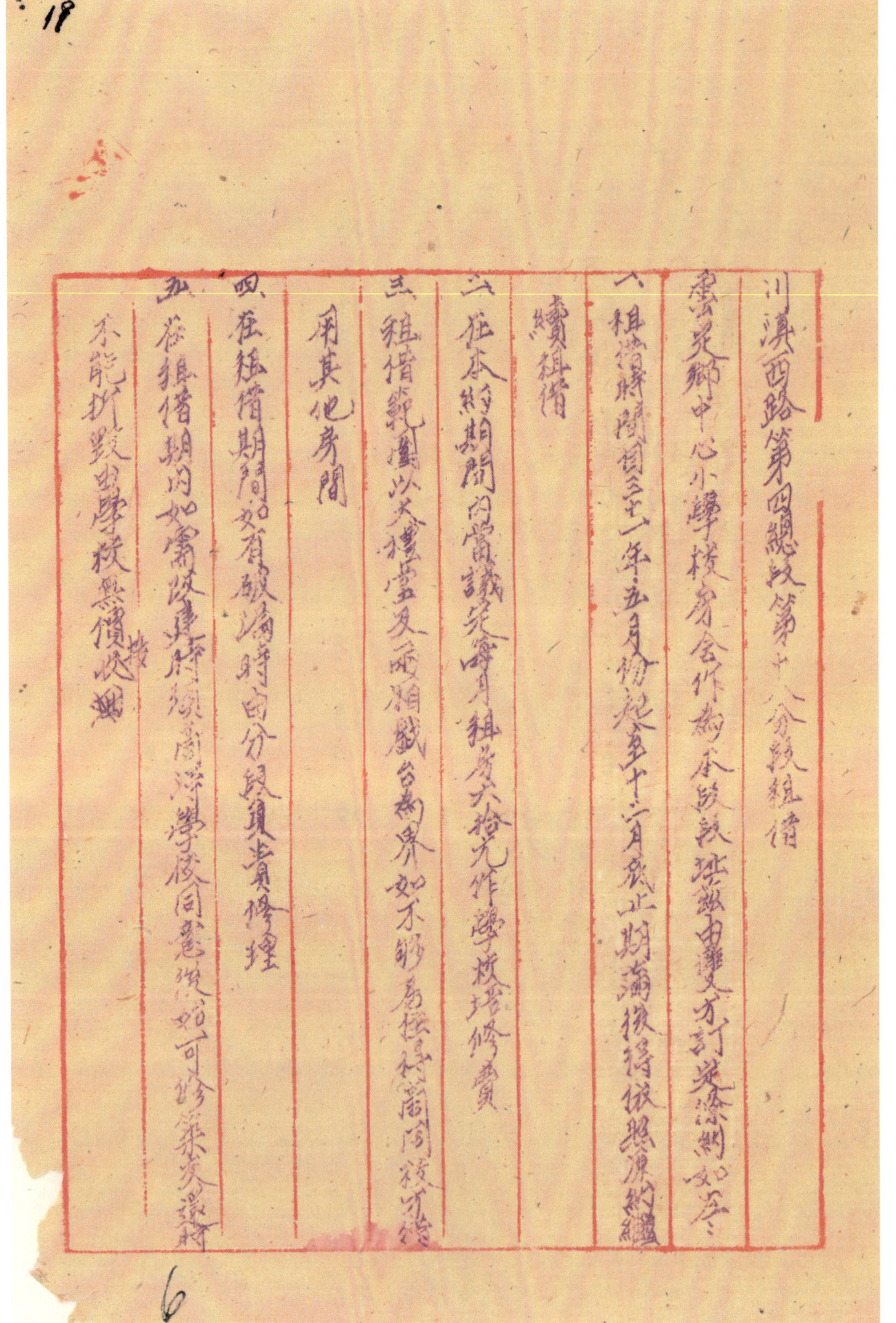

川滇西路第四總段第十八分段租借
雲定鄉中心小學校房舍作為本段段址並由雙方訂定條約如左
一、租借時間自三十一年五月份起至十二月底止期滿後得依照原約繼續租借
二、在本約期間内當議定每月租費大拾元作學校培修費
三、租借範圍以大禮堂及兩廂戲台為界如不夠房屋時得商同校方許可後用其他房間
四、在租借期間如有破漏時由分段負責修理
五、在租借期内如需改建時須商同學校同意後始可修築完竣後將不能拆毀由學校按照價收買

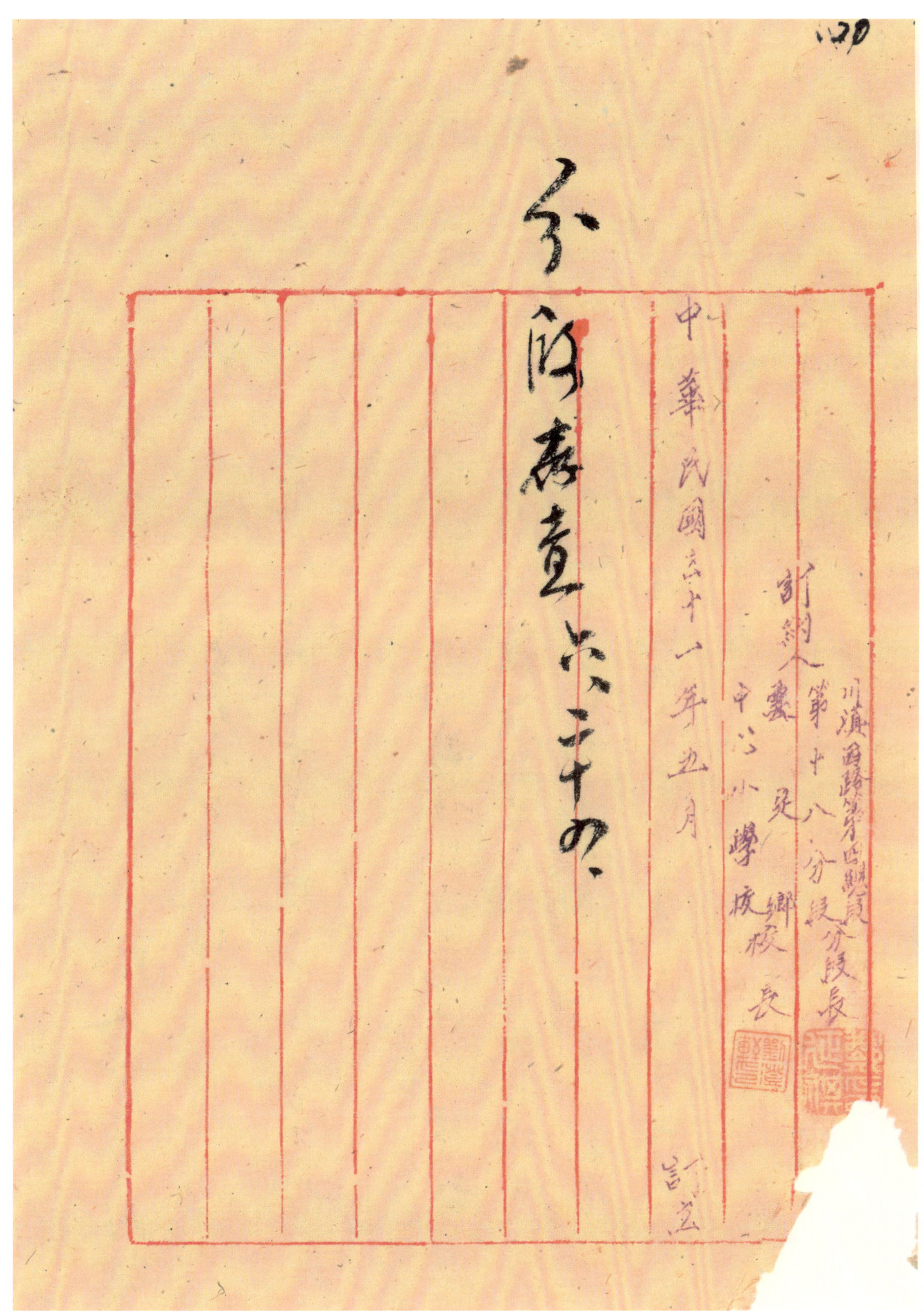
120

分飭存查 六、二十四

訂約人 川滇西路第四總段第十八分段分段長
褒足鄉中心小學校校長

中華民國三十一年五月　日訂立

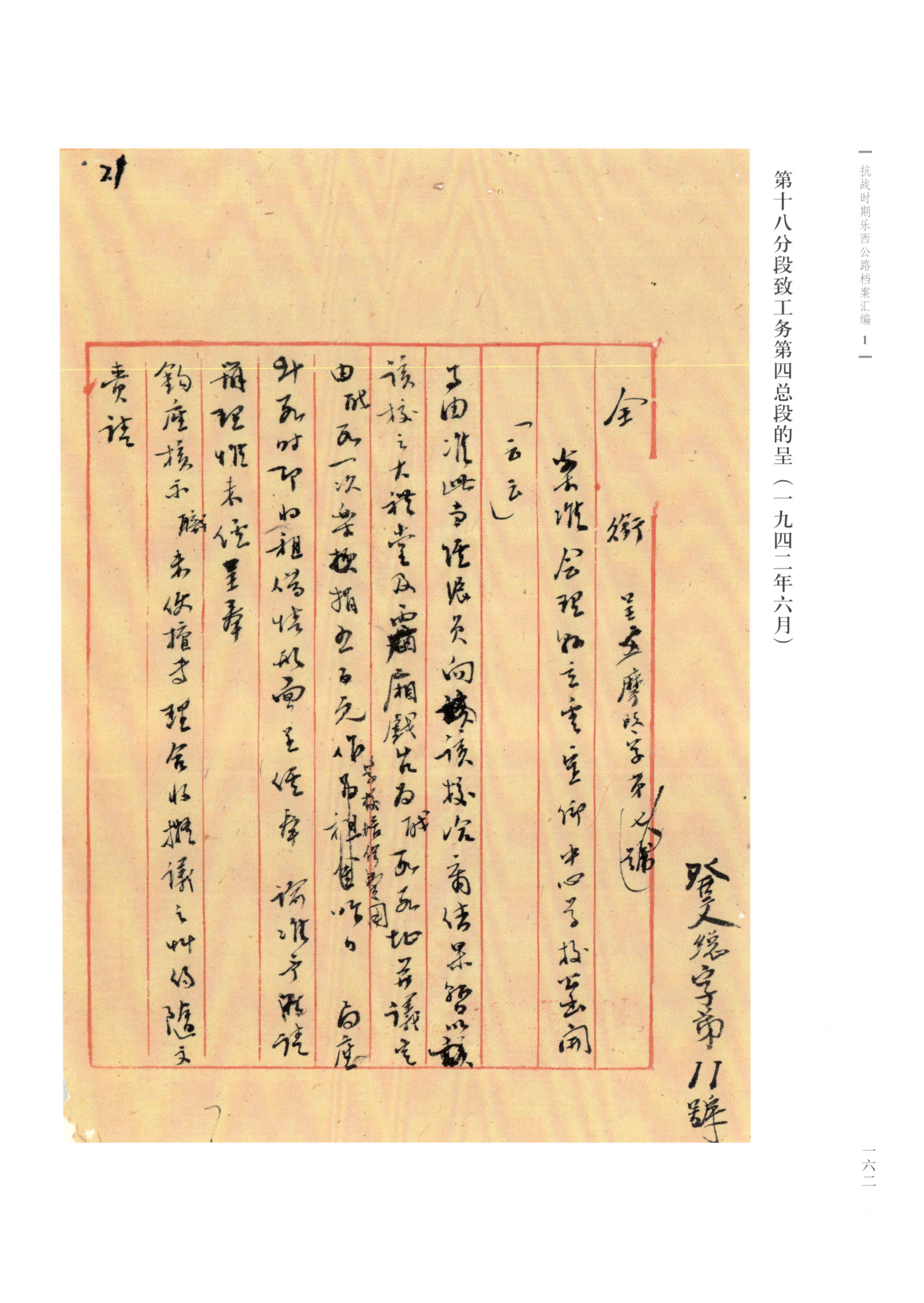

第十八分段致工务第四总段的呈（一九四二年六月）

鑒核。該項經費是否由政府專款撥發，或由鈞院另撥專款，如何之處，敬祈

批示，俾便遵照辦理。

謹呈

院長孫

[illegible]十八年五月　部長　鄭○○

六一一七一

第四总段致第十八分段指令（一九四二年六月二十九日）

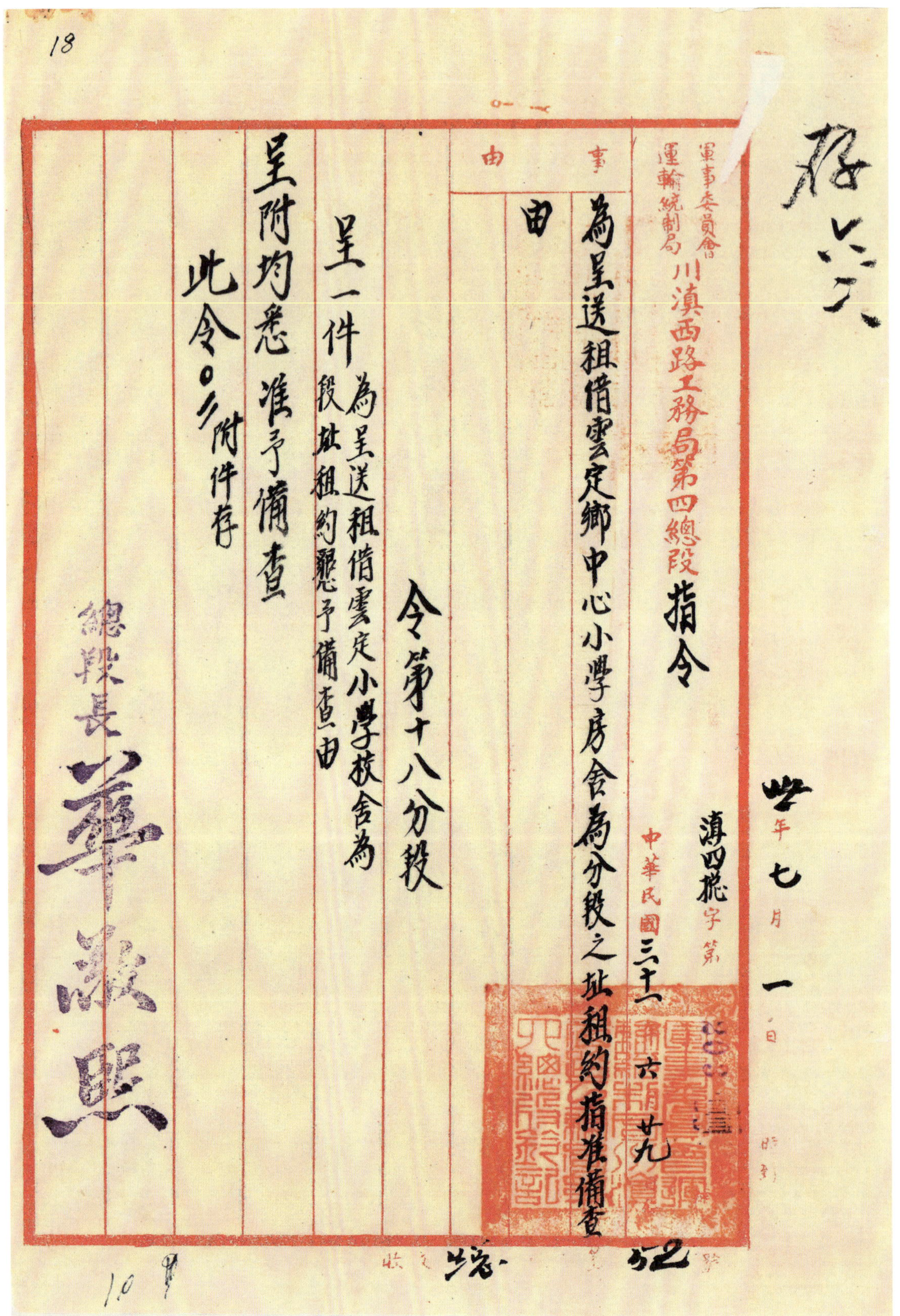

軍事委員會運輸統制局川滇西路工務局第四總段指令

滇四桄字第　號

中華民國三十一年六月廿九日

事由：為呈送租借雲定鄉中心小學房舍為分段之址租約指准備查由

令第十八分段

呈一件為呈送租借雲定小學校舍為段址租約懇予備查由

呈附均悉，准予備查。

此令。附件存

總段長 華嚴熙

川滇西路工务局第四总段关于严禁民众擅挖水沟等破坏公路行为致黄连关区公署的公函（一九四二年六月二十日）

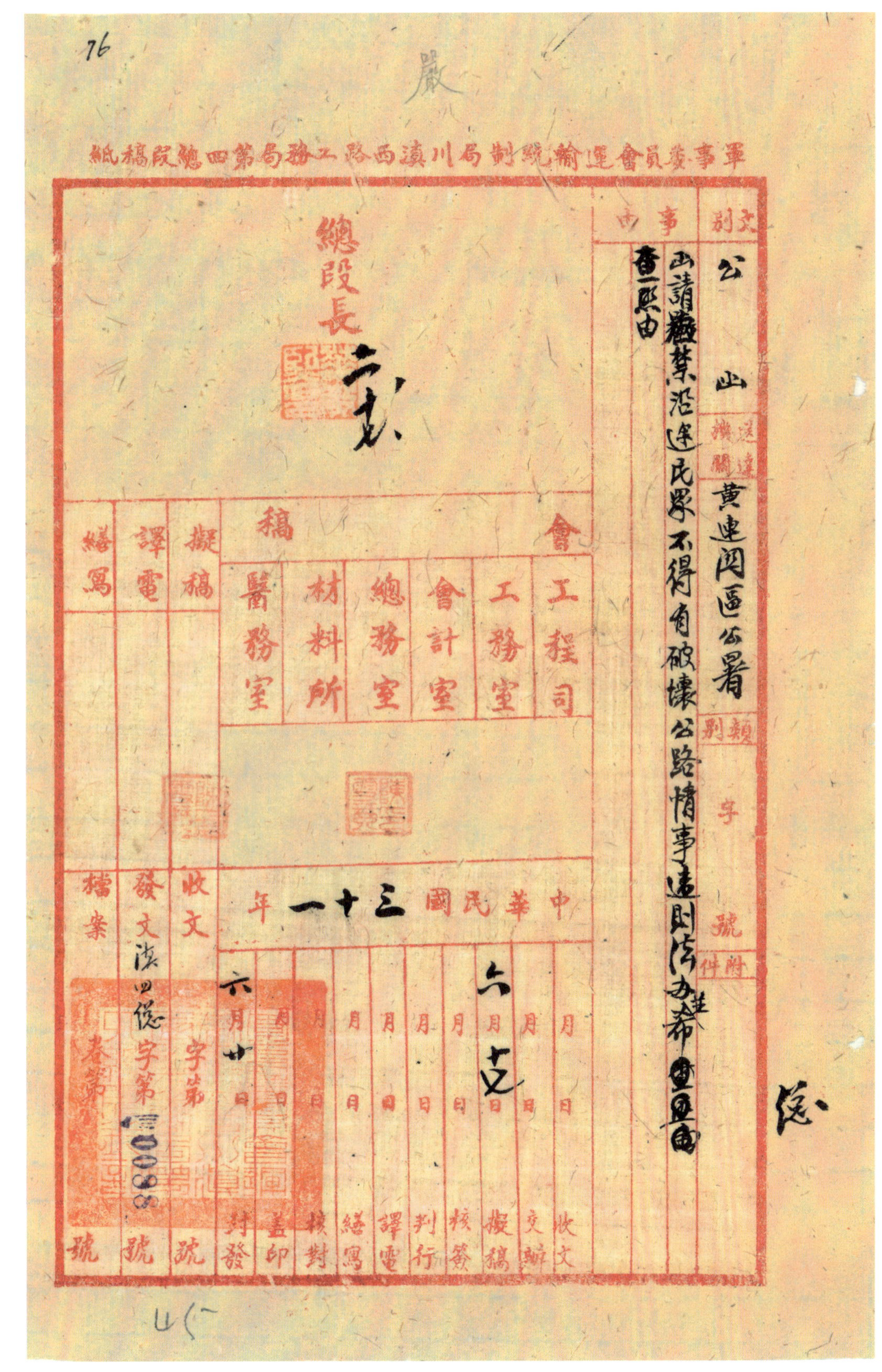
76

嚴

軍事委員會運輸統制局川滇西路工務局第四總段稿紙

文別	公函
送達機關	黄連関區公署
類別	
字號	
附件	

事由：函請嚴禁沿途民眾不得有破壞公路情事違則法辦並希查照見復由

總段長 二彭

會稿：工程司 工務室 會計室 總務室 材料所 醫務室

擬稿 譯電 繕寫

中華民國三十一年 六月廿日

收文 交辦 擬稿 核簽 判行 譯電 繕寫 核對 蓋印 封發

收文 字第 號
發文 滇四總 字第 三〇〇〇88 號
檔案 卷第 號

總

45

77

仝　銜公函　滇四總字第　號

逕啟者頃據本段第十六分段長代理工務員張继飛
僉請飭差拿究破壞交通擅挖水溝之居民等情到段查公
路関係交通軍運以國防為重上自政府下至人民均應切實保護卬
謂人民知識有限不明利害而當地保甲亦應隨時
指導民眾不得聽其自由行動致干法紀相應抄錄
原呈函請
貴區長查照飭令各保甲從嚴查禁各民眾不得再有破壞交通情事如敢故違
定予呈請上峰依法究懲以維交通而利軍運為公誼
此致
黃運閩區公署
附抄原呈一件

銜　名

28

將有破壞路之情事速知[illegible]
函嵩[illegible]區署嚴禁沿途民眾[illegible]

中華民國卅一年六月拾六日收到

簽呈

事由：為請飭差拘究破壞交通擅挖水溝犯事人由

窃二六+985處之路面路基於前數日竟被附近居民擅自挖壞橫安臨時水溝事先既未得到通知挖後又未堅固修好車輛行處現已塌下妨害行車安全莫此為甚且六三～六〇地段之居民藐視法紀如范家寨騾馬站兩大木橋之方頭橋釘及螺絲釘屢次被盜公里牌迭被拔出計范家寨木橋方頭橋釘被偷十一顆騾馬站木橋螺旋釘被盜去八根此皆顯著之事實，職雖屢次警告此地保甲長令其負責照顧且終置若罔聞毫無實效於今竟有居民擅自挖毀公路破壞

工總收211號

46

79

交通，如不懲一警百，飭差拿究，則將來必被任意破壞，後患

不堪設想矣。故特謹上簽呈，懇請

鈞座飭派衛兵一、二名來騾馬站監工處，由職帶領前往拿該犯

事人來總段究辦，以懲效尤，而保工程之穩固、行車之安全，

實爲德便。謹呈

分段長 轉呈

總段長 華 鑒核

職 張繼飛 謹呈

六、八

川滇西路工务局第四总段关于奉转川滇西路工务局派徐副局长、刘副总工程司分别督修西乐、西祥两线致各分段的代电（一九四二年六月二十四日）

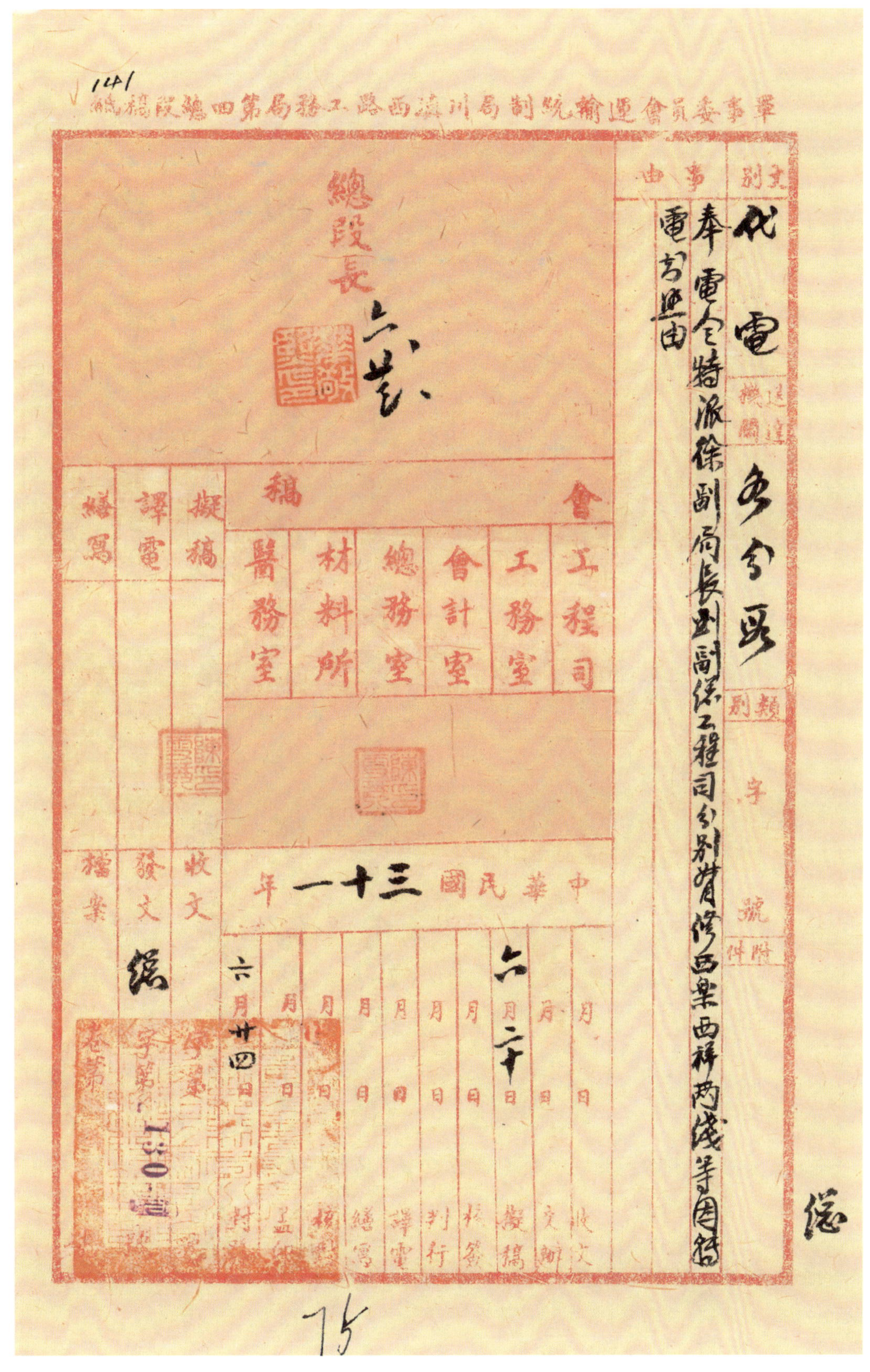
軍事委員會運輸統制局川滇西路工務局第四總段稿紙

文別：代電

送達機關：各分段

事由：奉電令特派徐副局長劉副總工程司分別督修西樂西祥兩綫等因特電希遵照由

總段長

會稿：工程司　工務室　會計室　總務室　材料所　醫務室

擬稿　譯電　繕寫

收文　發文　檔案

中華民國三十一年　六月二十日　六月廿四日

收文　文號　擬稿　核簽　判行　譯電　繕寫　校對　蓋印　封發

類別　字號　附件

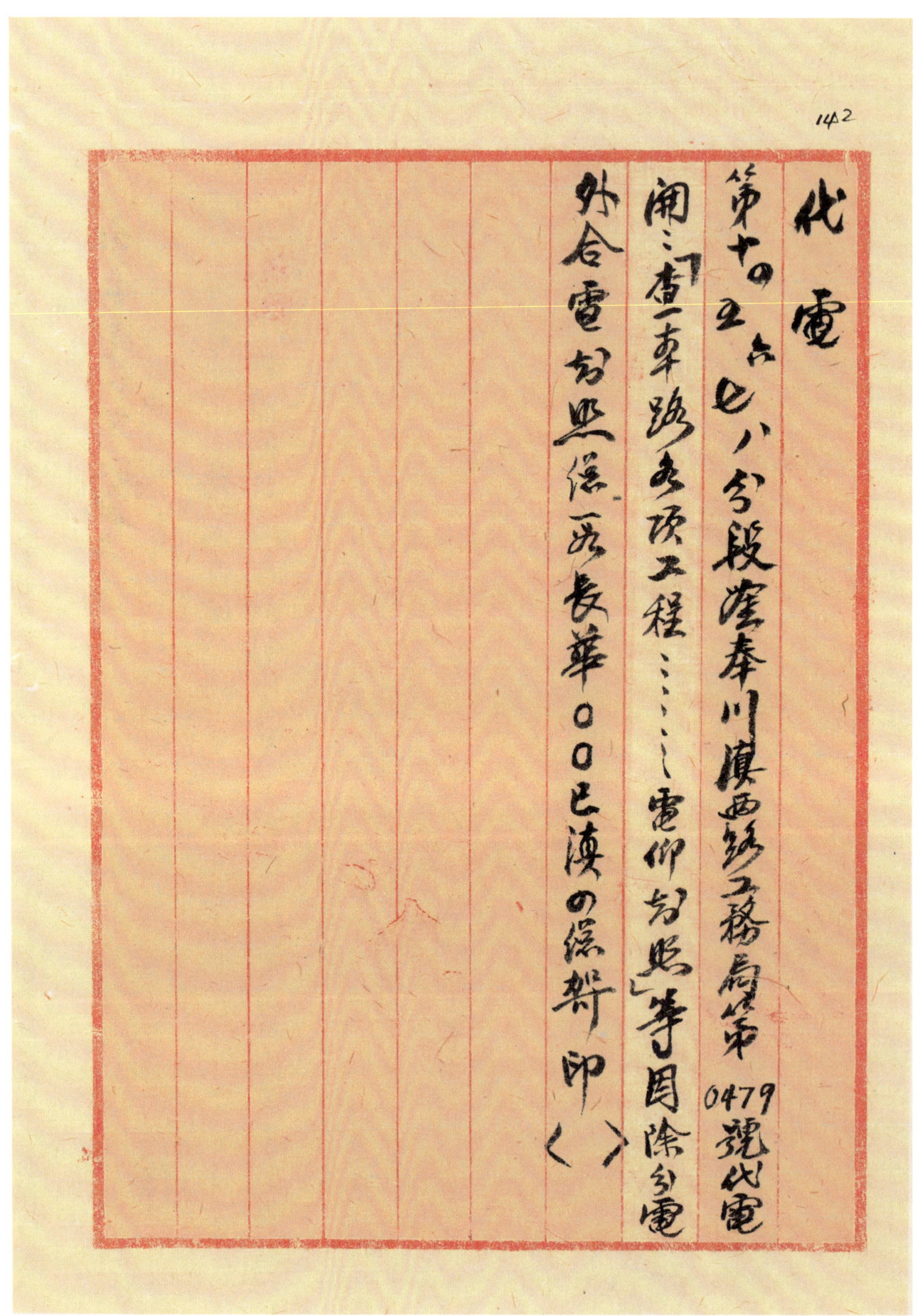

142

代電

第十四五六七八分段崔奉川滇西路工務局第0479號代電開：「查一車路各項工程……電仰知照」等因除分電外合電知照總段長華〇〇巳漢四總哿印〈〉

143

軍事委員會運……務局快郵代電

字第0479號

川滇西路第四總段：查本路各項工程急待趕修，以維交通而便於雨季前將急要者告一段落，茲特派本局徐副局長以枋督修由西昌至[illegible]山段工程，另派劉副總工程師[illegible]督修西昌至祥雲段工程，均於即日出發前往沿線工作。除分電外，合行電仰知照。局長周鳳九。辰

中華民國三十一年五月 日 時 分發

中華民國卅一年五月八日 發出

76

收電 總 字第 7 號

附：川滇西路工务局致工务局第四总段的代电（一九四二年五月八日）

川滇西路工务局第四总段关于转发《管理各公路重要桥梁交通暂行办法》致第十八分段的训令（一九四二年六月二十八日）

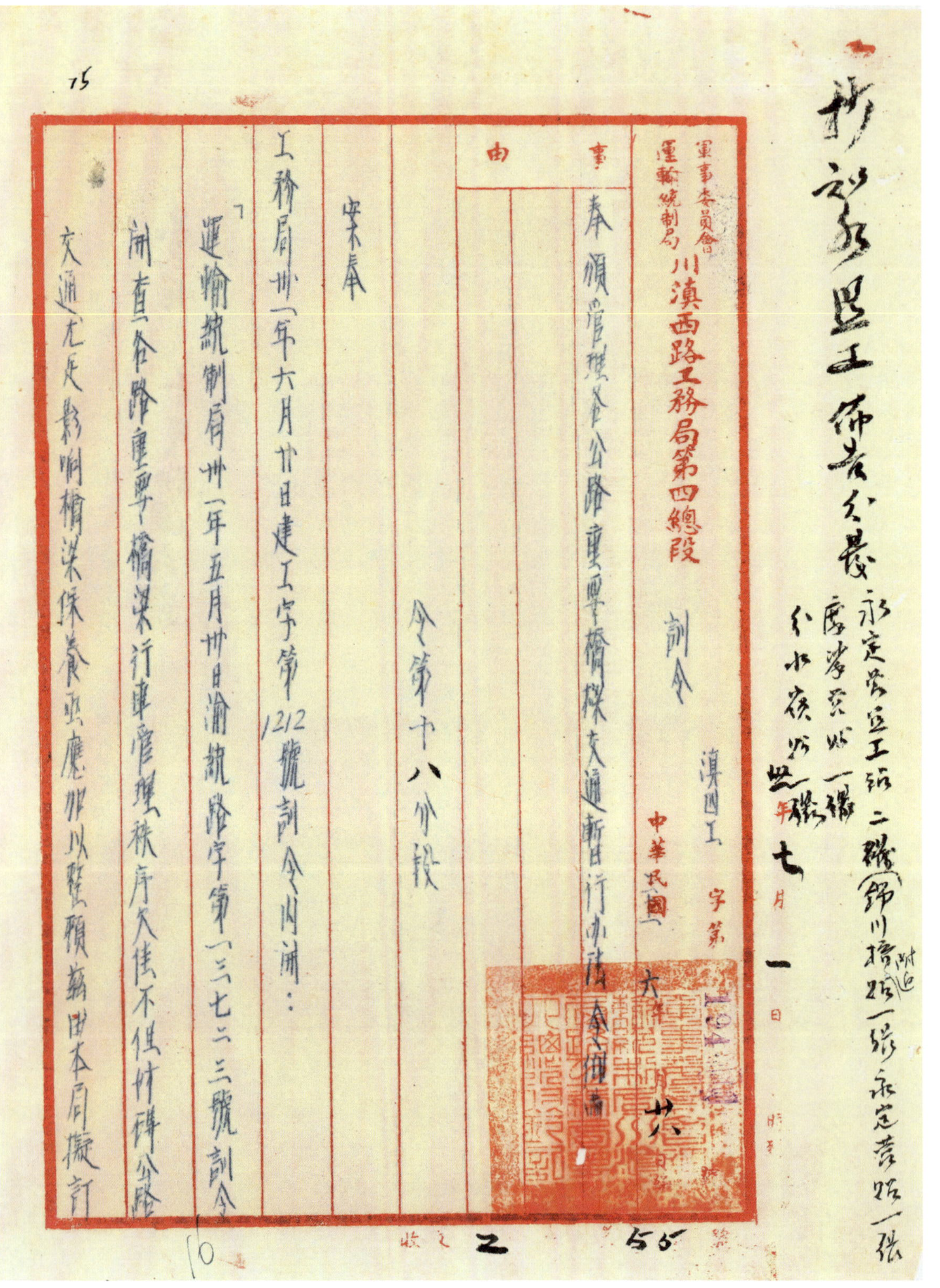
軍事委員會運輸統制局川滇西路工務局第四總段 訓令 滇西工 字第 號

中華民國卅一年六月廿八日

事由：奉頒管理各公路重要橋樑交通暫行办法令仰遵照由

令第十八分段

案奉

工務局卅一年六月廿日建工字第1212號訓令內開：

「運輸統制局卅一年五月卅日渝統路字第一三七二三號訓令開：查各路重要橋梁行車管理秩序欠佳，不但妨碍公路交通，尤足影响橋梁保養，亟應加以整頓，兹由本局擬訂

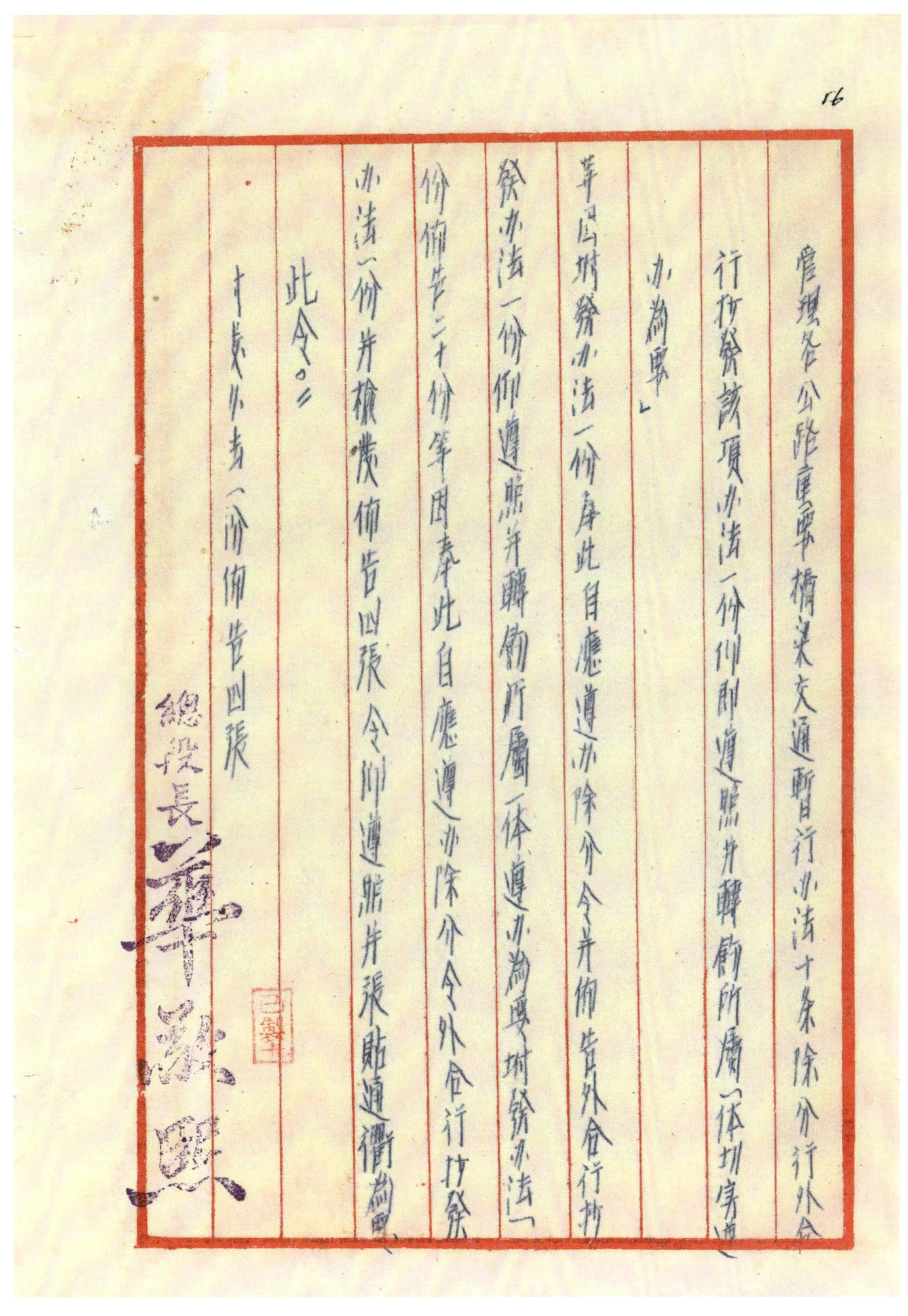

管理各公路車輛橋梁交通暫行辦法十條除分行外合
行抄發該項辦法一份仰即遵照并轉飭所屬一体切實遵
辦為要。
等因附發辦法一份奉此自應遵辦除分令并布告外合行抄
發辦法一份仰遵照并轉飭所屬一体遵辦為要。附發辦法一
份布告二十份等因奉此自應遵辦除分令外合行抄發
辦法一份并檢發布告四張令仰遵照并張貼通衢為要。
此令。
計發辦法一份布告四張

總段長 華家熙

已鈔

附：军事委员会运输统制局管理各公路重要桥梁交通暂行办法

軍事委員會運輸統制局管理各公路重要橋梁交通暫行辦法

一、本局為管理所轄各公路重要橋梁交通秩序特訂定本辦法

二、通過各橋之車輛行人及騾馬等均應聽從工務局（或工程處）所派駐橋員工或駐軍之指揮如有不守秩序妨碍交通藉端滋事者得由駐橋員工或護橋軍警拘送當地軍政機關訊辦之

三、橋上不得停留任何車輛人畜及物品致阻碍交通在橋端一百公尺以內並不得有停車加油或修理等情事

四、通過各橋車輛應順序先後行駛速度以每小時十公里為限凡單車道之橋梁如兩端均有車輛欲駛過橋梁之時應遵駐橋員工之指揮分先後過橋不得有爭先搶越等情事

五、橋梁如有載重限制者過橋之車輛載重不得超過限定重量否則應將逾重貨物先卸下後再行過橋

17

18

六、車輛通過擁擠橋時，應一律在橋端一百公尺以外靠左停列，按序陸續行進。行列方法不得首尾啣接，應以每五輛為一組，每輛間距離至少三公尺，每組間距離至少十五公尺。如附近備有停車場，則車輛應先就場內停列。

七、行人騾馬通過行橋上時，應一律靠左邊行走，不得在橋上徘徊，亦不得有拋棄煙屑火種及遺留人畜糞溺等情事。

八、人畜車輛如有損毀橋梁任何部份或附屬物，應負責令賠修。如有蓄意破坏、偷窃木石料及零件，或測繪地形、潛攝照片等情事，應予拘獲嚴辦。

九、橋端十公尺以內禁止擺設障碍物及小販擺攤。

十、遇空襲警報時，所有車輛行人應即遵照本省所訂公路車輛空襲疏散辦法疏散，並嚴防奸人乘机破坏交通。

川滇西路工务局第四总段第十八分段一九四二年五至六月员工花名册（一九四二年六月）

軍事委員會運輸統制局川滇西路工務局第四總第十八分段三十一年五六月份員工花名冊

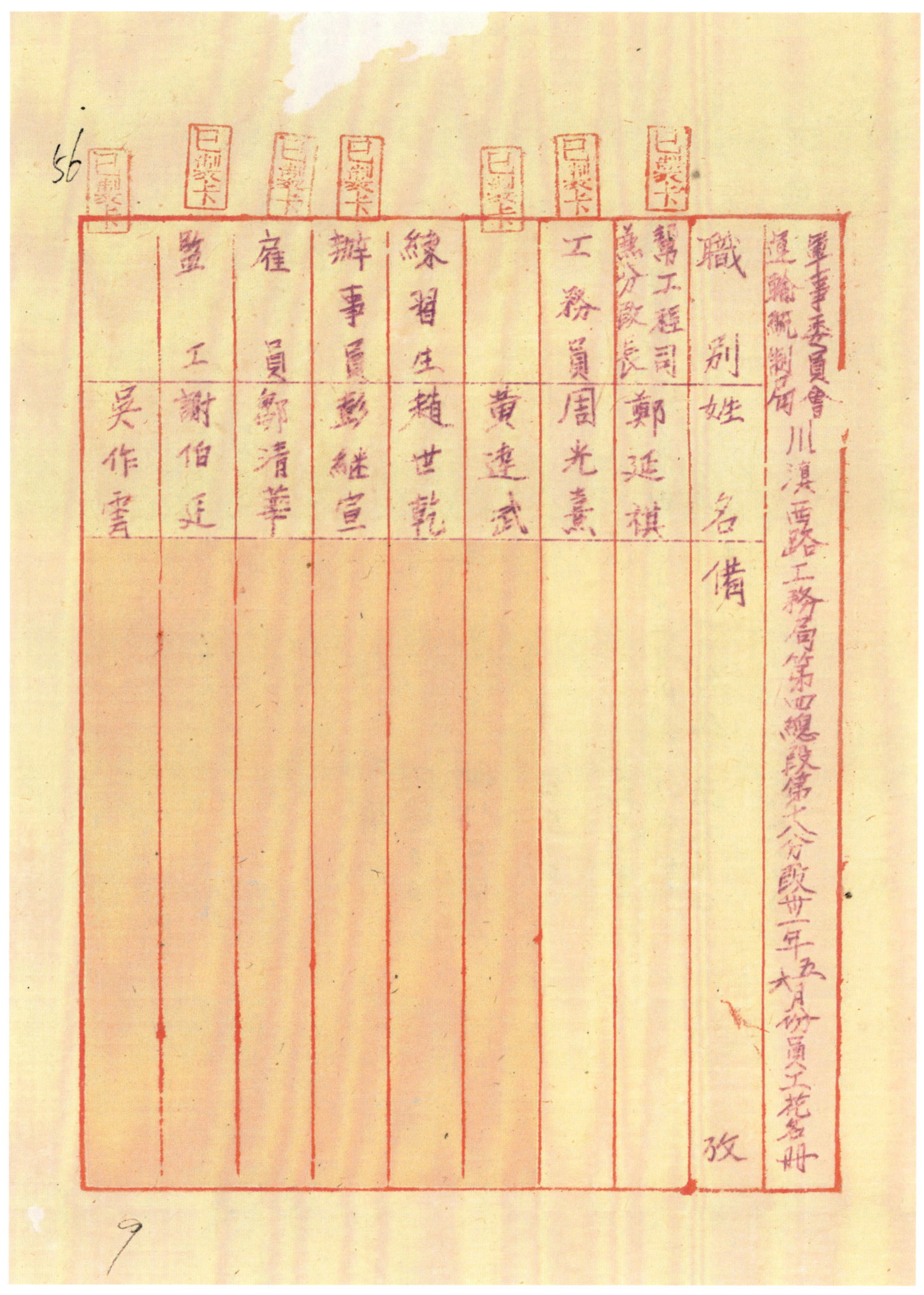

軍事委員會運輸統制局川滇西路工務局第四總段第十八分段卅一年五六月份員工花名冊

職別	姓名	備考
幫工程司兼分段長	鄭延祺	
工務員	周光熹	
	黃達武	
練習生	趙世乾	
辦事員	彭繼宣	
雇員	鄒清華	
監工	謝伯廷	
	吳作雲	

放

職別	姓名	到差日期	工餉
監工	董仁永	五月一日到差	
	胡光文		
	劉列泉		
	鄢潤柏		
材料夫	李鳳祥		四[illegible].〇〇
測工	賀嗣現	五月一日到差	四八.〇〇
	高客記	仝右	三五.〇〇
	鄧崇學	仝右	三五.〇〇
譚星田	譚星田	四月一日到差	四〇.〇〇
信差	李學順	五月一日到差	三六.〇〇
	沈火伍	仝右	三六.〇〇

58

工役　沈玉書　五月一日到差　二六·〇〇

葛近科　仝　右　二六·〇〇

危永昌　仝　右　二六·〇〇

陳德全　仝　右　駐永定營監工站　二六·〇〇

賴宗友　仝　右　二六·〇〇

何光全　仝　右　駐石屋坡監工站　二六·〇〇

轎夫　何承壽　仝　右　六月七日止　三〇·〇〇

沈孝仁　仝　右　仝上止　三〇·〇〇

合計　八大員名

11

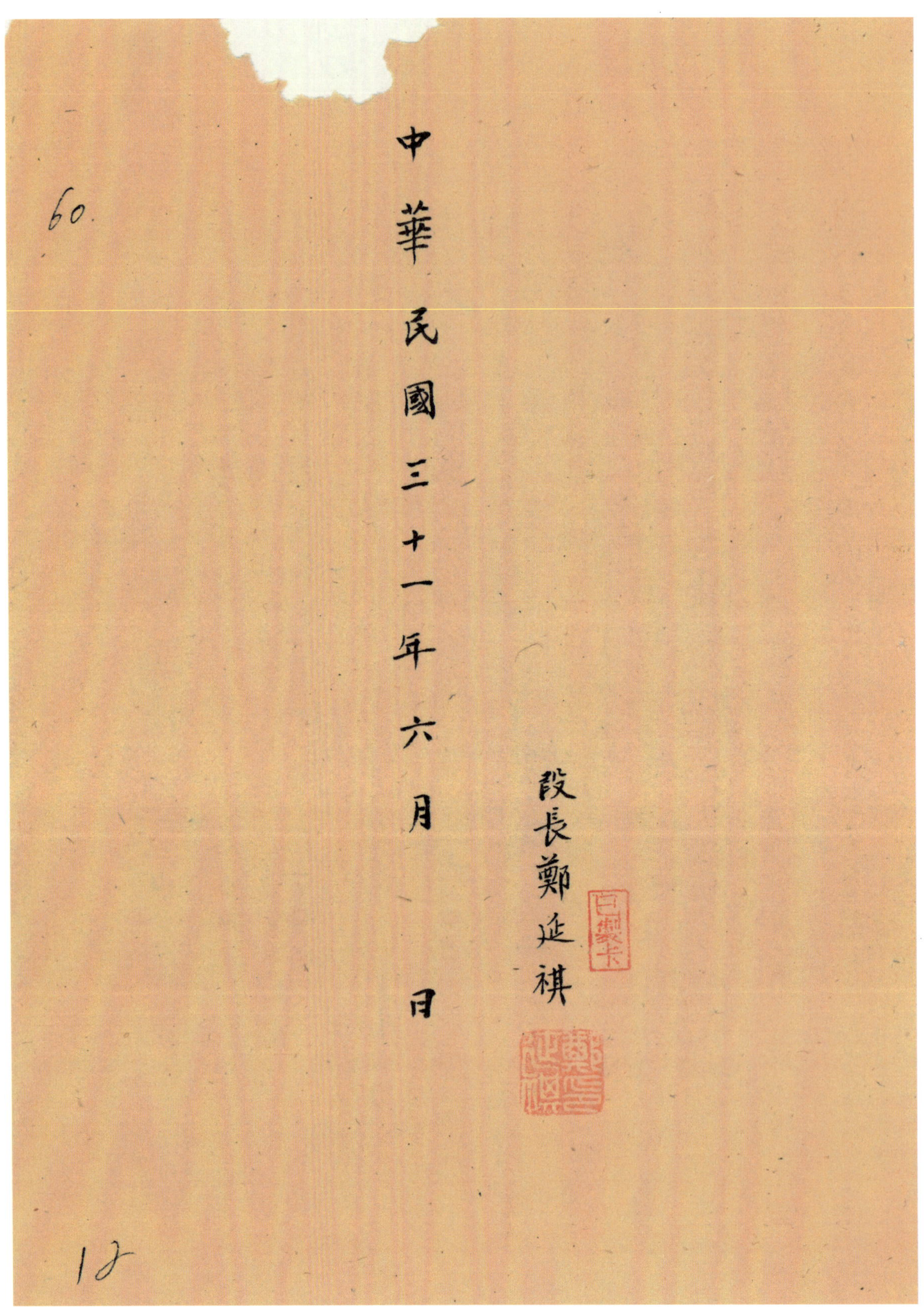

60

中華民國三十一年六月　日

段長鄭延祺

18

川滇西路工务局第四总段第十六分段关于各监工站辖管范围成立日期及负责人姓名致第四总段的呈（一九四二年七月一日）

签呈 七月一日于第十六分段 呈总字第三号

事由：为呈报本分段监工站辖管范围成立日期及负责人姓名由

查本分段开始办公日期业经呈奉

钧座准予备查有案，兹查本职奉到职以前先后奉

钧谕成立之监工站有三：第一监工站由工务员张继飞负责，

于五月一日成立，驻踢马庄；第二监工站由监工萧庆麟负

责，于五月二十日成立，驻凹凸；第三监工站由监工丁士寅负

责，于五月二十日成立，驻賣鬃营。但分段开始办公之后，鉴

于经费之拮据，人员之不敷分配，乃将原有第一监工站自七月一日起迁回

附设于分段内，并调监工员丁士寅负责兼管，原有第三监

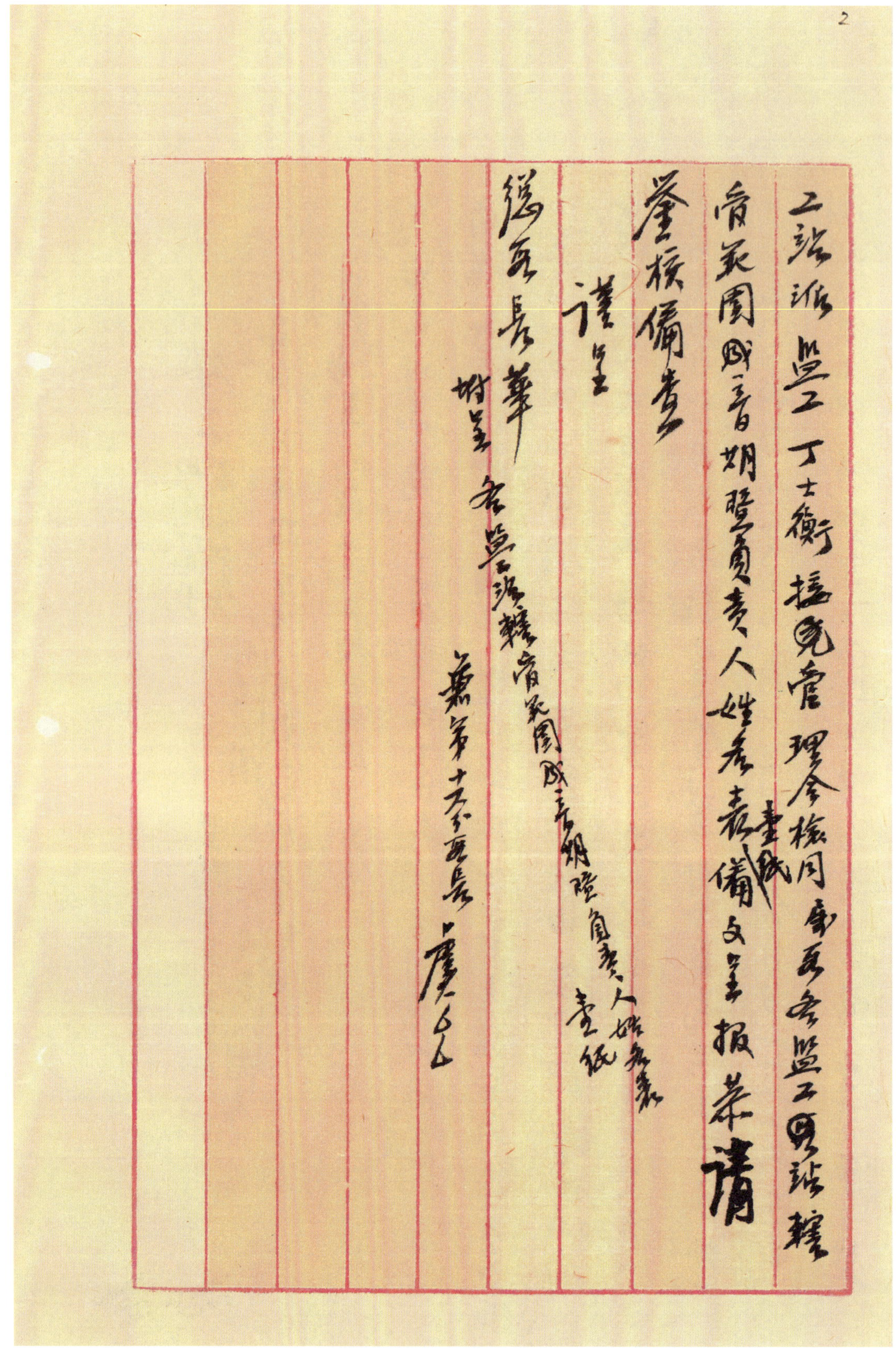

2

工務派監工丁士衡接充管理。今檢同東段各監工段轄資範圍內工期暨負責人姓名表壹紙，備文呈報，恭請

鑒核備查。

謹呈

總段長華

附呈各監工段轄資範圍內工期暨負責人姓名表壹紙

兼第十六分段長 廣[illegible]

存卷

川滇西路工務局第四總段第十八分段
各監工站轄管範圍成立日期及負責人姓名表

31年7月1日

排列	監工站駐在地	駐在地附近里程	轄管範圍	成立日期	負責人姓名		備註
					六月卅日以前	七月一日以後	
第一監工站	驛子店（七月一日起遷回附近子分段內）	18公里（分段在30公里）	13公里～27公里 全長十四公里	五月一日	張繼飛	丁士寅	工務員張繼飛係西祥公路移調；總段長抵西昌時面諭該員成立。
第二監工站	凹凸	35公里	27公里～41公里 全長十四公里	五月二十日	蔺慶豐	蔺慶豐	
第三監工站	賈髻營	50公里	41公里～56公里 全長十五公里	五月二十日	丁士寅	丁士衡	

分段長 [seal]

呈據字第三号

3

川滇西路工务局抄发《战时汽车司机技工任用奖惩条例》第四章及《汽车司机技工助手工徒工资给与规定表》致第四总段的训令（一九四二年七月十五日）

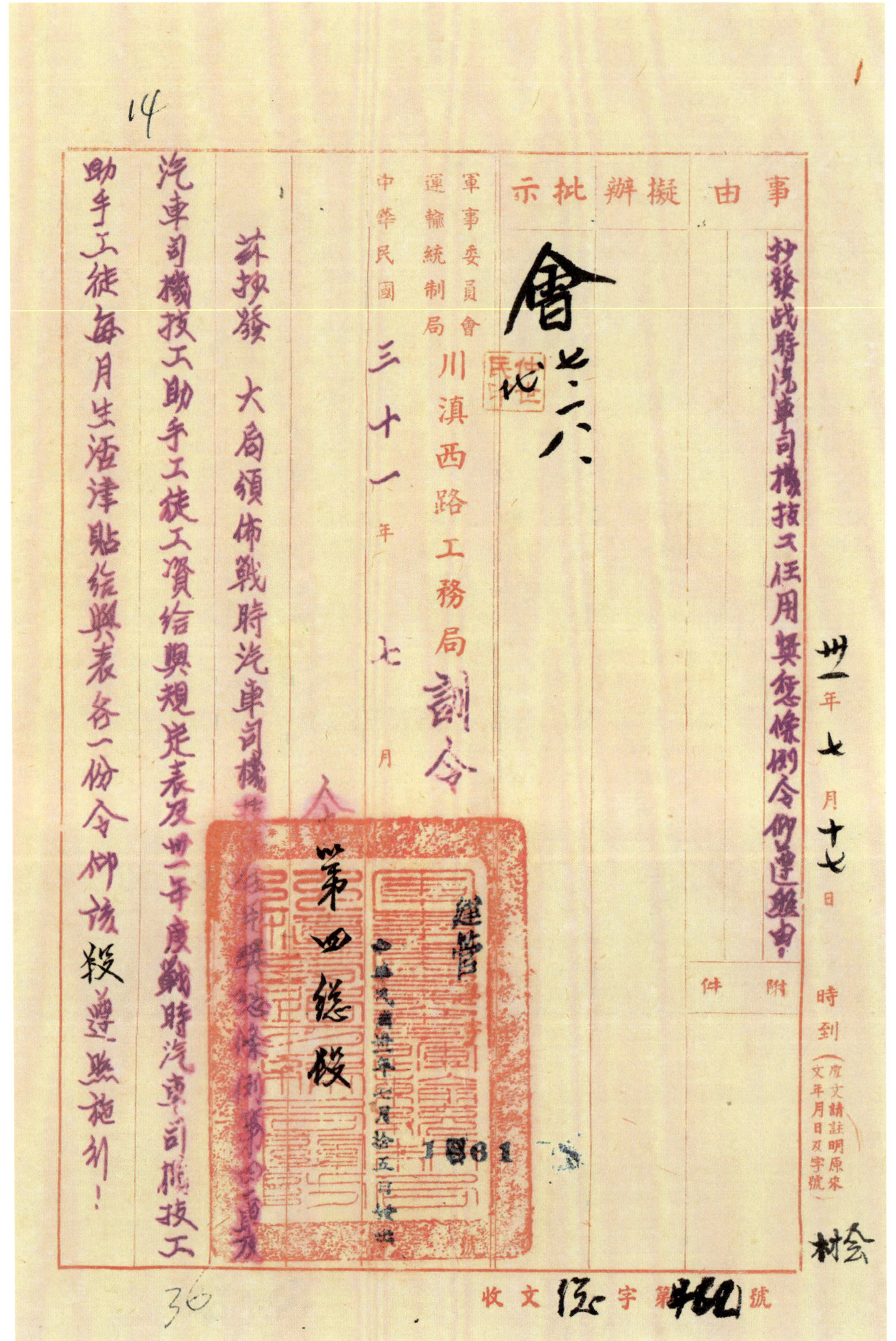

事由：抄發戰時汽車司機技工任用奬懲條例令仰遵照由

軍事委員會運輸統制局川滇西路工務局訓令

中華民國三十一年七月

令第四總段

茲抄發本局須佈戰時汽車司機技工任用奬懲條例第四章，汽車司機技工助手工徒工資給與規定表及卅一年度戰時汽車司機技工助手工徒每月生活津貼給與表各一份，令仰該段遵照施行！

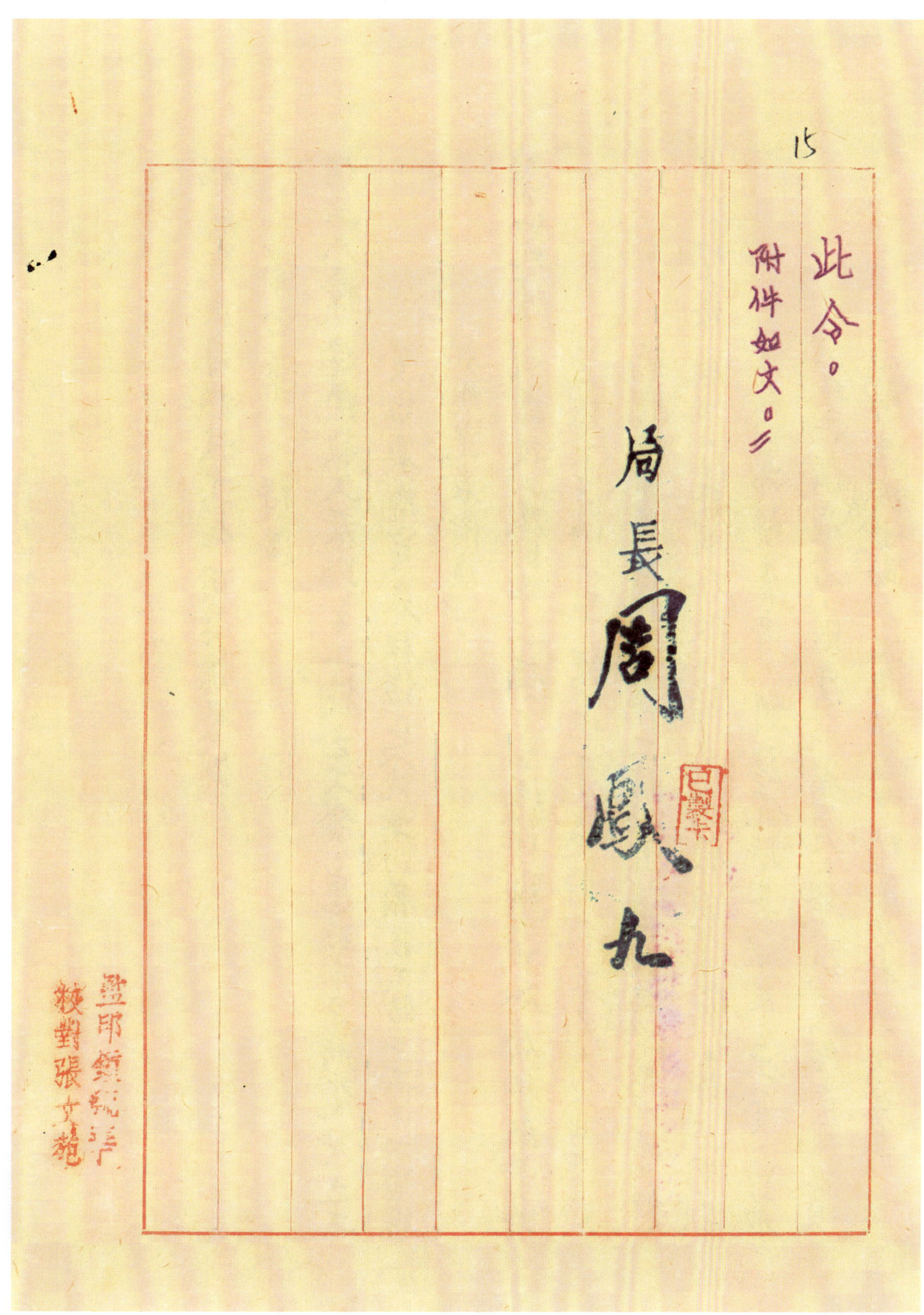

15

此令。

附件如文。//

局長周鳳九

監印鄭毓芳

校對張文苑

附（一）《战时汽车司机技工任用奖惩条例》第四章节录

16

戰時汽車司機技工任用奬懲條例

第四章 待遇

第一八條 司機技工及助手工徒之工資，應照本局所規定之工資給與規定表核給之（汽車司機技工助手工徒工資給與規定表附後）。

第一九條 司機技工及助手工徒之生活津貼，由本局按照當時當地之生活水準統一規定，隨時頒布施行（卅年度戰時汽車司機技工助手工徒每月生活津貼給與規定表附後）。

第二十條 雇主雇用司機技工時，如原係因第七條第一二兩款之原因而解雇者，則應保持其原定之工資，因第三項而解雇者，則應照原工資降一級支給，因第四項而解雇或由助手工徒學習期滿考升或經養成訓

17

練完成後派充者，均應從最低級起支給工資。原定工資之鑒定，概以執照上之記錄或其隸屬雇主據照規章之正式證明

第二一條　司機技工助手工役之工資，除因獎懲另有規定外，應按每半年晉支工資一級，均自雇用日起計算。

第二二條　司機技工如有眷屬（限於父母妻子女）其在服務處所經連續具結查明屬實者，應由雇主津貼其眷屬每名每月食米卅市斤或合市相當市價之米代金。年齡不滿四歲者減半，有職者不給。

第二三條　本辦法所訂出差旅費支給標準，除軍用加為軍士兵外，其他各機關學校公司商號所雇用之汽車司機技工，均應按照本辦法辦理之。

第二四條　汽車司機技工因公派遣出差者，其出差旅費按左列規定支給之：

1.浙江、安徽、江西、福建、湖南、湖北、廣東、廣西、河南、陝西，以上各省出差旅費，應按每日每人十二元支給之。

2.四川、貴州、雲南、西康、新疆、綏遠、甘肅、寧夏、青海，以上各省出差旅費，應按每人每日十五元支給之。

3.如沿途設有免費宿站者，得减出差費三分之一。

第二五條 汽車司機技工以出差地區在緬甸或印度者，每人每日支給出差旅費盧比四盾。

第二六條 司機技工出差國外，如留駐一地在一月以上者，自居滿一月之次日起，按出差旅費半數支給之。

第二七條 汽車司機技工出差國內，如留駐一地十五日以上者，自第十六日起，按出差旅費三分之二支給之

第二八條 司機技工出差國內，留駐一地在兩個月以上者，不得酌

情核減或停止之。

第二九條　司機技工出差回返原地時，其到達之日，按出差旅費三分之二支給之。

第三〇條　司機技工在本地短程運輸，如時間超過半日不及一日者，得按出差旅費半數支給之。

第三一條　隨車出差之助手、工徒，均按司機技工出差旅費三分之二支給之。

第三二條　在本條例公佈之日起，二個月內，各雇主對所雇之司機技工助手工徒之待遇，應即按照調整完成，如有不遵照規定擅自或暗中增減者，一經舉發查明屬實，則以破壞法令論處。

附（二）汽车司机技工助手工徒工资给与规定表

汽車司機技工助手工徒工資給與規定表

技工	等	級	工資數	司機
領班（技二）	一	一	200.00	
		二	190.00	
		三	180.00	
		四	170.00	
		五	160.00	
鑄工、模型工	二	一	150.00	駕駛大（小）客車司機
車工、鉗工		二	140.00	
車工、刨工		三	130.00	
電工、鍛工		四	120.00	
鍛鑄工、電焊工		五	110.00	
木工	三	一	100.00	駕駛載重車司機
漆工、縫工		二	95.00	
補胎工		三	90.00	
		四	85.00	
		五	80.00	
	四	一	76.00	
		二	72.00	
		三	68.00	
		四	64.00	
		五	60.00	
工徒	五	一	40.00	助手
		二	35.00	
		三	30.00	
	六	一	25.00	
		二	20.00	
		三	15.00	

附記

一、戰時汽車司機技工及助手工徒之薪給待遇，除軍用駕駛士兵及技工外，概依本表之規定給與之。

二、各廠處對本表所規定之薪給待遇，無論物價如何變更，并須確實維持。

三、各地司機技工及助手工徒，如有超出本表之規定待遇者，在未經本局定式核定等級以前，概以左列年資標準支給之。

1、充當司機技工期滿三年者，不得超過四等一級薪。

2、充當司機技工期滿六年者，不得超過三等一級薪。

3、充當司機技工期滿九年者，不得超過二等一級薪。（司機最高薪數）

4、充當技工期滿十二年以上者，得超過一等一級薪。（技工最高薪數）

5、充當助手工徒期滿三年者，按六等一級薪支給，期滿三年以上者，按五等[illegible]級薪支給。

6、助手工徒須經本局檢定合格者，不得升充司機技工。

四、司機技工解雇或另就他職時，其工資按照本規則第二條之規定支給之。

五、本表頒布後，本局隨時派員考驗，如有不遵規定擅自增減待遇或虛報工資者，以破壞法令論，予以相當處分。

六、本表自頒布日起施行。

川滇西路工务局颁发《内乐段工务总分段组织简则》致内乐第一、二总段的训令（一九四二年七月十七日收）

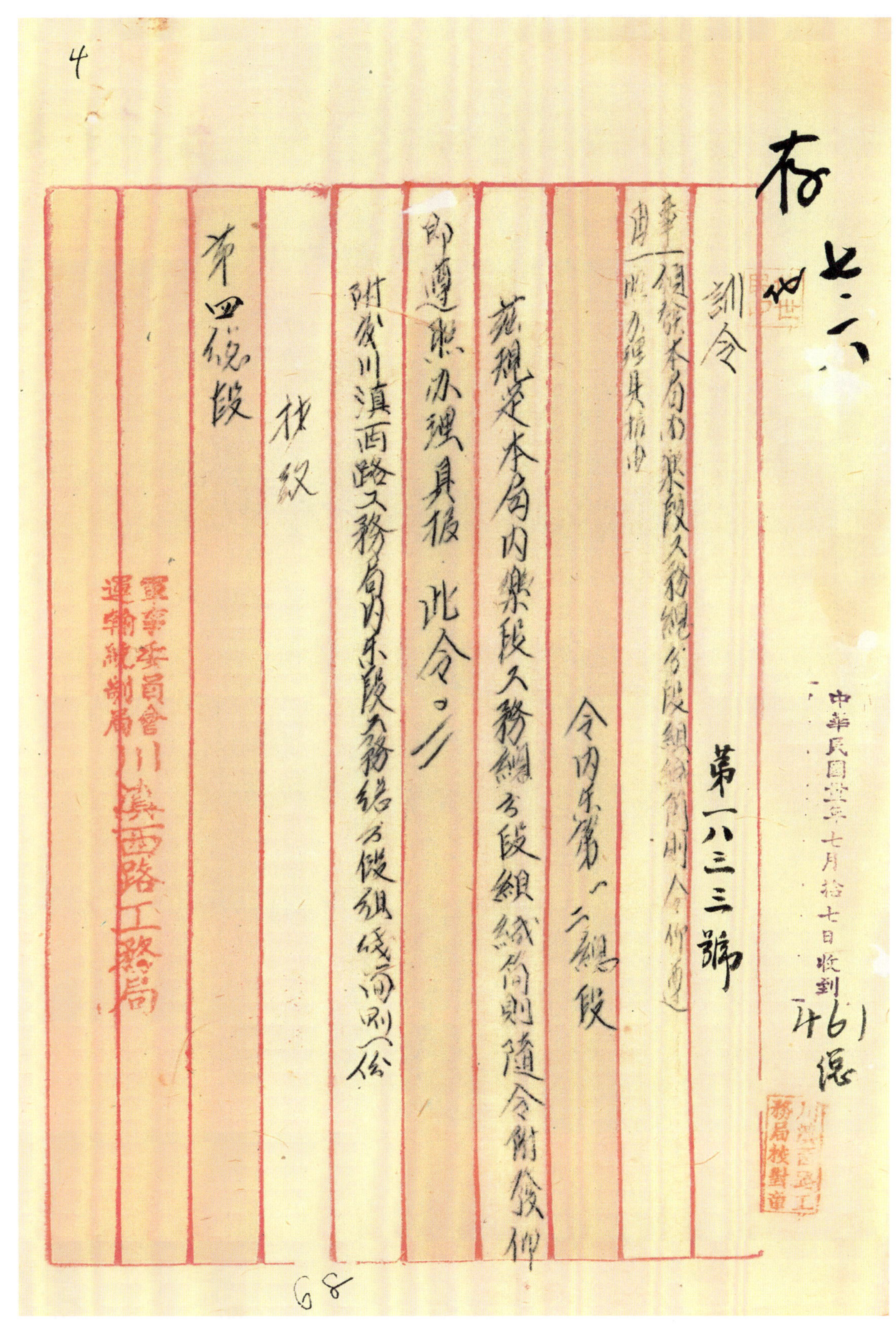

事由：頒發本局内樂段工務總分段組織簡則令仰遵照具報由

訓令　第一八三三號

令内乐第一、二總段

兹規定本局内樂段工務總分段組織簡則，隨令附發，仰即遵照辦理具報。此令。

附發川滇西路工務局内乐段工務總分段組織簡則一份

技級

第四總段

軍事委員會運輸統制局川滇西路工務局

中華民國卅一年七月拾七日收到　461號

附：川滇西路工务局内乐段工务总分段组织简则

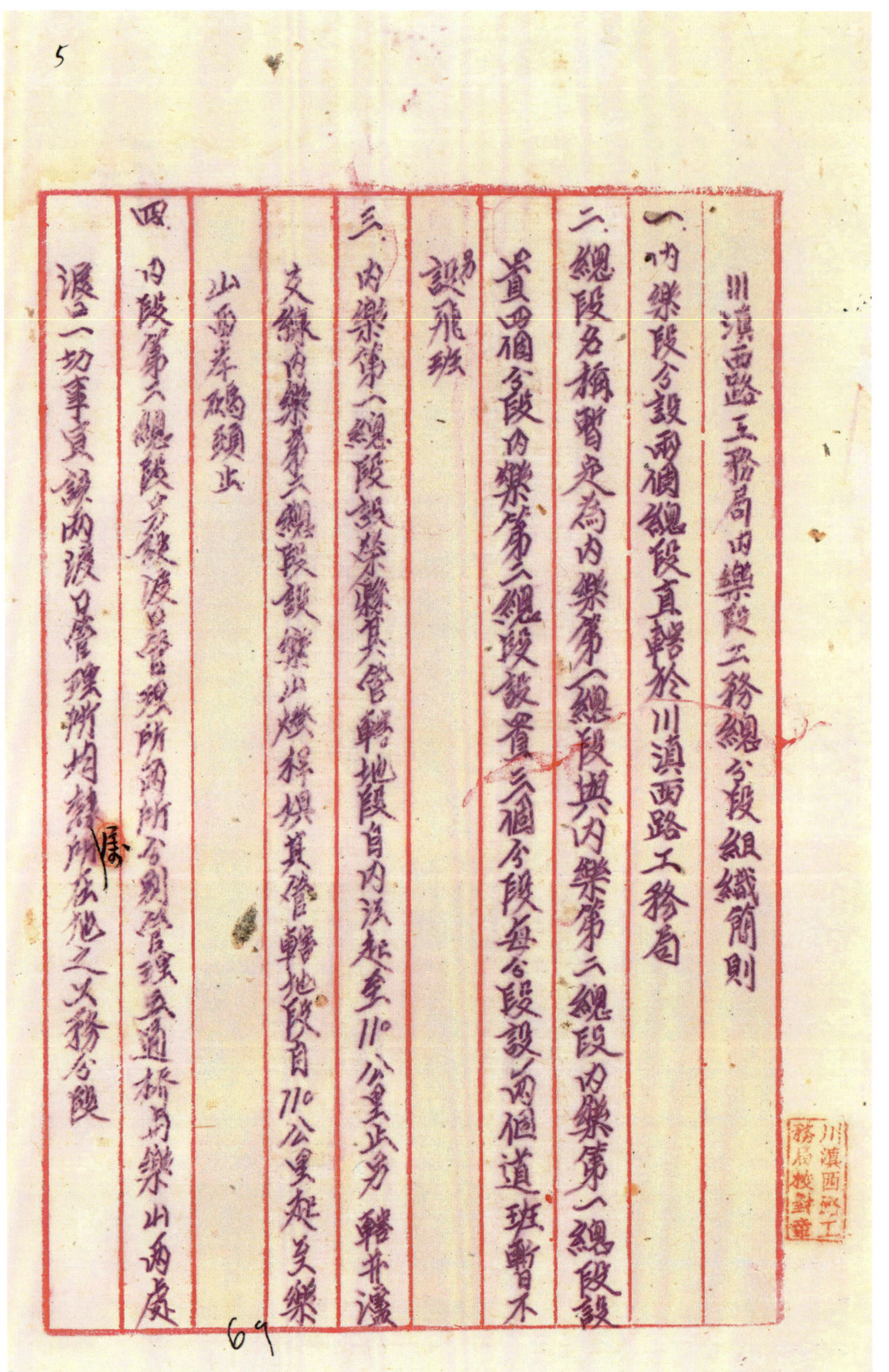

5

川滇西路工務局內樂段工務總分段組織簡則

一、內樂段分設兩個總段，直轄於川滇西路工務局。

二、總段名稱暫定為內樂第一總段與內樂第二總段。內樂第一總段設置四個分段，內樂第二總段設置三個分段，每分段設兩個道班，暫不另設飛班。

三、內樂第一總段設榮縣，其管轄地段自內江起至110公里止，另轄井濱支線；內樂第二總段設樂山[illegible]埧，其管轄地段自110公里起至樂山西岸碼頭止。

四、內樂第二總段分設渡口管理所兩所，分別管理孟通橋與樂山兩處渡口一切事宜，該兩渡口管理所均歸所在地之工務分段[illegible]。

川滇西路工務局校對章

69

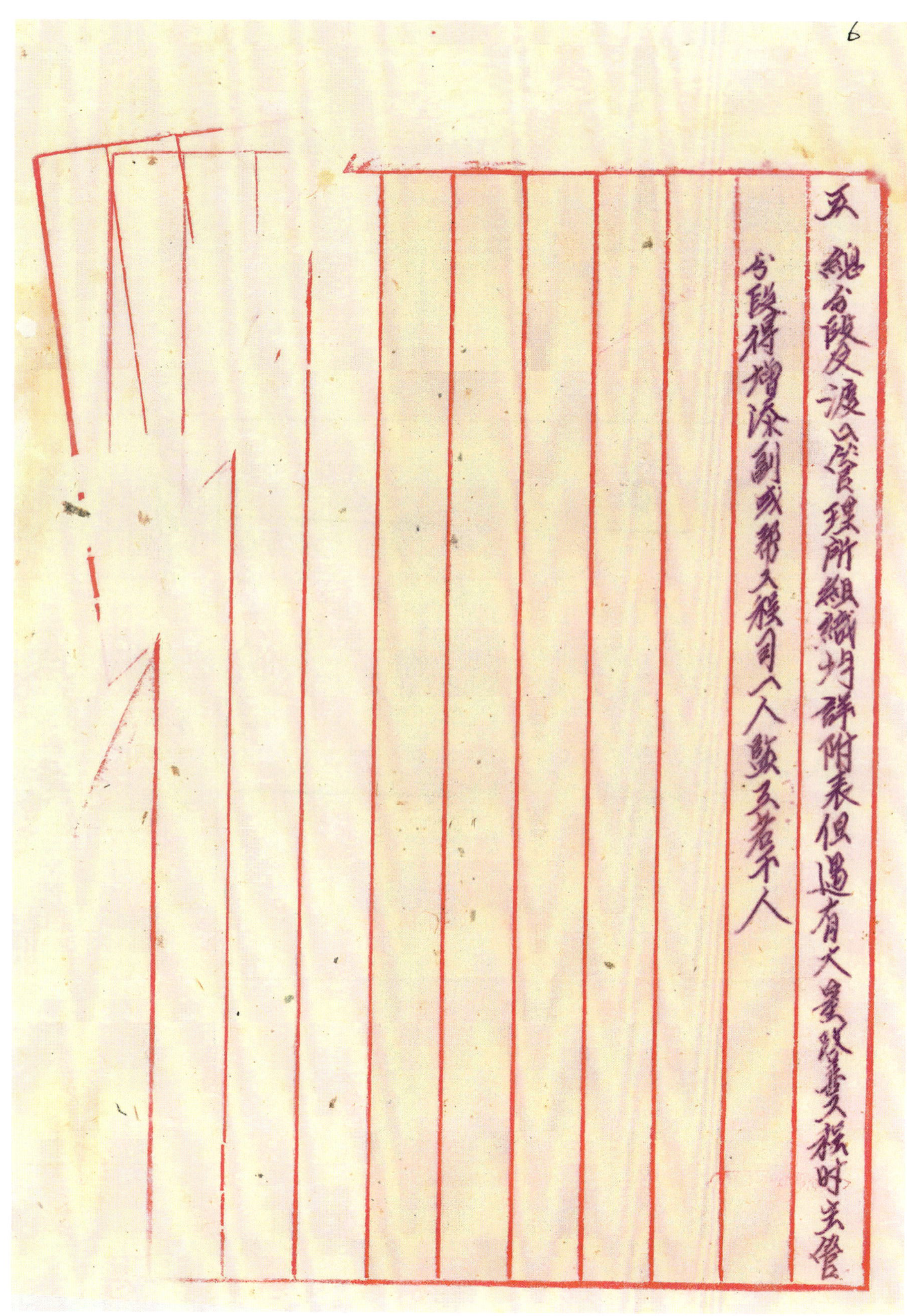
6

五　總分段及渡口管理所組織均詳附表，但遇有大量路養大修時，其管分段得增添副或第二大修司工人數及若干人

川滇西路工务局内燊段工(防)總(公)分段組織表

正或副工程司兼總段長一人

工務

副或幫工程司一人

工務員二—三人

練習生一人

材料員一人

料夫一—二人

公役四人

總務

辦事員一人

雇員二人

信差二人

廚夫二人

會計—會計員一人

川滇西路工務局校對章

電台—電務員一人—機工五人

醫務
- 醫師一人
- 護士一人
- 公役一人

副工程司或幫工程司兼分段長
- 工務員二人
- 辦事員一人
- 雇員一人
- 監工五人
- 測工三人
- 公役二人

渡口
- 管理員一人
- 辦事員一人
- 公役一人

川滇西路工务局关于指导关照西康技艺专科学校来校新生以免路途阻滞致第四总段的训令（一九四二年七月二十五日）

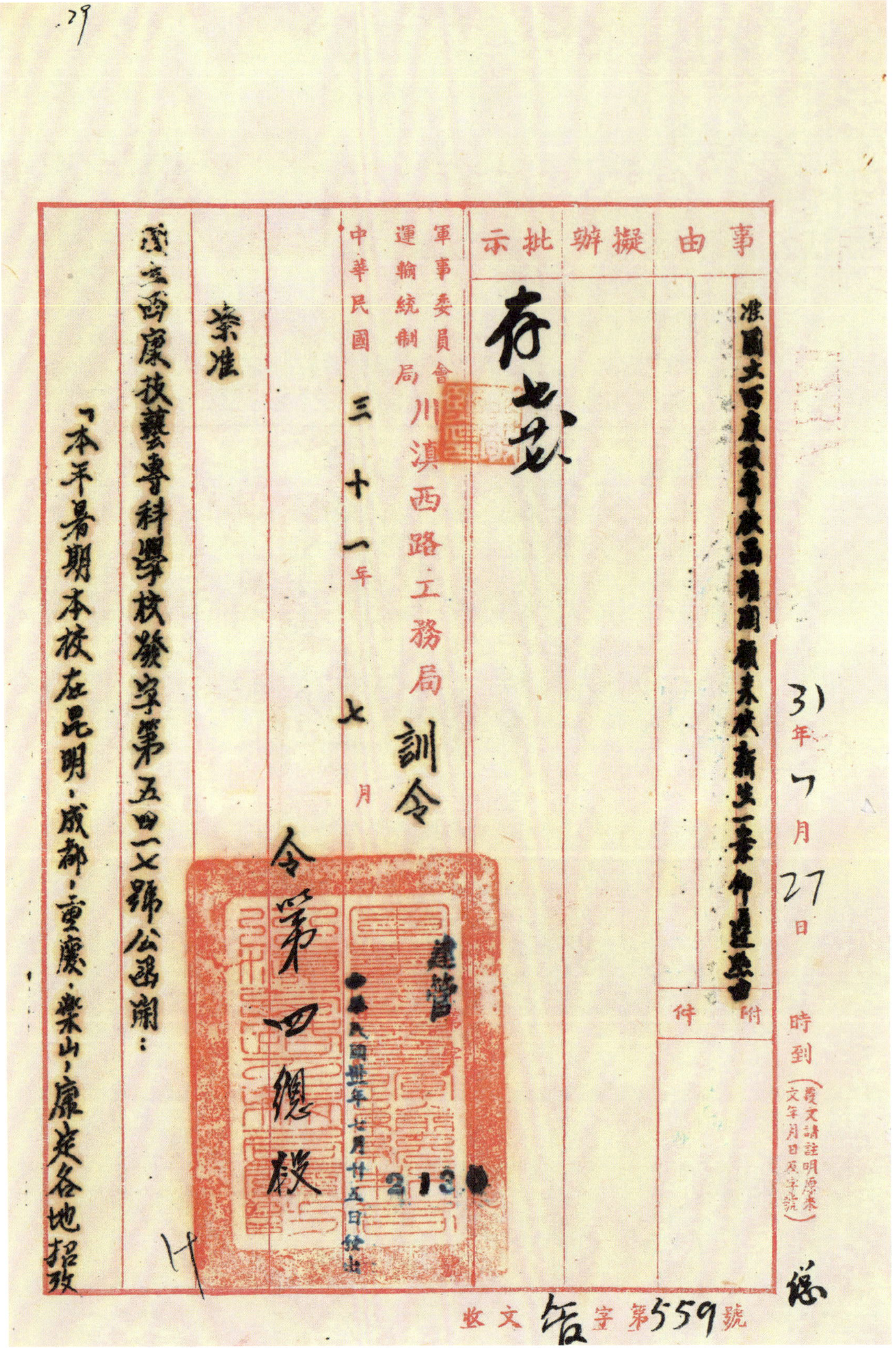

29

事由：准國立西康技藝專科學校函請關顧來校新生一案令仰遵照由

收文 31年7月27日到

附件

擬辦

批示：存 七/廿七

軍事委員會運輸統制局川滇西路工務局訓令

中華民國三十一年七月　日

建字第　號

令第四總段

中華民國卅一年七月廿五日發出

2130

案准

國立西康技藝專科學校發字第五四一七號公函開：

「本年暑期本校在昆明、成都、重慶、樂山、康定各地招致

收文 館字第559號

80

新生，所有取録新生均限期十月一日以前逕到西昌本校報到，除已由校印發來校旅行須知，分發各招生處對於新生來校妥為指導，并在樂山設置指導處以資輔導外，用特函懇貴局惠予轉請所屬各驛站，遇有前項新生來校，其膳宿中途食宿或因路程不明，發生困阻情形時，務希格外闗顧，惠予指導，俾免阻滯，無任公感！」

等由；自應予以協助，除分令外，合行令仰遵照！

此令。

局長 周鳳九

監印 鍾毓華
校對 張文範

川滇西路工务局第四总段关于遇有塌方或冲毁桥梁应立即电报并予以修复致第十八分段的通令（一九四二年七月二十七日收）

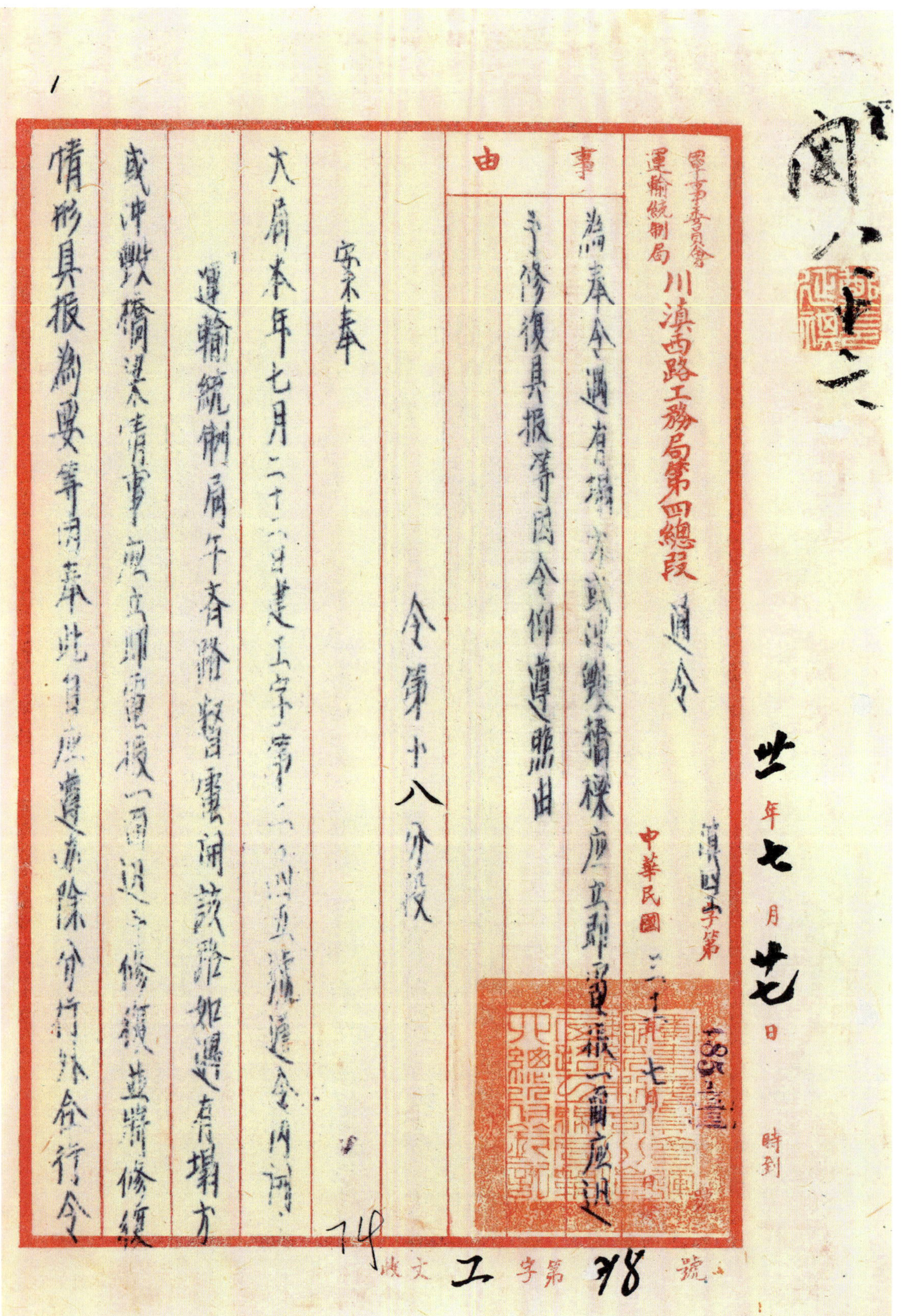
軍事委員會運輸統制局川滇西路工務局第四總段通令

滇四工字第　號

中華民國三十一年七月　日

事由：為奉令遇有塌方或沖毀橋樑應立即電報一面應迅予修復具報等因令仰遵照由

令第十八分段

案奉

大局本年七月二十六日建工字第一二〇四五號通令內開：

「運輸統制局午齊路督電開：該路如遇有塌方或沖毀橋樑等事，應立即電報，一面迅予修復，並將修復情形具報為要等因，奉此，自應遵辦。除分行外，合行令

卅一年七月廿七日到

收文工字第38號

2

仰該段切实遵照為要」等因奉此除分行外合行令

仰切实遵照！！

此令。

總段長　華□熙

川滇西路工务局第四总段抄发《运输统制局公路桥梁防护办法》致第十八分段的通令（一九四二年七月二十九日）

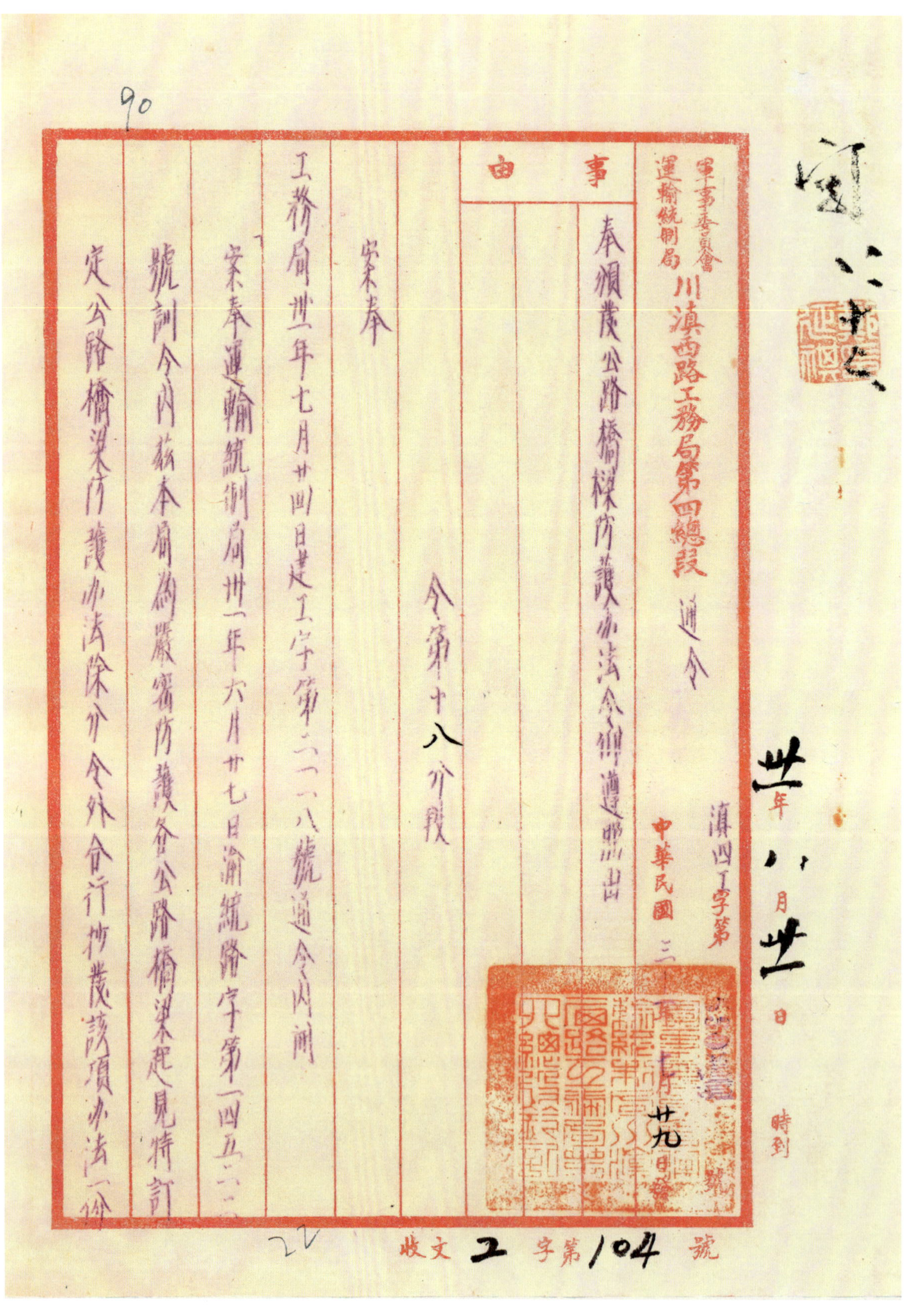
90

军事委员会运输统制局川滇西路工务局第四总段 通令

滇四工字第　　号

事由：奉颁发公路桥梁防护办法令饬遵照由

中华民国三十一年七月廿九日

令第十八分段

案奉

工务局卅一年七月廿四日建工字第二一一八号通令内开：

案奉运输统制局卅一年六月廿七日渝统路字第一四五二二号训令内开：兹本局为严密防护各公路桥梁起见，特订定公路桥梁防护办法一份，除分令外，合行抄发该项办法一份

卅一年八月廿一日　时到

收文 工 字第104号

22

令仰遵照定飭為要等因附抄發本局公路橋梁防護

辦法一份奉此自應遵辦除分令外合行抄發該項辦法一份

令仰遵照並轉飭遵照為要」

等因附發運輸統制局公路橋樑防護辦法一份奉此自應遵

辦除分令外合行抄發該項辦法一份令仰遵照為要

此令。

附抄發運輸統制局公路橋樑防護辦法一份

總段長 華敬熙

附：运输统制局公路桥梁防护办法

運輸統制局公路橋梁防護辦法

(一)本局為嚴密防護各公路橋梁起見特訂定本辦法

(二)各公路主管機關應指派職員一人至三人專責办理所轄各路橋梁之檢查事項

(三)各公路主管機關應于每年十一月起派員會同各路段主管人員办理橋梁總檢查一次限一個月內办竣

(四)各公路主管機關應根據總檢查之結果擬具改善或改建計劃預算于每年十二月底以前呈送本局核定以便于下年度開始時即可興工惟遇臨時出險應予搶修之橋梁不在此例

（五）各路段于每次山洪暴發時應迅速派員馳赴發水區域辦理橋梁臨時檢查一次

（六）除每年總檢查及臨時檢查外各路段工程人員平時應嚴密檢查所轄段內橋梁之狀況遇有損壞應及時修理或加強之

（七）橋梁總檢查臨時檢查及平時檢查之主要工作項目規定如下

（1）調查每次洪水位之高度及本年度最高洪水位橋孔面積是否足敷宣洩橋梁本身及兩端路基有未淹沒或被沖毀水流速度及水中漂蕩物等

P4

情形

(2)检查桥梁底脚有无冲坏或局部走动陷落等情形

并详察其原因何在

(3)检查桥台桥墩桥面及其他各部有无损坏并详

察其原因何在

(4)检查石料有无风化崩裂剥落木料有无腐朽蛀蚀

折裂钢料铁件有无锈蚀变形折裂及松动等情状

(5)检查各部接榫及钉螺栓等处是否严密合有无

松动歪斜等情状

(6)检查桥梁现况后应估计其载重吨数

24

(7)如橋梁附有渡口者則其渡口一切設備亦應同時加以檢查

(8)以上各項檢查完畢應將檢查結果詳列表式報告上級主管人員核辦之

(八)凡長度在五十公尺以上之大橋或其他重要橋梁均應派定看橋工駐橋守護必要時須加派工程人員並函請當地政府指派壯丁及軍警部隊派兵協同駐守並應依照本局所頒「管理公路重要橋梁交通暫行辦法」維持車輛過橋秩序

(九)看橋工每日應將橋梁面打掃清潔如橋面欄杆或各

86

部接樺發現鬆動損壞情狀應立即報告主管人員派工修理之

（十）凡橋梁跨越河流通行船隻者應特別注意橋墩或橋架之防護以免發生船隻撞壞情事

（十一）駐橋員工及部隊不得任意擅打紅旗停止車行

（十二）凡大橋或重要應酌備沙袋以資消防必要時得呈請本局轉請酌派高射炮部隊駐守橋次以資防衛

（十三）本辦法自核准之日施行

25

訃告

石工總隊總隊長黃公慶慈奉命飛昆協
督公路工務於本月十五日公返陪都途中不
幸在距昆一百三十五公里處乘車突遭撞翻
殉職噩耗驚傳仝人等愴慟曷亟已蒙
軍事委員會運輸統制局公路工務總處康處
長急電馬龍縣長就近先行代為從豐棺殮並
電飭隊轉知黃故總隊長家屬暨由隊着派妥
員星夜馳往料理喪事明令錄述平生努力公
路事蹟轉請褒揚除另行擇期設奠追悼外謹
先訃
聞

黃公慶慈治喪處啟

成都老西門外金牛壩

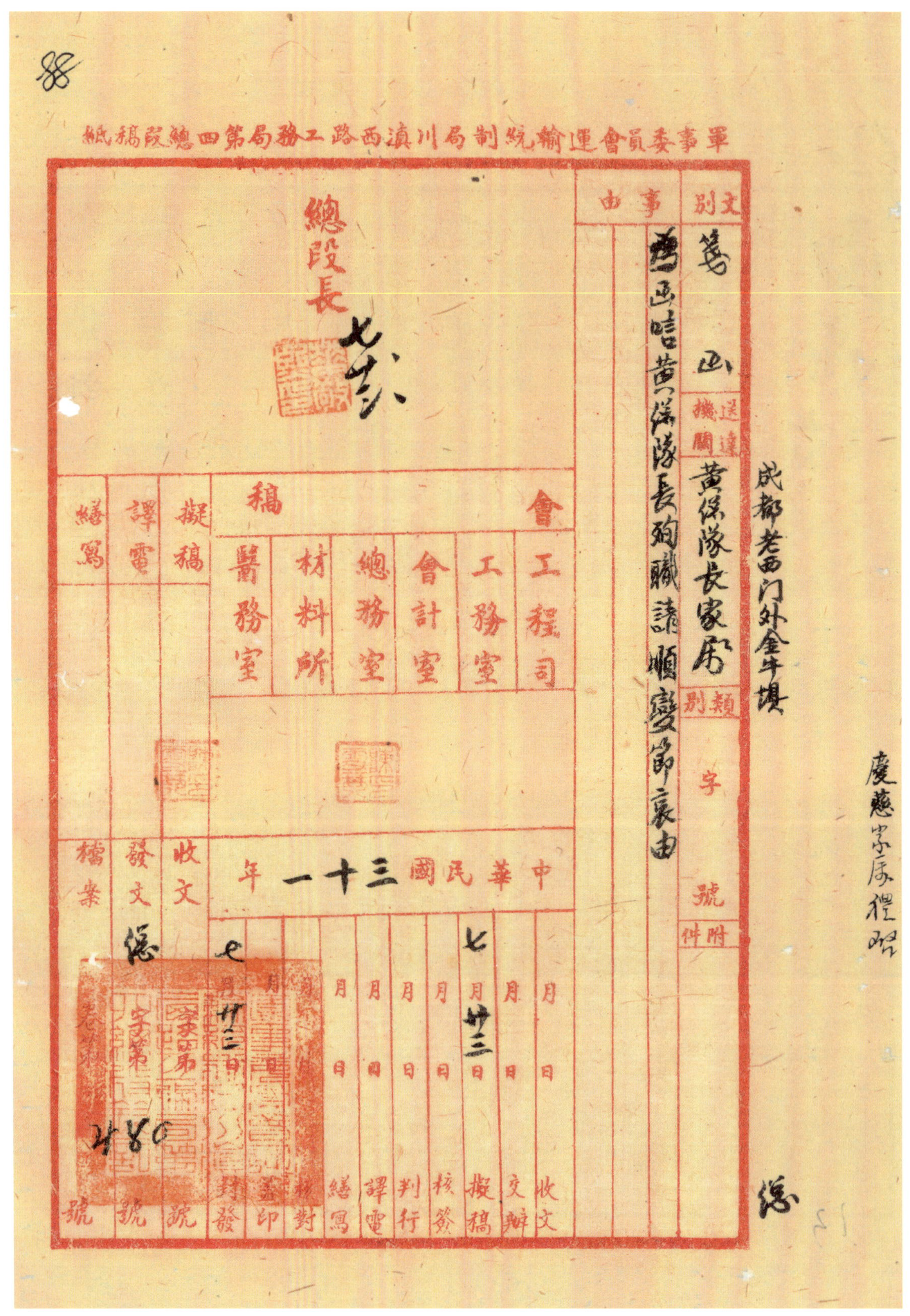

88

軍事委員會運輸統制局川滇西路工務局第四總段稿紙

文別：箋函

事由：函唁黄保隊長殉職請順變節哀由

送達機關：黄保隊長家属

類別　字　號

附件

總段長 七、廿三

會稿：工程司　工務室　會計室　總務室　材料所　醫務室

擬稿　譯電　繕寫

中華民國三十一年

收文　月　日
交辦　月　日
擬稿　七月廿三日
核發　月　日
判行　月　日
譯電　月　日
繕寫　月　日
核對　月　日
蓋印　月　日
封發　七月廿三日

收文　字第　號
發文　總　字第 480 號
檔案　字第　號

成都老西门外金牛鎮

黄保隊長家属

慶懸宗屬禮昭

總

黃總隊長家屬禮鑒頃接治喪處訃告驚悉

尊翁傳日昆明[illegible]路事業先進突遭此[illegible]

不幸事件愴感無既工程界失一導

師抗建前途失一中堅份子非獨一家之不幸實

國家之不幸也特函致唁尚冀

順變節哀是所企禱此致

禮祉

華○○謹啓

月　日

川滇西路工务局第四总段关于转发《公路交通发生障碍事故报告办法》致第十六分段的通令（一九四二年八月八日）

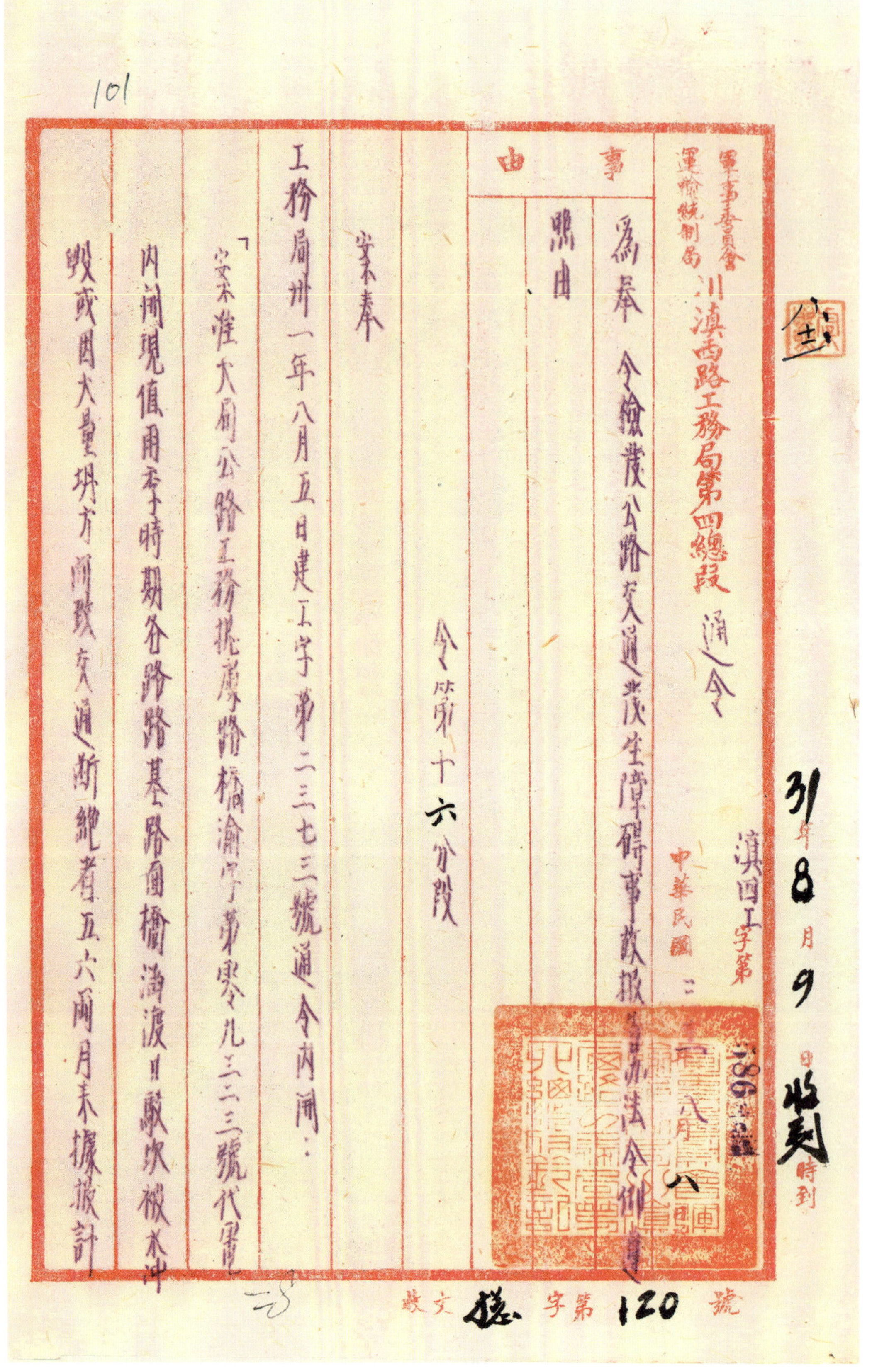
軍事委員會運輸統制局川滇西路工務局第四總段通令

滇四工字第 號

中華民國三十一年八月八日

事由：為奉令檢發公路交通發生障礙事故報告辦法令仰遵照由

令第十六分段

案奉

工務局卅一年八月五日建工字第二三七三號通令內開：

「案准交通部公路工務總處路橋渝字第零九三二三號代電內開：現值雨季時期，各路路基路面橋涵渡口屢次被水冲毁或因大量坍方而致交通斷絕者，五六兩月來據報計

31年8月9日收到

文號 字第120號

有數十處之多該項報告大都由警察處根據情報轉
送而各路局處或竟無報告或報到太遲有失時效
每致電文往返查詢費時本處為期迅速取得此種
事故報告起見特訂定公路交通發生障礙事故報
告辦法俾便依照實施除分電外相應檢附辦法一份電
請查照轉飭所屬切實遵辦等因附辦法一份准此除
分令外合行抄同原辦法六份令仰遵照並轉飭切實
遵辦為要此令」
等因附發公路交通發生障礙事故報告辦法六份奉此
自應遵辦除分令外合行令仰遵照辦理為要！！

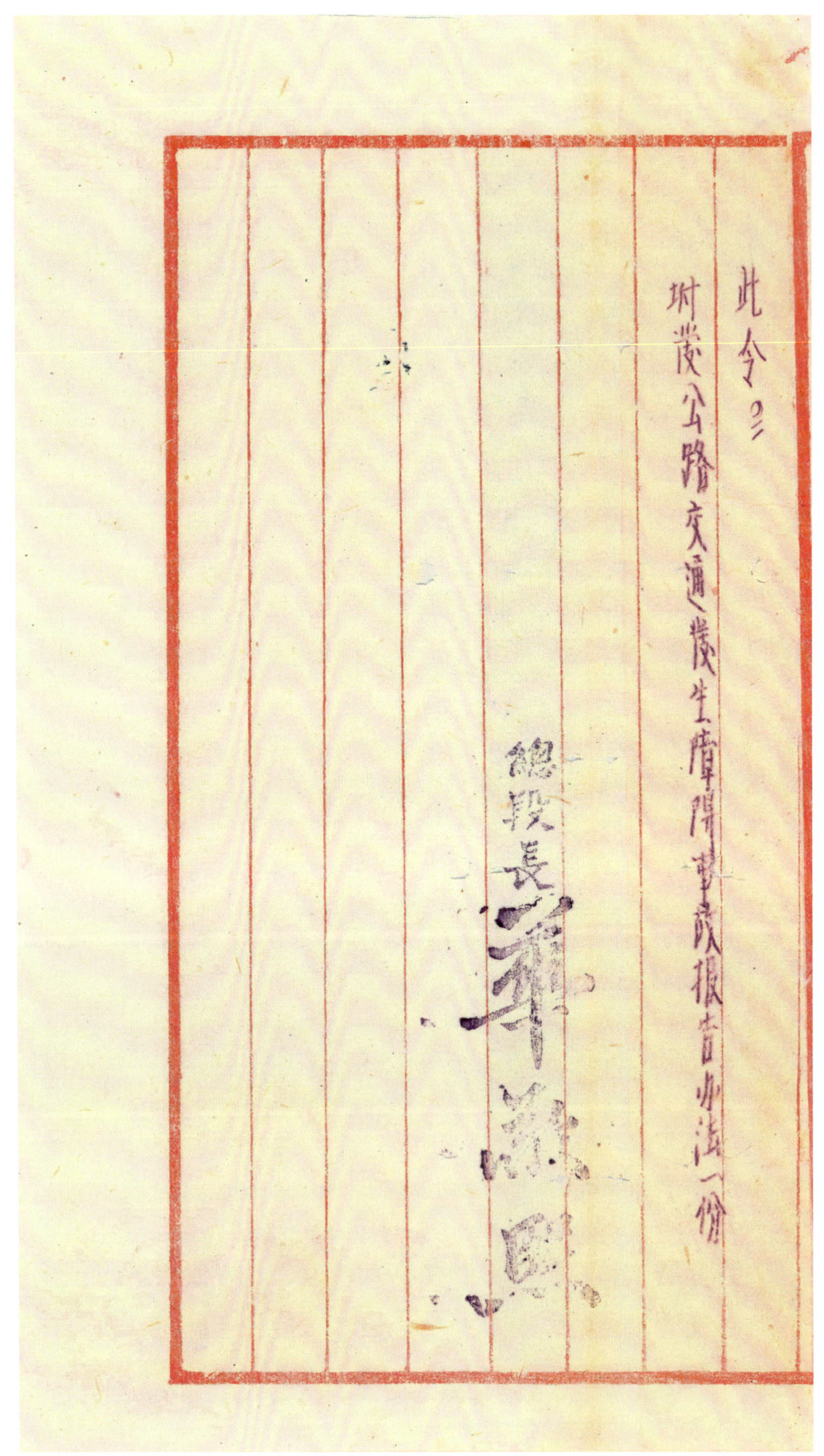

此令。

附發公路交通避免發生障礙辦法一份

總段長 羅英

公路交通發生障碍事變報告辦法

一、凡遇大量坍方或橋涵等工程被水冲毁或因其他原因而致交通斷絕者，應由該路段之主管工程人員（或負責人員）立即迳行分電報告重慶公路工務總處及主管該工務局處，以期迅捷。

二、上述報告應力求簡明，並以最迅速方法傳遞之，如利用各路站行車電話或各路原設之電台，倘無自備之電話電台，則就附近市鎮拍發郵電局電報或通長途電話報告均可。

三、如用電報逕報工務總處者，其電文規定格式如下：

「重慶〈00361〉（即工務總處）××路××段（橋涵號）×××加×××（或××地點）××工程于×月×日×時被水冲毁（或其他原因）若干數量（橋以座為單位，路面路基路段等以公尺為單位，坍方以公方為單位，其他酌定）阻斷交通，正在搶修，估計×月×日可恢復交通。×路×段段長（或負責工程司、工務所主任等）×××報告×〈日〉時」再報告主

管局處之電文亦可參照上列格式办理

四、前項係簡明報告發出後仍須擬具詳細報告惟不受上列三條規定之限制應依照普通行文程序報由各該路主管工務局處核轉統制局或公路工務總處毋庸逕報

五、凡工程被水冲毀或因其他原因損壞而並不阻斷交通者可照第四條規定擬具詳細報告不必照第一二三條規定办理惟仍應迅速辦理之

川滇西路工务局关于派沈士华为驻印度代表致第四总段的通令（一九四二年八月二十日）

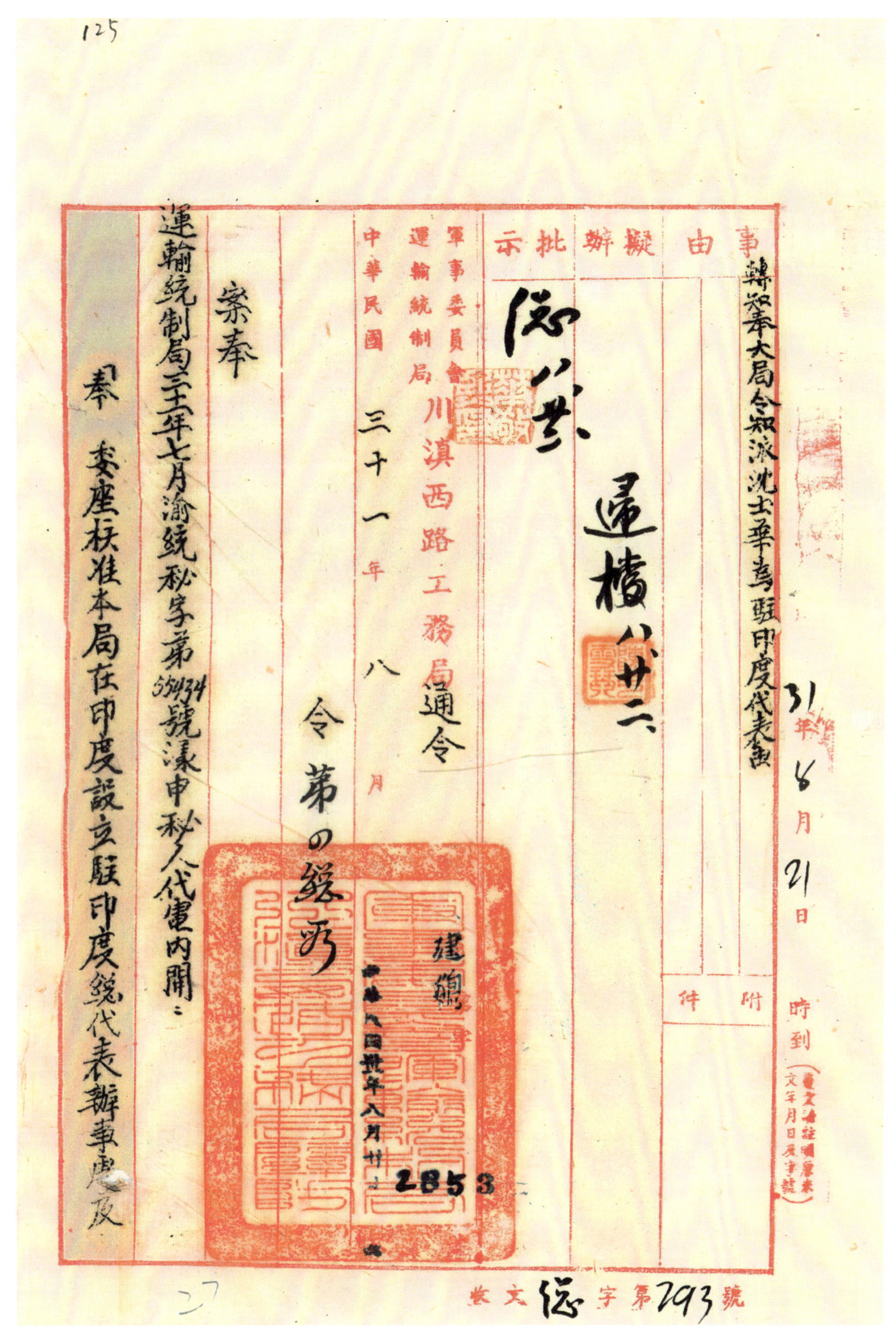

事由：轉知奉大局令知派沈士華為駐印度代表由

擬辦批示

軍事委員會運輸統制局川滇西路工務局通令

中華民國三十一年八月

令第四總段

案奉

運輸統制局三十一年七月渝統秘字第5434號渝申秘代電内開：

奉

委座核准本局在印度設立駐印度總代表辦事處及

中華民國卅一年八月廿日

2853

到時 31年8月21日

收文 字第293號

126

驻印东西两部区代表办事处以便利对外随时联系洽办我国在印物资之内运优先程序并派沈士华兼本局驻印总代表周贤颂为驻印东部区代表除西部区代表俟另派外其东西两部区代表均归总代表统一指挥除分电外特电仰知照并转饬所属知照为要」等因奉此除分令外合行令仰知照并转饬所属知照。

此令。」

局长 周凤九

监印 钟毓华
校对 张文苑

建总工会关于驻在所范围以内人员因公差暂行办法致各总段及会计员的电（一九四二年八月二十一日）

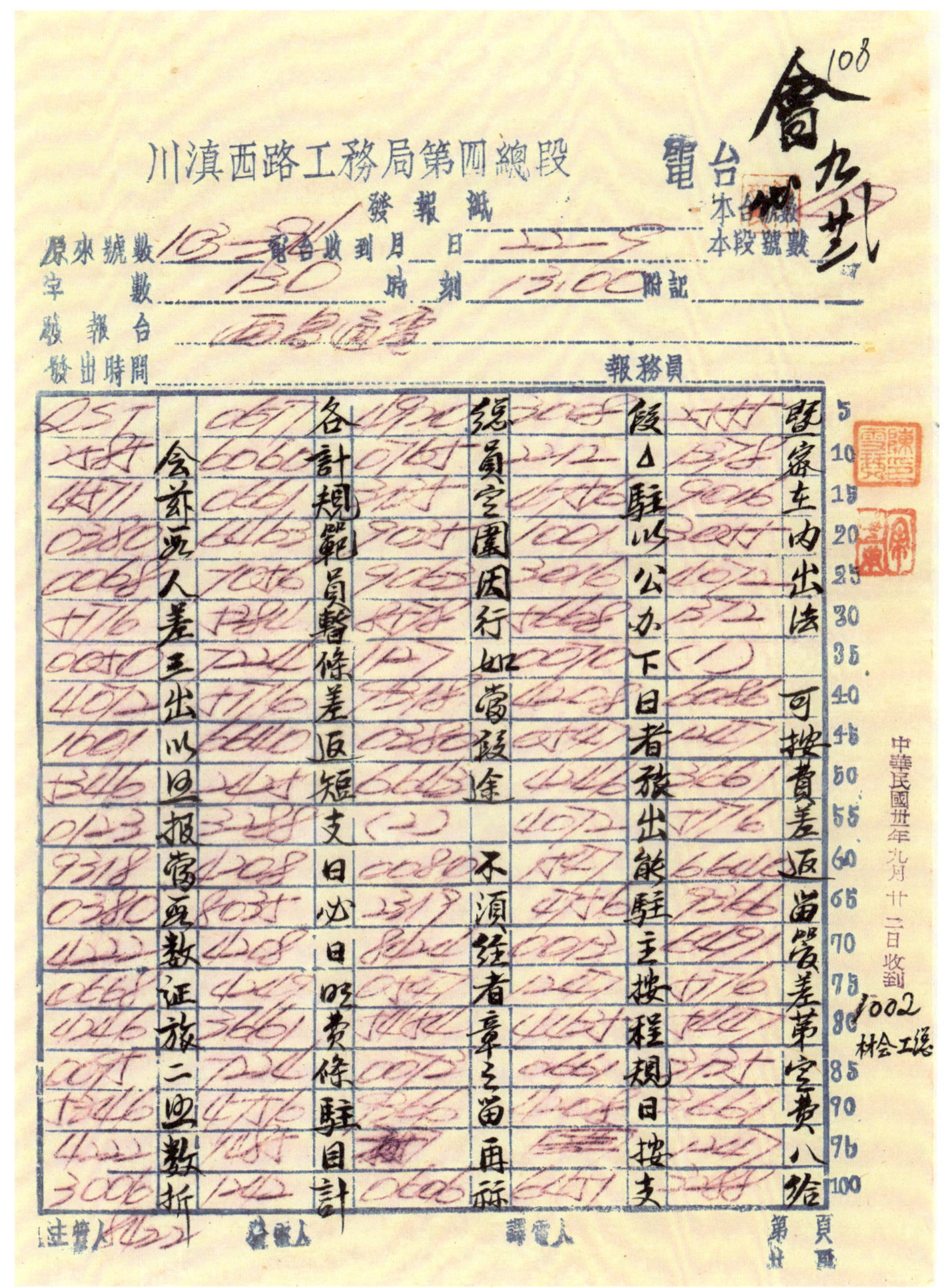
川滇西路工務局第四總段　電台　發報紙

原來號數　字數　發報台　發出時間

暨家土内出法　可按貴差返当簽差第宗黄八给　段Δ駐以公办下日者旅出能駐主按程規日按支　總員宅園因行如當該途　不須经者章之苗再府　各計規範員暫條差返短支日必日以费條駐目計　会蘇西人差三出以旦报當西数证旅二迎数折

中華民國卅一年九月廿二日收到

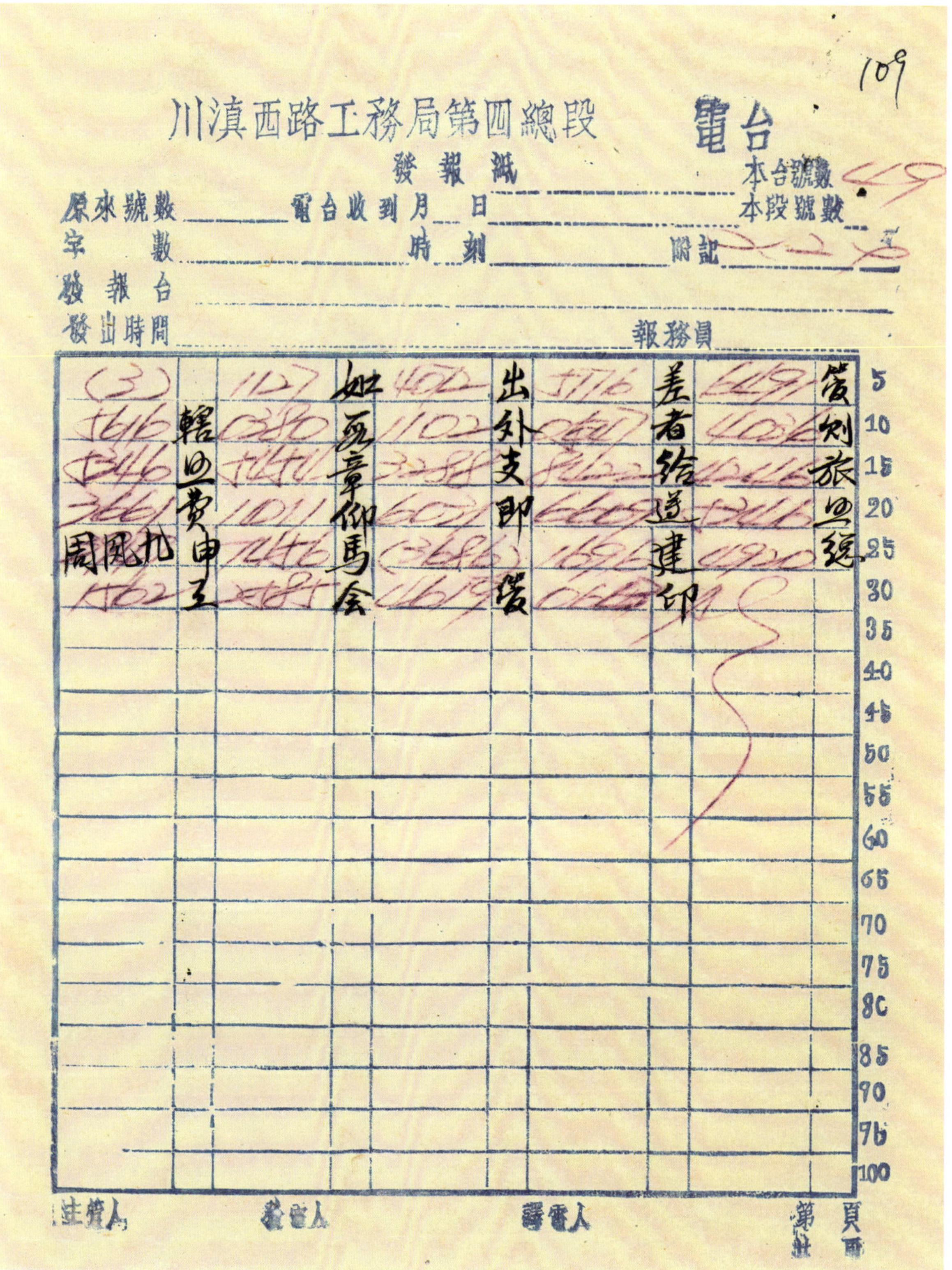

109

川滇西路工務局第四總段 電台

發報紙

本台號數 49

原來號數 電台收到月 日

本段號數

字數 時刻 附記

發報台

發出時間 報務員

發旅巡總 差者給遄建印 出外支即發 如巫章仰馬会 轄巡貴申王 周凤九

注意人 譯電人 第 頁 共 頁

川滇西路工务局与第四总段关于《员工出差旅费通则》《各机关各级主官特别办公费暂行支给办法》《短程旅费给与办法》的训令

川滇西路工务局致第四总段的训令（一九四二年九月十四日）

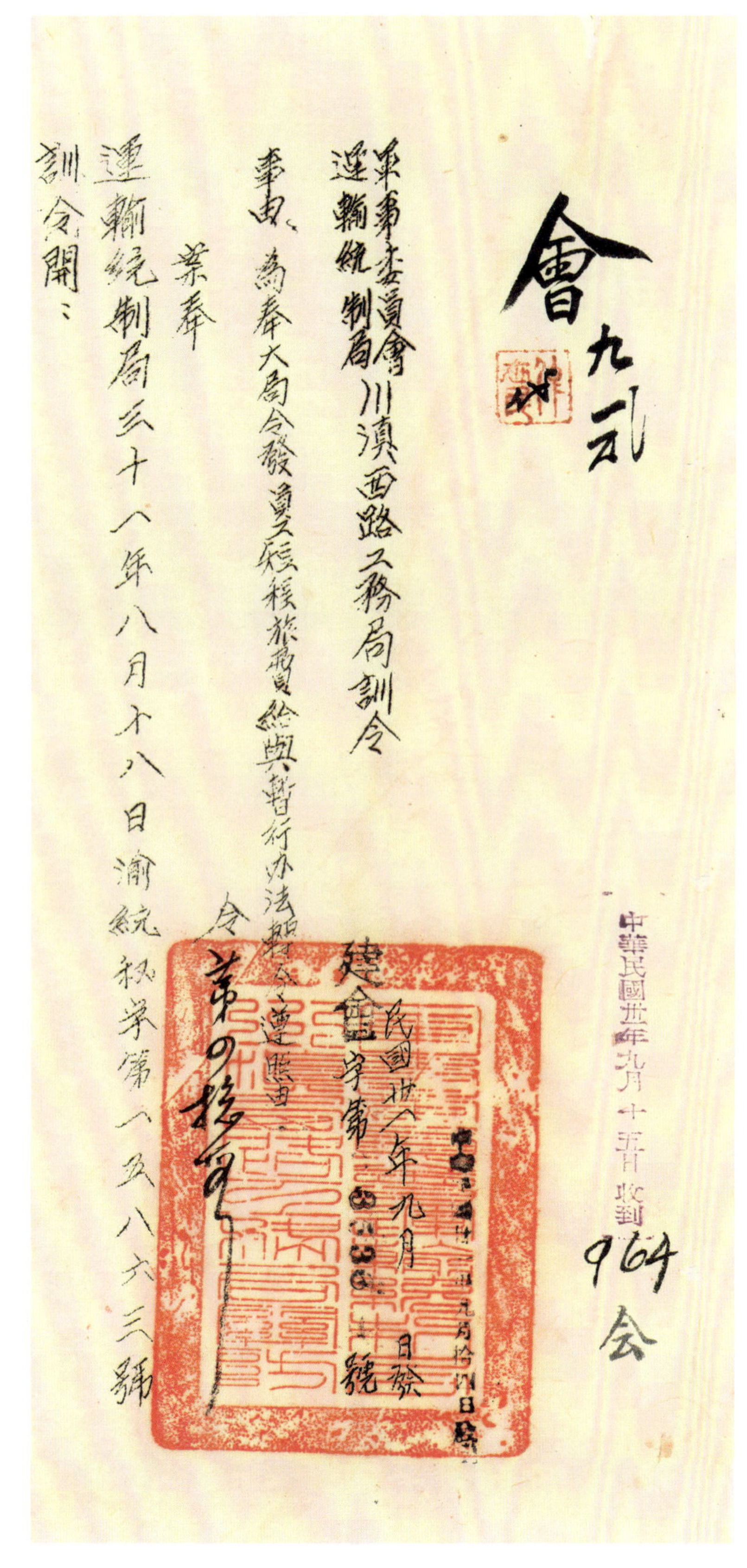

會

軍事委員會運輸統制局川滇西路工務局訓令

建會字第　　號

民國卅一年九月　日發

事由：為奉大局令發員工短程旅費給與暫行办法轉令遵照由

令第四總段

案奉

運輸統制局卅一年八月十八日渝統材字第一五八六三號

訓令開：

中華民國卅一年九月十五日收到

964

会

116

「兹参酌现时生活程度重行修订短程旅费给与暂行办法凡九项，所有本局及附屬機關驻在渝市者得准适用之。除分行外，合行检发前项办法，仰即遵照。此令」

等因，附发本局员工短程旅费给与暂行办法一份。奉此，查本局短程旅费章程前无规定，自可遵照办理，仰自九月一日起施行。合行抄发前项办法，仰即遵照。此令。

附抄发大局员工短程旅费给与暂行办法六份

局長 周鳳九

監印 劉毓華
校對 張文茹

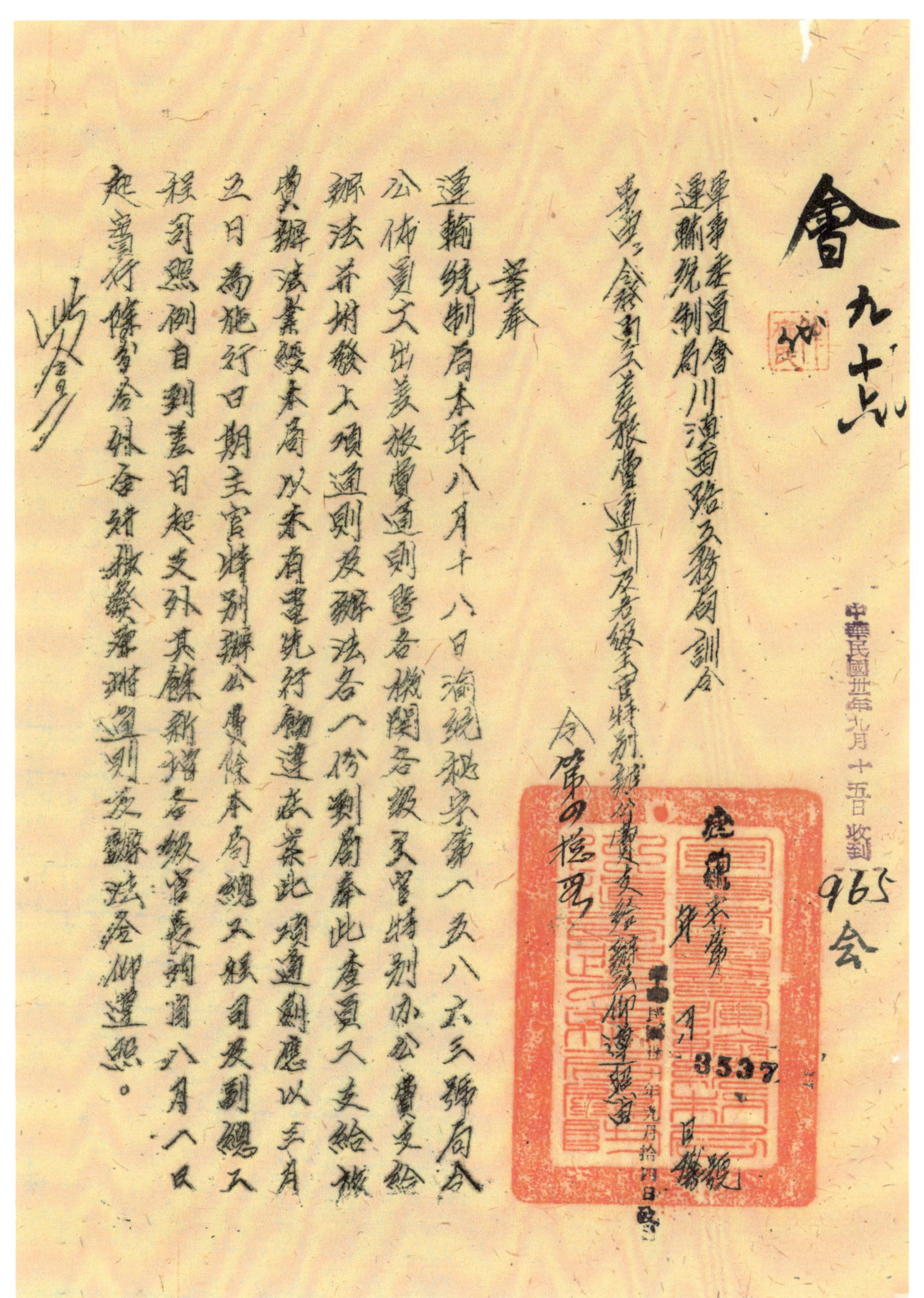
會 九十六

軍事委員會運輸統制局川滇西路工務局訓令

事發二 令發該局員工出差旅費通則及各級主官特別辦公費支給辦法仰遵照由

令第四總段

案奉

運輸統制局本年八月十八日渝統秘字第一五八五三號訓令，公佈員工出差旅費通則暨各機關各級主官特別辦公費支給辦法，並附發上項通則及辦法各一份到局，奉此。查員工支給旅費辦法業經本局以未有壹號行飭遵在案，茲此項通則應以本月五日為施行日期；主官特別辦公費除本局總段及分段司及副總段段司照例自到差日起支外，其餘新增各級主官暨現自八月八日起。合行條令各該抄發原通則及辦法，令仰遵照。

中華民國卅一年九月十五日收到 965 会

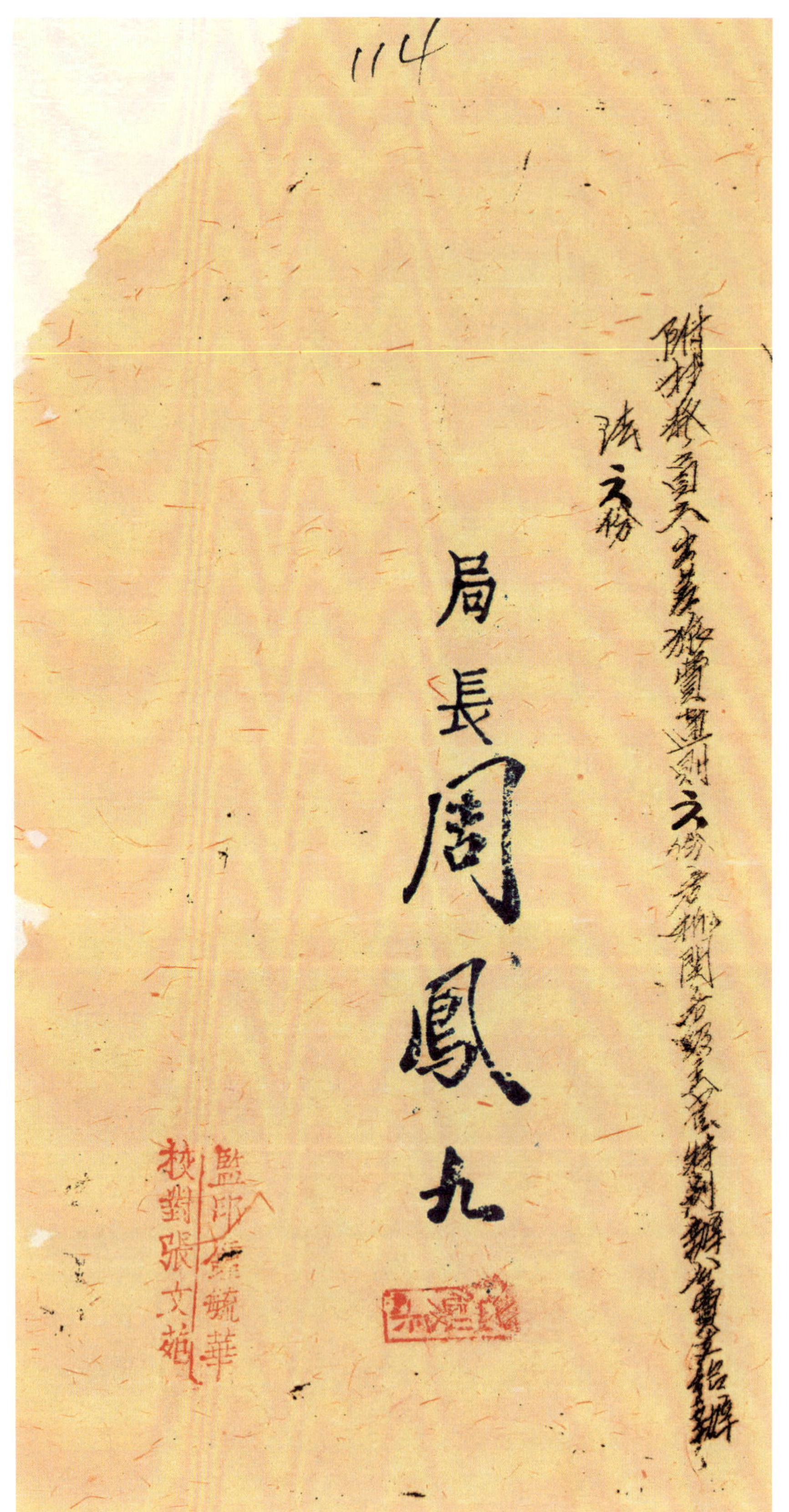

114

附抄發委員出差旅費暨規則六份……法六份

局長周鳳九

監印熊毓華

校對張文範

川滇西路工务局第四总段致各分段的训令（一九四二年九月二十六日）

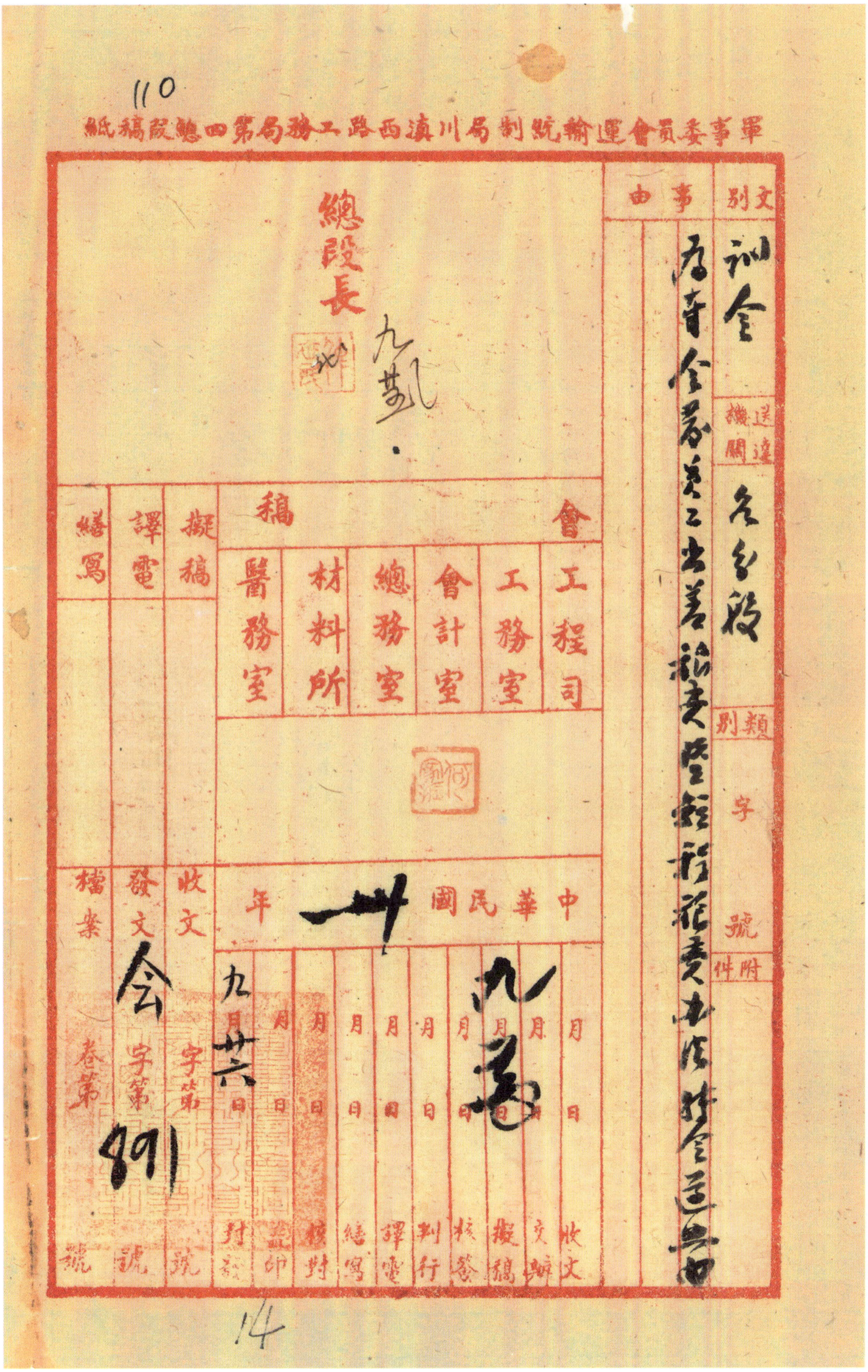

110

軍事委員會運輸統制局川滇西路工務局第四總段稿紙

文别	訓令
送達機關	各分段
事由	為奉令尊重工兵著稽查警衛部隊職責查照由

總段長 九廿凱

會稿：工程司、工務室、會計室、總務室、材料所、醫務室

擬稿　譯電　繕寫

中華民國卅年 九月廿六日

收文　文號　擬稿　核簽　判行　譯電　繕寫　校對　蓋印　封發

收文字第　號　發文會字第891號　檔案卷第　號

14

案奉

工務局本年九月廿日建總字第三五三七號訓令開：

「案奉

運務統制局本年八月十八日渝總秘字第一五八六三號內令，公佈員工出差旅費通則試式，并令仰附發出差旅費通則暨主管特别辦公費支給辦法各六份。」又奉同日

建會字第三五三六號訓令開：

「案奉

運務統制局三十年八月十八日渝總秘字第一五八六三號

112

訓令開：「茲參酌現時生活程度，重行修訂程
旅費給與暫行辦法（附記），此令。」遵發程旅
費給與暫行辦法六份；又奉
中馬（3686）號電開：
「查規定駐在地範圍以內人員因公出差者
不給旅費三條，刪除，仰即遵照。」
各等因；奉此，除分令外，合檢發辦法，令仰該
館遵照辦理。
此令。
計發 員工出差旅費匯劃主管特別辦法乙份

15

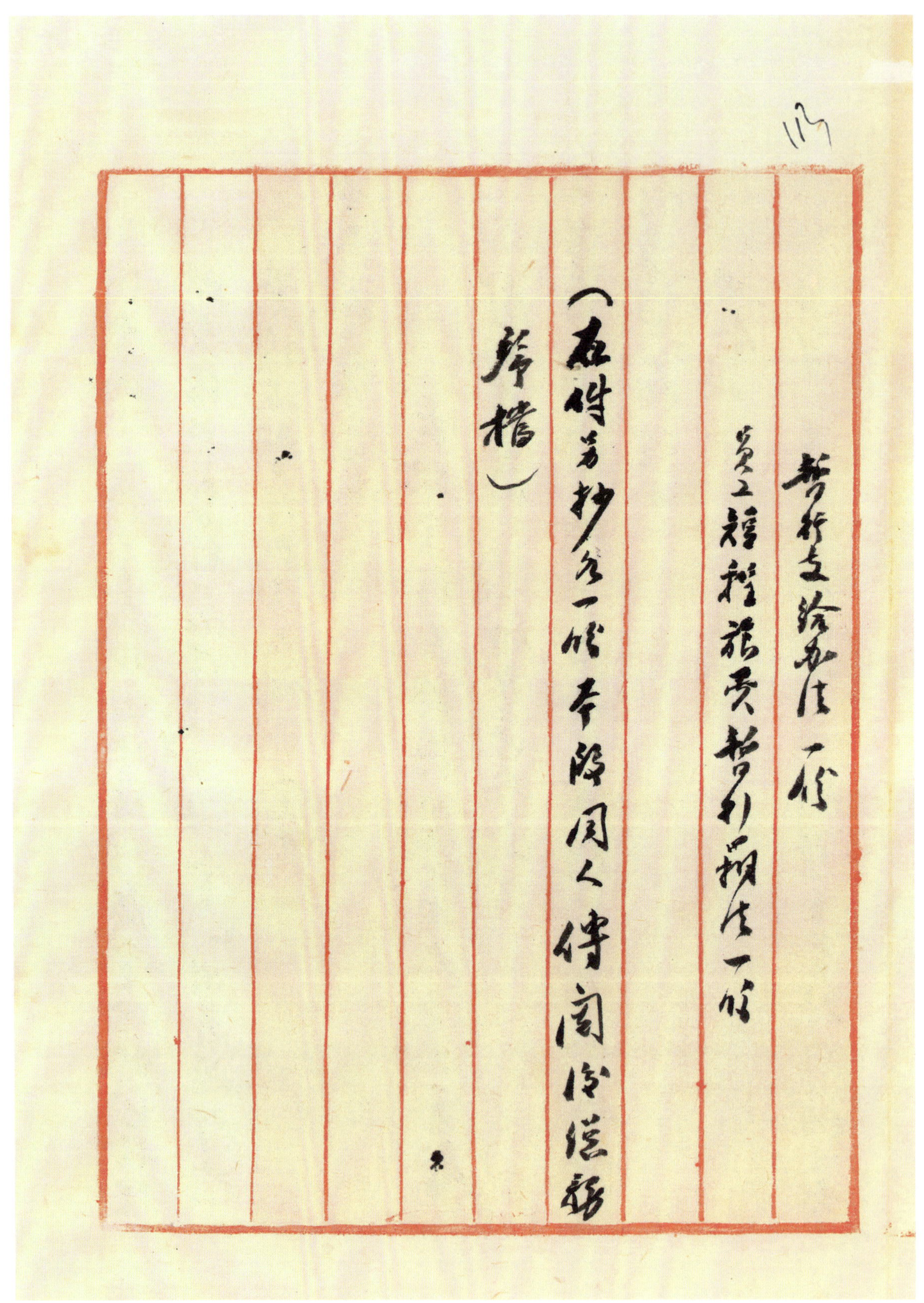

暂行支给办法一份

员工短程旅费暂行办法一份

（右件另抄各一份本路同人传阅俾资

遵循）

運輸統制局員工短程旅費給與暫行辦法

1、本局員工短程公差所需車膳等費依照本辦法支給之

2、短程公差如必須在外用膳者職員每餐以六元為限工役士兵每餐以四元為限每日只能支報膳費二餐不得另行列報早點等費

3、短程車船費按照規定票價支報（如規定准半票者照半價支報免票者不准支報）在市區內不准列報人力車費如因特殊情形確須僱用人力車者須先將理由陳明主管長官核准按時價覈實支報

4、短程公差至多以辦理公務實需時間為限不得因私事羈留延長之

5、出差人員報領短程出差旅費時須填具短程旅費表（格式附後）經主管官署簽蓋章後方得發給

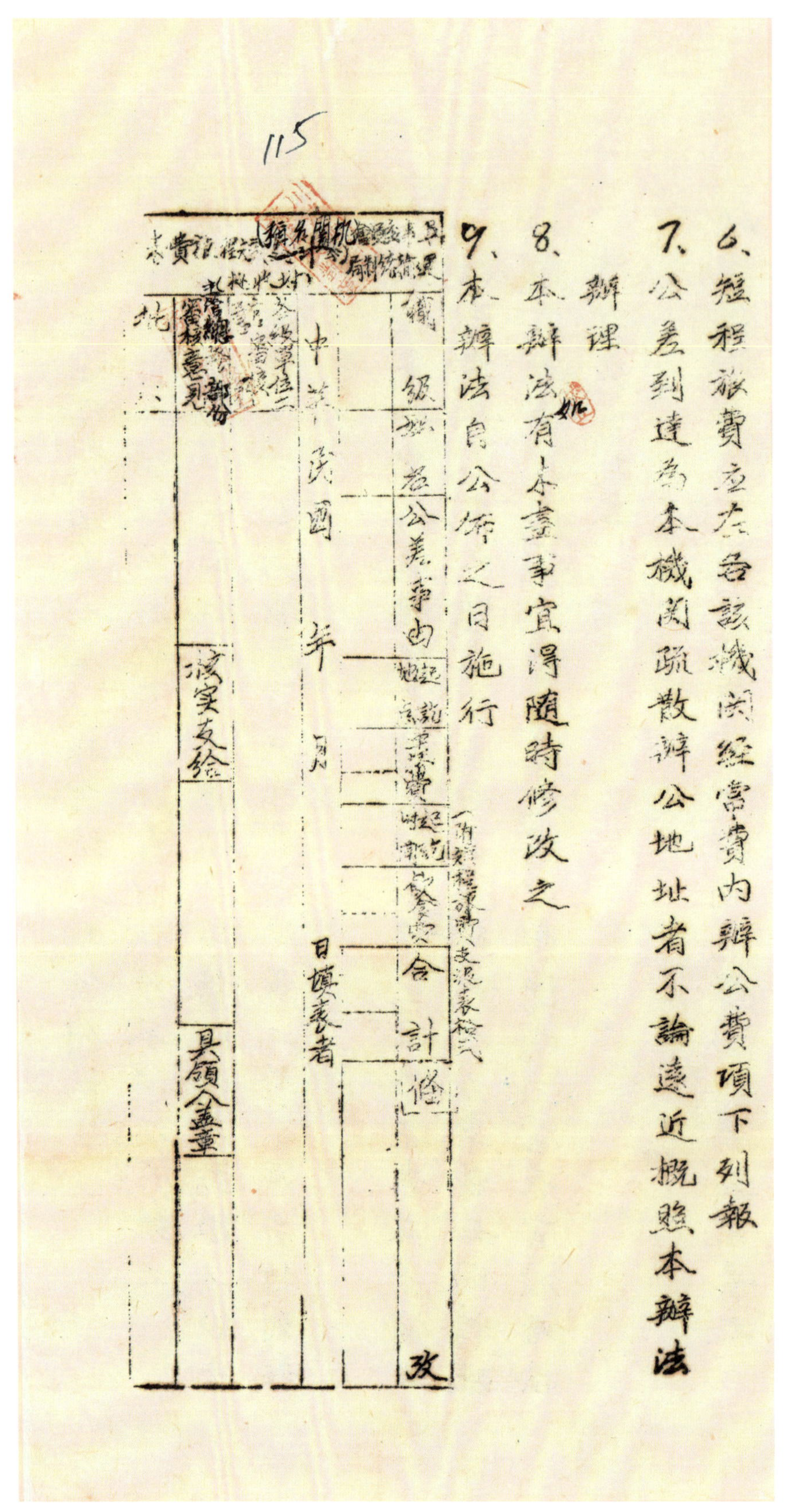

6、短程旅费应在各该机关经常费内办公费项下列报
7、公差到达为本机关疏散办公地址者不论远近概照本办法办理
8、本办法有未尽事宜得随时修改之
9、本办法自公布之日施行

（附短程旅费支出表格式）

115

（机关名称）短程旅费报告表

职级	姓名	公差事由	起讫地点	车马费	膳宿费	合计	备考
合计							

中华民国　　年　　月　　日填表者

具领人盖章

核实支给

主管核准意见

運輸統制局員工出差旅費通則

旅費暫行辦法 三十一年三月九日起施行

第一條　運輸統制局本局及所屬各公路機關員工因公出差除法令另有規定者外依照本通則辦理

調任得以照出差論其旅費由新任機關開支赴任得由各機關補助其舟車費但須取具經過路程之證件以資証明

第二條　旅費分舟車費膳宿雜費及特別費三種依左表規定辦理

月薪數目	舟車費 火車	輪船	舟車轎馬	膳宿雜費（每日計算）	特別費	駐留日費	備攷
八〇〇元者	一等	一等	按實開支	六十元	按實開支	四十八元	
四〇〇元以上者	同	同	同	四十元	同	三十二元	
二百〇一元至四〇〇元者	二等	二等	同	三十元	同	二十四元	
八十一元至200元者	同	同	同	二十五元	同	二十元	
八〇元以下者	三等	三等	同	二十元	同	十六元	
僱工隨從	同	同	同	十五元	同	十二元	

前表所列膳宿雜費額定數依生活程度之變遷本局得依國內出差旅費一般規定增減之各机關長官亦得按各該机關之經費狀况體察情形自行斟酌核減並隨時呈局備查

第三條 旅費自起程之日起至銷差之日止除患病及因事故阻滯有確實証明仍按日計給外其因私事請假者不得支給出差期間各機關長官視事實之需要得於事先限制在限期內不得任意逗留

第四條 凡出差至同一地點連續在三十天以上者自第三十一天起僅給駐留日費不支膳宿雜費由机關長官派遣出差人員若預定駐留期在三十天以上者自到達公務地之日起即按駐留日費支給之

第五條 調用人員及長期派遣服務人員支報旅費以達到調用機關之次日為止

第六條 旅費按照出差必經之順路計算之其有特別情形者須經各該机關長官核准不得支給

第二條 如有緊急公務或為事實上之需要須搭乘飛機者應事先經本局核准方得開支須附送搭乘飛機之證件並註明事由

第七條 如因交通關係非繞道國外不能到達目的地時其經過國外一段之旅費准按實際開支給予外滙其有國外出差旅費規則准用其規定

第八條 出差職員應於銷差十五日內填具出差旅費報告表除舟車費零用膳費及無法取得單據者外應將各種單據附入單據粘存簿連同工作日記簿呈報各該機關長官核准後呈送本局核轉審計部審核（出差旅費報告表 出差工作日記簿 舟車費 格式附後）

第九條 舟車費包括行程中必須之舟車轎馬等費各依定價支給但係由公家預備或領免費證者不得報支若為減費優待應除去折減之費報支交通不便地方所需舟車

第十條　舟馬費按實開支

膳宿雜費合併計算每日開支不得逾前表規定之數其由公家供給及特別情形者應由各該機關長官酌量核減之在舟車中敷應者不得開支宿費供膳者不得開支膳費但雜費得按每日旅費額定數三分之一支給上下舟車力資并在所駐地每日開支之車馬費及其他零星費用均應列入膳宿雜費項下不得另行列報並於備攷欄內註明其數

第十一條　特別費包括郵電及因特別情事臨時僱用人夫車馬並其他一切因公必須之費用

第十二條　出差人員隨帶行李依其等級按照舟車規定數量者為限不得另支行李費其有攜帶公物必須另支運費者按實開支但因交通不便必須步行者職員所帶行李得報支挑夫費一名須具收據說明

第十三條　凡出差人員經委該機關主管官之核准得帶隨從特任不得逾過二人簡任薦任委任均一人其有特別情形者不在此例

第十四條　調用人員之配偶及其直系親屬隨往任所者得依照前表規定按各該調任人員薪支等級之數目支給舟車費

第十五條　赴任人員之配偶及其直系親屬隨往任所者得比照十四條之規定補助其實際所需舟車費三分之二前兩條規定得支給舟車費之眷屬均不得超過三人

第十六條　赴任或調任人員到達任所後於經期內因私藉故辭職者得按其情節追繳所支旅費之全部或一部

第十七條　出差期中有免職或撤職者依其已到達地點按原職等級支給往返各費出差人員經法庭裁判有犯刑事者於其不執行差務之日起停止旅費之支給

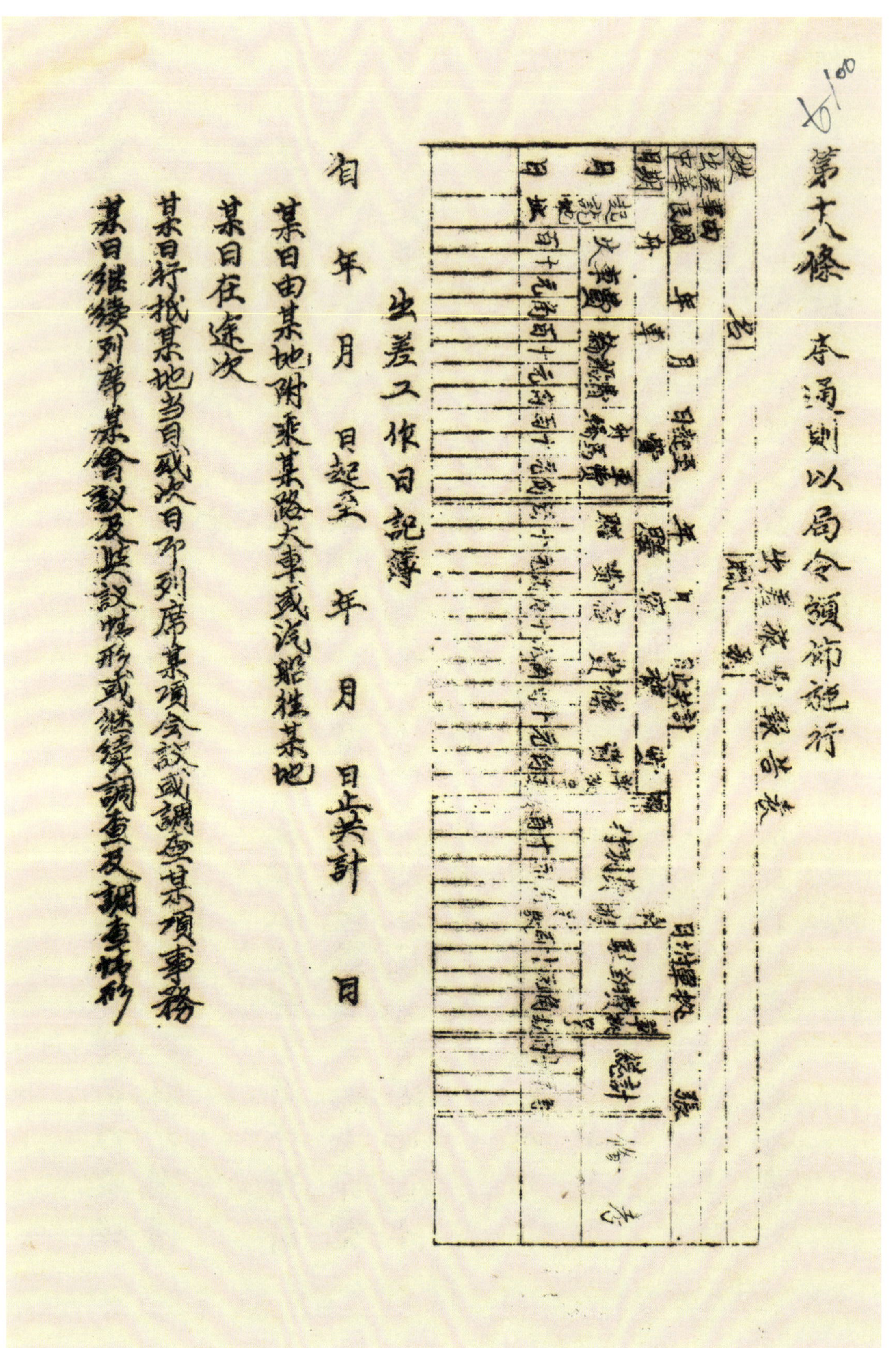

第十八條 本通則以局令頒佈施行

出差旅費報告表
(附表五)

姓名 職別

出差事由

中華民國 年 月 日起至 年 月 日止共計 日 附單據 張

日期		起訖地點	舟車費				膳宿雜費			特別費	總計	備考
月	日		火車費	輪船費	轎馬費	車費	膳費	宿費	雜費			
			百十元角分	百十元角分	百十元角分	百十元角分	百十元角分	百十元角分	百十元角分	百十元角分	百十元角分	

出差工作日記簿

自 年 月 日起至 年 月 日止共計 日

某日由某地附乘某路火車或汽船往某地

某日在途次

某日行抵某地当日或次日即列席某項會議或調查某項事務

某日繼續列席某會議及與議情形或繼續調查及調查情形

101
77

某日由某地附乘某路火車或某汽車轉赴某地接洽

某項公務接洽情形當報告某地某欄閱計若干字

某日差竣仍滯留某地或轉赴某地候車或船

某日附乘某路車或某船返回某地經過某地換車或船到達某地

30

附（三）运输统制局各机关各级主官特别办公费暂行支给办法

8102

運輸統制局各機關各級主官特別辦公費暫行支給辦法

一、本局各機關各級主官特別辦公費依本辦法辦理之

二、本辦法所稱之各級主官以編制額定者爲限其辦事細則所訂或自行劃分辦事因而設立之各個組織部份之主持人員不得援例

三、各級主官特別辦公費支給之數額另表規定之

四、特別辦公費之起止計算照薪俸計算方法計算之

五、代理人員得支給其代理職務之特別辦公費

六、兼職兔兼代者不得兼領特別辦公費但得從其較多者支給之

七、各機關特別辦公費應在核定預算範圍内匀支不得尋案請款

壹

31

八、本辦法自公佈之日起施行

運輸統制局各機關各級主官特別辦公費給與數額表

職別	支給金額	備攷
局長、處長、負主官責任之總工程司	三〇〇〇	
副局長、副處長、負主官責任之副總工程司及主任工程司	二〇〇〇	
辦事處主任、負主官責任之副主任工程司及相當之主任官	一五〇〇〇	
科長、組長、醫院院長、段長及相當之主任官	一〇〇〇〇	
課長、直屬修理廠長、分段長及相當之主任官	八〇〇〇	
一等站長、獨立股長及相當之主任官	六〇〇〇	
二等站長及相當之主任官	五〇〇〇	
三等站長及相當之主任官	三〇〇〇	

川滇西路工务局关于禁止无线电台室内居住职员眷属及居民致第四总段的训令（一九四二年九月二十一日）

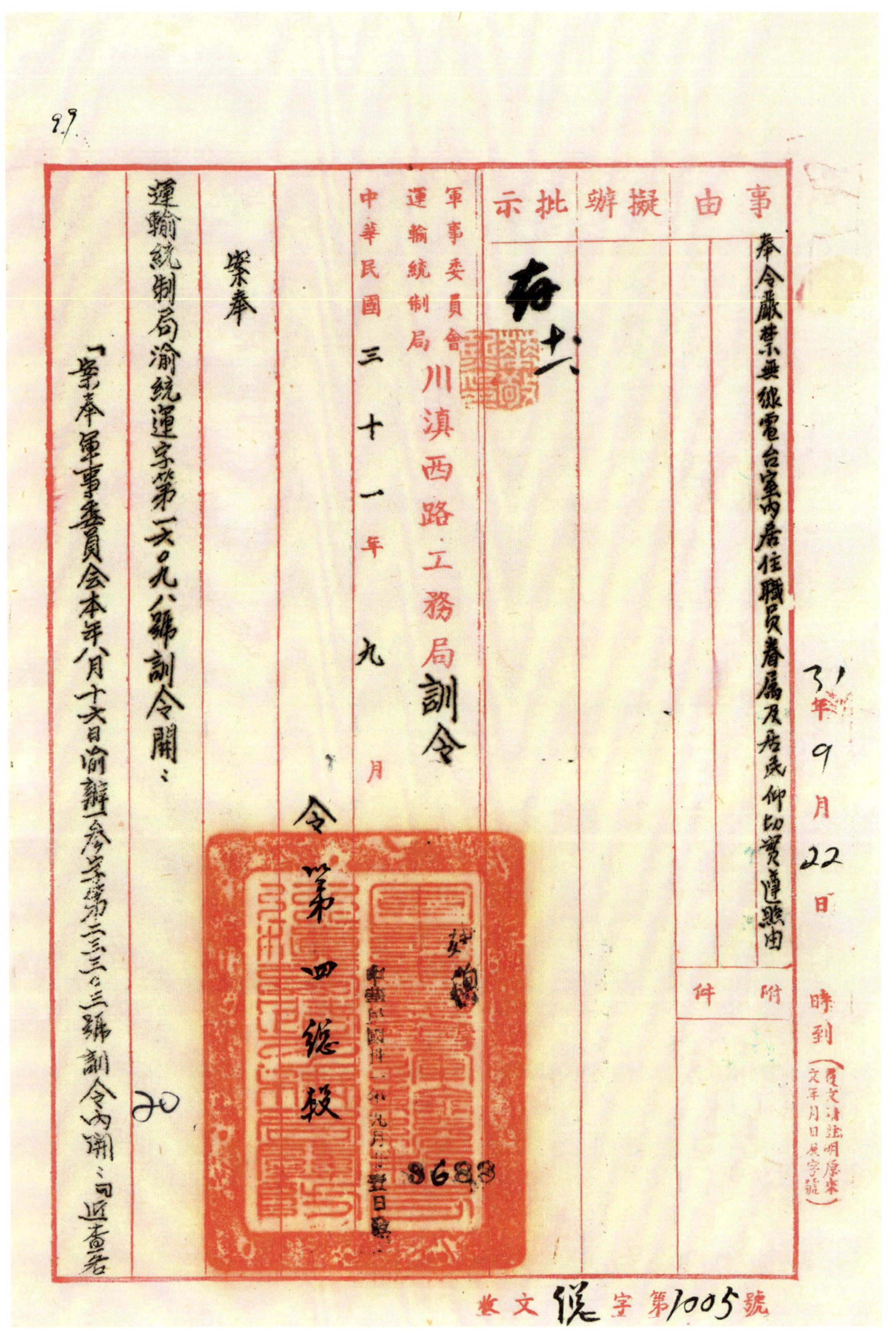
事由：奉令严禁无线电台室内居住职员眷属及居民仰切实遵照由

军事委员会运输统制局川滇西路工务局训令

中华民国三十一年九月

令第四总段

案奉

运输统制局渝统运字第一六〇九八号训令开：

"案奉军事委员会本年八月十六日渝办一参字第二三三〇三号训令内开：'迩查各

100

戰區及後方各機關所設各通信所室內及其附近及軍用民用無線電台（班）之室內，常同住有無關之職員眷屬或本地居民，而通信所之警戒亦多側不設置，既易洩漏軍機，且深敵奸以活動之機會，若不嚴予禁止，則其爲害非淺。此後各通信所及各軍用民用無線電台（班）嚴禁與眷屬居民同處，并應設置警戒，以資防護。各該通信所台班之負責人或配屬長官要應負責徹查，若發現此種情事，即以洩漏軍機論，嚴予懲處。除通飭各戰區各綏署及各機關遵照外，合行令仰遵照，并飭屬切實遵照辦理具報爲要」等因，奉此，自應遵辦。除分令外，合行令仰遵照，并飭屬切實遵辦具報」等因；奉此，自應遵辦。除分令外，合行令仰遵照，并飭屬切實遵辦具報爲要。

此令。

局長 周鳳九

監印 顧毓華

校對 張文菡

川滇西路工务局第四总段关于第十四分段黄调元旅费致第十四分段的指令（一九四二年十月二日）

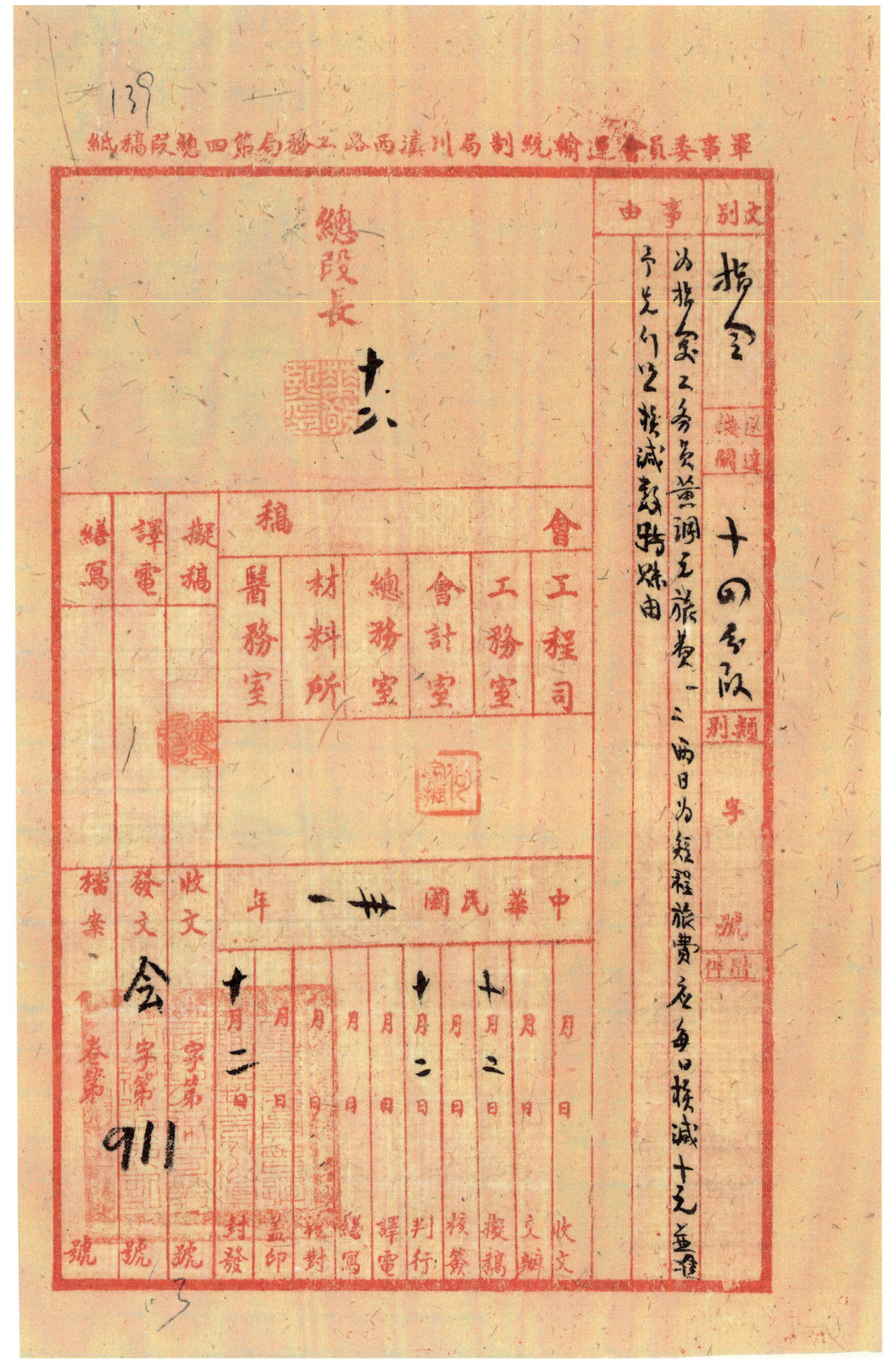
軍事委員會運輸統制局川滇西路工務局第四總段稿紙

文别：指令

事由：為指令該工务员黄调元旅费一二两日为短程旅费应每日核减十元並予先行照核减数转饬知照由

送達機關：十四分段

總段長 十六

中華民國卅一年

十月二日

發文 会字第911號

140

本年九月廿三日元字第一〇四號呈一件

為據職局事務員黃渭元奉令赴黃水塘清點西祥路存來材料

出差旅費表據計國幣一七〇元仰祈鑒核示遵由

呈暨附件均悉。據送黃渭元出差旅費表據。經核一、二兩日當天

往返應以短程旅費支給，兩係按支差費不足每日核減十元，應支

旅費為國幣壹百五拾元，仰飭據並准予先行照核減數撥

發，仰即知照！

此令。二

局長江華〇〇

川滇西路工务局第四总段第十八分段险隘地段桥号起讫表（一九四二年十月十日）

存卷

川滇西路第四總段第十八分段險隘地段橋號起訖表

橋號起訖	地名	工程說明	破壞方法	備攷
K.92+000~K.92+700	老鴉塘	邊坡壁立沿河狹道	邊坡挖倒路基毁成斜面	
93+620	錦川橋	該橋係石台木面計6孔總長63.9公尺	橋台橋墩炸毁木面焚毁	
95+000~95+570	磨子灣	斜坡甚陡陡並夾以巨石	爆炸堅岩路基挖毁	
98+000~98+200	天壽橋	邊山四部左右臨深坑	該橋拆毁橋端填土尽量挖切成原有深坑	
101+910	永定營	該橋係老石拱橋長13公尺河床極深	全部炸毁	
104+520	壺瓶口	該橋係石台木面計6孔總長33公尺	橋台橋墩炸毁木面焚毁	
119+686	巴松	〃——〃3〃—25.8〃	〃——〃	
122+500~122+800	掆子嶺	削壁堅岩傍山險道	堅岩炸毁路基毁成斜面	
125+200~125+600	分水嶺	〃——〃	〃——〃	
126+300~126+700	〃 〃	〃——〃	〃——〃	
126+978	〃 〃	該橋左右臨深坑	該橋拆毁兩端填土尽量挖切成原有深坑	

調查者（印）　　分段長（印）　　31.10.10

川滇西路工务局第四总段关于检发《川滇西路工务局职员证章规则》致第十六分段的训令（一九四二年十一月十日）

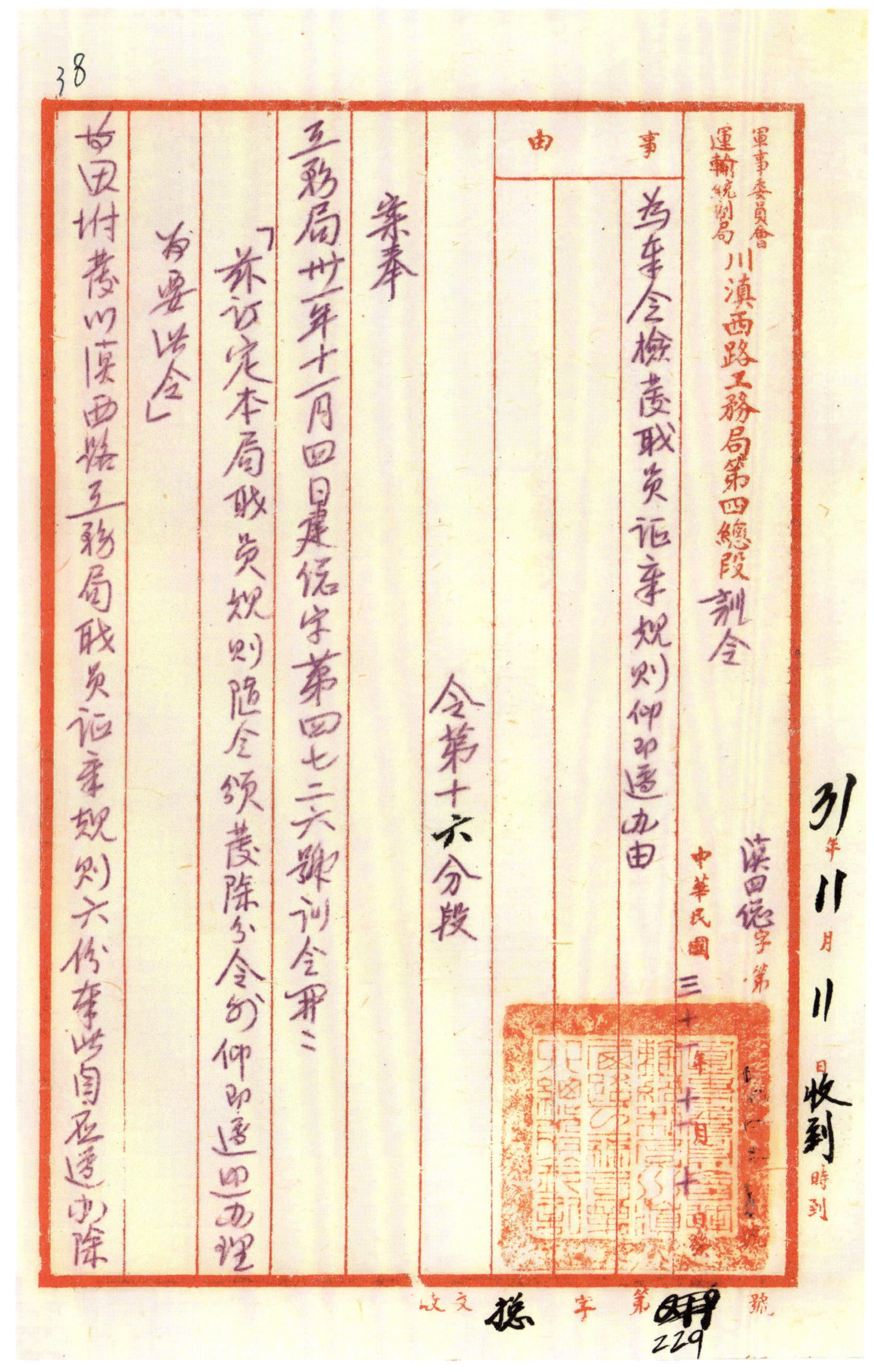
军事委员会运输统制局川滇西路工务局第四总段训令

滇四总字第　　号

中华民国三十一年十一月十日

事由：为奉令检发职员证章规则仰即遵照由

令第十六分段

案奉

工务局卅一年十一月四日建总字第四七二六号训令开：

「兹订定本局职员规则随令颁发，除分令外，仰即遵照办理为要。此令。」

等因，附发川滇西路工务局职员证章规则六份，奉此，自应遵照办理，除

收文　拯字第　号

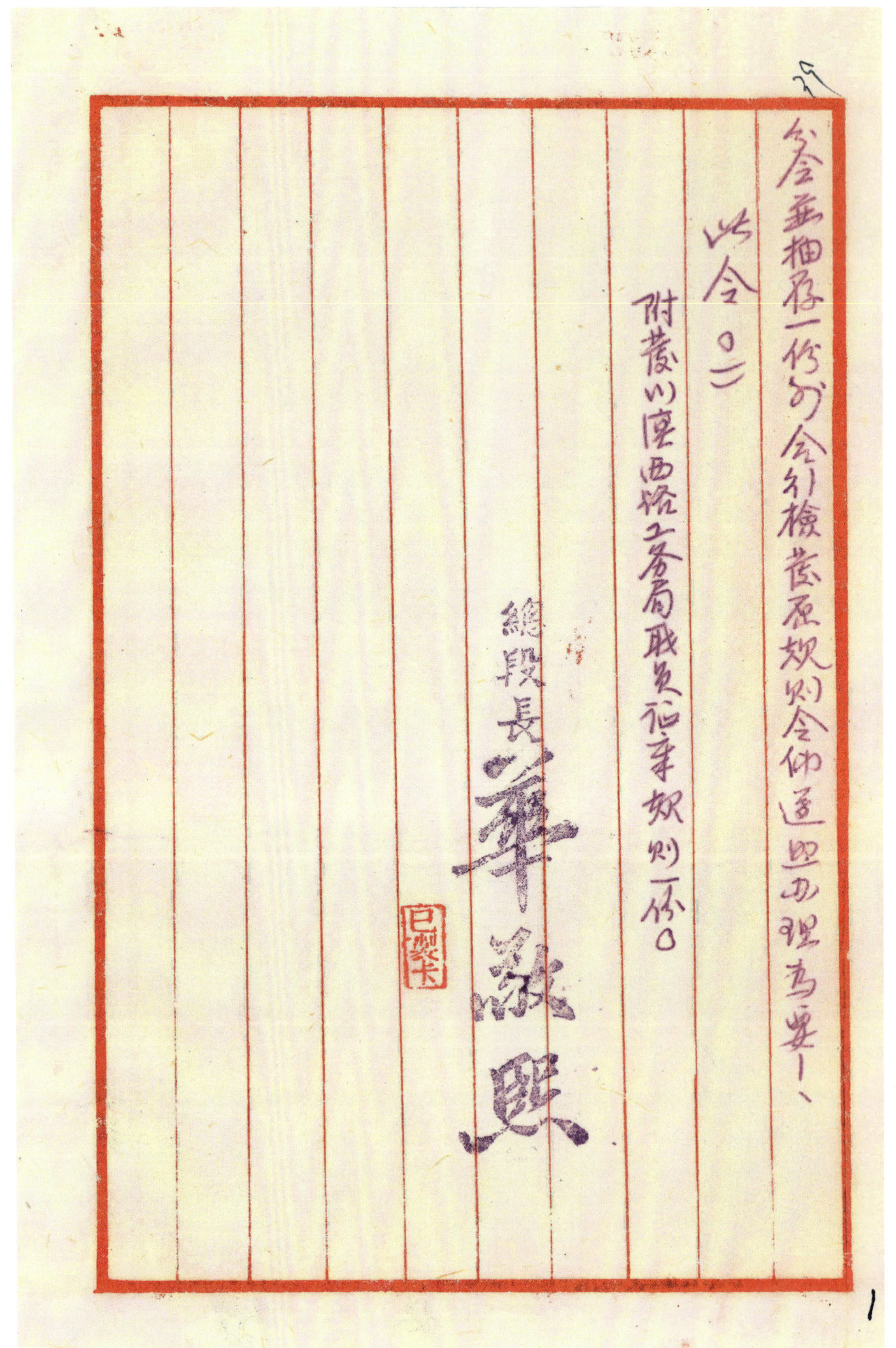

分令並抽存一份外，合行檢發原規則，令仰遵照办理為要！

此令。

附發川康西路工務局職員証章規則一份。

總段長 華[illegible]熙

已製卡

川滇西路工務局職員證章規則

第一條　職員到差須於報到手續辦理完備後方得領發證章（報到手續指填報到書、動態登記、家屬調查表）

第二條　各段處所庫站台職員證章由主管段長或主管科長代領轉發，按月將承領職員姓名職別及證章號碼列冊呈局備查，所有發領手續均照前項規定辦理

第三條　職員領得證章後應隨身佩帶妥慎保存，不得借與任何人佩用。如遇遺失證章應即呈報備案並於一星期內登載當地著名報紙聲明作廢。遺失證章者請求補發時應繳證章費五元並檢附前項報紙為證

第四條　遺失證章而不遵照前條第一項之規定辦理者罰薪五十元

第五條　將證章借與他人或遺失證章而不聲明作廢致發生事故者并應酌量情形予以處分

第六條　本局更換證章時領用人應將舊證章繳還換領新證章

第七條　職員離差時應將證章繳還掣取收據方得憑據領取最後一月薪津

第八條　本規則自公佈之日施行

川滇西路工务局第四总段关于转发《行政院修正审计机关稽察各机关营缮工程及购置变卖财物办法》致第十八分段的训令（一九四二年十一月二十二日）

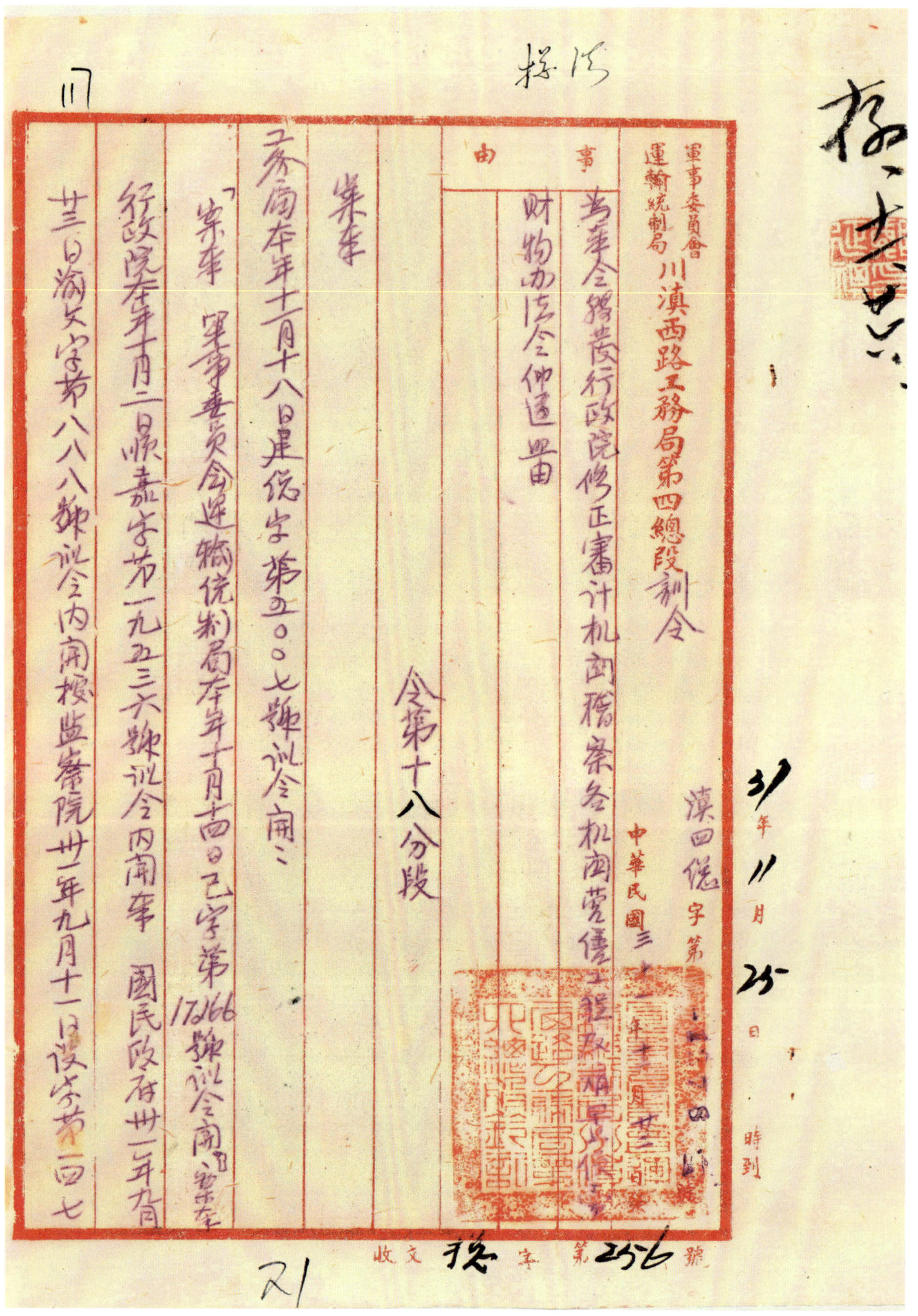
軍事委員會運輸統制局川滇西路工務局第四總段訓令

滇四總字第　號

中華民國三十一年十一月廿二日

事由：為奉令轉發行政院修正審計機關稽察各機關營繕工程及購置變賣財物辦法令仰遵照由

令第十八分段

案奉

工務局本年十一月十八日建總字第五〇〇七號訓令開：「案奉

軍事委員會運輸統制局本年十一月十四日己字第17166號訓令開：「案奉

行政院本年十一月二日順嘉字第一九五三六號訓令內開：案奉

國民政府卅一年九月廿三日渝文字第八八八號訓令內開：案據監察院卅一年九月十一日設字第一〇四七

收文總字第256號

31年11月25日時到

九八號呈稱案據審計部卅一年九月三日呈稱案查本部派駐審計机関稽察各机関營繕工程及購置變賣財物办法前經呈奉鈞院轉奉国民政府廿八年三月八日渝字第九五號訓令准予備案在案本年來審計工作日漸開展工料器材價值騰漲按照現在實際情形該办法殊有亟加修改必要爰經本部斟酌事實分别修正理合繕具全文一份備文呈請鑒核准予備案等情附呈修正審計机関稽察各机関營繕工程及購置變賣財物办法草案一份據此除指令外理合抄同原办法草案具文賫呈鑒核備案通飭施行並祈示遵等情據此准備案除指令并分别函令外抄發原办法令仰遵照并轉飭所屬一體遵照此令等因奉此除分别函令外抄發原办法令仰遵照此令等因

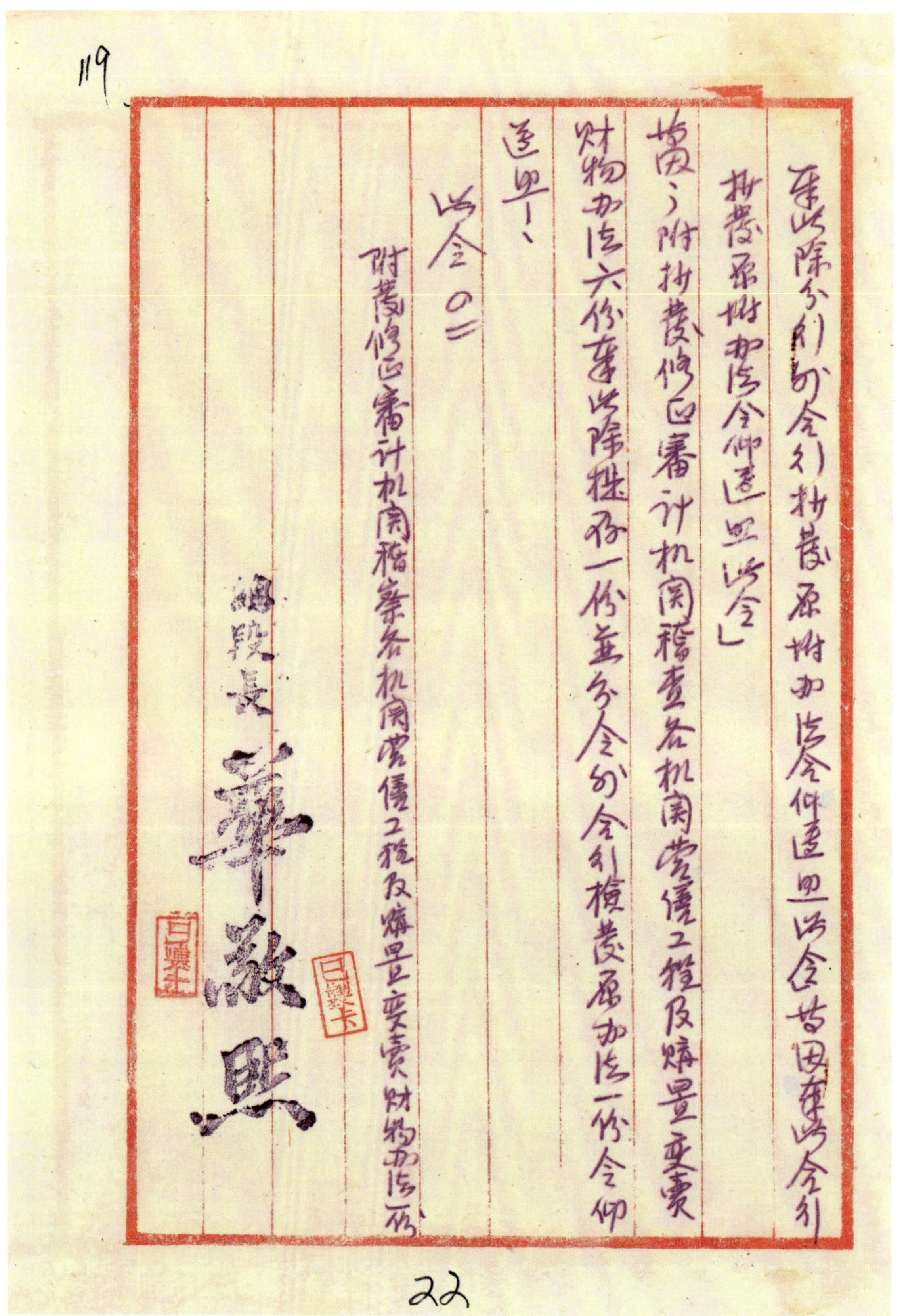

119

奉此除分别分令外合行抄发原附办法令仰遵照此令等因奉此合行

抄发原附办法令仰遵照此令

黄、附抄发修正审计机关稽查各机关营缮工程及购置变卖

财物办法六份奉此除抄存一份并分令外合行检发原办法一份令仰

遵照！

此令（二）

附发修正审计机关稽查各机关营缮工程及购置变卖财物办法一份

总段长 华敬熙

22

120

修正審計機關稽察各機關營繕工程及購置變賣財物辦法

第一條 本辦法依審計法第二十七條之規定訂定之。

第二條 各機關營繕工程及購置變賣財物之稽察除法令另有規定外適用本辦法。

第三條 各機關辦理前條事項在左列數額以上者其開標比價決標訂約驗收應通知審計機關派員監視。

一、營繕工程費在三萬元以上者。

二、購置或變賣財物其價格在一萬五千元以上者。

前項價額之限制駐有審計人員之機關不適用之。

第四條 前條價額之限制審計部得以物價指數之變動呈報監察院備案後增減之。

第五條 開標比價決標訂約驗收日期之通知應於審計機關監視人員能達到以前送達。

第六條 凡預估價額在本辦法第三條規定數額以下而結果超越規定數額者應補具圖說價單送審計機關備查並通知監視驗收。

第七條 招標應在主辦機關門首公告七日以上並在當地報紙廣告三日以上其公告及廣告應送審計

22

121

機關備查，但當地無該廠行者不在此限。

第八條　凡營繕工程購置財物之招標或比價，須有三家以上廠商投標方得開標，二家以上廠商之開具單價方得比价，但有左列情形之一者不在此限：

一、營繕工程在偏僻地區無二家以上之廠商，而其建築費雖達第二條之規定，但非過鉅者。

二、在同一地區僅一家有其財物者。

三、財物為一家所獨造或專利，不能以他項物品代替，而其銷售限於一行商者。

第九條　各機關依前條但書辦理者，應即通知審計機關備案，審計機關得派員調查或稽查之。

第十條　決標時如各標均不合規定，或超越預估底價過鉅，應另行招標，如連招二次以上仍無結果，應呈請主管機關核定，轉審計部備查。

第十一條　開標及比價前，對於預估底價及各商號所投之標價應嚴守秘密。

第十二條　各機關應通知監驗工程時，應照左列格式附送工事結算表。

（機關名稱）工事結算表

（工程名稱）
承造商號
訂立合同日期
開工日期
完工日期
原預算或原合同所訂總價
追加 1.
2.
3.
4.
5.
6.
7.
共計

規定期限
根據合同扣除日數
核准延期日數
逾期日數
積欠
審核工程總價
扣罰款總額
1
2
3
4
5
6.
7.
淨付
結算

主辦機關長官　　主辦工程人員　　監工人員

122.

第十三條　監驗人員對於隱蔽部份於必要時得實行拆驗或化驗作詳密之檢查。

第十四條　驗收結果發現與原案不符情節重大者主辦人員應負其責監驗人員如有徇私舞弊情事應連帶負責。

第十五條　驗收機關於驗收完畢填具驗收證明書並由驗收及監驗人員分別署名蓋章。

第十六條　各機關關於緊急必要營繕工程或購置財物其法案未經成立者仍應通知審計機關派員人

24

123

監視其責任仍由主管機關負之不得以曾經審計機關監視為呈請核准或追加之理由。

第十七條　公有財物之賣變除第一級機關單位之主管機關各由其長官核定外應先呈經上級主管機關核准。

前項財物之變賣應以招標方式為之須有三家以上之投標方得開標決標時應以最高標價並在預估底價以上為得標。

第十八條　各機關對於營繕工程及購置變賣財物未依照本辦法程序辦理者審計機關事後不予核准。

第十九條　各機關意圖避免稽察程序將營繕工程及購置變賣財物分批辦理者以未經合法程序論。

第二十條　審計機關對縣（市）機關營繕工程及購置變賣財物之稽察準用本办法之規定但第二條規定數額得由審計機關視各地情形酌定。

第廿一條　本辦法如有未盡事宜由審計部修正之。

第廿二條　本辦法呈准監察院備案後施行。

貨運征收回空費原則

一、凡託運軍公物資其回程原託運機関或託運人無物資交運時應收回空費

二、凡託運機関或託運人請求專放車輛前往指定地點裝運物資者應收調車費

三、回程攬有物資其運費收入少於回空費時應由原託運機関或託運人補足回空費不足之數

四、凡承運物資時起運站預知到達站無法利用回程車輛裝運其他物資應預收回空費

五、如已收回空費其回程隨即有物資裝運時應退還已收回空費但以車輛到達後兩日內為限逾限本局亦有損失仍應照收回空費

六、如數託運人物資合裝一車時得按各户託運重量成數分別攤收回空費

七、如利用本局放空車運送者可免收回空費

八、託運時如因本局車輛不敷調配貨主自願照付回空費交運具有請求函件或註明託運單特約事項欄者事後回程不論有無物資裝運概不退還回空費

九、託運物資如係到達地點有關民生迫切需要或有鼓勵運輸之必要經本局核准得免收回空費

十、承運站無車裝物資時經託運機關或託運人申請由別處調撥車輛其行駛里程不論有無客貨帶運均應收調車費回空費免收但以運輸目的地相距為限如超越調車里程仍應計算所超越里程之回空費

十一、如係特殊情形無法决定應否計收回空費時可請示核辦

十二、運送本局油料及公物一律免計回空費

军事委员会运输统制局铁轮板车行驶公路暂行办法（一九四二年）

軍事委員會

運輸統制局鐵輪板車行駛公路暫行辦法

一　為補救膠輪材料缺乏利用鐵輪板車行駛公路起見特定本暫行辦法

二　鐵輪板車係指雙輪或四輪人力或獸力板車而言

三　板車鐵輪寬度兩輪者不得小於六公分四輪者前輪不得小於四公分半後輪不得小於六公分

四　鐵輪板車之構造方式應依照交通部驛運總管理處標準圖樣辦理其不合標準者不得行駛公路。

五　板車行駛公路須依次順序單排行駛不得並行

六　板車在坡度灣道及橋梁上不得停車休息

七　板車停車休息時須將車輛停靠路邊不得停於路之中部集隊行駛者在休息時間須將車輛順序停靠不得並列

八　板車行駛公路須照章繳納養路費

九　膠輪材料來源不發生困難時本辦法應即廢止

十　鐵輪板車行駛公路除依照本辦法規定外應遵照現行一切公路行車規章辦理

十一　本辦法自核准之日施行

各分段長應注意事項

(1) 填補坑漕須用石子不可用泥土

(2) 路面及水溝不許有積水

(3) 預料雨季時將有大崩塌可能發生或路面特別易壞之處須長駐補班

(4) 疏通涵渠

(5) 清導邊溝

(6) 每逢大雨時及大雨後須親自赴沿路巡查勘

(7) 注意橋梁之防護及其搶修工料之準備

(8) 道班應隨時親自點名

(9) 道班工人應注意選擇強壯勤勞者

非常时期公务员粮贴办法（节录）（一九四二年）

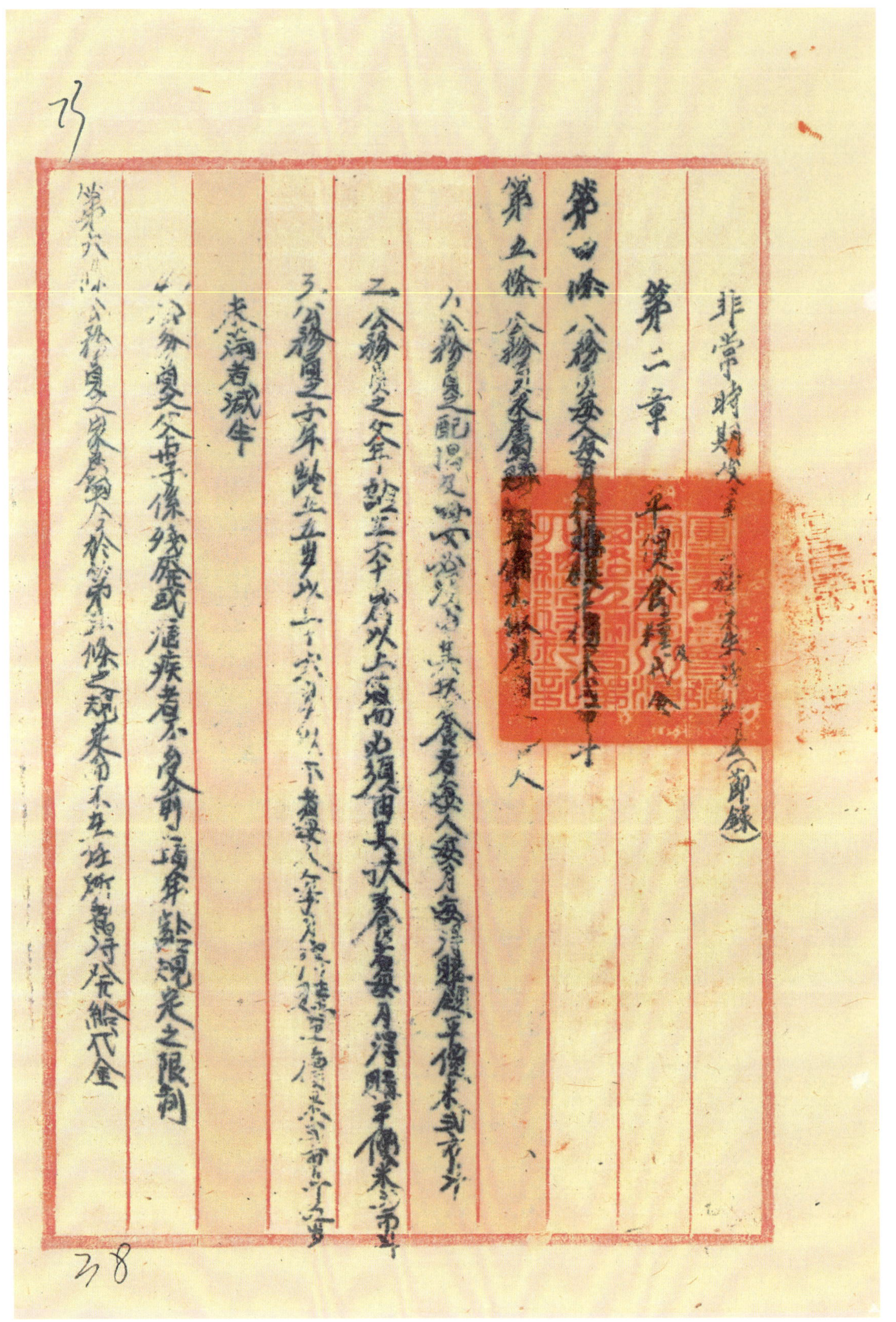

非常時期公務員[illegible]辦法（節錄）

第二章 平價米食糧代金

第四條 公務員每人每月得購[illegible]二市斗

第五條 公務員之家屬[illegible]人

一、公務員之配偶及無職業之父母其扶養者每人每月得購平價米貳市斗

二、公務員之子女年齡在十六歲以上而必須由其扶養者每人每月得購平價米[illegible]市斗

三、公務員之子女年齡在五足歲以上十六足歲以下者每人[illegible]

未滿者減半

公務員之父母子女係殘廢或癲疾者不受前項年齡規定之限制

第六條 公務員之家屬人數於第五條之規定而不在任所者得發給代金

74

第七條 請領平價米或請領代金之公務員家屬最多以五人為限得請領平價米及得請領代金之家屬其人數應合併計算

第八條 對於同一家庭有公務員二人以上同時請領平價米或代金由其中一人請領之公務員兼任其他機關職務者不得再向兼職機關請領

第九條 平價米由公務員服務機關經由服務機關向該地糧食管理機關購領之不發平價米之地或平價米不敷分配時應發代金

第十條 平價米之代金標準價格為每市石六十元

第十一條 代金之發額依照平價米之基本標準及應領米數公務員所在地熟米之市價核計發之

第十二條 凡中央機關及其[illegible]得領食米價貳市斗

公役公費人員[illegible]平價米[illegible]照第二十五條公役規定之限制

第三十三條平價米或代金之核發[illegible]次之[illegible]辦理

第五章　罰則

第三十四條公務員購領平價米或請領代金，如有謊報冒領或重複請領者，以貪污論罪

第三十五條各機關所造清冊必須由各主管長官絕對負責，並責成其所屬主管人員負責審核，不得有徇情舞弊之發生。各機關人事科與會計組織者，由人事科會計科所有負責其職務係責任科長或其類似人員負責任。該部份內如有前條規定之情事發生，除科長及其類似人員應受記過及罰俸處分外，並得停止該部份平價米代金。一司或一署一會之內有一科發生該項情事者，應停止該單位平價米一個月，該單位之主管人員應受記過及罰俸處分

公路工程技術人員銓叙規則

第一條 公路工程技術人員之叙用依本規則之規定办理此項人員專指土木機械電机化學等項工程技術人員而言

第二條 公路工程技術人員分總工程司正工程司副工程司帮工程司及工務員等職位

第三條 公路工程技術人員在職及初次任用者應由任職机關呈送資歷表最近体格檢驗表及有關證件呈請銓叙部依其學績經歷及一般能力之表現叙列資位頒給資位證書其資位分為五等每等分為四級在職工程技術人員係指本規則公布施行以前在職者而言

第四條 凡呈請銓叙人員應以在國內外大學或專科學校畢業并修土木機械電机化學等工程學科者為限其非國內外大學或專科學校畢業而服務交通界有資歷及優績者經特種考試合格得比照銓叙資位

第五條 著于公路工程技術上有下列各款之一者經審查屬實叙較高資位

一、有重大發明者

一、有特殊貢獻能致實用者

第六條　一　有高深造詣並有專門著作者
二　工程技術人員資位等級與職稱薪俸相符合其標準照錄
局公路職員薪俸等級表工程技術人員之規定

第七條　在職工程技術人員登敘資位後其原支俸額不符時應照
左列辦法辦理
甲　新定資位等級高于原支俸額得自審定資位之日起每
六個月為一期考核成績如屬優良得呈請照一級之數
晉薪分期增加至與資位等級相等時為度但在此增加
期內不得另請晉等晉級
乙　原支俸額高于新定資位等級應仍照原額發給俟資位
等級晉至與俸額相等後方得呈請晉級資薪

第八條　在職工程技術人員所定資位與現任職稱不符時應照左
列辦法辦理
甲　新定資位等級高于現任職稱應給以現任職稱之最高
等級之薪俸俟有與資位相等之職缺
應依次派補
乙　現任職稱高于新定資位等級如無相當職缺調補應將
現職加以代理字樣至資位晉至與現職相等時再行請

去代理字樣

第九條　工程技術人員或任職機關如对所定資位認為有失公允時得在資位審定後半年內叙明理由呈請複核以一次為限

第十條　工程技術人員晉叙資薪應照考績規定辦理

第十一條　工程技術人員晉等時由其任職機關呈請本局换給證書其在本等晉級時呈奉統制局核准後由其任職機關在證書上填註並須由該機關長官在填註處簽名蓋章

第十二條　工程技術人員有左列情事之一者不得銓叙資位及任用

一、褫奪公權者

二、虧空公款者

三、曾因贓私處罰有案者

四、吸用鴉片及其代用品者

第十三條　工程技術人員有左列情事之一者得保留其資位

一、因機關裁撤或緊縮而停職者

二、辭職奉准者

三、調任非技術職務者

第十四條　工程技術人員調派其他公路除實際服務一年以上未曾

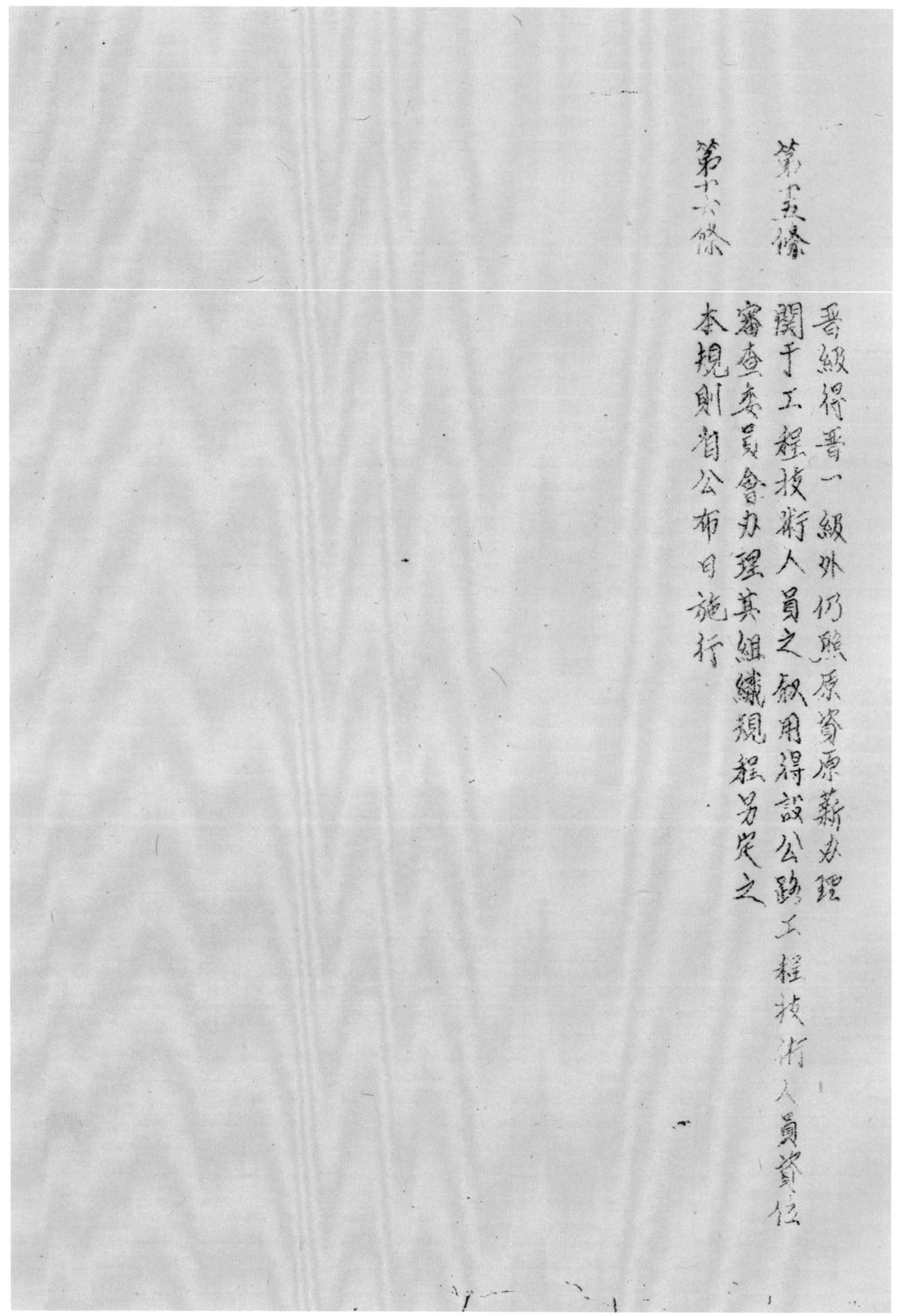

晉級得晉一級外仍照原資原薪办理

第十五條 關于工程技術人員之叙用得設公路工程技術人員資位審查委員會办理其組織規程另定之

第十六條 本規則自公布日施行

川滇西路工務局臨時僱工暫行簡章

一、本局及各段所僱用臨時工人均須依照本簡章辦理之

二、本局及各段所經辦零星工程如無法包工時得僱用臨時工人辦理之

三、臨時工人僅限於修造工具、修整機器、裝配鉄件、架設電話、加補油漆等項技工（如木工、鉄工、石工、机工、油漆工等）及基礎抽水點工、搬運零星材料點工等項小工

四、各段所如需僱用臨時工人時須先申述理由將僱用人數、點名、工資等項填具僱用臨時工人請求單（工—12（甲））呈局核准，解僱時須填具僱用臨時工人解僱報告（工—12（乙））呈

33

76.

局備查

五、臨時工人工資及所做工程數量須按月或按期具[填]點工單（十三）及辛工單（十四）呈局核銷之

六、臨時工人所做工程數量應據實紀載於点工單內以便稽考

七、本簡章如有未盡了宜得由本局隨時修改之

八、本簡章於頒佈之日起实行

四、川滇西路运输局

川滇西路运输局关于规定行车上下行办法致乐跃站的代电（一九四二年八月三十日）

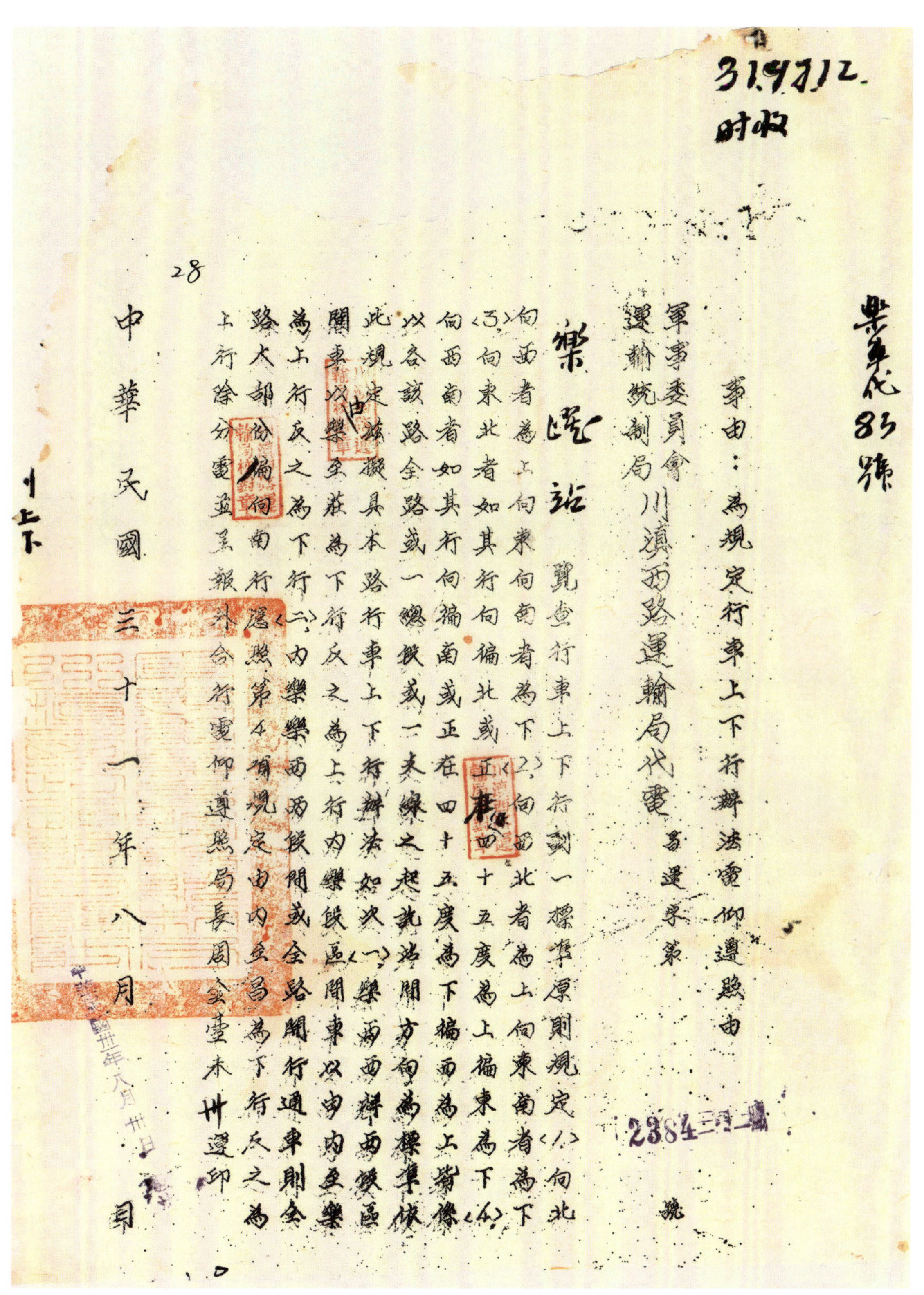

渠车代83號

事由：為規定行車上下行辦法電仰遵照由

軍事委員會
運輸統制局川滇西路運輸局代電 運字第　號

樂躍站

覽查行車上下行劃一標準原則規定〈1〉向北向西者為上向東向南者為下〈2〉向西北者為上向東南者為下〈3〉向東北者如其行向偏北或正東四十五度為上偏東為下〈4〉向西南者如其行向偏南或正在四十五度為下偏西為上餘係以各該路全路或一總綫或一支線之起訖站間方向為標準依此規定茲擬具本路行車上下行辦法如次〈一〉樂西西祥兩段區間車以樂至祥為下行反之為上行內樂段區間車以內至樂為上行反之為下行〈二〉內樂樂西兩段間或全路開行通車則全路大部份偏向南行遵照第4項規定由內至昌為下行反之為上行除分電並呈報外合行電仰遵照局長周金堂未卅運印

中華民國三十一年八月　日

川滇西路运输局奉转煤汽车违章仍以处罚停运商货致乐跃站的代电（一九四二年八月三十日）

31.9.?.12. 收

乐东代95号

事由：為據西南運輸局電稱煤汽車違章仍以處罰停運商貨為宜奉電轉飭知照由

軍事委員會運輸統制局川滇西路運輸局代電　昌運字第　號

樂躍站覽：案奉運輸統制局滄統運字第五五七九〇號未麻運印代電開：「案據本局西南公路運輸局運制字第五二三一號午馬運制代電稱：抄各管制站查商車違章在處罰辦法尚未奉頒以前，經酌情科以罰金，并經先後列表呈報鈞局核備有案。惟已經改裝之商營煤汽車，依照規定，裝運單品一次即准裝運商貨一次，煤汽車既有自運權，蓋如某違章情由，合於以往規定，應予處罰停運商貨者，應依本局奉准頒行之「商營汽油車改裝煤氣車裝運商貨暫行辦法」第二條規定區段及方向停運商貨，換言之，如處罰停運商貨一次者，即須在該條規定之區段方向連續裝運單品兩次後，方得裝運商貨一次，由所在站在被罰商車服務簿上最後一次紀錄內註明，由關係站執行，似此辦理較切實際，除分行外，理合電呈鈞局仰祈核備」等情。據此，核尚可行，除指復准予備案及分電外，合行電仰知照」等因。奉此，除分電外，合行電仰知照，並轉各商民一體知照為要。局長周会臺未卅運叢

中華民國三十一年八月　日

2404

川滇西路运输局转发交通部所属运输紧急电讯器材车辆准查放行致乐跃站的代电（一九四二年八月三十日）

329.8.12.
时收

事由：奉電轉飭爲交通部所屬運緊急電訊器材車輛應准查放仰遵照由。

吕運字第 2403 號

軍事委員會運輸統制局川滇西路運輸局代電

樂躍站

覽案奉運輸統制局渝統運字第五五八二九號未齊運代電開：「准交通部電工一五。五九午感代電開：查本部運送緊急電料車輛燃用汽油前承展限至八月底在案，惟查本部各電政機關自備卡車原係備作運送電報電話線路之用，自飭改裝代油動力設備以後，迭據各局處紛紛呈報，以改裝煤氣或木炭爐後發動需時，載重量減，速率太差，遇高坡時倘不用液体燃料，難以上坡，且車輛極易損壞，中途拋錨比比皆是，對於辦理緊急工程及搶修線路實屬無法應付等情。查各該電政機關架設前後方電報話機器線路工程暨臨時搶修損壞線路，均係限期完成，急如星火，刻不容緩，倘不設法補救，則軍訊工程勢必不能如期完成，損壞線路亦無法按時修復，對于軍事通訊及防空情報貽誤匪淺。安念此次改裝代油動力設備，原以節省汽油，事關通案，自應一律飭令改裝，惟據各局處所陳，似又不能不酌予通融補救。茲爲兼籌並顧計，所有本部各電政機關車輛除仍儘量改裝煤氣或木炭爐外如遇運送緊急工程用料及載送搶修暨設線員工料具時擬仍准其繼用汽油或酒精行駛俾免貽誤此項燃料需酉請之車兩即憑各電政機關所出証明文件由貴公設法行以[illegible]祈體念事實及電訊情殊之重要賜予通融辦理無任感禱並祈見復為荷等由應予照辦除函復並分電外仰飭遵照隨時查放為要等因奉此自應遵辦除分電外合行電仰遵照隨時查放為要局長周金黃未卅運業

中華民國三十一年八月　日

民國卅一年八月卅日

校對監印 管宗武

遵照辦理車務室

存查 九、七、四

川滇西路运输局关于检发《川滇西路运输局运输段组织通则草案》致乐跃站的训令（一九四二年十月十八日收）

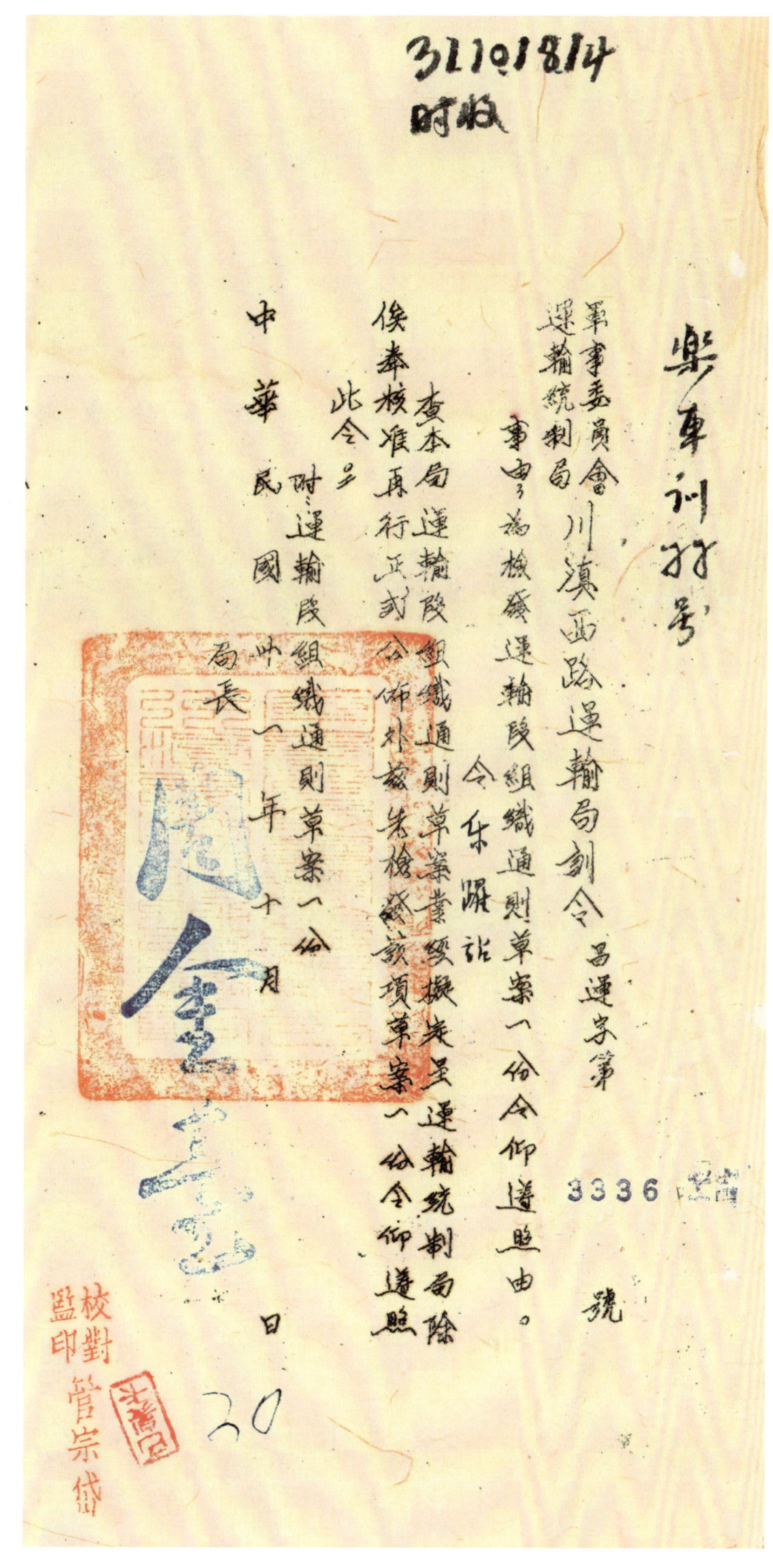

321018 14
时收

樂車訓拾號

軍事委員會運輸統制局川滇西路運輸局訓令　昌運字第　　號

事由：為檢發運輸段組織通則草案一份令仰遵照由。

令樂躍站

查本局運輸段組織通則草案業經擬定呈運輸統制局，除俟奉核准再行正式公佈外，茲先檢發該項草案一份，令仰遵照。

此令！

附：運輸段組織通則草案一份

局長　金○

中華民國卅一年十月　日

3336

20

校對　監印　管宗傑

98

軍事委員會
運輸統制局 川滇西路運輸局運輸段組織通則草案

第一條 本通則依據修正運輸局組織通則第十二條之規定制定之

第二條 運輸段直屬於運輸局，其管轄段站及名稱以命令定之

第三條 運輸段掌理事務如左：

一、關於本段內物資運輸指揮監督事項

二、關於本段內客貨業務之督導推進及接洽事項

三、關於本段內機務工作之指揮監督事項

四、關於本段內電訊工作之指揮監督事項

五、關於本段內各站公款出納之監督檢查事項

六、關於本段內所轄車隊及其員工之調配事項

七、關於本段內各站奉行局令規章之督導考核事項

八、關於本段內運務業務電訊機務車隊人員工作勤惰之考核事項

九、關於本段內軍公商車輛之管制事項

第四條 運輸段設段長一人，承局長副局長之命綜理段務；副段長一人至二人，襄理段務

第五條 運輸段設事務員、車務員、機務員、會計員各一人，並得視事務繁簡酌設辦事員及司事若干人，掌理各項事務

第六條 運輸段段長副段長由局長呈請運輸統制局派充；其他人員由局長派充，並呈報運輸統制局備案

第七條 運輸段辦事細則另定之

第八條 本通則自呈奉運輸統制局核准之日施行

東務室轉各室傳閱後查存

十二、廿日 四[illegible]

川滇西路运输局关于西祥段破坏在即抢运期中上行商品暂缓承运致乐跃站的代电（一九四三年七月十一日）

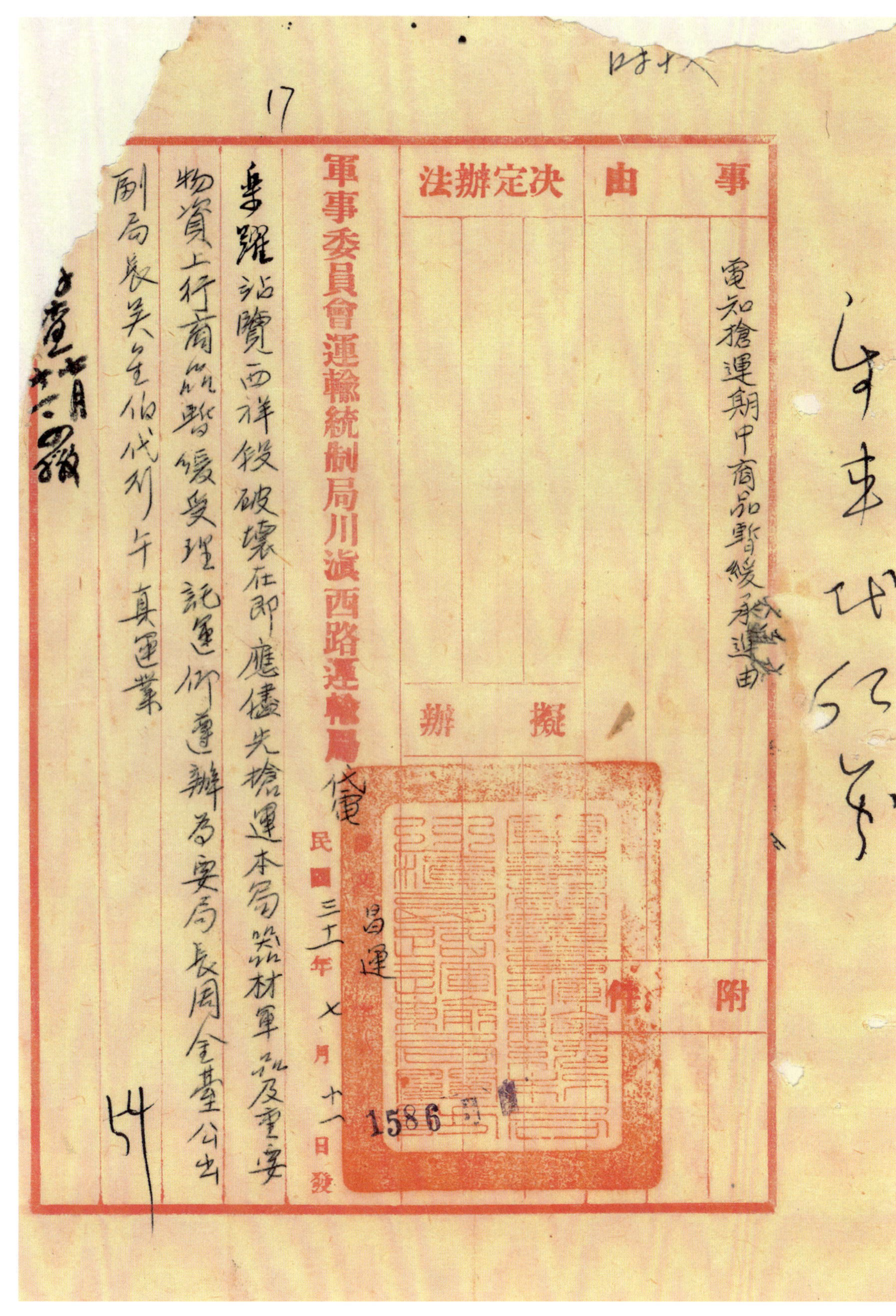

17

事由	電知搶運期中商品暫緩承運由
決定辦法	
擬辦	
附件	

軍事委員會運輸統制局川滇西路運輸局代電

樂躍站覽：西祥段破壞在即，應儘先搶運本局器材軍品及重要物資，上行商品暫緩受理，託運仰遵辦為要。局長周金基公出 副局長吳至伯代行 午真運業

民國三十二年七月十一日發 昌運

1586

五、川滇西路管理局

川滇西路各总分段发给各部队保护津贴官兵名册

川滇西路工务局第四总段发给西康省宁属屯垦委员会西会夷务指挥部一营三连一排一九四三年一月份保护津贴官兵名册（一九四三年一月三十一日）

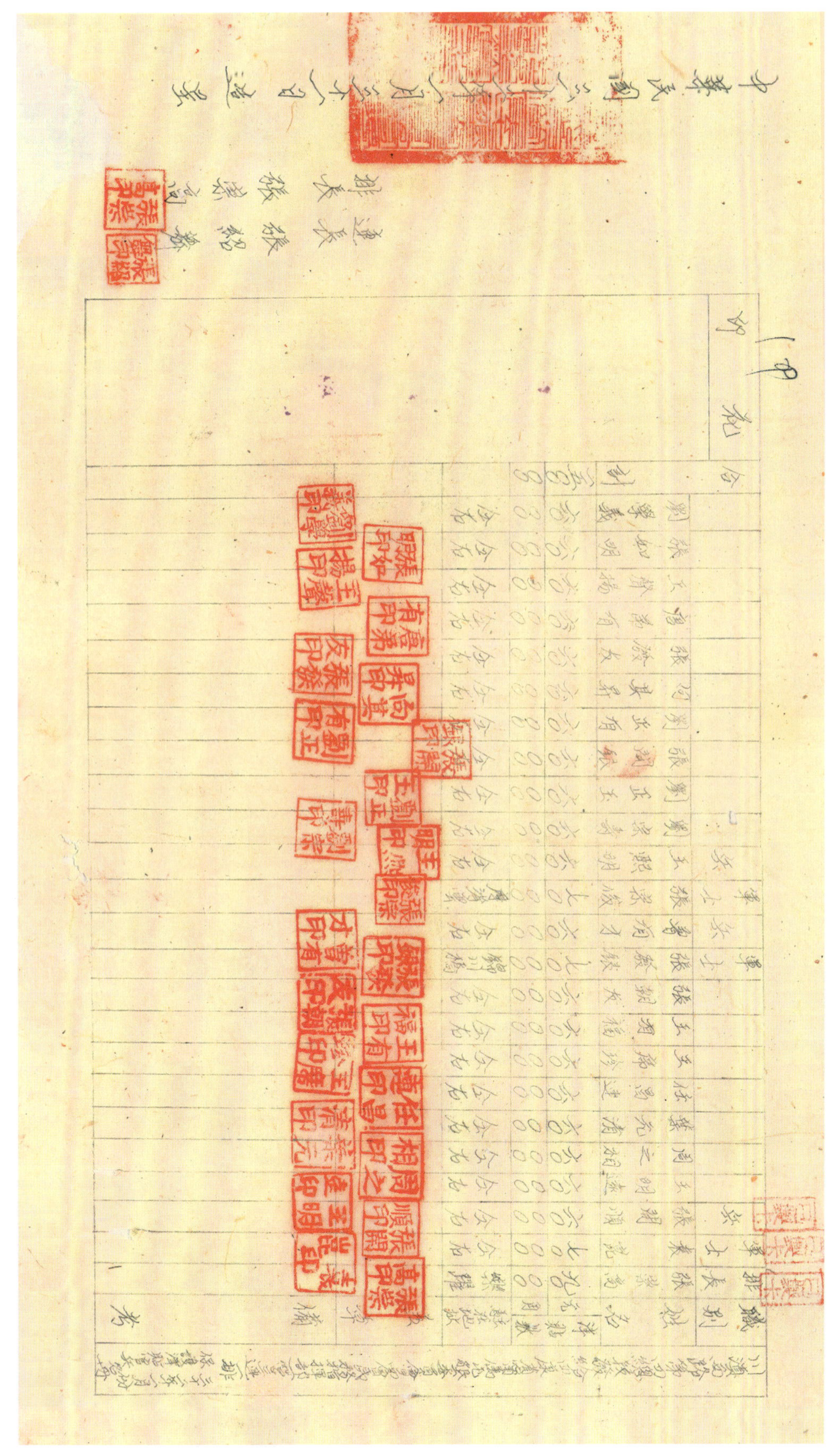

川滇西路管理局工务第六总段发给西康省宁属屯垦委员会西会夷务指挥部一营三连一排一九四三年五月份保护津贴官兵名册（一九四三年五月三十一日）

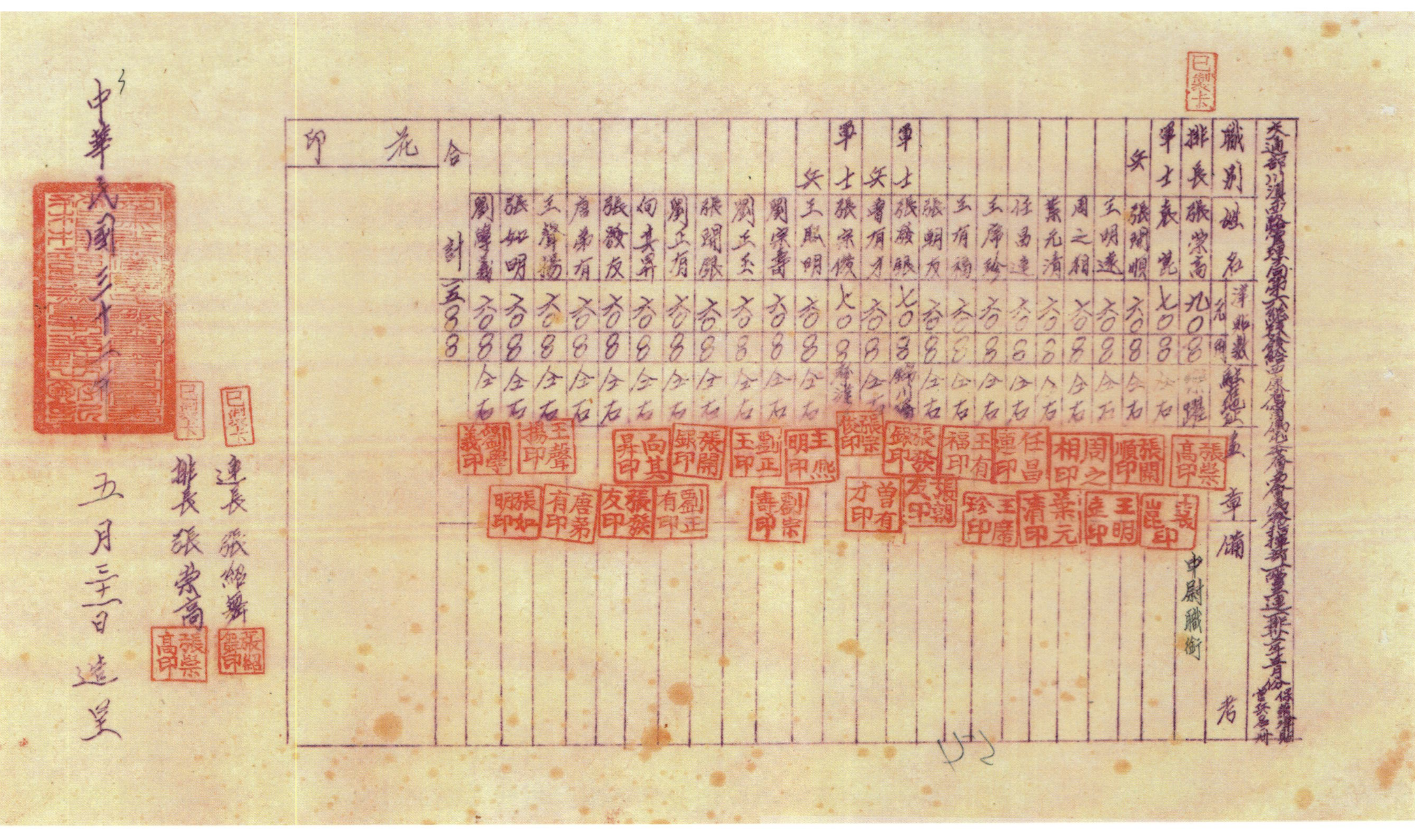

川滇西路管理局工务第六总段第二十四分段发给会理县国民兵团云定乡自卫队一九四三年八月份保护津贴官兵名册（一九四三年八月三十一日）

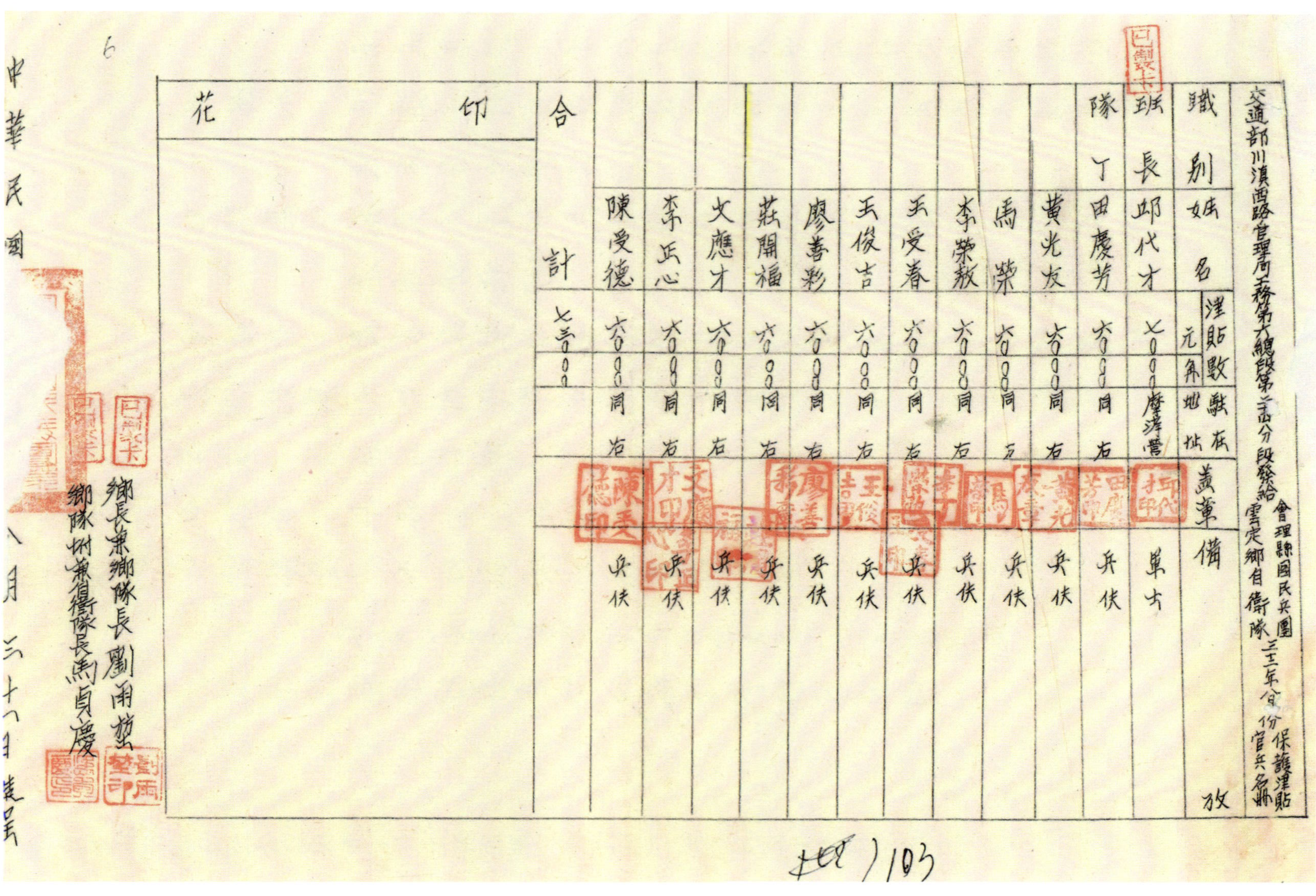

交通部川滇西路管理局工務第六總段第二十四分段發給會理縣國民兵團雲定鄉自衛隊三十二年八月份保護津貼官兵名冊

職別	姓名	津貼數（元 角）	領款地點	蓋章	備攷
隊長	邱代才	七〇〇	摩沙營	邱代才印	單寸
隊丁	田慶芳	六〇〇	同右	田慶芳印	兵伕
	黃光友	六〇〇	同右	黃光友章	兵伕
	馬榮	六〇〇	同右	馬榮	兵伕
	李榮敍	六〇〇	同右		兵伕
	王受春	六〇〇	同右		兵伕
	王俊吉	六〇〇	同右	王俊吉	兵伕
	廖善彩	六〇〇	同右	廖善彩	兵伕
	莊開福	六〇〇	同右		兵伕
	文應才	六〇〇	同右	文應才印	兵伕
	李兵心	六〇〇	同右		兵伕
	陳受德	六〇〇	同右	陳受德印	兵伕
合計		七三〇〇			

花　印

鄉長兼鄉隊長劉甫燃

鄉隊附兼自衛隊長馬貞慶

中華民國　八月三十一日造

已製卡

6

103

工作竞赛推行委员会公路保养工作竞赛通则（一九四三年二月二十七日）

工作競賽推行委員會公路保養競賽通則

三十二年二月二十七日工作競賽推行委員會第五次委員會議通過

(一)本競賽暫以下列各項為競賽項目

甲.路面 乙.路基 丙.排水 丁.路容 戊.涵橋 己.工人管理 庚.道房整潔

(二)各項競賽之評判標準及總分百分比如下

甲.路面：是否平整有無坑塘及窩槽其厚度是否維持合乎標準佔30%

乙.路基：寬度及邊坡是否維持合乎規定涵洞出口之邊坡是否沖壞佔10%

丙.排水：邊溝之斷面與坡度是否合乎規定截水溝是否暢通路拱是否合乎標準路肩雜草是否剷除涵洞進口是否淤塞佔20%

130

丁、路容：路肩上所備沙石等材料堆積是否整齊路肩是否清潔交通標誌里程碑及護欄等有無損壞及傾側狀態並是否洗刷清潔行道樹是否妥加保護修齊及補植佔10%

戊、橋涵：橋樑及涵洞有無損壞橋面橋欄杆涵洞蓋板等有無鬆動及是否整潔翼墻有無冲毀佔15%

己、工人管理：工人是否穩定勤惰如何對工具及一切公物是否愛護服装是否整潔是否利用餘暇種植蔬菜編製土箕草鞋或讀書識字等佔10%

庚、道房整潔：道房内外部是否整齊清潔不礙衛生佔5%

三、本競賽之單位如下

甲、道班競賽

乙、監工競賽

丙、分段競賽

丁、總段競賽

前列競賽以道班為競賽基本單位，監工競賽即以所轄道班之平均分數為其成績

分段成績計算辦法規定如下

1、分段内各道班之平均分數佔該分段總成績之百分之八十

2、分段長及工程人員查路工作之勤惰佔該分段總成績之百分之十

3、分段報表及報銷是否按時呈送佔該分段總成績之百分之十

總段成績計算辦法規定如下

1、總段内各分段之平均分數佔該總段總成績之百分之

131

二

24

八十

二、對所轄分段所需經費與材料是否按時供給佔該總段總成績之百分之十

三、總段報來數據是否按時呈送佔該總段總成績之百分之十

四、本競賽以六個月為一期每年舉行兩次但主辦機關得斟酌情形增減之

五、本競賽之評判由主辦機關派員組織競賽評判委員會沿綫實施考核後評定之

六、本競賽之詳細記分及實施辦法得由各主辦機關另定之

七、主辦機關應按期將競賽結果報送本會其優劣人員除由各主辦機關自行獎懲外其年度各單位總優勝之前三名并得報由本會獎勵之

八、本通則由本會委員會議通過後函請交通部轉飭施行

川滇西路管理局转发抗战时期处理公务应争取时间致管理局工务第六总段的训令（一九四三年三月二十七日）

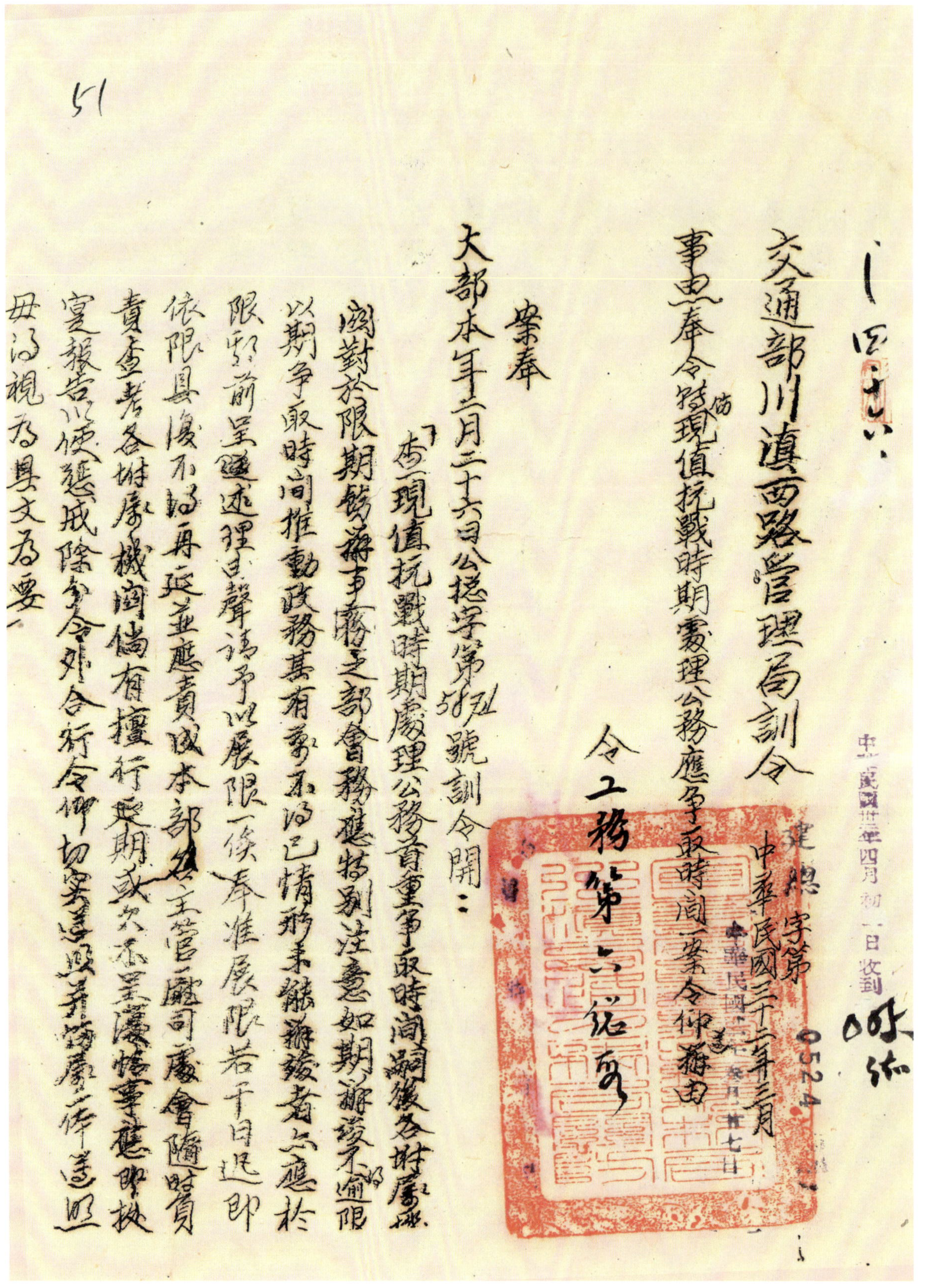

51

交通部川滇西路管理局训令　建总字第0524号

中华民国三十二年三月二十七日

事由：奉令饬现值抗战时期处理公务应争取时间一案令仰遵办由

令工务第六总段

案奉

大部本年三月二十六日公总字第5891号训令开：

「查现值抗战时期处理公务首重争取时间，关系各机关团对于限期办事务之部会务应特别注意如期办竣，不得逾限，以期争取时间推动政务。其有藉不得已情形未能办竣者，亦应于限期前呈述理由，声请予以展限，一俟奉准展限若干日，迟即依限具复，不得再延，并应责成本部各主管厅司处会随时负责查考各机关团体有擅行延期或久不呈复情事，应即据实报告，以便惩戒。除分令外，合行令仰切实遵照，并饬属一体遵照，毋得视为具文为要。」

中华民国卅二年四月初一日收到

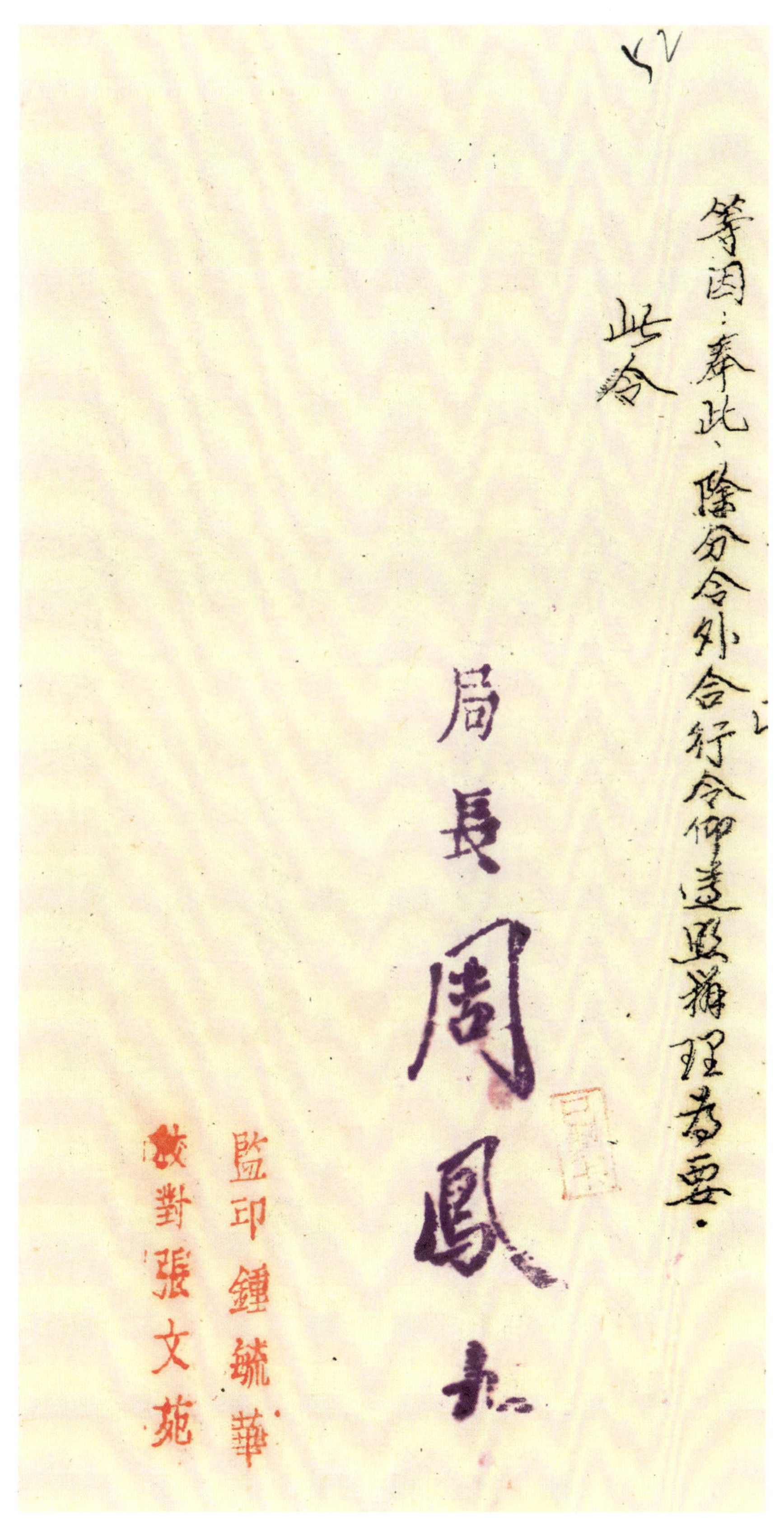
52

等因：奉此，除分令外，合行令仰遵照辦理爲要。

此令

局長 周鳳九

監印 鍾毓華

校對 張文苑

川滇西路管理局关于转饬公务人员不得直接或间接经商致工务第六总段的训令（一九四三年四月四日）

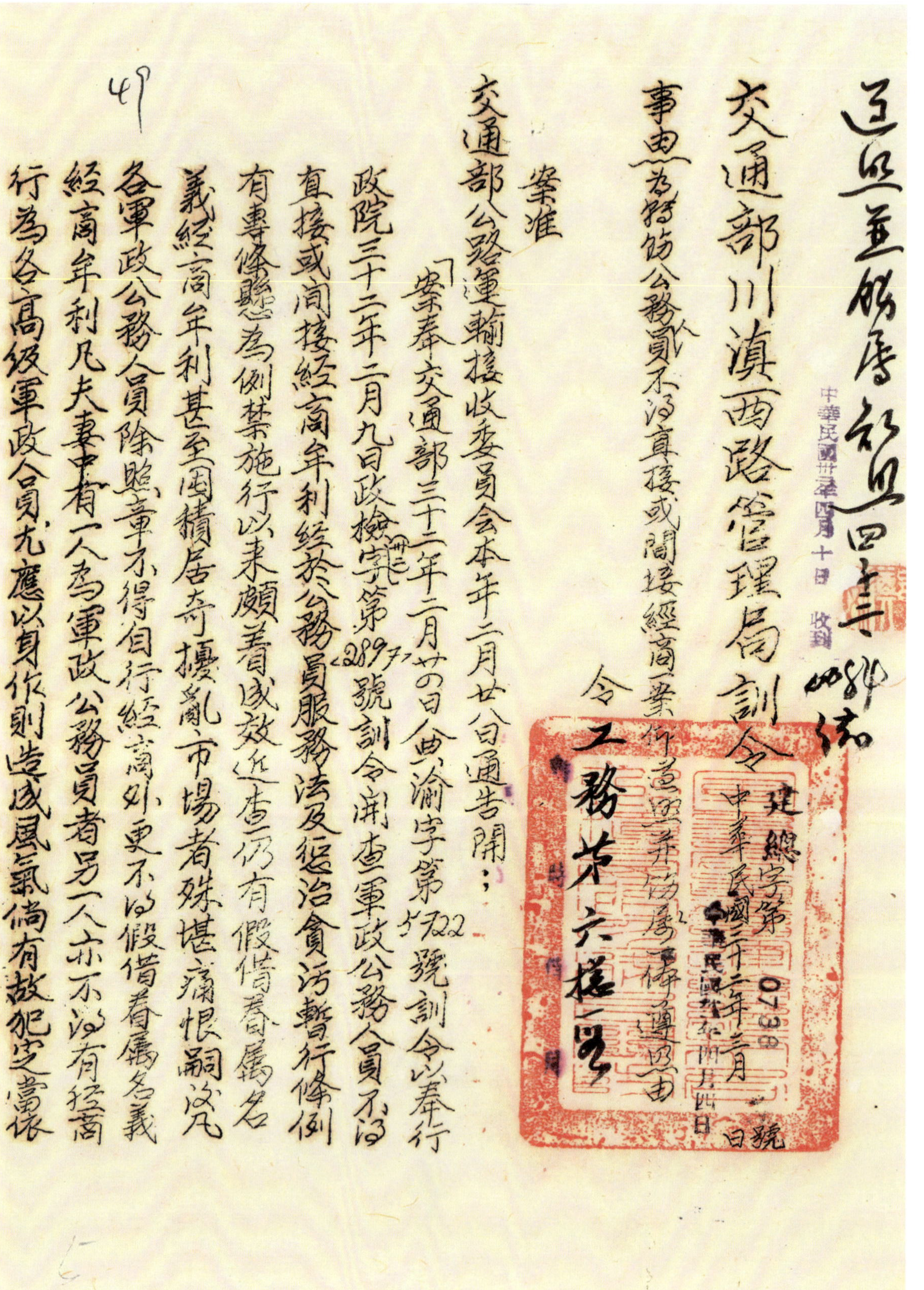

送呈并饬属知照 四、十一

交通部川滇西路管理局训令

事由：为转饬公务人员不得直接或间接经商一案，仰遵照并饬属一体遵照由

建總字第0738號
中華民國三十二年四月四日

中華民國卅二年四月十日收到

令工務第六總段

案准

交通部公路運輸接收委員會本年二月廿八日通告開：

「案奉交通部三十二年二月廿四日典渝字第5722號訓令，以奉行政院三十二年二月九日政檢字第2897號訓令開：查軍政公務人員不得直接或間接經商牟利，經於公務員服務法及懲治貪污暫行條例有專條懸為例禁，施行以來，頗著成效。近查仍有假借眷屬名義經商牟利，甚至囤積居奇，擾亂市場者，殊堪痛恨。嗣後凡各軍政公務人員，除照章不得自行經商外，更不得假借眷屬名義經商牟利。凡夫妻中有一人為軍政公務員者，另一人亦不得有經商行為。各高級軍政人員尤應以身作則，造成風氣。倘有故犯，定當

50

法嚴懲。除令經濟檢查機關隨時密查檢舉外，合行令仰該部遵照，并轉飭所屬一體遵照。等因。奉此。除分令外，合行令仰遵照，并飭屬一體遵照。等因。奉此。特此通告。

等由。准此。除分行外，合行令仰遵照，并飭屬一體遵照為要。

此令。

局長 周鳳九

監印 鍾毓華

校對 張文苑

川滇西路管理局关于规定员工婚丧假及事假致工务第六总段的训令（一九四三年四月七日）

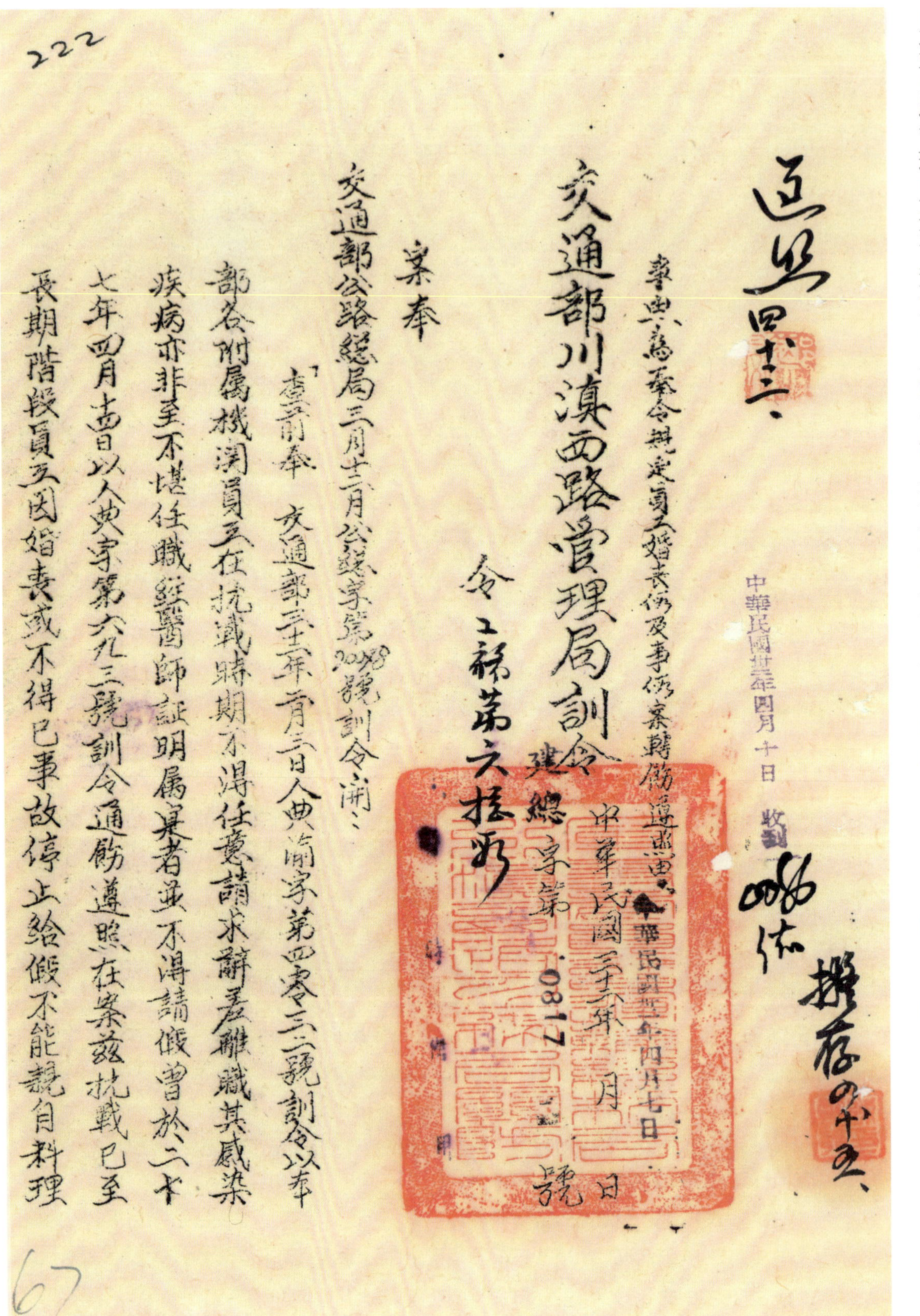

遵照 四、十三

事由：為奉令規定員工婚喪假及事假案轉飭遵照由

中華民國卅二年四月十日收到

交通部川滇西路管理局訓令 建總字第0817號

中華民國三十二年四月七日

令工務第六總段

案奉

交通部公路總局三月廿三日公總字第20098號訓令開：

「查前奉 交通部三十二年二月二十日人典渝字第四零三二號訓令以奉部令各附屬機關員工在抗戰時期不得任意請求辭差離職其感染疾病亦非至不堪任職經醫師證明屬實者並不得請假曾於二十七年四月十四日以人典字第六九三號訓令通飭遵照在案茲抗戰已至長期階段員工因婚喪或不得已事故停止給假不能親自料理

事實上雖有困難為激勵員工安心任職俾可加緊工作而赴抗建
起見應准由各該機關長官切實查明酌量情形核給婚喪假最
多不得逾十天其以重大事故必須請事假者每年不得逾七天請假
人員所遺職務應設法撥調妥員接替如工作繁張無人可以接替
者仍應從緩給假俾免貽誤公務」案經奉同月二十七日人典渝字第六
零九零號令知已奉 行政院本年一月十七日仁人字第四二八零號指令
准予備案除分行外合行令仰遵照」
等因奉此除分令外合行令仰遵照轉飭所屬一体遵照為要。
此令。

局長 周鳳

監印 鍾毓華

校對 張文葹

川滇西路管理局关于奖励努力工作的低级职员致工务第六总段的训令（一九四三年四月十日）

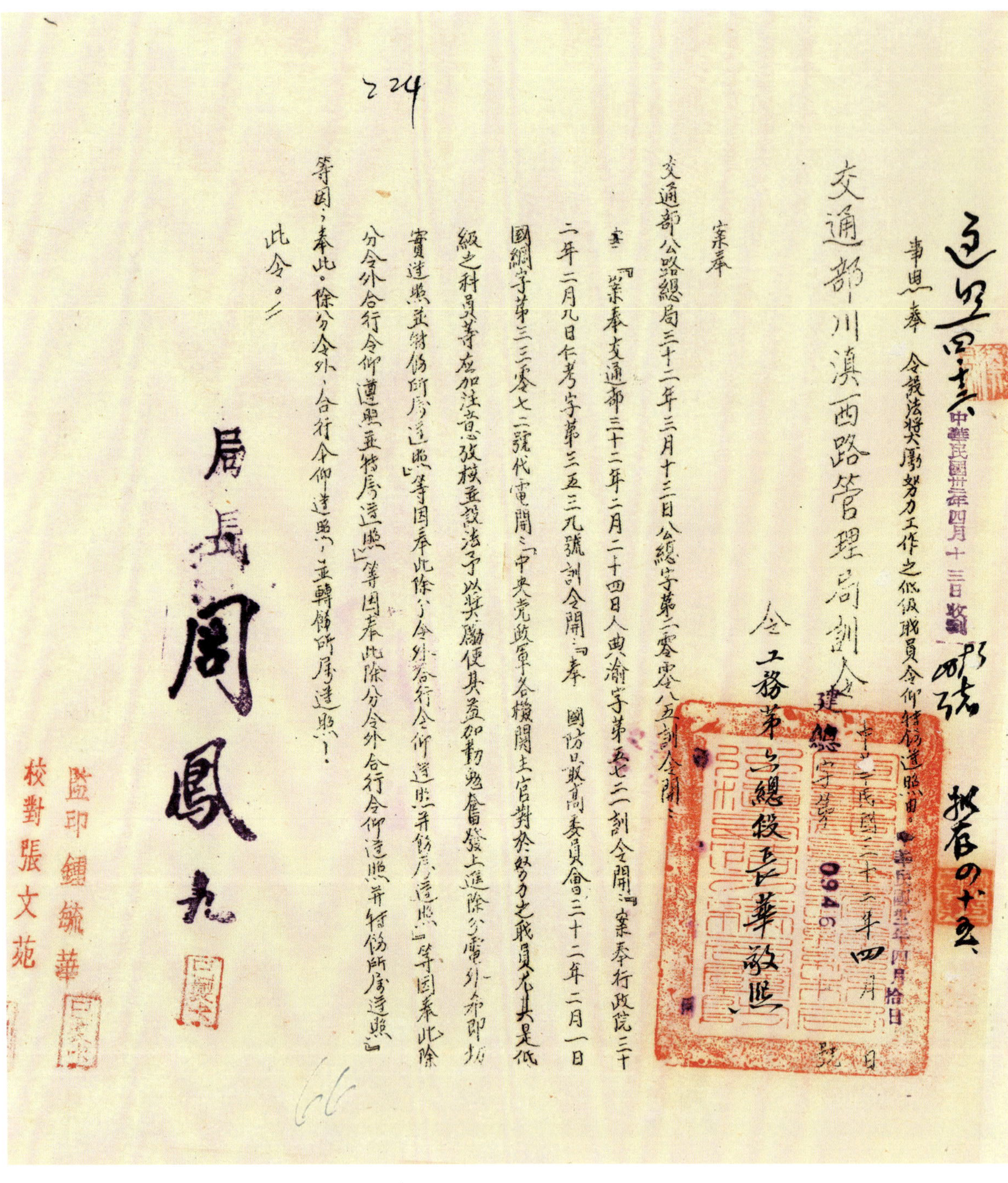

事由：奉令嘉奖努力工作之低级职员令仰转饬遵照由

中华民国三十二年四月拾日

建總字第0946號

交通部川滇西路管理局訓令

令工務第六總段長華敬熙

案奉

交通部公路總局三十二年三月十三日公總字第二零零八五訓令開：

「案奉交通部三十二年二月二十四日人典渝字第五七二一訓令開：『案奉行政院三十二年二月九日仁考字第三五三九號訓令開：「案奉國防最高委員會三十二年二月一日國綱字第三三零七二號代電開：『中央黨政軍各機關主官對於努力之職員尤其是低級之科員等應加注意考核並設法予以獎勵，使其益加勤勉奮發上進』，除分電外，希即切實遵照，並轉飭所屬遵照」等因，奉此，除分令外，合行令仰遵照，並轉飭所屬遵照』等因，奉此，除分令外，合行令仰遵照，并轉飭所屬遵照」等因，奉此，除分令外，合行令仰遵照，並轉飭所屬遵照！

此令。

局長 周鳳九

監印 鍾毓華

校對 張文苑

川滇西路管理局与工务第六总段关于增订员工棺殓费的训令

川滇西路管理局致工务第六总段的训令（一九四三年四月十日）

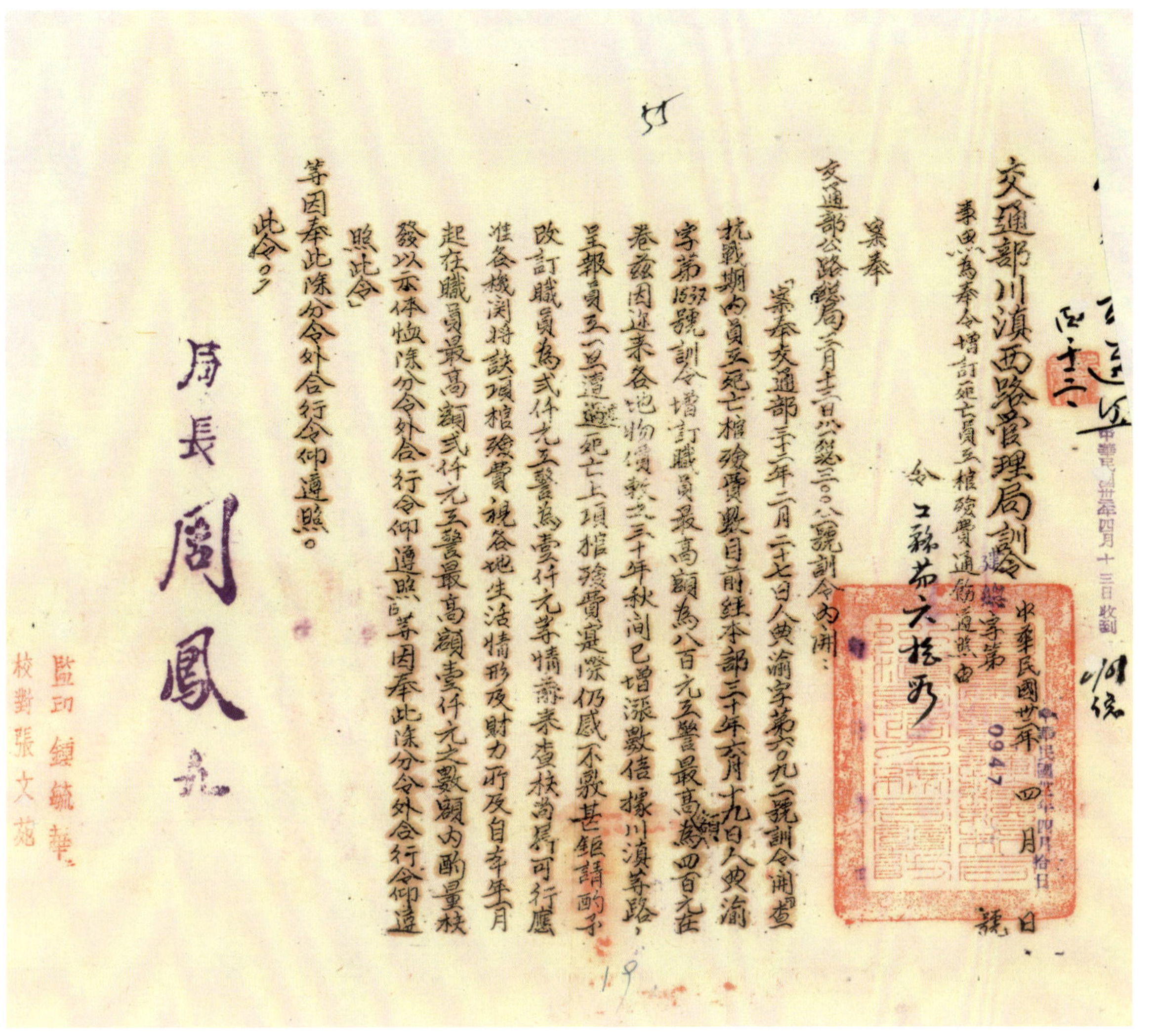

交通部川滇西路管理局訓令 建總字第 0947 號

事由：為奉令增訂死亡員工棺殓費通飭遵照由

令工務第六總段

中華民國卅二年四月 日

案奉

交通部公路總局卅二年三月十二日公總三〇〇八號訓令内開：

「案奉交通部三十二年二月二十七日人典渝字第六〇九二號訓令開：查抗戰期内員工死亡棺殓費數目前經本部三十年六月十九日人典渝字第1633號訓令增訂職員最高額為八百元，工警最高為四百元在卷。兹因近來各地物價較之三十年秋間已增漲數倍，據川滇等路呈報員工（兵）遭遇死亡上項棺殓費實際仍感不敷甚鉅，請酌予改訂職員為貳仟元，工警為壹仟元等情，前來查核尚屬可行，應准各機關將該項棺殓費視各地生活情形及財力所及，自本年月起在職員最高額貳仟元，工警最高額壹仟元之數額内酌量核發，以示体恤。除分令外，合行令仰遵照。」等因，奉此，除分令外，合行令仰遵照。

等因，奉此，除分令外，合行令仰遵照。

此令。

局長 周鳳九

監印 鍾毓華 校對 張文苑

工务第六总段致各分段的训令（一九四三年四月十六日）

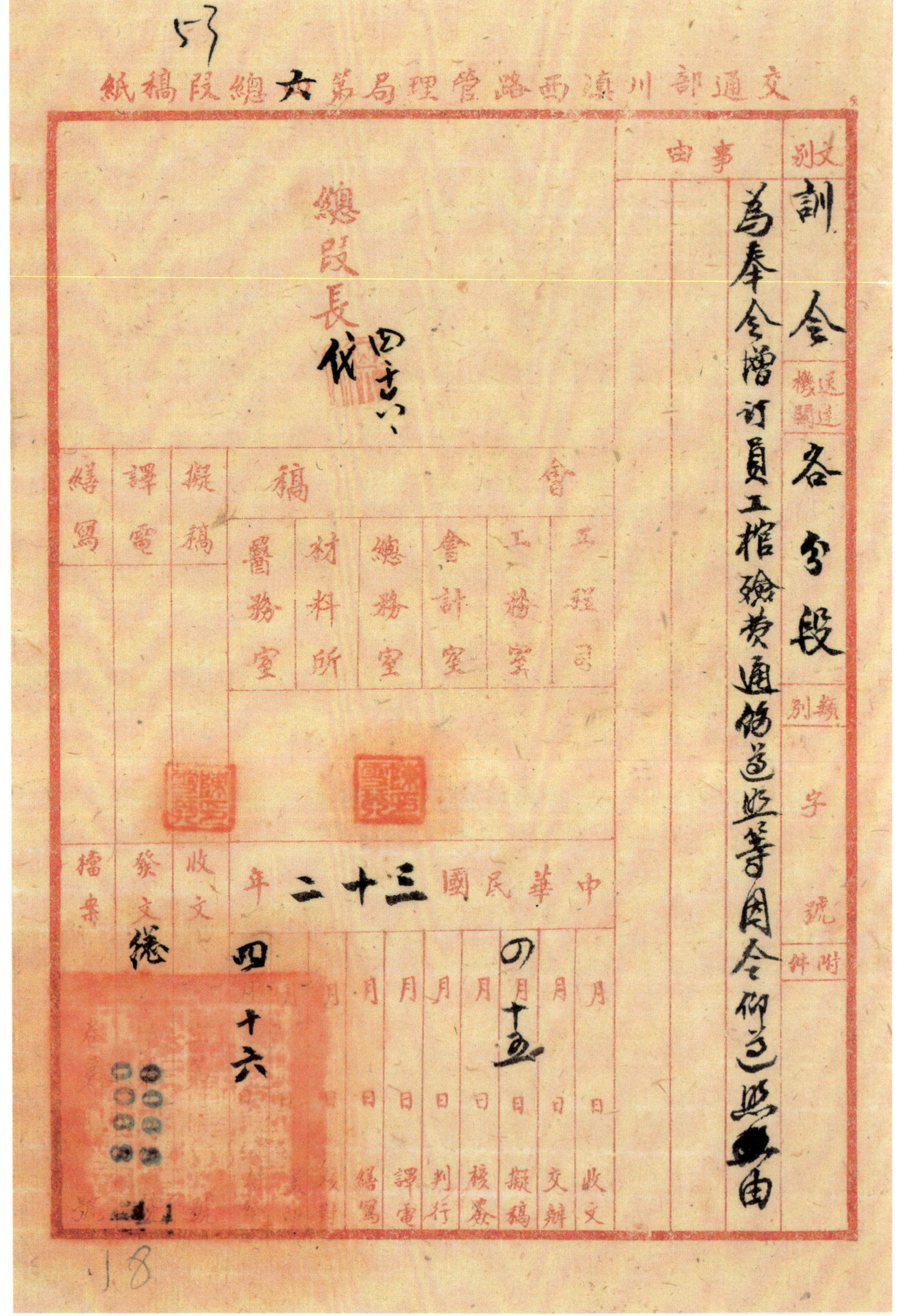
交通部川滇西路管理局第六总段稿纸

文别：训令
送达机关：各分段
事由：为奉令增订员工棺殓费通饬遵照等因令仰遵照由

总段长 代 四．十六

中华民国三十二年 四月十六

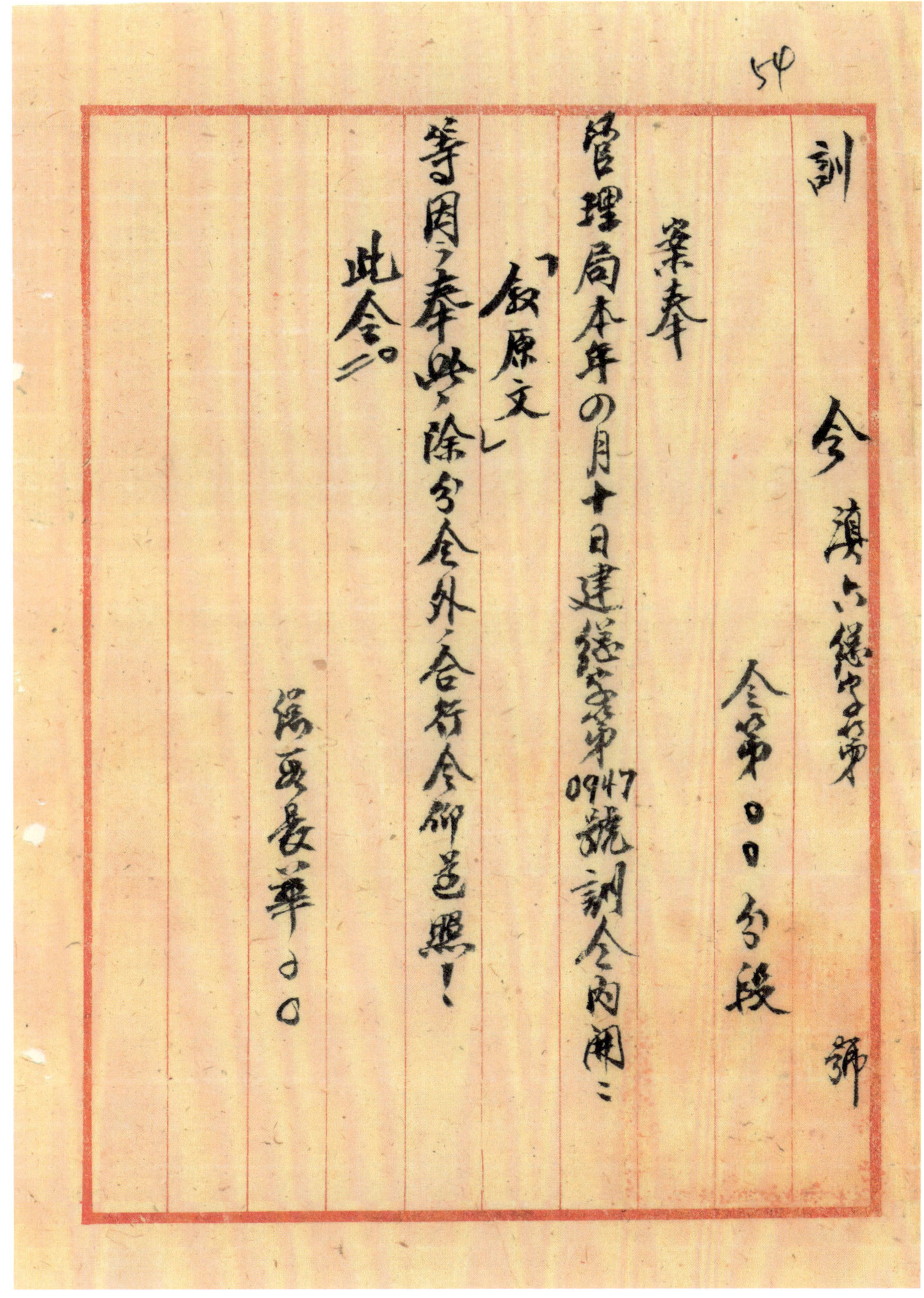

54

訓　　令　滇六總字第　號

令第〇〇分段

案奉

管理局本年〇月十日建總字第0947號訓令内開：

「敘原文」

等因；奉此，除分令外，合行令仰遵照！

此令。

總段長　華〇〇

川滇西路管理局工务第六总段第二十四分段关于锦川桥加固工程发包及开工日期致第六总段的呈（一九四三年四月十二日）

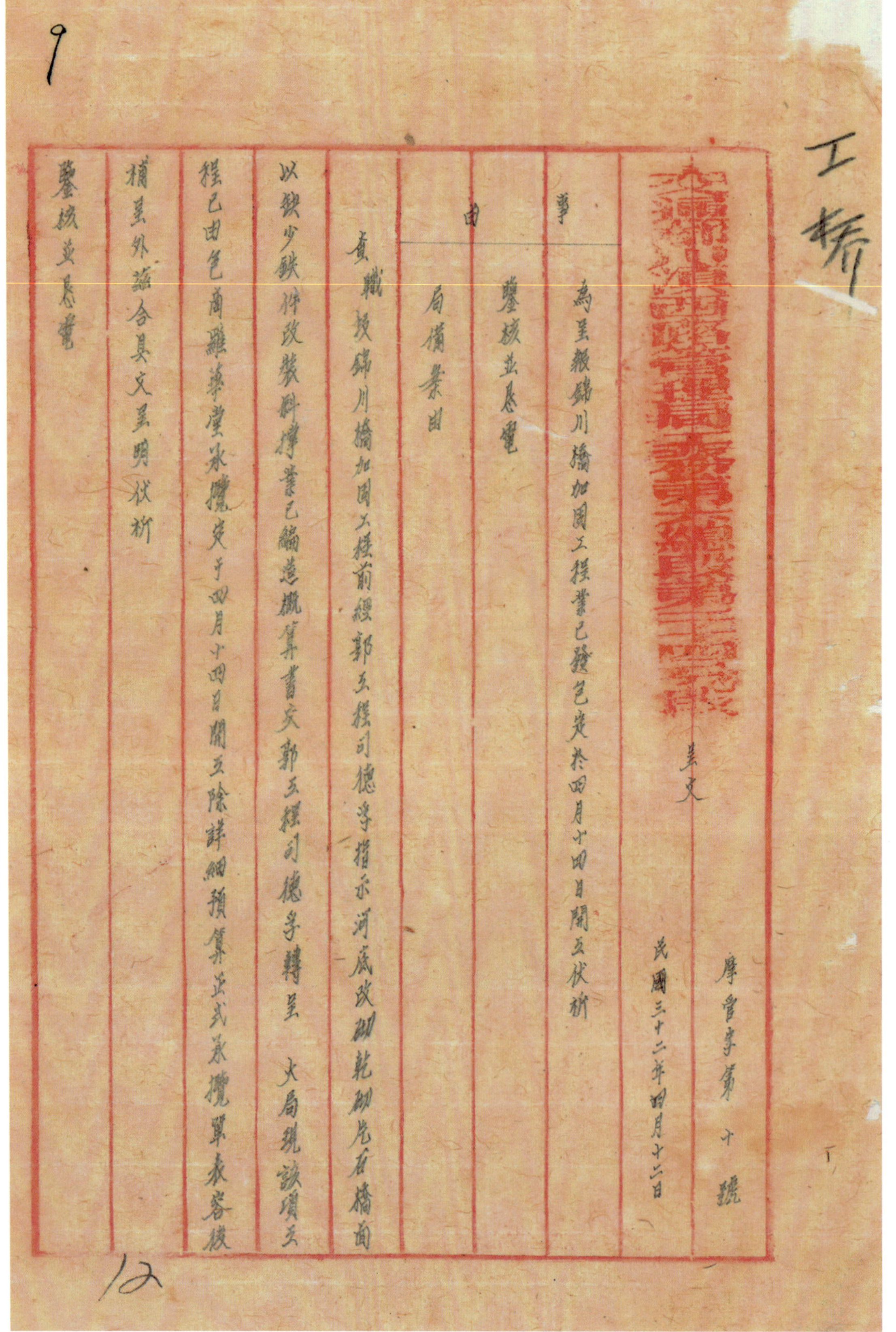

川滇西路管理局工務第六總段第二十四分段呈文

摩曾字第十號

民國三十二年四月十二日

事由：為呈報錦川橋加固工程業已發包定於四月十四日開工伏祈鑒核並懇電局備案由

查職段錦川橋加固工程前經郭工程司德淳指示河底改砌乾砌片石橋面以鋼少鉄件改製料撑業已編造概算書交郭工程司德淳轉呈大局既該項工程已由包商羅華堂承攬定于四月十四日開工除詳細預算正式承攬單表容後補呈外謹合具文呈明伏祈鑒核並懇電

10

備案。

謹呈

代總校長鄭

第二十四分校校長

鄭延棋

已製卡

嘉定府衙門大印刷紙社代印

川滇西路管理局与工务第六总段关于黄水塘第五分段站长郭树达没收商民李顺之废铜一案的来往文书

川滇西路管理局致工务第六总段的训令（一九四三年四月十二日）

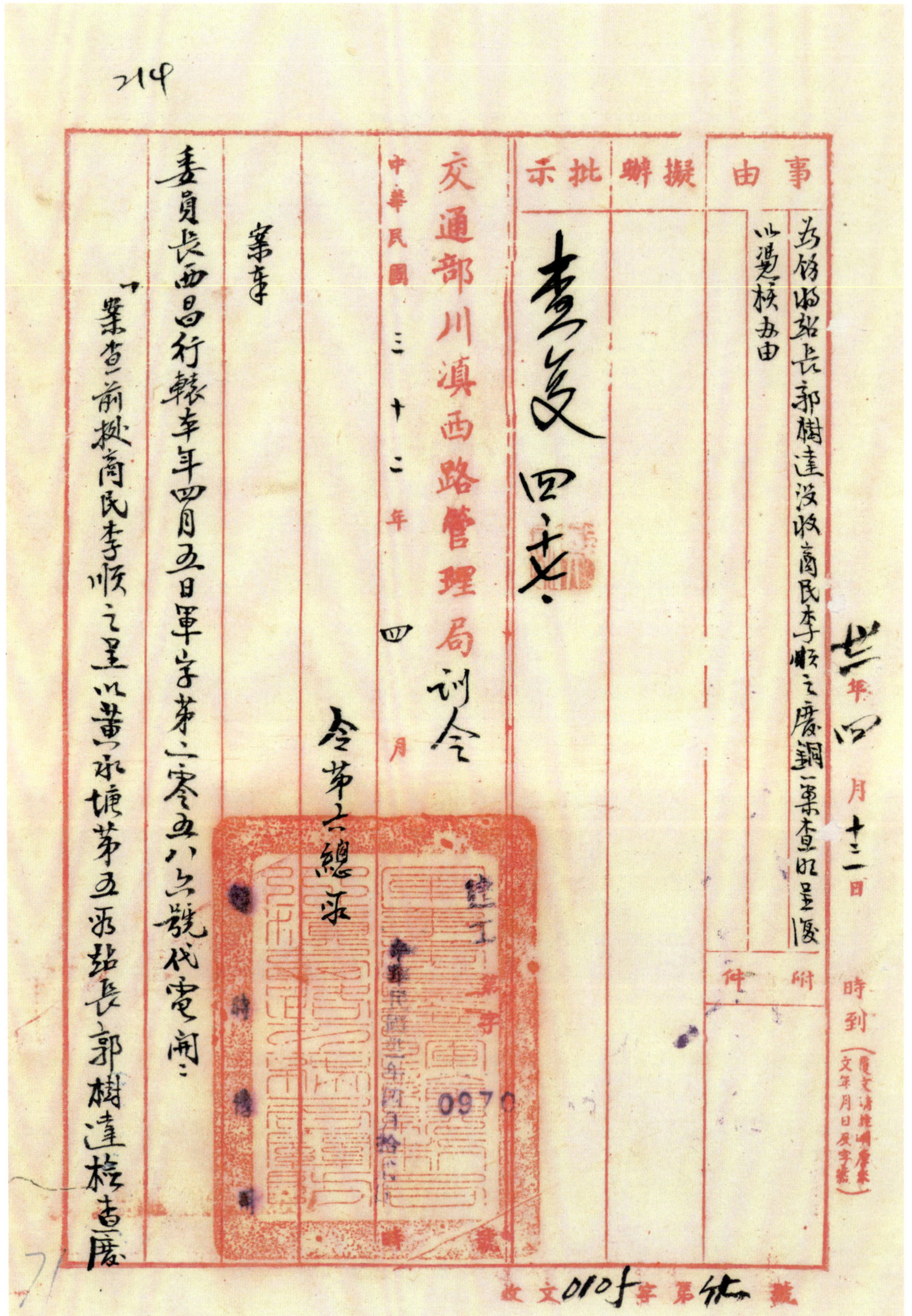

銅沒收未報，請予查究等情，前來。經以軍字第二〇一八號代電飭查在案。茲

據川滇西路局長周金臺呈稱：「寅佳代電開：『本月五日軍字第（20181）號徽忠

代電及附發商民李順之等副呈均悉。遵查本局并未在黃水塘設立機構，內

外所屬職員中亦無郭樹達其人，該商民所控是否前川滇西路工務局所屬

工務分處之誤，未敢臆測。奉電飭查明具復前因，理合據實電復鑒核』等情。查

川滇西路運輸工務兩局已合併改組，究竟前站長郭樹達沒收商民李順之廢銅

於何處，理合再抄發原呈電達，查明具復，並飭前工務局查復，以憑核辦為要」

等因，附抄發原呈一件，奉此。合將附件抄發，仰該處查明呈復，以憑核辦！此令。

附抄發原呈一件。

局長 周鳳九

監印 鍾毓華

校對 張文苑

216

照抄原呈一件

窃商于古曆卅一年六月初二在廣銅未公佈禁運之先托由章興第採購有廣銅柒駄交蔡馬腳運会又于六月十九日採購有廣銅捌駄交袁馬腳運会前後共拾伍駄行經黃水塘被閘司舞弊見縫補鍼之名敲詐人黃校長光宗串同東站第五分站站長駐黃水塘之郭站長樹達一並阻擋沒收當向交涉不允念民銅既未違禁又未由車運輸該校長站長等即不應阻擋沒收既已沒收即應報繳主管机関核辦殊伊等係中肥己貪污不已民登款呈報銷賬查被黃光宗再三劝阻弃向設誓決由伊等短期發还詎該光宗裡應外合一面虛言套哄一面暗串郭樹達運去貳駄共

72

因等吞蝕害商民挪貸血本折尽業失生斷債逼迫傾蕩思民運廣銅

既在未禁之先，則伊等不應阻擋設收，況民銅兩次均由馬腳，并未由車運

札該站長尤不應阻擋設收，該黃光宗以學務人員尤不該鑽營蠻弊

弊民銅縱犯禁運，亦不應由校長站長設收，即使設收，即當報繳，不應

欺騙分吞，朦上瞞下，且民具呈時該黃光宗不應再三劝阻承認恭述

似此貪污朦上，欺騙民人，寔屬擾亂政令，法所不容。該黃光宗蠅營之狗

苟，尤屬侮辱學界，應懇鈞轅俯賜鑒核，賞予提案徹究，以儆貪

污而法政肅謹呈

工务第六总段致川滇西路管理局的呈（一九四三年四月十八日）

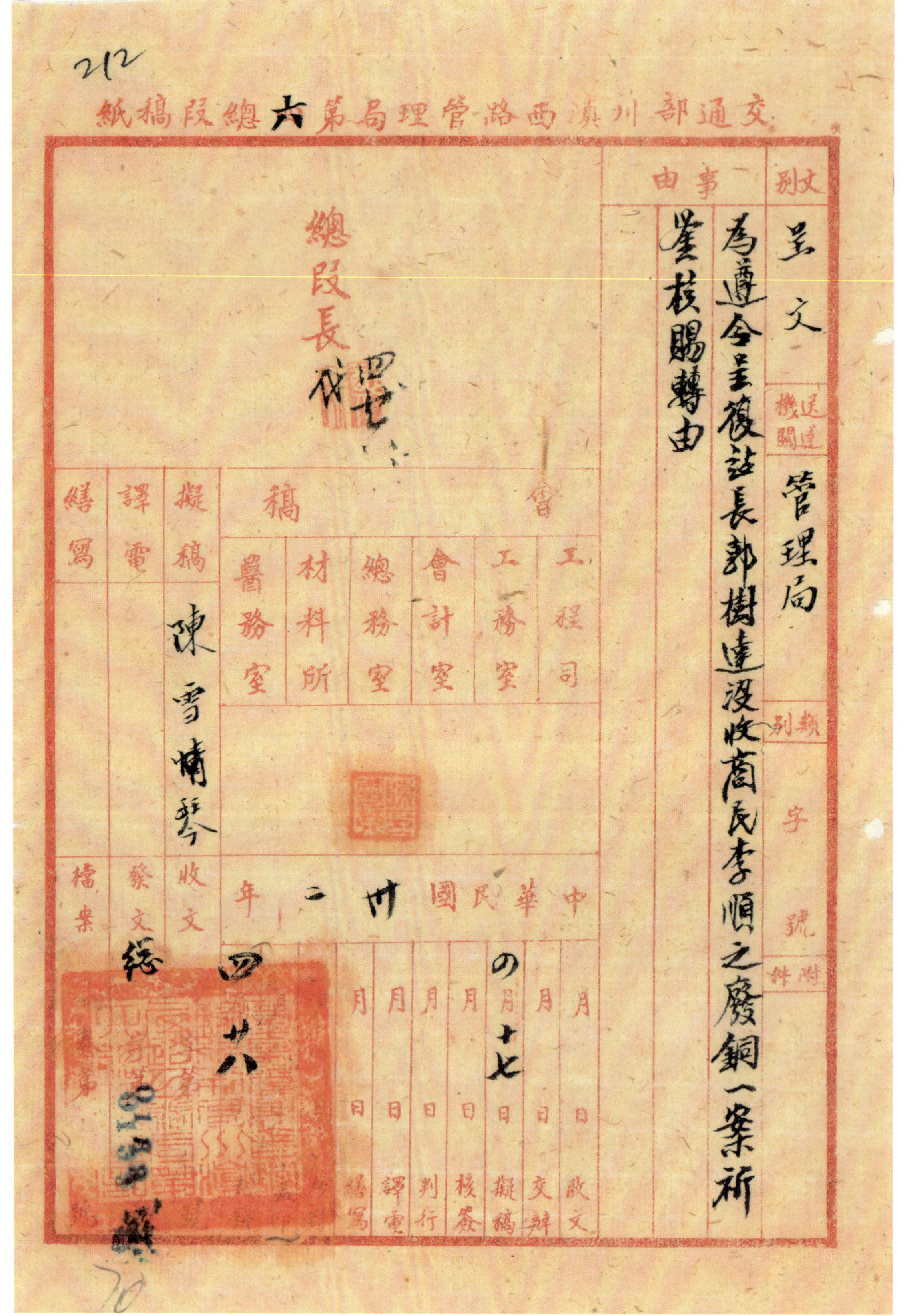

212

交通部川滇西路管理局第六总段稿纸

文别：呈文

事由：为遵令呈复站长郭树达没收商民李顺之废铜一案祈鉴核赐转由

送达机关：管理局

总段长 代 四廿七

拟稿 陈雪晴琴

中华民国卅二年四月十七日

收文 四廿八

发文 総

案奉

鈞局本年四月十二日建工字第0970號訓令略開：「案奉　昌齡四月五日軍字第二〇五八六號代電飭查復商民李順之報請查究黄水塘第五段站長郭樹達檢查廣銅没收未報，抄發附件，令仰查明呈復，以憑核辦」等因，附照抄原呈一件。奉此，遵查屬川滇西路工務局段，自上年成立以迄現今，段址設黄水塘，並無第五段番號，内外段所屬職員中，亦無郭樹達其人。該商民指控之站長郭樹達，屬何機關職員，無憑查悉。奉令前因，理合具文申復，仰祈

鑒核賜轉為禱！謹呈

局長

副局長

全銜名

川滇西路管理局关于造表呈报电讯器材等资产致工务第六总段的训令（一九四三年四月十五日）

交通部川滇西路管理局訓令

事由：示以處理電訊器材辦法。

中華民國卅二年四月廿日 收到

中華民國三十二年四月拾五日 字第 號

令工務第六總段

據五總段卯9904（0034）代電稱：查無綫電台各項器材用品，除電池、凡士林等係屬消耗品外，餘均屬固定財產，雖于消耗者，前工務局規定電台各項機件損壞須填報月報表，每月相同，似屬浪費人力物力，擬請依照鈞局寅感（0550）建電辦法，關於二月底前電台各項器材用品等，准予截至二月底止一次作一總表報銷，至三月份以後，關於器材不易消耗者，准照財產辦法造冊備查，關於電池、凡士林等仍按月填報消結表，可否，謹電示遵等情。查所擬處理電訊器材辦法尚屬可行，准予照辦，惟三月份以前工務局所有存用之不易消耗器材，仍應造具移交接收清冊，轉列管理局三月份財產目錄，呈局備核，除分令外，合

P4

行令仰遵照辦理為要。

此令。

局長　周鳳九

監印　鍾毓華
校對　張文苑

川滇西路管理局就修正公务员战时生活补助办法致工务第六总段的训令（一九四三年四月十六日）

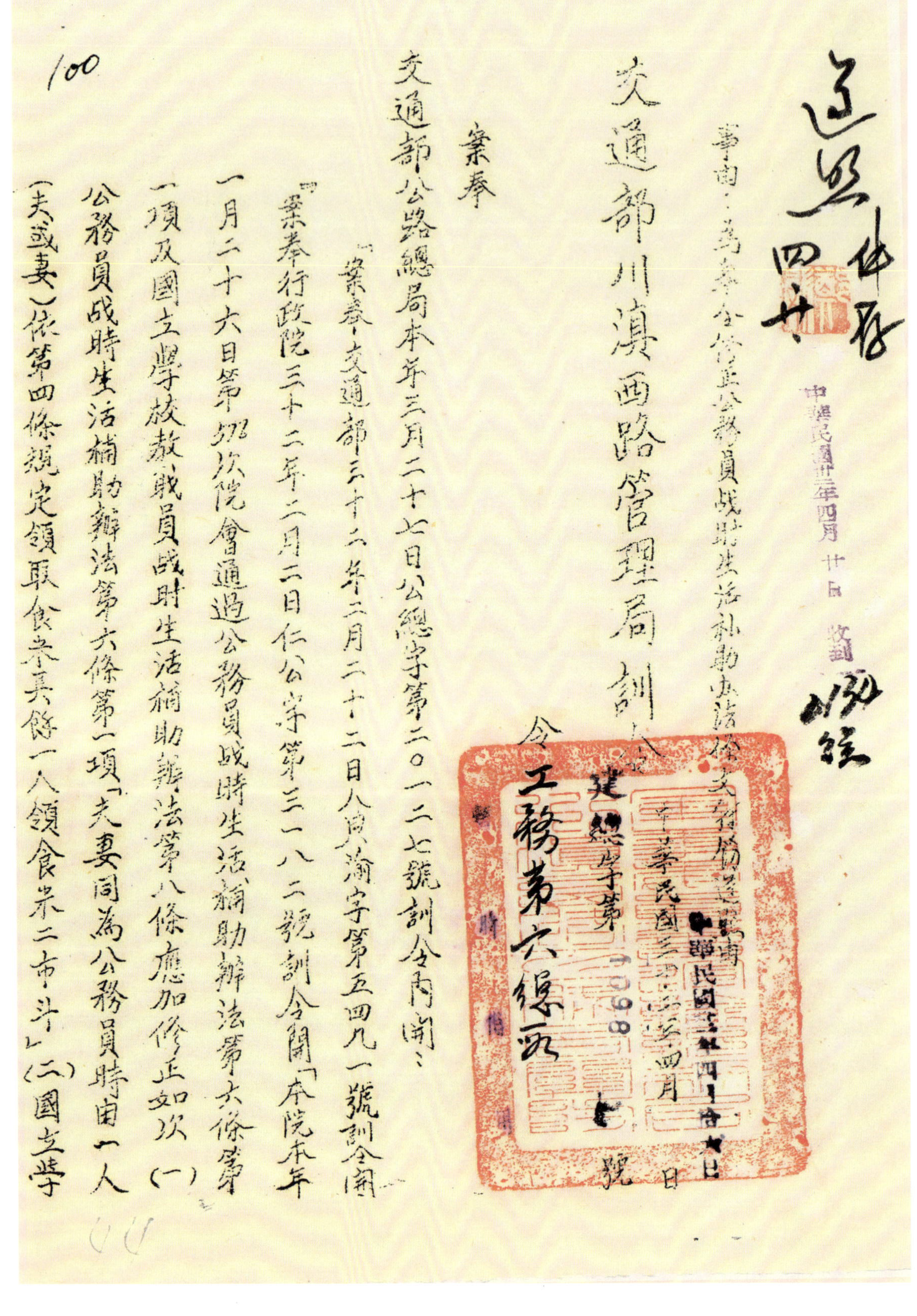

速照 件存 四廿

事由：為奉令修正公務員戰時生活補助辦法令仰知照由

中華民國卅二年四月廿日 收到

交通部川滇西路管理局訓令 建總字第1098號

中華民國三十二年四月十六日

令工務第六總段

案奉

交通部公路總局本年三月二十七日公總字第二〇一二七號訓令內開：

「案奉交通部三十二年三月二十二日人崩字第五四九一號訓令開

『案奉行政院三十二年二月二日仁公字第三一八二號訓令開「本院本年一月二十六日第五九八次院會通過公務員戰時生活補助辦法第六條第一項及國立學校教職員戰時生活補助辦法第八條應加修正如次（一）公務員戰時生活補助辦法第六條第一項「夫妻同為公務員時由一人（夫或妻）依第四條規定領取食米其餘一人領食米二市斗」（二）國立學

101

校教職員戰時生活補助辦法第八條「夫妻同為教職員或其中一人為教職員另一人為公務員時由任何一人（夫或妻）領第六條規定報領代金其餘一人領（代金）二市斗」業經紀錄在案除函請國防最高委員會秘書廳轉陳備案暨分別函令外合行令仰遵照為要」等因奉此除分令外合行令仰遵照」等因奉此除分令外合行令仰遵照此令」等因等因奉此，除分令外合行令仰遵照！

此令。

局長 周鳳九

監印 鍾毓華

校對 張文蔚

川滇西路管理局转发《战时管制工资办法》致工务第六总段的训令（一九四三年四月十七日）

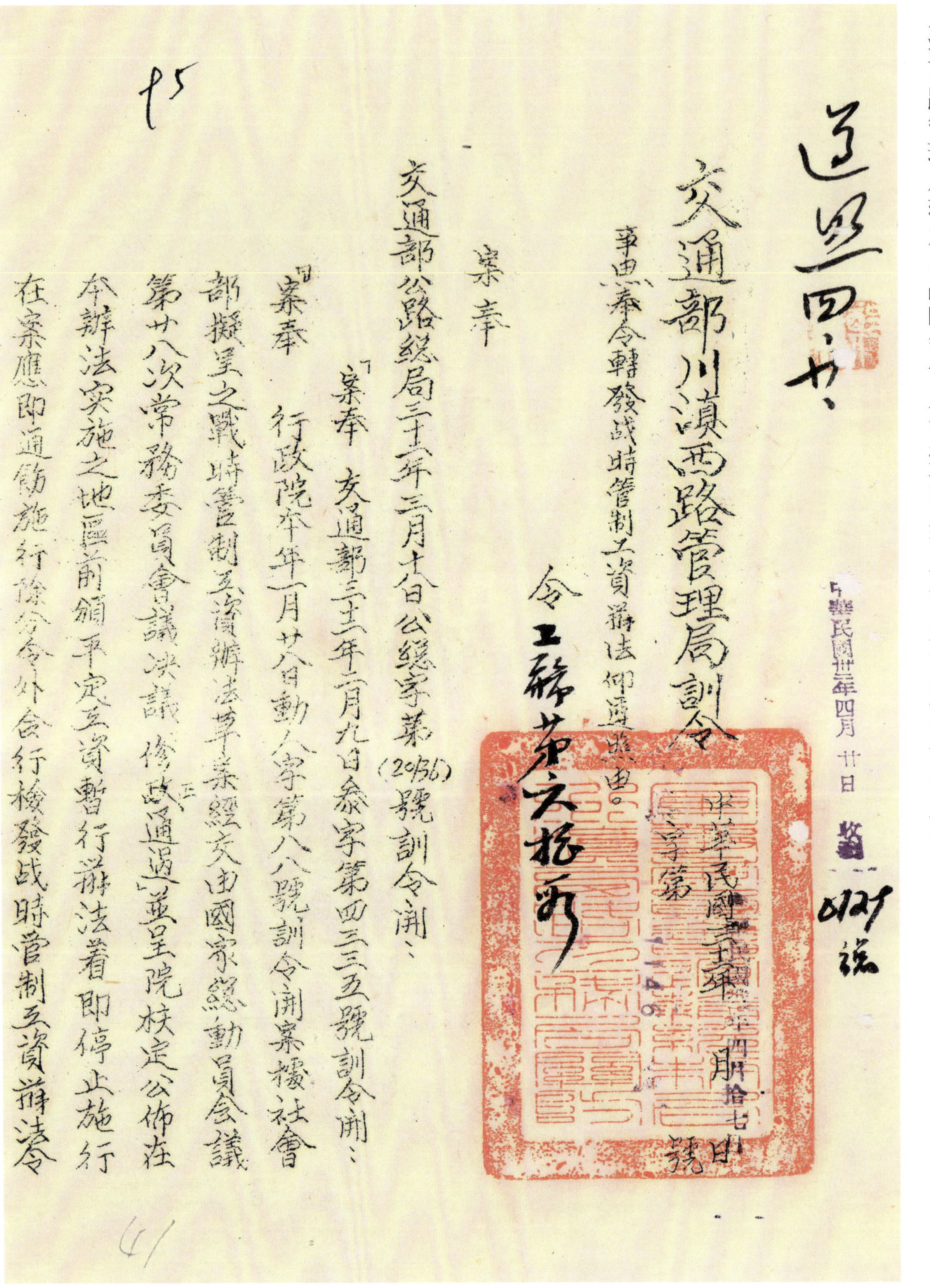

道照四、廿

交通部川滇西路管理局訓令

事由：奉令轉發戰時管制工資辦法仰遵照由

中華民國卅二年四月廿日 收 0127號

中華民國三十二年四月拾七日 字第 號

令工務第六總段

案奉

交通部公路總局三十二年三月廿八日公總字第（2036）號訓令開：

「案奉交通部三十二年三月九日參字第四三三五號訓令開：

『案奉行政院本年二月廿八日勤八字第八八號訓令開，案據社會部擬呈之戰時管制工資辦法草案，經交由國家總動員會議第廿八次常務委員會議決議：修正通過，並呈院核定公佈在案。本辦法實施之地區，前頒平定工資暫行辦法着即停止施行在案，應即通飭施行，除分令外，合行檢發戰時管制工資辦法令

P6

仰遵照並轉飭所屬遵照此令等因計附發战時管制工資辦法一份奉此除分令外合行檢發該項辦法一份令仰遵照並轉飭所屬遵照等因附發战時管制工資辦法一份奉此除分令外合行檢發該項辦法令仰遵照并轉飭所屬遵照等因附發战時管制工資辦法一份奉此除分令外合行抄發該項辦法令仰遵照並轉飭所屬遵照

此令。

附抄發战時管制工資辦法一份

局長 周鳳九

附：战时管制工资办法

戰時管制工資辦法

第一條　為協助穩定物價，制定戰時管制工資辦法。

本辦法所稱工資，係指正工及已有之各項津貼。

第二條　本辦法適用於產業工人及職業工人。

第三條　凡實施限制物價之地區，同時限制工資。

第四條　戰時工資限制之標準，依照當地限制物價之標準，隨同訂定之。

第五條　限制物價之主管官署，在中央為社會部，在省為社會處（未設處之省為民政廳），在院轄市為社會局，在縣（市）為縣（市）政府。

第六條　各省縣（市）限制工資時，應由主管官署召集各該地同業公會、工會（團）、黨部、憲警及有關機關團體組織工資評議會會同審議，由主管官署核定施行。

前項工資評議會組織章程另定之。

第七條　各省（市）縣（市）限制工資，同時應舉辦工人職業分類工作等級及其工資之調查統計，以為調整工資時之依據。

第八條　各省(市)縣(市)限制工資，應按月將辦理經過，連同物價、工資之調查表，層報社會部。

第九條　各省(市)縣(市)限制工資時，主管官署得隨時調閱僱傭雙方有關文件，並命令雙方作有關工資之報告，被命令人不得拒絕。

第十條　各省(市)縣(市)於限制工資後，對於受固定工資而其工作有計算標準者，應召集各該業同業公會商定工人工作成績標準，超過者獎勵，不及者懲罰之。

第十一條　工資限制後，除正工及已有之各項津貼外，雇主不得以其他名義增加類似工資性質之報酬。

第十二條　工資限制後，不得擅自增加，如有違背情事，僱傭雙方應同受處罰。前項處罰依妨害國家總動員懲罰暫行條例第八條第三款之規定行之。

第十三條　工資限制後、凡雇主未經合法手續、擅自改僱、或挖僱他廠場工人、及工人未經合法程序、跳廠場轉業者、主管官署應視情節輕重處罰之。

第十四條　本辦法實施之地區、前頒之平定工資暫施辦法、停止實施行。

第十五條　本辦法之補充章則、得由各省市製定送社會部備查。

第十六條　本辦法自公佈日施行。

川滇西路管理局工务第六总段第二十三分段刘正修具保陈维山的桥涵工程保证书（一九四三年四月二十日）

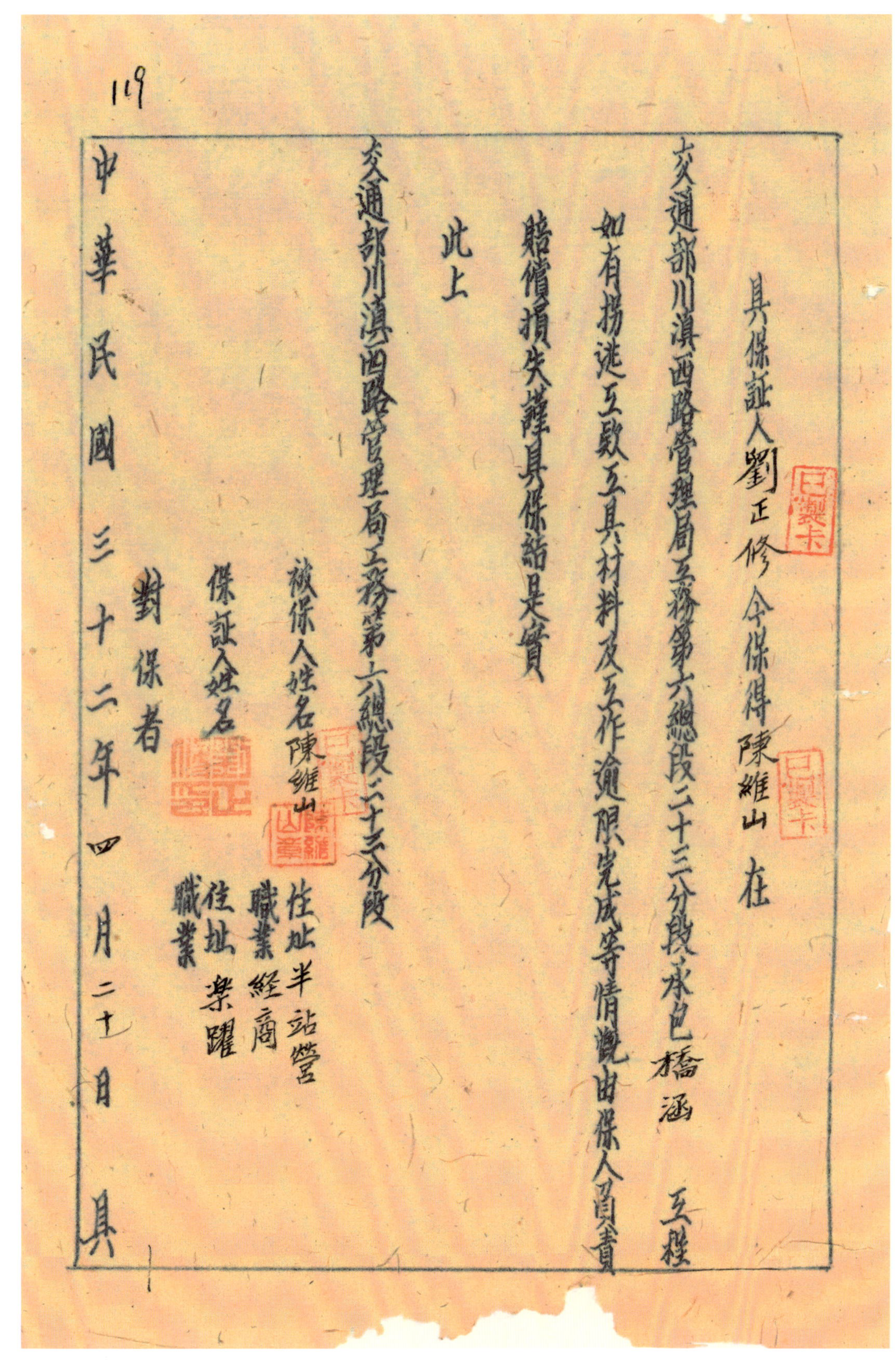

119

具保證人劉正修今保得陳維山在

交通部川滇西路管理局工務第六總段二十三分段承包橋涵工程

如有揚逃工款工具材料及工作逾限完成等情概由保人負責

賠償損失謹具保結是實

此上

交通部川滇西路管理局工務第六總段二十三分段

被保人姓名陳維山　住址半站營　職業經商

保證人姓名　住址樂躍　職業

對保者

中華民國三十二年四月二十日具

川滇西路管理局工务第六总段与第二十四分段关于派张继飞前往第二十四分段初验工程的相关文书

川滇西路管理局第二十四分段致第六总段的呈（一九四三年四月二十日）

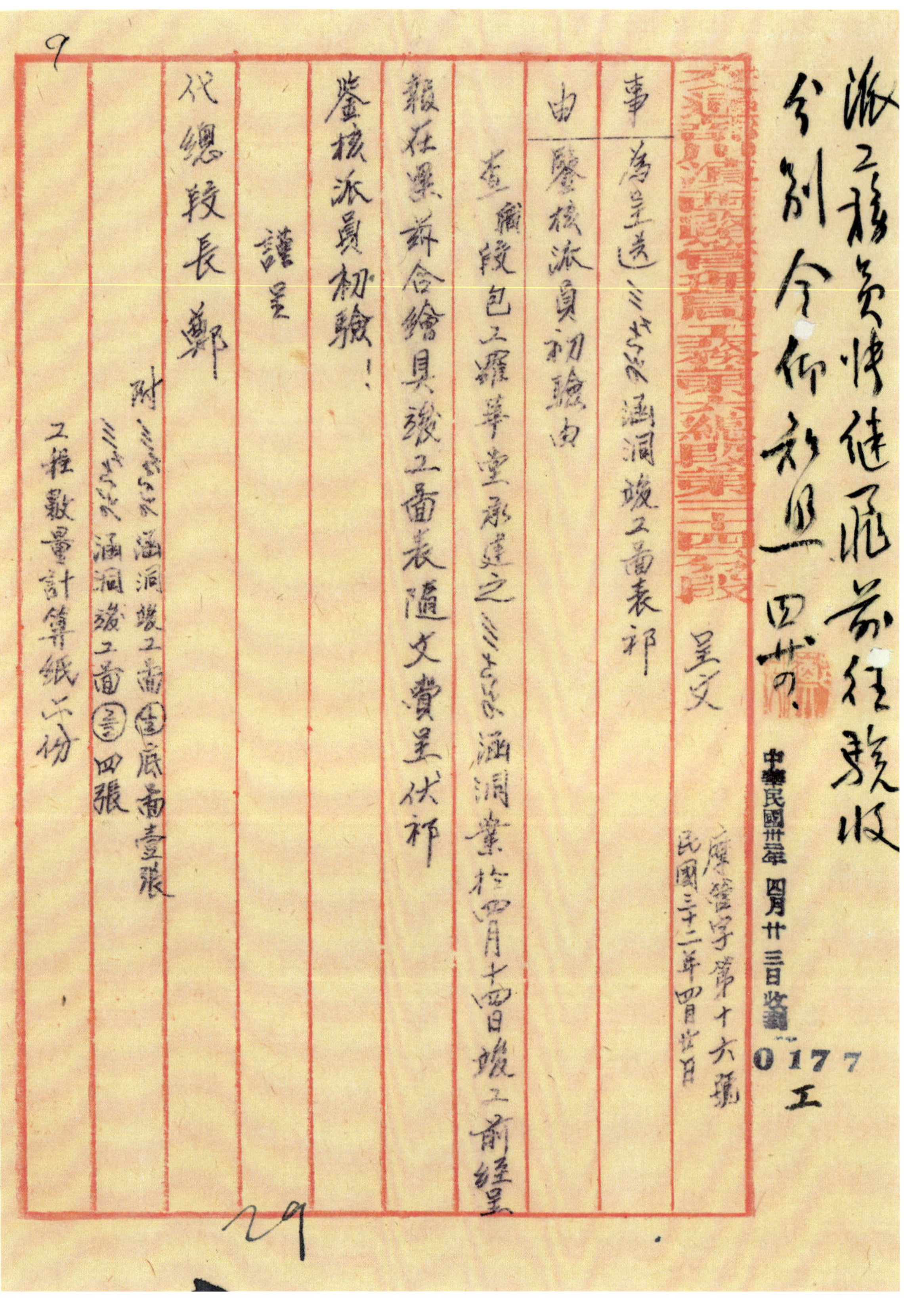

派工務員張繼飛前往驗收 分別令行知照 四·廿一

川滇西路管理局工務第六總段第二十四分段 呈文

中華民國卅二年四月廿三日收 0177 工

廣管字第十六號

民國三十二年四月廿日

事由：為呈送三十八號涵洞竣工圖表祈鑒核派員初驗由

查鍾段包工羅華堂承建之三十八號涵洞業於四月十四日竣工，前經呈報在案，茲合繪具竣工圖表隨文賫呈，伏祈鑒核派員初驗！

謹呈

代總段長鄭

附三十八號涵洞竣工圖底圖壹張

三十八號涵洞竣工圖（晒）四張

工程數量計算紙六份

第二十四分段段長鄭延祺

川滇西路管理局工务第六总段致第二十四分段的指令（一九四三年四月二十四日）

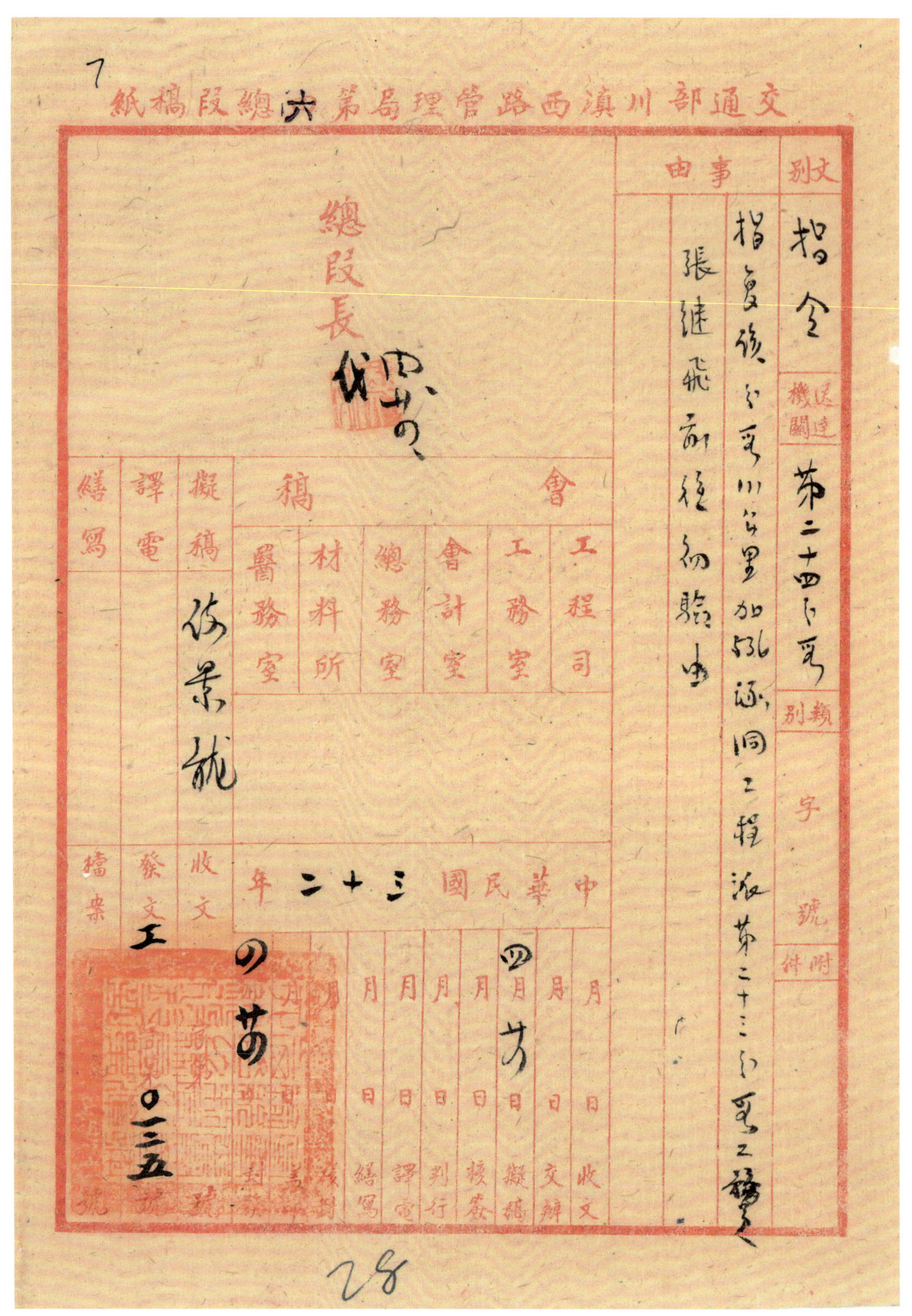
交通部川滇西路管理局第六總段稿紙

文別：指令
送達機關：第二十四分段
事由：指復該分段加强臨時工程派第二十三分段工務員張繼飛前往勿驗由

總段長 宋 四、廿四
擬稿 徐榮毓
中華民國三十二年四月廿四日
發文 工〇二三五

8

令第二十四號

摩警字第十六號呈一件，爲呈送川公里加536號洞號之圖表祈鑒核派員初驗由

呈件均悉，茲派第二十三號至二號科員張鴻飛前往初驗，除令知該員外，仰即知照。

此令

局長〇〇〇

川滇西路管理局第六总段致第二十三分段工务员张继飞的训令（一九四三年四月二十四日）

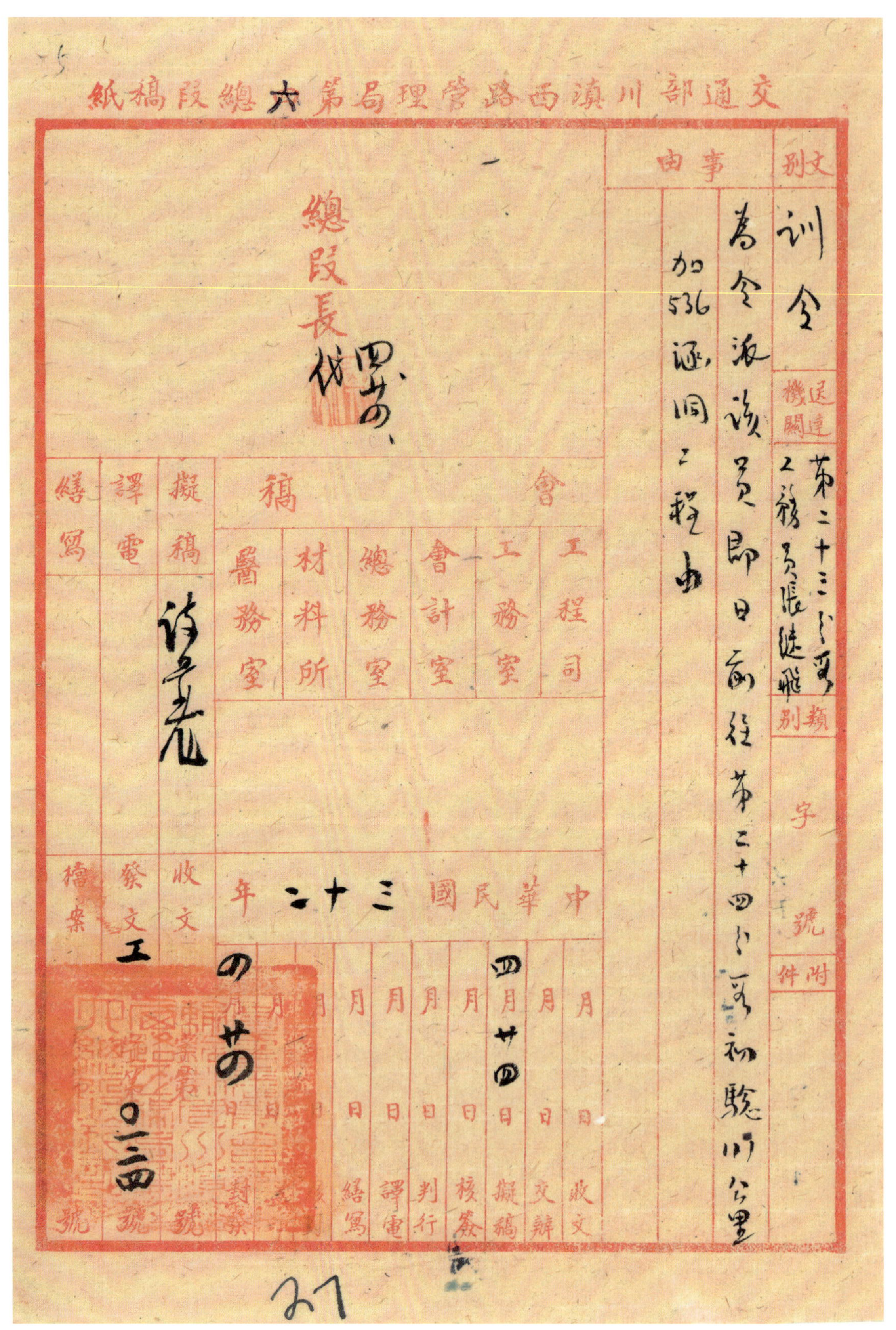

交通部川滇西路管理局第六总段稿纸

文别	训令
事由	为令派该员即日前往第二十四分段初验川公里加536涵洞工程由
送达机关	第二十三分段工务员张继飞
类别	
字号	
附件	

一

总段长 代 田○○

会稿					
工程司	工务室	会计室	总务室	材料所	医务室

拟稿 许○○

中华民国三十二年

收文 月 日　文办 月 日　拟稿 四月廿四日　核签 月 日　判行 月 日　译电 月 日　缮写 月 日　封发 四月廿四日

发文 工 字第○二四号

27

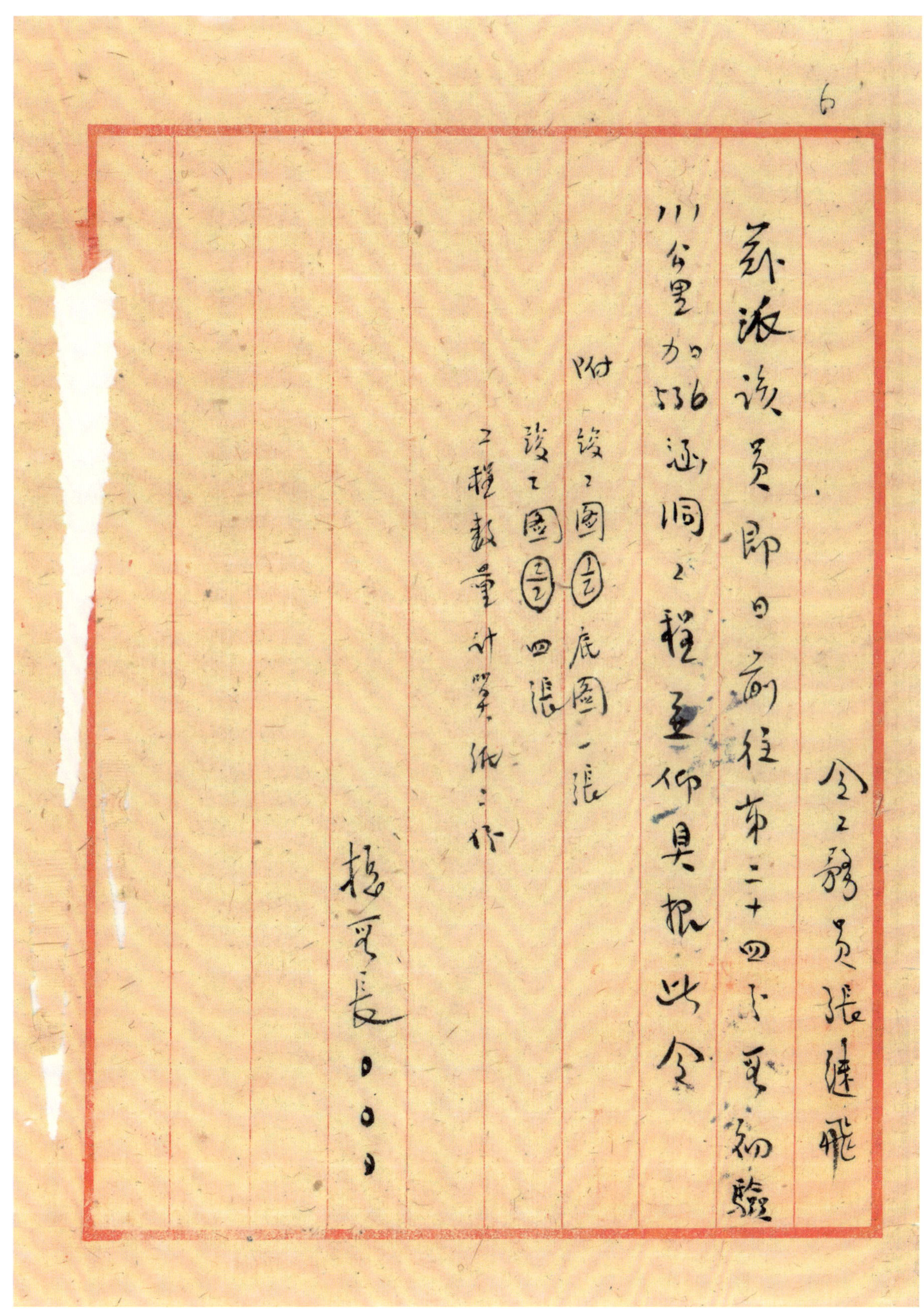

6

令工務員張達飛

茲派該員即日前往市二十四區平初驗

川公里加536涵洞工程並仰具報此令

附 竣工圖(1/2)底圖一張

竣工圖(2/2)四張

工程數量計算紙二份

局長○○○

川滇西路管理局关于所购板料作车道板应注意事项致管理局工务第六总段长华敬熙的指令（一九四三年四月二十四日）

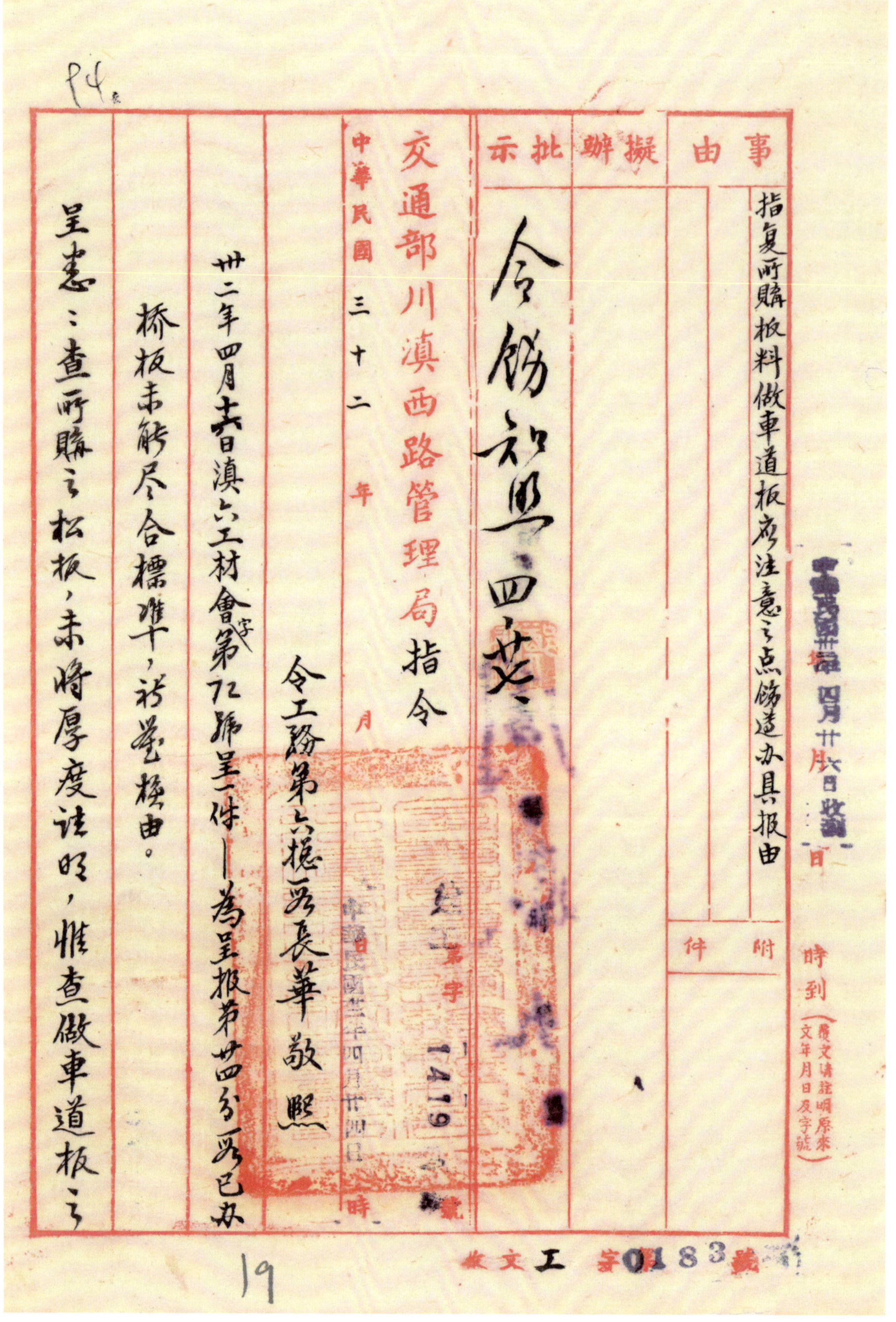
事由：指复所購板料做車道板應注意之点飭遵办具报由

擬辦批示：令飭知照 四、廿四

附件

交通部川滇西路管理局指令

中華民國三十二年 月 日 工字第1419號

令工務第六總段長華敬熙

卅二年四月十六日滇六工材會字第72號呈一件——為呈報第卅四分段已办橋板未能盡合標準，祈鑒核由。

呈悉。查所購之松板，未將厚度註明，惟查做車道板之

中華民國卅二年四月廿六日收到

工文收字0183號

木料，規定厚度為六公分至十公分，至少亦不得少於六公分，方可

得平整堅固，如能用螺絲栅緊更佳，該項購備板料，其厚度

不及六公分者，應即剔出留作别用；至卅公分之寛板，可鋸作兩

塊十五公分者鑲做，以免翹裂，仍仰將辦理詳情具報備查，再

嗣後舉辦工程，務須切實遵照標準圖樣辦理，合併飭知！

此令。

局長　周鳳九

川滇西路管理局工务第六总段关于检发植树节举办造林运动办法致第二十四分段的训令（一九四三年四月二十六日）

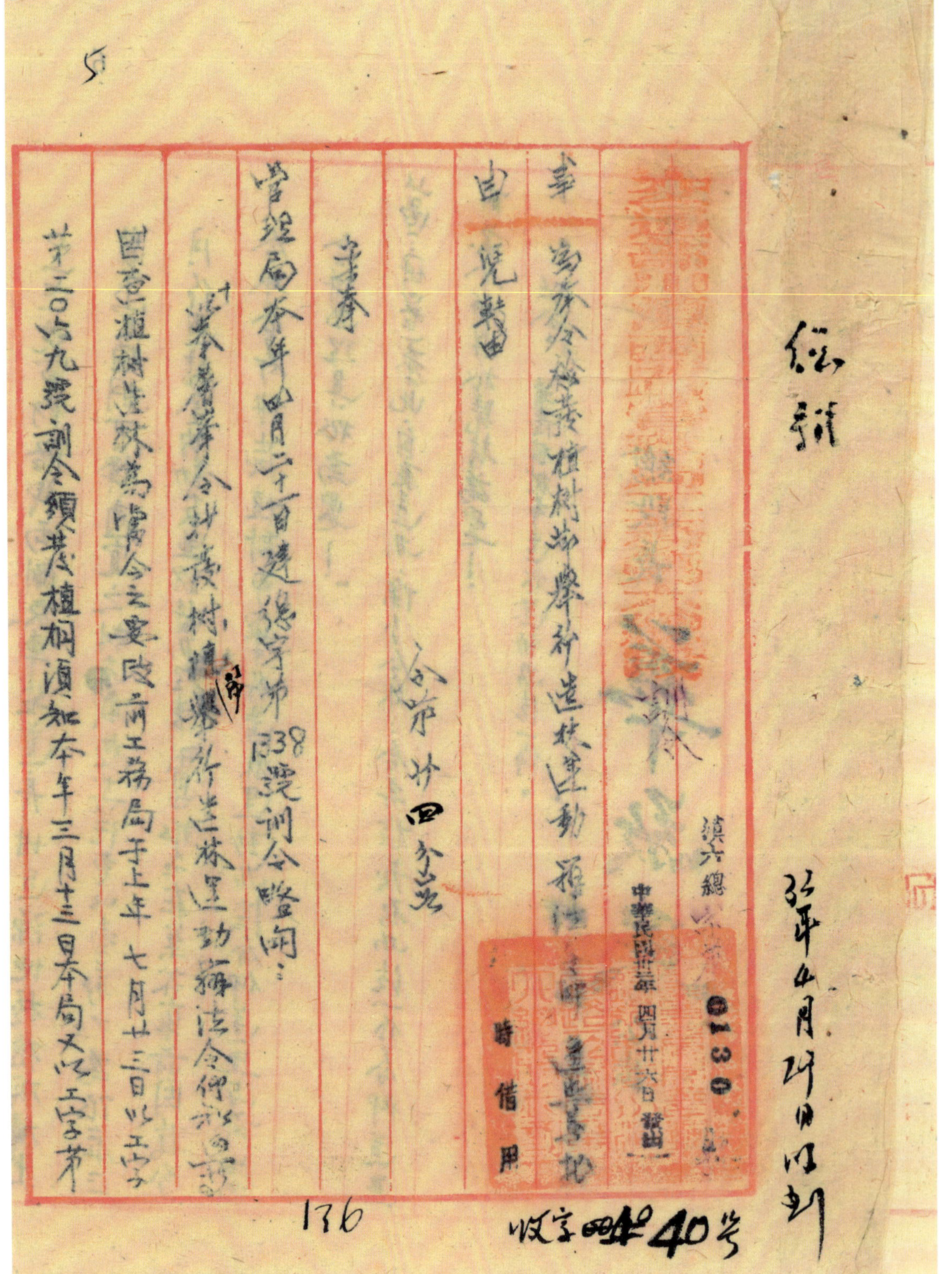

已三七一號電飭路綫兩側及車站道旁附近隙地擇植桐樹，如土質不宜植桐，可擇適宜之樹木栽植，并任責以專責成，為限於三月份通將全段動支並經辦理情形具報在案。茲奉前因，除分令外，合行抄發植樹辦法暨行道林運動辦法，令仰遵照並將前案合併辦理具報為要！

等因；附呈。奉此，自應遵辦。除分令外，合亟抄發原辦法一份，令仰遵照並前案合併具報為要！

此令。 附發植樹並造林運動辦法一份。

總段長 華啟興 公出

代理正工程司鄭彤文代行

川滇西路管理局工务第六总段关于锦川桥加固工程发包开工致第二十四分段的指令（一九四三年四月二十八日）

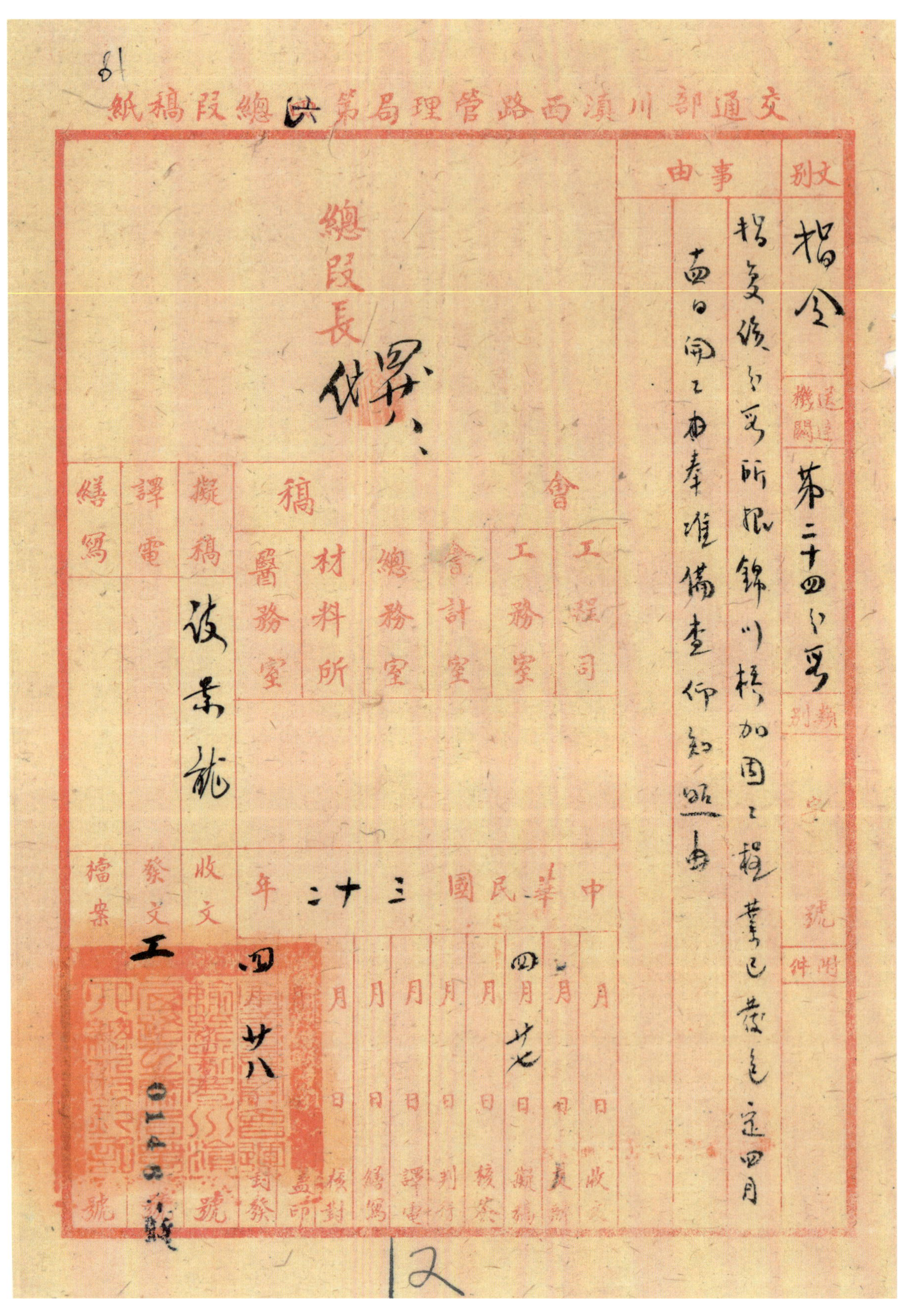

交通部川滇西路管理局第六總段稿紙

文別	送達機關	事由
指令	第二十四分段	據呈該分段所報錦川橋加固工程業已發包定四月廿日開工由奉准備查仰知照由

總段長

擬稿 彭崇龍

中華民國三十二年 四月廿七日 擬稿

四月廿八日

工 01448 號

令第二十四號[illegible]

摩營字第十號呈一件，為呈報錦川橋加固工程業已發包定於四月十四日開工，状祈鑒核並恳電局備案由

呈悉，經電呈大局轉總局奉卯養1365號建工令電開「准予備查，並須嗣後該項工程編號為四輕14-201號在改善費內列報」等因，奉此，仰即知照，此令

總段長

川滇西路管理局工务第六总段第二十四分段一九四三年度四月、六月薪俸表

（一九四三年四月三十日至八月二日）

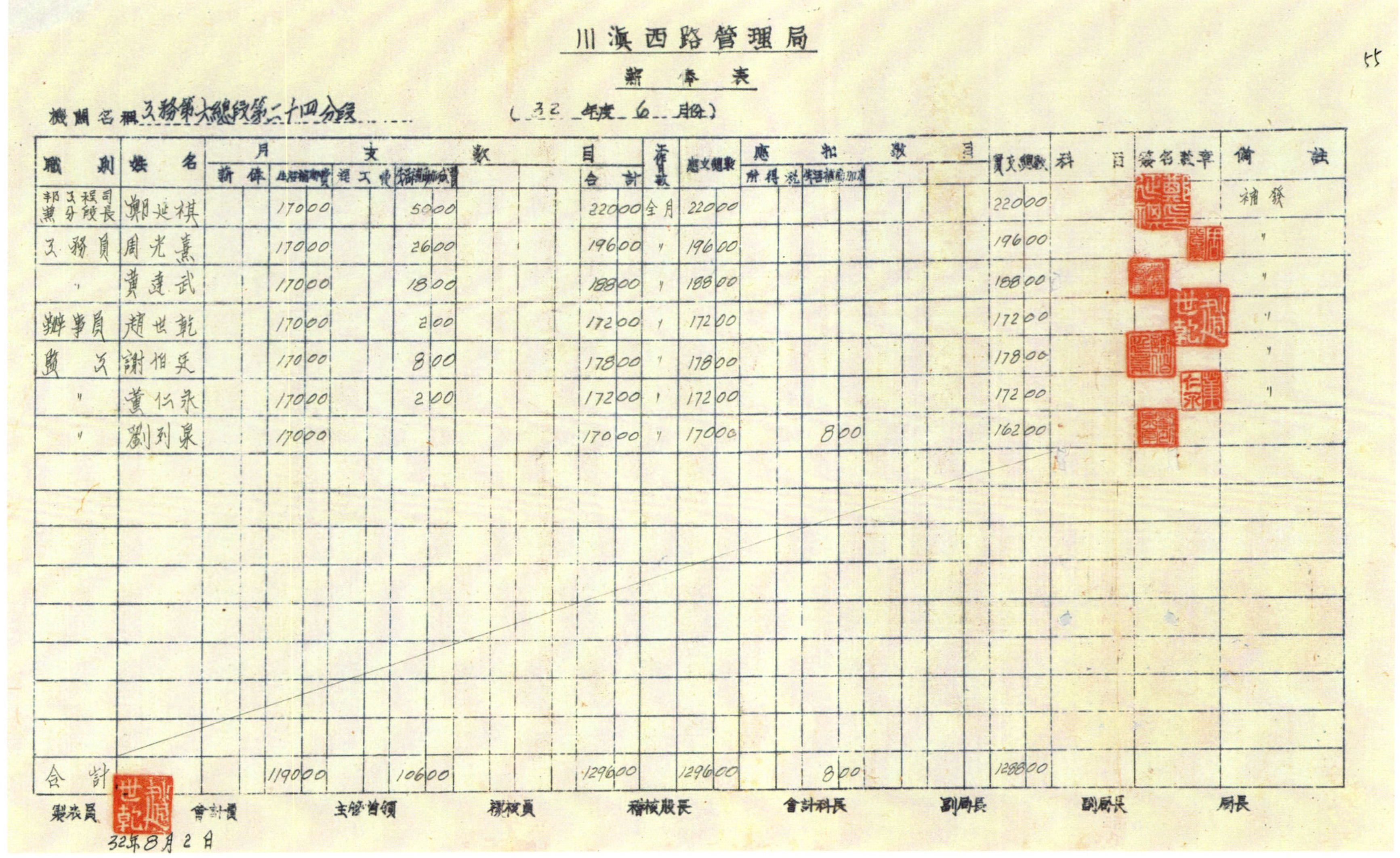

川滇西路管理局

薪俸表

機關名稱 工務第六總段第二十四分段　（32 年度 6 月份）

職別	姓名	薪俸	生活補助費	運工費	臨時補助加成費			合計	工作日數	應支總數	所得稅	生活補助加成			實支總數	科目	簽名蓋章	備註
部工程司兼分段長	鄭延祺		170.00		50.00			220.00	全月	220.00					220.00			補發
工務員	周光熹		170.00		26.00			196.00	〃	196.00					196.00			〃
〃	黄達武		170.00		18.00			188.00	〃	188.00					188.00			〃
辦事員	趙世乾		170.00		2.00			172.00	〃	172.00					172.00			〃
監工	謝伯英		170.00		8.00			178.00	〃	178.00					178.00			〃
〃	董任永		170.00		2.00			172.00	〃	172.00					172.00			〃
〃	劉列泉		170.00					170.00	〃	170.00		8.00			162.00			
合計			1190.00		106.00			1296.00		1296.00		8.00			1288.00			

製表員　會計員　主管首領　稽核員　稽核股長　會計科長　副局長　副局長　局長

32年8月2日

川滇西路管理局

薪俸表

機關名稱 工務第六總段第二十四分段　　（ 32 年度 4 月份）

職別	姓名	月支數目：薪俸	生活補助費	趕工費	米貼	特別辦公費	合計	工作日數	應支總數	應扣數目：所得稅	實支總數	科目	簽名蓋章	備註
兼工程司兼分段長	鄭兆棋	200.00	170.00	60.00	645.60	150.00	1225.60	全月	1225.60	2.60	1223.00			
工務員	周光熹	140.00	256.00	30.00	645.60		1071.60	〃	1071.60	1.40	1070.20			
〃	黃達武	120.00	248.00	30.00	645.60		1043.60	〃	1043.60	1.00	1042.60			
辦事員	錢公輔	80.00	232.00	25.00	645.60		982.60	〃	982.60	0.40	982.20			
監工	謝伯廷	100.00	240.00	25.00	645.60		1010.60	〃	1010.60	0.60	1010.00			
〃	董仁永	80.00	232.00	25.00	645.60		982.60	〃	982.60	0.40	982.20			
〃	吳佐雲	80.00	232.00	25.00	645.60		982.60	〃	982.60	0.40	982.20			
〃	劉列泉	55.00	222.00	25.00	645.60		947.60	〃	947.60	0.20	947.40			
合計		885.00	1832.00	245.00	5164.00	150.00	8246.80		8246.80	7.00	8239.80			

根據 7257.60

製表員　會計員　主管首領　覆核員　稽核股長　會計科長　副局長　副局長　局長

32年 4 月 30 日

川滇西路管理局工务第六总段VI-23-202工程相关计算表单（一九四三年五月一日）

5

交通部川滇西路管理局

工程預算書

工-1（甲）

工程名稱	3孔5m.木架桥	工程地點	K62+290
會計科目	C-4-2-3	工程編號	VI-23-202
預定開工日期	32年5月20日	預定施工期限	40天
施工方式	領料包工		

工程概要	新建3孔5m.木台.木架.木面橋一座，淨高2.5m.计桥台桥架排椿共32根.桥台拉椿12根.排椿联横2排.装做木桥面66.65m².装做木桥台2座.河底乾砌块石16.18公方.桥頭填土50公方.计需木料35.73m³.螺栓739.6(10公分)其他铁件240公斤.桐油250市斤.
施工理由	此處原有1孔6m.石台木面桥一座因基脚不良且流水面積太小已於31年雨季冲毁.现係河底便道通車.

工程預算 費別＼會計科目	元	角分	元	角分	元	角分	元	角分	元	角分	合計 元	合計 角分
包工費	20,188	32									20,188	32
自辦工費												
材料費	62,611	57									62,611	57
其他	8,000	00									8,000	00
總計	90,798	89									90,798	89

附件					
工程預算計算單	1	張	單價分析表	1	張
說明書		份	用料预标表	1	張
設計圖	1	張	数量计标纸		張

第23分段長	32年5月1日	第6總段長	年 月 日
工務科股長	年 月 日	會計科股長	年 月 日
工務科科長	年 月 日	會計科科長	年 月 日
副總工程司	年 月 日	總工程司	年 月 日
副局長	年 月 日	局長	年 月 日

本表應填六份以一份存底五份呈局核准後工務科會計科各抽存一份存卷一份餘發還總分段分別存查

交通部川滇西路管理局　　　　五—9/10(乙)

工程名稱 3孔5m.木架橋 工程預算計算單　　第1頁共 頁

工程編號 III-23-202

項別	說明	數量	單位	單價	合價	備註
圓松木料	20ϕ～31ϕ	18.9061	立方公尺	90000	17,015.49 ~~17,051.49~~	
方松木料		4.5406	〃	120000	5448.72	
板松木料		12.2848	〃	120000	14741.76	
螺栓		739.6	10公分	1100	8135.60	
華司		34.0	公斤	4500	1530.00	
鐵釘拉条	木釘、元釘、蓋釘、拉条等共計	206.0	〃	4000	8240.00	
桐油		250.0	市斤	3000	7500.00	
以上材料費共計：					62,611.57	
橋架排樁	打入河底深3m-3.5m	32.0	根	26280	8409.60	
拉樁	〃 深約3m	12.0	〃	17940	2152.80	
排樁联橫	四樁一排	2.0	排	9000	180.00	
橋面装做	包括安梁、欄杆等	66.65	平方公尺	5460	3639.09	
木橋台装做	包括安拉条等	56.00	〃	1470	823.20	
木橋架做工		1.00	個	60000	600.00	
橋頭填土	按実估計数量	50.00	公方	3840	1,920.00	
河底乾砌块石		16.18	〃	5880	951.30 ~~951.36~~	
搬運 块石運力	平均運距500m	8.09	公方公里	12320	996.69	
木料運力	〃 500m	10.72	〃	4800	514.56	
以上施工費共計：					20,187.32	
預備費					8000.00	
以上其他費共計：					8000.00	
總計：					90,798.89	

中華民國32年5月1日

8

川滇西路管理處局

工程名稱 3孔5m木架橋
工程地點 K62+290
第23分段
第6總段

工-1/2(丙)
第2頁第1頁
工程編號 II-23-202

單價分析表

32年 5月 1日

合同 承攬 號數

米價	普通工每日工食費 伙食(元)	工資(元)	合計(元)	技術工每日工食費 伙食(元)	工資(元)	合計(元)	火藥 每市斤(元)	鋼釺 每市斤(元)	鋼鐵工具 每市斤(元)	石灰 每担(元)
2.6 每市斤(元)	5.2	10.8	16.0	5.2	19.8	25.0				

說明：每單位需管理費均按20%計

工程項別	單位	每單位需用小工
橋頭填土(夯築)	立方	2個

單價＝[2×16.00]×1.2＝32×1.2＝38.40

工程項別	單位	每單位需用 技工	每單位需用 小工	每單位需管理費約按%計
木架排樁(砂卵石，深3m~3.5m)	根	3個	9個	20

單價＝[3×25.00＋9×16.00]×1.2＝219.00×1.2＝262.80

工程項別	單位	每單位需用 技工	每單位需用 小工	每單位需管理費約按%計
橋台拉樁(砂卵石，深3m)	根	1.5個	7個	20

單價＝[1.5×25.00＋7×16.00]×1.2＝149.50×1.2＝179.40

工程項別	單位	每單位需用 技工	每單位需管理費約按%計
排樁聯繫安裝(四樁一排)	排	3個	20

單價＝(3×25.00)×1.2＝75.00×1.2＝90.00

工程項別	單位	每單位需用 技工	每單位需用 小工	每單位需管理費約按%計
橋面裝做	平方尺	1.5個	0.5個	20

單價＝[1.5×25.00＋0.5×16.00]×1.2＝45.50×1.2＝54.60

承攬人
承包人　簽蓋　年　月　日

第23分段長	32年5月1日	第6總段長	年　月　日
審核者	年　月　日	工務科科長	年　月　日
副總工程司	年　月　日	總工程司	年　月　日
副局長	年　月　日	局長	年　月　日

在預算書內本單應填六份以一份存底五份呈局核准後工務科會計科各抽存一份一份存卷餘發還總分段分別存查
在承攬單內本單應填七份與工-2(甲)同

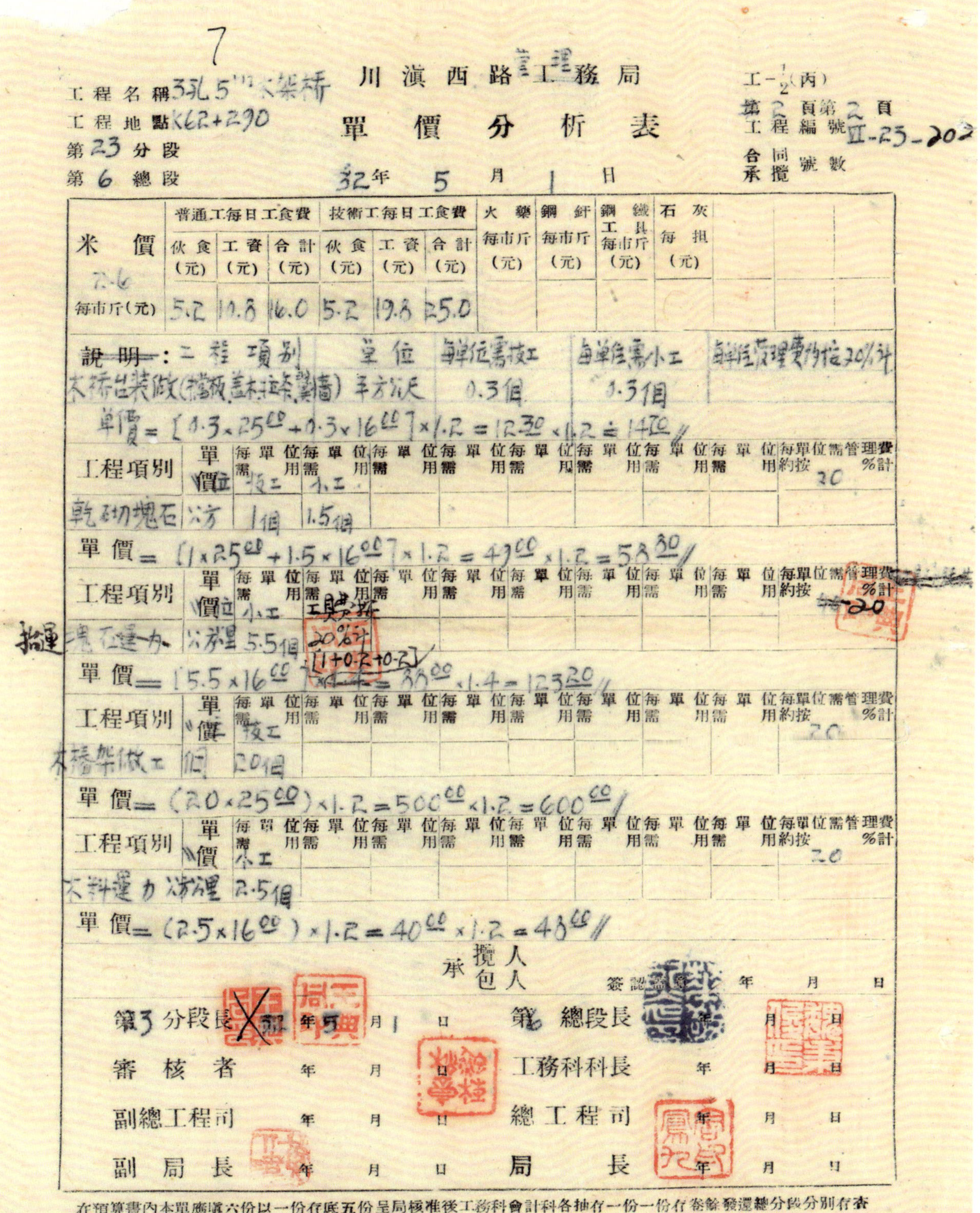

7

川滇西路管理務局

單價分析表

工－$\frac{1}{2}$(丙)

第2頁第2頁

工程編號Ⅱ-23-202

工程名稱 3孔5''木架橋

工程地點 K62+290

第23分段

第6總段

32年5月1日

合同號數

承攬號數

米價	普通工每日工食費			技術工每日工食費			火藥每市斤(元)	鋼釬每市斤(元)	鋼鐵工具每市斤(元)	石灰每担(元)
	伙食(元)	工資(元)	合計(元)	伙食(元)	工資(元)	合計(元)				
2.6 每市斤(元)	5.2	10.8	16.0	5.2	19.8	25.0				

說明：工程項別　單位　每單位需技工　每單位需小工　每單位管理費均按20%計

木橋出裝做(橋板蓋木拉條欄杆)　平方公尺　0.3個　0.3個

單價＝[0.3×25.00+0.3×16.00]×1.2＝12.30×1.2≐14.70//

工程項別	單位	每單位需用	每單位需用	每單位需用	每單位需用	每單位需用	每單位需用	每單位需用	每單位需用	每單位需用	每單位需管理費約按%計
		技工	小工								20
乾砌塊石	公方	1個	1.5個								

單價＝[1×25.00+1.5×16.00]×1.2＝49.00×1.2＝58.80//

工程項別	單位	每單位需用	每單位需用	每單位需用	每單位需用	每單位需用	每單位需用	每單位需用	每單位需用	每單位需用	每單位需管理費約按%計
		小工	工具費按20%計								20
搬運塊石運力	公方公里	5.5個	[1+0.2+0.2]								

單價＝[5.5×16.00]×1.4＝88.00×1.4＝123.20//

工程項別	單位	每單位需用	每單位需用	每單位需用	每單位需用	每單位需用	每單位需用	每單位需用	每單位需用	每單位需用	每單位需管理費約按%計
		技工									20
木橋架做工	個	20個									

單價＝(20×25.00)×1.2＝500.00×1.2＝600.00//

工程項別	單位	每單位需用	每單位需用	每單位需用	每單位需用	每單位需用	每單位需用	每單位需用	每單位需用	每單位需用	每單位需管理費約按%計
		小工									20
木料運力	公方公里	2.5個									

單價＝(2.5×16.00)×1.2＝40.00×1.2＝48.00//

承攬人／承包人　簽認蓋章　年　月　日

第3分段長　年　月　日　　第6總段長　年　月　日

審核者　年　月　日　　工務科科長　年　月　日

副總工程司　年　月　日　　總工程司　年　月　日

副局長　年　月　日　　局長　年　月　日

在預算書內本單應填六份以一份存底五份呈局核准後工務科會計科各抽存一份一份存查餘發還總分段分別存查

在承攬單內本單應填七份與工一2(甲)同

9

料二十二

交通部 管理

軍事委員會運輸統制局川滇西路工務局

工程名称：3孔5m木架桥

工程地点：K62+290

第6总段23分段

用料度預标表

~~存料報告~~

共 1 頁

32年5月1日填報第 1 頁

項目	材料編號	材料名稱	單位	數量	單價	總值	附註
木料（松木）		大梁 31ф×560	立方公尺	7.6042			計18根
		边梁 31ф×560对剖	〃	1.2674			〃 6 〃
		排椿 25ф×600	〃	5.8875			〃 20 〃
		翼墙椿 20ф×600	〃	2.2620			〃 12 〃
		拉椿 20ф×600对断	〃	1.1310			〃 12 〃
		椿架木 20ф×600	〃	0.7540			〃 4根
	以上20ф、31ф圆料共计：		〃	18.9061	90000	17,015 49	
		盖木 25×25×450	〃	1.1250 ~~0.6600~~			计 4（~~盖~~）根
		桥台枕木 20×30×550	〃	0.6600			〃 2 〃
		䕶木 15×15×400	〃	0.7200			〃 8 〃
		拉椿横木 15×20×580	〃	0.6960			〃 4 〃
		栏杆端柱 20×20×160	〃	0.2560			〃 4 〃
		小栏杆柱 10×15×130	〃	0.3900			〃 20 〃
		上栏杆枋 12×12×620、12×12×460	〃	0.4896			長620者4根，長460者2根
		下 〃 6×10×620、6×10×460	〃	0.2040 ~~0.1540~~			〃620〃4〃，〃460〃2〃
	以上方料共计：			4.5406	1,20000	5448 72	
		桥面板 8×20×430	〃	4.1280			计 60块
		车道板 8×10×400	〃	2.560			〃 80块
		挡土板 8×20×550、8×20×310	〃	5.0208			長550者30块，〃310〃40〃
		夹板 8×20×500	〃	0.3200			计4块
		翼墙盖板 10×20×320	〃	0.2560			〃 4 〃
	以上板料共计：		〃	12.2048	1,20000	14,141 16	
鉄件		车道板螺栓 1.27ф×125	10公分	300.0			計24根
		栏杆 〃 1.91ф×35	〃	140.0			〃 40 〃
		[illegible]	〃	102.0			〃 12 〃
		大梁、盖木 〃 1.59ф×60	〃	108.0			〃 18 〃
		夹板 〃 1.59ф×40、1.59ф×43	〃	89.6			長40者20根，長43者2根
	以上螺栓共计：		〃	739.6	1100	8,135 60	
		華司	公斤	34.0	4500	1,530 00	
		拉条 1.59ф×300	〃	58.0	4000	2,320 00	计12根，每根以4.8公斤计。
		方钉 15ф（840个）	〃	105.0	4000	4,200 00	方釘係按本段所存該項數量，15ф每公斤8个，20ф每公斤4个，
		方钉 20ф（32个）	〃	8.0	4000	320 00	与局頒標準圖9005不符。
		圆钉 1.91ф×50（16个）	〃	19.0	4000	760 00	脚釘以每公斤4个，圆釘每个1.3公斤計。
		蚂脚钉 1.27ф×30（64个）	〃	16.0	4000	640 00	
	以上拉条、圆铁钉等共计：					9,770 00	
桐油		桐油	市斤	250.0	3000	7500 00	
						66,6[illegible]	
總計						~~55,141 57~~	

【備攷】1. 此調查產木料山場（大泉山溝）距馬平河口約〈5〉公里，且係小路，由此運料往返僅費一天，擬照商購办本表所列木料單價，係連運費一併包括在內。

2. 所需鉄件擬請大局及總段撥發。

管理科科長　料務股股長　材料員　造報員

局長（印）　工务科長（印）　施工股長（印）　第6總段長（印）　第23分段長（印）

川滇西路管理局工务第六总段关于将废铁件改制铁板致第二十四分段的训令（一九四三年五月二日）

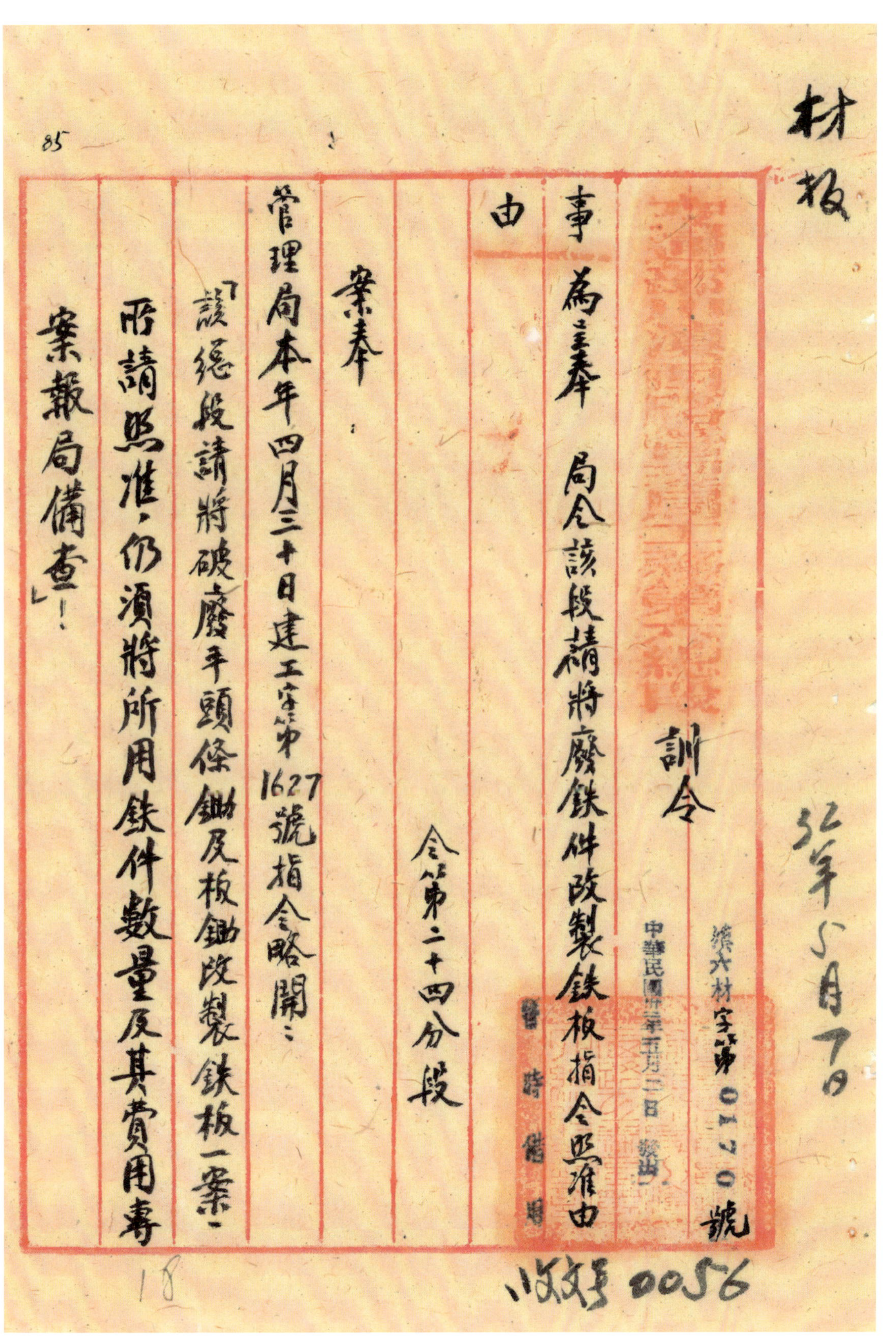

材板

訓令

滇六材字第0170號

中華民國卅二年五月二日發出

32年5月7日

事由：爲奉局令該段請將廢鉄件改製鉄板指令照准由

令第二十四分段

案奉

管理局本年四月三十日建工字第1627號指令略開：

「該總段請將破廢平頭條鋤及板鋤改製鉄板一案，所請照准，仍須將所用鉄件數量及其費用專案報局備查」！

收文0056

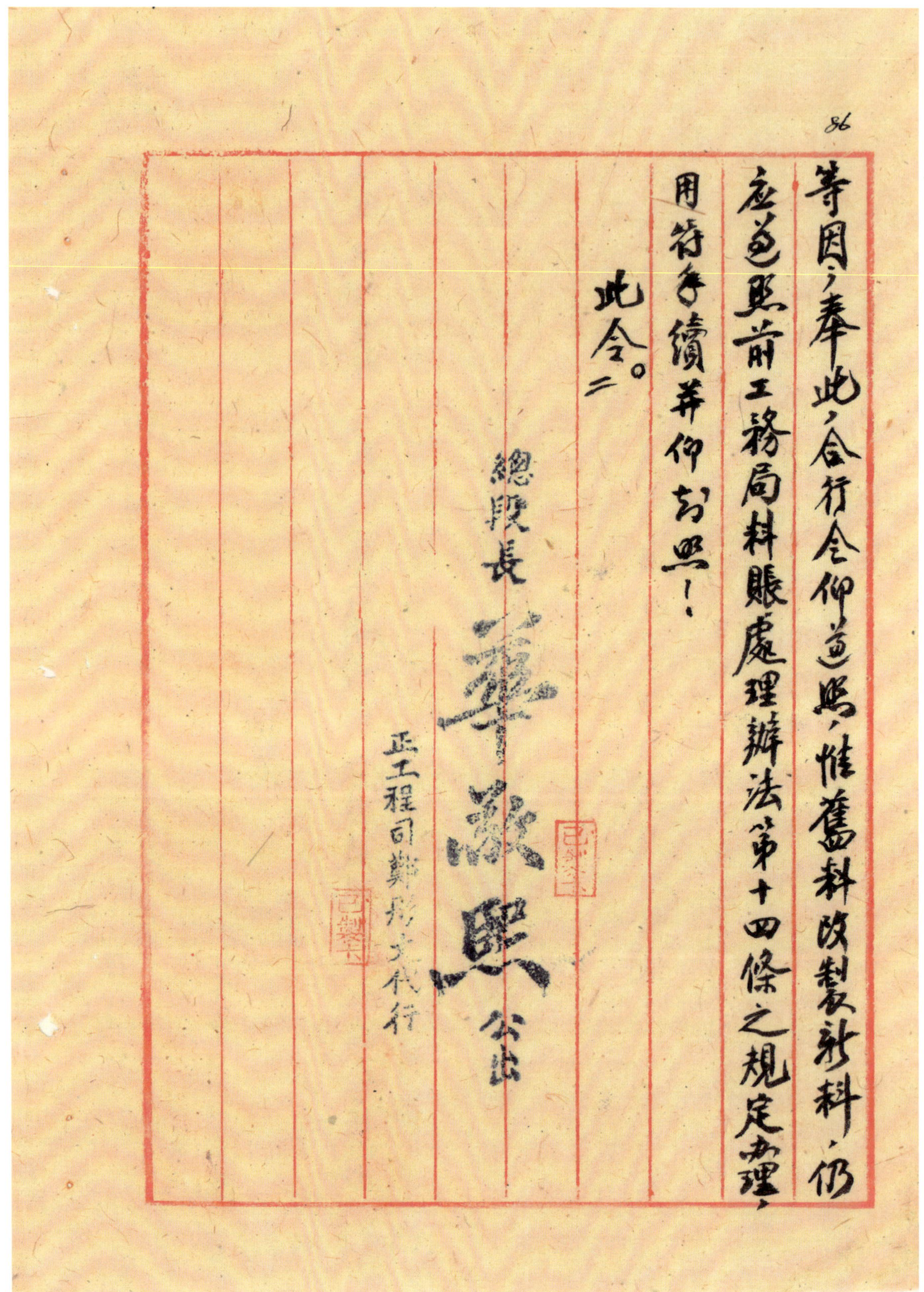
86

等因，奉此，合行令仰遵照，惟旧料改制新料，仍应遵照前工务局料账处理办法第十四条之规定办理，用符手续并仰知照！

此令。

总段长 华敬熙 公出

正工程司郑邦杰代行

川滇西路管理局工务第六总段关于派员会同第六、七两总段总分段长观摩各项工程致第二十一分段的通令
（一九四三年五月二十日）

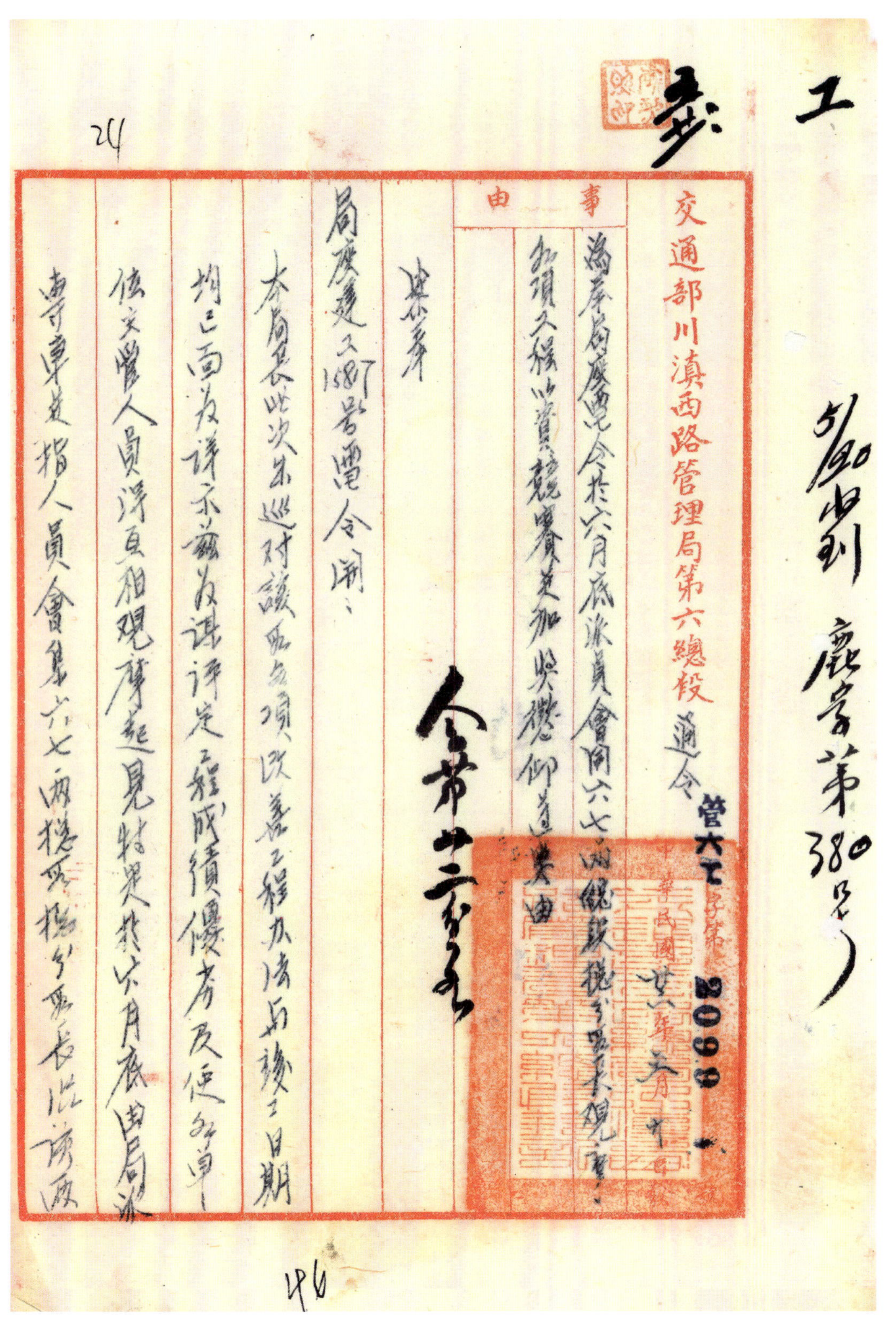
交通部川滇西路管理局第六總段 通令

管六工字第2098號

事由：為奉局令飭於六月底派員會同六七兩總段總分段長觀摩各項工程以資競賽並加獎懲仰遵照由

中華民國卅二年五月廿日

案奉

局虞建文1587號代電令開：

本局長此次出巡對該區各項改善工程辦法與竣工日期均已面爰詳示，茲為評定工程成績優劣及便於……

依交管人員得互相觀摩起見，特於六月底由局派專車並指人員會集六七兩總段總分段長沿線……

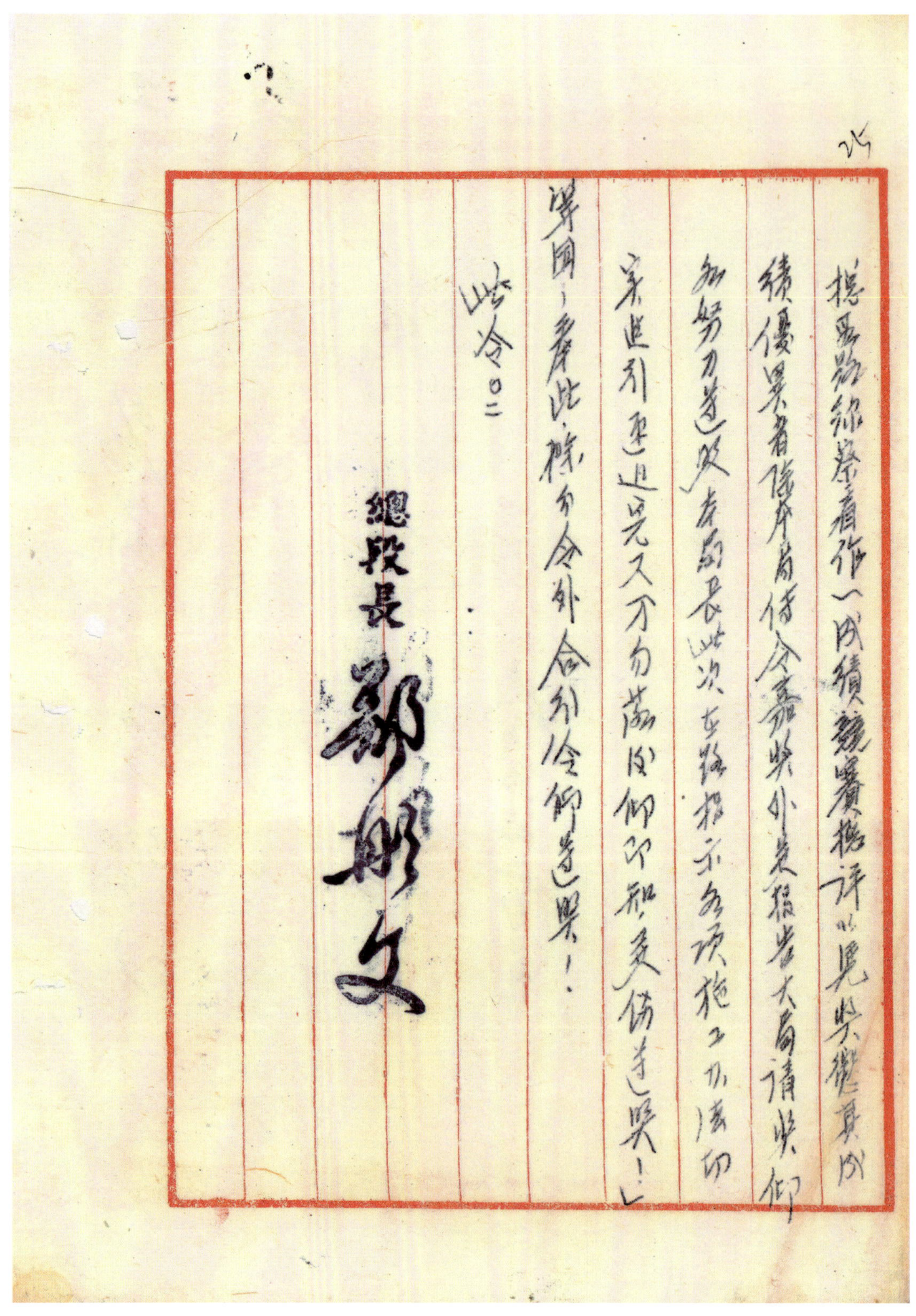

26

據要路綜察工作一階成績競賽，據評以憑獎懲，其成績優異者，除本局傳令嘉獎外，並報告大局請獎。仰知努力爲要。又本局長此次在路指示各項施工辦法，仰采速切實遵辦完成，不可敷衍。仰即知照，並飭遵照！」等因，奉此。除分令外，合行令仰遵照！

此令。

總段長 鄒郁文

川滇西路管理局工务第六总段关于塌方报告一律用电呈报致第二十四分段的通令（一九四三年五月二十三日）

137

工長

交通部
軍事委員會運輸統制局
川滇西路管理局第六總段 通令

滇六工字第0235號
中華民國三十二年五月二十三日發

事由：為令各分段關於塌方報告一律用電呈報仰遵照由

令第二十四分段

案奉

管理局長虞（1842）建工會電開：「令飭段為要求塌方報告迅速起見，自五月份起應將塌方報告表一律用電呈報，列明（一）塌陷時間（二）起訖樁號（三）數量（四）處理辦法，隨時電局備查，至各該段現有塌方，統限五月底以前清除報驗並分

32年5月26日

70

收文0074

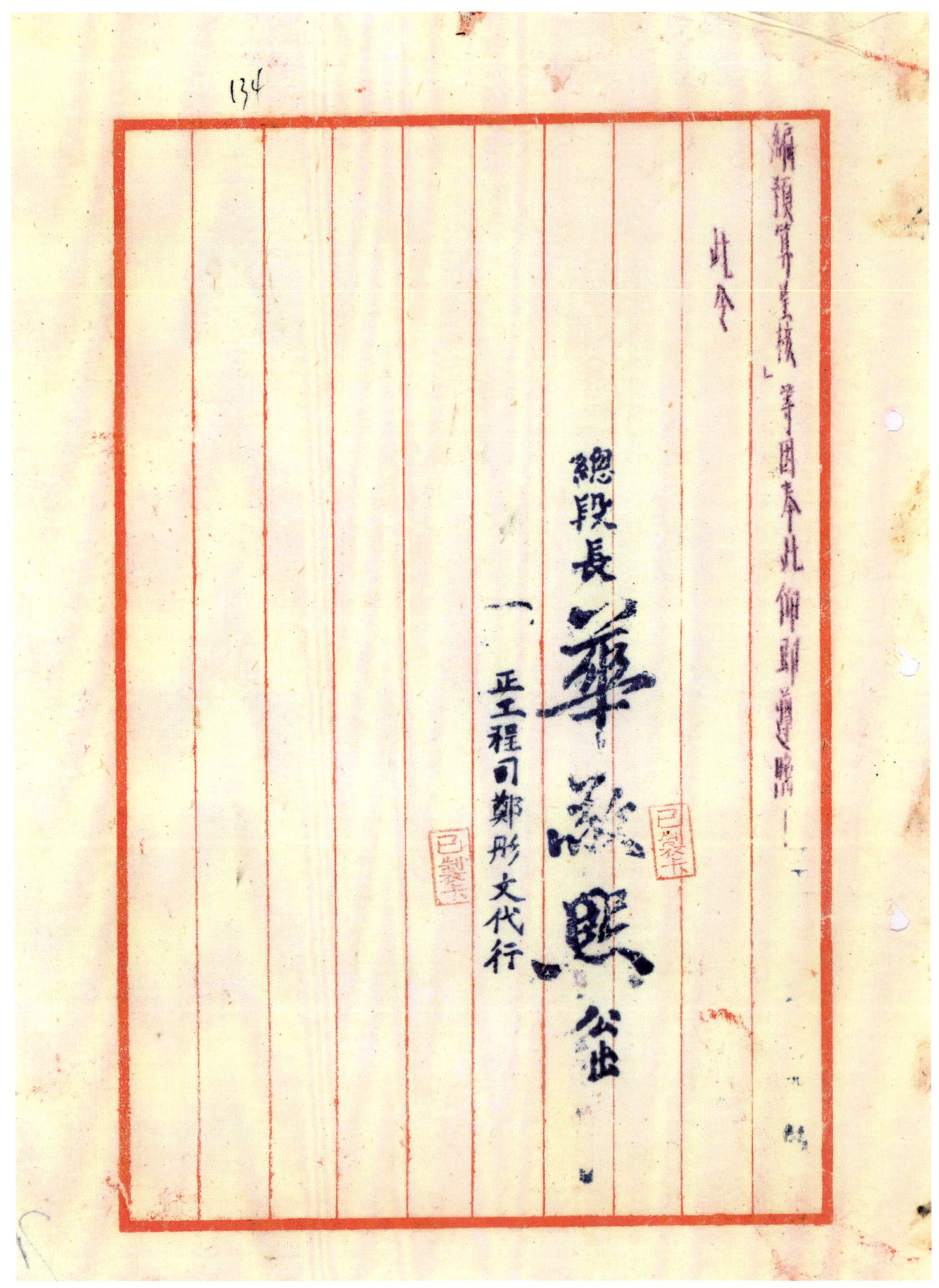
134

编预算呈核」等因，奉此，仰即遵照！

此令。

总段长 华□熙

正工程司郑彤文代行

川滇西路管理局工务第六总段关于拟定抢修班办法致第二十三分段的训令（一九四三年五月二十五日）

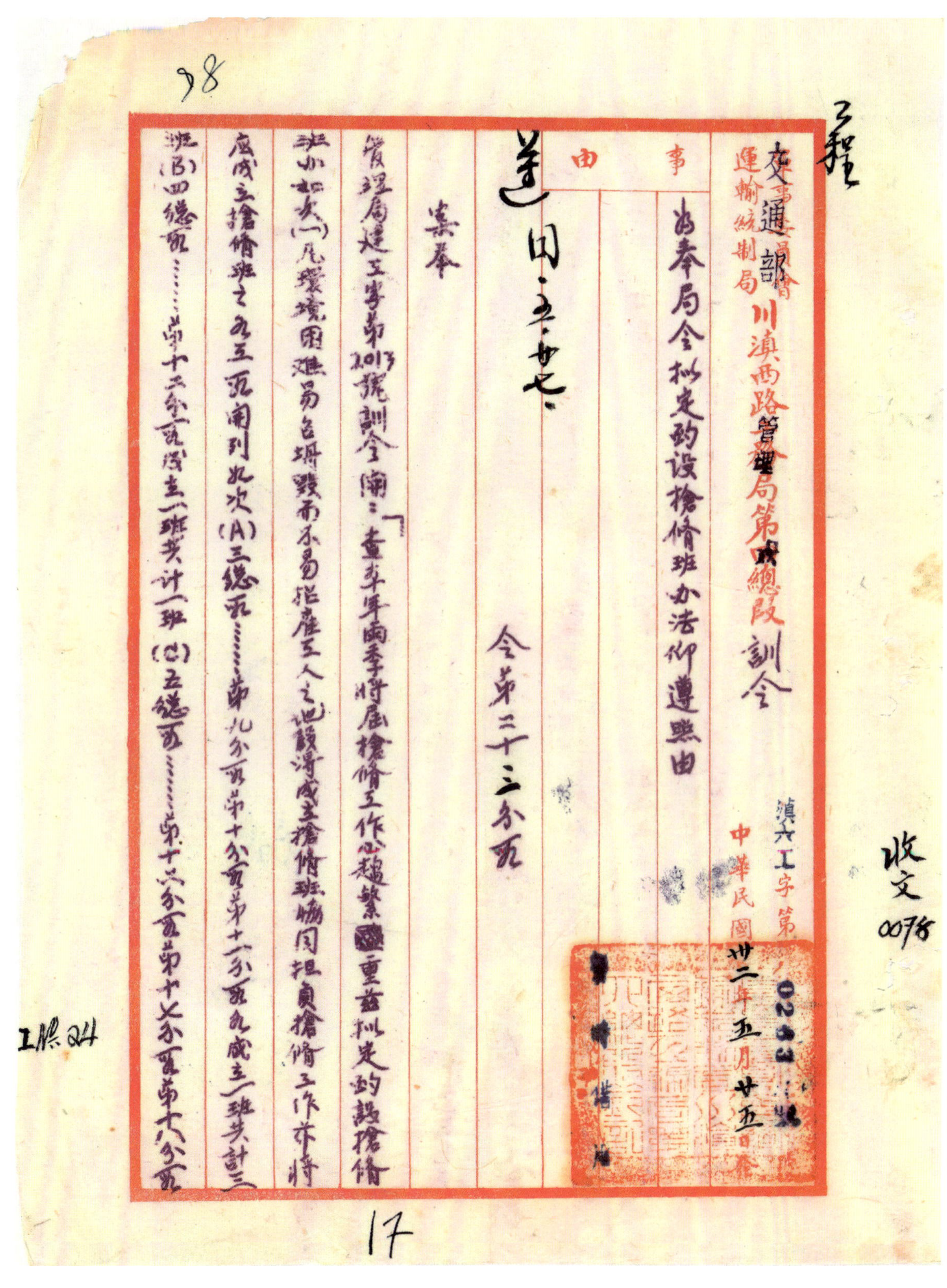

交通部運輸統制局川滇西路管理局第六總段訓令

滇六工字第0283號

中華民國卅二年五月廿五日發

事由：為奉局令擬定酌設搶修班辦法仰遵照由

令第二十三分段

案奉

管理局建工字第2017號訓令開：「查本年雨季將屆，搶修工作必趨繁重，茲擬定酌設搶修班辦法如次：(一)凡環境困難易至坍毀而不易招雇工人之地段，得成立搶修班，協同担負搶修工作，茲將應成立搶修班之分段列如次：(A)三總段……第九分段第十分段第十一分段各成立一班，共計三班；(B)四總段……第十二分段成立一班，共計一班；(C)五總段……第十六分段第十七分段第十八分段

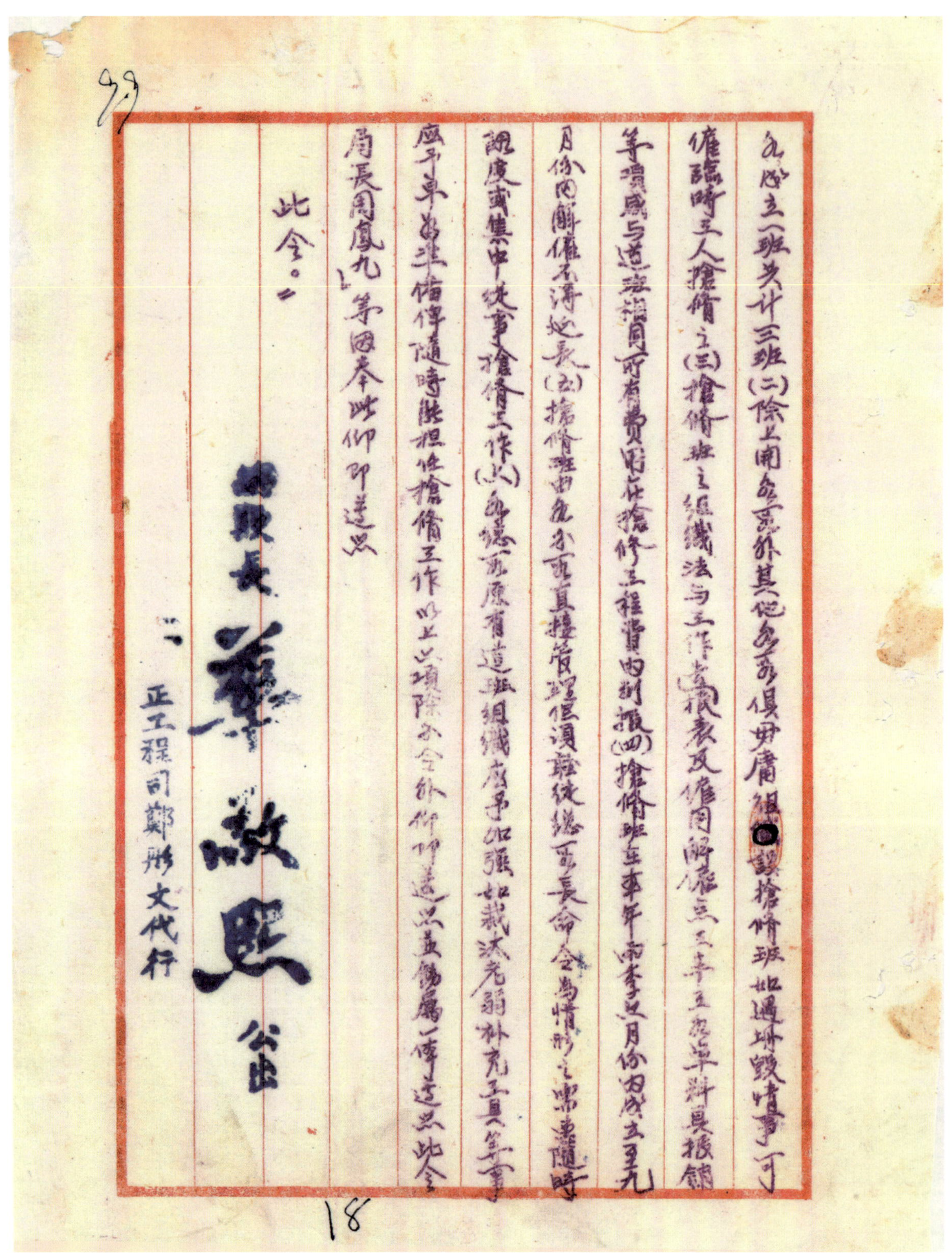

99

各段立一班共计三班（二）除上开各段外其他各段俱毋庸组设抢修班如遇坍毁情事可催临时工人抢修之（三）抢修班之组织法与工作概表及催用解散之手续与应用材料工具报销等项规定与道班相同所有费用在抢修工程费内列报（四）抢修班每年雨季五月份内成立至九月份内解散不得延长（五）抢修班由各段直接管理但须听从总段长命令为情形之需要随时调度或集中从事抢修工作（六）各总段原有道班组织应予加强如裁汰老弱补充工具等事应予系统准备俾随时能担任抢修工作以上六项除分令外仰即遵照并饬属一体遵照此令局长周凤九」等因奉此仰即遵照

此令。

总段长 薛敬熙 公出

正工程司郑彬文代行

18

川滇西路管理局工务第六总段第二十四分段关于报送修复车道板情形致工务第六总段的呈（一九四三年五月三十日）

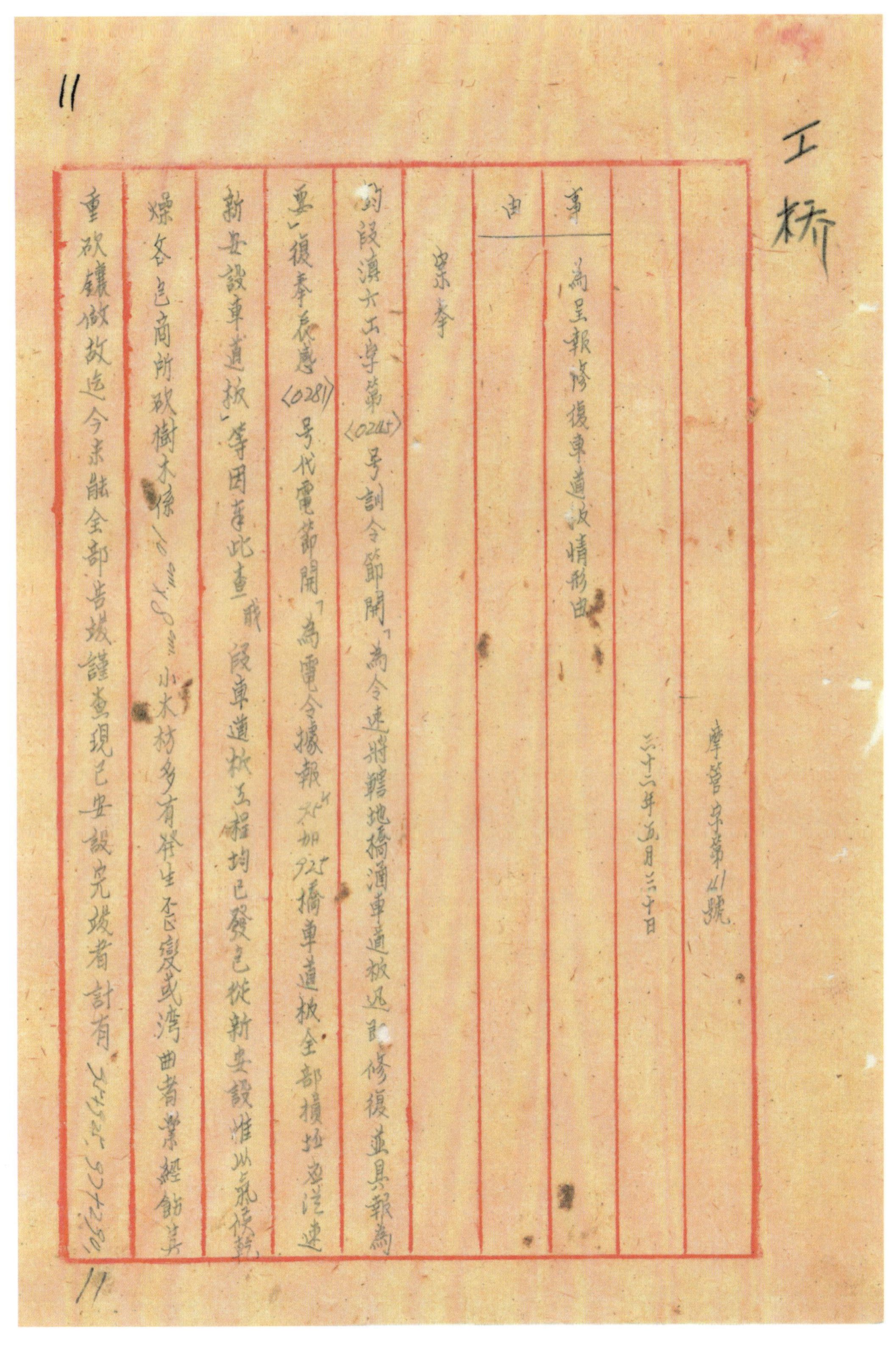

工橋

摩管字第41號

三十二年五月三十日

事由：為呈報修復車道板情形由

案奉

鈞段滇六工字第〈0215〉号訓令節開「為令速將轄地橋涵車道板迅即修復並具報為要」復奉長感〈0281〉号代電節開「為電令據報K加925橋車道板全部損壞，應迅速新安設車道板」等因，奉此查職段車道板工程均已發包從新安設，惟以氣候乾燥，各包商所砍樹木係[illegible]小木材多有發生歪扭或灣曲者，業經飭其重砍鑲做，故迄今未能全部安竣，謹查現已安設完竣者計有[illegible]

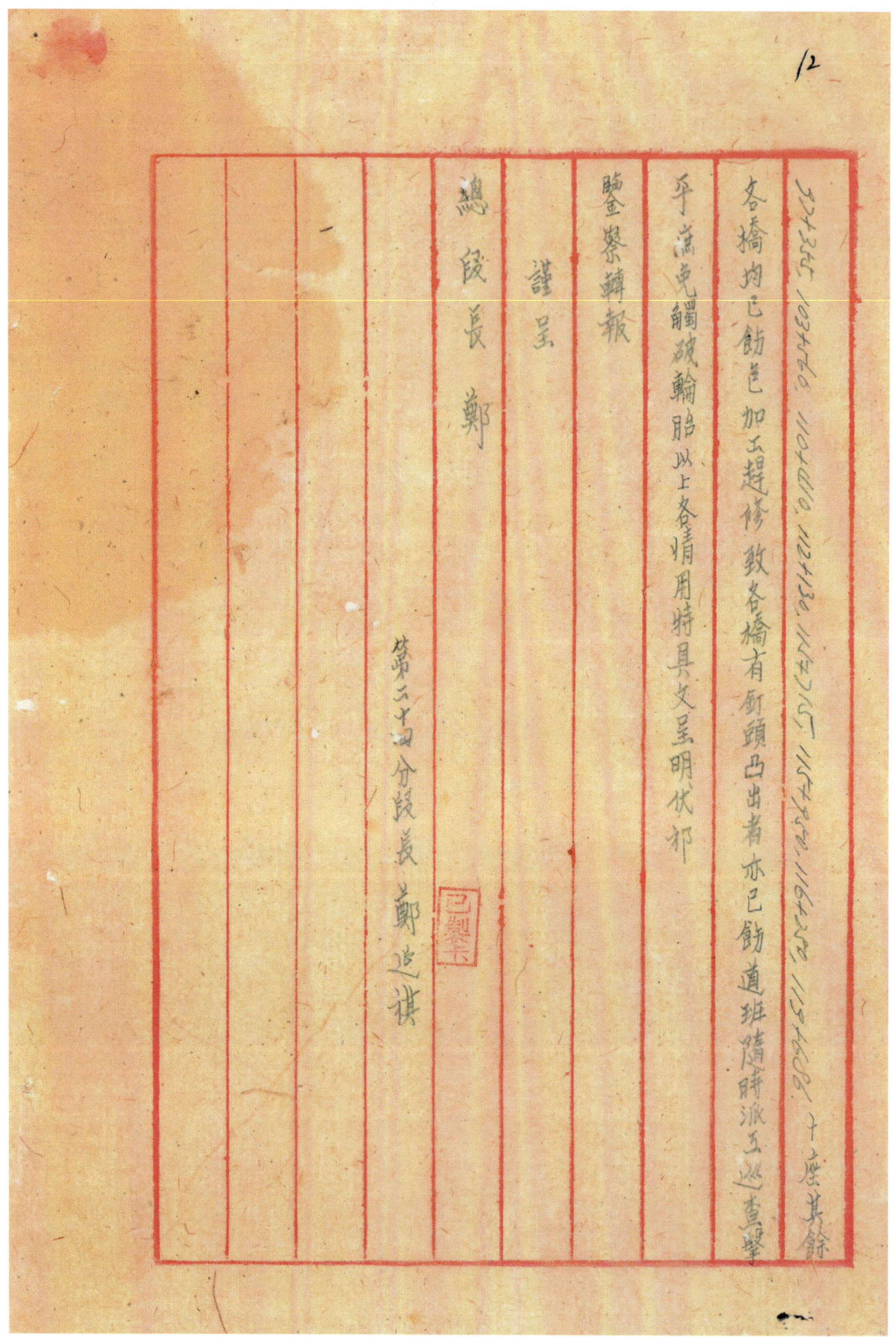

12

97+345，103+460，110+410，112+130，114+715，115+720，116+420，117+660，十座，其餘各橋均已飭邑加工趕修，致各橋有釘頭凸出者，亦已飭道班隨時派工巡查，以免觸破輪胎。以上各情，用特具文呈明，伏祈

鑒察轉報。

謹呈

總段長鄭

第二十四分段長 鄭述祺

已製卡

川滇西路管理局工务第六总段第二十四分段桥梁车道板开工报告（一九四三年五月）

交通部川滇西路管理局

開工報告　　I-3　　268

工程名稱	橋樑車道板	工程地點	93+620
工程編號		會計科目	
工程範圍	車道板木料運力做工一並發包		
施工方式	發包		
承攬人及負責人	任海榮	承攬編號	
開工日期	預定 32年5月1日	實際	32年5月7日
備考			

查上列工程已於中華民國32年5月7日開工謹報

監造者（印）

工務第二十四分段長　32年5月7日　　工務第六總段長　年　月　日

審核者	工務科股長	會計科股長	工務科長	會計科長	總工程司	局長
年月日	年月日	年月日	年月日	年月日	年月日	年月日

本單以三份呈局核准後會計科一份存卷一份發還一份

川滇西路管理局工务第六总段关于该段长接收前任移交材料具报凭转致第二十四分段的训令

（一九四三年六月一日）

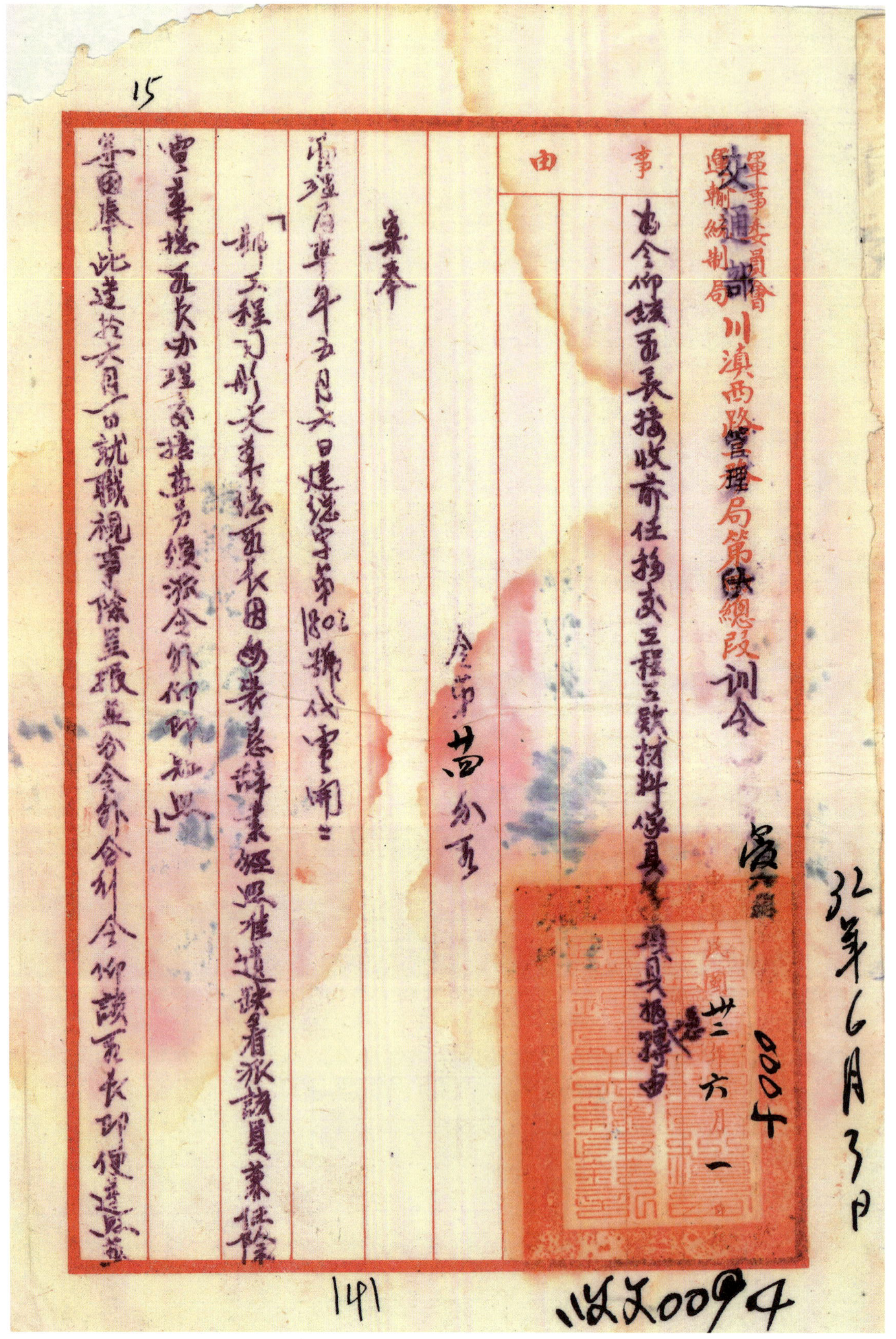

軍事委員會運輸統制局
交通部
川滇西路管理局第六總段訓令

事由：為令仰該段長接收前任移交工程之款材料燈具報憑轉由

民國卅二 六 一

令第廿四分段

案奉

管理局卅二年五月六日建總字第1802號代電開：

「據工程司彭文華據該段長因病懇辭業經照准遺缺着派該員兼任除電華總段長辦理交接並另續派令外仰即知照」

等因奉此，遂於六月一日就職視事，除呈報並分令外，合行令仰該分段長即便遵照……

16

卽速向前任頒據之移交出清接收具報為要！

此令。//

總段長　鄭彪文

142

川滇西路管理局关于外人旅行各公路不得任其拍照、绘图及发给任何图表等致工务第六总段的训令
（一九四三年六月二日）

交通部公路總局川滇西路管理局訓令 工字第一〇三三〇號

事由：為奉 大局令外人旅行各公路不得任其拍照繪圖及發給任何圖表案轉令仰遵照由

令工務第六總段

中華民國卅二年六月初五日收到

案奉

大局本年五月一日公秘（卅二）字第一〇七九〇號訓令開：

"准 大部秘書廳本年四月十三日函開：奉 部長交下軍事委員會辦公廳外（卅）交代電一件開：據軍政部轉據該部派赴彌渡公路督修工程員尹萬電略稱：英軍代表團席德博士校及美國工兵上尉賀青山視察西祥公路在沿途拍照並向沿線工程機關索閱各種詳圖，各工程機關礙於友軍不便推諉等語，報請鑒核等情。查西祥公路為我國運輸重要路線，不能任外人自由視察拍照圖繪，除電飭外事局轉向英美在華軍事機關交涉禁止外，特電希轉令各交通技術機關不得對外人發給任何機要圖表，以保密秘為要等由。奉 批：「由秘書

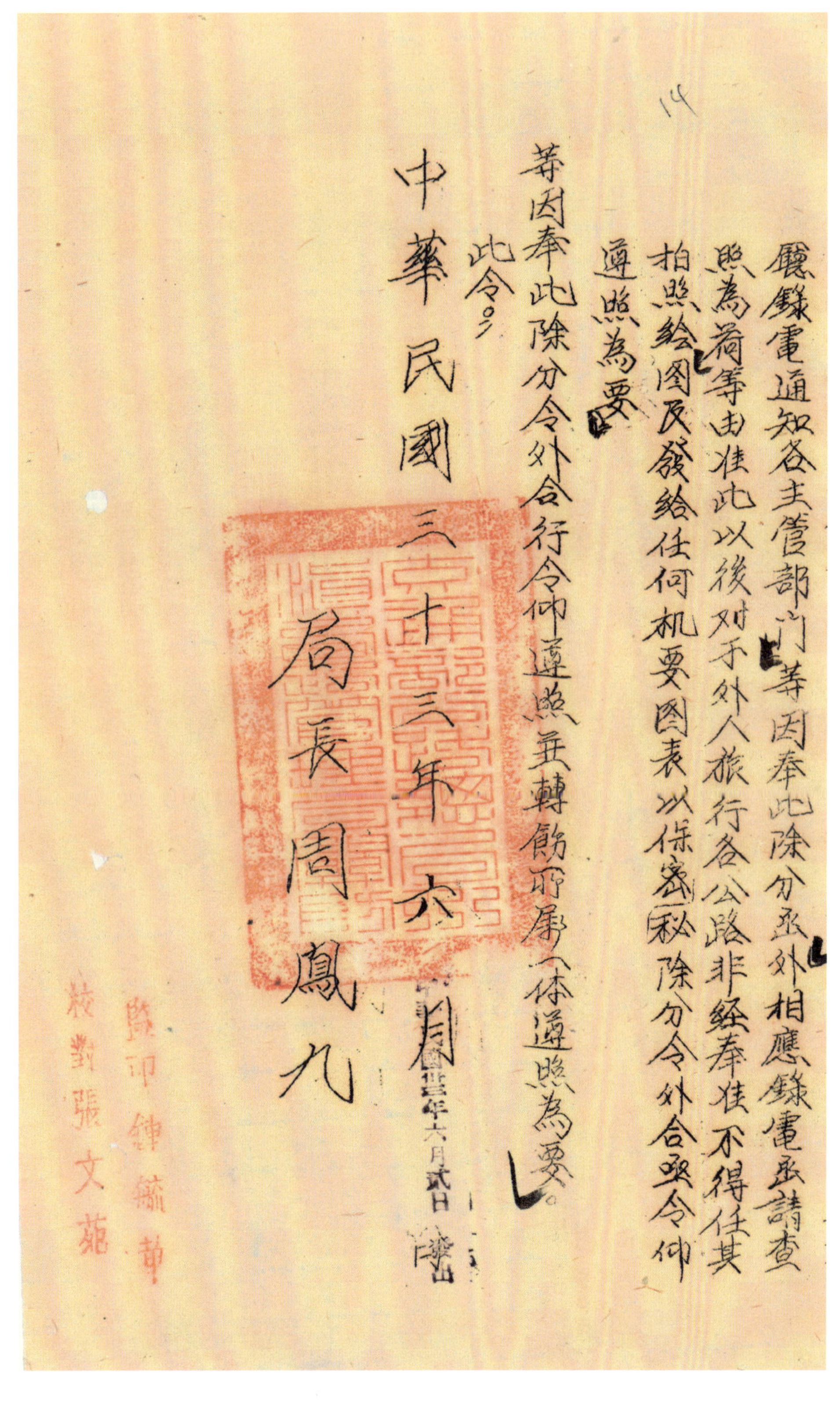

14

應錄電通知各主管部门等因奉此除分函外相應錄電函請查照為荷等由准此以後对于外人旅行各公路非經奉准不得任其拍照繪图及發給任何机要图表以保密秘除分令外合亟令仰遵照為要

等因奉此除分令外合行令仰遵照并轉飭所屬一体遵照為要。

此令。

中華民國三十三年六月

國卅三年六月貳日發出

局長周鳳九

監印鍾毓華

校對張文苑

川滇西路管理局工务第六总段关于分段应于干季过后从速设法植桐致第二十四分段的指令（一九四三年六月二日）

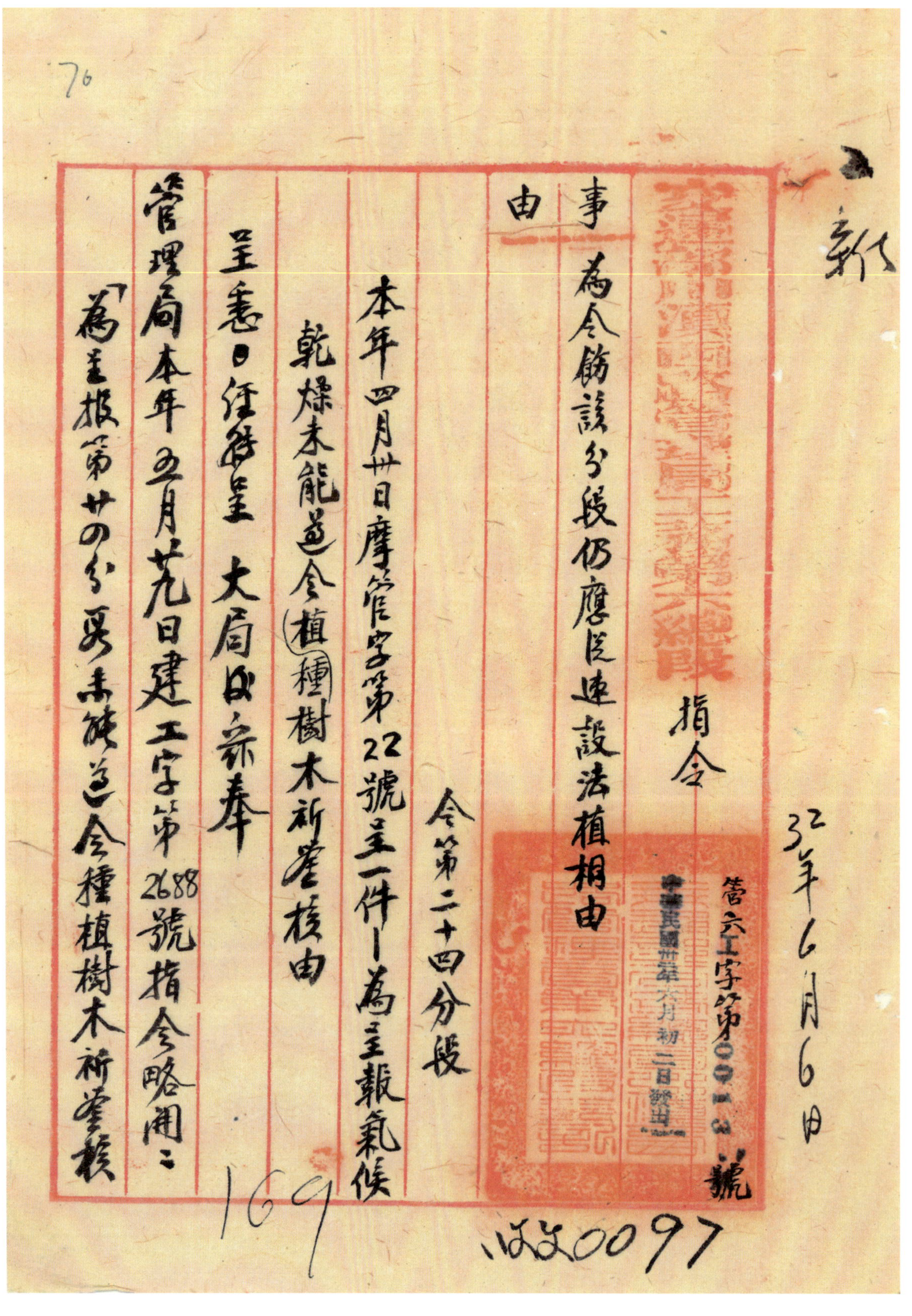
川滇西路管理局工務第六總段 指令

管六工字第00013號

中華民國卅二年六月初二日發出

32年6月6日

事由：為令飭該分段仍應從速設法植桐由

令第二十四分段

本年四月廿日摩管字第22號呈一件，為呈報氣候乾燥未能遵令植（種）樹木祈鑒核由

呈悉。日經轉呈 大局，茲奉

管理局本年五月廿九日建工字第2688號指令略開：「為呈報第廿四分段未能遵令種植樹木祈鑒核

77

一案。呈悉。查沿綫植桐，係奉 大部一再令飭舉辦，事關要政，曾經前 工務局飭遵在案，仰轉飭於乾季過後，從速設法栽植為要。」等因；奉此，仰於乾季過後從速設法栽植並具報為要！

此令。

總段長 鄒[illegible]文

川滇西路管理局与工务第六总段关于道班雨具报销事宜的来往文书

川滇西路管理局工务第六总段致川滇西路管理局的呈（一九四三年六月五日）

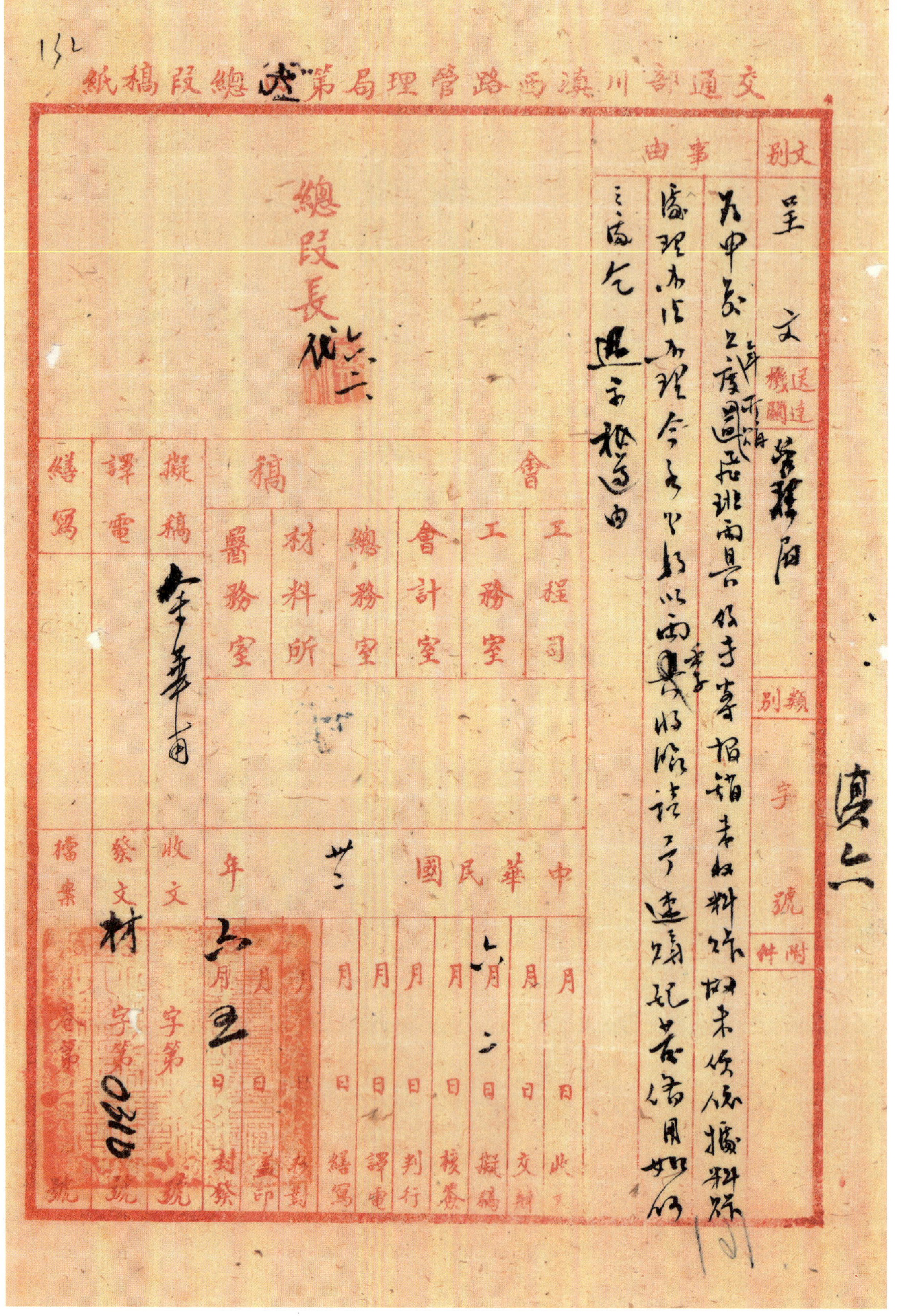

交通部川滇西路管理局第六總段稿紙

文別：呈文

送達機關：管理局

事由：

類別　字號　附件

總段長

會稿：工程司　工務室　會計室　總務室　材料所　醫務室

擬稿　譯電　繕寫

中華民國卅二年

六月　日收文　六月二日擬稿　六月五日封發

收文字第　號　發文字第0310號　檔案第　號

133

案奉

鈞府四月廿七日建工字第一四九五號指令略開：

「呈悉。該縣所請核于本年度修築道路之以工代賑……

理具報」

等因。奉此，查上年度所請兩縣修路等賑糧未經撥料糧款

未經依振料糧處理，係經本府先後撥款並報請核撥以

上年度兩縣修路業已竣工，無[illegible]轉賬兩事均難[illegible]

速確實備用」等情前來。經查屬實，理合具情轉呈，伏

以上年度兩縣以修路等[illegible]未由料糧項下撥之，擬請准在

此項所備其[illegible]料糧處理並依辦理，如何之

處，仰祈

鑒核示遵。謹呈

臺灣省[illegible]

全銜 郭華

160.

川滇西路管理局致工务第六总段的指令（一九四三年六月二十五日）

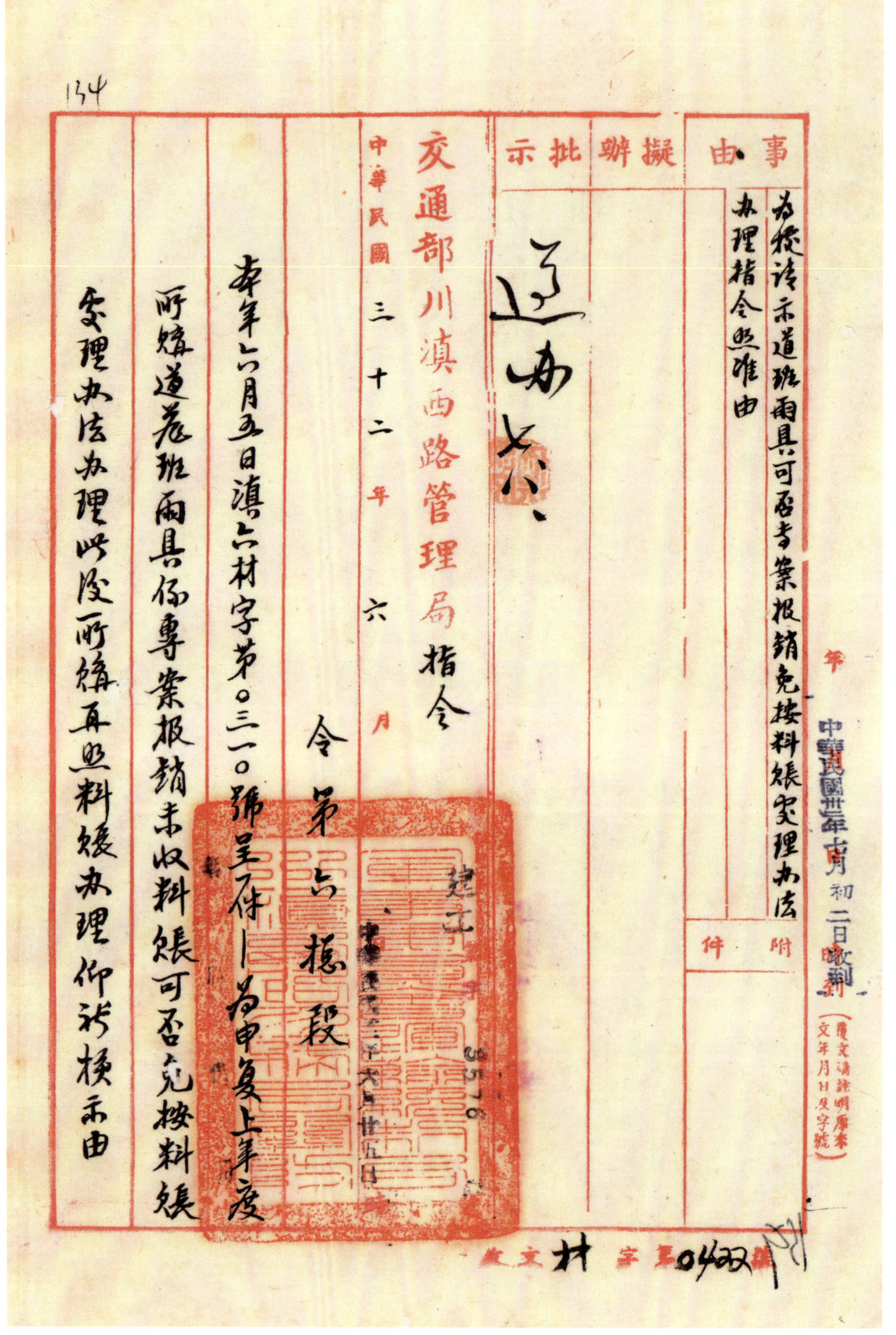

事由：为核该示道班雨具可否专案报销免扣料账处理办法办理指令照准由

拟办：

批示：送存 六

附件：

交通部川滇西路管理局指令 建工字第3576号

中华民国三十二年六月

令第六总段

本年六月五日滇六材字第〇三一〇号呈一件，为申复上年度所领道班雨具系专案报销未收料账可否免扣料账处理办法办理此后所领再照料账办理仰祈核示由

中华民国卅二年七月初二日收到

收文林字第0422号

135

呈悉該段道班雨具上年既係專案報銷未收料賬所有該項雨具之消耗可免照料賬處理辦法辦理此後如有添置仍准繼續照辦惟雨具添置後應列入財產目錄呈局備查道工領用消耗之數量亦應列冊報請核銷仰即遵照！

此令。

局長 周鳳九

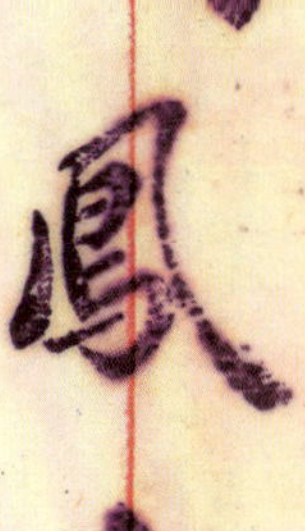

監印 鍾毓華

校對 張文苑

川滇西路管理局工务第六总段的通令（一九四三年九月二十一日）

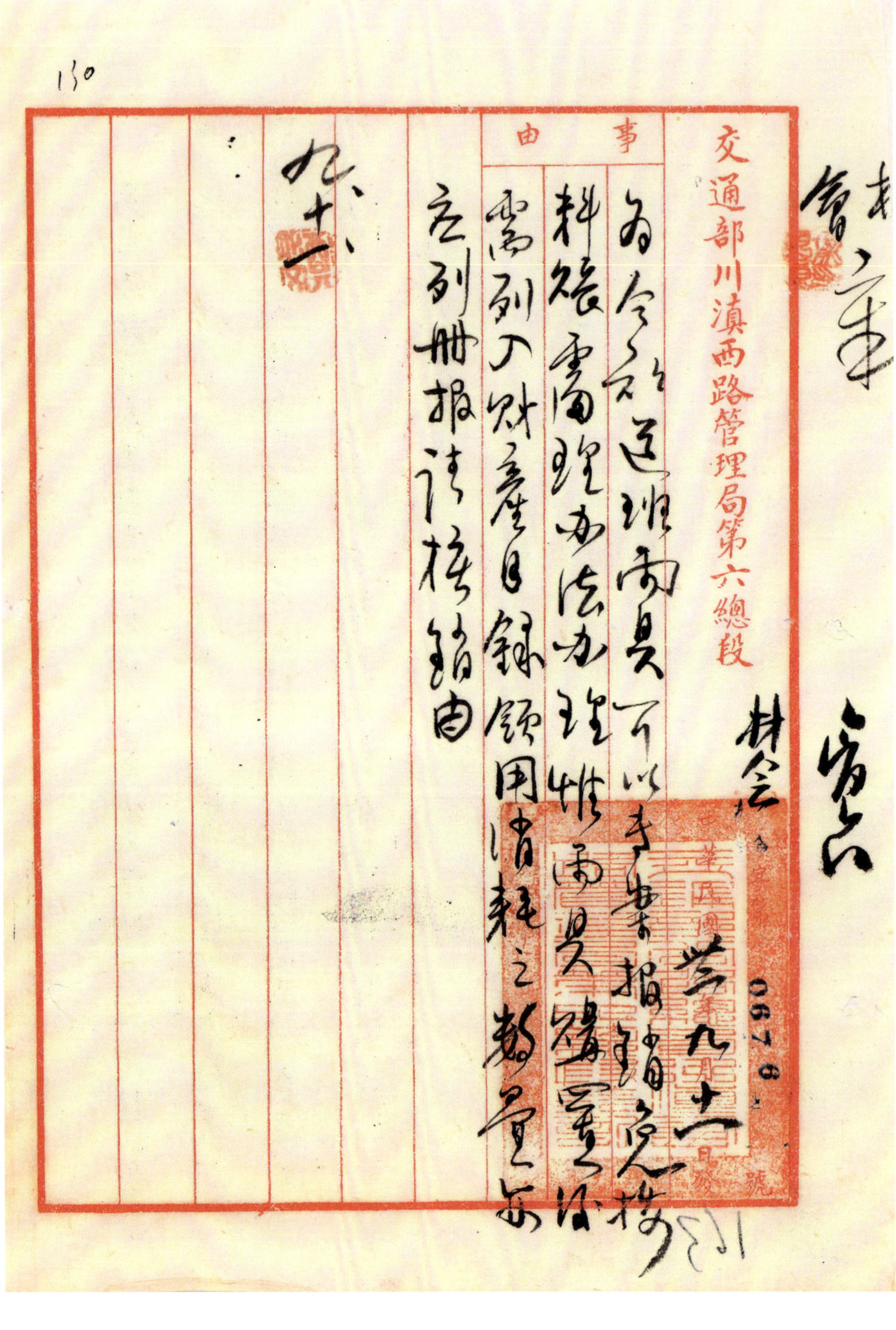

130

交通部川滇西路管理局第六總段

事由：為令飭遵照前頒員工以李要報銷交接料總需用理由辦法辦理性尚具報營繕係需列入財產目錄領用消耗之數量每應列冊報請核銷由

林

中華民國卅二年九月廿一日發 0676 號

九、廿一

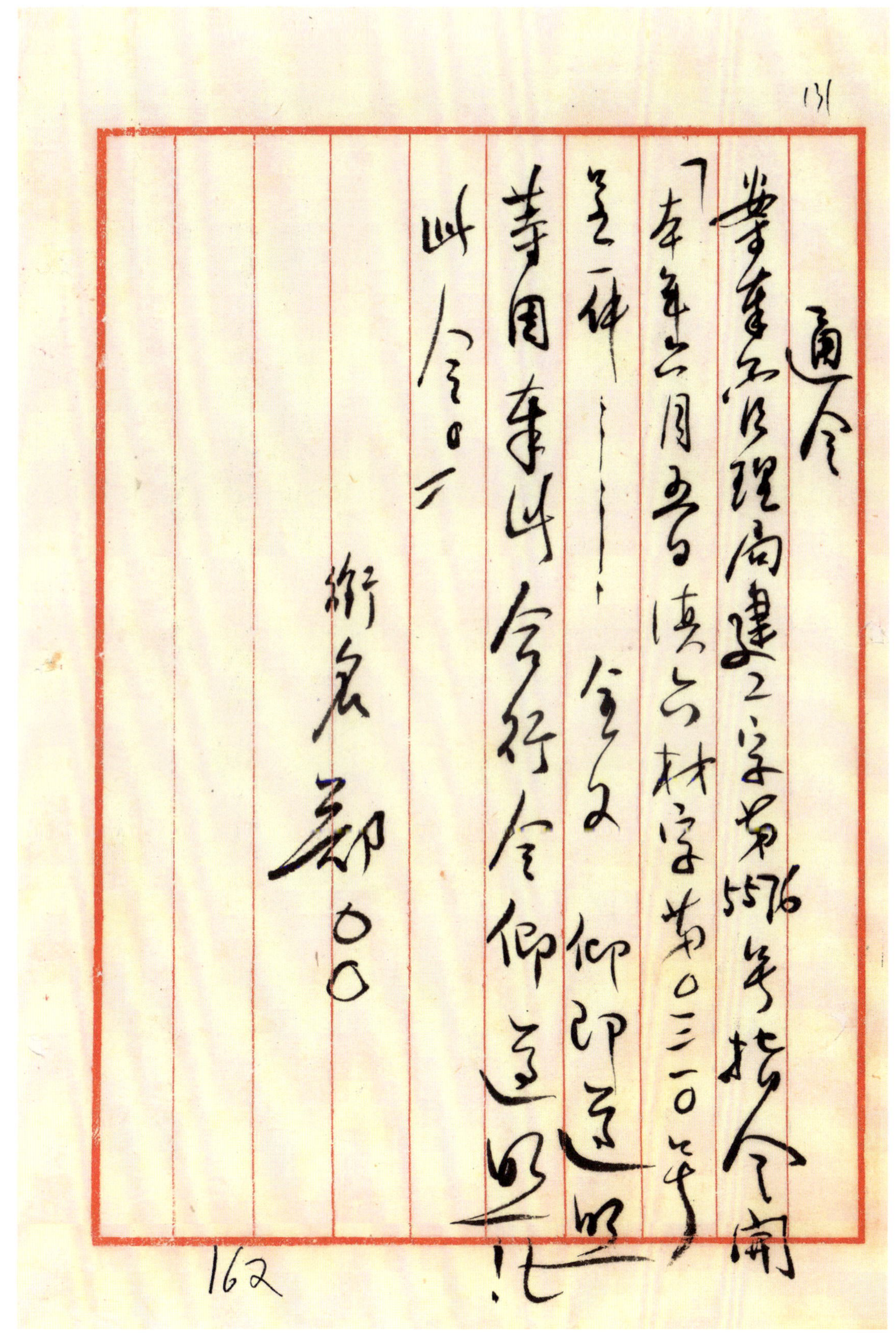

131

通令

案奉經理處建工字第5576號指令開:

「本年六月五日滇六林字第〇三一〇號呈一件————令悉。仰即遵照!」

等因;奉此,合行令仰遵照!

此令。

所長　鄭〇〇

162

川滇西路管理局工务第六总段致川滇西路管理局的呈（一九四三年十一月二十日）

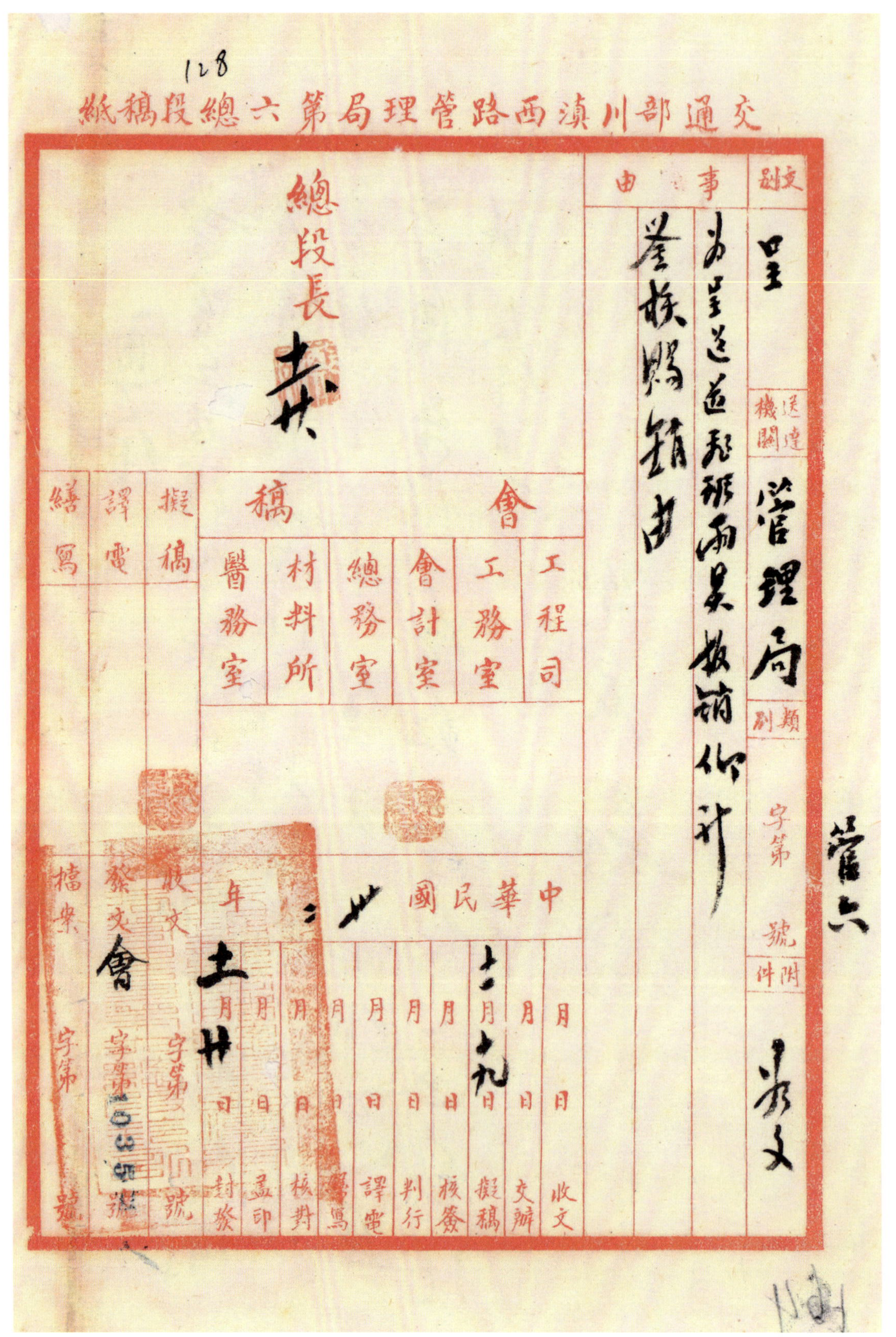
128

交通部川滇西路管理局第六總段稿紙

文别：呈

送達機關：管理局

類別：

字第　號：管六

附件：

事由：為呈送延(?)張雨吳報銷行計簽核賜鑒由

總段長 林

會稿：工程司　工務室　會計室　總務室　材料所　醫務室

擬稿　譯電　繕寫

中華民國卅二年十一月廿日

收文　月　日；文辦　月　日；擬稿　十一月十九日；核簽　月　日；判行　月　日；譯電　月　日；繕寫　月　日；核對　月　日；蓋印　月　日；封發　月　日

收文　字第　號

發文　會字第1035號

檔案　字第　號

129

查道我班（淶縣）劃是，業奉

大局本年六月廿五日建工字第3576號指令，仍准繼續照辦

等因，奉此，理合將已購斗墊[illegible]價款計國幣壹仟

叁百陸拾元正，連同發票收據並填具財產目錄報銷

清冊一併備文呈送，仰祈

鑒核賜銷示遵為禱！！

謹呈

局長周

附呈：正副發票各五張，估價收據四張，財產目錄報銷清冊各式三份

職衛生□□叩

147

川滇西路管理局转发驿站运输工人免服兵役等办法一并废止致工务第六总段的训令（一九四三年六月九日）

存查

交通部川滇西路管理局訓令 建總字第2986號

中華民國卅二年六月十一日收到

令工務第六總段

事由：為奉令驛站運輸工人免服兵役等辦法一併廢止一案轉飭知照由

案奉

大局本年四月二十六日發總字第二零九九零號訓令開：

「案奉交通部三十二年四月十日人勞渝字第一零二六四號訓令開：查運輸工人緩服兵役暫行辦法前經本部於三十二年三月十六日人勞渝字第七八二二號令行知照在案。茲准軍政部卅二年三月卅一日信役務字第二四九六號函略以前頒運輸工人緩服兵役暫行辦法對於驛站運輸工人粮運鹽運各工人之緩役均已包括在内，以前本部會同前運輸統制局規定驛站運輸工人免服兵役

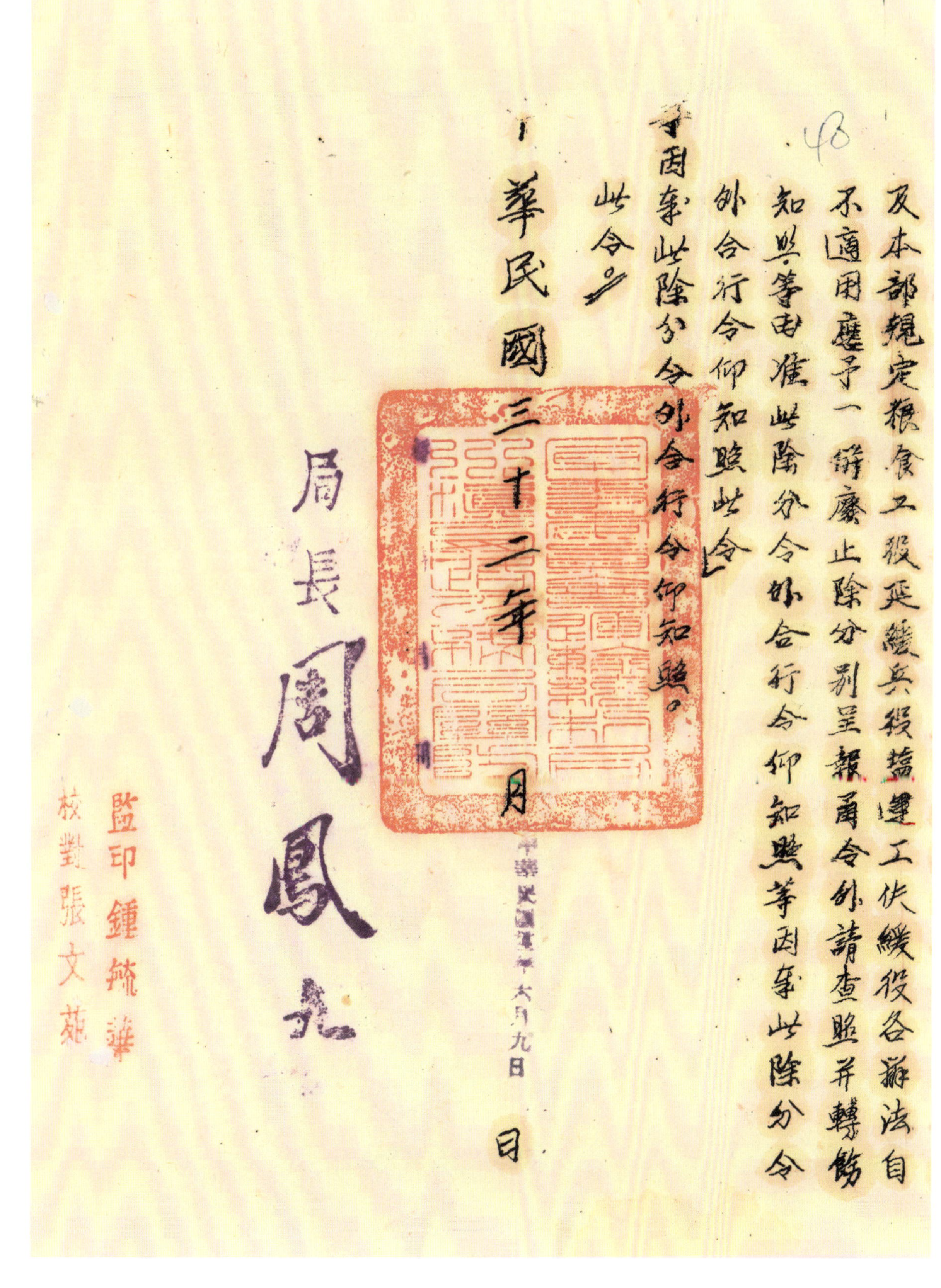

48

及本部規定糧食工役延緩兵役協運工伕徭役各辦法自
不適用應予一併廢止除分别呈報爲令外請查照并轉飭
知照等由准此除分令外合行令仰知照等因奉此除分令
外合行令仰知照此令
等因奉此除分令外合行令仰知照。
此令。

中華民國三十二年　月　日

中華民國卅二年六月九日

局長周鳳九

監印鍾毓華
校對張文苑

川滇西路管理局关于军事性工厂任职人员不得将其职位印于名片以保机密致工务第六总段的训令（一九四三年六月十一日）

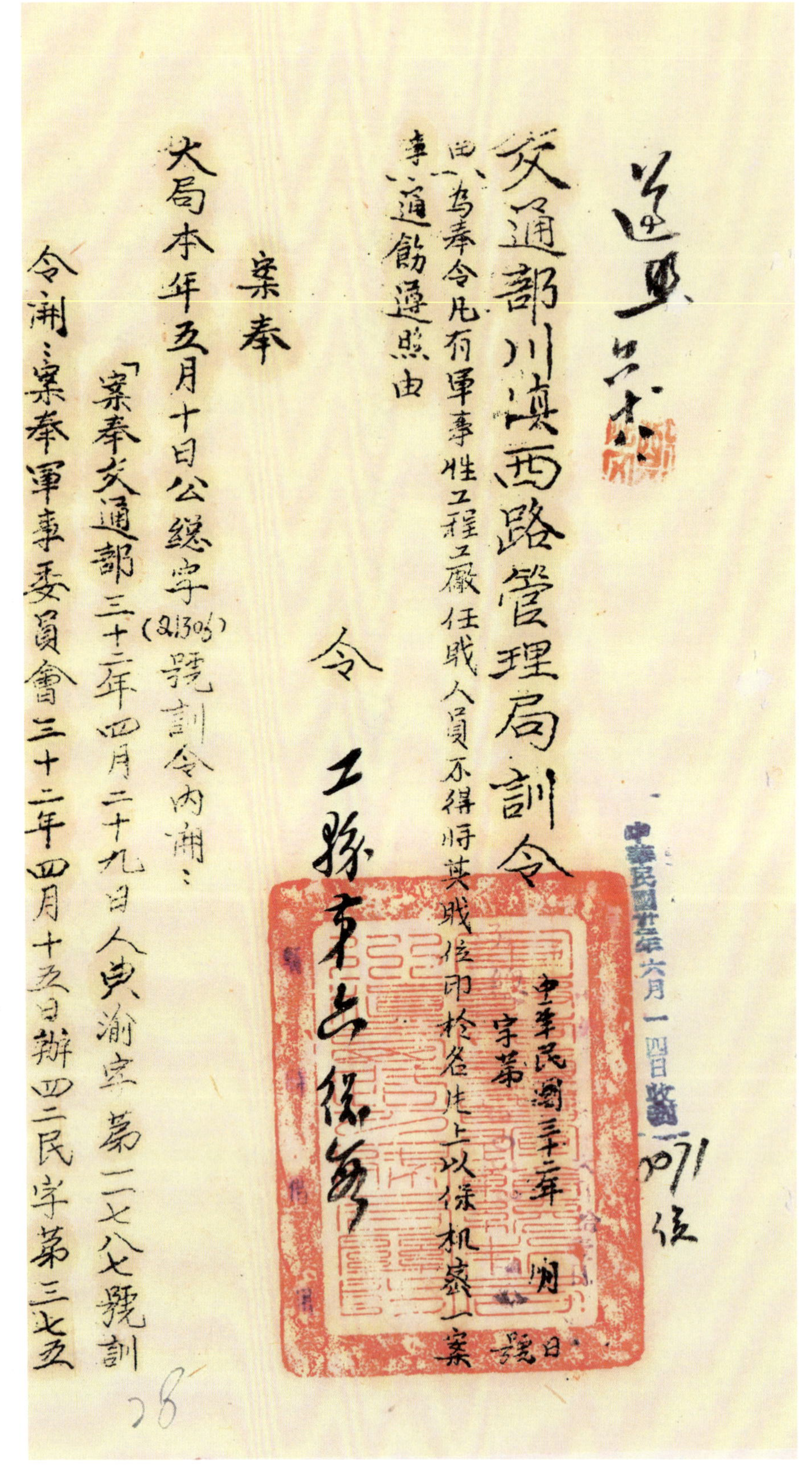

交通部川滇西路管理局訓令

中華民國三十二年　月　日　字第　號

由：為奉令凡有軍事性工程工廠任職人員不得將其職位印於名片上以保機密一案事通飭遵照由

令工務第六總段

案奉

大局本年五月十日公總字（21305）號訓令內開：

「案奉交通部三十二年四月二十九日人典渝字第一七八七號訓令開：案奉軍事委員會三十二年四月十五日辦四二民字第三七五

中華民國卅二年六月一四日收到

28

124

一六號訓令開查近有軍事工程人員將其職位印於名片上易於洩漏机密茲規定凡軍事工程工廠任職人員其他工程工廠有軍事性者包括在内概不得將其職位印於名片上除分令外合行令仰遵照並轉飭所屬一体遵照為要等因奉此除分令外合行令仰遵照並轉飭一体遵照為要」等因奉此除分令外合行令仰遵照並轉飭所屬一体遵照為要。

此令。

局長周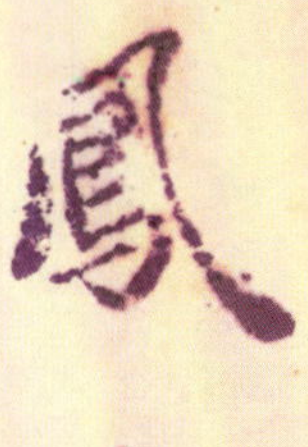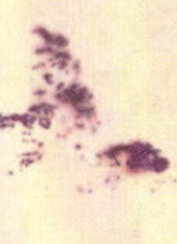

監印鍾錡華

校對張文蔬

川滇西路管理局关于奉令颁发《非常时期交通部附属机关员工因公损失财物补价暂行实施办法》致工务第六总段的训令（一九四三年六月十七日）

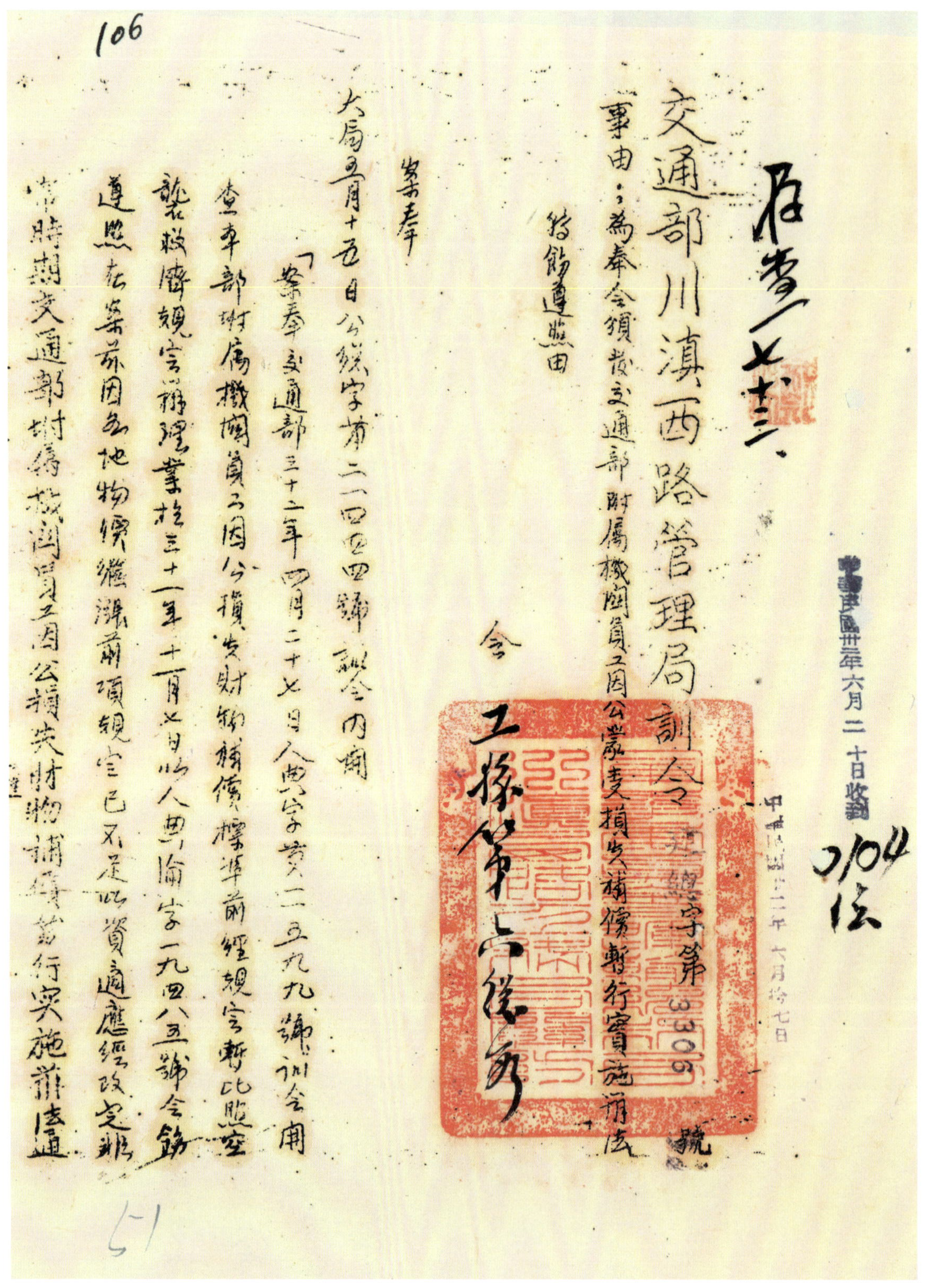

106

存查 七十三

中華民國卅二年六月二十日收到 7104

交通部川滇西路管理局訓令 工總字第3305號

中華民國卅二年六月拾七日

事由：為奉令頒發交通部附屬機關員工因公蒙受損失補償暫行實施辦法轉飭遵照由

令 工務第六總段

案奉

大局五月十五日公總字第二一四四四號訓令內開：

「案奉交通部三十二年四月二十七日人四字第六二三九九號訓令開：

查本部附屬機關員工因公損失財物補償標準前經規定暫比照空襲救濟規定辦理，業於三十一年十月七日以人四渝字一九四八五號令飭遵照在案。茲因各地物價繼漲，前項規定已不足以資適應，經改定非常時期交通部附屬機關員工因公損失財物補償暫行實施辦法，除遵

51

101

飭實施除分令外合行抄發辦法一份令仰知照遵此等因附發辦法一份奉

此除分令外合行抄發原辦法令仰遵照

等因附抄發非常時期交通部附屬機關員工因公損失財物補償暫行實施辦

法一份奉此除分令外合行抄發原辦法令仰遵照另有前曾呈報因公蒙受

損失請求補償之員工者按照本辦法補具證明表申請核給補償表二

份呈局以憑核辦併仰知照

此令。

附抄發非常時期交通部附屬機關員工因公損失財物補償暫行實施辦法一份

局長 周鳳九

監印 錢毓華

校對 張文苑

附：非常时期交通部附属机关员工因公损失财物补偿暂行实施办法

非常時期交通部附屬機關員工因公損失財物補償暫行實施辦法

一、本辦法依據中央各機關服務人員因公損失財物補償暫行辦法第一條規定擬訂之

二、員工因公遭遇天災事變損失財物其確屬意外雖於預防並已盡力避免或減少損失者得呈請酌給補償金。

三、前條所指財物之補償以員工執行職務時必須隨帶或持有者為限其現款及非必需物品損失不予補償。

四、核給補償金應查明財物損失之輕重情形酌量辦理其標準暫定如次

(一)財物完全損毀者核給全數之補償金

(二)財物過半損毀者核給半數之補償金

(三)財物損毀輕微者酌情核給補償金

五、核給補償金最高額之限制暫定如次

(一)職員月薪在四百〇一元以上者至多得給貳千元

(二)職員月薪在二百〇一元以上者至多得給壹千八百元

109

(三)職員月薪在八十一元以上者至多得一千四百元

(四)職員月薪在八十元以下者至多得一千元

(五)工警伕役至多得給六百元

以上補償金由各机關在經費項下列支，各机關得視本身財力在規定範圍內酌量核减

六、員工遭受損失，應取具同事職務以上人員二人或當地公安机關之證明，於一星期內詳明填具申請核給補償表二份，呈報本机關主管查明屬實後，於原表核簽擬定補償金數額，以一份存查，一份報部憑核（表式另定之），各机關因緊急救濟得按擬給數額範圍內酌予先行借支，但至多不得超過半數

七、員工於因公出差期間在途中遭遇損失，應向就近公安机關取具證明，於到達任所後照前條規定办理

川滇西路管理局关于第七分段段长钟绰、工务员刘治魁应予嘉奖致工务第六总段的训令
（一九四三年六月二十日收）

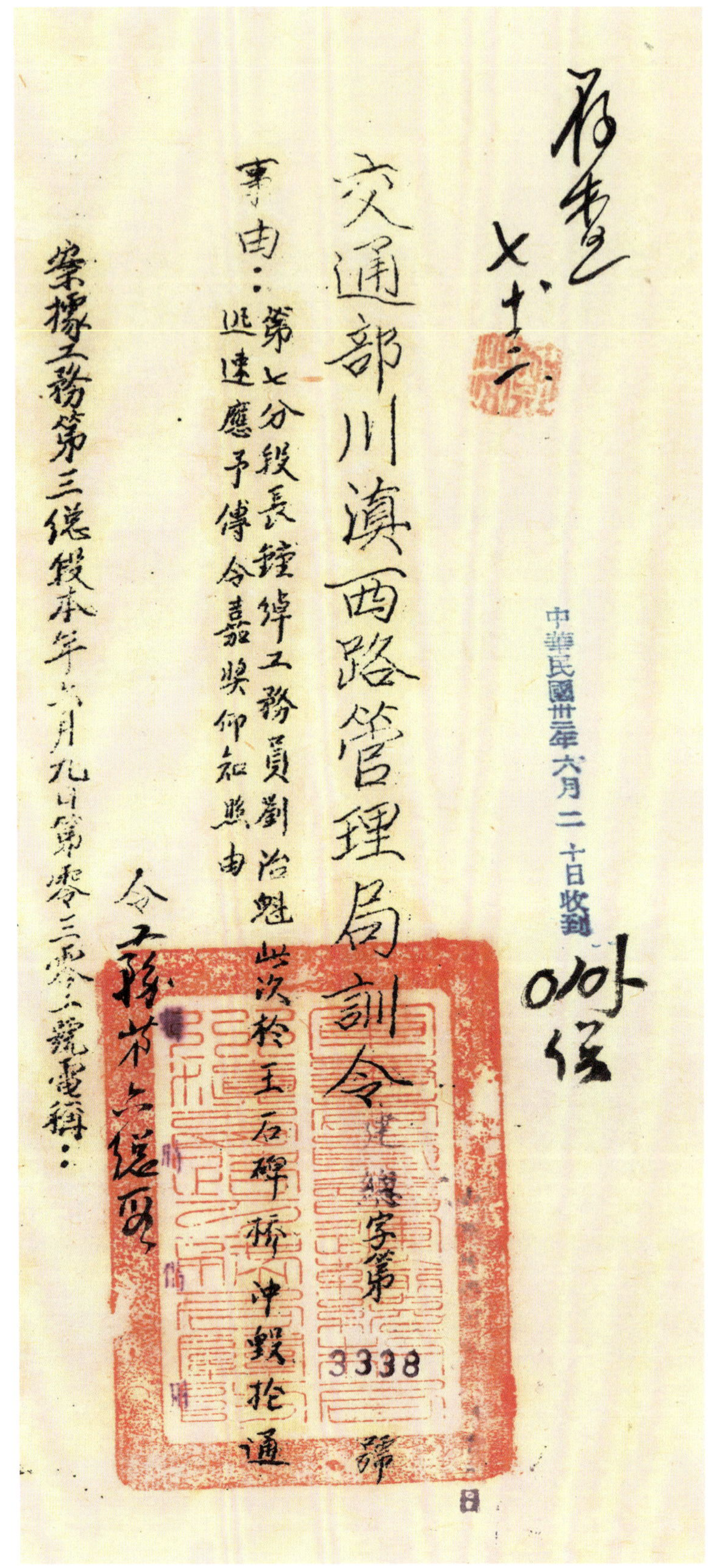
交通部川滇西路管理局训令 工总字第3338号

事由：第七分段段长钟绰工务员刘治魁此次于王石碑桥冲毁抢通迅速应予传令嘉奖仰知照由

令工务第六总段

案据工务第三总段本年六月九日第零三八六号电称：

五月二十四日王石碑橋冲毀，前後阻車多輛，適值工料缺乏，當時情形最為嚴重。經七分段長鍾鐔、工務員劉治魁不辭艱苦，日夜趕督，飭渡大車奔馳得力，未及一日即告通車，搶修神速，觀衆歡呼，擬請傳令嘉獎

等情。據此，查該分段長鍾鐔、工務員劉治魁不畏艱險，搶修迅速，足資矜式，業予傳令嘉獎，以示鼓勵。除電復及分令外，合行令仰知照。

此令。

局長 周鳳九

監印 鍾毓華

校對 張文苑

川滇西路管理局工务第六总段关于在管辖地段内急弯及窄路处设立各标识牌致第二十二分段的训令

（一九四三年六月二十四日）

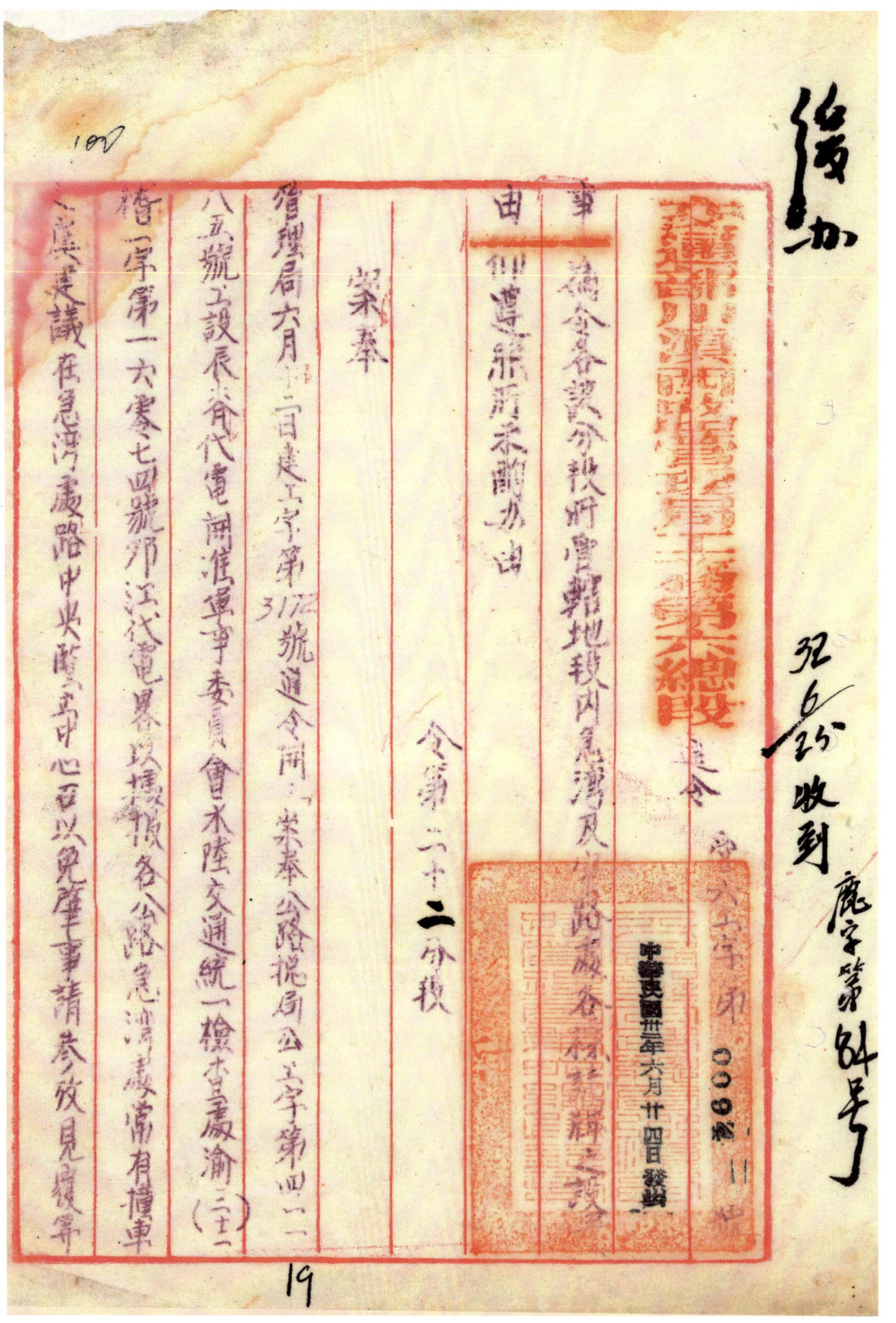
川滇西路管理局工務第六總段訓令 字第 號

事由：飭令各該分段於管轄地段內急灣及窄路兩處各設標誌牌之設由

仰遵照所示辦理由

令第二十二分段

案奉

管理局六月十二日建工字第3172號通令開：「案奉公路總局公工字第四一一八五號工設長代電開：准軍事委員會水陸交通統一檢查處渝（二）一稽一字第一六〇七四號卯江代電略以據報各公路急灣處常有撞車之虞，建議在急灣處路中央豎立高中心石以免肇事，請參考見復等

中華民國卅二年六月廿四日發出

(101)

由各級公路最短視距業經本局規定平原區為一百五十公尺丘陵區

為六十公尺山嶺區為二十五公尺如因於工程艱鉅或情形特殊地帶不能維持上項視距時得視行駛車輛之多寡酌用下列補救辦法(一)加闢迴坡(二)於路面中央劃線分開往來車道行車(三)在單車道處派人駐守用紅旗指揮行車除函復并分行外合行電仰遵照轉飭所屬分別於車輛繁多之路段險狹及急灣處依照上列規定辦理以策行車安全為要等因奉此查所列三項補救辦法其間有非本局財力所能辦到暫從緩辦惟於急灣險路之顧應不符規定處標誌牌之設置應加補充已有者應注意其位置之是否適當無者應予加設除呈復並分令外仰該總段即便遵照辦理具報」等因奉此仰即遵

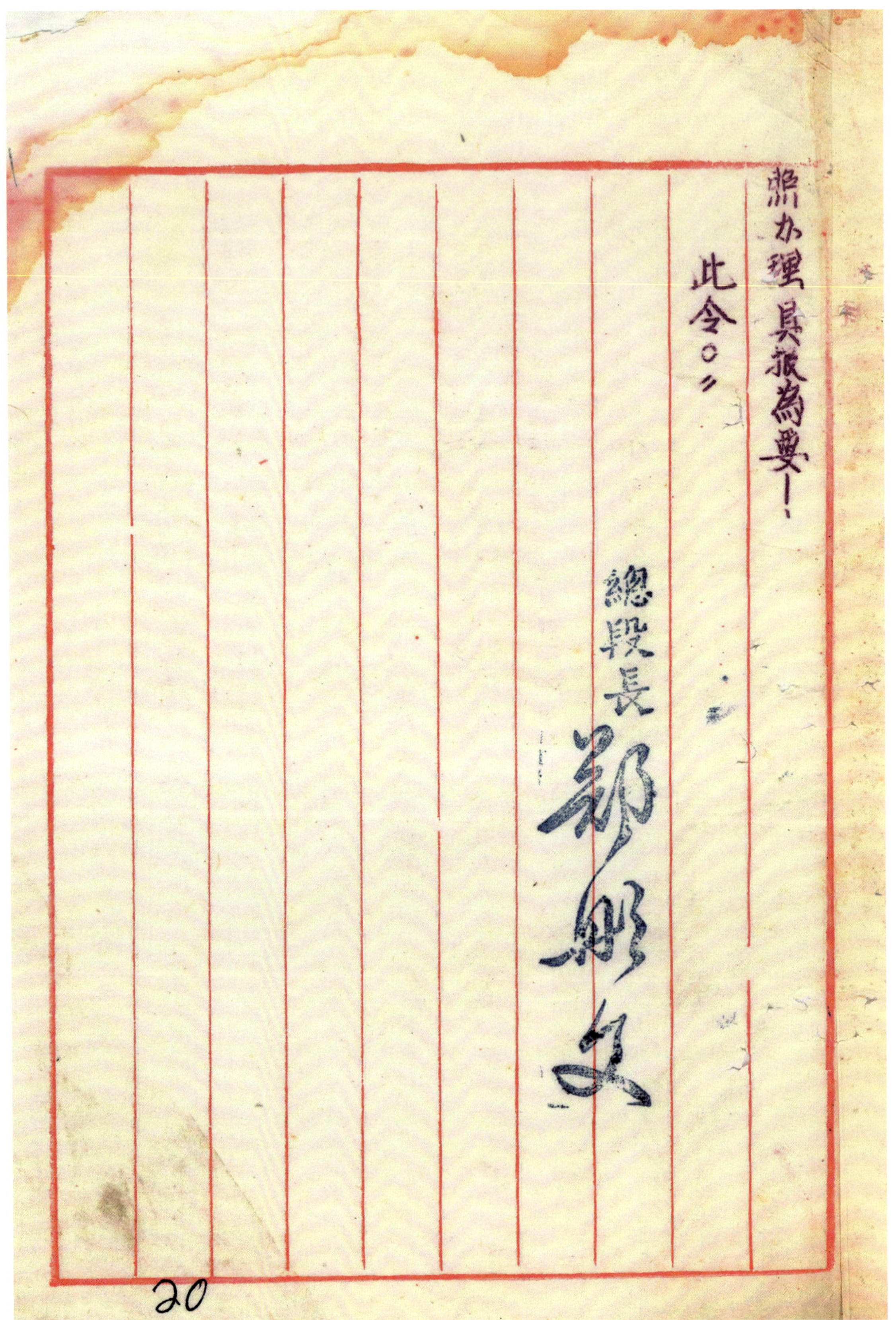

照办理具报为要！

此令。

总段长 邓郁文

20

川滇西路管理局与工务第六总段关于泸沽桥桥梁将断无人修复的训令

川滇西路管理局致工务第六总段的训令（一九四三年六月二十九日）

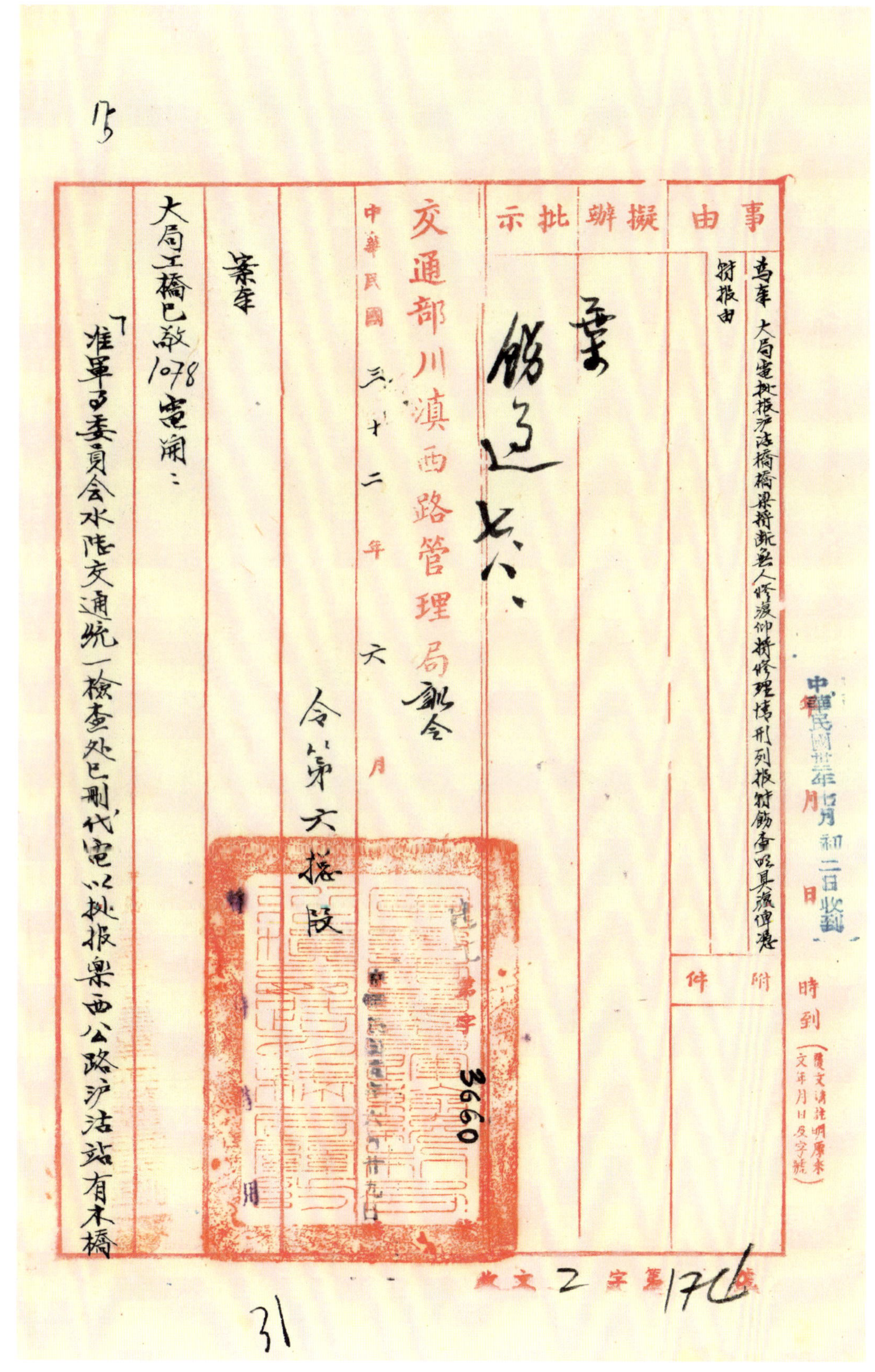
事由：為奉大局電批據泸沽橋橋梁將斷無人修復仰將修理情形列報，飭遵照具報俾憑

附件

擬辦　批示　筆　飭遵　七、六

交通部川滇西路管理局訓令

中華民國三十二年六月　日

令第六總段

案奉

大局工橋巳敬1078電開：「准軍事委員會水陸交通統一檢查處巳刪代電以據報樂西公路泸沽站有木橋

18

一座之第一孔橋樑將欹無人修理請轉飭查照修理見復等由除電復外仰速查照趕修並將該橋橋身地名式樣跨徑寬度損壞情形修理办法及完竣日期一併列報為要。

等因奉此查該段並未呈報該木橋損毁情形是否即係水橋統即查照具復又嗣後如有工程發生毁壞情事應即隨时正式呈報仰即遵照並轉飭知照為要。

此令。

局長　周鳳

監印　鍾毓華

校對　張文施

川滇西路管理局工务第六总段致第二十分段的训令（一九四三年七月九日）

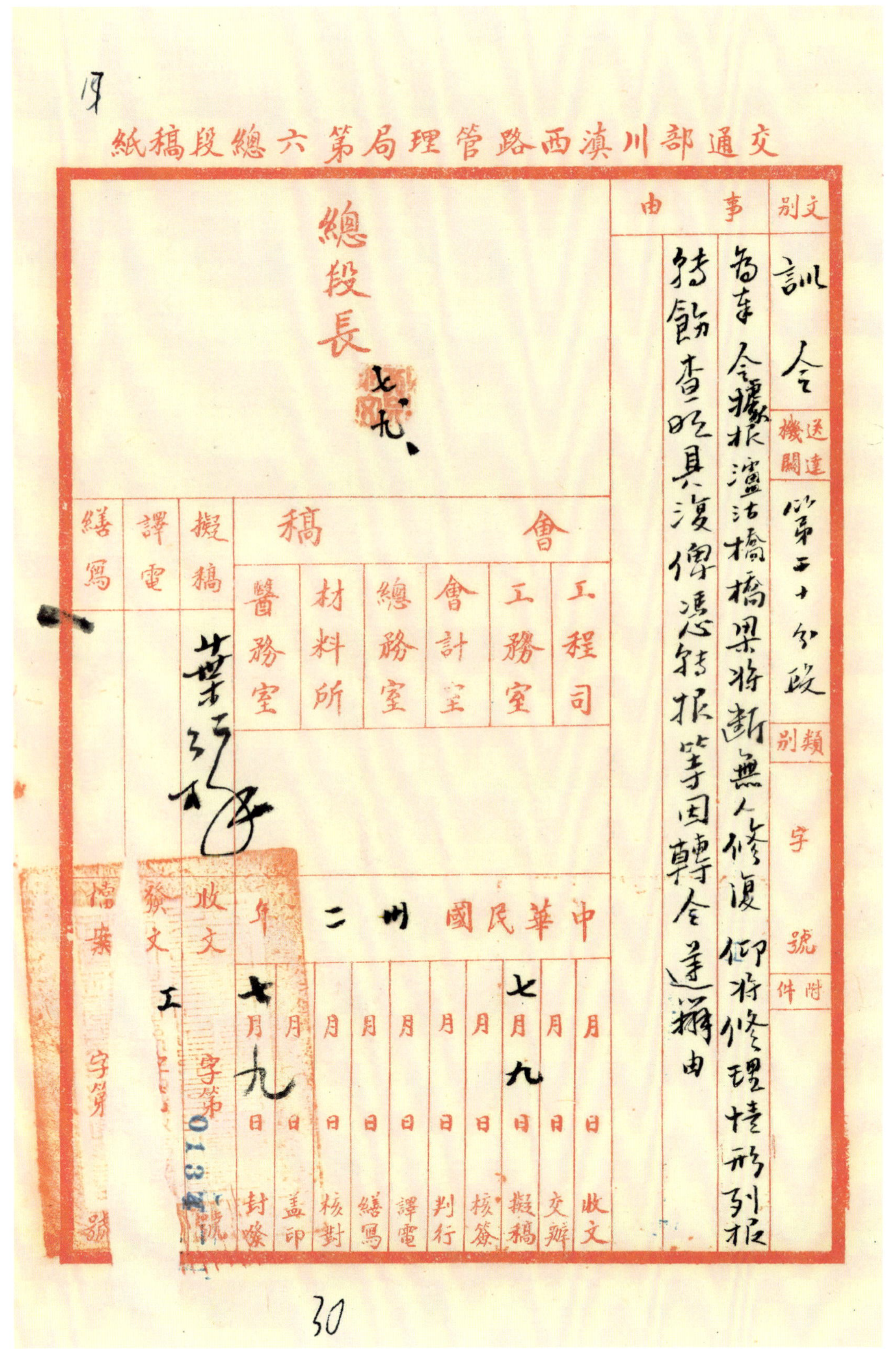

交通部川滇西路管理局第六总段稿纸

文别：训令

送达机关：第二十分段

类别

字号

附件

事由：为奉令据泸沽桥桥梁将断无人修复，仰将修理情形列报转饬查明具复，俾凭转报等因，转令遵办由

总段长 七、九、

会稿：工程司　工务室　会计室　总务室　材料所　医务室

拟稿：叶绍彬

译电

缮写

中华民国卅二年

收文　月　日
交办　月　日
拟稿　七月九日
核签　月　日
判行　月　日
译电　月　日
缮写　月　日
核对　月　日
盖印　月　日
封发　七月九日

收文　字第0134号

发文　工　字第　号

归档　字第　号

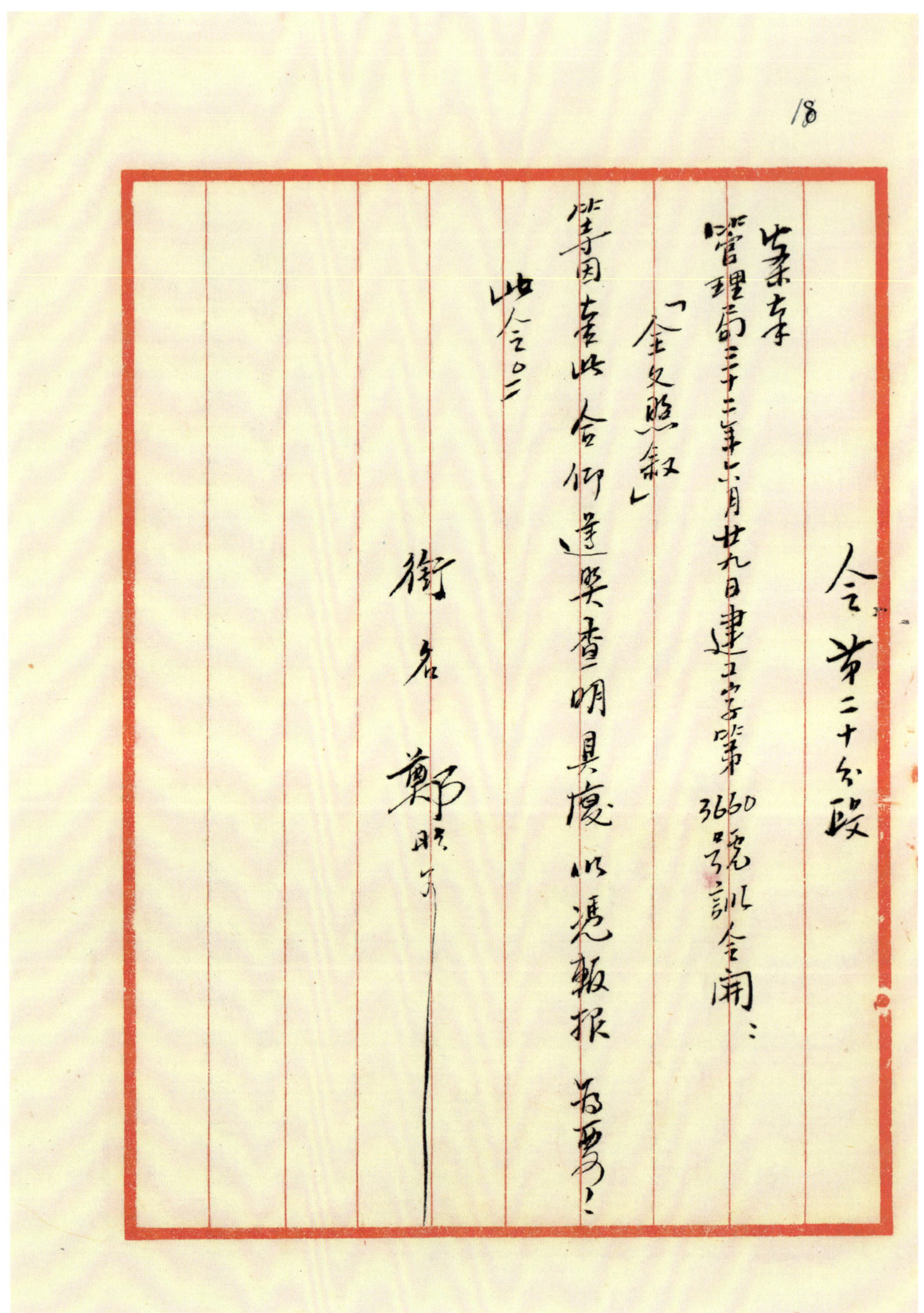

18

令第二十分段

案奉

管理局三十二年六月廿九日建工字第3660號訓令開：

「全文照叙」

等因；奉此，合仰遵照查明具復，以憑轉報為要！

此令。

銜名 鄭

川滇西路管理局工务第六总段第二十四分段道班经费、保卫费报销清单（一九四三年六月）

川滇西路管理局

機關名稱 工務第六總段第二十四分段 道班經費**報銷清單**

中華民國32年度6月份 共一頁第一頁

會計科目	摘要		單據編號	金額 小計	金額 總計	備註
第50班 辛餉	附具工單辛工單			7260.00	7260.00	
辦公費	灯油3斤	@27.50		82.50		江泰祥
	粗茶5両	@5.50		27.50	110.00	〃 〃
第51班 辛餉	附具工單辛工單			7260.00	7260.00	
辦公費	灯油3斤	@27.50		82.50		江泰祥
	粗茶5両	@5.50		27.50	110.00	〃 〃
工種工具費	繩索20付	@3.00		60.00		興盛祥
	土箕20担	@5.00		100.00	160.00	周仁本
合計				~~14900.00~~	14950.00 ~~14900.00~~	

製表者 會計員 主管長官

川滇西路管理局

保衛費報銷清單

機關名稱 工務第六總段第二十四分段　　中華民國32年度 6 月份　共1頁第1頁

會計科目	摘要	單據編號	金額 小計	金額 總計	備註
保衛費	名冊一份正式收據一紙		1500 00	[illegible]500 00	
辦公費	灯油2斤 @27.50		55 00		江泰祥
〃 〃	火柴1匣 @5.00		5 00	60 00	〃 〃
合計			1560 00	1560 00	

製表者　　會計員　　主管長官

关于川滇西路管理局工务第六总段第二十四分段修换车道板工程第一期估验工款的相关文书

第二十四分段致工务第六总段的呈（一九四三年七月三日）

川滇西路管理局工务第六总段第二十四分段

呈文

事由：为呈送杨德懋承修桥梁车道板工程第一期估验八成工款国币肆仟叁佰伍拾捌元肆角捌分报销祈鉴核转账由

查职段包工杨德懋所承修957+925至1026+300十八座桥梁车道板工程第一期估验八成工款国币肆仟叁佰伍拾捌元肆角捌分业经发给，合检齐工程估验计价单表并工款正式收据具文赍呈，伏祈鉴核，赐予转账为祷。

谨呈

总段长郑

中华民国卅二年七月初六日收到

卅二年七月三日

会 0186

核转 七、六

0155

5

22

6

附包攬工程估驗計價單四份

包攬工程估驗詳細表四份共計八頁

工款正式收據一紙存根一紙

第二十四分段長鄭延祺

（印）

已製卡

川滇西路管理局工务第六总段致第二十四分段的指令（一九四三年七月二十五日）

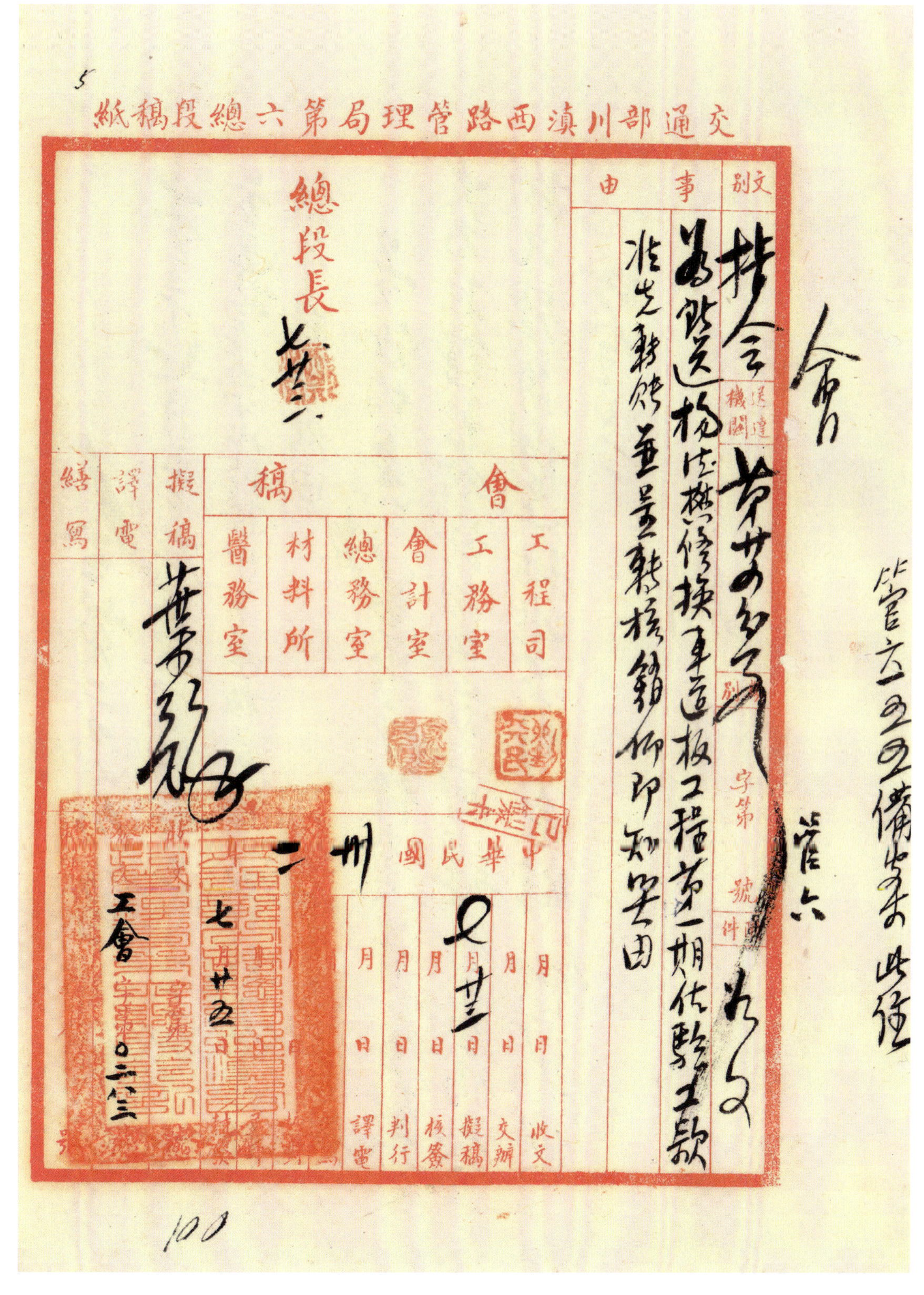
交通部川滇西路管理局第六總段稿紙

文別 指令
送達機關 第廿四分段
事由 為所送橋涵修換平面板工程第一期估驗工款准予轉請核銷仰即知照由

總段長

會稿：工程司、工務室、會計室、總務室、材料所、醫務室

擬稿 譯電 繕寫

中華民國 卅二年 七月

收文 文辦 擬稿 核簽 判行 譯電

令第二十〇分段

本年七月三日廉管字第75号呈一件，为

並送楊[illegible]熱水溪修橋梁車道板工程第一期估驗表予報銷

新簽核轉賬由

呈件均悉。准予備查，並呈並轉

大局核銷轉賬。餘拍工款國肆仟叁佰叁

捌元肆角捌分，送姑准先行轉賬。仰即知照。

此令 九二

衛 名

川滇西路管理局工务第六总段致川滇西路管理局的呈（一九四三年八月四日）

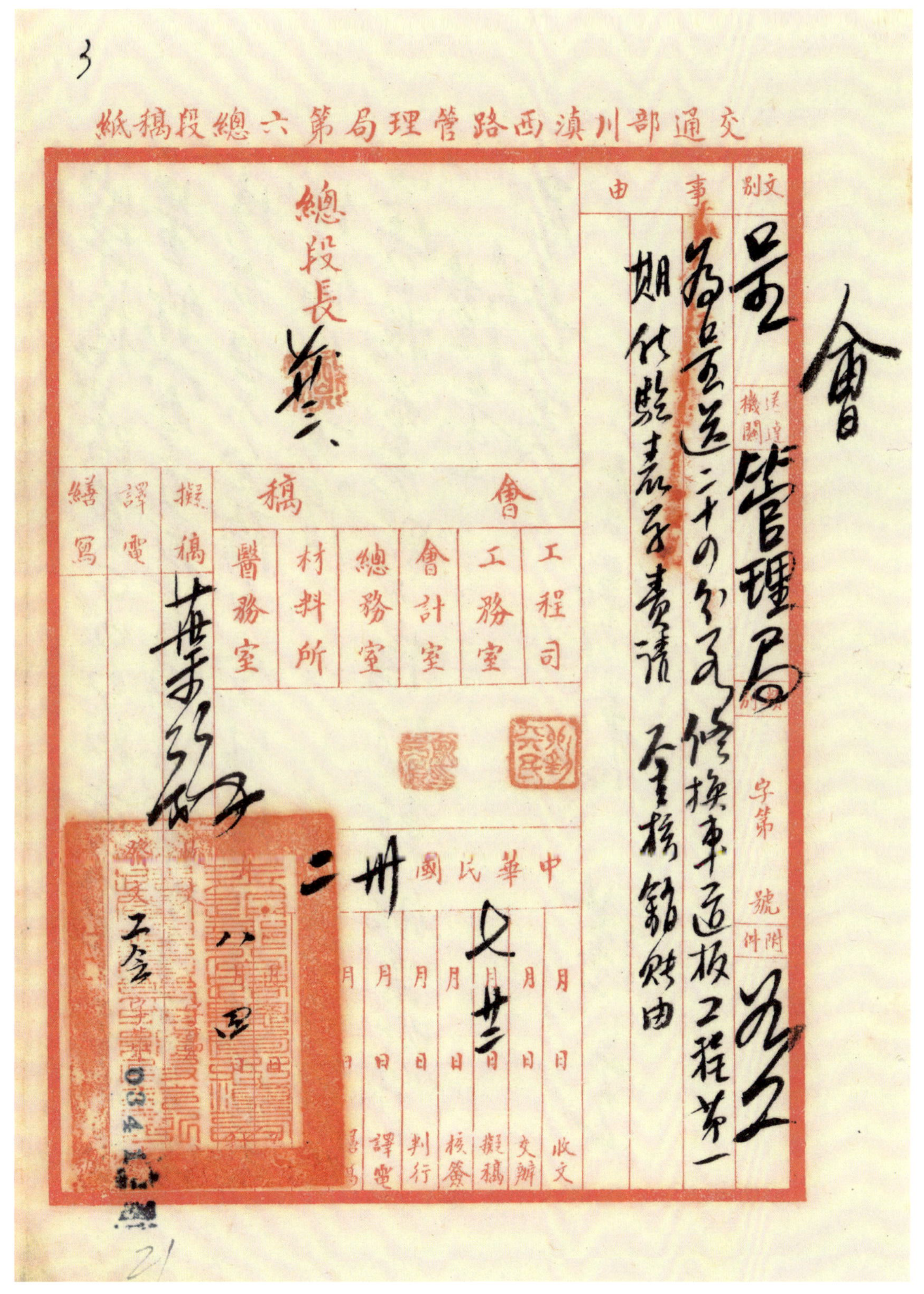
交通部川滇西路管理局第六總段稿紙

文別：呈

送達機關：管理局

事由：為呈送二十四公里修換車道板工程第一期估驗表單，簿請查核鑒賜由

總段長 萬

會稿：工程司　工務室　會計室　總務室　材料所　醫務室

擬稿　譯電　繕寫

中華民國　年　月　日　收文／文辦／擬稿／核簽／判行／譯電

4

案據職段第二十四分段摩岡官字第75號呈稱（全文）等情附（抄附件）據此經核尚無不合除分令外理合檢同該附呈件備文賫請

鑒核並乞賜予核銷轉賠為禱

謹呈

局長周

全銜名　謹呈

川滇西路管理局致工务第六总段的指令（一九四三年八月十九日）

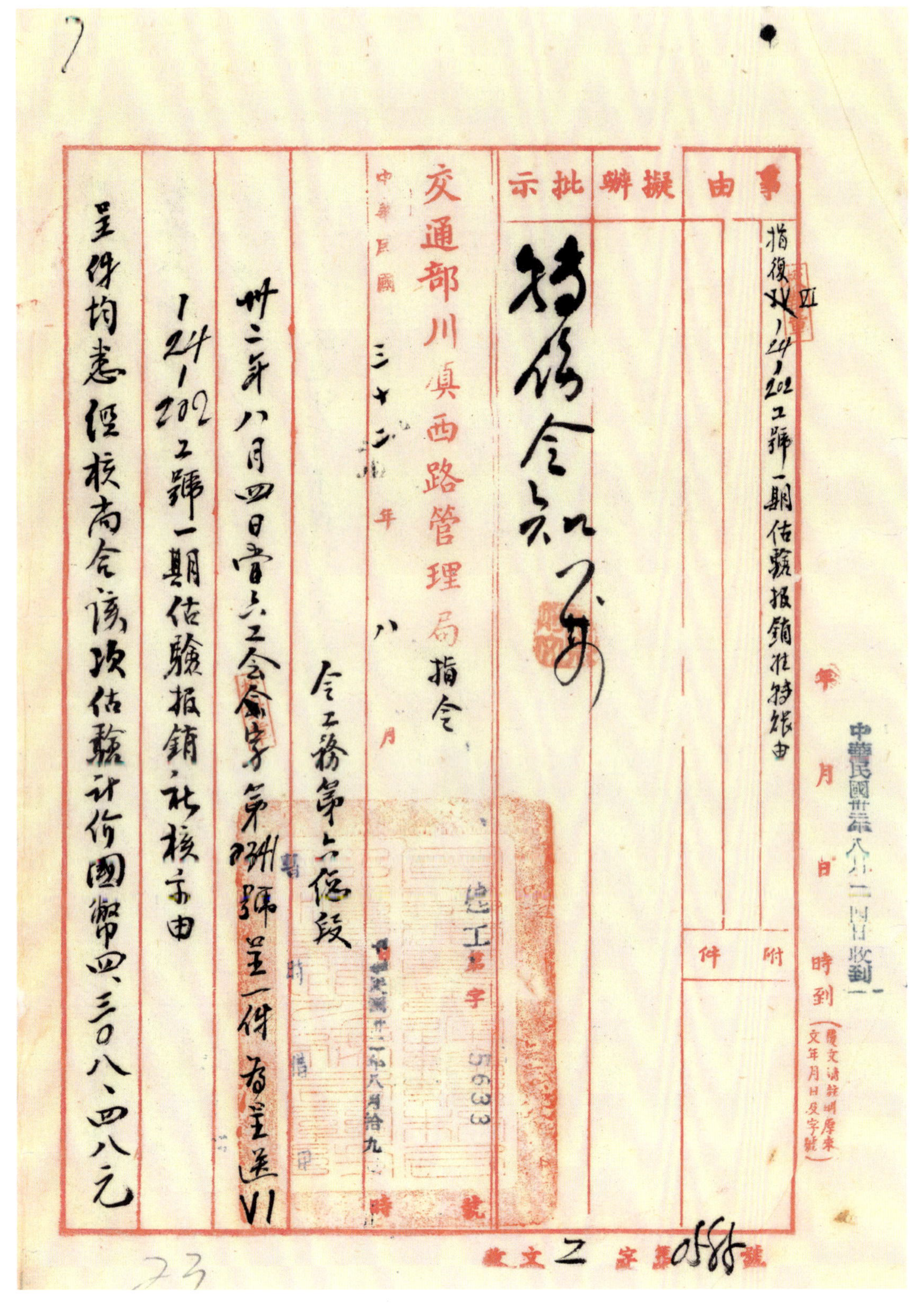
事由：指復VI 1/24/202工歸一期估驗報銷准轉帳由

附件

擬辦

批示：特令知

交通部川滇西路管理局指令

中華民國三十二年八月 日

令工務第六總段

卅二年八月四日會六工會字第卅號呈一件為呈送VI 1/24/202工歸一期估驗報銷祈核示由

呈件均悉。經核尚合，該項估驗計價國幣四、三〇八、四八八元

文號：工字0588號

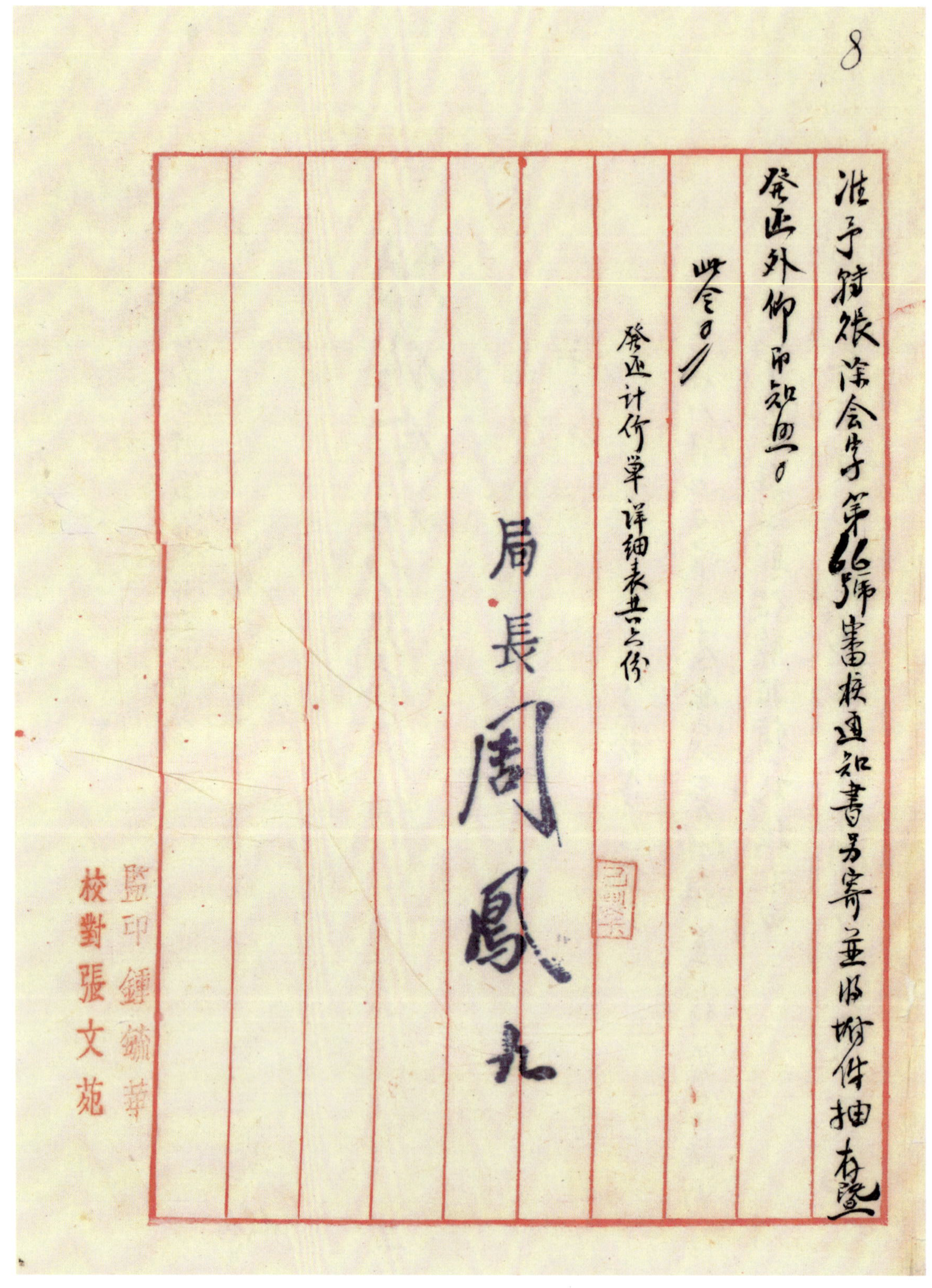

8

准予特張除会字第46號審查核通知書另寄並將附件抽存查
發還外仰即知照。
此令。
發還计价单详细表共六份
局長 周鳳九

已歸案

監印 鍾毓華
校對 張文苑

川滇西路管理局工务第六总段致第二十四分段的指令（一九四三年八月二十五日）

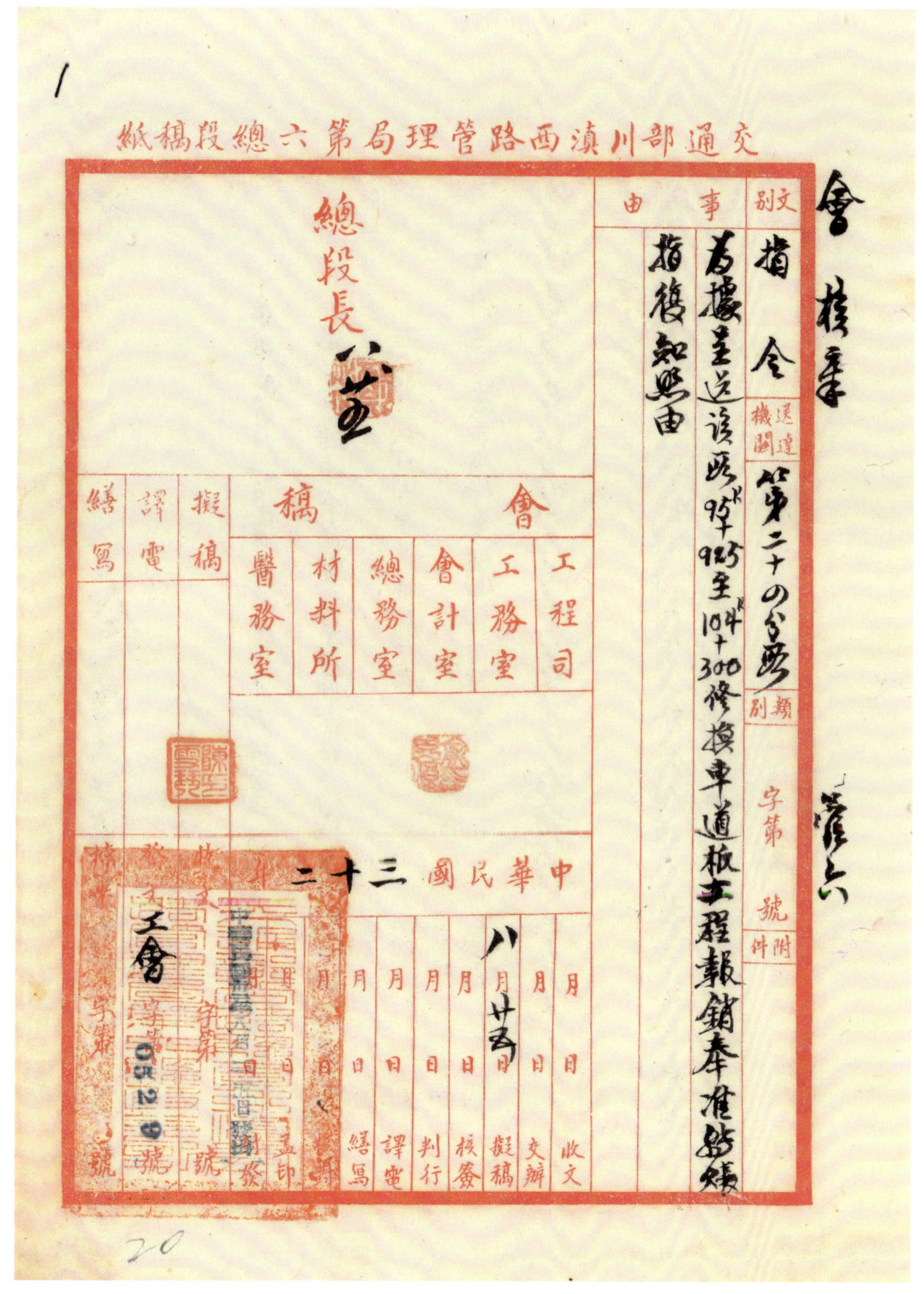

交通部川滇西路管理局第六總段稿紙

文别：指令

送達機關：第二十四分段

事由：為據呈送該段95K+925至104K+300修換車道板工程報銷奉准始核指復知照由

會核

總段長 八五

中華民國三十二年八月廿五日

工會字第0529號

20

2

指令

管六工會字第　　號

令第二十四分段

本年七月三日摩崖字第75號呈一件，為呈送楊德懋承修橋樑車道板工程第一期估驗八成工款國幣捌仟叁零捌。捌捌元報銷祈鑒核發賬由

呈件均悉。經呈請後，茲奉

管理局本年八月十九日建工字第5633號指令開：

「全敘」

等因，奉此，除抽存附件備查外，將件隨令發還，仰即知照！

此令。附發還計價單、詳細表共三份

總段長　鄭○○

川滇西路管理局关于乐山办事处主任成希颙调升副总工程司并另派材料科科长江绍瑾兼任乐山办事处主任致工务第六总段的训令（一九四三年七月六日收）

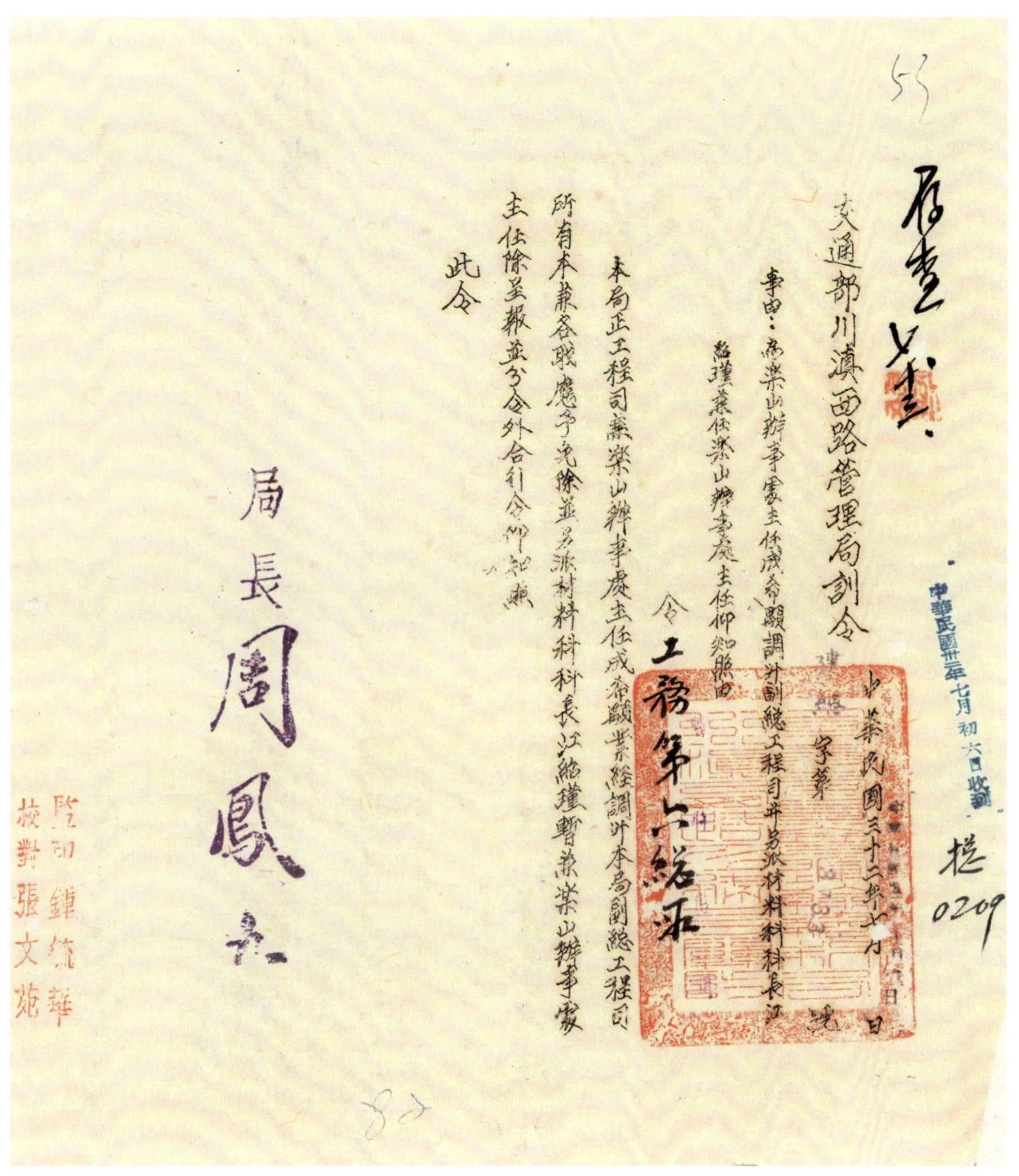
交通部川滇西路管理局訓令

建總字第　號

中華民國三十二年七月　日

令工務第六總段

事由：為樂山辦事處主任成希顒調升副總工程司并另派材料科科長江紹瑾兼任樂山辦事處主任仰知照由

本局正工程司兼樂山辦事處主任成希顒業經調升本局副總工程司所有本兼各職應予免除並另派材料科科長江紹瑾暫兼樂山辦事處主任除並報並分令外合行令仰知照

此令

局長　周鳳九

監印　鍾統華
校對　張文炳

川滇西路管理局解释关于公务员不得经营商业疑义致工务第六总段的训令（一九四三年七月六日）

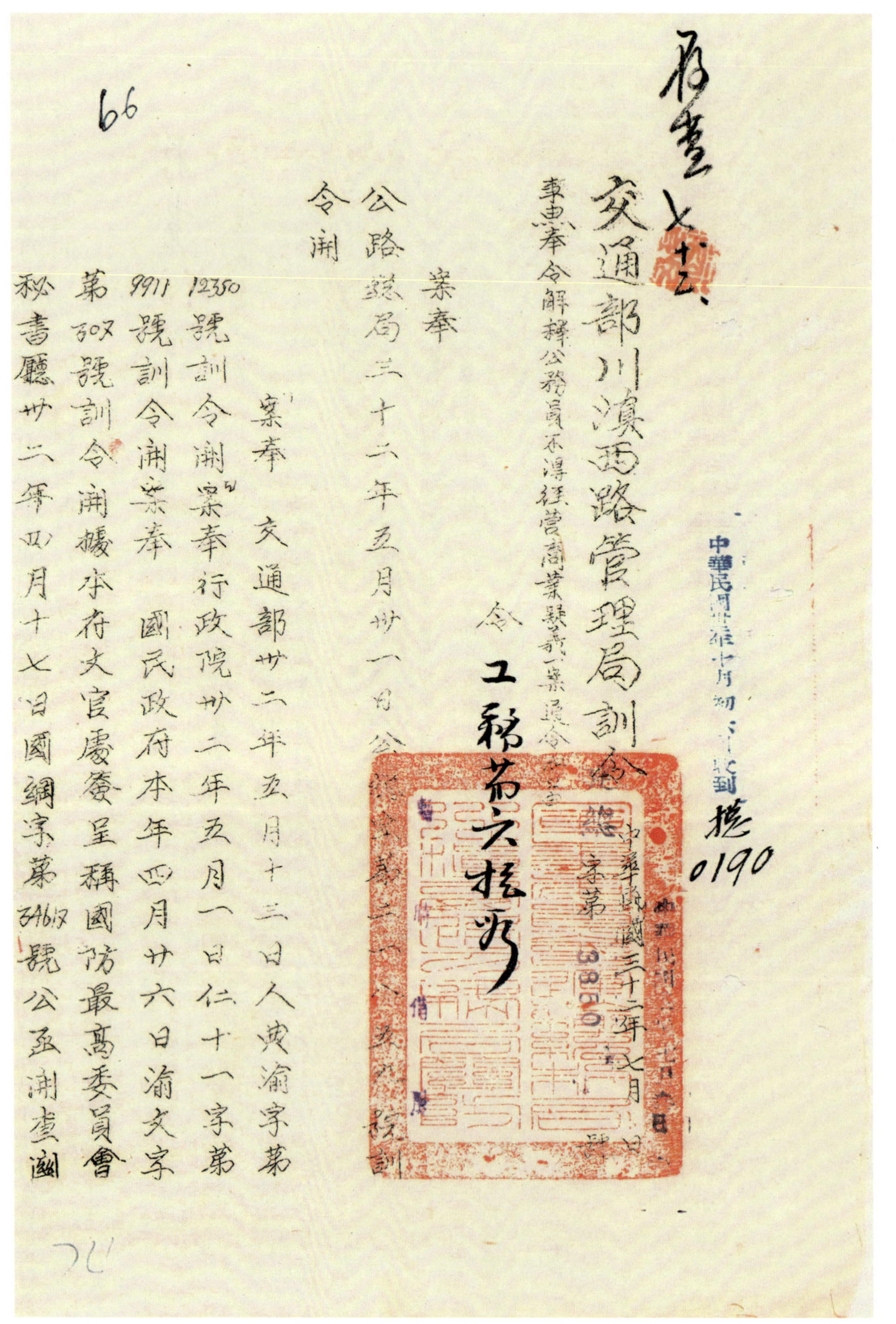

存查 七.六

交通部川滇西路管理局訓令 總字第3860號

中華民國三十二年七月 日發

事由：奉令解釋公務員不得經營商業疑義一案，遵令仰知照由

令工務第六總段

案奉

公路總局三十二年五月廿一日公[illegible]號訓

令開

案奉 交通部卅二年五月十三日人典渝字第12350號訓令開：案奉行政院卅二年五月一日仁十一字第9911號訓令開：案奉 國民政府本年四月廿六日渝文字第2050號訓令開：據本府文官處簽呈稱：國防最高委員會秘書廳卅二年四月十七日國綱字第21617號公函開：查函

於本會通令嚴禁公務員不得經營任何商業或担任商業機關之董監事職務一案前准鄂陜甘邊區警備司令部養電暨中央執行委員會秘書處先後函請解釋疑義到廳當經併案轉陳國防最高委員會第一百次常務會議决議交司法院解釋在卷茲准司法院院字第2493號函復節開茲經本院統一解釋法令會議議决公務員投資於農工鑛事業而為股份有限公司股東兩合公司或股份兩合公司之有限責任股東者不以經營商業論既為修正公務員服務法第十二條第一項所明定則該條第一項所稱之商業自係包括農工鑛事業在內公務員兼任此項實業公司之董監事不得謂非違反該條第一項之規定惟兼任公營事業機關或特種股份有限公司代表官股之董事監察人依同項但書之規定則不在禁止之例至受有生活費之党務工作人員依修正公務員服務法

第二十四条自非同法所稱之公務員不適用同法第十三条第一項之規定相應函復查照轉陳等由復經陳奉國防最高委員會第一百零八次常務會議決議通過謹除分函外相應函達貴處查照轉陳分飭知照等由准此理合簽請鑒核等情據此除飭復並分令外合行令仰該院知照並轉飭所屬一体知照此令等因奉此除分令外合行令仰知照並飭所屬知照等因奉此除分令外合行令仰知照並飭所屬知照。

等因奉此除分令外合行令仰知照並飭所屬知照！

此令。

局長　周鳳

校對張文苑　監印

川滇西路管理局工务第六总段与第二十分段关于公路视距不足者已添建警令牌的呈第二十分段致工务第六总段的呈（一九四三年七月六日）

转呈备案 七十三

交通部川滇西路管理局第六总段二十分段呈

礼字第0052号

中华民国三十二年七月六日发

中华民国卅二年七月初七日收到 四四二

事由：呈复视距不足者已于三月份添建警令牌敬祈鉴核转呈由

案奉

钧段管六工字第（0094）通令内开：“案奉管理局六月十二日建工字第3172号通令开：‘案奉公路总局公字第四一一八五号工设辰齐代电开：准军事委员会水陆交通统一检查处渝（三三）稽一字第一六零七四号卯江代电略以：据报各公路急弯处常有撞车之虞，建议在急弯路处中央竖立中心石，以免肇事，请参考见覆等由。查丙级公路最短视距业经本局规定平原区为一百公尺，丘陵区为六十公尺，山岭区为二十五

54

公尺如因在工程艱鉅或情形特殊地帶不能維持上項視距時得視行駛車輛之多寡酌用下列補救辦法（一）加開邊陂（二）於路面中央劃線分開往來車道行車在單車道處派人駐守用紅旗指揮行車除函復并分行外合行電仰遵照轉飭所屬分別於車輛繁多之路段窄狹及急彎處依照上列規定辦理以策行車安全為要等因奉此查所列三項補救辦法其間有非本局財力所能辦到暫從緩辦惟於急彎窄路之視距不符規定處標誌牌之設置應加補充已有者應注意位置是否適當無者應予加設除呈復並分令外仰該總段即便遵照辦理具報等因奉此仰即遵照辦理具報為要等因奉此查職段對於凡視距不够者已於三月份添建急彎或撳喇叭警告牌矣奉令前因理合呈復敬祈

鑒核轉呈為禱謹呈

總段長鄭

二十分段段長俞恩炳

川滇西路管理局工务第六总段致川滇西路管理局的呈（一九四三年八月六日）

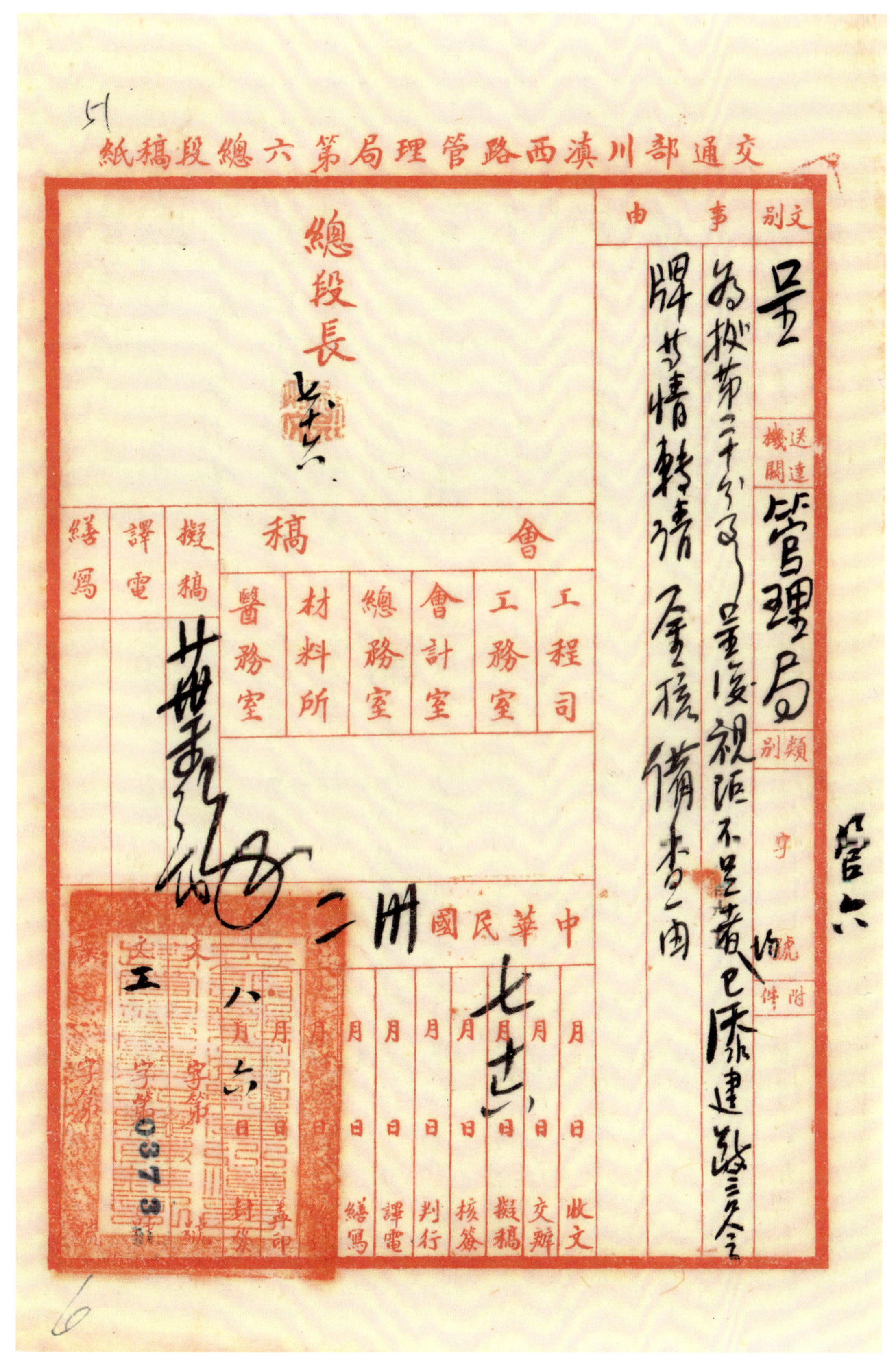

52

案奉

鈞局三十二年六月十二日建工字第3172號通令開：

「全文从長敘」

等因。奉此，當經轉仰各分段遵辦具報在卷。

茲據第二十分段禮字第0052號呈稱：「案奉鈞

段管公字第0094號通令：『轉示大局建工字第3172號通令

等因，仰即遵辦具報』等因。奉此，查所屬沿線凡視距

不夠者已添建急彎或撤砍喇叭口，設立令牌。奉令前因，

理合呈復，懇祈鑒核轉呈為禱」等情。據此，除其

餘各分段俟呈復再行彙案呈報外，理合先行

備文呈請

鑒核備查為禱。謹呈

局長周

全銜 謹呈

川滇西路管理局关于禁止旅客携带铜镍辅币致管理局工务第六总段的训令（一九四三年七月八日）

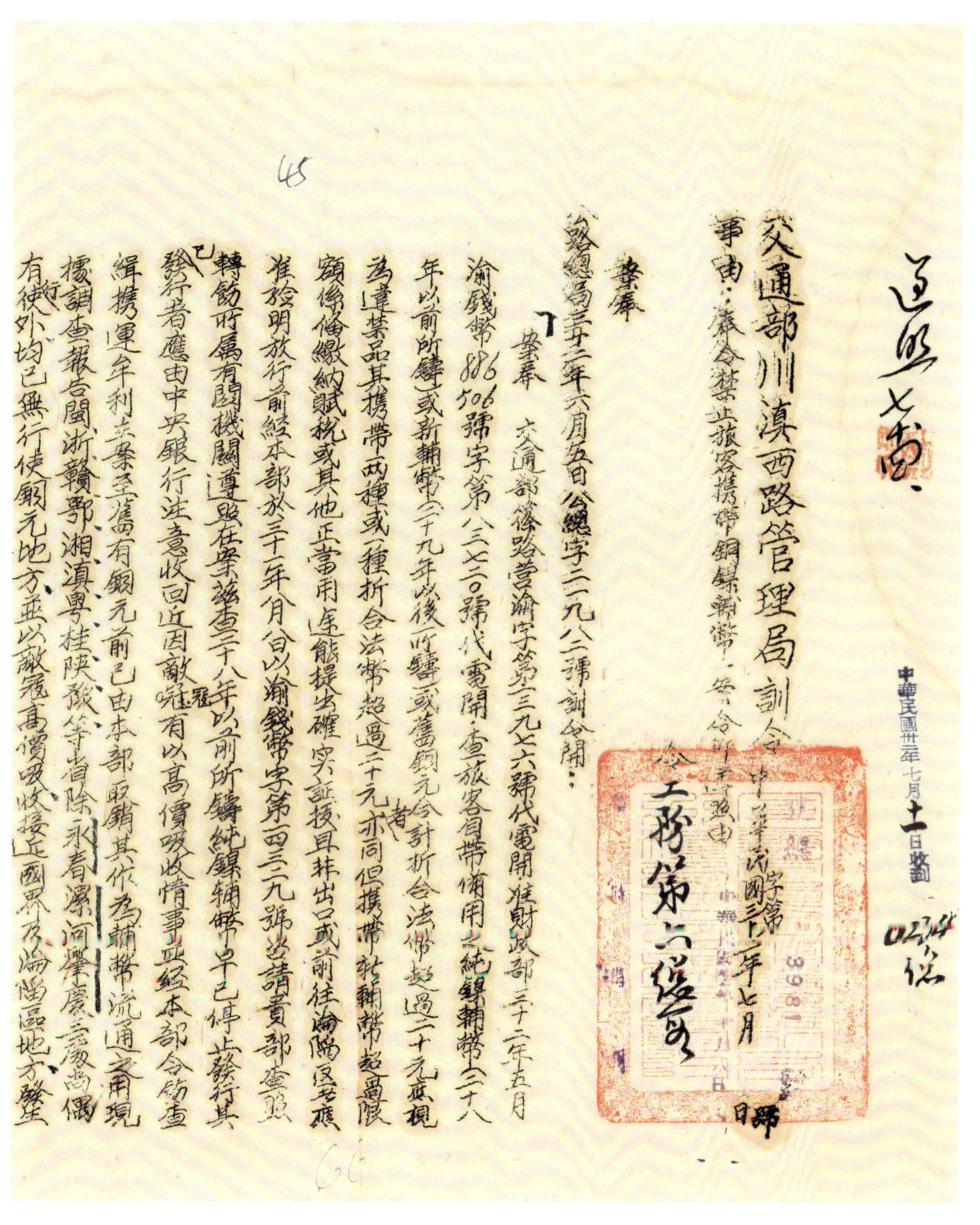

交通部川滇西路管理局訓令

事由：奉令禁止旅客攜帶銅鎳輔幣一案令仰遵照由

案奉

公路總局三十二年六月五日公總字二一九八二號訓令開：

案奉交通部路營渝字第五三九七六號代電開：准財政部三十二年五月渝錢幣886 506號字第八三七二〇號代電開：查旅客自帶備用之純鎳輔幣（二十八年以前所鑄）或新輔幣（二十九年以後所鑄）或舊銅元合計折合法幣超過二十元者，應視為違禁品，其攜帶兩種或一種折合法幣超過二十元者亦同。但攜帶新輔幣超過限額，係備繳納賦稅或其他正當用途，能提出確實證據，且非出口或前往淪陷區者，應准於明放行。前經本部於三十一年 月 日以渝錢幣字第四三三九號函請貴部查照轉飭所屬有關機關遵照在案。茲查二十八年以前所鑄純鎳輔幣早已停止發行，其已發行者應由中央銀行注意收回，近因敵寇有以高價吸收情事，並經本部令飭查緝攜運牟利在案。至舊有銅元，前已由本部取銷其作為輔幣流通之用，現據調查報告，閩、浙、贛、鄂、湘、滇、粵、桂、陝、豫等省除永春、梁河、肇慶三處尚偶有行使外，均已無行使銅元地方，並以敵寇高價吸收，接近國界及淪陷區地方發生

46

化整為零走私情事，所有原定旅客携帶純鎳輔幣與舊銅元之准帶額，應即併予取消，統限於本年六月一日起，除有本部所發准運護照，或持有中央銀行所發證明書運送交兌者外，一律禁止携帶，違者無論數量多寡，應悉遵禁品處理，至携帶新輔幣之准帶額以及超過限額係補繳納稅賦或其他正當用途，能提出確實證據，且非出口或淪陷區者，應准驗明放行一節，仍應照舊辦理，除函請中央銀行查照並分電外，相應電請貴部查照，特飭所屬有關機關遵照，體佈告通知，並自本年六月一日起，注意查緝私行携帶純鎳輔幣或舊銅元，如有查獲，仍照向例送由海關處理，並希見復為荷。等由，准此，除電准並分電外，合行電仰遵照，並轉飭所屬遵照。等因，除分令外，合行令仰遵照，並飭屬一體遵照為要。此令

等因，除分令外，合行令仰遵照，并飭屬遵照為要。此令。

局長 周鳳九

監印 傅錫華
校對 張文苑

川滇西路管理局第二十二分段关于报送第四十六道班抢挖便道工程夜工津贴报销致工务第六总段的呈（一九四三年七月十二日）

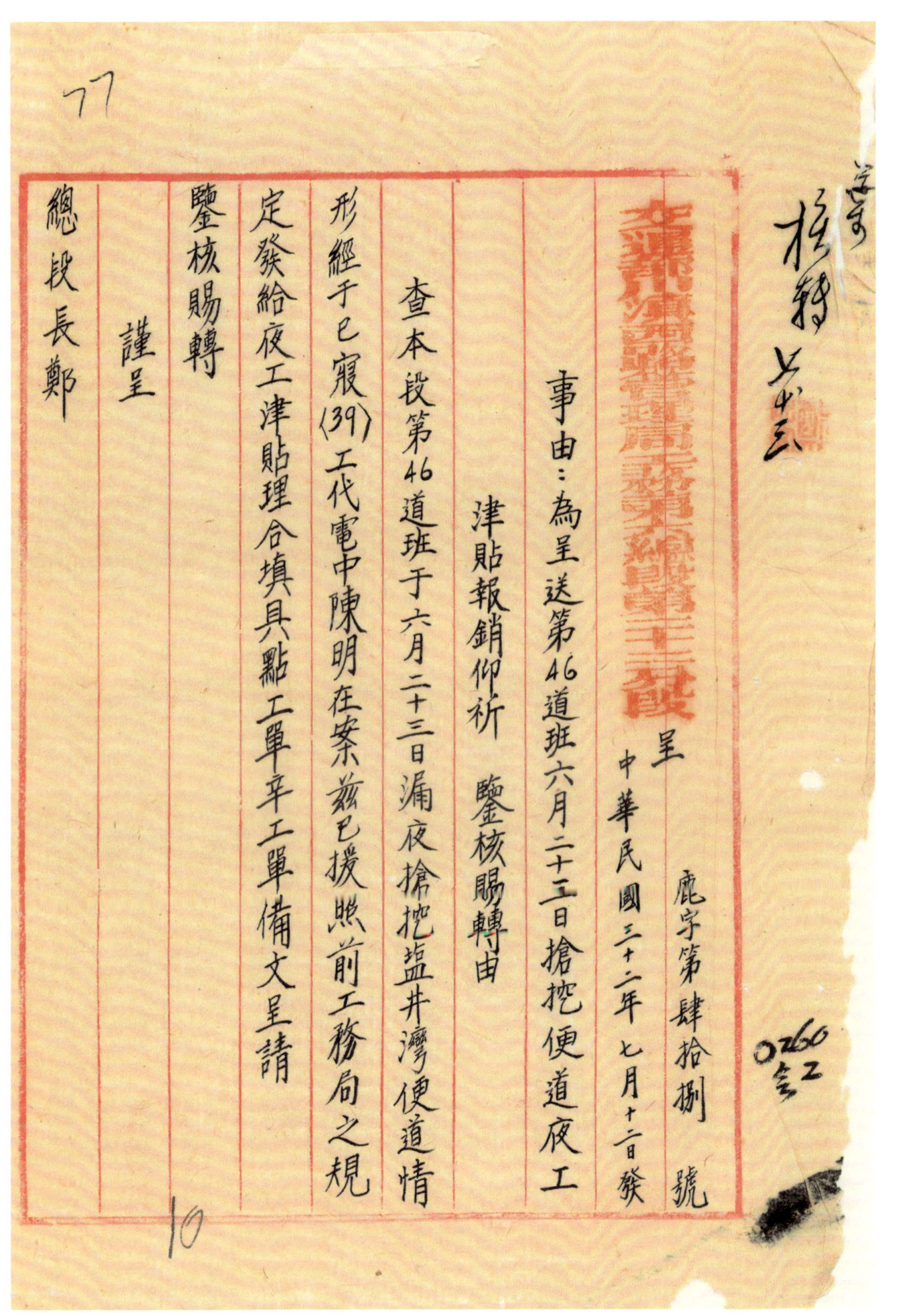

鹿字第肆拾捌號

中華民國三十二年七月十二日發

呈

事由：為呈送第46道班六月二十三日搶挖便道夜工津貼報銷仰祈鑒核賜轉由

查本段第46道班于六月二十三日漏夜搶挖盐井灣便道情形經于巳寝（39）工代電中陳明在案茲已援照前工務局之規定發給夜工津貼理合填具點工單辛工單備文呈請

鑒核賜轉

謹呈

總段長鄭

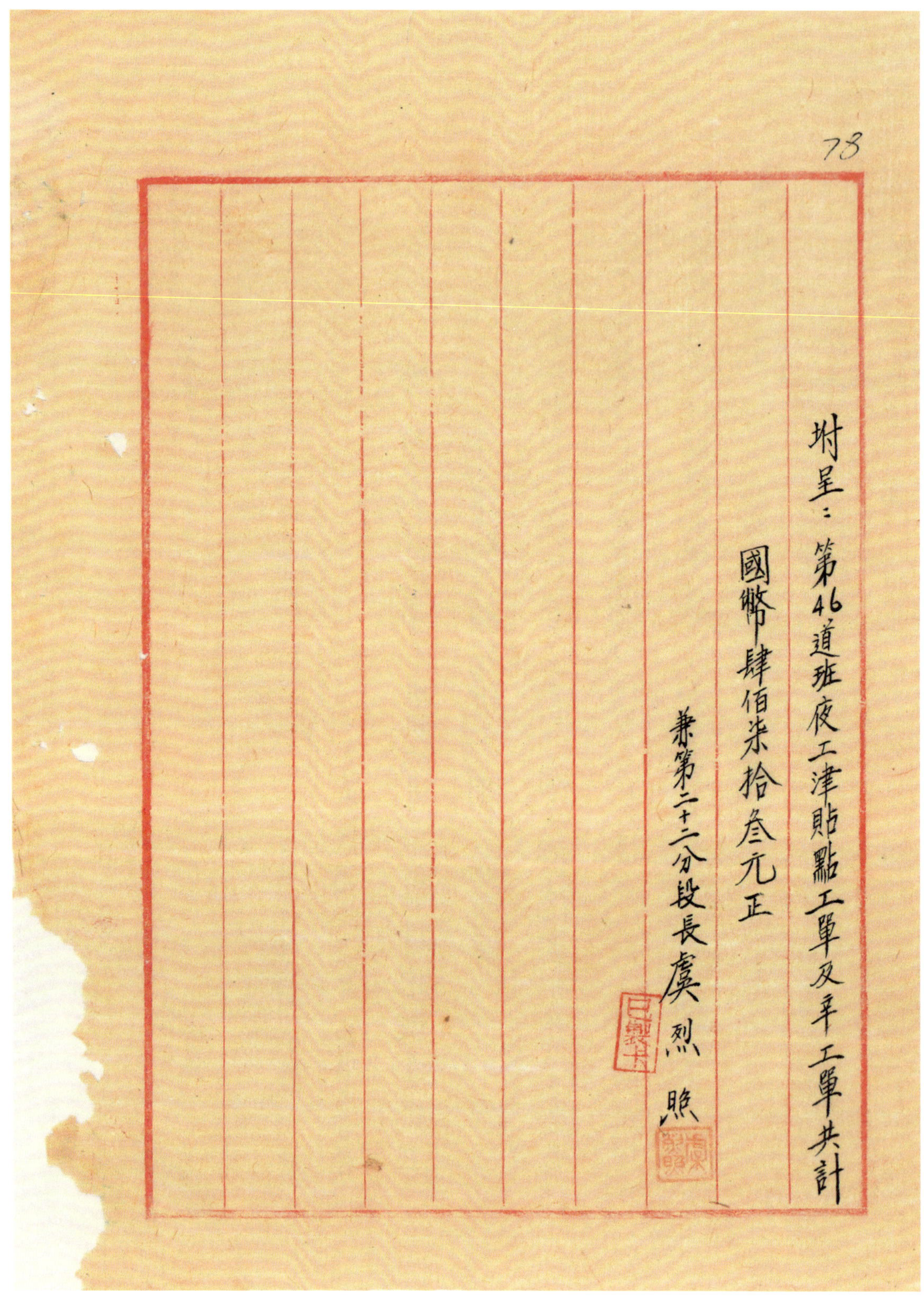

78

附呈：第46道班夜工津贴点工单及平工单共计

国币肆佰柒拾叁元正

兼第二十二分段长虞烈照

川滇西路管理局工务第六总段关于举办工程均须依照法令先行呈报备案致第二十三分段的训令
（一九四三年七月十五日）

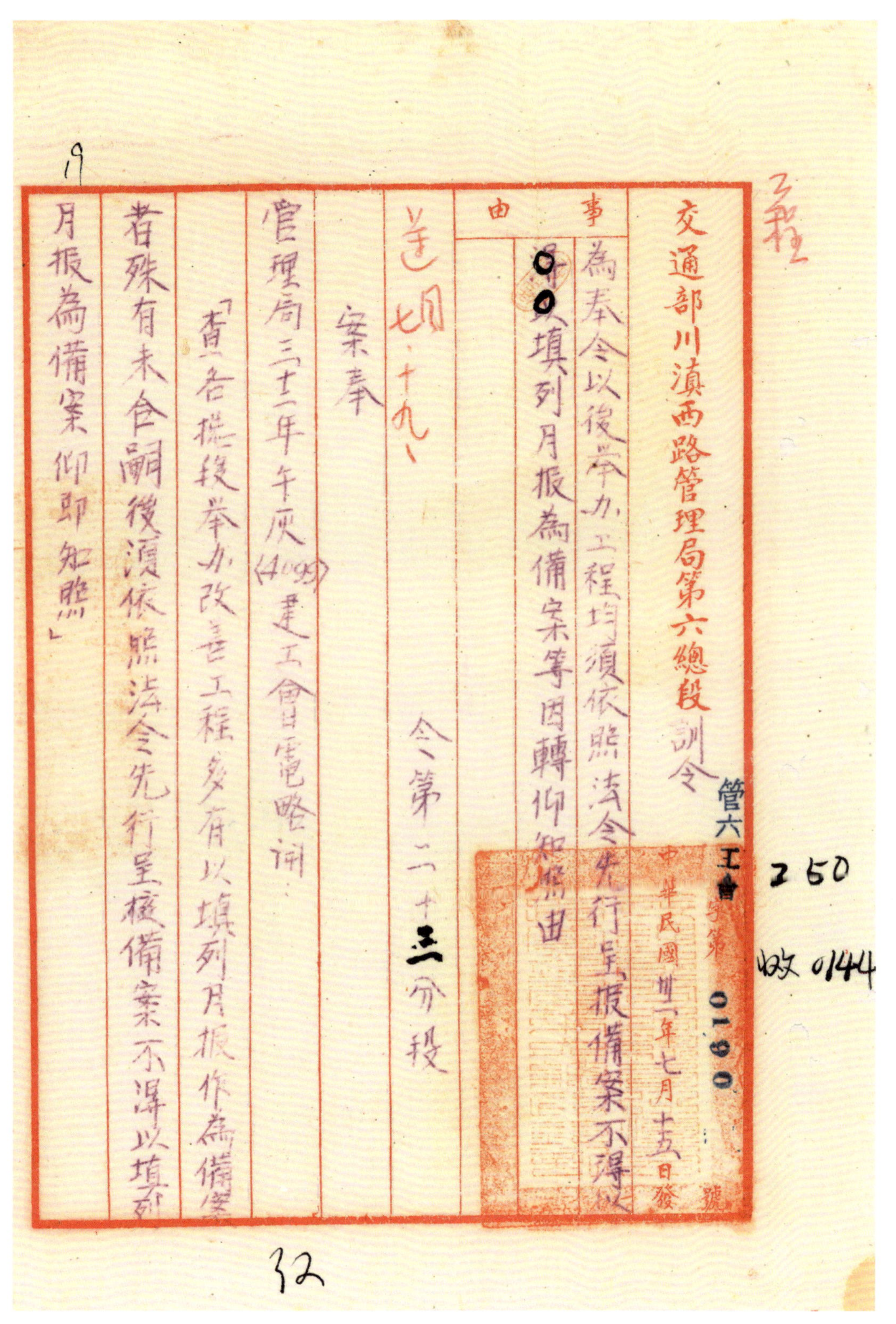
交通部川滇西路管理局第六總段訓令　管六工會字第0190號

中華民國卅二年七月十五日發

事由：為奉令以後舉办工程均須依照法令先行呈報備案不得以[illegible]填列月振為備案等因轉仰知照由

令第二十三分段

案奉

管理局三十二年午灰（4095）建工會電略訓

「查各總段舉办改善工程多有以填列月振作為備案者殊有未合嗣後須依照法令先行呈核備案不得以填列月振為備案仰即知照」

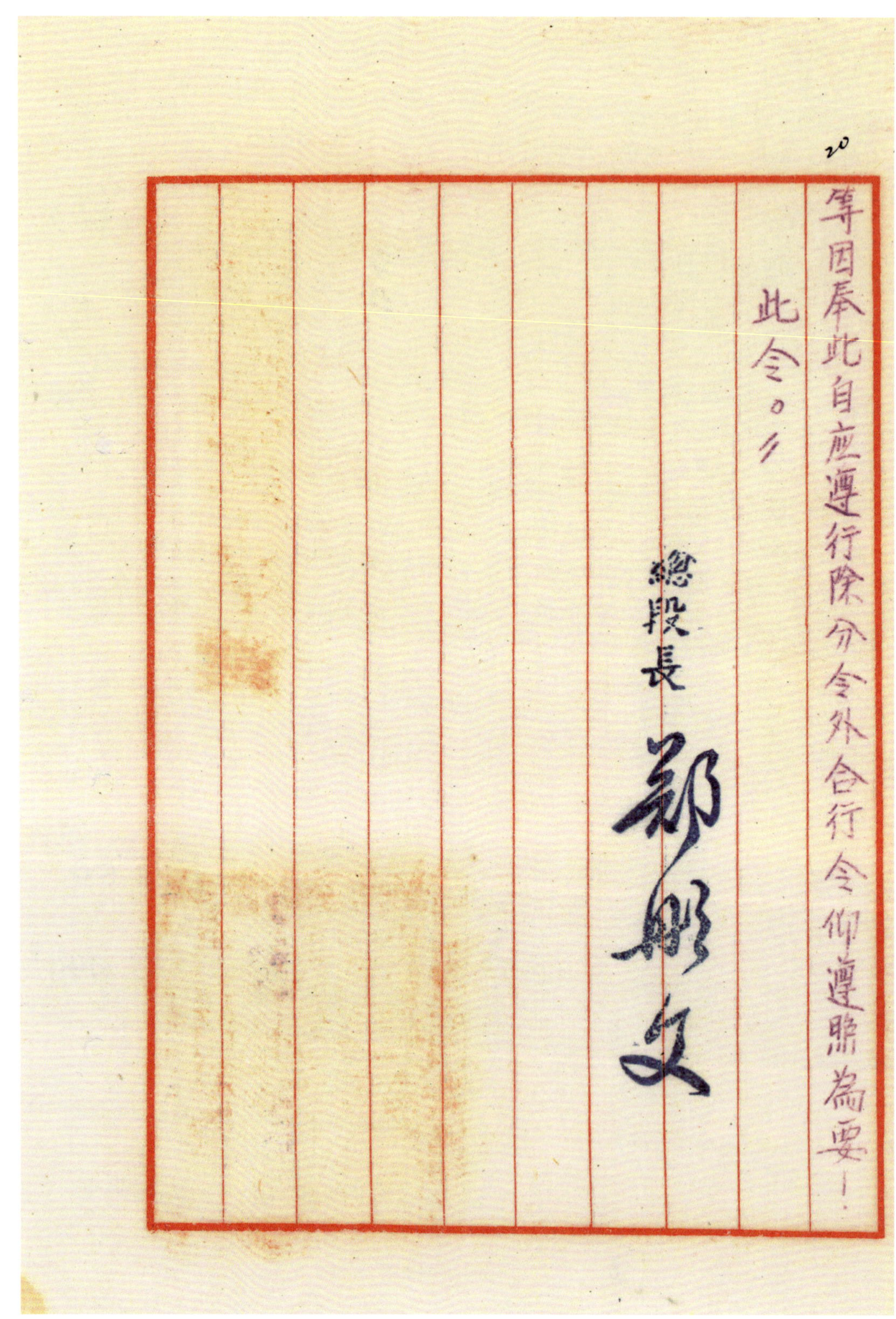
20

等因奉此自应遵行除分令外合行令仰遵照为要！

此令。//

总段长 郑维文

川滇西路管理局转发各路沿线普植桐柏致工务第六总段的通令（一九四三年七月十七日）

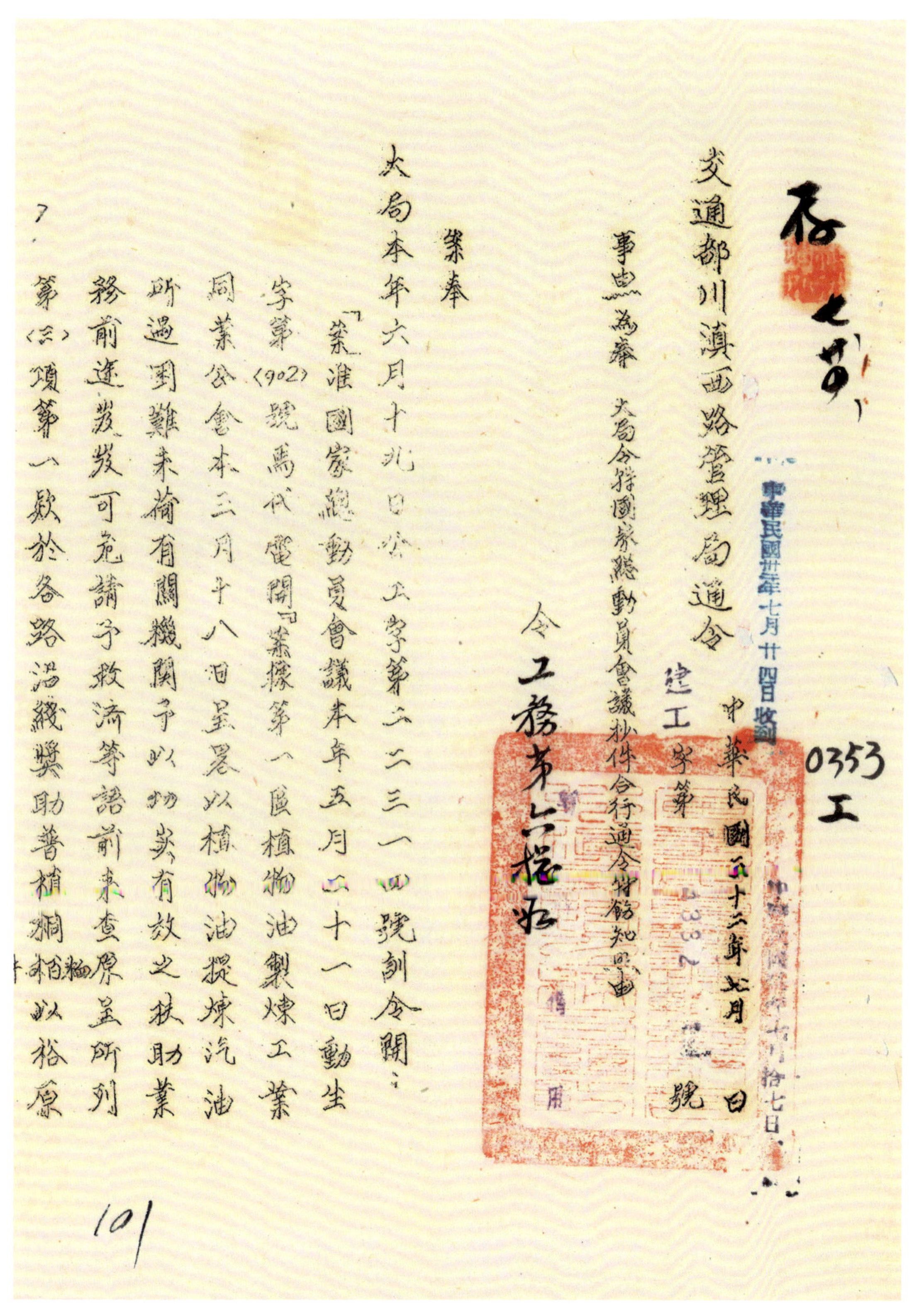
存七节

中華民國卅二年七月廿四日收到

0353
工

交通部川滇西路管理局通令

中華民國三十二年七月　日

建工字第3382號

事由：為奉大局令抄發國家總動員會議抄件令行通令飭知照由

令工務第六總段

案奉

大局本年六月十九日公五字第二二三一四號訓令開：

「案准國家總動員會議本年五月三十一日動生字第〈902〉號馬代電開『案據第一區植物油製煉工業同業公會本三月十八日呈略以植物油提煉汽油所遇困難，未荷有關機關予以物質有效之扶助，業務前途岌岌可危，請予救濟等語，前來查原呈所列第〈三〉項第一款於各路沿綫獎助普植桐柏以裕原

101

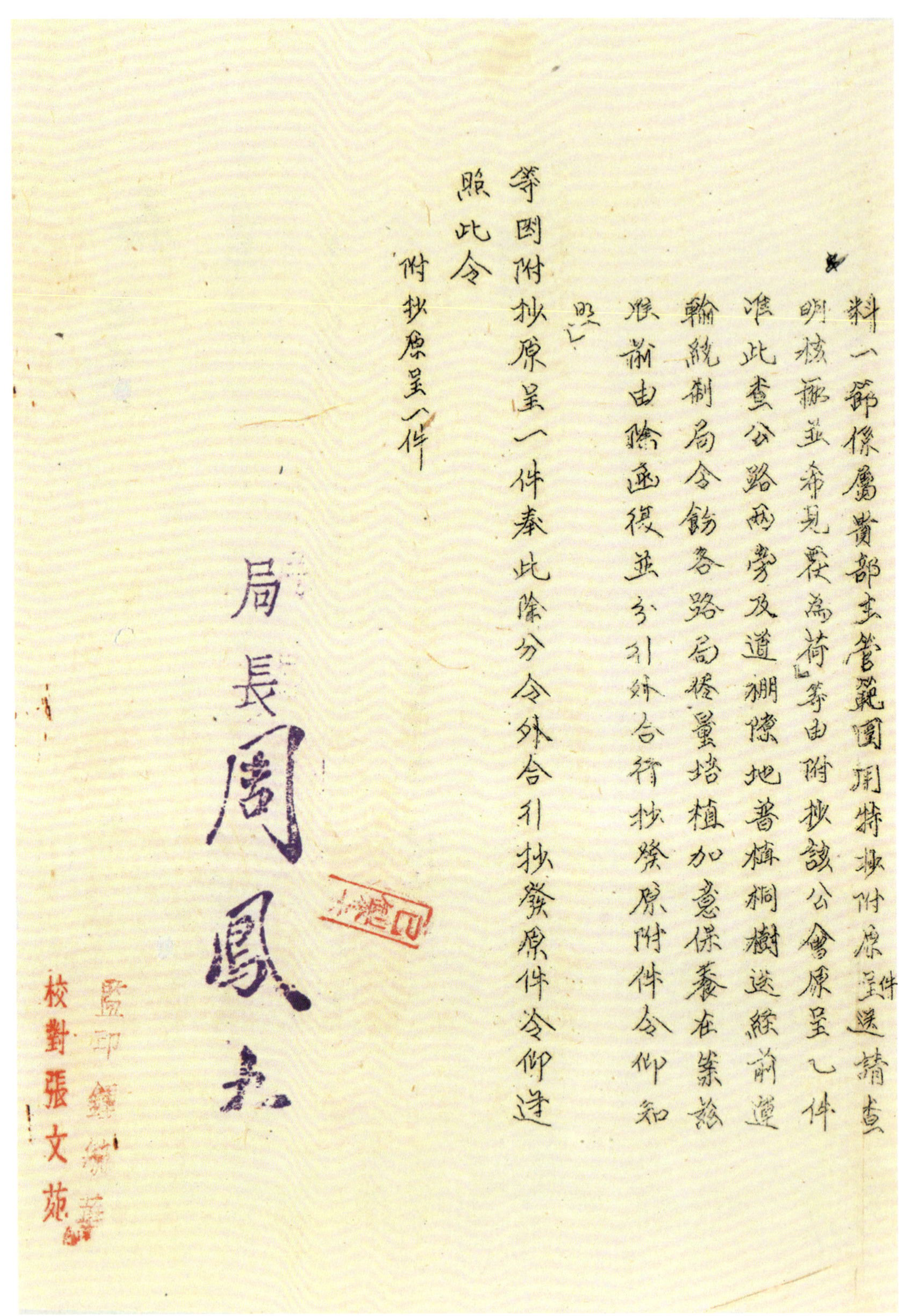
料一節係屬貴部主管範圍用特抄附原件送請查
明核辦並希見覆為荷」等由附抄該公會原呈乙件
准此查公路兩旁及道棚隙地普植桐樹迭經前運
輸統制局令飭各路局儘量培植加意保養在案茲
准前由除函復並分行外合行抄發原附件令仰知
照」
等因附抄原呈一件奉此除分令外合行抄發原件令仰遵
照此令
附抄原呈乙件

局長周鳳九

監印 鍾微

校對 張文苑

8

抄附原呈

查植物油提炼汽油虽为抗战以来政府提倡新兴工业之一，然尚未被过分重视，
至其所遇困难，未蒙各有关机关予以切实有效之扶助，以致艰难困顿，日益不能坚
实。业务前途发展之所系，窃制炼油工业关系国防至深且切，本会忝负代言之责，不敢自
安缄默，任其颓败，谨拟所知，以贡钧核，谨胪陈如次：（一）植物油炼油工业在国防上
之重要性。查将来建设陆海空军，凡属机械化兵种，均非藉汽油不足以言
作战。战时资源以谋自足为主，故取给于国内，为作未雨绸缪，于战争与后外油输入之阻
断。内地各区矿油蕴藏虽富，然以限于交通技术设备及特殊气候等种种之关系，在时间上
未必急切理想，要求建军必须争取时间，自难脱离植物油提炼汽油工业，以
发展促进。至目前产量不足者，则目前产量仅数万加仑，就现有设备言，各厂每日平均
所出不过千加仑，全区计六十余厂，共可产油十万加仑，似尚足敷政府当局之需。然
微诸资金之微薄及时间之短促，则目前之所贡献诚已不能尽，伏希予以重视，假以
全年以后，利则激励之，预计短期之内不难奠定自给之基础。窃四川……

102

油每年可造五万吨，每吨可炼油一百加仑，合计每年可得五百万加仑，数几占战时消耗量三分之一，而柚油尚未计算在内。若联合湘、桂、黔、滇、浙、赣诸省，则全年产量至少可造七十万加仑。倘能改进提倡桐柏种植，则前者原料更不可胜用，产量更多而价亦较廉。普通易举，有优点者有四：（一）原料生产不缺；（二）隐蔽易设，运输机构长途运至之普有此极，供应节约油量之利；（三）制取材料设立工厂制油所需之资本，较之开采油矿、蒸馏终有限制，以且油源告竭则无法挽救，一有事故无不虞之利；（三）石油产地局于一隅，苟为敌破坏占领或截断其他故障，则全般供应即成问题。此则星罗棋布，既无一网打尽之虞，更有随时补给之便；（四）石油产量虽属庞大，然消耗于运输途中已占其大半，而西北天候特殊，严寒封冻，停运之日每年必数月。此则昼夜开发，源源无间，不仅供应无缺，而分地贮藏更符军事要求。以上数端，仅就配合战时之需要言之，至其于繁荣国内农村经济及进而推广植桐用油（按植物油推广炼制机器汽油业于民国二十六年经孙毓发先生在杭州笕桥中央航空学校试验成功，且经美籍顾问试验于各种飞机，试验均极佳，惜因战时材料爆发其本及大量生产）等种种之贡献，利益亦不殚述。目前遭遇国难

二頁

前經各民營煉油廠能於困難期中，不事投機射利，先后集資設廠，從事汽油生產，雖其發展分生產，目前僅為涓滴之助，然與囤積商人相較，似係有別，且甚[illegible]賠[illegible]。機械自籌備以迄於出油為止，不能相當修改，辛酸之努力，始克告成，然以現有機械之設備，與日前生產數量相較，尚不及三分之一，推厥原因，約有下列困難數點：一、汽油價格遠低於成本——查煉油主要原料之桐油，已由政府統制專賣，於前兩月漲價，汽油之用戶亦由政府指定分配，於此首尾兩端全操政府，商廠非法利潤已不可能，重以煉油工業設備折舊，較其他工業為高，而液体燃料管理委員會困於統制平價之努力，派員考察各民營煉油廠之實際製造成本，并未能根據已有分別詳細訂價，雖有本液委員會之設，但統是同業代表，參加其所許定之汽油價格，僅與汽煤伯仲而已，而汽油製煉成本，以目前物價計，每加侖須二百五十元，但折舊股息各廠成立先後所費資金不同，計算亦殊，而許定之價格不問其品質標準，粗一律，悉定之為每加侖一百八十元，且至為[illegible]愈多，與品質愈優者而虧折[illegible]，[illegible]力生產與提高品質皆無異自殺陷阱之路

103

9

煉油工業不能加速成長而趨萎縮之最大原因又分述資金滯澀週轉失靈——私營各民營煉油廠目前受制種種條件每月產量雖屬有限然即以此區區數量煉成以成品從速出脫則所有資金極易凍結周轉既難生產遂滯而各民營廠每[illegible]傾助蓋於其生產過程中先可捲成墊款既鮮凍結週轉之虞自可無所顧慮安心生產故頻年以來各地民營酒精工廠有如雨後春筍蓬勃輝煌酒精產量蔚為大觀殆有由也兩兩相較實霄壤常枯自屬必然此為汽油產量未能激增之重大原因之二。乙、價領桐油限制過嚴——煉油主要原料之桐油雖由政府統制不虞缺乏但申請價領限制過嚴既不許失之過早既不能失之過遲各民營廠每須措繳現金偶因周轉欠靈不及適時起領均被消取補領機會次月原料遂告斷絕影響產量莫此為甚且申請價領又必須經過相當時間故往往不能配合生產各民營煉油廠均感於周轉資金不能應時獲得原料供給時有中輟停工之苦較之其他企業可與各商營行棧以憑信用自由往來隨時訂購原料通融付款等便利其差別誠不可同日而語此為各民營煉油廠未能以預期計劃生產原因之一。丙、油桶告缺甚難解決——大型鐵製油桶為煉油廠出品附帶容入之盛器目前決無其他工具可資替代其重要程度與原料機械不相伯仲蓋成品無法存貯則錫炉之法出清，若建築油池則所需材料人工俱非各民營煉油廠財力所許，呈頂油桶外源已絕，市上搜購又收不易（惟查政府機關收存未用者不在少數，且每見堆棧碼頭壘若山丘，一面日曬鏽蝕，氣化殊深可惜）。此爲各民營煉油廠未能如預期計劃生產原因之二。（三）請求分行各有關主管機關切實扶助之意見：植物油提煉汽油工業在目前之重要性及其價值，具有前述，而目前所有之困難不得不請政府切實解救，倘荷決心支持則翼護之下，預計五年之後國內汽油問題必可解決一部，謹將所冀各點分陳如左：（一）請分行農林交通兩部核各路認真獎助普植桐柚以裕原料（此點擬附具計劃專案呈核）。（二）又請分行經濟部召集煉油專家及各民營煉油廠商擬具與甘肅油礦局之衛生劃計劃（關於此點之全盤問題設備及普通技術問題前航空學校汽油研究室主任徐伯堃先生已研究有切實易行辦法擬專案呈

104

10

核示，並請分行財政部對民營軍用煉油業視同軍需工業，豁免一切捐稅，並轉飭四行便利放款；又請分行液體燃料管理委員會對各煉廠生產之汽油整批收購，或分配國營用油機關，並准同業公會推派代表參加該委員會，切實依據成本保障該業利潤，同時按照法定價格供應各廠大型油桶；又請分行財政部、經濟部、復興公司對各煉油廠業准價領之桐油予以普通商業上之便利。綜上所陳，雖屬乎救業，對於國防大計及戰時經濟關係至大，本會職責所在，不敢壅於上聞，除分呈高委員會、軍事委員會、行政院外，理合具文呈請鑒核示遵，實為公便。謹呈

國家總動員會議

第一區植物油煉製工業同業公會理事長文光俊

川滇西路管理局工务第六总段第二十三分段关于雇员王宝善家属调查表及到差呈报单致工务第六总段的呈（一九四三年七月二十二日）

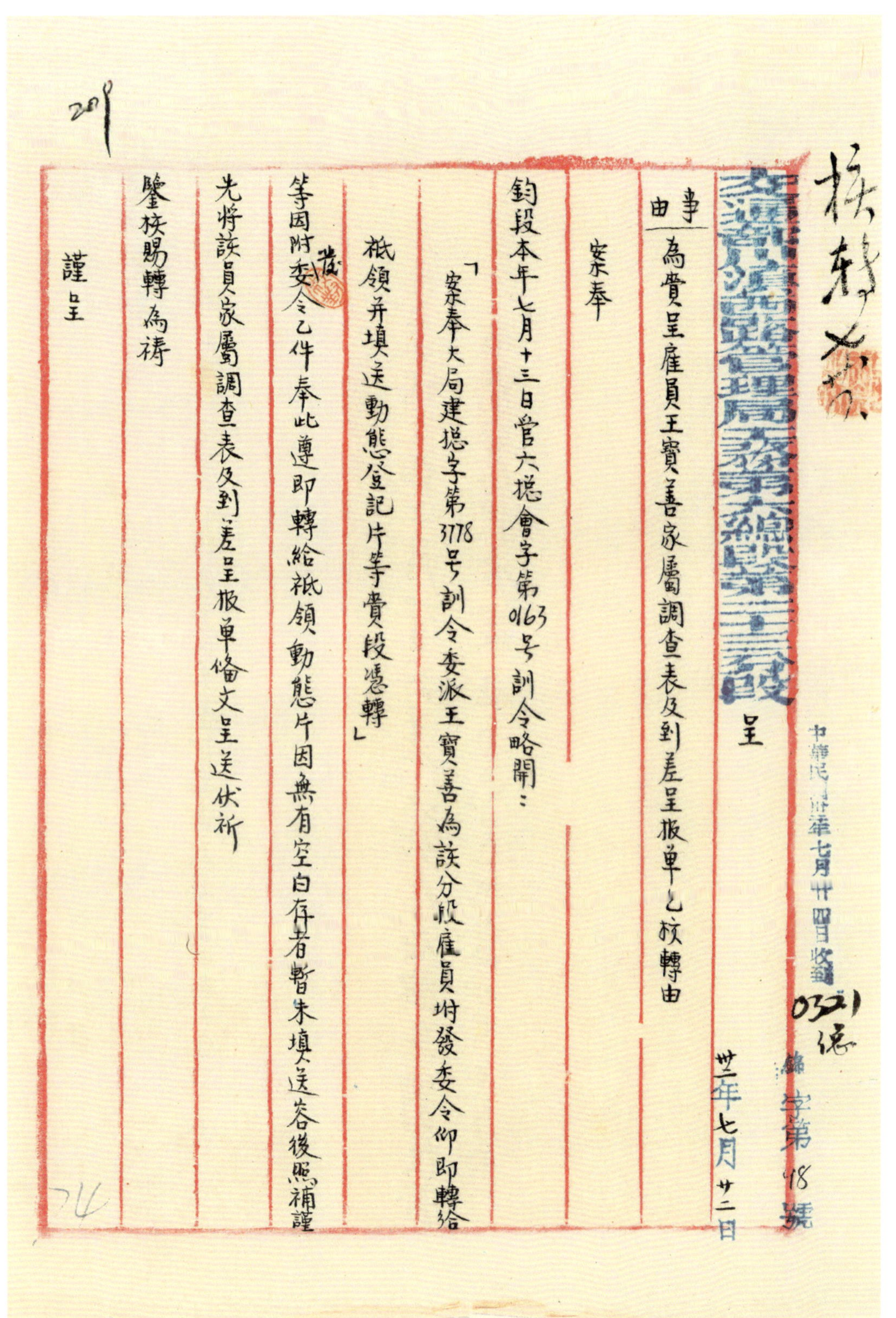
川滇西路管理局工务第六总段第二十三分段 呈

事由：为赍呈雇员王宝善家属调查表及到差呈报单乞核转由

案奉

钧段本年七月十三日管六总会字第0163号训令略开：

「案奉大局建总字第3778号训令委派王宝善为该分段雇员，附发委令，仰即转给祗领，并填送动态登记片等赍段凭转」

等因。附委令乙件，奉此，遵即转给祗领。动态片因无有空白存者，暂未填送，容后照补。谨先将该员家属调查表及到差呈报单备文呈送，伏祈

鉴核赐转为祷。

谨呈

卅二年七月廿二日

中华民国卅二年七月廿四日收到 0321 总
锦字第48号

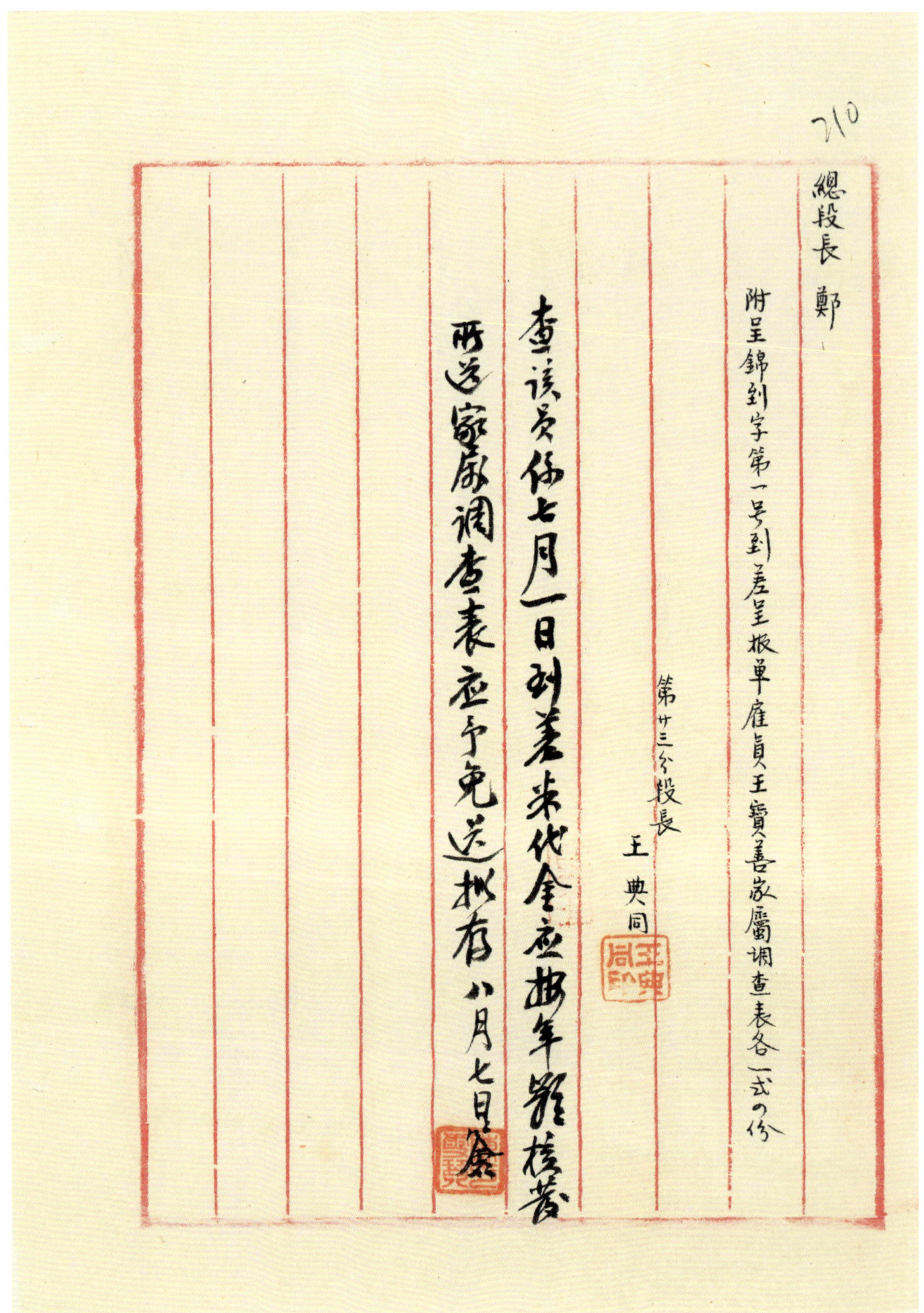

210

總段長鄭

附呈錦到字第一号到差呈報單雇員王寶善家屬調查表各一式四份

第廿三分段長　王典同

查該員係七月一日到差米代金應撥年終核發

所送家屬調查表應予免送　擬存　八月七日　余

川滇西路管理局員工家屬調查表

姓名 王寶善　服務部份 六總廿三分段　性別 女　籍貫 福建閩侯

別號　　職別 雇員　年齡 二十六　到差日期 廿二年七月一日

與本人之關係	父	母	弟			附註
姓名	王鑫	陳氏	王強善			
年齡	六十二	六十	十五			
職業	交通界	〃	學			
現在住址	湖南湘西	〃	〃			
是否須本人扶養	是	〃	〃			

填表人 王寶善　蓋章［印：王寶善印］　32 年 7 月 1 日

主管長官審核意見（　　）核定應領平價米或代金人數（　　）蓋章［印：王典局印］

局長核定應領平價米或代金人數（　　）蓋章

208

附（二）川滇西路管理局员司到差呈报单

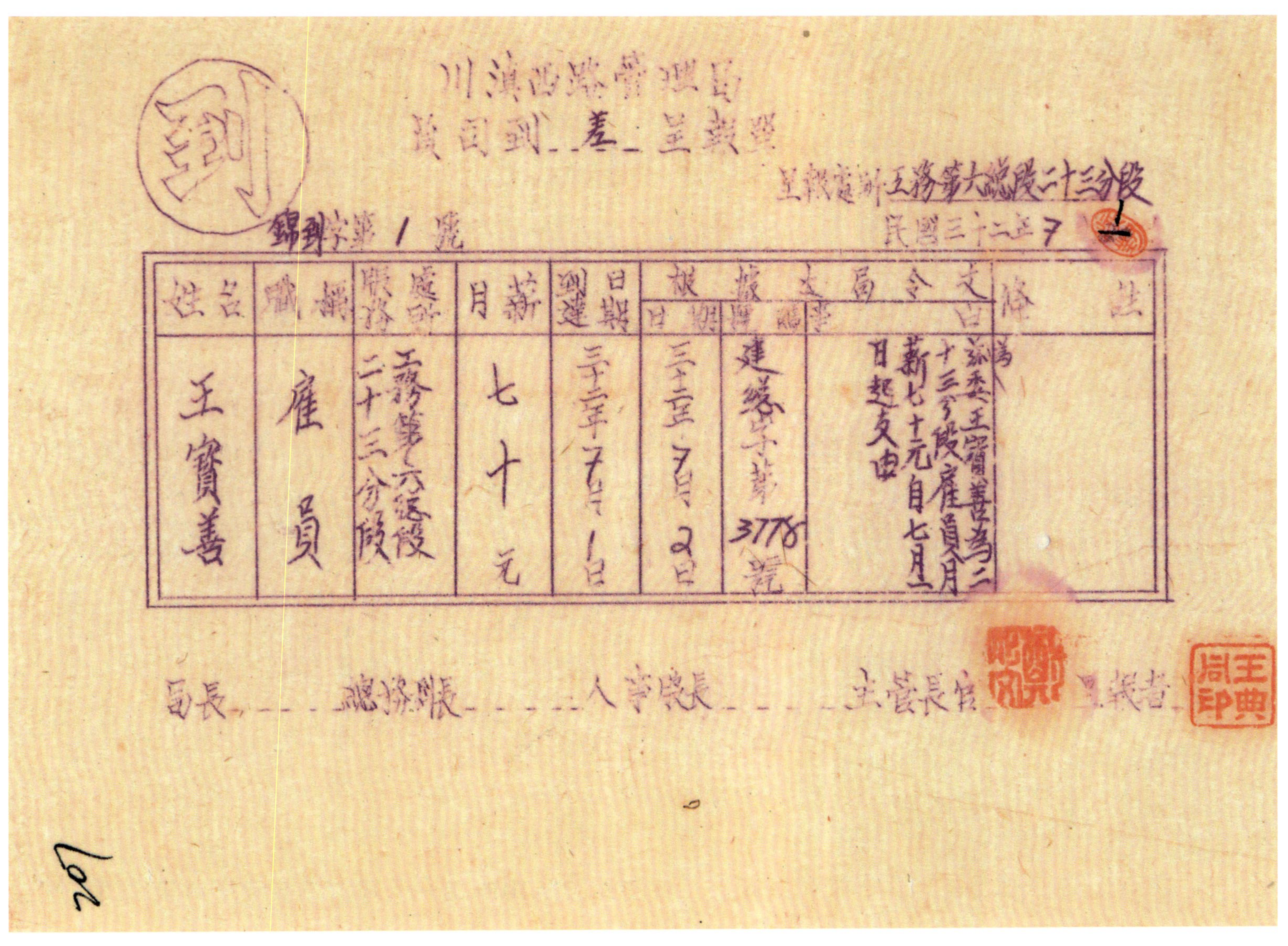

207

川滇西路管理局
员司到差呈报单

呈报处所　工务第六总段二十三分段

民国三十二年7月1日

锦到字第1号

姓名	职别	服务处所	月薪	到差日期	核准文局令日期	核准文局令字号	核准文局令事由	备注
王宝善	雇员	工务第六总段二十三分段	七十元	三十二年7月1日	三二年7月2日	建务字第3778号	为二十三分段雇员王宝善月薪七十元自七月一日起支由	

局长＿＿＿总务处长＿＿＿人事股长＿＿＿主管长官　呈报者　王典尚印

川滇西路管理局工务第六总段VI—22—101工程承揽单（一九四三年七月二十六日）

270

川滇西路工務局（管理局）

工程承攬單

工－2(甲)

工程名稱	採運路面石子	工程地點	39K～40K
工程編號	VI—22—101	會計科目	資—3—2—3
承攬編號		承攬總價	20800.00元
承攬範圍	包括採運各費之全部		
開工限期	八月一日	施工期限	三十日晴天
保固期限		承辦押款	
逾限罰款	每天伍拾元	核准簽定日期	民國　年　月　日

付款辦法

1.訂立承攬時承攬人得請領預開工費百分之　於每次估驗發款時分期在應發款內扣還之

2.每半月估驗一次每次發給已成工價之九成扣存壹成作爲保留金竣工初驗後無息發還保留金之半其餘半數至覆驗無訛後並無息發還

承攬人		承攬人簽章
名稱	胡肖九	胡肖九印
負責人	胡肖九	
住址	德昌實馨營	

保證人		保證人簽章
名稱	陳玉發記	陳玉發記　丁學達章
負責人	丁學達	
住址	德昌正街	

對保複查　陳玉發記　丁學達章

第22分段長　年7月26日　　第6總段長　年8月4日

工務科股長　年　月　日　　會計科股長　年　月　日

工務科科長　年　月　日　　會計科科長　年　月　日

副總工程司　年　月　日　　總工程司　年　月　日

副局長　年　月　日　　局長　年　月　日

對保人

本單應填七份以一份存底四份呈局核准後工務科會計科各抽存一份存卷一份餘發還總分段及包工分別存查

9

269

承　攬　條　款

一　本承攬自呈奉　局長核准訂立之日起發生效力至工程覆驗無訛後失其效力

二　本承攬所附各件如施工細則工程規範書說明書標準圖設計圖估價單等均爲本承攬之一部份承攬人應絶對遵守

三　遇必要時本局有變更設計之權承攬人不得藉作不合理之增價要求

四　~~本承攬所載各項單價係按照所有因素之時價詳細估計其計算方法則另訂于單價分析表內~~

五　~~遇米價有漲落時本承攬所載各項單價得照　單價分析表上所載之調整辦法每月調整一次~~　本承攬單價自始至終永不变更

六　~~逾限工程如無特殊原因在逾限期內各項單價永以預定竣工月份之調整單價爲準不再另行調整~~

七　承攬人未得局方同意不得將本工程轉讓他人承包

八　本工程所需一切人工材料工具設備除特別規定者外概由承攬人自備其規定由局方供給者承攬人應負責保管如有損失或超出限制消耗量者其超領部份按規定價格及規定辦法扣價

九　本工程如承攬人不能親自常駐工地時應派富有工程經驗負責代表駐工督率并管理工人如段方認爲該代表不能稱職時可隨時通知撤換之

十　工地交通應由承攬人負責維持原有行車設備與建築物應與予維護

十一　未經驗收之工程及工人等安全設備概由承攬人負責如有意外不得推諉卸責

十二　本工程數量以竣工後實收數量經覆驗認可者爲準

承攬附件	(一)估價單 / 張 (二)規範書　份 (三)說明書　份 (四)設計圖　張 (五)單價分析表　張

01

川滇西路管理局工务第六总段关于大雨冲陷路堤及涵洞工程在抢修费内列报并编具预算呈核致第二十四分段的指令

（一九四三年七月二十九日）

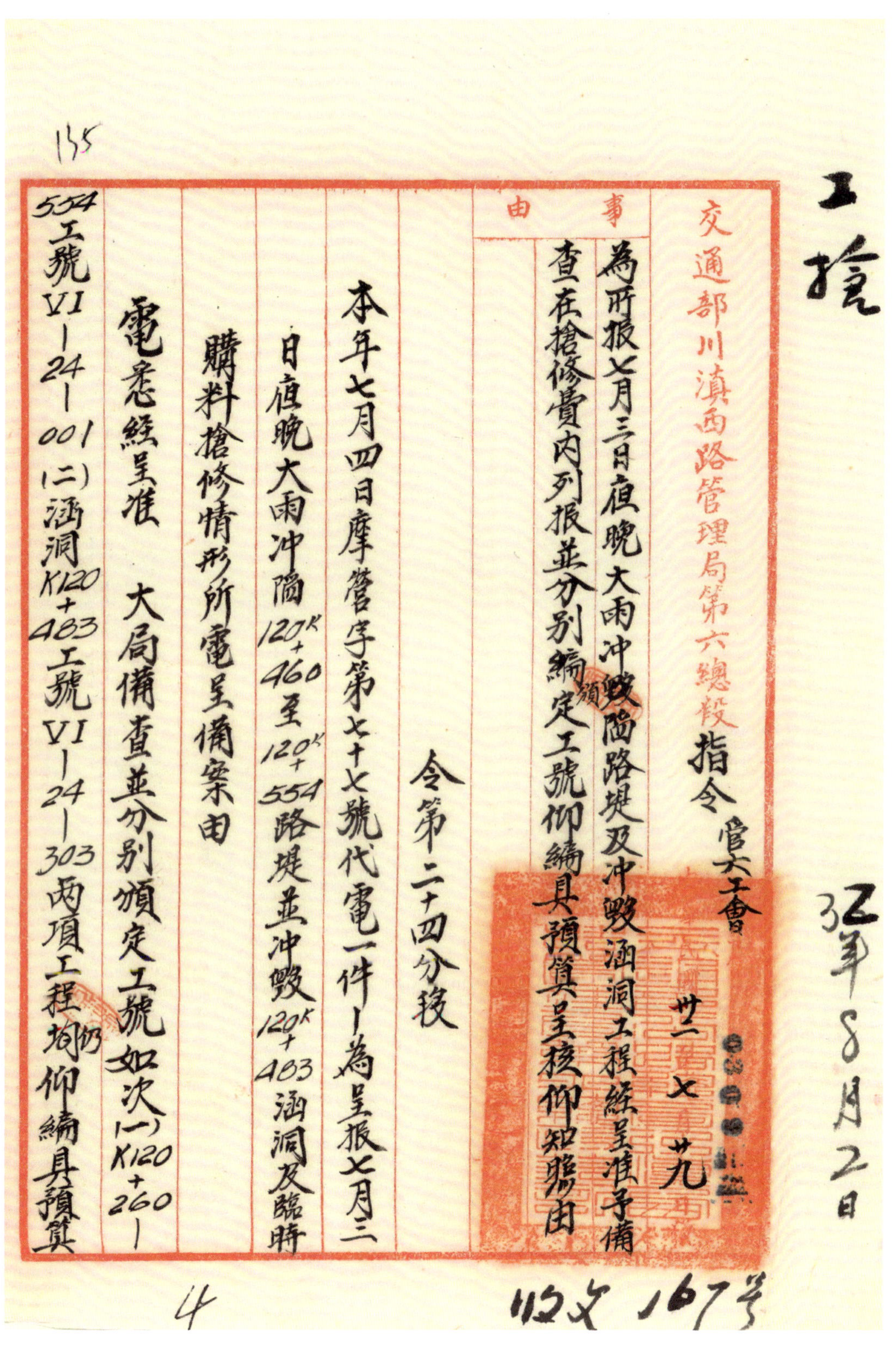

交通部川滇西路管理局第六總段指令 官六工會 卅二 七 廿九

事由：為所報七月三日夜晚大雨沖毀陷路堤及沖毀涵洞工程經呈准予備查，在搶修費內列報並分別編定工號，仰編具預算呈核，仰知照由

令第二十四分段

本年七月四日摩營字第七十七號代電一件，為呈報七月三日夜晚大雨沖陷120K+460至120K+554路堤並沖毀120K+483涵洞及臨時購料搶修情形，所電呈備案由。

電悉。經呈准大局備查，並分別頒定工號如次：(一)K120+260—554工號VI—24—001 (二)涵洞K120+483工號VI—24—303。兩項工程仍仰編具預算

工撿

32年8月2日

135

4

112文 167号

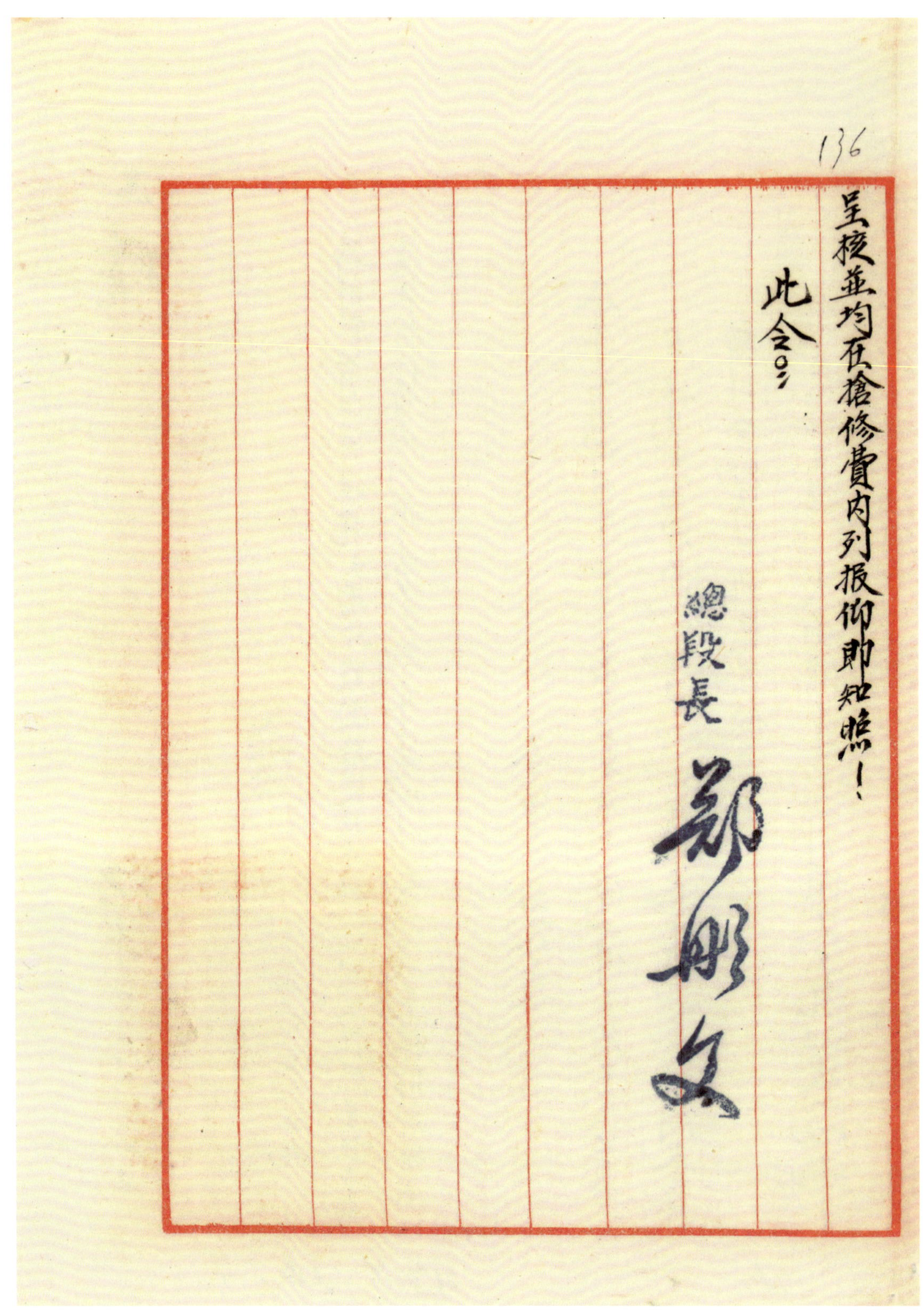
136
呈核并均在抢修费内列报仰即知照！
此令。
总段长 郑彬文

川滇西路管理局工务第六总段关于将辖线内便道速行修复致第二十四分段的训令（一九四三年八月十一日）

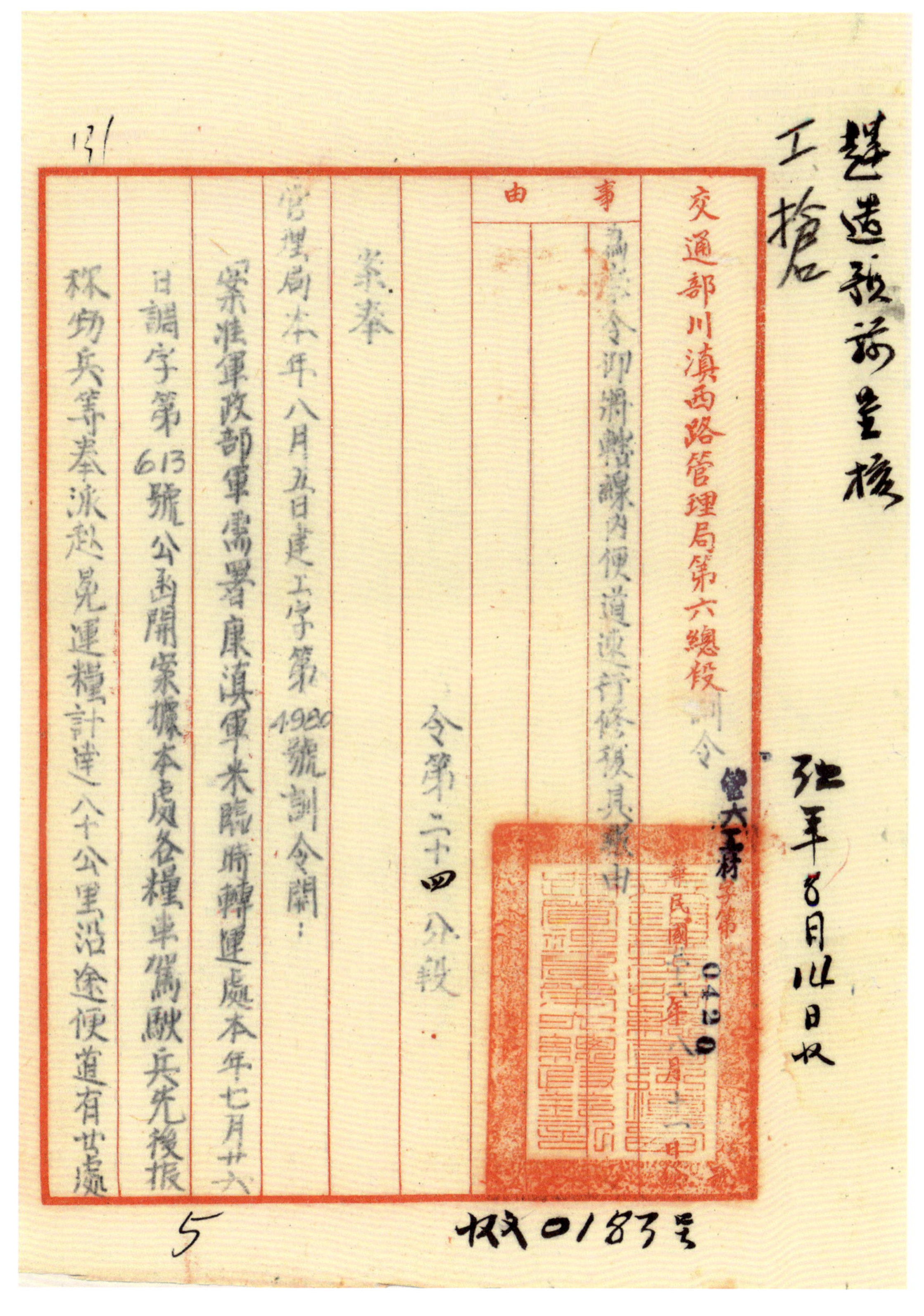
工務股擬呈核

交通部川滇西路管理局第六總段訓令

事由：為奉令迅將轄線內便道速行修復具報由

令第二十四分段

案奉

管理局本年八月五日建工字第1980號訓令開：「案准軍政部軍需署康滇軍米臨時轉運處本年七月廿六日調字第613號公函開：案據本處各糧車駕駛兵先後報稱物兵等奉派赴晃運糧計達八十公里沿途便道有廿處

民國三十二年八月十一日 0420

32年8月14日收

收0183号

132

之多沙石起伏路面不平鋼板輪胎時被震壞擬請函致公路局速
急修復以利行駛等情據此查本處於運軍糧自西祥線破壞後僅以
晃寧為起點以小官河為終點最近晃會綫路段被水沖壞後亦有便道
數處本處貨車屢斷鋼板及刺傷輪胎為數甚鉅用特函請貴局
祈速轉飭工程負責趕修以護公物而利交通至紉公誼等由准此
除函復並分令外該總段轄境路綫內所有便道應儘速趕工修整復
如路面露出尖銳石子以及橋樑鐵釘凸出之處務須迅速整理以
免損壞車輪仰將遵辦情形具報」
等因奉此自應遵辦除分令外合行令仰遵辦具報為要！此令。

總段長 鄭[illegible]

川滇西路管理局工务第六总段颁示《公路两旁建筑物取缔规则》致第二十二分段的训令（一九四三年八月十四日）

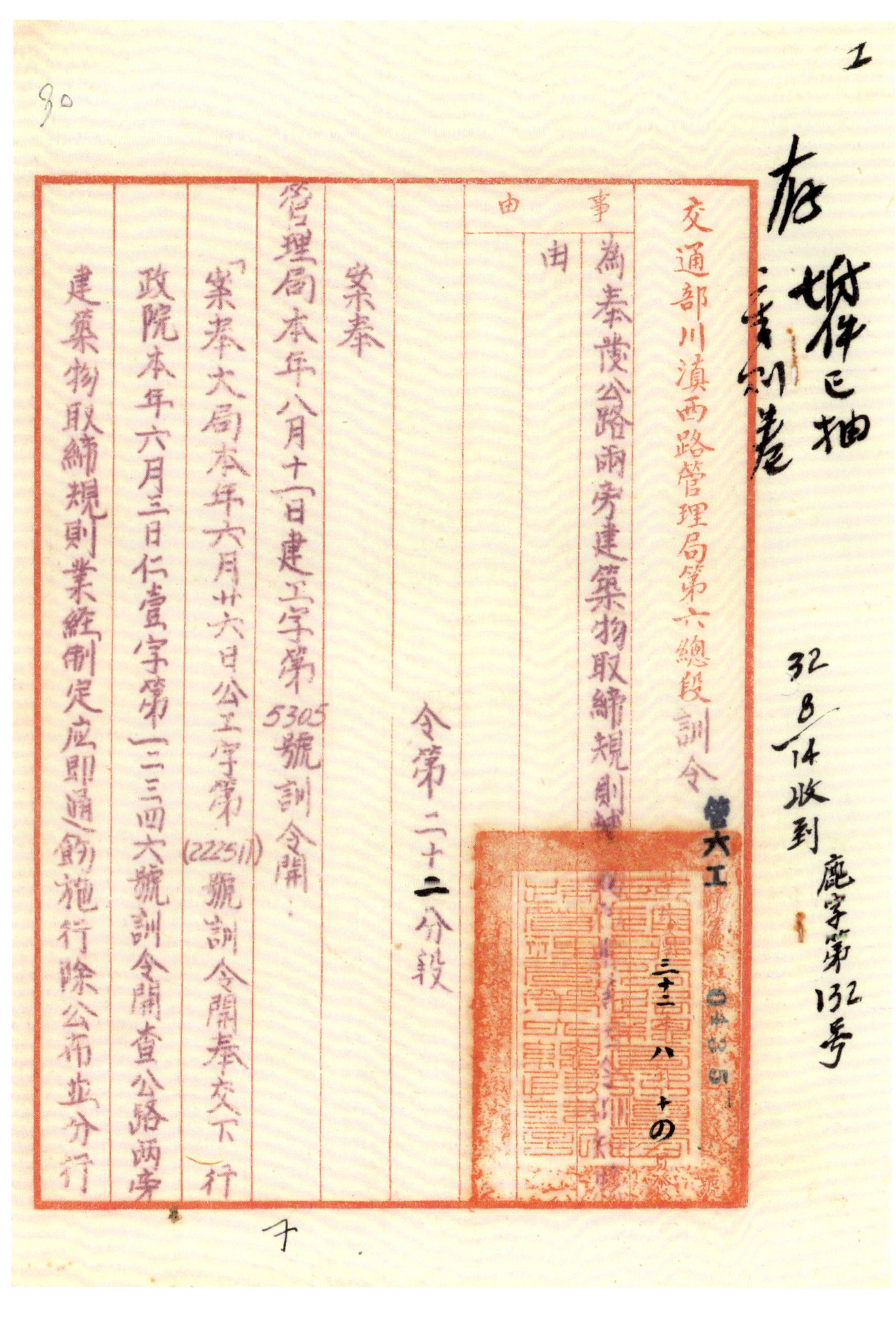

存

附件已抽

32 8/14 收到 鹿字第132号

交通部川滇西路管理局第六總段訓令

事由 由 為奉發公路兩旁建築物取締規則

令第二十二分段

案奉

管理局本年八月十一日建工字第5305號訓令開：

「案奉大局本年六月廿六日公工字第(222511)號訓令開奉交下行

政院本年六月三日仁壹字第一三三四六號訓令開查公路兩旁

建築物取締規則業經制定應即通飭施行除公布並分行

外合行抄發該規則令仰知照並轉飭知照此令等因計抄發
公路兩旁建築物取締規則一份奉此自當遵照除分行外合
行抄發原件令仰遵照並飭屬遵照此令等因抄發公路兩旁
建築物取締規則一份奉此自應遵辦除分行外合行抄發原
件令仰遵照並飭屬遵照為要」
等因附抄發公路兩旁建築物取締規則六份奉此除分令並抽存
一份備查外合行檢發原規則一份令仰知照
此令。 附發公路兩旁建築物取締規則一份

總段長 鄒彤文

管理局卅年八月十二日建工5305訓令

總處卅年八月廿二日管六0435訓令

公路兩旁建築物取締規則

第一條 公路兩旁建築物之取締除法令另有規定之外依本規則之規定

第二條 公路兩旁地区分為禁止建築區域及限制建築區域

第三條 禁止建築區域之範圍如左：

一、公路直綫部份左右兩側及曲綫部份外側自公路中心綫起十公尺以內之地區曲綫內側照附表（一）之規定辦理并參閱附圖（一）

二、車站用地之範圍以自其界綫起左右各再延一百公尺為限但得視實際需要情形縮小之

三、全長在五十公尺以上之重要橋樑在距離橋頭中心左右前三方各二十公尺以內之地區

四、其他公路建築物周圍地區

第四條 限制建築區域之範圍如左

一、路綫部份禁止建築區域邊綫以外三十公尺以內之地區

一頁

42

8

33

二、車站部份自車站用地界綫起順公路路綫方向左右各二百公尺前後除公路用地部份各一百公尺以內之地區（參見附圖二）

第五條 在禁止建築區域內不得起造任何建築物違者得強制拆除之

第六條 在限制建築區域內不得修造有礙觀瞻易生危險或有礙衛生之建築物

第七條 限制建築區域建築物應設置明溝或暗溝排洩污水

第八條 凡房屋上部有突出之部份須在禁止建築區域界綫以外

第九條 公路經過之市鎮街道其上不得有過街樓柵欄涼棚蘆棚等物及其他防礙交通之建築

第十條 在本規則施行前已有之建築物得依其所在地之交通情形酌量拆毀但遇有改造或重建時仍應適用本規則之規定

第十一條 依本規則所為之取締應由當地公路主管機關會同市縣主管建築機關辦理

第十二條 本規則自公布之日施行

川滇西路管理局工务第六总段与第二十一分段关于更改所发文件首字等情的来往文书

第二十一分段致管理局工务第六总段的呈（一九四三年八月十六日）

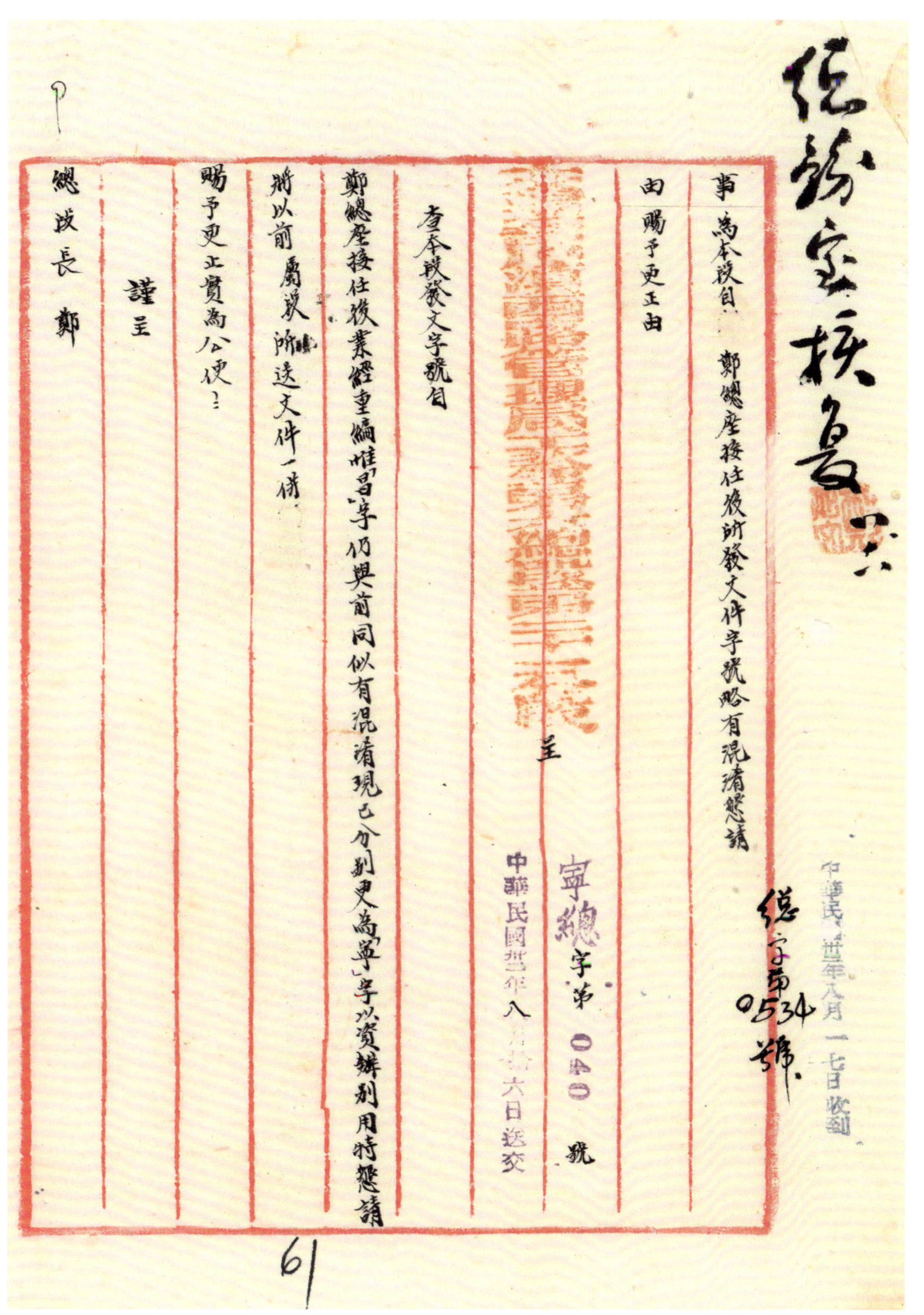

事由：為本段自鄭總座接任後所發文件字號略有混淆懇請賜予更正由

呈

寧總字第040號

中華民國卅二年八月十六日送交

查本段發文字號自鄭總座接任後業經重編惟「昌」字仍與前同似有混淆現已分別更為「寧」字以資辨別用特懇請

將以前屬段所送文件一併

賜予更正實為公便

謹呈

總段長 鄭

川滇西路管理局工务第六总段致第二十一分段的指令（一九四三年八月十八日）

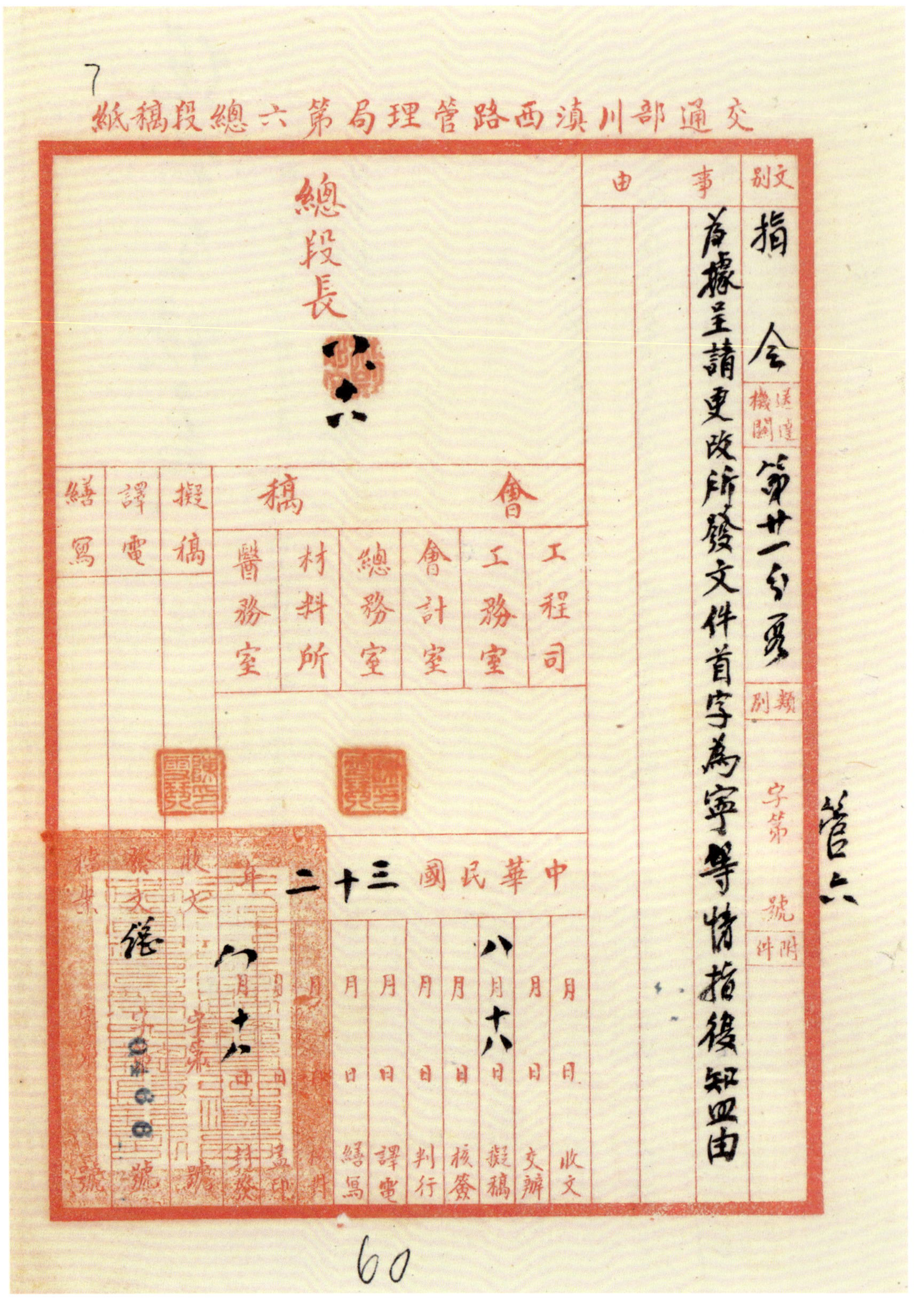
7

交通部川滇西路管理局第六總段稿紙

文別：指令

送達機關：第廿一分段

事由：為據呈請更改所發文件首字為寧等情指復知照由

類別　　字第　　號

附件

管六

總段長　六

會稿：工程司　工務室　會計室　總務室　材料所　醫務室

擬稿　譯電　繕寫

中華民國三十二年

收文	文辦	擬稿	核簽	判行	譯電	繕寫
月　日	月　日	八月十八日	月　日	月　日	月　日	月　日

年八月十八日　封發

發文 卷字第 0868 號

60

指令　常六總字第　　號

令第二十一分區

本年八月十六日寧總字第040號呈一件，爲本段自鄭總座接任後所發文件字號略有混淆，懇請賜予更正由

呈悉。查該段以前發文字號，均經飭呈有案，無庸更正，所請自040號起改冒字爲寧字以資識別，准予備案，仰即知照！

此令。

總區長鄭〇〇

川滇西路管理局工务第六总段关于锦川桥河底防护工程开工报告致第二十四分段的指令（一九四三年八月十九日）

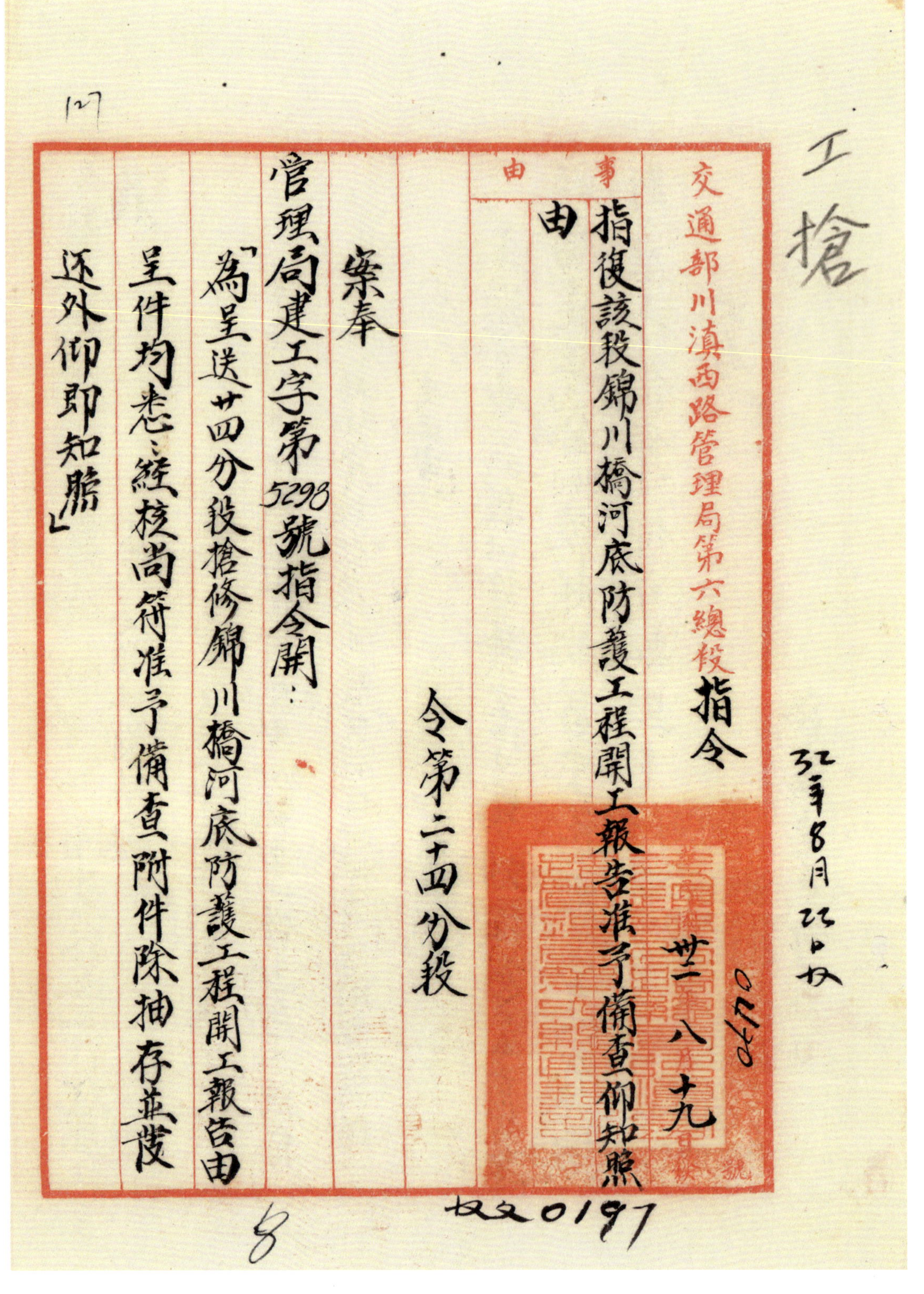
交通部川滇西路管理局第六總段指令

事由：指復該段錦川橋河底防護工程開工報告准予備查仰知照由

工搶

卅二 八 十九

令第二十四分段

案奉

管理局建工字第5298號指令開：

「爲呈送廿四分段搶修錦川橋河底防護工程開工報告由

呈件均悉。經核尚符，准予備查，附件除抽存並復

還外，仰即知照。」

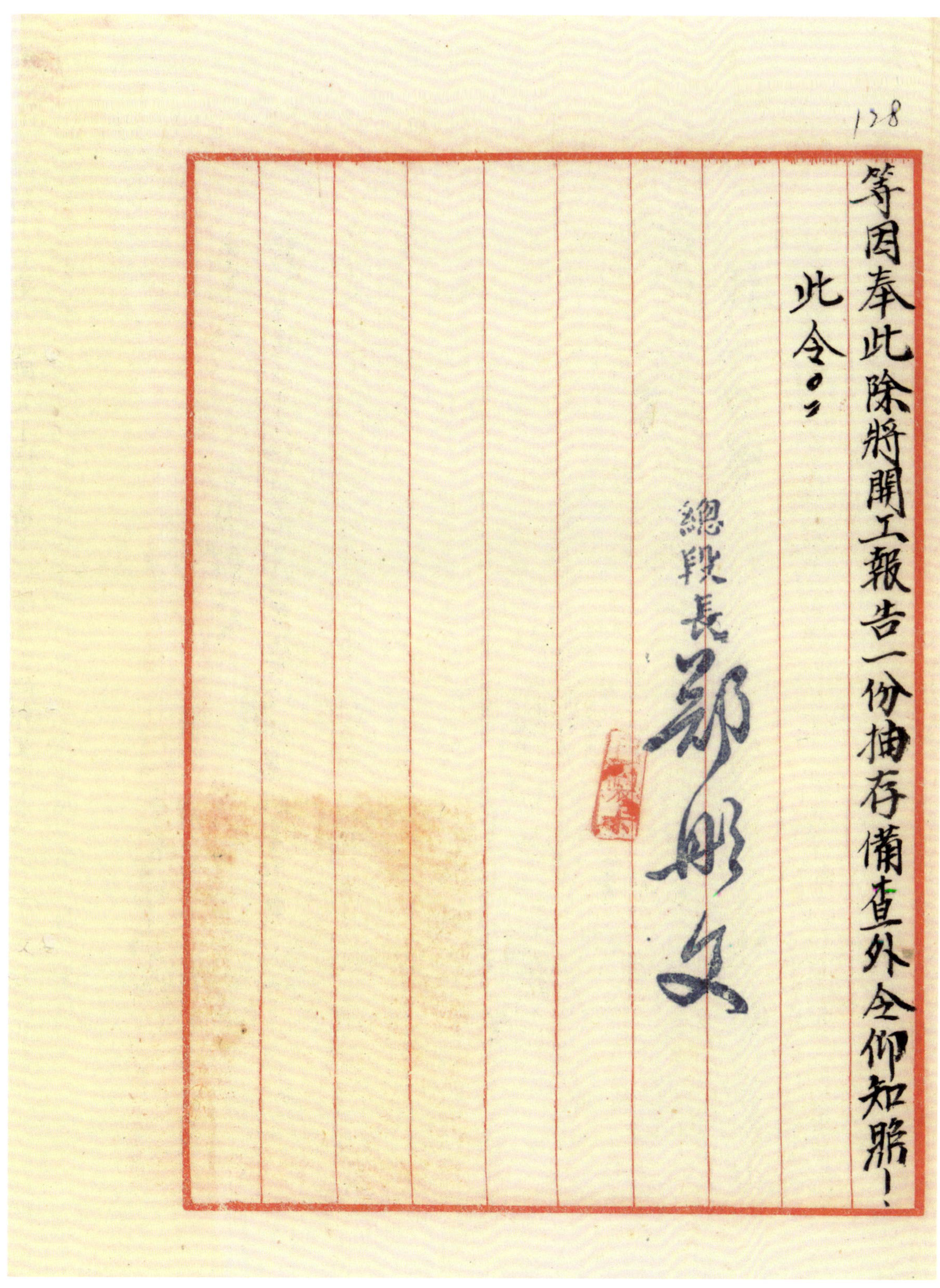

等因奉此除將開工報告一份抽存備查外令仰知照!、

此令。。

總段長[illegible]

川滇西路管理局工务第六总段关于增加道工暂缓裁剪的相关文书

川滇西路管理局工务第六总段致川滇西路管理局的呈（一九四三年八月二十日）

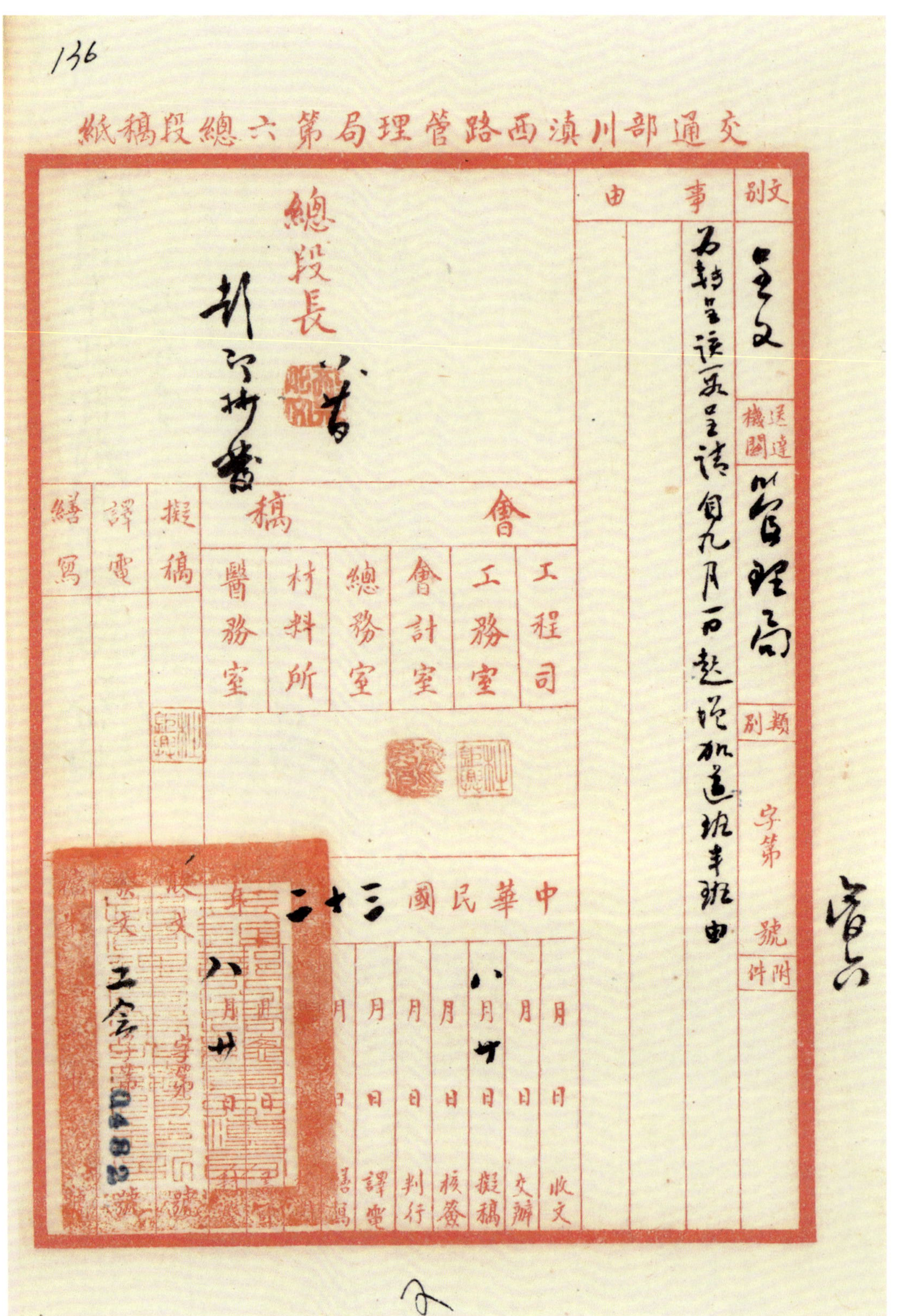

136

交通部川滇西路管理局第六總段稿紙

文別：呈文

送達機關：川管理局

事由：為轉呈該段呈請自九月一日起增加道班由

類別　字第　號　附件

總段長 靳印柳 八月廿

會稿：工程司　工務室　會計室　總務室　材料所　醫務室

擬稿　譯電　繕寫

中華民國三十二年八月廿日

收文　交辦　擬稿　核簽　判行　譯電　繕稿

工會字第0482號

137

查一號頁第二十四、五頁摩會字第108號呈文稱「……」等情。據此，理合轉呈
鑒核示遵。謹呈
局長 周

第六隊隊長 劉〇〇

川滇西路管理局工务第六总段致第二十四分段的指令（一九四三年九月三日）

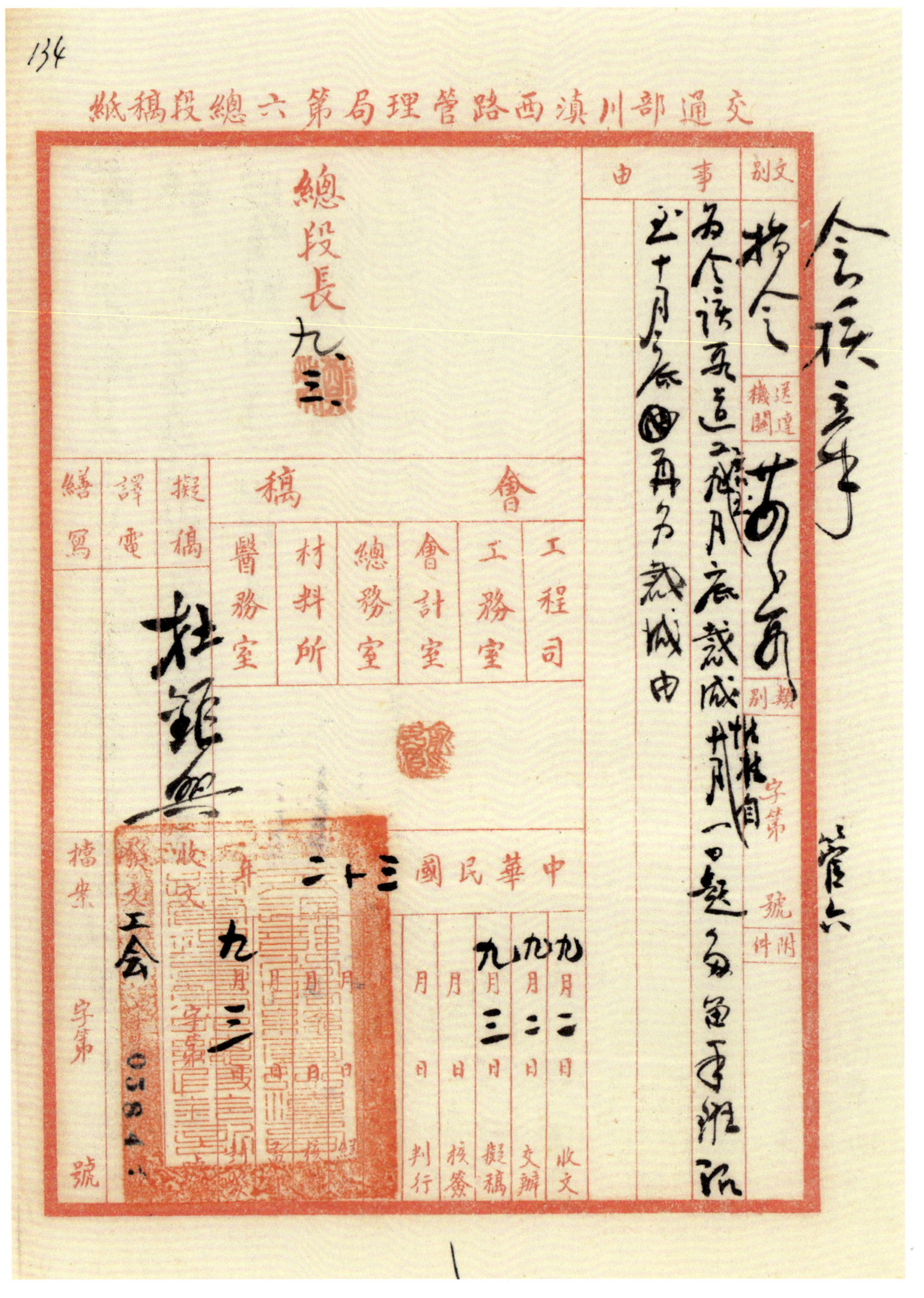

交通部川滇西路管理局第六總段稿紙

文別：指令

送達機關

事由

類別

字第　號

附件

總段長　九、三、

會稿：工程司　工務室　會計室　總務室　材料所　醫務室

擬稿　譯電　繕寫

中華民國三十二年九月三日

收文　九月二日
文辦　九月二日
擬稿　九月三日
核簽　月　日
判行　月　日

檔案　字第　號

135

本年八月十六日摩審字第108號

代電，為請求增設道工專班由。

前據 該局建工字第5771

號呈，令為道工應俟至十月下旬起

實行裁減，及覆達工字第118號指

令，為該局請求增加道工專班，准予

展留專班至十月底為限，由核示

該局道班在本年九月底裁減，示於十

月一日起准予展留專班至十月底為止。

合行令仰知照，此令。

總局長 龔〇〇

川滇西路管理局工务第六总段抄发《非常时期员工请假暂行规则》致第二十四分段的通令（一九四三年八月二十三日）

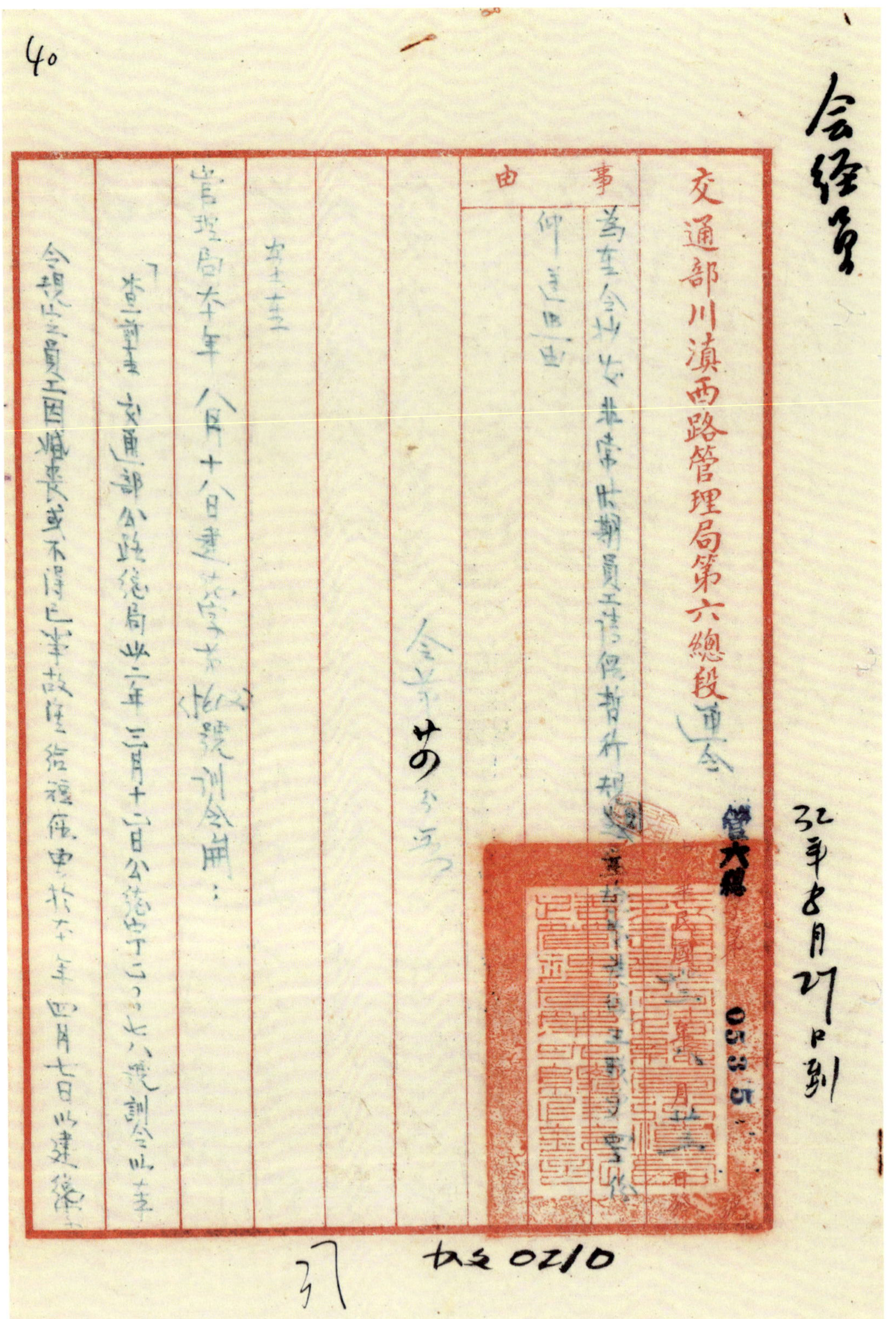

40

会经管

交通部川滇西路管理局第六總段通令

事由：為奉令抄發非常時期員工請假暫行規則仰遵照由

令第廿四分段

案奉

管理局本年八月十八日建工字第　號訓令開：

「案奉交通部公路總局卅二年三月十二日公總字第二○七八號訓令內開：

令規定員工因疾病或不得已事故請假……於本年四月七日以建總……

32年8月27日到

41

〇八七號訓令通飭遵照在案。茲經遵照該項規定，擬具本局非常時期員工請假暫行規則，並呈奉 總局卅三年六月十七日公總字第三二八一號指令准予備案，並核定自九月一日起施行。合行檢發該項規則一份、員工請假三聯單一本，令仰切實遵照，并轉飭所屬一体遵照為要！

等因。附規則一份、三聯單三本。奉此，自應遵辦。除分令外，合行檢發原附之件，仰即遵照為要！

此令。

附抄發員工請假暫行規則一份、請假三聯單四本。

總段長 郭彤文

附：川滇西路管理局非常时期员工请假暂行规则

42

川滇西路管理局非常時期員工請假暫行規則

第一條　本局員工在非常時期以不請假為原則如必不得已須請假時悉依本規則之規定

第二條　員工請假分左列五種

事假　病假　婚假　喪假　分娩假

第三條　員工請事假每年積計不得逾七日

第四條　新到差之員工請事假日數不得逾左列之規定

一月至六月到差者七日

七月至十二月到差者四日

第五條　員工請病假每年積計以一個月為限逾一個月者按逾限日數扣發薪工半數逾二個月者停給薪工但因公致病及經局長特許者不在此限

第六條　病假連續在五日以上者應呈驗本路醫師證明書如無本路醫師須請當地有政府檢定合格證書之醫師出具證明

第七條　員工病假如不取具醫師證明改作事假論超过規定日數按日扣薪

第八條　員工結婚經同事二人負責証明得請給婚假拾日其非在服務所在地舉行婚禮者得請給路程假

第九條　員工遇有喪事經同事二人負責証明及直接主管首領查明屬實得照左列規定請給喪假及路程假

一、承重祖父母　父母　承重祖翁姑　翁姑喪假拾日　二、配偶喪假八日

第十條　女性員工分娩期間經醫生證明得請給分娩假二個月

第十一條　員工因執行職務而致傷病必須請假者應取具本路醫生診斷書及直接主管首領之證明呈局核准

第十二條　凡未請假或請假未經核准擅行離職或假滿未經續假而不銷假者除有特別情形發生事由確係不及按照手續辦理者外均以曠職論每曠職一日罰薪二日連續曠職至十五日或半年積計至一個月者撤職

第十三條　副總工程司正工程司總書記科長總段長廠長汽車隊長及同等職位之職員請假由局長核准其餘內勤職員每次連續請假逾三日外勤職員每次連續請假逾五日者均由各該直接主管人依次層轉局長核准不逾上項日期者得由各該服務部份最高主管人核准

第十四條　每次請假不逾半日者依照所假情況具請假單但須面陳或書面呈經主管人允許在考勤簿內註明之　前項臨時假一個月內不得超過二次

第十五條　員工請假應填具規定之請假單　式三聯每次請假經核准後甲聯日送人事股乙聯由請假人收執使銷假時由主管人填註銷假日期蓋章證明即日送人事股丙聯留請假人服務部份存查

第十六條　員工請假填具請假單如本年已請過同類假者應將其日數在本年已請假日數欄內據實註明其應備具證明文件者並應同時附呈

第十七條　員工請假除因急病或確因緊急事故陳經主管人查實許可者外應先將職務委託同事一人兼代或呈請主管人指派一人代理該代理人應於請假單內簽名蓋章俟呈奉批准後方為有效違者以曠職

44

論其因而貽誤要公者並按情節之輕重予以處分

第十八條　凡假期屆滿仍須續假者應另具請假單呈請續假

第十九條　員工請假如超過規定日期應予扣薪者由各該主管部份按月查明分別列單呈請局長核定後交人事股彙造扣薪單送會計科照扣

第二十條　一次或連續請假日數不滿各種規定假期者得除去星期日及休假日計算

第廿一條　請假中辭職或被停職之員工其奉准辭職或停職日期在准假期內者薪費發至奉准辭職或停職之日為止在請假期外而未至扣薪處分者得發至准假期滿之日為止

第二十二條　請假年度為一月一日至十二月三十一日

第廿三條　本規則所定應用各種表格另定之

第廿四條　本規則自呈准公佈之日施行

川滇西路管理局工务第六总段关于公务人员有免或缓役者应依法及时申请调查致第二十二分段的训令（一九四三年九月六日）

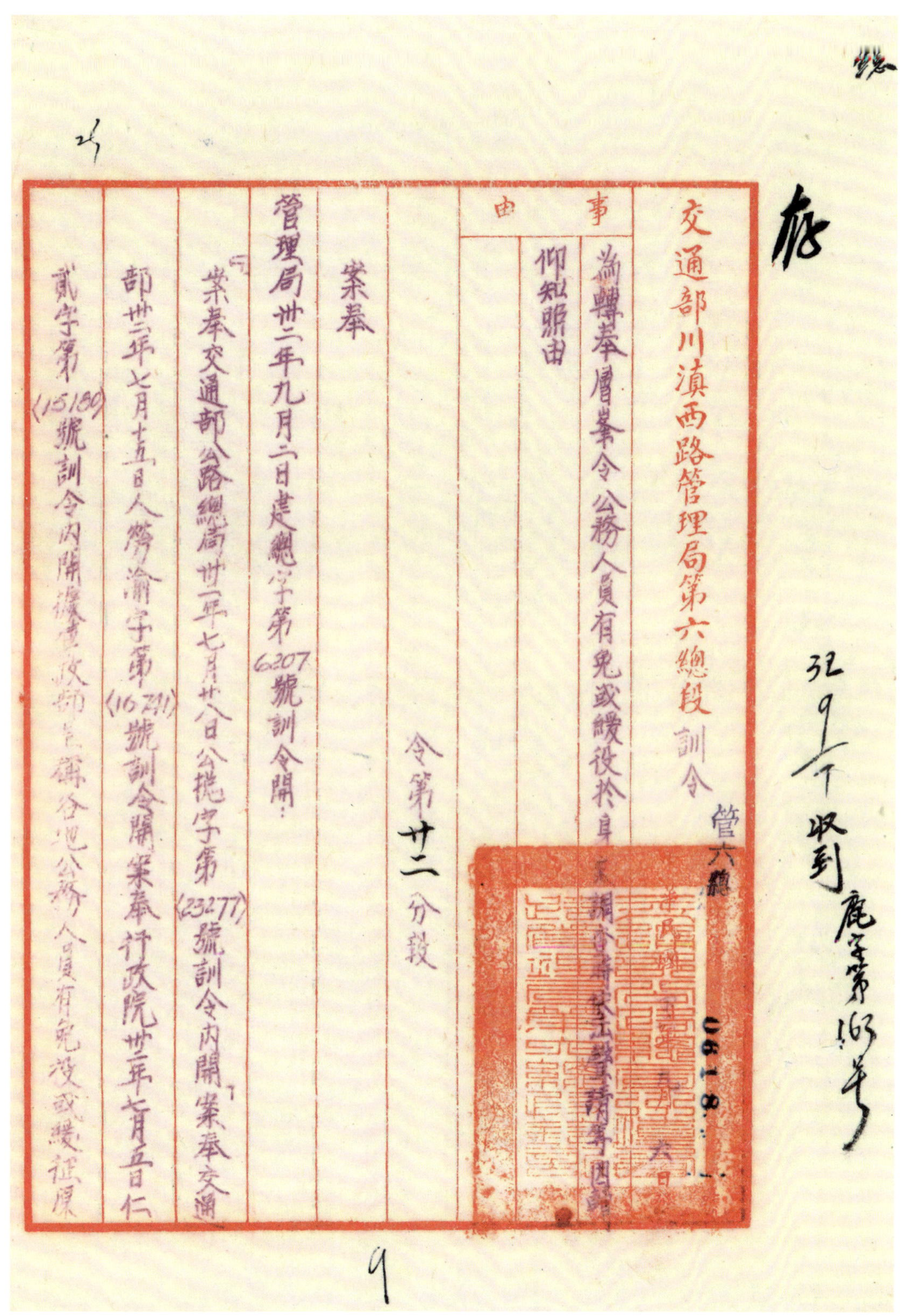
交通部川滇西路管理局第六總段訓令　管六總

事由：為轉奉層峯令公務人員有免或緩役於身[illegible]調查[illegible]仰知照由

令第廿二分段

案奉

管理局卅二年九月二日建總字第6207號訓令開：

「案奉交通部公路總局卅二年七月廿八日公機字第（23277）號訓令內開：『案奉交通部卅二年七月十五日人務渝字第（16741）號訓令開：「案奉行政院卅二年七月五日仁貳字第（15180）號訓令內開：據軍政部呈稱各地公務人員有免役或緩役證原

32 9/7 收到 鹿字第[illegible]號

因者無不於事前按照規定办理声請手續，中籤後復藉詞請免，有碍役政等情。查征兵係按調查、檢查、抽籤、征集各項程序办理，如有合於免役或緩征條件者，應於身家調查時依法声請，否則一經中籤，即當應征入營。公務員為人民表率，尤應切實遵照法令办理。除分令各部會署、各省市政府及本院直屬各机關外，合行令仰轉飭所屬一体遵照。等因。奉此，除分令外，仰轉飭所屬一体遵照。此令。等因。奉此，除分令外，仰轉飭所屬一体遵照。此令。等因。奉此，除分令外，合行令仰遵照并轉飭所屬一体遵照為要。

等因。奉此，除分令外，合行令仰知照。此令。

總段長 鄧彬文

川滇西路管理局工务第六总段关于VI-22-101工程竣工示意图、计算纸及报销事宜的相关文书

川滇西路管理局工务第六总段致第二十二分段的指令（一九四三年九月十日）

存

交通部川滇西路管理局第六總段指令 管六工會字第0871號

中華民國三十二年九月十日發

32 9 11 收到鹿字第169號

事由 為令補送VI-22-101工程竣工示意圖及計算紙並所送九成款報銷准先暫賬令仰知照由

令第二十二分段

本年九月九日鹿字第80、81號呈兩件，一為呈送推運路面石子工程竣工報告估驗表單及九成款報銷祈鑒核暫賬由，一為呈竣工件均悉。該項工程既經竣工，仰即補具示意圖、計算紙呈核，所附各件准予呈請核銷

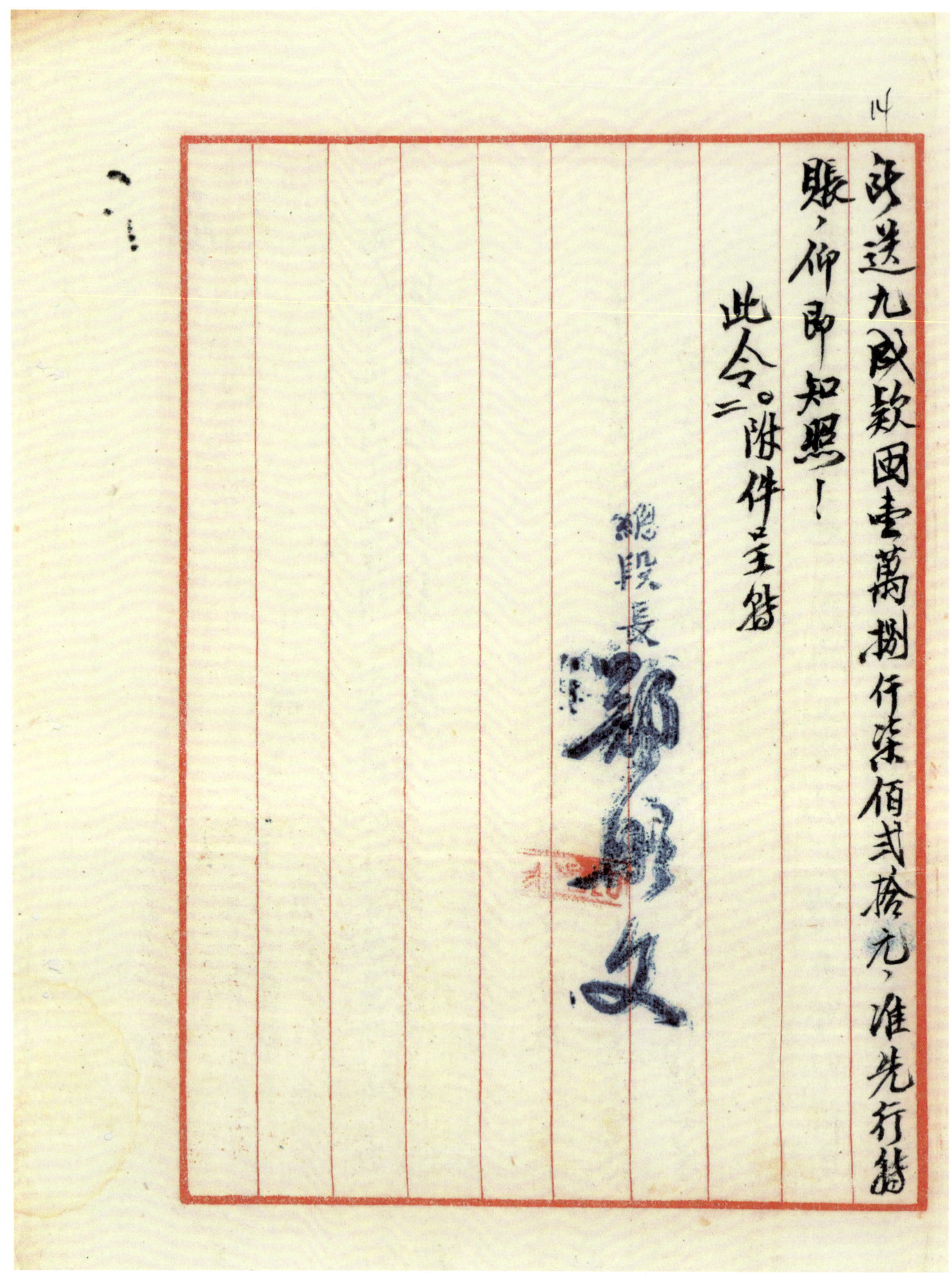

14

既送九成款國幣壹萬捌仟柒佰貳拾元，准先行結賬，仰即知照！

此令。附件呈繳

總段長 鄧[illegible]文

川滇西路管理局工务第六总段致第二十二分段的训令（一九四三年十月五日）

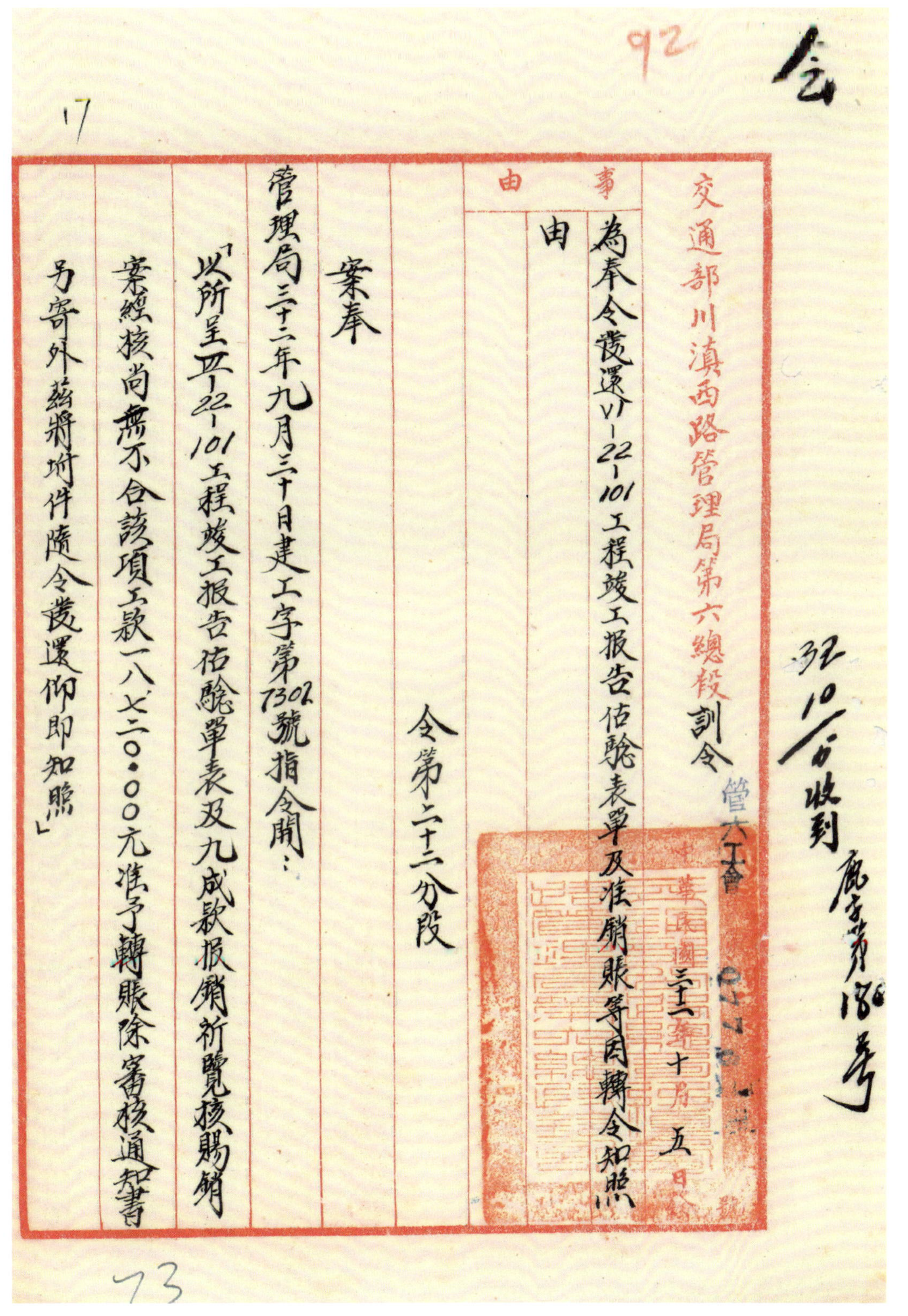

交通部川滇西路管理局第六總段訓令

事由：為奉令發還VI-22-101工程竣工報告估驗表單及准銷賬等因轉令知照

令第二十二分段

案奉

管理局三十二年九月三十日建工字第7302號指令開：

「以所呈VI-22-101工程竣工報告估驗單表及九成款報銷祈覽核賜銷案經核尚無不合該項工款一八七二〇・〇〇元准予轉賬除審核通知書另寄外茲將附件隨令發還仰即知照」

中華民國三十二年十月五日

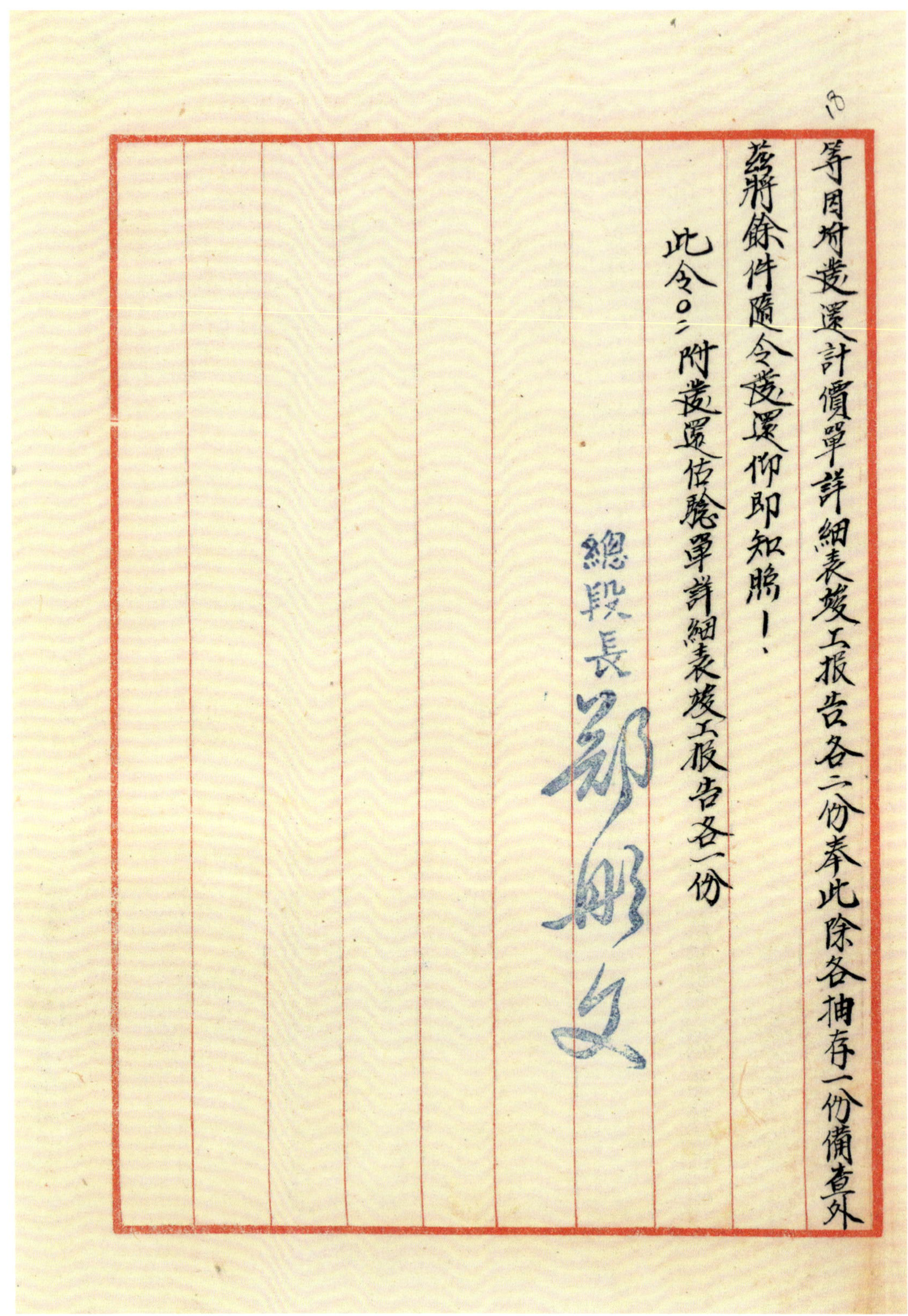

18

等因附发还计价单详细表竣工报告各二份奉此除各抽存一份备查外

兹将余件随令发还仰即知照！

此令〇二附发还估验单详细表竣工报告各一份

总段长 邹岳文

川滇西路運務局

11

竣工報告

工－5

工程名稱	採運路面石子	工程地點	38k～40k		
工務編號	VI－22－101	會計科目	資2款2項3目　節		
工程範圍	包括採運各費共計2－6公分石子160公方				
施工方式	全部發包				
承攬人及負責人	胡旨九	承攬編號	鹿字第3001號		
竣工日期	預定	32年8月31日	實際	32年8月31日	
逾期日數					
備攷					

查上列工程已於中華民國32年8月31日全部竣工謹報

監造者 蔣慶豐

第22分段長	32年8月31日			第6總段長	年	月	日
工務科股長	年	月	日	會計科股長	年	月	日
工務科科長	年	月	日	會計科科長	年	月	日
副總工程司	年	月	日	總工程司	年	月	日
副局長	年	月	日	局長	年	月	日

本單應塡六份以一份存底一份呈局工務科會計科各抽存一份一份存卷餘發還總分段分別存査

本單應於竣工後三日內塡送

72

20

川滇西路管理局
包攬工程估驗計價單

工-4（甲）

工程編號	VI—22—101	會計科目	3款 2項 3目 節
工程名稱	鋪建路面石子	合同或承攬單號	~~合同~~承攬單 鹿字第3001號
工程地點	38K～40K	開工日期	民國32年8月1日
主管段別	第六總段第二十二分段	估驗日期	民國32年8月31日
預算金額	21,120.00	付款期數	第1期付款

承攬包價增減估計總價		元角分	本次應扣金額 項別	說明	金額（元角分）
原承包攬價額		20800.00			
因變更設計增減估計額	應增				
	應減				
	結果淨增減				
全部估計價額		20800.00	總計		

計價核發金額 項別	全部金額（元角分）	保留金額（元角分）	應扣金額（元角分）	核發金額（元角分）
以前估驗	/	/	/	/
本次估驗	20800.00	2080.00	/	18720.00
總至本次共計	20800.00	2080.00	/	18720.00

本次實付金額計國幣 壹萬捌仟柒佰貳拾 元 零 角 零 分

附估驗詳細表 1 張 正式收據一張

本單所計價額及所附詳細表內估驗工作數量均屬實在謹此簽認

中華民國 32 年 9 月 1 日承包攬人

第22分段長	32年 9月 1日			第6總段長	年	月	日
工務科股長	年	月	日	會計科股長	年	月	日
工務科科長	年	月	日	會計科科長	年	月	日
副總工程司	年	月	日	總工程司	年	月	日
副局長	年	月	日	局長	年	月	日

本單應填七份以一份存底四份呈局經工務科會計科各抽存一份一份存審計處並還總分段及包工分別存查

75

川滇西路工務局

工程編號 VI-22-101

會計科目 3款 2項 3目 節

包攬工程估驗詳細表

（第 1 期付款） 第 1 頁共 1 頁

工 $\frac{4}{8}$(乙)

工程細目	單位	本期單價	預算數量	已完工程 截至上期 數量	已完工程 截至上期 價值	已完工程 本期 數量	已完工程 本期 價值	已完工程 截至本期 數量	已完工程 截至本期 價值	備考
		元角分			元角分		元角分		元角分	
2~8公分路面碎石	公方	130.00	160			160.00	20800.00	160.00	20800.00	
價值合計							20800.00		20800.00	

說明

本表應填七份以一份存底一份呈局工務科會計科各抽存一份一份存稽餘發還總分段及包工分別存查

中華民國 32 年 8 月 31 日 計算人 [印] 工務第 22 分段長 [印] 工務第 6 總段長 [印]

川滇西路管理局工务第六总段关于川滇西路管理局局用关防及小官章启用事宜致第二十二分段的训令（一九四三年九月二十六日）

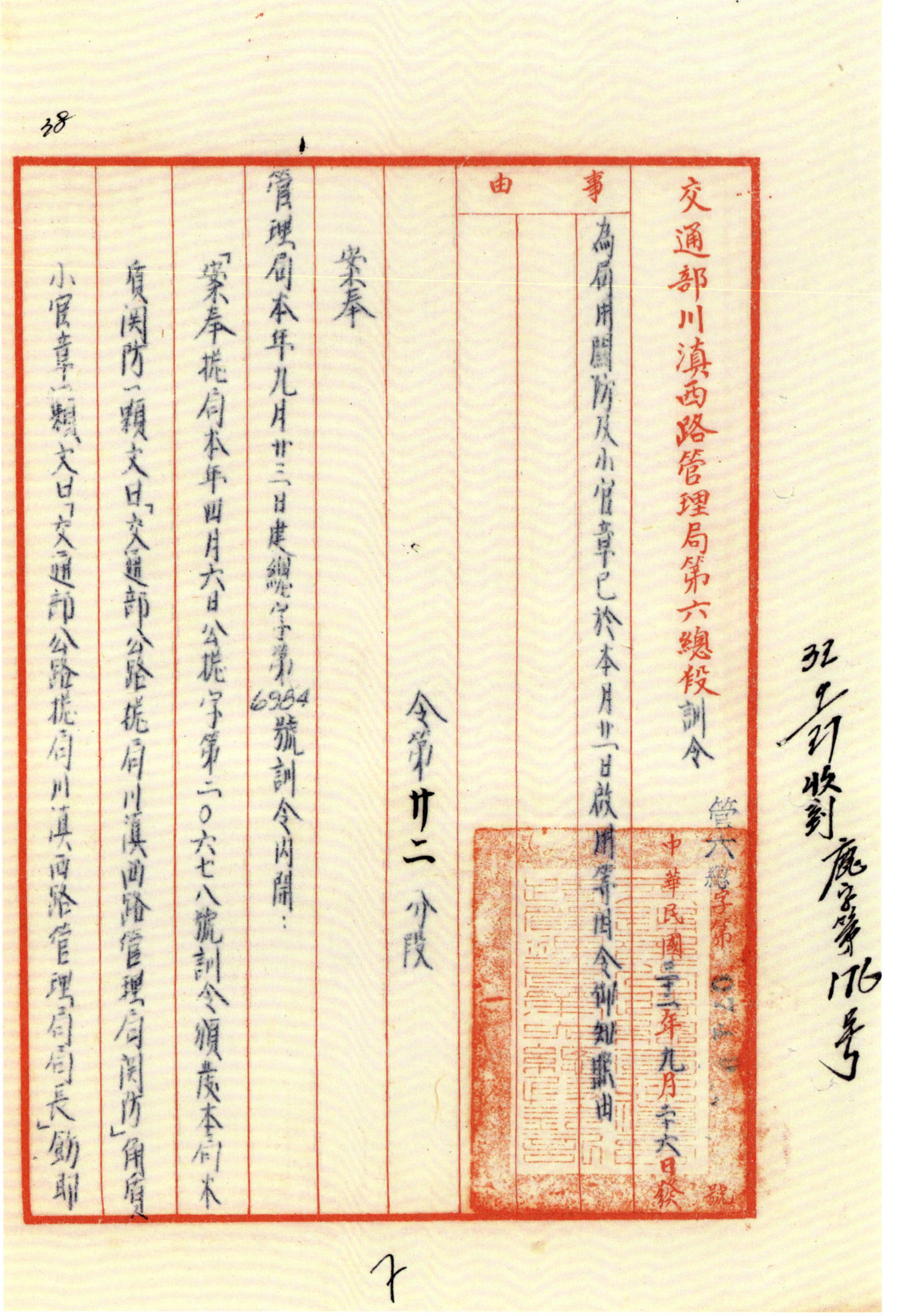

38

交通部川滇西路管理局第六總段訓令

管六總字第[illegible]號

中華民國三十二年九月廿六日發

事由：為局用關防及小官章已於本月廿一日啟用等由令仰知照由

令第廿二分段

案奉

管理局本年九月廿三日建總字第6984號訓令內開：

「案奉總局本年四月六日公總字第二〇六七八號訓令頒發本局木質關防一顆，文曰『交通部公路總局川滇西路管理局關防』，角質小官章一顆，文曰『交通部公路總局川滇西路管理局局長』，飭即

32.9.27收到 處字第[illegible]號

7

39

祇領啟用並將啟用日期連同印模呈報備查等因奉此已於

本月廿一日啟用除呈報並分令外合行令仰知照」

等因奉此除分令外合行令仰知照！

此令。

總段長　鄭彬文

川滇西路管理局工务第六总段第二十四分段一九四三年九月节约储蓄金员工清册（一九四三年九月）

85

交通部川滇西路管理局工務第六總段第二十四分段民國三十二年九月份節約儲蓄金員工清冊

職別	姓名	本月份薪津總數	應扣節約建國儲蓄金	備考
工務員兼代分段長	黃達武	二一八五〇〇	一〇五〇〇	
工務員	周光熹	二〇七〇六〇	一〇〇〇〇	
辦事員	胡世乾	一九五八六〇	九五〇〇	
監工	謝伯廷	一九九四四〇	九五〇〇	
	董松永	一九五八六〇	九五〇〇	
	劉列泉	一九一三八〇	九五〇〇	
測夫	賀關現	九五四八五	五〇〇〇	
	鄧崇宇	九四三九五	五〇〇〇	

112

86

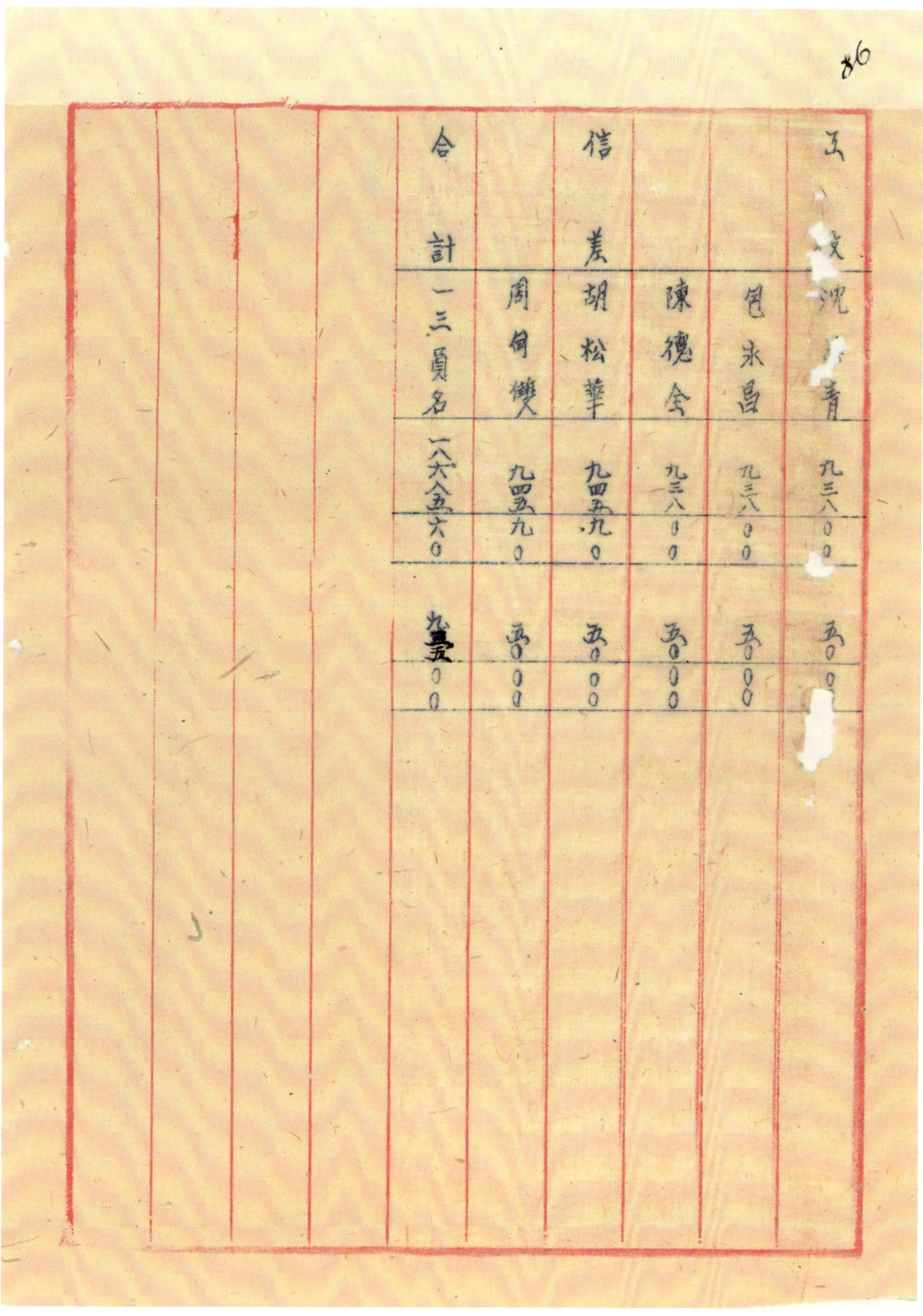

工役	沈□青	九三八〇〇	五〇〇〇
	包永昌	九三八〇〇	五〇〇〇
	陳德全	九三八〇〇	五〇〇〇
信差	胡松華	九四五九〇	五〇〇〇
	周甸僕	九四五九〇	五〇〇〇
合計	一三員名	一八六八五六〇	九三五〇〇

川滇西路管理局工务第六总段关于发还VI—22—502工程承揽单、承揽估价单等材料致第二十二分段的训令（一九四三年十月九日）

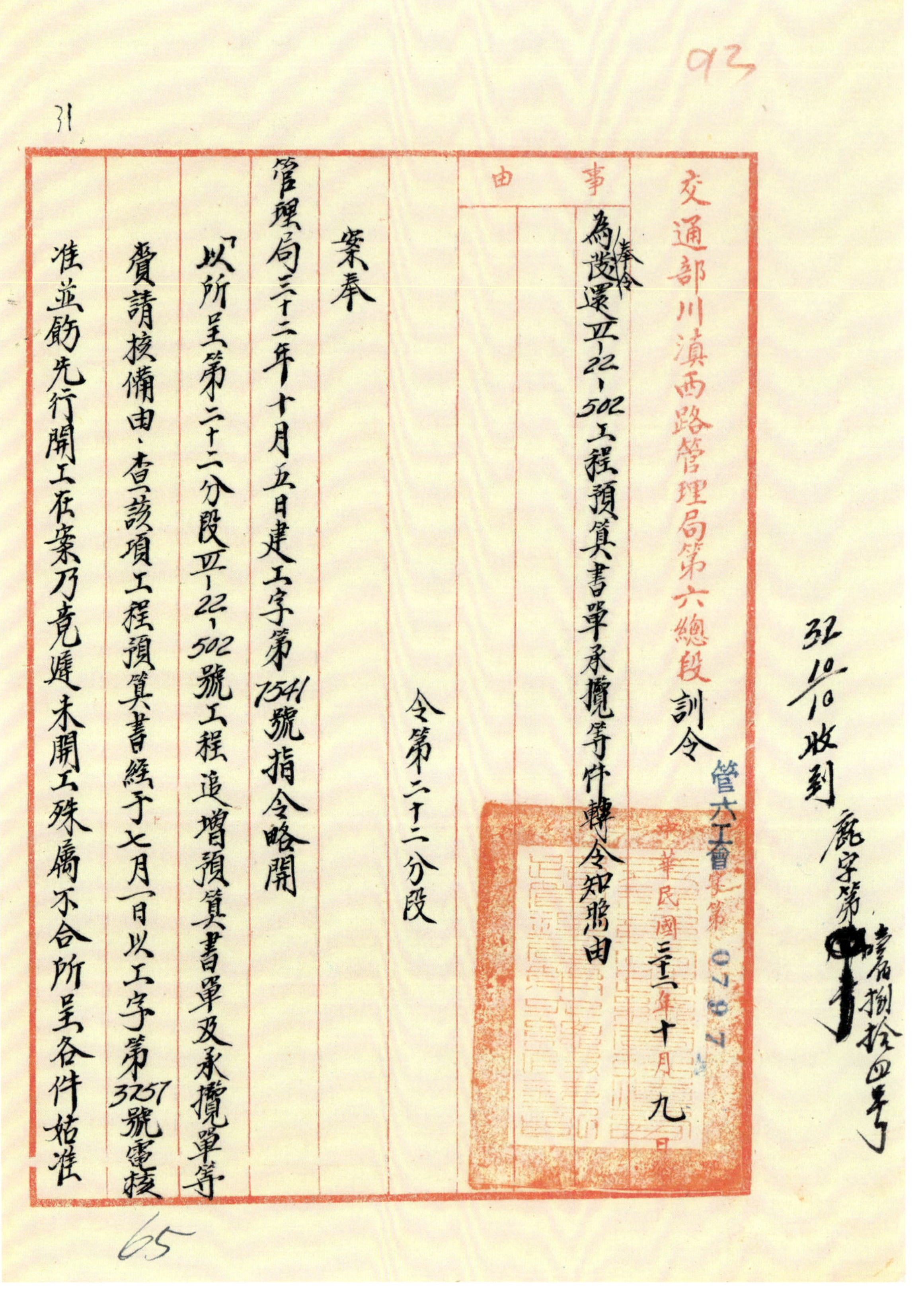
交通部川滇西路管理局第六總段訓令

管六工會字第0797號

中華民國三十二年十月九日

事由：為發還VI-22-502工程預算書單承攬等件轉令知照由

令第二十二分段

案奉

管理局三十二年十月五日建工字第7541號指令略開：

「以所呈第二十二分段VI-22-502號工程追增預算書單及承攬單等賫請核備由。查該項工程預算書經于七月一日以工字第3257號電核准並飭先行開工在案，乃竟遲未開工，殊屬不合，所呈各件姑准

32/10/11收到

備查仍仰迅即開工勿再稽延賫件除抽存並隨令發還外仰即知照」等因附發還預算書二份計算單二份單價分析表二份承攬書三份估價單三份奉此除將應存各件抽存外茲將餘件隨令發還仰即知照！

此令○

發還預算書計算單單價分析表各一份承攬單估價單各二份

總段長 鄒彬文

22

川滇西路~~工務~~局 管理局

工程承攬單

工－2(甲)

工程名稱	駁墻	工程地點	441951-957
工程編號	VI-22-502	會計科目	C-7-1-1
承攬編號	歷字第3004	承攬總價	9822.68
承攬範圍	6公尺駁墻全部餘包		
開工限期	9月25日	施工期限	一個月
保固期限		承辦押款	
逾限罰款	每天伍拾元	核准簽定日期	民國　年　月　日

付款辦法

1. 訂立承攬時承攬時承攬人得須領開工費百分之　於每次估驗發款時分期在應發款內扣還之
2. 每半月估驗一次每次發給已成工價之九成扣存一成作爲保留金竣工初驗後無息發還保留金之半其餘半數於覆驗無訛後並無息發還

			審章
承攬人	名稱	胡肯九	承攬人蓋章
	負責人	胡肯九	
	住址	德昌貢黎營	
保證人	名稱	陳記玉發	保證人蓋章
	負責人	丁學道	
	住址	德昌正街	

第22分段長　32年9月20日	第6總段長　年　月　日
工務科股長　年　月　日	會計科股長　年　月　日
工務科科長　年　月　日	會計科科長　年　月　日
副總工程司　年　月　日	總工程司　年　月　日
副局長　年　月　日	局長　年　月　日

對保核章

對保人

本單應繕七份以一份存底六份呈局核准後工務科會計科各抽存一份存卷一份餘發還總分段及包工分別存査

66

承　　攬　　條　　款

一　本承攬自呈奉　局長核准訂立之日起發生效力至工程覆驗無訛後失其效力

二　本承攬所附各件如施工細則工程規範書說明書標準圖設計圖估價單等均爲本承攬之一部份承攬人應絕對遵守

三　遇必要時本局有變更設計之權承攬人不得藉作不合理之增價要求

四　本承攬所載各項單價係按照所有因素之時價詳細估計其計算方法則另訂于單價分析表內

五　遇米價有漲落時本承攬所載各項單價得照　單價分析表上所載之調整辦法每月調整一次

六　逾限工程如無特殊原因在逾限期內各項單價永以預定竣工月份之調整單價爲準不再另行調整

七　承攬人未得局方同意不得將本工程轉讓他人承包

八　本工程所需一切人工材料工具設備除特別規定者外概由承攬人自備其規定由局方供給者承攬人應負責保管如有損失或超出限制消耗量者其超領部份按規定價格及規定辦法扣價

九　本工程如承攬人不能親自常駐工地時應派富有工程經驗負責代表駐工督率并管理工人如局方認爲該代表不能稱職時可隨時通知撤換之

十　工地交通應由承攬人負責維持原有行車設備與建築物應與予維護

十一　未經驗收之工程及工人等安全設備概由承攬人負責如有意外不得推諉卸責

十二　本工程數量以竣工後實收數量經覆驗認可者爲準

承攬附件	(一)估價單　/　張(二)規範書　　份(三)說明書　　份
	(四)設計圖　　張(五)單價分析表　○　張

24

交通部川滇西路管理局

工程編號 W-22-502

承攬估價單

工-2（乙）

工程名稱及地點 [illegible] K451+457

第1頁共1頁

項別	說明	數量	單位	單價		合價		備攷
[illegible]		50.00	公方	38	00	1900	00	
[illegible]		29.06	〃〃	253	00	7352	18	
同上		15.00	〃〃	38	00	570	00	
總計						9822	18	

備註 本工程竣工後核按實際驗收數量結算

本單以四份呈局與（甲）同

67

估價人（包商） 年9月20日

交通部川滇西路管理局

次

工程~~預算 決算 變更設計~~計算單

工－9（乙）1/10

工程名稱 護墙

工程編號 VI-22-502

第 1 張共 1 張

項別	說明	數量	單位	單價	合價	備註
[illegible]石		50.00	公方	38.40	1,920.00	✓
八五天沙 碎石		27.96	〃〃	253.90	7,378.33	✓
同上		15.00	〃〃	38.40	576.00	✓
合計					9874.33	

中華民國 37年 9月 20日

計算者 [seal] 核對者 [seal] 審核者 [seal]

68

26

交通部川滇西路管理局

工程名稱 護墻

工程地點 41+951~957

工程編號 VI-22-502

單價分析表

工－$\frac{1}{2}$(丙)

承攬合同號數

第 1 頁共 1 頁

米價	普通工每日工食費			技術工每日工食費			火藥	鋼釺	石灰	[illegible]	[illegible]		
3500	伙食(元)	工資(元)	合計(元)	伙食(元)	工資(元)	合計(元)	每市斤(元)	每市斤(元)	每担(元)	[illegible](元)	[illegible](元)		
每市斤(元)	6.00	10.00	16.00	6.00	25.00	31.00			200.00	30.00	40.00		

說明：

工程項別	單位	每單位需用						每單位需管理費約按 %計	單價(元)
		[illegible]							
[illegible]	公方	32.00						6.40	38.40

工程項別	單位	每單位需用						每單位需管理費約按 %計	單價(元)
		[illegible]	[illegible]	[illegible]	[illegible]				
[illegible]	公方	93.00	40.00	[illegible]	[illegible]	6.50		25.60	253.20

工程項別	單位	每單位需用						每單位需管理費約按 %計	單價(元)
		[illegible]							
仝上	公方	32.00						6.40	38.40

工程項別	單位	每單位需用						每單位需管理費約按 %計	單價(元)

工程項別	單位	每單位需用						每單位需管理費約按 %計	單價(元)

工程項別	單位	每單位需用						每單位需管理費約按 %計	單價(元)

工程項別	單位	每單位需用						每單位需管理費約按 %計	單價(元)

69

計算者	第 分段長	第 總段長	審核者	工務科股長	工務科長
32年8月[illegible]日	32年8月[illegible]日	年 月 日	年 月 日	年 月 日	年 月 日

在預算書內以三份呈局核准後會計科一份存卷一份發還一份

在承攬單內以四份呈局核准後會計科一份存卷一份發還一份

交通部川滇西路管理局

27

工程預算書

工-1(甲)

工程名稱	護墻	工程地點	41+951~957
會計科目	C-7-1-1	工程編號	VI-22-502
預定開工日期	32年9月25日	預定施工期限	一個月
施工方式	發包		
工施概要	修砌護墻6.00公尺		
施工理由	護墻被山水沖毀		

工程預算 費別 \ 會計科目	C-7-1-1 元	角分	元	角分	元	角分	元	角分	元	角分	合計 元	角分
包工費	9874	33									9874	33
自辦工費												
材料費												
其他												
總計	9874	33									9874	33

附件			
工程預算計算單	1 張	單價分析表	1 張
說明書	份	工程計算紙	張
設計圖	張	[illegible]	

第22分段長	32年9月20日	第6總段長	年 月 日
審核者	年 月 日	會計科股長	年 月 日
工務科股長	年 月 日	會計科科長	年 月 日
工務科科長	年 月 日	總工程司	年 月 日
副總工程司	年 月 日	局長	年 月 日

本表以三份呈局核准後會計科一份存卷一份發還一份

70

川滇西路管理局工务第六总段关于VI—22—201工号工程变更设计预算等事宜致第二十二分段的指令（一九四三年十月十一日）

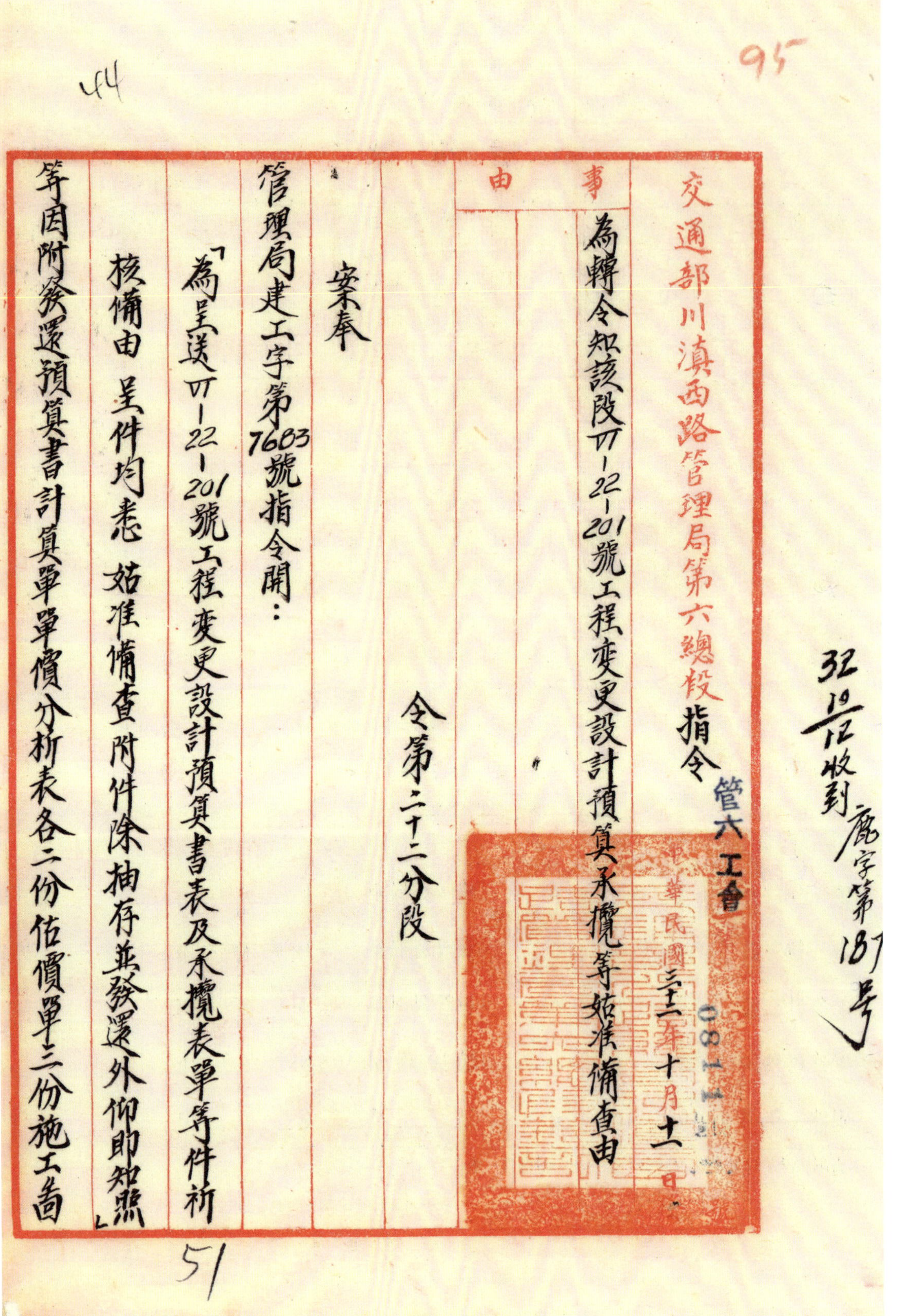
交通部川滇西路管理局第六總段指令

事由：為轉令知該段VI-22-201號工程變更設計預算及承攬等姑准備查由

令第二十二分段

案奉

管理局建工字第7683號指令開：

「為呈送VI-22-201號工程變更設計預算書表及承攬表單等件祈核備由 呈件均悉 姑准備查 附件除抽存並發還外仰即知照」

等因附發還預算書計算單單價分析表各二份估價單三份施工圖

中華民國三十二年十月十一日

32.10.12收到 鹿字第187号

一份奉此除抽存各一件外合行令仰知照！
此令。二附發還預算書計價單單價分析表各一份估價單二份
總段長：鄭彬文

川滇西路管理局第二十三分段关于遵令另造第四十八道班石工增加工资六、七月份辛工单致工务第六总段的呈（一九四三年十月二十二日）

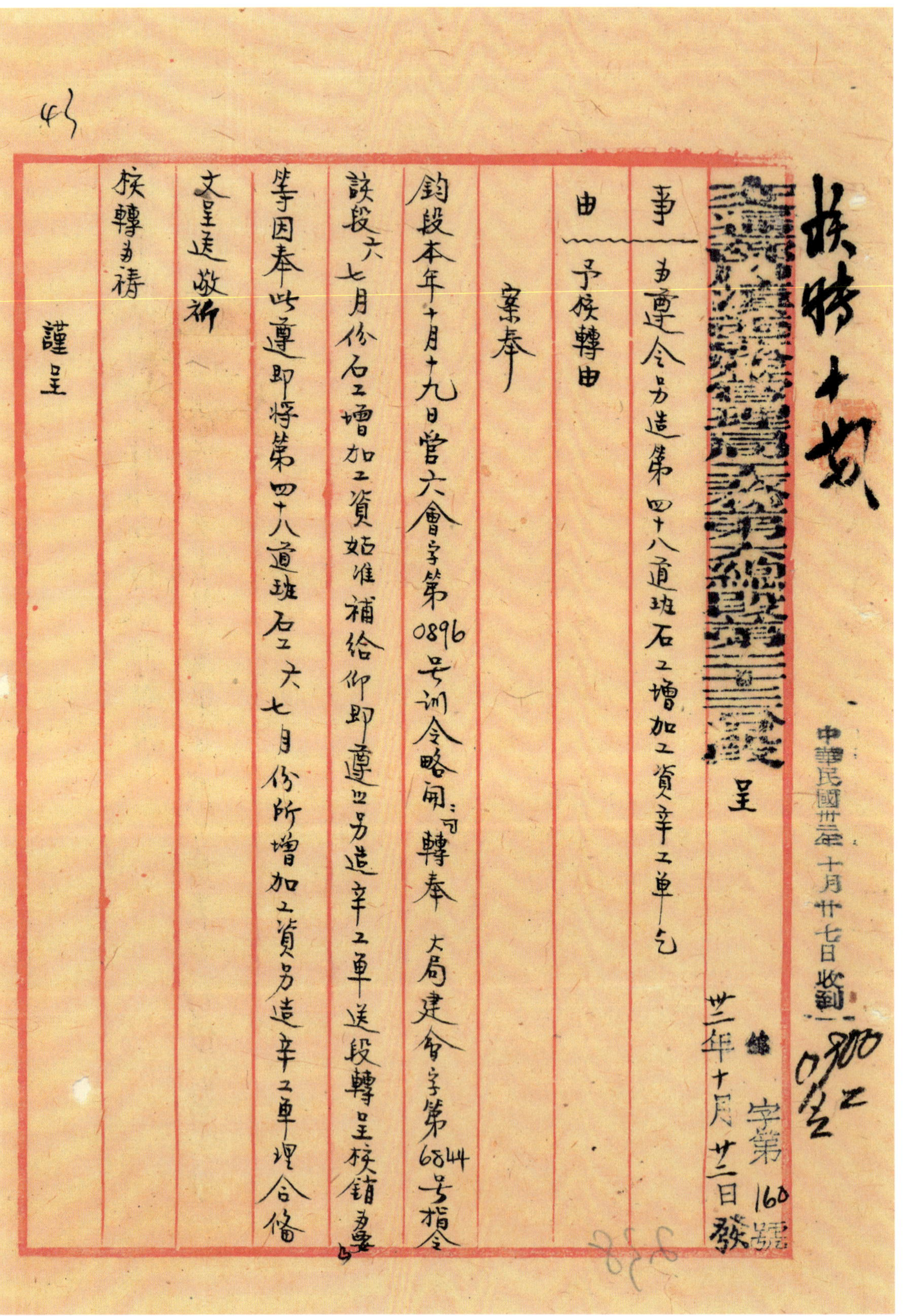

川滇西路管理局第二十三分段呈

中華民國卅二年十月廿七日收到

卅二年十月廿二日發 字第160號

事由：為遵令另造第四十八道班石工增加工資辛工單乞予核轉由

案奉

鈞段本年十月十九日管六會字第0896号訓令略開：「奉大局建會字第6844号指令，該段六、七月份石工增加工資姑准補給，仰即遵照另造辛工單送段轉呈核銷」等因，奉此，遵即將第四十八道班石工六、七月份所增加工資另造辛工單，理合備文呈送，敬祈

核轉為禱

謹呈

114

總段長 鄭

附呈第48道班六七兩月份補辛辛工單各一式四份

第廿三分段長王典周

王典周印

237

川滇西路管理局与工务第六总段关于职员米贴、米贷金补助办法等的密令

川滇西路管理局致工务第六总段的密令（一九四三年十月二十三日）

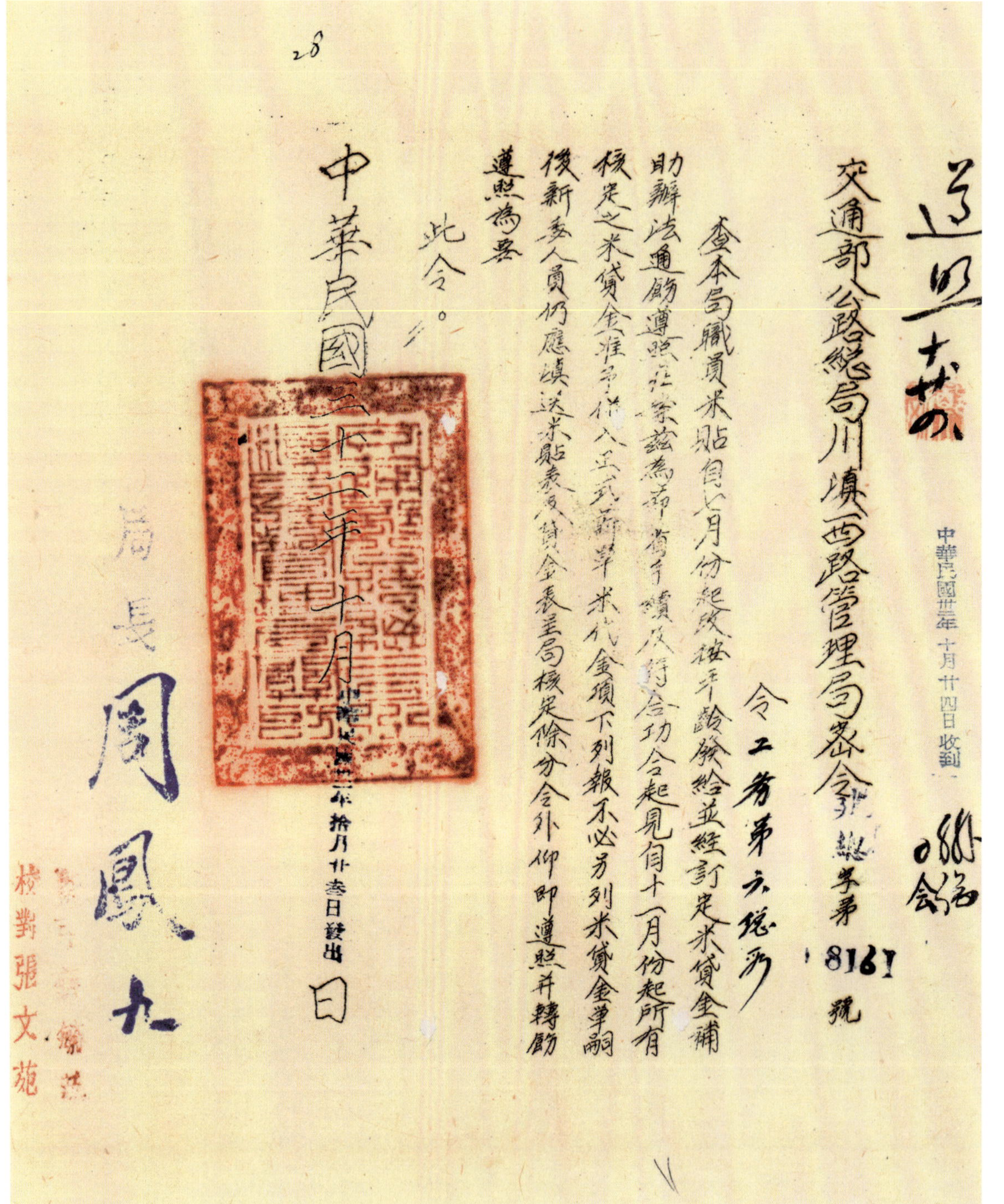

遵照 十廿四

中華民國卅二年十月廿四日收到

交通部公路總局川滇西路管理局密令 路總字第8161號

令工务第六總段

查本局職員米貼自七月份起改按平價發給並經訂定米貸金補助辦法通飭遵照在案茲為節省手續及符合功令起見自十一月份起所有核定之米貸金准予併入正式薪津米代金項下列報不必另列米貸金單嗣後新委人員仍應填送米貼表及貸金表呈局核定除分令外仰即遵照并轉飭遵照為要

此令。

中華民國三十二年十月 日

局長 周鳳九

校對 張文苑

川滇西路管理局卅二年拾月廿叁日發出

川滇西路管理局工务第六总段密令（一九四三年十月二十五日）

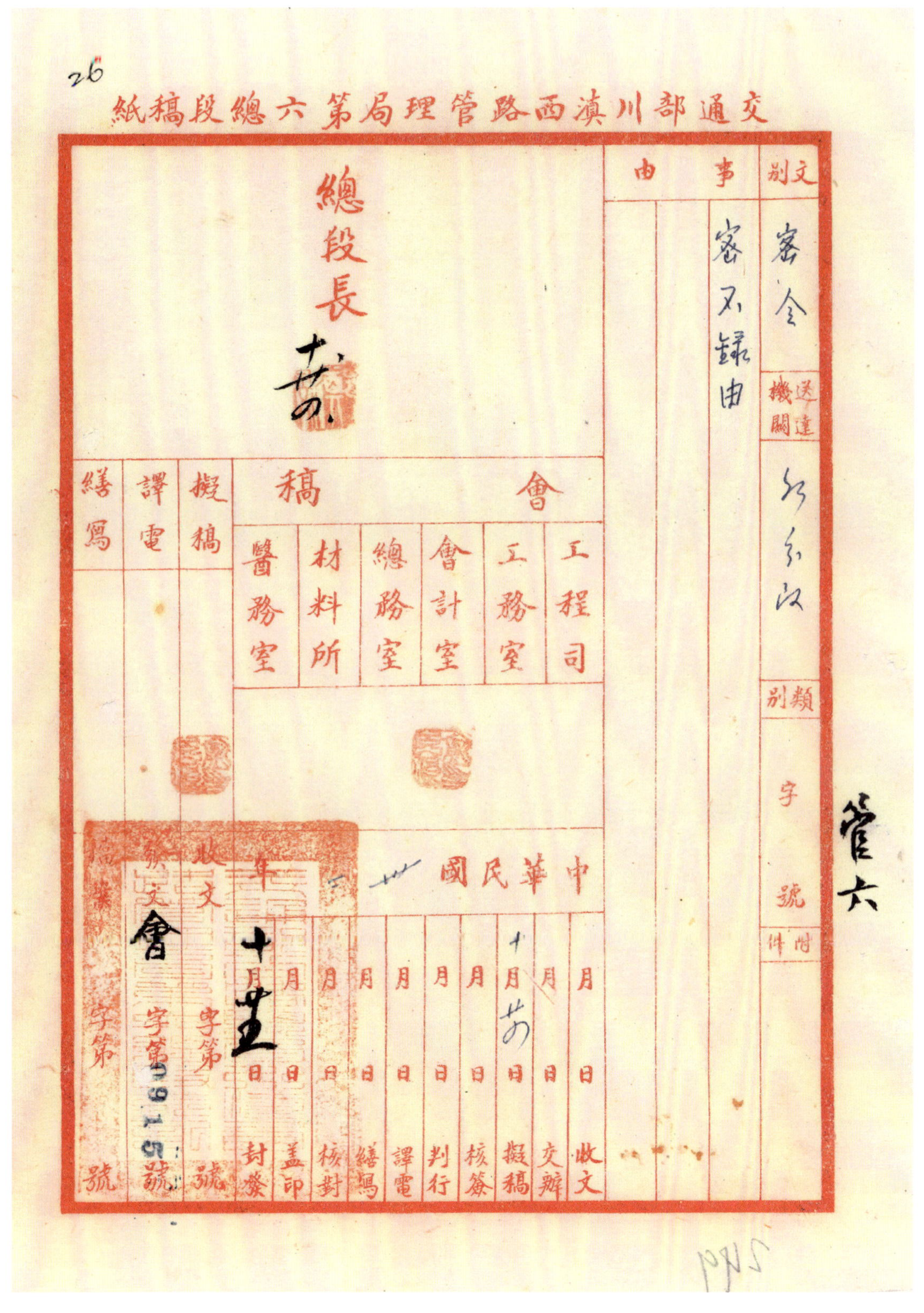

交通部川滇西路管理局第六總段稿紙

文別	密令
事由	密不録由
送達機關	[illegible]
類別	字號
附件	

總段長 [illegible]

會稿：工程司、工務室、會計室、總務室、材料所、醫務室

擬稿　譯電　繕寫

中華民國卅二年十月廿五日

收文　月　日
交辦　月　日
擬稿　十月廿日
核簽　月　日
判行　月　日
譯電　月　日
繕寫　月　日
核對　月　日
蓋印　月　日
封發　月　日

收文　字第　號
發文　會字第0915號
檔案　字第　號

管六

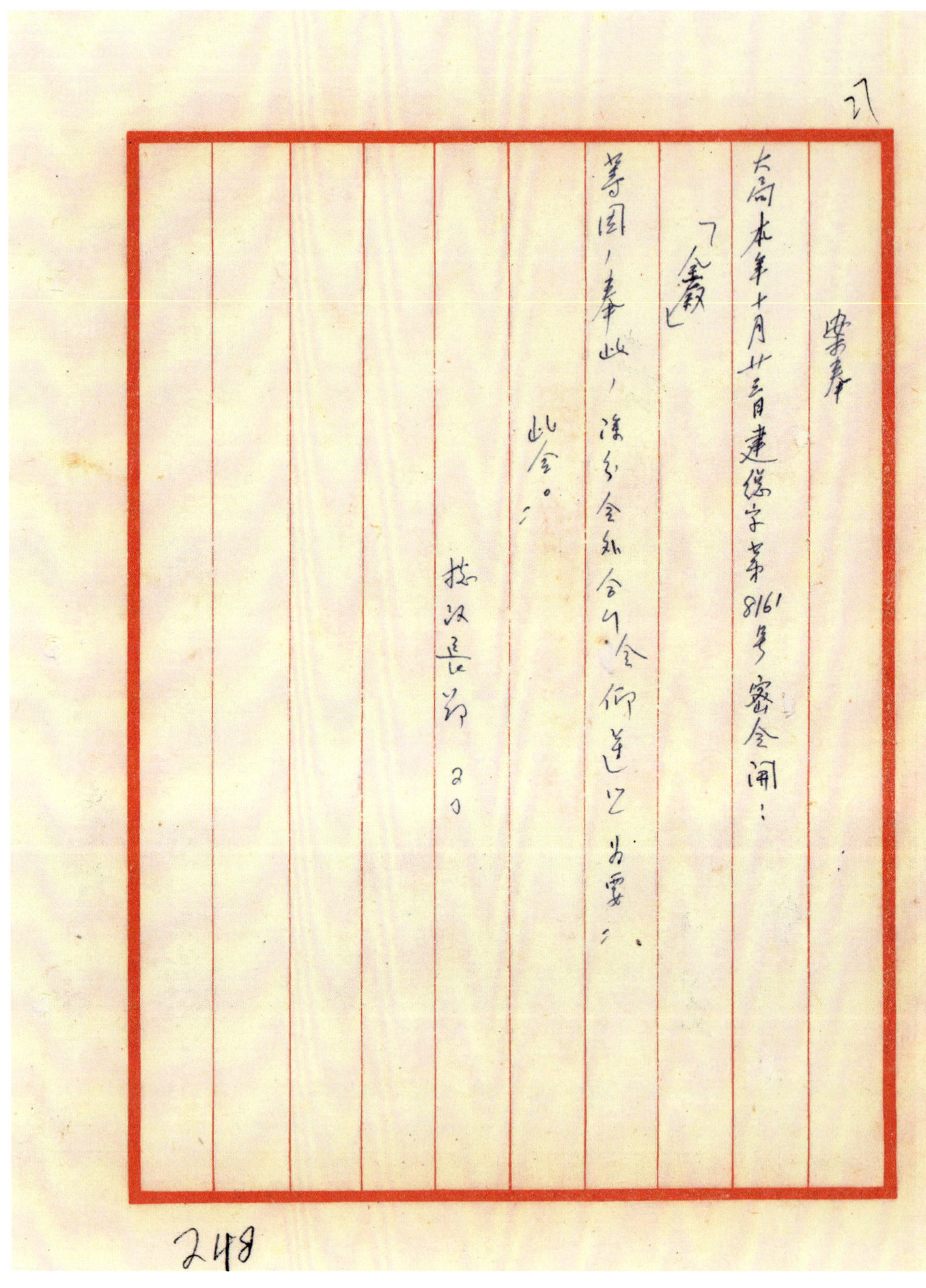

21

案奉

大局本年十月廿三日建總字第8161号密令開：

「全銜」

等因，奉此，除分令外，合行令仰遵照為要，

此令。

總段長郭

248

川滇西路管理局转饬关于报支招待费用等问题致工务第六总段的训令（一九四三年十月三十日）

会逕四十三

交通部公路總局川滇西路管理局訓令 工總字第8430號

事由：為轉飭報支招待費用須呈總局核准及招致赴任人員不能報支膳宿雜費等項仰切實遵照由

令工務第六總段

據會計科本年十月二十六日簽呈稱：

「案奉交通部公路總局會計處（三十二年十月（ ）日卅二）預孝第（三八五號訓令節開：查抗戰方殷，國家財力困難，該局報支招待費用，為法令所限，應予不准，其有特別理由確屬需要者，應專案呈報總局核示；又該局招致赴任人員，應照章報支舟車輪馬費，不得另支膳宿雜費，仰即遵照等因，奉此，理合具文呈請鈞座鑒核，並令飭各附屬單位遵照

等情：據此，除分令外，合行令仰自十一月份起，切實遵照爲要！

此令。

中華民國三十三年十一月 日

局長 周鳳九

校對 張文苑

214

川滇西路管理局工务第六总段与第二十一分段关于造报刘家小桥更换桥面工程预算图的呈

川滇西路管理局第二十一分段致管理局工务第六总段的呈（一九四三年十一月九日）

核转 十六

19

事 为再呈送K517+290刘家小桥新换桥面工程预算图表敬乞

由 核转备案并赐领工号由

川滇西路管理局工务第六总段第二十一分段 呈

查K517+290刘家小桥新换桥面工程预算曾以第二十一工材会字第（084）号文呈送在案。旋奉

钧段本年十月十六日管六工字第（0832）号指令，略开：

「所呈各件未合，兹将原件发还，仰重造呈报」

等因。附发原件，奉此。经遵照指示各点重造，理合随文赍呈，敬乞

核转备案并赐领工号，实为公便。

谨呈

中华民国卅二年十一月初九日 送交

第二十一工材会字第〇〇□号

中华民国卅二年十二月一日 收到

0987

50

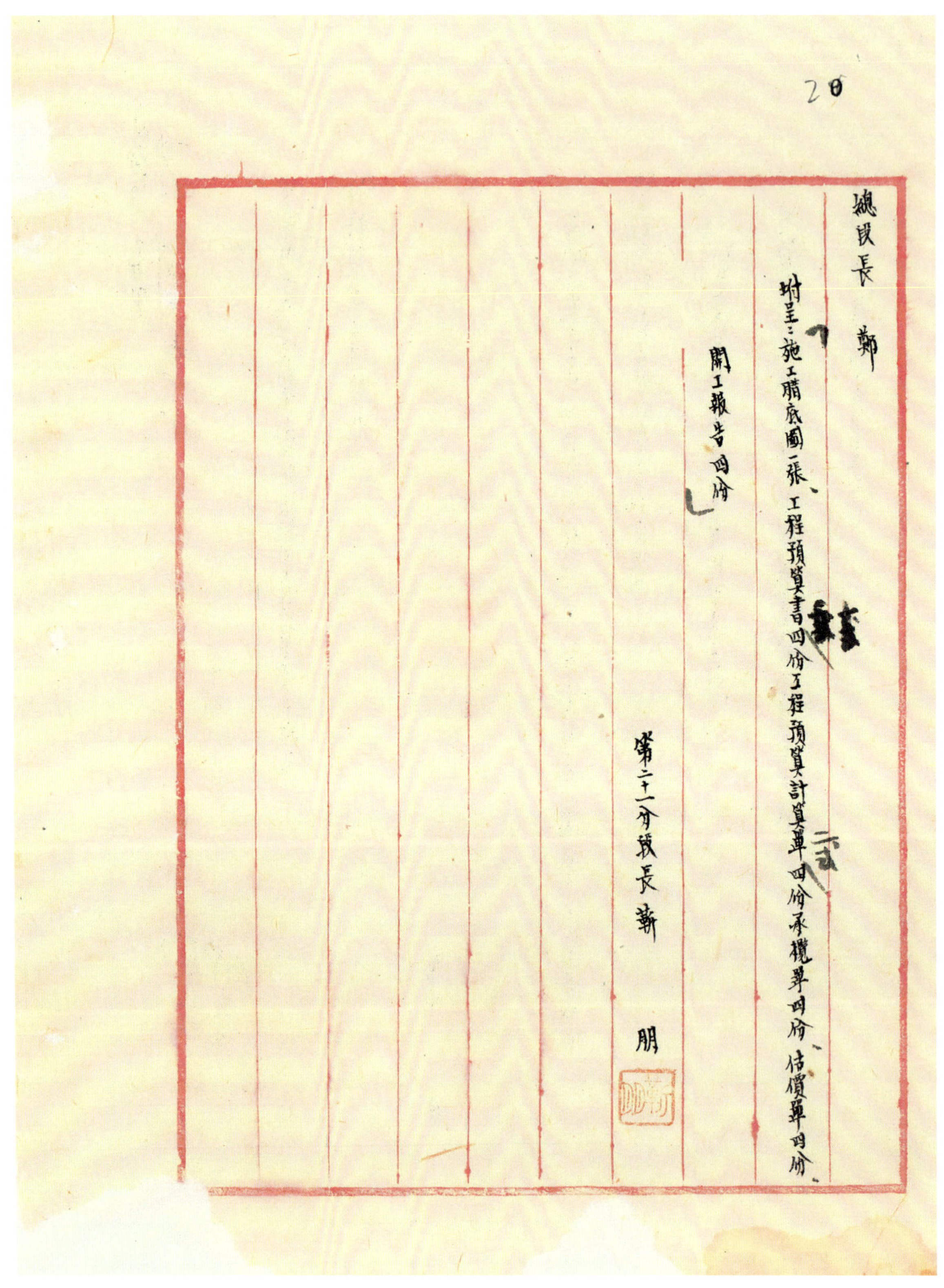
20

總段長鄭

附呈：施工腊底圖一張、工程預算書四份、工程預算計算單四份、承攬單四份、估價單四份、開工報告四份

第二十一分段長靳朋

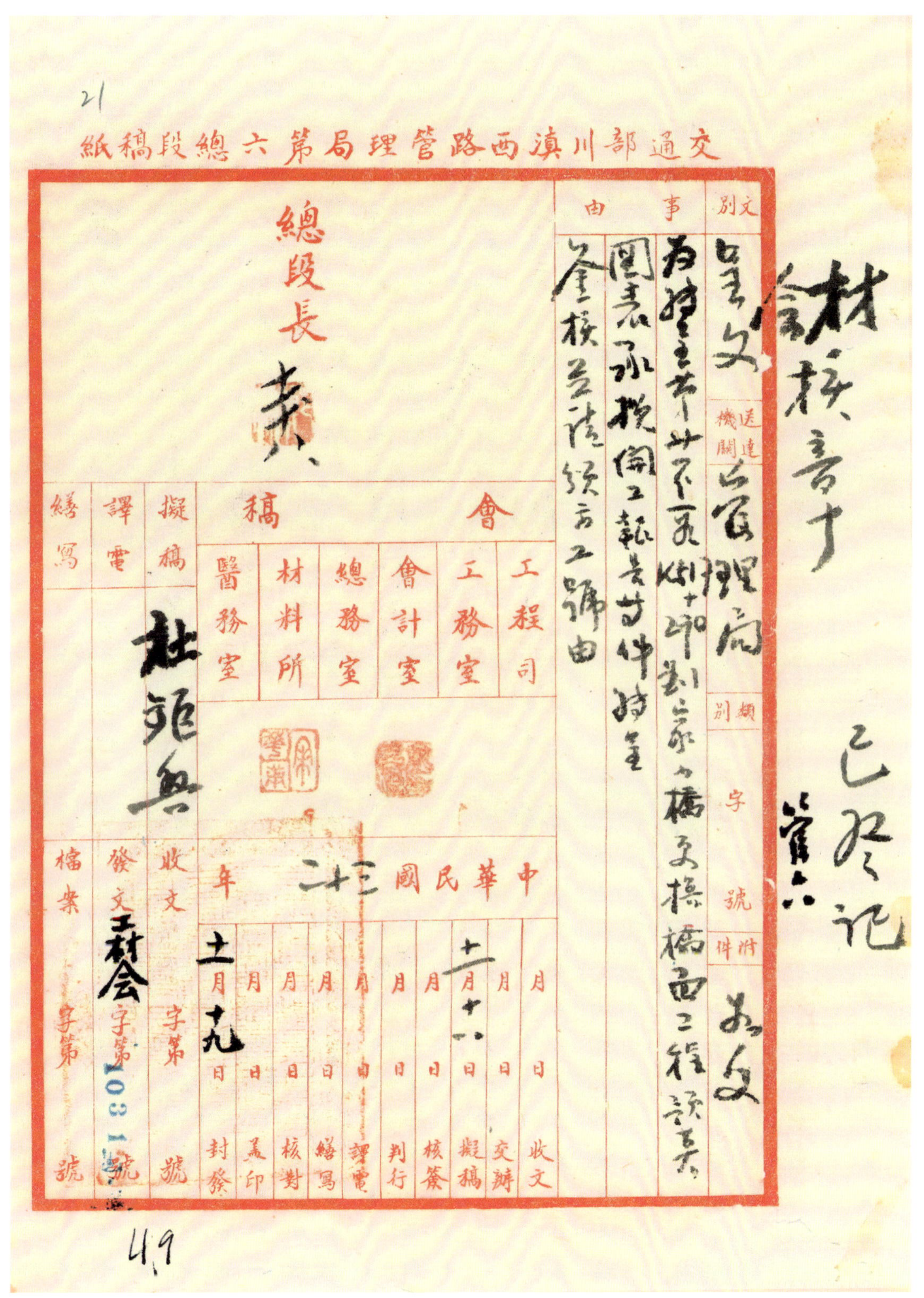

21

交通部川滇西路管理局第六總段稿紙

文別	呈文
送達機關	公路管理局
類別	字號
附件	如文
事由	為據三分段十一月廿日呈送K31+740劉家河橋及樣橋兩工程預算圖表承攬合同工程表等件轉呈鑒核並請發給工款由

總段長 [illegible]

會稿					
工程司	工務室	會計室	總務室	材料所	醫務室

擬稿 杜矩無

譯電

繕寫

中華民國三十二年

收文	交辦	擬稿	核簽	判行	譯電	繕寫	核對	蓋印	封發
月日	月日	十一月十八日	月日	月日	月日	月日	月日	月日	十一月十九日

收文 字第 號

發文 工材会 字第 1031 號

檔案 字第 號

會材料科 言十

已存記 賀六

49

22

案准贵处卅一年[illegible]工材会字第107号函为[illegible]查K519+290刘家河桥及换桥面工程预算[illegible]业经遵照理合随文赍呈核示换桥备案并饬[illegible]工务段实为不便[illegible]附[illegible]据此经核尚无不合理合转呈

鉴核并请

饬示工务以利工进为祷谨呈

局长周

全衔

附呈[illegible]

川滇西路管理局工务第六总段关于VI—20—302工号工程承揽总价款项更正致第二十分段的呈（一九四三年十二月十七日）

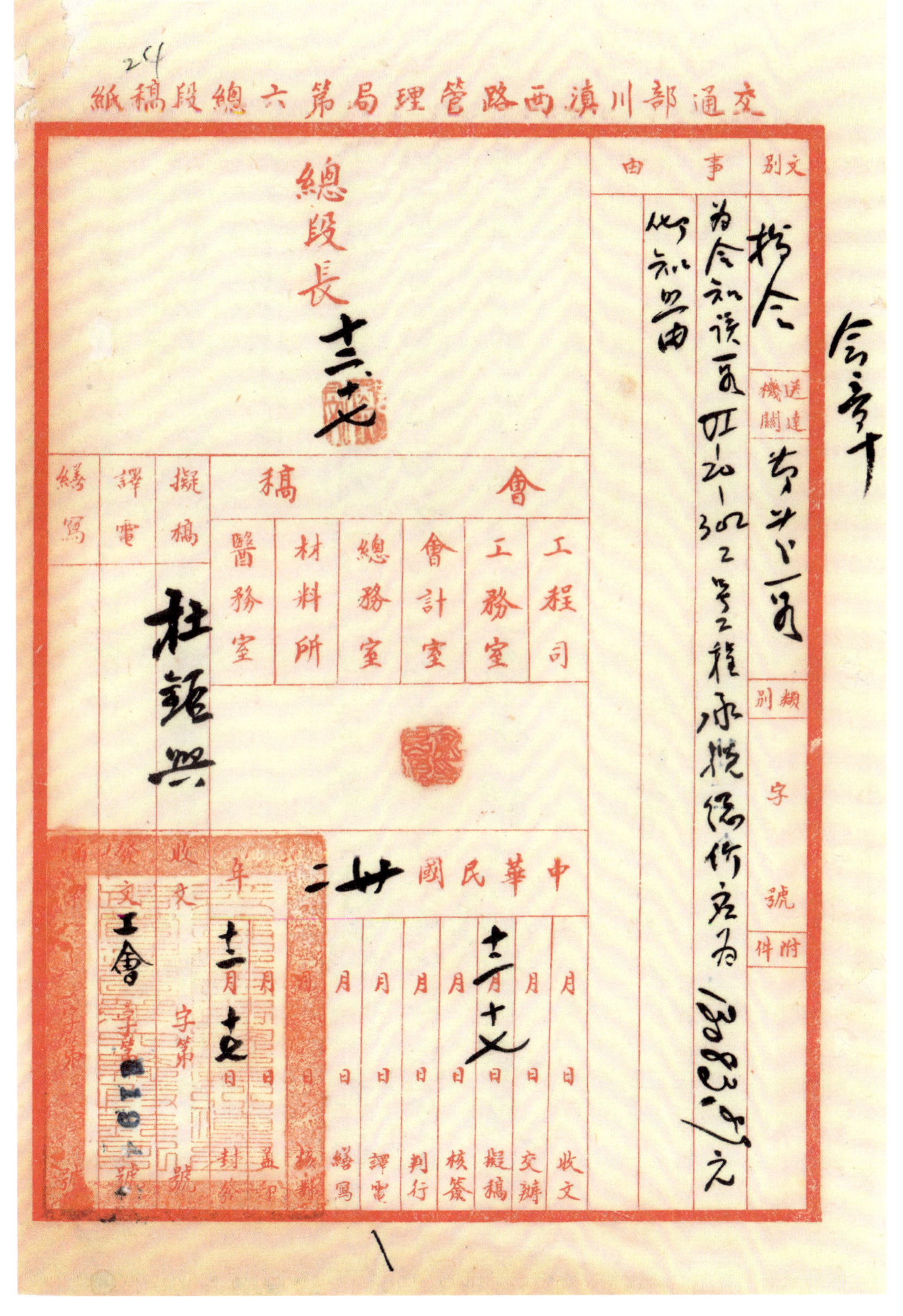

交通部川滇西路管理局第六總段稿紙

文別：指令

送達機關：第廿分段

事由：為令知該段VI-20-302工號工程承攬總價應為[illegible]元仰知照由

總段長 十二、十七

會稿：工程司　工務室　會計室　總務室　材料所　醫務室

擬稿：杜範興

中華民國卅二年

收文 月 日　交辦 月 日　擬稿 十二月十七日　核簽 月 日　判行 月 日　譯電 月 日　繕寫 月 日　校對 月 日　蓋印 月 日　封發 十二月十七日

收文　字第　號

發文 工會 字第 [illegible] 號

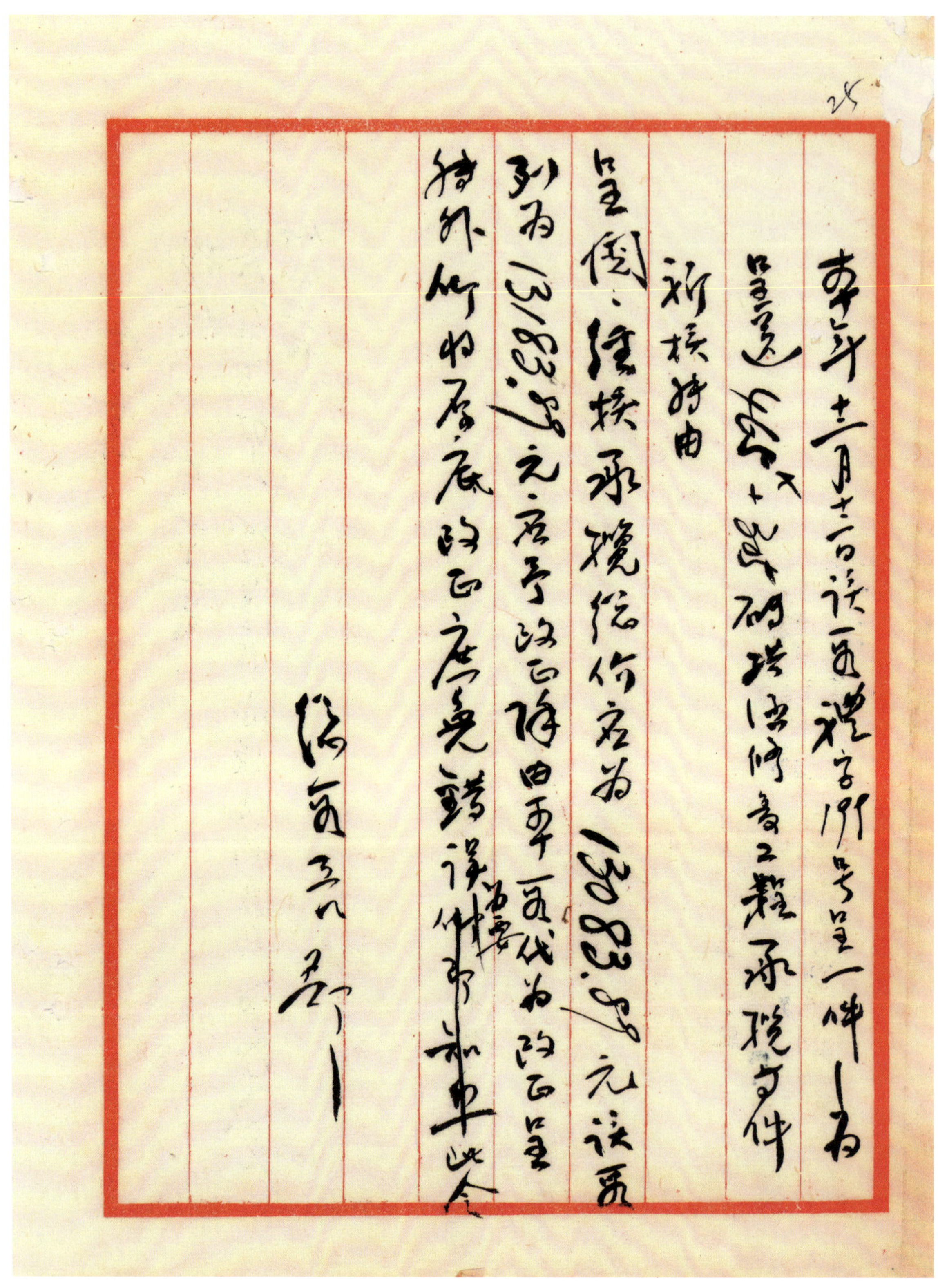

25

本年十二月十二日該一區禮字1911號呈一件，為

呈送長六十七號砌拱涵洞等工程承攬書各件

祈核轉由

呈悉。經核承攬總價應為18,883.89元，該項

列為18,883.89元，應予改正。惟由本段一區代為改正呈

轉飭所約原底改正，庶免錯誤為要，仰即知照。此令

總段長 [illegible]

川滇西路管理局关于员司加班津贴等级表准予备案致西祥南段复修工程处的指令（一九四三年十二月二十八日）

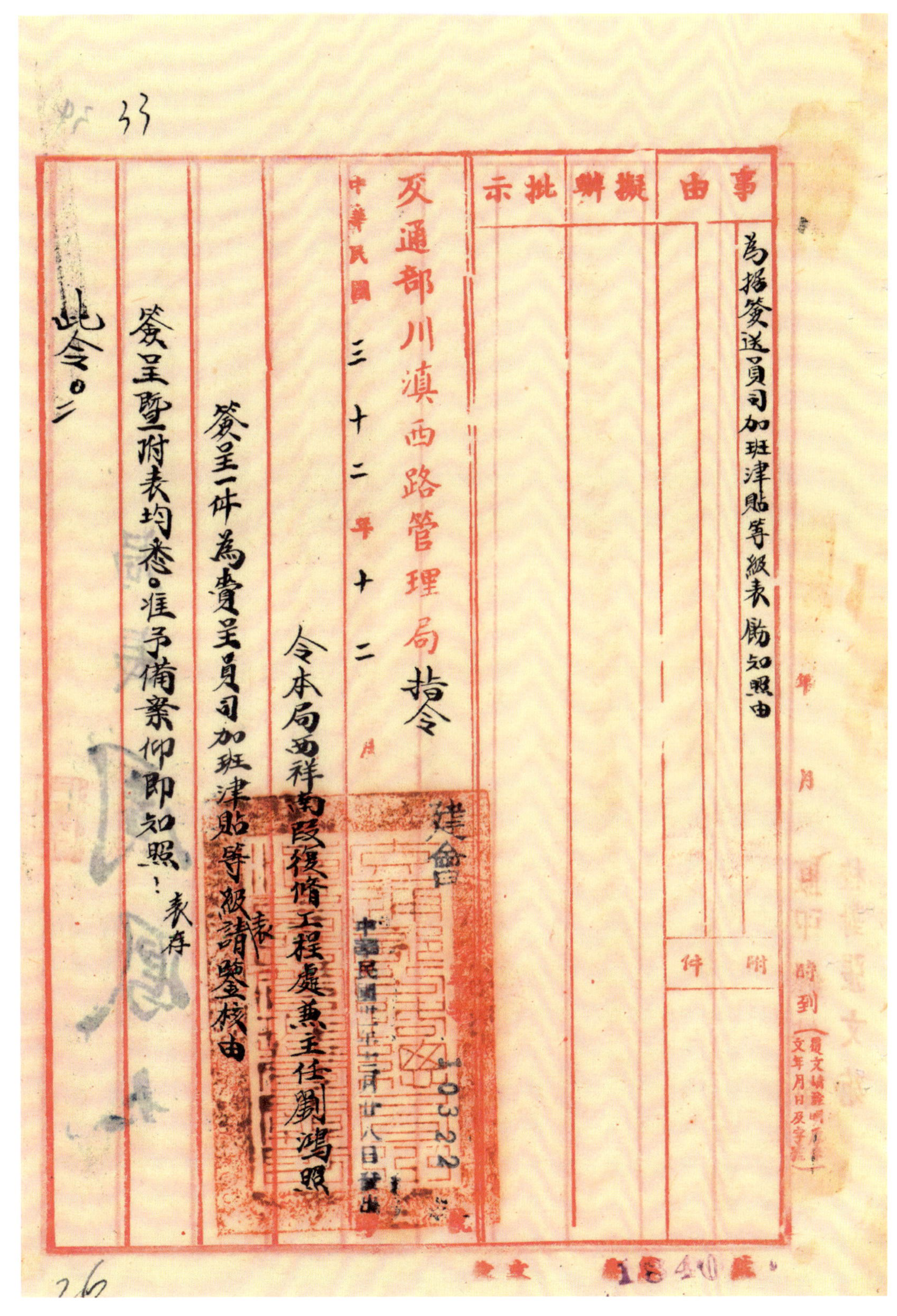

事由：為據簽送員司加班津貼等級表飭知照由

擬辦

批示

附件

交通部川滇西路管理局指令 建會

中華民國三十二年十二月 日

令本局西祥南段復修工程處主任劉鴻照

簽呈一件為賫呈員司加班津貼等級表請鑒核由

簽呈暨附表均悉。准予備案，仰即知照！表存

此令。

中華民國卅二年十二月廿八日發出

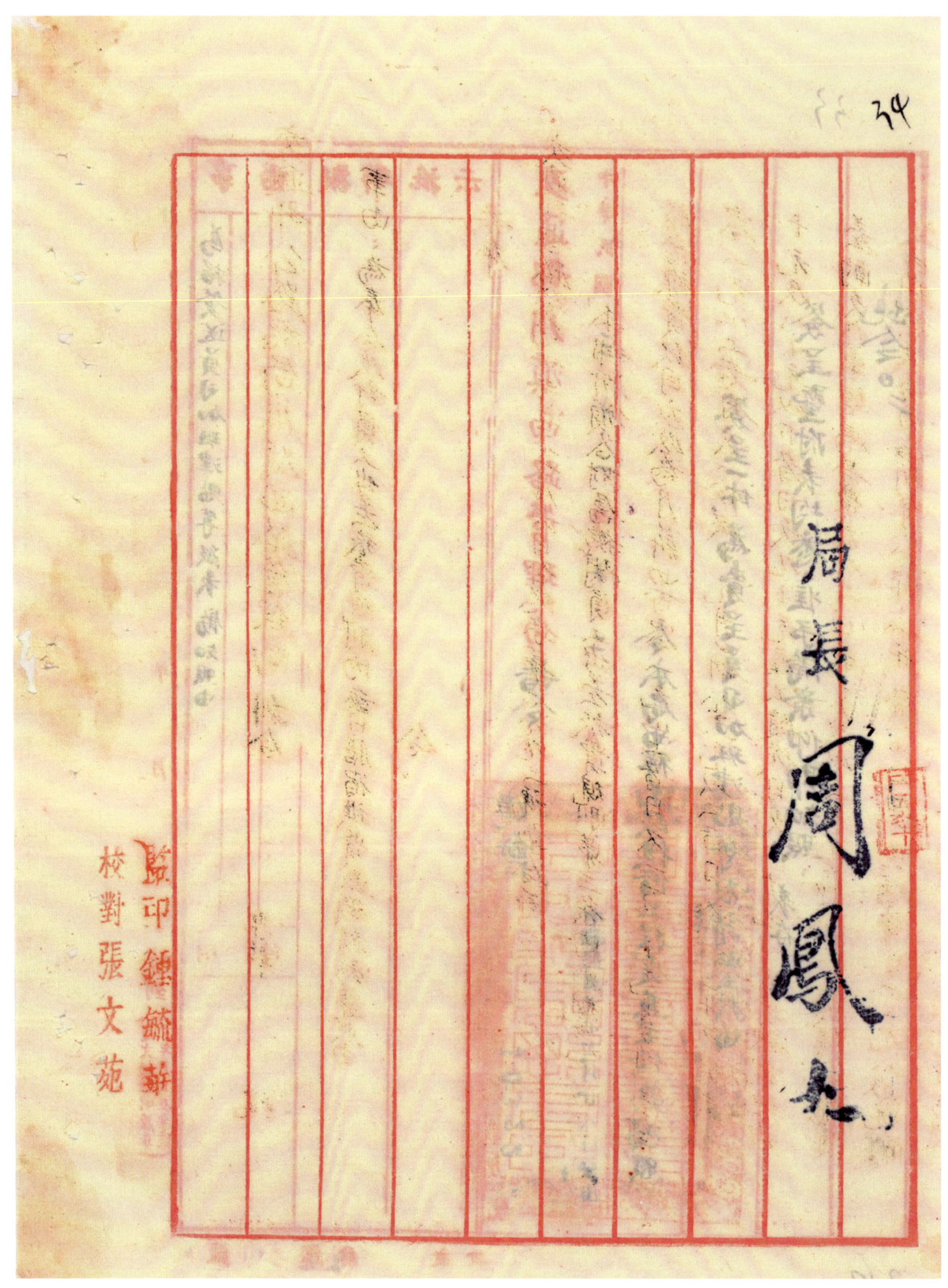

局長 周鳳九

監印 鍾[illegible]

校對 張文苑

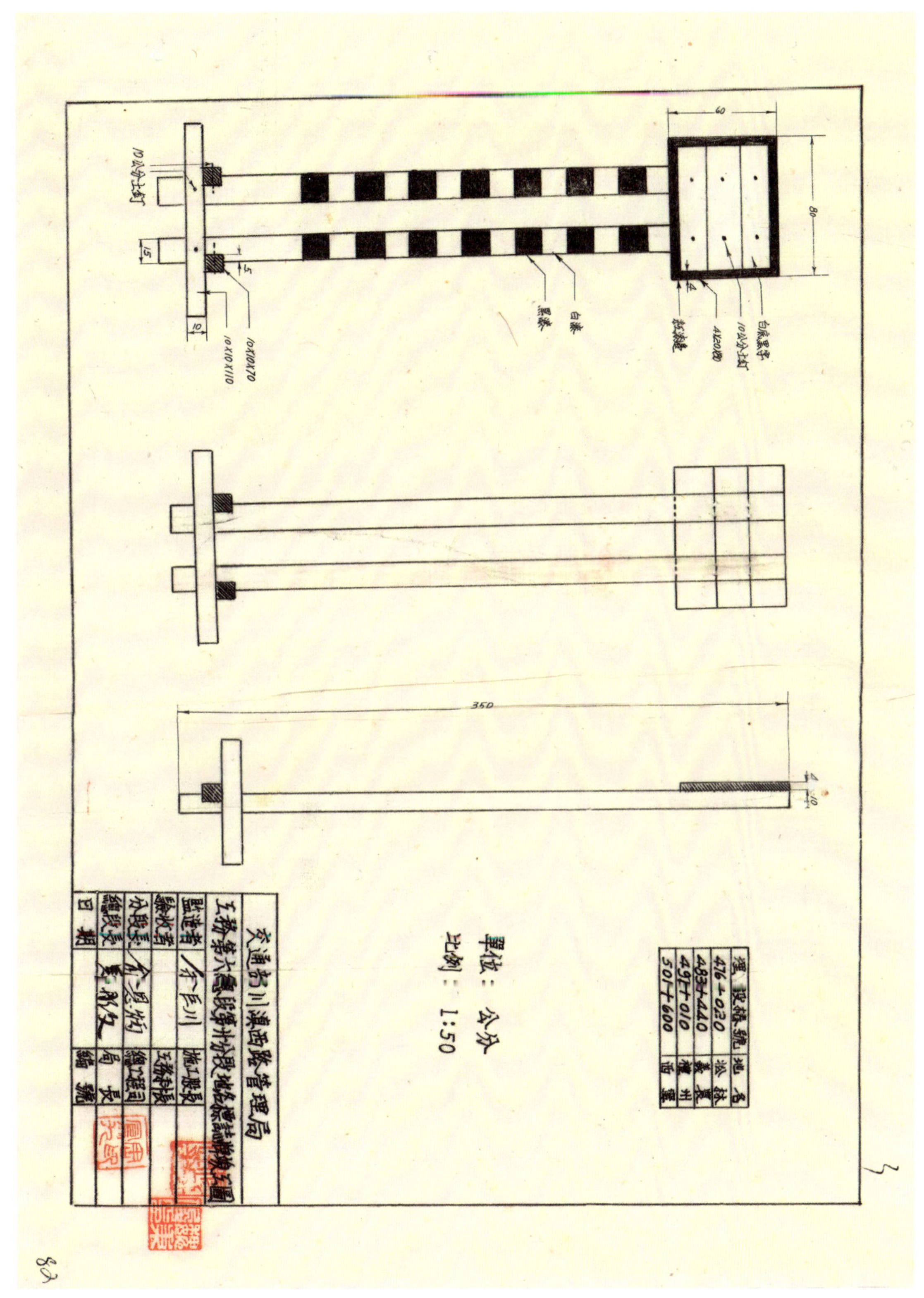

川滇西路管理局工务第六总段第二十分段地名标志牌竣工图（一九四三年）

川滇西路管理局工务第六总段第二十四分段改善工程计划要点（一九四三年）

62

川滇西路管理局工務第六總段第二十四分段改善工程計劃要點

一、工程數量款額支配

另見改善工程一覽表

二、職員工作分配

周昭煦 負責全段事宜

黄達武 負責112K～122K整理路基路面工作住摩挲營

董仁永 負責92K—104K整理路基路面及錦川橋備辦木料住永定營

周玉昆 負責104K—112K整理路基路面及104K—108K新做路面住甸沙關

劉列乾 負責122K—127K整理路基路面工作住桐子嶺

三、米糧儲備

全段員工經常食米以八個月計算共需食米壹萬市斤，橋涵包工及整路隊全部共需食米叁萬市斤，總共需肆萬市斤，總段代購叁萬市斤，其餘由分段自購限五月底以前備齊

四、工人配備

錦川橋備辦木料需小工四十名，技工（鋸匠）十人，此項小工係99K+955涵洞包工已有廿五人，另加十五人，合計四十人，技工在當地雇用

分水嶺開鑿水溝及加寬路基并需石工廿人，現已有五人，其餘設法招雇，

整路隊分為四小隊，每隊30人，分作四處工作，僱當地保甲長接洽，限五月十五日以前招足一百人，其餘以道班補充

104K—108K新做路面發包承做，限五月十五日以前到工人五十名，五月廿以前到足一百名

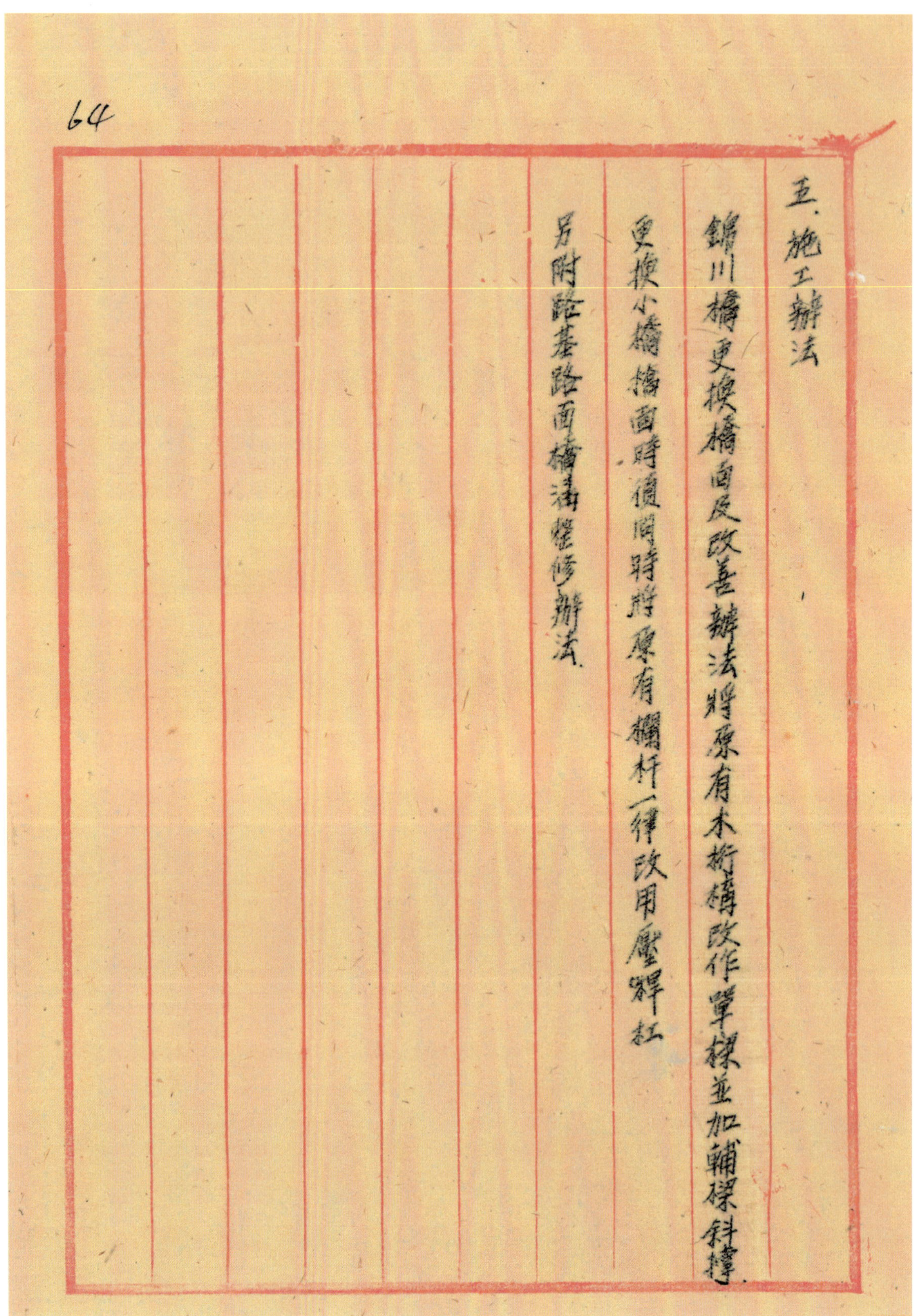

64

五、施工办法

锦川桥更换桥面及改善办法将原有木桁桥改作单梁并加辅梁斜撑。

更换小桥桥面时应同时将原有栏杆一律改用压檊杠

另附路基路面桥涵整修办法

59

路基路面橋涵整修辦法

(1)路基縱坡在一〇〇公尺以內凡有凸凹不平之處均須填切平整、

(2)路基邊溝須擇要加寬加深務使整齊.

(3)沿路凡有坍方之處概須清除.

(4)路肩須培補整齊坍陷之處須填補

(5)路基兩邊突出之大塊石岩有碍行車者須炸除.

(6)凡危險地段之路基其寬度不足四公尺者須酌予加寬以免行車出險

(7)路基急灣之處外緣須酌量加高、

(8)新補路面寬度不得少於三、五公尺厚度至少一公寸加泥不得超过10%

底層石子不得少於四公分

60

(9) 路面薄弱之處（如分水嶺一帶）須加鋪二至五公分石子再掺入一至二公分石子鋪壓緊實陡坡處除多鋪二公分半石子外面層不另加細砂以免被雨水冲去其餘已鋪之路面凡有凸凹不平及有車槽之處概須補修平整但有深槽之處底層須填鋪五至七公分石子

(10) 補修路面須多鋪石子加泥量須儘量減少沿路草皮須剷除

(11) 修補路面務隨时注意路拱形式之保持以利路面排水

(12) 凡路面砂石採取困難之地段此次鋪修須特别注意多鋪多備石子以減少經常養路採運困難

(13) 鋪路砂石須特别注意選擇堅硬及大小均匀者故養路工人於河中或其採集砂卵石时須分一部份工人專做採集揀選工作以免混雜泥土及其

他風化或大小懸殊等不良材料之弊。

(14) 沿路須擇要採備碎石以便日後填補路面。

(15) 現已腐朽之橋梁木面及涵洞木面概須修換，兩端路基須與橋面平，木面上之鐵釘如有鬆動突出者須打進以暢行車，新換之車道板寬度可改為八公寸。

(16) 此次改善涵洞上面之填土須夯築緊實，木蓋板上面須覆以石灰三合土，免雨水浸入腐爛木料。

川滇西路管理局关于拨发热水河桥木料专款致工务第六总段的指令（一九四四年一月五日收）

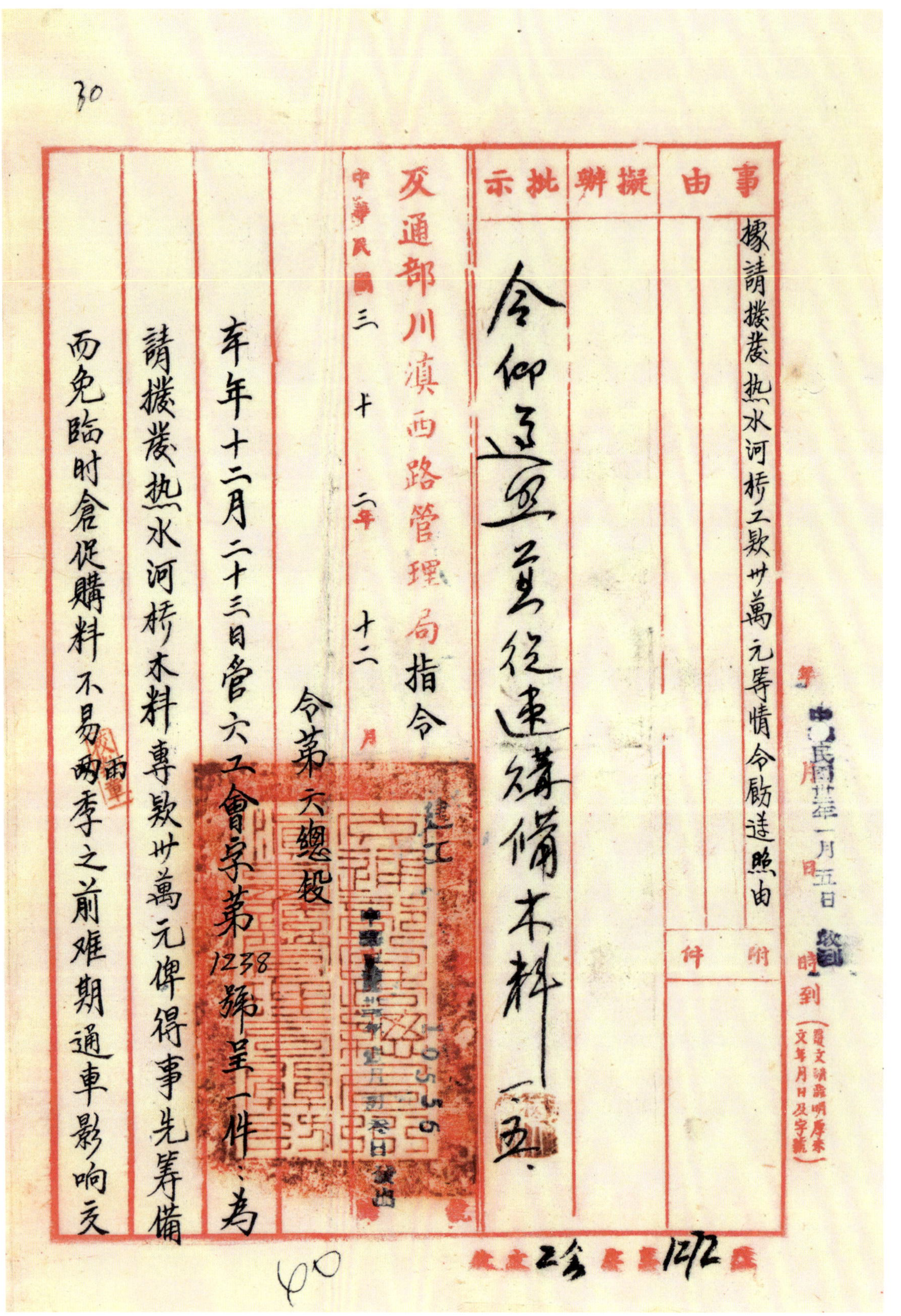
30

事由：据请拨发热水河桥工款廿万元等情令饬遵照由

拟办批示：令仰遵照，并从速储备木料。一、五

中华民国卅三年一月五日收到

交通部川滇西路管理局指令

中华民国三十二年十二月　日

建工

令第六总段

本年十二月二十三日管六工会字第1238号呈一件，为请拨发热水河桥木料专款廿万元，俾得事先筹备而免临时仓促购料，不易雨季之前难期通车影响交

40

2203 1272

通由

呈悉。仰就已發工款内匀支二十萬元作該橋先行備料之用至重建該橋工程俟明年度工款到後再行撥發應用仰即知照。此令。

局長 周鳳九

川滇西路管理局关于员工消费合作社成立员工认股名单致西祥南段复修工程处的训令（一九四四年三月十五日）

42

事由：為本局員工消費合作社現經成立抄發該處員工認股名單仰遵照扣繳由

擬辦

批示

附件

年　月　日　時到（覆文請註明原來文年月日及字號）

交通部川滇西路管理局訓令

中華民國三十三年三月　日

建會字第12736號

令西祥南段復修工程處

查本局員工消費合作社現經成立，凡員工認股在弍拾股以上者自本年三月份起分三個月扣清，認股在拾玖股以下者分兩個月扣清，業經議決在案。茲抄發該處員工認股清單一份，仰即遵照扣繳，以憑撥交該社填發股券為要。

收文　字2711號

20

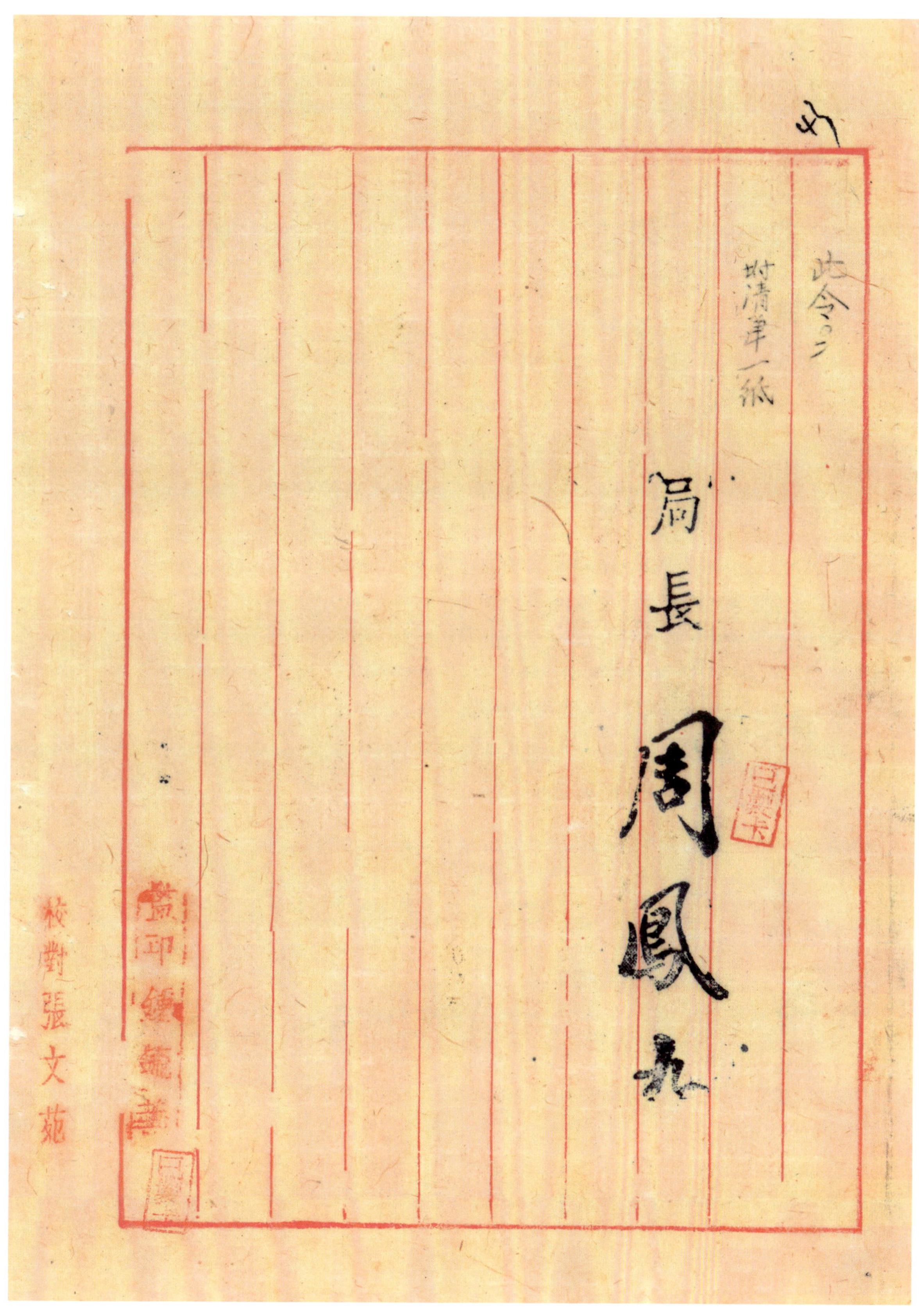
此令ㇷ
附清單一紙
局長 周鳳九
校對張文菀

川滇西路管理局关于百元以上职员填证件事宜致工务第六总段的训令（一九四四年三月二十日）

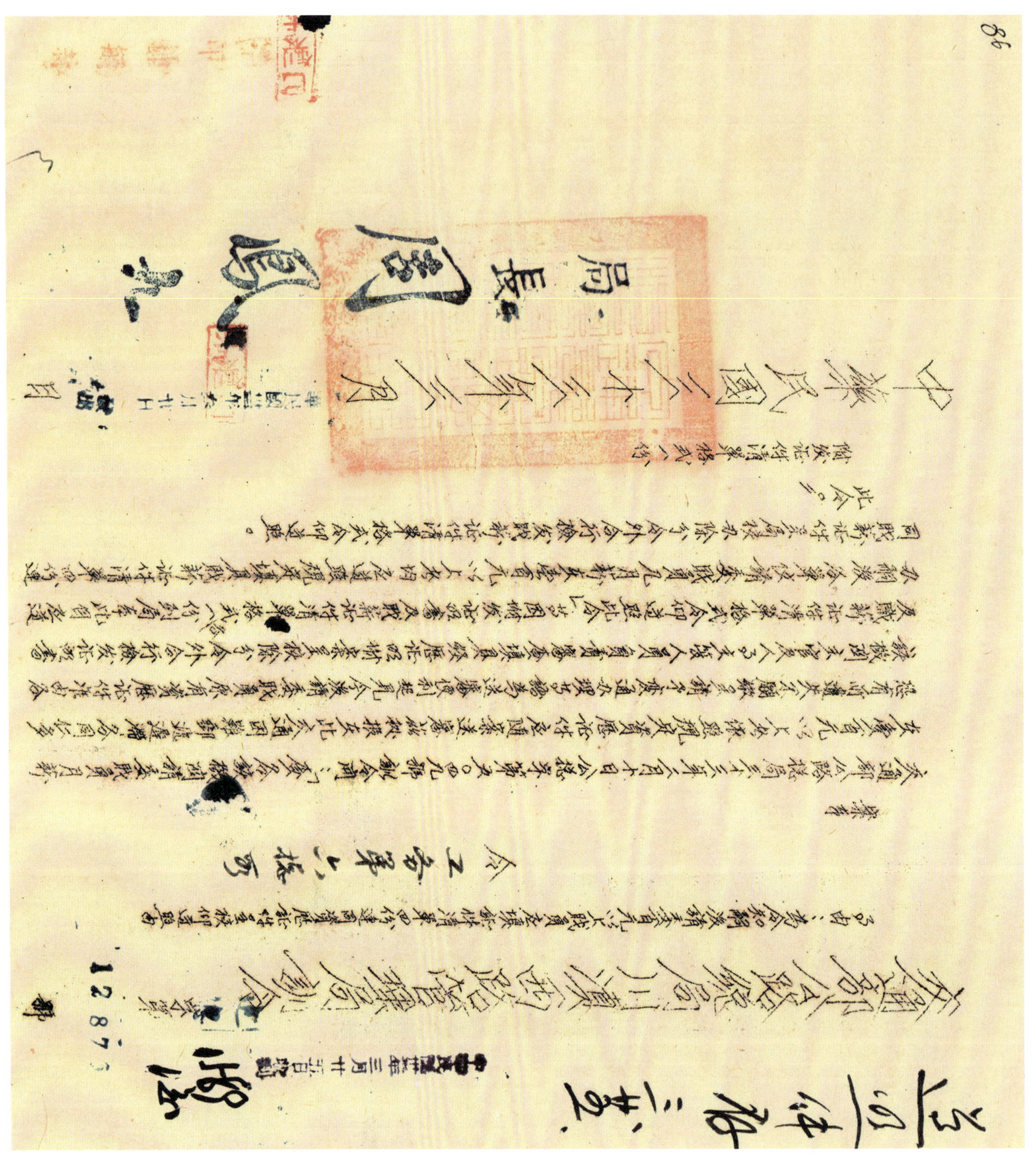

交通部公路总局川滇西路管理局训令

事由：为令知嗣后请发百元以上职员应填证件清单四份连同证件呈核仰遵照由

令工务第六总段

案奉

交通部公路总局三十三年二月十日公总第[illegible]号训令开：[illegible]

……此令。

附发证件清单格式八份

中华民国三十三年三月 日

局长 周[illegible]

川滇西路管理局关于交通部公路总局修正战时雇员公役给恤办法第一条第二项致工务第六总段的训令

（一九四四年四月一日）

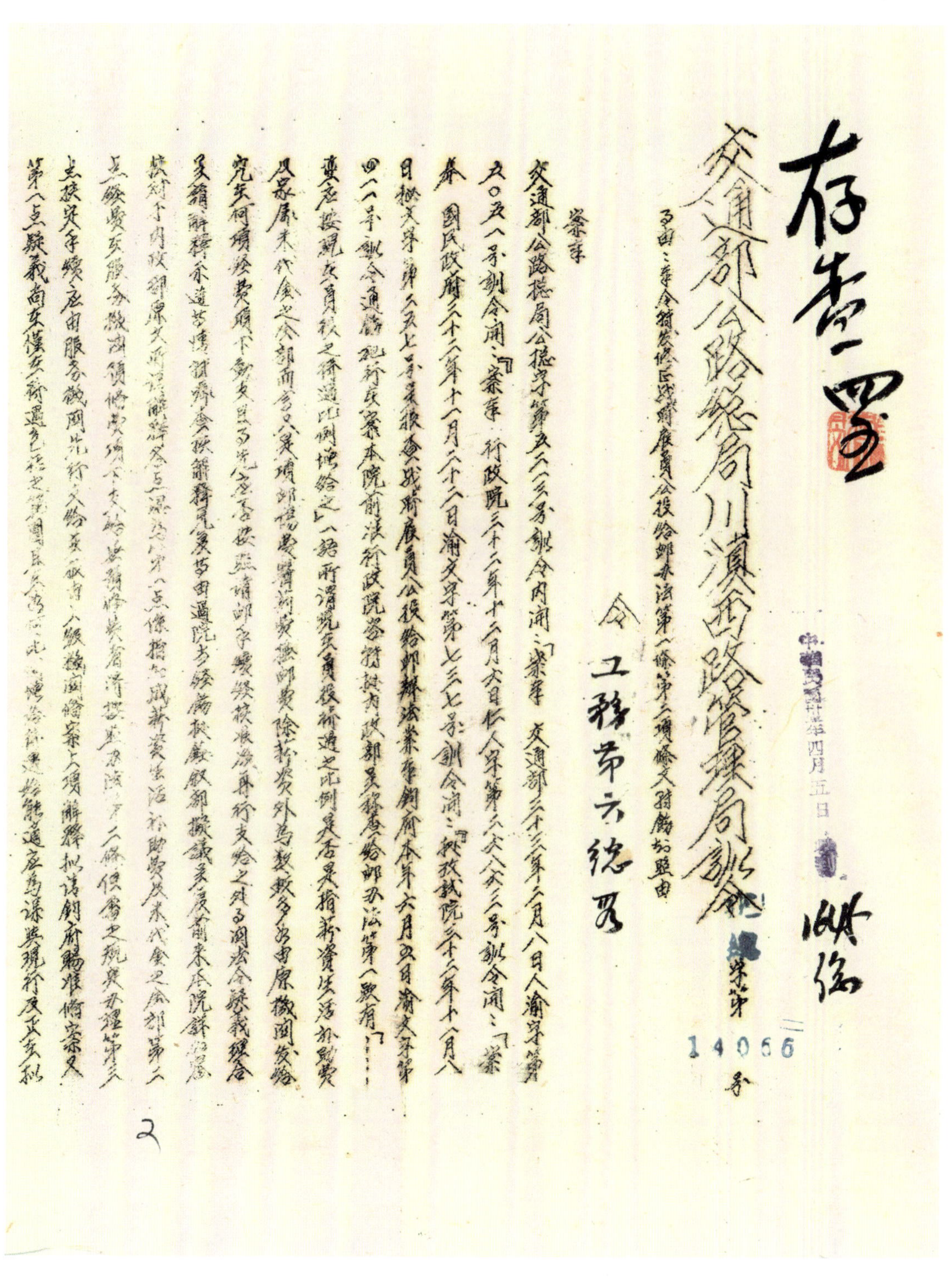

存查

交通部公路总局川滇西路管理局训令

令工务第六总段

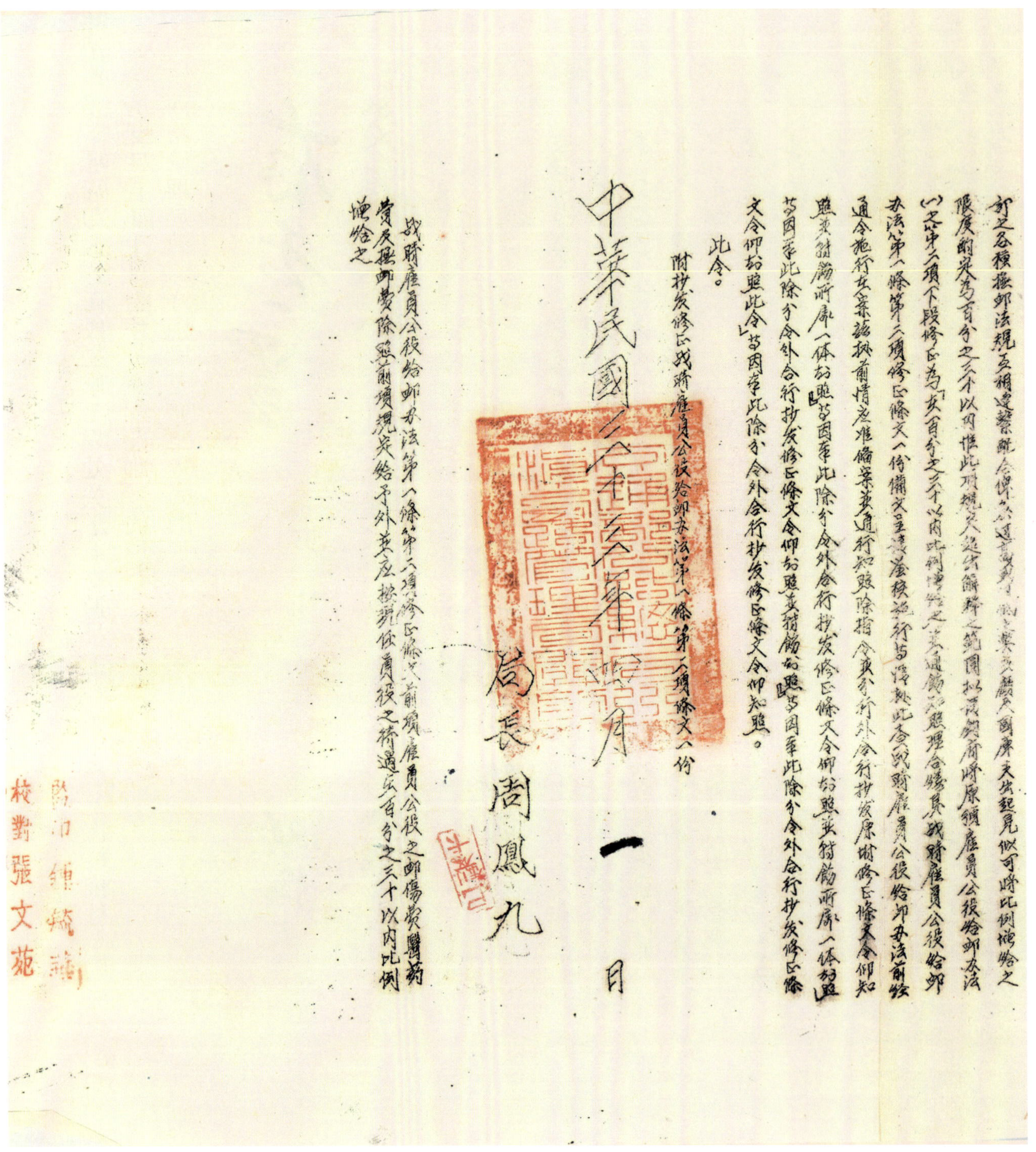

訂之各種撫卹法規互相違背，飭令俾資適宜，惟事關國庫支出起見，似可將比例增給之限度酌定為百分之三十以内，惟此項規定又超出解釋之範圍，擬請飭府將原頒雇員公役給卹辦法（一）之第二項下段修正為「其百分之三十以内比例增給之」，並通飭遵照，理合繕具戰時雇員公役給卹辦法第一條第二項修正條文一份，備文呈請鑒核施行」等情。據此，查戰時雇員公役給卹辦法前經通令施行在案，茲據前情，應准備案，並通行知照。除指令並分行外，合行抄發原附修正條文，令仰知照，並轉飭所屬一體知照」等因；奉此，除分令外，合行抄發修正條文，令仰知照，並轉飭所屬一體知照」等因；奉此，除分令外，合行抄發修正條文，令仰知照，並轉飭知照」等因；奉此，除分令外，合行抄發修正條文，令仰知照。此令」等因；奉此，除分令外，合行抄發修正條文，令仰知照。

此令。

附抄發修正戰時雇員公役給卹辦法第一條第二項條文一份

中華民國三十三年一月 日

局長 周鳳九

戰時雇員公役給卹辦法第一條第二項修正條文：前項雇員公役之卹傷費、醫藥費及撫卹費，除照前項規定給予外，並應按現任員役之待遇在百分之三十以内比例增給之

校對 張文苑

川滇西路管理局与西祥南段复修工程处关于《交通员工眷属生产合作社推行须知》《公务员工眷属生产合作社章程准则》的训令

川滇西路管理局致西祥南段复修工程处的训令（一九四四年六月三十日）

交通部公路總局川滇西路管理局訓令

事由：奉令頒發交通員工眷屬生產合作社推行須知等件仰遵照辦理具報由

令西祥南段復修工程處

案奉

交通部公路總局本年五月十八日公總（財）字第五八五八六號訓令內開：

「案奉 交通部本年三月廿七日人四渝字第五八二七號訓令內開：本部前為謀員工生活之安定與改善，曾通令各附屬機關成立員工消費合作社，推行以來，收效頗宏。惟值茲物價日漲，僅恃節減消費猶有未足，亟應同時從事自力更生原則之下，倡辦員工眷屬生產合作，始克有濟。茲為便於推行起見，特訂定交通員工眷屬生產合作推行須知，並抄附公務員工眷屬生產合作社章程準則等，以資遵循，並切實施行為要，仍應由各該機關斟酌實際情形擬定具體辦法分令

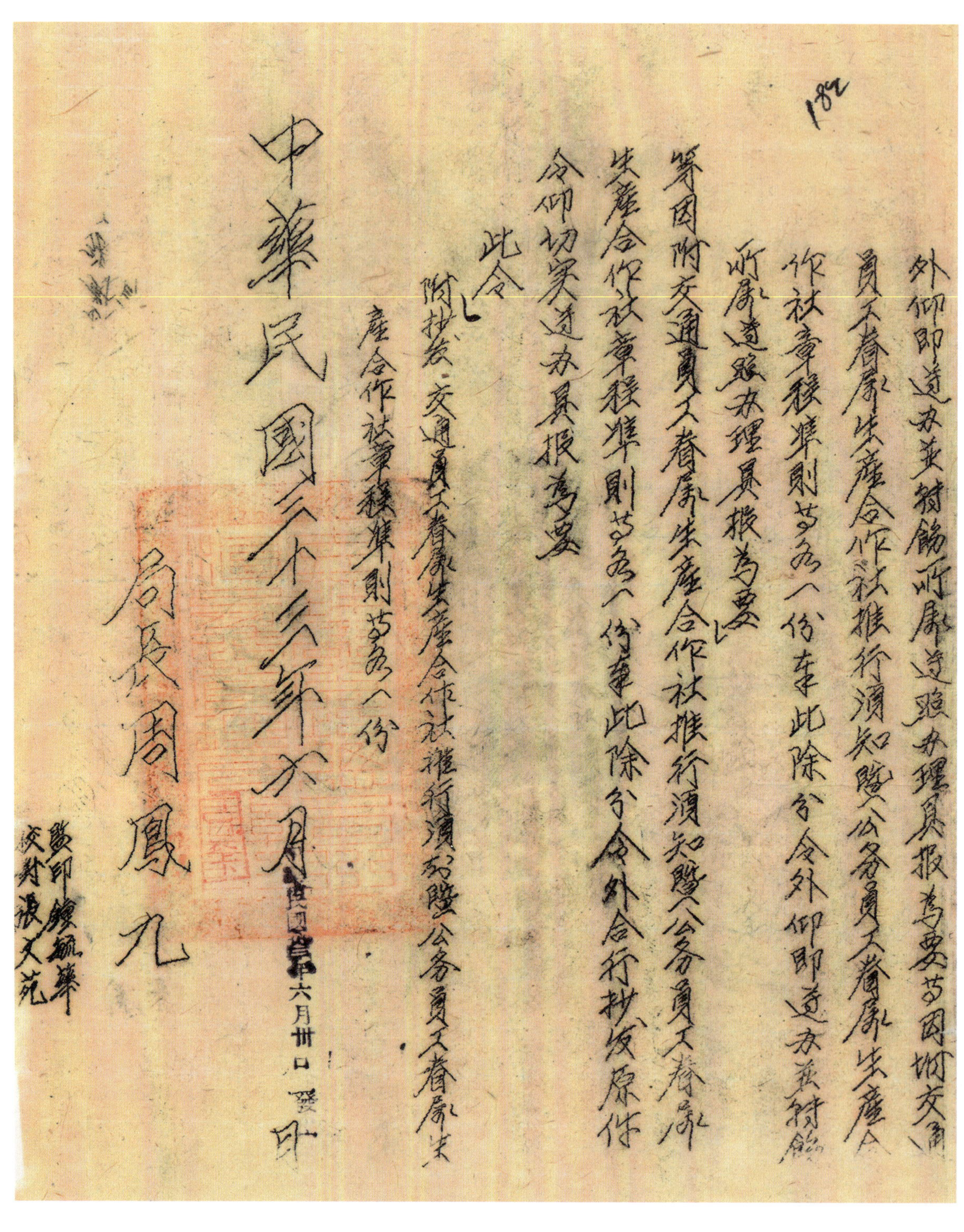

182

外仰即遵办并转饬所属遵照办理具报为要等因附交通员工眷属生产合作社推行须知暨公务员工眷属生产合作社章程准则草案各一份奉此除分令外仰即遵办并转饬所属遵照办理具报为要

等因附交通员工眷属生产合作社推行须知暨公务员工眷属生产合作社章程准则草案各一份奉此除分令外合行抄发原件令仰切实遵办具报为要

此令

附抄发交通员工眷属生产合作社推行须知暨公务员工眷属生产合作社章程准则草案各一份

中华民国三十三年六月　日

局长周凤九

六月卅日　发

监印钟毓华
校对张文苑

交通員工眷屬生產合作推行須知

(一)推行意義

推行公務員工眷屬生產合作之意義有六

(1)減輕家庭生活負擔
(2)增加戰時生產
(3)穩定經濟固其基礎
(4)普及合作運動
(5)提高生產技術
(6)改良眷屬生活環境

(二)推進方式

(1)生產合作之主要業務暫以選擇適宜於婦女工作之(1)紡織(2)縫紉(3)刺繡(4)編織(5)製鞋(6)飼養(7)種植(蔬菜類)等七種為範圍其推進方式如次

(一)集中式　即由生產合作社選定員工眷屬住宅較集中之區域分設工廠或農場使社員能兼顧家務之餘得以集中生產

(二)分散式　如眷屬因為家務所累根本不能分身外出者即由生產合作社發給原料指示式樣俾各於家庭中製造之製成品驗收後照規定之報酬

三、組織手續

一、發起組織　眷屬生產合作社可由員工眷屬自動發起組織人數滿七人以上即可召集創立會籌備會籌備時須即依網要表(附件一)及社員志願書(附件二)徵求公務員工眷屬參加並應詳細調查各表分別統計員工眷屬之工作技能以為籌劃業務之依據

二、起草章程　依照公務員工眷屬生產合作社章程準則(附件三)起草章程並擬訂中心業務選擇廠場地址

三、召開社員大會　社員大會主要任務(1)通過社章草案(2)選舉理事監事各三人(3)討論業務計劃

四、呈請登記　理事會成立後除籌備社內一切事務外須於一個月內向當地合作社主

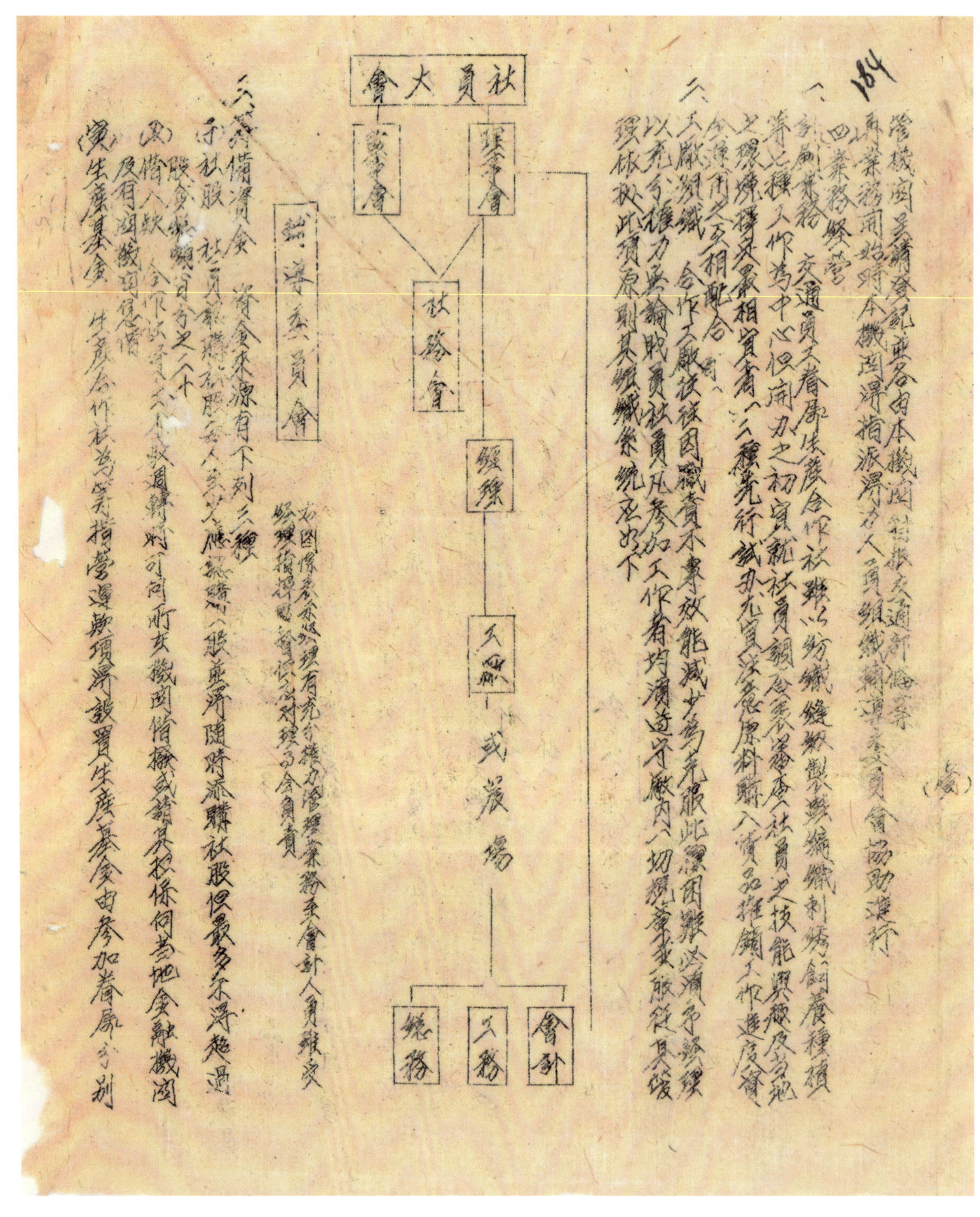

管機關呈請登記並各由本機關轉報交通部備案

再業務開始時本機關得指派專人負組織輔導委員會協助進行

（核）

四、業務經營

一、本社業務 交通員工眷屬生產合作社雖以紡織縫紉製鞋編織刺繡飼養種植等七種工作為中心但開辦之初宜就社員調查各社員之技能與興趣及當地之環境擇其最相宜者一二種先行試辦充實後再依原料購入暨產品推銷工作進度逐漸開展互相配合

二、工廠組織 合作工廠社務因職責不專效能減少為克服此項困難必須予以整理以充分權力與輪班負責社員凡參加工作者均須遵守廠內一切規章並服從其指揮依據此項原則其組織系統如下

三、籌備資金 資金來源有下列三種

（甲）社股 社員入社時應認購社股一股並得隨時添購社股但最多不得超過股金總額百分之二十

（乙）借入款 合作社資金不敷周轉時可向所在機關借撥或請其擔保向當地金融機關及有關機關借貸

（丙）生產基金 生產合作社為發展業務指導適應環境得設置生產基金由參加眷屬分別

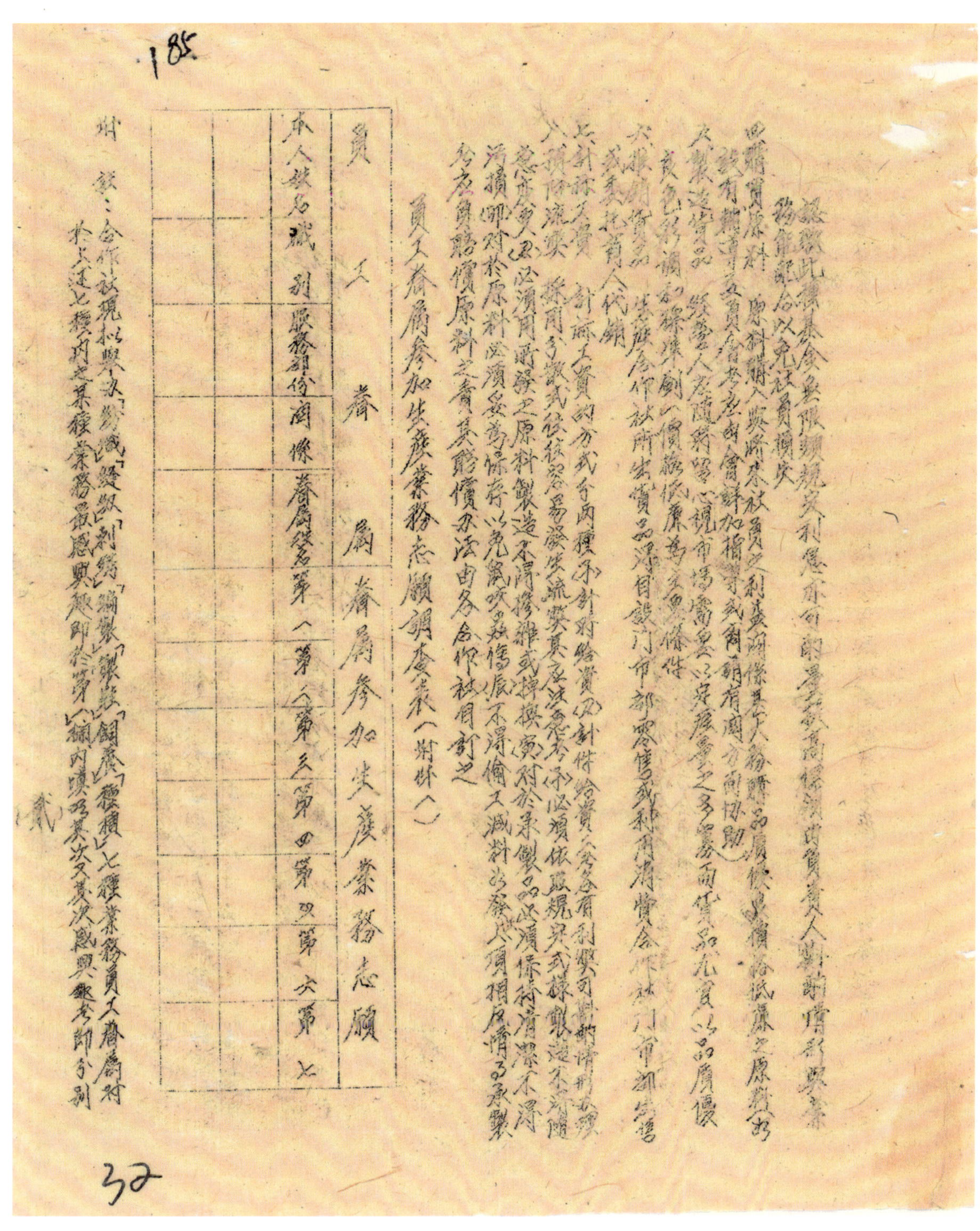

185

按照此種基金無限額規定，利息亦可酌量高低，但須由負責人對於情形與業務能配合，以免社員損失

四、購買原料　原料購入與否，與本社負責之利益，須從其個人勞務產品質優良，價格低廉之原料（如設有消費合作社，可由負責人會同詳加稽考，或商請有關方面協助）

五、製造貨品　須經負責人考慮隨時留心現市場需要，以定產量之多寡，而貨品充實，品質優良，花色形式適合標準，創立信譽，價格低廉為先決條件

六、推銷貨品　生產合作社所出貨品，得自設門市部零售，或利用消費合作社門市部出售，或委託商人代銷

七、計算工資　計算工資的方式分兩種（甲）計時給資（乙）計件給資，各有利弊，可斟酌情形而定

八、獎勵流弊　採用分數式發給獎金，為發生流弊起見，應注意下列各點：（甲）必須用所發之原料製造，不得摻雜或掉換；（乙）對於未製品必須保持清潔，不得污損；（丙）對於原料必須妥為保存，以免氣候或蟲傷；（丁）不得偷工減料，如發生上項情形而承製者應負賠償原料之責，其賠償辦法由各合作社自訂之

員工眷屬參加生產業務志願調查表（附件一）

員工		眷屬	眷屬參加生產業務志願						
本人姓名	職別	服務部份	關係	眷屬姓名	第一	第二	第三	第四	第五	第六	第七

附註：一、合作社現擬舉辦「紡織」「縫紉」「刺繡」「編製」「製鞋」「飼養」「種植」七種業務，員工眷屬對於上述七種內之某種業務最感興趣，即於第一欄內填寫，其次又其次感興趣者，即分別

貳

32

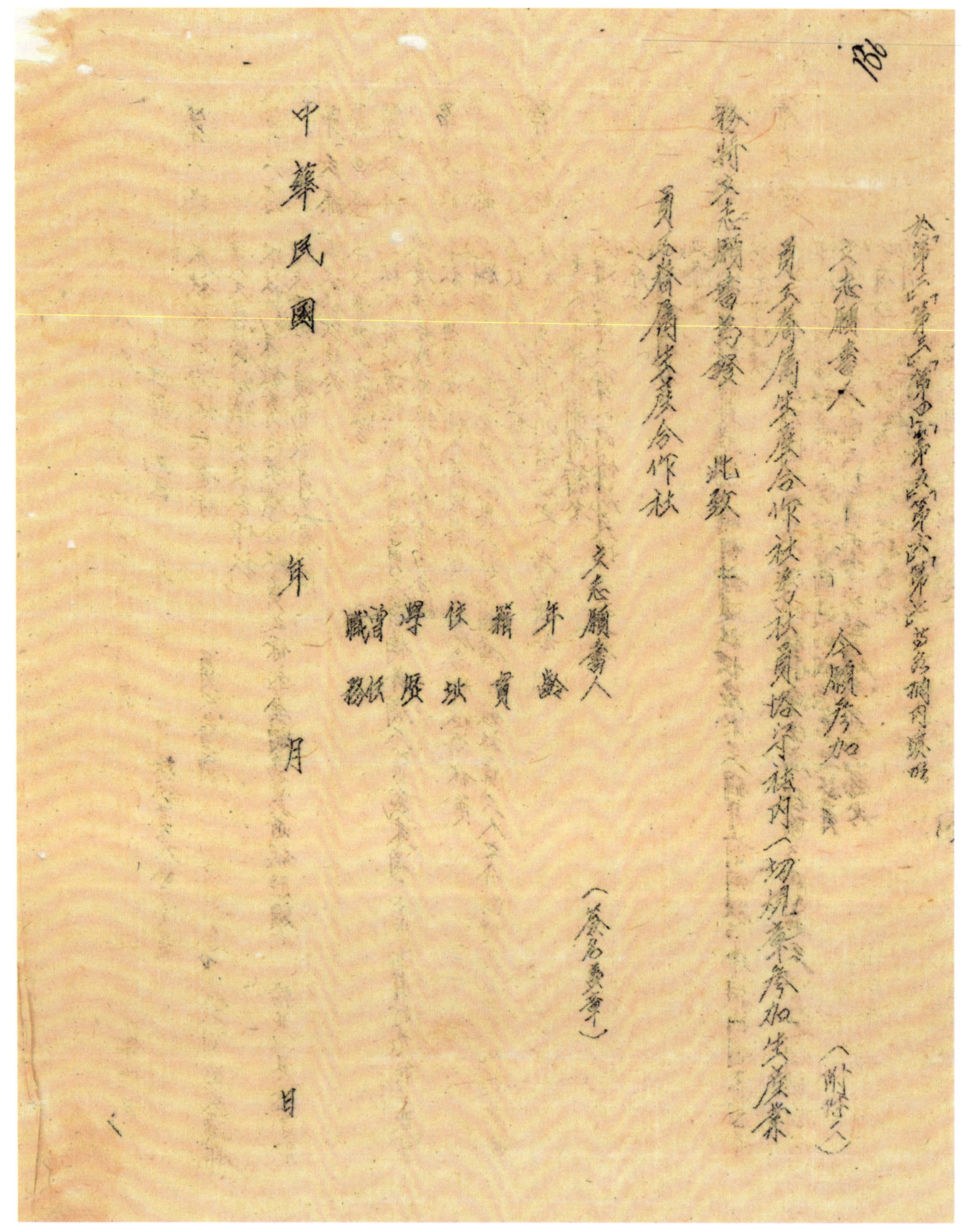

136

於第二、第三、第四、第五、第六、第七各名稱內填明

立志願書人　　　今願參加（附件八）

貴區茶屬生產合作社為社員，恪守社內一切規章，參加生產業務，特立志願書為證　此致

貴區茶屬生產合作社

立志願書人　　（簽名蓋章）

年齡

籍貫

住址

學歷

曾任職務

中華民國　　年　　月　　日

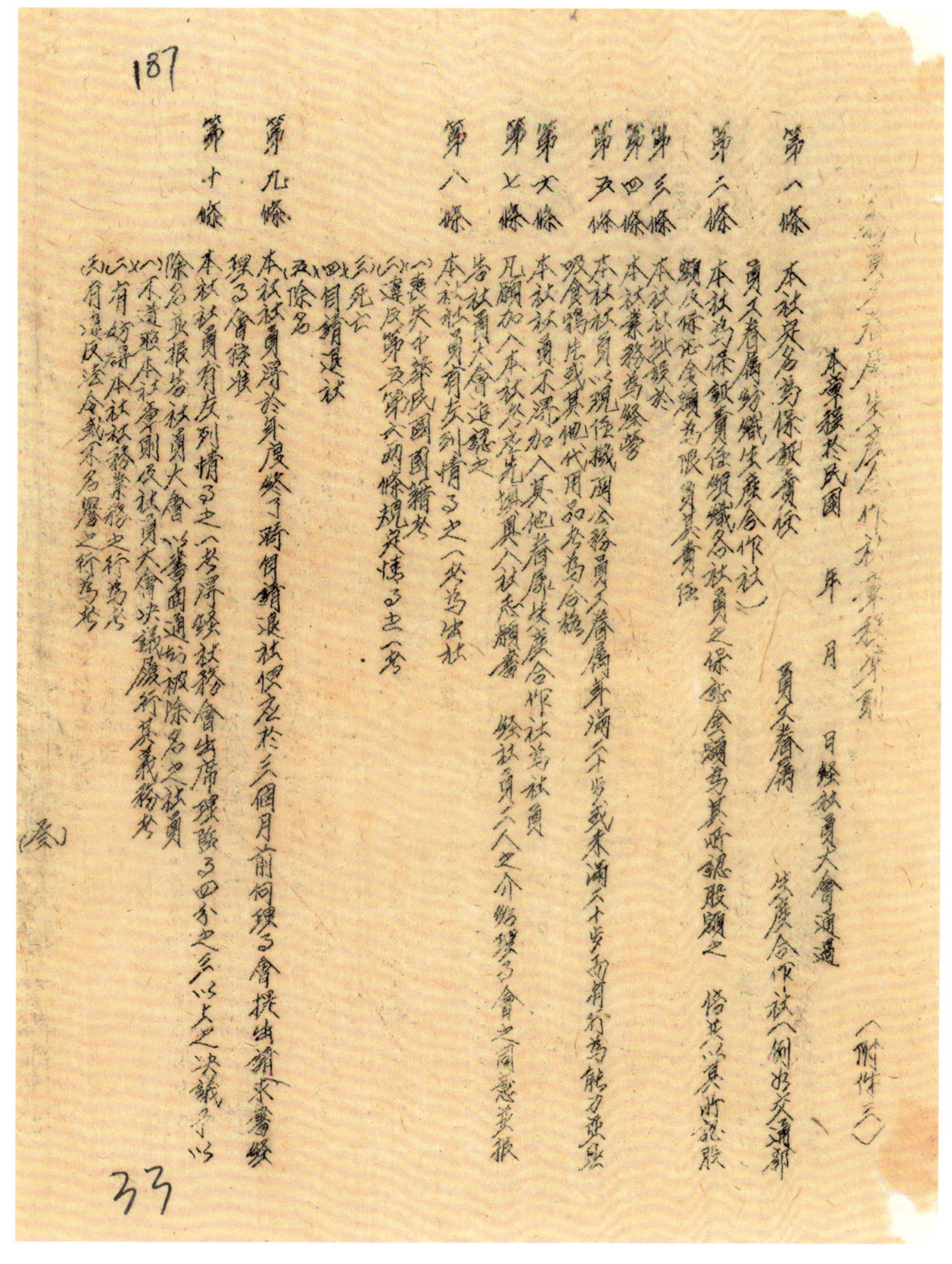

187

（附件三）

□□員工眷屬生產合作社章程準則

本章程經於民國　年　月　日經社員大會通過

第一條　本社定名為保證責任　員工眷屬　生產合作社（例如交通部員工眷屬紡織生產合作社）

第二條　本社為保證責任組織各社員之保證金額為其所認股額之　倍其所認股額及保證金額為限負其責任

第三條　本社社址設於

第四條　本社業務為經營

第五條　本社社員以現任機關公務員之眷屬年滿二十歲或未滿二十歲而有行為能力並無吸食鴉片或其他代用品者為合格

第六條　本社社員不得加入其他眷屬生產合作社為社員

第七條　凡願加入本社者應先填具入社志願書　經社員二人之介紹理事會之同意並報告社員大會追認之

第八條　本社社員有左列情形之一者為出社

（一）喪失中華民國國籍者

（二）違反第五第六兩條規定情形之一者

（三）死亡

（四）自請退社

（五）除名

第九條　本社社員得於年度終了時自請退社但應於三個月前向理事會提出請求經理事會核准

第十條　本社社員有左列情形之一者得經社務會出席理監事四分之三以上之決議予以除名並報告社員大會以書面通知被除名之社員

（一）不遵照本社章則及社員大會決議履行其義務者

（二）有妨礙本社社務業務之行為者

（三）有違反法令或不名譽之行為者

（參）

33

188

第十一条　出社社员对于出社前本社所负之债务，自出社决定之日起经过二年始得解除，但本社于该社员退社后六个月内解散时，该社员视为未出社。

第十二条　出社社员得请求退还其已缴股款之一部或全部。

前项股款之退还，于年度终了决算后决定之。

第十三条　本社社股每股　元，社员每人至少须认购一股，入社后得随时添购社股，但每人不得超过股金总额百分之二十。

第十四条　社员不得以其对于本社或其他社员之债权抵销其已认未缴之社股金额，亦不得以其已缴之社股金额抵销对于本社或其他社员之债务。

第十五条　社员非经本社同意，不得出让其所有之社股或以之担保债务。

第十六条　凡受让或继承社股者，应继承让与人或被继承人之权利义务，受让人或继承人为非社员时，适用第八条及第九条之规定。

第十七条　本社设理事　人（至少三人）组织理事会，设监事　人（至少三人）组织监事会。理事监事均由社员大会就社员中选任之。

前项理事任期为二年，每年改选二分之一；监事任期一年，均得连选连任。

第十八条　理事会设主席一人，综理本社事务，对外代表本社；司库一人，专司本社款项之保管及出纳，均由理事会互选之。

第十九条　本社得设经理、技师、会计及事务员，由理事会聘请之。

第二十条　监事会设主席一人，由监事互选之。

第二十一条　监事监察本社财产状况及业务执行状况，当合作社与其理事订立契约或为诉讼上之行为时，代表合作社。监事为执行前项职务认为必要时，得召集临时社员大会。

第二十二条　监事不得兼任本社其他职员，曾任理事之社员于其责任未解除前，不得当选为监事。

第二十三条　本社理事监事均为义务职，但有必须公务费用时，得经理事会之认可支付之，惟经理、技术员、事务员得酌支薪给。

第二十四条　理事监事非有正当理由不得辞职，但因疾病辞职或其他事由出缺时，得召集临时社员大会举行补缺选举，补缺选举之理事监事以前任之任期为任期。

第二十五条　本社会议分社员大会、社务会、理事会及监事会。

181

第二十六條 本社社員大會分通常會、臨時會兩種，常會於每半年召開一次，臨時會因下列情形召集之：

一、理事會認為必要時

二、監事會於執行職務上認為必要時

三、社員全体四分之一以書面說明提議之事項及其理由請求理事會召集時，前項請求提出後十日內理事會不為召集通知時，社員得呈准主管機關自行召集

第二十七條 社員大會之召集應於一月前以書面載明召集之由及提議事項通知社員，臨時社員大會得以臨時通知召集之

第二十八條 社員大會應由全体社員過半數之出席始得開會，出席社員過半數之同意始得決議，但解除理監事職權之決議須有全体社員過半數之決議，解散本社或與他社合併之決議應有全体社員四分之三以上之出席，出席社員三分之二以上之同意

第二十九條 社員大會以理事會主席為主席，理事主席缺席時以監事會主席為主席，社員召集大會時由社員公推一人為主席

第三十條 社員大會開會時每一社員僅有一表決權，社員不能出席社員大會時得以書面委託其他社員代理，但同一代理人不能代理二人以上之社員

第三十一條 社務會議於每三個月開會一次，由理事會召集之，必要時得召集臨時會，其決議應有全体理監事三分之二出席始得開會，出席理監事過半數之同意始得決議。社務會開會時經理、技師、會計及各股職員得列席陳述意見

第三十二條 理事會每月召開一次，由主席召集之，必要時得召集臨時會，理事會應有理事過半數出席始得開會，出席理事過半之同意始得決議

第三十三條 監事會每三個月開會一次，由主席召集之，必要時得召集臨時會，監事會應有監事過半數之出席始得開會，出席監事過半數之同意始得決議

第三十四條 本社以曆年一月一日至十二月三十一日為一業務年度，理事會應於每年度終了時造成業務報告書、資產負債表、損益表、財產目錄及盈餘分配案，並於社員大會開會十日前送交監事會審核後，連同監事會審查報告表報告於社員大會

第三十五條 本社年終結算後有盈餘時，除彌補累積損失及付股息年息外，餘作

（續）

34

190

分撥照下列規定分配

（一）以百分之六十作公積金，除彌補虧損之外，其用途由社員大會決定之

（二）以百分之十作為公益金，由社務會決議作為發展本社區域內合作教育及其他公益事業之用

（三）以百分之十作理事及職員酬勞金，其分配方法由社務會決定之

（四）以百分之二十作社員分配金，按各社員全年所得工資比例分配之

第三十六條 本社結算後有虧損時，以公積金、股金順次抵補之，如再不足時由各社員按照第二條之規定負其責任

第三十七條 本社解散時，清算人以社員大會就社員中選充之

前項清算人應按照合作社法規定清理本社債權及債務

第三十八條 本社清算後有資產餘額時，由清算人擬定分配案提社員大會決定之

第三十九條 本章程未規定事項悉照合作社法及同法施行細則之規定辦理

第四十條 本章程由社員大會通過呈請主管機關登記後施行

川滇西路管理局西祥南段复修工程处致各总段的训令（一九四四年八月十六日）

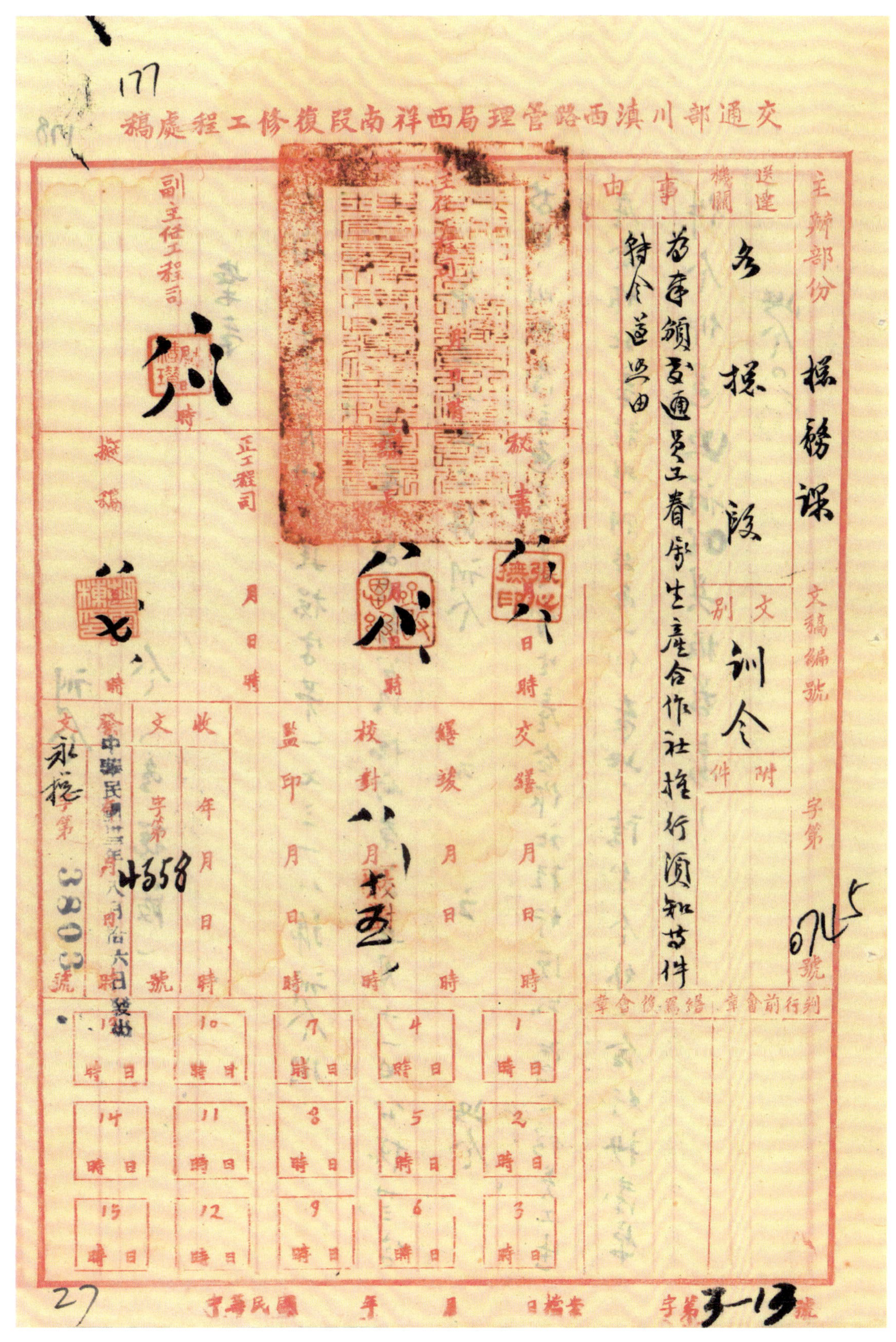
交通部川滇西路管理局西祥南段復修工程處稿

主辦部份：總務課
送達機關：各總段
事由：為奉頒交通員工春節生產合作社推行須知等件，轉令遵照由
文別：訓令

178

訓令

令（各段）

案奉

大局本年六月卅日建總字第一七三一八號訓令開：

案奉交通部公路總局本年五月十一日公總（卅三）字第五八五二號訓令云云。此令。

等因；附抄發交通員工眷屬生產合作社推行須知暨公務員工生產合作社章程準則草案各一份。奉此，除分令外，合行抄發原件令仰遵照辦理具報為要！

此令。

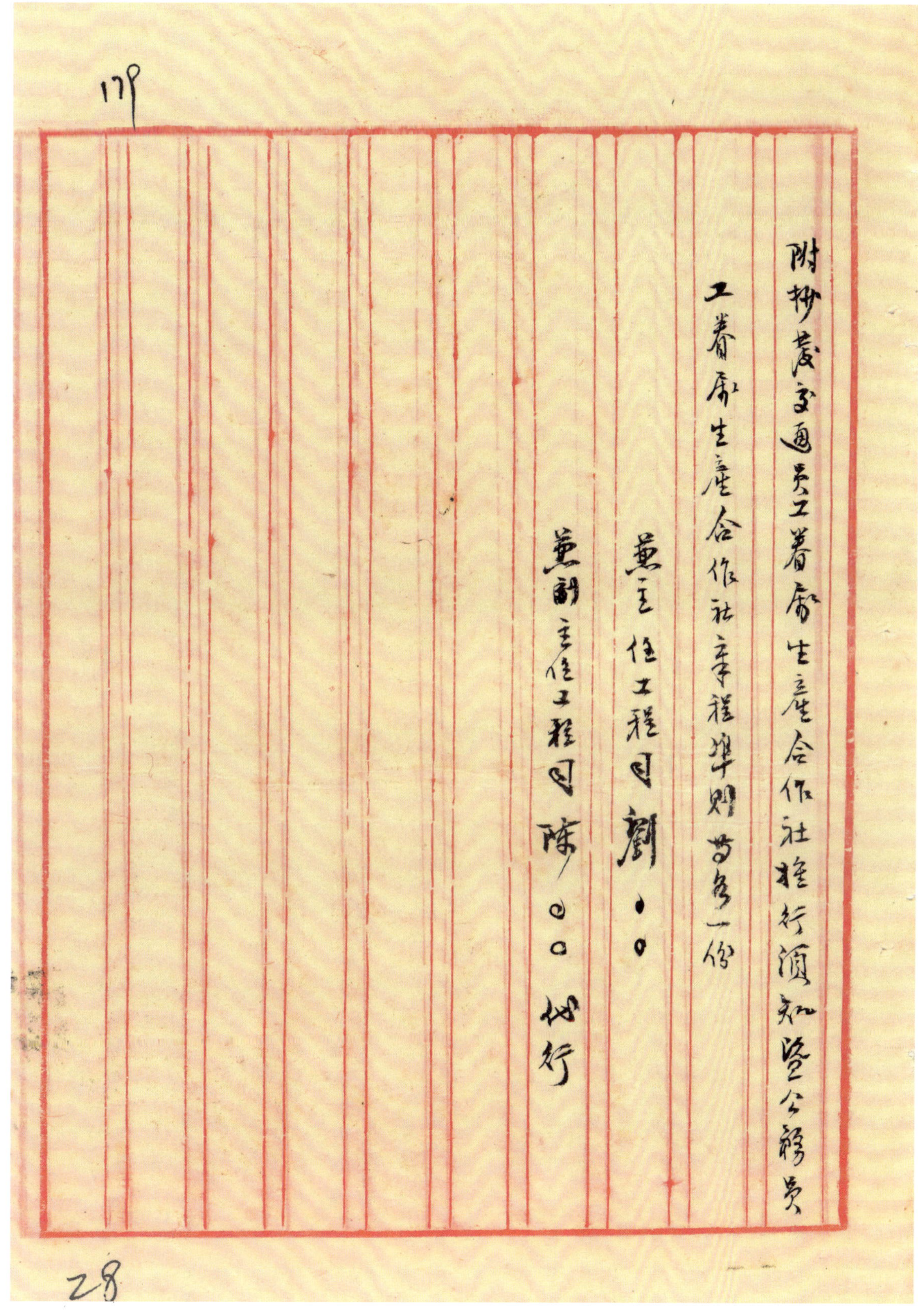
179

附抄發交通員工眷屬生產合作社推行須知暨公務員工眷屬生產合作社章程準則各一份

兼主任工程司 劉○○

兼副主任工程司 陳○○ 抄行

28

川滇西路管理局工务第六总段第二十分段文具用品移交清册（时间不详）

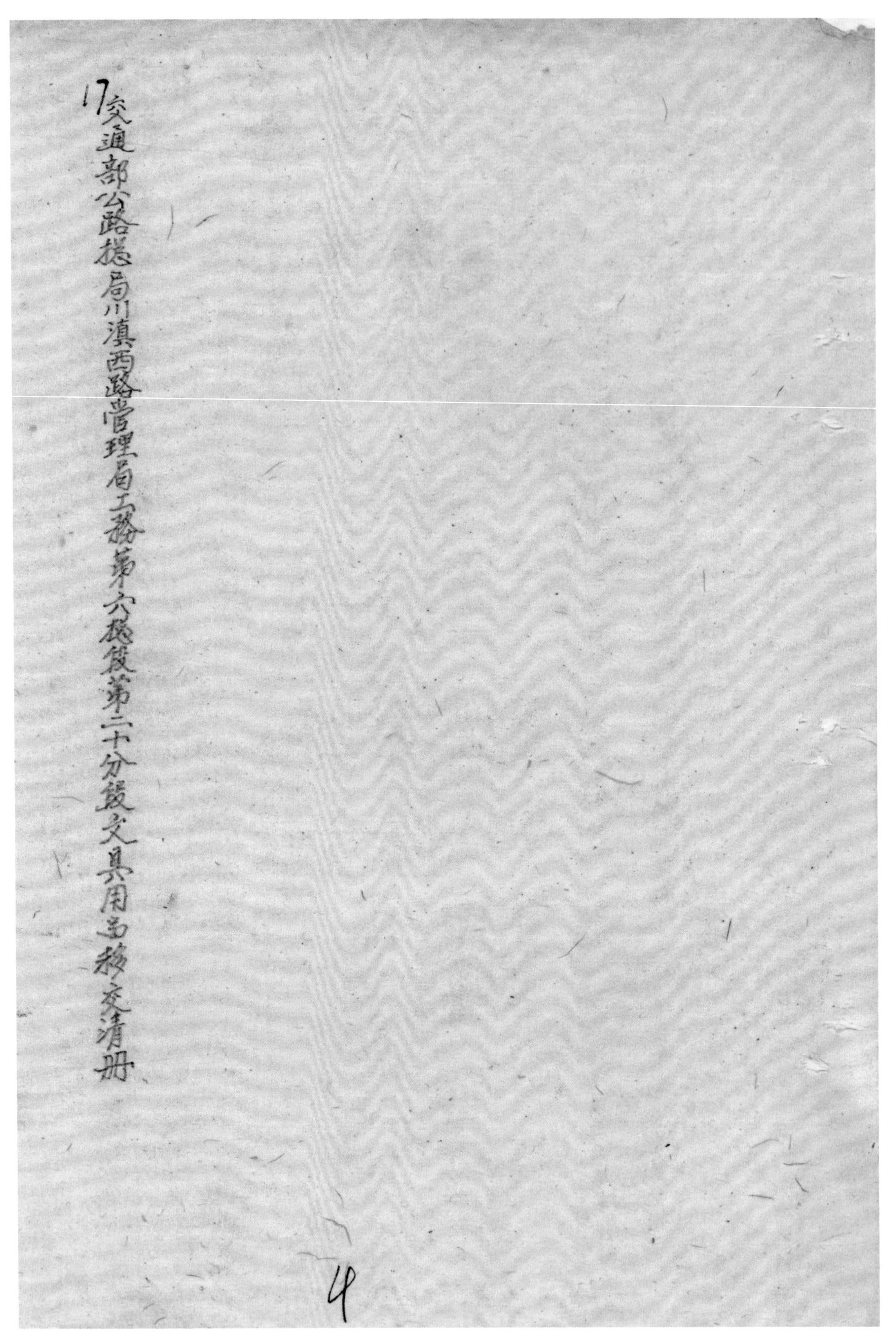
17交通部公路总局川滇西路管理局工务第六总段第二十分段文具用品移交清册
4

18

交通部公路總局川滇西路管理局工務第六總段第六分段文具用品移交清冊

品名	單位	數量	單價	總價	備攷
鋼筆桿	支	八	五〇〇	九〇〇〇	壞三支
印泥盒	盒	一〇	六〇〇	六〇〇〇	壞六盒
鋼邊尺	支	一	二〇〇〇	二〇〇〇	
鋼筆帽	個	四	一〇〇	四〇〇	
釘書機	架	一	一〇〇〇〇	一〇〇〇〇	
圖框	個	一	三〇〇〇	三〇〇〇	
鋼夾	個	五	二〇〇〇	一〇〇〇〇	
墨盒	盒	一〇	一〇〇〇	一〇〇〇〇	

5

19

文藝墨盒	盒	一			壞
米達尺	根	三	二〇〇	六〇〇	工務局大總段移交二根一併在內
油印機	架	一	一〇〇〇〇	一〇〇〇〇	
算盤	盤	一五	三〇〇	四五〇〇	
鋼筆架	架	六	一〇〇	六〇〇	
打印台	盒	五	二〇〇	一〇〇〇	
算盤	盤	五	四〇〇	二〇〇〇	
小算盤	盤	一	二〇〇	二〇〇	
洋鉄印泥	盒	一	二〇〇	二〇〇	
長二格硯台	個	一	二〇〇	二〇〇	

后记

本编纂工作在《抗日战争档案汇编》编纂出版工作领导小组和编纂委员会的具体领导下进行。

本书编者主要来自西昌市档案馆，在西昌市档案馆工作人员的努力下，终于集结成书。

本书在编纂、修改过程中，相关部门的同志通过不同方式给予了支持和帮助，中华书局对本书的编纂出版工作给予了鼎力支持，谨向上述同志和单位致以诚挚的感谢！

编　者

抗日战争档案汇编

成都市金牛区档案馆藏抗战档案选编

2

成都市金牛区档案馆 编

中華書局

二、优待抚恤

（二）温江县

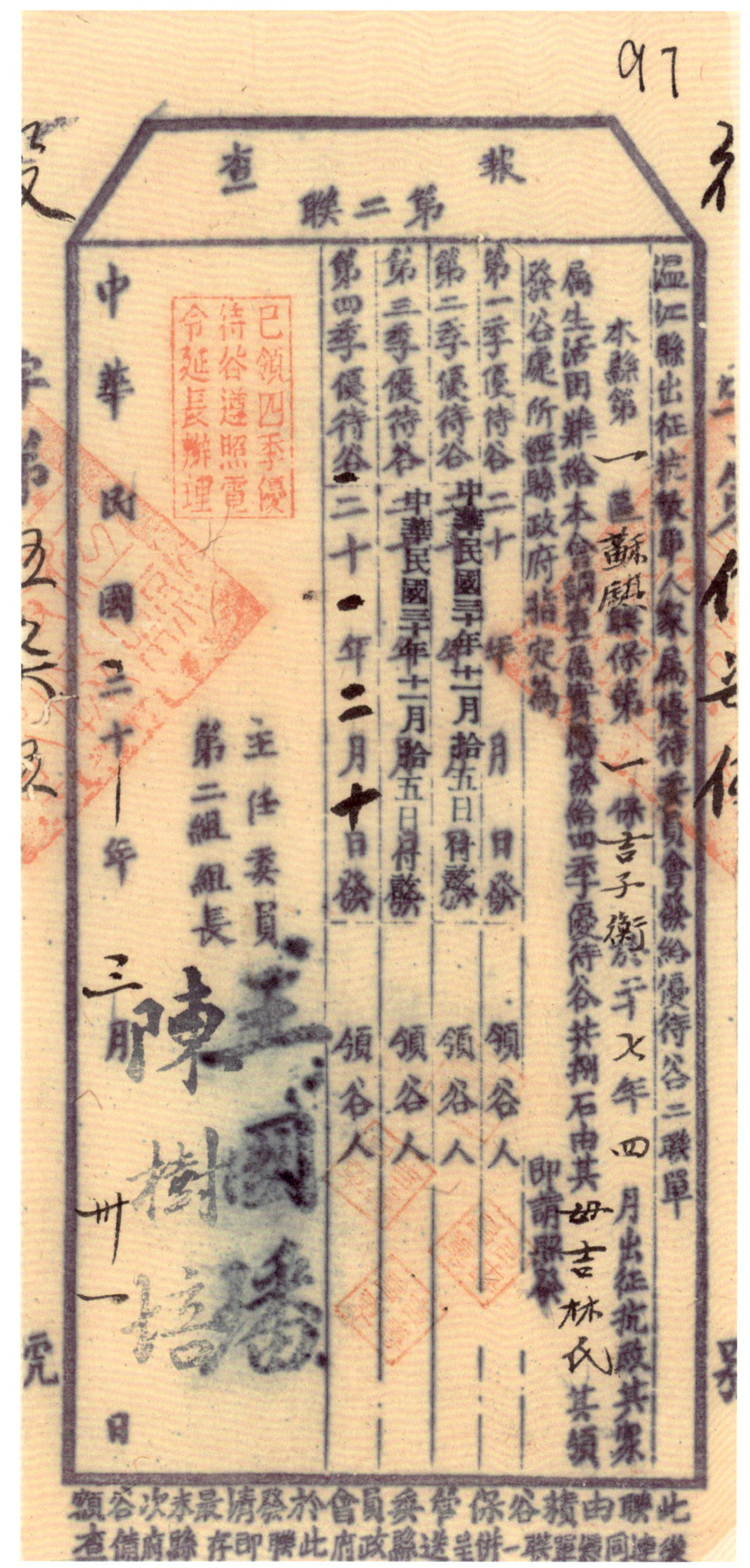

報查

第二聯

溫江縣出征抗敵軍人家屬優待委員會發給優待谷二聯單

本縣第一區蘇聯保第一保吉子衡於二十七年四月出征抗敵其眷屬生活困難經本會調查屬實應發給四季優待谷共捌石由其母吉林氏具領發谷處所經縣政府指定爲　即請照發

第一季優待谷二十　年　月　日發　領谷人

第二季優待谷　中華民國三十年十二月拾五日付訖　領谷人

第三季優待谷　中華民國三十年十二月拾五日付訖　領谷人

第四季優待谷三十一年二月十日發　領谷人

已領四季優待谷遵照電令延長辦理

主任委員　王國藩

第二組組長　陳樹培

中華民國三十年三月卅一日

此聯由積谷保管委員會於發清最末次谷額後連同領谷證聯一併呈送縣政府此聯印存縣府備查

温江县出征抗敌军人家属优待委员会发给出征抗敌军人家属优待谷二、三联单

第一区苏镇联保第一保吉林氏优待谷二联单（一九四一年三月三十一日）

第一区苏镇联保第一保吉林氏优待谷三联单（一九四一年三月三十一日）

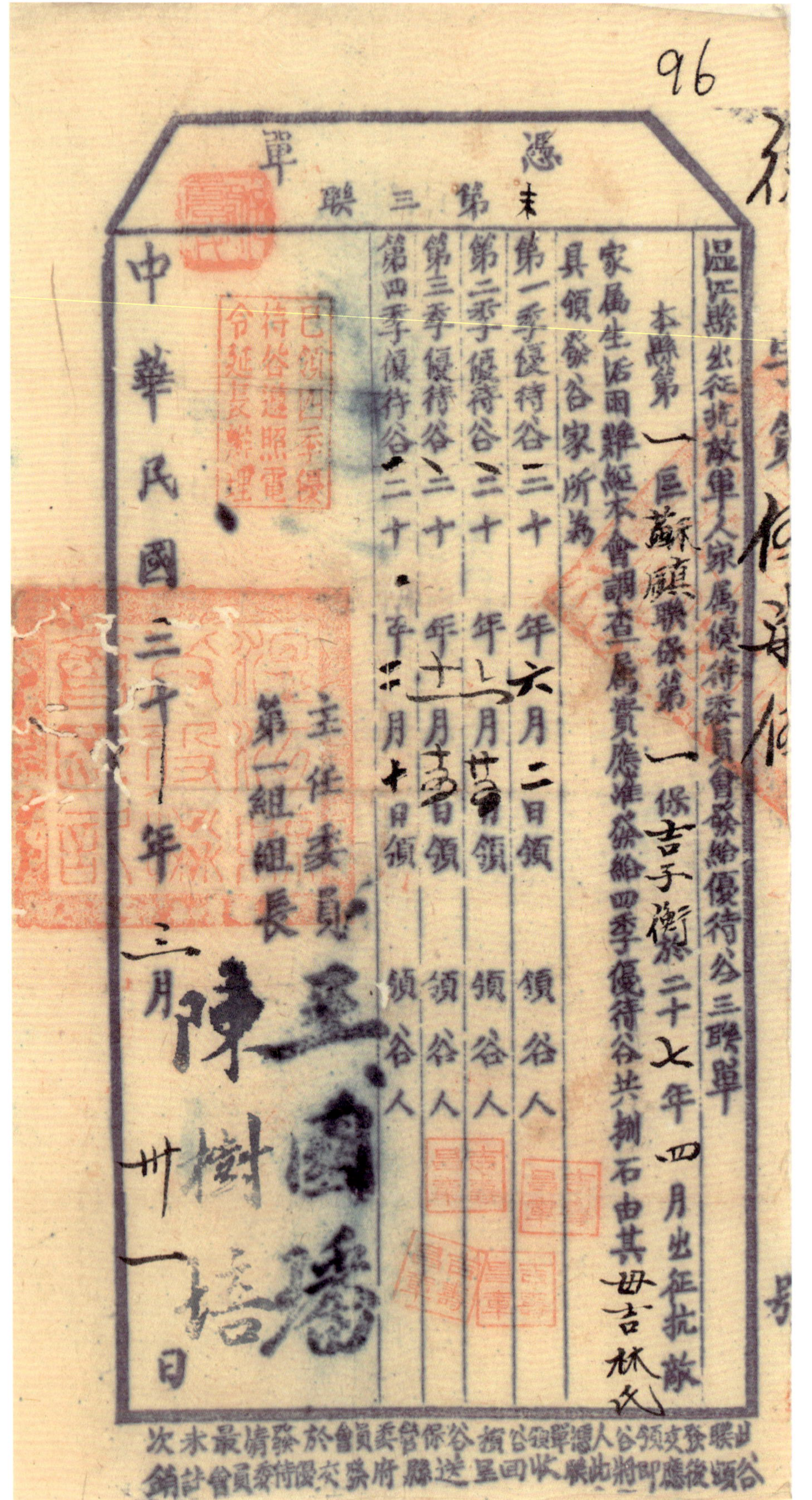
96

溫江縣出征抗敵軍人家屬優待委員會發給優待谷三聯單

憑單 第三聯

本縣第一區蘇鎮聯保第一保吉子衡於二十七年四月出征抗敵家屬生活困難經本會調查屬實應准發給四季優待谷共捌石由其母吉林氏具領發谷處所爲

第一季優待谷三十年六月二日領	領谷人	
第二季優待谷三十年七月廿三日領	領谷人	
第三季優待谷三十年十一月廿日領	領谷人	
第四季優待谷三十一年二月十日領	領谷人	

已領四季優待谷遵照電令延長辦理

主任委員 盧國藩

第一組組長 陳樹培

中華民國三十年三月卅一日

此聯發交領谷人憑單領谷換保管委員會於發清最末次谷須後應即將此聯收回呈送縣府發交優待委員會註銷

第一区苏镇联保第一保周春甫优待谷二联单（一九四一年十一月四日）

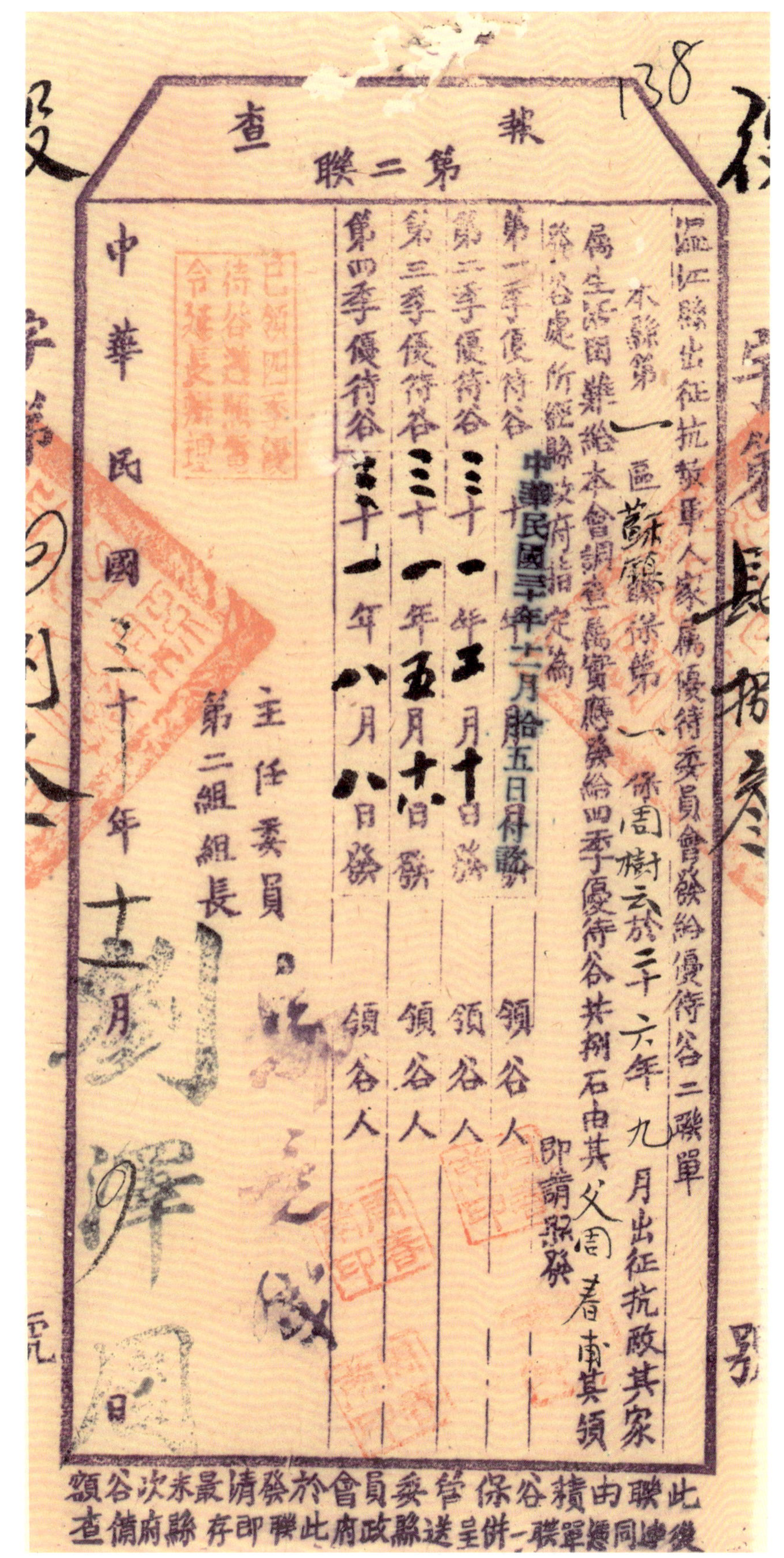

報查

第二聯

溫江縣出征抗敵軍人家屬優待委員會發給優待谷二聯單

本縣第一區蘇鎮聯保第一保周樹云於二十六年九月出征抗敵其家屬生活困難經本會調查屬實應發給四季優待谷共捌石由其父周春甫具領

發谷處所經縣政府指定爲　　即請照發

第一季優待谷卅　年　月　日發　領谷人

中華民國三十年十二月拾五日付訖

第二季優待谷三十一年五月十日發　領谷人

第三季優待谷三十一年五月十六日發　領谷人

第四季優待谷三十一年八月八日發　領谷人

已領四季優待谷遵照縣長令辦理

中華民國三十年十一月　日

主任委員

第二組組長

此聯由積谷保管委員會於發放最末次谷額後連同總單聯一併呈送縣政府此聯印存縣府備查

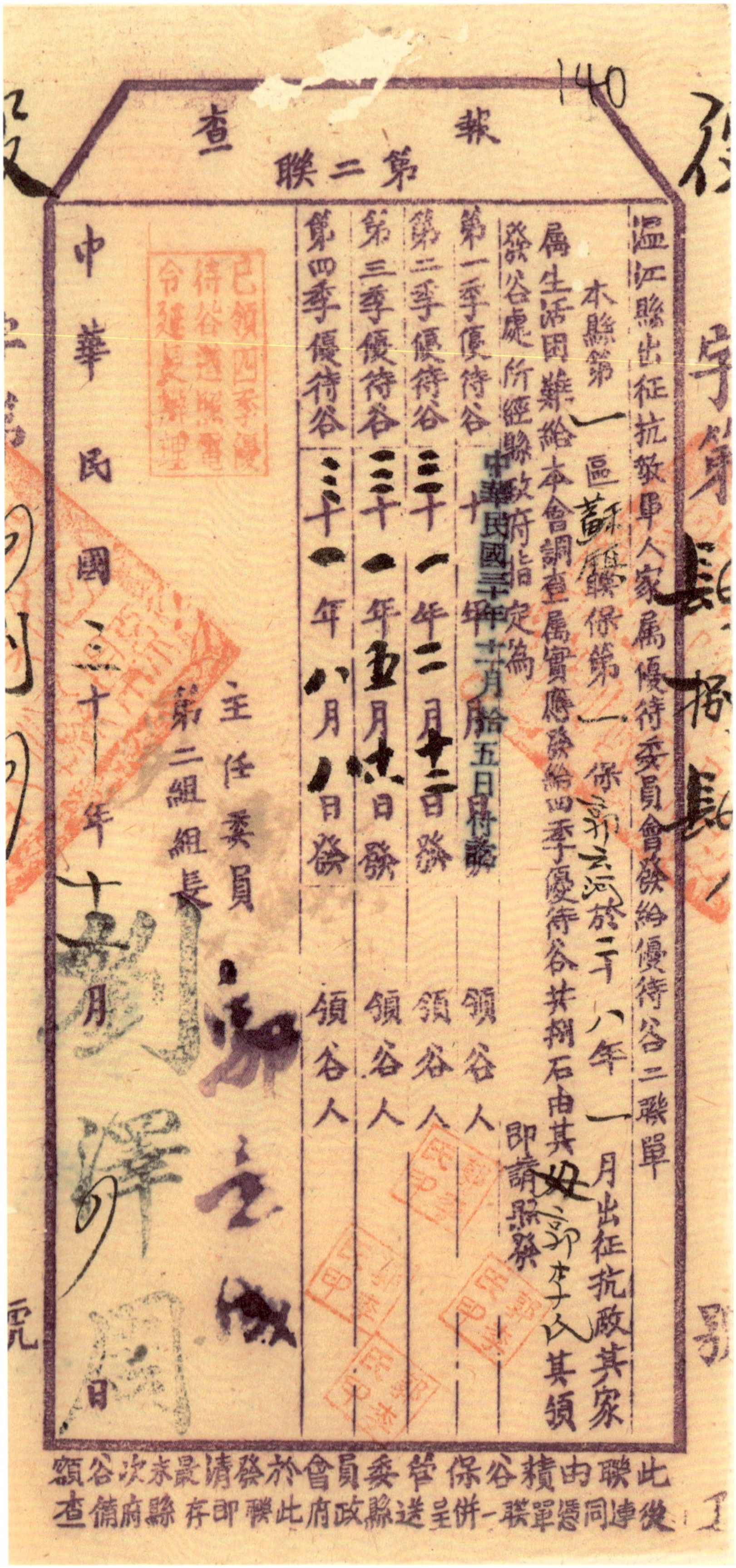

第一区苏镇联保第一保郭李氏优待谷二联单（一九四一年十一月四日）

報查

第二聯

溫江縣出征抗敵軍人家屬優待委員會發給優待谷二聯單

本縣第一區蘇坡鎮聯保第一保郭云沉於三十八年一月出征抗敵其家屬生活困難經本會調查屬實應發給四季優待谷并將石由其女郭李氏其領發谷處所經縣政府指定為　即請縣發

第一季優待谷　三十一年　月　日發　領谷人

第二季優待谷　三十一年二月十二日發　領谷人

第三季優待谷　三十一年五月廿日發　領谷人

第四季優待谷　三十一年八月八日發　領谷人

已領四季優待谷遵照電令延長辦理

中華民國三十年十一月拾五日

主任委員

第二組組長

中華民國三十一年十一月　日

此聯由積谷保管委員會於發清最末次谷額後連同憑單一聯并呈送縣政府此聯即存縣府備查

第一区苏镇联保第一保吴秀峰优待谷二联单（一九四二年一月三十日）

報查

第二聯

溫江縣出征抗敵軍人家屬優待委員會發給優待谷二聯單

本縣第一區蘇鎮保第一保吳兆麟二十八年9月出征抗敵其家

屬生活困難給本會調查屬實應發給四季優待谷共捌石由其父吳秀峰具領

發谷處所經縣政府指定為　　　即請照發

第一季優待谷　三十一年二月十日發　領谷人

第二季優待谷　三十一年五月十六日發　領谷人

第三季優待谷　三十一年八月八日發　領谷人

第四季優待谷　三十一年十一月廿二日發　領谷人

主任委員

第二組組長

中華民國三十一年一月卅日

此聯由積谷保管委員會於發清最末次谷額後連同總單聯一併呈送縣政府此聯即存縣府備查

第一区苏镇联保第一保吉林氏优待谷二联单（一九四二年三月三十一日）

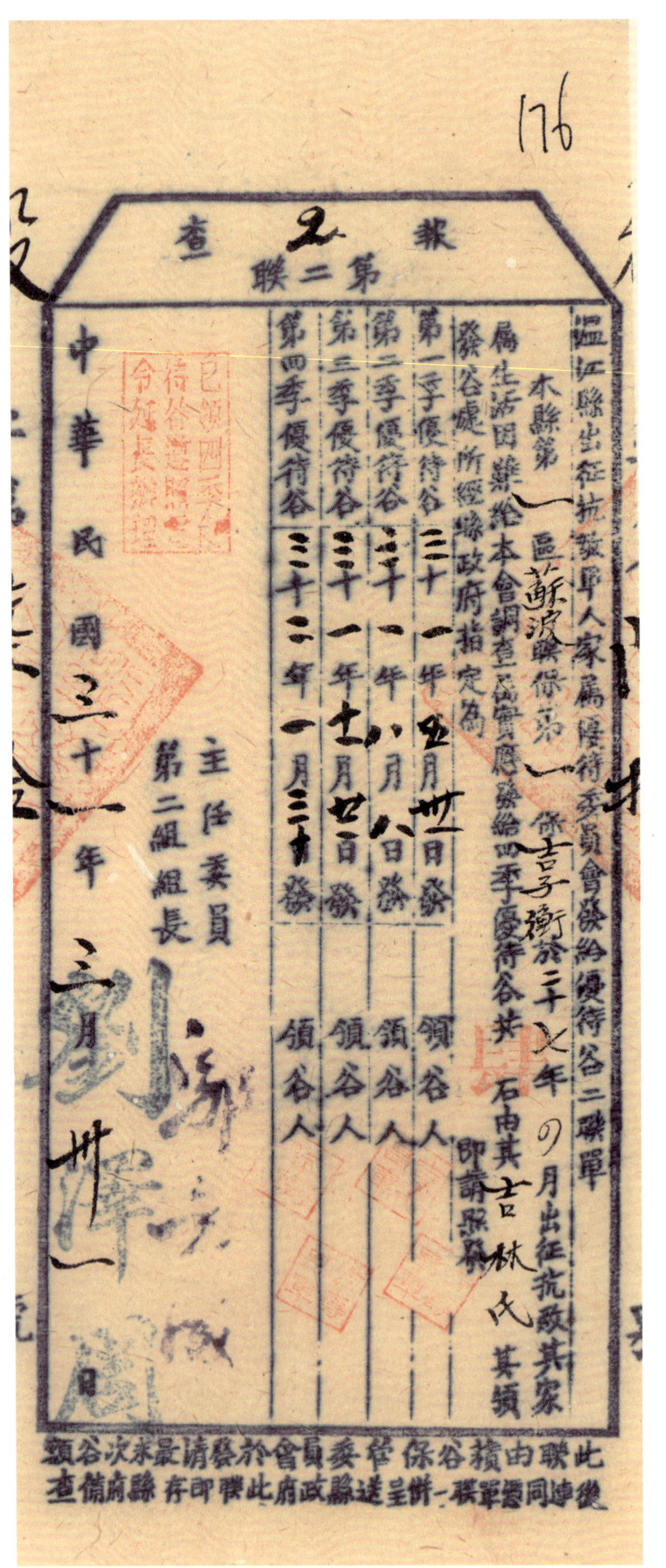

176

報 乙 查

第二聯

溫江縣出征抗敵軍人家屬優待委員會發給優待谷二聯單

本縣第一區蘇波聯保第一保吉子衡於三十年　月出征抗敵其家屬生活困難經本會調查屬實應發給四季優待谷共　石由其吉林氏具領

發谷處所經縣政府指定為

即請照發

第一季優待谷	三十一年五月廿日發	領谷人
第二季優待谷	三十一年八月八日發	領谷人
第三季優待谷	三十一年十一月廿二日發	領谷人
第四季優待谷	三十二年一月三十日發	領谷人

主任委員

第二組組長

中華民國三十一年三月卅一日

此聯由積谷保管委員會於發清最末次谷領後連同第一聯單一併呈送縣政府此聯即存縣府備查

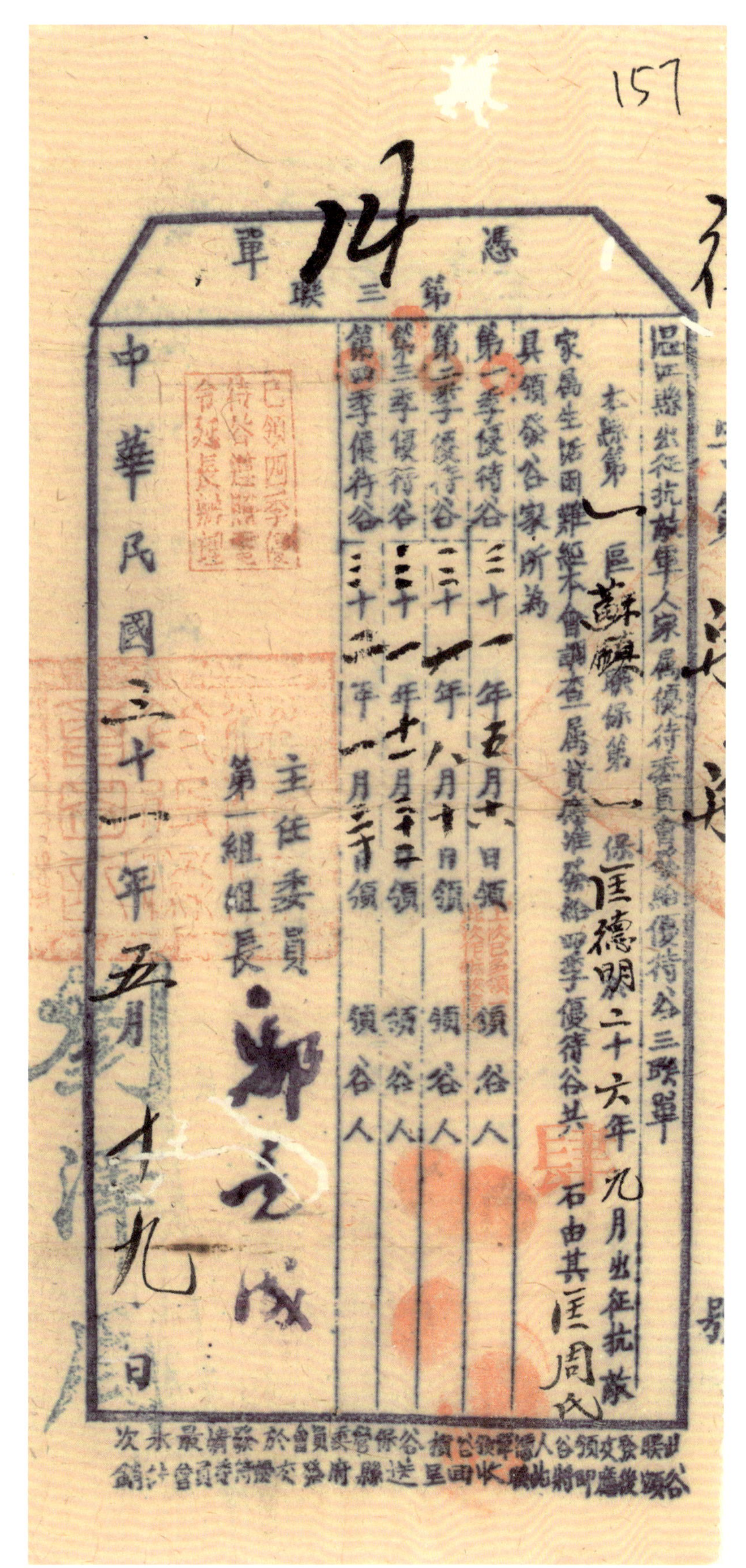

憑單 14
第三联

曲江縣出征抗敵軍人家屬優待委員會發給優待谷三联單

本縣第一區蘇鎮聯保第一保匡德明二十六年九月出征抗敵家屬生活困難經本會調查屬實應准發給四季優待谷共　石由其匡周氏具領發谷家所為

第一季優待谷	三十一年五月十九日領	領谷人
第二季優待谷	三十一年八月十日領	領谷人
第三季優待谷	三十一年十一月二十日領	領谷人
第四季優待谷	三十二年一月二十日領	領谷人

主任委員
第一組組長　鄭元成

中華民國三十一年五月十九日

此聯發交領谷人憑單領谷俟谷保管委員會於發清最末次
谷須後應即將此聯收回呈送縣府發交優待委員會註銷

第一区苏镇联保第一保匡周氏优待谷三联单（一九四二年五月十九日）

第一区苏镇联保第一保庄杨氏优待谷二联单（一九四二年五月二十二日）

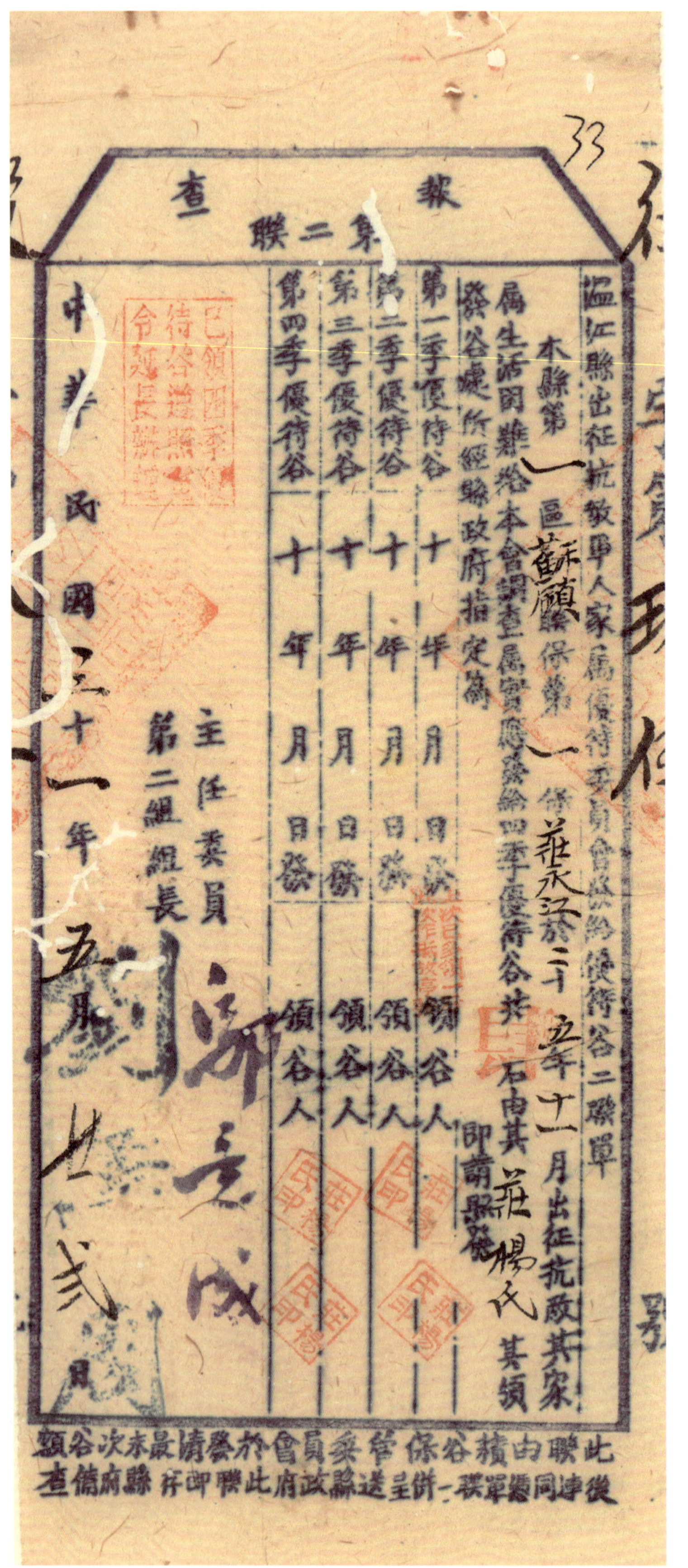

查[illegible]

第二聯

溫江縣出征抗敵軍人家屬優待委員會發給優待谷二聯單

本縣第一區蘇顧聯保第一保莊永江於二十五年十二月出征抗敵其家屬生活困難經本會調查屬實應發給四季優待谷共石由其莊楊氏其領發谷處所經縣政府指定為即前縣倉

第一季優待谷	十　年　月　日發	領谷人
第二季優待谷	十　年　月　日發	領谷人
第三季優待谷	十　年　月　日發	領谷人
第四季優待谷	十　年　月　日發	領谷人

已領四季優待谷遵照縣長命令

主任委員
第二組組長　鄧□成

中華民國三十一年五月廿弍日

此聯由積谷保管委員會於發清最末次谷額後連同[illegible]一併呈送縣政府此聯即存縣府備查

第一区苏镇联保第一保周春甫优待谷二联单（一九四二年十一月四日）

查根

第二聯

臨江縣出征抗敵軍人家屬優待委員會發給優待谷二聯單

本縣第一區蘇坡[illegible]第一保出征抗敵軍人周樹云於二十六年九月出征抗敵其家屬生活困難經本會調查屬實應發給四季優待谷共　石由其父周春甫具領

發谷處所經縣政府指定為[illegible]即希照發

第一季優待谷	十　年　月　日發	領谷人
第二季優待谷	十　年　月　日發	領谷人
第三季優待谷	十　年　月　日發	領谷人
第四季優待谷	十　年　月　日發	領谷人

主任委員

第二組組長

中華民國三十一年十一月四日

此聯由積谷保管委員會於發請最末次谷額[illegible]一併呈送縣政府此聯即存縣府備查者

第一区苏镇联保第二保曹昌轩、曹杨氏优待谷三联单（一九四一年四月七日）

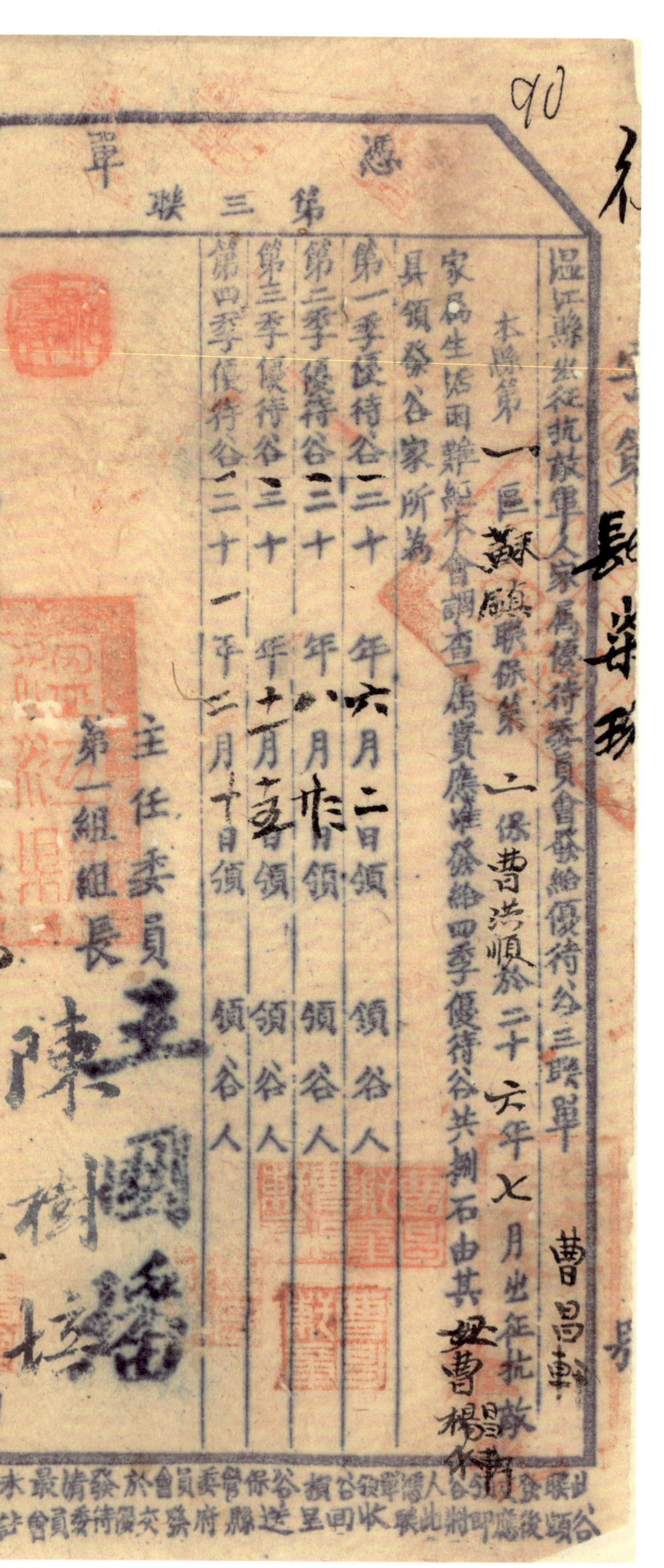

90

憑單

第三聯

溫江縣出征抗敵軍人家屬優待委員會發給優待谷三聯單

曹昌軒

本縣第一區蘇鎮聯保第二保曹洪順於二十六年七月出征抗敵

家屬生活困難經本會調查屬實應准發給四季優待谷共捌石由其母曹楊氏

具領發谷家所為

第一季優待谷三十年六月二日領　領谷人

第二季優待谷三十年八月廿日領　領谷人

第三季優待谷三十年十一月十五日領　領谷人

第四季優待谷三十一年二月十日領　領谷人

主任委員 王國[illegible]

第一組組長 陳樹[illegible]

中華民國三十一年四月七日

此聯發交領谷人得憑單領谷保管委員會於發清最末次公谷後應即將此聯收回呈送縣府發交優待委員會註銷

第一区苏镇联保第二保张昌之优待谷三联单（一九四一年四月七日）

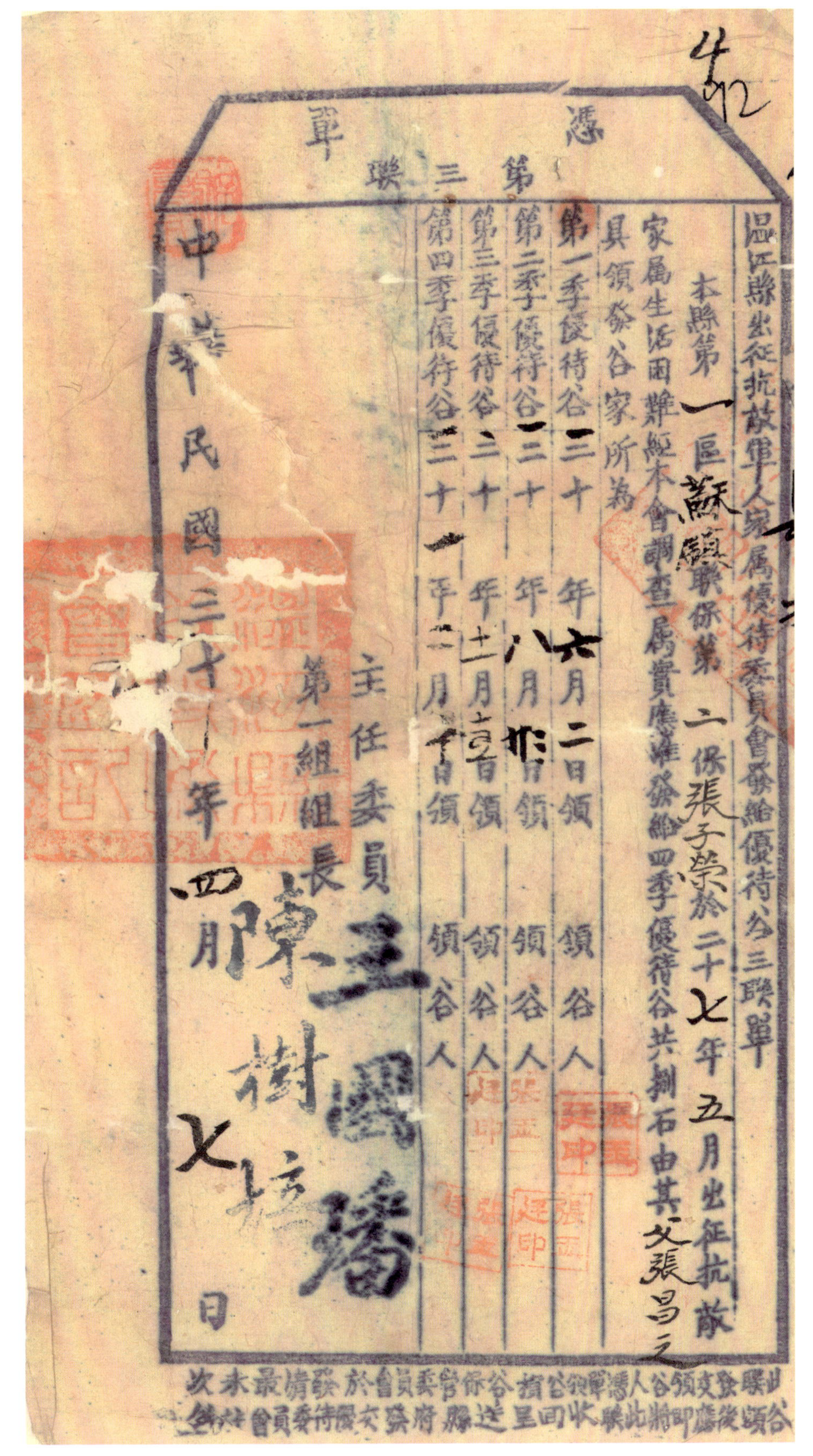
凭单 第三联

温江县出征抗敌军人家属优待委员会发给优待谷三联单

本县第一区苏镇联保第二保张子荣于二十七年五月出征抗敌家属生活困难经本会调查属实应准发给四季优待谷共计石由其父张昌之具领发谷家所为

第一季优待谷三十年六月二日领　领谷人

第二季优待谷三十年八月廿日领　领谷人

第三季优待谷三十年十一月十四日领　领谷人

第四季优待谷三十一年二月十日领　领谷人

主任委员　王国藩

第一组组长　陈树坛

中华民国三十年四月七日

第一区苏镇联保第二保黎喻氏优待谷二联单（一九四一年八月十日）

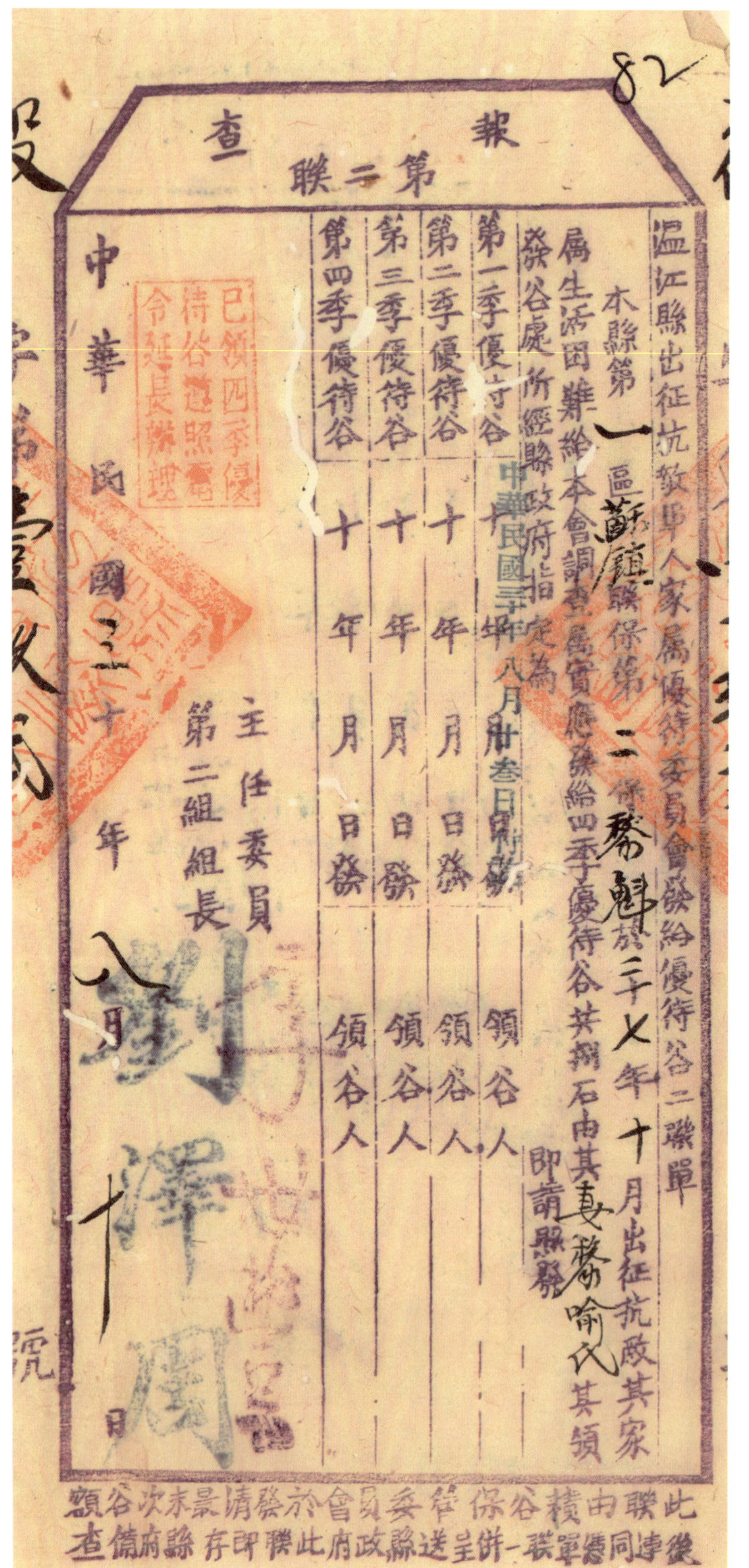
82

報查

第二聯

溫江縣出征抗敵軍人家屬優待委員會發給優待谷二聯單

本縣第一區蘇鎮聯保第二保黎鄭於二十七年十月出征抗敵其家屬生活困難經本會調查屬實應發給四季優待谷共捌石由其妻黎喻氏其領發谷處所經縣政府指定為　　即請照發

第一季優待谷	十　年　月　日發	領谷人
第二季優待谷	十　年　月　日發	領谷人
第三季優待谷	十　年　月　日發	領谷人
第四季優待谷	十　年　月　日發	領谷人

中華民國三十年八月廿叁日照發

已領四季優待谷遵照電令延長辦理

主任委員
第二組組長 劉澤周

中華民國三十年八月十日

此聯由積谷保管委員會於發清最末次谷領後連同存根單一併呈送縣政府此聯即存縣府備查

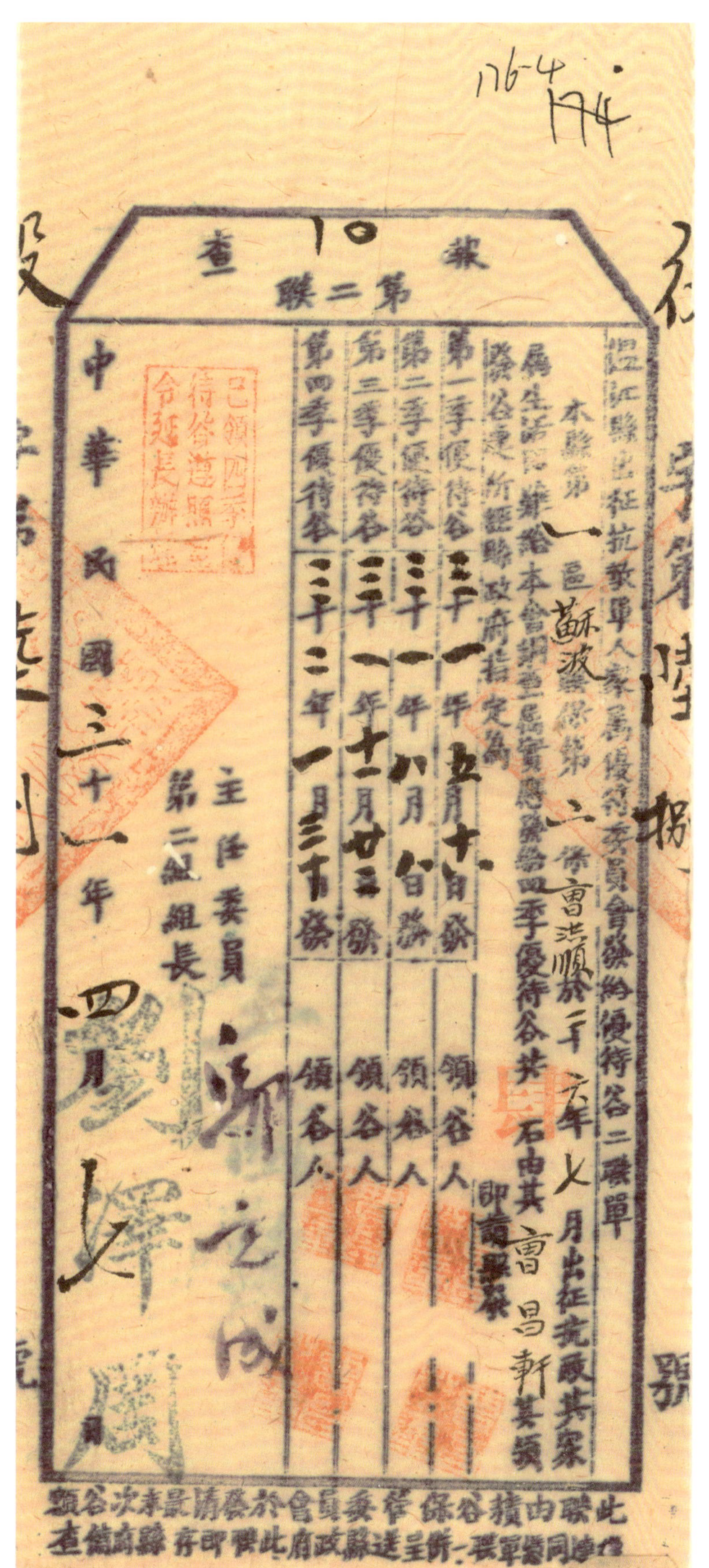

查 10 號

第二聯

[illegible]江縣出征抗敵軍人家屬優待委員會發給優待谷二聯單

本縣第一區蘇波聯保第二保曹洪順於二十六年七月出征抗敵其家屬生活困難經本會調查屬實應發給四季優待谷共　石由其曹昌軒具領

發谷處所經縣政府指定為　　即交

第一季優待谷	三十一年五月十六日發	領谷人
第二季優待谷	三十一年八月廿日發	領谷人
第三季優待谷	三十一年十二月廿三日發	領谷人
第四季優待谷	三十二年一月三十日發	領谷人

已領四季優待谷遵照[illegible]令延長辦理

主任委員 鄒文成

第二組組長

中華民國三十一年四月七日

此聯由積谷保管委員會於發請最末次谷額

[illegible]待同發軍聯一併呈送縣政府此聯即存縣府備查

第一区苏镇联保第二保曹昌轩优待谷二联单（一九四二年四月七日）

第一区苏镇联保第二保王郭氏优待谷二联单（一九四二年七月十七日）

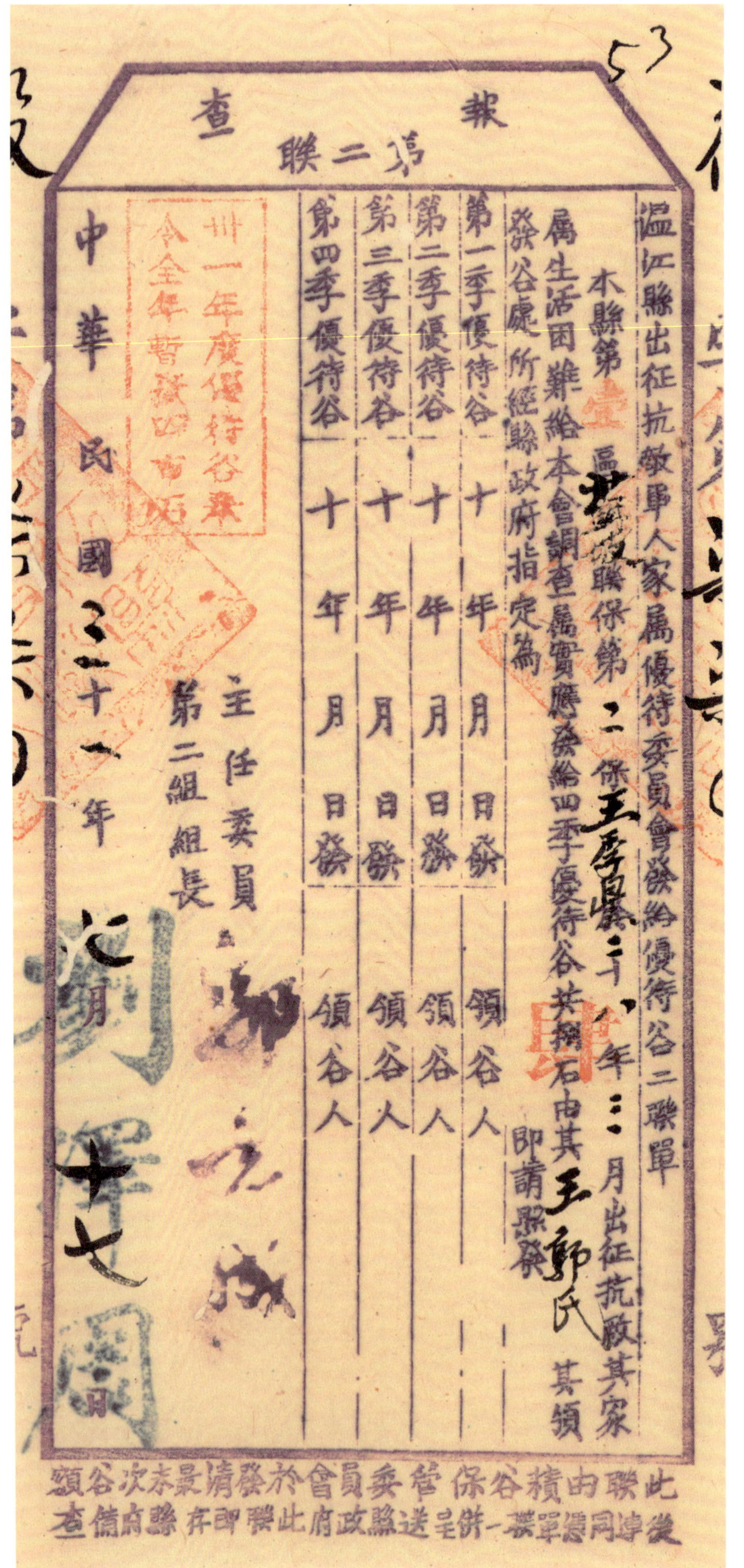

報查
第二聯

溫江縣出征抗敵軍人家屬優待委員會發給優待谷三聯單

本縣第壹區蘇坡聯保第二保王季良二十八年三月出征抗敵其家屬生活困難給本會調查屬實應發給四季優待谷共捌石由其王郭氏 其領發谷處所經縣政府指定為 即請照發

第一季優待谷	十 年 月 日發	領谷人
第二季優待谷	十 年 月 日發	領谷人
第三季優待谷	十 年 月 日發	領谷人
第四季優待谷	十 年 月 日發	領谷人

卅一年度優待谷奉令全年暫發四市石

主任委員
第二組組長

中華民國三十一年七月十七日

此聯由積谷保管委員會於發清最末次谷額後連同憑單一并呈送縣政府此聯即存縣府備查

第一区苏镇联保第二保付美氏优待谷二联单（一九四二年七月十七日）

[illegible]查

第二聯

温江縣出征抗敵軍人家屬優待委員會發給優待谷二聯單

本縣第壹區蘇鎮聯保第二保[illegible]於[illegible]年七月出征抗敵其家屬生活困難經本會調查屬實應發給四季優待谷共捌石由其付美氏具領 其領發谷處所經縣政府指定為 即請照發

第一季優待谷 十 年 月 日發 領谷人

第二季優待谷 十 年 月 日發 領谷人

第三季優待谷 十 年 月 日發 領谷人

第四季優待谷 十 年 月 日發 領谷人

卅一年度優待谷奉令全年暫發四市石

主任委員

第二組組長

中華民國三十一年七月十七日

此聯由積谷保管委員會於發清最末次谷領後連同憑單一併呈送縣政府此聯即存縣府備查

第一区苏镇联保第二保周李氏优待谷二联单（一九四二年七月二十八日）

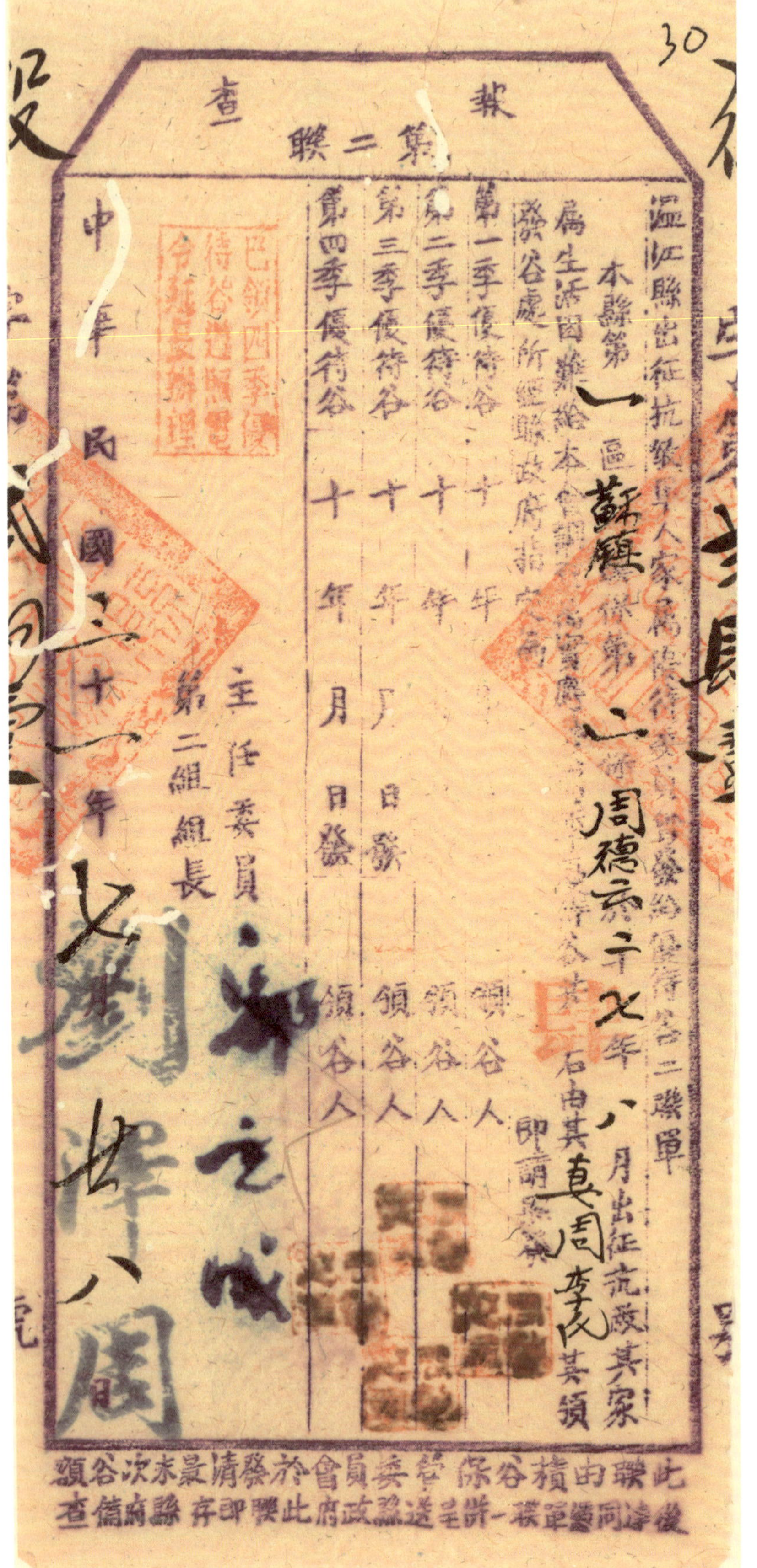
報查

第二聯

溫江縣出征抗敵軍人家屬優待穀二聯單

本縣第一區蘇鎮聯保第二保[illegible]周德云二十七年八月出征抗敵，其家屬生活困難，給本會調查屬實[illegible]優待穀[illegible]石，由其妻周李氏具領。發穀處所經縣政府指定[illegible]即請發給。

第一季優待穀 十　年　月　日發 領穀人

第二季優待穀 十　年　月　日發 領穀人

第三季優待穀 十　年　月　日發 領穀人

第四季優待穀 十　年　月　日發 領穀人

已領四季優待穀遵照[illegible]令[illegible]長辦理

主任委員

第二組組長

中華民國三十一年七月二十八日

此聯由積穀保管委員會於發清最末次穀額後，得同優待單第一聯一併呈送縣政府，此聯即存縣府備查

第一区苏镇联保第二保王杨氏优待谷二联单（一九四二年七月二十八日）

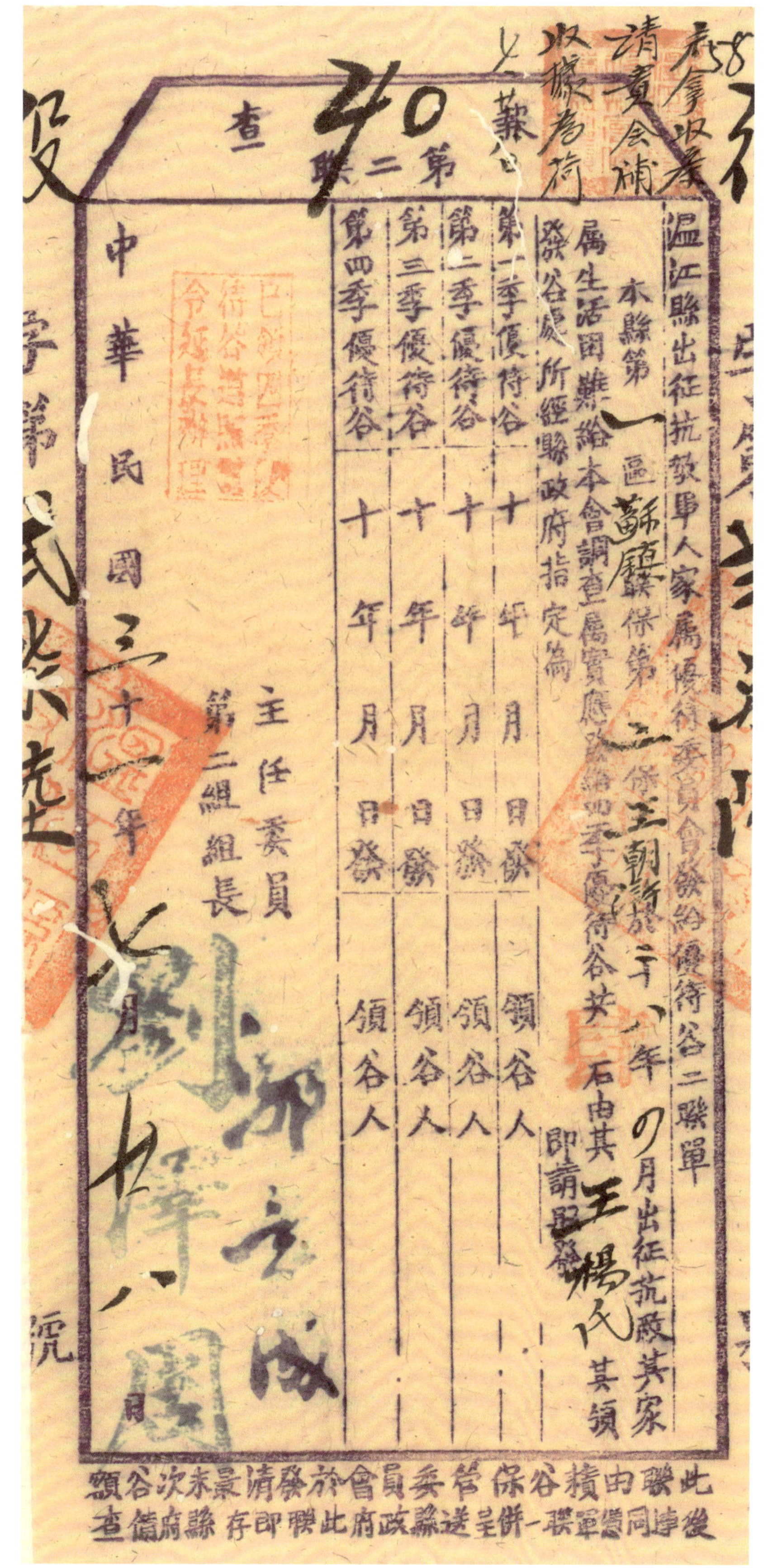

查　第二联

温江縣出征抗敵軍人家屬優待委員會發給優待谷二聯單

本縣第一區蘇鎮聯保第二保王朝清於二十八年〇月出征抗敵其家屬生活困難給本會調查屬實應發給四季優待谷共　石由其王楊氏其領發谷處所經縣政府指定爲　即請照發

第一季優待谷	十　年	月	日發	領谷人	
第二季優待谷	十　年	月	日發	領谷人	
第三季優待谷	十　年	月	日發	領谷人	
第四季優待谷	十　年	月	日發	領谷人	

主任委員

第二組組長

中華民國三十一年七月廿八日

此聯由積谷保管委員會於發清最末次谷領後連同軍屬聯一併呈送縣政府此聯即存縣府備查

第一区苏镇联保第二保杨焕廷优待谷二联单（一九四二年八月四日）

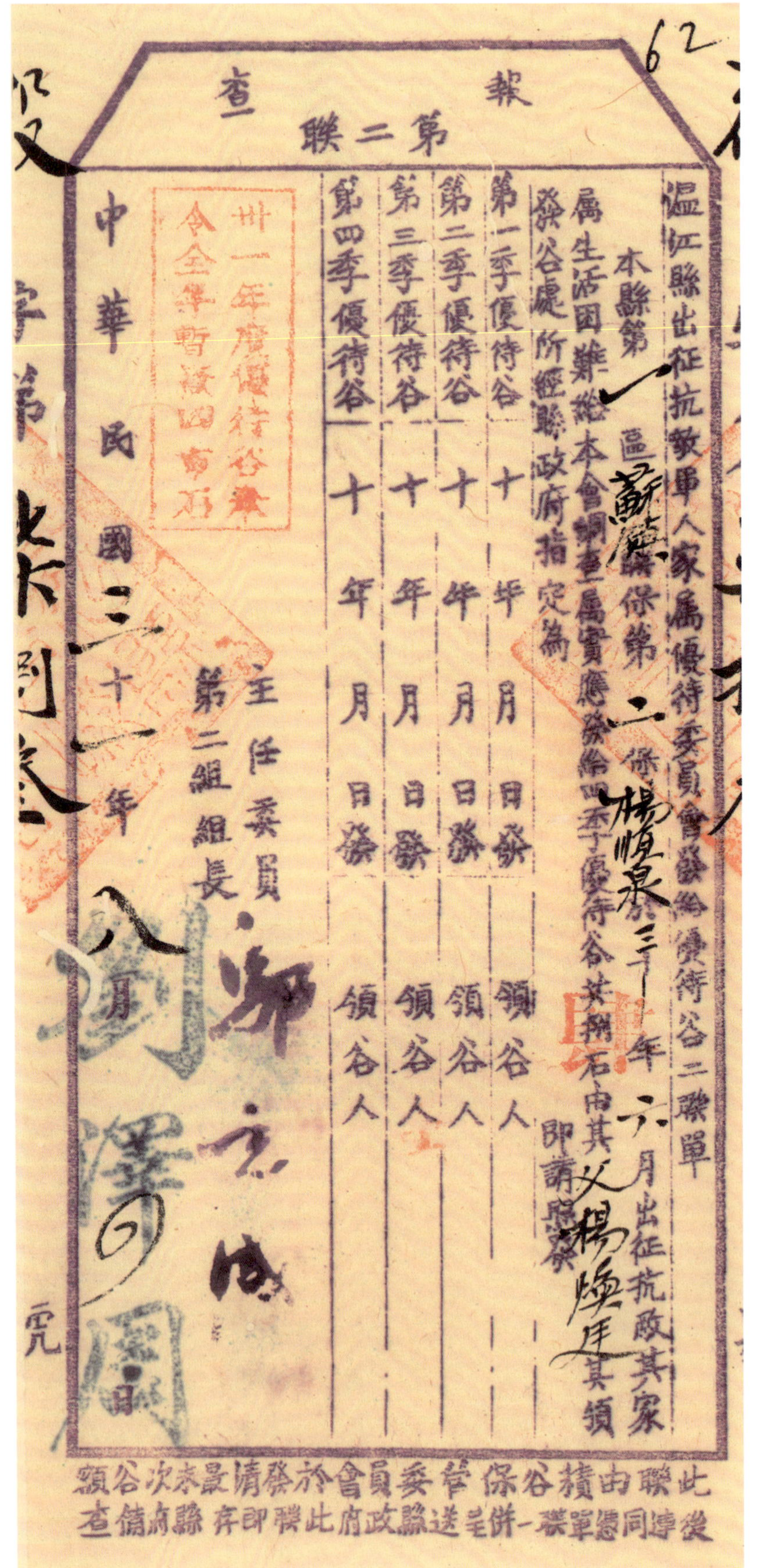
報查

第二聯

溫江縣出征抗敵軍人家屬優待委員會發給優待谷二聯單

本縣第一區蘇鎮聯保第二保楊煥泉於三十一年六月出征抗敵其家屬生活困難經本會調查屬實應發給四季優待谷共　石由其父楊煥廷具領

發谷處所經縣政府指定爲　　即請照發

第一季優待谷　十　年　月　日發　領谷人

第二季優待谷　十　年　月　日發　領谷人

第三季優待谷　十　年　月　日發　領谷人

第四季優待谷　十　年　月　日發　領谷人

卅一年度優待谷　全年暫發四市石

中華民國三十一年八月　日

主任委員　鄧

第二組組長

此聯由積谷保管委員會於發清最末次谷額後連同憑單聯一併呈送縣政府此聯即存縣府備查

第一区苏镇联保第二保黎喻氏优待谷二联单（一九四二年八月十日）

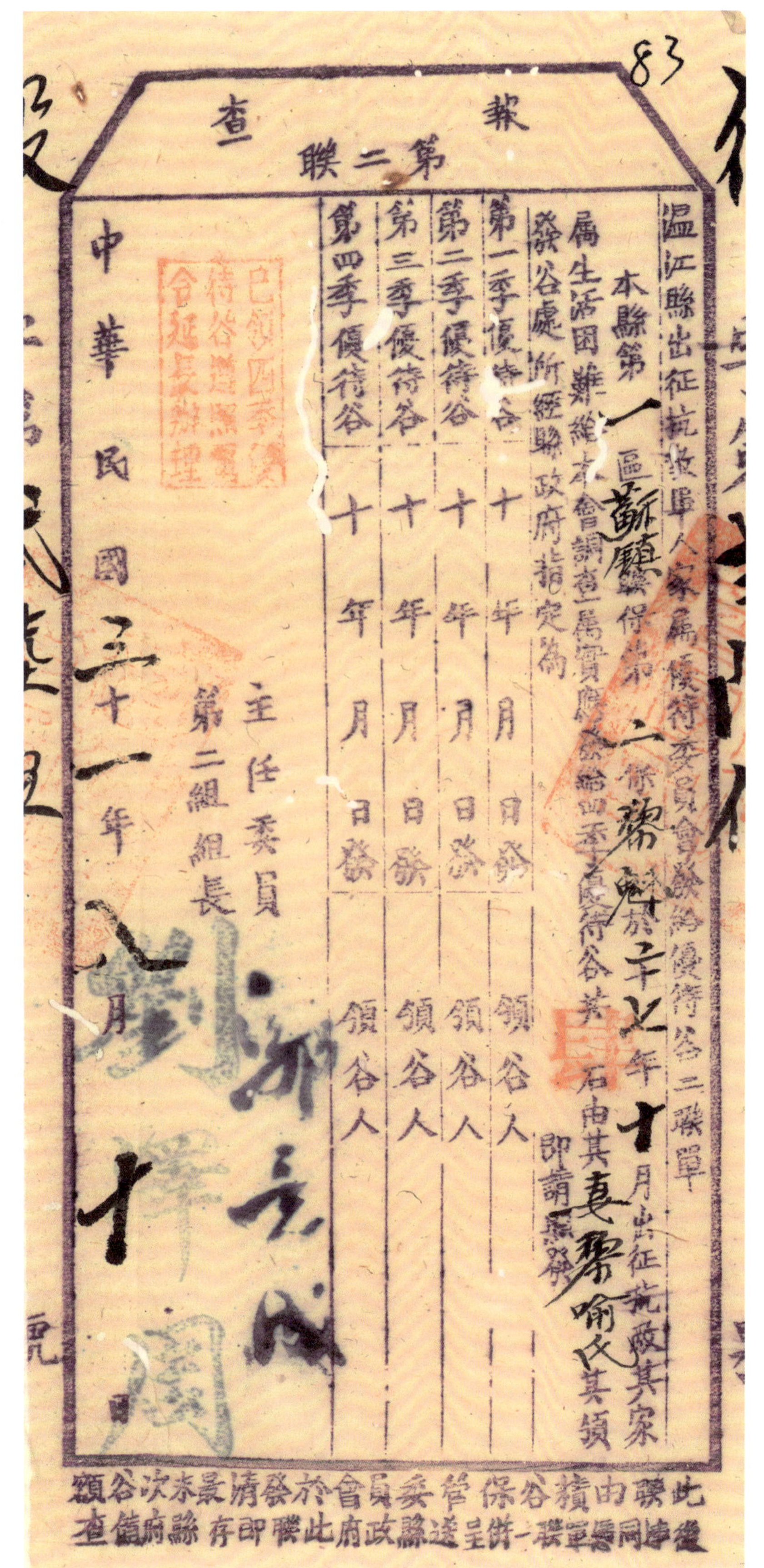
報查

第二聯

温江縣出征抗敵軍人家屬優待委員會發給優待谷三聯單

本縣第一區蘇鎮聯保第二保黎[illegible]於三十一年十月出征抗敵其家屬生活困難經本會調查屬實應發給四季優待谷　石由其妻黎喻氏具領發谷處所經縣政府指定為　即請照發

第一季優待谷	十　年　月　日發	領谷人
第二季優待谷	十　年　月　日發	領谷人
第三季優待谷	十　年　月　日發	領谷人
第四季優待谷	十　年　月　日發	領谷人

已領四季優待谷遵照[illegible]會延長辦理

主任委員 劉[illegible]

第二組組長

中華民國三十一年八月十日

此聯由積谷保管委員會於發清最末次谷額後連同優軍屬一聯並呈送縣政府此聯即存縣府備查

第一区苏镇联保第二保杨质彬优待谷二联单（一九四二年十月二十日）

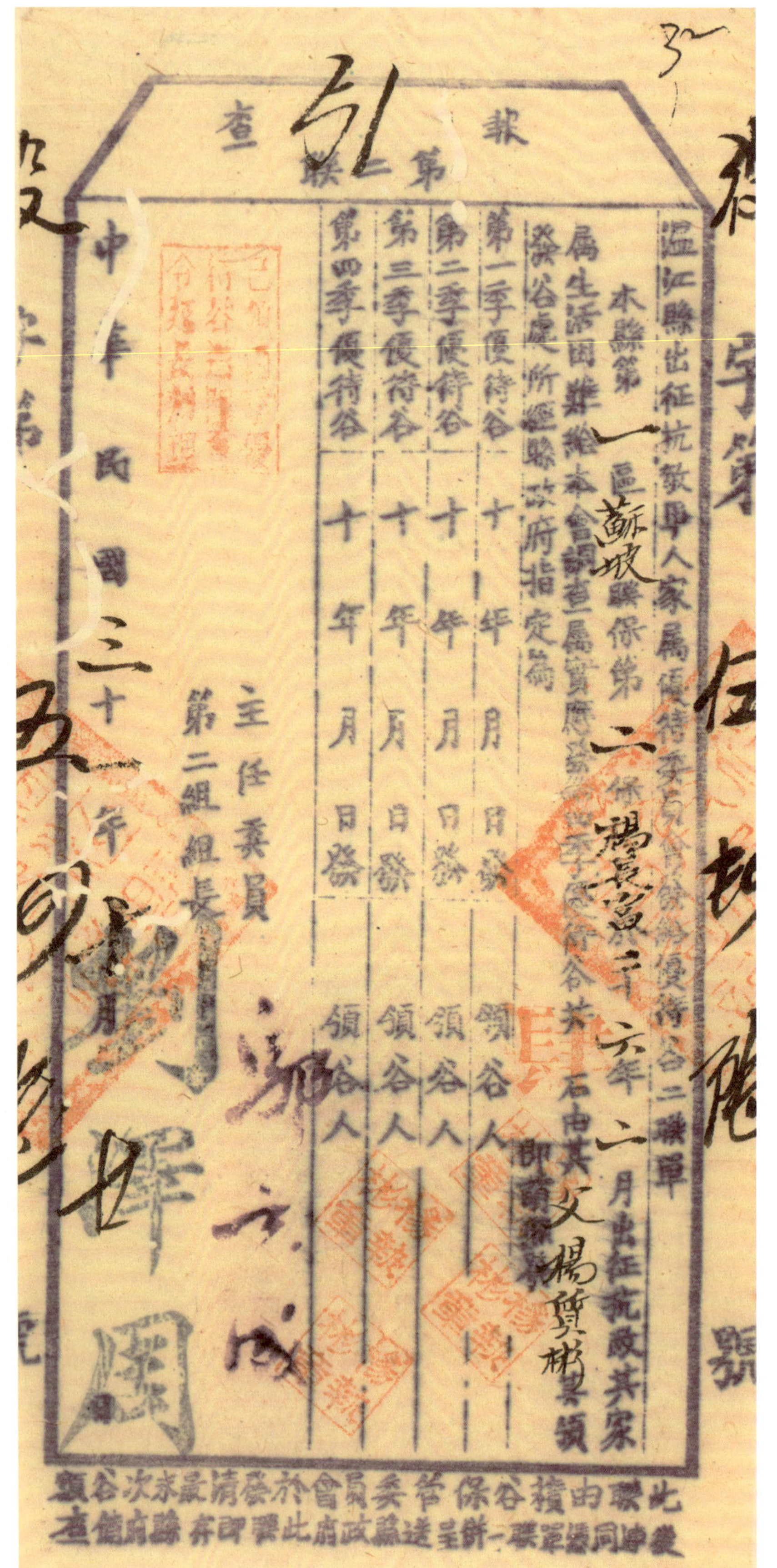

報查

第二聯

溫江縣出征抗敵軍人家屬優待[illegible]二聯單

本縣第一區蘇坡聯保第二保楊長富于六年二月出征抗敵其家屬生活困難，經本會調查屬實應發給[illegible]季優待谷[illegible]石由其父楊質彬具領

發谷處所經縣政府指定爲[illegible]

第一季優待谷	十　年　月　日發	領谷人
第二季優待谷	十　年　月　日發	領谷人
第三季優待谷	十　年　月　日發	領谷人
第四季優待谷	十　年　月　日發	領谷人

主任委員

第二組組長

中華民國三十一年十月廿日

此聯由積谷保管委員會於發清最末次谷領發後即同存根聯一併呈送縣政府此聯即存縣府備查

第一区苏镇联保第二保张二兴优待谷二联单（一九四二年十月二十日）

查報

第二聯

潛江縣出征抗敵軍人家屬優待谷二聯單

本縣第一區蘇坡聯保第二保張友元於二十八年六月出征抗敵其家屬生活困難經本會調查屬實應發給四季優待谷共　石由其父張二興具領

發谷處所經縣政府指定爲　　即請照發

第一季優待谷	十　年　月　日發	領谷人	
第二季優待谷	十　年　月　日發	領谷人	
第三季優待谷	十　年　月　日發	領谷人	
第四季優待谷	十　年　月　日發	領谷人	

已領四季優待谷……

主任委員

第二組組長

中華民國三十一年

此聯由積谷保管委員會於發清最末次谷款後連同總單一併呈送縣政府此聯即存縣府備查

第一区苏镇联保第二保张余氏优待谷二联单（一九四二年十月二十日）

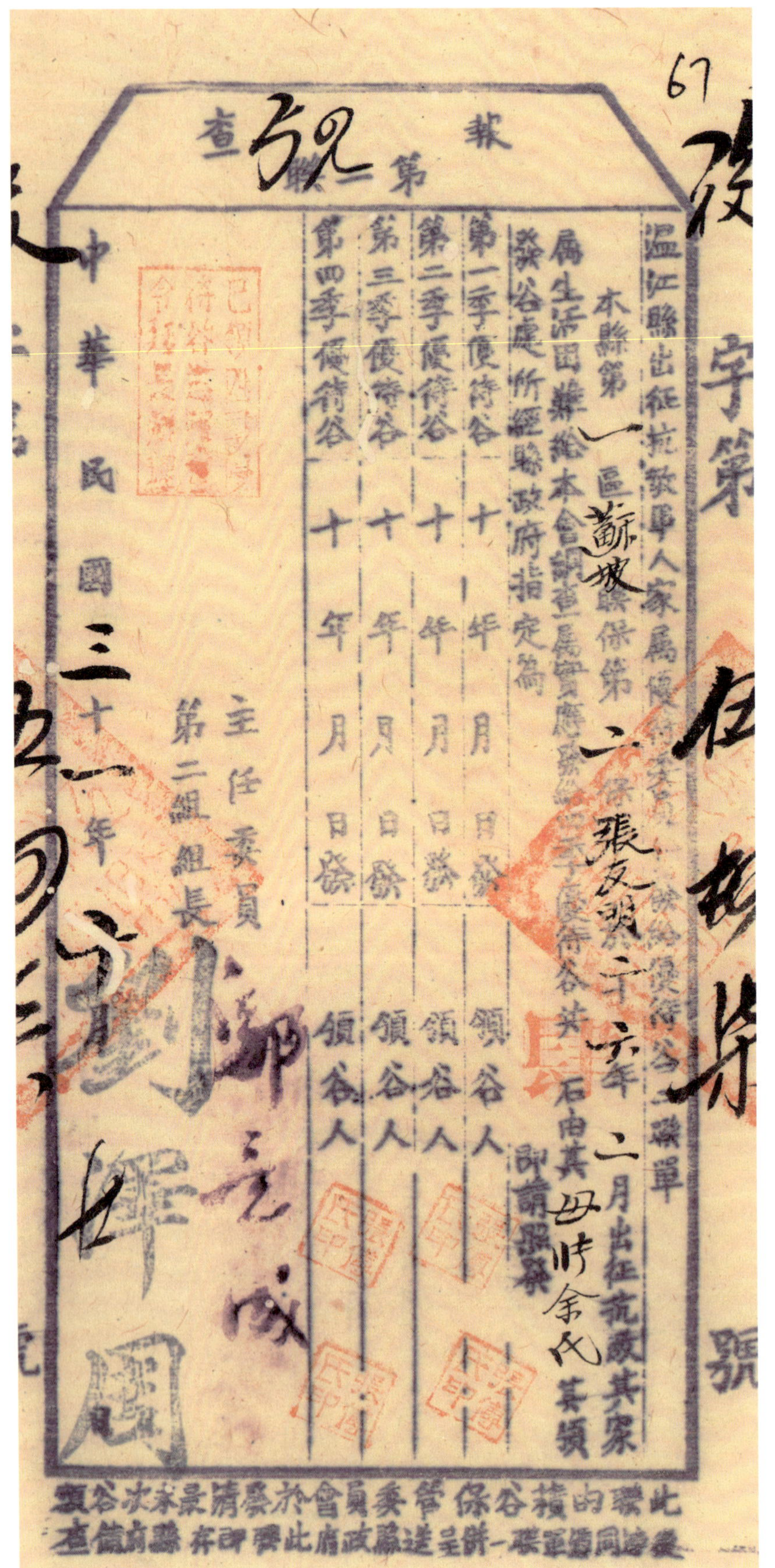

存查　第二聯　592

温江縣出征抗敵軍人家屬優待谷二聯單

本縣第一區蘇坡鄉保第二保張友明于廿六年二月出征抗敵其家屬生活困難經本會調查屬實應發給[illegible]季優待谷[illegible]石由其母時余氏具領

發谷處所經縣政府指定為　　即請照發

第一季優待谷　十　年　月　日發　領谷人

第二季優待谷　十　年　月　日發　領谷人

第三季優待谷　十　年　月　日發　領谷人

第四季優待谷　十　年　月　日發　領谷人

主任委員

第二組組長

中華民國三十一年十月廿日

此聯由積谷保管委員會於發清後[illegible]

第一区苏镇联保第二保康黄氏优待谷二联单（一九四二年十月二十日）

報查　第二聯

臨江縣出征抗敵軍人家屬優待委員會發給優待谷二聯單

本縣第一區蘇坡聯保第二保康福全三十一年の月出征抗敵其家屬生活困難經本會調查屬實應發給四季優待谷共[illegible]石由其祖母康黃氏具領

發谷處所經縣政府指定為　即需[illegible]

第一季優待谷	十　年　月　日發	領谷人	
第二季優待谷	十　年　月　日發	領谷人	
第三季優待谷	十　年　月　日發	領谷人	
第四季優待谷	十　年　月　日發	領谷人	

主任委員

第二組組長

中華民國三十一年十月廿日

此聯由積谷保管委員會於發清最末次谷須繳連同第一聯一併呈送縣政府此聯印存縣府備查

第一区苏镇联保第三保戚史氏优待谷二联单（一九四〇年十月十八日）

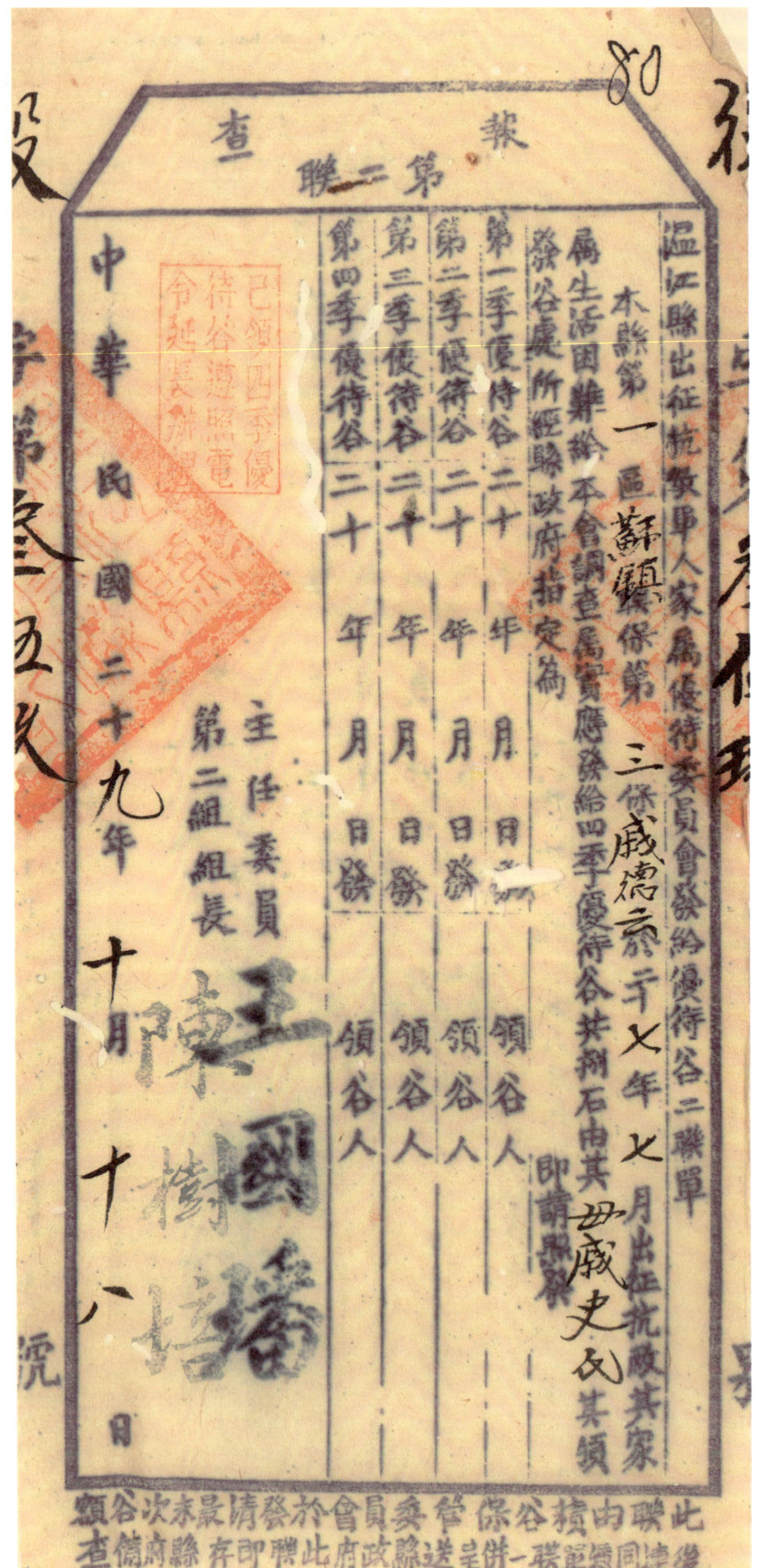

80

第二聯

報查

溫江縣出征抗敵軍人家屬優待委員會發給優待谷二聯單

本縣第一區蘇鎮聯保第三保戚德云於廿七年七月出征抗敵其家屬生活困難經本會調查屬實應發給四季優待谷共捌石由其母戚史氏具領

發谷處所經縣政府指定為　　即請照發

第一季優待谷	二十	年	月	日發	領谷人
第二季優待谷	二十	年	月	日發	領谷人
第三季優待谷	二十	年	月	日發	領谷人
第四季優待谷	二十	年	月	日發	領谷人

已領四季優待谷遵照電令延長辦理

主任委員 王國藩

第二組組長 陳樹培

中華民國二十九年十月十八日

此聯由積谷保管委員會於發清最末次谷額後連同憑單聯一併呈送縣政府此聯即存縣府備查

第一区苏镇联保第三保康应华优待谷二联单（一九四一年四月二十日）

存查　第二聯

溫江縣出征抗敵軍人家屬優待委員會發給優待谷二聯單

本縣第一區蘇鎮聯保第三保康云於廿七年一月出征抗敵其家屬生活困難給本會調查屬實應發給四季優待谷共捌石由其父康應華具領

發谷處所經縣政府指定為　即請照發

第一季優待谷	二十年六月六日發	領谷人
第二季優待谷	中華民國三十年八月廿叁日發	領谷人
第三季優待谷	中華民國三十年十一月廿五日付發	領谷人
第四季優待谷	三十一年二月十二日發	領谷人

已領四季優待谷遵照電令延長辦理

主任委員　王國璠

第二組組長　陳樹

中華民國三十年四月廿日

此聯由積谷保管委員會於發清最末次谷額後連同總軍聯一併呈送縣政府此聯印存縣府備查

第一区苏镇联保第三保石冯氏优待谷二联单（一九四一年五月二十四日）

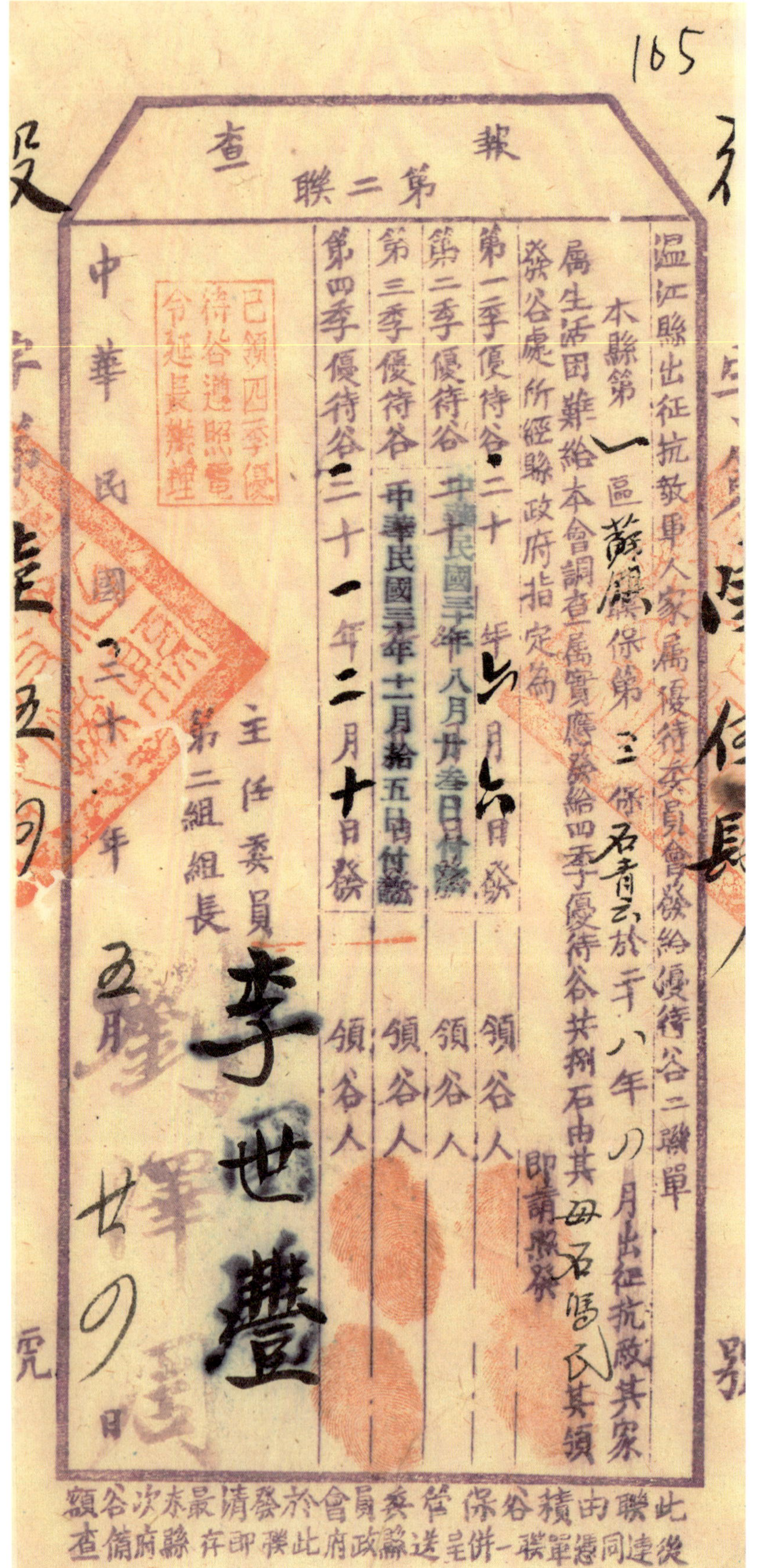

報查

第二聯

温江縣出征抗敵軍人家屬優待委員會發給優待谷二聯單

本縣第一區蘇鎮聯保第三保石青云於二十八年〇月出征抗敵，其家屬生活困難，經本會調查屬實，應發給四季優待谷共捌石，由其母石馮氏具領。發谷處所經縣政府指定為　　即請照發

第一季優待谷二十年六月六日發　領谷人

第二季優待谷　中華民國三十年八月廿叁日付訖　領谷人

第三季優待谷　中華民國三十年十一月拾五日付訖　領谷人

第四季優待谷三十一年二月十日發　領谷人

已領四季優待谷遵照電令延長辦理

主任委員　李世豐

第二組組長

中華民國三十年五月廿四日

此聯由積谷保管委員會於發清最末次谷額後連同憑單一併呈送縣政府，此聯即存縣府備查

第一区苏镇联保第三保王杨氏优待谷二联单（一九四一年七月二十八日）

報查

第二聯

溫江縣出征抗敵軍人家屬優待委員會發給優待谷二聯單

本縣第一區蘇鎮聯保第三保王朝淵於二十八年四月出征抗敵其家屬生活困難給本會調查屬實應發給四季優待谷共捌石由其母王楊氏具領

發谷處所經縣政府指定為　　即請照發

第一季優待谷	中華民國三十年八月卅叁日發	領谷人
第二季優待谷	中華民國三十年十二月拾五日付訖	領谷人
第三季優待谷	三十一年二月十日發	領谷人
第四季優待谷	三十一年八月八日發	領谷人

中華民國三十年七月廿八日

主任委員

第二組組長　劉輝

此聯由積谷保管委員會於發清最末次谷額後連同存單聯一併呈送縣政府此聯即存縣府備查

第一区苏镇联保第三保周李氏优待谷二联单（一九四一年七月二十八日）

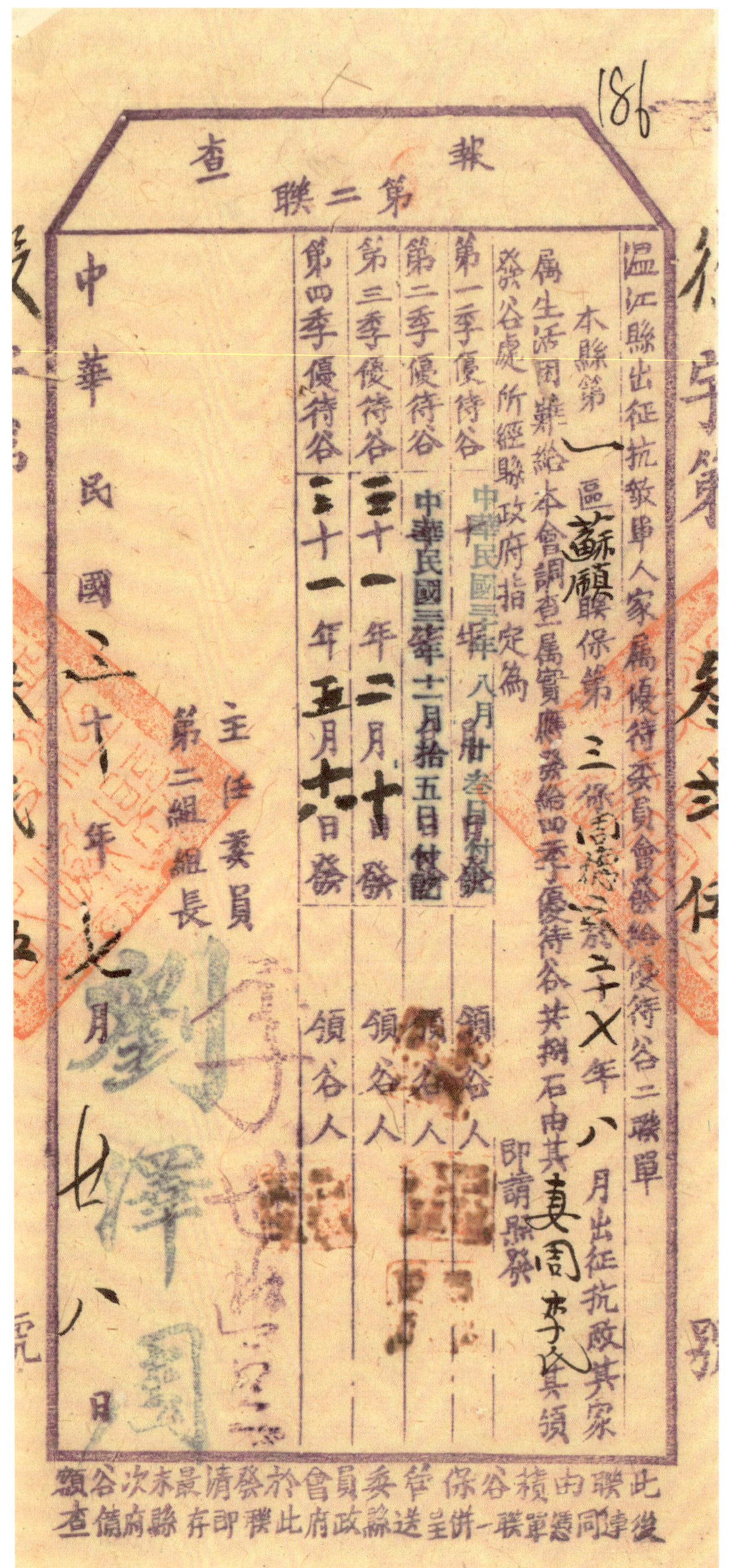

報查

第二聯

溫江縣出征抗敵軍人家屬優待委員會發給優待谷二聯單

本縣第一區蘇鎮聯保第三保周[illegible]於二十X年八月出征抗敵其家屬生活困難給本會調查屬實應發給四季優待谷共捌石由其妻周李氏具領發谷處所經縣政府指定為　即請照發

第一季優待谷	中華民國三十年八月卅日付發	領谷人
第二季優待谷	中華民國三十年十二月拾五日付訖	領谷人
第三季優待谷	三十一年二月十日發	領谷人
第四季優待谷	三十一年五月十六日發	領谷人

主任委員

第二組組長

中華民國三十年七月廿八日

此聯由積谷保管委員會於發清最末次谷額後連同憑單聯一併呈送縣政府此聯即存縣府備查

第一区苏镇联保第三保张王氏优待谷三联单（一九四一年十一月四日）

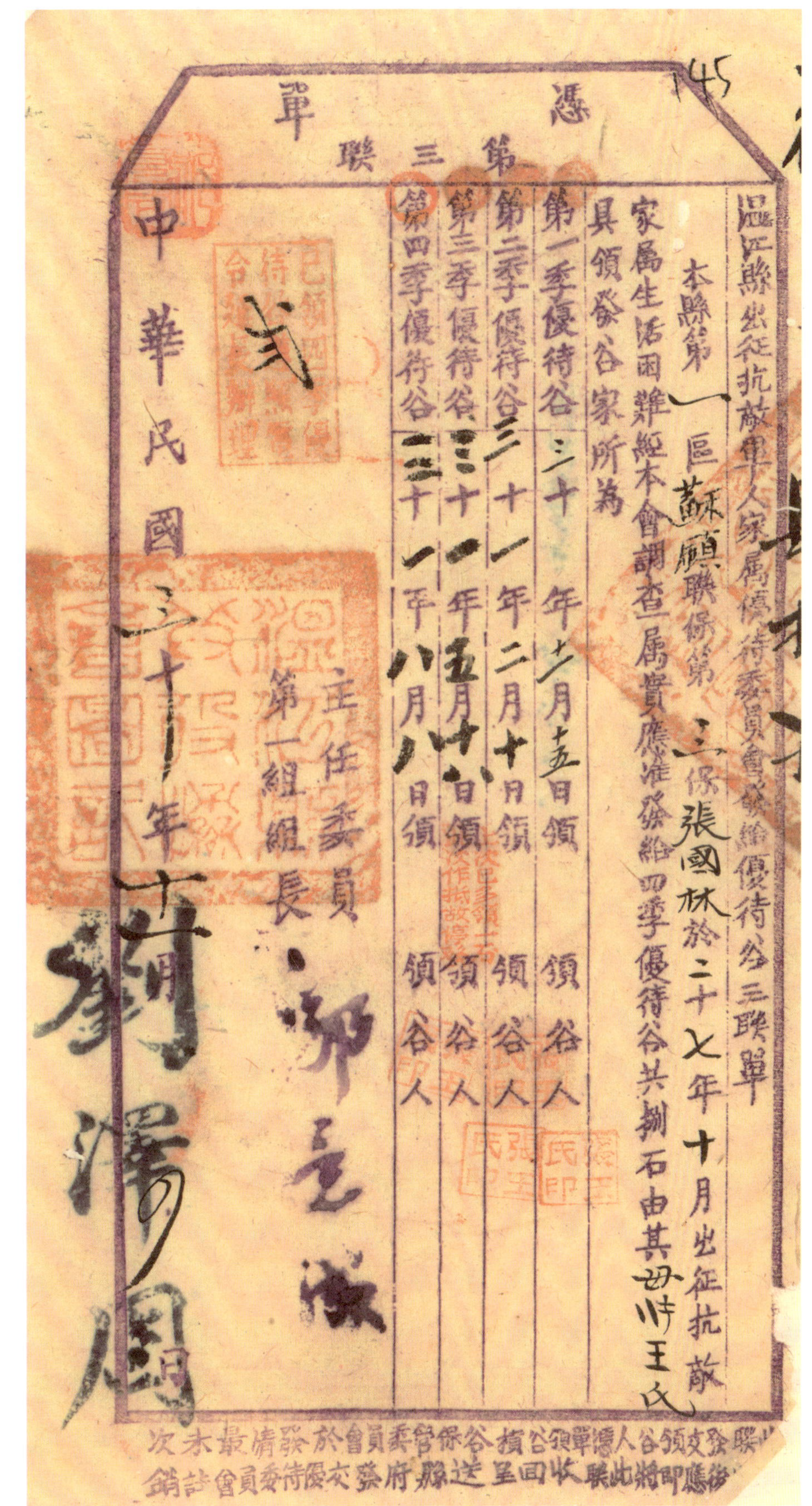

凭单 第三联

温江县出征抗敌军人家属优待委员会发给优待谷三联单

本县第一区苏镇联保第三保张国林于二十七年十月出征抗敌，家属生活困难，经本会调查属实，应准发给四季优待谷共捌石，由其母张王氏具领发谷，家所为

第一季优待谷	三十年七月五日领	领谷人	
第二季优待谷	三十一年二月十日领	领谷人	
第三季优待谷	三十一年五月廿六日领	领谷人	
第四季优待谷	三十一年八月八日领	领谷人	

主任委员 刘［签名］

第一组组长 郑［签名］

中华民国三十年十一月四日

此联发交领谷人凭单领谷，保管委员会于发清最末次后应即将此联收回，呈送县府发交优待委员会注销

第一区苏镇联保第三保康应华优待谷二联单（一九四二年四月二十日）

1762 172

第二聯

溫江縣出征抗敵軍人家屬優待委員會發給優待谷二聯單

本縣第一區蘇溪聯保第三保康云於二十七年一月出征抗敵其家屬生活困難經本會調查屬實應發給四季優待谷共　石由其康應華即前取其領

發谷處所經縣政府指定為

第一季優待谷	三十一年五月十八日發	領谷人
第二季優待谷	三十一年八月八日發	領谷人
第三季優待谷	三十一年十一月廿二日發	領谷人
第四季優待谷	三十二年一月三十日發	領谷人

已領四季優待谷遵照縣令延長辦理

主任委員　鄒□成

第二組組長　劉□

中華民國三十一年四月廿日

此聯由積谷保管委員會於發清最末次谷額後即同匯單聯一併呈送縣政府　此聯即存縣府備查

第一区苏镇联保第三保石冯氏优待谷二联单（一九四二年五月十九日）

報查

第二聯

溫江縣出征抗敵軍人家屬優待委員會發給優待谷二聯單

本縣第 一 區 蘇鎮 聯保第 三 保 石青云 於二十 八 年 四 月出征抗敵其家屬生活困難經本會調查屬實應發給四季優待谷共 石由其 石馮氏 妻領

發谷處所經縣政府指定爲 即蓋章領

第一季優待谷	三十一年五月十六日發	領谷人
第二季優待谷	三十一年八月八日發	領谷人
第三季優待谷	三十一年十一月廿日發	領谷人
第四季優待谷	三十二年一月卅日發	領谷人

主任委員 鄒元成

第二組組長 劉澤九

中華民國三十一年五月十九日

此聯由積谷保管委員會於發[illegible]谷彙[illegible]後將第一聯呈送縣政府此聯即存縣府備查

第一区苏镇联保第三保廖肖氏优待谷二联单（一九四二年七月六日）

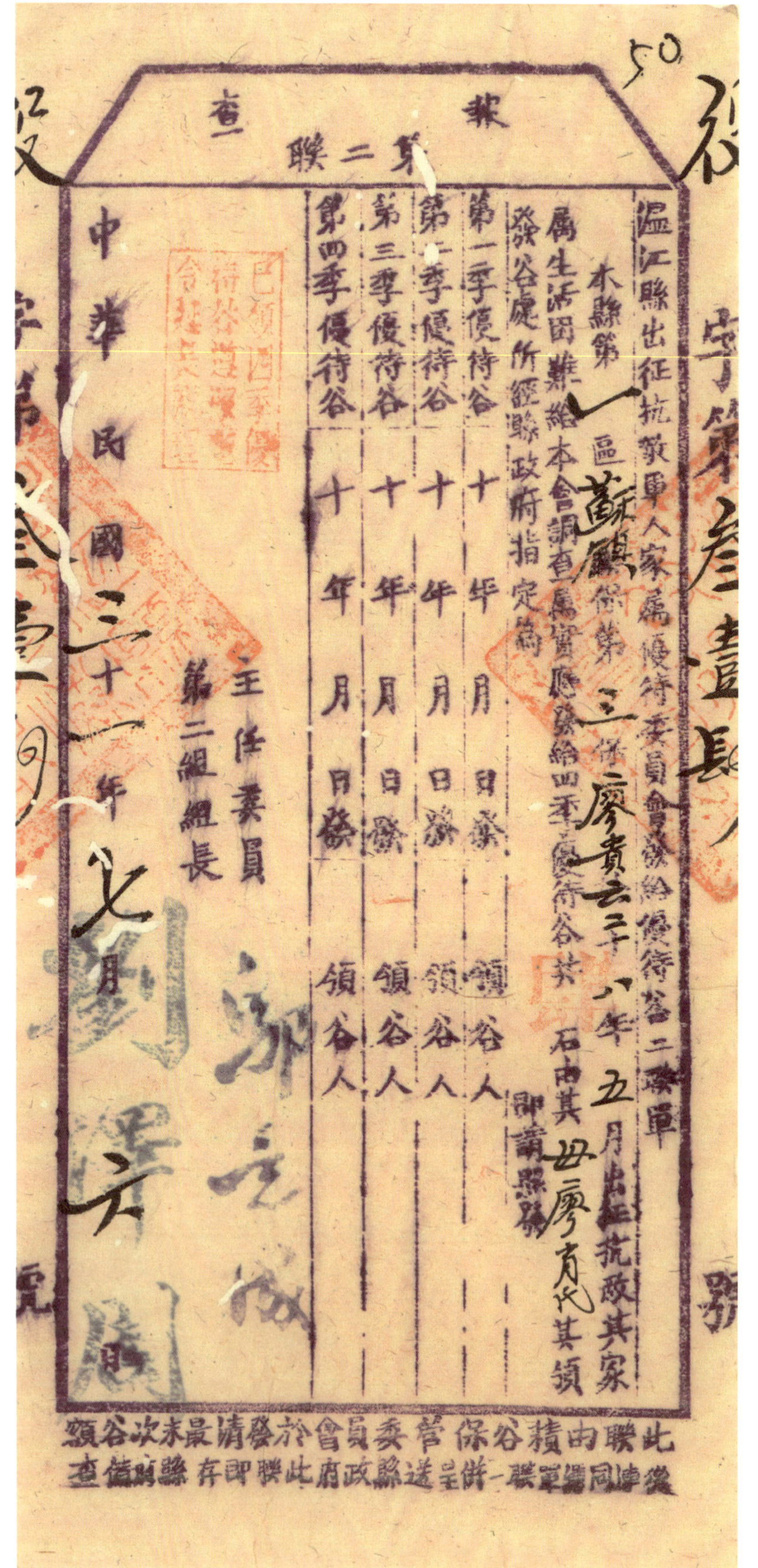

存查

第二聯

溫江縣出征抗敵軍人家屬優待委員會發給優待谷二聯單

本縣第一區蘇鎮聯第三保廖貴云二十八年五月出征抗敵其家屬生活困難經本會調查屬實應發給四季優待谷共　石由其母廖肖氏具領

發谷處所經縣政府指定為　　即請照發

第一季優待谷　十　年　月　日發　領谷人

第二季優待谷　十　年　月　日發　領谷人

第三季優待谷　十　年　月　日發　領谷人

第四季優待谷　十　年　月　日發　領谷人

中華民國三十一年七月六日

主任委員

第二組組長

此聯由積谷保管委員會於發清最末次谷額後連同領單聯一併呈送縣政府此聯即存縣府備查

第一区苏镇联保第三保张王氏优待谷二联单（一九四二年十一月四日）

45

報　查

第二聯

臨江縣出征抗敵軍人家屬優待委員會發給優待谷二聯單

本縣第一區蘇坡[illegible]第三保張國林於二十七年十月出征抗敵其家屬生活困難給本會[illegible]應發給四季優待谷共　石由其張王氏其領發谷處所經縣政府指定為[illegible]即請照發

第一季優待谷	十　年　月　日發	領谷人
第二季優待谷	十　年　月　日發	領谷人
第三季優待谷	十　年　月　日發	領谷人
第四季優待谷	十　年　月　日發	領谷人

主任委員

第二組組長

中華民國三十一年十一月　日

此聯由積谷保管委員會於發清最末次領谷後連同聯單一併呈送縣政府

此聯印存縣府備查

第一区苏镇联保第四保廖萧氏优待谷三联单（一九四一年七月六日）

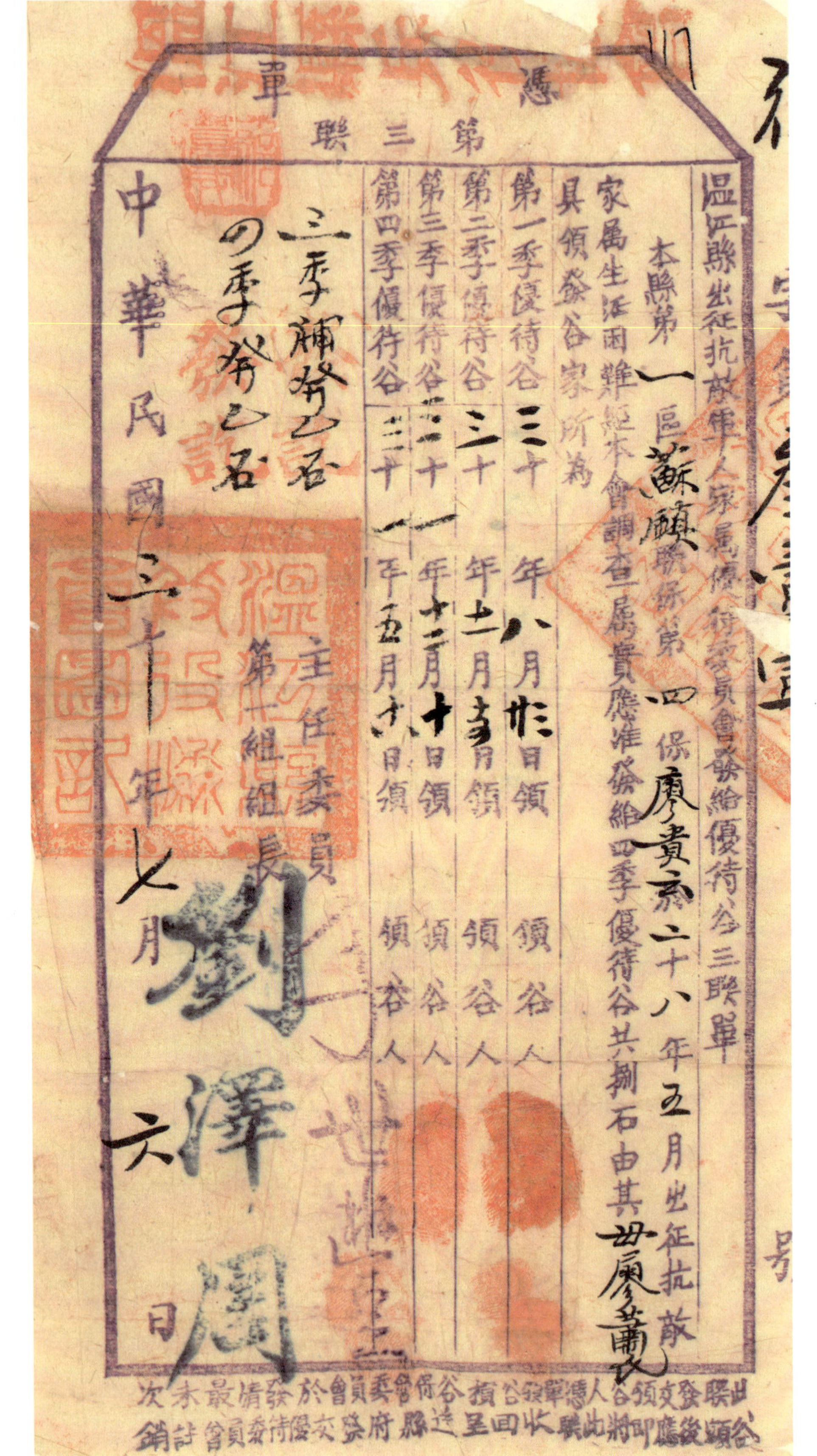
第三联
憑單
温江縣出征抗敵軍人家屬優待穀發給優待谷三聯單
本縣第一區蘇顧聯保第四保廖貴疇二十八年五月出征抗敵家屬生活困難經本會調查屬實應准發給四季優待谷共捌石由其母廖蕭氏具領發谷家所為
第一季優待谷三十年八月廿日領 領谷人
第二季優待谷三十年十二月十日領 領谷人
第三季優待谷三十一年十二月十日領 領谷人
第四季優待谷三十一年五月廿日領 領谷人
三季補谷乙石
四季谷乙石
主任委員
第十組組長 劉澤周
中華民國三十年七月六日
此聯發交領谷人憑單發谷預發谷待會委員會於發清最末次谷領後應即將此聯收回呈送縣府發交優待委員會討銷

第一区苏镇联保第四保张友三优待谷二联单（一九四一年十一月四日）

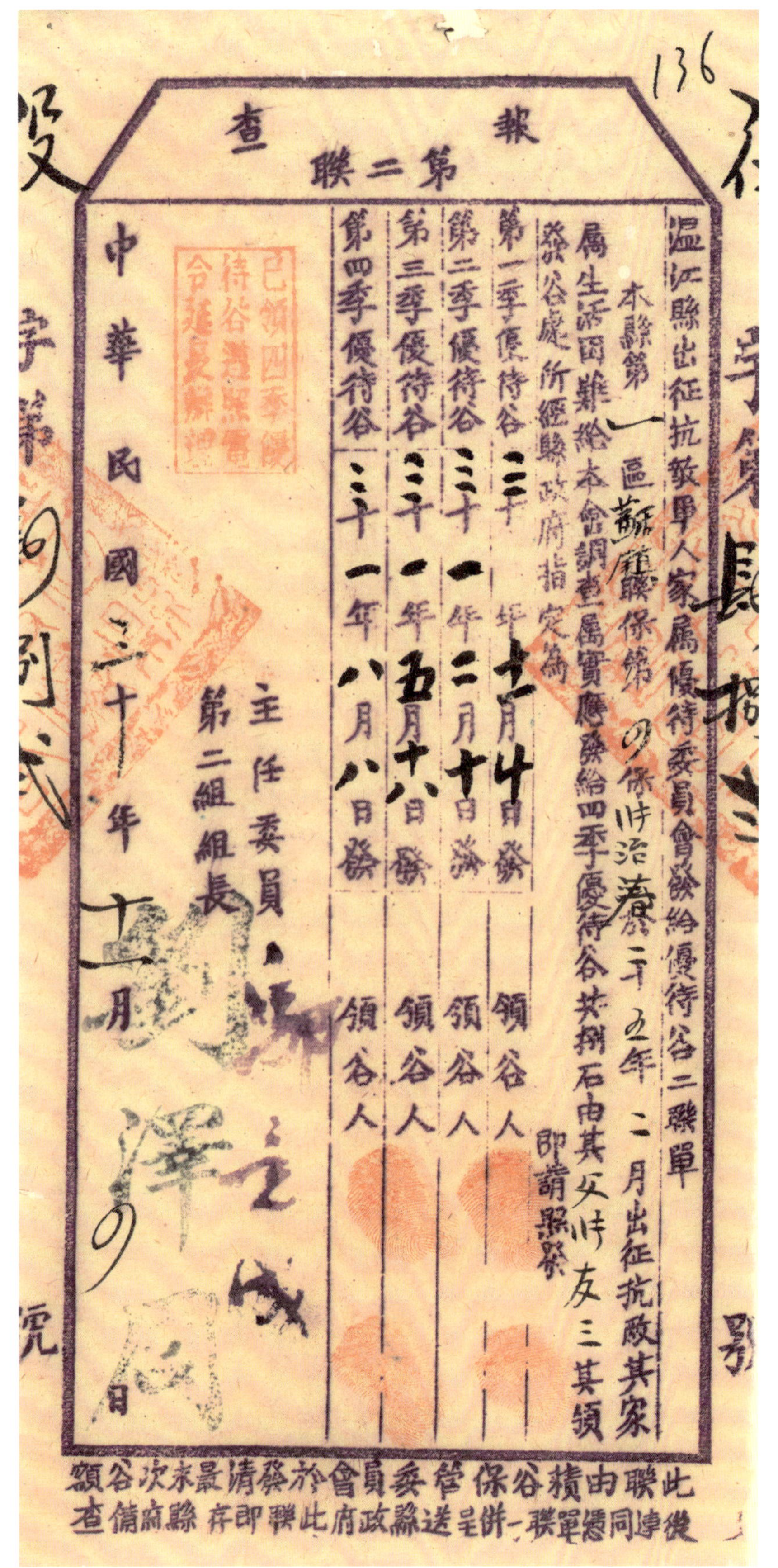

報查

第二聯

溫江縣出征抗敵軍人家屬優待委員會發給優待谷二聯單

本縣第一區蘇鎮聯保第四保張治蒼於二十五年二月出征抗敵其家屬生活困難經本會調查屬實應發給四季優待谷共捌石由其父張友三具領發谷處所經縣政府指定為 即請照發

第一季優待谷 三十年十一月十一日發 領谷人

第二季優待谷 三十一年二月十一日發 領谷人

第三季優待谷 三十一年五月十六日發 領谷人

第四季優待谷 三十一年八月八日發 領谷人

已領四季優待谷遵照電令延長辦理

主任委員

第二組組長

中華民國三十年十一月 日

此聯由積谷保管委員會於發清最末次谷領後連同優單聯一併呈送縣政府此聯即存縣府備查

第一区苏镇联保第四保付余氏优待谷二联单（一九四一年十一月八日）

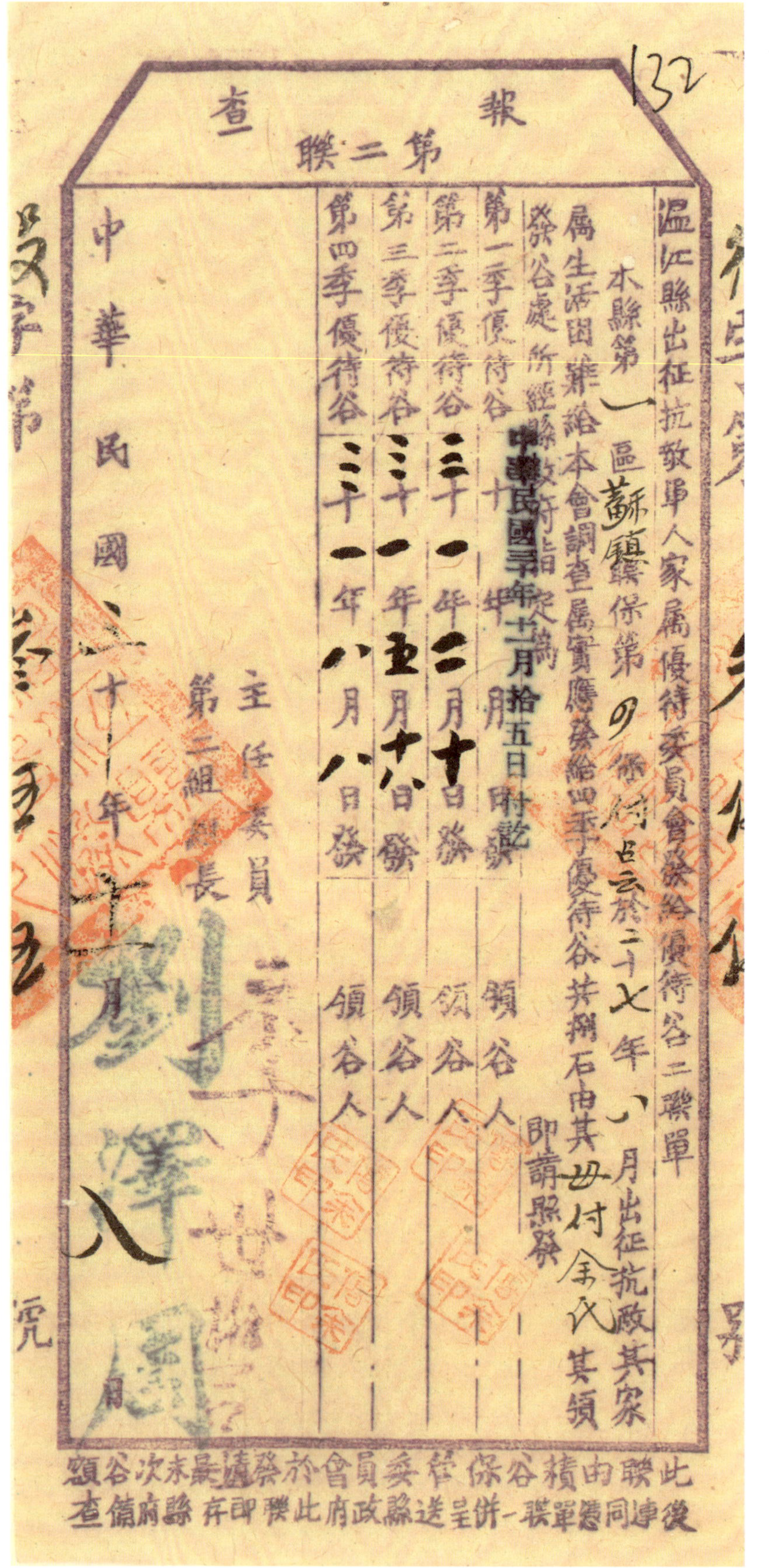

報查

第二聯

溫江縣出征抗敵軍人家屬優待委員會發給優待谷二聯單

本縣第一區蘇鎮聯保第四保付呂云於二十七年八月出征抗敵其家屬生活困難經本會調查屬實應發給四季優待谷共捌石由其母付余氏其領

發谷處所經縣政府指定為　　即請照發

第一季優待谷	年　月　日發	領谷人	
第二季優待谷	三十一年二月十日發	領谷人	
第三季優待谷	三十一年五月十六日發	領谷人	
第四季優待谷	三十一年八月八日發	領谷人	

中華民國三十年十二月拾五日付訖

主任委員

第二組組長

中華民國三十年十一月八日

此聯由積谷保管委員會於發遣最末次谷領後連同憑單一併呈送縣政府此聯即存縣府備查

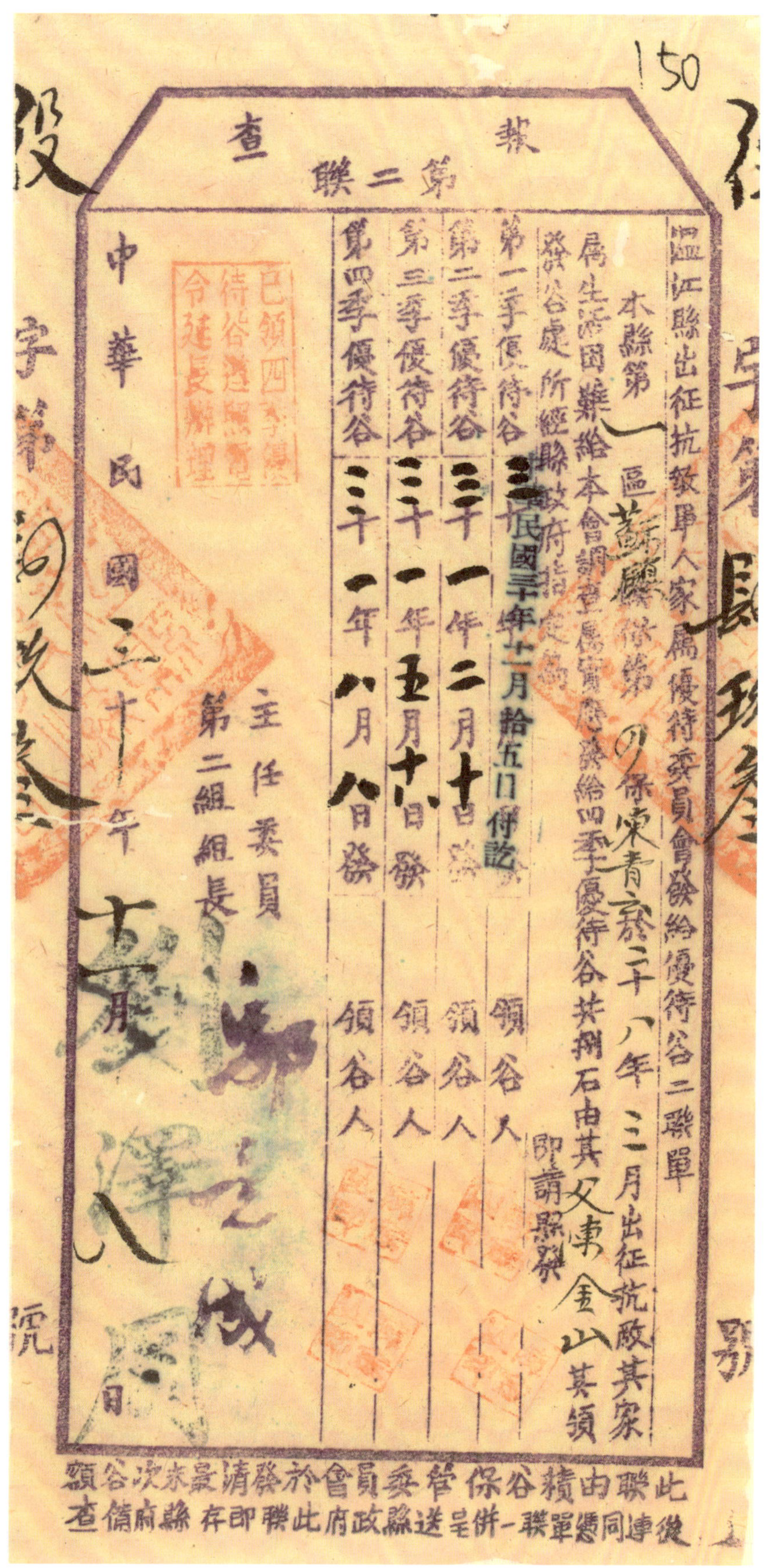
報查　第二聯

[illegible]江縣出征抗敵軍人家屬優待委員會發給優待谷二聯單

本縣第一區蘇鎮聯第四保陳青云於二十八年三月出征抗敵其家屬生活困難給本會調查屬實應發給四季優待谷共捌石由其父陳金山具領發谷處所經縣政府指定倉即請照發

第一季優待谷　三十……
第二季優待谷　三十一年二月十日發　領谷人
第三季優待谷　三十一年五月十六日發　領谷人
第四季優待谷　三十一年八月八日發　領谷人

已領四季優待谷遵照省令延長辦理

民國三十年十二月拾五日付訖

中華民國三十年十一月八日

主任委員
第二組組長

此聯由積谷保管委員會於發清最末次谷額後連同憑單聯一併呈送縣政府此聯印存縣府備查

第一区苏镇联保第四保陈金山优待谷二联单（一九四一年十一月八日）

第一区苏镇联保第四保杨子云优待谷二联单（一九四二年七月六日）

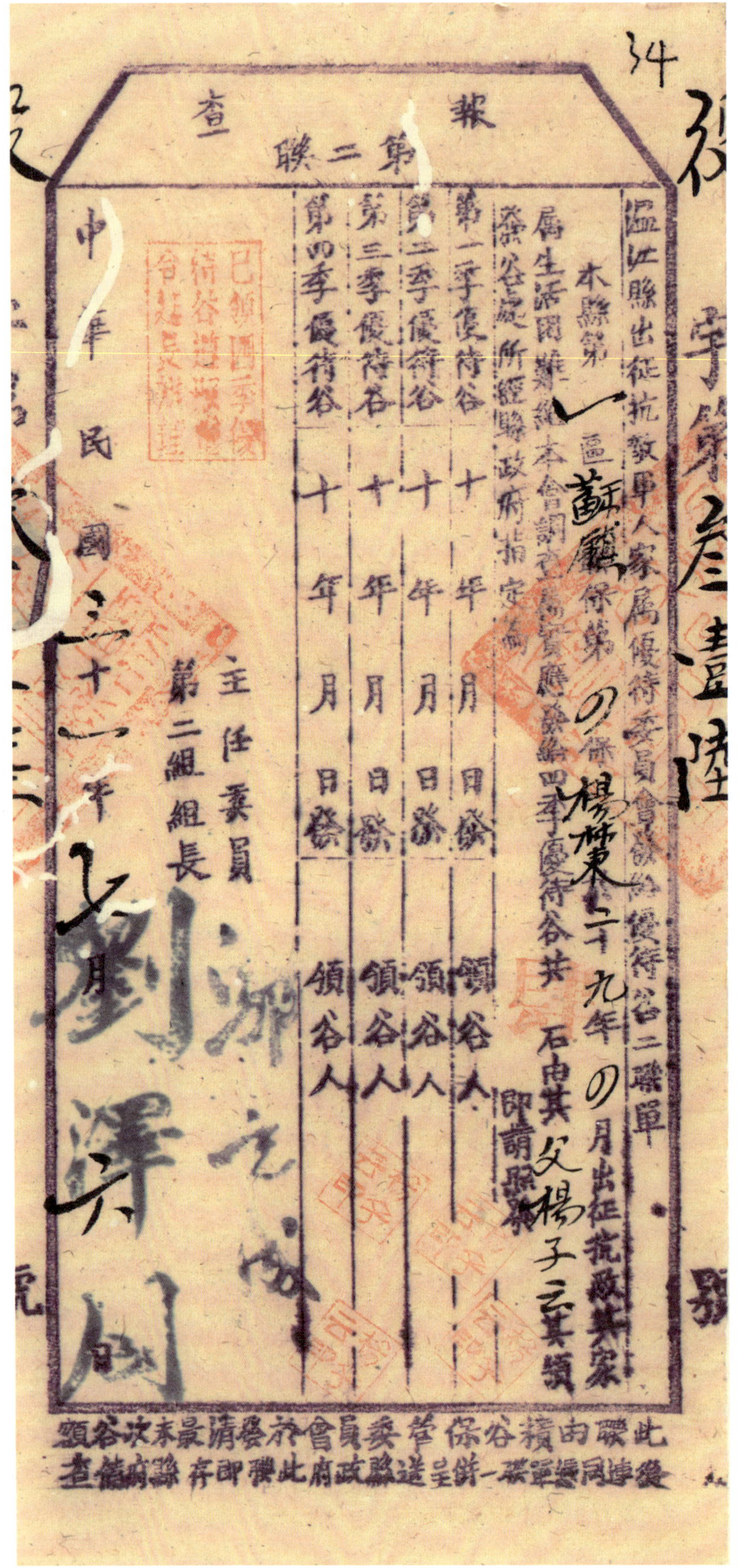

報查

第二聯

字第叁壹陸號

溫江縣出征抗敵軍人家屬優待委員會發給優待谷二聯單

本縣第一區蘇鎮聯保第四保楊樹東二十九年四月出征抗敵其家屬生活困難經本會調查屬實應發給四季優待谷共　石由其父楊子云具領

發谷處所經縣政府指定為　即前照發

第一季優待谷　十　年　月　日發　領谷人

第二季優待谷　十　年　月　日發　領谷人

第三季優待谷　十　年　月　日發　領谷人

第四季優待谷　十　年　月　日發　領谷人

主任委員　劉澤

第二組組長

中華民國三十一年七月六日

此聯由積谷保管委員會於清發最末次谷領後連同存根一併呈送縣政府此聯即存縣府備查

第一区苏镇联保第四保吴少云优待谷二联单（一九四二年七月六日）

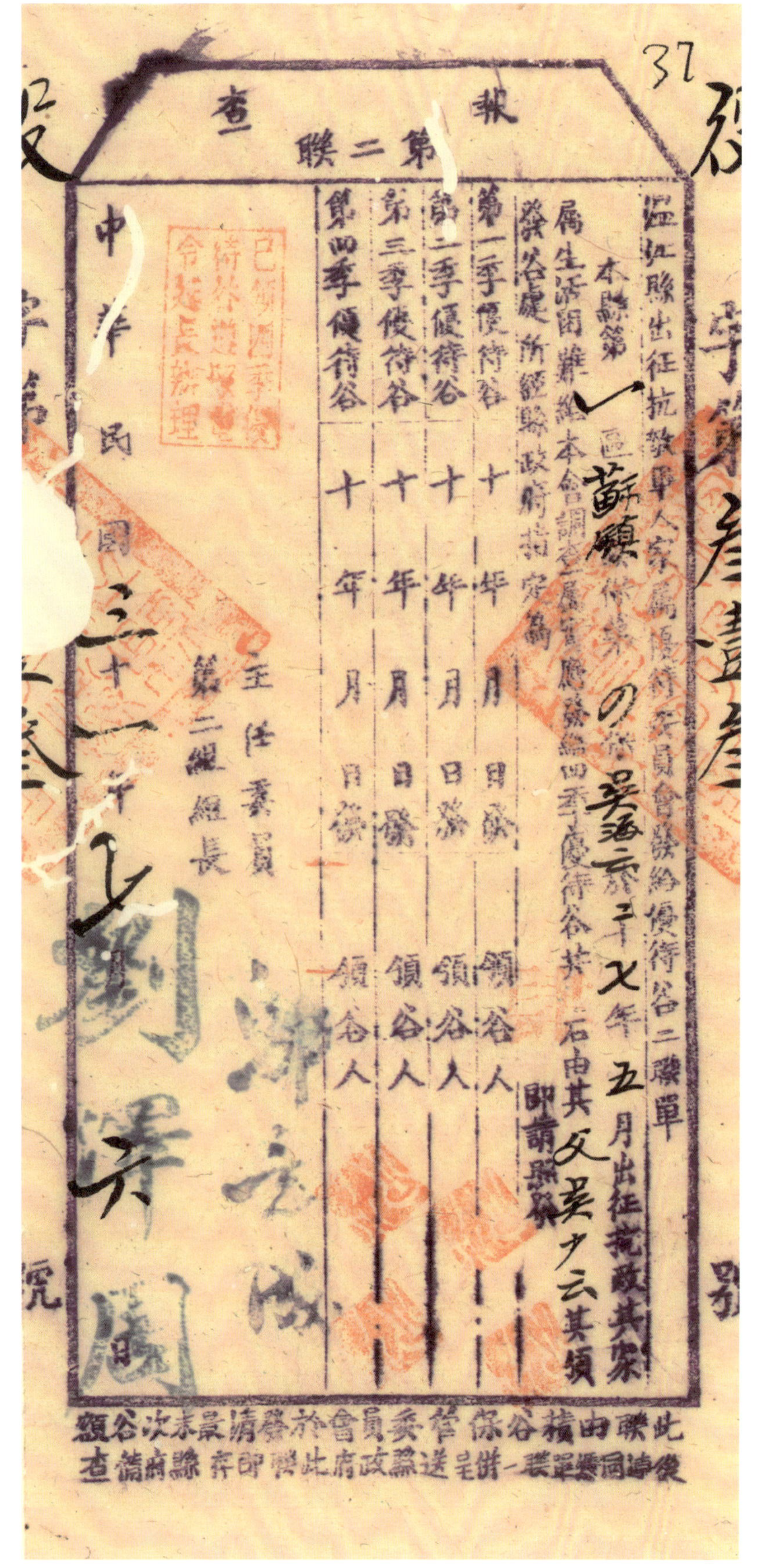

報查

第二聯

靖江縣出征抗敵軍人家屬優待委員會發給優待谷二聯單

本縣第一區蘇鎮○保吴海云於二十七年五月出征抗敵其家屬生活困難經本會調查屬實應發給四季優待谷共　石由其父吴少云具領即請
發谷處所經縣政府指定為

第一季優待谷	十　年　月　日發	領谷人
第二季優待谷	十　年　月　日發	領谷人
第三季優待谷	十　年　月　日發	領谷人
第四季優待谷	十　年　月　日發	領谷人

已領四季優待谷令飭遵照鄉長辦理

中華民國三十一年七月六日

主任委員

第二組組長

此聯由積谷保管委員會於發清最末次谷領後連同存根一併呈送縣政府此聯存卷備查

第一区苏镇联保第四保刘徐氏优待谷二联单（一九四二年七月十七日）

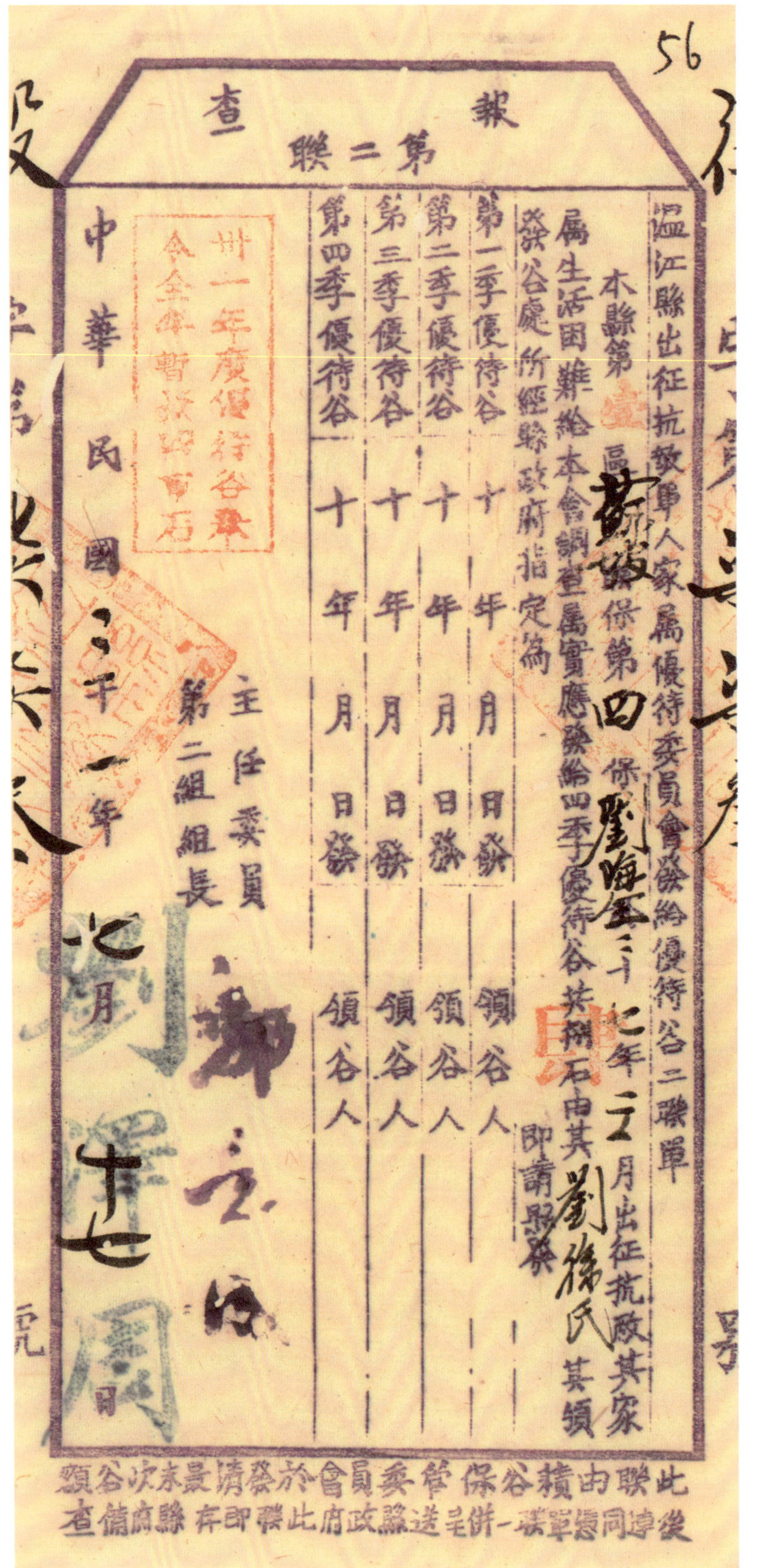

56

報查

第二聯

溫江縣出征抗敵軍人家屬優待委員會發給優待谷二聯單

本縣第壹區蘇鎮聯保第四保劉海全三十年三月出征抗敵其家屬生活困難經本會調查屬實應發給四季優待谷共　石由其劉徐氏具領

發谷處所經縣政府指定為　即請照發

第一季優待谷	十　年　月　日發	領谷人
第二季優待谷	十　年　月　日發	領谷人
第三季優待谷	十　年　月　日發	領谷人
第四季優待谷	十　年　月　日發	領谷人

卅一年度優待谷單令全保暫發肆市石

主任委員

第二組組長

中華民國三十一年七月十七日

此聯由積谷保管委員會於發清最末次谷額後連同第一聯一併呈送縣政府此聯即存縣府備查

第一区苏镇联保第四保邓唐氏优待谷二联单（一九四二年八月二十八日）

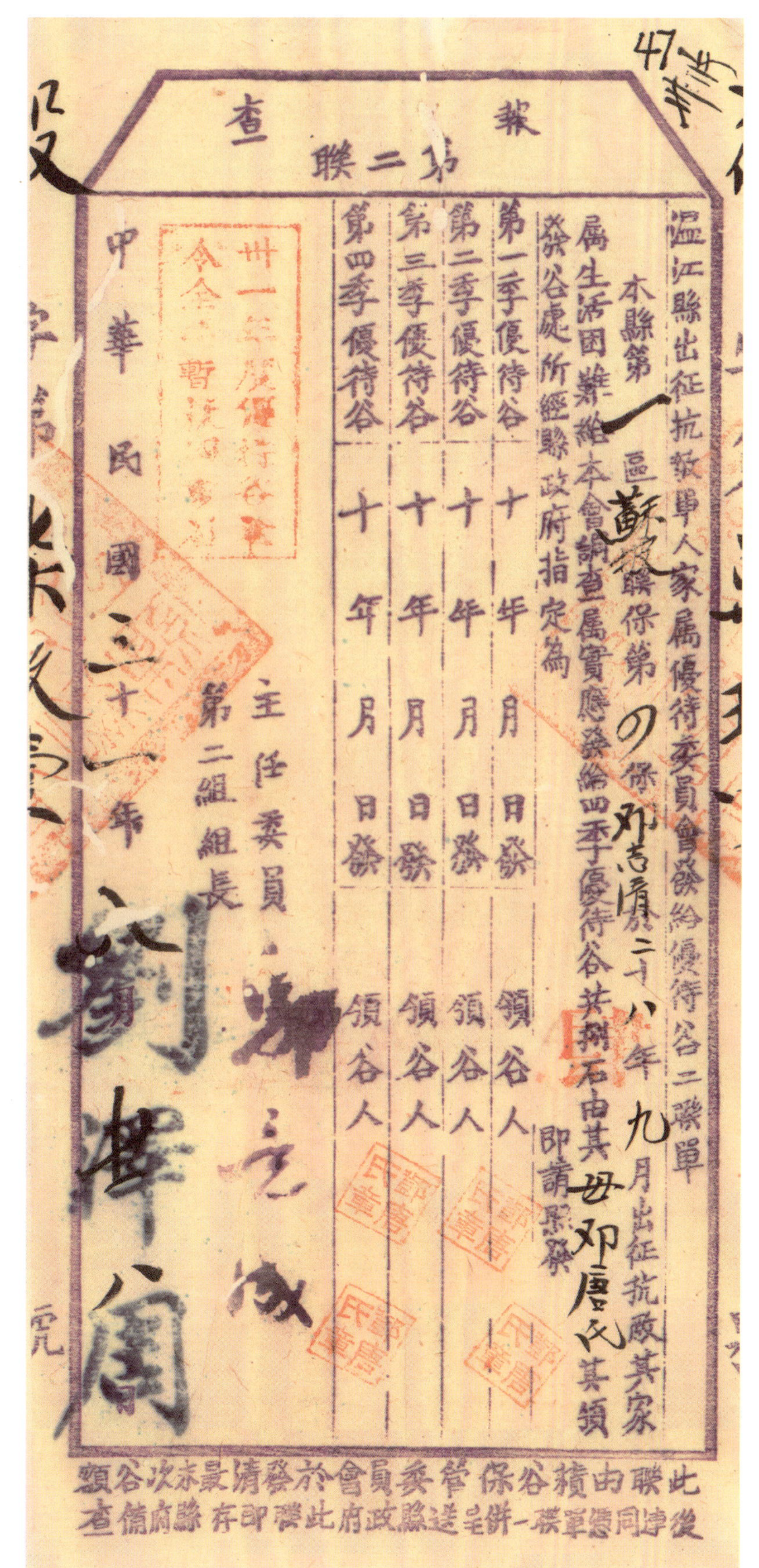

報查

第二聯

溫江縣出征抗敵軍人家屬優待委員會發給優待谷二聯單

本縣第一區蘇鎮聯保第四保邓志清于二十八年九月出征抗敵，其家屬生活困難，經本會調查屬實，應發給四季優待谷共計　石，由其母邓唐氏其領發谷處所經縣政府指定為　　即請照發

第一季優待谷　十　年　月　日發　領谷人

第二季優待谷　十　年　月　日發　領谷人

第三季優待谷　十　年　月　日發　領谷人

第四季優待谷　十　年　月　日發　領谷人

主任委員

第二組組長

中華民國三十一年八月　日

此聯由積谷保管委員會於發清最末次谷額後，連同憑單一併呈送縣政府，此聯即存縣府備查

第一区苏镇联保第四保龚易氏优待谷二联单（一九四二年十月二十日）

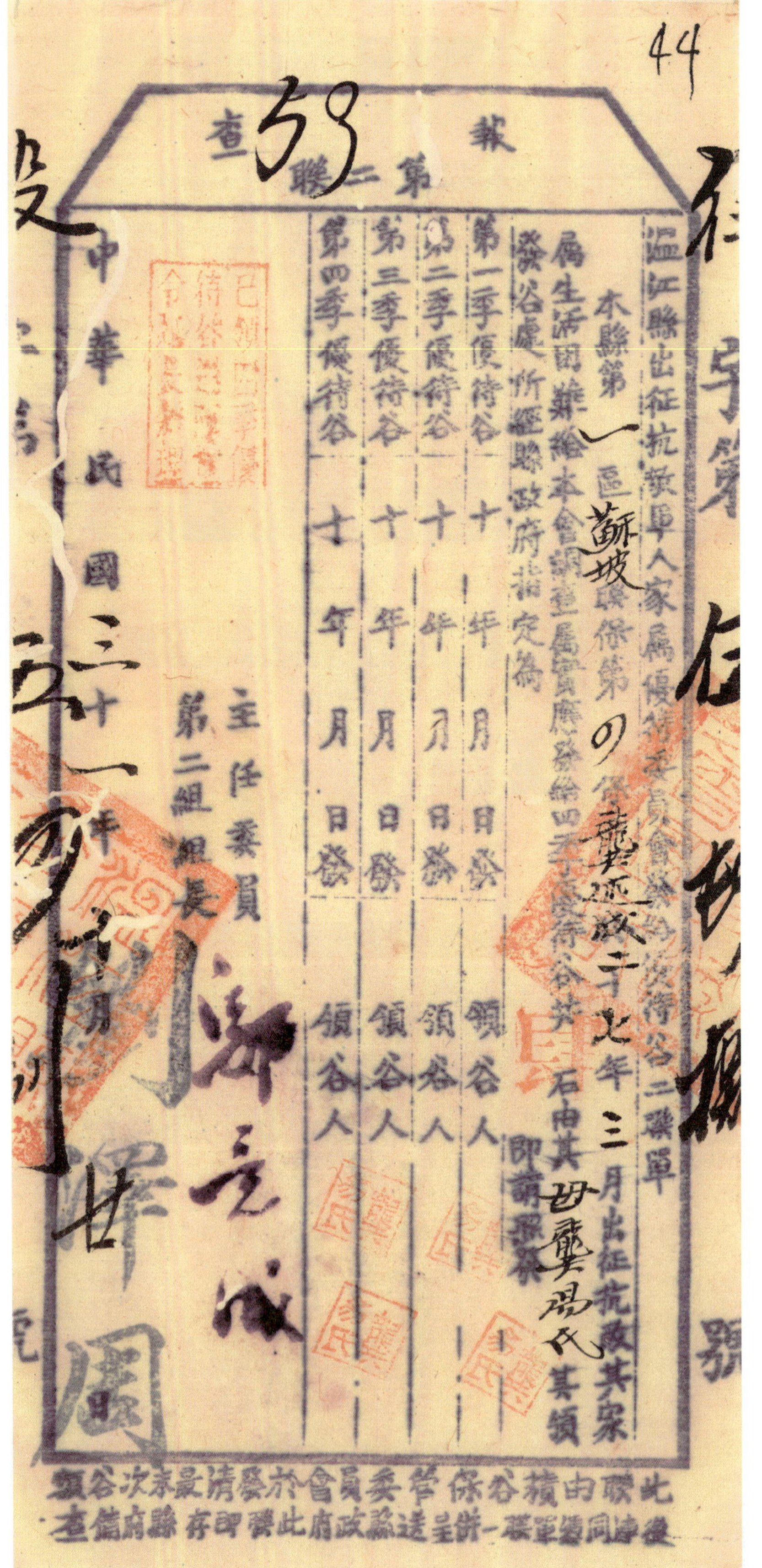

報查 第二聯

溫江縣出征抗敵軍人家屬優待委員會發給優待谷二聯單

本縣第一區蘇坡鄉聯保第四保[illegible]於二十七年三月出征抗敵其家屬生活困難給本會調查屬實應發給四季優待谷[illegible]石由其母龔易氏

發谷處所經縣政府指定為[illegible]即前往[illegible]其領

第一季優待谷 十 年 月 日發 領谷人

第二季優待谷 十 年 月 日發 領谷人

第三季優待谷 十 年 月 日發 領谷人

第四季優待谷 十 年 月 日發 領谷人

主任委員

第二組組長

中華民國三十一年十月廿日

此聯由積谷保管委員會於發清最末次領谷後即同優單聯一併呈送縣政府此聯存縣府備查

第一区苏镇联保第四保李书年优待谷二联单（一九四二年十月二十日）

65

温江縣出征抗敵軍人家屬優待委員會發給優待谷二聯單

報查　第二聯　519

本縣第一區蘇坡聯保第四保第　家戶　年三月出征抗敵其家屬生活困難，經本會調查屬實，應發給四季優待谷共石，由其父李書年具領。

發谷處所經縣政府指定為即前縣倉

第一季優待谷	十　年　月　日發	領谷人
第二季優待谷	十　年　月　日發	領谷人
第三季優待谷	十　年　月　日發	領谷人
第四季優待谷	十　年　月　日發	領谷人

已領四季優待谷照單辦理

主任委員　劉澤園

第二組組長　劉永成

中華民國三十一年十月廿日

此聯由積谷保管委員會於發清最末次谷領後即同優待聯單一併呈送縣政府，此聯存縣備查

字第　號

第一区苏镇联保第四保付余氏优待谷二联单（一九四二年十一月四日）

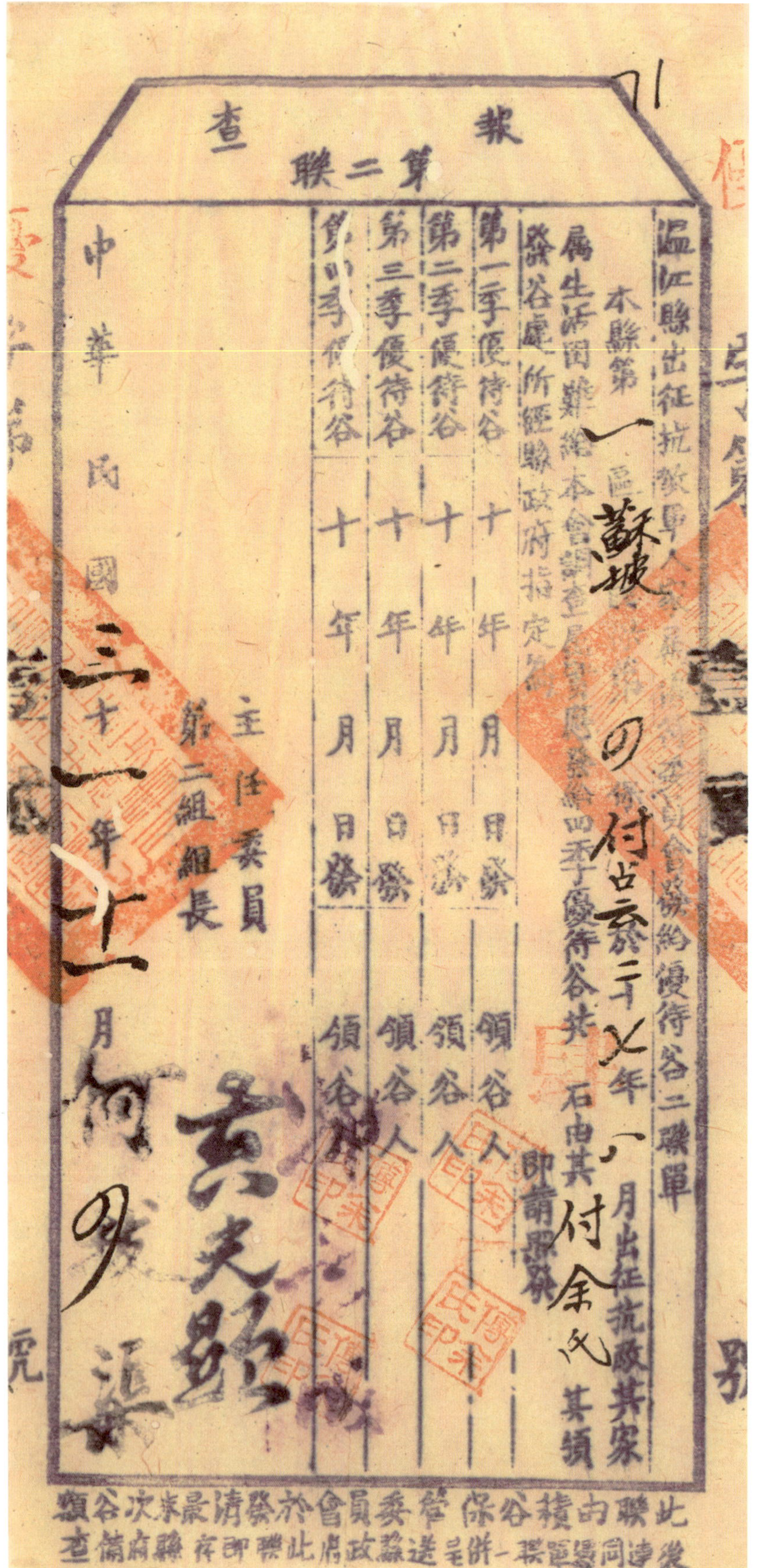
報查

第二聯

温江縣出征抗敵軍人家屬優待委員會發給優待谷二聯單

本縣第一區蘇坡鄉第四保付戶[illegible]三十一年八月出征抗敵其家屬生活困難經本會調查屬實應發給四季優待谷共[illegible]石由其付余氏其領發谷處所經縣政府指定[illegible]即請照發

第一季優待谷	十　年　月　日發	領谷人
第二季優待谷	十　年　月　日發	領谷人
第三季優待谷	十　年　月　日發	領谷人
第四季優待谷	十　年　月　日發	領谷人

主任委員

第二組組長

中華民國三十一年十一月四日

此聯由積谷保管委員會於發清最後一次谷額後連同憑証一併呈送縣政府此聯即存縣府備查

第一区苏镇联保第五保葛李氏优待谷三联单（一九四一年五月十九日）

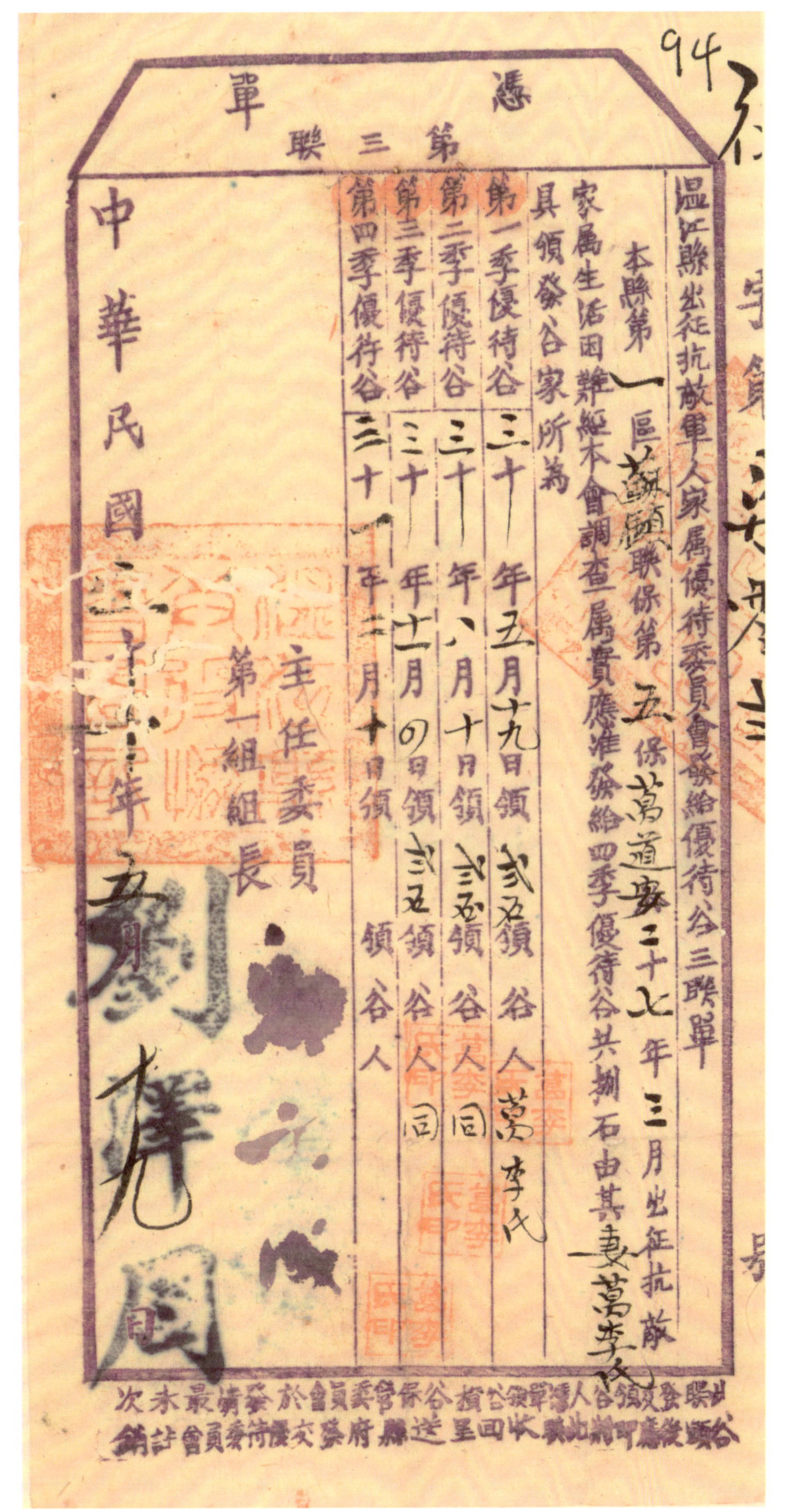

憑單

第三聯

温江縣出征抗敵軍人家屬優待委員會發給優待谷三聯單

本縣第一區蘇鎮聯保第五保葛道安二十七年三月出征抗敵家屬生活困難經本會調查屬實應准發給四季優待谷共捌石由其妻葛李氏具領發谷家所為

第一季優待谷	三十年五月十九日領	式石領谷人葛李氏
第二季優待谷	三十年八月十日領	式五領谷人
第三季優待谷	三十年十一月四日領	式五領谷人
第四季優待谷	三十一年二月十日領	領谷人

主任委員

第一組組長

中華民國三十年五月

此聯發交領谷人憑單領谷損谷保管委員會於發清最末次谷時後應即將此聯收回呈送縣府發交優待委員會註銷

第一区苏镇联保第五保王饶氏优待谷三联单（一九四一年七月六日）

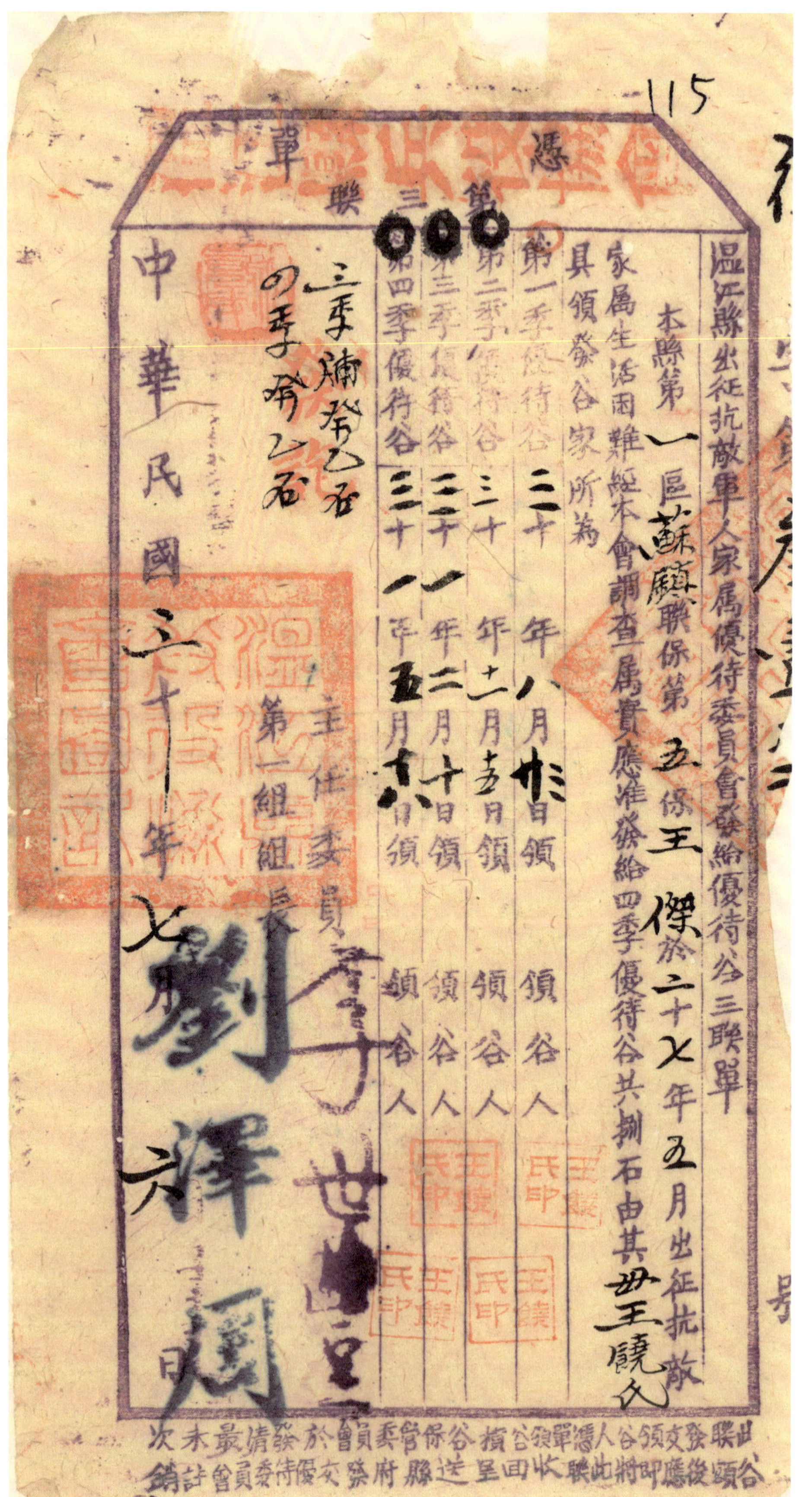

第三聯　憑單

温江縣出征抗敵軍人家屬優待委員會發給優待谷三聯單

本縣第一區蘇鎮聯保第五保王傑，於二十七年五月出征抗敵，家屬生活困難，經本會調查屬實，應准發給四季優待谷共捌石，由其母王饒氏具領發谷家所為

第一季優待谷　三十年八月卅日領　領谷人

第二季優待谷　三十年十二月十五日領　領谷人

第三季優待谷　三十一年二月十日領　領谷人

第四季優待谷　三十一年五月六日領　領谷人

三季補谷乙石
四季谷乙石

主任委員

第一組組長

中華民國三十一年七月六日

此聯發交領谷人憑單發谷保管委員會於發清最末次谷領後應即將此聯收回呈送縣府發交優待委員會註銷

第一区苏镇联保第五保吴少云优待谷二联单（一九四一年七月六日）

120

報查

第二聯

温江縣出征抗敵軍人家屬優待委員會發給優待谷二聯單

本縣第一區蘇鎮聯保第五保吳添云於二十七年五月出征抗敵，其家屬生活困難，給本會調查屬實，應發給四季優待谷共捌石，由其父吳少云具領，即請照發。

發谷處所經縣政府指定爲

第一季優待谷	中華民國三十年八月卅叁日付訖	領谷人
第二季優待谷	中華民國三十年十二月拾五日付訖	領谷人
第三季優待谷	三十一年二月十日發	領谷人
第四季優待谷	三十一年五月十八日發	領谷人

主任委員 劉澤周

第二組組長 世麟

中華民國三十年七月六日

此聯由積谷保管委員會於發清最末次谷額後，連同憑單聯一併呈送縣政府，此聯即存縣府備查

發字第叁壹〇號

第一区苏镇联保第五保杨子云优待谷三联单（一九四一年七月六日）

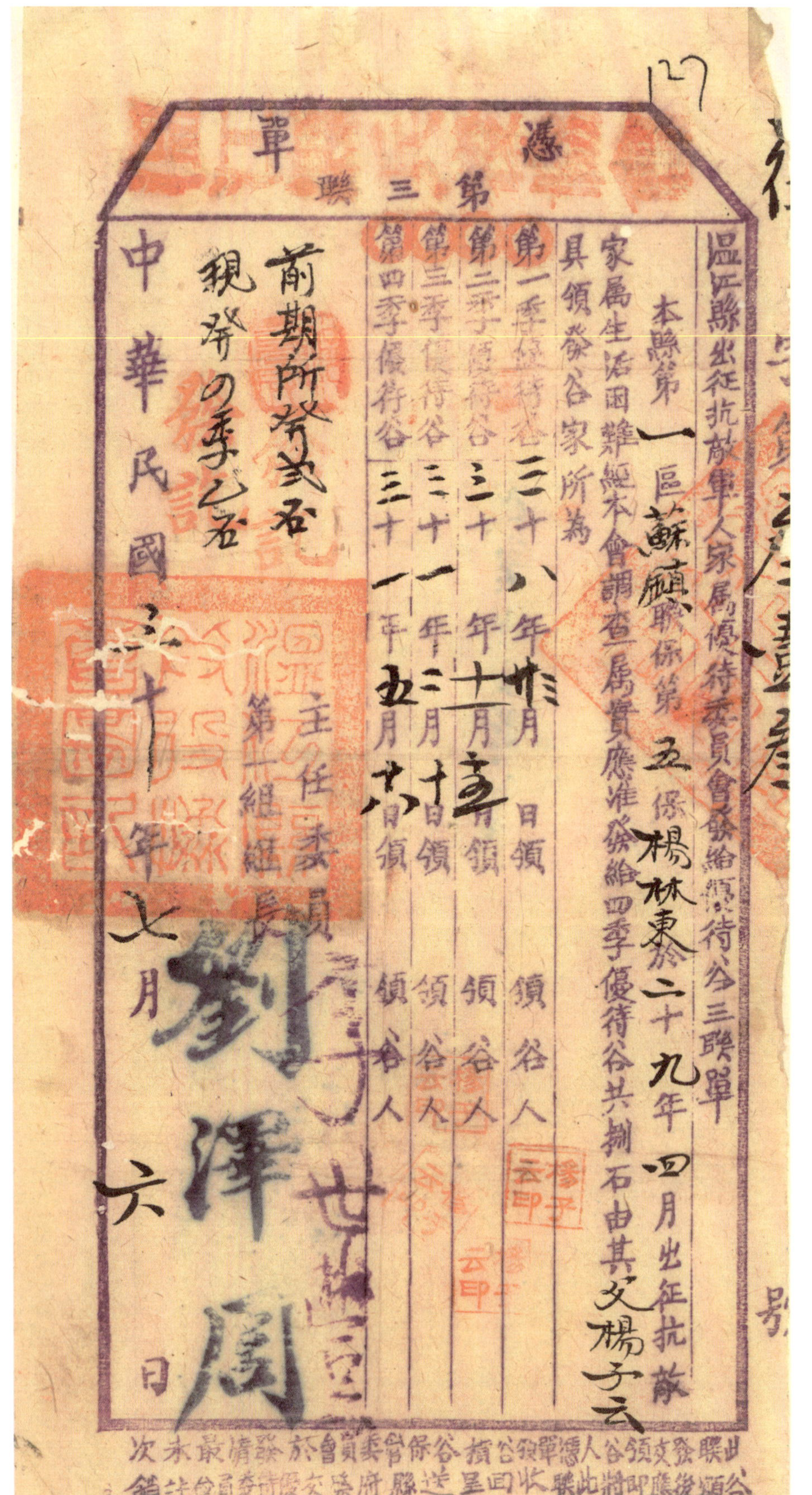
憑單 第三聯

溫江縣出征抗敵軍人家屬優待委員會發給優待谷三聯單

本縣第一區蘇鎮聯保第五保楊林東於二十九年四月出征抗敵家屬生活困難經本會調查屬實應准發給四季優待谷共捌石由其父楊子云具領發谷家所爲

第一季優待谷三十八年卅月　日領　領谷人

第二季優待谷三十　年十一月　日領　領谷人

第三季優待谷三十一年二月　日領　領谷人

第四季優待谷三十一年五月六日領　領谷人

前期所發貳石

現發の季乙石

主任委員 劉澤周

第[illegible]組組長

中華民國三十年七月六日

此聯發交領谷人憑單發谷保管委員會於清發最末次谷領後應即將此聯收回呈送縣府發交優待委員會討銷

第一区苏镇联保第五保葛李氏优待谷二联单（一九四二年五月十九日）

報查

第二聯

鹽城縣出征抗敵軍人家屬優待委員會發給優待谷二聯單

本縣第 一 區蘇 鎮聯保第 五 保葛道安於二十七年三 月出征抗敵其家屬生活困難經本會調查屬實應發給四季優待谷共 石由其 葛李氏 具領

發谷處所經縣政府指定為 即請發谷

第一季優待谷	三十一年五月十六日發	領谷人
第二季優待谷	三十一年八月八日發	領谷人
第三季優待谷	三十一年十二月廿二日發	領谷人
第四季優待谷	三十二年一月卅日發	領谷人

已領四季優待谷遵照電令延長辦理

主任委員

第二組組長

中華民國三十一年五月十九日

此聯由積谷保管委員會於發給最末次領谷後連同單據聯一併呈送縣政府此聯即存縣府備查

第一区苏镇联保第五保周雷氏优待谷二联单（一九四二年七月六日）

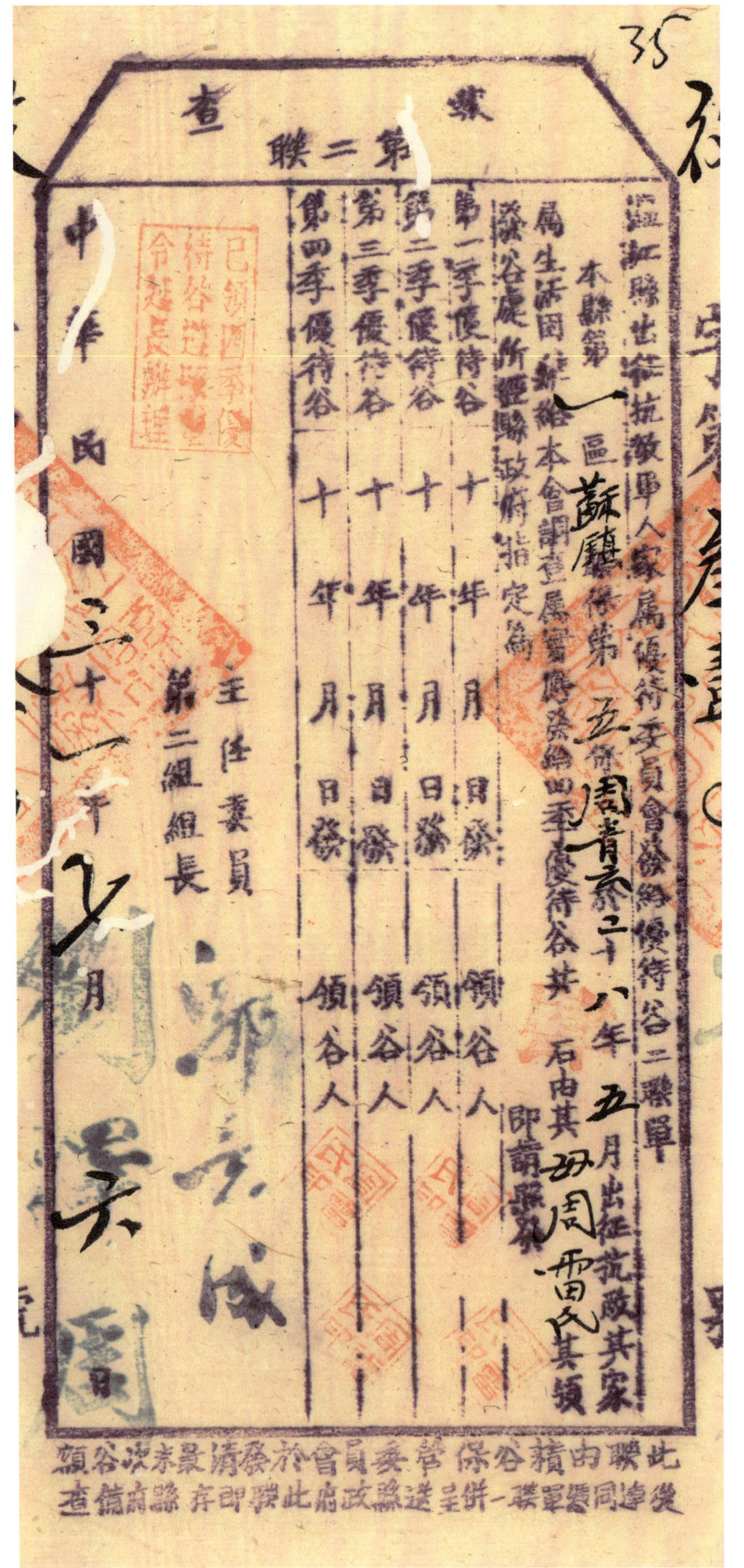

第一区苏镇联保第五保侯王氏优待谷二联单（一九四二年八月二十八日）

第二联

報查

溫江縣出征抗敵軍人家屬優待委員會發給優待谷二聯單

本縣第一區蘇坡聯保第五保侯國安於三十年四月出征抗敵其家屬生活困難給本會調查屬實應發給四季優待谷共計石由其妻侯王氏其領發谷處所經縣政府指定為　即請照發

第一季優待谷　十　年　月　日發　領谷人

第二季優待谷　十　年　月　日發　領谷人

第三季優待谷　十　年　月　日發　領谷人

第四季優待谷　十　年　月　日發　領谷人

卅一年度優待谷奉令全部暫發四斗五升

主任委員

第二組組長

中華民國三十一年八月廿八日

此聯由積谷保管委員會於發清最末次領谷後連同憑單聯一併呈送縣政府此聯即存縣府備查

第一区苏镇联保第六保何青云优待谷三联单（一九四一年四月二十日）

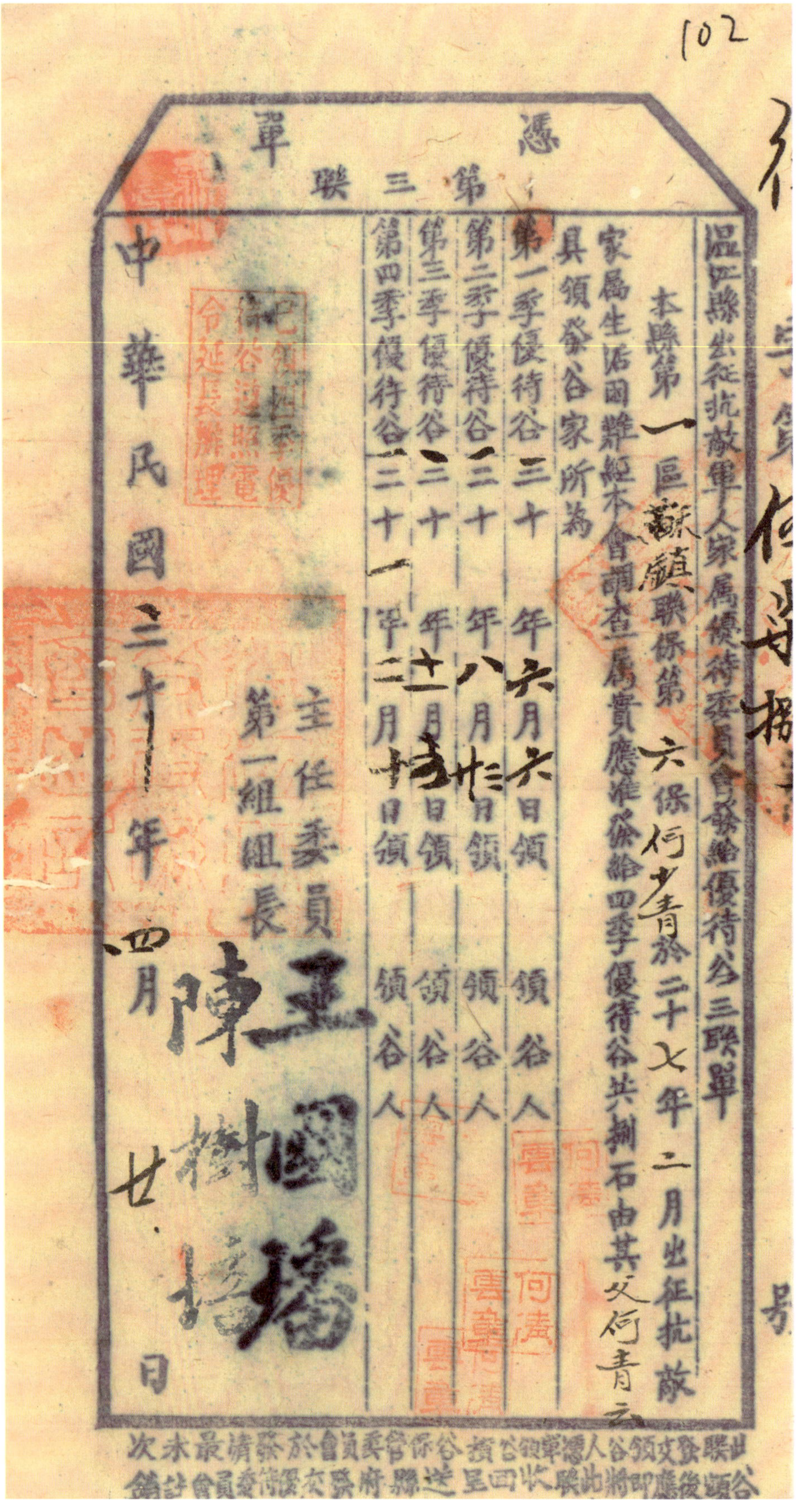

102

凭第三联单

温江县出征抗敌军人家属优待委员会发给优待谷三联单

本县第一区苏镇联保第六保何青云于二十七年二月出征抗敌家属生活困难经本会调查属实应准发给四季优待谷共捌石由其父何青云县领发谷家所为

第一季优待谷三十年六月六日领　领谷人

第二季优待谷三十年八月廿三日领　领谷人

第三季优待谷三十年十一月[illegible]日领　领谷人

第四季优待谷三十一年二月十[illegible]日领　领谷人

已领四季优待谷遵照电令延长办理

主任委员 王國樯

第一组组长 陳樹培

中华民国三十年四月廿日

此联发交领谷人凭领谷保管委员会于发清最末次谷须后即将此联收回呈送县府发交优待委员会计销

第一区苏镇联保第六保周雷氏优待谷三联单（一九四一年七月六日）

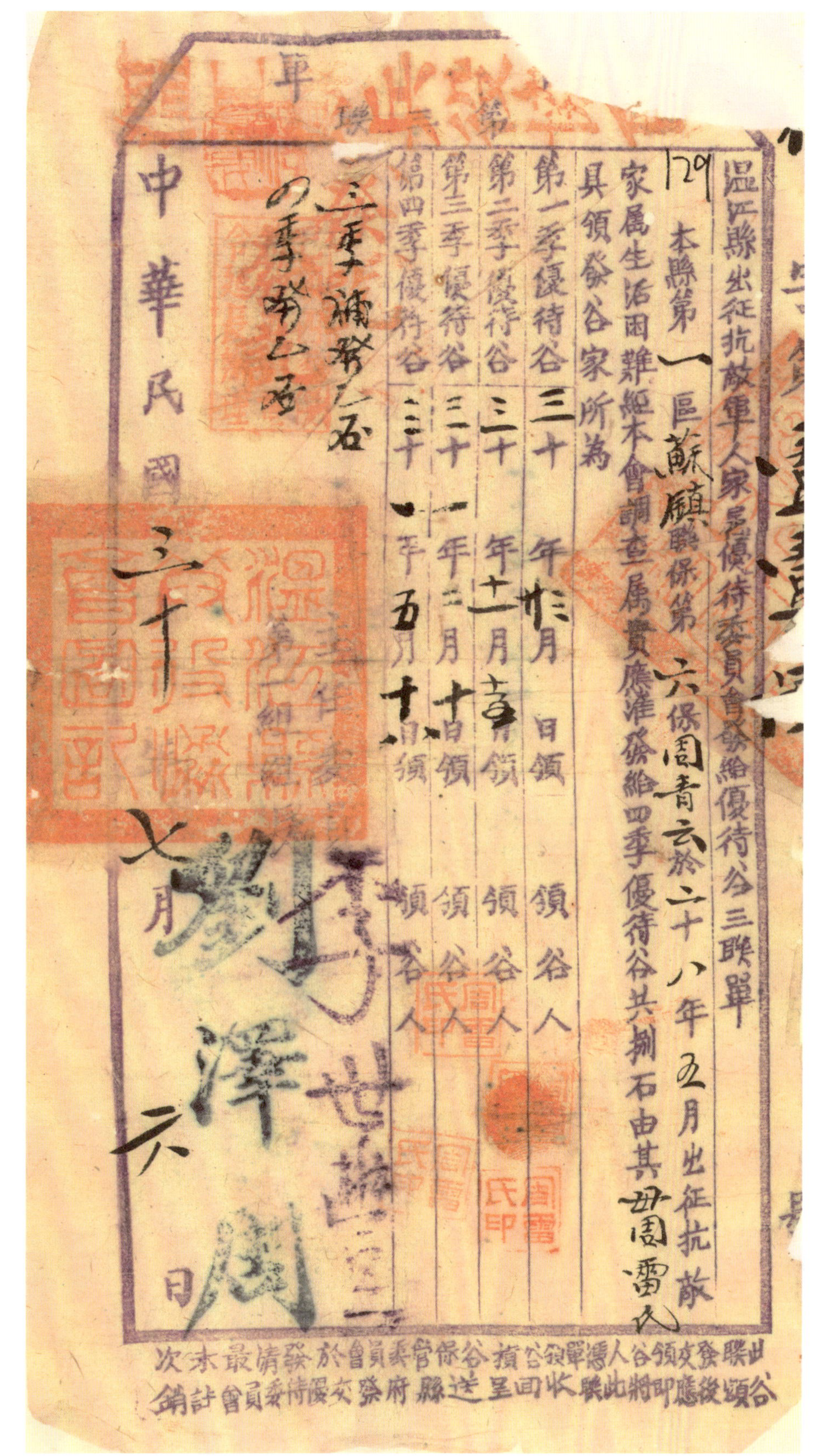
第三聯

溫江縣出征抗敵軍人家屬優待委員會發給優待谷三聯單

129

本縣第一區蘇鎮聯保第六保周青云於二十八年五月出征抗敵家屬生活困難經本會調查屬實應准發給四季優待谷共捌石由其母周雷氏具領發谷家所為

第一季優待谷三十年　月　日領　領谷人

第二季優待谷三十年十二月二十二日領　領谷人

第三季優待谷三十一年二月十日領　領谷人

第四季優待谷三十一年五月十日領　領谷人

三季補發二石

四季發二石

中華民國三十年七月六日

此聯發交領谷人憑單發谷積谷保會委員會於發清最末次谷領後應即將此聯收回呈送縣府發交優待委員會註銷

第一区苏镇联保第六保周洁君优待谷二联单（一九四一年七月三十一日）

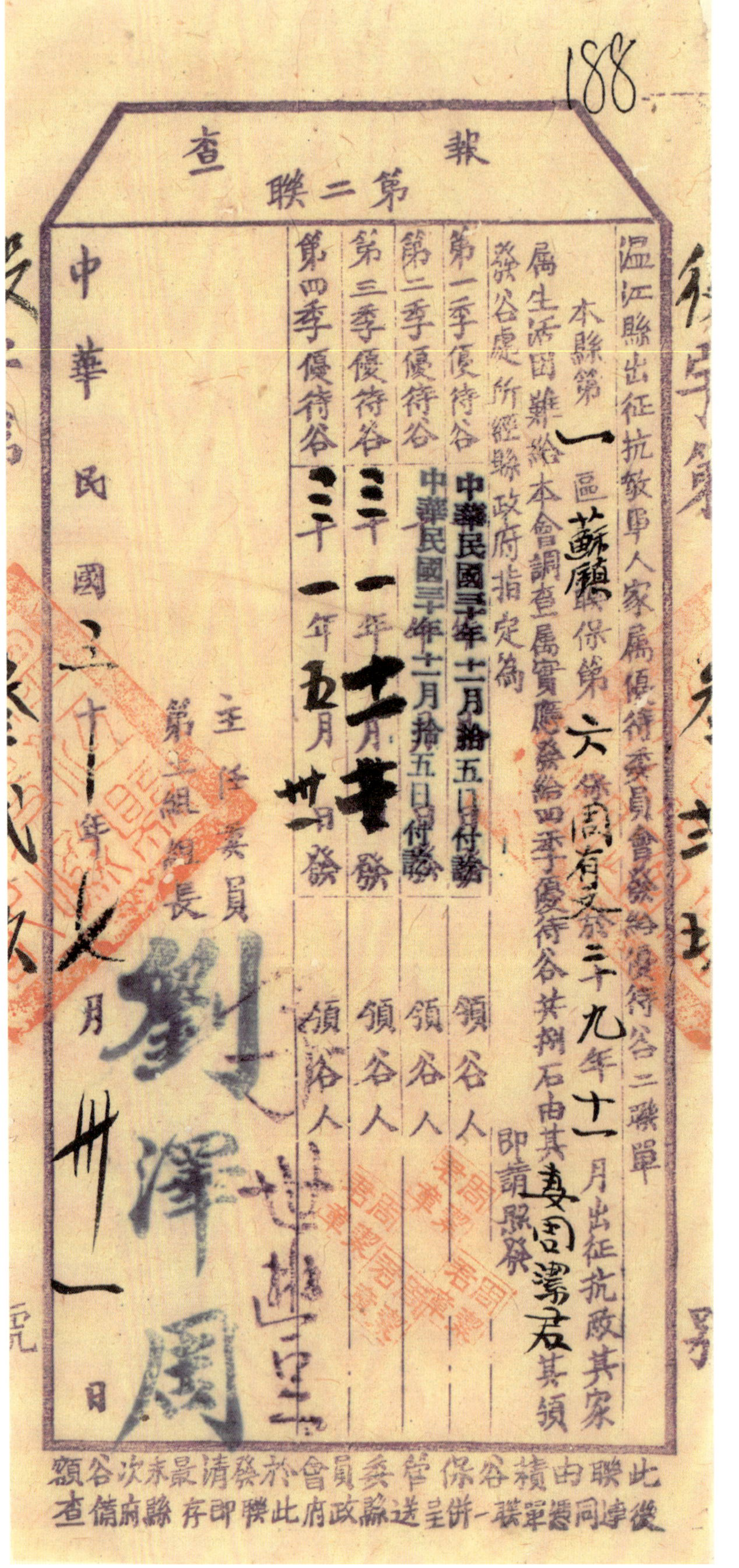

報查

第二聯

溫江縣出征抗敵軍人家屬優待委員會發給優待谷二聯單

本縣第一區蘇鎮聯保第六保周有文於二十九年十二月出征抗敵其家屬生活困難經本會調查屬實應發給四季優待谷共捌石由其妻周潔君其領發谷處所經縣政府指定為　　即請照發

第一季優待谷	中華民國三十年十一月拾五日付訖	領谷人
第二季優待谷	中華民國三十年十一月拾五日付訖	領谷人
第三季優待谷	三十一年十一月廿五日發	領谷人
第四季優待谷	三十一年五月卅日發	領谷人

主任委員　劉澤闓

第三組組長

中華民國三十年七月卅一日

此聯由積谷保管委員會於發清最末次谷額後連同憑單聯一併呈送縣政府此聯即存縣府備查

第一区苏镇联保第六保何青云优待谷二联单（一九四二年四月二十日）

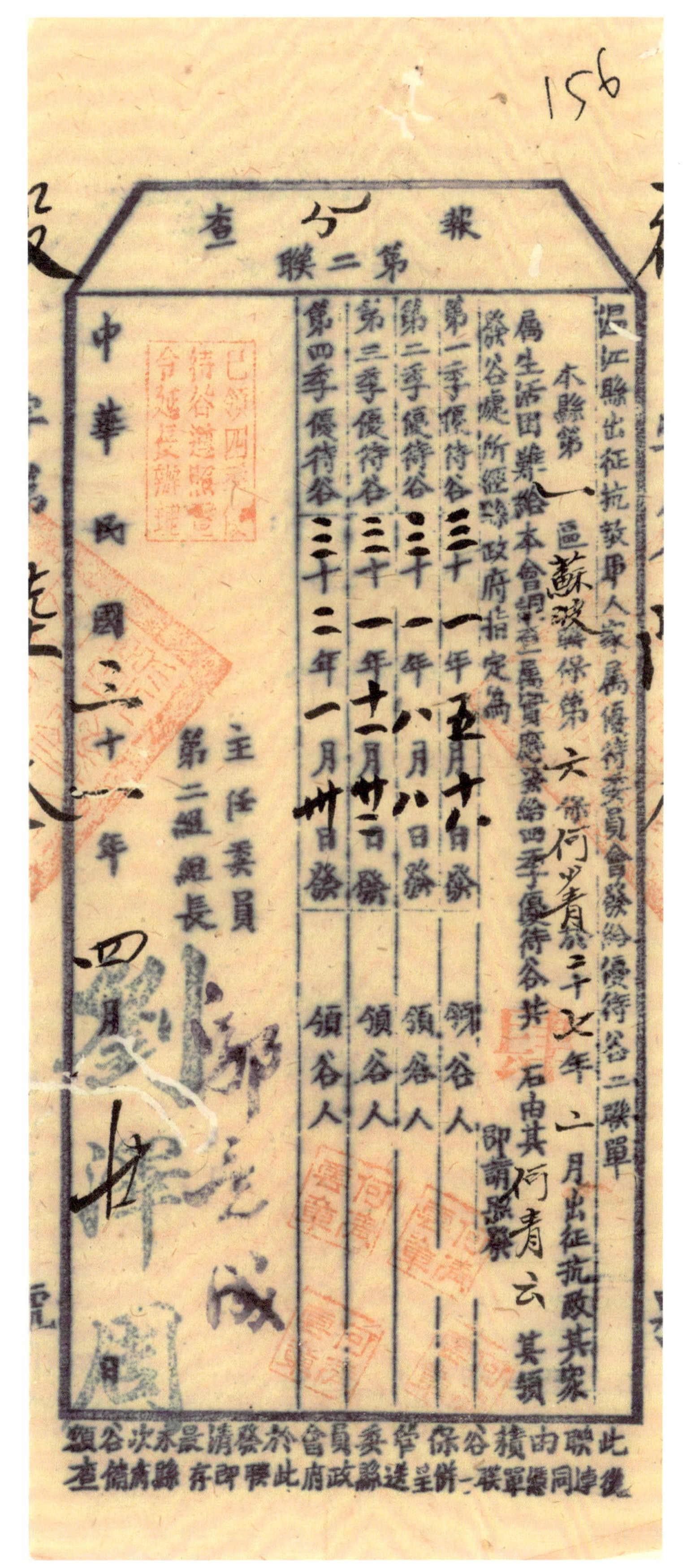

第一区苏镇联保第六保薛李氏优待谷二联单（一九四二年七月六日）

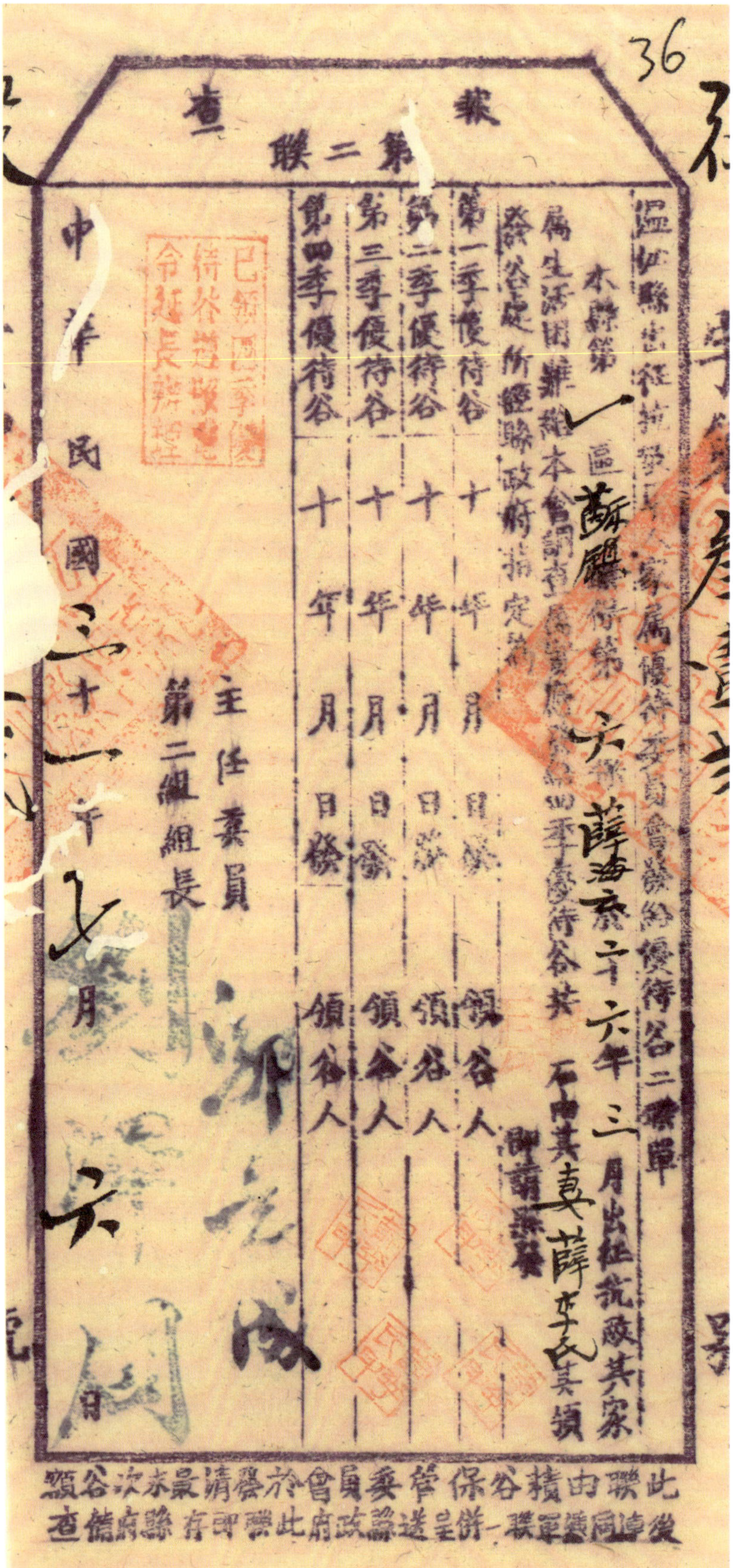

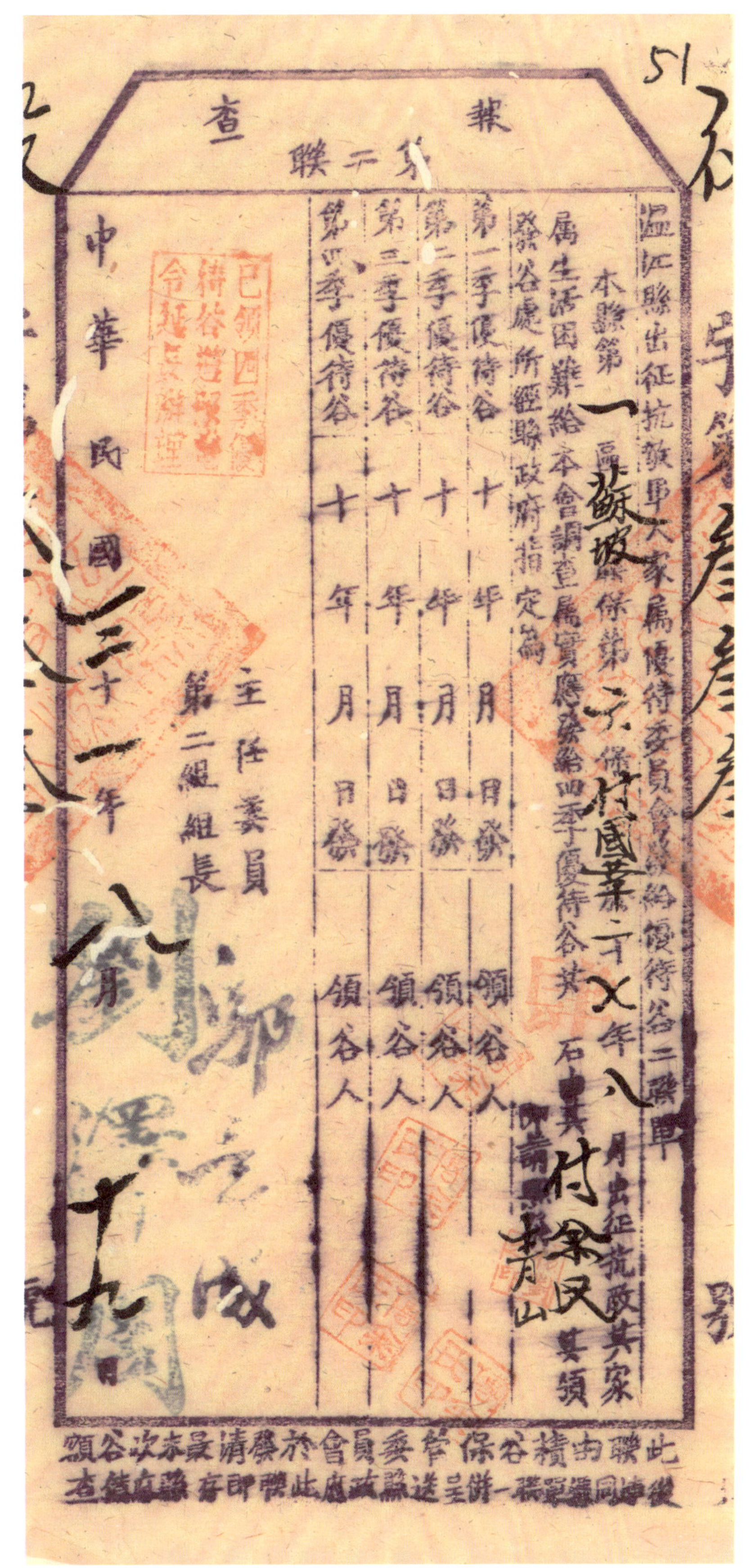

查　報

第二聯

温江縣出征抗敵軍人家屬優待委員會發給優待谷二聯單

本縣第一區蘇坡鄉保第六保付國葉於三十x年八月出征抗敵其家屬生活困難給本會調查屬實應發給四季優待谷共　石　斗其付青山

發谷處所經縣政府指定爲

第一季優待谷　十　年　月　日發　領谷人

第二季優待谷　十　年　月　日發　領谷人

第三季優待谷　十　年　月　日發　領谷人

第四季優待谷　十　年　月　日發　領谷人

已領四季優待谷

主任委員

第二組組長

中華民國三十一年八月十九日

此聯由積谷保管委員會於發清錄本次領谷後由同鄉聯保一併呈送縣政府此聯即存查

第一区苏镇联保第六保付青山优待谷二联单（一九四二年八月十九日）

第一区苏镇联保第七保薛李氏优待谷三联单（一九四一年六月二日）

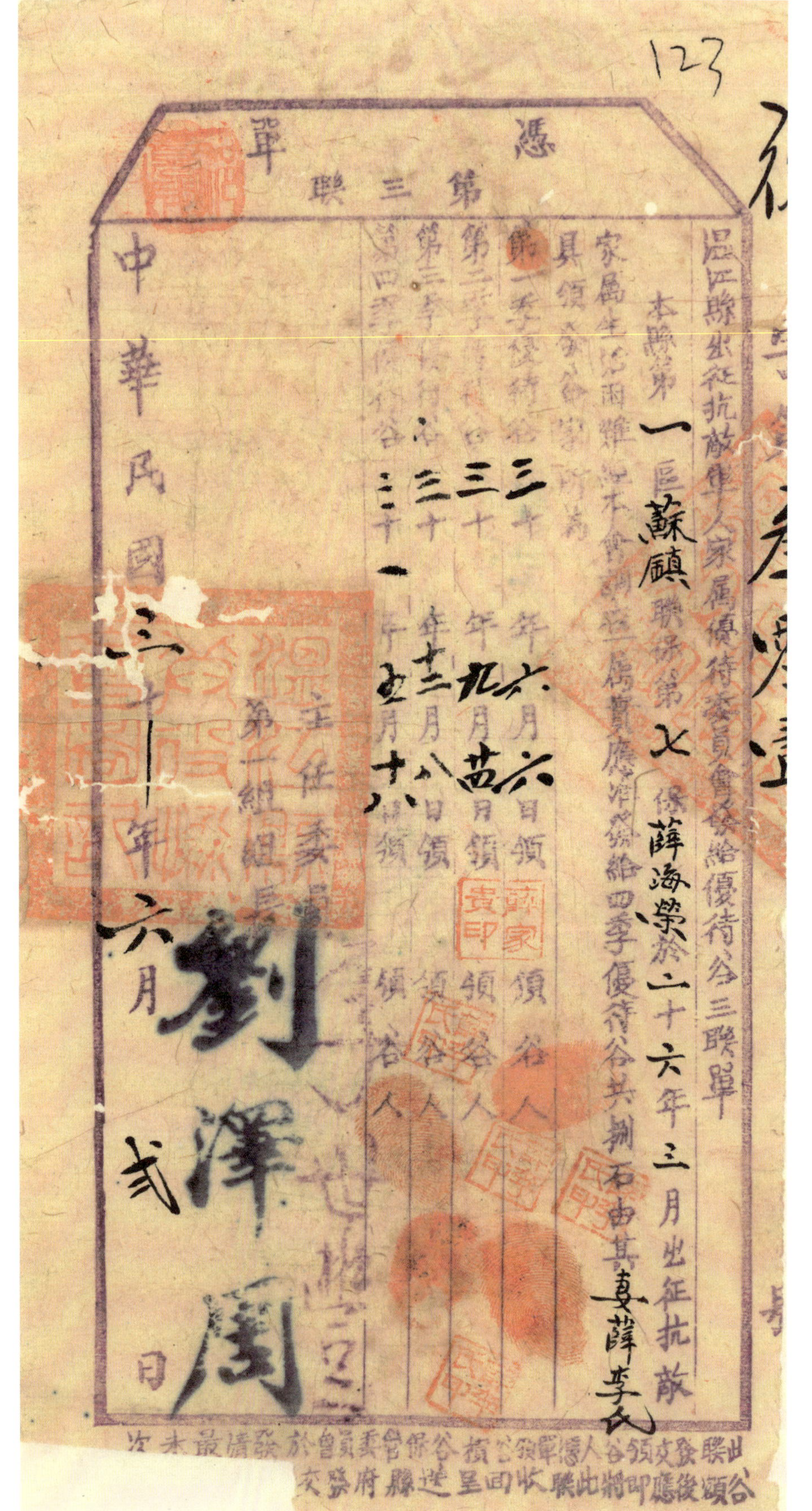

第一区苏镇联保第七保薛海云优待谷二联单（一九四一年十一月四日）

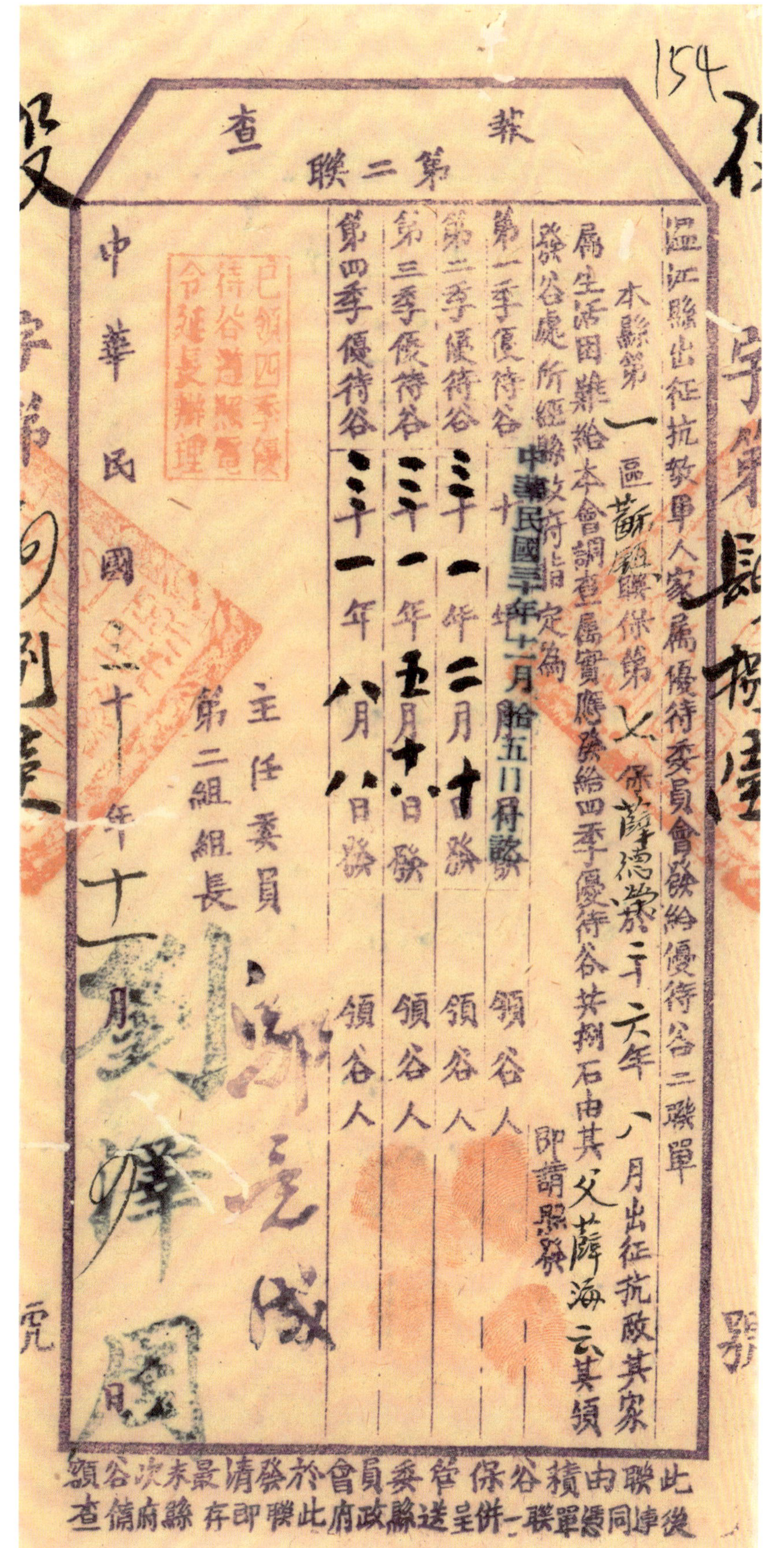

報查

第二聯

溫江縣出征抗敵軍人家屬優待委員會發給優待谷二聯單

本縣第一區蘇鎮聯保第七保薛德榮於二十六年八月出征抗敵其家屬生活困難經本會調查屬實應發給四季優待谷共捌石由其父薛海云具領

發谷處所經縣政府指定為　　即請照發

第一季優待谷　三十年　月　日發　領谷人

中華民國三十年十一月拾五日發訖

第二季優待谷　三十一年二月十日發　領谷人

第三季優待谷　三十一年五月十八日發　領谷人

第四季優待谷　三十一年八月八日發　領谷人

已領四季優待谷遵照省令延長辦理

主任委員

第二組組長

中華民國三十年十一月　日

號

此聯由積谷保管委員會於發清最末次谷領後連同憑單聯一併呈送縣政府此聯即存縣府備查

第一区苏镇联保第七保卢海东优待谷三联单（一九四一年十一月四日）

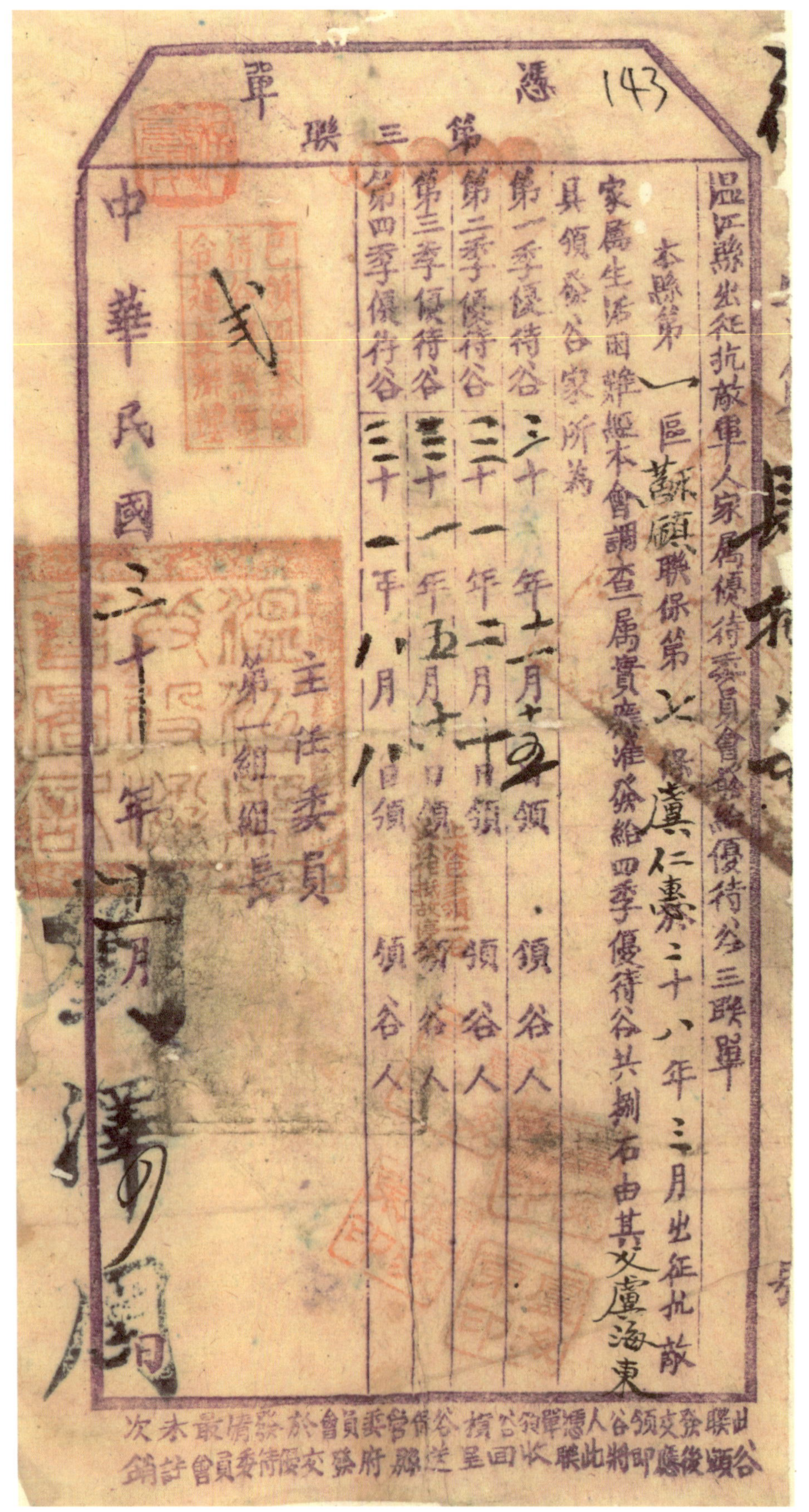
憑單　143

第三聯

溫江縣出征抗敵軍人家屬優待委員會發給優待谷三聯單

本縣第一區蘇鎮聯保第七保盧仁壽於二十八年三月出征抗敵家屬生活困難經本會調查屬實應准發給四季優待谷共捌石由其父盧海東具領發谷案所為

第一季優待谷	三十年十一月十四日領	領谷人
第二季優待谷	三十一年二月十日領	領谷人
第三季優待谷	三十一年五月十日領	領谷人
第四季優待谷	三十一年八月八日領	領谷人

中華民國三十年十一月四日

主任委員

第一組組長

此聯發交領谷人憑單領谷據谷保管委員會於發清最末次

谷領後應即將此聯收回呈送縣府發交優待委員會註銷

第一区苏镇联保第七保李杨氏优待谷三联单（一九四一年十一月四日）

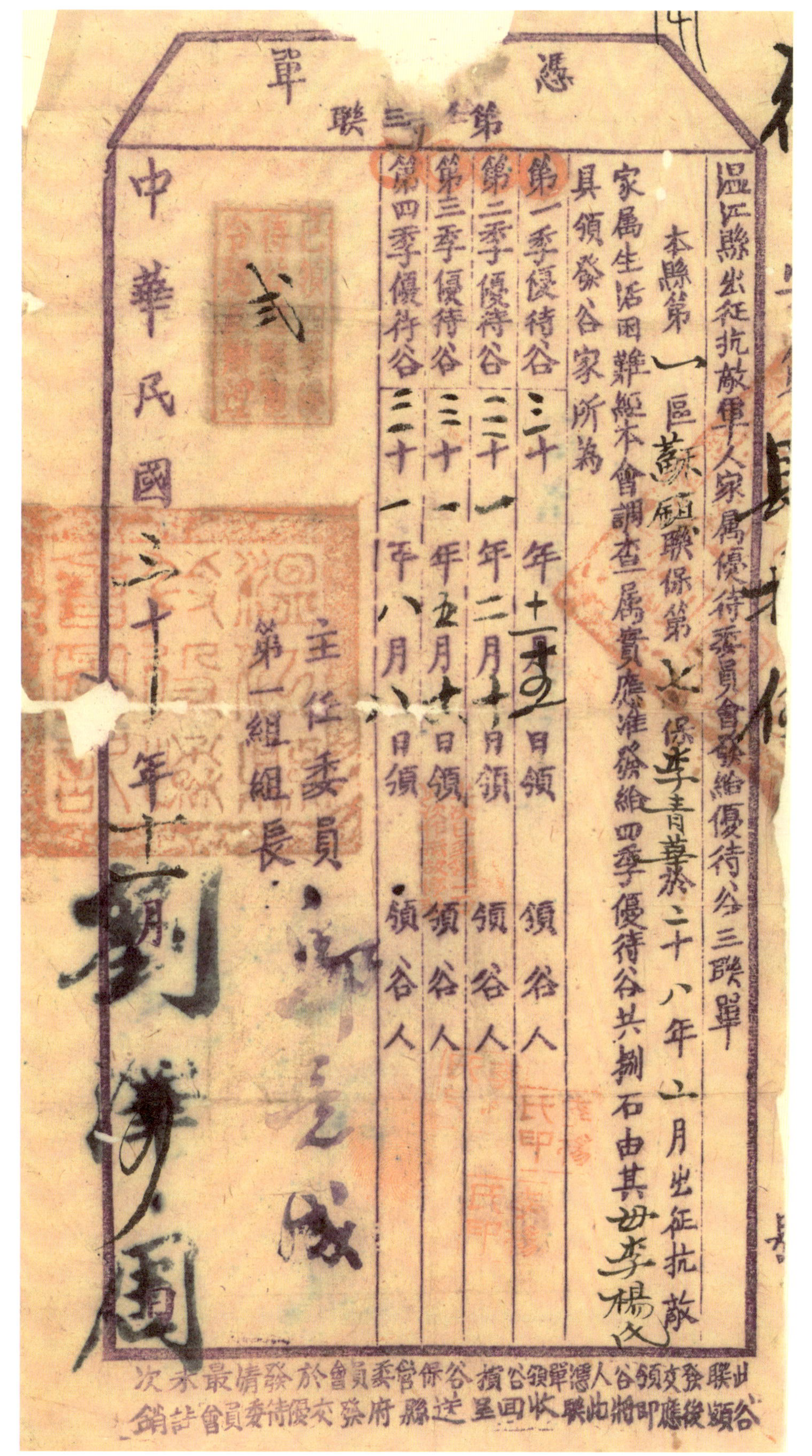
凴單

第三聯

温江縣出征抗敵軍人家屬優待委員會發給優待谷三聯單

本縣第一區蘇鎮聯保第七保李青華於二十八年二月出征抗敵家屬生活困難經本會調查屬實應准發給四季優待谷共捌石由其母李楊氏具領發谷家所為

第一季優待谷 三十年十二月十五日領 領谷人

第二季優待谷 三十一年二月十日領 領谷人

第三季優待谷 三十一年五月十六日領 領谷人

第四季優待谷 三十一年八月八日領 領谷人

中華民國三十年十一月

主任委員

第一組組長

此聯發交領谷人憑單領谷擔保優待委員會於發清最末次谷領後應即將此聯收回呈送縣府發交優待委員會註銷

第一区苏镇联保第七保张金山优待谷二联单（一九四二年七月二十一日）

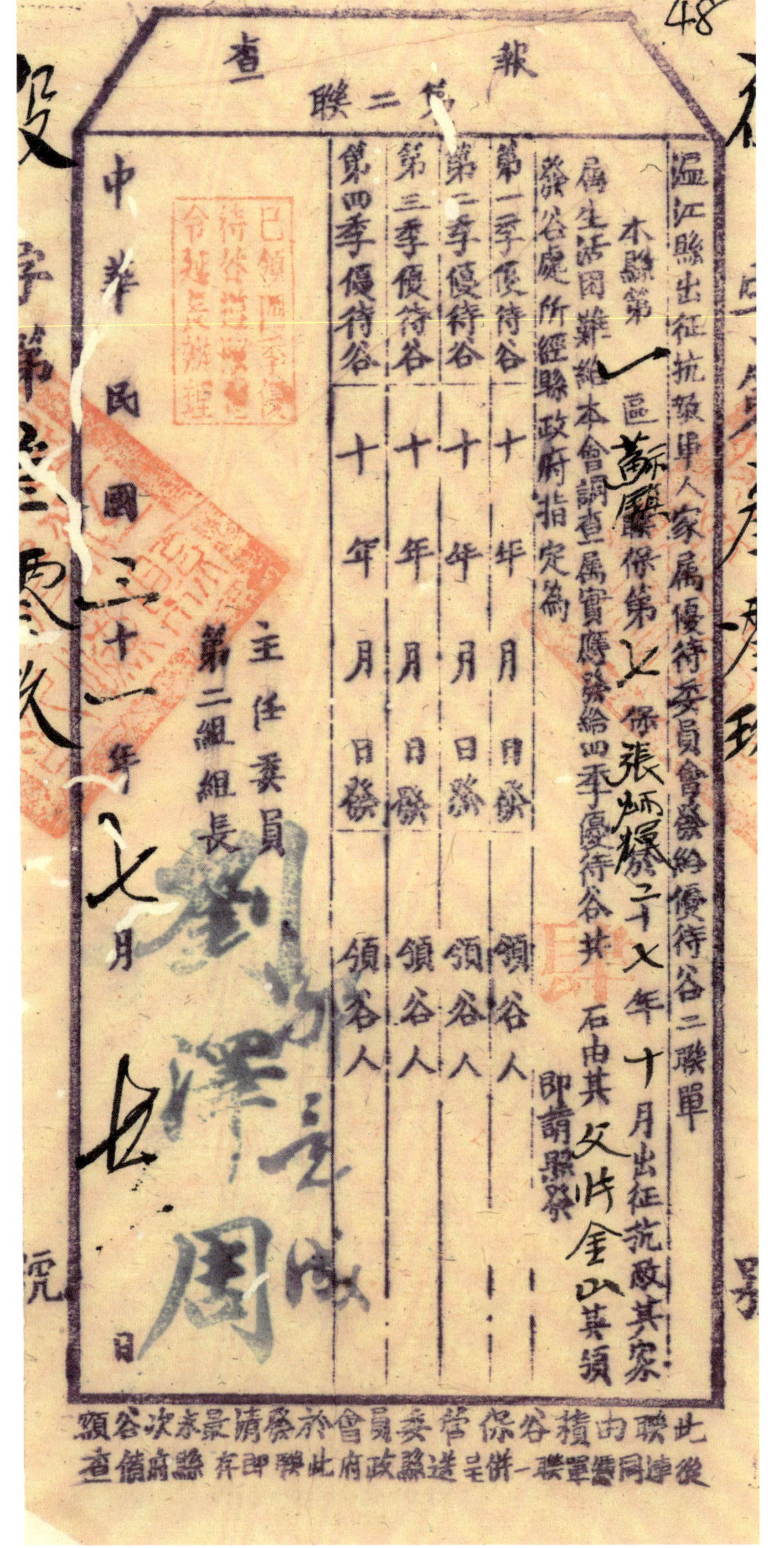
報查
第二聯
溫江縣出征抗敵軍人家屬優待委員會發給優待谷二聯單
本縣第一區蘇鎮聯保第七保張炳櫟於二十六年十月出征抗敵其家屬生活困難經本會調查屬實應發給四季優待谷共　石由其父張金山具領
發谷處所經縣政府指定爲　即請照發
第一季優待谷　十　年　月　日發　領谷人
第二季優待谷　十　年　月　日發　領谷人
第三季優待谷　十　年　月　日發　領谷人
第四季優待谷　十　年　月　日發　領谷人
主任委員
第二組組長
中華民國三十一年七月　日
此聯由積谷保管委員會於發清最末次谷額後連同當單聯一併呈送縣政府此聯即存縣府備查

第一区苏镇联保第七保王青云优待谷二联单（一九四二年七月二十八日）

查 裝

第二聯

溫江縣出征抗敵軍人家屬優待委員會發給優待谷二聯單

本縣第一區蘇鎮聯保第七保王　　係於二七年六月出征抗敵其家屬生活困難給本會調查屬實應發給四季優待谷共　石由其父王青云　　具領即請照發

發谷處所經縣政府指定為

第一季優待谷　　年　月　日發　　領谷人

第二季優待谷　　年　月　日發　　領谷人

第三季優待谷　　年　月　日發　　領谷人

第四季優待谷　　年　月　日發　　領谷人

已領四季優待谷遵照電令延長辦理

主任委員

第二組組長

中華民國三十一年七月廿八日

此聯由領谷人領谷時繳存發放處與員會會同清明報會一併送縣政府以便查核　谷次年領

第一区苏镇联保第七保李杨氏优待谷二联单（一九四二年十一月四日）

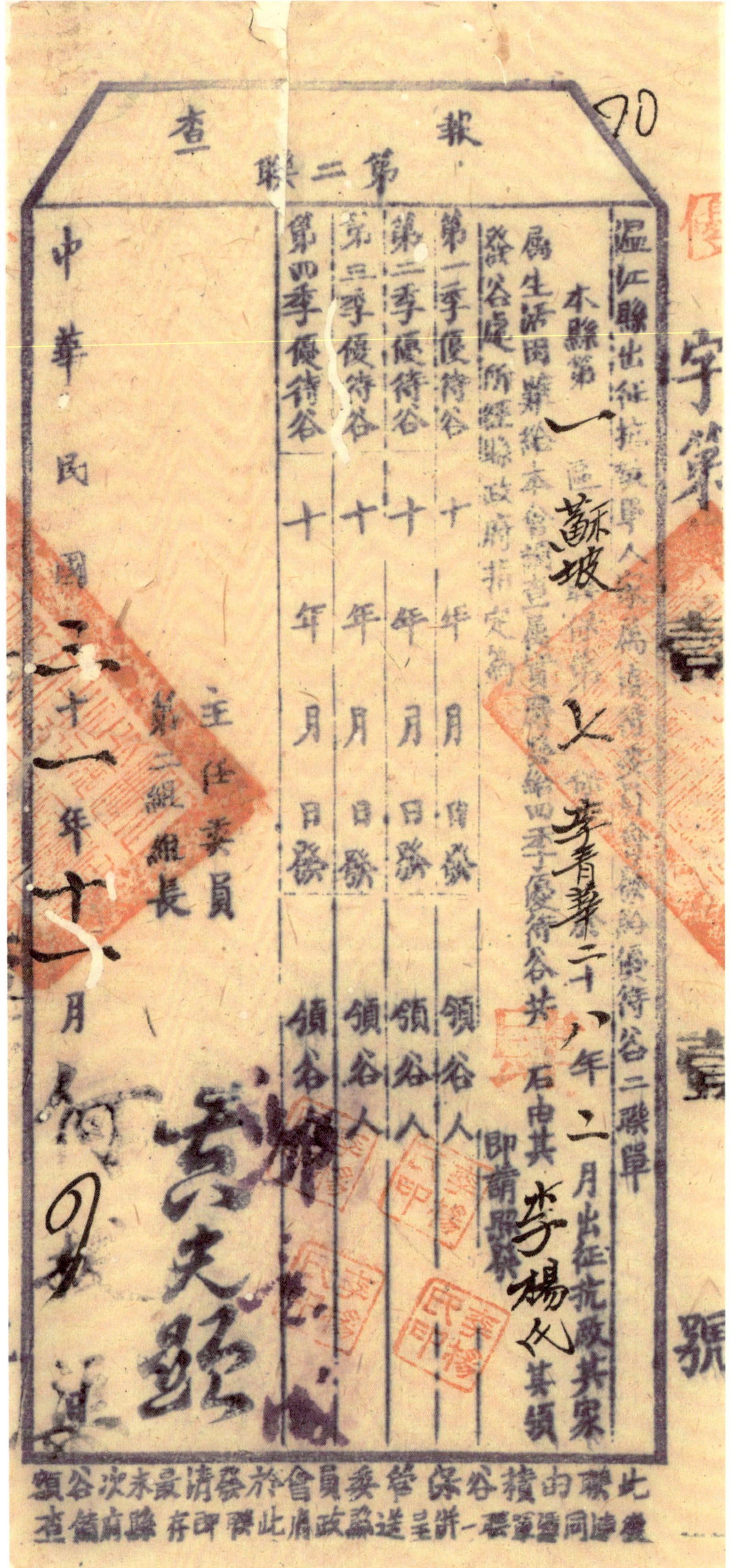
报 查

第二联

温江縣出征抗敵軍人家屬優待穀二聯單

本縣第 一 區 蘇坡 [illegible] 上 [illegible] 李青華 二十八年 二 月出征抗敵，其家屬生活困難，經本會調查屬實，[illegible]四季優待穀共 石，由其 李楊氏 具領，發穀處所經縣政府指定為[illegible]，即請照發。

第一季優待穀 十 年 月 日發 領穀人

第二季優待穀 十 年 月 日發 領穀人

第三季優待穀 十 年 月 日發 領穀人

第四季優待穀 十 年 月 日發 領穀人

主任委員

第二組組長

中華民國 三十一 年 十一 月 四 日

此聯由積穀保管委員會於發清最末次穀領後連同[illegible]一併呈送縣政府，此聯即存縣府備查

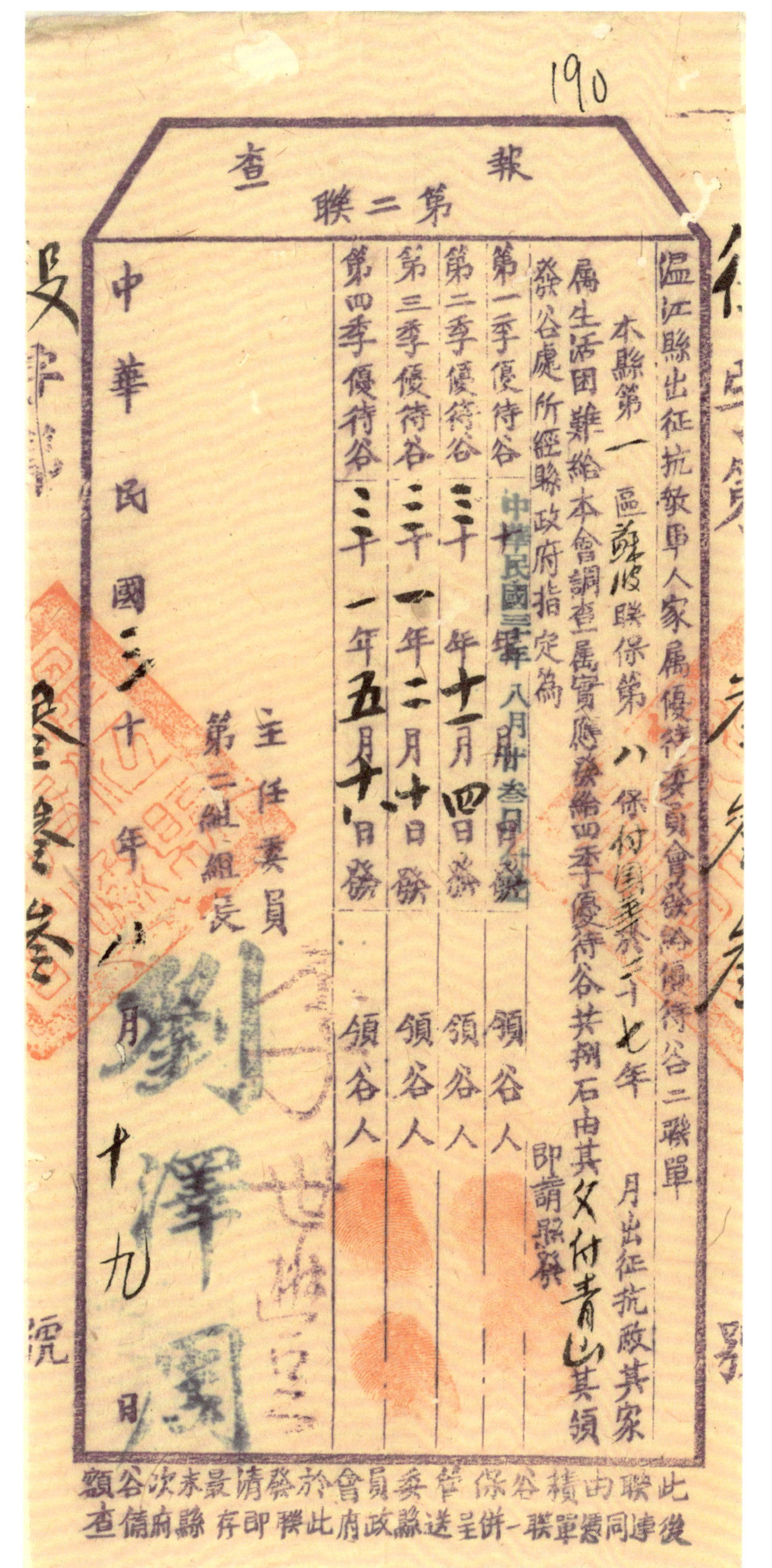

190

報查

第二聯

温江縣出征抗敵軍人家屬優待委員會發給優待谷二聯單

本縣第一區蘇坡聯保第八保付国幸於二十七年　月出征抗敵其家屬生活困難給本會調查屬實應發給四季優待谷共捌石由其父付青山具領

發谷處所經縣政府指定為　即請照發

第一季優待谷	中華民國三十年八月廿叁日發	領谷人
第二季優待谷	三十年十二月四日發	領谷人
第三季優待谷	三十一年二月十日發	領谷人
第四季優待谷	三十一年五月十八日發	領谷人

主任委員

第二組組長　劉澤圍

中華民國三十年八月十九日

此聯由積谷保管委員會於發清最末次谷額後連同憑單聯一併呈送縣政府此聯即存縣府備查

第一区苏镇联保第八保付青山优待谷二联单（一九四一年八月十九日）

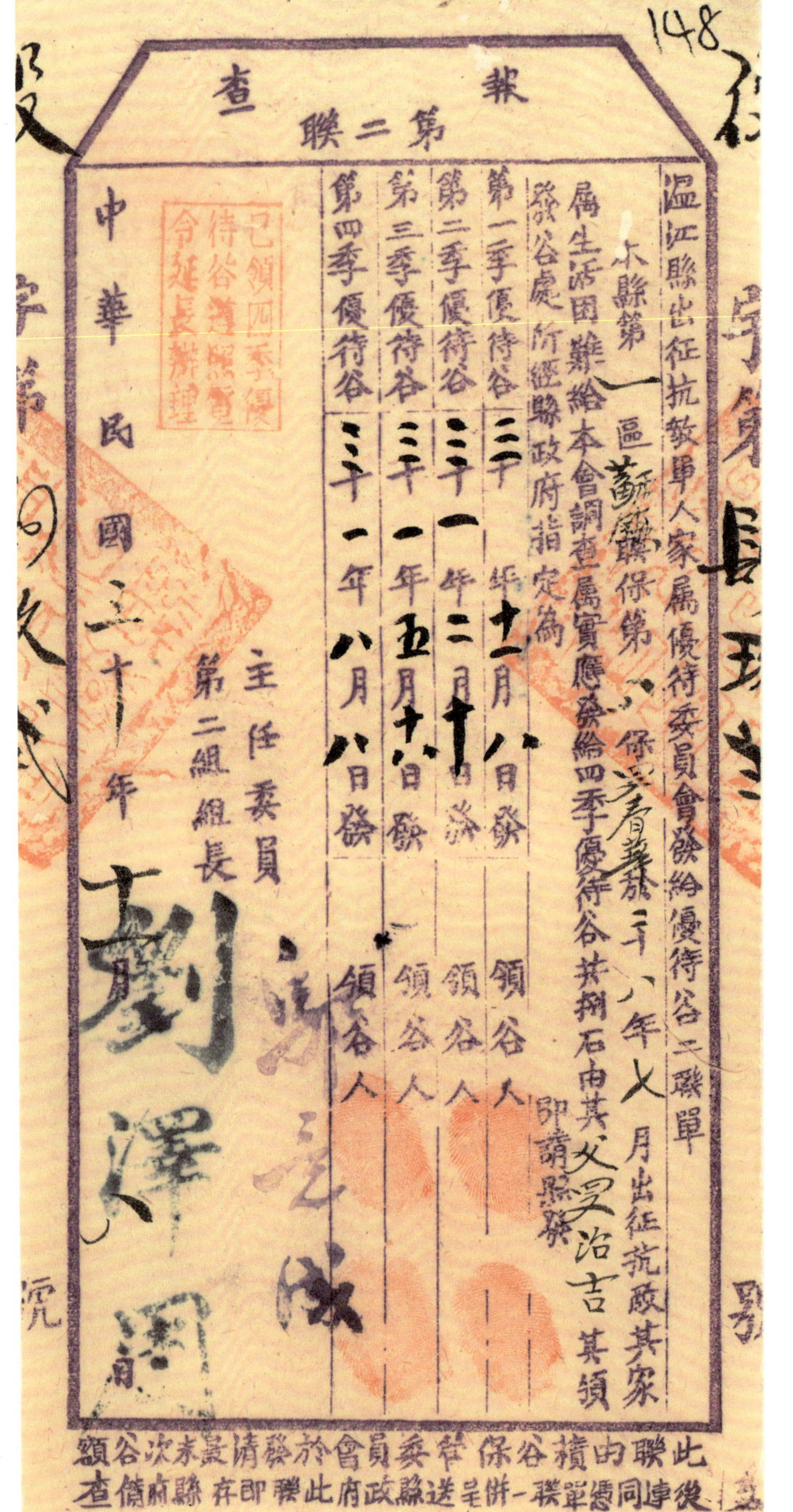

報查

第二聯

溫江縣出征抗敵軍人家屬優待委員會發給優待谷二聯單

本縣第一區蘇鎮聯保第八保羅看華於二十八年七月出征抗敵其家屬生活困難給本會調查屬實應發給四季優待谷共捌石由其父羅治吉其領發谷處所經縣政府指定為印請照發

第一季優待谷	三十年十一月八日發	領谷人
第二季優待谷	三十一年二月十日發	領谷人
第三季優待谷	三十一年五月十六日發	領谷人
第四季優待谷	三十一年八月八日發	領谷人

已領四季優待谷遵照省令延長辦理

中華民國三十一年

主任委員 劉澤

第二組組長

此聯由積谷保管委員會於發清最末次谷額後連同憑單一併呈送縣政府此聯即存縣府備查

第一区苏镇联保第八保罗治吉优待谷二联单（一九四一年十一月八日）

第一区苏镇联保第九保陈顺安优待谷二联单（一九四二年七月六日）

查 核

第二联

温江县出征抗敌军人家属优待委员会发给优待谷二联单

本县第一区苏镇第九保陈少武于二十七年五月出征抗敌，其家属生活困难，给本会调查属实，应发给四季优待谷共　石，由其父陈顺安具领发谷，处所经县政府指定，即请照发。

第一季优待谷	十　年　月　日发	领谷人
第二季优待谷	十　年　月　日发	领谷人
第三季优待谷	十　年　月　日发	领谷人
第四季优待谷	十　年　月　日发	领谷人

已领四季优待谷，遵令送县长核查。

主任委员

第二组组长

中华民国三十一年七月六日

此联由积谷保管委员会于发清最末次谷额后，连同第一联呈送县政府，此联即存县府备查。

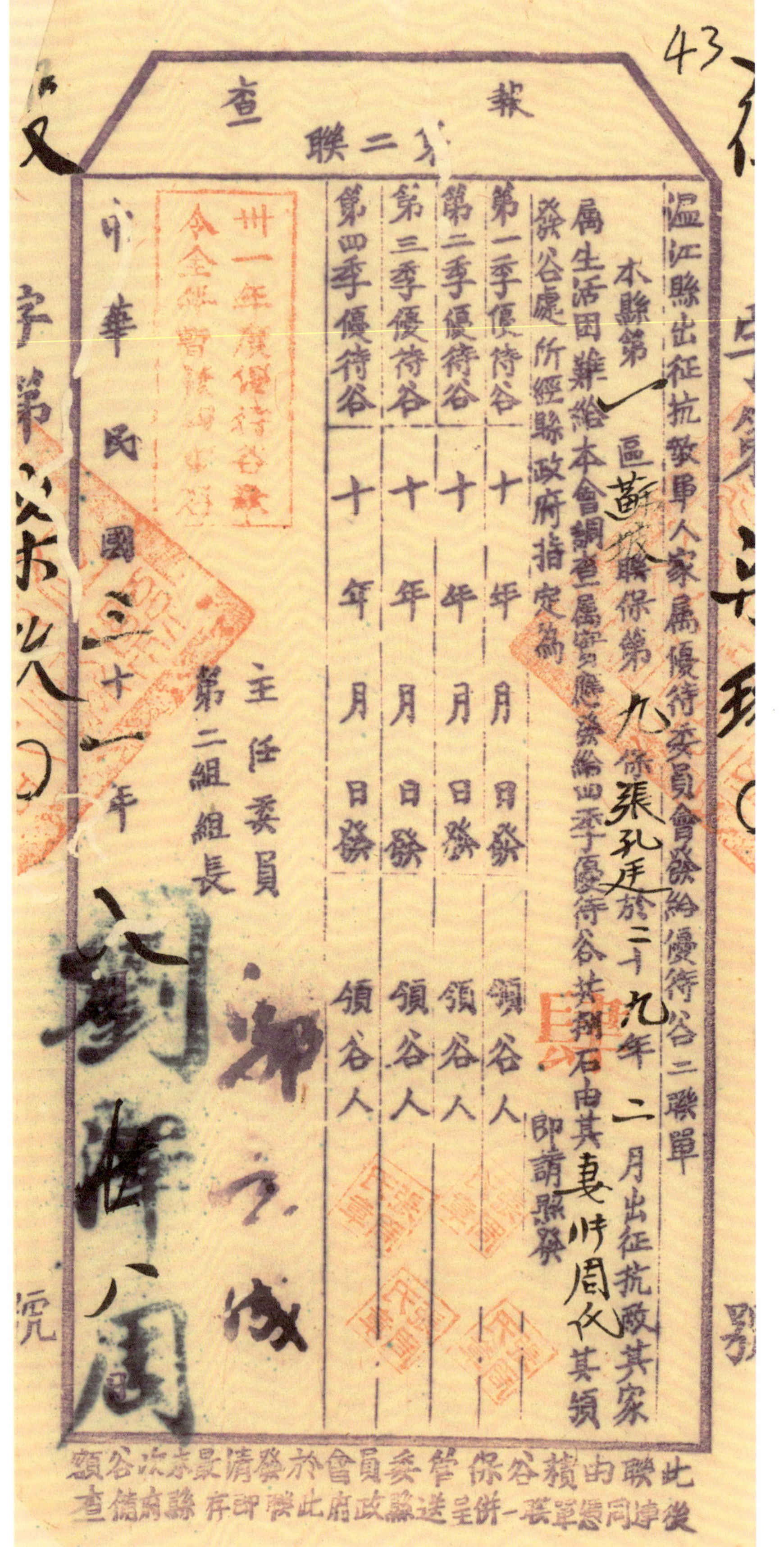

43

報查

第二聯

溫江縣出征抗敵軍人家屬優待委員會發給優待谷二聯單

本縣第 一 區 蘇鎮 聯保第 九 保張孔廷於二十九年 二 月出征抗敵其家屬生活困難給本會調查屬實應發給四季優待谷共 捌石由其妻 張周氏 其領發谷處所經縣政府指定為　　即請照發

第一季優待谷	十	年　月　日發		領谷人
第二季優待谷	十	年　月　日發		領谷人
第三季優待谷	十	年　月　日發		領谷人
第四季優待谷	十	年　月　日發		領谷人

卅一年度優待谷奉
令全部暫發[illegible]

主任委員

第二組組長

中華民國三十一年 八 月　日

此聯由積谷保管委員會於發清最末次谷額後連同優單聯一併呈送縣政府此聯印存縣府備查

第一区苏镇联保第九保张周氏优待谷二联单（一九四二年八月二十八日）

第一区苏镇联保第十保付义生优待谷二联单（一九四一年三月三十一日）

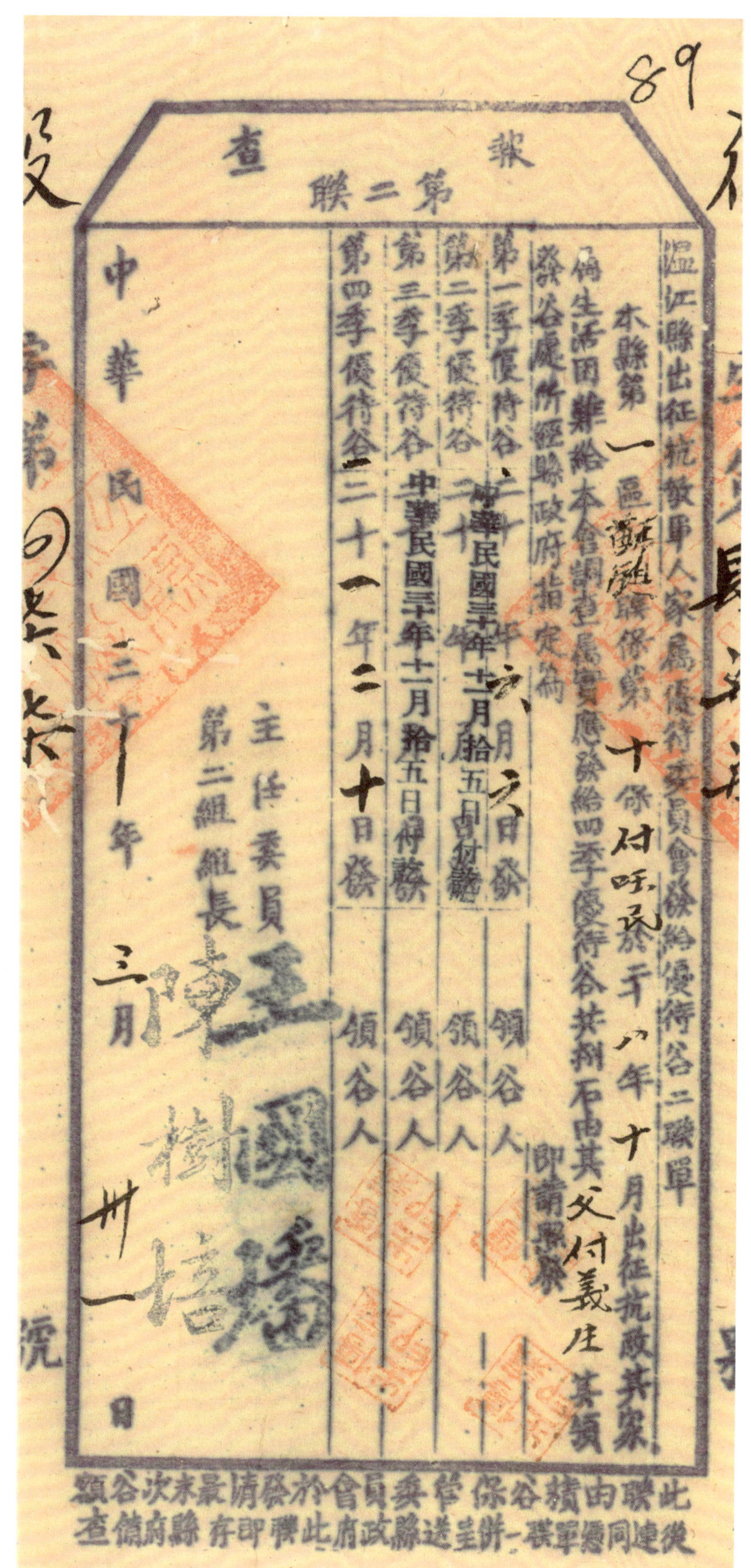

報查

第二聯

溫江縣出征抗敵軍人家屬優待委員會發給優待谷二聯單

本縣第一區蘇鎮聯保第十保付旺民於廿八年十月出征抗敵其家

屬生活困難給本會調查屬實應發給四季優待谷共計石由其父付義生具領

發谷處所經縣政府指定爲　　即請照發

第一季優待谷　　年　月六日發　　領谷人

第二季優待谷二十　中華民國三十年十二月拾五日已付發　　領谷人

第三季優待谷　中華民國三十年十一月拾五日已付發　　領谷人

第四季優待谷三十一年二月十日發　　領谷人

主任委員　王國樹

第二組組長　陳

中華民國三十年三月卅一日

此聯由積谷保管委員會於發清最末次領谷

後連同優軍聯一併呈送縣政府此聯即存縣府備查

第一区苏镇联保第十保付义生优待谷三联单（一九四一年三月三十一日）

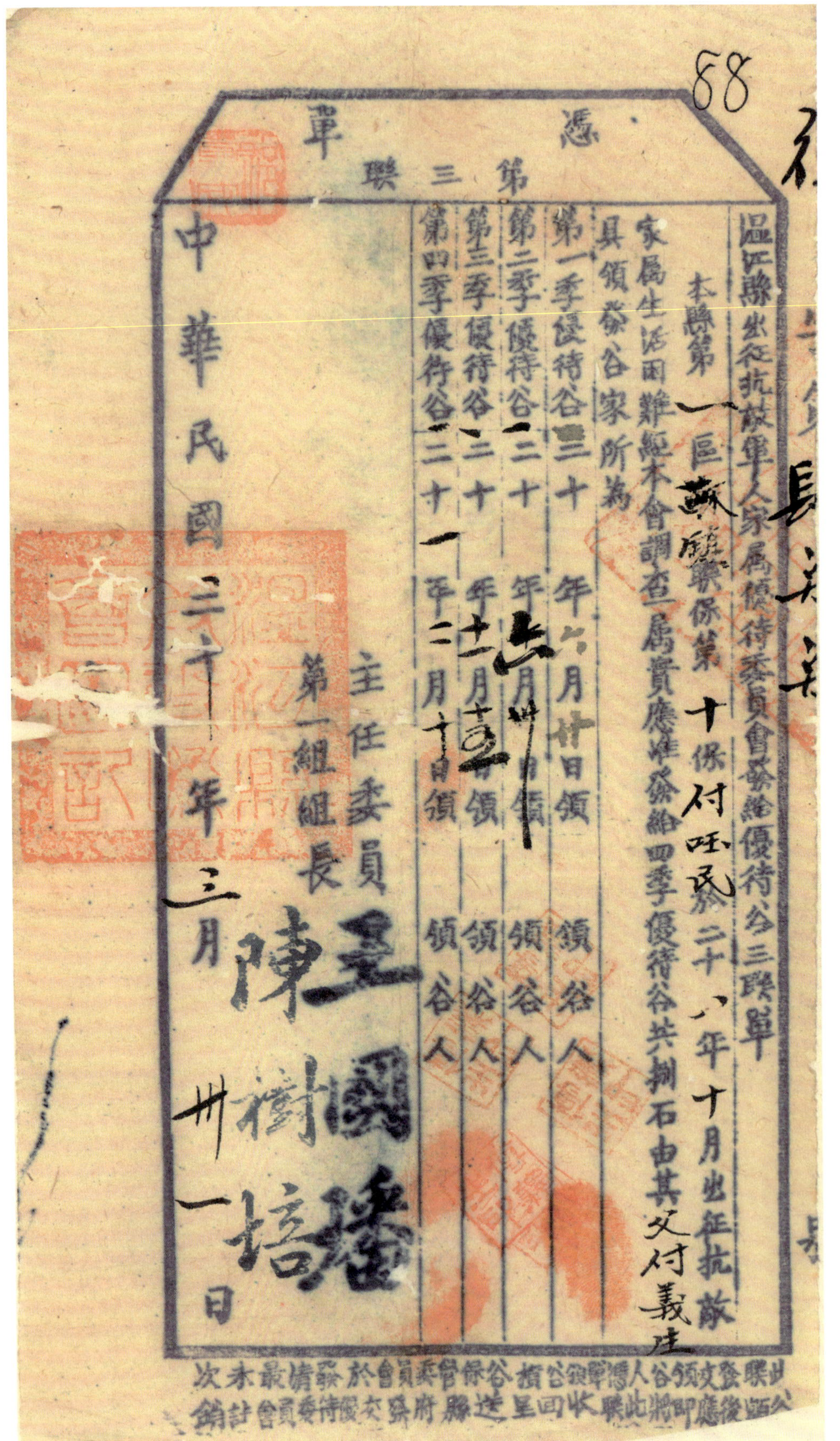

凭 第三联 单

温江县出征抗敌军人家属优待委员会发给优待谷三联单

本县第一区苏联联保第十保付旺民于二十八年十月出征抗敌家属生活困难经本会调查属实应准发给四季优待谷共捌石由其父付义生具领发谷家所为

第一季优待谷三十年六月廿日领　领谷人

第二季优待谷三十年　月　日领　领谷人

第三季优待谷三十年　月　日领　领谷人

第四季优待谷三十一年二月　日领　领谷人

主任委员 吴国藩

第一组组长 陈树培

中华民国三十年三月卅一日

此联发交领谷人凭单领谷积谷保管委员会于发清最末次公函后应即将此联收回呈送县府发交优待委员会注销

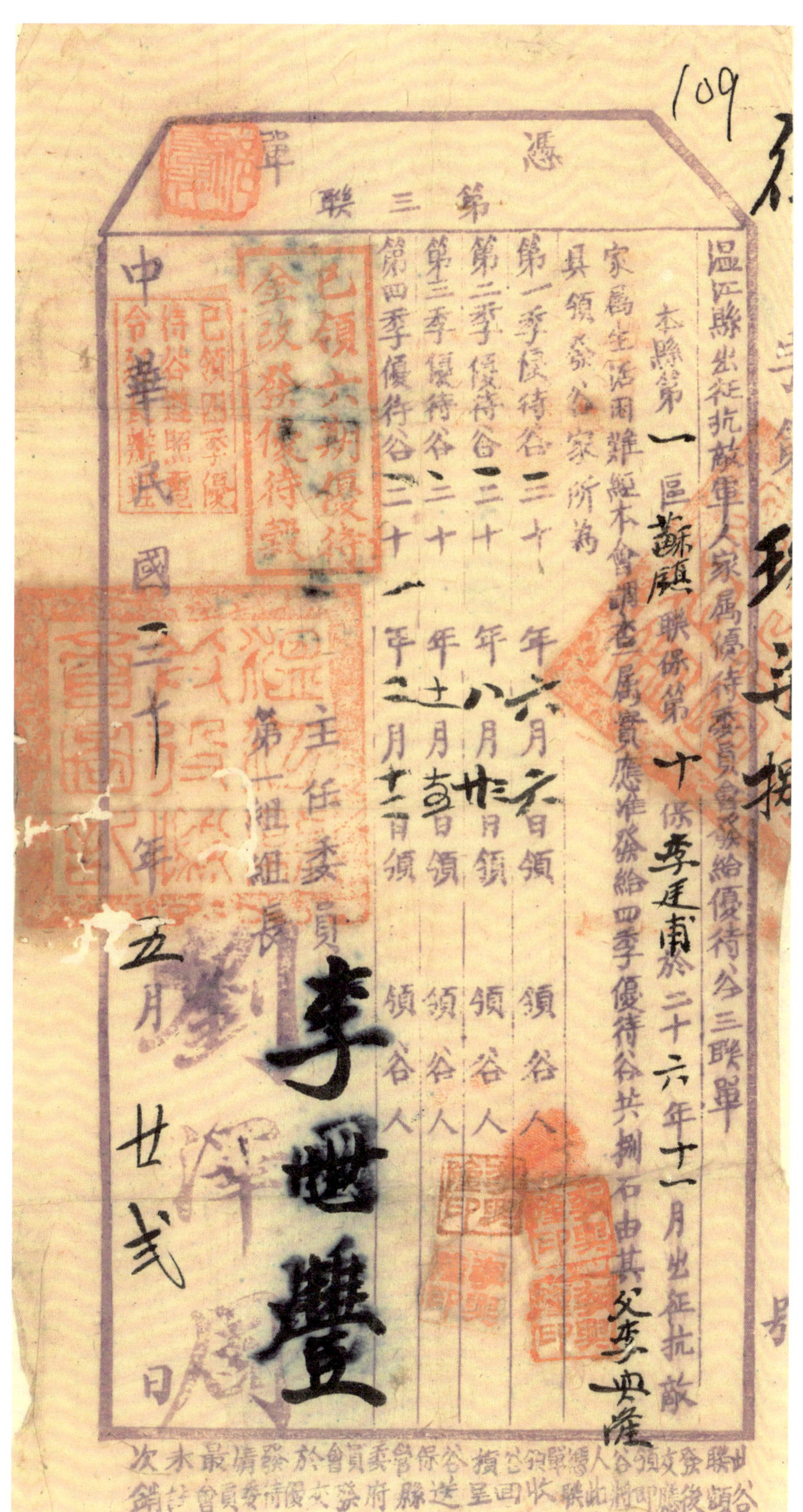
憑單

第三聯

温江縣出征抗敵軍人家屬優待委員會發給優待谷三聯單

本縣第一區蘇鎮聯保第十保李廷甫於二十六年十一月出征抗敵

家屬生活困難經本會調查屬實應准發給四季優待谷共捌石由其父李興隆

具領發谷家所爲

第一季優待谷三十、年六月六日領　領谷人

第二季優待谷三十年八月廿六日領　領谷人

第三季優待谷三十年十一月十四日領　領谷人

第四季優待谷三十一年二月十二日領　領谷人

已領六期優待全改發優待穀

已領四季優待谷證照繳

主任委員　李興豐

第一班班長

中華民國三十年五月廿弍日

此聯發交領谷人憑單領谷積谷保管委員會於發清最末次谷領後應即將此聯收回呈送縣府發交優待委員會註銷

第一区苏镇联保第十保李兴隆优待谷三联单（一九四一年五月二十二日）

第一区苏镇联保第十保陈顺安优待谷三联单（一九四一年七月十四日）

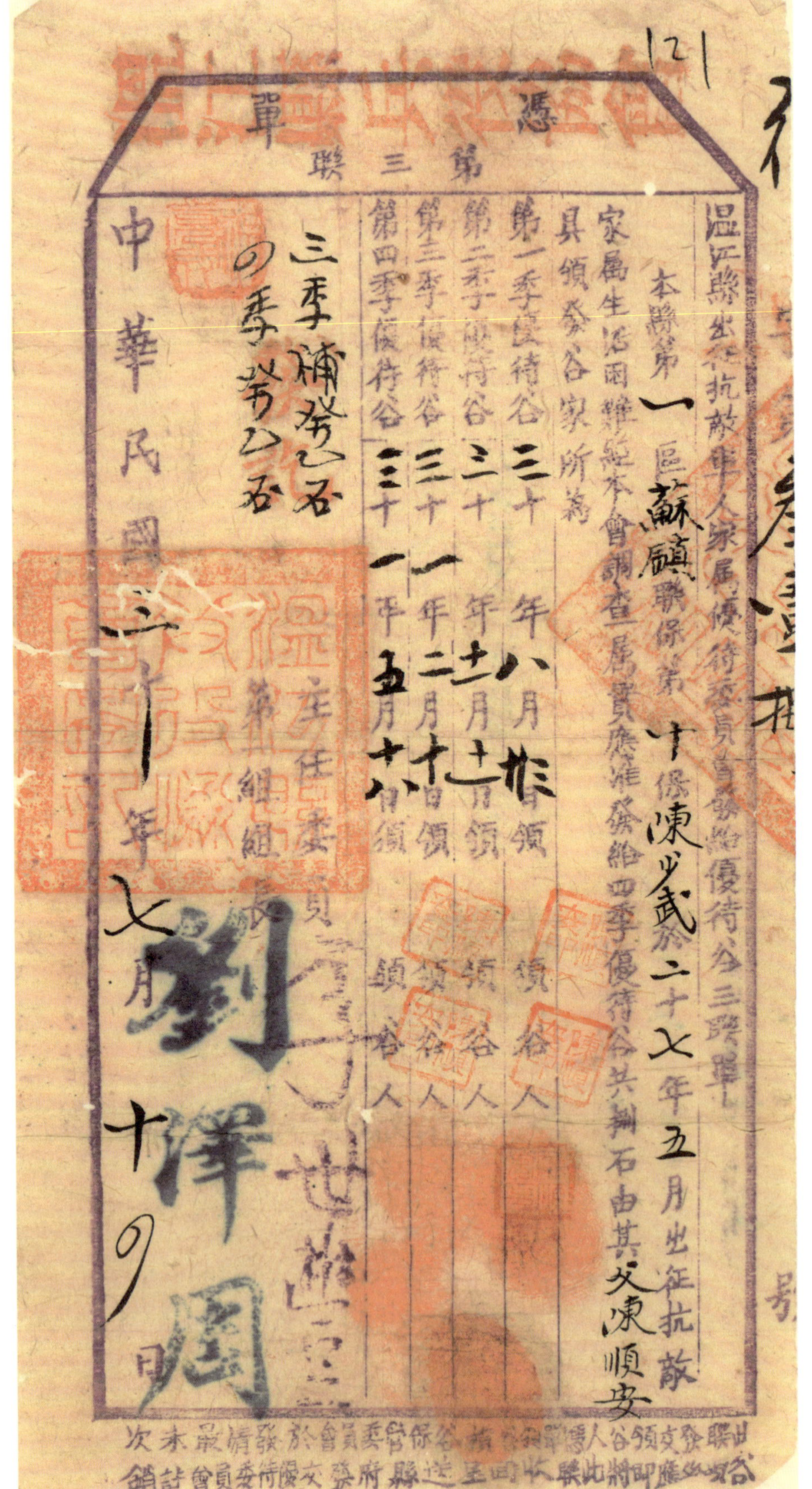
121

第三聯　憑單

温江縣出征抗敵軍人家屬優待委員會發給優待谷三聯單

本縣第一區蘇鎮聯保第十保陳少武於二十七年五月出征抗敵

家屬生活困難經本會調查屬實應准發給四季優待谷共　石由其父陳順安

具領發谷處所為

第一季優待谷三十年八月於　日領　領谷人

第二季優待谷三十一年二月十一日領　領谷人

第三季優待谷三十一年二月十一日領　領谷人

第四季優待谷三十一年五月十六日領　領谷人

三季補發乙石

四季發乙石

温江縣第　主任委員

第　組組長

中華民國三十年七月十四日

劉澤園

此聯發交領谷人憑單向[illegible]谷保管委員會於發清最末次谷須於應即將此聯收回呈送縣府發交優待委員會註銷

第一区苏镇联保第十保付义生优待谷二联单（一九四二年三月三十一日）

查小號

第二聯

溫江縣出征抗敵軍人家屬優待委員會發給優待谷二聯單

本縣第一區蘇波聯保第十保付任民於二十八年十月出征抗敵其家屬生活困難經本會調查屬實應發給四季優待谷共　石由其付義生　具領

發谷處所經縣政府指定為　　印請察核

第一季優待谷三十一年五月十六日發　領谷人

第二季優待谷三十一年八月八日發　領谷人

第三季優待谷三十一年十一月廿二日發　領谷人

第四季優待谷三十二年一月卅日發　領谷人

已領四季優待谷遵照令延長辦理

主任委員　陳竟成

第二組組長　劉澤

中華民國三十一年三月卅一日

此聯由積谷保管委員會於發清最末次領谷後將同第一聯一併呈送縣政府比核印存案備查

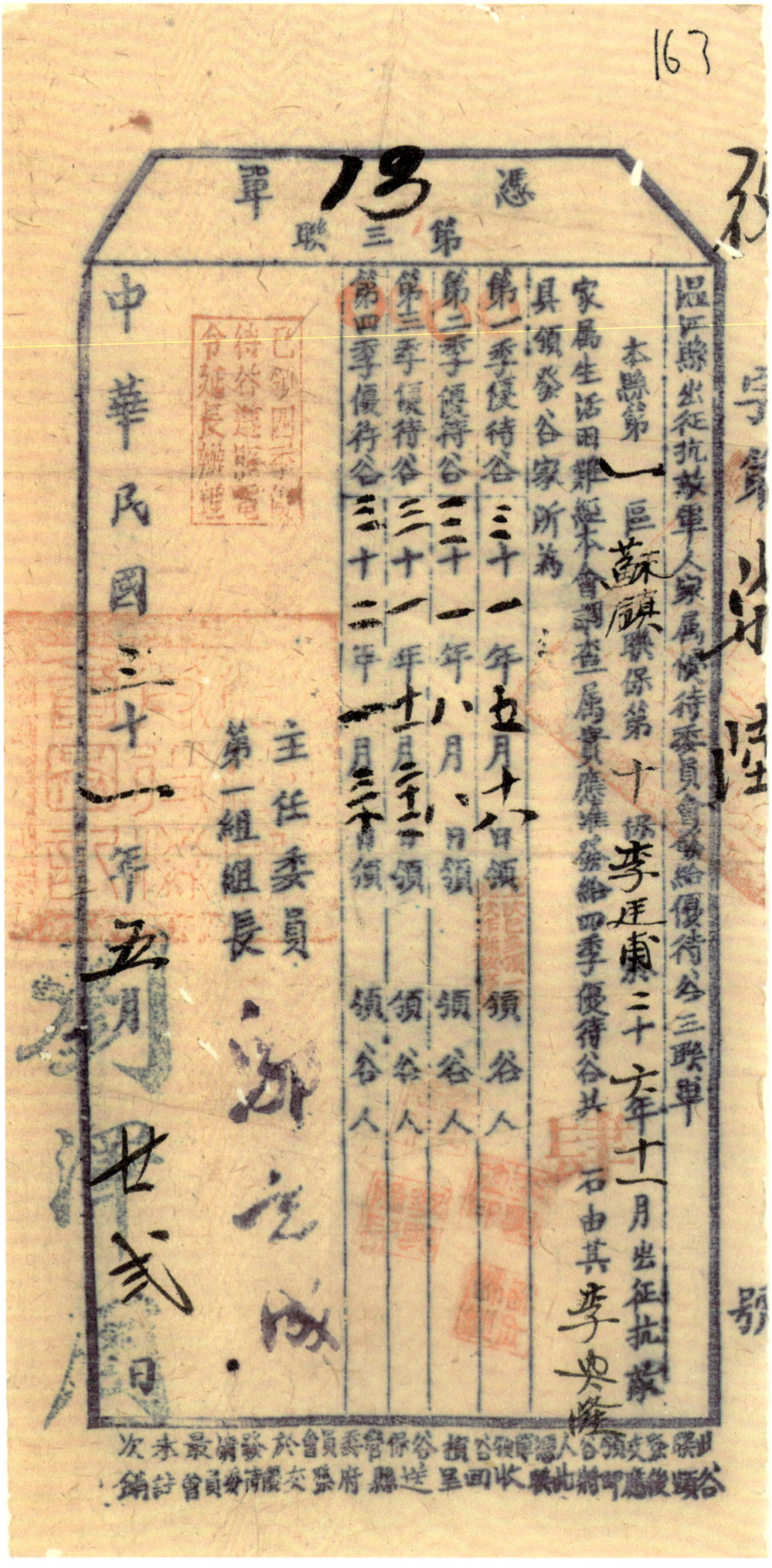

第一区苏镇联保第十保李兴隆优待谷三联单（一九四二年五月二十二日）

163

13

憑單

第三聯

溫江縣出征抗敵軍人家屬優待委員會發給優待谷三聯單

本縣第一區蘇鎮聯保第十保李廷甫於二十六年十一月出征抗敵

家屬生活困難，經本會調查屬實，應准發給四季優待谷共　石，由其李興隆

具領發谷處所為

第一季優待谷三十一年五月十六日領　領谷人

第二季優待谷三十一年八月　日領　領谷人

第三季優待谷三十一年十一月二十一日領　領谷人

第四季優待谷三十二年一月二十一日領　領谷人

已奉四季優待谷遵縣電令延長辦理

主任委員

第一組組長　潘[illegible]成

中華民國三十一年五月廿貳日

此聯發交領谷人憑向保管委員會領谷，保管委員會於發谷最末次谷領後應即將此聯收回呈送縣府彙交優待委員會註銷

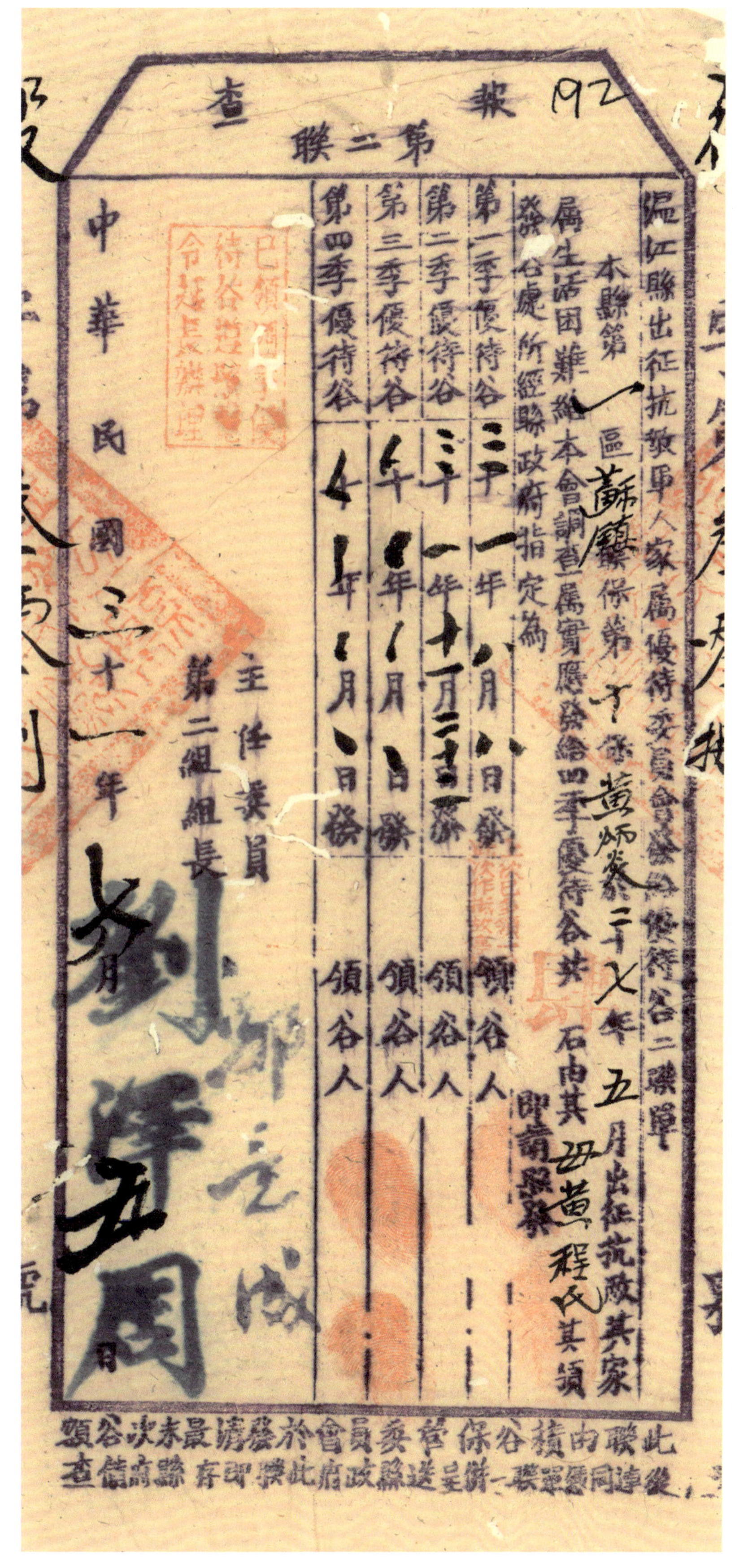
報查　192

第二聯

潙江縣出征抗敵軍人家屬優待委員會發給優待谷二聯單

本縣第一區蘇鎮聯保第十保黃師炎於二十七年五月出征抗敵其家屬生活困難經本會調查屬實應發給四季優待谷共　石由其母黃程氏其領發谷處所經縣政府指定為　即請照發

第一季優待谷	三十一年八月八日發	領谷人
第二季優待谷	三十一年十一月二十三日發	領谷人
第三季優待谷	[illegible]年[illegible]月[illegible]日發	領谷人
第四季優待谷	[illegible]年[illegible]月[illegible]日發	領谷人

已領國字優待谷證者令延長辦理

中華民國三十一年七月五日

主任委員　劉澤周

第二組組長　鄧至成

此聯由積谷保管委員會於發請最末次領谷後連同第一聯一併呈送縣政府此聯即存縣府備查

第一区苏镇联保第十保黄程氏优待谷二联单（一九四二年七月五日）

第一区苏镇联保第十保张康氏优待谷二联单（一九四二年八月二十八日）

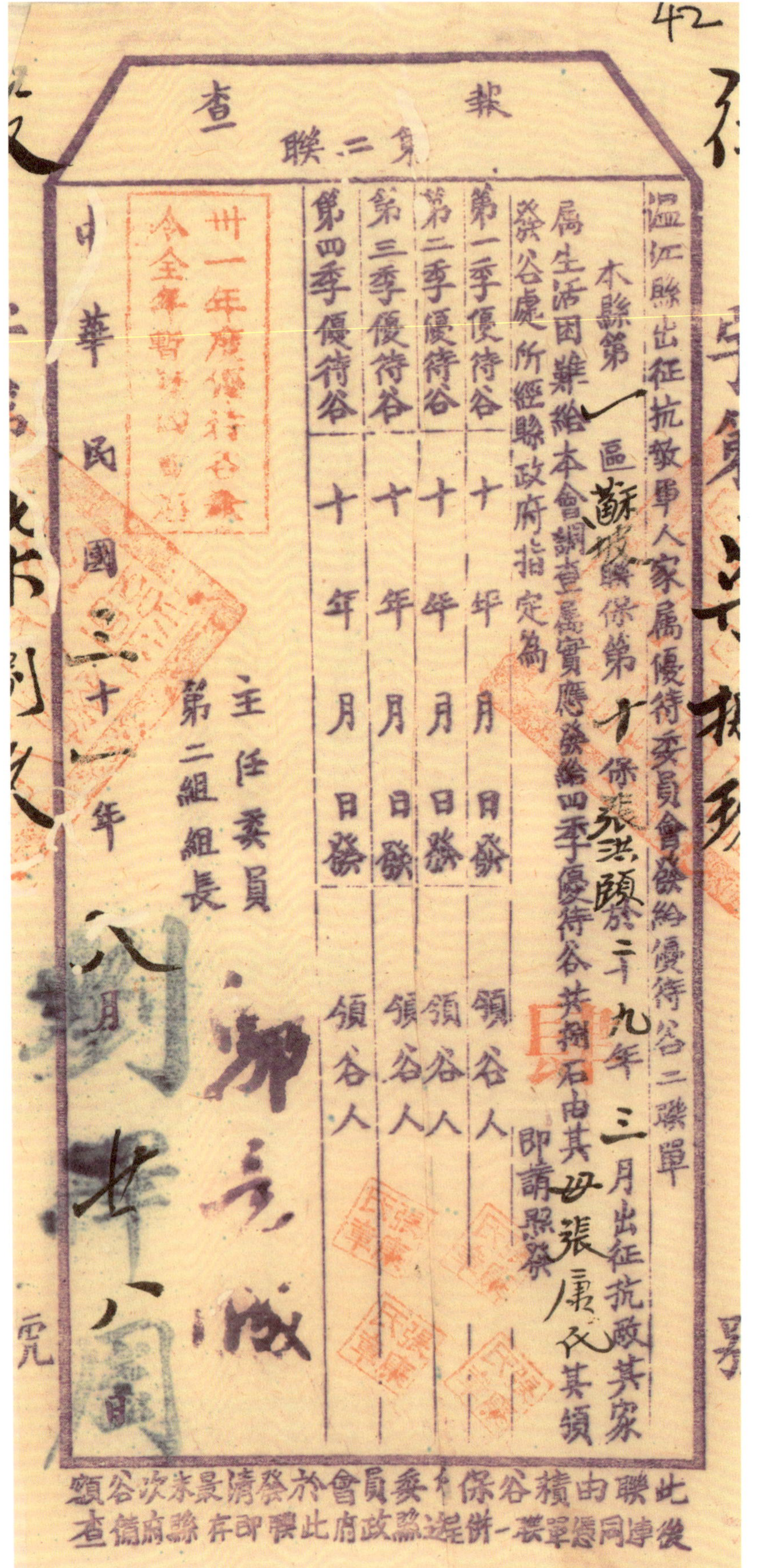

存查

第二聯

溫江縣出征抗敵軍人家屬優待委員會發給優待谷二聯單

本縣第一區蘇坡聯保第十保張洪頤於二十九年三月出征抗敵其家屬生活困難給本會調查屬實應發給四季優待谷共捌石由其母張康氏具領

發谷處所經縣政府指定為　　即請照發

第一季優待谷	十　年　月　日發		領谷人
第二季優待谷	十　年　月　日發		領谷人
第三季優待谷	十　年　月　日發		領谷人
第四季優待谷	十　年　月　日發		領谷人

主任委員

第二組組長

中華民國三十一年八月廿八日

此聯由積谷保管委員會於發清最末次谷領後連同憑單一併送縣政府此聯即存縣府備查

第一区苏镇联保第十保付义生优待谷二联单（一九四三年三月三十一日）

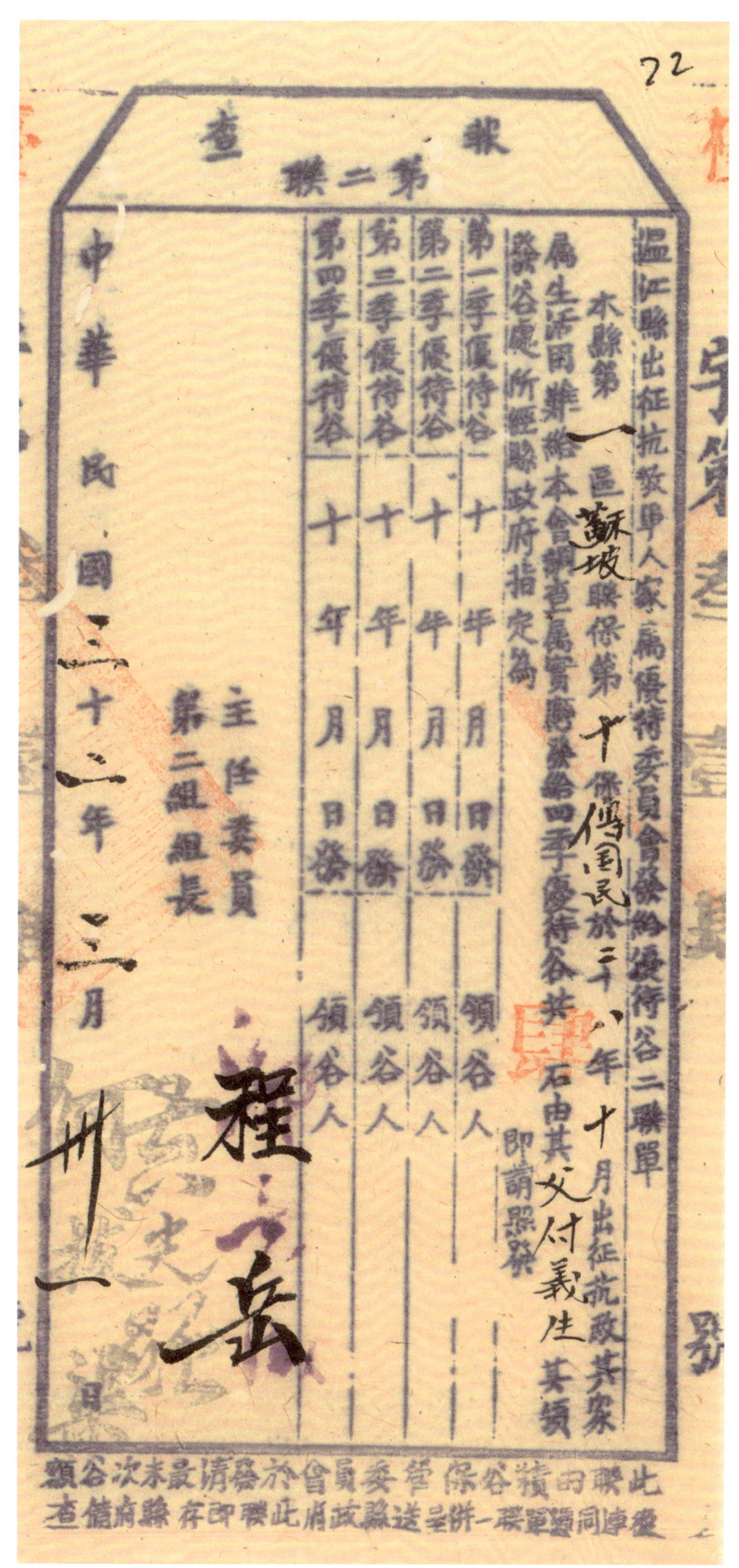

彙查

第二聯

温江縣出征抗敵軍人家屬優待委員會發給優待谷二聯單

本縣第一區蘇坡聯保第十保傅国民於二十八年十月出征抗敵其家屬生活困難給本會調查屬實應發給四季優待谷共肆石由其父付義生具領發谷處所經縣政府指定為　即請照發

第一季優待谷　十　年　月　日發　領谷人

第二季優待谷　十　年　月　日發　領谷人

第三季優待谷　十　年　月　日發　領谷人

第四季優待谷　十　年　月　日發　領谷人

主任委員

第二組組長　程岳

中華民國三十二年三月卅一日

此聯由積谷保管委員會於發請最末次領谷

優連同第一聯單一併呈送縣政府此聯即存縣府備查

第一区苏镇联保第十一保刘杨氏优待谷二联单（一九四〇年八月二日）

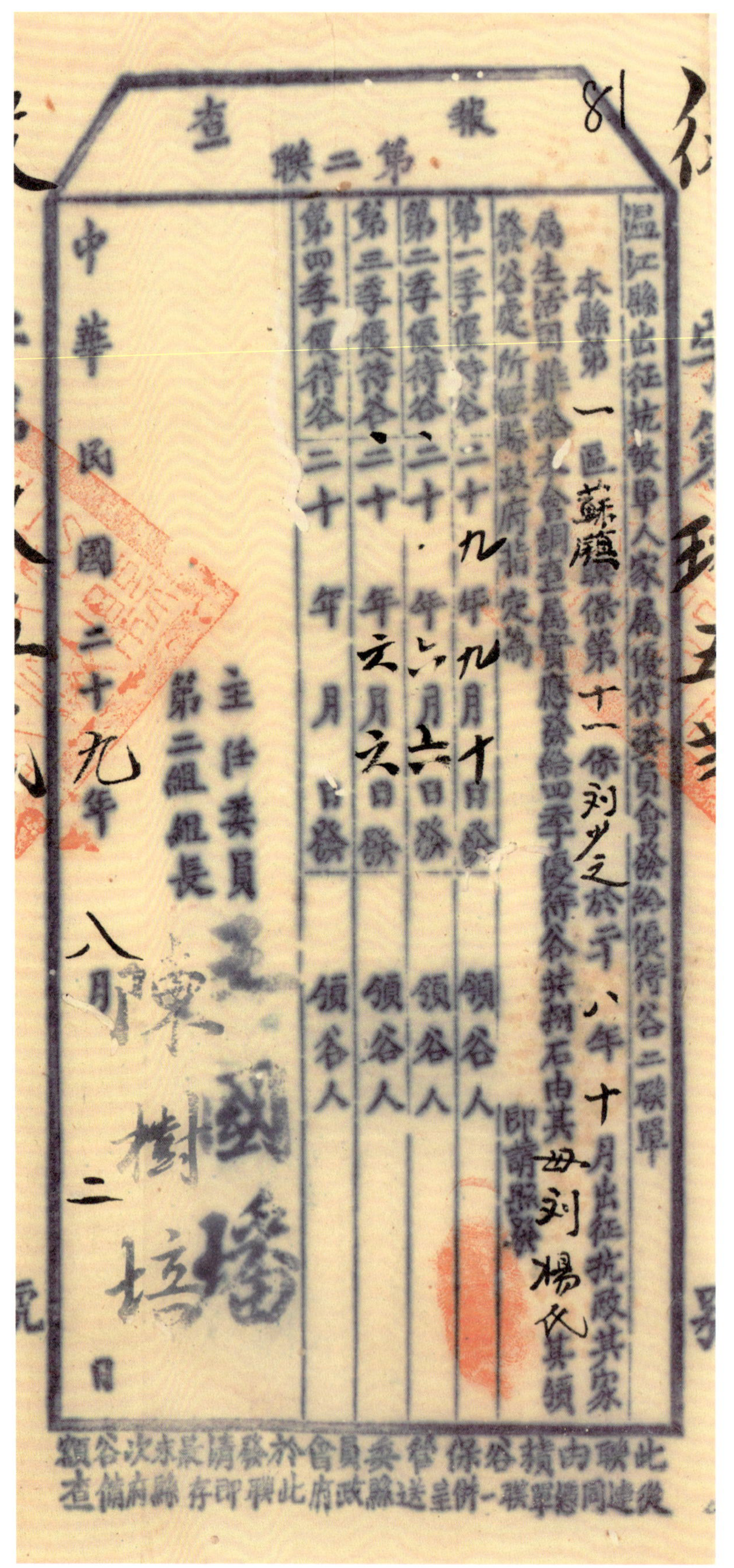

報查

第二聯

溫江縣出征抗敵軍人家屬優待委員會發給優待谷二聯單

本縣第一區蘇鎮聯保第十一保刘少之於二十八年十月出征抗敵，其家屬生活困難，經本會調查屬實，應發給四季優待谷共捌石，由其母刘楊氏具領

發谷處所經縣政府指定為

即請照發

第一季優待谷二十九年九月十日發　領谷人

第二季優待谷二十年六月六日發　領谷人

第三季優待谷二十年六月六日發　領谷人

第四季優待谷二十年月日發　領谷人

主任委員　王國藩

第二組組長　陳樹墉

中華民國二十九年八月二日

此聯由積谷保管委員會於發請求表次谷額後連同總單聯一併呈送縣政府此聯印存縣府備查

第一区苏镇联保第十二保黎洪兴优待谷二联单（一九四一年三月三十一日）

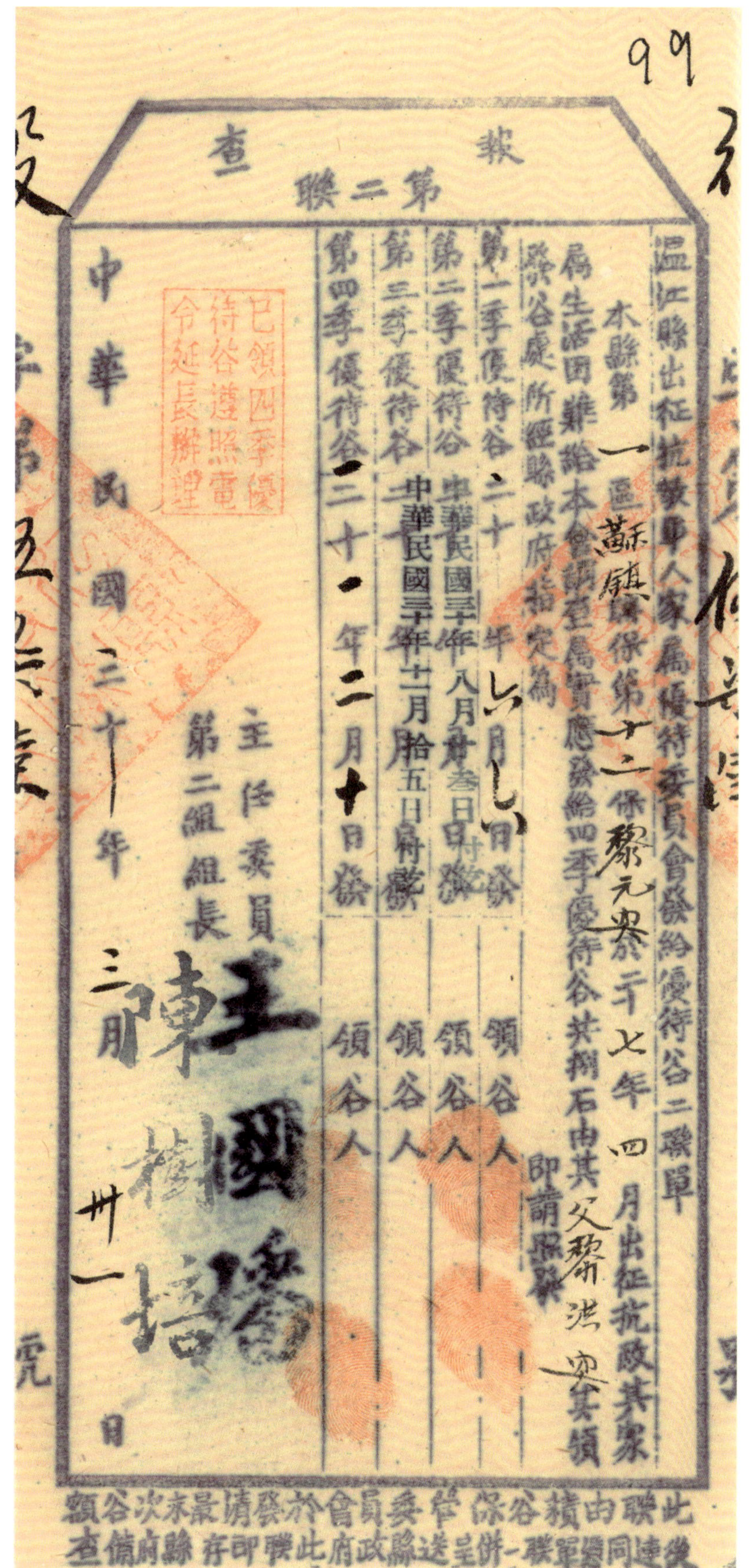
報查

第二聯

溫江縣出征抗敵軍人家屬優待委員會發給優待谷二聯單

本縣第一區蘇鎮聯保第十二保黎元安於廿七年四月出征抗敵其家屬生活困難給本會調查屬實應發給四季優待谷共捌石由其父黎洪安具領發谷處所經縣政府指定為　　即請照發

第一季優待谷二十　年六月　日發　領谷人

第二季優待谷　中華民國三十年八月　日發　領谷人

第三季優待谷　中華民國三十年十二月拾五日發　領谷人

第四季優待谷三十一年二月十日發　領谷人

已領四季優待谷遵照電令延長辦理

主任委員　王國

第二組組長　陳樹培

中華民國三十年三月卅一日

此聯由積谷保管委員會於發清最末次谷額後連同單冊聯一併呈送縣政府此聯印存縣府備查

第一区苏镇联保第十二保黎洪兴优待谷三联单（一九四一年三月三十一日）

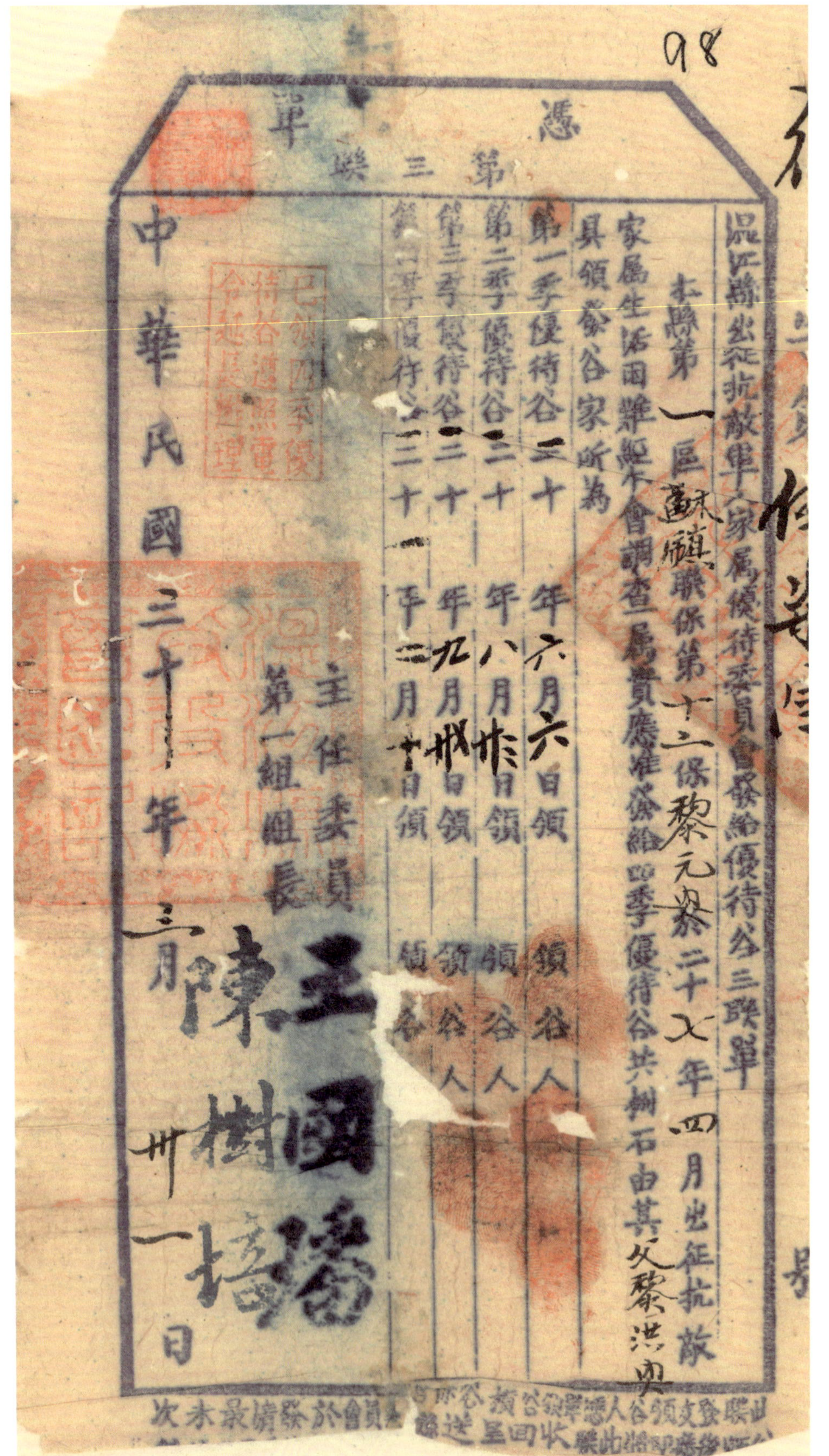
98

憑單 第三聯

溫江縣出征抗敵軍人家屬優待委員會發給優待谷三聯單

本縣第一區蘇鎮聯保第十二保黎元發二十六年四月出征抗敵家屬生活困難，經本會調查屬實，應准發給四季優待谷共卅石，由其父黎洪興具領，發谷家所為

第一季優待谷三十年六月六日領　領谷人

第二季優待谷三十年八月廿日領　領谷人

第三季優待谷三十年九月卅日領　領谷人

第四季優待谷三十一年二月十日領　領谷人

已領四季優待谷遵照電令延長辦理

主任委員　王國璠

第一組組長　陳樹璠

中華民國三十年三月卅一日

第一区苏镇联保第十一保曾义廷优待谷二联单（一九四二年七月十七日）

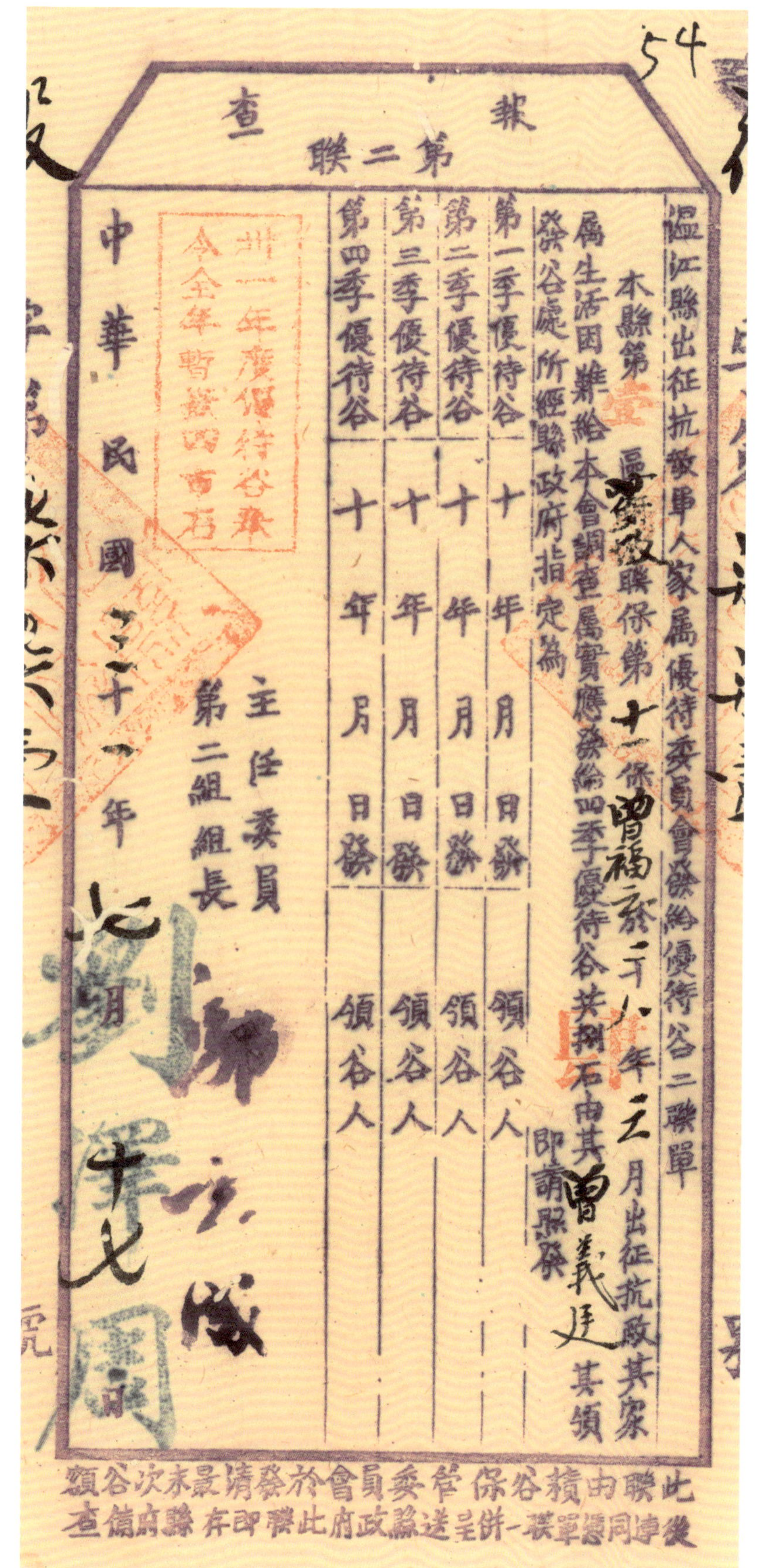
查

根

第二联

滬江縣出征抗敵軍人家屬優待委員會發給優待谷二聯單

本縣第壹區蘇鎮聯保第十一保曾福元於二十八年三月出征抗敵其家屬生活困難給本會調查屬實應發給四季優待谷共捌石由其曾義廷即請照發

發谷處所經縣政府指定為　　　　　　其領

第一季優待谷	十　年　月　日發	領谷人
第二季優待谷	十　年　月　日發	領谷人
第三季優待谷	十　年　月　日發	領谷人
第四季優待谷	十　年　月　日發	領谷人

卅一年度優待谷額今全年暫發四市石

主任委員

第二組組長

中華民國三十一年七月十七日

此聯由積谷保管委員會於發清最末次谷額後連同憑單聯一併呈送縣政府此聯印存縣府備查

第一区苏镇联保第十一保周双喜优待谷二联单（一九四二年七月十七日）

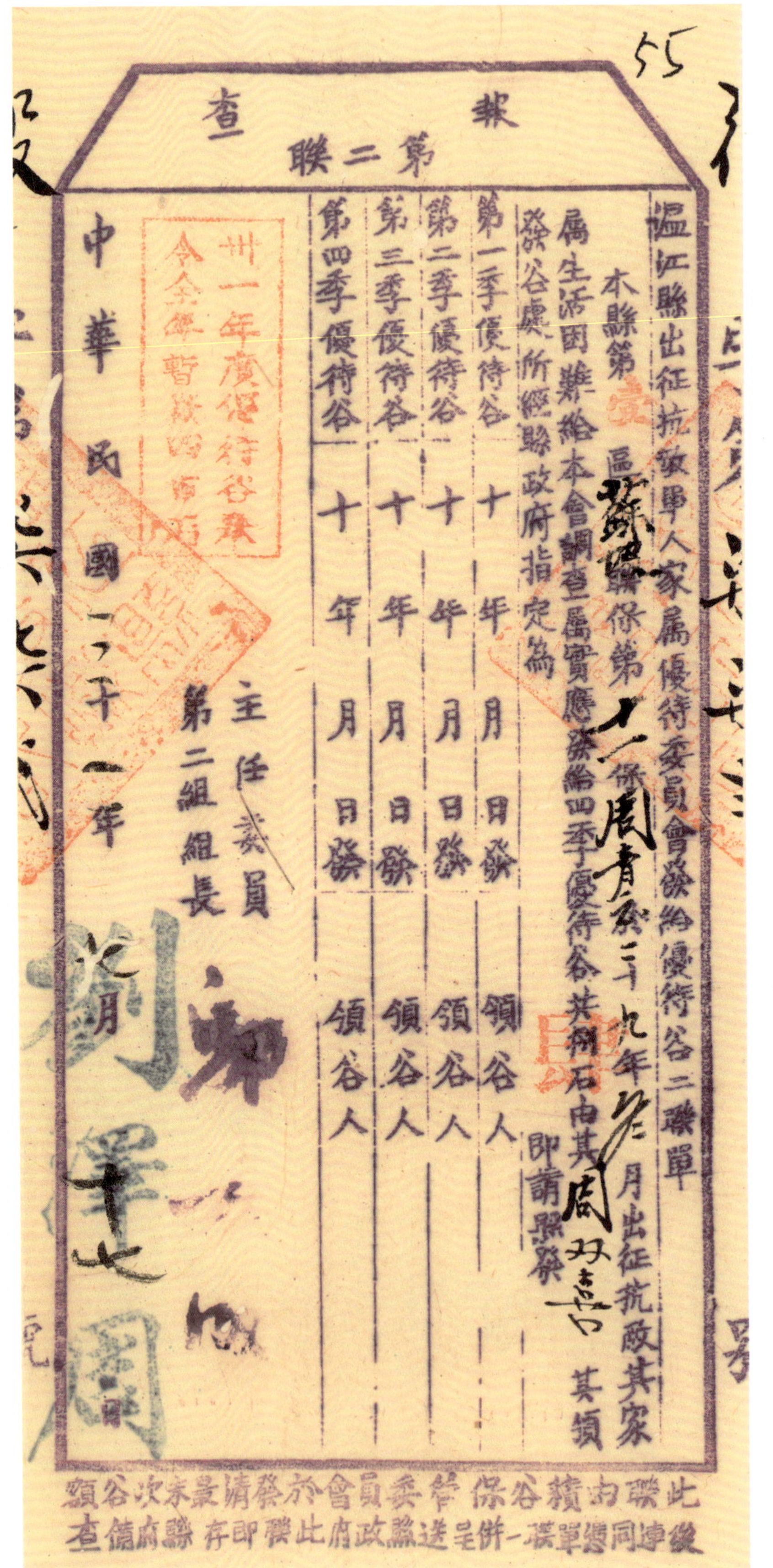

第一区苏镇联保第十二保张金山优待谷二联单（一九四一年七月二十日）

第一区苏镇联保第十二保王清荣优待谷二联单（一九四一年七月二十八日）

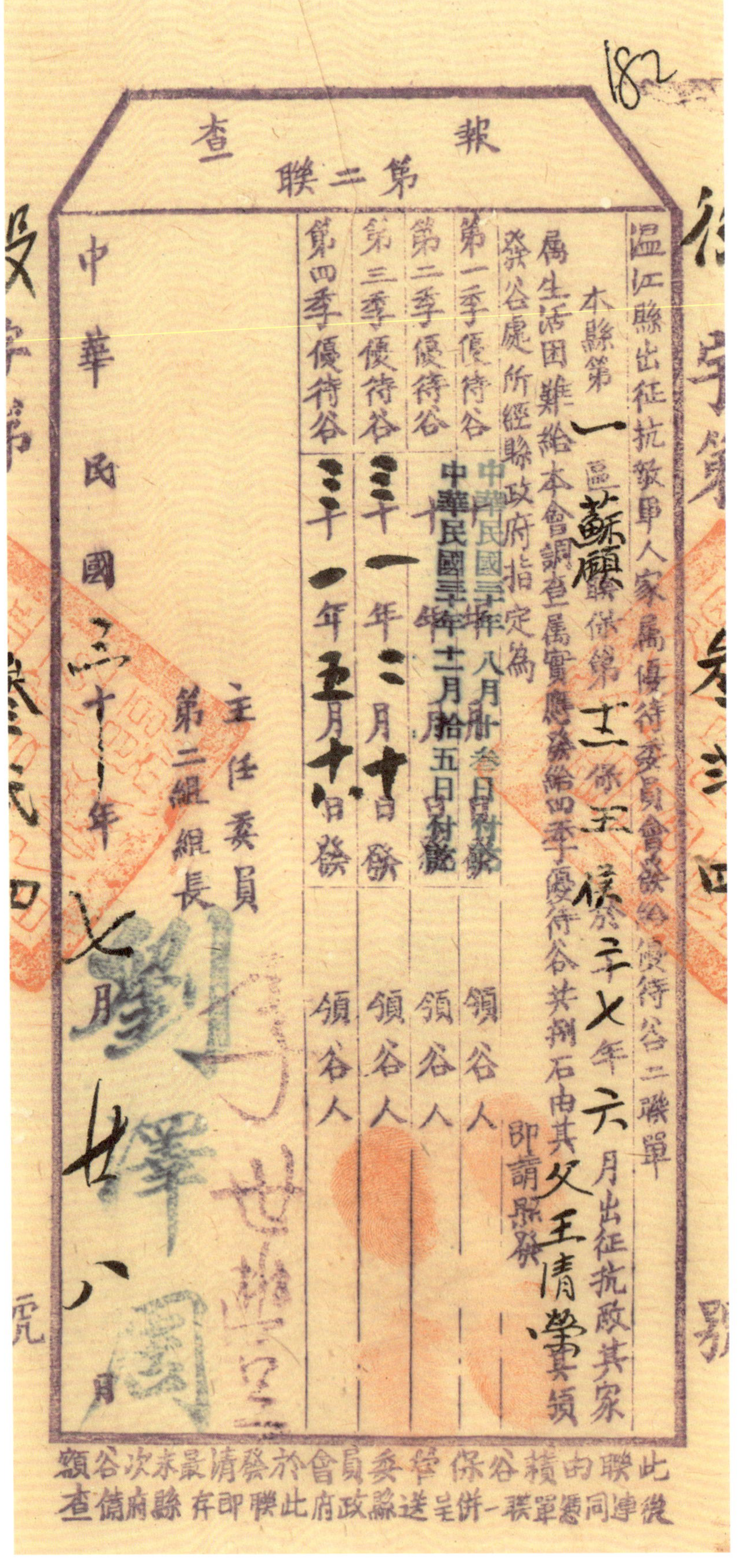
报查
第二联
温江县出征抗敌军人家属优待委员会发给优待谷二联单
本县第一区苏坡联保第十二保王〔某〕于二十七年六月出征抗敌，其家属生活困难，给本会调查属实，应发给四季优待谷共捌石，由其父王清荣具领。发谷处所经县政府指定为　　即请照发。
第一季优待谷　中华民国三十年八月廿叁日发　领谷人
第二季优待谷　中华民国三十年十二月拾五日发　领谷人
第三季优待谷　三十一年二月十三日发　领谷人
第四季优待谷　三十一年五月十六日发　领谷人
主任委员
第二组组长　刘泽图
中华民国三十一年七月廿八日
此联由积谷保管委员会于发清最末次谷额后连同凭单联一并呈送县政府，此联即存县府备查

第一区苏镇联保第十二保黎洪兴优待谷二联单（一九四二年三月三十一日）

報查

第二聯

溫江縣出征抗敵軍人家屬優待委員會發給優待谷二聯單

本縣第一區蘇波聯保第十二保黎元興於二十八年四月出征抗敵其家屬生活困難經本會調查屬實應發給四季優待谷共肆石由其黎洪興其領發谷處所經縣政府指定為

第一季優待谷三十一年五月十六日發　領谷人

第二季優待谷三十一年八月八日發　領谷人

第三季優待谷三十一年十二月廿三日發　領谷人

第四季優待谷三十二年一月卅日發　領谷人

即請照發

已領四季優待谷遵照令延長辦理

主任委員　鄒□成

第二組組長　劉澤□

中華民國三十一年三月卅一日

此聯由積谷保管委員會於發放畢本次谷額後連同領單二聯一併呈送縣政府此聯即存縣府備查

第一区苏镇联保第十三保李朗廷优待谷二联单（一九四二年七月六日）

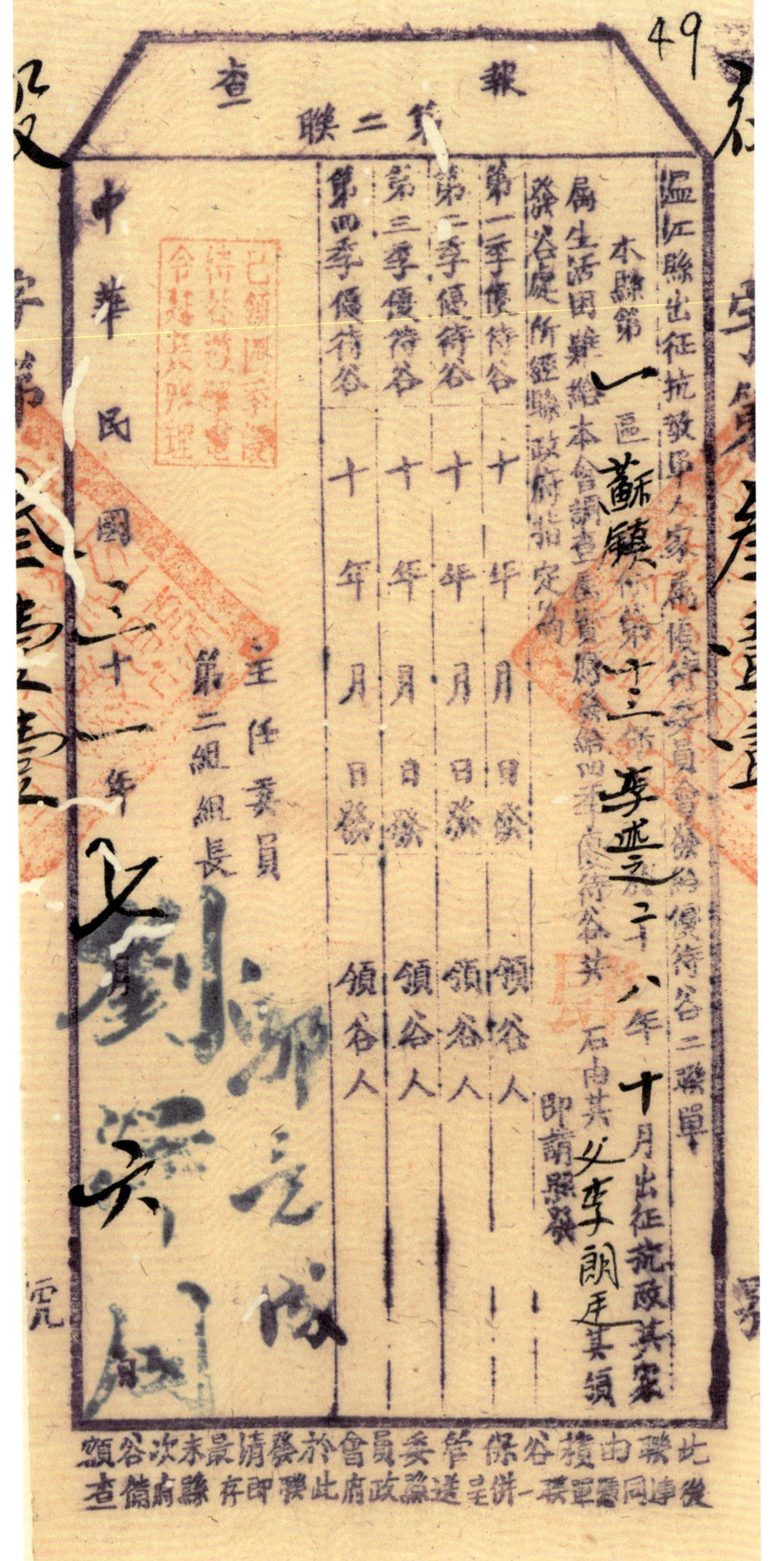
49

報查

第二聯

溫江縣出征抗敵軍人家屬優待委員會發給優待谷二聯單

本縣第一區蘇鎮聯保第十三保李正之於二十八年十月出征抗敵其家屬生活困難經本會調查屬實應發給四季優待谷共　石由其父李朗廷具領

發谷處所經縣政府指定為　即請照發

第一季優待谷　十　年　月　日發　領谷人

第二季優待谷　十　年　月　日發　領谷人

第三季優待谷　十　年　月　日發　領谷人

第四季優待谷　十　年　月　日發　領谷人

主任委員

第二組組長

中華民國三十一年七月六日

此聯由積谷保管委員會於發清最末次谷領後連同單據一併呈送縣政府此聯即存縣府備查

第一区苏镇联保第十四保黄程氏优待谷三联单（一九四一年六月二十五日）

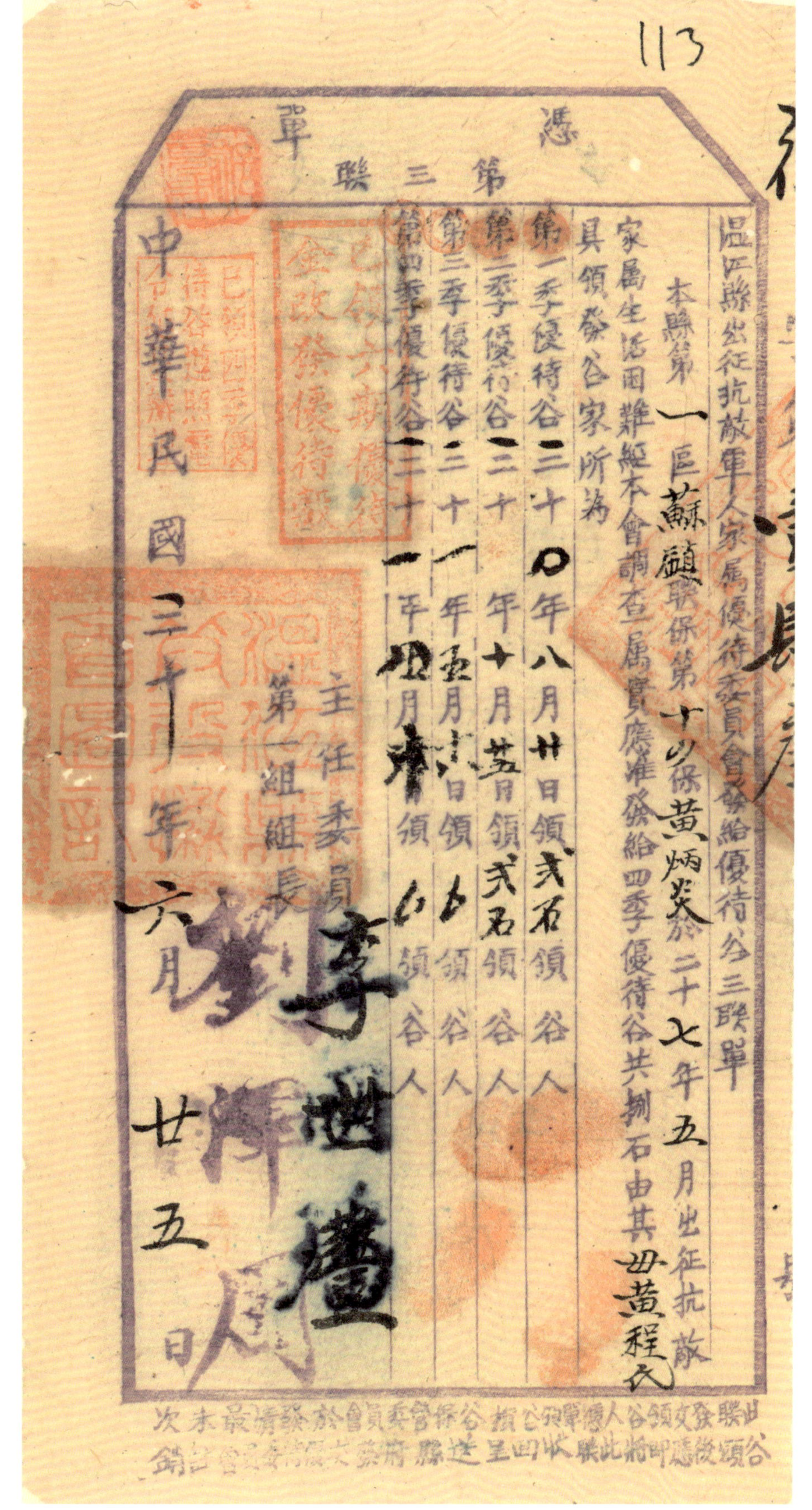

113

憑單 第三聯

温江縣出征抗敵軍人家屬優待委員會發給優待谷三聯單

本縣第一區蘇鎮聯保第十四保黄炳炎於二十七年五月出征抗敵家屬生活困難經本會調查屬實應准發給四季優待谷共捌石由其母黄程氏具領發谷家所為

第一季優待谷三十〇年八月廿日領貳石領谷人

第二季優待谷三十年十月廿日領貳石領谷人

第三季優待谷三十一年　月　日領　　領谷人

第四季優待谷三十一年　月　日領　　領谷人

主任委員

第一組組長

中華民國三十一年六月廿五日

第一区苏镇联保第十五保张吴氏优待谷二联单（一九四一年八月十日）

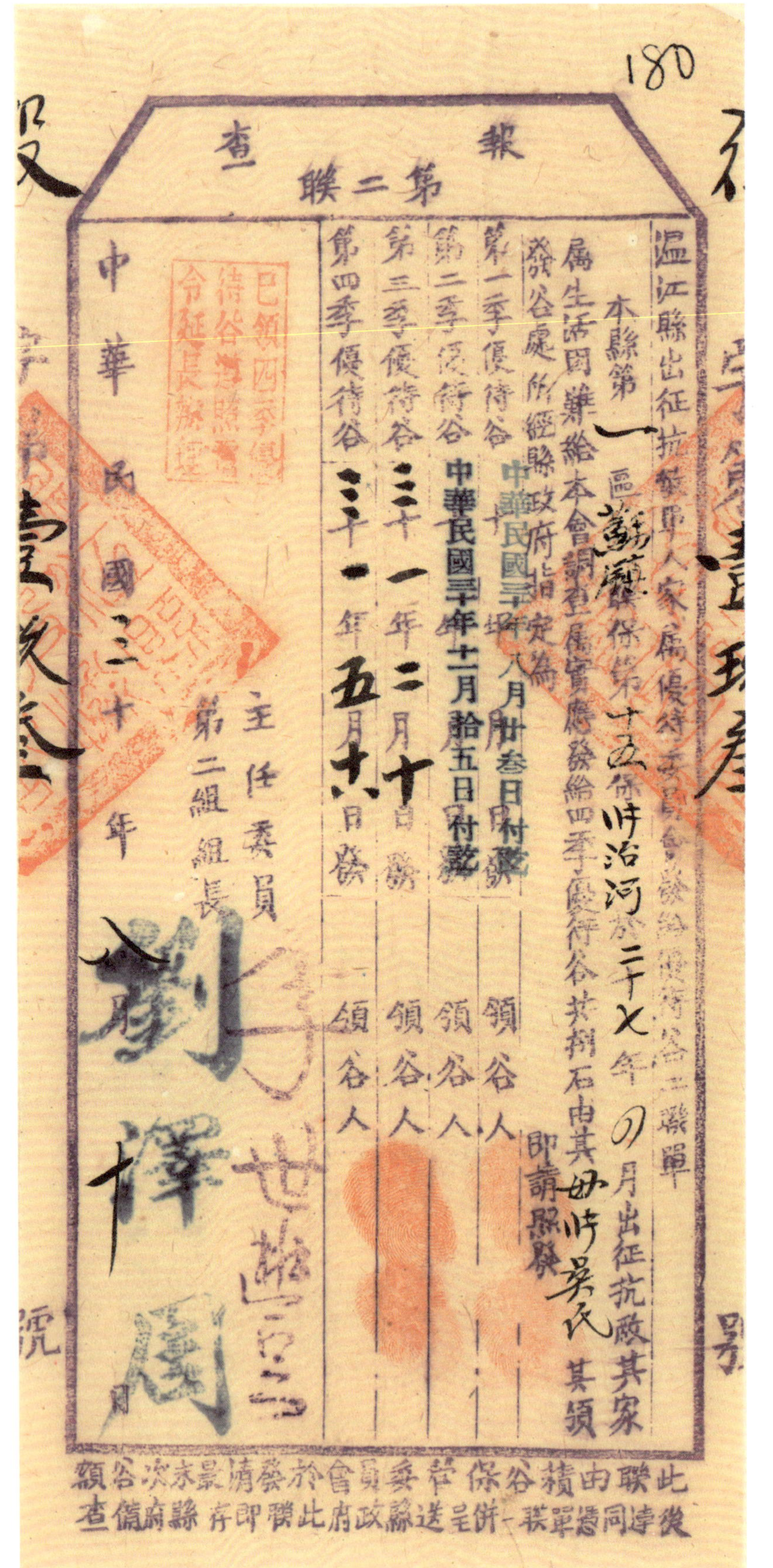

180

報查

第二聯

温江縣出征抗敵軍人家屬優待委員會發給優待谷二聯單

本縣第一區蘇鎮聯保第十五保許治河於二十七年 月出征抗敵其家屬生活困難經本會調查屬實應發給四季優待谷共計 石由其母許吳氏 其領發谷處所經縣政府指定為 即請照發

第一季優待谷 中華民國三十年八月廿叁日付訖 領谷人

第二季優待谷 三十一年二月十日發 中華民國三十年十一月拾五日付訖 領谷人

第三季優待谷 三十一年二月十日發 領谷人

第四季優待谷 三十一年五月六日發 領谷人

已領四季優待谷遵照通令延長發給

中華民國三十年 月 日

主任委員

第二組組長 劉澤

此聯由積谷保管委員會於發清最末次谷額後連同憑單聯一併呈送縣政府此聯即存縣府備查

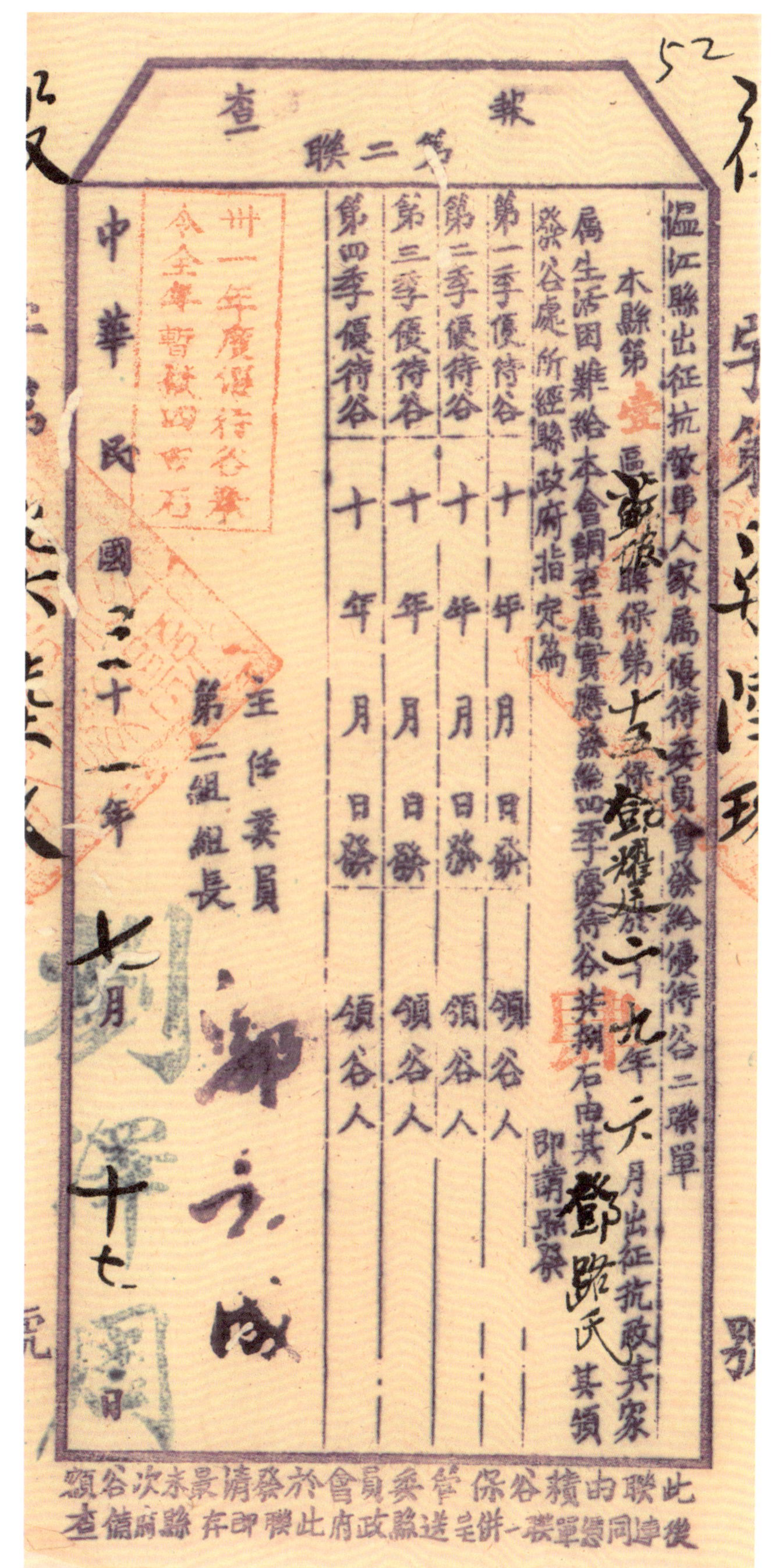

第二聯

報查

溫江縣出征抗敵軍人家屬優待委員會發給優待谷二聯單

本縣第壹區蘇鎮聯保第十五保鄧耀廷於二十九年六月出征抗敵其家屬生活困難經本會調查屬實應發給四季優待谷共捌石由其鄧路氏其領

發谷處所經縣政府指定為　　即請照發

第一季優待谷	十　年　月　日發	領谷人
第二季優待谷	十　年　月　日發	領谷人
第三季優待谷	十　年　月　日發	領谷人
第四季優待谷	十　年　月　日發	領谷人

卅一年度優待谷準令全年暫發四市石

主任委員　鄒永成

第二組組長

中華民國三十一年七月十七日

此聯由積谷保管委員會於發清最末次谷額後連同憑單一併呈送縣政府此聯即存縣府備查

第一区苏镇联保第十五保邓路氏优待谷二联单（一九四二年七月十七日）

第一区苏镇联保第十五保张吴氏优待谷二联单（一九四二年八月十日）

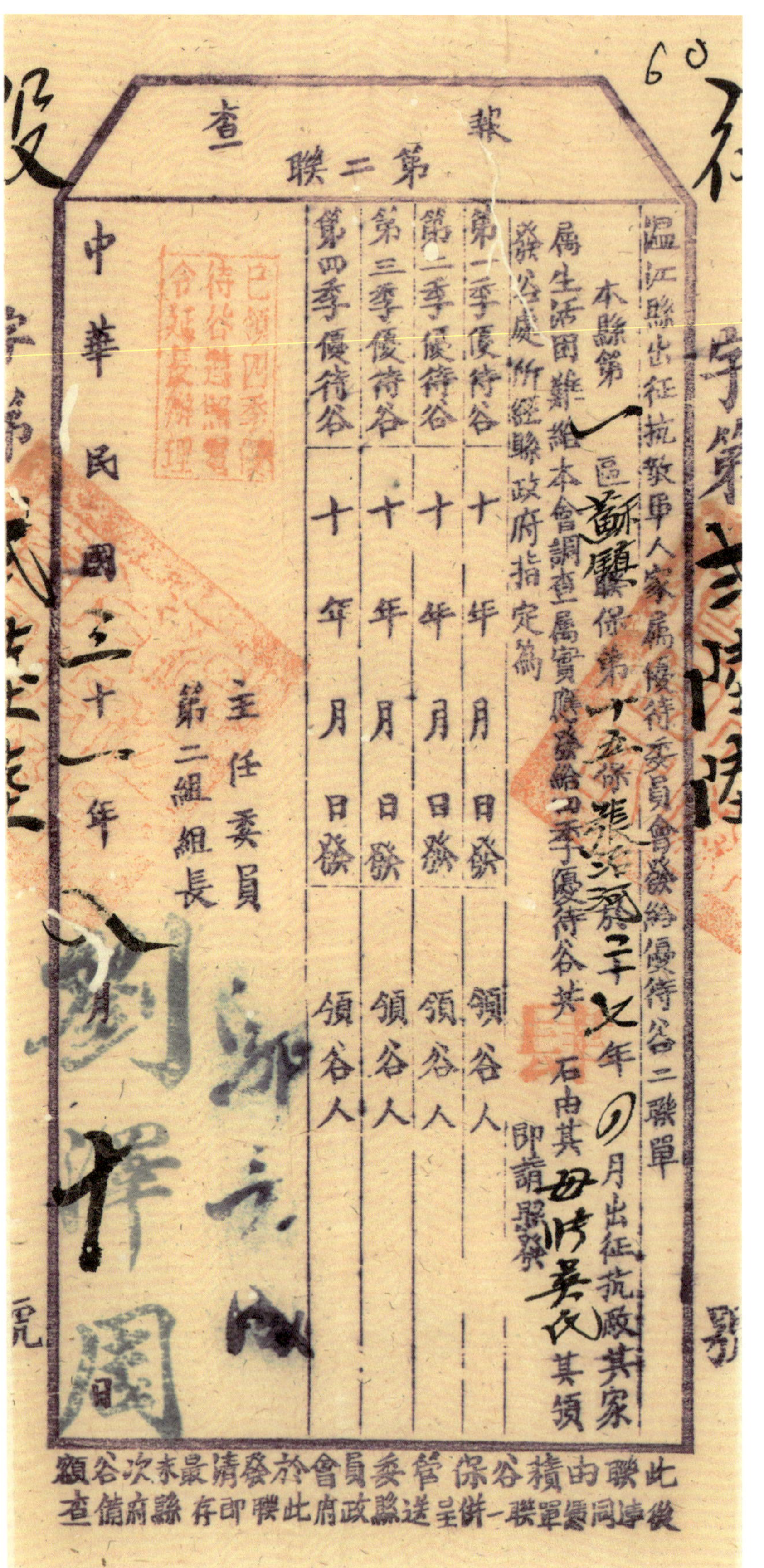

報查

第二聯

温江縣出征抗敵軍人家屬優待委員會發給優待谷二聯單

本縣第一區蘇鎮聯保第十五保張□□於二十六年四月出征抗敵其家屬生活困難給本會調查屬實應發給四季優待谷共　石由其母張吳氏其領

發谷處所經縣政府指定爲　　即請照發

第一季優待谷	十　年　月　日發	領谷人
第二季優待谷	十　年　月　日發	領谷人
第三季優待谷	十　年　月　日發	領谷人
第四季優待谷	十　年　月　日發	領谷人

已領四季優待谷趙保長辦理

中華民國三十一年八月十日

主任委員

第二組組長

此聯由積谷保管委員會於發清最末次領谷後連同優單一聯一併呈送縣政府此聯即存縣府備查

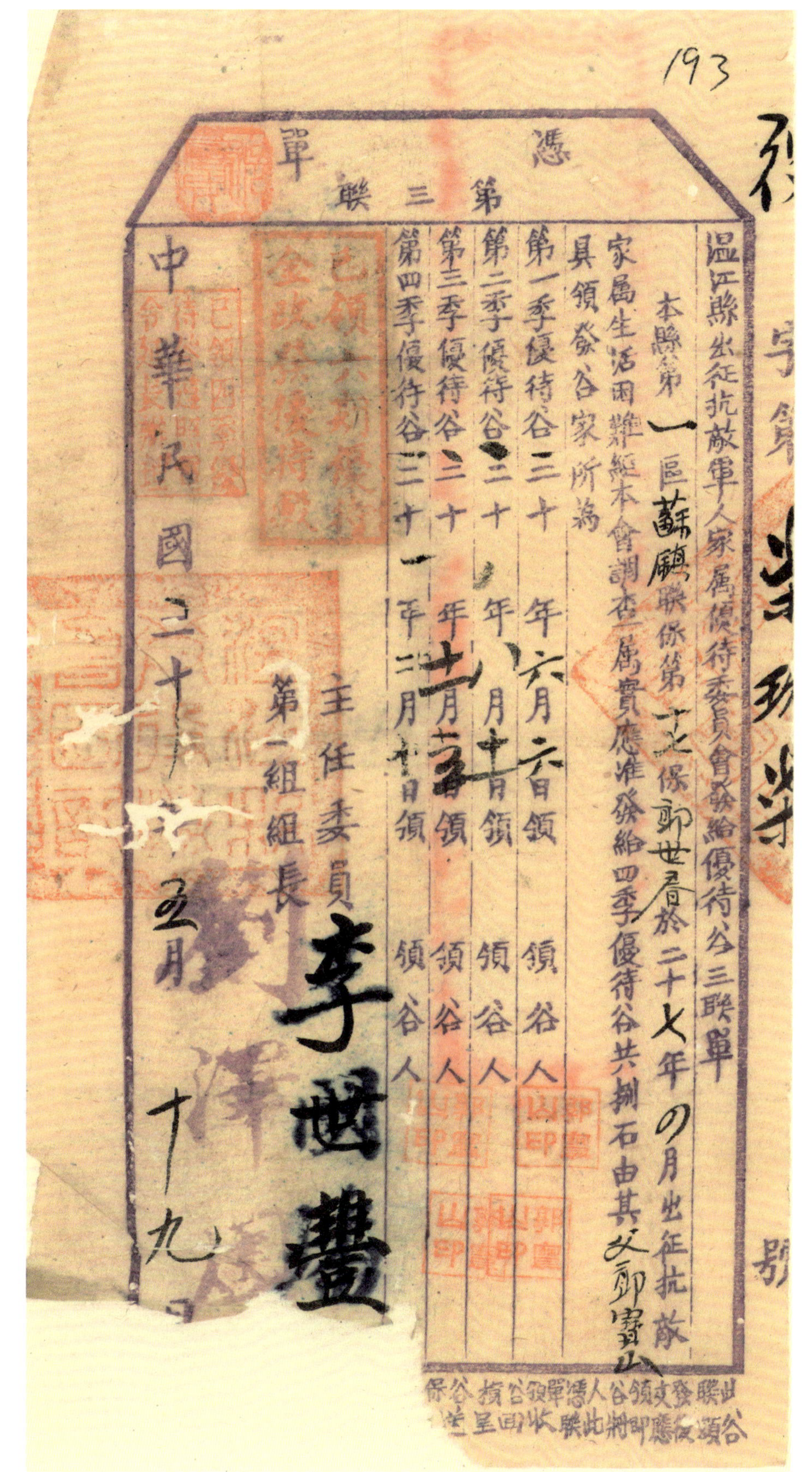

凭单

第三联

温江县出征抗敌军人家属优待委员会发给优待谷三联单

本县第一区苏镇联保第十七保郭世春于二十七年四月出征抗敌家属生活困难，经本会调查属实，应准发给四季优待谷共捌石，由其父郭宝山具领发谷家所为

第一季优待谷二十　年六月六日领　领谷人

第二季优待谷二十　年　月　日领　领谷人

第三季优待谷二十　年　月　日领　领谷人

第四季优待谷三十一年二月　日领　领谷人

主任委员　李[illegible]

第一组组长

中华民国二十　年五月十九日

第一区苏镇联保第十七保郭宝山优待谷三联单（一九四一年五月十九日）

第一区苏镇联保第十七保李朗廷优待谷三联单（一九四一年六月二日）

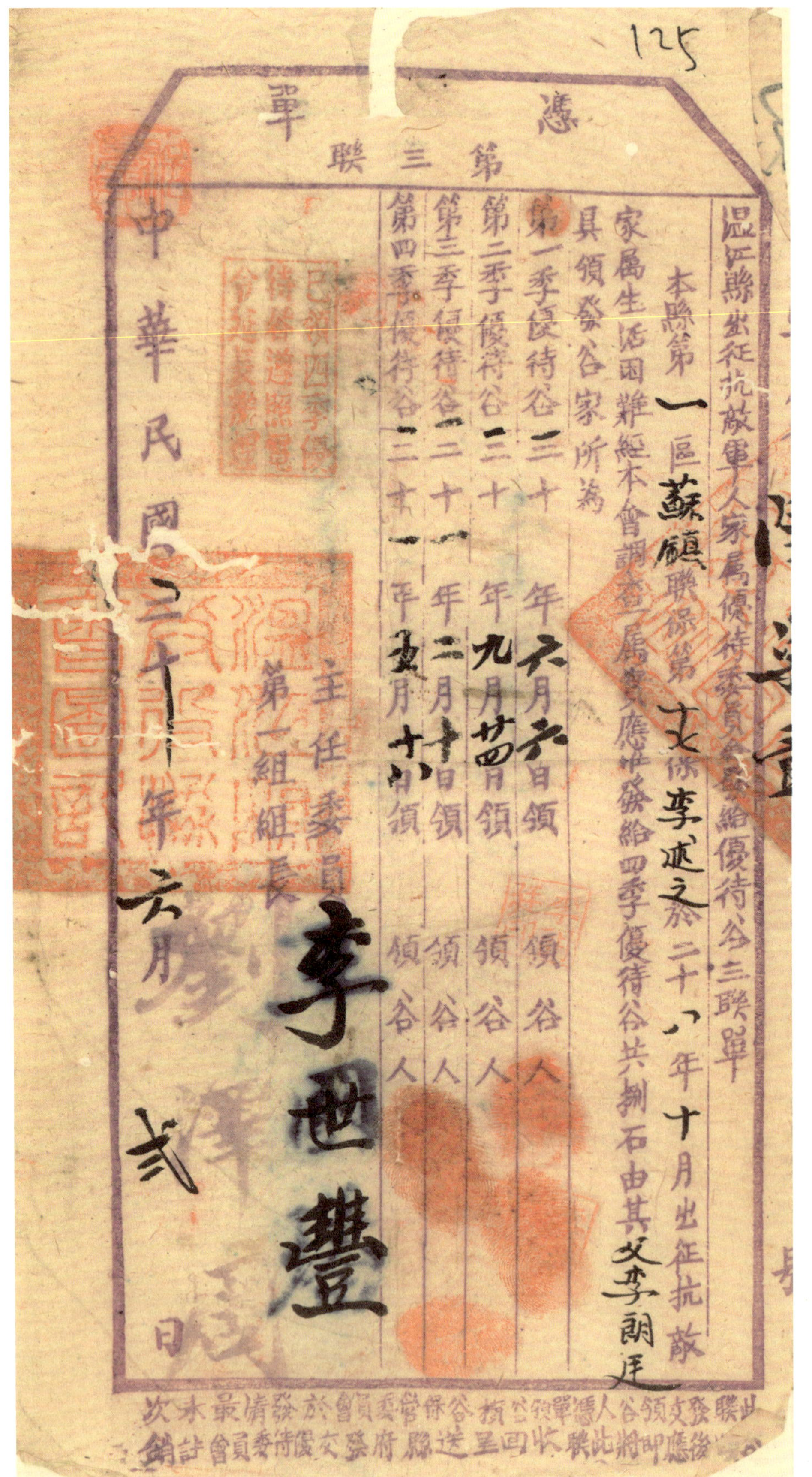

凭單

第三聯

溫江縣出征抗敵軍人家屬優待委員會發給優待谷三聯單

本縣第一區蘇鎮聯保第十七保李述之於二十八年十月出征抗敵

家屬生活困難經本會調查屬實應准發給四季優待谷共捌石由其父李朗廷

具領發谷家所為

第一季優待谷三十年六月六日領　領谷人

第二季優待谷三十年九月廿四日領　領谷人

第三季優待谷三十一年二月十日領　領谷人

第四季優待谷三十一年五月十八日領　領谷人

主任委員　李世豐

第一組組長

中華民國三十年六月弍日

此聯發交領谷人憑單領谷保管委員會於發給最末次

後應即將此聯收回呈送縣府發交優待委員會計銷

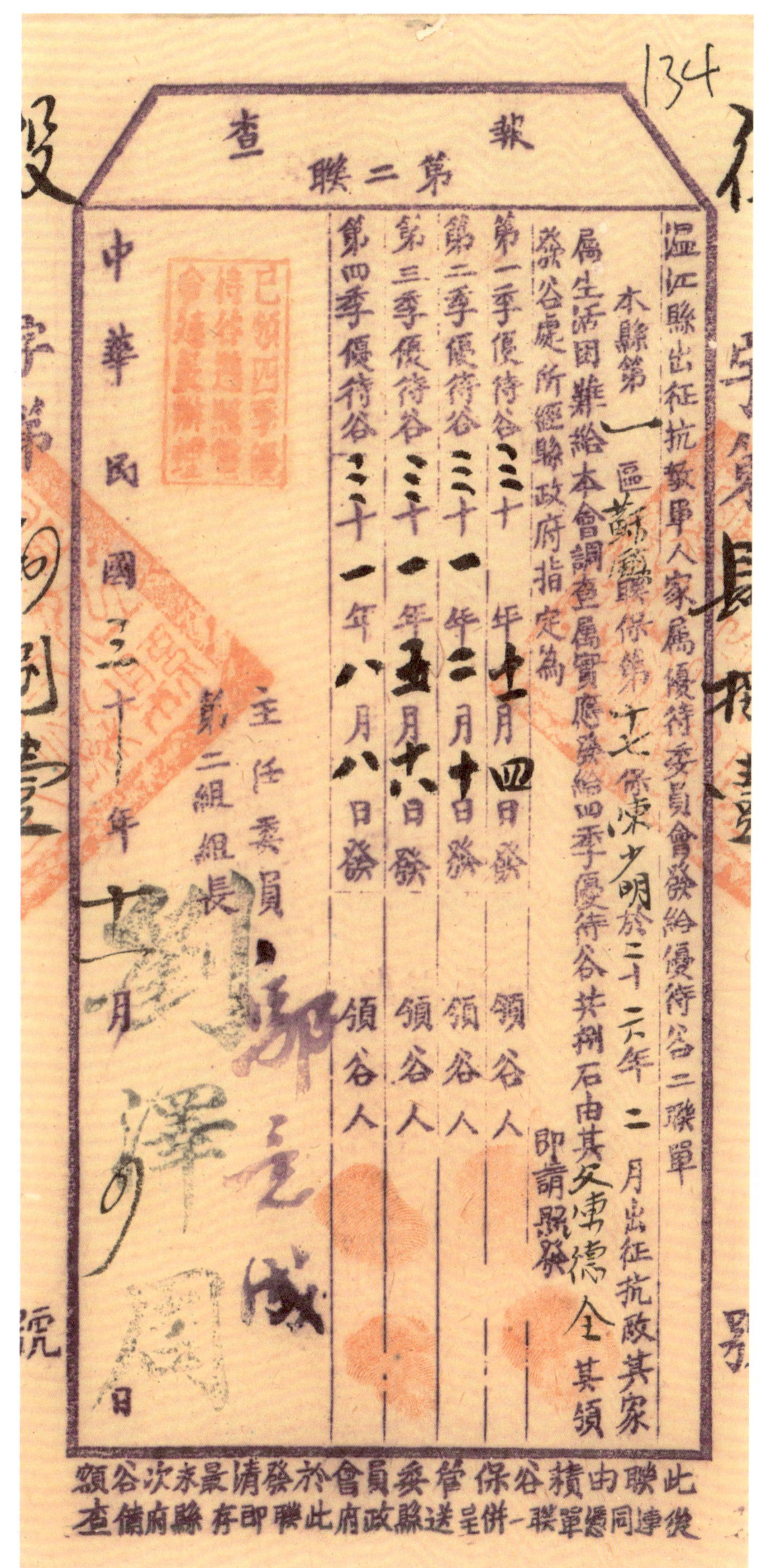

報查

第二聯

溫江縣出征抗敵軍人家屬優待委員會發給優待谷二聯單

本縣第一區蘇鎮聯保第十七保陳少明於二十六年二月出征抗敵其家屬生活困難經本會調查屬實應發給四季優待谷共捌石由其父陳德全其領發谷處所經縣政府指定爲　　即請照發

第一季優待谷三十年十一月四日發　　領谷人

第二季優待谷三十一年二月十日發　　領谷人

第三季優待谷三十一年五月十六日發　　領谷人

第四季優待谷三十一年八月八日發　　領谷人

主任委員　郭□成

第二組組長　劉澤周

中華民國三十一年十一月　日　號

此聯由積谷保管委員會於發清最末次谷額後連同憑單一聯一併呈送縣政府此聯即存縣府備查

第一区苏镇联保第十七保陈德全优待谷二联单（一九四一年十一月四日）

第一区苏镇联保第十七保陈德全优待谷二联单（一九四二年十一月四日）

第一区苏镇联保第十九保周松田优待谷二联单（一九四一年三月三十一日）

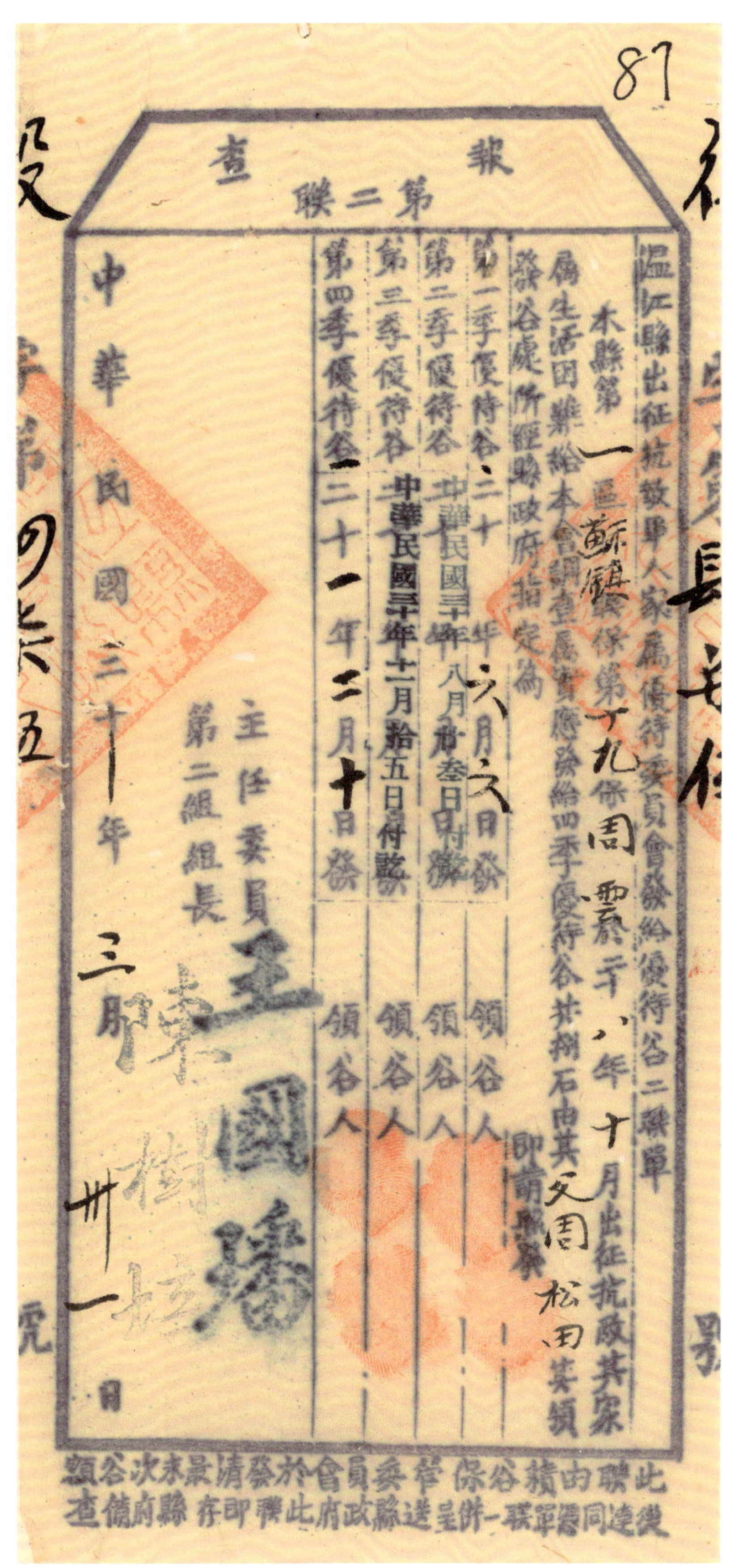

報查

第二聯

溫江縣出征抗敵軍人家屬優待委員會發給優待谷二聯單

本縣第一區蘇鎮聯保第十九保周雲發于廿八年十月出征抗敵其家屬生活困難，經本會調查屬實應發給四季優待谷共捌石由其父周松田具領

發谷處所經縣政府指定為

第一季優待谷三十年六月六日發	領谷人
第二季優待谷三十年八月叁日發 中華民國三十年八月叁日付訖	領谷人
第三季優待谷三十年十一月拾五日發 中華民國三十年十一月拾五日付訖	領谷人
第四季優待谷三十一年二月十日發	領谷人

主任委員 王國璠

第二組組長 陳樹垣

中華民國三十年三月卅一日

此聯由積谷保管委員會於發清最末次谷額後連同軍屬聯一併呈送縣政府此聯印存縣府備查

第一区苏镇联保第十九保周松田优待谷二联单（一九四二年三月三十一日）

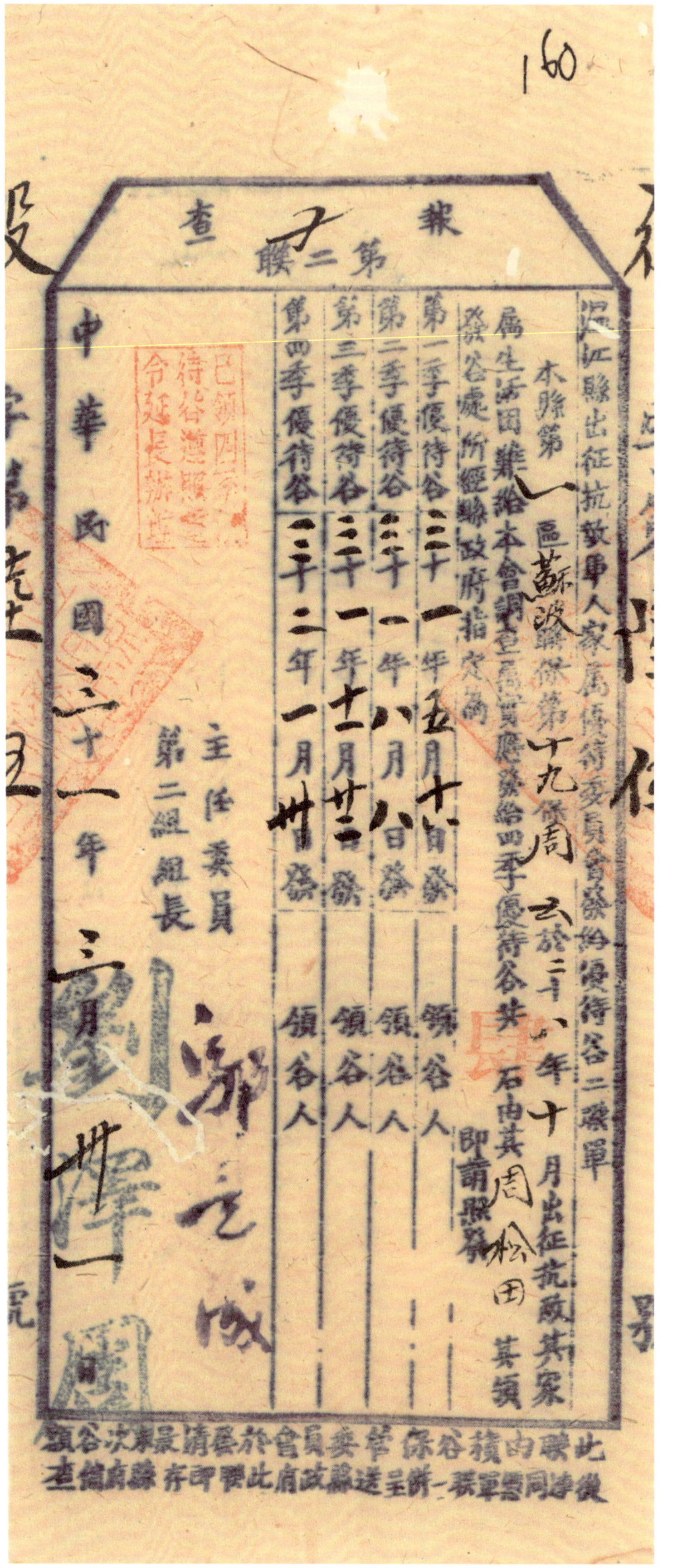

160

報 查

第二聯

温江縣出征抗敵軍人家屬優待委員會發給優待谷二聯單

本縣第一區蘇波聯保第十九保周云於二十八年十月出征抗敵其家屬生活困難給本會調查屬實應發給四季優待谷共 石由其周松田具領

發谷處所經縣政府指定為 即前撥發

第一季優待谷三十一年五月十六日發　領谷人

第二季優待谷三十一年八月八日發　領谷人

第三季優待谷三十一年十一月廿二日發　領谷人

第四季優待谷三十二年一月卅日發　領谷人

已領四季優待谷遵照縣令延長辦法

主任委員

第二組組長

中華民國三十一年三月卅一日

此聯由積谷保管委員會於發清最末次谷領後連同第一聯一并呈送縣政府此聯即存縣府備查

第一区苏镇联保第二十保邓文甫优待谷二联单（一九四一年三月三十一日）

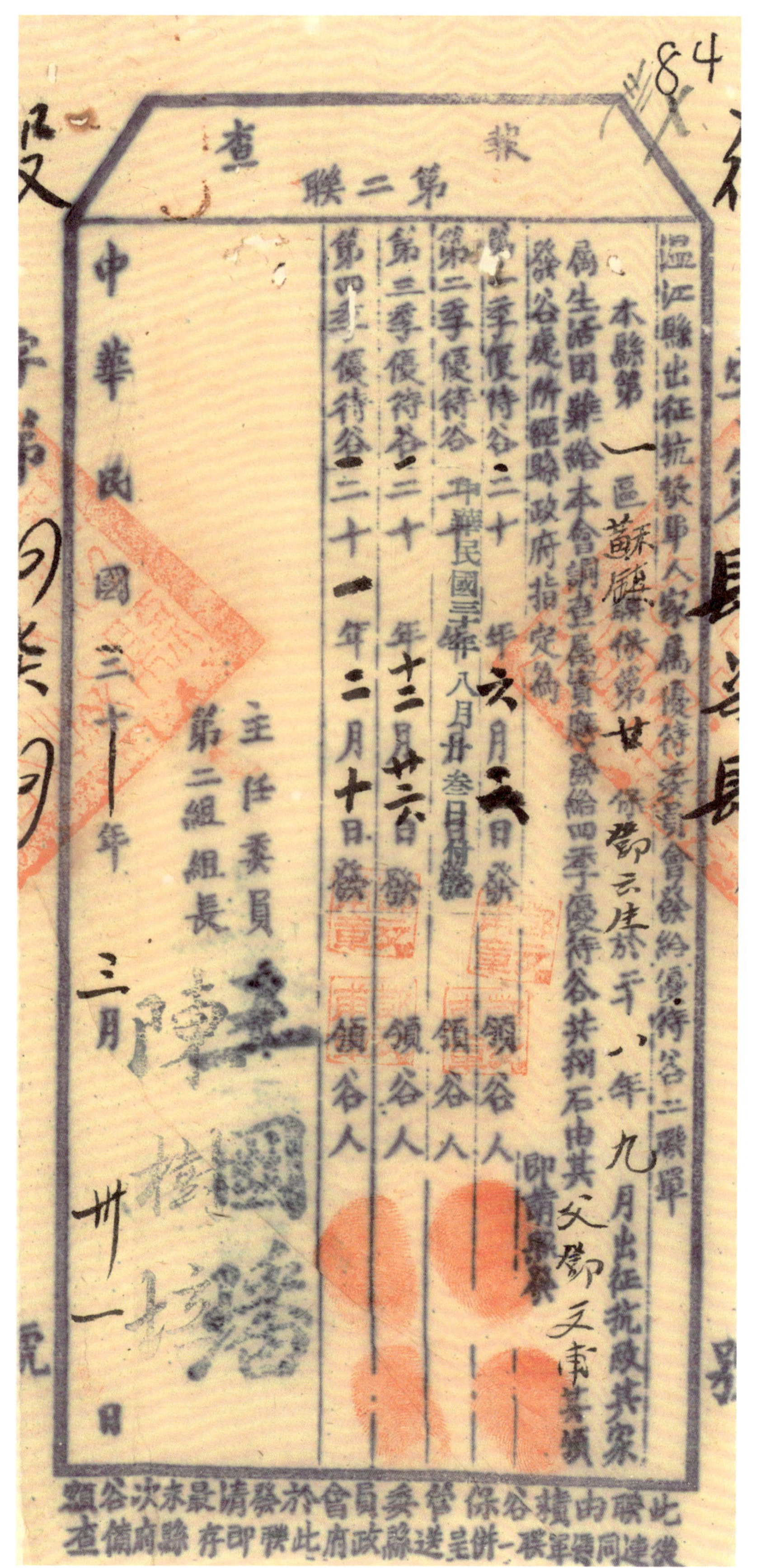

報查

第二聯

溫江縣出征抗敵軍人家屬優待委員會發給優待谷二聯單

本縣第一區蘇鎮聯保第廿保鄧云生於二八年九月出征抗敵其家屬生活困難給本會調查屬實應發給四季優待谷共捌石由其父鄧文甫具領

發谷處所經縣政府指定為[illegible]

第一季優待谷二十年六月一日發　領谷人

第二季優待谷　中華民國三十年八月廿叁日補發　領谷人

第三季優待谷二十年十二月廿六日發　領谷人

第四季優待谷二十一年二月十日發　領谷人

主任委員

第二組組長

中華民國三十一年三月卅一日

此聯由積谷保管委員會於發清最末次谷領後連同領谷單聯一併呈送縣政府此聯印存縣府備查

第一区苏镇联保第二十保黄大斌优待谷二联单（一九四一年八月十日）

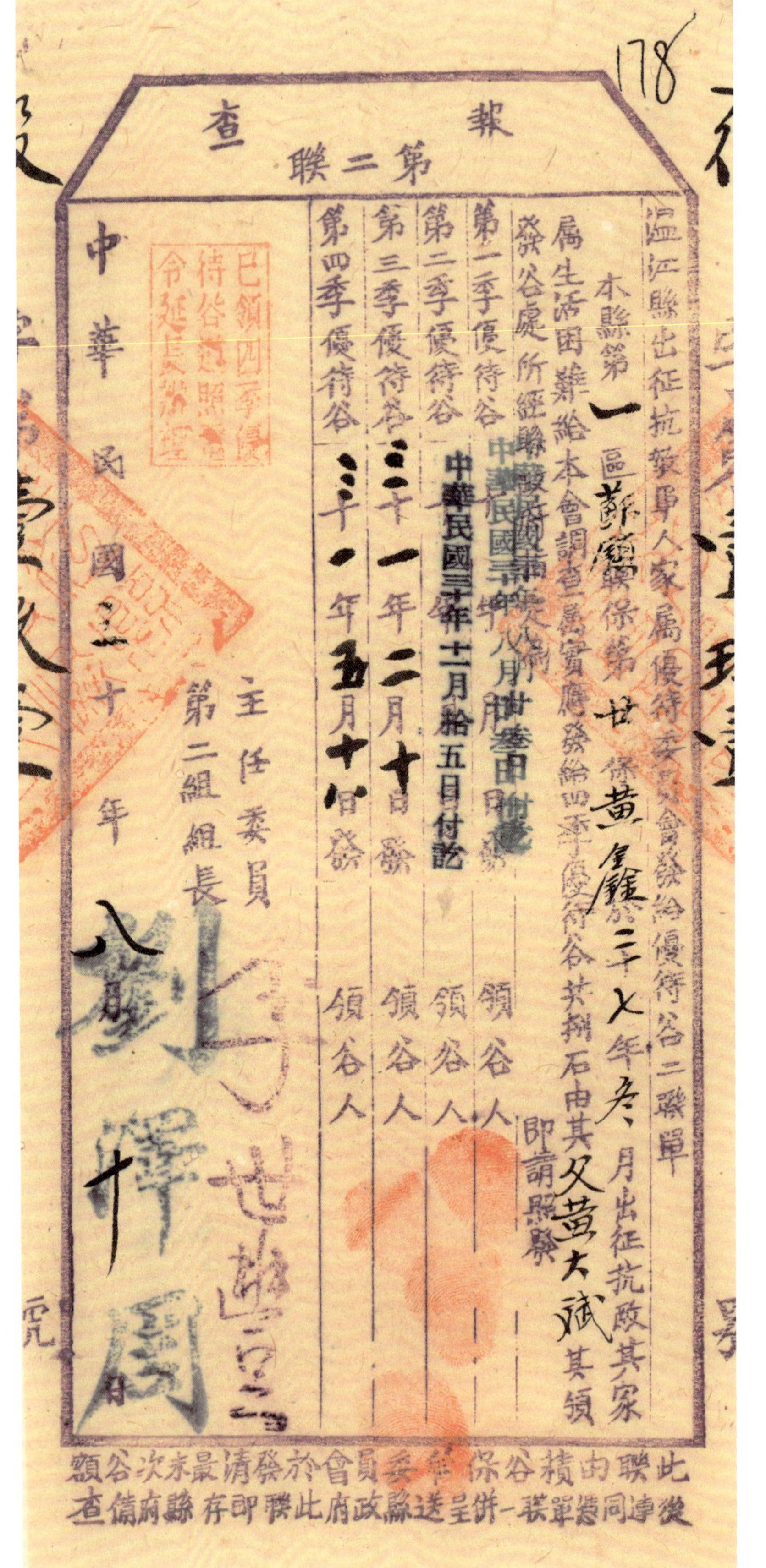

報查

第二聯

温江縣出征抗敵軍人家屬優待委員會發給優待谷二聯單

本縣第一區蘇鎮聯保第廿保黄金鏖於三十七年冬月出征抗敵其家屬生活困難給本會調查屬實應發給四季優待谷共捌石由其父黄大斌具領

發谷處所經縣……即請照發

第一季優待谷　中華民國三十年八月卅日付訖　領谷人

第二季優待谷　中華民國三十年十一月拾五日付訖　領谷人

第三季優待谷　三十一年二月十日發　領谷人

第四季優待谷　三十一年五月十日發　領谷人

主任委員

第二組組長

中華民國三十年八月十日

此聯由積谷保甲委員會於發清最末次谷額後連同誌單聯一併呈送縣政府此聯即存縣府備查

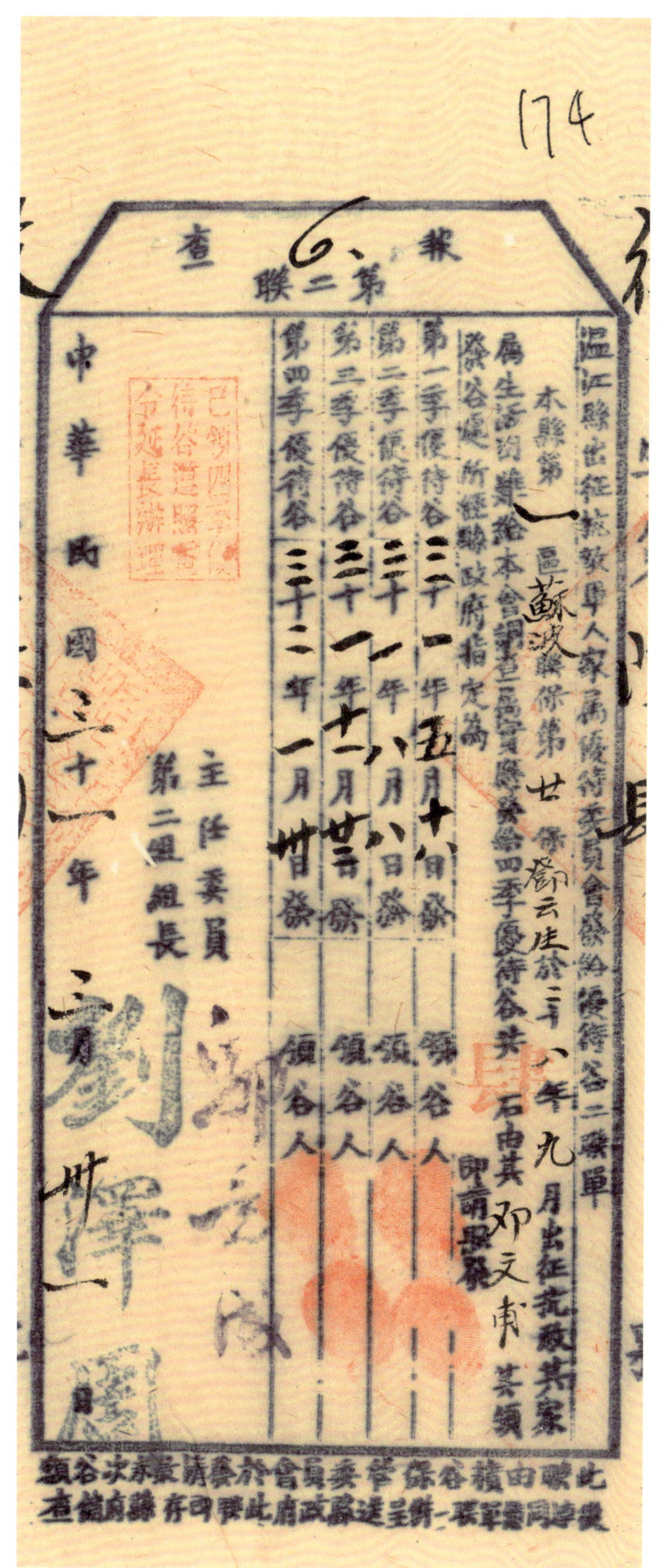

報查

第二聯

温江縣出征抗敵軍人家屬優待委員會發給優待谷二聯單

本縣第一區蘇波聯保第廿保鄧云生於二十八年九月出征抗敵其家屬生活困難給本會調查屬實應發給四季優待谷共肆石由其邓文甫具領

發谷處所經縣政府指定為　　即前往領發

第一季優待谷　三十一年五月十八日發　領谷人

第二季優待谷　三十一年八月八日發　領谷人

第三季優待谷　三十一年十二月廿三日發　領谷人

第四季優待谷　三十二年一月卅日發　領谷人

已領四季優待谷遵照省令延長辦理

主任委員　鄧

第二組組長　劉

中華民國三十一年三月卅一日

此聯由積谷保管委員會於發清後交家屬領谷

後連同第一聯呈送縣政府此聯即存縣府備查

第一区苏镇联保第二十保邓文甫优待谷二联单（一九四二年三月三十一日）

第一区苏镇联保第二十一保周万兴优待谷三联单（一九四一年三月三十一日）

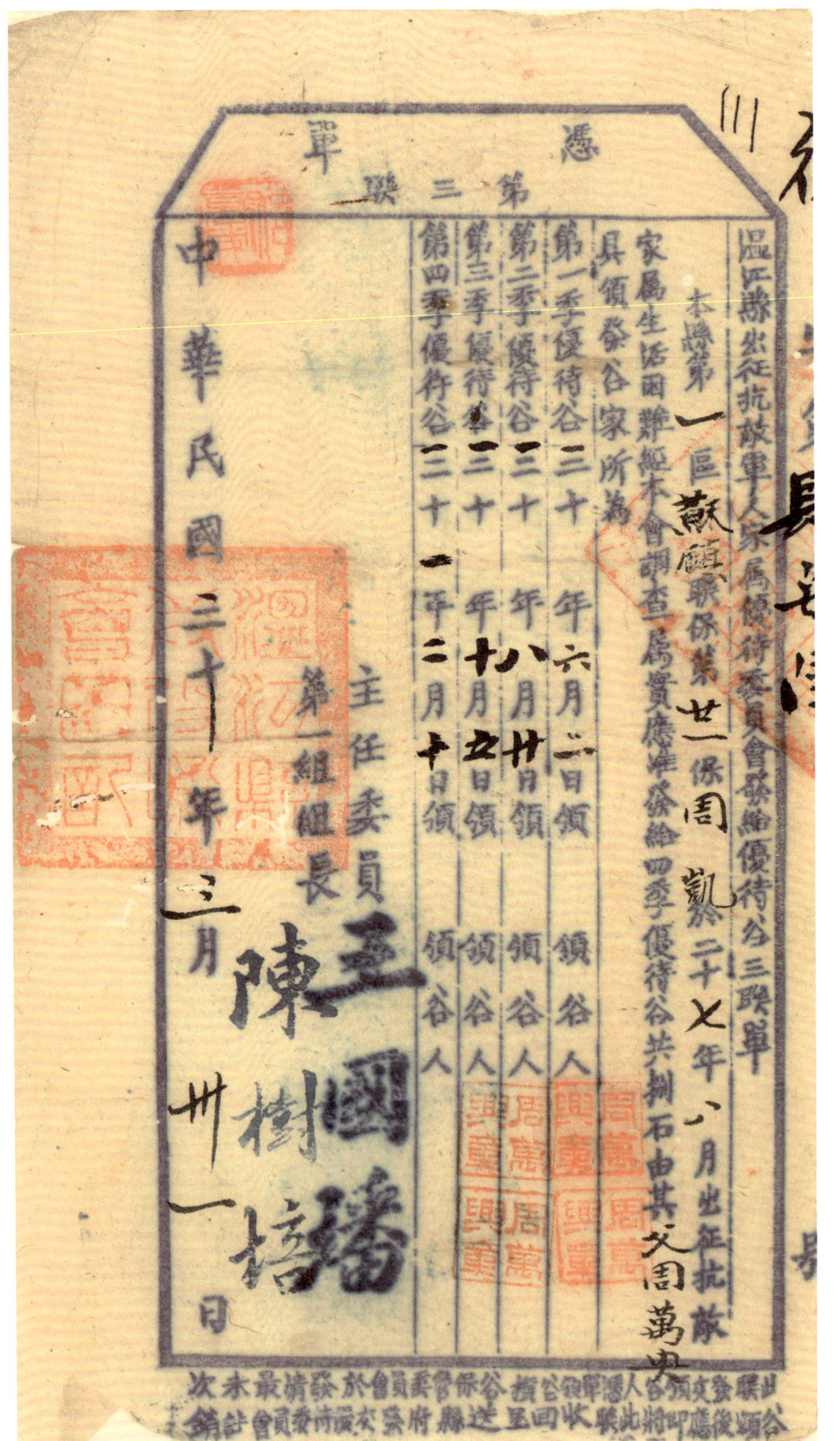

憑單
第三聯

溫江縣出征抗敵軍人家屬優待委員會發給優待谷三聯單

本縣第一區蘇鎮聯保第廿一保周凱於二十七年八月出征抗敵

家屬生活困難經本會調查屬實應准發給四季優待谷共捌石由其父周萬興

具領發谷家所為

第一季優待谷三十年六月二日領　領谷人

第二季優待谷三十年八月廿日領　領谷人

第三季優待谷三十年十月五日領　領谷人

第四季優待谷三十一年二月十日領　領谷人

主任委員　王國璠

第一組組長　陳樹[illegible]

中華民國三十年三月卅一日

此聯發交領谷人憑單領谷後應即將此聯收回呈送縣府發交鄉鎮保會委員會於發請最末次計銷

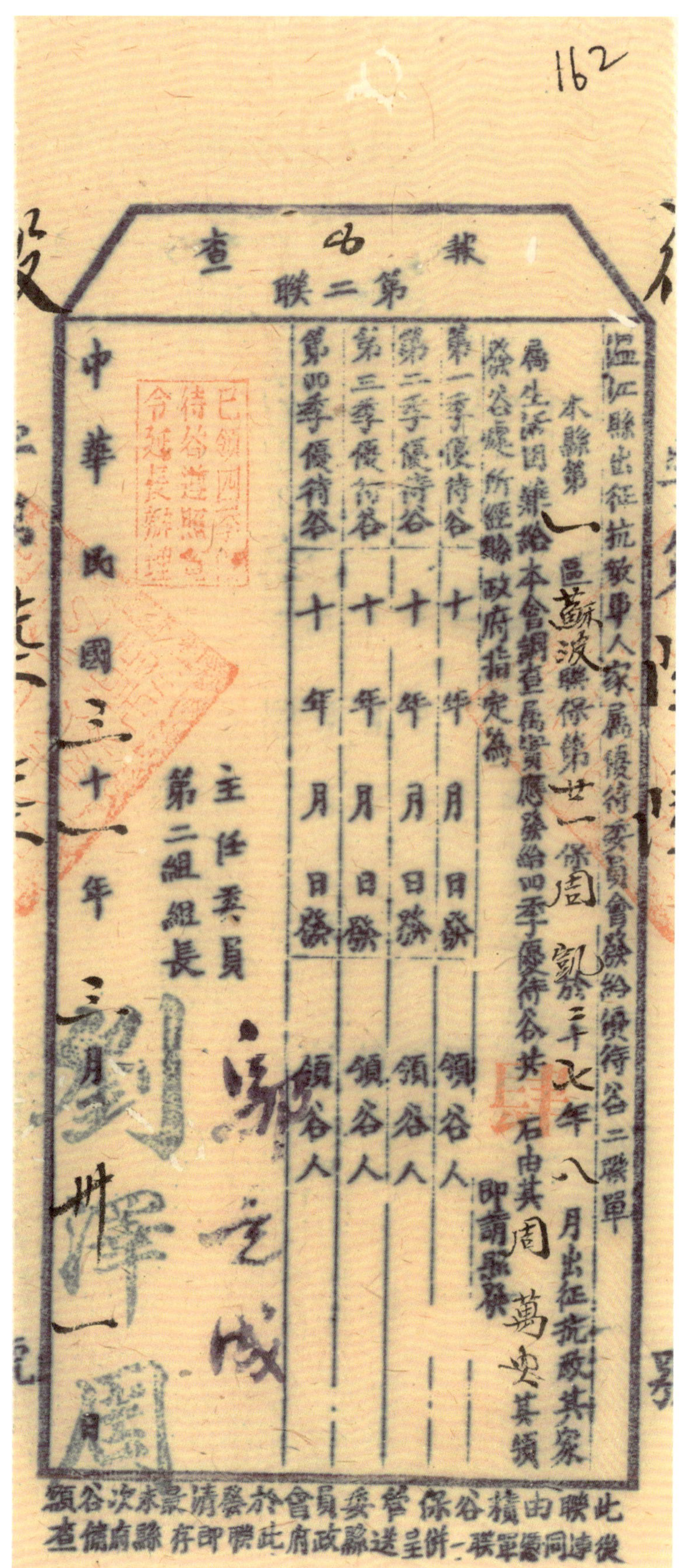

報名查

第二聯

塩江縣出征抗敵軍人家屬優待委員會發給優待谷二聯單

本縣第一區蘇波聯保第廿一保周凱於三十一年八月出征抗敵其家屬生活困難給本會調查屬實應發給四季優待谷共　石由其周萬興某領發谷處所經縣政府指定爲　即請照發

第一季優待谷	十　年　月　日發	領谷人
第二季優待谷	十　年　月　日發	領谷人
第三季優待谷	十　年　月　日發	領谷人
第四季優待谷	十　年　月　日發	領谷人

已領四季優待谷遵照令延長辦理

主任委員

第二組組長

中華民國三十一年三月卅一日

此聯由積谷保管委員會於發清最末次谷領後連同優單聯一併呈送縣政府此聯即存縣府備查

第一区苏镇联保第二十一保周万兴优待谷二联单（一九四二年三月三十一日）

第一区苏镇联保第二十一保黄大斌优待谷二联单（一九四二年八月十日）

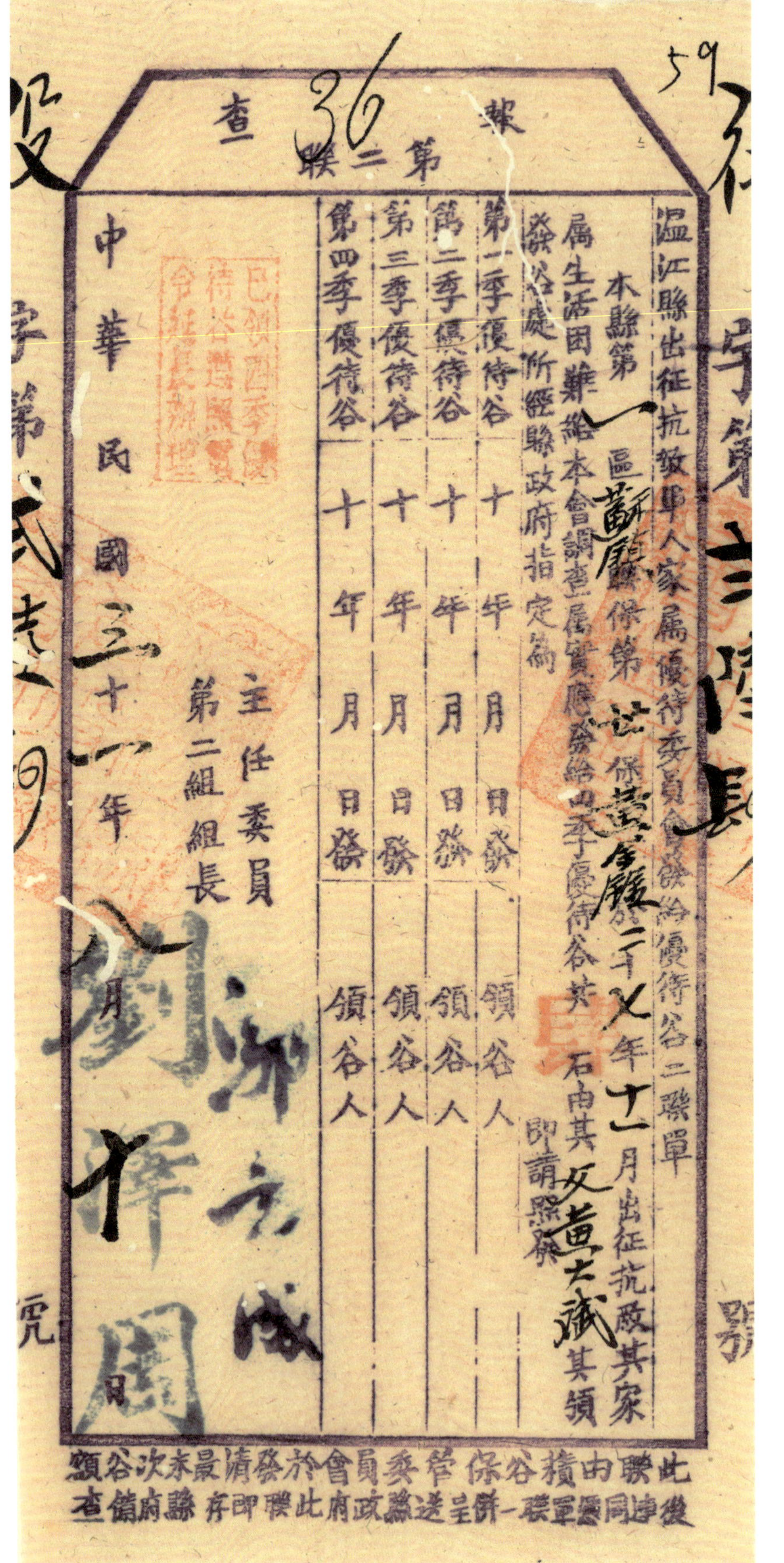
第二聯

温江縣出征抗敵軍人家屬優待委員會發給優待谷二聯單

本縣第一區蘇鎮聯保第廿一保黃大斌於二十八年十二月出征抗敵其家屬生活困難經本會調查屬實應發給四季優待谷共　石由其父黃大斌具領發谷處所經縣政府指定爲　即請照發

第一季優待谷	十　年　月　日發		領谷人
第二季優待谷	十　年　月　日發		領谷人
第三季優待谷	十　年　月　日發		領谷人
第四季優待谷	十　年　月　日發		領谷人

中華民國三十一年八月十日

主任委員

第二組組長

此聯由積谷保管委員會於發清最末次領谷後即同原單一併呈送縣政府此聯即存縣府備查

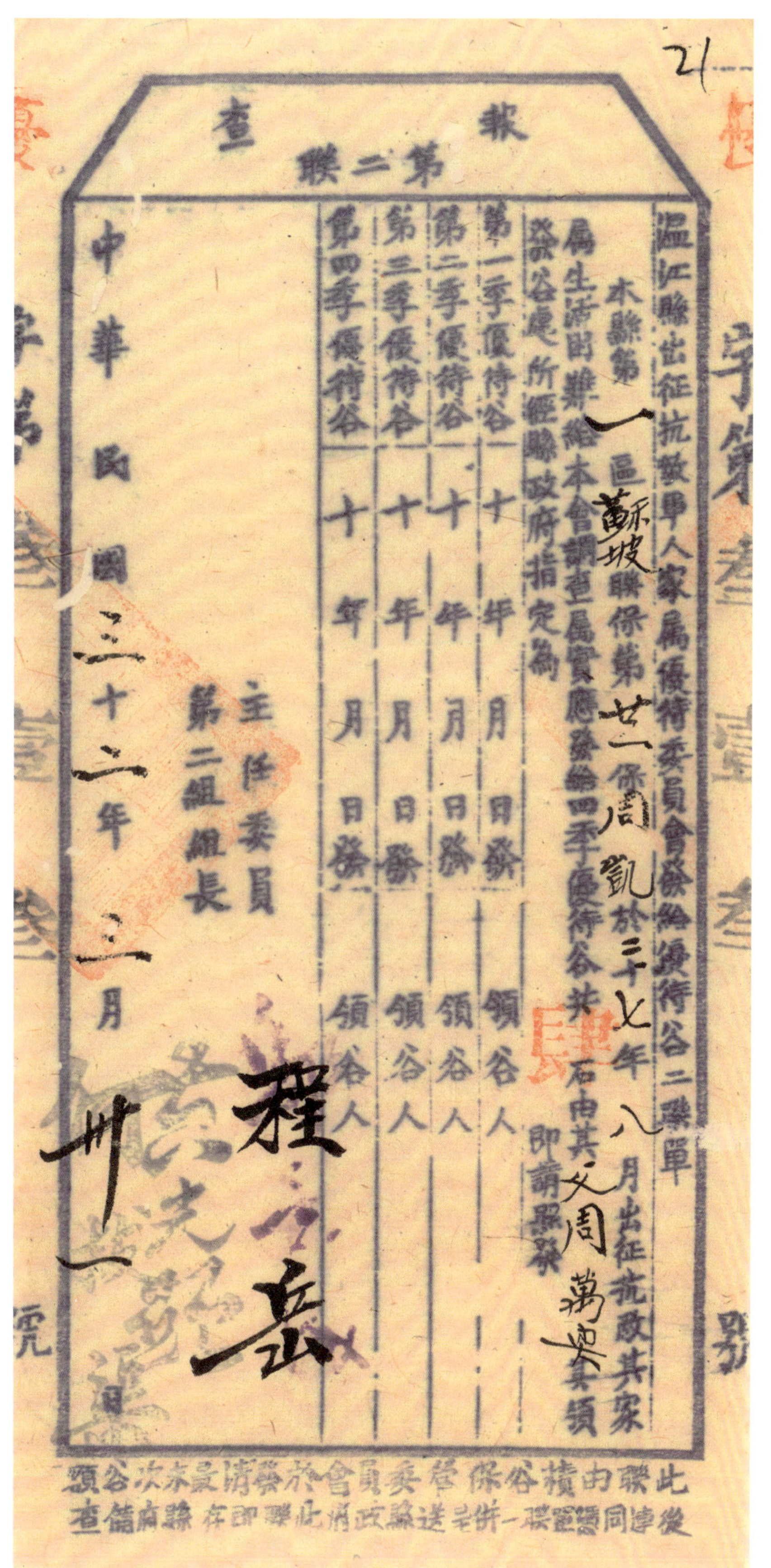

報查

第二聯

温江縣出征抗敵軍人家屬優待委員會發給優待谷二聯單

本縣第一區蘇坡聯保保第廿一保周凱於二十七年八月出征抗敵其家屬生活困難給本會調查屬實應發給四季優待谷共肆石由其父周萬興領

發谷處所經縣政府指定為　　即請照發

第一季優待谷　十　年　月　日發　領谷人

第二季優待谷　十　年　月　日發　領谷人

第三季優待谷　十　年　月　日發　領谷人

第四季優待谷　十　年　月　日發　領谷人

主任委員

第二組組長　程岳

中華民國三十二年三月卅一日

此聯由積谷保管委員會於發清最末次谷領後連同領據匯繳一併呈送縣政府此聯即存縣府備查

第一区苏镇联保第二十一保周万兴优待谷二联单（一九四三年三月三十一日）

温江县政府关于抄发已故士兵李彦平、骆小山调查表及保结式样致苏坡镇公所的训令（一九四一年四月五日）

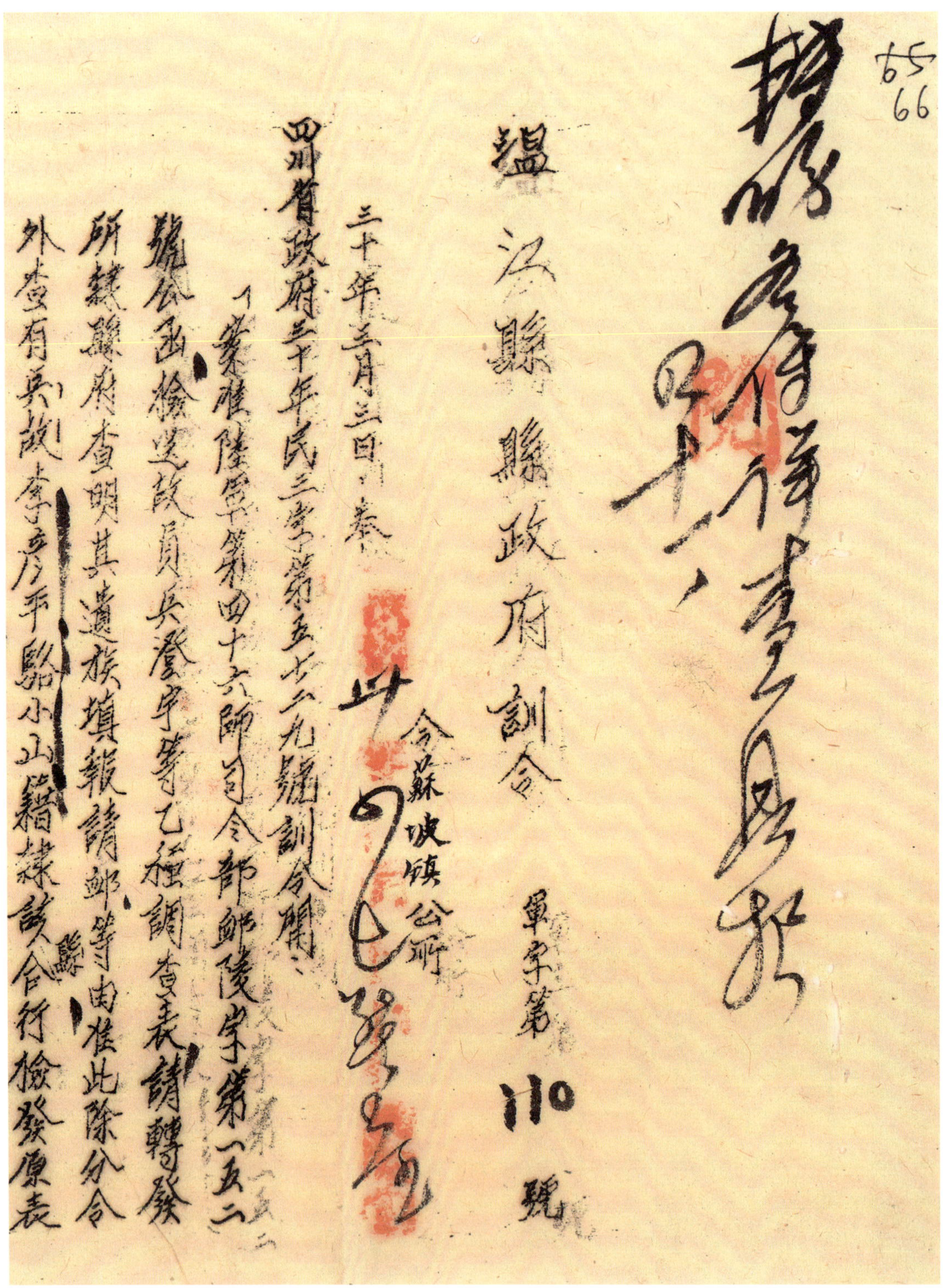
温江县县政府训令　单字第110号

令苏坡镇公所

三十年三月三日奉

四川省政府三十年民三字第五七六九号训令开：

「案准陆军第四十六师司令部邮陵字第一五二……号公函检送该员兵登字等乙种调查表，请转发所隶县府查明其遗族填报，请邮寄由，准此。除分令外，查有兵故兵李彦平、骆小山籍隶该县，合行检发原表

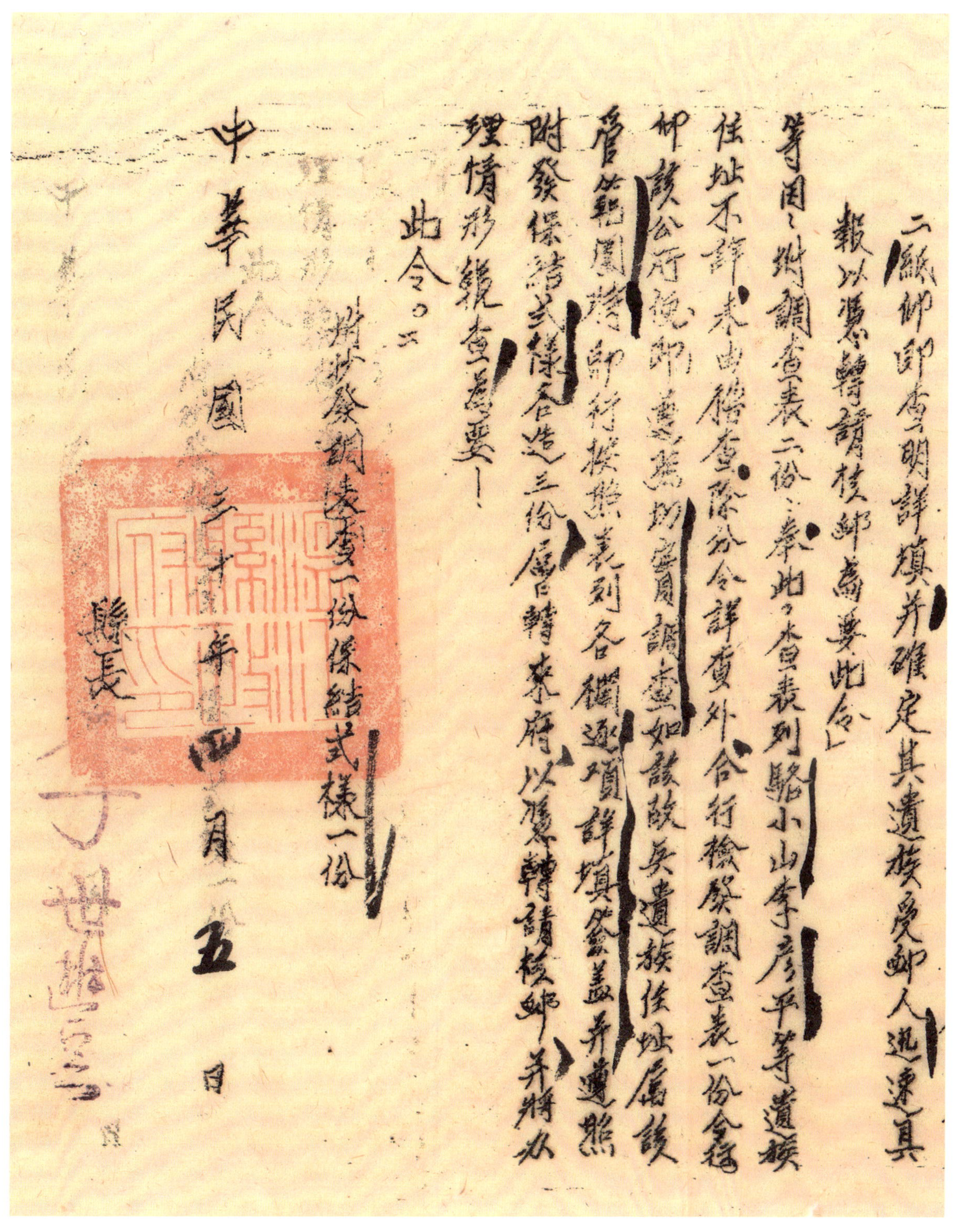

二紙，仰即查明詳填，并確定其遺族受卹人，迅速具
報，以憑轉請核卹爲要。此令。」
等因；附調查表二份。奉此，查表列駱小山、李彥平等遺族
住址不詳，未由稽查，除分令詳查外，合行檢發調查表一份，令仰
仰該公所便即遵照切實調查，如該故兵遺族住址屬該
管範圍，務將卹行按照表列各欄逐項詳填，鈐蓋，并遵照
附發保結式樣各造三份，層轉來府，以憑轉請核卹，并將辦
理情形報查爲要！
此令。
附發調查表一份、保結式樣一份
中華民國三十四年五月　日
縣長

附：陆军战时死亡士兵甲种调查表及保结式样

陸軍戰時死亡士兵甲種調查表

隊號	陸軍第四十六師一三六團二營四連
階級	一等
職務	列兵
姓名	李孝平
籍貫	四川金江
年齡	二十五歲
家族名號 祖父	殁　年　歲
父	殁　年　歲
母	王氏　年　歲
兄弟	年　歲
妻	年　歲
子女	年　歲
原業	農
入伍年月日	民國二十六年一月八日
死亡事由	抗日陣亡
死亡年月日	民國二十九年一月三日
死亡地點	山西沁水東老庄溝嶺
相貌或特徵	無
遺族願卹人	四川金江縣北鄉四保七甲　母李王氏
名號及住址	
備考	

中華民國　年　月　日遺族願卹人　具

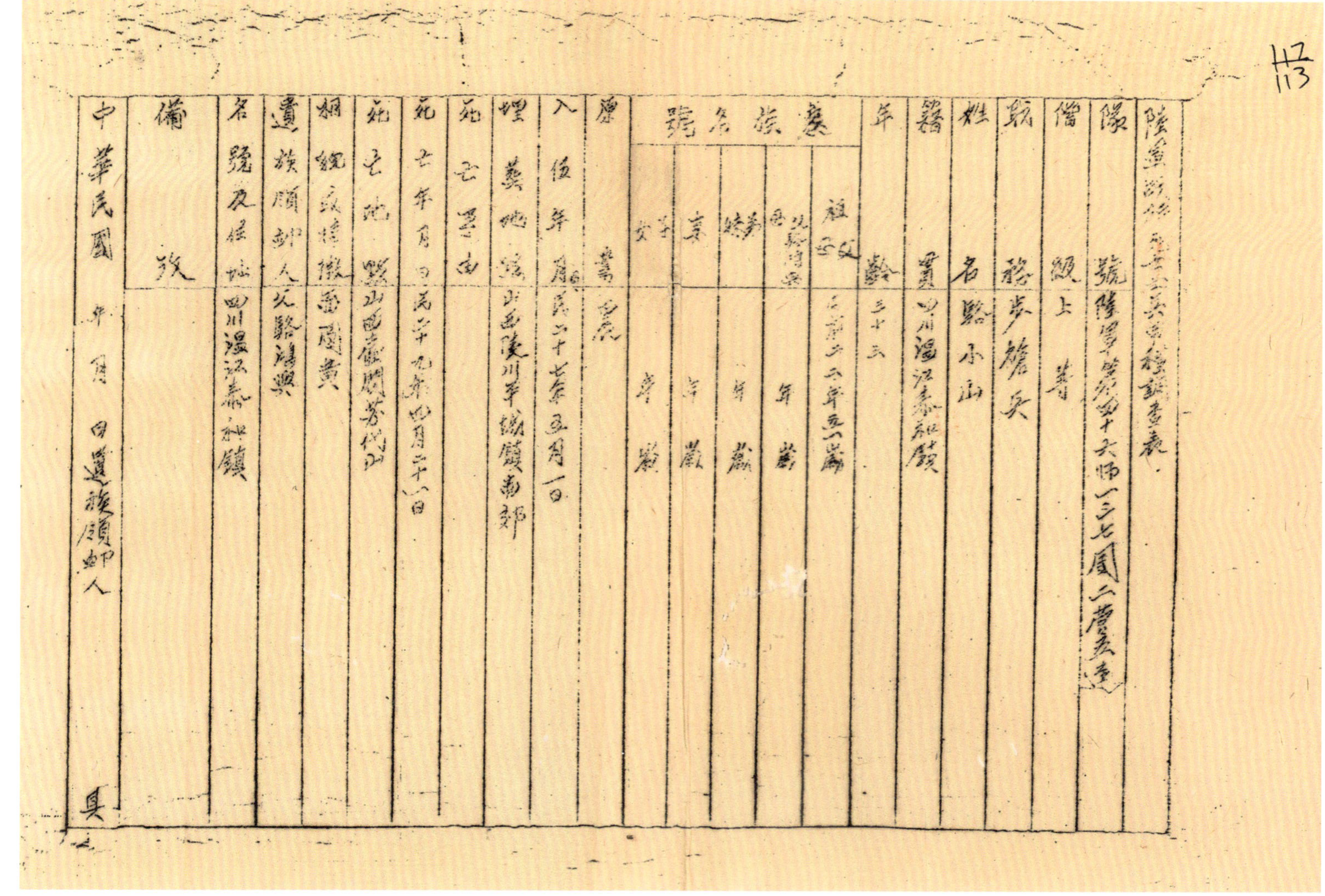

陸軍部隊抗戰陣亡官兵調查表

隊號	陸軍第四十六師一三七團二營五連
階級	上等
職務	步兵
姓名	駱小山
籍貫	四川溫江泰和鎮
年齡	三十六
家族名號：祖父母	民前六六年五八歲
家族名號：父母	年　歲
家族名號：兄弟姊妹	年　歲
家族名號：妻	年　歲
家族名號：子女	年　歲
原業	農
入伍年月日	民二十七年五月一日
埋葬地點	山西陵川平城鎮南郊
死亡事由	
死亡年月日	民三十年四月二十八日
死亡地點	山西壺關芳代山
姻親或族證撫卹人	壺關黃
遺族領卹人	父駱鴻興
名號及住址	四川溫江泰和鎮
備考	

中華民國　年　月　日　遺族領卹人　具

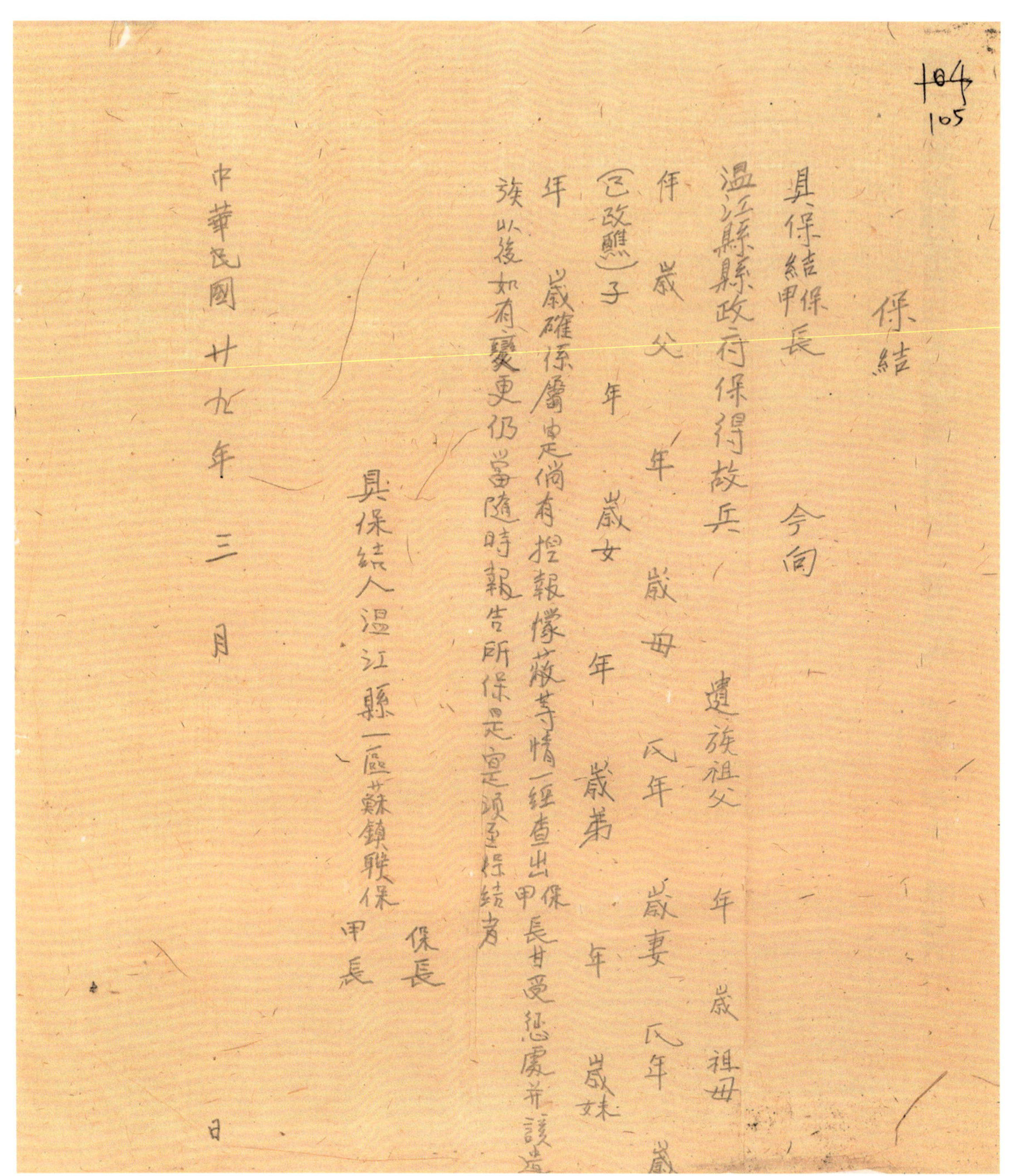

104
105

保結

具保結甲保長　今向

溫江縣縣政府保得故兵　遺族祖父　年　歲　祖母

年　歲父　年　歲母　氏年　歲妻　氏年　歲

（已改醮）子　年　歲女　年　歲弟　年　歲妹

年　歲確係屬實倘有捏報朦蔽等情一經查出保甲長甘受懲處并該遺

族以後如有變更仍當隨時報告所保是實須至保結者

具保結人溫江縣一區蘇鎮聯保　保長
甲長

中華民國廿九年三月　日

温江县政府关于准函查明派收出征军人家属修筑机场等费致苏坡镇公所的训令（一九四一年四月十九日）

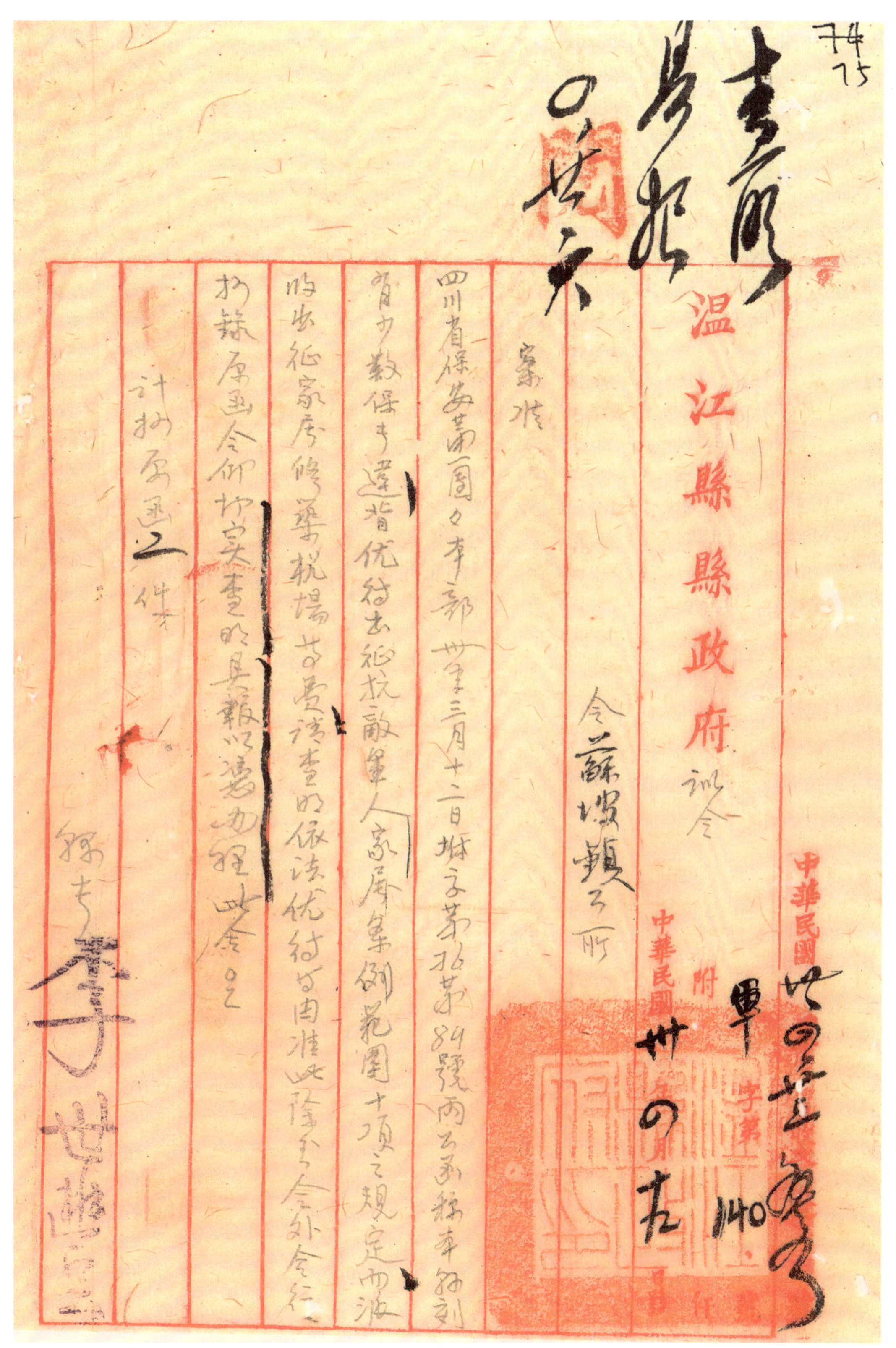

温江縣縣政府訓令

中華民國卅年四月 日 附 軍字第140號

令蘇坡鎮公所

案准

四川省保安第一團本部卅年三月十二日城字第84號函：[illegible]

有少數保甲違背優待出征抗敵軍人家屬條例範圍十項之規定而派

收出征家屬修築機場等費請查明依法優待等由准此除分令外合行

抄錄原函令仰切實查明具報以憑辦理此令

計抄原函乙件

縣長 李 [illegible]

附：抄四川省保安第一团团本部公函二件

76

本年三月十六日案据本团第三大队长苏钦侠呈称：「三月五日案据第十三

中队长董炳言呈称：据〔三月四日案据战队第一班中士黄仕荣报告称：窃士家

住温江第一区第一联保二十一保九甲，大小人丁四口，惟母老妻子女幼稚，生活维艰，

祖遗水田五亩，雇工栽种，每年收获，除食米而外，所敷无几。前年士派充

壮丁入伍本团，家中一切杂款，仍以获免；今年因更换保长，不加查核，所有

应纳各款，竟勒悉数缴纳，计前后征缴平仓谷每亩一斗，又叫修筑机场

每亩征缴一斗七合，此外本年第一次修筑机场又征去法币十元，二次三次派

款，犹摊及至。士因服兵役，老弱幼小一身现服兵役，家中生计久已窘迫万状，对此

过重派款，实属无力担负，用特恳陈苦状，报请钧座俯赐呈转团部准

予函请温江县府转饬第一区第一联保主任王焕之、二十一保保长王耀伍将

士家雜款惠賜豁免以示優待而資鼓勵是否有當批示祇遵等情據此查陸軍中將〔修〕報轉中士吳士典呈訴各情

經呈核屬實理合據情轉請鈞部俯賜令飭遂溪縣府准予

豁免以輕負擔是否有當仍候示遵等情據此查本團奉令兼

任新攻第三梯陽隊戰隊對空作戰之責依據省府頒發卅二年秘一字第一九

七四號訓令屬轄軍政部核定優待出征抗敵軍人家屬條例適用範

圍十項第二項所載服務地區勤務之對空作戰部隊及服戰區司令長官

司令部之聯絡人員作為出征軍人其家屬應予一律優待之規定該中士吳

仕典家屬自在前項核定優待之列且家僅祖遺水田五畝既已納過應繳

各項派征來糧則一切其他雜款似應依法核免以示優待而維功令據呈前

情相應函達貴府請煩查照轉飭該區鄉鎮公所轉飭該保甲人

員予以優待至級公誼此致。

查优待出征抗敌军人家属条例适用范围十项早经军政部核定公布并经四川省政府先年秘一字第一九七五号训令通饬施行在案兹核定前项范围第三项战时服务地方勤务之对外作战部队及服务战区司令长官司令部之联络人员作为出征军人其家属应予一体优待而维纲奉令兼任成都附近之机场陆战副司令并负新津双流邛三机场陆战对外作战指挥之责与四项规定自係直接出征抗敌军人应在核定优待范围之例惟月来迭据苏坡桥七里桥及土南匣韩家庵等管渭泉寺两处佃户报称当地保甲去年摊缴军粮及以往种种派款均居强迫指派该两处之田并非上等磅田每亩收租各一石之七斗而每次所派之米及款均与其他上等磅田相同并未宽了求是稍加比较固不知有

优待条文之颁布，历来迄未有减免优待之事实，近更日增繁剧，
月廿一月此次修新津机场一月份该派工粮亦系每亩上等水田一样派给，除
修机场民工外，派米款由佃户担任外，现在更要派给工粮，每亩斗余，仍
由其他粮田同等等米，应照米上不能稍缓，请即送款二斗米，以便送仓，如
米若干请（四斛）准调兼任特种工程委员会暨卫处专批报，再派给工粮情事，
提出会报批准工粮需要数，石数照一次给足，并无再给而来，今忽另拨款派给
情事。当此国难严重期间，百物日益昂贵，军人生活久已陷于绝境，无法
善后。原有优待条件既已担负国家征供及已往种种指派到一切，未来地
方苛捐杂款，应请依法减免，以符国家优待出征军人之至意，自不能
以地方保甲胁从法令之故，而专此听任自由征派，不胜其累，无所不至。

78

轄各貴府清明政績之藉相應抄附前項適用範圍十項一份備文函請查照即希轉飭該縣搜鎮長王子度及中南區幹家庄子鎮長張澤田一併遵照並分別予以優待並希將辦理情形見覆至深感盼此致

此抄優待出征抗敵軍人家屬條例適用範圍十項

（一）現役軍各大隊各中隊之現中勤務人員

（二）現役軍各學校各獨立隊之負有戰鬥任務之在中勤務人員

（三）服務地方勤務之對於作戰部隊及服務戰區司令長官司令部聯絡人員

右列各種人員作為出征軍人家屬應予一律優待

（四）撥入新兵訓練處或常備隊之壯丁及征備送往前方服務之運輸兵

（五）調回後方休養整訓軍人之家屬

六自動應募及在兵役法令施行前入營服務至今仍參與作戰之軍人軍屬及其家屬持有該軍人軍屬現役在營證明書者右列各種軍人其家屬（應予一律優待）

七在戰區（非東區）之憲兵警察及地方團隊若受軍隊指揮官之指揮擔任一地區之守備并隨時受命攻敵或服陣中勤務合此規定在作戰時之勤務應視為直接參加作戰

八自戰區司令長官司令部起以迄各高級司令部并其所直轄之特務部隊亦應視為直接作戰部隊

右（七）（八）兩項份之家屬均享受條例全部之優待

九在戰區（非東區）內之憲兵警察或地方團隊一時配合正規軍攻敵或襲擊敵而作戰者

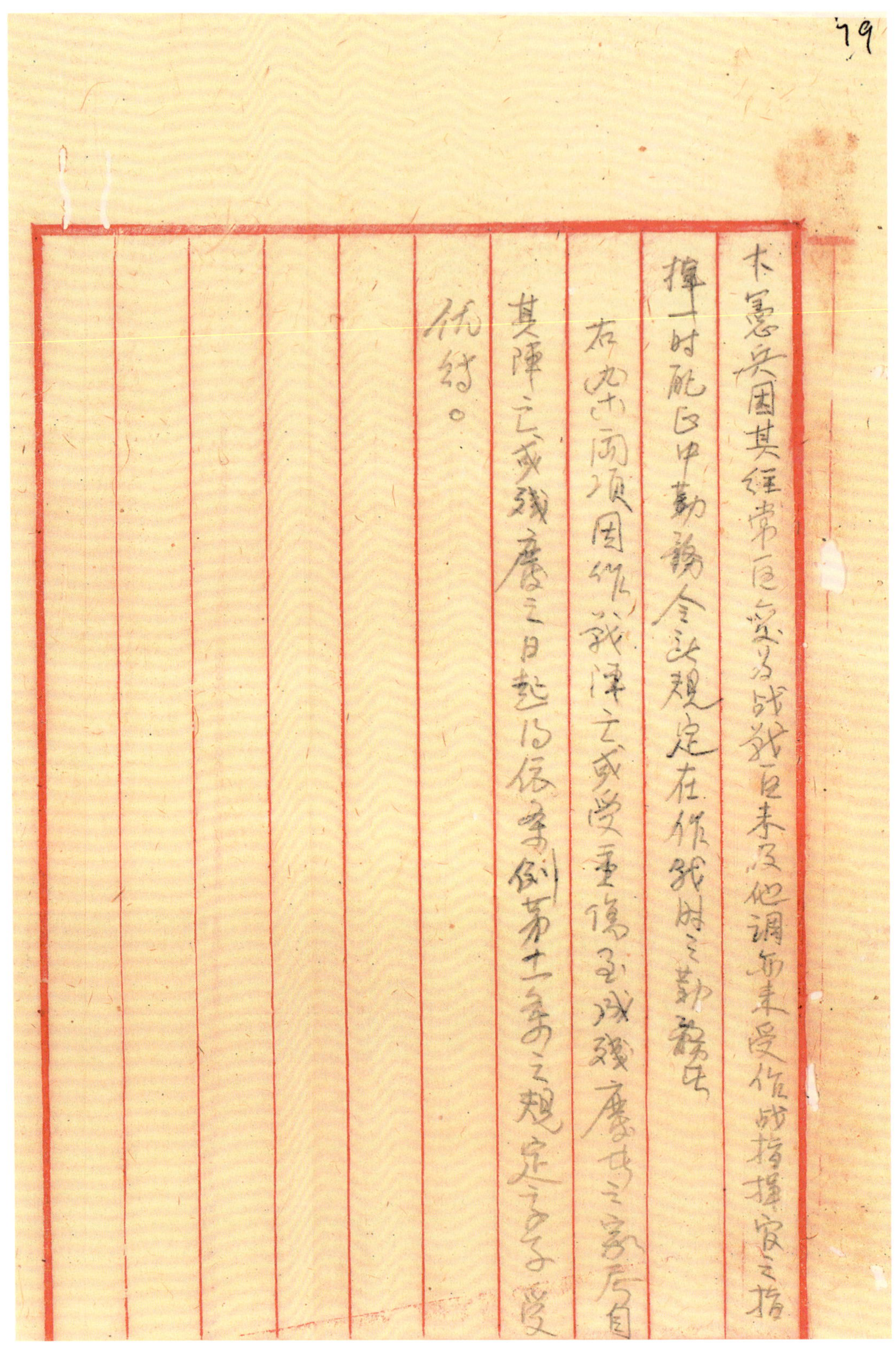
79

本憲兵團其經常區域爲戰地且未及他調而未受作戰指揮官之指揮，時派區中勤務，合於規定在作戰時之勤務者。

右列兩項因作戰陣亡或受重傷至殘廢者之家屬，自其陣亡或殘廢之日起，得依本條例第十二條之規定之享受優待。

温江县政府关于奉令抄发四川省政府转发恤金暂行办法的布告（一九四一年五月五日）

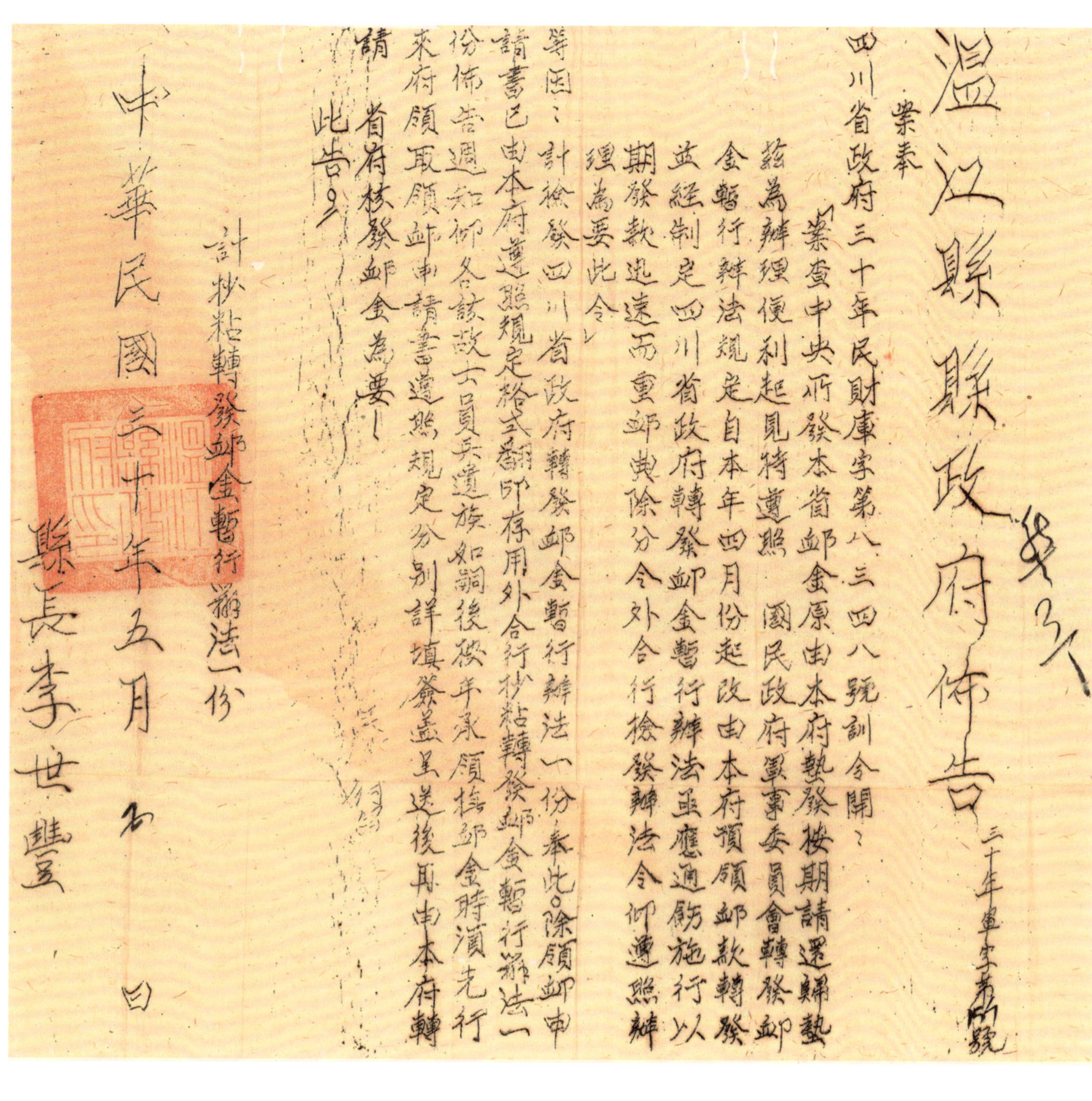

温江縣縣政府佈告

三十年縣字第　號

案奉

四川省政府三十年民財庫字第八三四八號訓令開：「案查中央所發本省卹金原由本府墊發按期請還歸墊，茲為辦理便利起見，特遵照 國民政府暨軍事委員會轉發卹金暫行辦法規定，自本年四月份起改由本府預領卹款轉發，並經制定四川省政府轉發卹金暫行辦法，亟應通飭施行，以期發款迅速而重卹典。除分令外，合行檢發辦法，令仰遵照辦理為要。此令。」

等因；計檢發四川省政府轉發卹金暫行辦法一份。奉此，除領卹申請書已由本府遵照規定格式翻印存用外，合行抄粘轉發卹金暫行辦法一份，佈告週知。仰各該故亡員兵遺族，如嗣後發年承領撫卹金時，須先行來府領取領卹申請書，遵照規定分別詳填簽蓋呈送，後再由本府轉請

省府核發卹金為要。

此告。

計抄粘轉發卹金暫行辦法一份

中華民國三十年五月五日

縣長李世豐

附：四川省政府转发恤金暂行办法

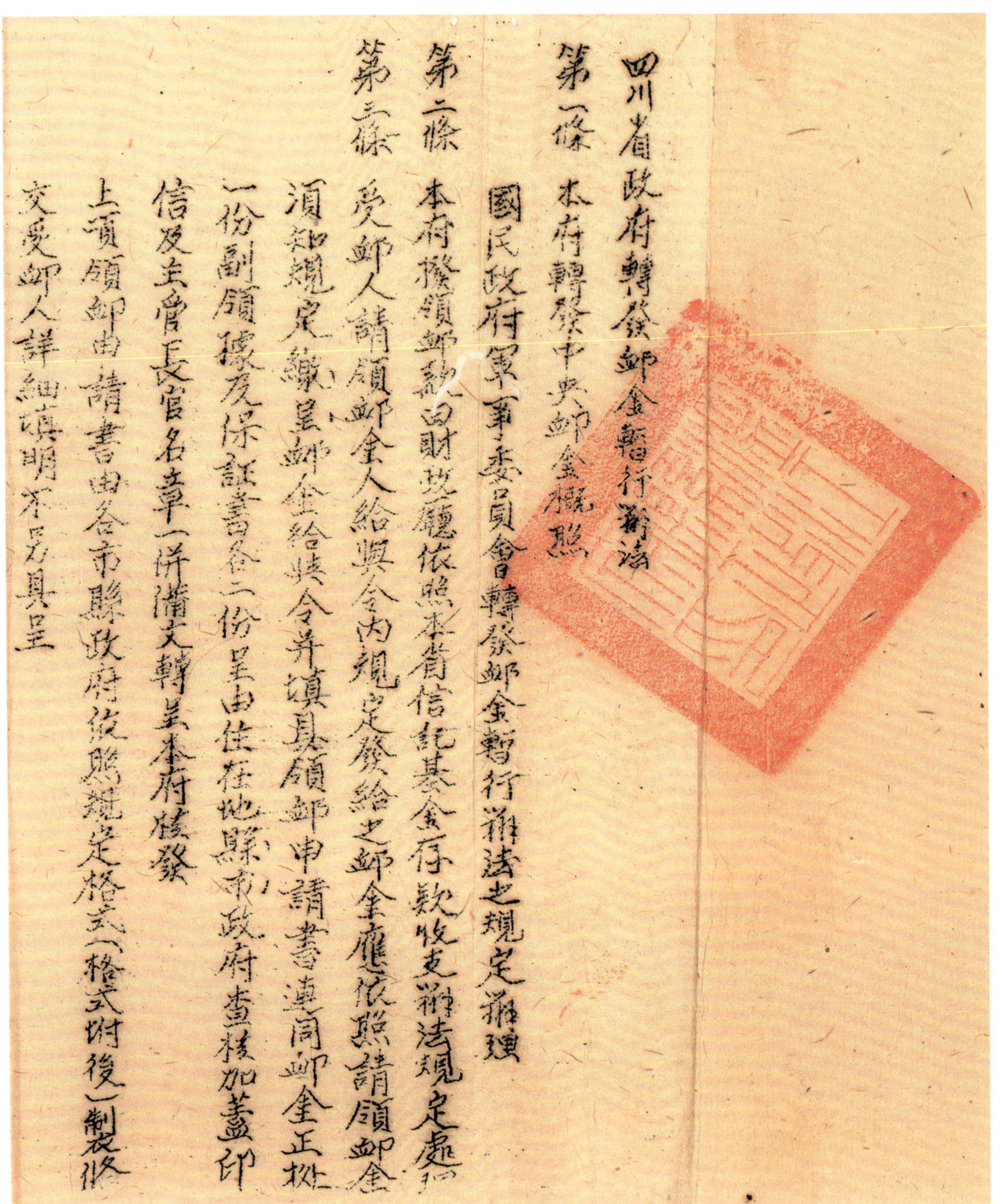

四川省政府轉發卹金暫行辦法

第一條　本府轉發中央卹金概照國民政府軍事委員會轉發卹金暫行辦法之規定辦理

第二條　本府發領卹款由財政廳依照本府借記基金存款收支辦法規定處理

第三條　受卹人請領卹金人給與令內規定發給之卹金應依照請領卹金須知規定繳呈卹金給與令并填具領卹申請書連同卹金正收一份副領據及保證書各二份呈由住在地縣市政府查核加蓋印信及主管長官名章一併備文轉呈本府核發

上項領卹申請書由各市縣政府依照規定格式（格式附後）制表發交受卹人詳細填明不另具呈

第四條　受卹人應領卹金由本府核定後檢同領卹申請書寄滙所在地省庫撥付另以領卹回單（式樣附後）連同卹金給與令送寄受卹人飭於回單上署名蓋章飭向指定省庫撥領并指令原核轉市縣政府知照

第五條　各地省庫收到撥滙卹款於受卹人到庫領撥卹金時查對回單印章與申請書印鑑符合時應即照付不另覓保并不得以任何理由藉詞推延

第六條　省庫撥發卹金應彙齊受卹人領卹回單按旬造表送呈本府財政廳查核

第七條　受卹人住在地無省庫設置者得由本府依照交通部規定郵局承滙卹金辦法辦理另以滙卹通知單（式樣附後）連同滙票通知受卹人持領

第八條　本辦法自公布日施行

杨林东致杨子云的家书（一九四一年五月）

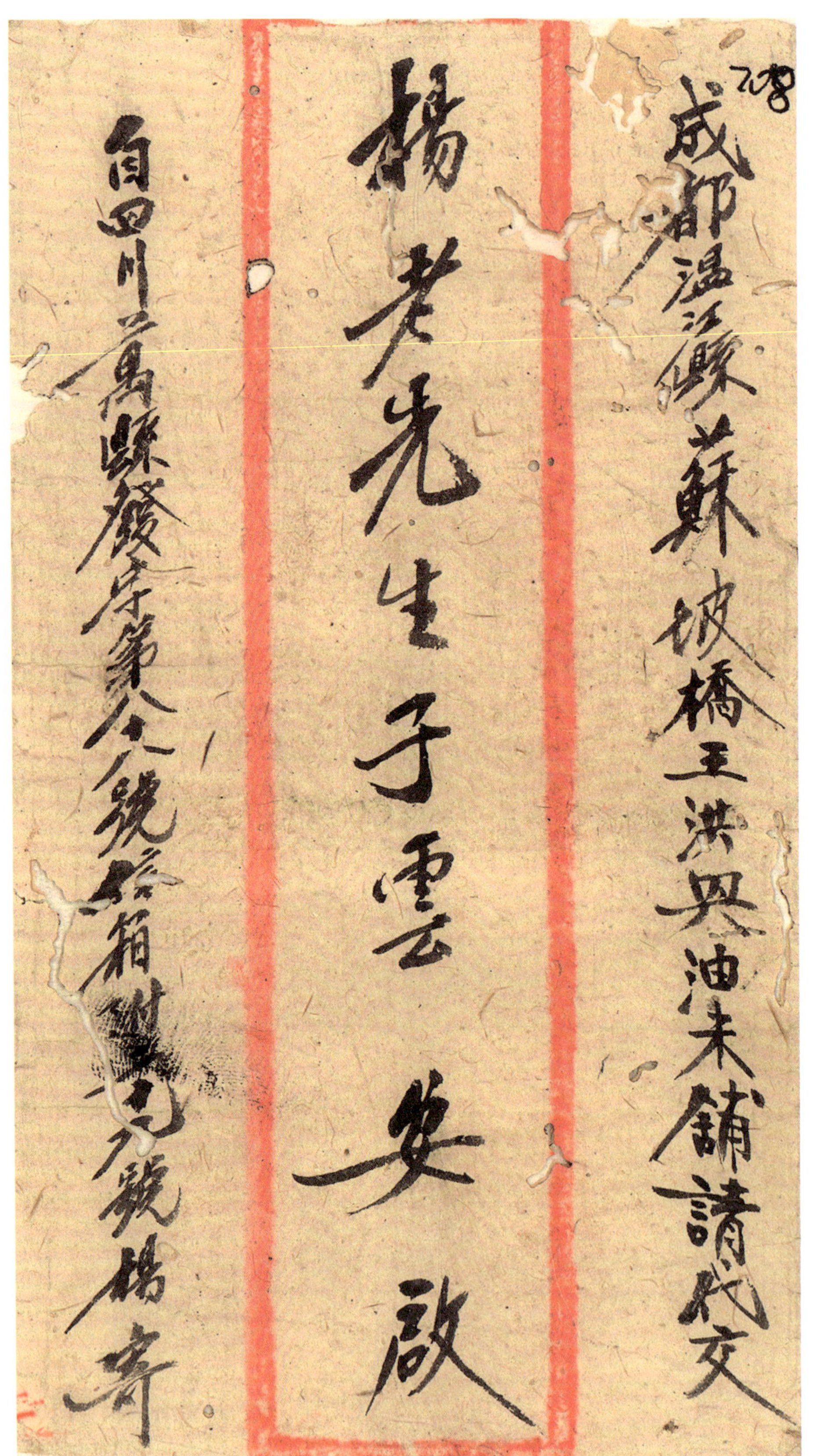
成都温江县苏坡桥王洪兴油米铺请代交
杨老先生子云 安启
自四川万县发字第八号信箱转九号杨寄

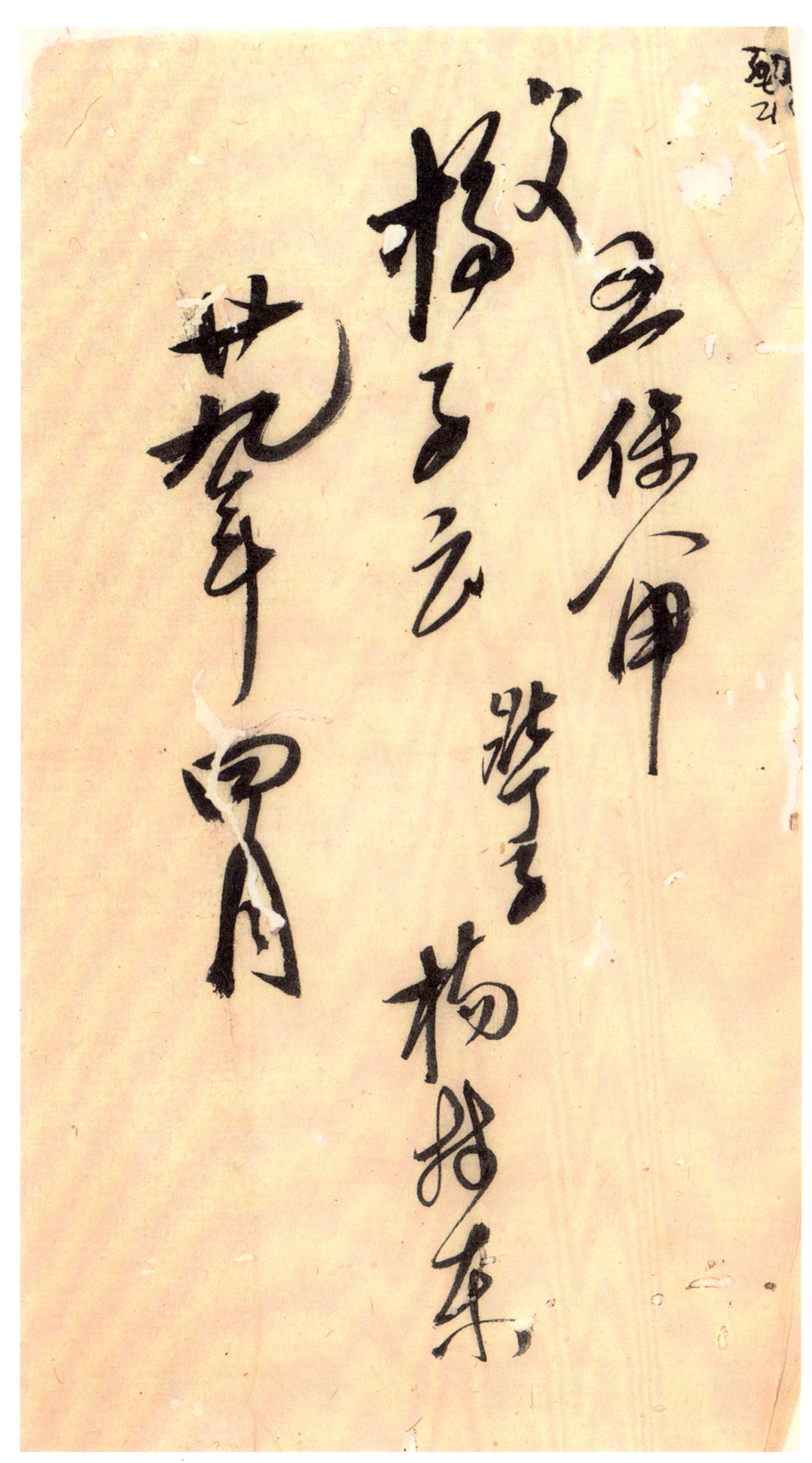

跪禀

双親大人敬前啟者無別因 男 這次離家很久不覺已有四个年頭了未與双親見面不知到双親身体康健否但現在国難当前匹夫有何况你 男 是堂堂一个男兒不與国家出力不说你 男 子怉定了犧性的主義現在的軍隊是代表国家威權與精神 男 須然這樣説心中也是實實不安的也不知双親好與不好 男 只有書上與双親言说而也

218

男還是去年古曆五月內接得父親來示一封男全是知悉的現在男的賊体很好請双親不必掛念自男去年由渝西師管區到達湖北交與十八軍十一師三十三团三營八連在湖北住了三月多又出發到四川雲陽又住了二三月又出到梁山訓練四五月了再有兄弟和妹妹好否再盧氏賢妹和一双孩兒好話又長只又短請父親千急千急來示一封不悞

福安

古曆五月四

男林東

附（一）在营服役证明书

219

在營服役証明書

陸軍第十一師司令部　靖字第211號

茲有楊林東現年二十九歲四川省温江縣市　區安谷鄉

五保七甲人自民國二十九年八月一日入伍現

在本部第三十三團第三營第八連　充任上等列兵　留此存查

右給該家長楊子云收執

師長方靖

副師長胡一

中華民國三十年五月　日

本件須在本部所屬服役時爲有效離役時作廢

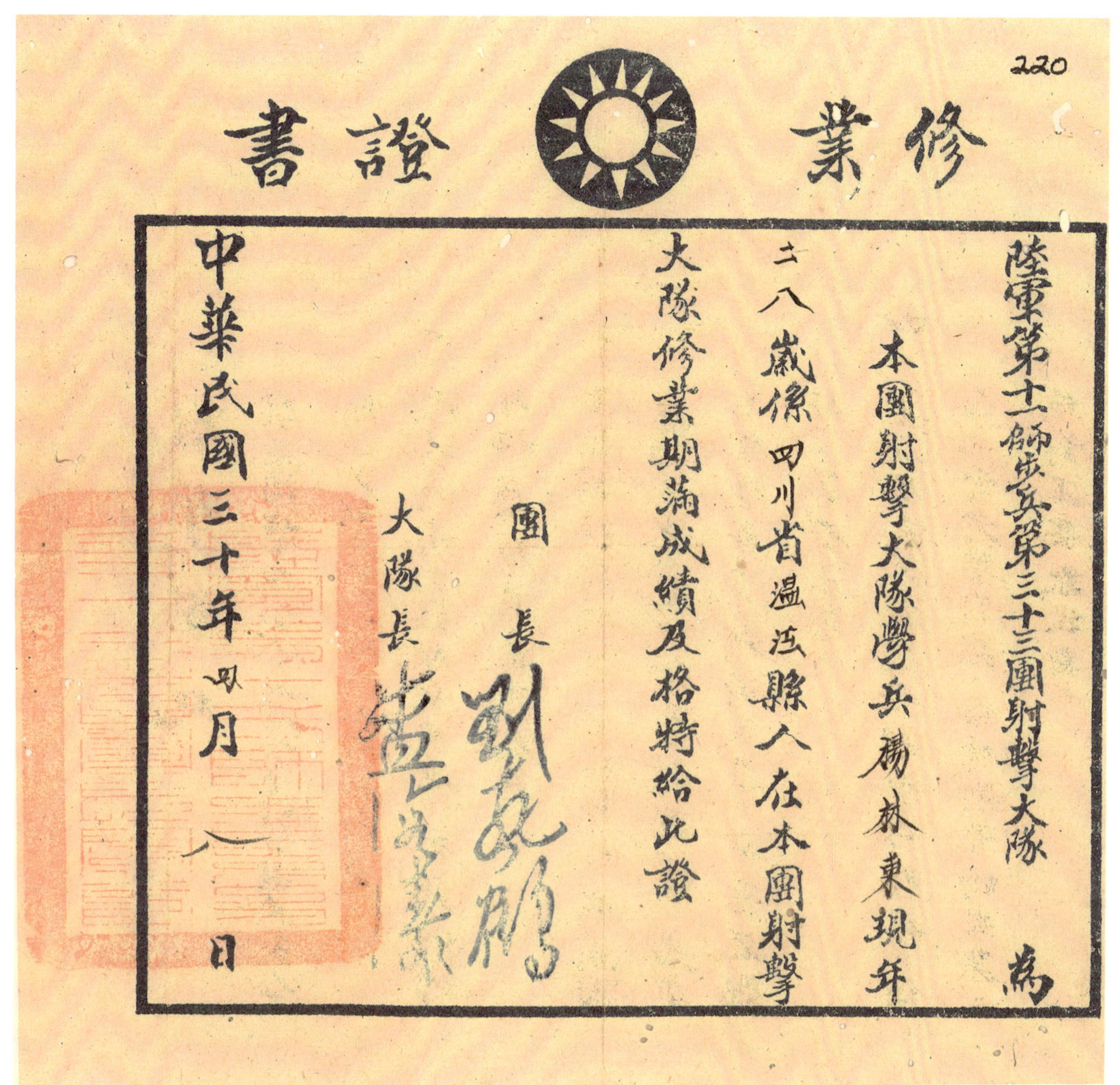

220

修業證書

陸軍第十二師步兵第三十三團射擊大隊　為

本團射擊大隊學兵楊林東現年

二八歲係四川省溫江縣人在本團射擊

大隊修業期滿成績及格特給此證

團　長

大隊長

中華民國三十年四月八日

温江县政府关于检发故兵李清华死亡乙种调查表及保结式样致苏坡镇公所的训令（一九四一年六月五日）

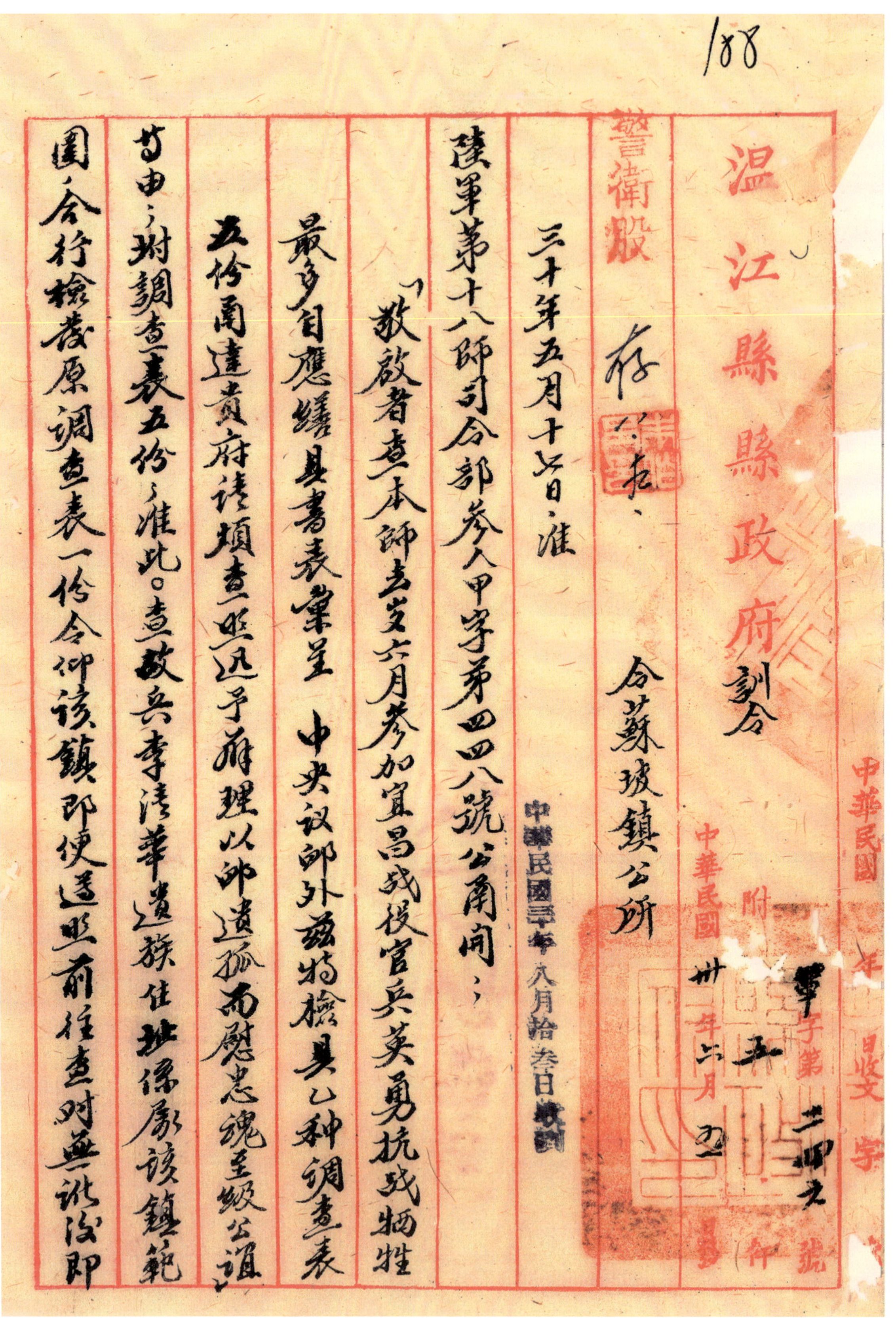

溫江縣縣政府訓令

警衛股 存

令蘇坡鎮公所

三十年五月十七日准

陸軍第十八師司令部參人甲字第四四八號公函開：

「敬啟者查本師去歲六月參加宜昌戰役官兵英勇抗戰犧牲最多，自應繕具書表彙呈 中央請卹外，兹特檢具乙种調查表五份函達貴府，請煩查照，迅予辦理，以卹遺孤而慰忠魂，至紉公誼」等由，附調查表五份，准此。查故兵李清華遺族住址係屬該鎮範圍，合行檢發原調查表一份，令仰該鎮即便遵照，前往查對無訛，設即

中華民國卅年六月五日 附 軍字第二四九號

中華民國三十年六月拾叁日收到

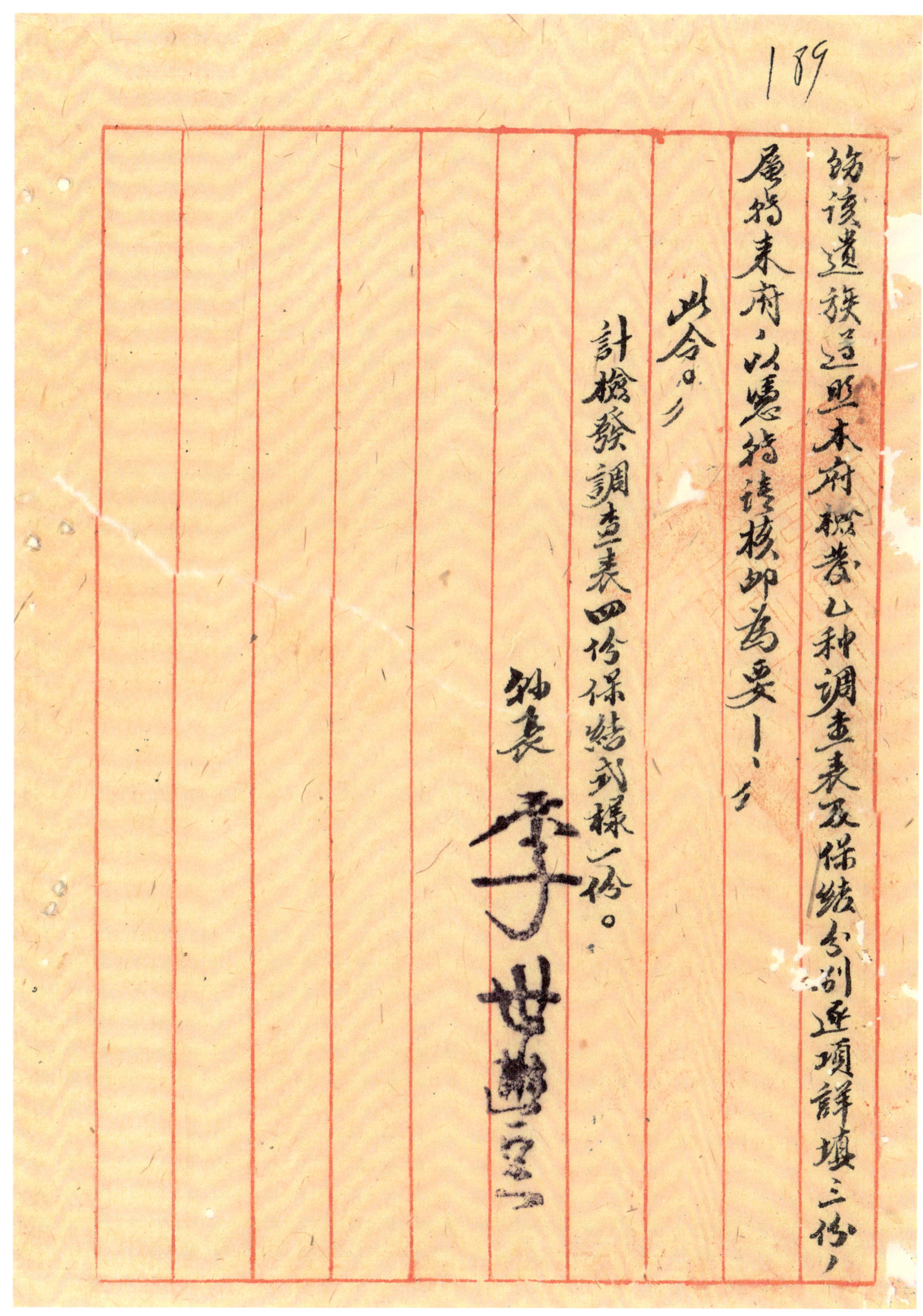
189

飭該遺族逕照本府檢發乙种調查表及保結分別逐項詳填三份，層轉來府，以憑轉請核卹爲要！

此令。

計檢發調查表四份保結式樣一份。

省長　李世軍

附：陆军战时死亡士兵乙种调查表（李清华）及保结式样

陆军战时死亡士兵乙种调查表

队号	陆军第十八师五十二团一营一连
阶级	二等兵
职务	列兵
姓名	李清华
籍贯	四川省温江县
年龄	十八岁
家族名号·祖父母	年　岁　殁
家族名号·父母	李氏　年　岁　殁
家族名号·兄弟姊妹	无　年　岁
家族名号·妻	无　年　岁
家族名号·子女	无　年　岁
原来职业	农
入伍日期	二十八年十二月十一日
死亡事由	抗日
死亡年月日	二十九年七月十二日
死亡地点	湖北宜昌
埋葬地点	阵地附近
相貌特征	
遗族领卹人	
名号及住址	四川省温江县[illegible]
备考	

中华民国　　年　　月　　日

填表

191

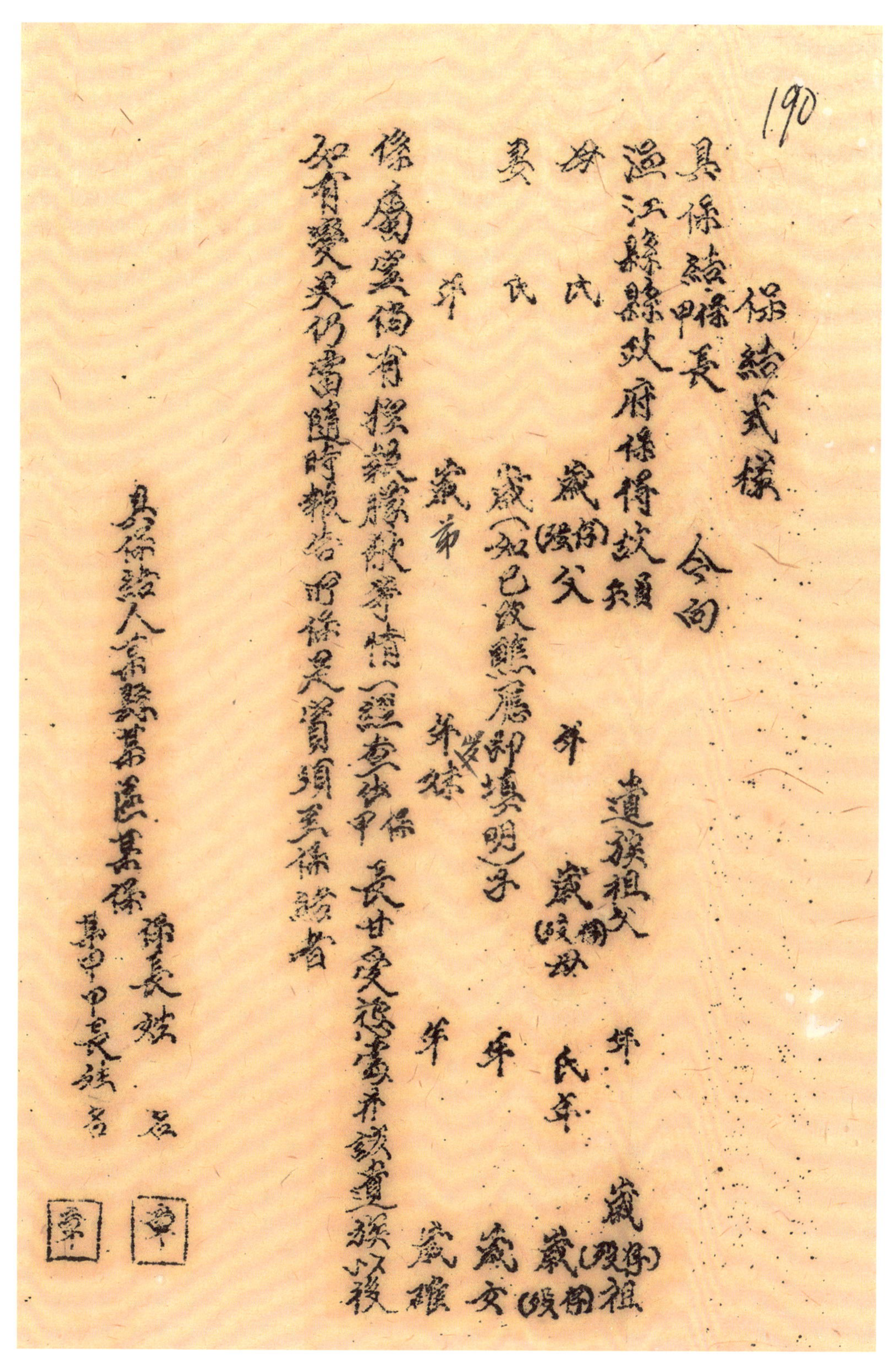

保結式樣

具保結保甲長　　今向

温江縣縣政府保得欽頭　遺（族）祖父　年　歲（殁存）祖

母　氏　歲（殁存）父　年　歲（殁存）母　氏年　歲（殁存）

妻　氏　歲（如已改醮應即填明）子　年　歲女

弟　歲弟　年妹　年　歲孫

係屬實倘有捏報隱敝等情（經查出甲保長甘受懲處并議責遺族以後

如有變更仍當隨時報告所保是實須至保結者

具保結人某省某縣某區某保保長姓名（章）

某甲甲長姓名（章）

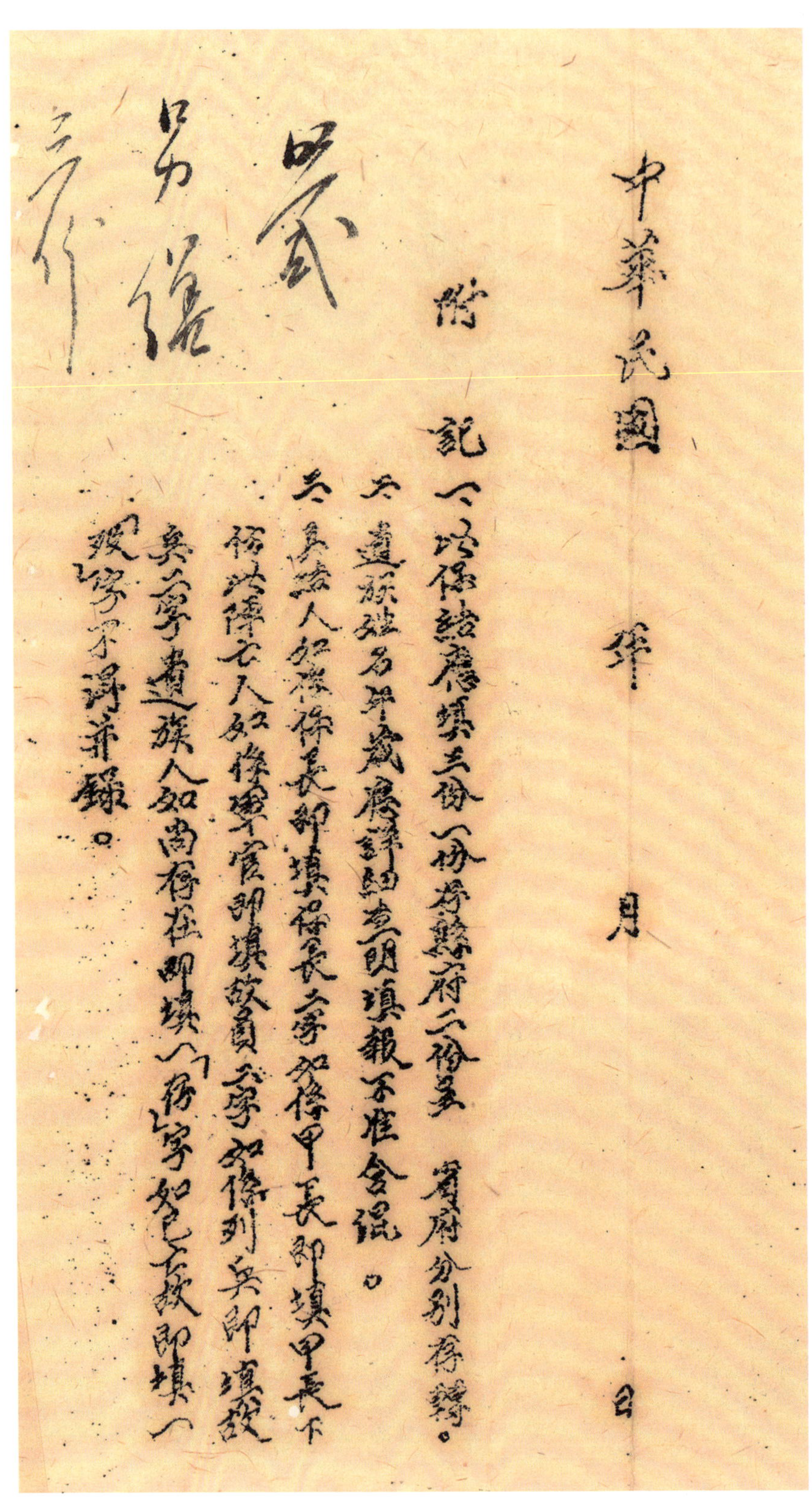

中華民國　年　月　日

附記：一、此保結應填三份，一份存縣府，二份呈　省府分別存轉。

二、遺族姓名、年歲應詳細查明填報，不准含混。

三、具結人如係保長即填保長二字，如係甲長即填甲長，下務此係亡人，如係軍官即填該員二字，如係列兵即填該兵二字，遺族人如尚存在即填一一存字，如已亡故即填一一殁字，不得并録。

温江县政府关于转饬所属一体优待新兵家属致苏坡镇公所的训令（一九四一年六月二十六日）

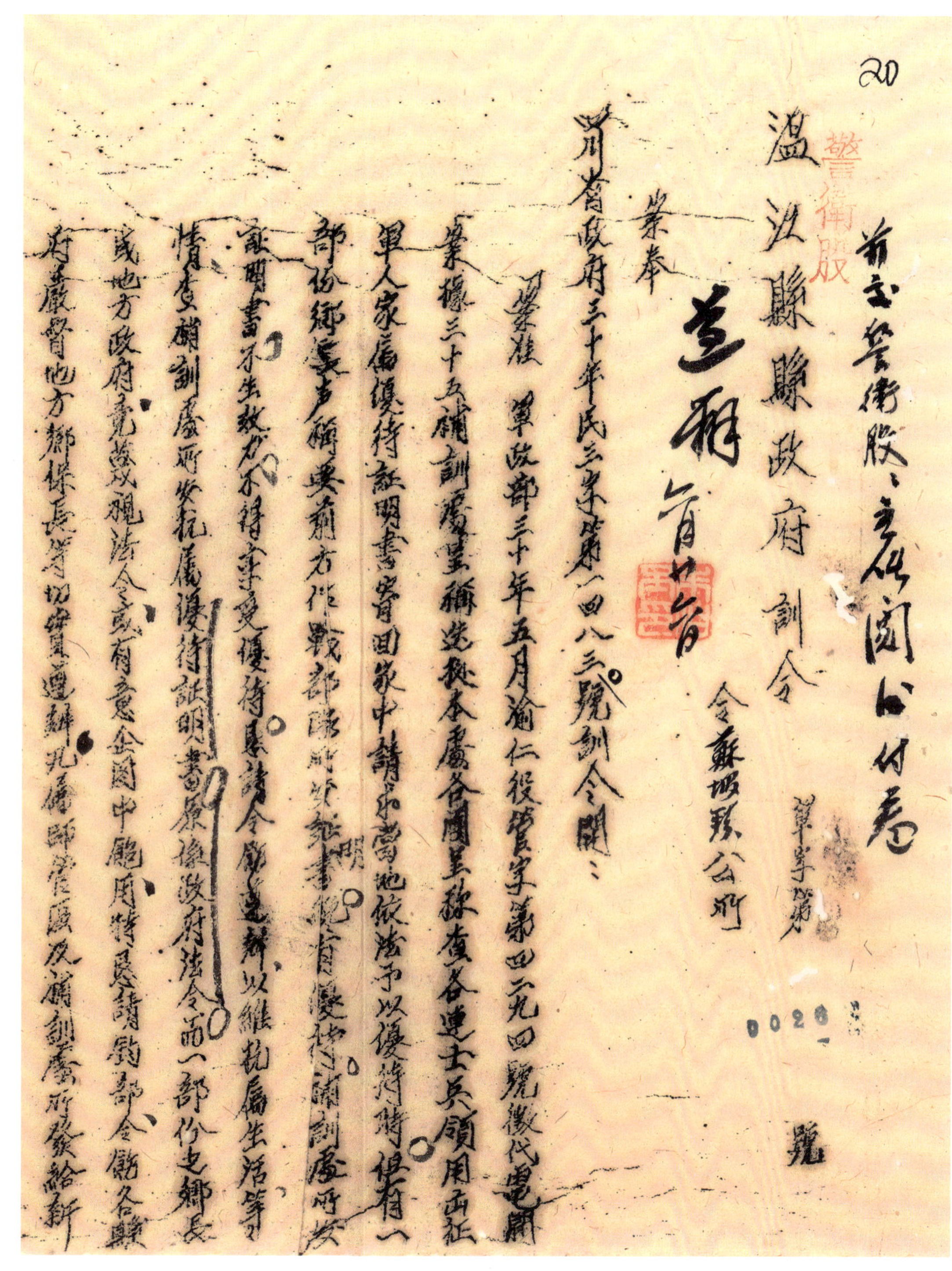

20

前交警衛股、彥閱后付卷

警衛股

温江縣縣政府訓令　軍字第　號

令蘇坡鎮公所

案奉

四川省政府三十年民三字第一四八三號訓令開：

「案准　軍政部三十年五月渝仁役貫字第四二九四號徽代電開：

案據三十五補訓處呈稱：遵擬本處各團呈請查各連士兵領用函証軍人家屬優待証明書寄回家中，請求當地依法予以優待，但有一部份鄉鎮長聲稱要前方作戰部隊所發証明書始有優待，本補訓處所發証明書不生效力，不得享受優待等情。請令飭遵辦，以維抗屬生活等情。查補訓處所發抗屬優待証明書，原係依政府法令，而一部份鄉長或地方政府竟藐視法令，或有意企圖中飽，用特呈請鈞部令飭各縣府嚴督地方鄉保長等切實遵辦，凡係師管區及補訓處所發給新

0026

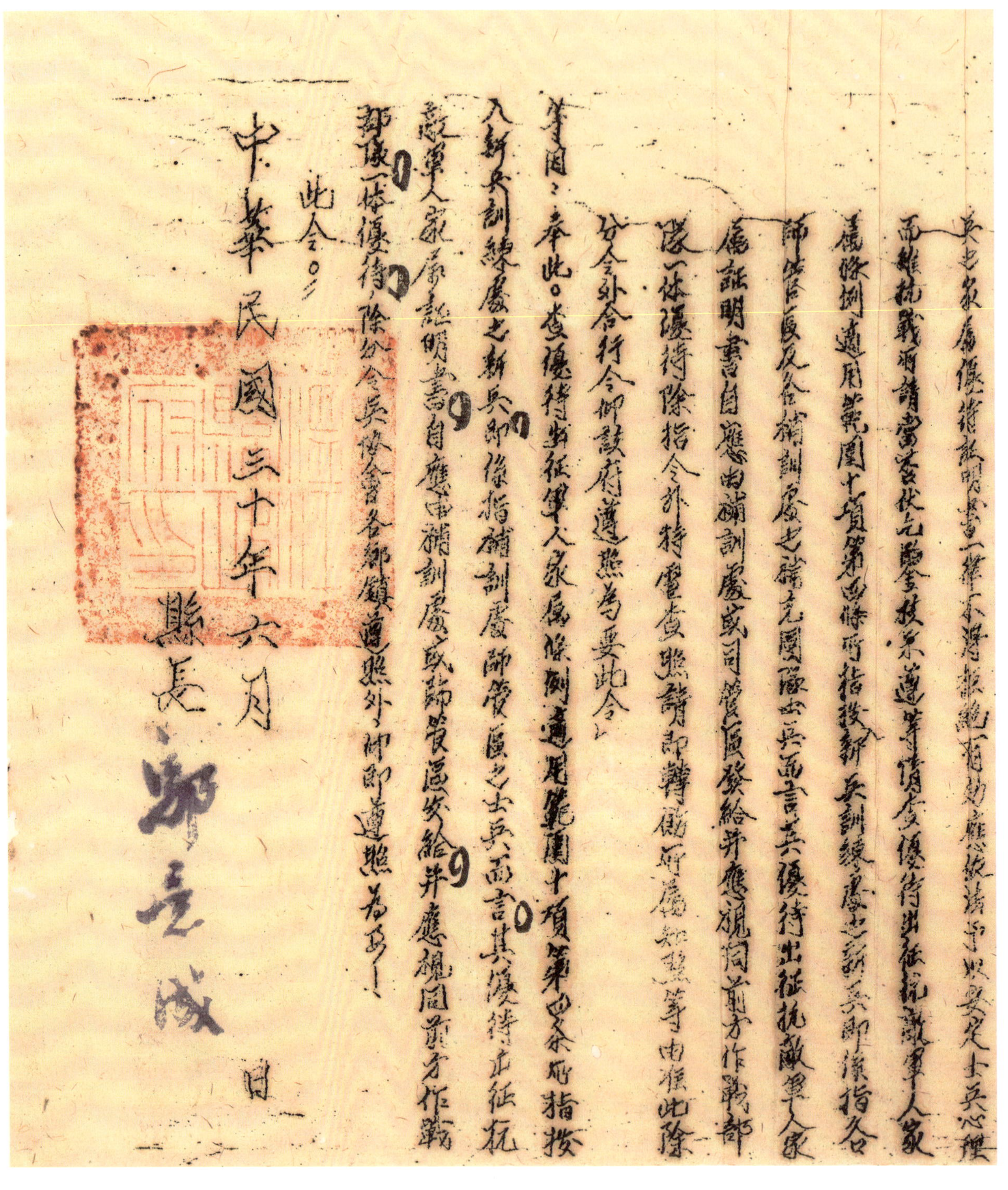

兵之家屬優待証明書一律不得拒絕，尤應依法辦理，以安定士兵心理而維抗戰。所請當否，伏乞鑒核示遵"等情。查優待出征抗敵軍人家屬條例適用範圍十項第四條所指撥新兵訓練處之新兵，即係指各師管區及各補訓處之補充團隊士兵而言，其優待出征抗敵軍人家屬証明書自應由補訓處或師管區發給，并應視同前方作戰部隊一体優待。除指令外，特電查照，請即轉飭所屬知照"等由。准此，除分令外，合行令仰該府遵照為要。此令。"等因。奉此。查優待出征軍人家屬條例適用範圍十項第四條所指撥入新兵訓練處之新兵，即係指補訓處、師管區之士兵而言，其優待出征抗敵軍人家屬証明書自應由補訓處或師管區發給，并應視同前方作戰部隊一体優待。除分令兵役會、各鄉鎮遵照外，仰即遵照為要！

此令。

中華民國三十年六月　日

縣長　鄭[illegible]成

温江县兵役协会关于优待出征军人傅新发家属事宜致周洁君复函（一九四一年七月二十三日）

附：傅新发家书两封

194

成都四道街第六號交征屬（證明書一張）

周女士潔君　啟

溫江縣兵役協會緘

198

已填盖发
交派周陶君
七、廿六

函悉。查本县前役优待条根据该管乡镇和本保正式证明来会方可优待。周有文手续未备，又领优待者尚在省垣，本会实难处理。兹要本会证明书一纸，烦回温请该管乡镇加盖印章，填写明白来会，即可援例换取单据领谷为盼。

此致

周女士洁君

一、证明书填写（原名联保、保现改乡镇、壮丁名称、出征年月、直系亲属名称均空白内冠以该营名称）要填写清楚，后请本保保长盖章、（旧联保主任、现乡镇长）盖印章，章完竣来会换取领谷单据

附证明书一纸

原信一纸

温江县兵役协会

195

母親大人：

兒自拜別以來，業已三秋，每年寄書屢屢，然始
終不見來示，好何不令為人子罣念麼？刻值抗
戰之際，兒雖不能回家，只要信常來往，知到家中
情形，就不罣念了。近想
大人玉体康健吧，精神也好吧，為祝無量。兒不接
家信，終久是不安了，請

196

大人接要改，速来一音，以解儿三秋之念，儿亦来
租俸甚好，我勿远念，并寄回证明书一张，我查
收可也，笔难尽意，余容后禀。此叩
金安
二個侄兒及小妹々好吧，不另写了
兒 新尚 叩上

二新兄：

叙秋未晤，甚为悬念，近想

潭第吉祥，诸事叶吉为祝。弟常在外边，闲于寒居

事宜请芳邻家里多顾，弟回家时望府拜谢，

敬请

贵府吉祥，嗯，完了即向

刻佳

弟 侍新蔼拜程 九、二二

出征抗敌家属、苏坡镇公所关于出征抗敌家属吴介诚优待事宜的一组文件

出征抗敌家属吴介诚、吴白文松、吴明梁致苏坡镇公所的呈（一九四一年七月三十日）

附：批令

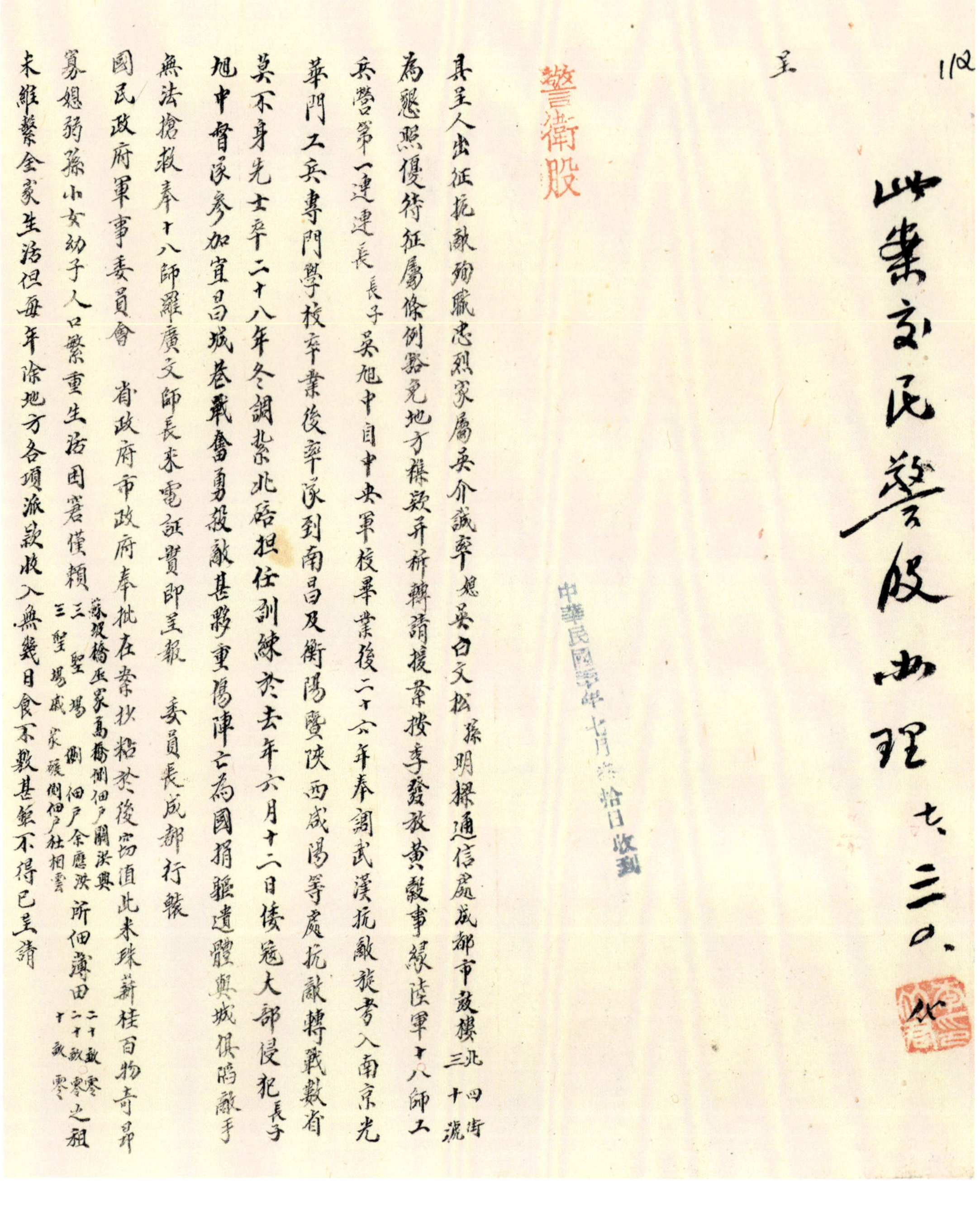
112

呈

此案交民警股办理 七、三〇、

警衛股

中華民國卅年七月卅日收到

具呈人出征抗敵殉職忠烈家屬吳介誠率媳吳白文松孫明樑通信處成都市鼓樓北四街三十號

為懇照優待征屬條例豁免地方雜款并祈轉請援案撥給黃穀事緣陸軍十八師工兵營第一連連長長子吳旭中自中央軍校畢業後二十六年奉調武漢抗敵旋考入南京光華門工兵專門學校卒業後率隊到南昌及衡陽暨陝西咸陽等處抗敵轉戰數省莫不身先士卒二十八年冬調鄂北擔任訓練於去年六月十二日倭寇大部侵犯長子旭中督隊參加宜昌城巷戰奮勇殺敵甚夥重傷陣亡為國捐軀遺體與城俱陷敵手無法搶救奉十八師羅廣文師長來電証實即呈報 委員長成都行轅

國民政府軍事委員會 省政府市政府奉批在案秋粮於後窃值此米珠薪桂百物奇昂寡媳弱孫小女幼子人口繁重生活困窘僅賴蘇坡橋巫家高橋劉佃戶關洪興、三聖場劉佃戶余應洪、三聖場戚家碾劉佃戶杜相雲所佃薄田二十畝零、二十畝零、十畝零之租未維繫全家生活但每年除地方各項派款收入無幾日食不敷甚鉅不得已呈請

鈞所查照優待征屬條例此後將地方各項派款悉予豁免實沾公便並懇據情轉呈
縣政府援案每年發放優待黃穀八石用維現狀存殁均深感激所有懇照優待征屬條列
豁免雜款暨乞轉呈援案發放優待穀緣由是否有當理合具文呈請
鈞所俯賜察核示遵除逕呈 温江縣縣政府暨分呈三聖場鄉公所外此呈
温江縣第一區蘇坡鎮公所
計抄粘批令文件一紙

中華民國三十年七月　日具呈人出征抗敵殉職忠烈家屬吳介誠 卒
媳吳白文松
孫吳明樑

吳介誠印

113

陸軍十八師師長羅廣文來電

敬悉北田衝歸吳明璪世兄札蓋旭中同志率領工兵連參加余師宜昌城巷戰，英勇殺敵，慷慨捐軀，其勇忠赴義之精神，堪與日月爭光，同臻不朽矣。賻儀輓章，並另寄外，謹先致唁，尚希勉抑哀思，俾襄大事為盼。羅廣文世午叩

國民政府軍事委員會委員長成都行轅 參辦杭字09054號 通知

查前據該民呈請發給民子吳旭中陣亡卹金，以維生計等情前來，經電第十八軍司令部查案核辦，並批示知照在案。茲奉 交下陸軍第十八軍司令部廿九年九月寢辰譙一代電開：「吳旭中係十八師工兵一連上尉連長，於宜昌之役陣亡，遵已令飭該師迅予轉請核卹矣，謹復」等語。並奉 批開：轉知原具呈人。等因。特達知照。

右通知故員吴旭中遺族吴介誠

國民政府軍事委員會撫邺委員會　撫一渝字第11028號

准軍政部移送呈一件，具呈人吴介誠為吴旭中抗戰陣亡請從優給邺并懇撥埋葬費暨入祀忠烈祠由

呈悉。所請各節，已函原部隊分别查明核辦，仰即知照。此批

四川省政府　24864號

呈悉。仰即依照規定呈請該故員原属部隊長官填送甲種表，並請該管市政府發給乙種調查表，表式據實填寫完竣，仍由該市政府加具證明書轉呈核邺。此批

成都市政府　甲字第2262號　批

呈悉。查該民子吴旭中抗戰陣亡，已否請邺，本府無案可稽，如果尚未呈請撫邺，仰即克日來府領填請邺表結可也。至請先行

给还抚恤资及安葬等费一节以何无此项规定应毋庸议此批

陆军十八师抚恤委员会　蓉字第四七八号　通知

案奉　军长方辰支午表代电开：前据该师呈送故员王维翰、吴旭中、孙高森、杨世栋、王丽庚、张建中、曾军、刘叻春、潘皓然、谭云清、刘炳文、石英中、罗翊、苏宏发、许兆麟、周到、陈寿先、王辉、胡雄、张忠成、詹叻、何太阶、袁麟、王胡杰二十四员附书表九转请核办一案，业经转奉　军委会四月机一庚俞字第三〇二七五号指令开：吴仲均悉。查王维翰、石英中、石孝先三员无合法遗族，候补表到会再核，其余孙高森等二十一员准照抗战阵亡例各晋一级给恤，除呼令发交各该省市政府转给外，仰即转饬知照。此令等因。奉此，除分别通知外，合行通知该遗族人知照，迅即备原籍县府请领恤令勿误。

此致

呈悉。據稱該屬積谷，應既經免派，准予發還，仰即來所承領。至截留第二三四五年粮款，業已轉報田管處，將來換發五聯單，曾予粮票上蓋戳載明，勿再置議可也。此批。

十一月　苏　日　代

呈為征屬積谷明令免收祈予發還事。緣民長子旭中前充十八軍十八師工兵營第一連連長，由江西南昌衡陽陝西咸陽調綏北碚轉戰數省，莫不身先士卒。於民國二十九年六月十二日倭寇傾巢圍犯湖北宜昌城，内巷戰英勇殺敵甚夥，重傷陣亡，遺體與城

俱陷敵手 衛國犧牲蒙 國府卹獎奉發一七五九一四卹金給
獎令并享受各優待在案復查三十年行政院明令解釋各
省政府請示抗戰傷亡官兵直系親屬免派積谷疑義一案內抗
戰官兵直系親屬當年所派積谷未收者應予免收其已收者不
予發還以免倉谷進出無時之弊至本年積谷不足之額應留
待次年併予籌募等因早經
省政府通令各縣政府對抗戰直系征屬之積谷免收在案竊民
一家八口僅靠温江蘇坡鄉第七保巫家高橋側佃戶闕洪興
所耕之田二十餘畝維持生活並蒙
大所歷年遵令免派目前據佃戶闕洪興送來繳納積谷三市石

五斗登收據一紙不勝詫異理合具實聲明懇祈
大所鑒核仍照上年免收尚乞將已收積谷發還又此次該佃戶
闕洪興呈繳本年糧谷米應扺三十年糧庫券計共伊係四石
九斗四升除已扺納一石三斗九升八合弟一號糧券外應退還其裁
留三石五斗四升八合弟二三四五號糧券以備明後等年繼續扺
納但此券並未退還亦懇
大所俯賜查明飭其發還實深沾感無涯矣所有懇請發還
已收積谷併三十年裁留弟二三四五號糧券各緣由是否有
當理具文呈請　批示祇遵謹呈
溫江縣蘇坡鄉鄉長宋
抗戰殉職忠烈家屬吳仕誠（吳仕誠印）
民國三十二年十一月日

温江县政府关于奉饬查明付吉安、付云臣是否出川杀敌及未领优待各情致苏坡乡乡长朱伯丕的训令

（一九四一年七月三十一日）

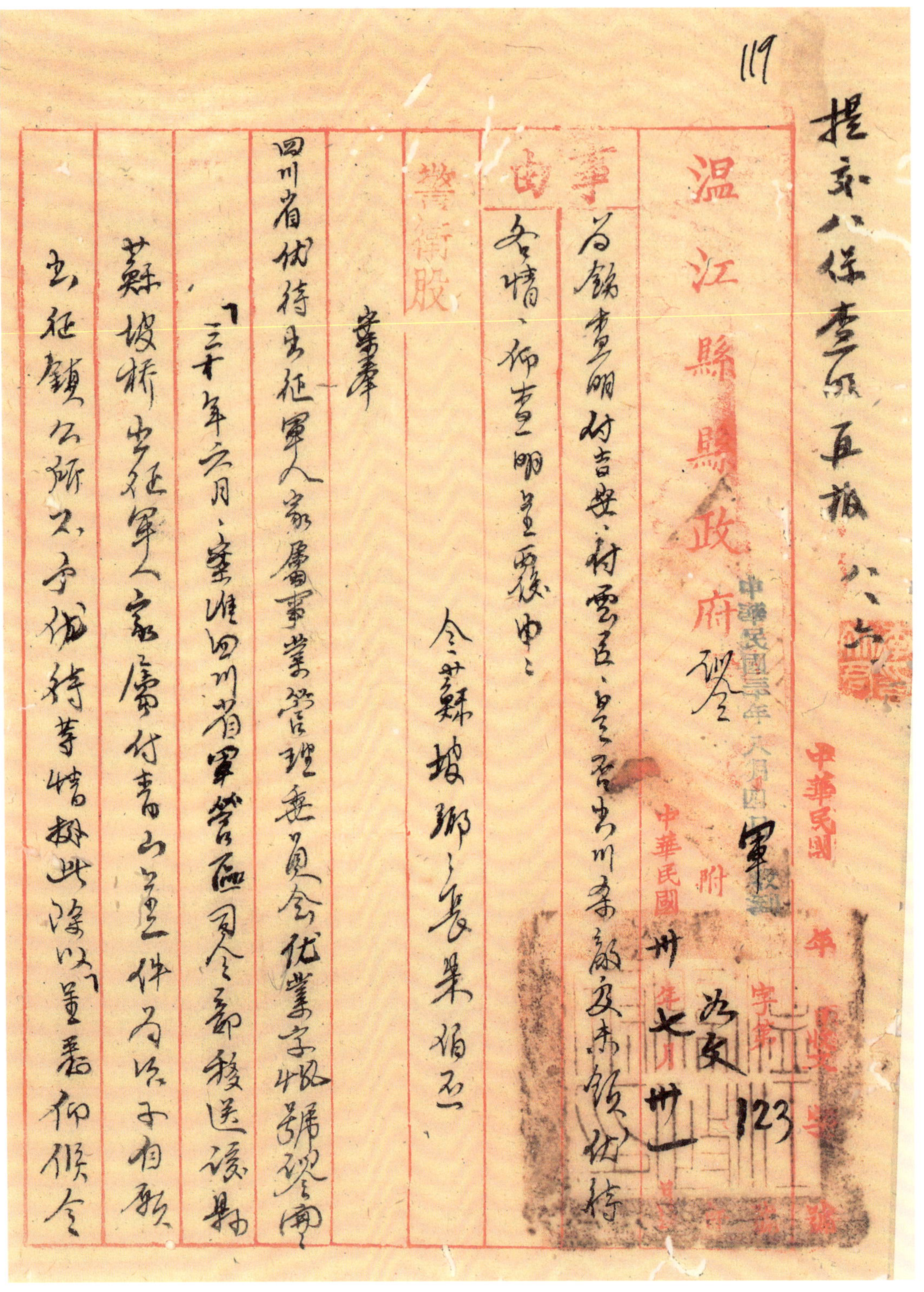

温江縣政府訓令

中華民國卅年七月卅一日發文軍字第123號

事由：爲飭查明付吉安、付雲臣是否出川殺敵及未領優待各情，仰查明呈覆由。

警衛股

令蘇坡鄉鄉長朱伯丕

案奉

四川省優待出征軍人家屬事業管理委員會優業字第四號訓令開：「三十年六月，案准四川省軍管區司令部移送溫縣蘇坡橋出征軍人家屬付青山呈一件，爲次子有敵出征，鎮公所不予優待等情，據此，除以呈悉，仰候令

飭該管縣府查明辦理具報」等語，批復外，合行抄

發原呈及原附件，令仰該府即便遵照迅予查核

辦理具報為要。此令。

等因。計抄發原呈一件，轉發原附一件，照片一張，奉此，合

行檢發原附各件，令仰該員，切實查明付吉安、付雲旦

是否出川參敵，何故未領優待各情，詳細呈覆來府

以憑辦理，勿延為要！

此令。

計檢發原呈一件，原信一件，照片一張，辦畢仍繳

縣長 鄒[illegible]成

121

秘書趙 鏷代行

具報告人傅青山住溫江縣溫莱鎮八保二甲年齡六十一歲為情實艱難甘懇請依法主究以維生活事緣民長子吉安次子雲臣於民廿六年下期担任自願壯丁由保甲申送出川至今四年所有政府規定撫卹積谷絲毫未領事實既天連年還有該件歸家民接件後當投憑鎮公所是實該公所故意措詞証件不符有意侵吞該項優待金况政府有明白規額該管鎮公所自無法紀影響抗戰如此以往以後兵役焉能推動民處於鄉愚年至花甲只得吉安雲臣二人業已成人尚望汝子帮助家庭生活方才有着落不然歸於飄泊凍餒不堪其情其理懇請澈底依照政府規定優待出征軍人

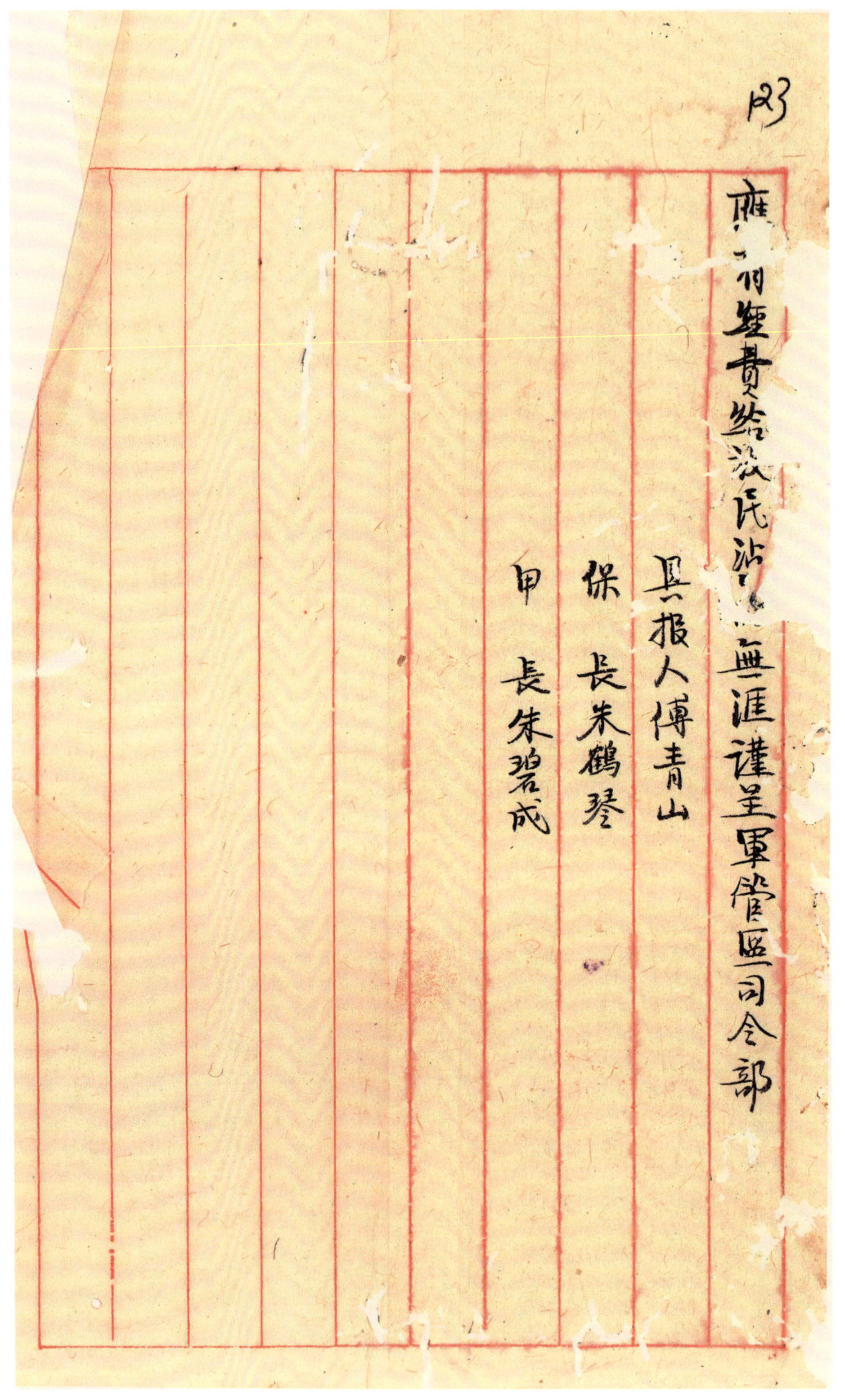

123

應前經貴營撥民沾[illegible]無涯謹呈軍管區司令部

具報人傅青山

保　長朱鶴琴

甲　長朱碧成

附（二）傅印成致傅青山的信（一九四一年三月十八日）

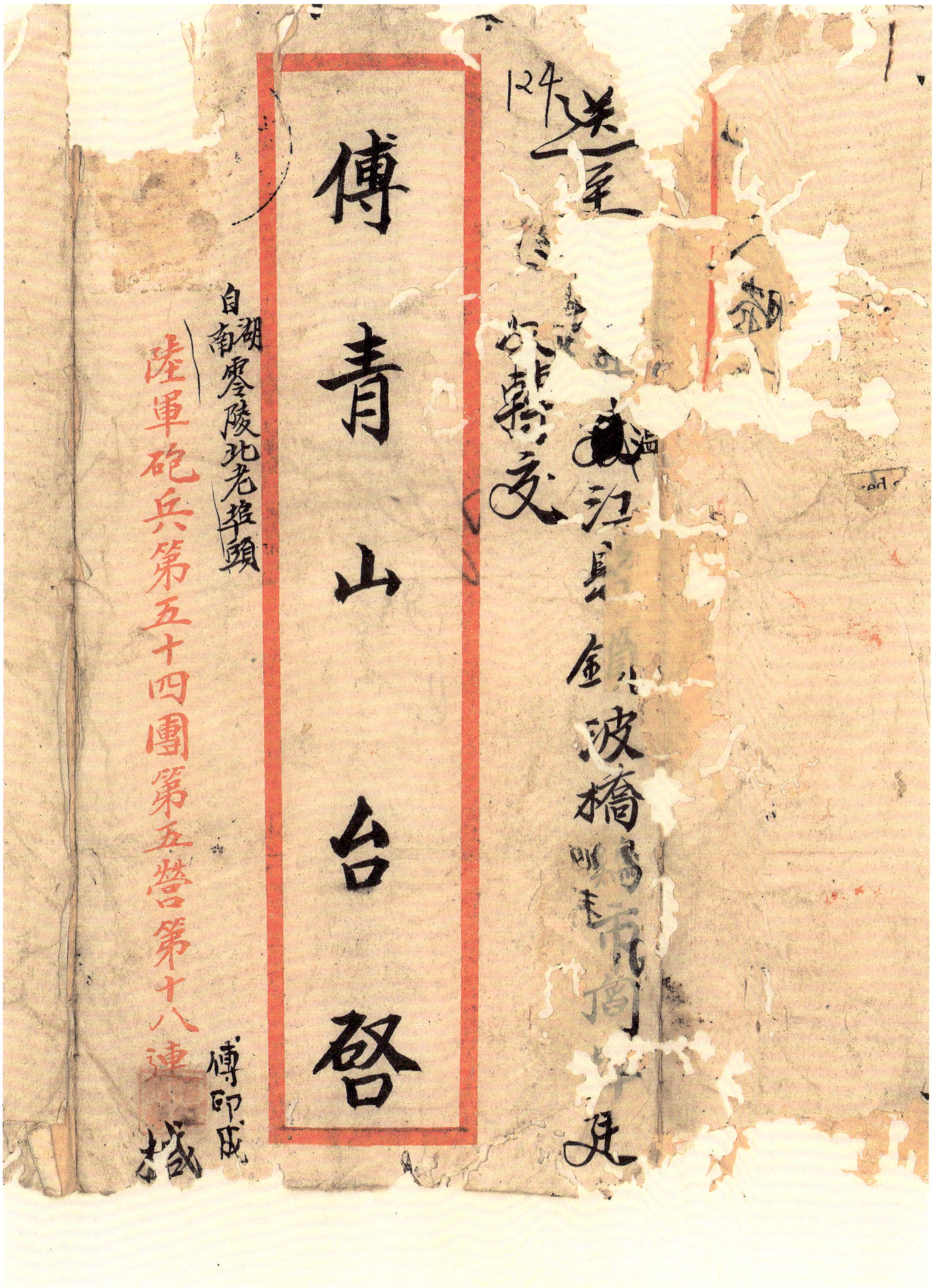

送至

江縣金波橋

傅青山台啓

自湖南零陵北老埠頭

陸軍砲兵第五十四團第五營第十八連

傅印成緘

125

父母親大人好年來男自辭別慈顏後，與叔叔流於外鄉，其時能釋前修書拜候拜候之，今未見回示，朝夕盼念不勝慮之。大人保重貴體，時時珍攝為祝。男現在砲兵五十四團五營十八連建營，蒙鈞座提拔充為軍需中士服務，以來諸事平安，身體強壯，以慰垂念耳。男在外隨軍隊，生活安適。每年六月是男之壽辰，若能寄金至雙親膝下，定難來信寄回，是男不孝之

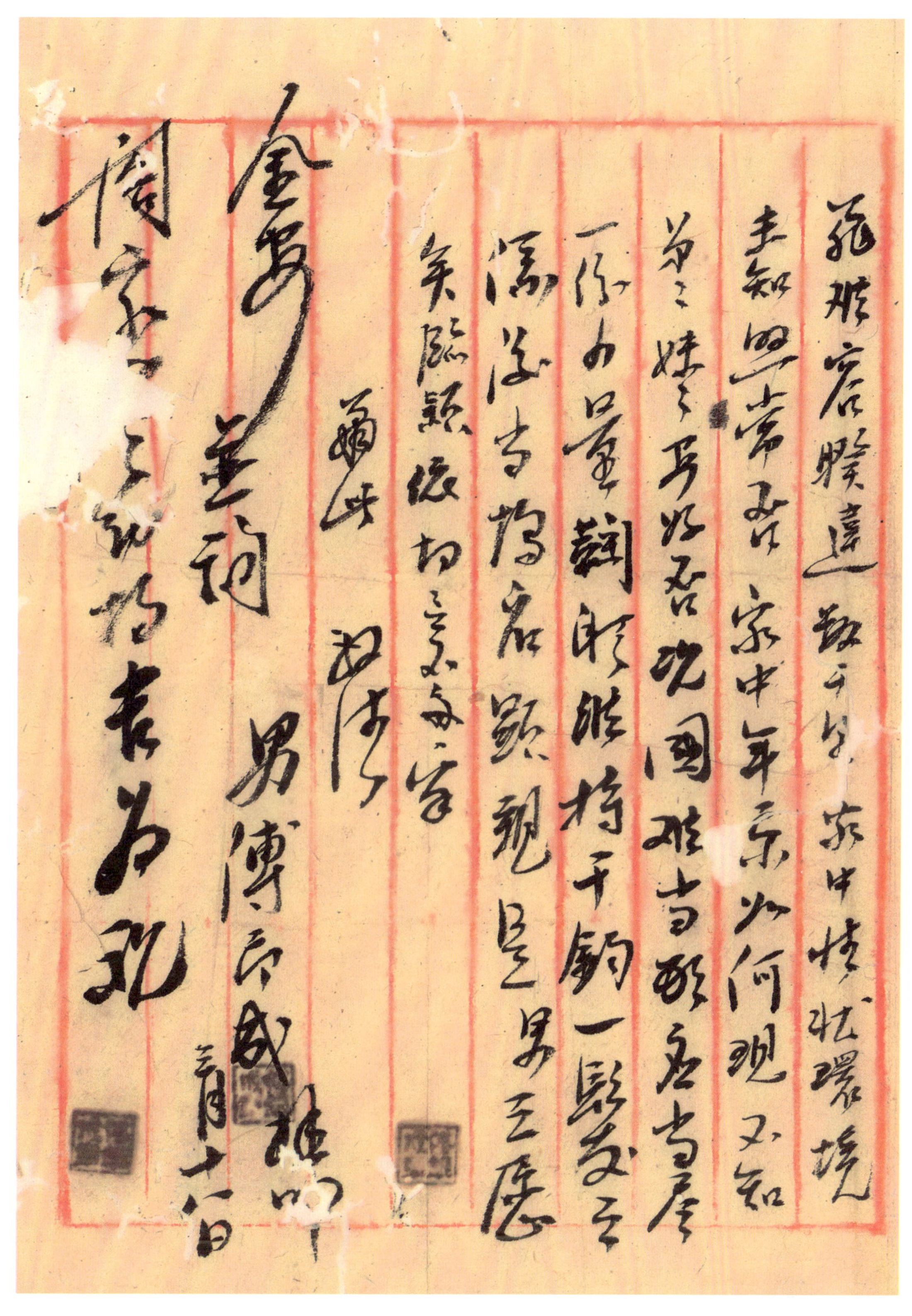

離膝違遠數千里，家中情狀環境

未知照常否，家中年來如何，現不知

弟弟妹妹好否，此國難當前，居

一份力量[illegible]，雖[illegible]千鈞一髮之

[illegible]當[illegible]最親是男之[illegible]

矣。臨穎依切之至，不盡[illegible]

肅此 敬請

金安 並詢

闔家[illegible]

男[illegible] 叩

[illegible]十六日

温江县政府关于奉电抄发办理优待及救济流亡征属月报表致苏坡乡公所的训令（一九四一年七月三十一日）

126

警衛股

温江縣政府訓令 卅年軍字第 0132 號

中華民國三十年八月四日收到

中華民國三十年七月卅一日發出

事由：為抄發辦理優待及救濟流亡征屬情形令飭按月填報由

令蘇坡鄉公所

案奉

四川省優待出征軍人家屬事業管理委員會本[illegible]第108代電開：

「案奉軍政部[illegible]代電內開：查

淪陷區征人家屬轉徙他處，困難無告，[illegible]當地政府[illegible]

[illegible]不予以優待，其征人為國抗敵之功[illegible]

出征者不[illegible]其[illegible]之難，[illegible]後方征屬尤甚，若[illegible]

關心[illegible]情理殊為失平，查各地[illegible]征屬生活艱窘，其[illegible]

地政府保甲間有不加注意，視若無睹，聽其老弱流離，甚至淪為

包括天災之類，非僅有共作結之本意，抑足動搖民氣，影響役政甚

應由各地方政府詳細調查流亡征屬情形，月報表六種應由各省由

各縣（市）政府按月切實填報，省府查核彙表分送本部暨各

查，院轄市則由市政府列表分送備查。除分電外，相應檢同表

式，電請查照，并希飭屬遵照辦理為荷。并圖將送月報表參考

本年六至八月份月報表式其一種應由本會填報，其他八種則由各省市

填報本會彙齊整理呈部轉報。因應由各市填報之月報表式六種，

隨電頒發，仰該縣府即便遵照，於三十年七月份起按月填報三

份來會，以憑彙轉。如其月關於救濟工作亦應報告，並表內應發款

來，勿延為要。

并圖附發月報表式八種，又本縣除分別呈令外，合行抄發原表，令仰該

並於每月廿日以前將月報表送來府，以憑彙轉，其如關於救濟工作亦應

合送報告為要。□□是為至要。此令。

計抄發月報表八種

縣長 [illegible]

附：×省×县办理优待及救济流亡征属情形月报表

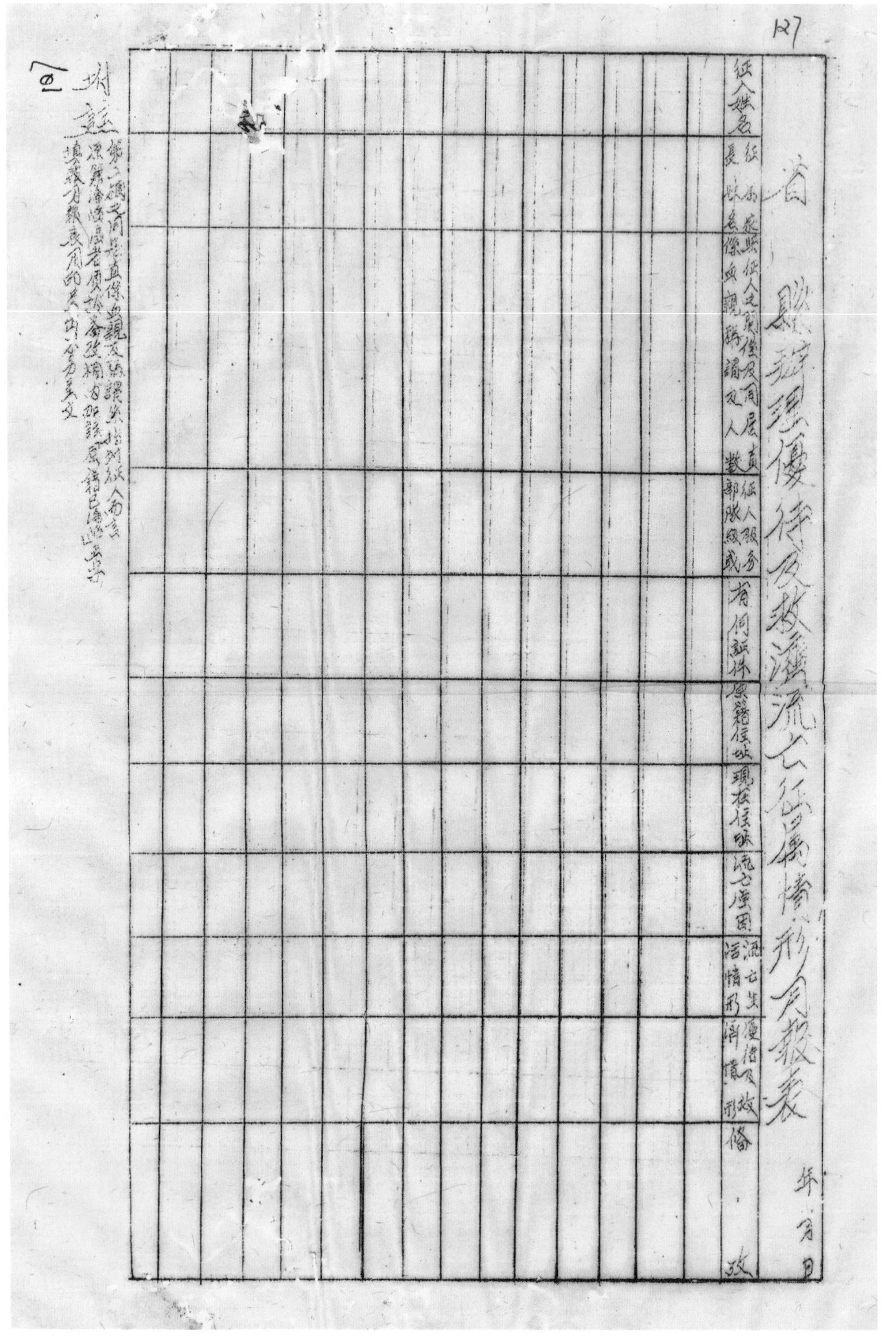

127

省　縣辦理優待及救濟流亡征屬情形月報表

征人姓名	征屬姓名與征人之關係及同居直系親屬人數	征人服務部隊級職	有何證件	原籍住址	現在住址	流亡原因	流亡生活情形	優待及救濟情形	備考

年　月　日

附註：第二欄之同居直系血親及旁系[illegible]係指對征人而言
凡係流亡征屬者須於備考欄內加註原籍已淪陷字樣
填載月報表[illegible]

101

温江县苏坡乡公所关于造报发放优待谷清册致县政府的呈（一九四一年九月十五日）

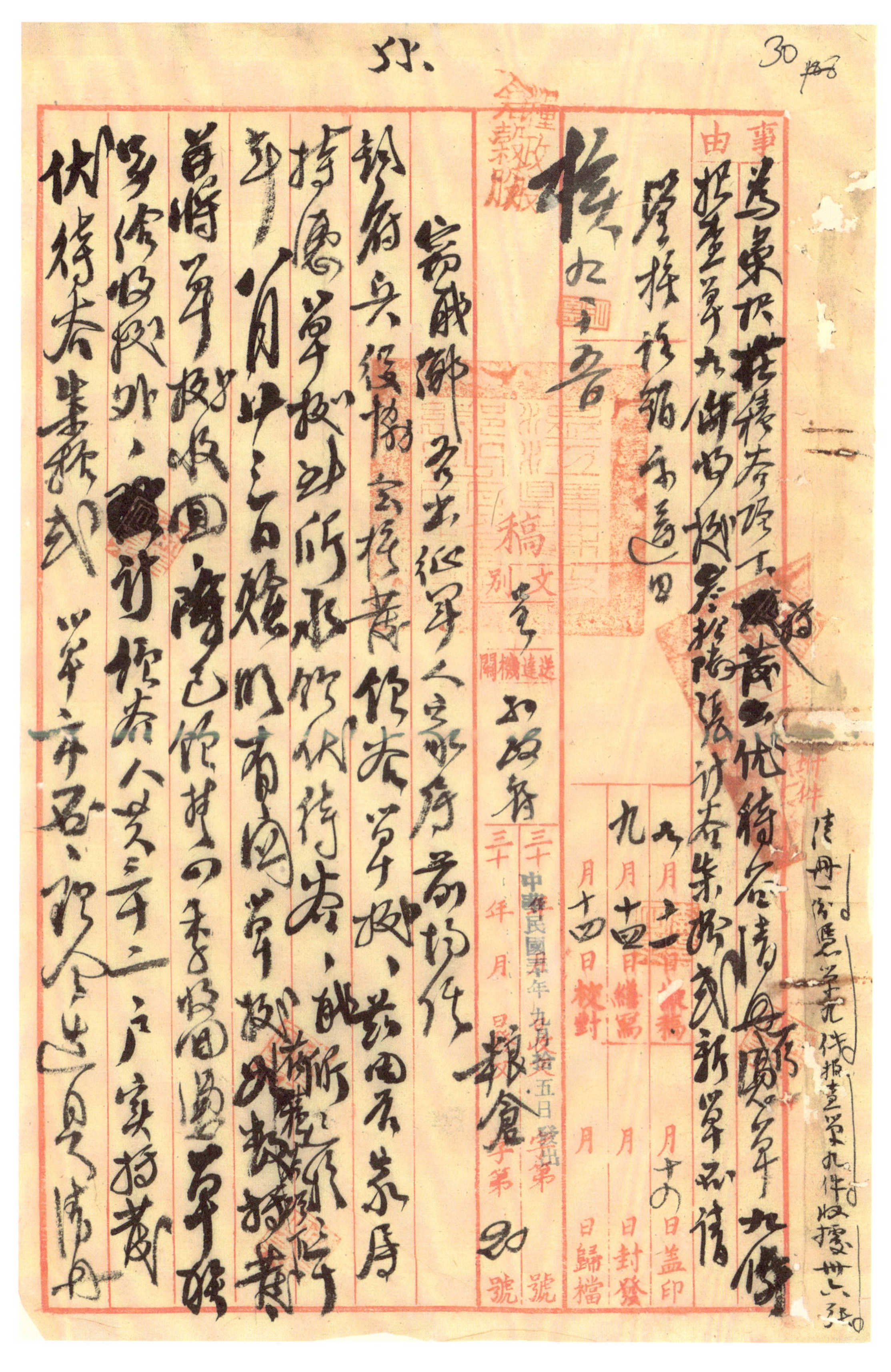

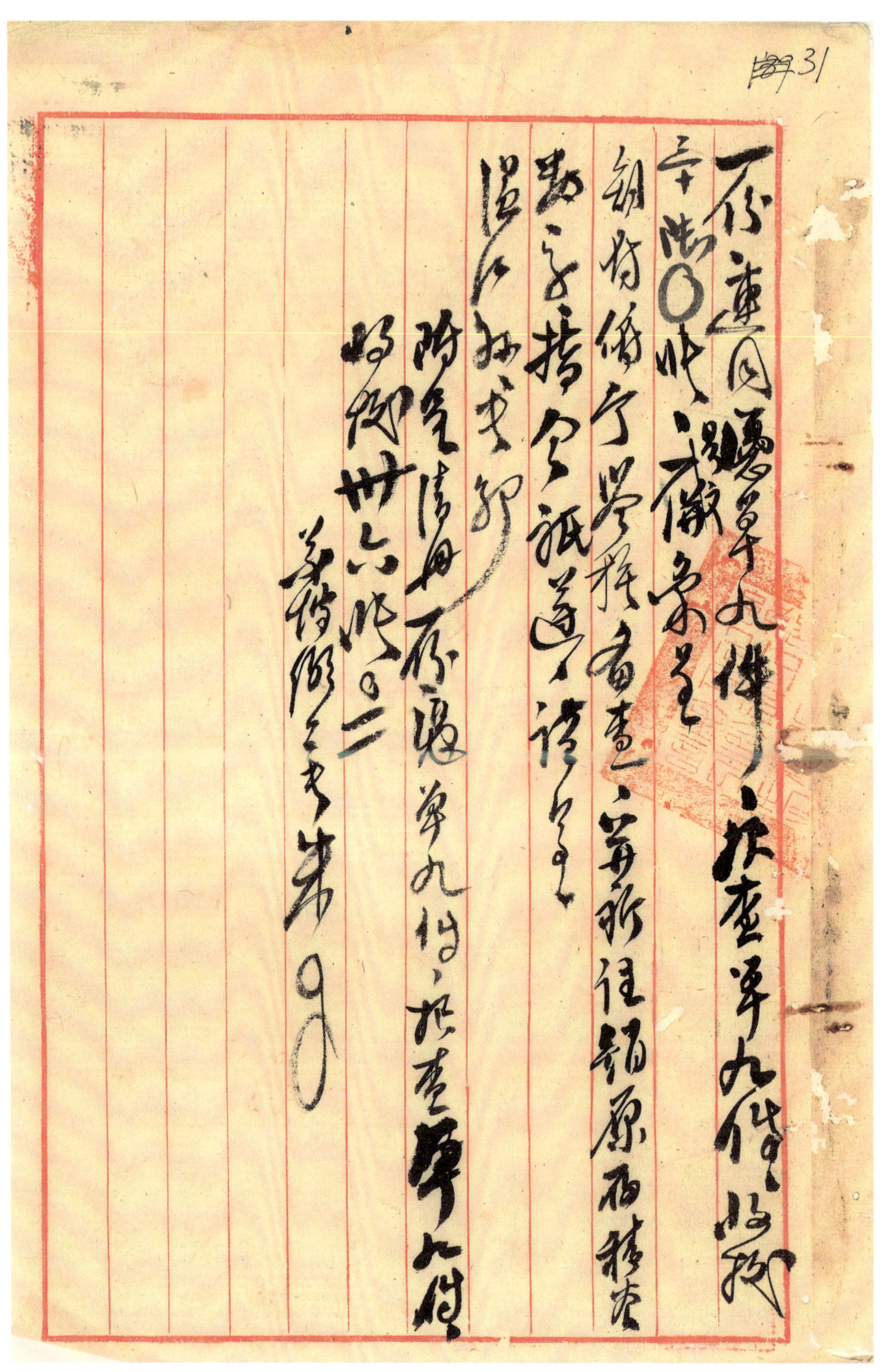

附：温江县苏坡乡造呈发出优待谷清册

32

中華民國三十年九月拾五日發出

中華民國三十年九月拾五日發出

温江縣蘇坡鄉造呈發出優待穀清冊

溫江縣蘇坡鄉造呈發出優待穀清冊

領穀人姓名	住址 區	住址 鄉鎮	住址 保	發出穀數	發出日期 年	發出日期 月	發出日期 日	憑單號數	備攷
周雷氏	一	蘇坡鄉	六	第一季弍石	三十	八	廿三	一一六	
張金山			十三	第一季弍石				一五四	
黃大斌			二十	第一季弍石				一九一	
黎喻氏			二	第一季弍石				一九二	
張吳氏			十五	第一季弍石				一九三	
吳少泉			五	第一季弍石				三一〇	
廖蕭氏			四	第一季弍石				三一一	
王饒氏			五	第一季弍石				三一二	

楊子云		五	第一季貳石			三一三
陳順安		十	第一季貳石			三一八
王清榮		三	第一季貳石			三一四
周李氏		三	第一季貳石			三一五
王楊氏		三	第一季貳石			三一六
傅青山		八	第一季貳石			三三三
鄧文甫		廿	第二季貳石			四七四
周松田		廿九	第二季貳石			四七五
康應華		三	第二季貳石			五七七
何青雲		六	第二季貳石			五七八

34

曹昌軒	二	第二季弍石	四七九
張昌之	二	第二季弍石	四八〇
葛李氏	五	第二季弍石	四九一
石馮氏	三	第二季弍石	六五四
黎洪興	十二	第二季弍石	五七六
匡周氏	一	第二季弍石	七九八
李興隆	十	第二季弍石	九七八
莊楊氏	一	第二季弍石	九七九
羅治吉	八	第二季弍石	四三九
陳德全	十七	第四季弍石	三六〇

張友三	四	第四季弍石	三六一
周春圃	一	第四季弍石	三六二
郭李氏	一	第四季弍石	三七二
李楊氏	七	第四季弍石	四〇八
薛海云	七	第四季弍石	四〇九
盧海東	七	第四季弍石	四一〇
張王氏	三	第四季弍石	四一一
張吳氏	五	第四季弍石	九七五
合計	叁拾陸户	柒拾弍石	以上均係新單来

35

中華民國三十年九月 日

蘇坡鄉鄉長 朱伯丞

温江县苏坡乡公所、温江县政府关于调查优待出征抗敌军人黄炳炎家属情形的一组文件

温江县政府关于抄发黄炳炎住址单致苏坡乡公所的训令（一九四一年十月二日）

35

交保主任查明，飭該黃炳炎家屬備具領條結各一份呈縣，以便具報爲要。十、〇

温江縣縣政府訓令

中華民國卅年十月二日 字第293號

事由：爲抄發該鄉黃炳炎住址，仰查復由。

警衛股

令蘇坡鄉公所

中華民國卅年拾月六日收到

三十年九月廿六日，案准陸軍第一四七師步兵四〇一團團部第七五一號公函，以：「檢送黃炳炎家屬詳址，請予轉飭到府。」查該員住址，隸屬該鄉，合行抄發住址單，令仰該鄉查明，轉飭該員家屬備具領條結各一份呈府，以憑核發領取優待，仍將辦理情形具報爲要！此令。

計抄發住址單一份。

縣長 [illegible]成

照抄發原住址單一份

直系親屬	姓名別號	年齡	籍貫	職業	現住地址	備攷
父	黃煥臣	六六	四川温江	農	温江蘇坡橋经土地	
母	尹氏	六三				
妻	程氏	の一				
子	嵩山	二二				
	壽山	二一				

温江县苏坡乡公所关于报送查明优待黄炳炎家属情形致温江县政府的呈（一九四一年十月十六日）

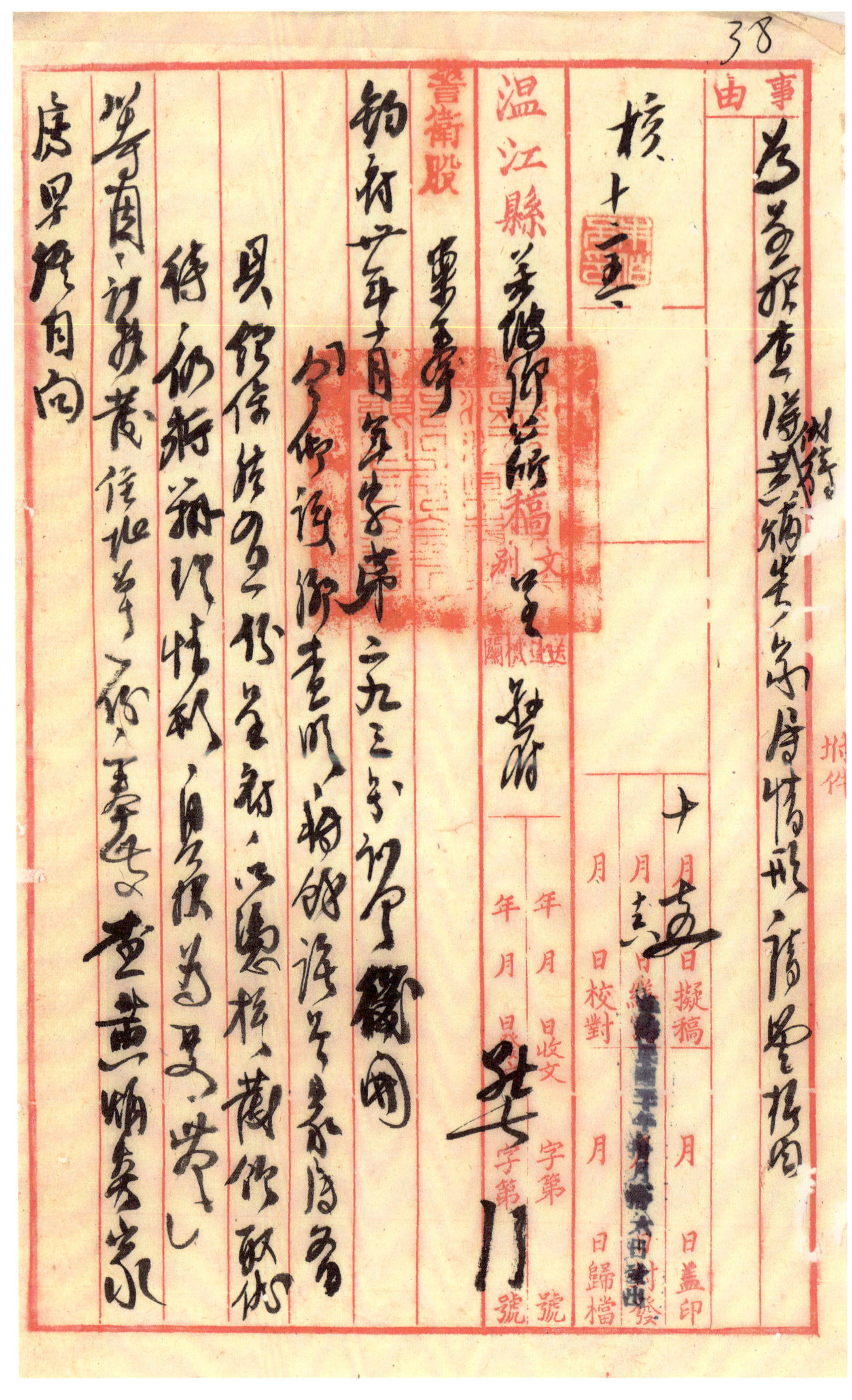

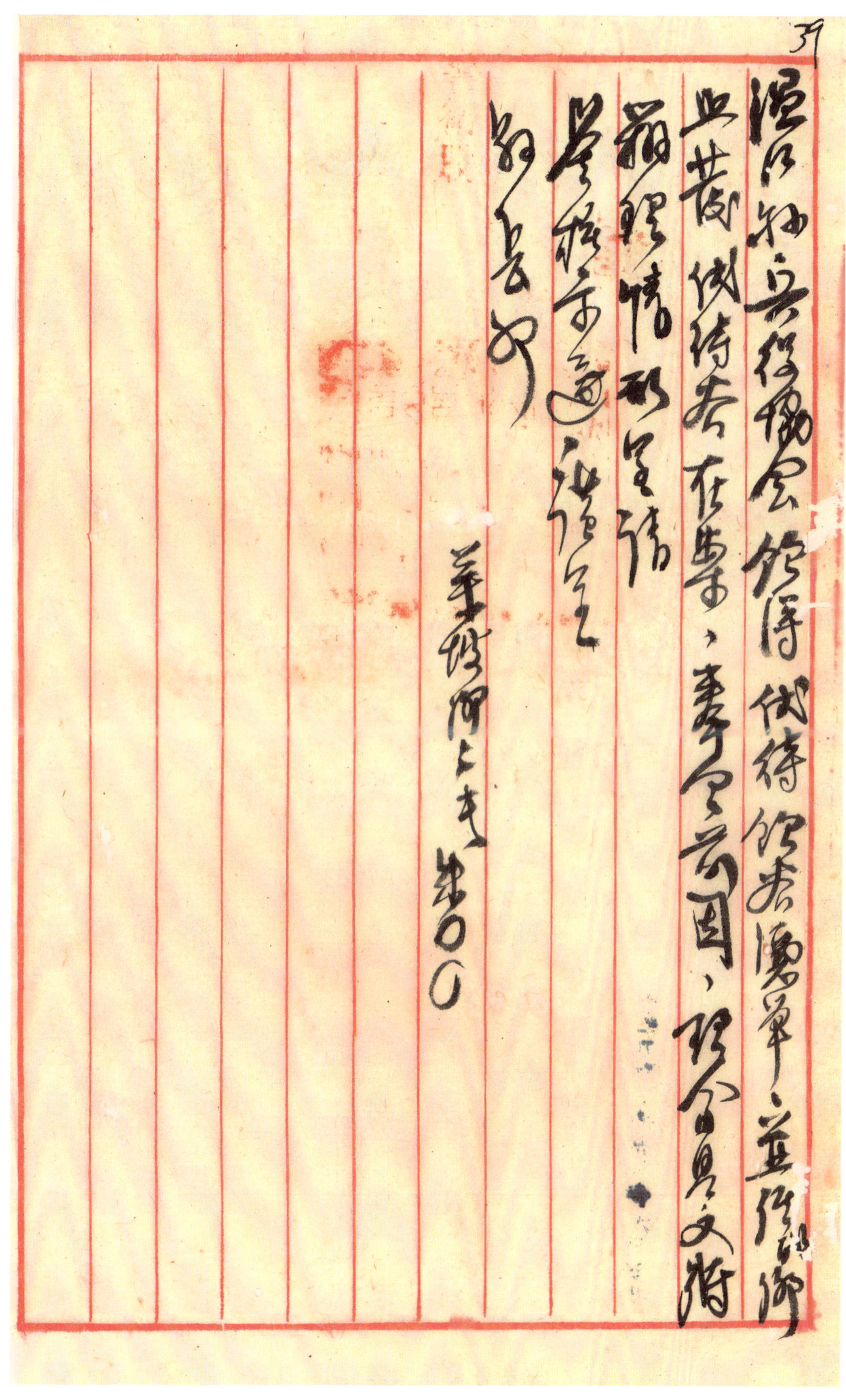

39

須正知且從協會能得代待館者優華，並從御
此莊代待者在此事，者了前因，好今日具文附
函，轉情形呈請
吳縣長，希即近日詳示
須至知者

華經理河上吉
具〇

温江县政府关于转饬黄炳炎家属备具领保结各一份呈府以凭核发优待证明书致苏坡乡公所的指令

（一九四一年十月二十二日）

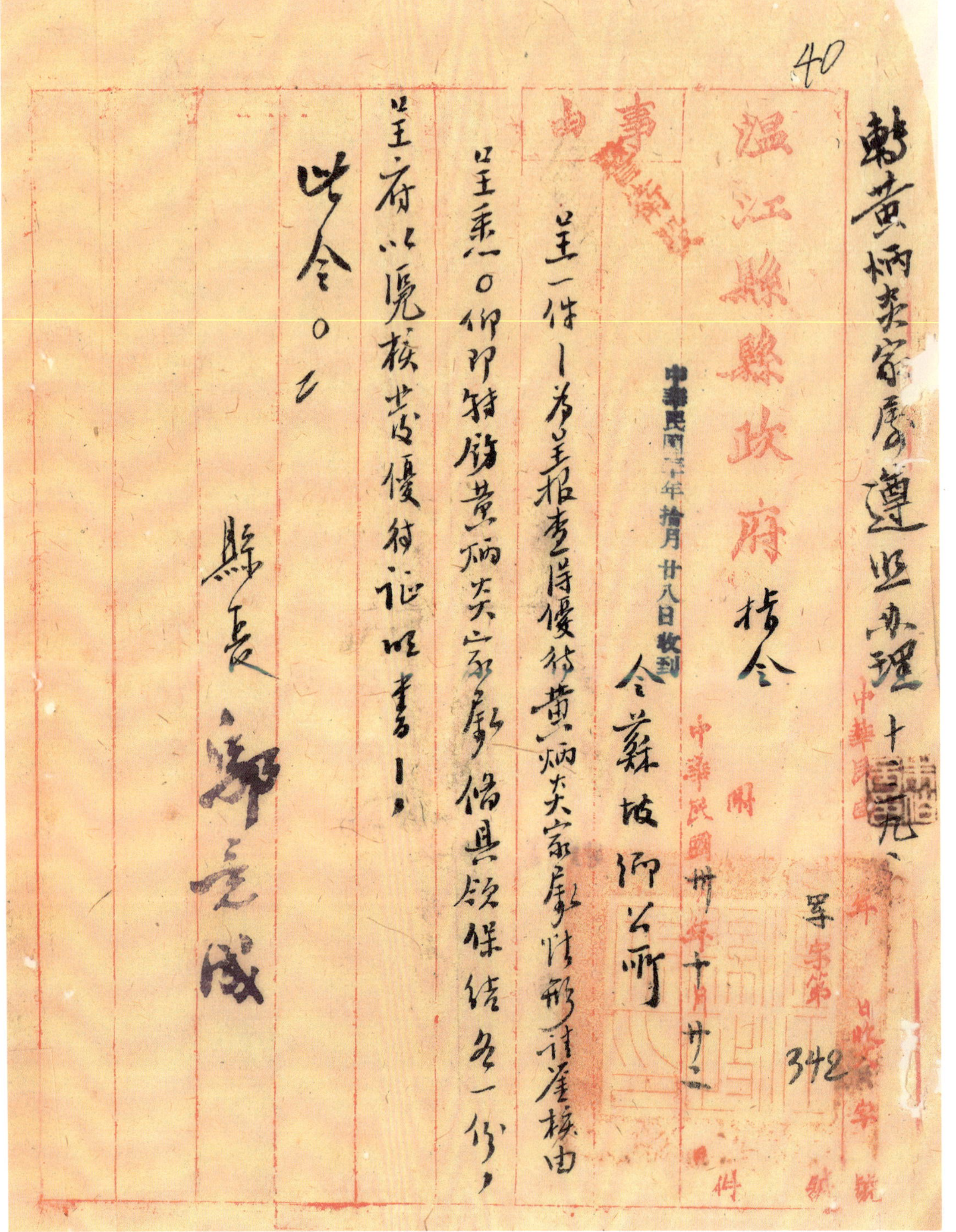

温江縣政府指令

事由

令蘇坡鄉公所

呈一件，為呈報查得優待黃炳炎家屬情形請予核由

呈悉。仰即轉飭黃炳炎家屬備具領保結各一份，呈府以憑核發優待證明書！

此令。

縣長 郭亮成

中華民國卅年十月廿二

中華民國卅年拾月廿八日收到

據黄炳炎家屬遵照辦理

成都县青苏乡公所、胡谢氏等关于优待迁居征属胡谢氏的一组文件

成都县青苏乡公所关于转请发给征属胡谢氏优待谷致苏坡乡公所的公函（一九四一年十一月二十四日）

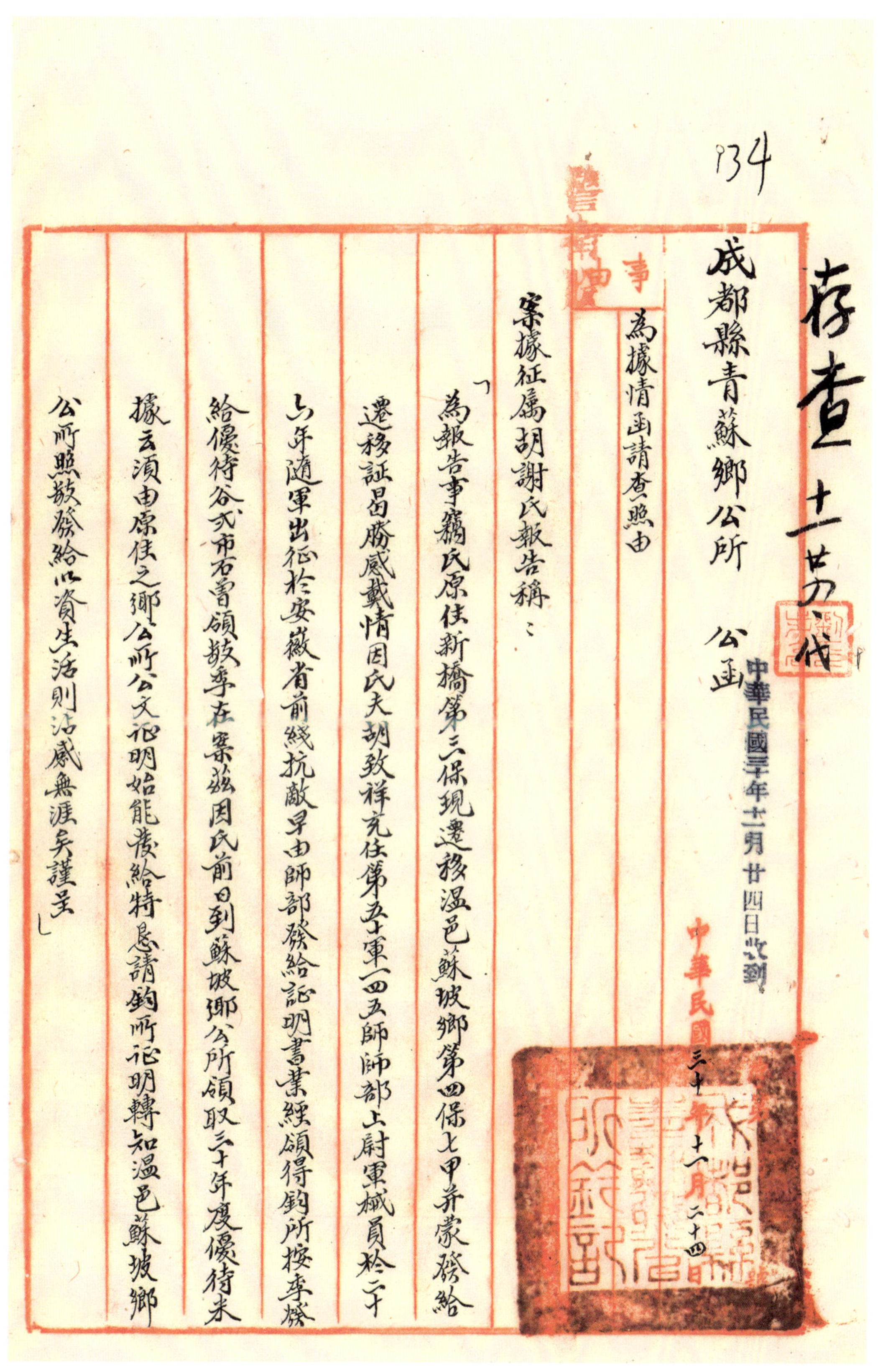
存查 十一廿九 代

成都縣青蘇鄉公所 公函

為據情函請查照由

案據征屬胡謝氏報告稱：

「為報告事竊氏原住新橋第三保現遷移温邑蘇坡鄉第四保七甲并蒙發給遷移証吕勝威載情因氏夫胡致祥充任第五軍一四五師師部上尉軍械員於二十六年隨軍出征於安徽省前綫抗敵早由師部發給証明書業經領得鈞所按季發給優待谷、市石曾領款季在案茲因氏前日到蘇坡鄉公所領取三十年度優待米據云須由原住之鄉公所公文証明始能發給特懇請鈞所証明轉知温邑蘇坡鄉公所照款發給以資生活則沾感無涯矣謹呈」

中華民國三十年十一月廿四日收到

中華民國三十年十一月二十四

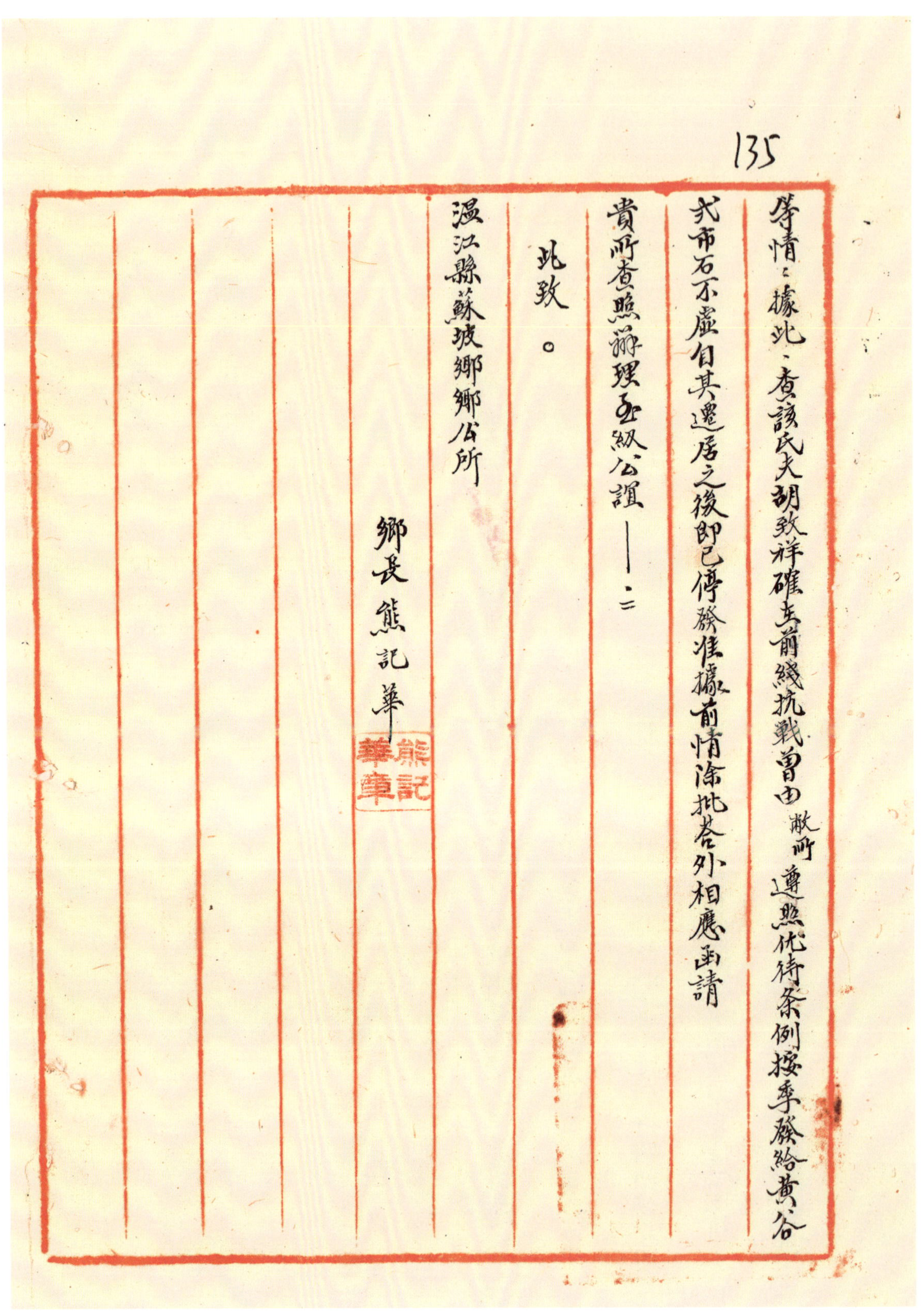

135

等情。據此，查該氏夫胡致祥確在前綫抗戰，曾由　敝所遵照優待條例按季發給黄谷式市石不虛，自其遷居之後即已停發。准據前情，除批答外，相應函請

貴所查照辦理爲紉公誼！

此致。

温江縣蘇坡鄉鄉公所

鄉長熊記華

101

發文三十年度收文第　號

報告及附件均悉。候轉呈
縣府核示。並仰遵照。
此批。
附件轉。
十二月廿四日

十二月廿五日代

報告
民三十年十二月十六日
於溫江溫蘇鄉新店子呈

中華民國三十年十二月拾七日收到

竊居民胡謝氏原係住居成都青蘇鄉新橋第三保近因遷居來鄉業由
成都青蘇鄉公所領有青字第六號遷移証惟所懇者氏夫胡致祥於民國
二十六年奉命隨五十軍一四五師師部以上尉軍械員職務出征於安徽省

戰區抗敵業由師部發給出征軍人家屬証明書一份前已由成都縣縣政府
按季發給出征優待米肆斗伍升正曾領數季在案茲因遷居
貴治特將各情分別述明呈請
貴鎮長俯予鑒核按季發給居民以資生活如蒙喻允實沾德便

謹呈

保長 核轉

鎮長 朱 劉 鈞鑒

抗戰軍人家屬 胡謝氏 呈

温江县苏坡乡公所关于检送征属胡谢氏证明书致县政府的呈（一九四二年一月十四日）

事由：為批報轉請核示一案由

温江縣 稿

文別：呈

送達機關：縣政府

中華民國卅一年壹月拾四日

案據抗戰軍人家屬胡謝氏呈稱：「竊民居民云云，云云謹呈」等情，附証明書一份，據此，除批答外，理合檢同原証明書轉呈

鈞府，請予

核示！

謹呈

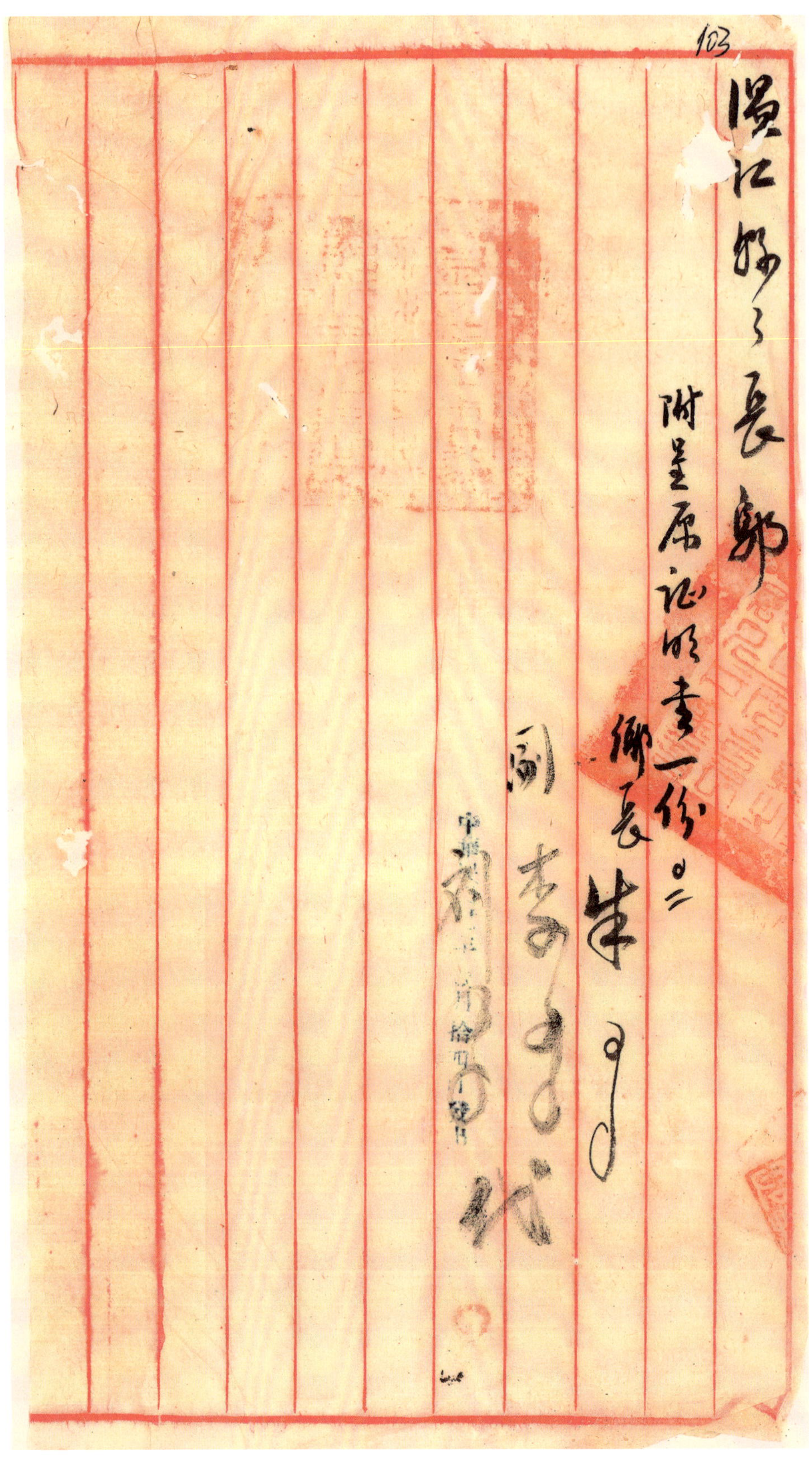

103

溫江縣縣長郭

附呈原證明書一份

鄉長朱

副鄉長李　代

温江县政府关于准予发给胡谢氏优待并向成都县府或兵役协会取具停开文件致苏坡乡公所的指令（一九四二年一月二十三日）

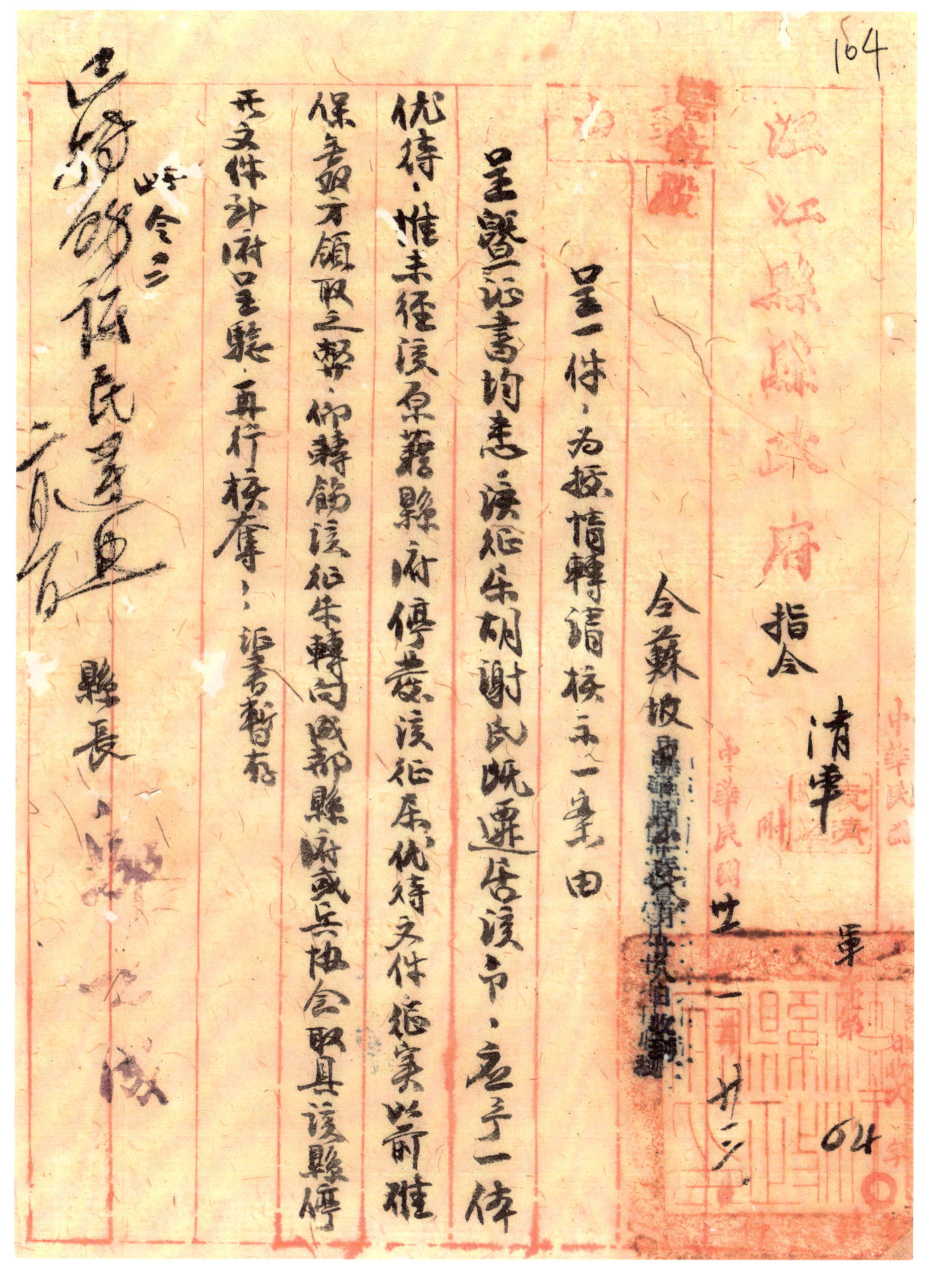
温江县政府 指令 清军字第64号

令苏坡乡

呈一件，为据情转请核示一案由

呈暨证书均悉。该征属胡谢氏既迁居该市，应予一体优待。惟未经该原籍县府停发该征属优待文件，据实以前难保无两方领取之弊。仰转饬该征属转向成都县府或兵役协会取具该县停开文件补附呈县，再行核夺。证书暂存。

此令。

县长

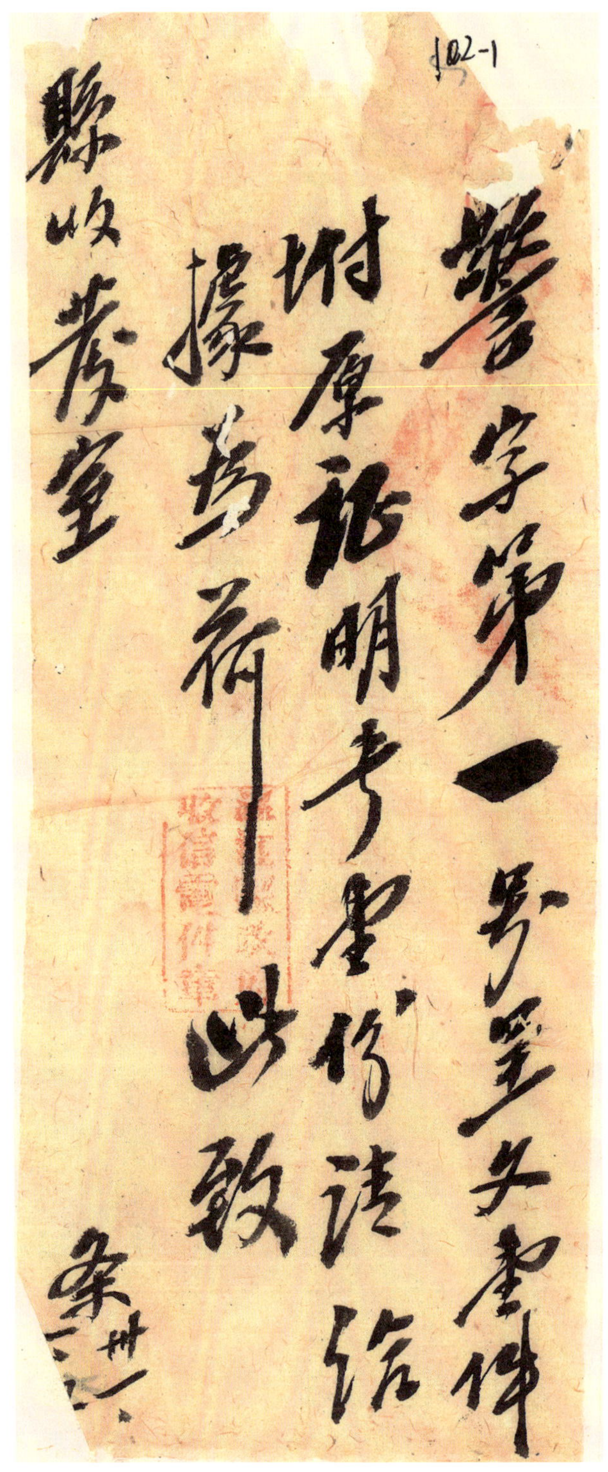
102-1

警字第一號公文壹件
附原証明書壹件請給
據為荷 此致
縣收發室
參 卅一、

温江县政府关于奉转将病故将士除照章给恤外不能与抗敌阵亡将士一律继续优待其家属致苏坡乡公所的训令（一九四二年一月八日）

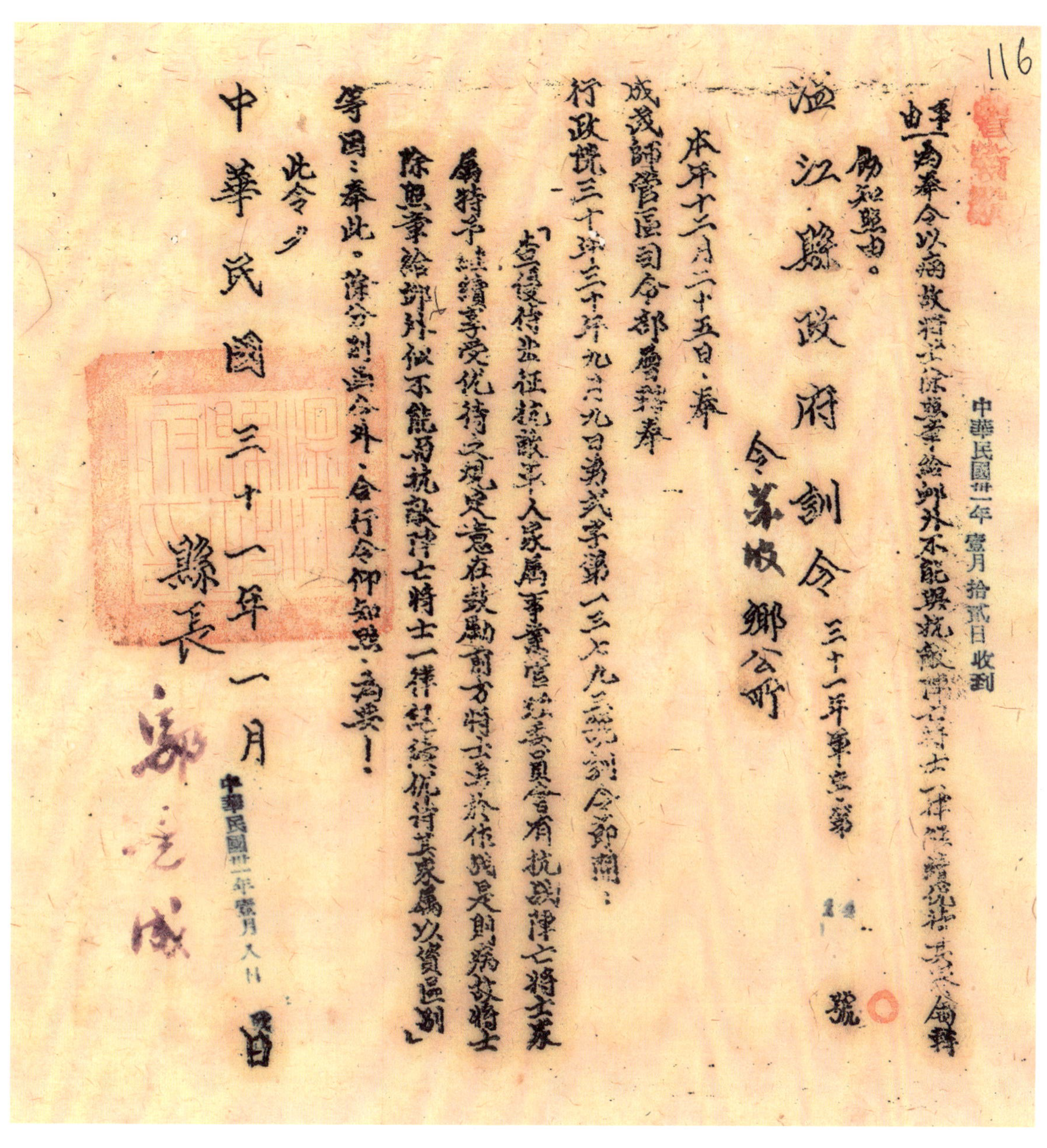

事由：为奉令以病故将士除照章给恤外不能与抗敌阵亡将士一律继续优待其家属令转饬知照由。

中华民国卅一年壹月拾贰日收到

温江县政府训令　三十一年军宪字第　号

令苏坡乡公所

本年十二月二十五日，奉

成茂师管区司令部[illegible]奉

行政院三十年三十年九月二十九日勇贰字第一三七九三号训令节开：

「查优待出征抗敌军人家属事业，曾经委员会有抗战阵亡将士家属特予继续享受优待之规定，意在鼓励前方将士，其于作战是则病故将士除照章给恤外，似不能与抗敌阵亡将士一律继续优待其家属，以资区别」

等因。奉此，除分别函令外，合行令仰知照，为要！

此令。

中华民国三十一年一月　日

中华民国卅一年壹月八日

县长　郑光成

华阳县大千乡乡公所、温江县苏坡乡公所等关于谢寿斋迁居继续发放优待的一组文件

华阳县大千乡乡公所关于转知征属谢寿斋迁移情形致苏坡乡公所的公函（一九四二年一月十八日）

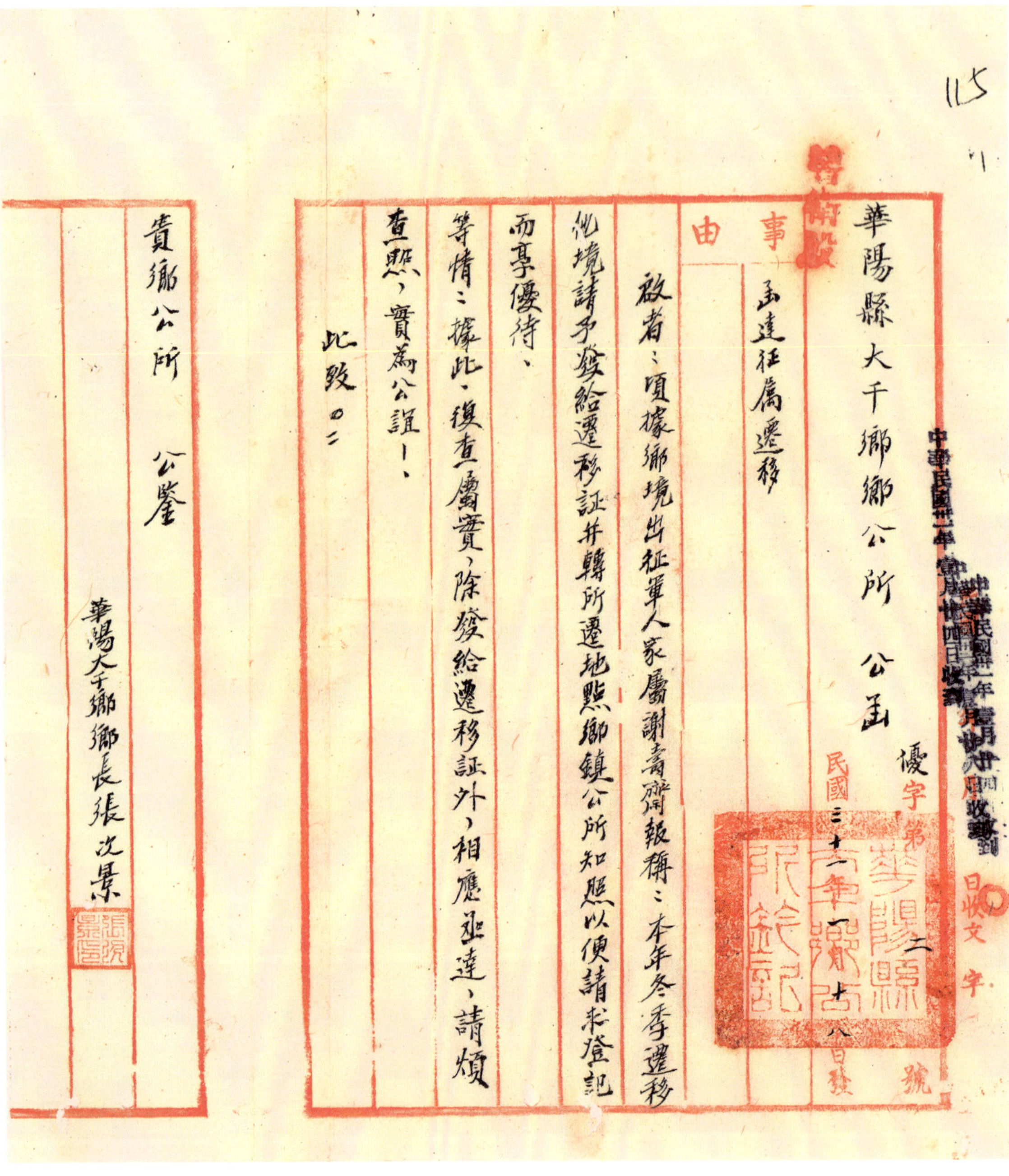

華陽縣大千鄉鄉公所 公函

優字第二號

民國三十一年一月十八日發

事由：函達征屬遷移

啟者：頃據鄉境出征軍人家屬謝壽齋報稱：本年冬季遷移他境，請予發給遷移証，并轉所遷地點鄉鎮公所知照，以便請求登記而享優待等情。據此，復查屬實，除發給遷移証外，相應函達，請煩查照，實爲公誼！

此致

貴鄉公所 公鑒

華陽大千鄉鄉長 張沈景

温江县苏坡乡公所关于转请发给征属谢寿斋、李温氏优待谷凭单收据致温江县政府的呈（一九四二年八月六日）

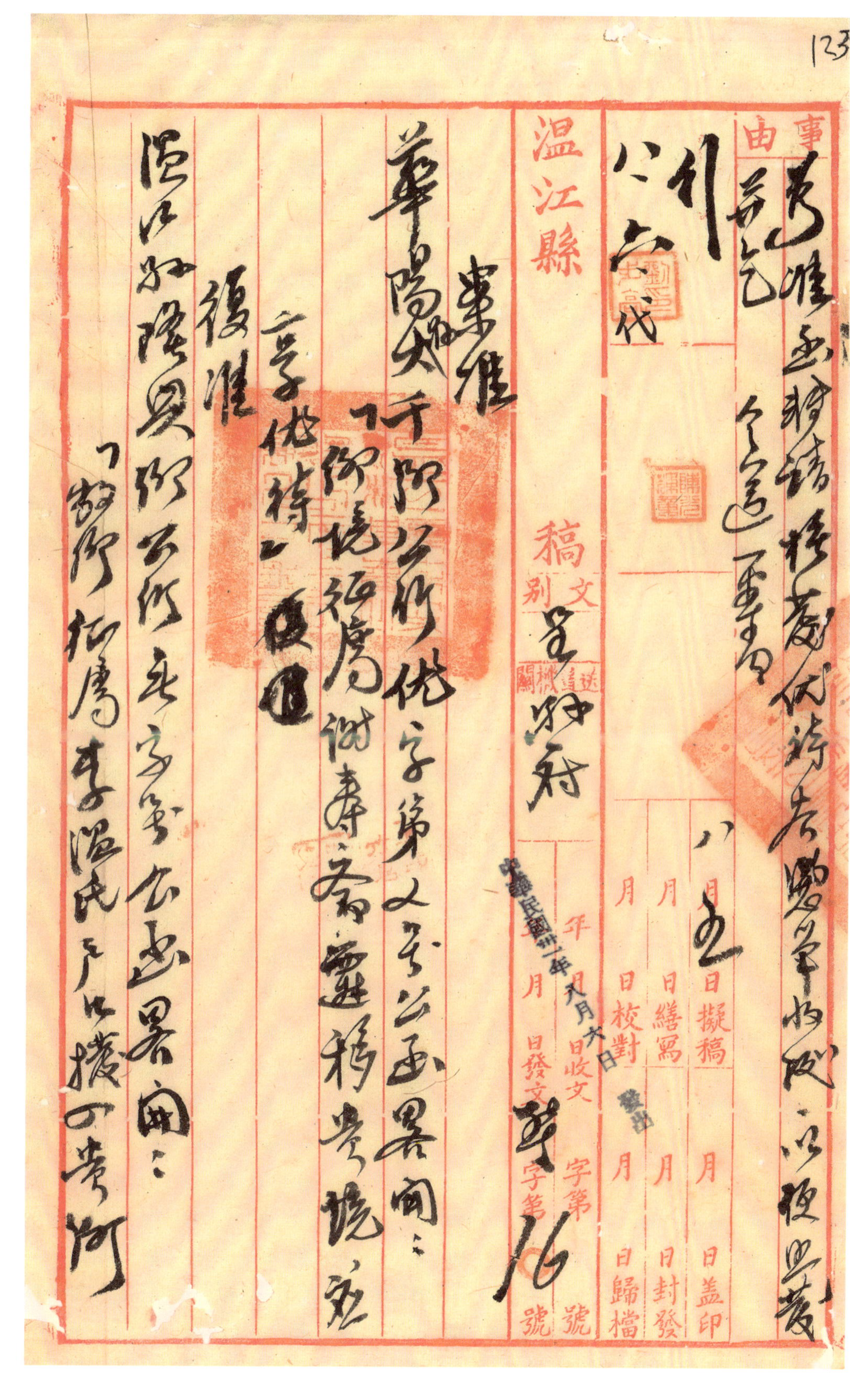

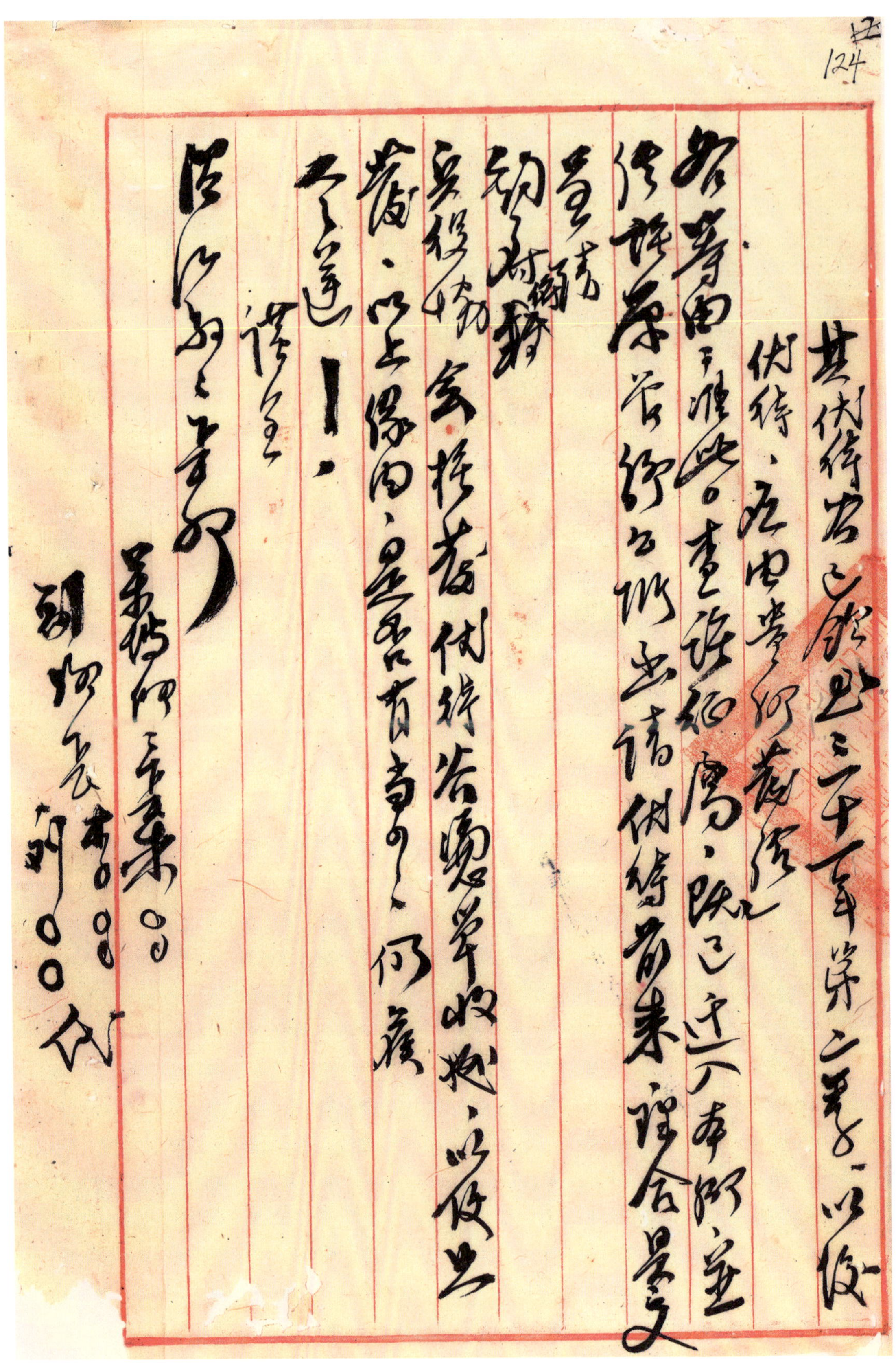

124

其优待金已领至三十一年第二期,以后
优待,应由本乡发给
各节,由该保甲查证征属,除已迁入本乡并
经证明外,须由乡公所出具请领优待前来,理合呈文
呈请
钧府鉴核
兵役协会核发优待金,应照章收据,以便出
发。以上系由,是否有当,仍候
示遵!
谨呈
温江县县长 陈
[illegible]乡乡长 ○○
副乡长 [illegible]○○
[illegible] ○○ 代

温江县政府关于准予转函温江县兵役协会发给优待谷凭单收据致苏坡乡公所的指令（一九四二年八月十二日）

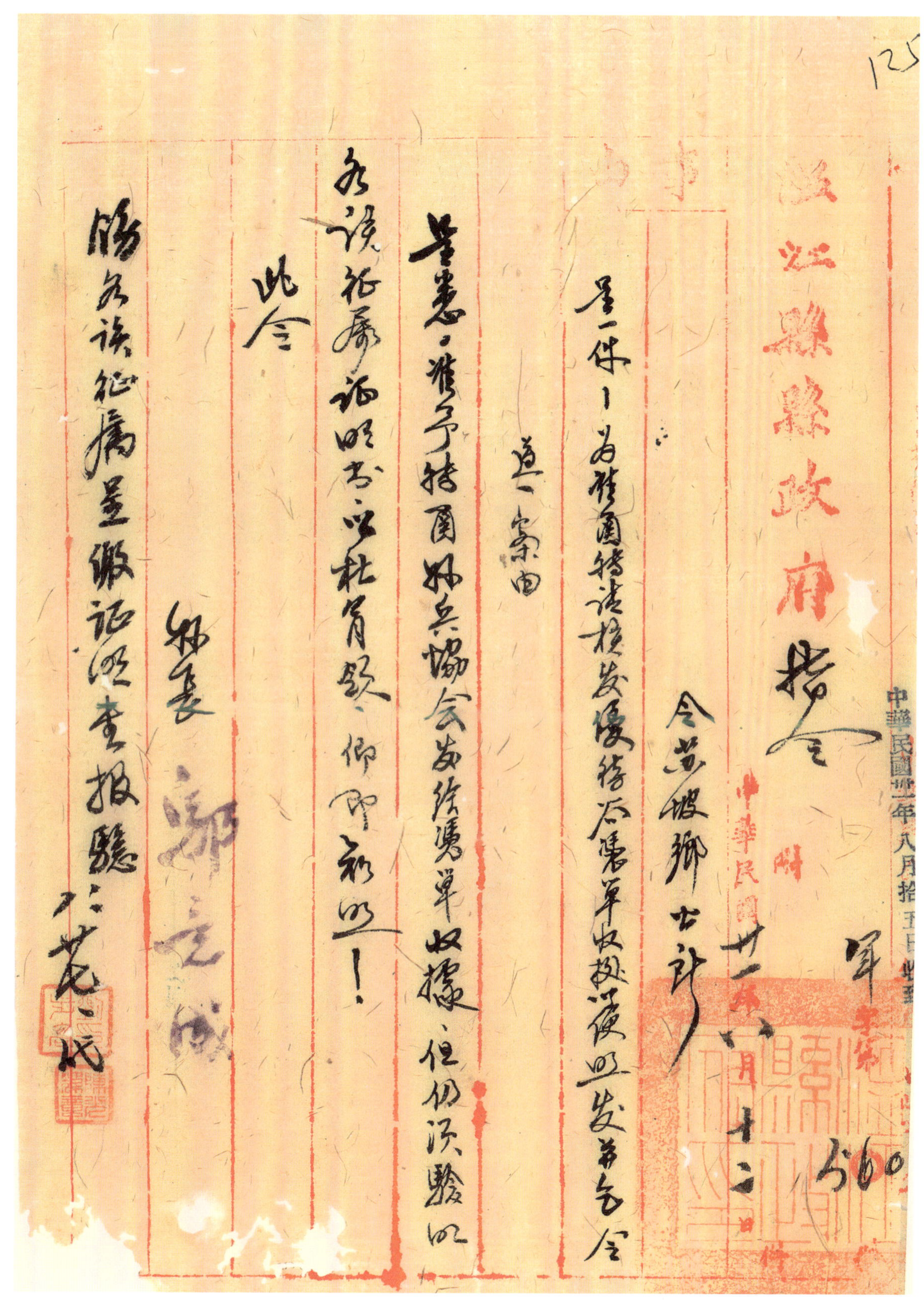

温江縣政府指令　軍字第560號

中華民國卅一年八月十二日

令蘇坡鄉公所

呈一件，為轉函請核發優待谷憑單收據以便照發并乞令遵一案由

呈悉。准予轉函縣兵協會發給憑單收據，但仍須驗明免役證屬確照書明，以杜冒領。仰即遵照！

此令。

附發該證屬呈繳證照壹張驗訖

縣長　鄭元成

关于温江县苏坡乡公所造具发放优待谷清册报请核销的一组文件

温江县苏坡乡公所致温江县政府的呈（一九四二年一月二十三日）

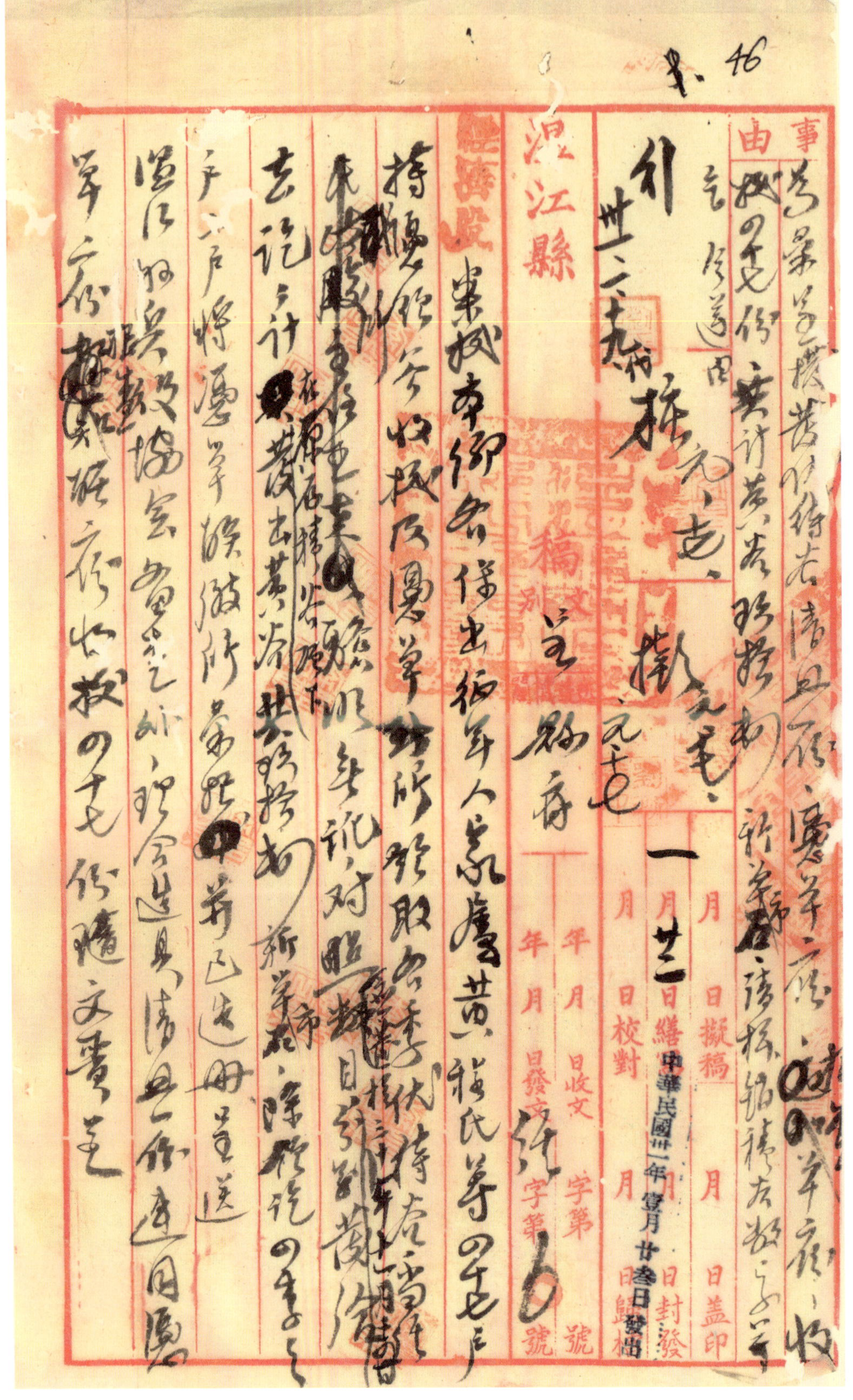

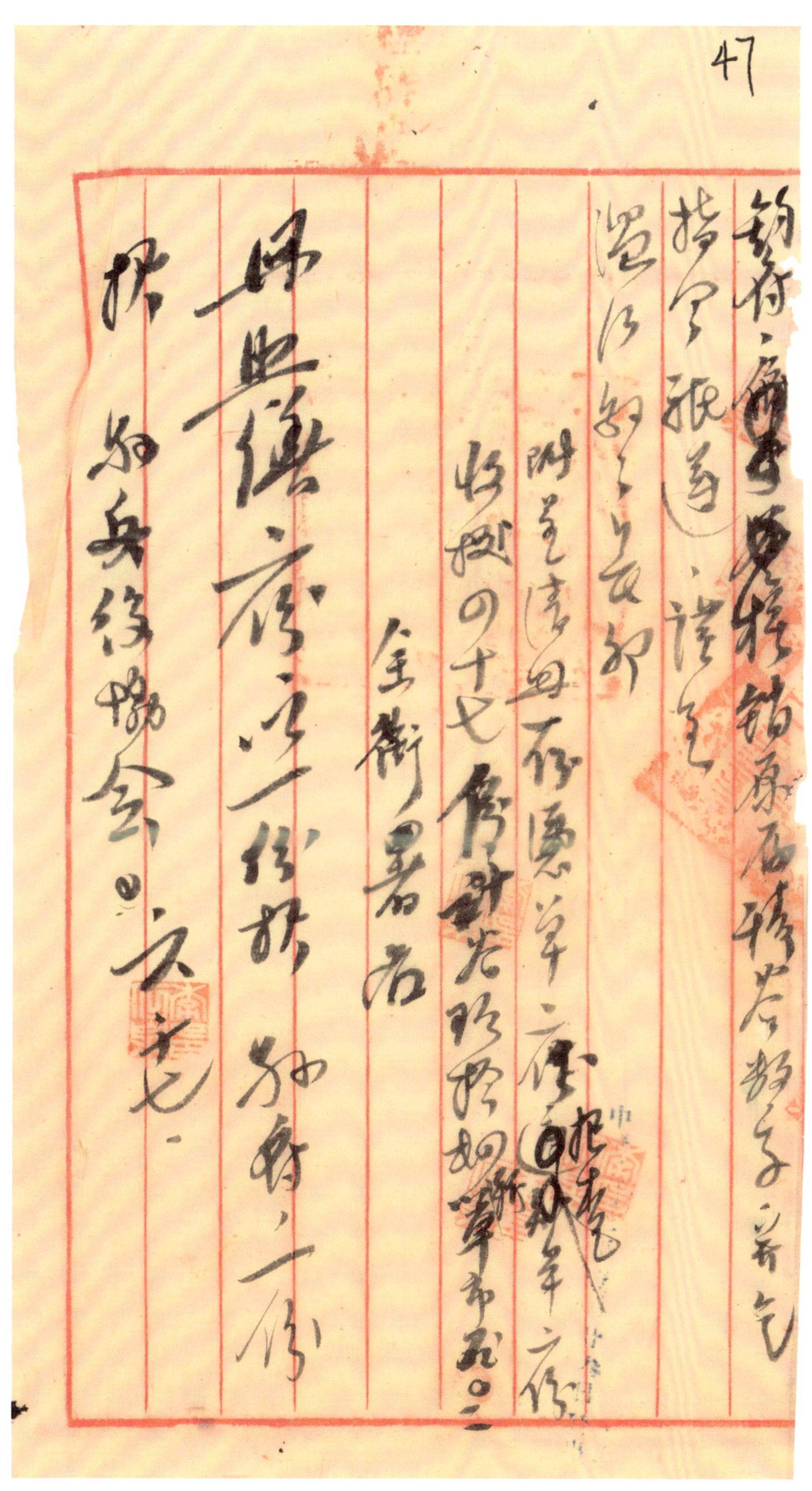

47

鈞府、府屬各機關原存積若干箱乞

指令張昌謹呈

瀋陽總司令部

附呈清冊一本二府（北平）

收據四十七份計共玖拾如箱市五〇二

全銜署名

謹此鈞府、江一級敬、知府一份

探知兵役協會四月六日文七

附：发出优待谷清册

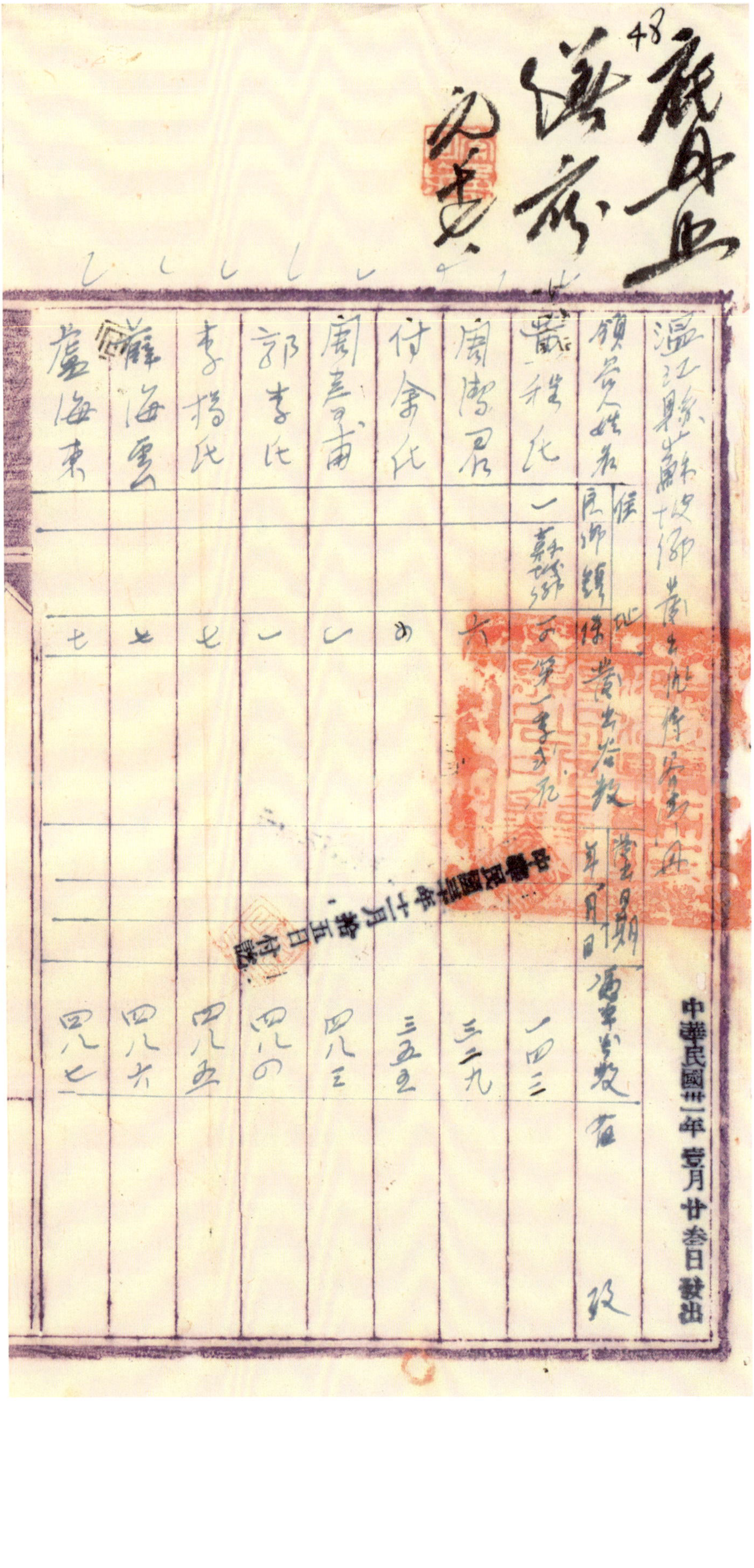

中華民國卅一年壹月廿叁日發出

姓名		數	號
帐玉氏		三	四九八
陳金山		四	四九三
周雲氏		六 第二季截	一一六
黃程氏		六	一四三
張金山		十二	一五〇
黃大斌		廿	一九一
張吳氏		十五	一九三
薛李氏		七	二〇一
吳大雲		五	二一〇
廖蕭氏		四	二一一

中華民國二十年十二月拾五日付訖

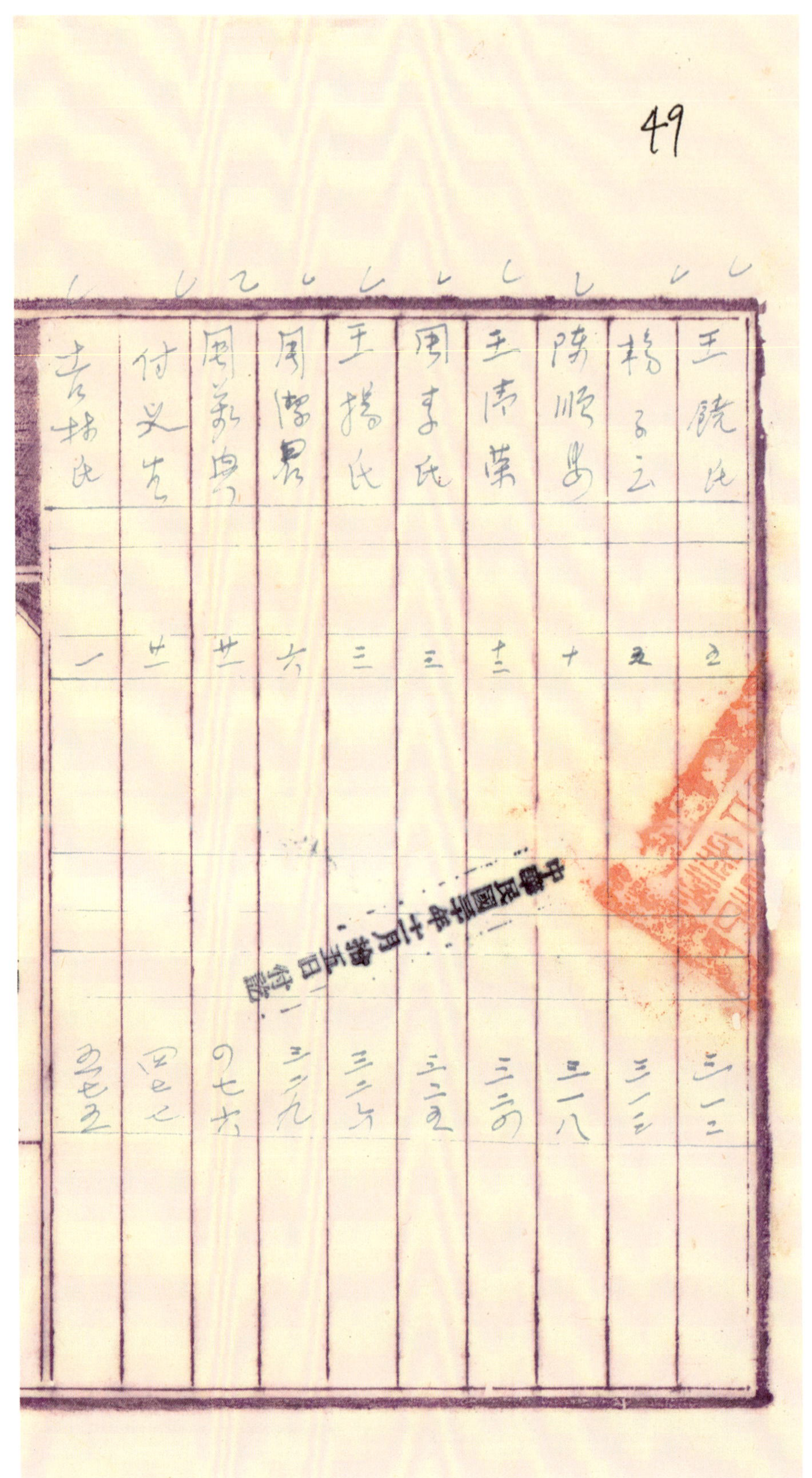

49

姓名	数	号
王銑氏	三	三一二
楊子云	五	三一三
陳順安	十	三一八
王南榮	十三	三二〇
周李氏	三	三二五
王楊氏	三	三二六
周澤君	六	三二九
周新典	廿	四七六
付义吉	廿	四七七
李林氏	一	四七五

中華民國卅年十二月廿五日付訖

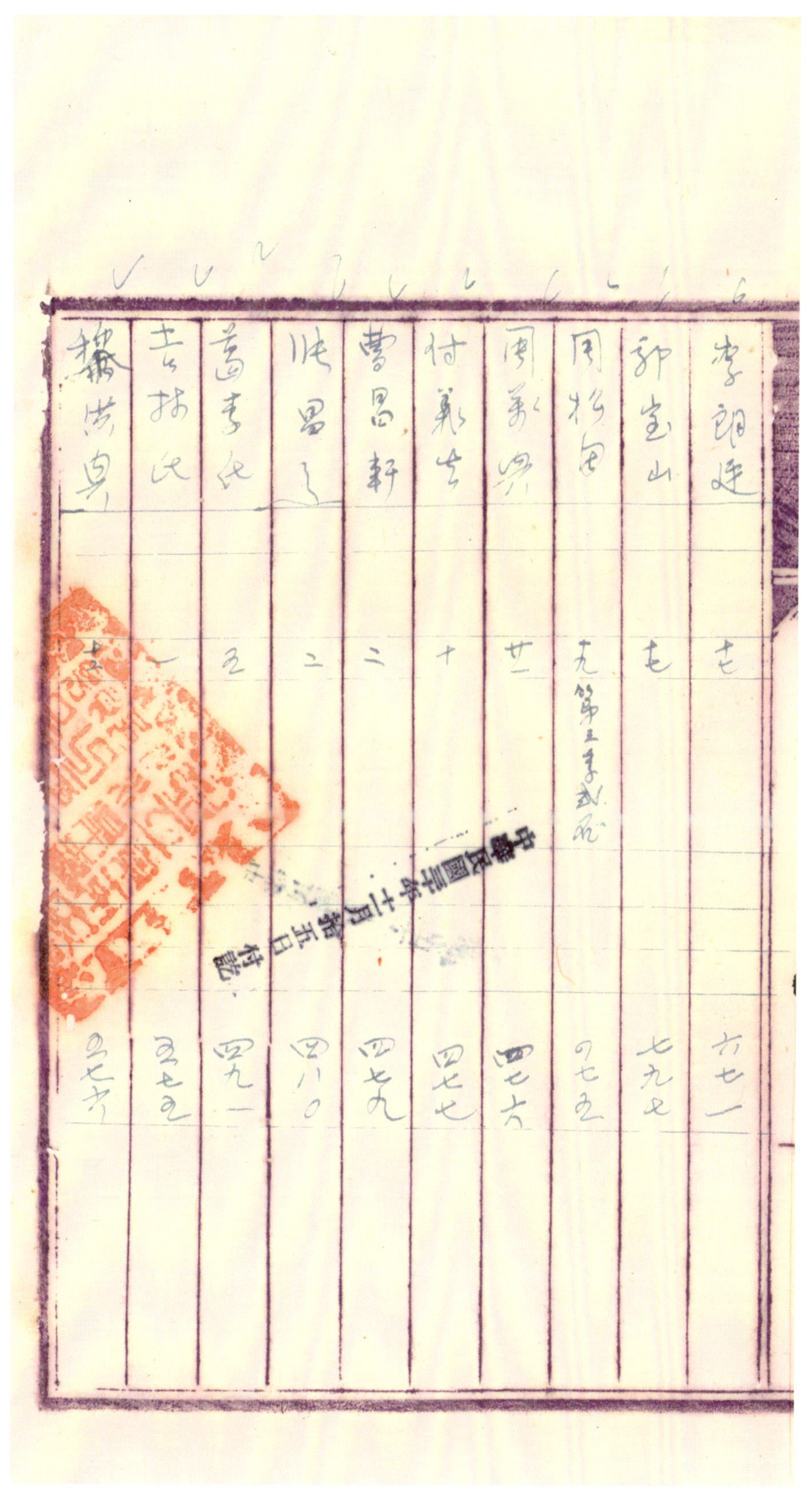

李朗廷	廿七	六七一
郭宝山	廿七	七九七
周松田	九 第五年故死	〇七五
周彩興	廿一	四七六
付彩云	十	四七七
曹昌軒	二	四七九
陳昌之	二	四八〇
蕭李氏	五	四九一
吉林氏	一	五七五
楊洪興	廿七	五七六

中華民國三十年十二月卅五日付訖

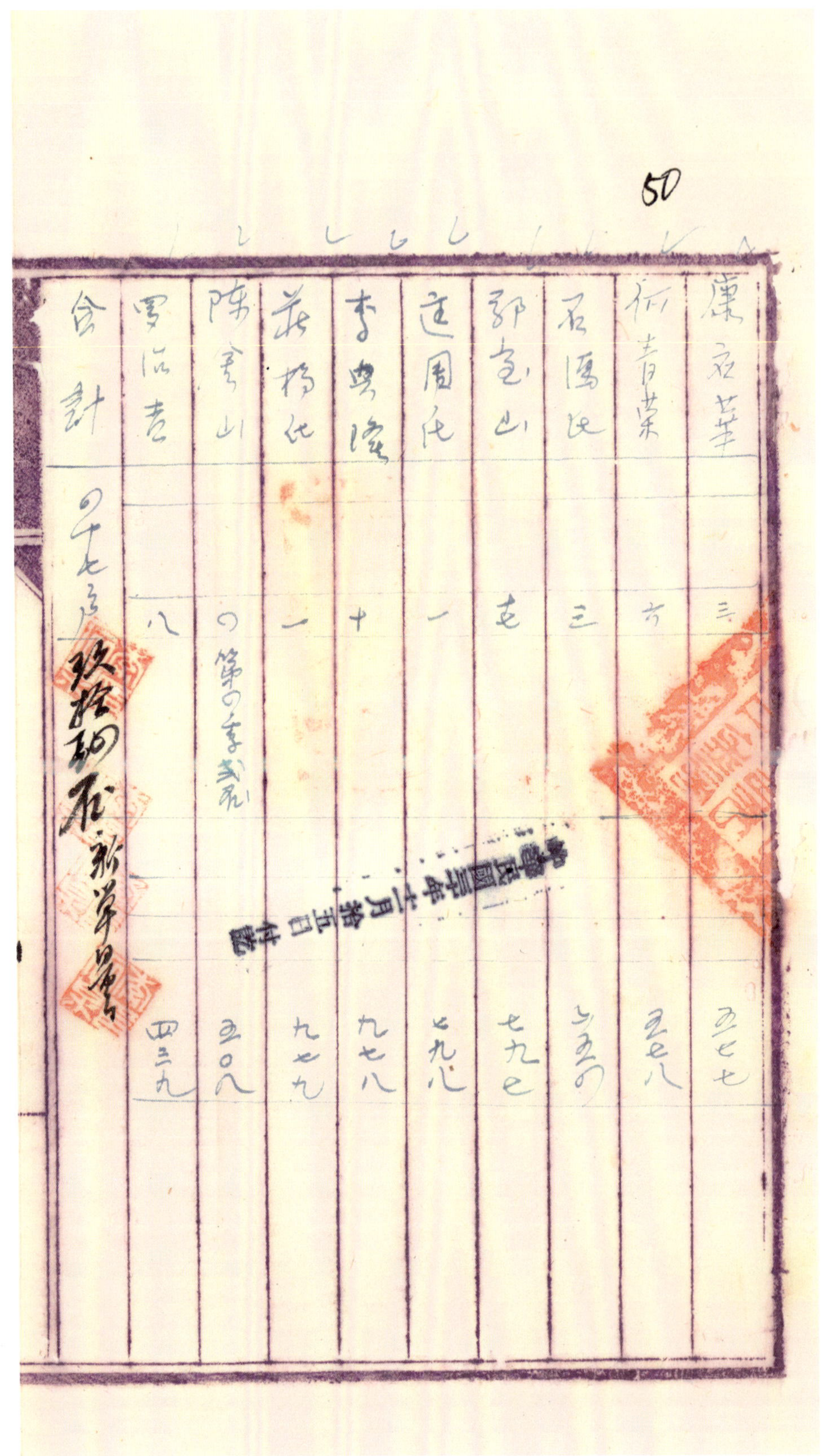

50

康宗華	何青荣	石鸿氏	郭德山	陈周氏	李安隆	蒋杨氏	陈云山	罗治書	合計
三	六	三	七	一	十	一	〇 第四季貳元	八	四十七元
五七七	五七八	五五〇	七九七	七九八	九七八	九七九	五〇八	四三九	

中華民國三十年十二月廿五日付訖

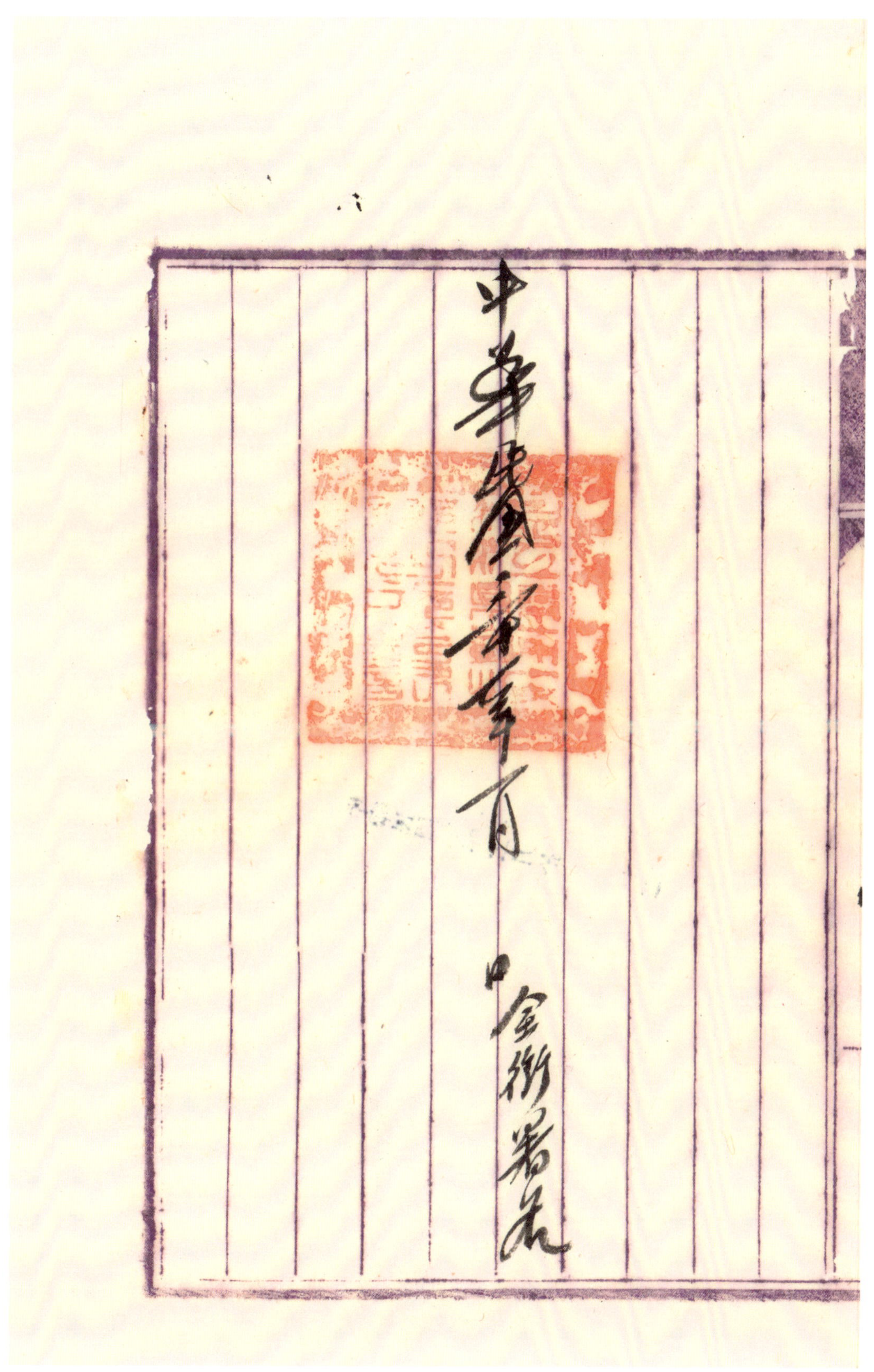

中華民國三年十二月　日全銜署名

温江县苏坡乡公所致温江县兵役协会的呈（一九四二年一月二十三日）

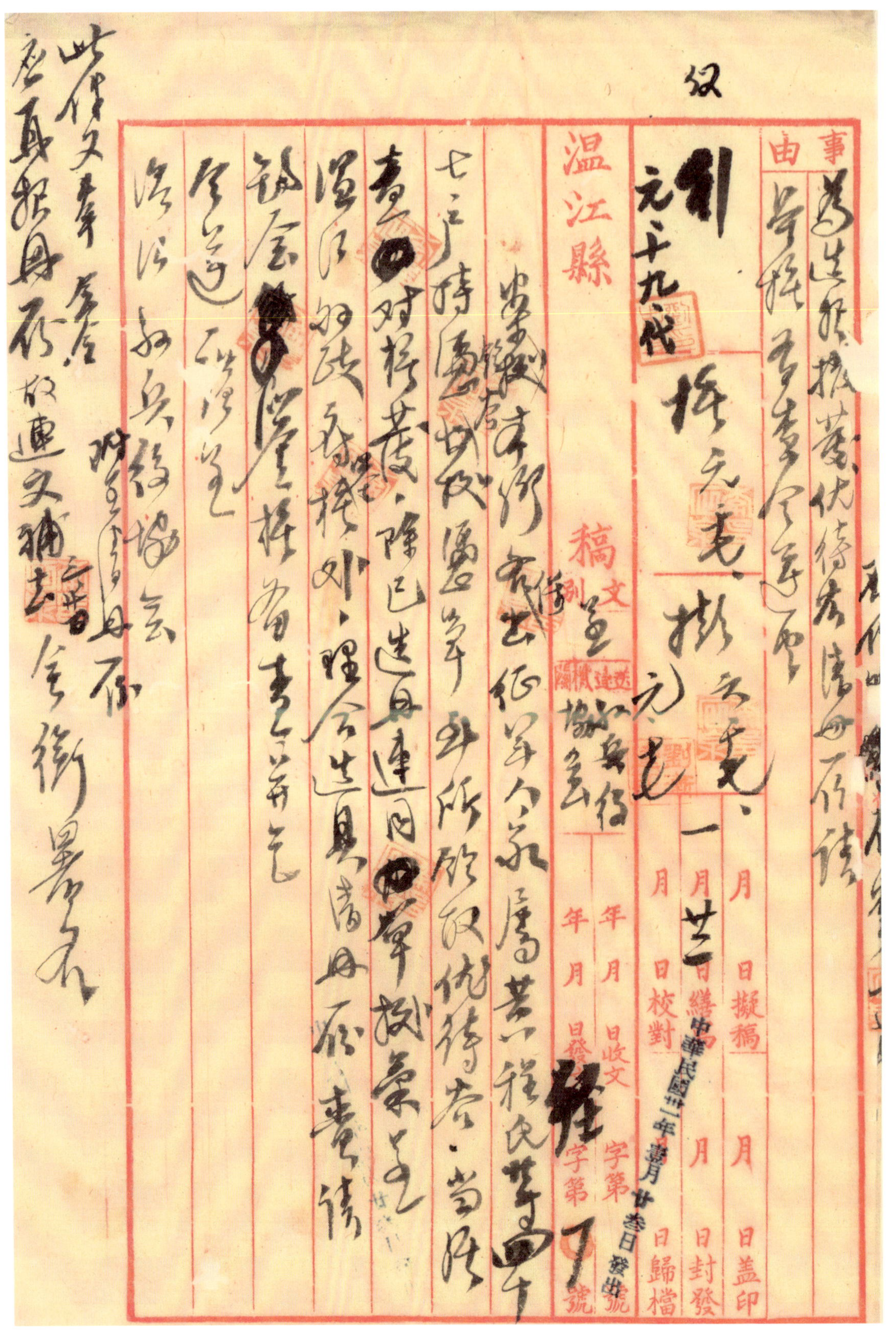

温江县政府致苏坡乡公所的指令（一九四二年二月四日）

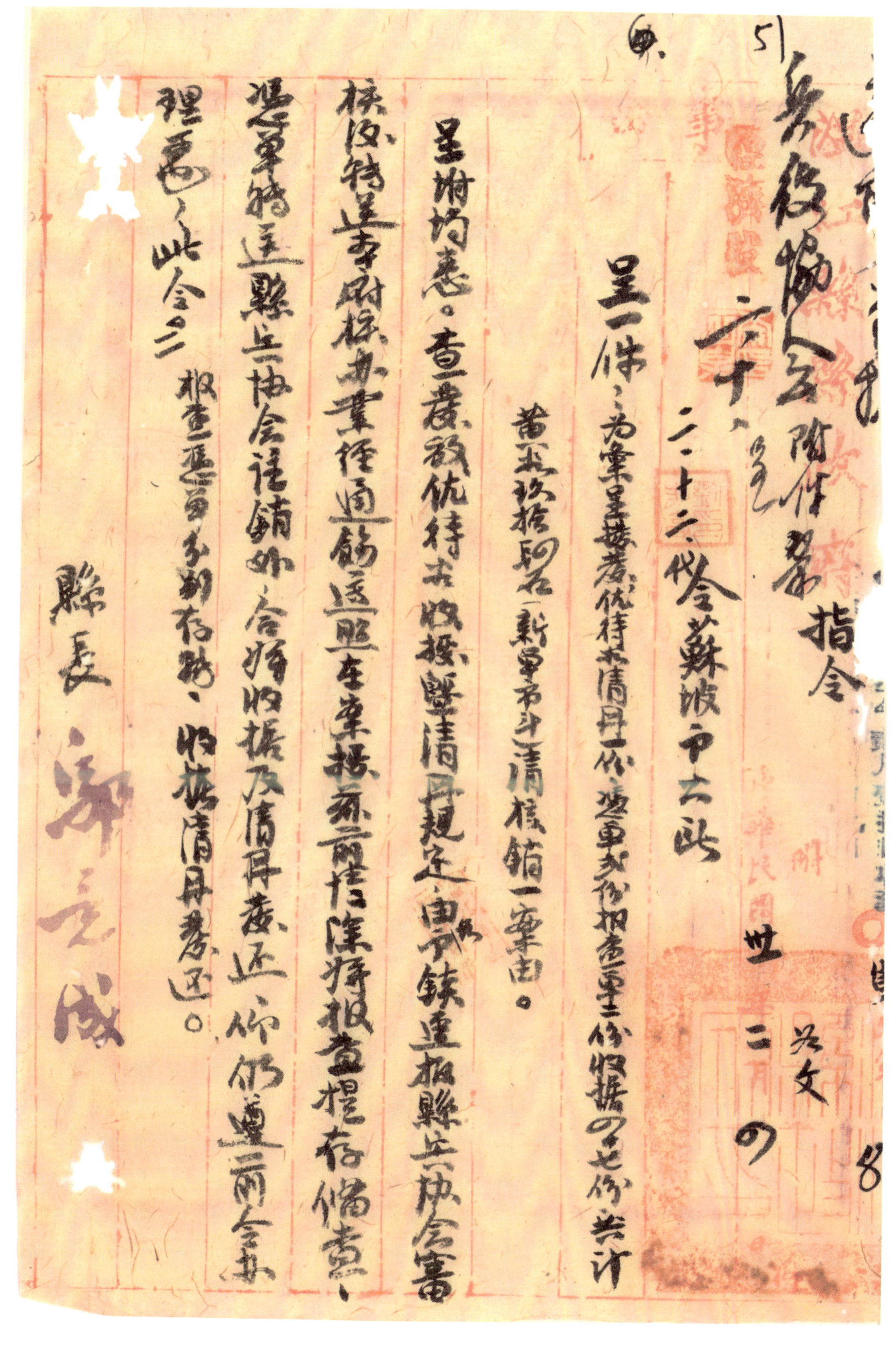

溫江縣政府兵役協會附件另 指令 發文廿二の

二十二年 令蘇坡鄉公所

呈一件，為彙呈接收優待米清冊一份、退單六份、報查單十二份、收據四十七份，共計

[illegible]新單市斗清核銷一案由。

呈附均悉。查兵役優待米收據、清冊規定由鄉鎮連報縣兵役協會審核後，轉呈本府核准，業經通飭遵照在案。據該所前送清冊，報查提存備查、退單轉送縣兵役協會註銷外，合將收據及清冊發還，仰仍遵照前令辦理為要。此令。

報查退單分別存轉，收據清冊發還。

縣長 郭[illegible]成

温江县苏坡乡兵役协会致温江县兵役协会的呈（一九四二年二月二十七日）

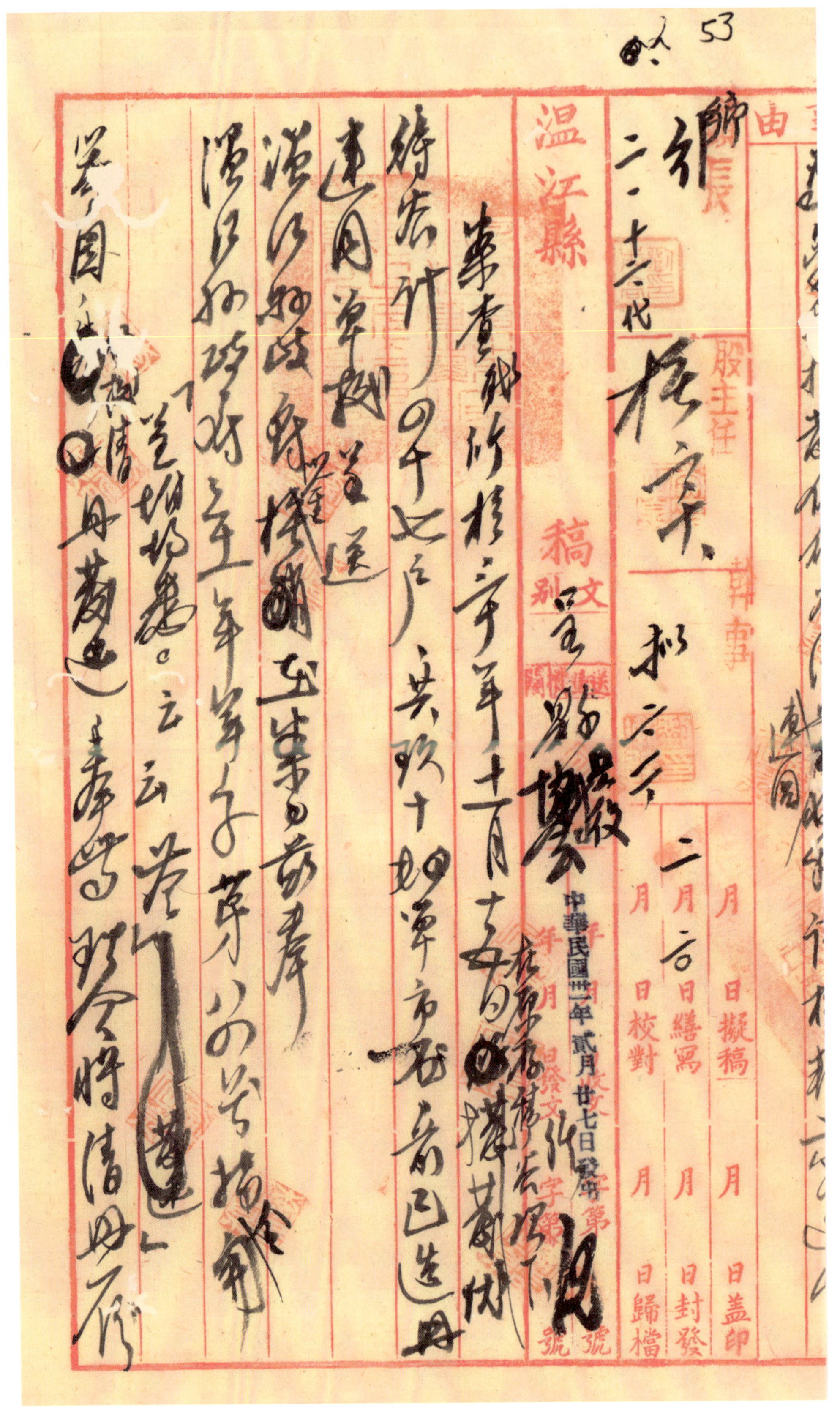
温江縣

稿

月 日擬稿 月 日盖印

二月二六日繕寫 月 日封發

月 日校對 月 日歸檔

中華民國卅一年貳月廿七日發

54

收據樣本附後隨文賫備
副本,以資存查,並請轉知
溫江縣政府轉飭原屬遵照。如何之處,伏乞
指令祗遵!

謹呈
溫江縣兵役協會

附呈請每戶、鄉、鎮之表冊、收據樣本
（按照十五年份原本）

金衛署名

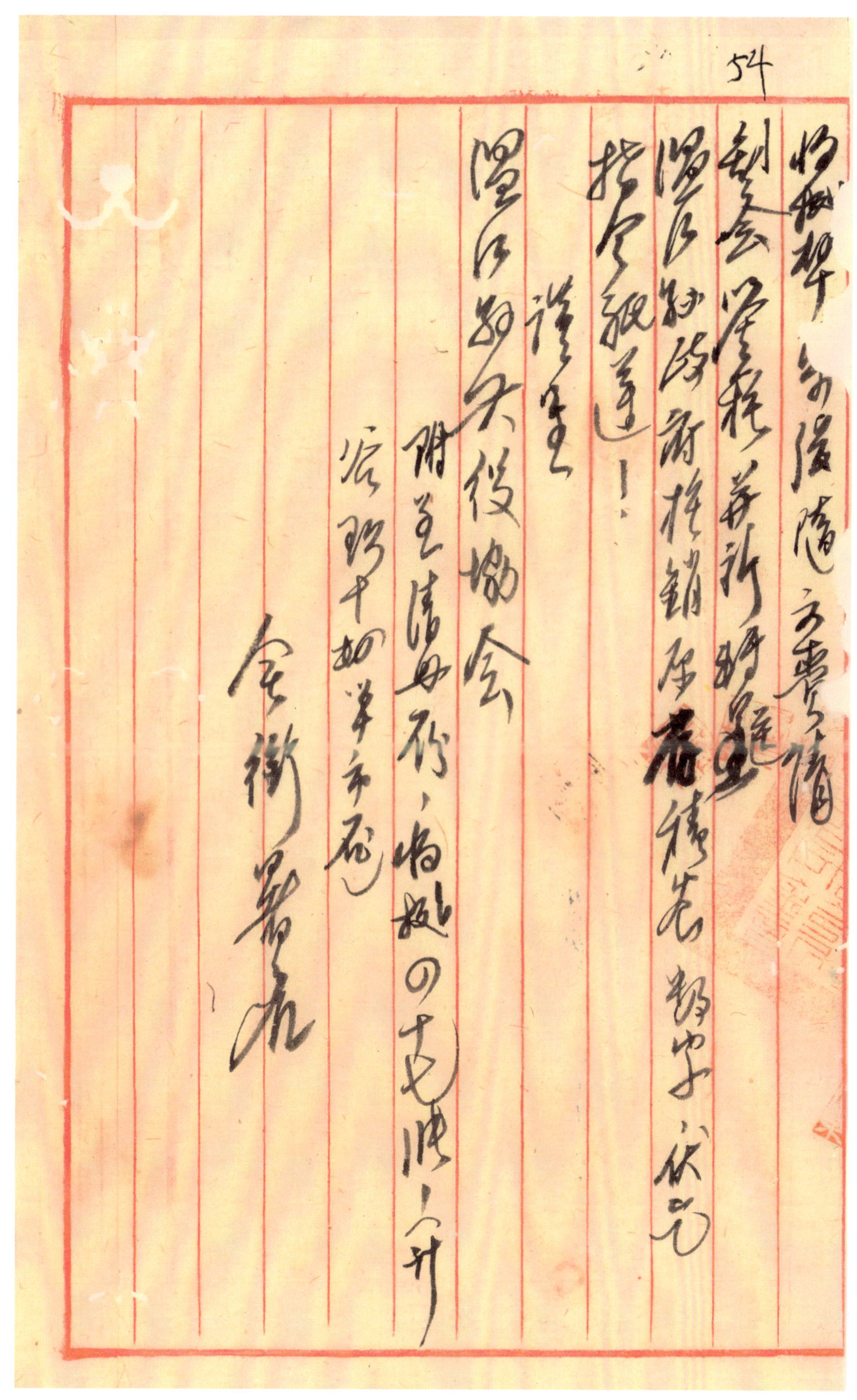

温江兵役协会致苏坡乡兵役协会的指令（一九四二年四月四日）

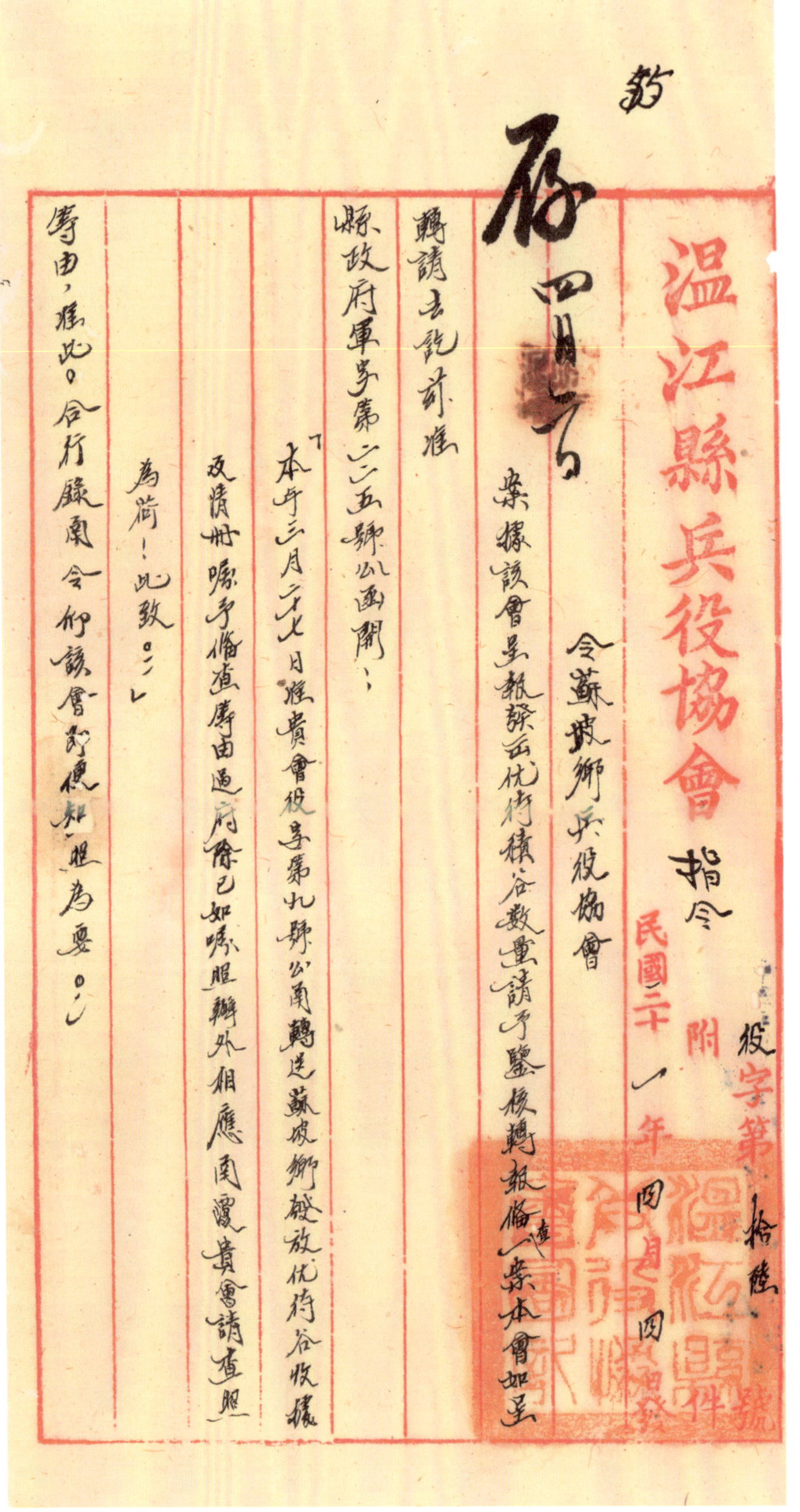

温江縣兵役協會指令 役字第拾陸號 附件

民國三十一年四月四日

令蘇坡鄉兵役協會

案據該會呈報發出優待積谷數量請予鑒核轉報備查一案，本會如呈轉請去訖，茲准縣政府軍字第二二五號公函開：

「本年三月二十七日准貴會役字第九號公函轉送蘇坡鄉發放優待谷收據及清冊囑予備查等由過府，除已如囑照辦外，相應函復貴會，請查照為荷！此致。」

等由，准此。合行令仰該會知照為要。此令。

存

四月六日

56
此令
主任委員
副主任委員

温江县政府关于牌告招认故兵张季良遗族致苏坡乡公所的训令（一九四二年三月三十日）

109

事由：为令送印牌告招认故兵张季良遗族由

温江县县政府训令　军字第196号

令苏坡乡公所

查故兵张季良已据该乡调查表已令饬镇子乡公所查明填报在案。兹据该公所呈复称：

"案奉钧府军字第六五号训令饬传绍欣张季良已据传乡调查表加具证明转报，该乡一案，取道印转饬第三保保长调查，有无张季良张郁氏其人去讫，旋呈据称：遍查保内历来并无伊母子姓名，成后遍询该属各保保长均称无之，奉令前因，理合将该调查结果

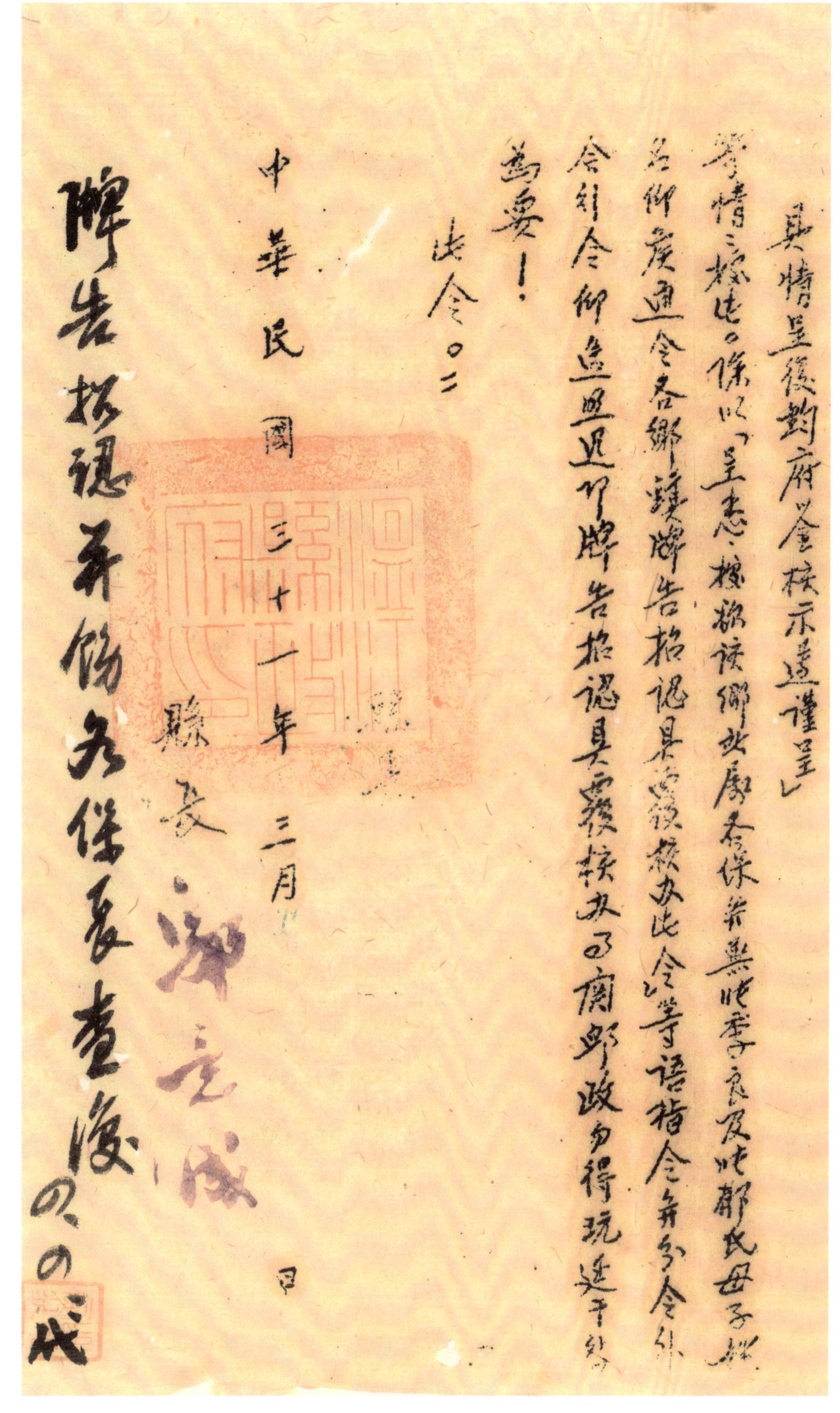

具情呈復，鈞府鑒核示遵。謹呈」

等情。據此，除以「呈悉。據報該鄉政府各保並無此等良及此鄢氏母子，擬

各飭屬通令各鄉鎮牌告招認具領，核辦此令」等語指令并分令外，

合行令仰該並遵照，即牌告招認具領核辦，以廣郵政，勿得玩延干咎，

為要！

此令。○二

中華民國三十一年三月　日

縣長　沈立成

牌告招認并飭各保長查復

温江县苏坡乡第十八保保长李泗兴关于报请补发征属邓路氏身份证及优待致苏坡乡公所的呈及指令（一九四二年三月至四月二十七日）

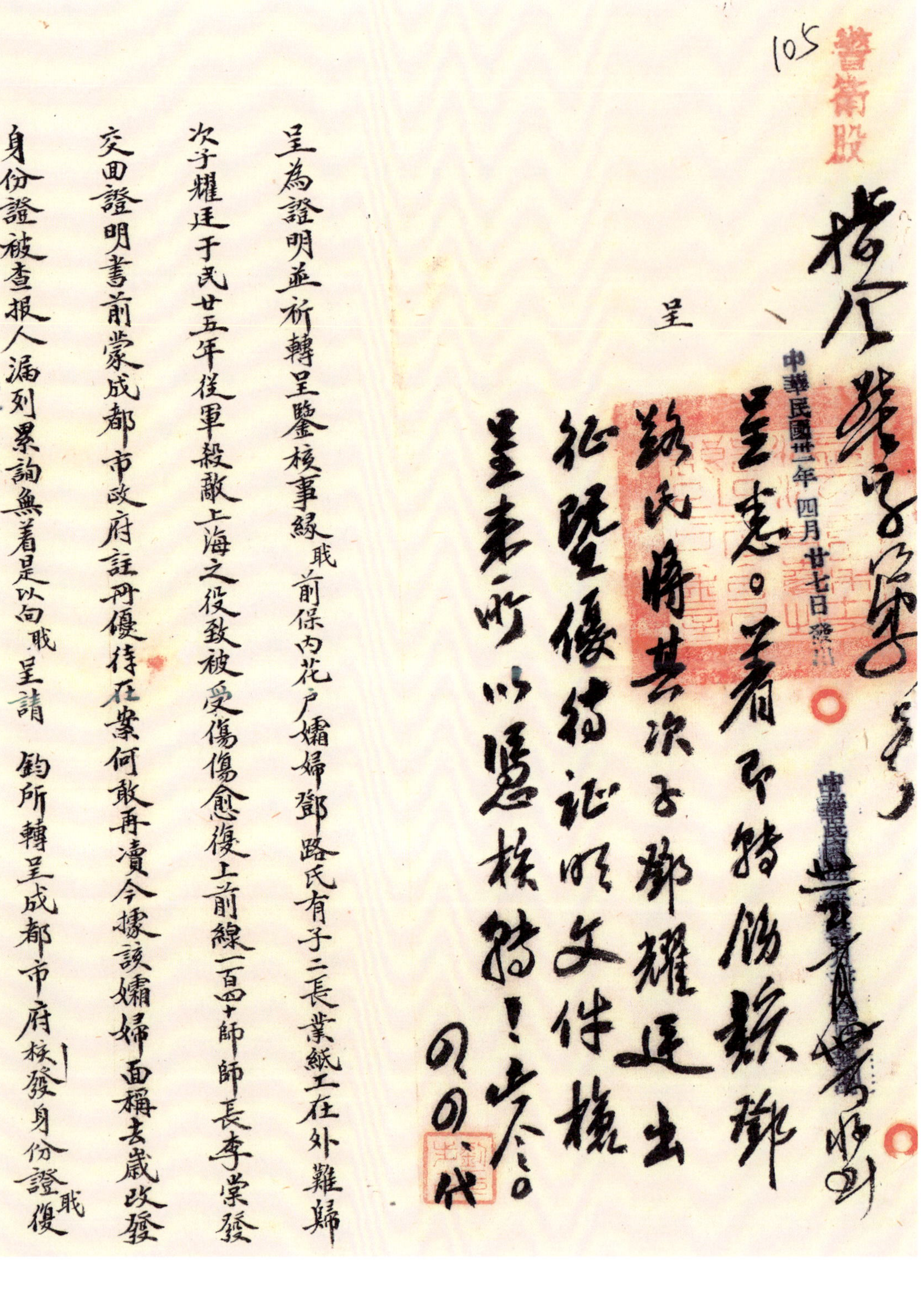

105

警衛股

指令 發字第 號

呈

中華民國卅一年四月廿七日發出

呈悉。着即轉飭該鄧路氏將其次子鄧耀廷出征證明優待證明文件檢呈來所，以憑核轉！此令。

呈為證明並祈轉呈鑒核事。緣职前保內花户孀婦鄧路氏有子二，長業紙工，在外難歸；次子耀廷于民廿五年從軍殺敵，上海之役致被受傷，傷愈復上前線一百四十師，師長李棠發交田證明書，前蒙成都市政府註冊優待在案，何敢再瀆。今據該孀婦面稱：去歲改發身份證被查報人漏列，累論無着，是以向职呈請鈞所轉呈成都市府核發身份證，职復查該孀婦前任職保有年後因該地被機場征用致使居住無着才到省城外東莚泉鎮榮東樓街二三號伊壻家中寄居現該孀婦之壻已故生活難以維繫兼之優待無着只得証明呈請

鈞所轉呈

市府俯予補發以維生活如蒙允准該孀婦不勝感戴頂焚不朽矣

此呈

蓮坡鄉鄉公所鄉長朱

鈞鑒

温江縣蓮坡鄉第八保保長李泗興（印：李泗興印）

大中華民國三十一年三月　日　謹呈

温江县政府关于准函转饬登记第二十二集团军各部官兵抗属优待证明书并发给优待致苏坡乡公所的训令（一九四二年四月八日收）

事由：为准第廿二集团军总司令部抗优字函以该部官兵抗属优待证明书已自行寄交本人家属令仰遵照登记发给优待由

温江县县政府训令　卅一年卑字第243号

中华民国卅一年四月八日收到

令苏坡乡公所

案奉三月廿日准第廿二集团军总司令部抗优字[illegible]号公函开：

「[illegible]案查部颁优待出征抗敌军人家属证明书内载出征者之服役机关部队填发证明书时应直接寄往出征者家属住在地之县（市）优待委员会转发其家属收执等语，本年所发此项证明书[illegible]各士兵家属[illegible]迄今尚未[illegible]受优待者，恐系由从中舞弊[illegible]因住地偏乡，寄递[illegible]，兹将卅一年上季证明书[illegible]予变通办理，除交各士兵自行寄交本人家属直接持往优待委员会登记外，并请贵府转饬贵县优待委员会查照办理，以重抗属，实纫公便」

等由，准此。除分别函令外，合行令仰遵照办理为要！

此令。

县长　[illegible]

中华民国三十一年四月十日

温江县苏坡乡第十六保村民、温江县苏坡乡公所等关于征属李温氏户口变动换发领谷凭单的一组文件

温江县苏坡乡第十六保王耀五、方新如致苏坡乡公所的呈（一九四二年七月二十六日）

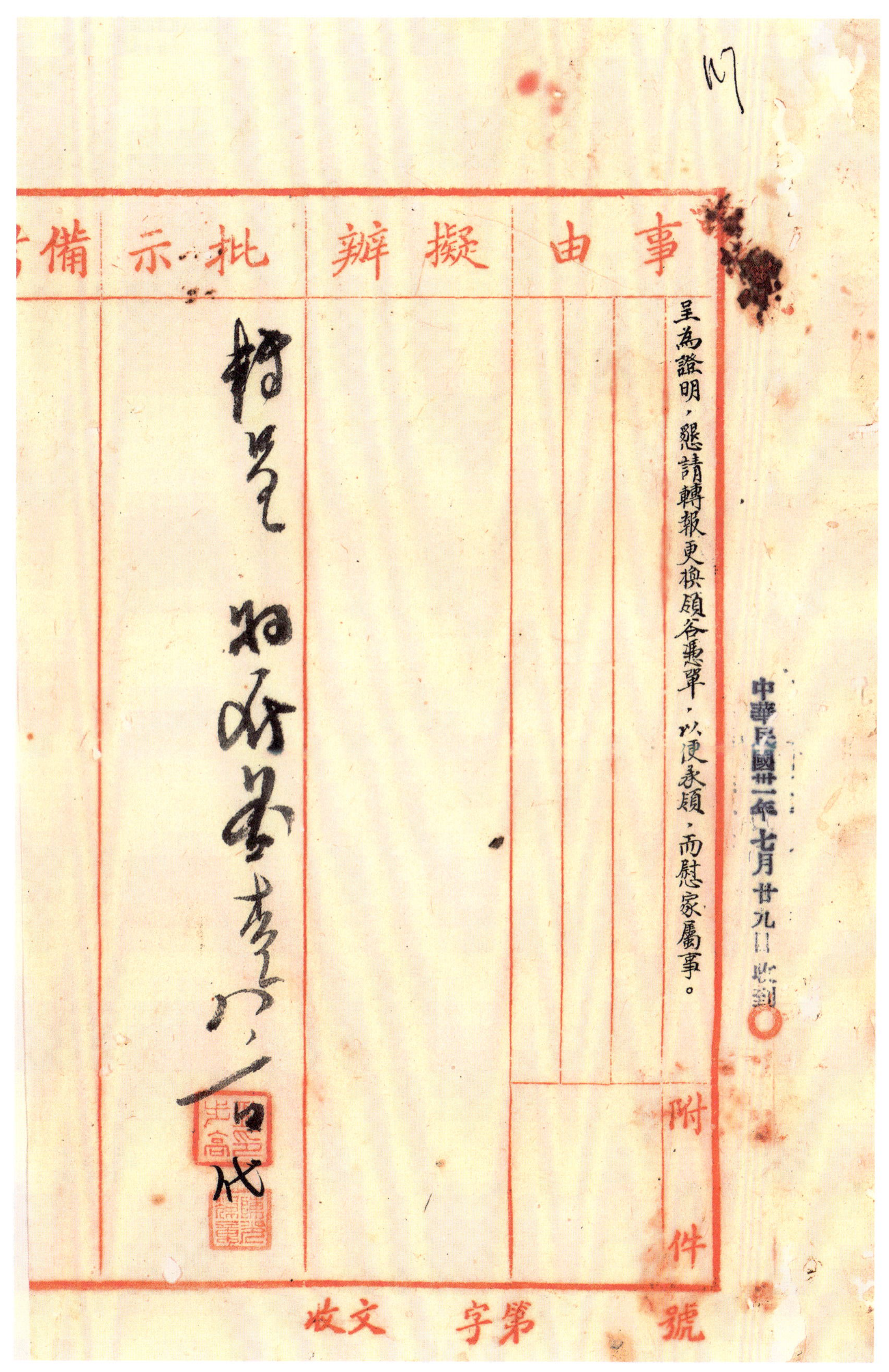

事由：呈為證明，懇請轉報更換領谷憑單，以便承領，而慰家屬事。

擬辦

批示

備考

中華民國卅一年七月廿九日收到

附件

收文　字第　號

118

竊職保第二甲四戶居民李温氏報稱：氏原係隆鎮一保居住，於本年農曆三月內遷移貴保二甲四戶，緣氏祇生二子，惟次子勤波被征服役在外，每季優谷按期發放承領無異，殊因人事變遷，優待谷未能發放，要該管保長證明後方能發放，爲此具呈，懇請轉報。

等情，前來。竊查該氏所報事屬確實，並無虛僞，理合具文懇請

鈞所俯賜鑒核，轉請優待委員會換給領谷單，該氏以便承領，而沾德便。

謹呈

鄉長朱

第十六保保長王耀五

副保長方新如

119

被呈人李溫氏 十

120

中華民國三十一年七月二十六日

温江縣蘇坡鄉第十六保辦公處圖記

温江县隆兴乡公所致苏坡乡公所的公函（一九四二年七月二十七日）

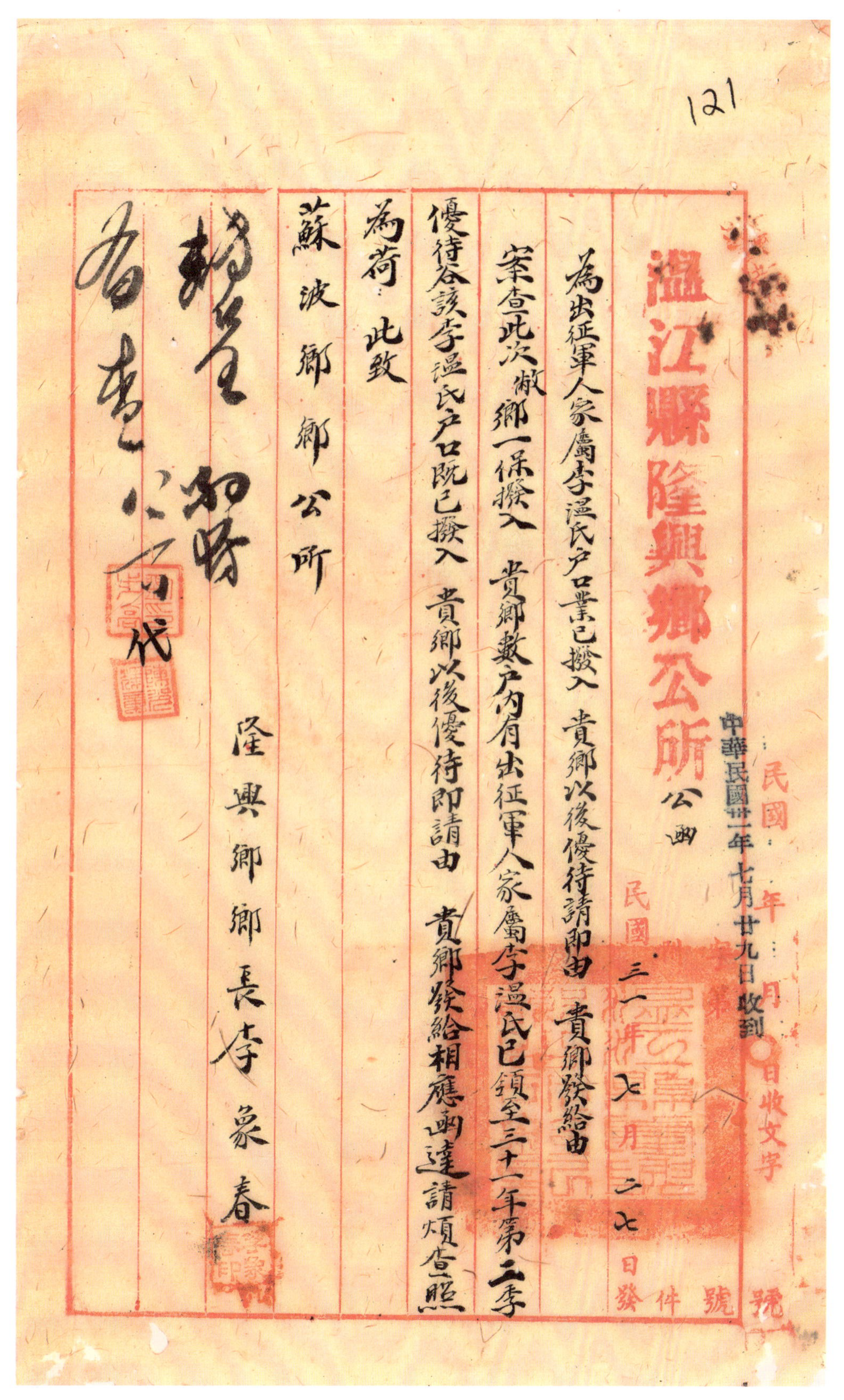

温江縣隆興鄉公所公函

中華民國卅一年七月廿九日收到

三一 七月 二七 日發

為出征軍人家屬李溫氏戶口業已撥入　貴鄉以後優待請即由　貴鄉發給由

案查此次敝鄉一保撥入　貴鄉數戶內有出征軍人家屬李溫氏已領至三十一年第二季優待谷該李溫氏戶口既已撥入　貴鄉以後優待即請由　貴鄉發給相應函達請煩查照為荷　此致

蘇坡鄉鄉公所

隆興鄉鄉長李象春

温江县苏坡乡公所致温江县政府的呈（一九四二年九月二十五日）

警卫股

事由：为据抗属李温氏缴领谷凭单收据，转请鉴核施行一案由。

附件

稿别：文 呈

送达机关：县政府

三十年 月 日 拟稿 月 日 盖印

三十年 月 日 缮写 月 日 封发

三十年 月 日 校对 月 日 归档

中华民国卅一年九月廿五日发出

警字第21号

查本所前为准函转请核发李温氏等优待谷凭单收据一案，奉

钧府军字第五六〇号指令：“准转商发给，并饬验明证明查案。”奉此，等因。奉此，遵即照办。兹据抗属李温氏缴二证明查前已缴存于兵协会，请将领谷收据及优待谷凭单各一张，缴请验明注发等情前来。据此，理合具文，连同抗属李温氏之凭单收据赍

呈

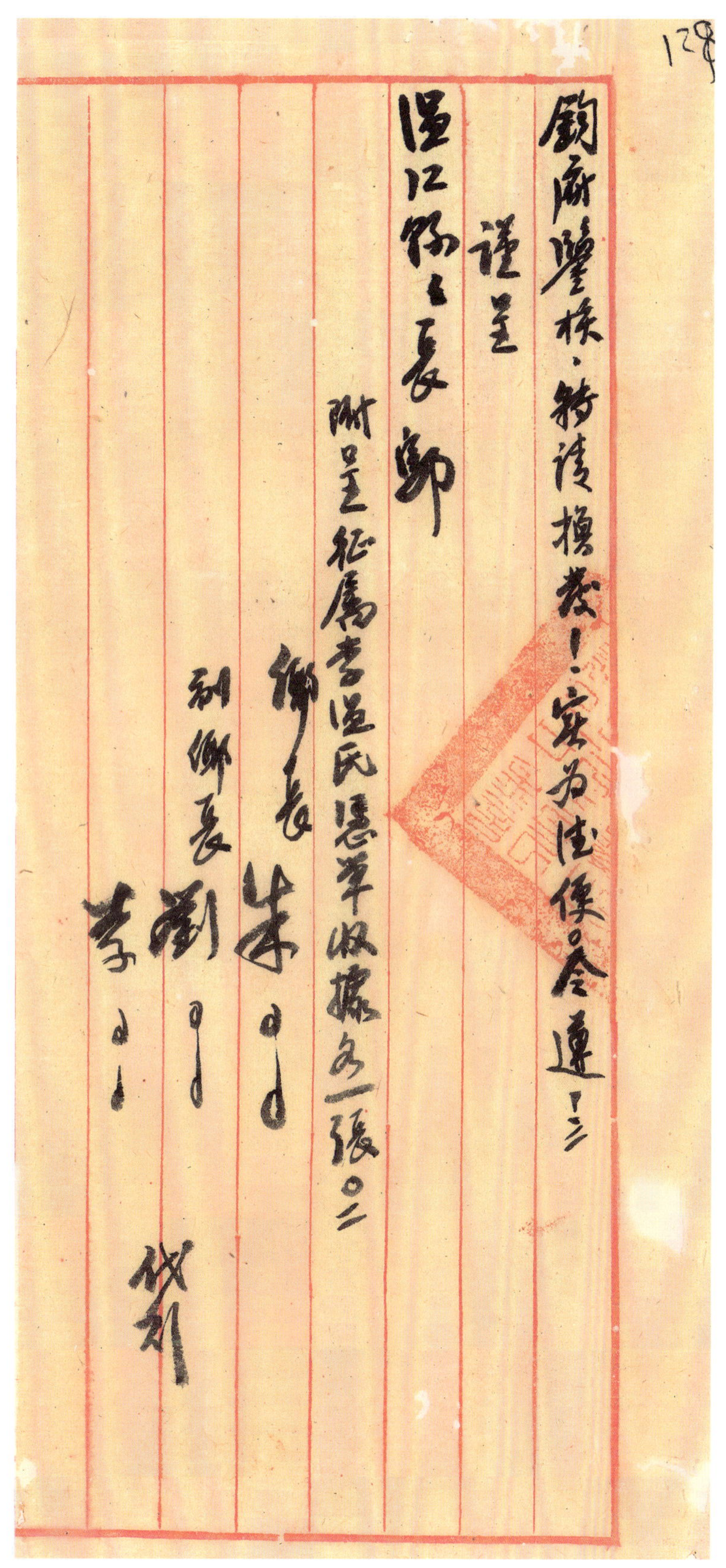

128

鈞府鑒核，轉請撥發！寔爲德便。令遵。

謹呈

溫江縣縣長鄧

附呈征屬書溫氏懇單收據各一張。

鄉長朱〇〇

副鄉長劉〇〇

李〇〇

代行

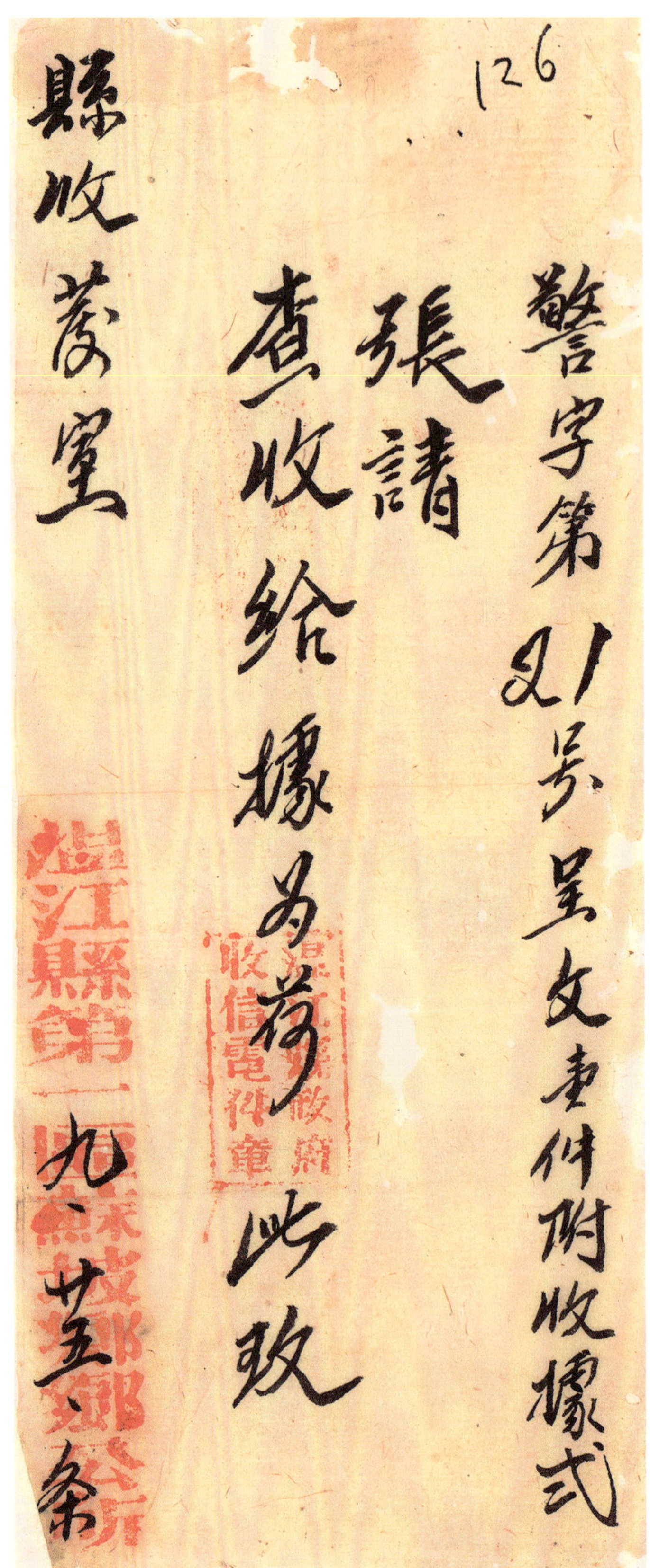

126

警字第21号呈文壹件附收據式

張 請

查收給據爲荷此致

縣收發室

九、廿五

温江县政府致苏坡乡公所的指令（一九四二年十月七日）

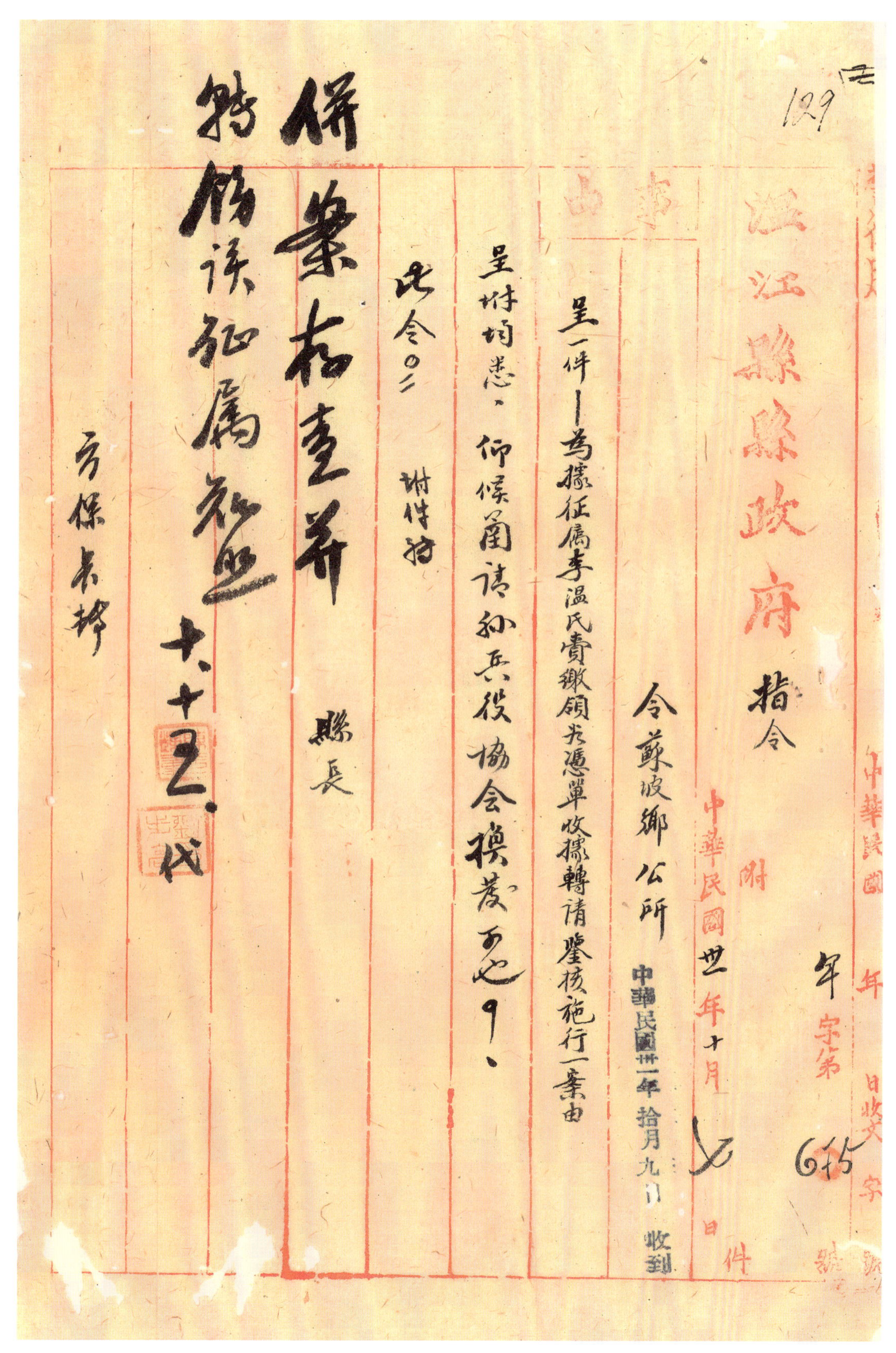

129

温江縣政府指令

令蘇坡鄉公所

呈一件——為據征屬李温氏賫繳領米憑單收據轉請鑒核施行一案由

呈件均悉。仰候函請知兵役協会換發可也。

此令。附件存。

縣長

中華民國卅年十月 日

中華民國卅一年拾月九日收到

併案存查并飭該征屬知照

十、十三 代

方保長

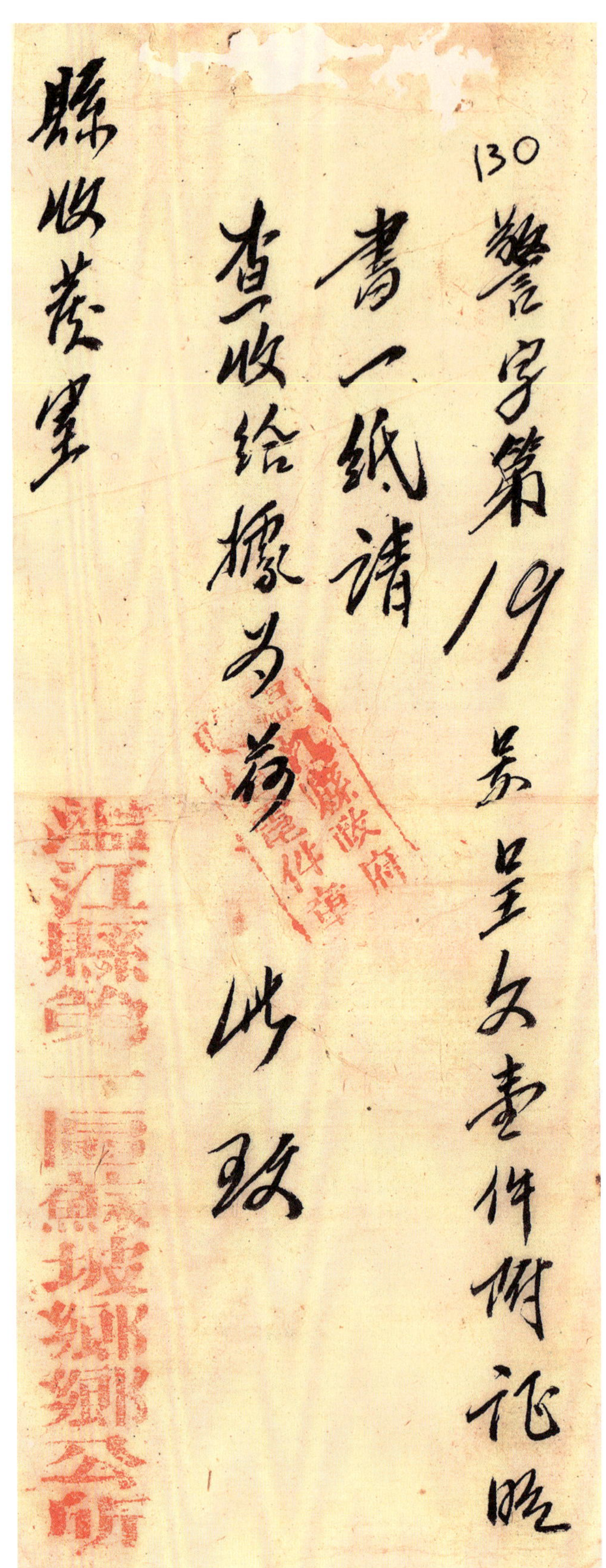

130

警字第19號呈文壹件附證照書一紙請查收給據為荷 此致

縣收發室

溫江縣第一區魚鳧鄉鄉公所

温江县政府关于查明转知牌告招领出征军人汪谢廷家属领取证明书致苏坡乡公所的训令（一九四二年九月六日收）

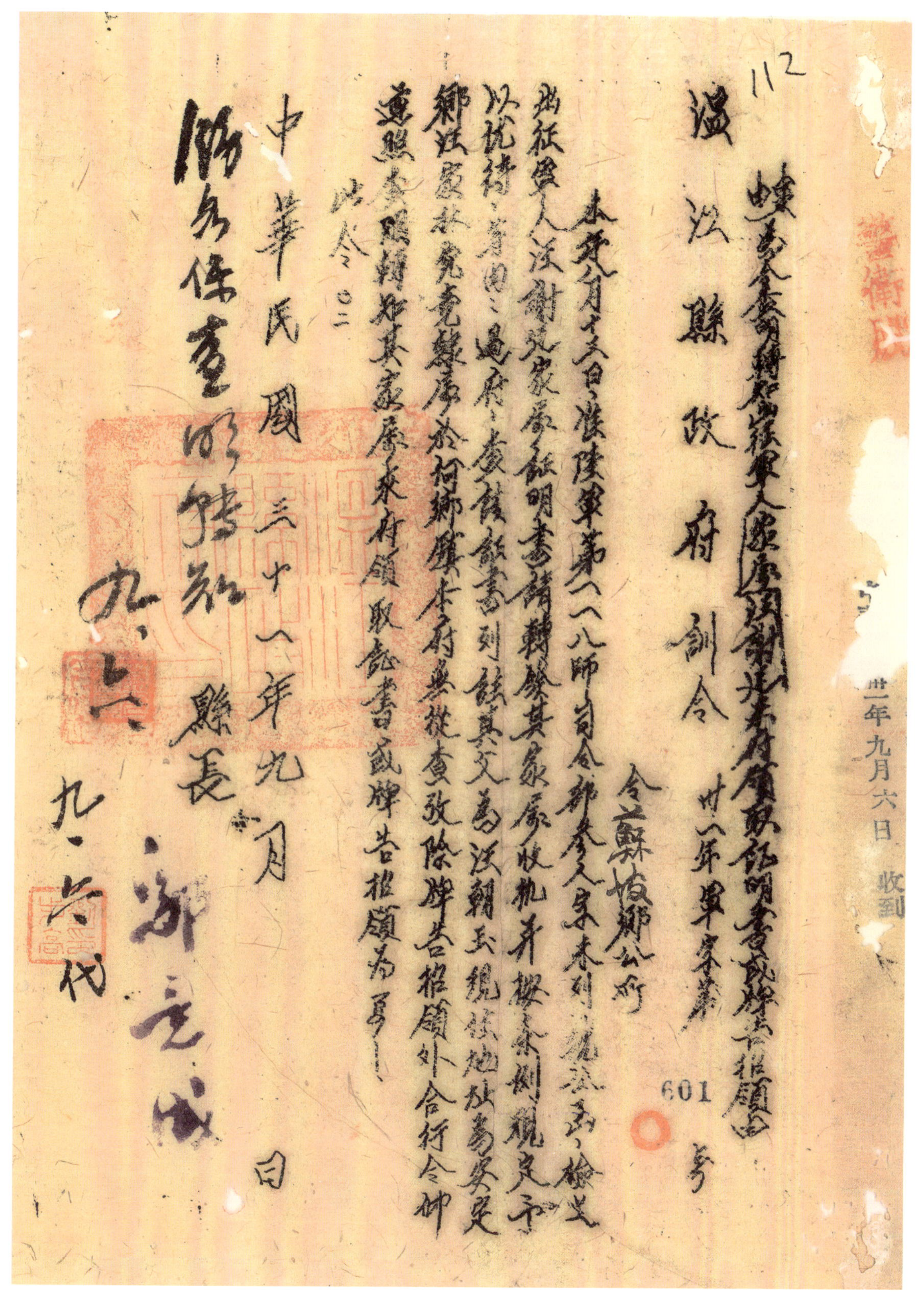

溫江縣政府訓令

令蘇坡鄉公所

此令

中華民國三十一年九月 日

縣長

卅一年九月六日收到

温江县政府关于奉饬查明未领取证明书各征属姓名及其原因列册具报致苏坡乡公所的训令（一九四二年九月二十七日收）

135

警衛股

事由：為令迅速查明未領取証明書各抗屬姓名及其原因列冊具報以憑核發由

溫江縣政府訓令 卅年軍字第652號

令蘇坡鄉公所

中華民國卅一年九月廿七日收到

本年九月九日，奉

四川省優待出征軍人家屬事業管理委員會優總字第六六八號訓令內開：

案奉軍政部三十一年八月渝役宣字第七〇八二號代電開：案准軍委會政治部本年六月十三日公第二〇〇二號公函以：據第五政區第三十七師第一〇〇團政治指導員湯治澄稱報（一）荆門保甲長更易舉藉權勒索等魚由抗屬，（二）各縣政府對士兵家屬之優待証不予核寄，函請查照辦理等由。過部。除（一）項由本部已飭該部師區查明究辦具報外，惟應抄原函，希將（二）情形飭各縣府對該項証明書於收到三（日）內務須切實核給征屬並同時予以優待等因，附抄原函一件。奉此。除分令外，合行令仰該府即便遵照核發證明書，切實給征屬，并予優待，以慰軍心而利抗戰為要。此令。

等因。奉此。查本府對於是項證明書極為重視，經收到廣即轉令各該鄉鎮公所查明發給，並迭經轉知各該家屬來府承領收執，俾享受優待。乃查本府是項證明書甚多無人領取，亦未據各該鄉鎮公所呈覆已否轉知，究有無其人，殊難查考。奉令前因，除分令外，合行令仰該鎮遵照，迅即切實查明列冊具報，以憑核發，事關優待，勿再延干咎為要。

此令。

中華民國三十一年九月　日

縣長　鄧元成

遵照查報

代

九廿八

温江县政府、温江县苏坡乡公所关于规定领恤变通办法的一组文件

温江县政府致苏坡乡公所的训令（一九四二年十月十七日）

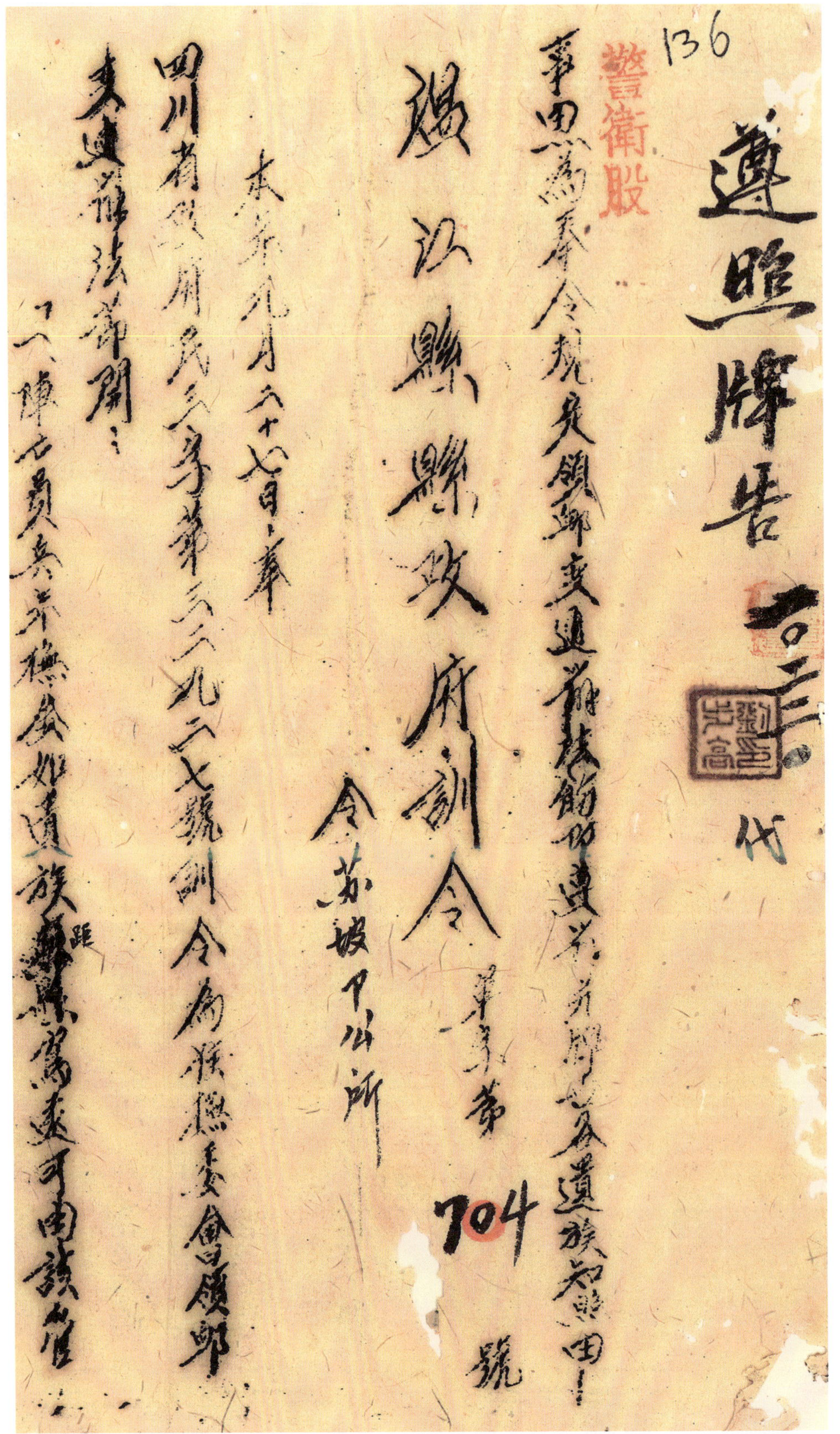
136

遵照牌告

吉 代

警衛股

事由：為奉令規定領卹變通辦法仰遵照並轉飭各遺族知照由！

温江縣縣政府訓令 軍字第704號

令蘇坡鄉公所

案奉九月廿七日奉

四川省政府民字第三九二七號訓令為據撫委會頒鄉

長通籌辦法節開：

一、陣亡員兵其撫卹如遺族距縣府窵遠可由該管

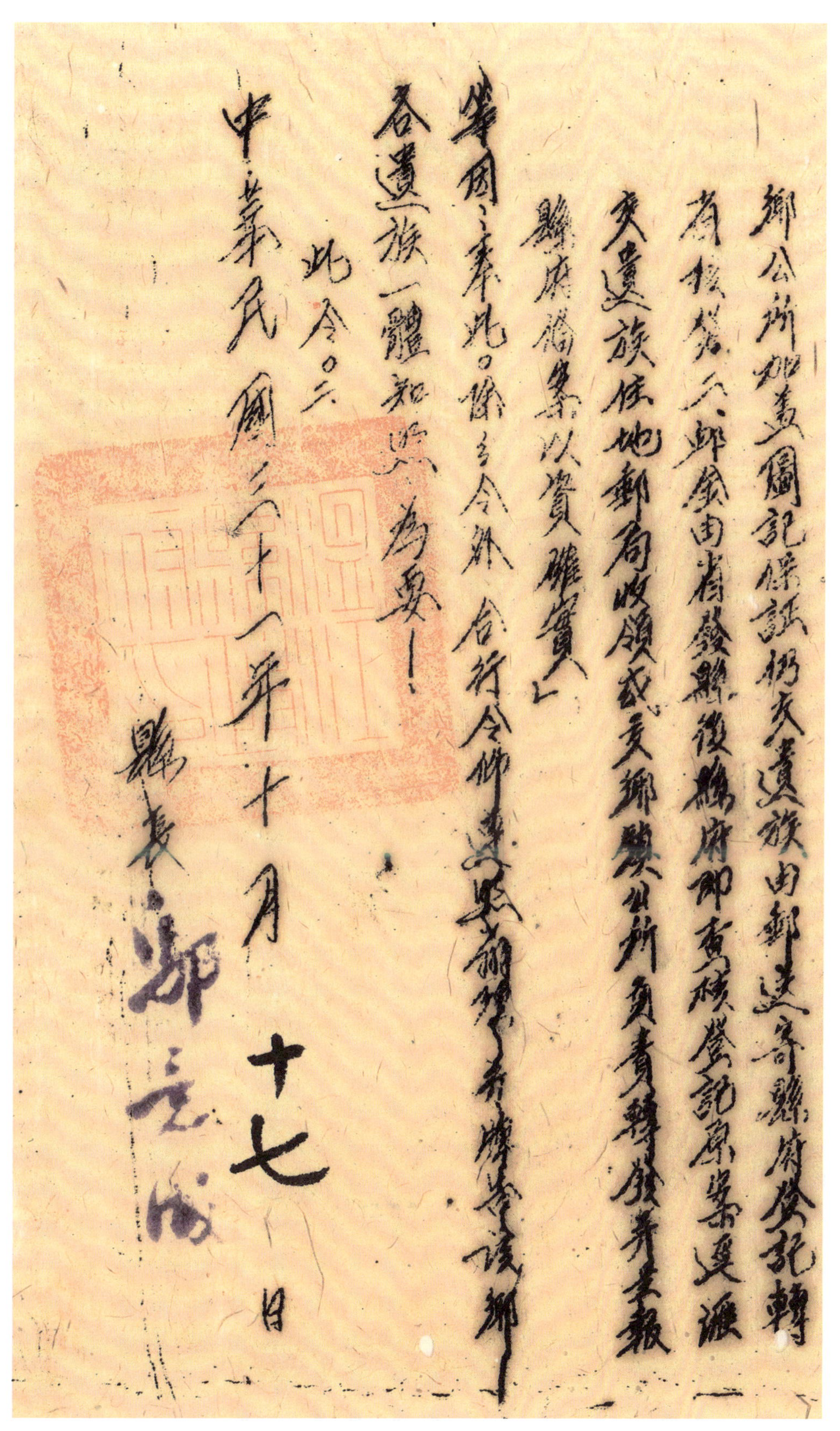

鄉公所加蓋圖記保証，仍交遺族由鄉送寄縣府發記轉府核發。六、鄉鎮由省發縣後，縣府即查核登記原案遞派交遺族，依地鄉府收領，或交鄉鎮公所負責轉發，并呈報縣府備案，以資稽覆。

等因。奉此。除分令外，合行令仰遵照，翻[illegible]并轉[illegible]該鄉各遺族一體知照為要！

此令。

中華民國三十一年十月十七日

縣長 鄒元成

温江县苏坡乡公所的牌告（一九四二年十月二十五日）

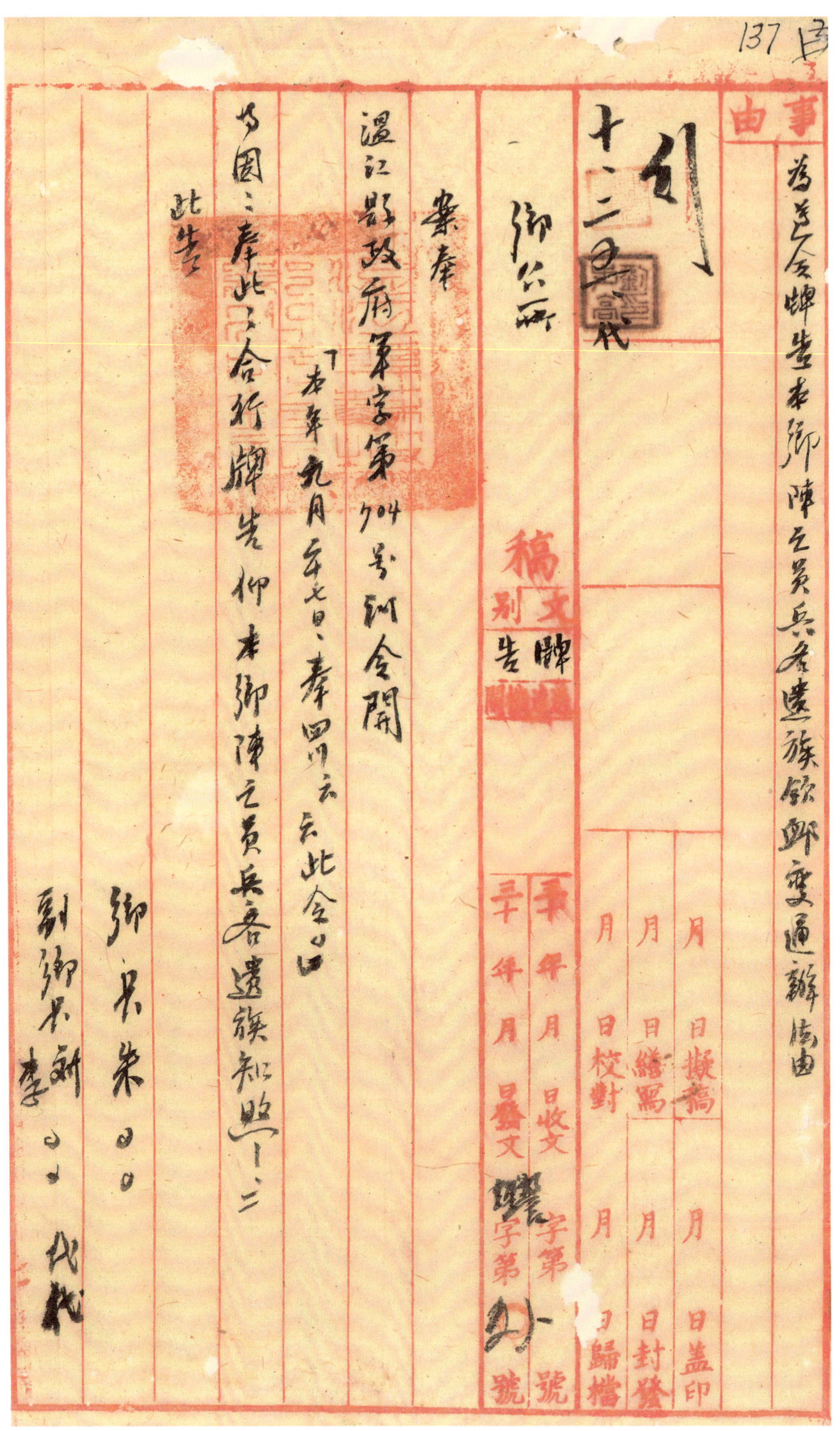

137

事由：为奉令牌告本乡阵亡员兵各遗族领取变通办法由

文别：牌告

稿

十一二日 行 刘□高代

乡公所

案奉

温江县政府军字第704号训令开：「本年九月廿七日，奉四川□□云云此令」。

等因，奉此，合行牌告，仰本乡阵亡员兵各遗族知照。

此告。

乡长 朱□□

副乡长 李□□ 代行

拟稿 月 日　缮写 月 日　校对 月 日

盖印 月 日　封发 月 日　归档 月 日

事 三十一年 月 日 收文 字第 号

三十一年 月 日 发文 字第 21 号

温江县政府、温江县苏坡乡公所等关于检发故兵张慎修军人户籍调查表并通知其遗族领取恤令的一组文件

温江县政府致苏坡乡公所的训令（一九四二年十一月二十五日）

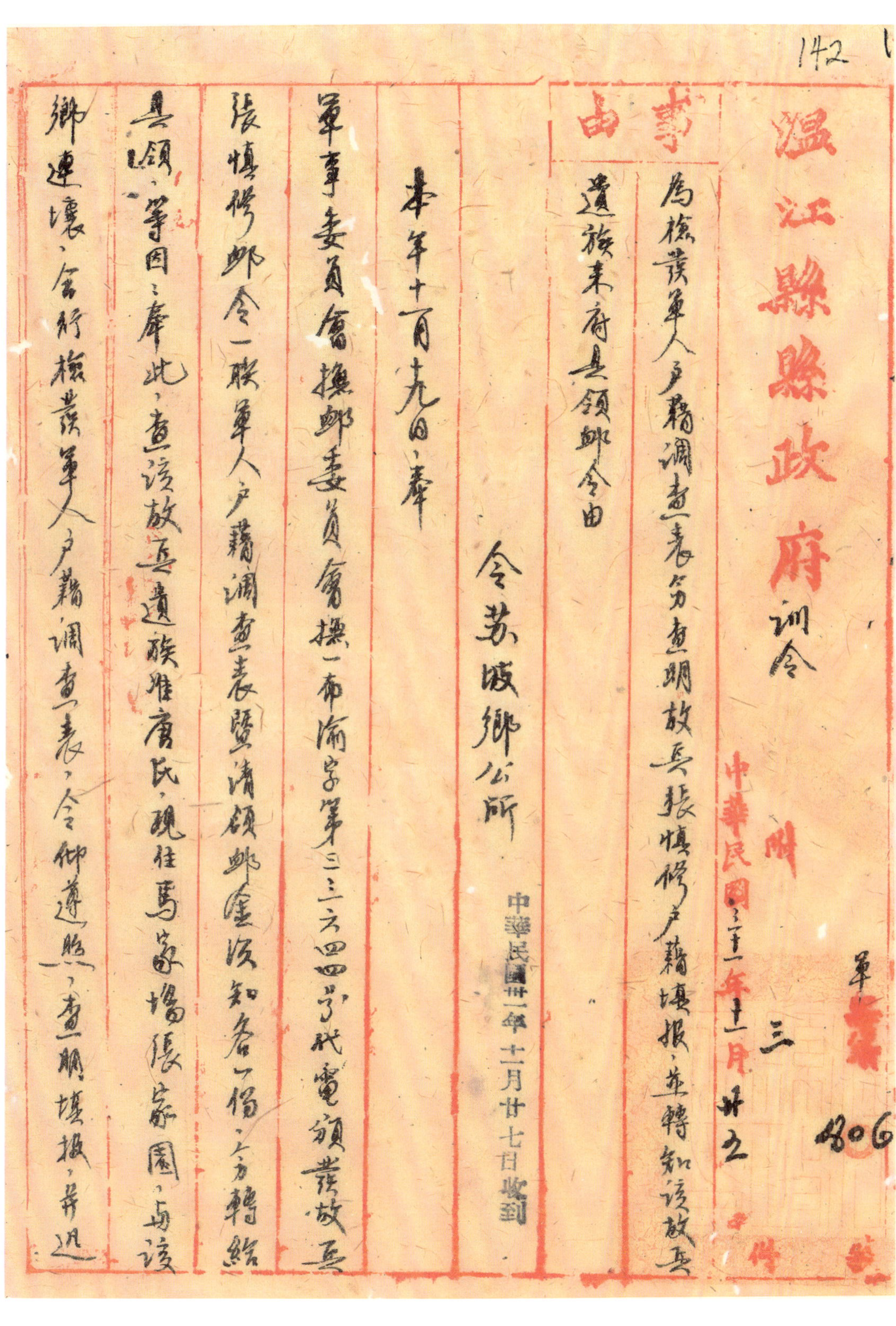

142

温江縣政府訓令　　字第　　號

中華民國三十一年十一月廿五　附件

事由：為檢發軍人戶籍調查表仰查明故兵張慎修戶籍填報，並轉知該故兵遺族來府具領卹令由

令蘇坡鄉公所

本年十月十九日奉

軍事委員會撫卹委員會撫一渝字第三三六四四號代電，頒發故兵張慎修卹令一張，軍人戶籍調查表暨請領卹金須知各一份，令轉給具領，等因；奉此，查該故兵遺族雅屬民，現住馬家場張家園，與該鄉連壤，合行檢發軍人戶籍調查表，令仰遵照，查明填報，并迅

中華民國卅一年十一月廿七日收到

806

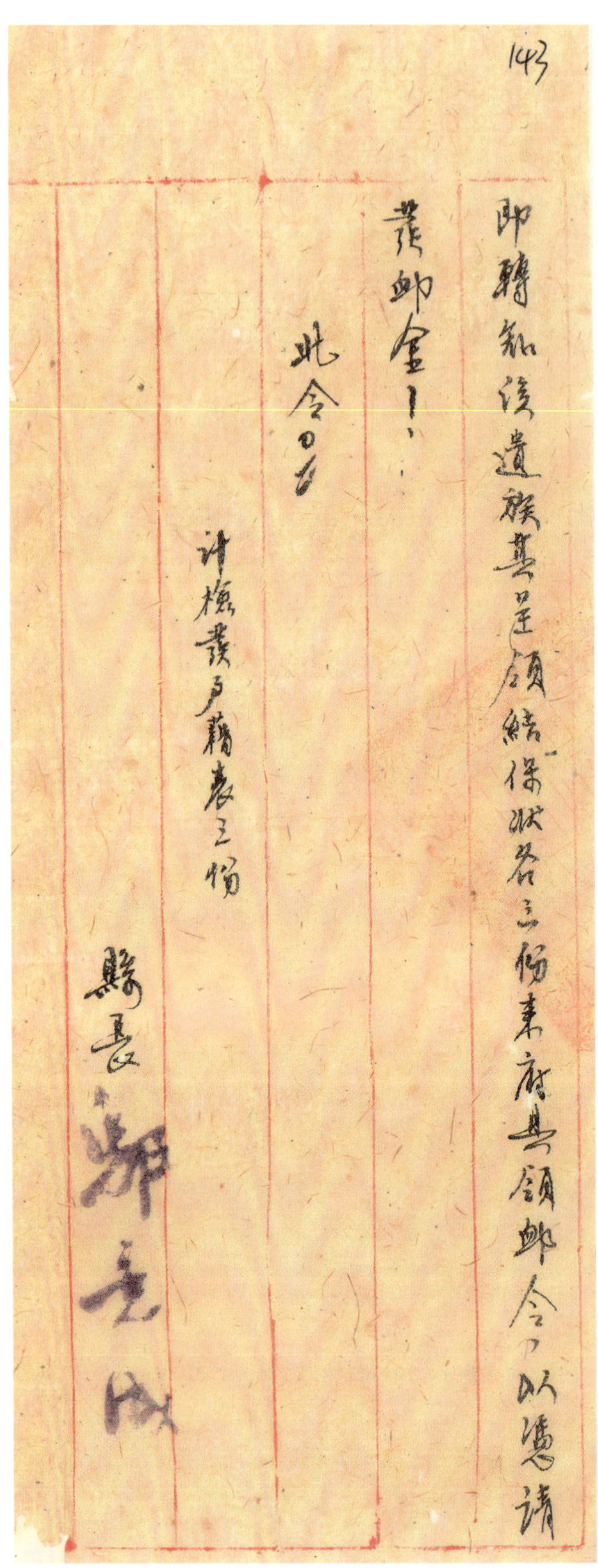

143

即轉飭該遺族具呈領結保狀各三份來府具領卹令以憑請

發卹金！

此令。

計檢發戶籍表三份

縣長 鄭光成

温江县苏坡乡公所致温江县政府的呈（一九四二年十二月一日）

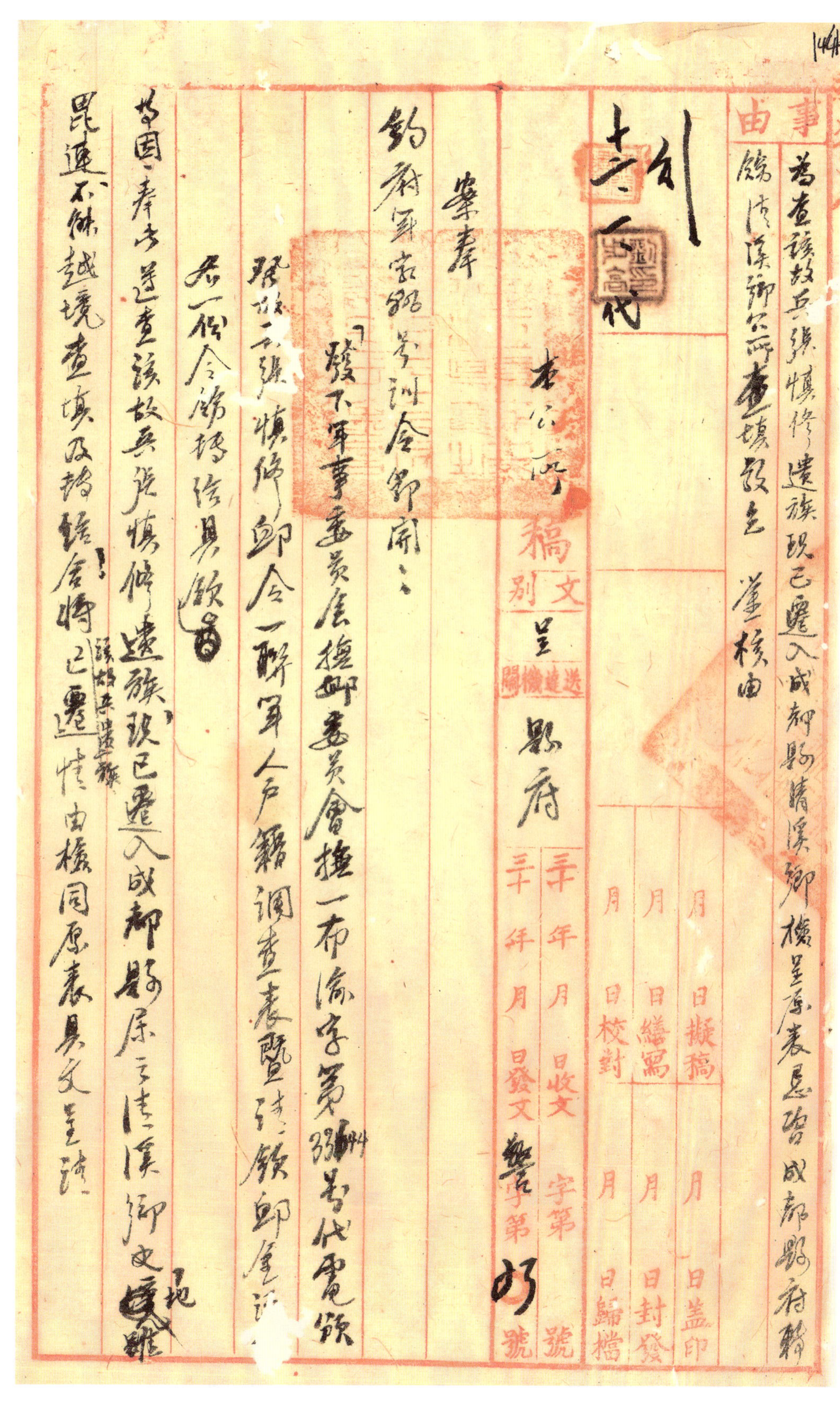

事由：为查该故兵张慎修遗族现已迁入成都县靖溪乡，检呈原表恳请成都县府转饬靖溪乡公所查填发给，谨核由

十二 一 代

稿

文别：呈

送达机关：县府

三十一年 月 日收文 字第 号

三十一年 月 日发文 基字第 号

本公所案奉

钧府军字第　号训令开："发下军事委员会抚恤委员会抚一布渝字第3834号代电，饬发该故兵张慎修恤令一联、军人户籍调查表暨请领恤金请各一份，令饬转给具领具报"等因。奉此，遵查该故兵张慎修遗族现已迁入成都县靖溪乡，（该故兵遗族）与本乡地虽毗连，不能越境查填及转给恤令，将已迁情由检同原表具文呈请

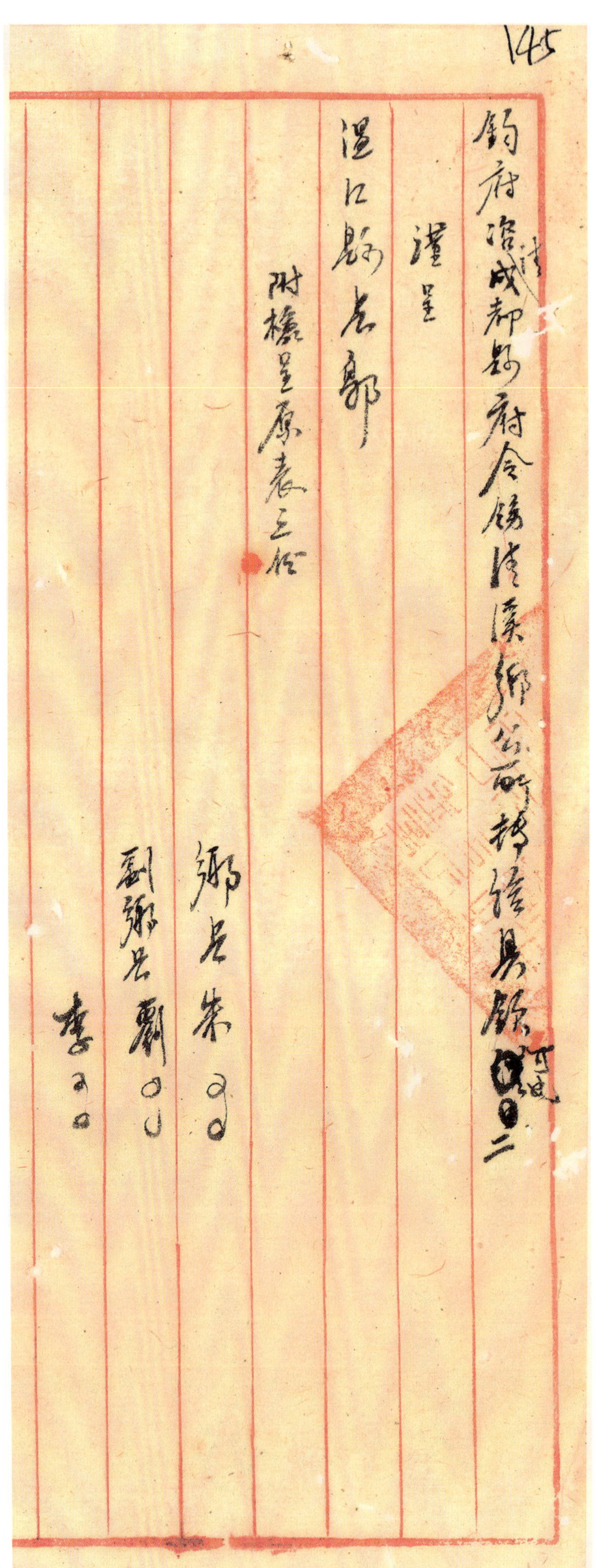

145

钧府咨成都县府令饬清溪乡公所转饬具领[illegible]二

谨呈

温江县长郭

附检呈原表三份

乡长朱○○

副乡长刘○○

李○○

温江县政府致苏坡乡乡长朱伯丕的指令（一九四二年十二月十五日）

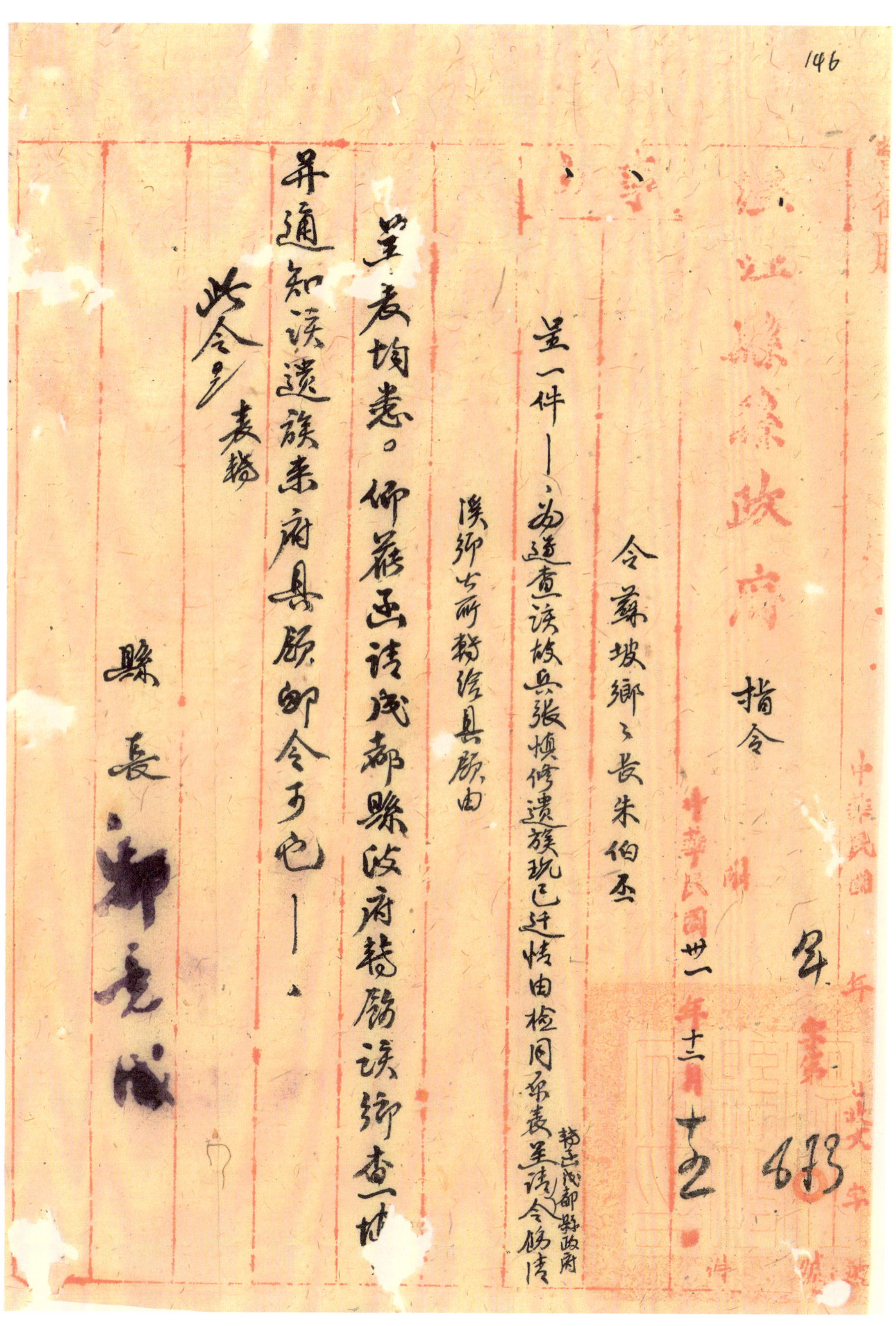

温江縣政府指令　民字第6783號

中華民國卅一年十二月十五日

令蘇坡鄉乡長朱伯丕

呈一件——為遵查該故兵張慎修遺族現已遷徙情由检同原表呈請轉函成都縣政府令飭清溪鄉公所轉給县府由

呈表均悉。仰候函請成都縣政府轉飭該鄉查明遷地并通知該遺族來府具領卹令可也——。

此令。表發

縣長[illegible]

温江县政府关于家境赤贫情形特殊者免纳缓役证书印花税致苏坡乡公所的训令（一九四二年十一月二十五日收）

149

事由：为免缓役证书印花税，家境赤贫情形特殊者可准免纳印花税由

温江县县政府训令　军务第189号

令苏坡乡公所

本年十一月九日准奉

军政部渝发役务字第九〇八四号未感代电开：

「查家境赤贫情形特殊者，兹准减免其应纳证书费，则其应纳之印花税，为便利役政，体恤赤贫起见，自可准予免纳」

等因，奉此，除分令外，合行令仰知照。

此令。

县长　罗元成

中华民国三十一年十一月　日

中华民国卅一年十一月廿五日收到

遵办

十一、二　代

温江县政府关于奉转办理加倍发放阵亡官兵恤金事宜致苏坡乡乡长朱伯丕的训令（一九四二年十二月六日收）

事由：為奉令規定自卅一年份起所有陸海空軍傷亡官兵年撫金一律照卹令所載金額加一倍發給轉飭知照由

溫江縣政府訓令　軍字第　號

令蘇坡鄉鄉長朱伯丕

本年十一月二十一日奉

四川省政府財民三字卅壹一九二四三號訓令開：

案准軍事委員會三十一年十月十二日撫三叉渝字第五一五三〇號公函開："案奉委員長蔣三十一年九月十六日撫一市渝字第一五八二一一號訓令開：茲為體恤各榮譽官兵及陣亡遺族暨改善其戰時生活起見，規定自卅一年份起所有陸海空軍傷亡官兵年撫金一律照卹令所載金額加一倍發給，除飭主管撫卹人經發卹款機關於卹金給與令上加蓋「自卅一年份起年撫金照卹令所載金額加一倍發給」戳記隨時給領以資簡捷而示體恤所需卹

款空軍部分仍由航空委員會自行支給陸海兩軍撫卹費本年新由
該會在預領及歷年結存等款兩部撫卹費內開支不另增加預算業經
函行政院轉呈備案並由財政部及審計部並分別令行外合行令仰遵照
辦理為要等因奉此除遵刻「加一倍補發」及「加一倍發給」戳記使用並分函
外相應檢同該項戳記式樣附註使用說明各一份函請查照轉飭各級承辦撫
卹人員於發給卹金時照式蓋用并希印製上項「加卹」佈告張貼各縣鄉鎮
俾衆週知為荷」等由准此除分行外合行令仰該府遵照印製上項加卹佈
告張貼各鄉鎮俾衆週知為要此令。

計附發戳記式樣一紙。等此，除由戳記式樣摺轉
飭佈告暨分令外，合行令仰知照並轉知所屬領卹人
得具呈領卹金者按到時，以便核發為要！

此令。

中華民國卅一年十二月　日

縣長 鄒[illegible]

温江县出征抗敌军人家属优待委员会关于抄发抗敌伤亡官兵褒恤状况调查表致苏坡乡优待委员会的训令
（一九四二年十二月十日）

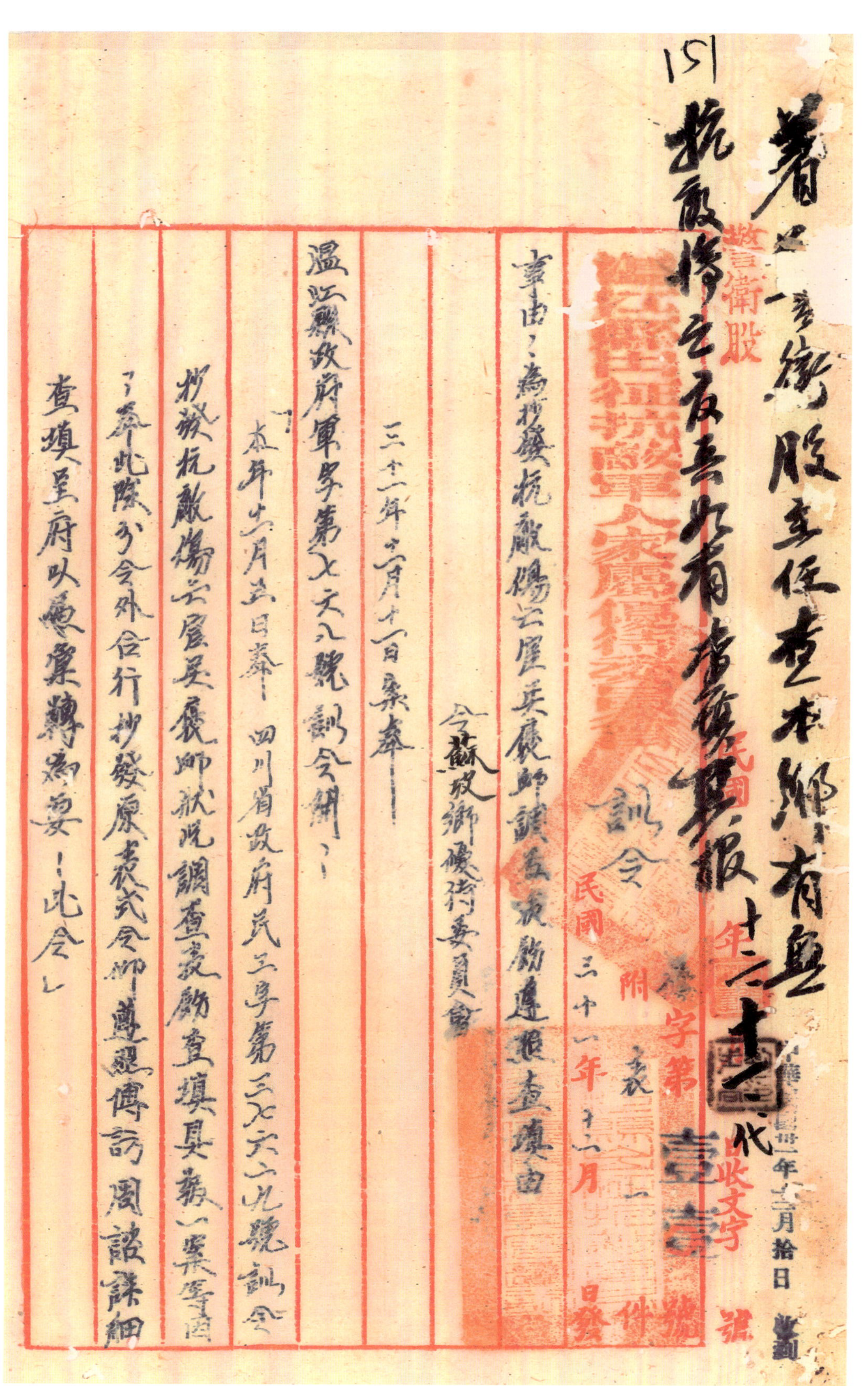

事由：为抄发抗敌伤亡官兵褒卹调查表仰迅查填由

训令 民国三十一年十二月 日发

令苏坡乡优待委员会

三十一年十二月十一日案奉

温江县政府军字第七六九号训令开：

本年十月五日奉 四川省政府民三字第三七六二九号训令

抄发抗敌伤亡官兵褒卹状况调查表，饬查填具报一案，等因

奉此，除分令外，合行抄发原表式，令仰遵照传访，周详缜细

查填呈府，以凭汇转为要！此令。

153

抗敵傷亡官兵褒卹狀況調查表

民國　年　月　日　查填

省　縣政府
市　區

姓名	別號	年齡 籍貫	職業 戰時職務	抗戰傷亡經過情形	褒卹狀況或擬予褒卹意見	備註

填表須知

一、本表填載不限一人，可按事實需要依次填列。

二、本表由查填機關加蓋印信於第一格查填日期之上，并由該縣省市政府彙核蓋印轉送本部以免重複冒濫。

三、抗敵傷亡經過情形欄自應將參加戰役、抗敵工作、實情、傷害及傷亡地點、本人或遺族近況逐一詳填以資查核。

四、褒卹狀況欄內註明引用褒卹法規條款及辦法，其未經褒卹者應註明擬予褒卹意見，由該縣省市政府核辦，將辦理情形註於備考欄內。

附：抗敌伤亡官兵褒恤状况调查表

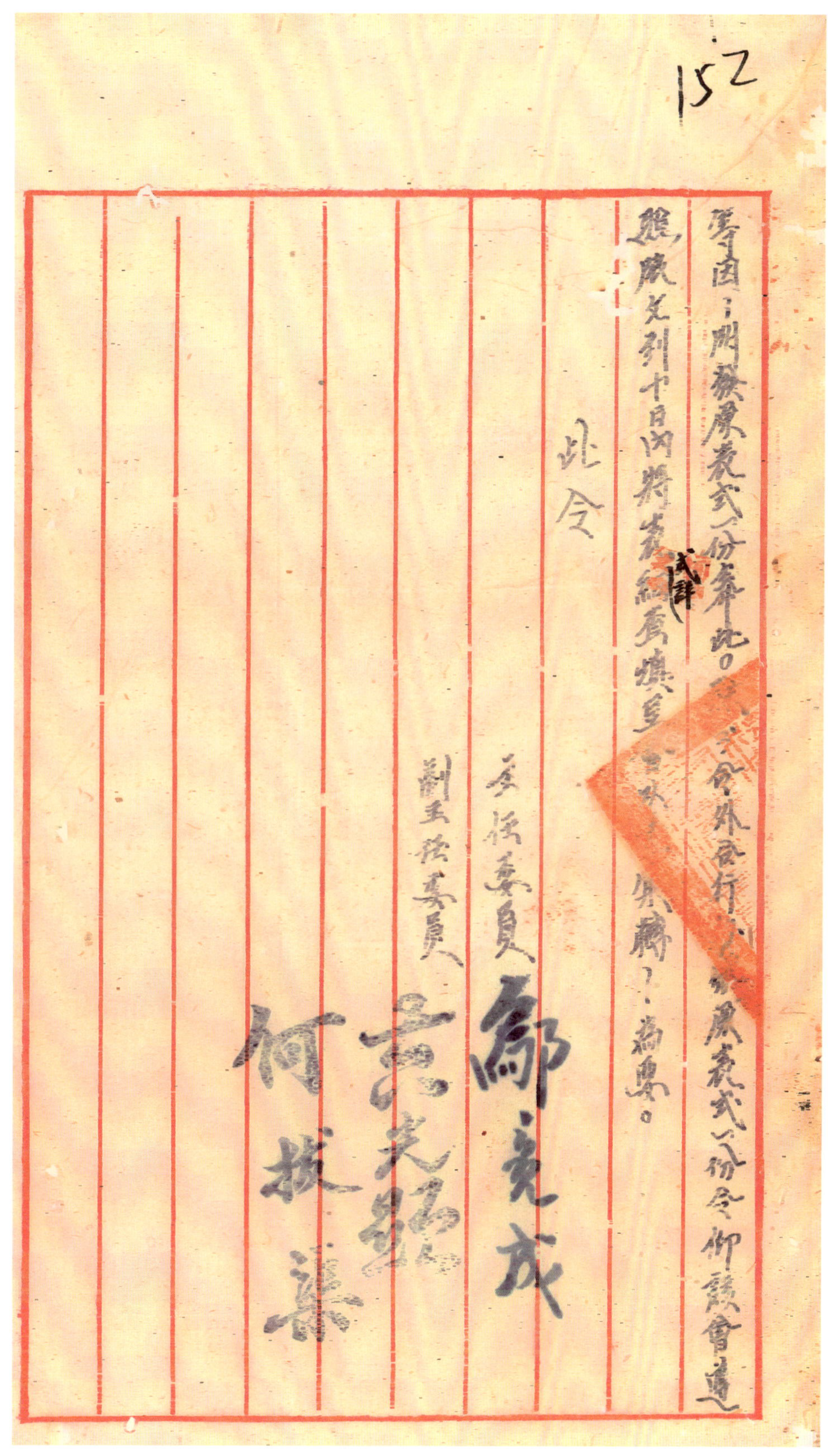

等因；附發履歷表式一份；奉此。[illegible]外發行[illegible]履歷表式一份，令仰該會遵

照，嚴先列十日內將表繕齊填妥[illegible]報廳，為要。

此令

主任委員 鄺竟成

副主任委員 黃炎銘

何拔羣

温江县政府关于造报一九四三年五月以前发出优待谷数目清册及领据致苏坡乡公所的训令（一九四三年六月二十五日）

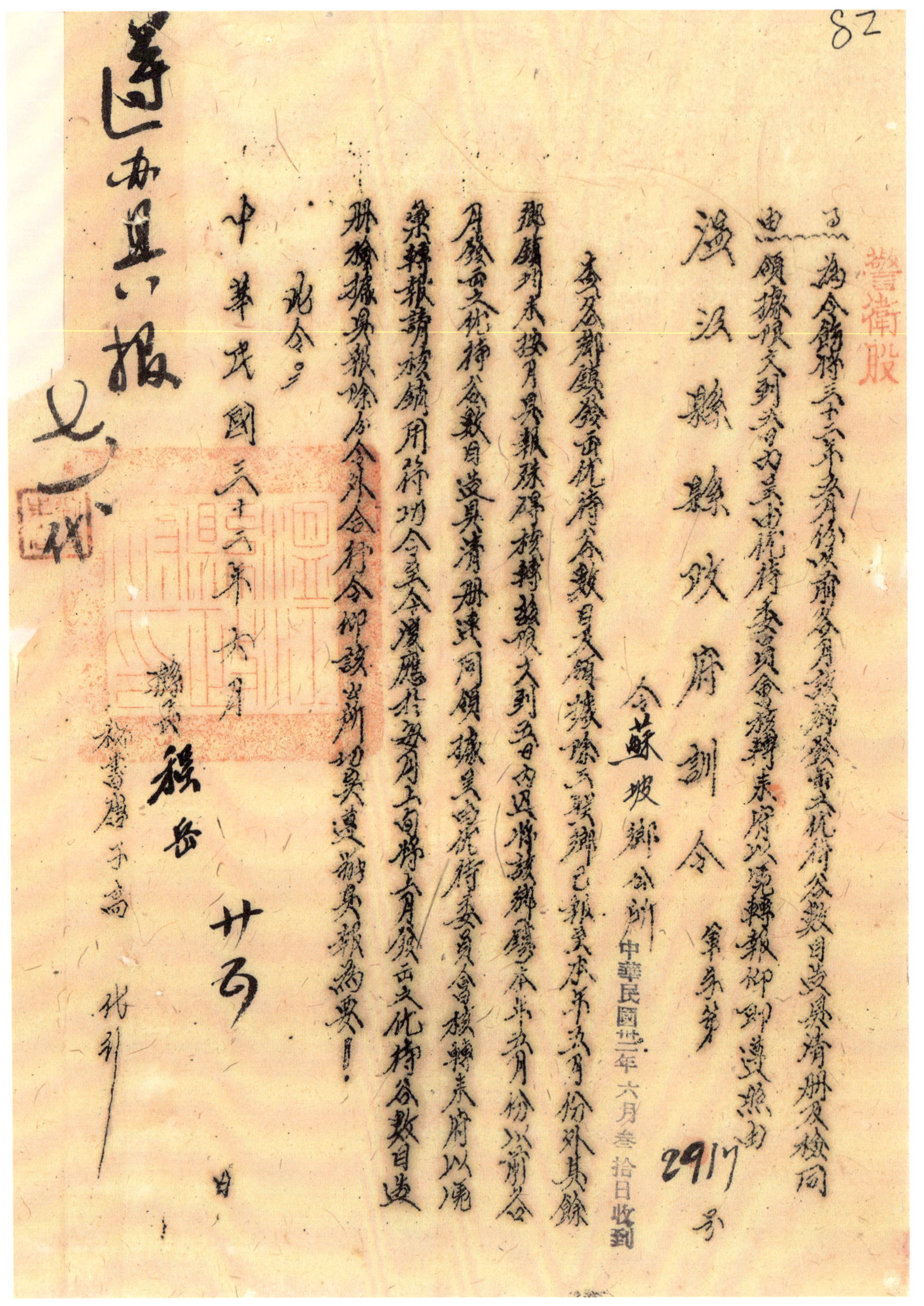

溫江縣政府訓令 字第2917號

令蘇坡鄉公所

中華民國卅二年六月叁拾日收到

中華民國三十二年六月 日

縣長 孫岳

温江县政府、温江县苏坡乡公所等关于周德云家属持章前往县府承领证明的一组文件

温江县政府关于转知周德云家属持章来府承领出征抗敌军人家属证明书以凭优待致苏坡乡公所的训令

（一九四三年七月三日）

温江县政府训令

中华民国卅二年七月三日发

字第3032号

事由：为准陆军廿军司令部检送周德云出征抗敌军人家属证明书一案令仰转饬该兵家属持章来府承领以凭优待由

令苏坡乡公所

案准

陆军第二十军司令部务一字第三七二八号代电检送周德云出征抗敌军人家属证明书，嘱分别转发确予优待等由过府，查该兵籍隶该乡，合行令仰该公所转饬该家属持章来府承领，以凭优待，仍将办理情形报查为要！

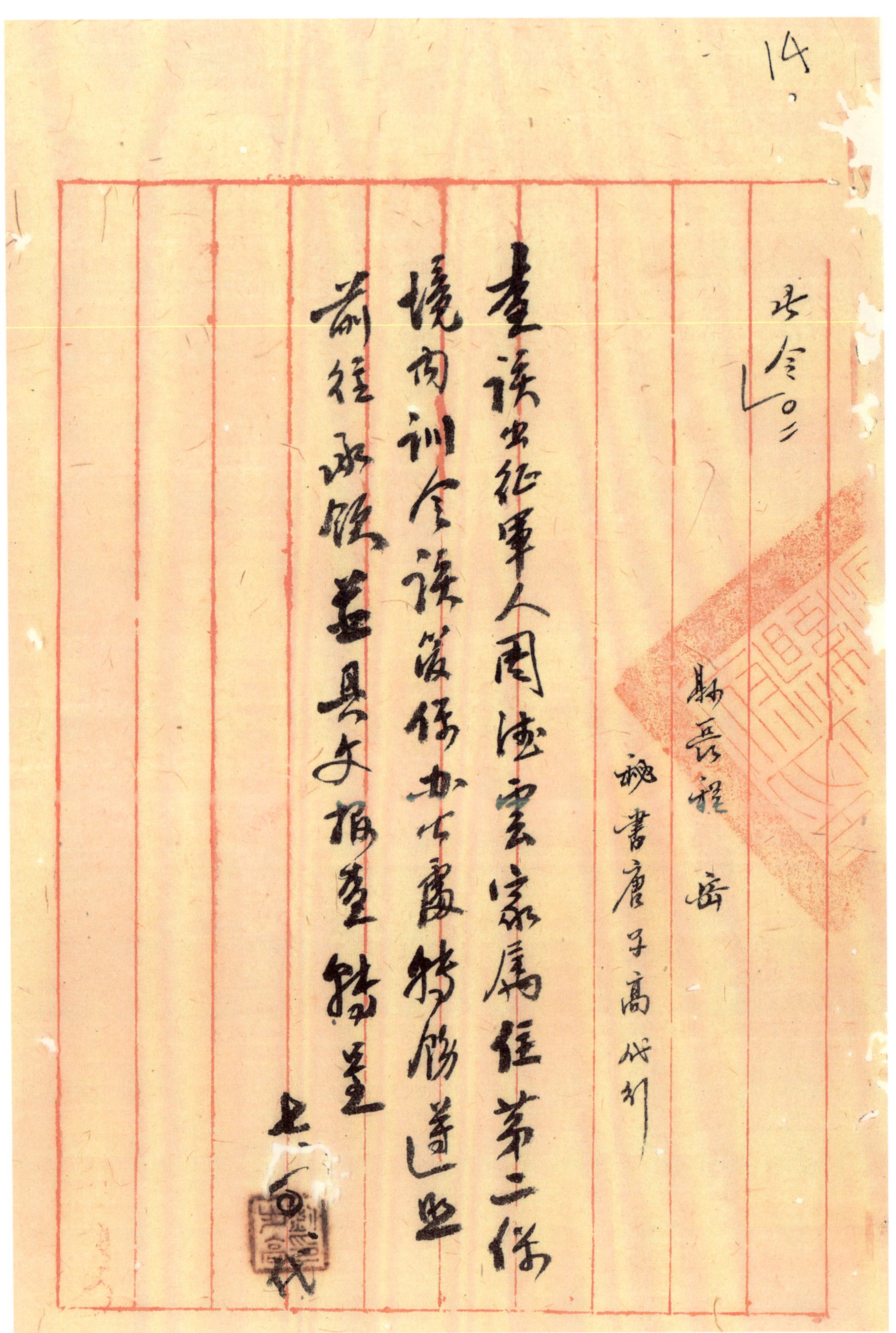

14.

呈令402

縣長程 鈞鑒

秘書唐子高代行

查該出征軍人周述雲家屬住第二保境內訓令該管保加以優待飭遵照前往承領並具文報查轉呈

上

代

温江县苏坡乡公所关于转知周德云家属持章前往县府承领证明致第二保办公处的训令（一九四三年七月十一日）

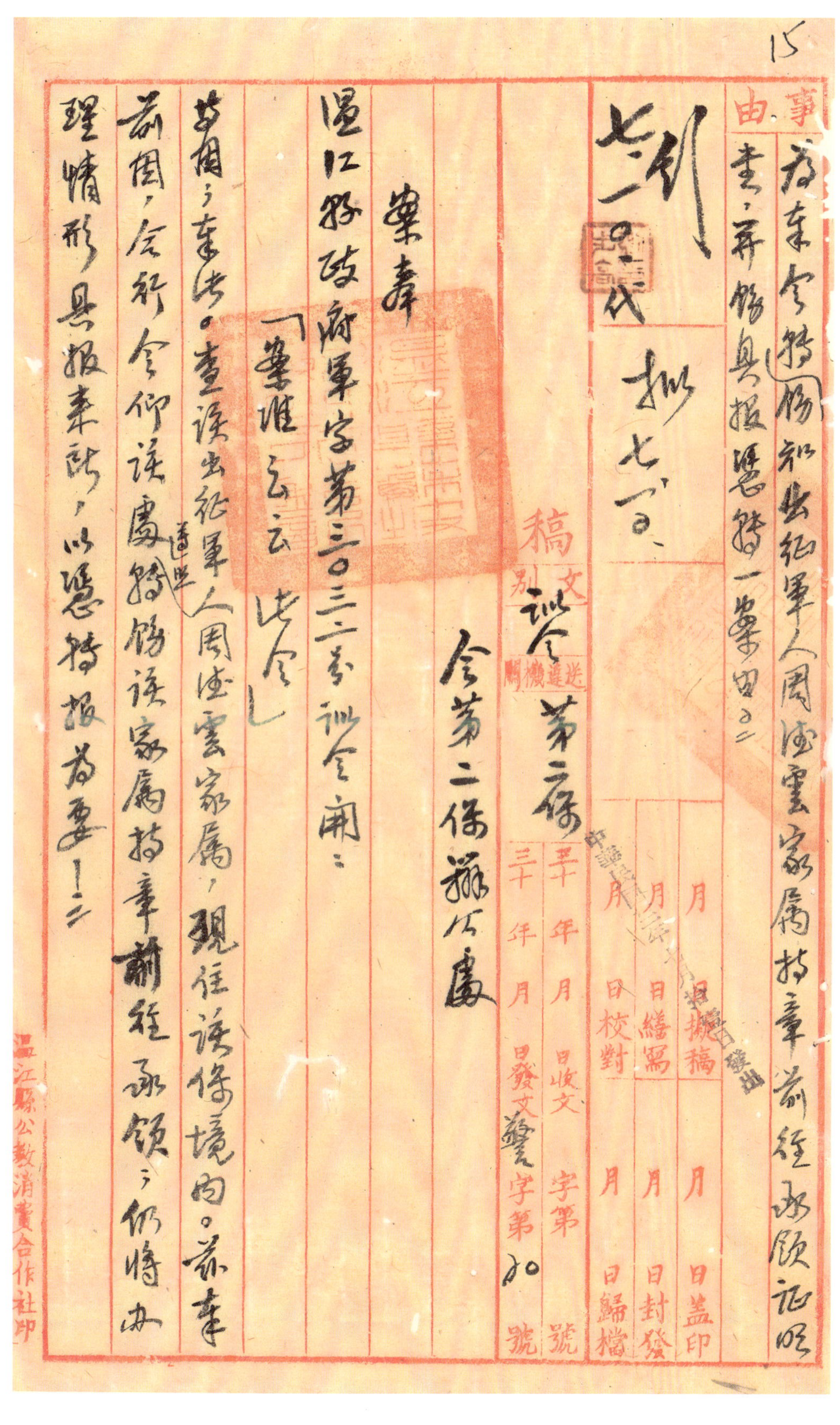

15

事由：为奉令转饬知出征军人周德云家属持章前往承领证明书，并饬具报凭转一案由二

七月十一日代

拟七日

稿

文别：训令

令第二保办公处

案奉

温江县政府军字第三〇三二号训令开：

「案准……云云……此令。」

等因。奉此，查该出征军人周德云家属，现住该保境内。兹奉前因，合行令仰该处转饬该家属持章前往承领，仍将办理情形具报来所，以凭转报为要！

三十年 月 日发文 字第20号

温江县公教消费合作社印

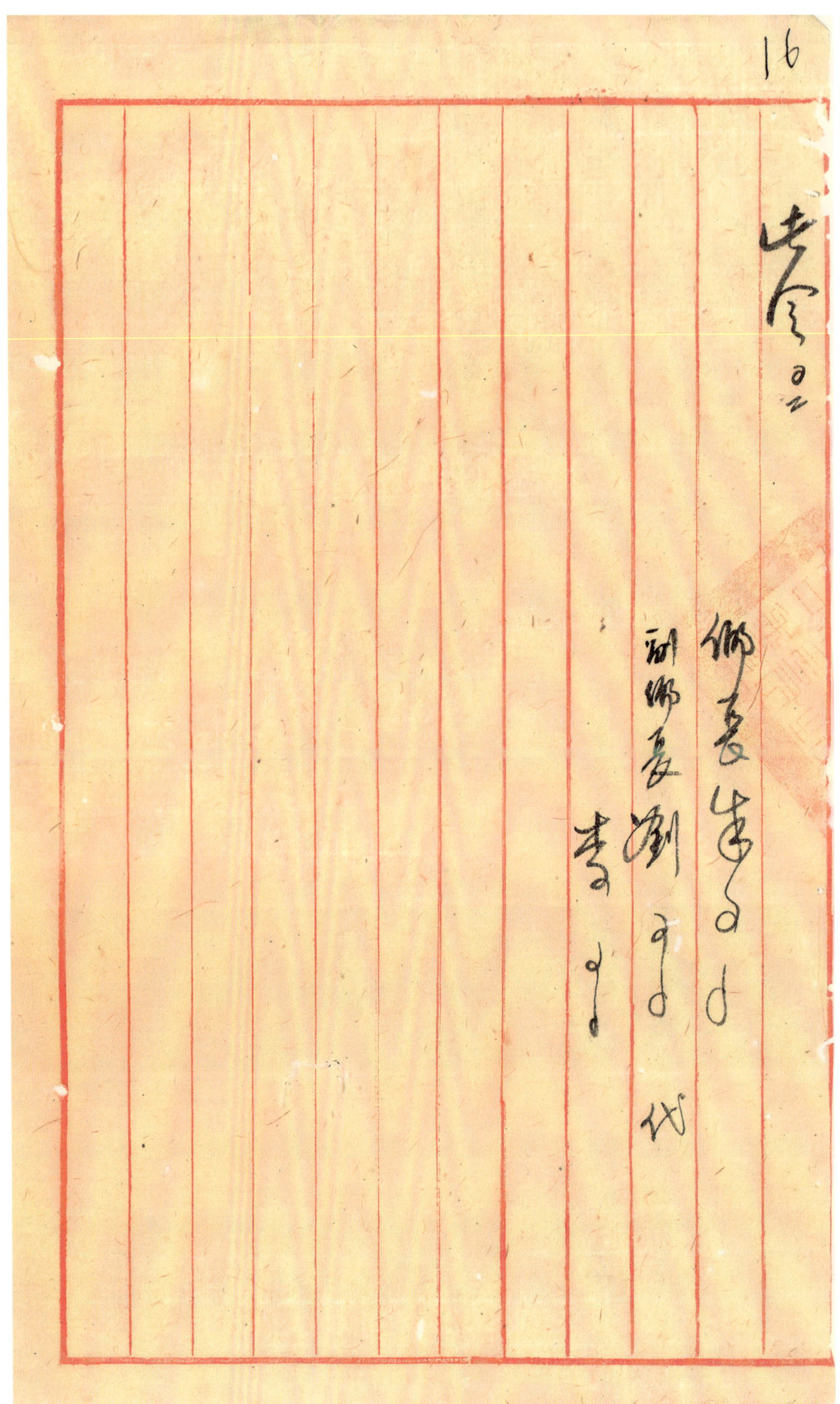

16

此令

乡长朱[illegible]

副乡长刘[illegible]代

李[illegible]

温江县苏坡乡公所、温江县政府等关于造报出征军人家属调查册的一组文件

温江县苏坡乡公所关于抄发出征抗敌军人家属调查册式致各保办公处的训令（一九四三年七月七日）

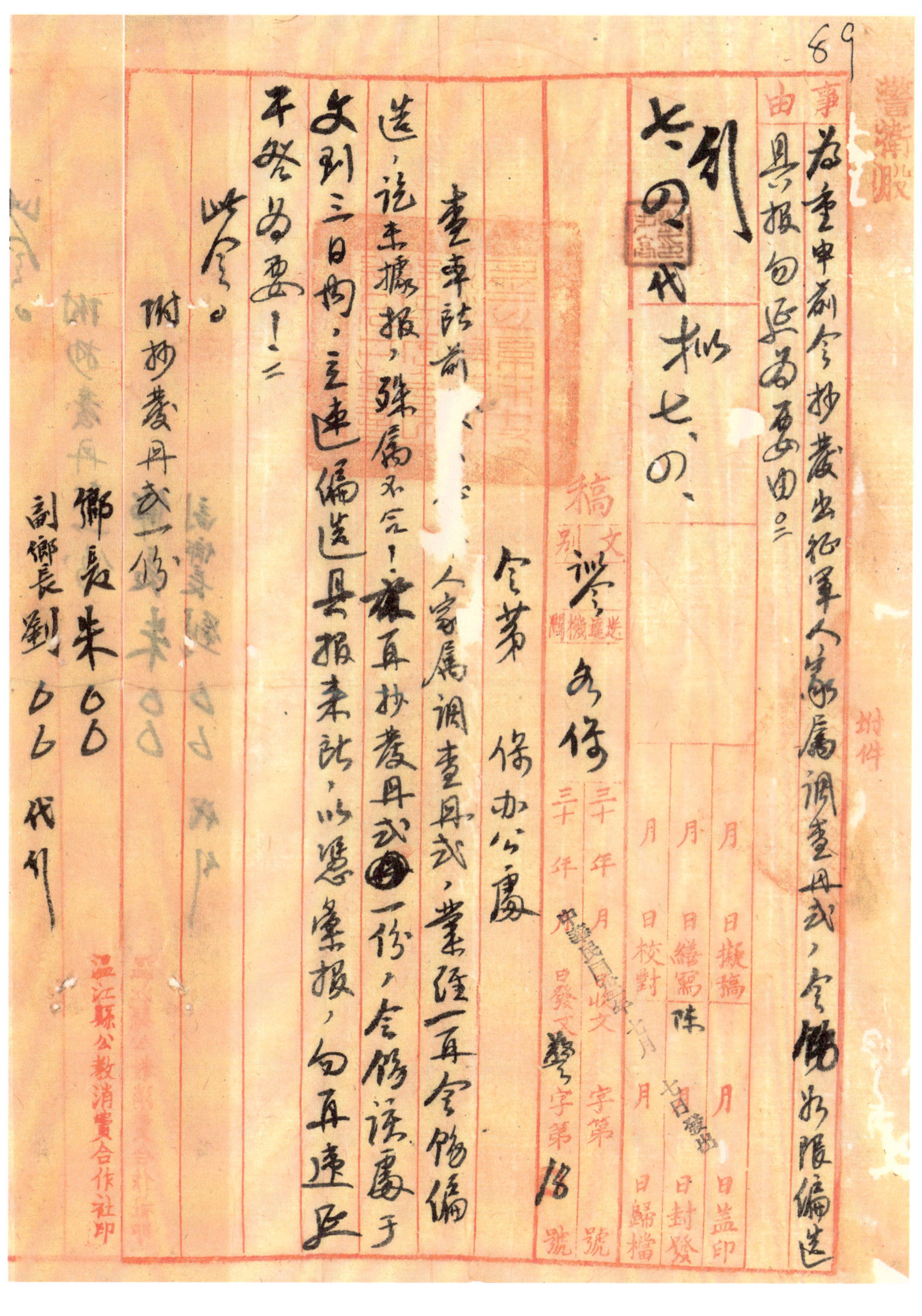

事由：为重申前令抄发出征军人家属调查册式，令仰如限编送县报，勿延为要由。

七月七日代拟 七、七、

稿 文别：训令 保字第 18 号

令第　保办公处

查本所前……人家属调查册式，业经一再令饬编送，迄未据报，殊属不合！兹再抄发册式一份，令仰该处于文到三日内，立速编造县报来所，以凭汇报，勿再违延干咎为要！

此令。

附抄发册式一份

乡长 朱〇〇
副乡长 刘〇〇 代行

温江县公教消费合作社印

附：四川省温江县苏坡乡出征军人家属调查册

90

四川省温江县苏坡乡出征军人家属调查册

家长姓名	年龄	籍贯	现住地保甲户	现有人口	经济状况	征人姓名	入伍年月	服务部队	备考
									致

说明：一、现住地保甲户籍均须详细填明，不得写小地名。

二、现有人口分老若干人，壮若干人，幼若干人。

三、经济状况分富裕、小康、平贫三等，如填查不实，保甲长均应受处分。

四、造册以保为单位，各保自存一份，乡镇公所汇集各保成一册。

温江县苏坡乡公所关于奉令造报四川省温江县苏坡乡出征军人家属调查表致温江县政府的呈、温江县出征抗敌军人家属优待委员会的公函（一九四三年八月九日收）

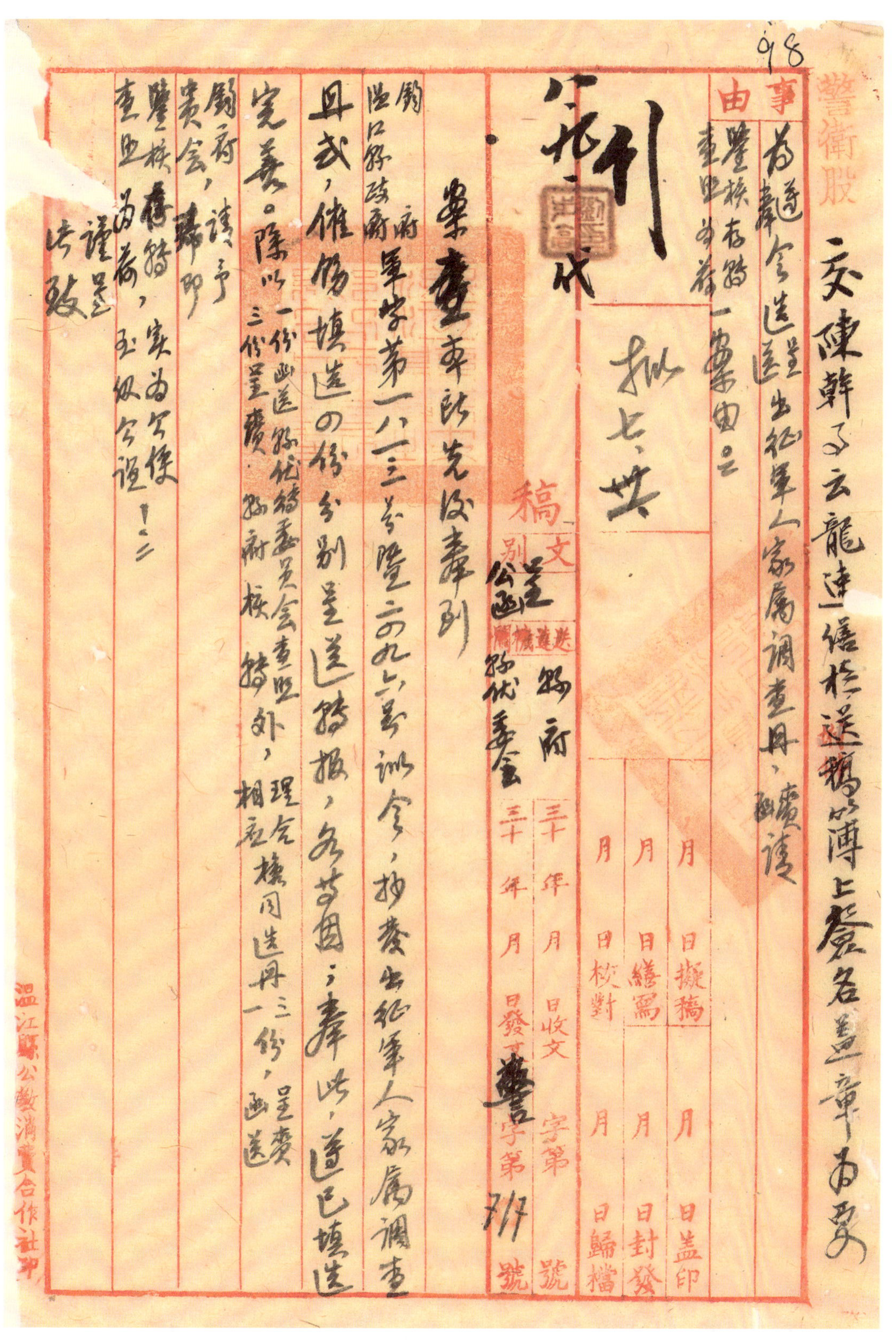

附（一）四川省温江县苏坡乡出征军人家属调查表

100 複儀の份表底存卷八九

四川省温江縣蘇坡鄉出征軍人家屬調查表

家長姓名	年齡	籍貫	現住地保甲戶	現有人口	經濟狀况	出征人姓名	入伍年月	服務部隊	備攷
曾賴氏	六八	温江	一保八甲二二戶	老一 壯二 幼一	赤貧	曾雲	二十五年六月	二十軍一六三師二團一營一連	
郭李氏	五七	温江	一保十甲八戶	老一 壯三	赤貧	郭云和	二十七年四月	四十一軍一二二師三七三團二營五連	
周春甫	五一	温江	一保十甲十二戶	老一 壯二	赤貧	周樹云	二十八年二月	五十一軍一九五師五八四團特務排	
張傅氏	五〇	温江	二保十五甲二戶	老一	赤貧	張友光	二十七年五月	九十三軍新八師二十三團三營七連	
周李氏	六四	温江	二保十一甲三戶	老一 壯三	赤貧	周維云	二十七年六月	陸軍二十軍司令部	
劉義和	七〇	温江	二保九甲四戶	老二 壯二 幼三	赤貧	劉朝華	二十九年三月	四十五軍一二五師七五三團三營機枪連	
楊煥廷	七一	温江	二保七甲二戶	老一 壯三	小康	楊順泉	二十八年七月	陸軍二十軍三三師九九團炮連	
曾昌軒	四二	温江	二保三甲二戶	壯二 幼三	小康	曾茂順	二十七年四月	四十一軍一二二師三七二團一營一連	

張二興	五八	湄江	二保十五甲二户	老一	赤贫	張友明	二十七年八月	九十三军新八师二三团二营五连
吉林氏	四〇	湄江	二保十二甲五户	老一 壮一	赤贫	吉子恒	二十六年三月	四军一〇二师三〇五团特务排
王郭氏	三〇	湄江	二保三甲三一户	壮一	赤贫	王季星	二十七年五月	陆军一六六师四八四团三营
陳云五	五六	湄江	二保十一甲三户	老二 壮一	赤贫	陈傑	二十九年五月	贵阳仙人洞钟俄电总台
傅萬氏	六三	湄江	二保九甲四户	老一 壮三	赤贫	傅友贵	二十八年二月	成茂师後五团三营十四连
康黄氏	七〇	湄江	二保十一甲二户	老一	赤贫	康福全	三十年二月	四五军一二五师七五七团二营机枪连
謝壽斋	五七	湄江	二保十二甲四户	老一	赤贫	谢克明	二十七年六月	四十五军一二五师七五七团一营二连
楊执彬	五〇	湄江	二保十二甲七户	老一 壮一	赤贫	杨长富	三十年四月	六十七军一六一师四八六团输送连
康應華	五四	湄江	二保十二甲七户	老二	赤贫	康云	二十七年八月	陆军八十五师二五三团二营五连
熊李氏	四二	湄江	三保一甲四户	老二 壮三	小康	熊光斗	二十七年三月	七十六军五五师司令部

姓名	年龄	县	住址	家属	经济状况	出征军人	时间	部队
蔡萧氏	三八	温江	三保二甲六户	壮一 幼二	平贫	蔡贵云	二十七年四月	四十一军一二三师三七二团二营五连
伍洪兴	五二	温江	三保七甲八户	老一	平贫	伍青云	二十七年九月	四十五军一二七师七四九团二营一连
陈金山	三五	温江	四保二甲一户	老一 壮二	平贫	陈青云	二十五年十月	三十集团军七十二军三十四师司令部
杨子云	六二	温江	四保六甲七户	老二 壮三 幼一	平贫	杨林栋	二十八年六月	十一师三三团八连
葛友之	六〇	温江	四保四甲三户	老二 壮五	小康	葛义全	二十九年八月	四十五军一二五师七五七团辎送连
葛敬之	五二	温江	四保四甲七户	老一 壮一	平贫	葛义元	二十九年六月	四十五军一二五师七五七团团部
李书轩	六一	温江	四保七甲八户	老一	平贫	李克斌	二十七年六月	四十五军一二七师七四九团二营六连
王饶氏	八五	温江	四保六甲十户	老一 壮一	平贫	王杰	二十九年五月	七十一军二四师司令部
葛李氏	四二	温江	四保五甲七户	老一 壮二	平贫	葛道安	二十七年三月	四十一军一二二师三六六团一营二连
傅余氏	五三	温江	四保五甲五十户	老一	平贫	傅占云	二十八年七月	陆军二第三三师九九团一营三连

姓名	年齡	籍貫	住址	家屬	家境	出征人	出征年月	部隊
劉云丰	五一	潛江	四保二甲十户	老二壯二	平貿	劉萬和	二十六年四月	張軍十六二師四三團三營九連
鄧唐氏	四七	潛江	四保六甲二户	老一	平貿	鄧志清	二十七年月	四十五軍一二五師三七團三營二連
劉徐氏	五六	潛江	四保二甲二户	老一壯二	小康	劉海泉	三十年九月	一二五師三七四團四連
何青云	五〇	潛江	五保九甲三户	老二	小康	何少清	二十七年三月	四十五軍一二五師三七團三營九連
薛李氏	五二	潛江	六保二甲二户	壯二幼二	平貿	薛海雲	二十七年六月	七十六軍五五師司令部
(同)薛陳氏	五〇	仝	六保二甲三户	老一	(右)	薛家才	二十七年三月	九十五軍三二營團機槍連
羅海雲	六〇	潛江	六保六甲三户	老一	平貿	羅吉成	二十八年月	九十五軍二營五連
李楊氏	五八	潛江	六保四甲五户	老一壯二	平貿	李清華	二十七年六月	四十五軍一二七師七四九團一營機槍連
張金山	六五	潛江	七保三甲三户	老一壯三	平貿	張國林	二十九年三月	陸軍四十師工兵八二連
王清棠	四一	潛江	七保五甲十二户	老一壯二	小康	王俊	二十七年三月	四十八軍一七六師一〇五二團三營九連

102

張昌之	七一	道江	八保一甲一户	老二壮三	小康	張子云	二十七岁五月	陆军一六二师四八四团三营九连
陳順安	五〇	道江	九保二甲三户	老一壮三	小康	陳吉三	二十七岁三月	三十七师一一三团机枪连
李興隆	四八	道江	九保二甲五户	老一壮四	平贫	李廷甫	二十八岁四月	二十五师七三团二营四连
張周氏	五〇	道江	九保八甲十户	老一	平贫	張孔廷	二十七岁九月	四十军一一二师三七二团一营二连
傅義生	五三	道江	九保三甲一户	老一壮一	平贫	傅國民	二十六岁三月	八十军三师三团二营五连
陳金全	四二	道江	九保五甲二户	老一壮一	小康	陳少路	二十六岁四月	四十一军一二二师三七二团三营八连
龔易氏	七〇	道江	十保四甲二户	老一壮一	平贫	龔述成	二十七岁五月	陆军一六二师四八六团一营一连
張吳氏	五六	道江	十保二甲四户	老二壮二	小康	張世清	二十六岁三月	一〇二师训练班
黄程氏	四五	道江	十保四甲六户	壮四幼二	小康	黄炳炎	二十五岁三月	二十一军一四七师八八二团二营五连
周叔喜	四八	道江	十保十甲一户	壮一	平贫	周青云	二十四岁七月	三十军八四师二团一营一连

曾義廷	六二	溫江	十三保五甲六户	壯三 幼一	平貧 小康	曾呂云	二十六年四月	一三六師四營二連
盧同和	六一	溫江	十二保七甲四户	老一 壯一	平貧	盧忠	二十七年五月	四五軍一二五師七三七團一營一連
王楊氏	五四	溫江	十二保七甲八户	老一	平貧	王朝詳	二十六年三月	一三三師三九八團二營三部
郭保山	四六	溫江	十三保七甲六户	壯二	平貧	郭世壽	二十七年四月	八五師二四三團二營四連
李朗廷	五〇	溫江	十三保四甲二户	老一 壯二	小康	李恩之	二十七年二月	軍政部補充訓練總處獨立營一連
羅治吉	七〇	溫江	十四保二甲五户	老二 壯四	小康	羅壽華	二十六年八月	四十七軍一六一師四八二團一營三連
傅青山	六二	溫江	十四保四甲二二户	老二 壯一	平貧	傅國華	二十七年二月	陸軍炮兵五四團五營十連
鄧路氏	六二	溫江	十五保三甲六户	老二 壯一	平貧	鄧耀廷	二十六年四月	二十五師七三團三營一連
李溫氏	七一	溫江	十六保二甲四户	老一 壯一	平貧	李清波	二十九年五月	二十師野戰補充團三營九連
黃陳氏	六七	溫江	十六保四甲三户	老一 壯二	平貧	黃泗兴	二十七年三月	四十五軍一二五師七三五團二營輸送連

曾李氏	五〇	温江	十六保六甲四户	壮一	赤贫	曾耀廷	二十五年七月	二十四军七一团部
周松田	五二	温江	十六保六甲七户	老一 壮二	赤贫	周云	二十六年八月	二九军新编一三师三七团辎重连
黄大彬	六二	温江	十六保六甲八户	老一 壮四	赤贫	黄兴	二十七年四月	补充第四军五九师野战补团二营六连
邓文甫	五一	温江	十六保一甲五户	壮二	赤贫	邓云生	二十八年三月	陆军第八军二师司令部

乡长 朱〇〇

副乡长 刘〇〇 代

103

4

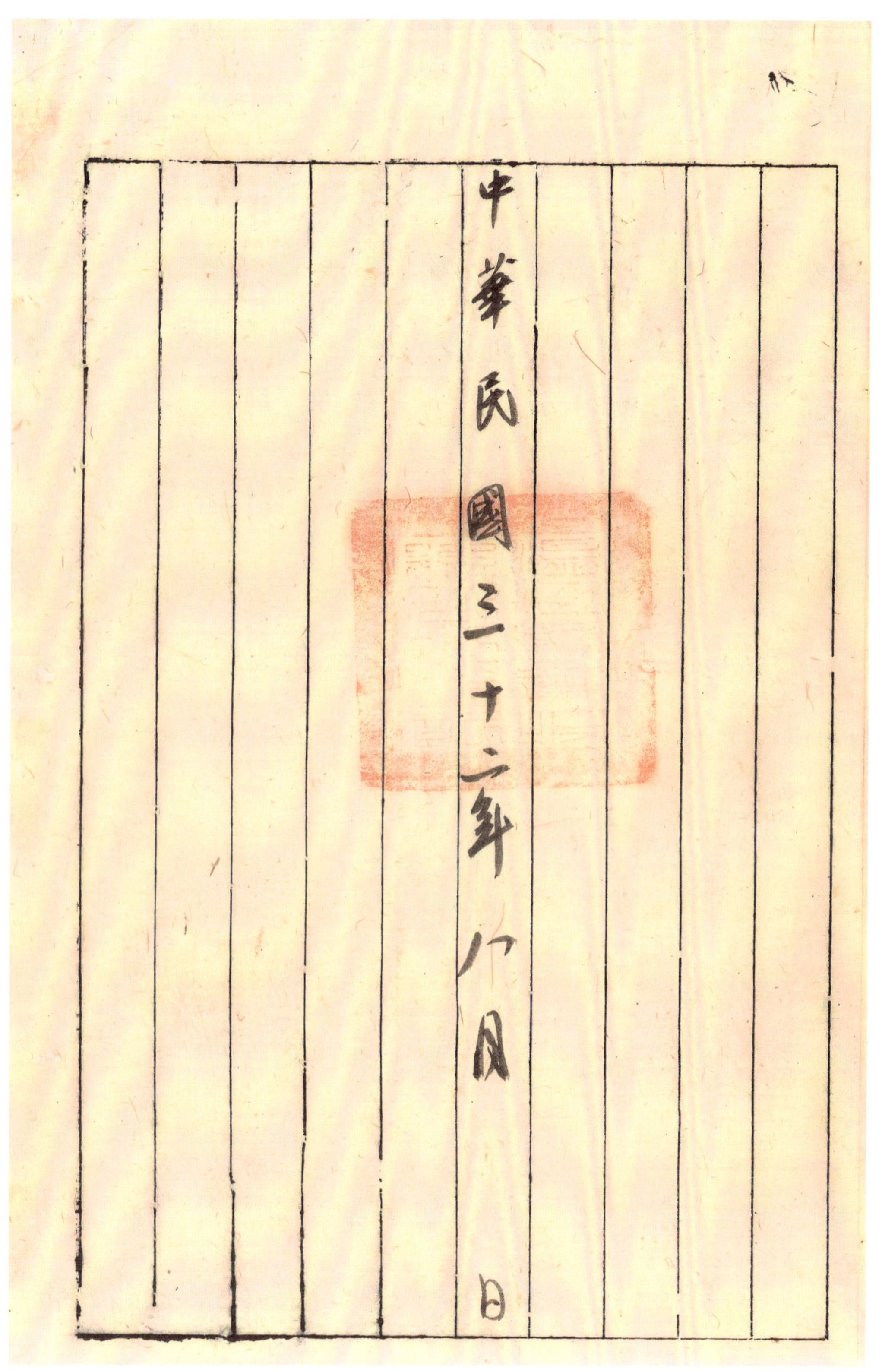
中華民國三十二年八月　日

附（二）四川省温江县苏坡乡出征军人优待家属调查表

104

四川省溫江縣蘇坡鄉出征軍人優待家屬調查表

家長姓名	年齡	籍貫	現住地保甲戶	現有狀況	出征姓名	現有人口	入伍年月	
馮志祥	五二	溫江	十七保六甲五戶	貧	馮仕雲	老一 壯一	二七年五月	陸軍九十軍司令部
方代氏	五〇	仝	十七保五甲三戶	貧	方玉成	老一	二六年六月	陸軍一九〇師二營七連
					後補			

第十七保 保長

温江县政府关于奉催编造填报出征抗敌军人家属调查册致苏坡乡公所的训令（一九四三年八月十二日）

97

警衛股

溫江縣縣政府訓令

事由：為令飭迅將出征軍人家屬調查冊造報來府以憑彙轉由

軍家第 3813 號

中華民國三十二年八月十二日

令苏坡鄉公所

查奉飭編造填報出征軍人家屬調查冊，曾經本府以軍家第八八三號訓令通飭遵限依式造報，並以軍家第二四九六號訓令催報在案。遵限造報者固多，而違延未報者亦復不少，茲查該公所尚未造報前來，合再令催，仰即遵照先令各令限文到五日內造報來府以憑彙轉，毋再違延干究為要！

此令。

縣長

已速報 八、十六 代

中華民國卅二年八月拾五日收到

温江县政府关于苏坡乡镇报出征军人家属调查册致苏坡乡公所的指令（一九四三年八月二十四日）

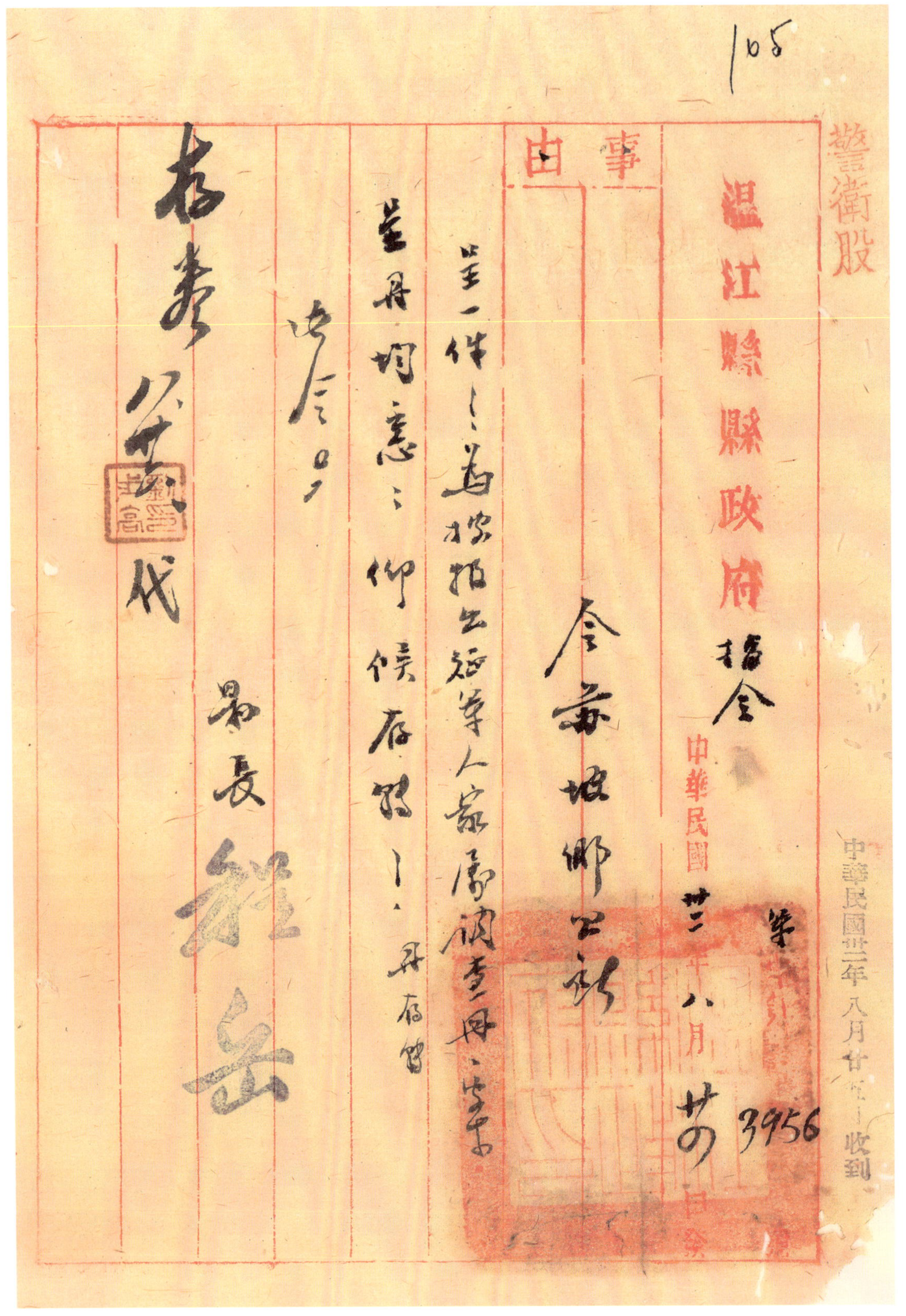
105

警衛股

温江縣縣政府指令

中華民國卅二年八月廿四日 第3956號

令蘇坡鄉公所

事由

呈一件：為檢報出征軍人家屬調查冊，呈祈鑒核由

呈冊均悉。仰候存轉。冊存。

此令。

縣長 程岳

秘書 代

中華民國卅二年八月廿　收到

温江县苏坡乡公所关于定一九四三年十二月四日上午十点在第十保及十一保两处发放出征军人家属优待谷的牌告（一九四三年十一月二十七日）

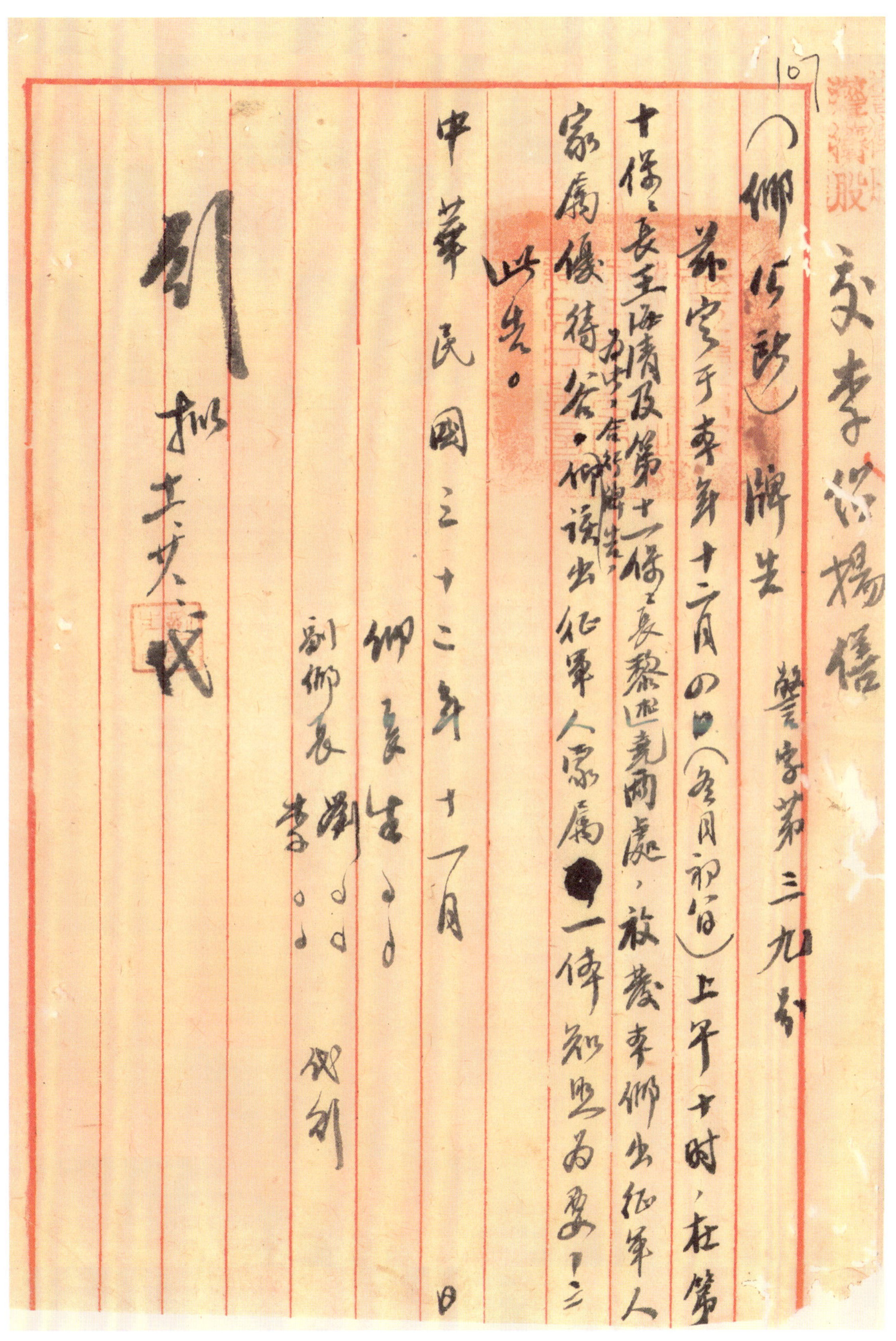

（乡公所）牌告　　警字第三九号

兹定于本年十二月四日（星期六）上午十时，在第十保、保长王海清及第十一保、保长黎兴尧两处，放发本乡出征军人家属优待谷。仰该出征军人家属一律知照为要！此告。

中华民国三十二年十一月　日

乡长　刘

副乡长　李

附：温江县苏坡乡出征军人家属领发优待谷姓名清册

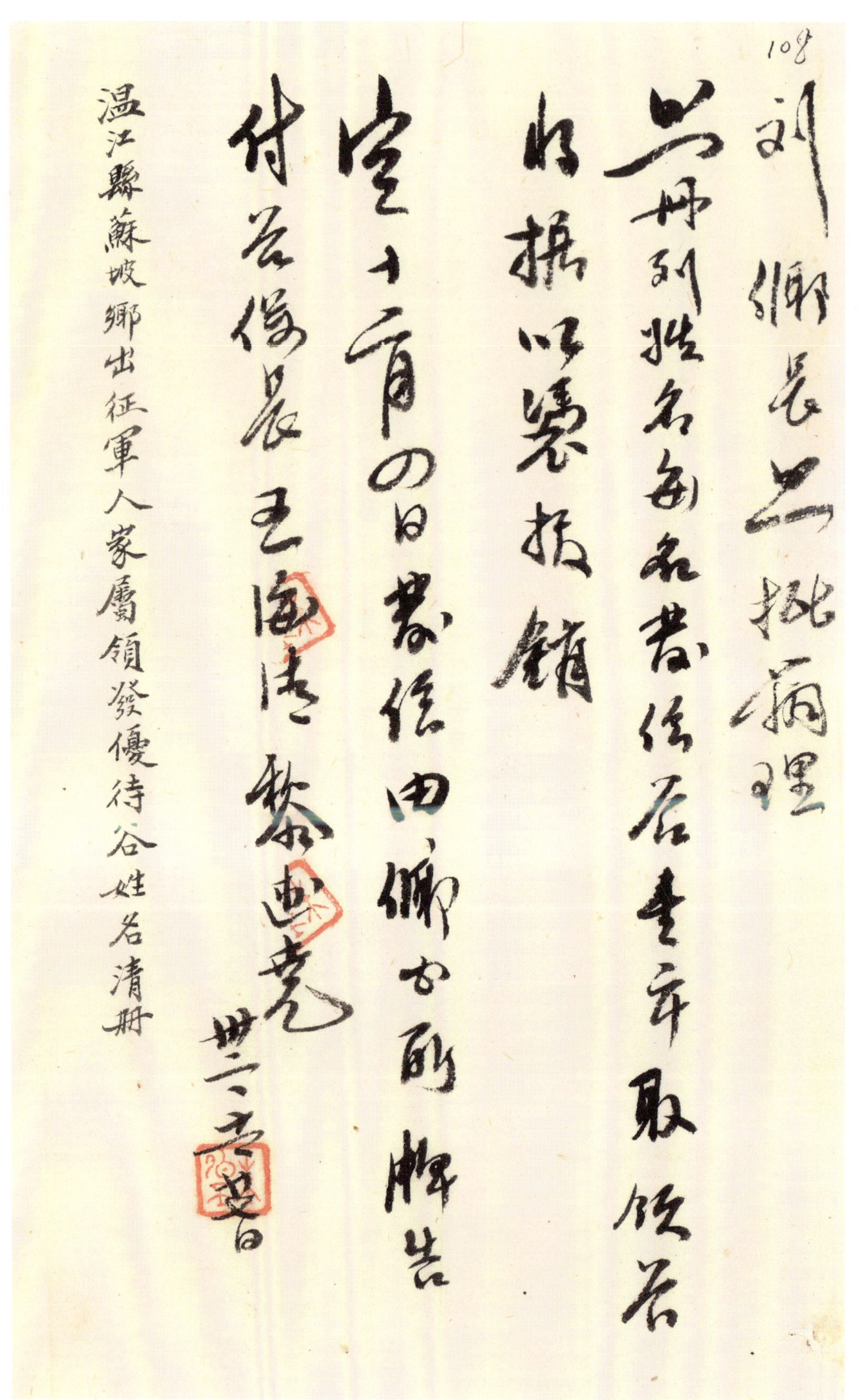

108

温江縣蘇坡鄉出征軍人家屬領發優待谷姓名清冊

109

姓名	保別	領、某月至某月份　備攷
郭李氏	1	六月至九月份
康[illegible]氏	1	仝
周春甫	1	仝
曾賴氏	1	仝
康應華	2	仝
張二興	2	仝
楊煥建	2	仝
傅余氏	4	仝

姓名	数	时间
張俞氏	2	六月至九月份
謝壽喬	2	仝
傅萬氏	2	仝
周李氏	2	仝
曹昌宣	2	仝
王郭氏	2	仝
何銀武	5	仝
周松田	〡〤	仝
武洪興	3	仝
方戴氏	〡〤	仝

姓名	數	期
鄧文甫	18	仝
張周氏	9	六月至九月份
鄧唐氏	4	仝
吳少全	4	仝
萬敬之	4	仝
陳順安	9	仝
李興隆	9	仝
萬友之	4	仝
陳金山	4	仝
鄧宝山	13	仝

李朗建	13	六月至九月份
黄陳氏	16	仝
李温氏	16	仝
王楊氏	12	仝
傅義生	9	仝
黄程氏	9	仝
羅志吉	8	仝
薛李氏	6	仝
羅海云	6	仝
薛海云	6	仝

李楊氏	6	仝
石馮氏	7	六月至九月份
黎洪興	7	仝
刘徐氏	4	仝
李書年	4	仝
劉云丰	4	仝
熊李氏	3	仝
盧海東	14	六月至九月份
況春山	13	新登記 仝
江馮氏	9	仝 仝

張吳氏	11	仝
鄧路氏	15	六月至九月份
傅青山	14	仝
王青云	7	仝
張昌之	8	仝
盧同和	12	仝
楊執彬	2	仝
王鏡氏	4	仝
吉林氏	1	仝
馮志祥	17	仝

6

姓名	數	備註
曾李氏	16	仝
周燮[?]喜	11	六月至九月份
曾儀建	11	仝
龔易氏	10	仝
劉義和	2[?]	仝
陳云武	2[?]	仝
黃大斌	1X[?]	仝
廖蕭氏	3	仝
陳德全	9[?]	仝
楊子榮	4	仝

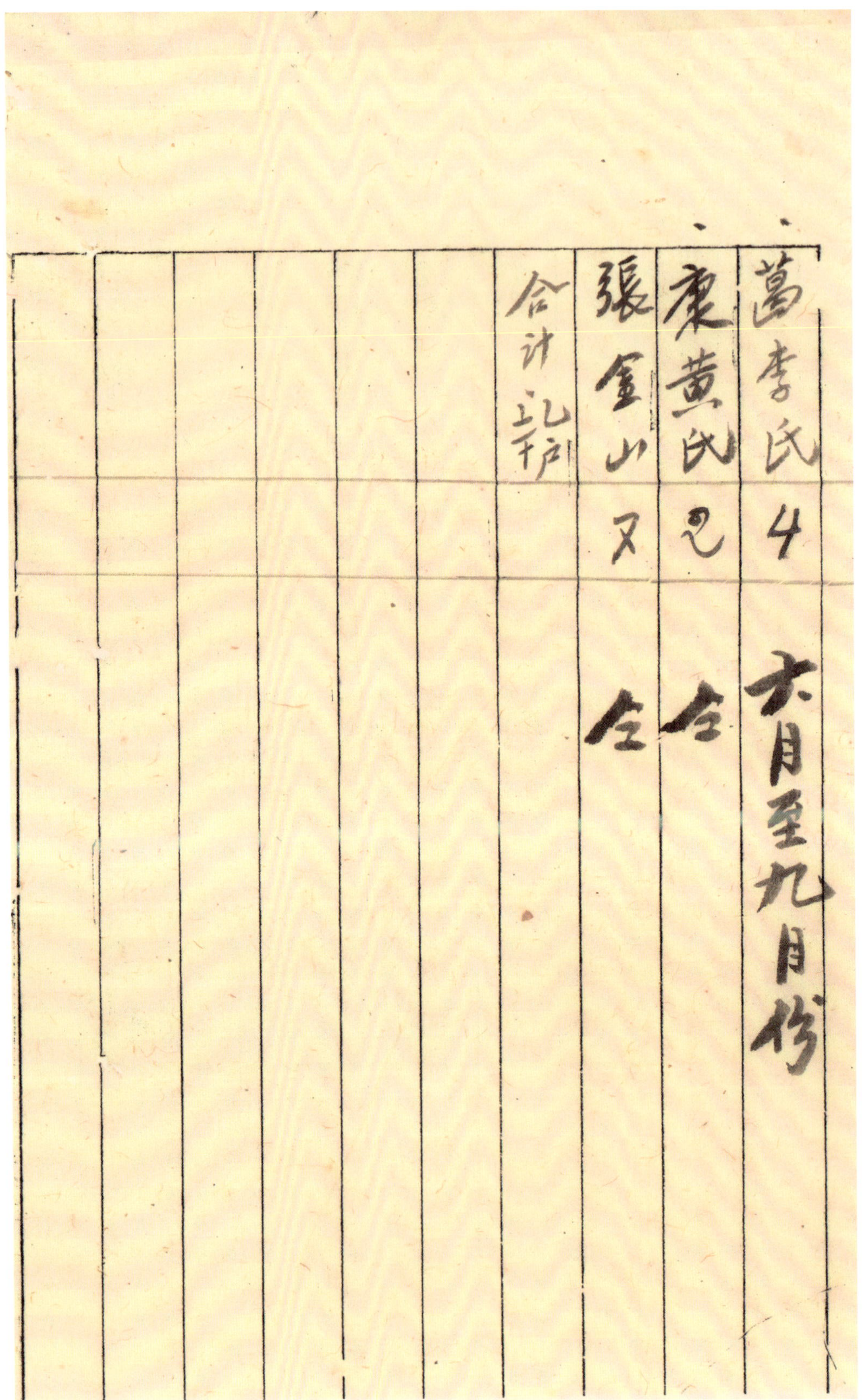

葛李氏 4 六月至九月份

康黄氏 己 仝

張金山 又 仝

合计[illegible]户

温江县政府、温江县苏坡乡公所等关于转饬徐少云家属承领抗敌家属证明书的训令

温江县政府关于转饬徐少云家属来府承领抗敌家属证明书致苏坡乡公所的训令（一九四四年二月十八日）

239

溫江縣政府訓令

單字第660號

民國三十三年二月十八日

事由：為令仰該鄉公所轉飭徐少雲家屬來府承領抗敵証明書

令蘇坡鄉公所

中華民國卅三年貳月貳日收訖

案准

中華民國駐印軍新編三十八師司令部1021號函寄徐少雲抗敵家屬証明書一份，囑轉發一案。查是項証明書所載徐吳氏係住該鄉，合亟令仰轉飭來府承領！此令。

縣長程 岳

地政科長范守棻 代行

監印余德貴

校對

通令交保查明該家屬，時即轉飭到府承領。

六六 代

温江县苏坡乡公所关于转饬徐少云家属徐吴氏承领抗敌家属证明书致各保办公处的训令（一九四四年三月十四日）

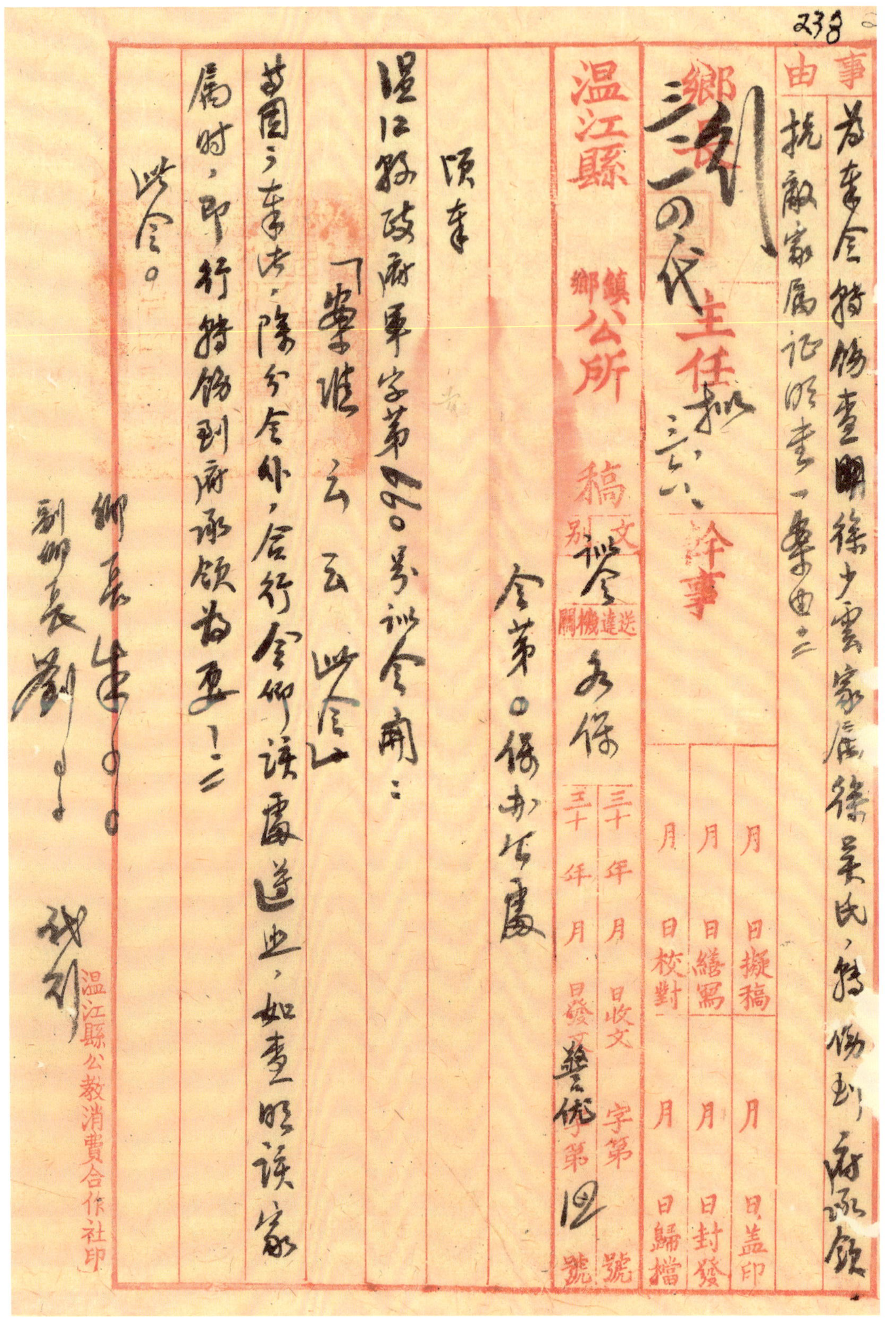

事由：為奉令轉飭查明徐少雲家屬徐吳氏，轉飭到府承領抗敵家屬證明書一案由。

温江縣鄉公所稿

鄉主任 三、八

文別：訓令　送達機關：各保

令第□保辦公處

頃奉

温江縣政府軍字第[illegible]號訓令開：

「案准 云云 此令」

等因；奉此，除分令外，合行令仰該處遵照，如查明該家屬時，即行轉飭到府承領為要！

此令。

鄉長 朱[illegible]

副鄉長 劉[illegible]

温江县政府关于奉电转饬不得扣留抗敌军人寄回之优待证件及延搁有关优待事宜致苏坡乡公所的训令（一九四四年四月四日）

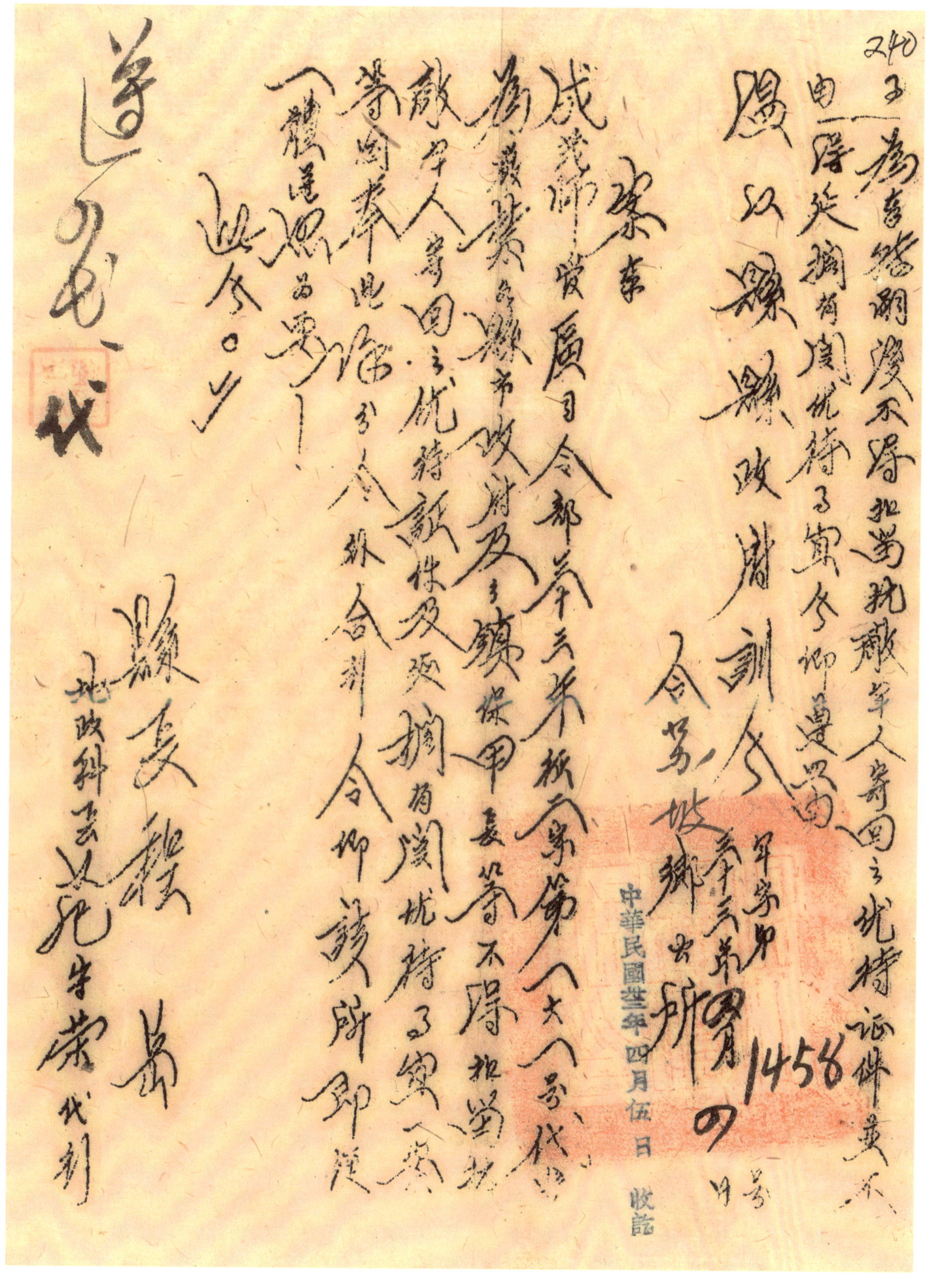
240
子 一 为奉转关于不得扣留抗敌军人寄回之优待证件并不得延搁有关优待事宜令仰遵照由
温江县政府训令 军字第 号
令苏坡乡公所 卅三年四月 日
案奉
成都师管区司令部卅三年[illegible]字第[illegible]号代电
为[illegible]县市政府及乡镇保甲长等不得扣留抗
敌军人寄回之优待证件及延搁有关优待事宜[illegible]
等因，奉此，除分令外，合行令仰该所即便
一体遵照为要！
此令。
县长 [illegible]
兼政科长 [illegible] 代判
中華民國卅三年四月伍日 收訖
1458

关于温江县苏坡乡公所造具一九四三年一至五月发放优待谷清册请予核销的一组文件

温江县苏坡乡公所致温江县兵役协会的呈（一九四四年四月七日）

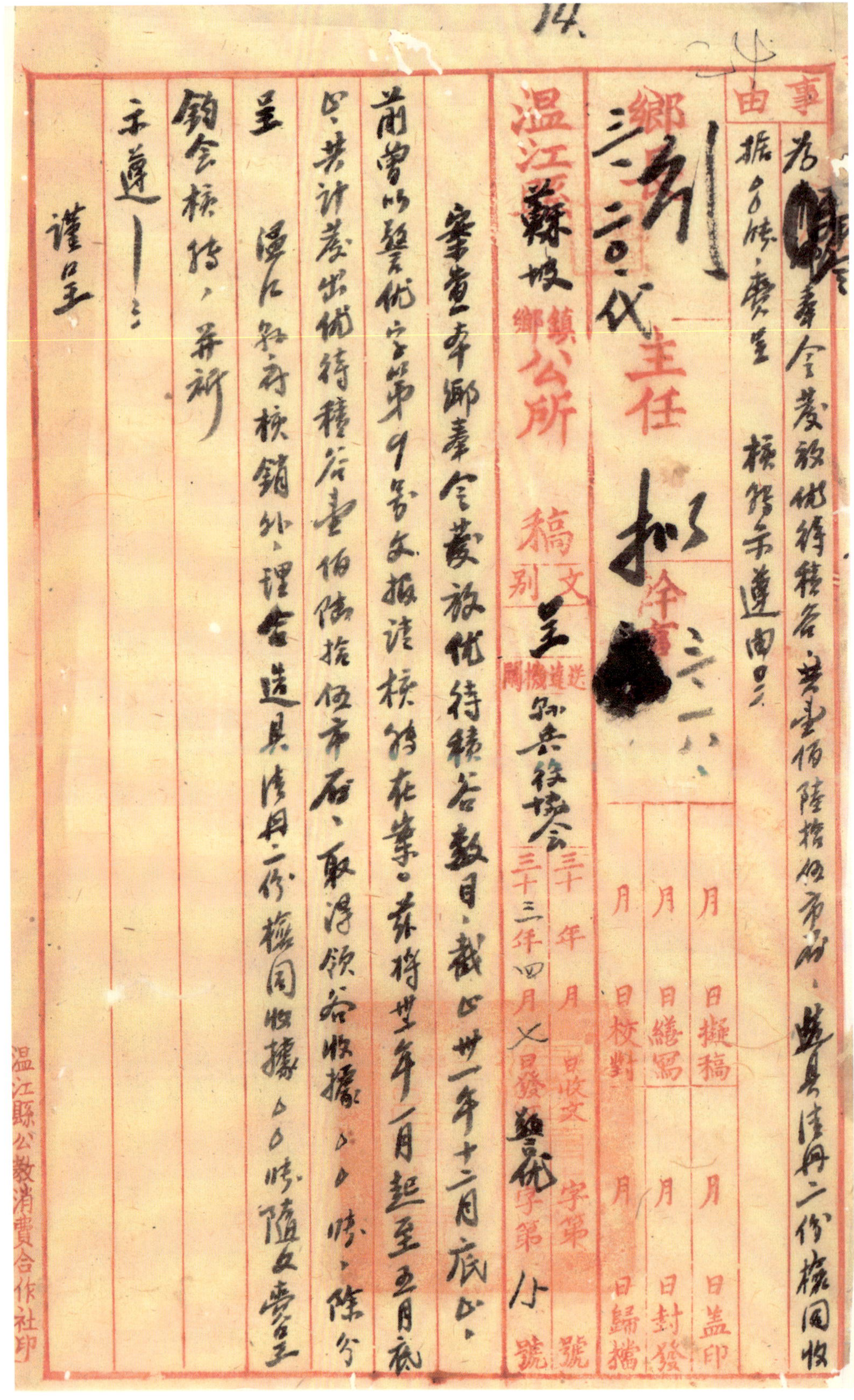

事由：为呈奉令发放优待积谷，共壹佰陆拾伍市石，并造具清册二份，检同收据，乞俯赐鉴呈核销并示遵由。呈

温江县苏坡乡镇公所稿

文别：呈

送达机关：知兵役协会

三十三年四月七日发 字第 号

案查本乡奉令发放优待积谷数目，截至卅一年十二月底止，前曾以[illegible]优字第9号文报请核销在案。兹将卅二年一月起至五月底止共计发出优待积谷壹佰陆拾伍市石，取得领谷收据[illegible]，除分呈县府核销外，理合造具清册二份，检同收据[illegible]，随文赍呈

钧会核销，并祈

示遵！

谨呈

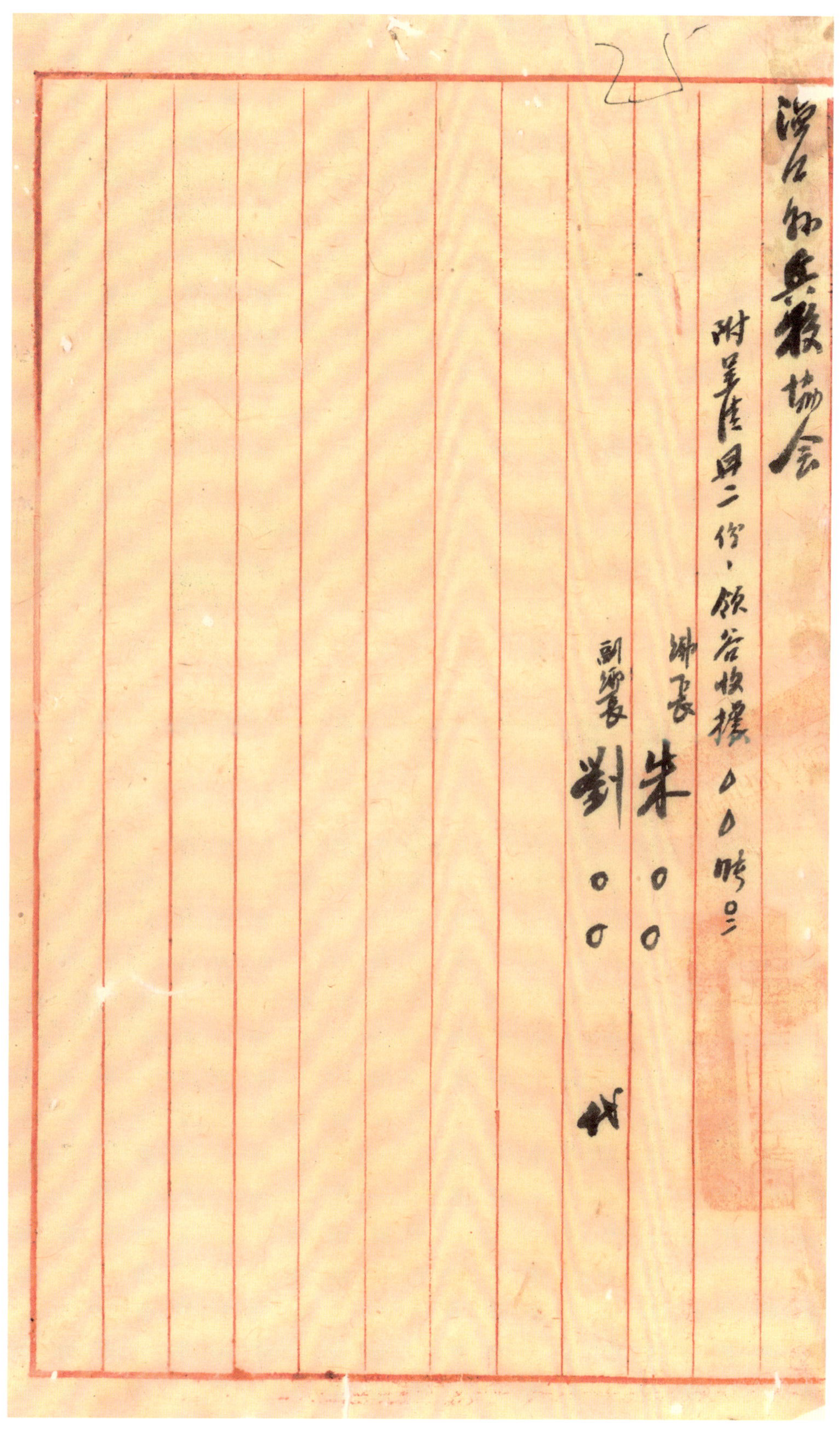
25
汾口鄉兵役協會
附呈清冊二份、領谷收據〇〇時呈
鄉長 朱〇〇
副鄉長 劉〇〇 代

附：温江县苏坡乡公所造报发出优待谷清册

温江縣蘇坡鄉公所造報發出優待穀清册

領谷人姓名	住址 鄉	住址 保	發出谷額 第一季	第二季	第三季	第四季	發出日期 年 月 日	憑單號數	備考
[illegible]李氏	蘇坡	六		[illegible]	石	一石	貳百	三二	
黄程氏		十	一石	一石				一七四	
李温氏		十一			一石	一石		五七一	
周雷氏		五			一石	一石		三一〇	
李朗建		十三			一石	一石		三一一	
吴少雲		四			一石	一石		三一三	
廖蕭氏		三			一石	一石		三一四	
王鏡氏		四			一石	一石		三一五	

楊子云	陳順安	曹陵、曹昌軒	張昌之	邪路氏	王郭氏	曹義	周雙喜	劉徐氏	付葛氏
〇	九	二〇	二	𠀋	二	十	十	〇	二
一石一石	一石一石	一石一石	一石	一石	一石	一石一石	一石一石	一石	一石一石
三一六	三一七	三一八	六九	六九	七〇	七七一	七七二	七七三	七七四

何青雲	六				一石	六三
康應華	三				一石	六二
張金山	七			一石	一石	三〇九
張二典	二		一石	一石		五〇三
康黃氏	二			一石		五〇〇
李書年	〇		一石	一石		五〇五
楊寶彬	二		一石	一石		五〇六
張余氏	二		一石	一石		五〇七
龔易氏	〇		一石	一石		五〇八
王青雲	七			一石	石	二〇〇

姓名				
周李氏	二		一石 一石	二〇一
王楊氏	二		一石 一石	二〇六
潘廖氏	四	一石 一石		一六七
陳福安	五	一石 一石		一六八
楊洪興	三	一石 一石		一九九
方戴氏	十一	一石 一石		一九〇
曾福生	十三	一石 一石		二〇二
劉孫氏	一	一石 一石		二〇三
潘毅祥	十七	一石 一石		二〇四
莫玉山	十五	一石 一石		二〇五

姓名		數	石	石	石	編號
李吳氏		十五	一石	一石		二〇六
盧同和		十二	一石	一石		二〇七
雷樹彬		七	一石	一石		二〇八
鄧子清		七	一石	一石		二〇九
黃楊氏		十六	一石	一石		二一〇
黃熊氏		三	一石	一石		二一一
周玉山		四	一石	一石		二一二
曾賴氏		一	一石	一石		二一七
劉義和		二	[illegible]	一石	一石	一〇
吳秀峯		一	一石	一石		五一

姓名					
周絜君	二		一石	一石	二七
郭李氏	一	一石	一石		二〇
張康氏	十		一石	一石	廿九
陈金山	四	一石	一石		二一
匡周氏	一			一石	七七
薛海云	七	一石	一石		一三
陈德全	七	一石	一石		十七
曾李氏	七	一石	一石		六一
張王氏	三	一石	一石		十五
盧汝棠	七	一石	一石		一四

29

黃大斌	廿		一石	一石	六〇
張吳氏	五		一石	一石	六六
羅治吉	八	一石	一石		一六
李興隆	十			一石	七六
張周氏	九		一石	一石	七九〇
侯王氏	五		一石	一石	七八八
周兆甫	一	一石	一石		一九
李楊氏	七	一石	一石		二
莊楊氏	一			一石	九五
張友三	三	一石	一石		一八

郭宗山	七			石	七八
葛李氏	五			石	七九
付余氏	四	一石	一石		一二
付青山	六	日	石	一石	三三三
石鄢氏	三			石	七五
楊煥建	二		石	一石	八三
谢寿斋	二		石	一石	一八
郑重氏	四		石	石	七九一
葛鼓之	四	一石	一石		二三
羅儒之	六	一石	一石		六二

50

姓名			
付义生	十	一石 [illegible]	三一〇
蒋[illegible]兴	十三	一石	[illegible]
周松田	九	一石	三一二
吉林氏	一	一石	三〇九
邓文甫	廿	一石	三二一
李兴隆	十	一石	八〇六
石鸿氏	三	一石	四〇〇
郭家山	十七	一石	八〇八
葛李氏	五	一石	八〇七
匡周氏	一	一石	三九九

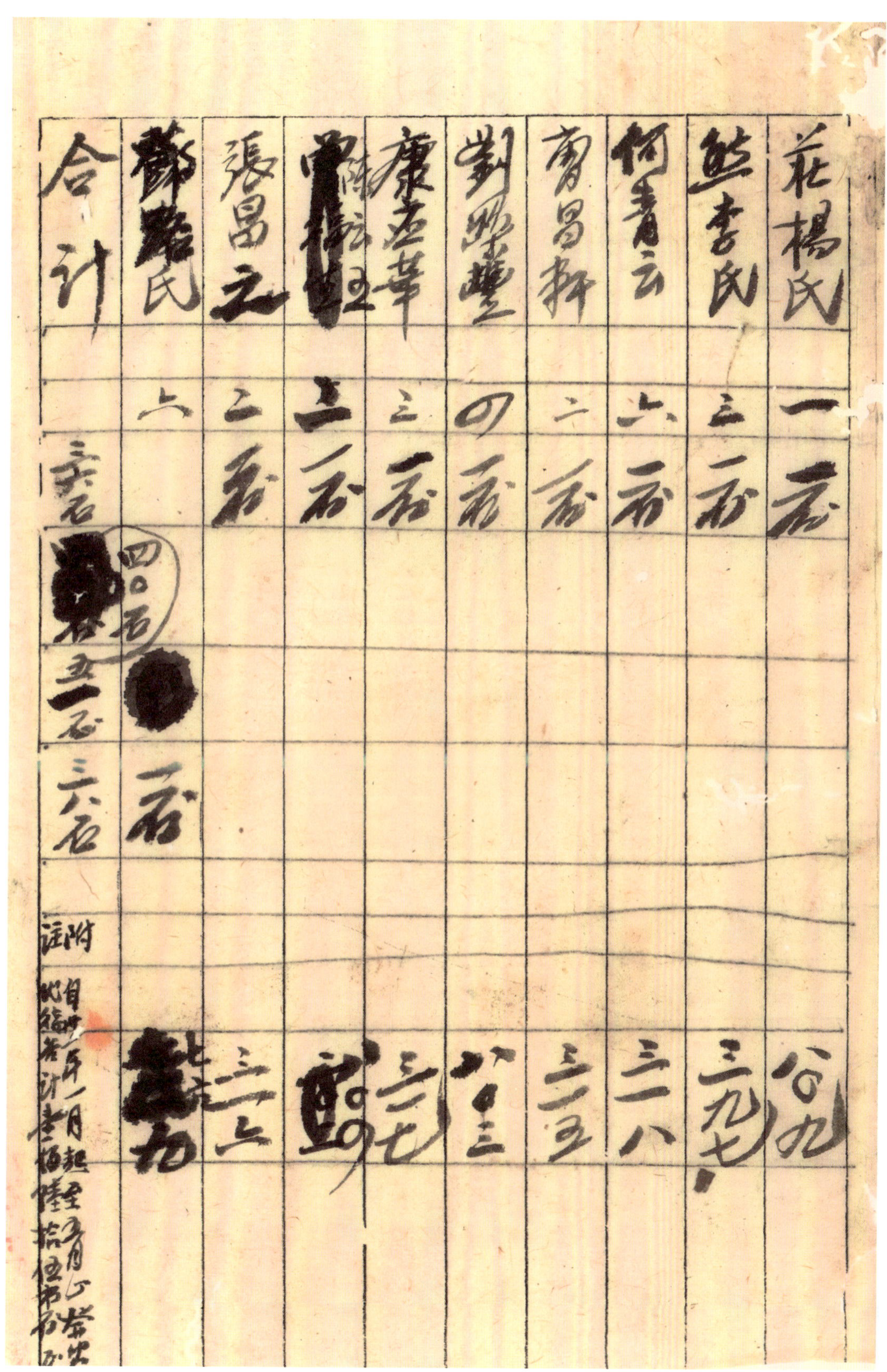

花楊氏	一	一石					公九九
熊李氏	三	一石					三九七
何青云	六	一石					三一八
曹昌軒	二	一石					三一五
劉熙豐	四	一石					八十三
康建華	三	一石					三一七
陳福廷	三	一石					[illegible]
張昌之	二	一石					三一六
鄧[illegible]氏	六				一石		二七九
合計		二六石	四〇石	五一石	三六石		

附注

自卅一年一月起至五月止共出

此編者計壹佰肆拾伍市石

温江县苏坡乡公所致温江县政府的呈（一九四四年四月九日）

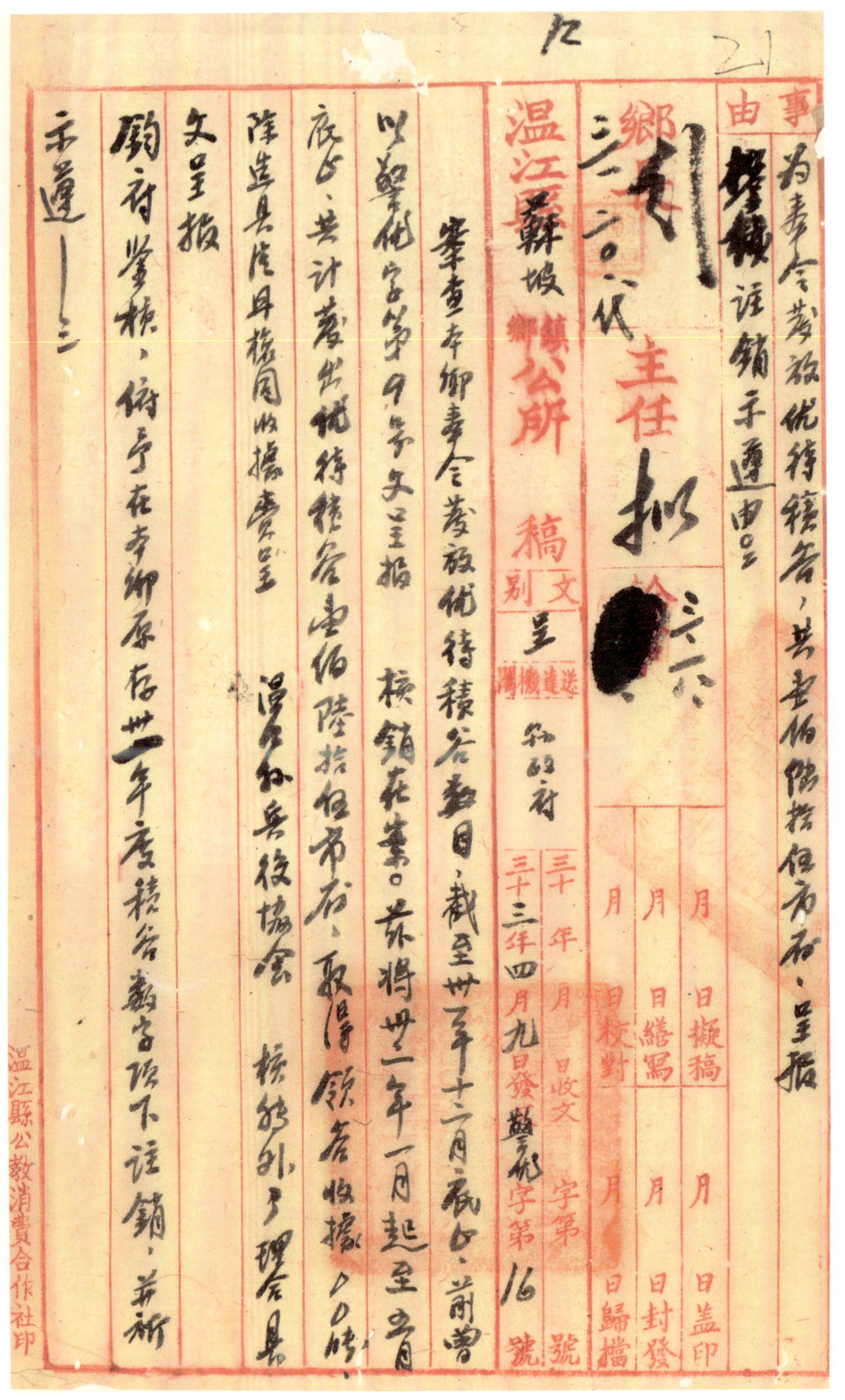

温江县苏坡镇乡公所稿

事由：为奉令蒐报优待积谷，共垫付陆拾伍市石，呈报核销，请予照准由。呈

文别：呈

三十三年四月九日发 苏优字第16号

案查奉令蒐报优待积谷数目，截至卅年十二月底止，前曾以乡优字第　号文呈报核销在案。兹将卅一年一月起至本月底止，共计蒐出优待积谷垫付陆拾伍市石，取得领谷收据　张，除造具优待谷收据费呈温江县兵役协会核转外，理合具文呈报钧府鉴核，俯予在本乡原存卅一年度积谷数字项下注销，并祈示遵！

温江县公教消费合作社印

謹呈

縣參會々長程

鄉長　朱○○

副鄉長　劉○○

代

温江县政府致苏坡乡公所的指令（一九四四年四月二十四日）

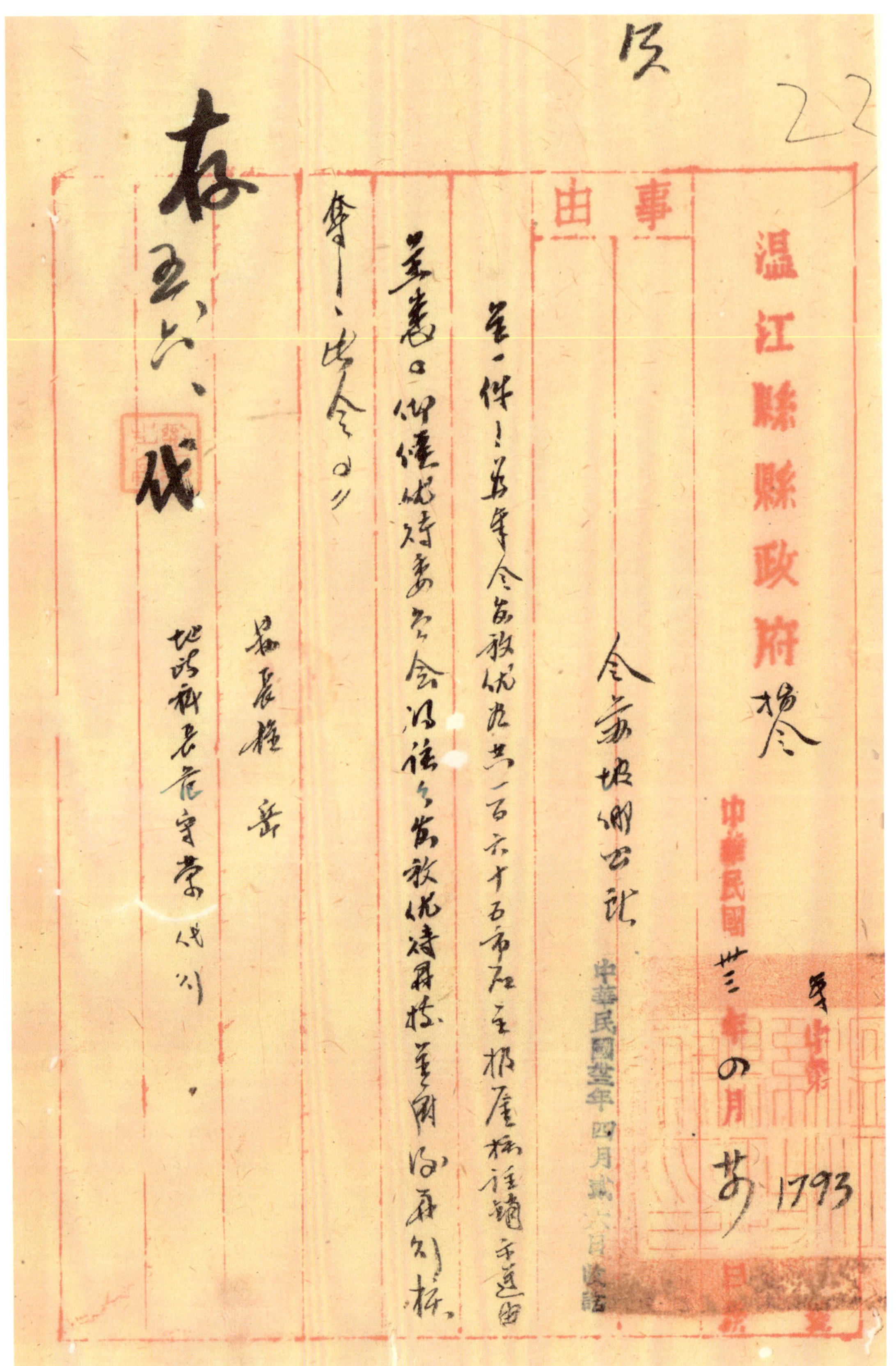
温江縣政府指令

事由

中華民國卅三年四月廿四日

中華民國卅三年四月貳六日收訖

温江县出征抗敌军人家属优待委员会致苏坡乡公所的指令（一九四四年五月二十二日）

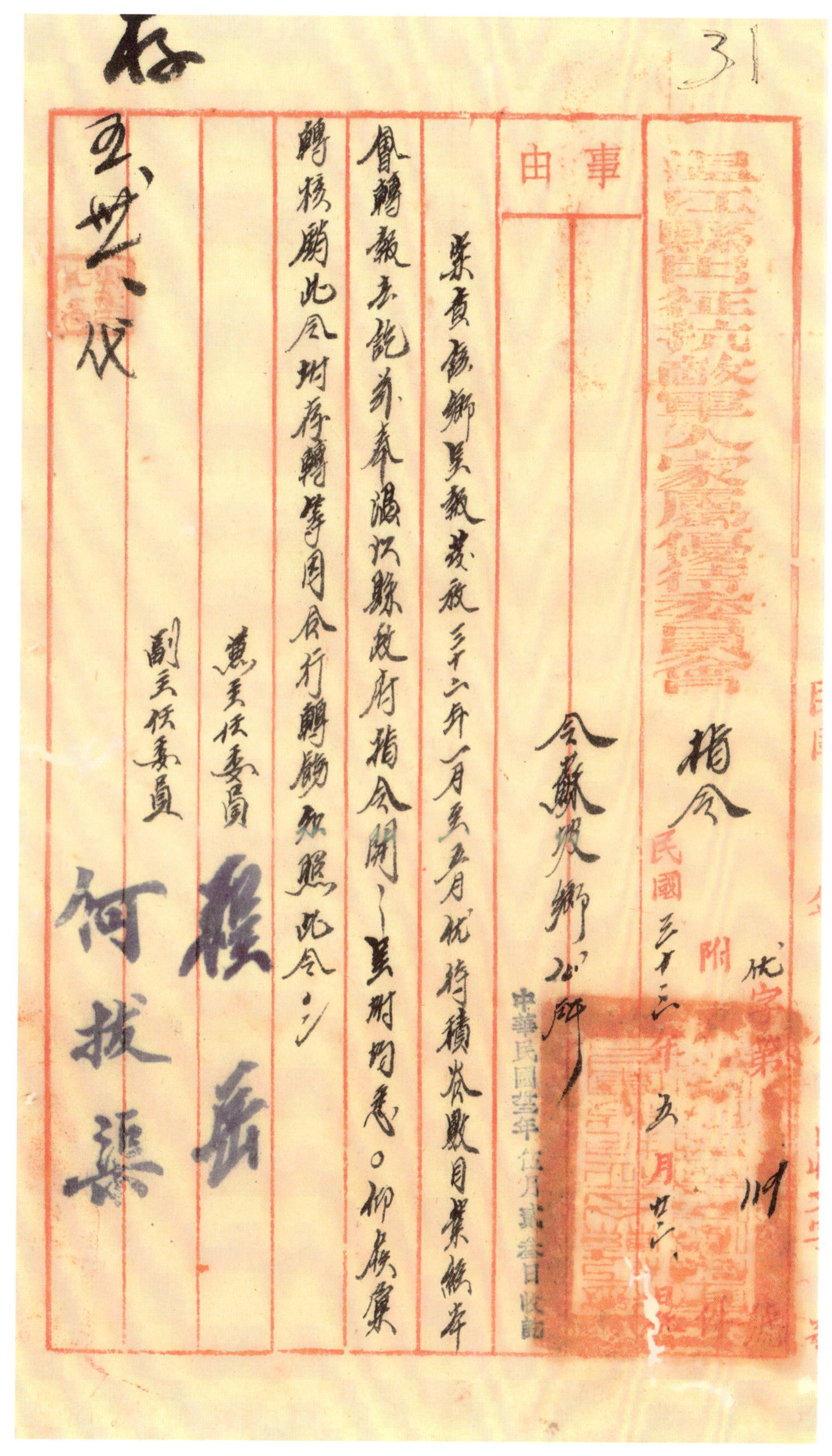

31

溫江縣出征抗敵軍人家屬優待委員會 指令

優字第卅號

民國三十三年五月廿二日

附

事由

令蘇坡鄉公所

案查該鄉呈報發放三十二年一月至五月優待積谷數目表請本會轉報去訖。茲奉溫江縣政府指令開：「呈、表附均悉。仰候彙轉核銷。此令。附存。」等因，合行轉飭知照。此令。

主任委員 羅岳

副主任委員 何拔[illegible]

存 五、廿六、代

温江县政府关于奉饬转知一九四四年度伤亡官兵恤金再加一倍致苏坡乡公所的训令（一九四四年四月十四日）

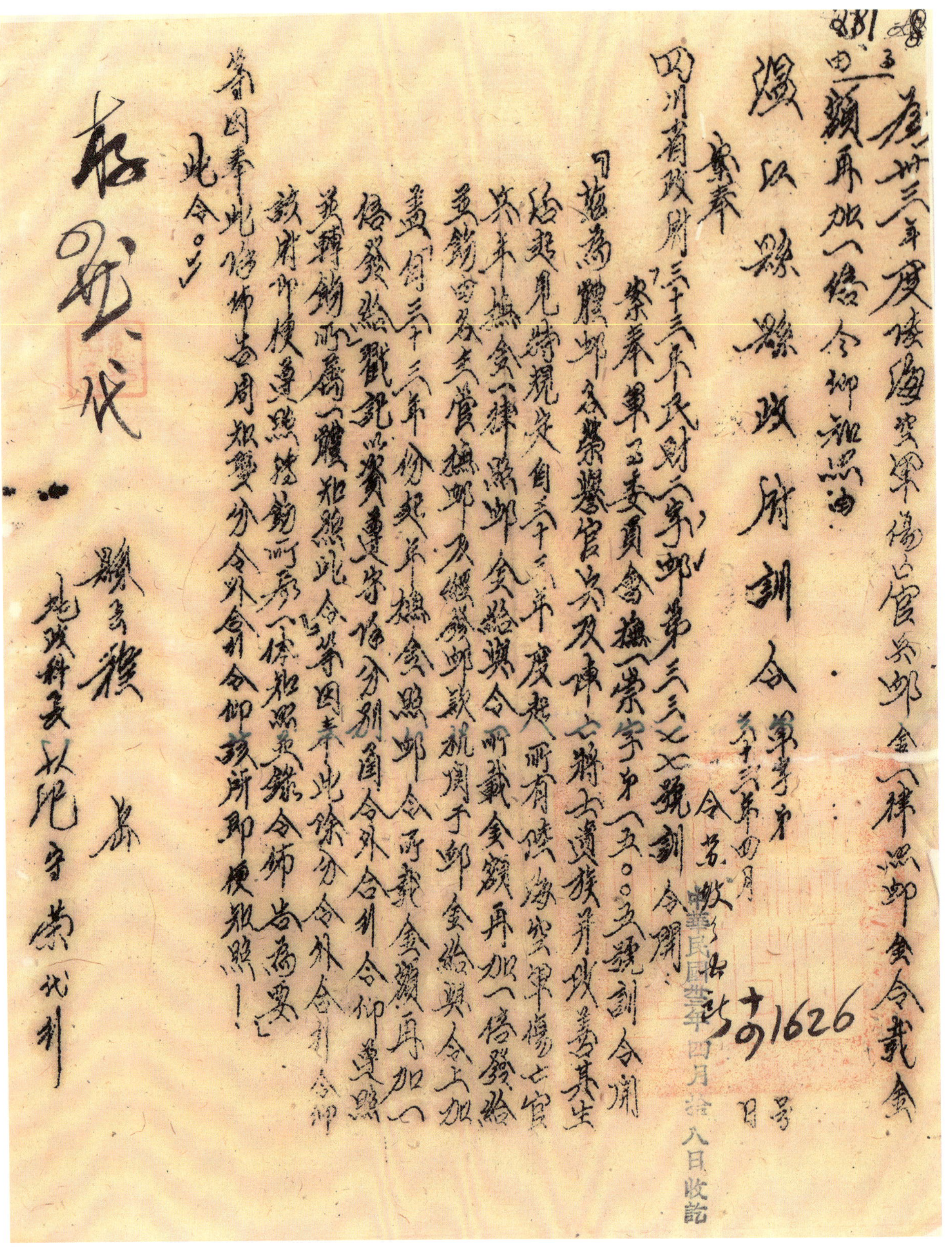

為卅三年度陸海空軍傷亡官兵卹金一律照卹令載金額再加一倍令仰知照由

溫江縣縣政府訓令　第　字第　號　三十三年四月　日

令蘇坡鄉公所

案奉

四川省政府三十三年民財一字第三三七七號訓令開：

「案奉軍事委員會撫卹委員會崇字第一五〇五號訓令開：

『查為體卹各前線官兵及陣亡將士遺族并改善其生活起見，特規定自三十三年度起，所有陸海空軍傷亡官兵年撫金一律照卹金給與令所載金額再加一倍發給，並飭由各主管撫卹及總發卹款機關于卹金給與令上加蓋「自三十三年份起年撫金照卹令所載金額再加一倍發給」戳記，以資遵守，除分別呈令外，合行令仰遵照，並轉飭所屬一體知照。』此令。等因。奉此，除分令外，合行令仰該府即便遵照，並轉飭所屬一體知照為要」。

等因。奉此，除分令外，合行令仰該所即便知照！

此令。

縣長 [illegible]

□政科長 [illegible] 代行

中華民國卅三年四月拾八日收訖

1626

温江县政府关于奉电抄发临时捐款解释一览表致苏坡乡公所的训令（一九四四年四月二十六日）

242

警衛股

事由　為奉轉解釋臨時捐款一案令仰遵照由

溫江縣縣政府訓令　　字第　　號

中華民國三十三年四月廿六日

令蘇坡鄉公所

中華民國卅三年四月貳十　日收訖

1832

案奉

四川省第一區行政督察專員兼保安司令公署卅三年民字第2814號訓令開：

案奉四川省軍管區司令部信三府字第一八六號代電開：案奉

軍政部卅三年三月（寒）役宣字第3064號代電開：查依照優待出征抗敵

軍人家屬條例第廿二條規定，出征抗敵軍人家屬得減免臨時捐款

为确定临时捐款范围及使一般绅粮明瞭起见，经本部检案制成

表，除分电外，相应电仰知照，并转饬各县（市）长即发各乡镇遵照

张贴周知为要「抄」等因，附表一份，奉此，除分电各师区各专署外，特电

仰转饬所属各县市政府一体遵照为要。等因附表一份，奉此，除分令外，合行抄发

原表，令仰遵照办理为要。此令」

等因，附发临时捐款解释（一览表）一份，奉此，除分令并布告外，合行

抄发原表，令仰该乡镇一体知照为要！

此令

附临时捐款解释一览表一份

县长 程 岳

地政科长 范异荣 代行

布

王光

代

临时捐款解释一览表

问题	解释	解释机关	年月日	令文字号
自治户捐及商店之房捐警捐等项是否系非常时捐款	[illegible]自治财政[illegible]捐[illegible]非常时捐款范围自治户捐及警捐[illegible]临时捐款性质	财政部	三〇.四.九	渝地[illegible]代电
律师同盟公会会费是否可以减免	公会会费[illegible]会员[illegible]；[illegible]；[illegible]商业及公司[illegible]不得[illegible]	财政部	三〇.八.六	渝[illegible]（845[illegible]）
[illegible]是否可以豁免	[illegible]非常时捐款	行政院	三〇.三.三	[illegible]指令
[illegible]	[illegible]临时捐款	军政部	三〇.八.五	[illegible]
[illegible]	[illegible]	军政部	三〇.八.二五	[illegible]代电
是否应予减少	[illegible]临时捐[illegible]			
[illegible]不应[illegible]豁免	[illegible]以豁免	粮食部	三〇.六.六	[illegible]566代电
[illegible]	[illegible]临时捐款[illegible]	行政院	三〇.八.二六	[illegible]18586指令

温江县苏坡乡公所、温江县兵役协会等关于苏坡乡公所造报一九四四年一至二月发放优待积谷清册的一组文件

温江县苏坡乡公所致温江县兵役协会的呈（一九四四年四月二十八日）

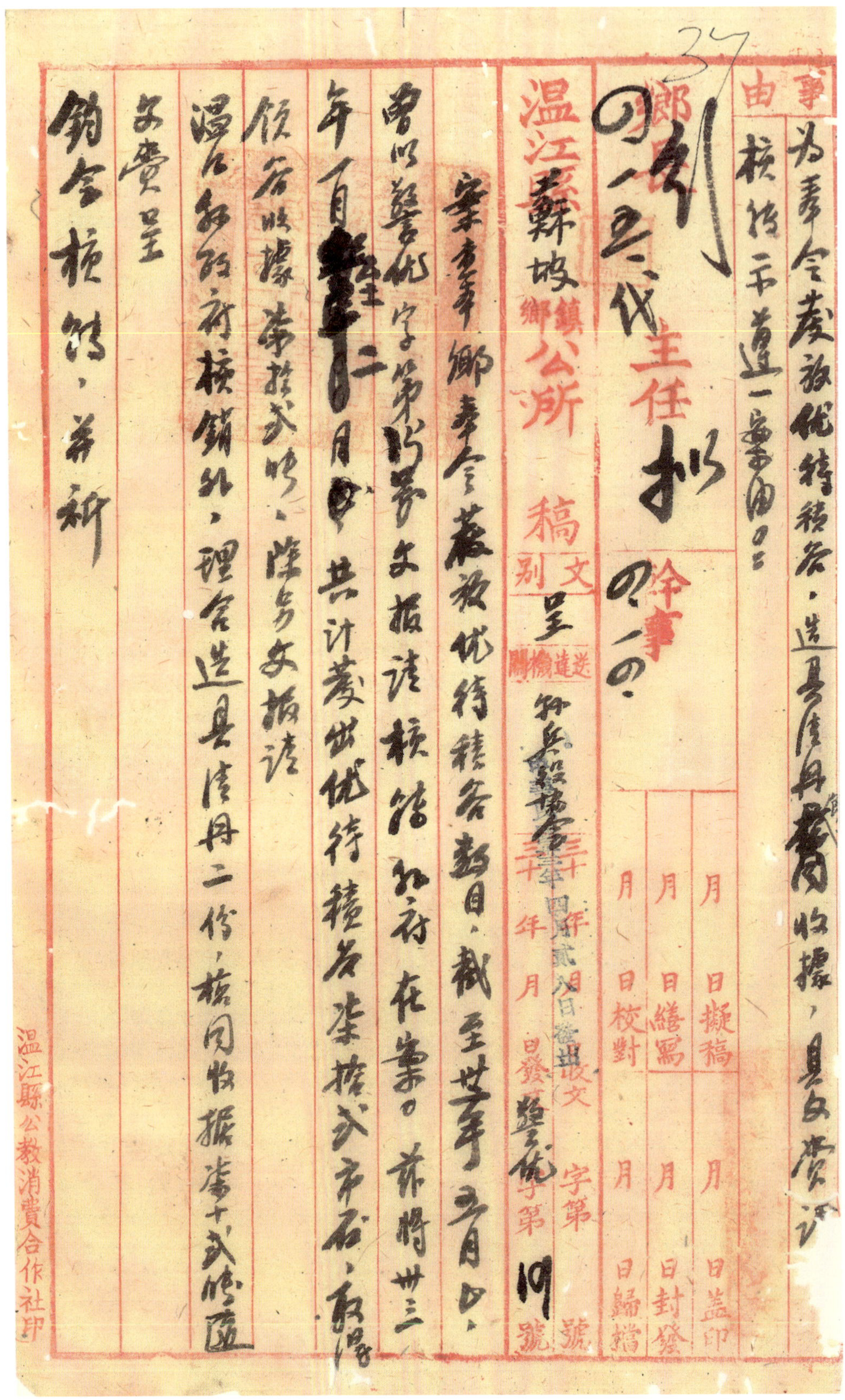

事由：为奉令发放优待积谷，造具清册、收据，具文赍请核销示遵一案由。

温江县苏坡乡公所稿

文别：呈

送达机关：县兵役协会

三十三年四月贰八日发出　优字第19号

案奉钧会令发放优待积谷数目，截至卅三年二月止，曾以优字第□号文报请核销在案。兹将卅三年一月至二月共计发出优待积谷柒拾弍市石，取得领谷收据柒拾弍张，除另文报请温江县政府核销外，理合造具清册二份，粘同收据柒拾弍张随文赍呈钧会核销，并祈

温江县公教消费合作社印

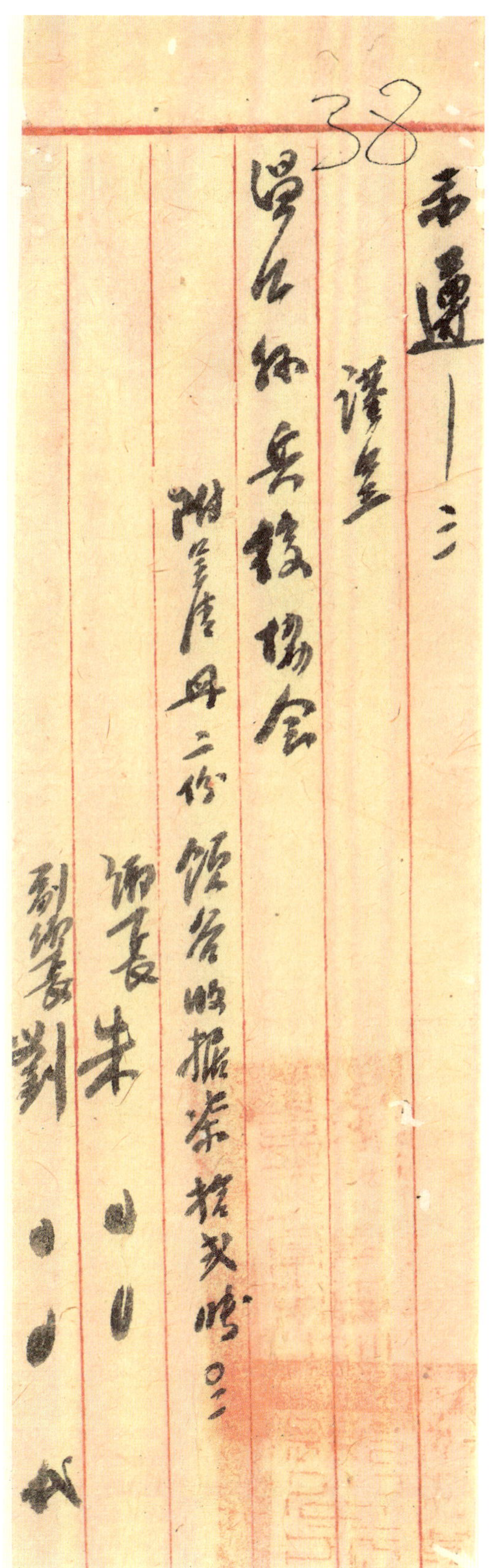

38

西邊一二

謹呈

晉西綏兵役協會

附呈清册二份 領發收據[illegible]據式[illegible]〇二

師長 朱 ○○

副師長 劉 ○○ 代

附：温江县苏坡乡公所造报发出优待谷清册

丹底立

議式份

四、五、

39

温江縣蘇坡鄉公所造報發出優待穀清冊

領穀人姓名	住址 鄉	住址 保	發出穀 第一季	發出穀 第二季	發出穀 第三季	發出穀 第四季	領發穀日期 年 月 日	憑單號數	備攷
楊子雲	蘇坡鄉	四			一石			六五	
古林氏	〃〃	一				一石		三〇九	
蕭溫氏	〃〃	十			一石			二六八	
鄧文甫	〃〃	六				一石		三一六	
周松田	〃〃	九				一石		三三六	
張六興	〃〃	六		一石				三六六	
陳順安	〃〃	九			一石			六〇一	
蔣少泉	〃〃	四	一石					八四一	

葛敬之	鄧唐氏	曾昌軒	劉義和	何青雲	傅余氏	傅萬氏	陳金山	王鏡氏	陳云魚
〃	〃	〃	〃	〃	〃	〃	〃	〃	〃
四	四	二	二	六	四	二	四	四	二
一石			一石		一石	一石	一石		
	一石							一石	
		一石		一石					一石
四八三	二六七	三一五	二九二	三六	三九四	二六三	四八八	二四	八〇四

240

劉云卓	〃〃四				一石		八〇三
廖蕭氏	〃〃三			一石			六〇九
劉徐氏	〃〃四			一石			六〇三
張周氏	〃〃九			一石			六〇六
盧周和	〃〃六	一石					五九九
傅青山	〃〃六			一石			六〇〇
謝壽斎	〃〃六			一石			六〇三
黄大斌	〃〃〇			一石			六〇九
王青雲	〃〃七			一石			六〇六
黄陳氏	〃六	一石					八〇四

溫致祥	廿七	一名				五九八
況春山	廿五		一名			四九七
曾義建	廿七			一名		二〇九
羅海雲	廿六		一名			四〇〇
郭學山	廿五				一名	八〇八
周覺養	廿六			一名		二一〇
伍洪興	廿三	一名				六〇〇
黎洪興	廿五				一名	三一〇
曾李氏	廿七		一名			三九九
石濟氏	廿七				一名	四〇〇

41

李楊氏	廿七		一石					三九三
鄧路氏	廿五			一石				二〇八
李興修	廿九				一石			八〇六
張傅氏	廿六		一石					三九〇
李朗建	廿五			一石				二〇四
羅治安	廿八		一石					三九七
康應華	廿三				一石			三〇七
劉李氏	廿四				一石			八〇九
張金山	廿七			一石				二〇二
張昌之	廿六				一石			三〇六

方戴氏	〃	七	一石						八五
傅義先	〃	十				一石			三一四
曾賴氏	〃	八	一石						五九七
周李氏	〃	三			一石				二一七
康侯氏	〃	一			一石				一四四
康黃氏	〃	二		一石					三六八
陳德全	〃	七		一石					三九八
薛李氏	〃	七		一石					三九五
韓李氏	〃	不			一石				一〇五
熊李氏	〃	一五				一石			四七

42

王郭氏	卅二			一名	六〇八
楊煥廷	卅二			一名	六〇九
楊寶彬	卅二		一名		六九
周春甫	卅一		一名		四七九
王楊氏	卅二			一名	六〇[illegible]
張吳氏	卅三			一名	二〇九
盧海惠	卅七		一名		三九六
龔易氏	卅四		一名		三九一
黃程氏	卅十	一名			五九六
江濤氏	卅九		一名		四七八

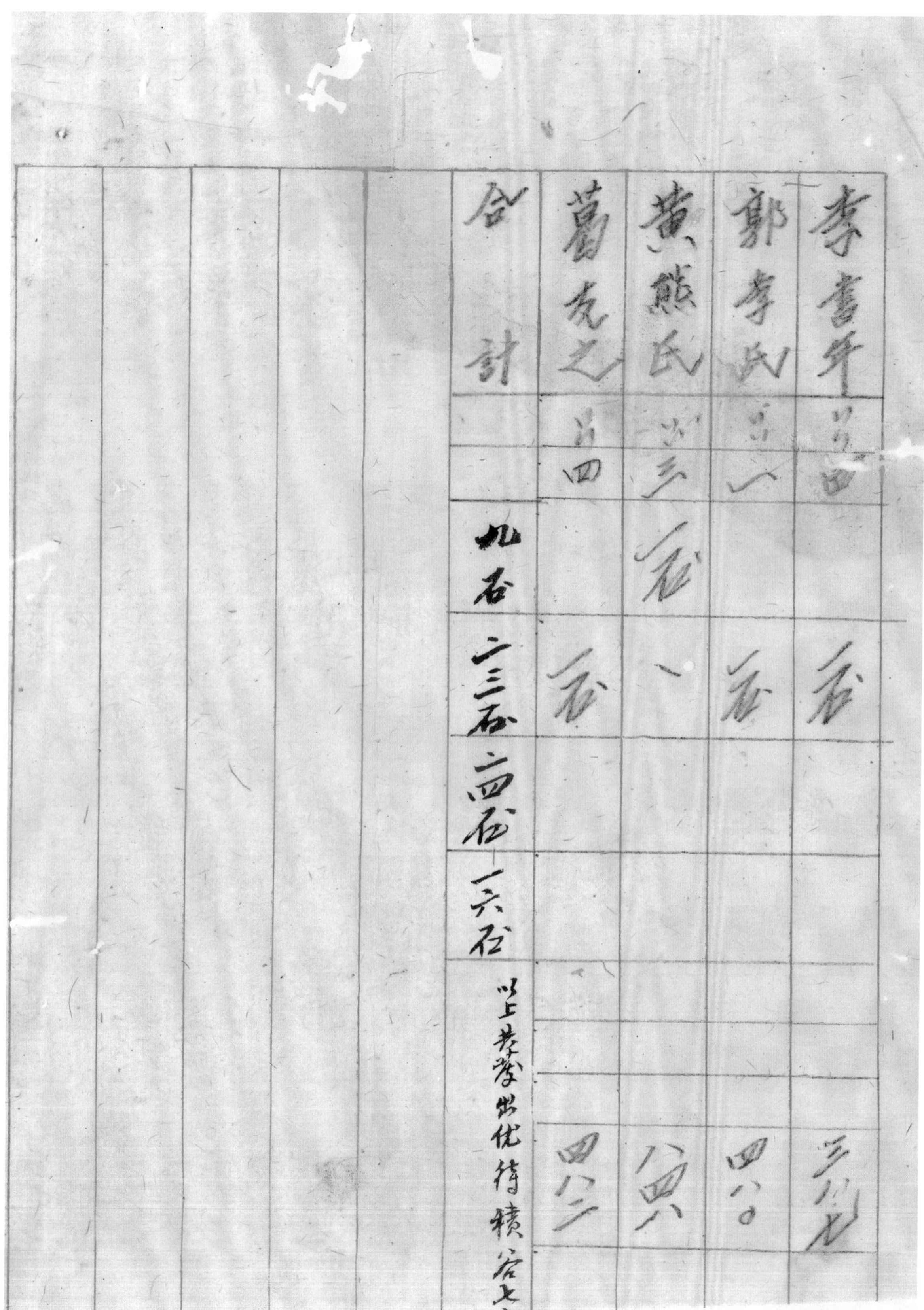

李書年	〃	四		一石						三八九
郭李氏	〃	一		一石						四八〇
黃熊氏	〃	三	一石	一						八四八
葛克之	〃	四		一石						四八二
合計			九石	二三石	二四石	一六石	以上共登出优待積谷七[illegible]			

温江县苏坡乡公所致温江县政府的呈（一九四四年五月三日）

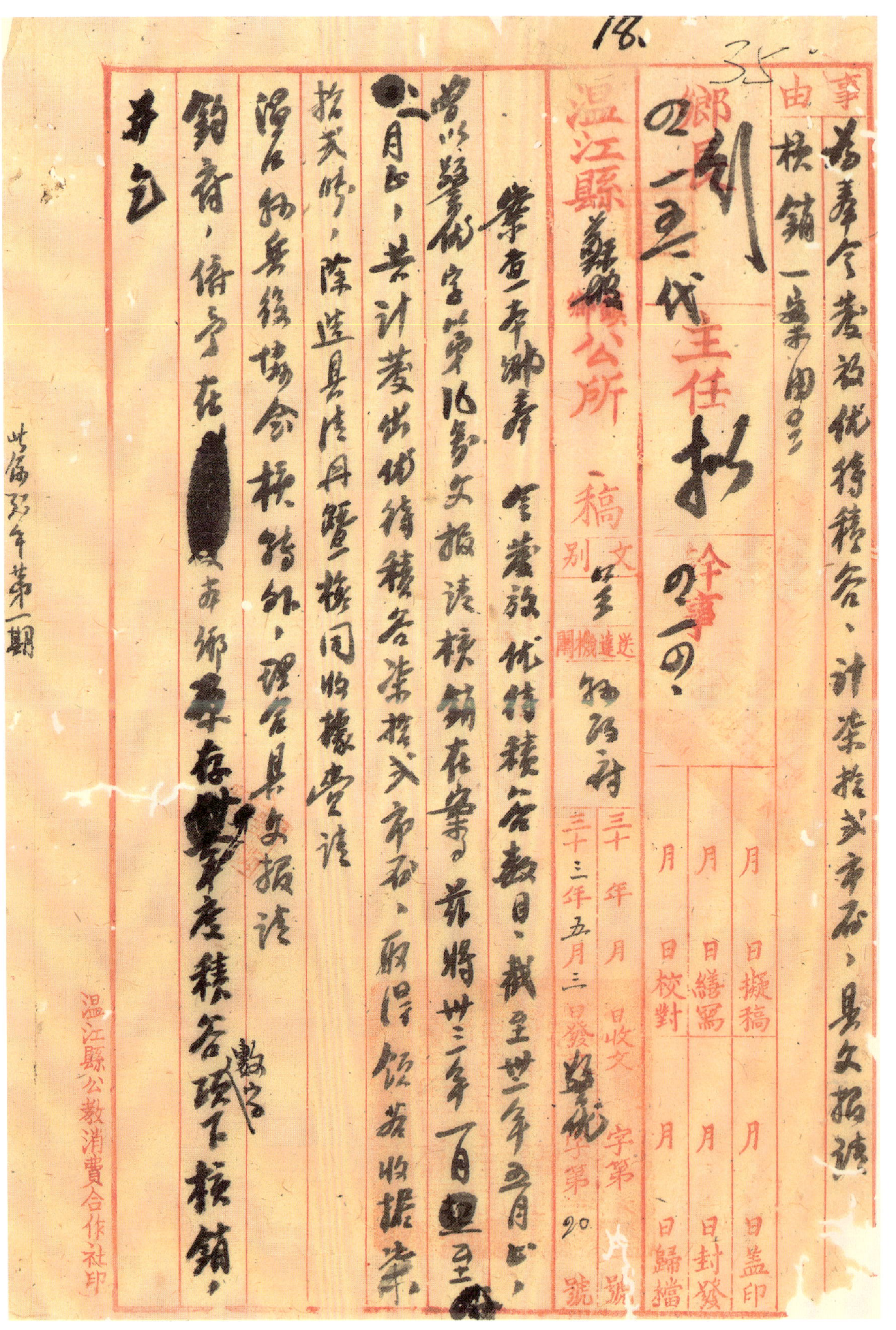

18.

35

事由：为奉令发放优待积谷、计案指示市府、县文报请核销一案由

乡长

呈

主任 代拟

会签

温江县苏坡乡公所 稿

文别 呈

送达机关 县政府

三十三年五月三日发 苏乡字第20号

案查本乡奉 令发放优待积谷数目，截至卅一年五月止，曾以苏乡字第16号文报请核销在案；并将卅二年[illegible]至[illegible]月止，共计发出优待积谷各案据示市府、县府将领谷收据案指示明，陈送县清丹暨一并同收据费请温江县合作协会核转外，理合具文报请钧府，俯予在[illegible]本乡本年度积谷项下核销。谨呈

县长

此係33年第一期

温江县公教消费合作社印

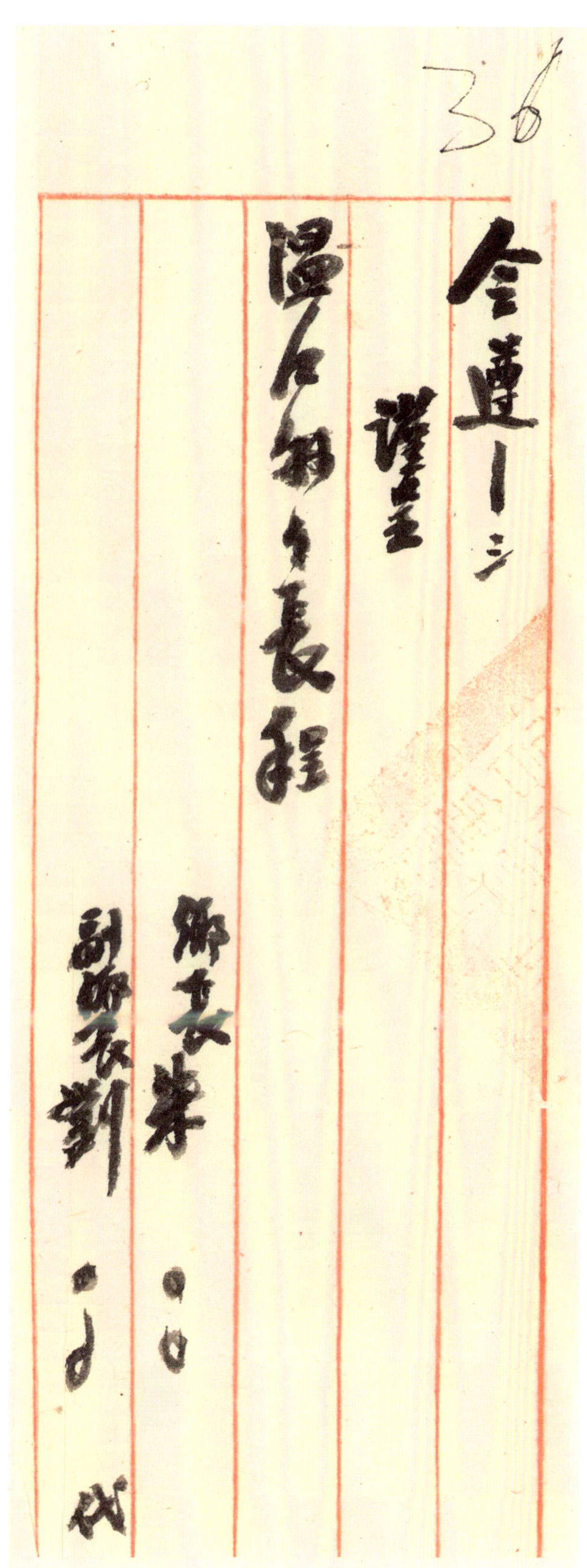

36

令遵一三

謹呈

温石縣々長程

鄉長宋○○

副鄉長劉○○代

温江县政府致苏坡乡公所的指令（一九四四年五月十七日）

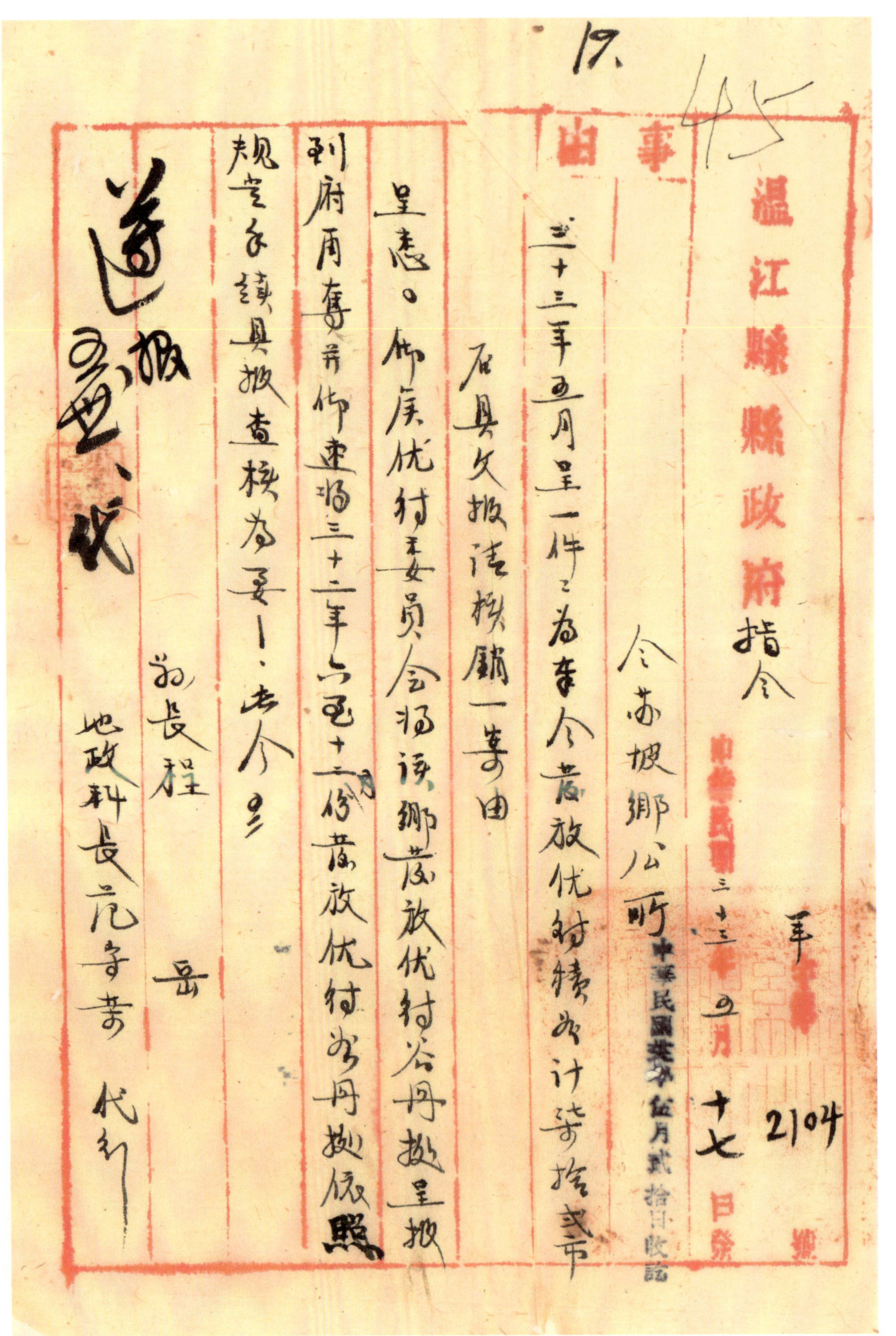
温江縣政府指令

中華民國三十三年五月十七日發　2104

令苏坡鄉公所

事由

三十三年五月呈一件，為奉令發放優待穀計算拾式市石具文報請核銷一案由

呈悉。仰候優待委員會通知該鄉發放優待谷再撥呈報到府。再奉前飭速將三十二年六月十二份發放優待谷冊撥依照規定手續具報查核為要！此令

縣長程　岳

地政科長范守書代行

中華民國卅三年伍月貳拾日收訖

温江县苏坡乡公所关于在各保收存积谷项内拨米发放优待谷致第三、十一保办公处的训令（一九四四年五月十一日）

事由：为发放优待谷，在该保收存积谷项内●期拨用，仰遵照办为要。

要一案由二

五、九代 主任拟 干事

温江县乡镇公所稿 文别 训令

拟稿 月 日 缮写 月 日 校对 月 日 盖印 月 日 封发 月 日 归档 月 日

三十年 月 日收文 字第 号

三十三年五月十一日发 警往字第 号

令第三、十一保办公处

查该保●收存卅年度及卅一年度积谷，前已拨用少数，兹奉县府本年五月十日（四月廿四日）发放优待谷，在该保积谷项内拨米式……新单量，除分令暨牌告外，合行令仰该处即便遵照为要！此令。

乡长 牟○○

副乡长 刘○○

温江县公教消费合作社印

温江县苏坡乡公所关于定期派员在第三、十一两保发放出征军人家属优待谷的牌告（一九四四年五月十一日）

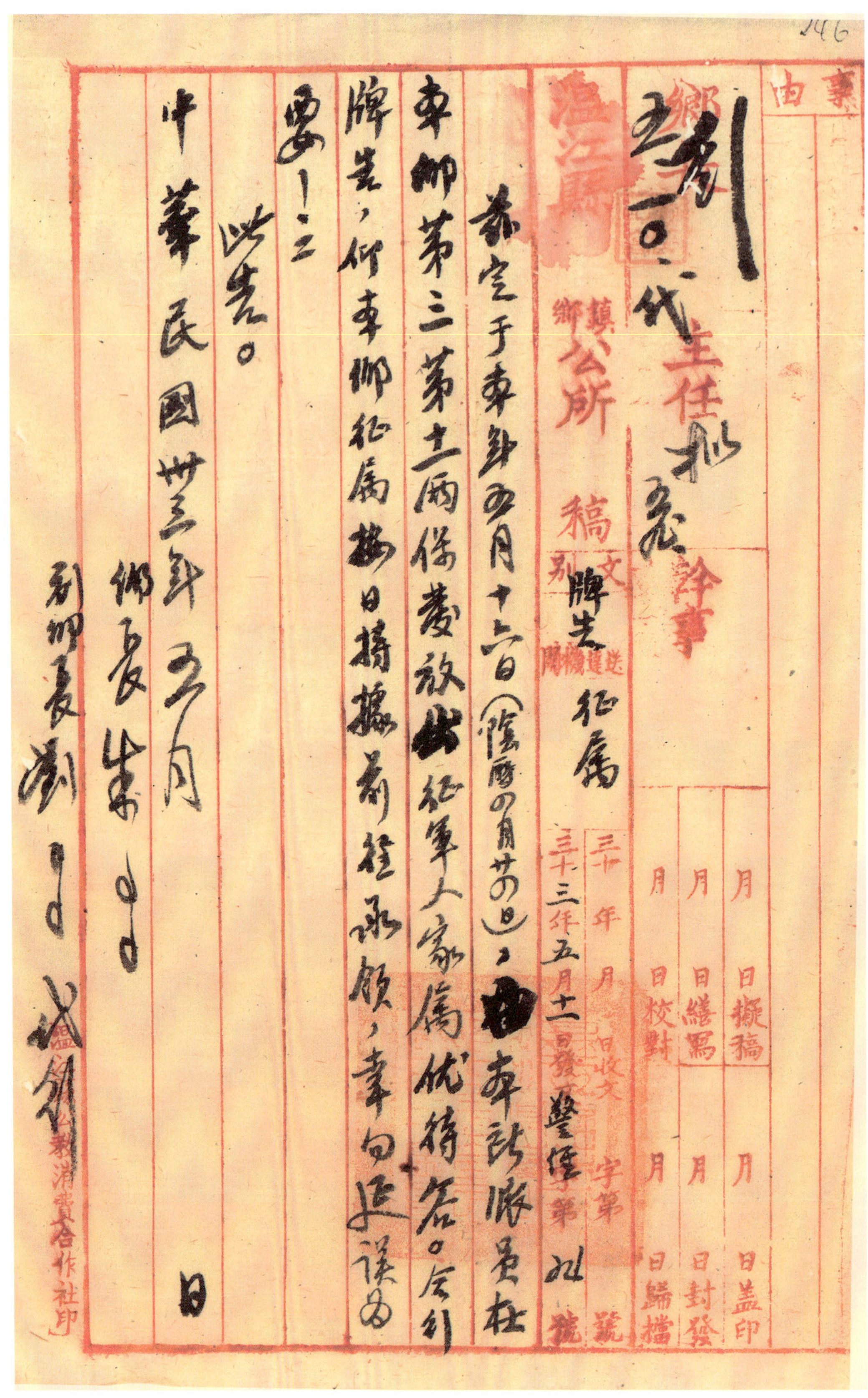

事由

温江縣　鄉鎮公所稿

文別　牌告

送達機關　征屬

三十三年五月十一日發

茲定于本年五月十六日（陰曆四月廿四日），由本所派員在本鄉第三、第十一兩保發放出征軍人家屬優待谷。合行牌告，仰本鄉征屬按日攜據前往承領，幸勿延誤為要！此告。

中華民國卅三年五月　日

鄉長　朱

副鄉長　劉

温江县政府、温江县苏坡乡公所等关于办理故兵叶明章抚恤事宜的一组文件

温江县政府致苏坡乡公所的训令（一九四四年五月十六日）

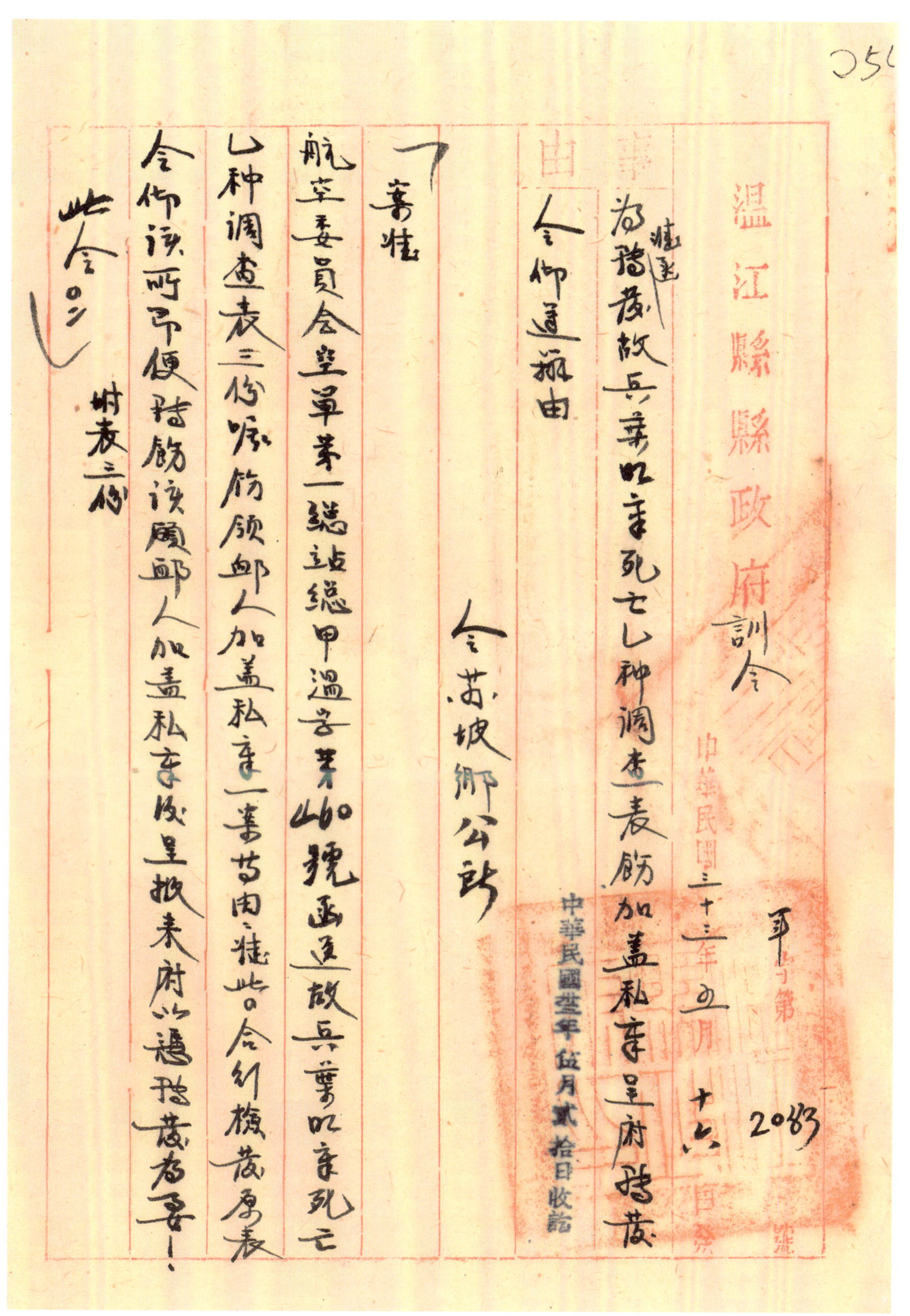

温江縣政府訓令　字第2083號

中華民國三十三年五月十六日

事由：為准函請發故兵葉明章死亡之种調查表飭加蓋私章呈府轉發

令仰遵辦由

令苏坡鄉公所

案准

航空委員會空軍第一總站總甲溫字第460號函送故兵葉明章死亡之种調查表三份囑飭領卹人加蓋私章一案等由，准此，合行檢發原表，令仰該所即便轉飭該領卹人加蓋私章後呈報来府以憑轉發為要！

此令

附表三份

中華民國卅三年伍月貳拾日收訖

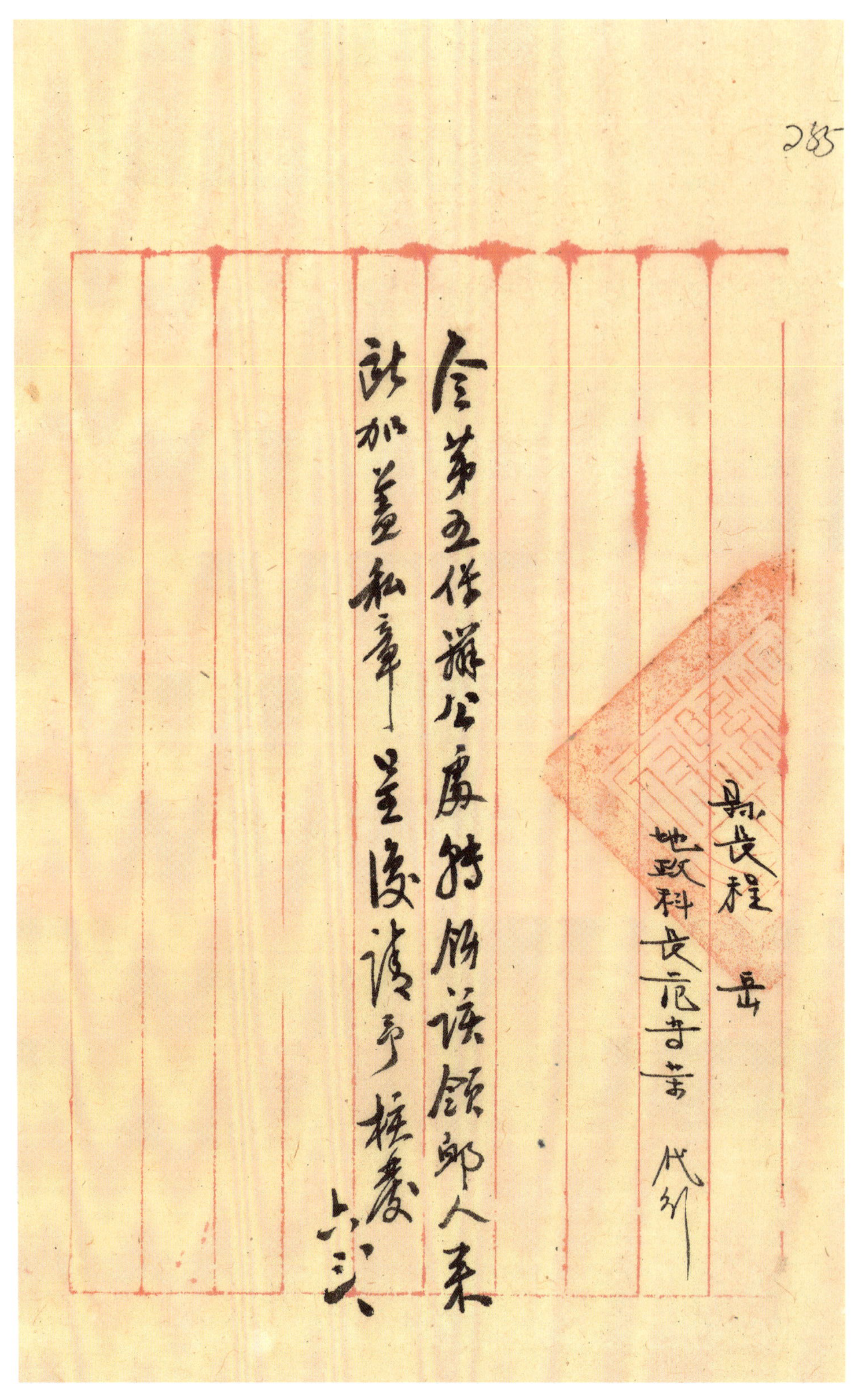

285

县长程 岳

地政科长范寿荣 代行

令第五保办公处转饬该领邮人来府加盖私章，呈后请予核发。

六二六

温江县苏坡乡公所致第五保办公处的训令（一九四四年六月六日）

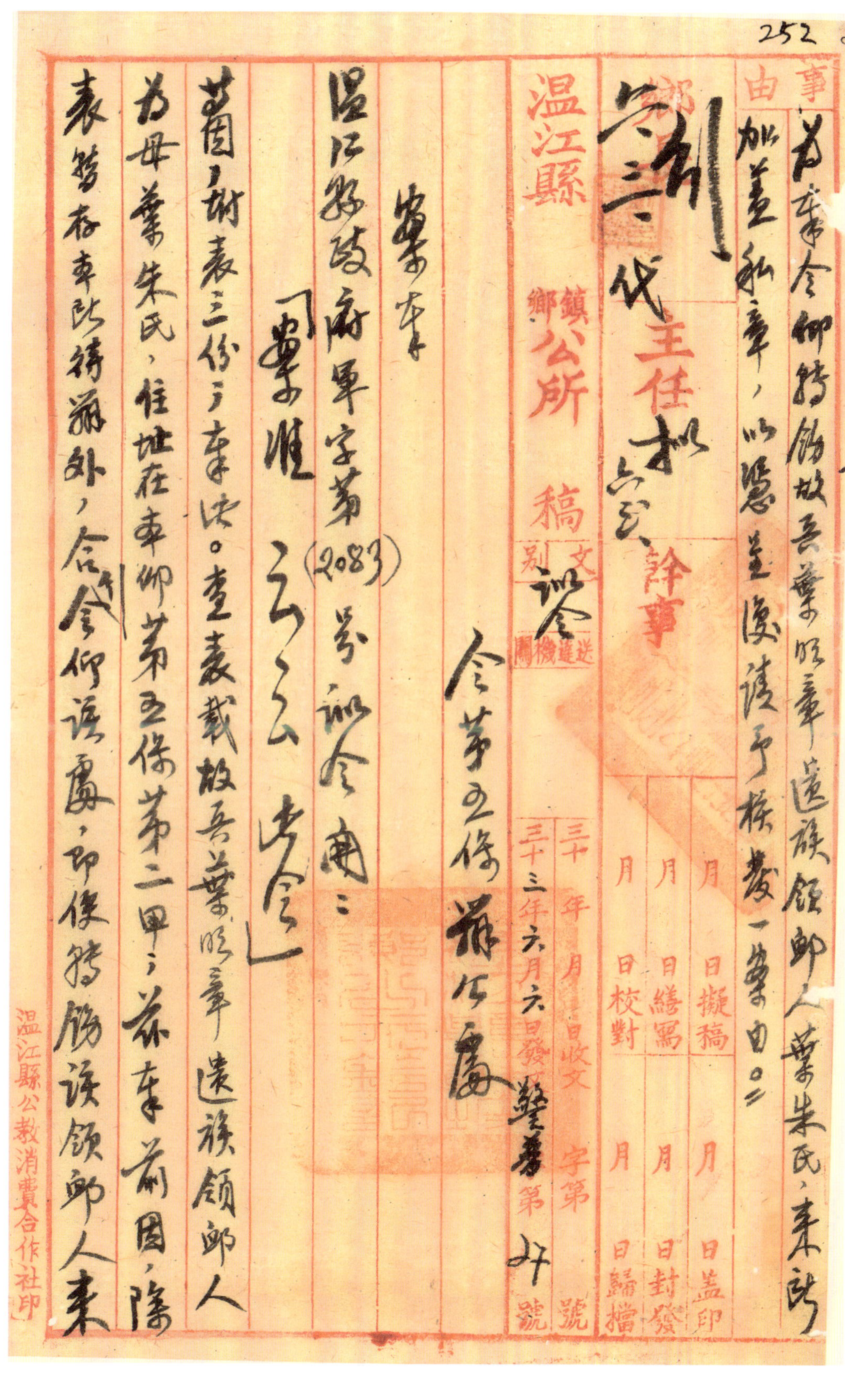

事由：为奉令饬转饬故兵叶明章遗族领邮人叶朱氏来所加盖私章，以凭呈复核发一案由。

温江县 乡镇公所 稿

文别：训令

送达机关：令第五保办公处

乡主任 代拟

三十 年 月 日收文 字第 号

三十三年六月六日发 字第 号

拟稿 月 日
缮写 月 日
校对 月 日
盖印 月 日
封发 月 日
归档 月 日

案奉

温江县政府军字第（2083）号训令开：

"同案准……云云。"等因，

附发表三份，奉此。查表载故兵叶明章遗族领邮人为母叶朱氏，住址在本乡第五保第二甲苏家荊园隣，除将表随本件转发外，合令仰该处，即便转饬该领邮人来

温江县公教消费合作社印

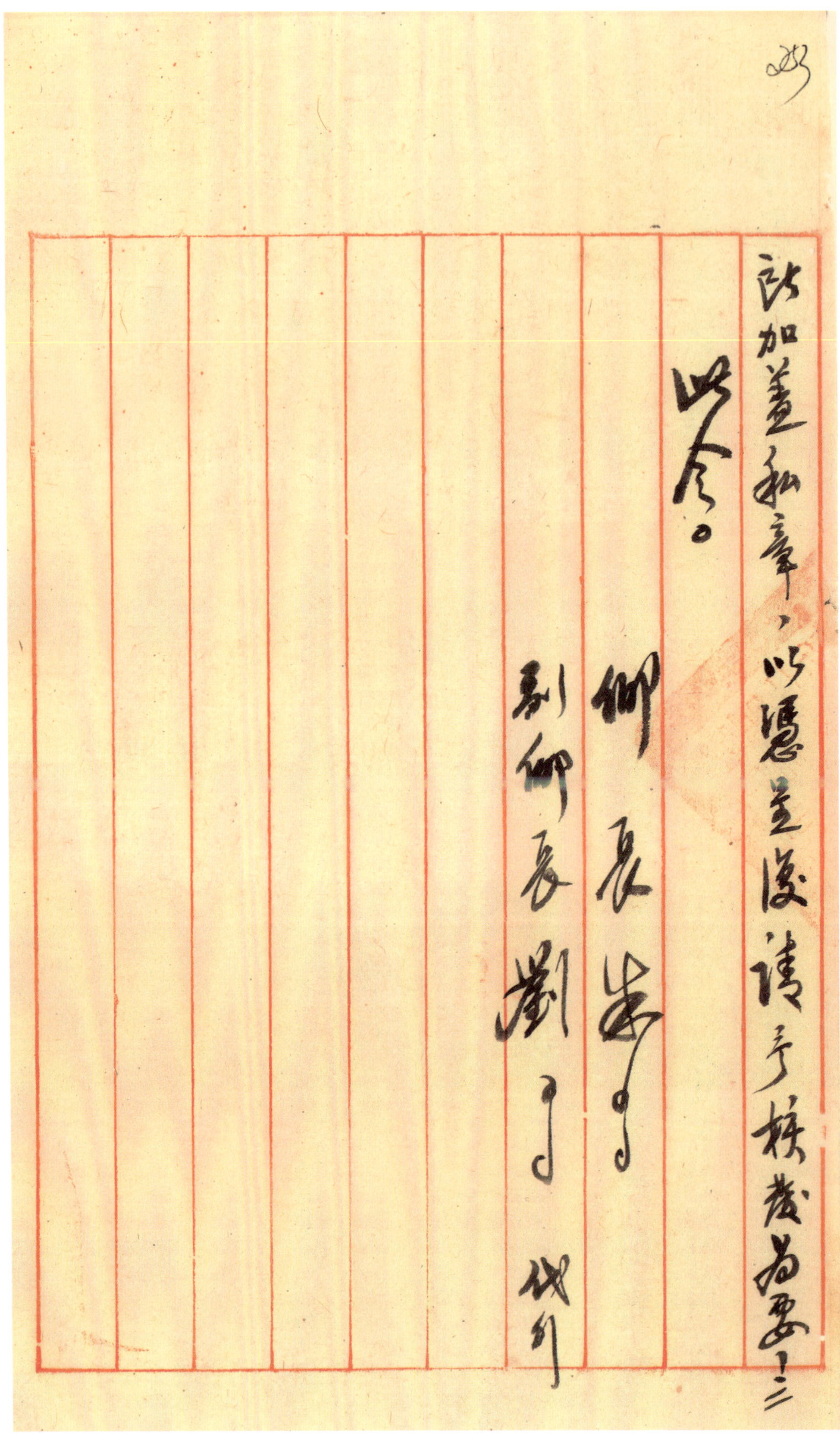

該加蓋私章，以憑呈繳請予核發為要！

此令。

鄉長 吳

副鄉長 劉 代行

温江县苏坡乡公所致温江县政府的呈（一九四四年六月十三日）

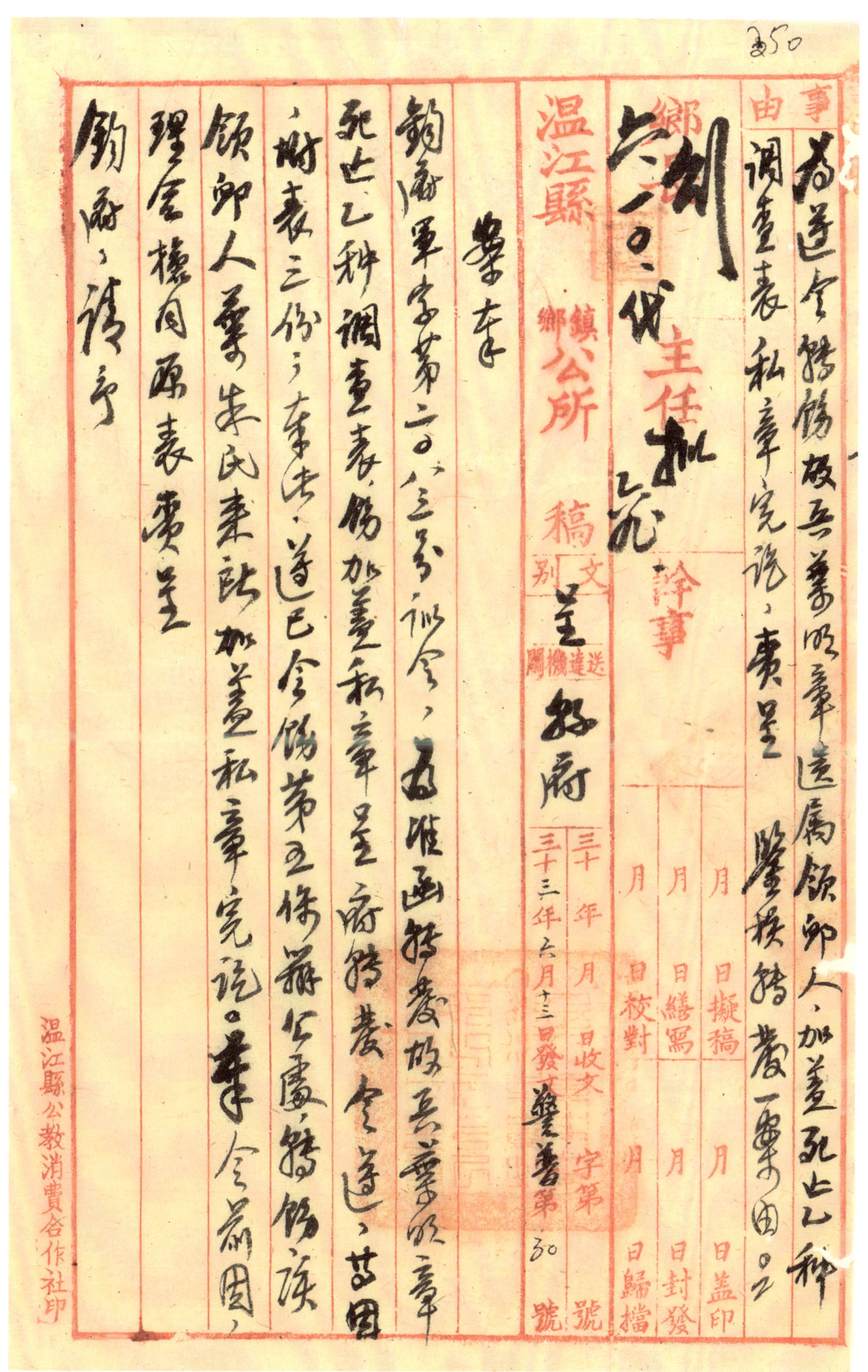

温江縣　鄉公所　稿

事由：為遵令轉飭故兵姜明章遺屬領卹人，加蓋死亡乙種調查表私章完竣，賫呈鑒核轉發一案由

主任　批

文別：呈

送達機關：縣府

擬稿　月　日　蓋印　月　日

繕寫　月　日　封發　月　日

校對　月　日　歸檔　月　日

三十　年　月　日收文　字第　號

三十三年六月十三日發文　蘇鄉字第30號

案奉

鈞府軍字第二六八三號訓令，以：「為准函轉發故兵姜明章死亡乙種調查表，飭加蓋私章呈府轉發，令遵。」等因。附表三份。奉此，遵已令飭第五保辦公處轉飭該領卹人姜朱氏來所加蓋私章完竣。奉令前因，理合檢同原表，賫呈

鈞府，請予

温江縣公教消費合作社印

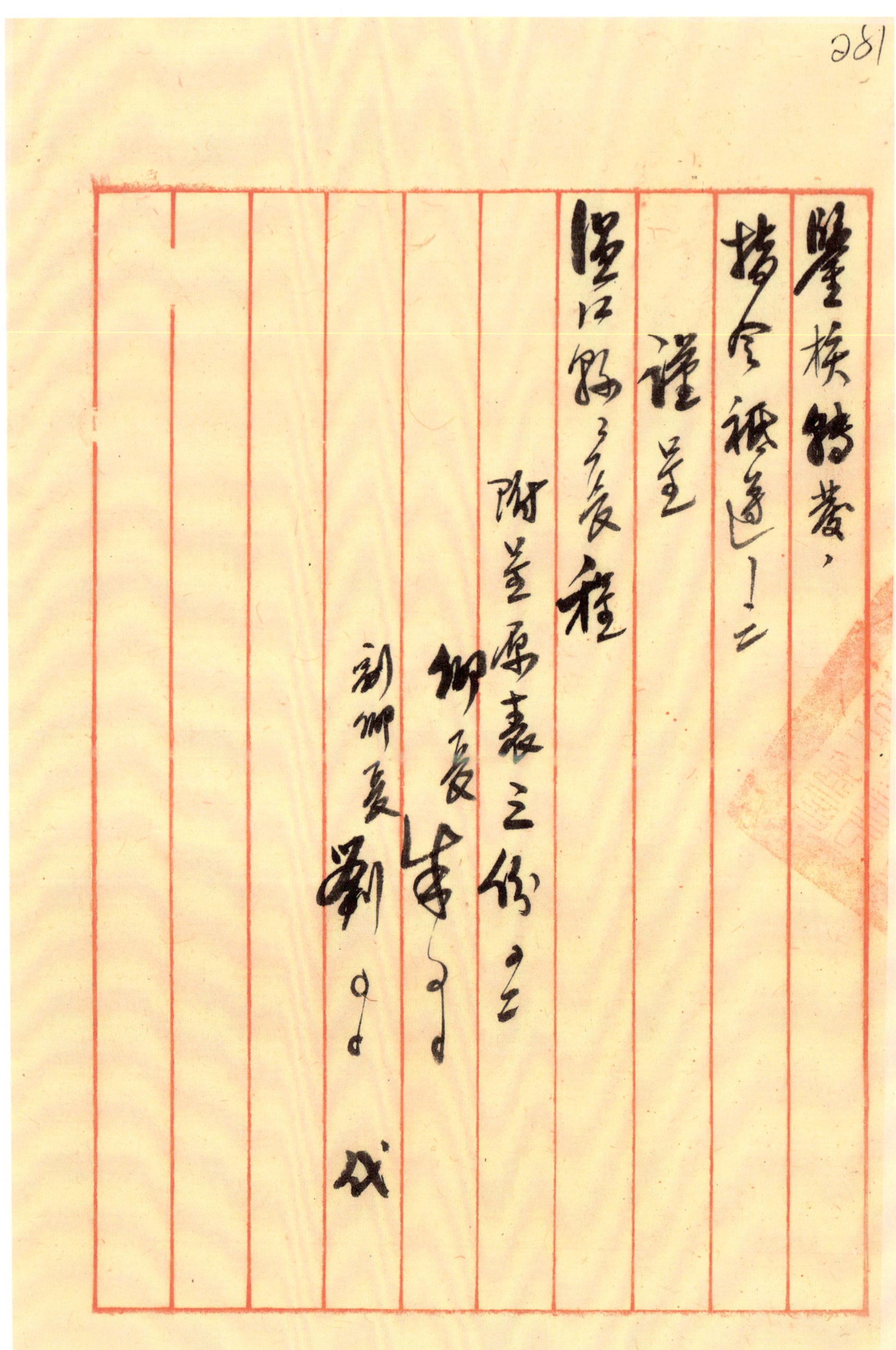

281

鉴核转签，
指令祗遵！
谨呈
温江县县长程
附呈原表乙份
乡长 [illegible]
副乡长 刘
代

温江县政府致苏坡乡公所的指令（一九四四年六月二十七日）

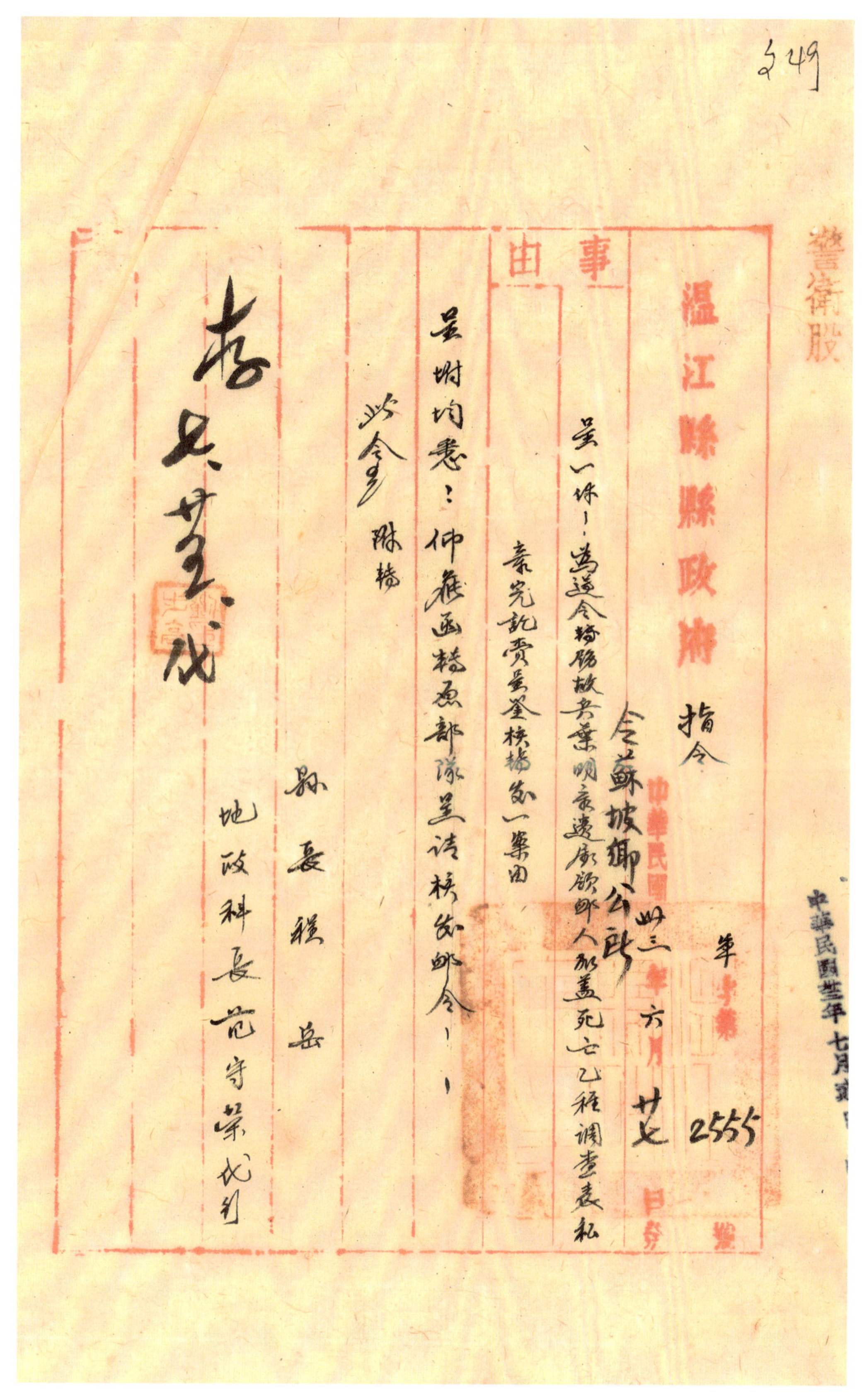
溫江縣縣政府指令 字第2555號

中華民國卅三年六月廿七日

令蘇坡鄉公所

事由

呈一件，為遵令將陣故壯丁葉明宣遺屬暨鄉人姚蓋死亡已經調查表私章完訖賚呈鑒核轉飭一案由

呈件均悉。仰候函轉原部隊呈請核飭可也。此令。附存轉

縣長 程岳

地政科長 范守榮代行

存查

温江县政府关于奉转规定志愿从军者不分籍隶抵当地征额并发放安家费优待金致苏坡乡公所的训令

（一九四四年八月四日）

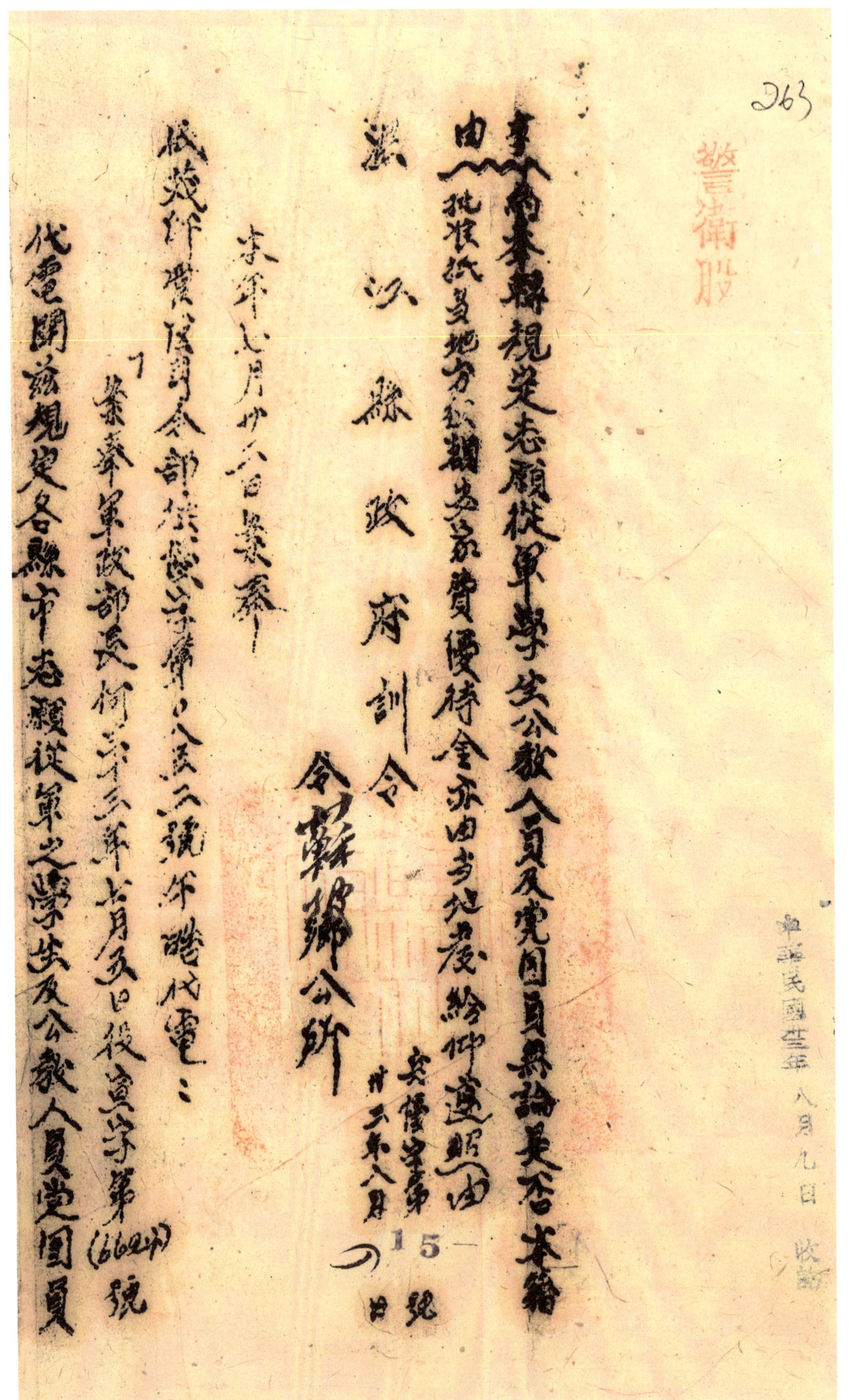
事由：為奉令轉規定志願從軍學生公教人員及黨團員無論是否本籍
批准抵支地方征額安家費優待金亦由當地發給仰遵照由

溫江縣政府訓令 安優字第 號
卅三年八月 日

令蘇坡鄉公所

案奉 本年七月廿八日案奉
成都行營保安司令部保衛字第八二六二號代電：
案奉軍政部長何三十三年七月五日役宣字第(6624)號代電開：茲規定各縣市志願從軍之學生及公教人員黨團員

等無論本籍或寄籍及未入寄居之人暫概准在當地中途
縣市之征額更今設立願服役者應募受之安家費及優待金
谷物品等隨即由地縣市發給以資鼓勵而示公允除分電外
合亟電仰遵照并布飭所屬遵照爲要
等因。奉此。除分令外，合亟令仰該所鄉保遵照爲要。
此令。

縣長程岳

地政科長范宗堯代行

送采

温江县苏坡乡公所、温江县政府等关于清理一九四三年六至十二月发放优待积谷的一组文件

温江县苏坡乡公所致温江县政府的呈（一九四四年八月二十日）

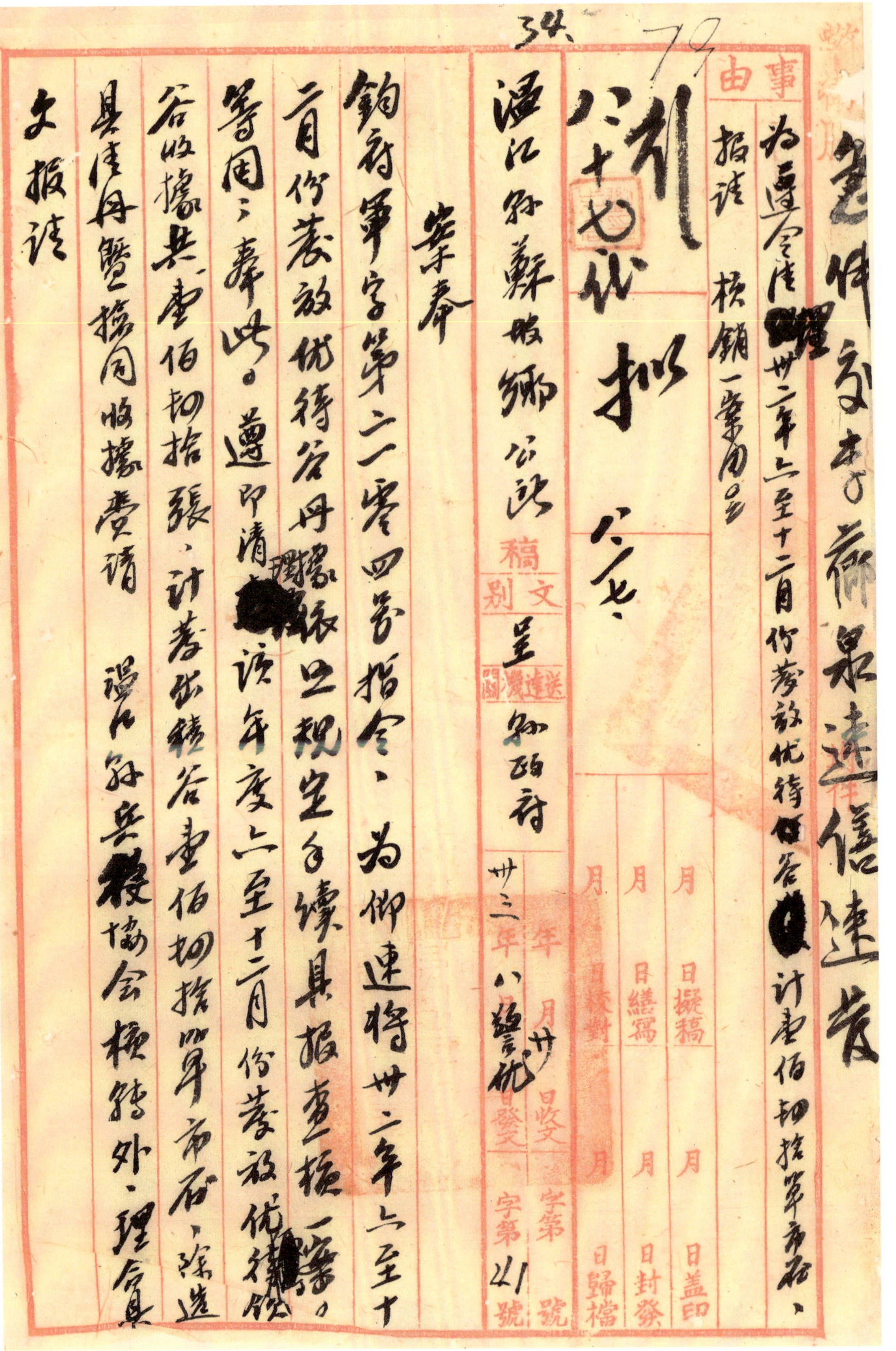

事由：为遵令清理卅二年六至十二月份发放优待[illegible]谷[illegible]计壹佰捌拾市石，指请核销一案由

温江县苏坡乡公所

稿别：呈

送达机关：温江县政府

卅三年八月廿日[illegible]

字第41号

案奉

钧府军字第二一零四号指令：为饬速将卅二年六至十二月份发放优待谷丹据[illegible]据呈核，具报查核一案等因。奉此，遵即清[illegible]该年度六至十二月份发放优待谷收据共壹佰捌拾张，计发出积谷壹佰捌拾市石，除造具清册暨检同收据赍请温江县兵役协会核转外，理合具文报请

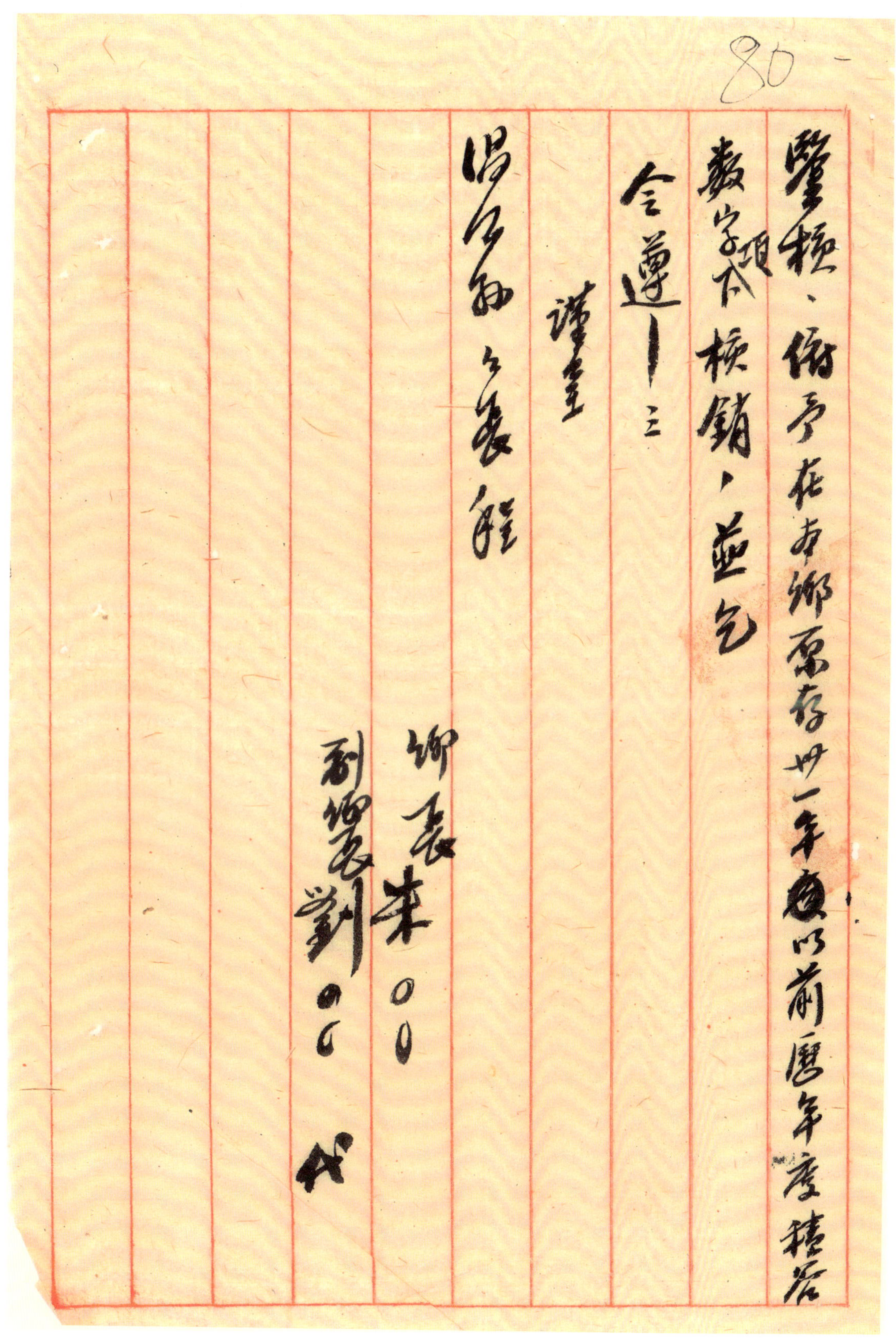

80

鑒核，俯予在本鄉原存卅一年度以前歷年度積存數字項下核銷，並乞

令遵！

謹呈

渭南縣縣長程

鄉長 朱〇〇

副鄉長 劉〇〇 代

温江县苏坡乡公所致温江县兵役协会的呈（一九四四年八月二十日）

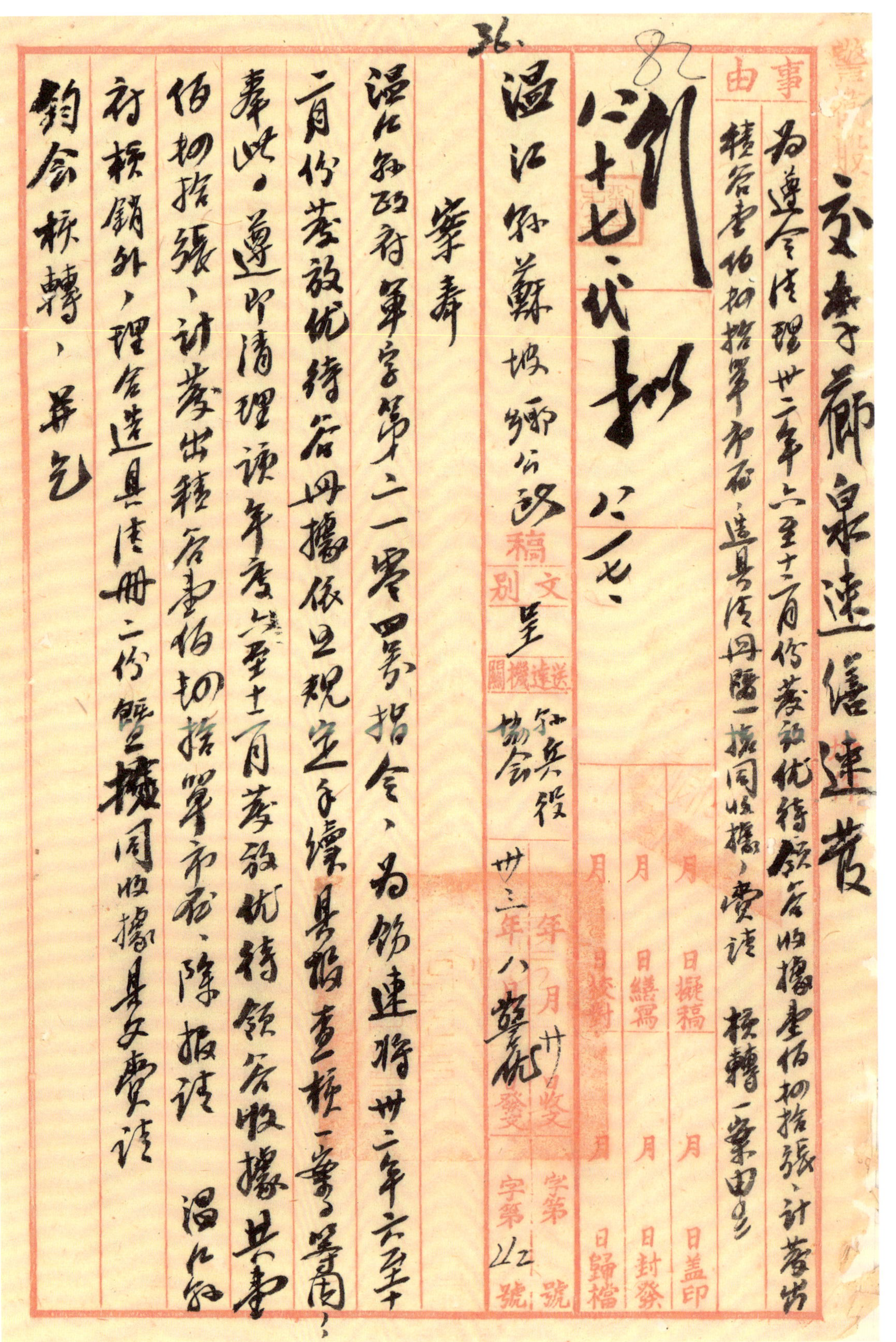

事由：为遵令清理卅二年六至十二月份发放优待领谷收据壹伯柒拾张，计发出稻谷壹伯柒拾捌市石，造具清册暨同收据，赍请核转一案由

交李节泉速缮速发

八二七代拟

八、二七、

文别：呈

送达机关：温江县兵役协会

卅三年八月廿日发

字第112号

温江县苏坡乡公所呈

案奉

温江县兵役协会卅二年字第二一〇四号指令，为饬速将卅二年六至十二月份发放优待谷毋(?)据，依照规定手续具报查核一案等因。奉此，遵即清理该年度六至十二月发放优待领谷收据共壹伯柒拾张，计发出稻谷壹伯柒拾捌市石，除振(?)请核销外，理合造具清册二份暨同收据具文赍请

钧会核转，并乞

温江县……

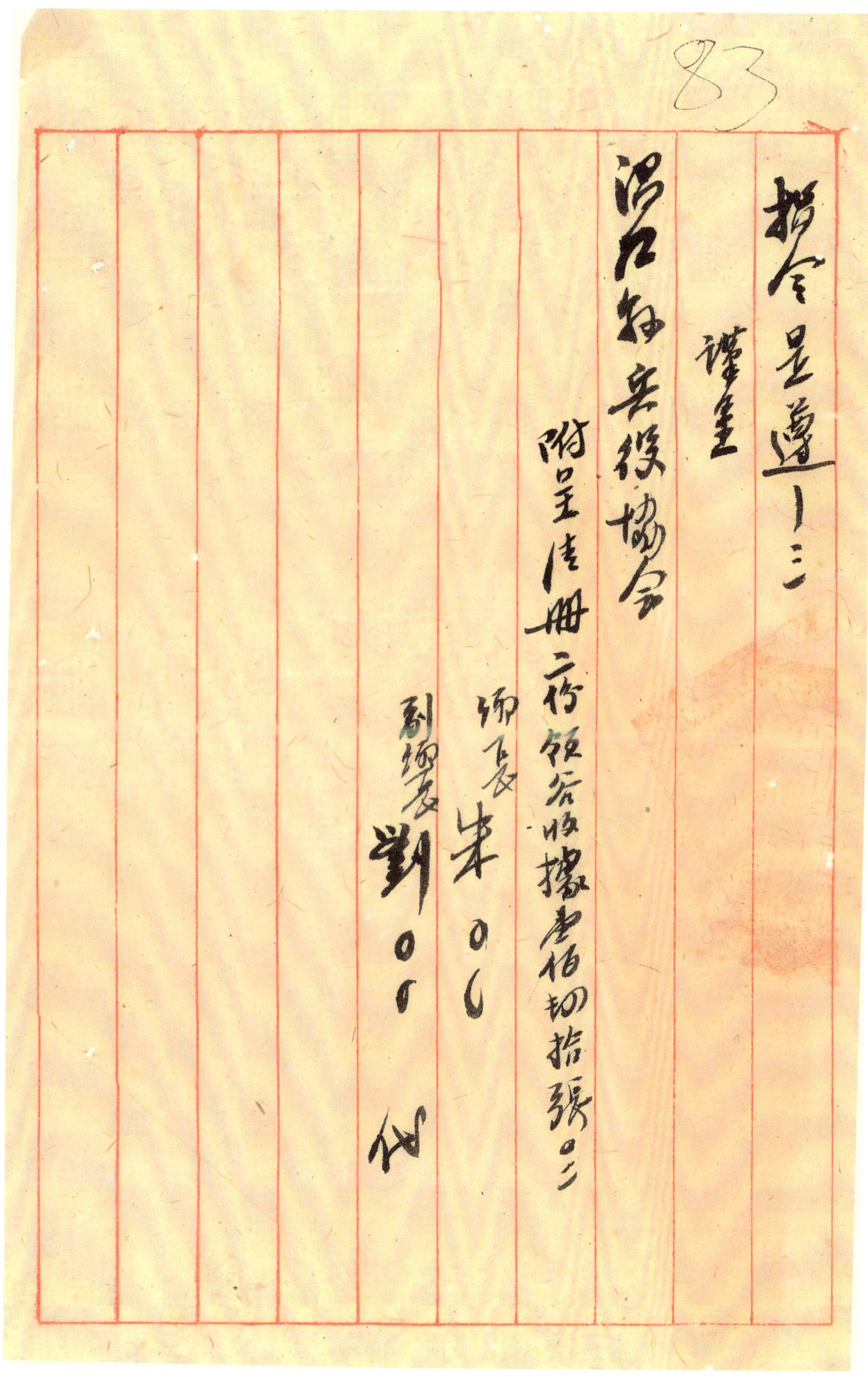
83

指令呈遵一三

謹呈

湯口鄉兵役協會

附呈清冊二份　領谷收據壹佰捌拾張〇〇

鄉長　朱〇〇

副鄉長　劉〇〇

代

附：温江县苏坡乡公所造报发出优待谷清册

温江縣蘇坡鄉公所造報發出優待穀清冊

領穀人姓名	住址 鄉	保	發出穀數 第一季	第二季	第三季	第四季	領穀日期 年 月 日	應領穀數	備攷
傅義生	蘇坡	十	—	一石	一石		卅年	三八四	
鄧文甫	〃	六		一石	一石			三八一	
古林氏	〃	一		一石	一石			三〇九	
周松田	〃	九		一石	一石			三二二	
黎洪興	〃	三		一石	一石			三一〇	
楊質彬	〃	二				一石		三四六	
熊李氏	〃	三		一石				三九七	
吳火泉	〃	四	一石	一石		—		三〇六	

鄧路氏	〃〃	五	一石	一石				二一一
黄陳氏	〃〃	一六			一石	一石		二一〇
李湿氏	〃〃	一六	一石	一石				二一八
薛李氏	〃〃	六	一石	一石				二〇五
康黄氏	〃〃	二				一石		五四四
陳雲五	〃〃	二		一石	一石			八〇四
張余氏	〃〃	二				一石		五四七
傅萬氏	〃〃	二	一石					二一三
王青雲	〃〃	七	一石					二一六
方戴氏	〃〃	七			一石	一石		一九〇

85

姓名								
周李氏	〃〃〃	二	一石	一石				二一七
曹昌軒	〃〃〃	二		一石	一石			三一五
張二興	〃〃〃	二				一石		五四三
馮志祥	〃〃〃	七			一石			六〇四
伍洪興	〃〃〃	三			一石	一石		一八九
劉徐氏	〃〃〃	四	一石	一石				二二三
盧同和	〃〃〃	六			一石	一石		六〇七
陳順安	〃〃〃	九	一石	一石				六〇一
王鄧氏	〃〃〃	二	一石	一石				六〇八
王鏡氏	〃〃〃	四	一石	一石				二一四

何青云	〃〃	六		一名	一名				三八八
康應華	〃〃	三		一名					三七
周覺壹	〃〃	十二	一名	一名					二一〇
曾義廷	〃〃	十一	一名	一名					二〇九
李朝廷	〃〃	十三	一名	一名					二〇四
劉義和	〃〃	二				一名			一〇
龔易氏	〃〃	四				一名			五四八
王楊氏	〃〃	二	一名	一名					二二八
黄程氏	〃〃	十			一名				一四
楊子雲	〃〃	四	一名	一名					二一五

張金山	〃〃七	石	一石			一〇二
劉榮木	〃〃四		一石	一石		八〇三
李書華	〃〃四				石	五五
廖肅氏	〃〃三	石	石			一〇七
張昌光	〃〃二		一石	一石		三六
曾賴氏	〃〃一			一石	石	二七
梁屈氏	〃〃一	一石	石			二四
石馮氏	〃〃三		一石	石		四〇〇
陳德金	〃〃七				一石	一七
薛海雲	〃〃七				石	三

張吳氏	〃〃五	一石	一石					六九
盧海東	〃〃七				一石			四
鄭李氏	〃〃八				一石			六○
傅青山	〃〃六	一石	二石					六○
周春甫	〃〃八				一石			九
陳金山	〃〃四				一石			六六
張周氏	〃〃九	一石	一石					六八
楊煥達	〃〃二	一石	一石					六九
傅余氏	〃〃四				一石			六六
鄧唐氏	〃〃四	一石	一石					六七

87

李楊氏	謝壽齊	李興隆	羅治吉	羅海雲	萬敬之	萬李氏	曾李氏	郭寶山	黃大斌
〃〃	〃〃	〃〃	〃〃	〃〃	〃〃	〃〃	〃〃	〃〃	〃〃
七	二	十	八	六	四	五	十七	十七	廿
	一石								一石
	一石	石				一石		一石	一石
		石				一石		一石	
一石			一石	石	石		石		
一〇	二三	八〇六	一六	六二	三	八〇七	六二	八〇八	六九

葛友之	〃口	四				一石	二二
馮志祥	〃口	五				一石	二〇四
王青雲	〃口	七		一石			二〇六
劉義和	〃口	二	一石				三九二
傅萬氏	〃口	二		一石			二一四
熊李氏	〃口	三			一石		四七
康黃氏	〃口	二	一石				三九八
李書年	〃口	四	一石				三九七
康應華	〃口	三			一石		三六八
張二興	〃口	二	一石				三九六

-88

姓名	年齡	數量		數
龔易氏	卅四	一石		三九八
張金氏	卅二	一石		三九〇
楊寶彬	卅二	一石		三九九
郭李氏	卅一	一石		四九〇
陳德金	卅七	一石		三九七
汪馮氏	卅九	一石		四九七
盧海東	卅七	一石		三九六
黃程氏	卅十		一石	二八
陳金山	卅四	一石		四九八
傅余氏	卅四	一石		三〇四

李楊氏	〃	七	一石					三九三
薛李氏	〃	七	一石					三九五
曾李氏	〃	七	一石					三九九
羅海雲	〃	六	一石					四〇〇
萬敦光	〃	四	一石					四八三
萬友之	〃	四	一石					四八二
周春甫	〃	八	一石					四〇九
羅治吉	〃	八	一石					三九七
沈春山	〃	十二	一石					四〇七
合計			四八石	四三石	一三石	一七石		

以上自卅 年六月至十二月
共發出谷共肆佰捌拾
四十八市石

温江县政府致苏坡乡公所的指令（一九四四年九月五日收）

温江县苏坡乡公所、温江县政府关于造报一九四四年三至五月发放优待谷清册的一组文件

温江县苏坡乡公所致温江县政府、县兵役协会的呈（一九四四年八月二十一日）

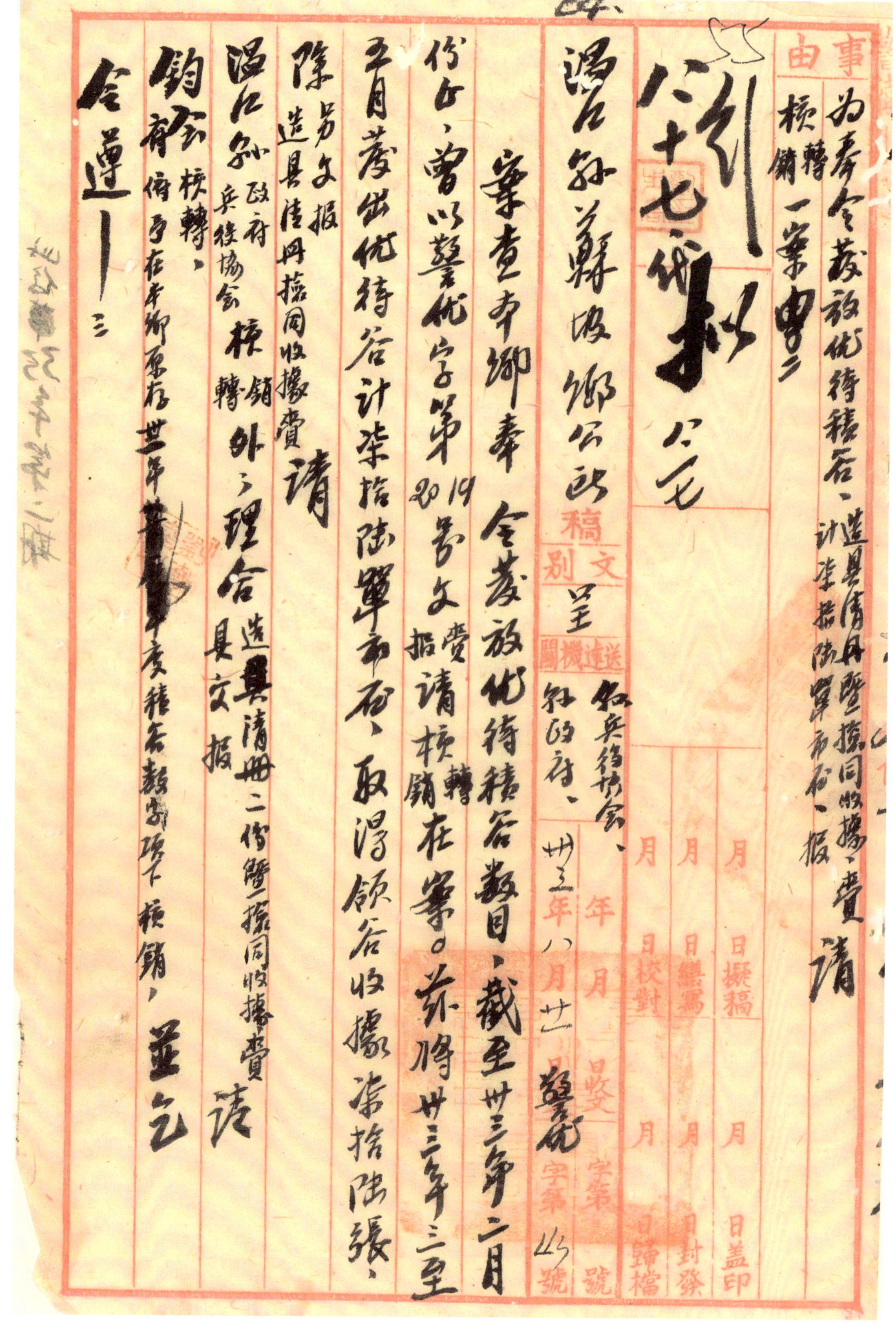

事由：为奉令发放优待积谷，造县清册暨据同收据，计柒拾陆单市石，报请核转销一案由

温江县苏坡乡公所 呈

送达机关：县政府、兵役协会

卅三年八月廿一 发 字第 号

案查本乡奉 令发放优待积谷数目，截至卅三年二月份止，曾以发优字第19、20号文赍请核转销在案。兹将卅三年三至五月发出优待谷计柒拾陆单市石，取得领谷收据柒拾陆张，除另文报 温江县政府、兵役协会 核转销外，理合造县清册二份暨同收据赍请 钧府、会 核转，俾予在本乡原存卅年度积谷数项下核销，并乞 令遵！

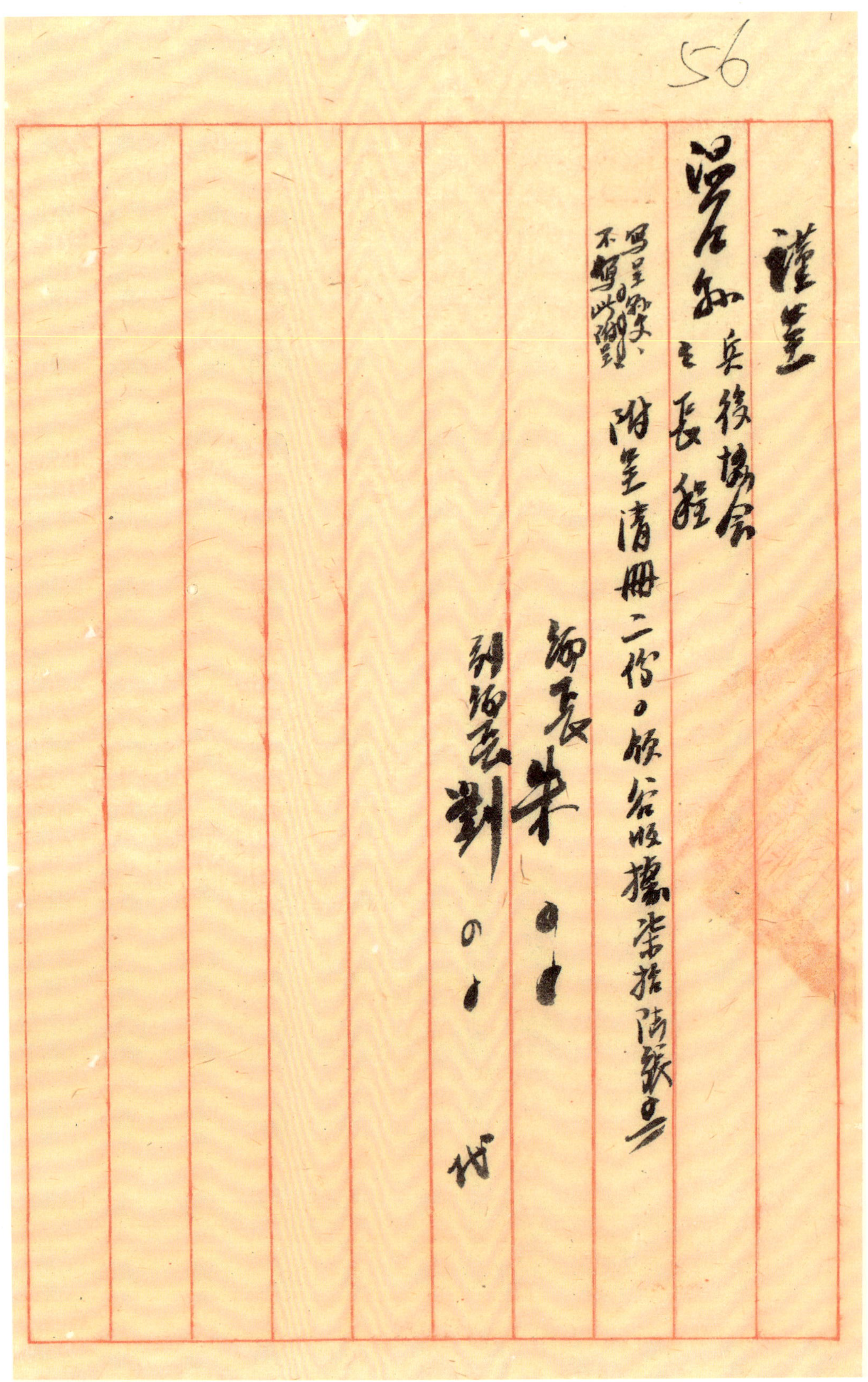

56

謹呈

温江兵役協會

□長程

附呈清冊二份、領谷收據柒拾陆張另一

（寫呈□□文、不另此□）

師長 朱□□

副師長 劉□□

57

三十三年二月至四月共发优待米柒十陆石正

折合新双斗米七十陆石柒斗贰升

每户发优待米七石正

又吴方泉前期未领，今期放发贰石

十保借积谷米卌石 市石

三保借积谷米卌石 市石

吴极

附：温江县苏坡乡乡公所造报发出优待谷清册

58

温江縣蘇坡鄉鄉公所造報發出優待穀清冊

領穀人姓名	住址 鄉	住址 保	發出穀額 第一季	發出穀額 第二季	發出穀額 第三季	發出穀額 第四季	發谷日期 年 月 日	憑單號數	備攷
楊子雲	蘇坡鄉	四				一石		二一五	
吉林氏	〃〃	一	一石					五六一九	
李温氏	〃〃	一六				一石		二二八	
鄧文甫	〃〃	二〇	一石					五六一五	
周松田	〃〃	一九	一石					五六一六	
張二興	〃〃	二			一石			三八六	
陳順安	〃〃	九				一石		二〇一	
蔣少泉	〃〃	四		一石				八四一	

萬敬之	〃〃	四		一石		四八三
鄧唐氏	〃〃	四			一石	二二七
曹昌軒	〃〃	二	一石			五九五
劉義和	〃〃	二		一石		三九二
何青雲	〃〃	六	一石			五九六
傅余氏	〃〃	四		一石		三九四
傅萬氏	〃〃	二			一石	二一三
陳金山	〃〃	四		一石		四八一
王饒氏	〃〃	四			一石	二四
陳云五	〃〃	二	一石			六九四八

劉云丰	〃〃	四	一石				六九九
廖蕭氏	〃〃	三				一石	二〇七
劉徐氏	〃〃	四				一石	二一二
張周氏	〃〃	九				一石	二二六
盧同和	〃〃	一六		一石			五九九
傅青山	〃〃	六				一石	二二〇
謝壽喬	〃〃	二				一石	二二三
黃大斌	〃〃	一〇				一石	二一八
王青雲	〃〃	七				一石	二一六
黃陳氏	〃〃	一六		一石			八一四

馮致祥	〃〃	一七		一名			五九八
況春山	〃〃	一三			一名		四七七
曾義廷	〃〃	一一				一名	二〇九
羅海雲	〃〃	六			一名		四〇〇
郭寶山	〃〃	一七	一名				七〇〇
周雙喜	〃〃	一一				一名	二一〇
伍洪興	〃〃	三		一名			六〇〇
黎洪興	〃〃	一三	一名				五二四
曾李氏	〃〃	一七			一名		三九九
石馮氏	〃〃	七	一名				四〇四

李楊氏	〃〃	七			一石		三九三
鄧路氏	〃〃	一五				一石	二一一
張除氏 李興隆	〃〃	八二			一石		[illegible]
張傳氏 李□隆	〃〃	九	一石				[illegible]
李朗廷	〃〃	一三				一石	二〇四
羅治吉	〃〃	八			一石		三九七
康應華	〃〃	三	一石				[illegible]
葛李氏	〃〃	四	一石				七〇四
張金山	〃〃	七				一石	二〇二
張昌之	〃〃	二	一石				[illegible]

方戴氏	〃〃	一七		一名					八一五
傅義生	〃〃	一〇	一名						三二四九
曾賴氏	〃〃	一		一名					五九七
周李氏	〃〃	二				一名			二一七
康屈氏	〃〃	一				一名			二七四
康黃氏	〃〃	二			一名				三八八
陳德全	〃〃	一七			一名				三九八
薛李氏	〃〃	七			一名				三九五
薛李氏	〃〃	六				一名			二〇五
熊李氏	〃〃	三	一名						六四九七

8　61

王郭氏	〃〃	二				一名			二〇八
楊煥廷	〃〃	二				一名			二二九
楊質彬	〃〃	二			一名				三八九
周春甫	〃〃	一			一名				四七九
王楊氏	〃〃	二				一名			二二一
張吳氏	〃〃	一五				一名			二一九
盧海東	〃〃	七			一名				三九六
龔易氏	〃〃	四			一名				三九一
黃程氏	〃〃	一〇		一名					五九六
江馮氏	〃〃	九			一名				四七八

李書年	〃〃四			一石			三八七
郭李氏	〃〃一			一石			四八〇
黄熊氏	〃〃三		一石				八四八
葛友之	〃〃四			一石			四八二
黄曉臣	〃〃一	一石					七六〇
李文卿	〃〃六	一石					七五九
吴少泉	〃〃四		[illegible]	一石	一石		二〇六
合計		六石	九石	三石	六石		

以上自卅三年三月至四月共發出[illegible]租谷業於

陸[illegible]石

温江县政府致苏坡乡公所的指令（一九四四年九月五日收）

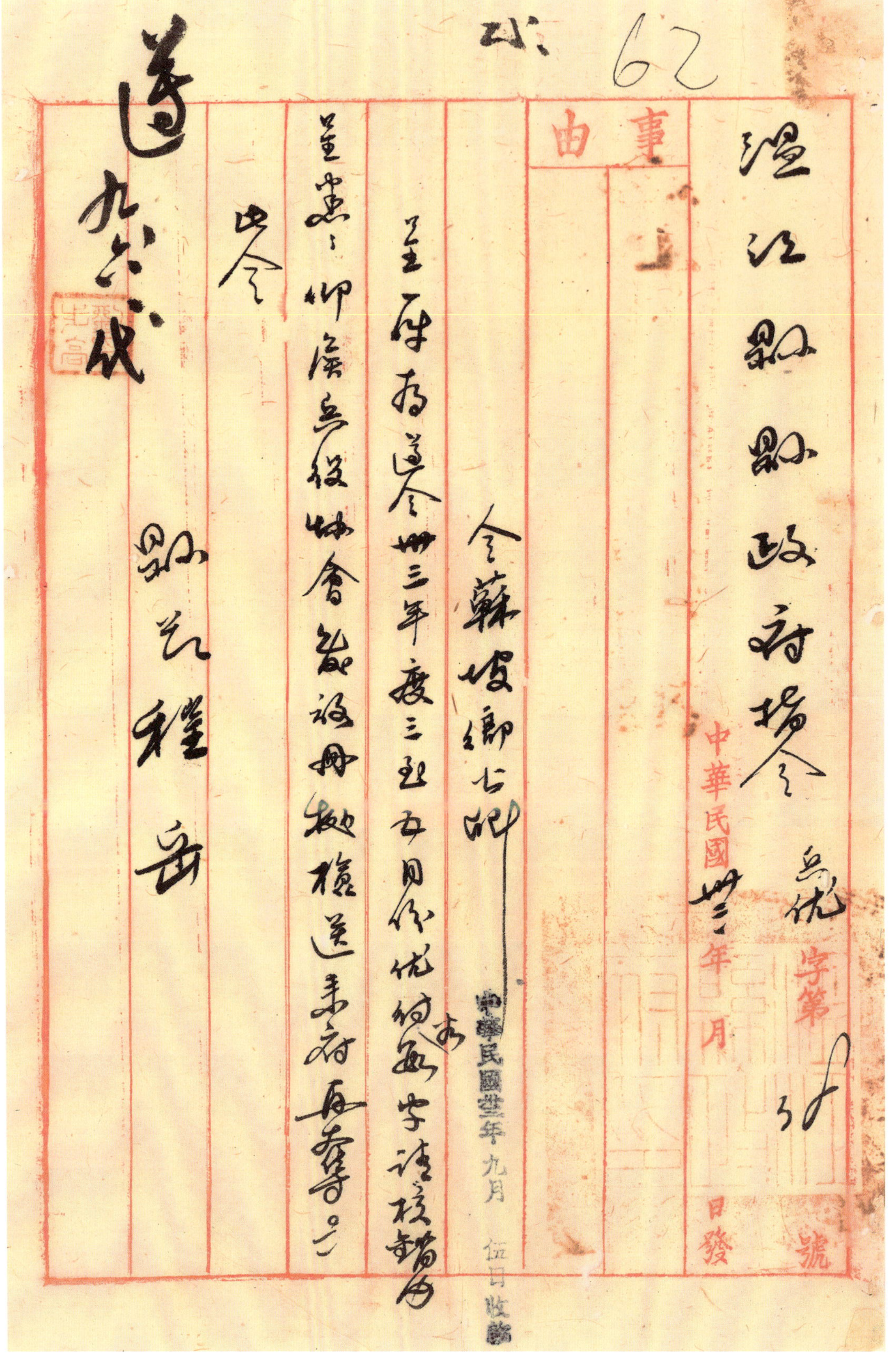
溫江縣縣政府指令 優字第 號

事由

令蘇坡鄉鄉公所

呈為遵令卅三年度三至五月份優待[illegible]請核轉由

呈悉。仰候[illegible]

此令

縣長 程岳

中華民國卅三年 月 日發

中華民國卅三年九月伍日收

温江县政府关于奉电暂准优待征属孙耀武等致苏坡乡公所的训令（一九四四年十月二十三日）

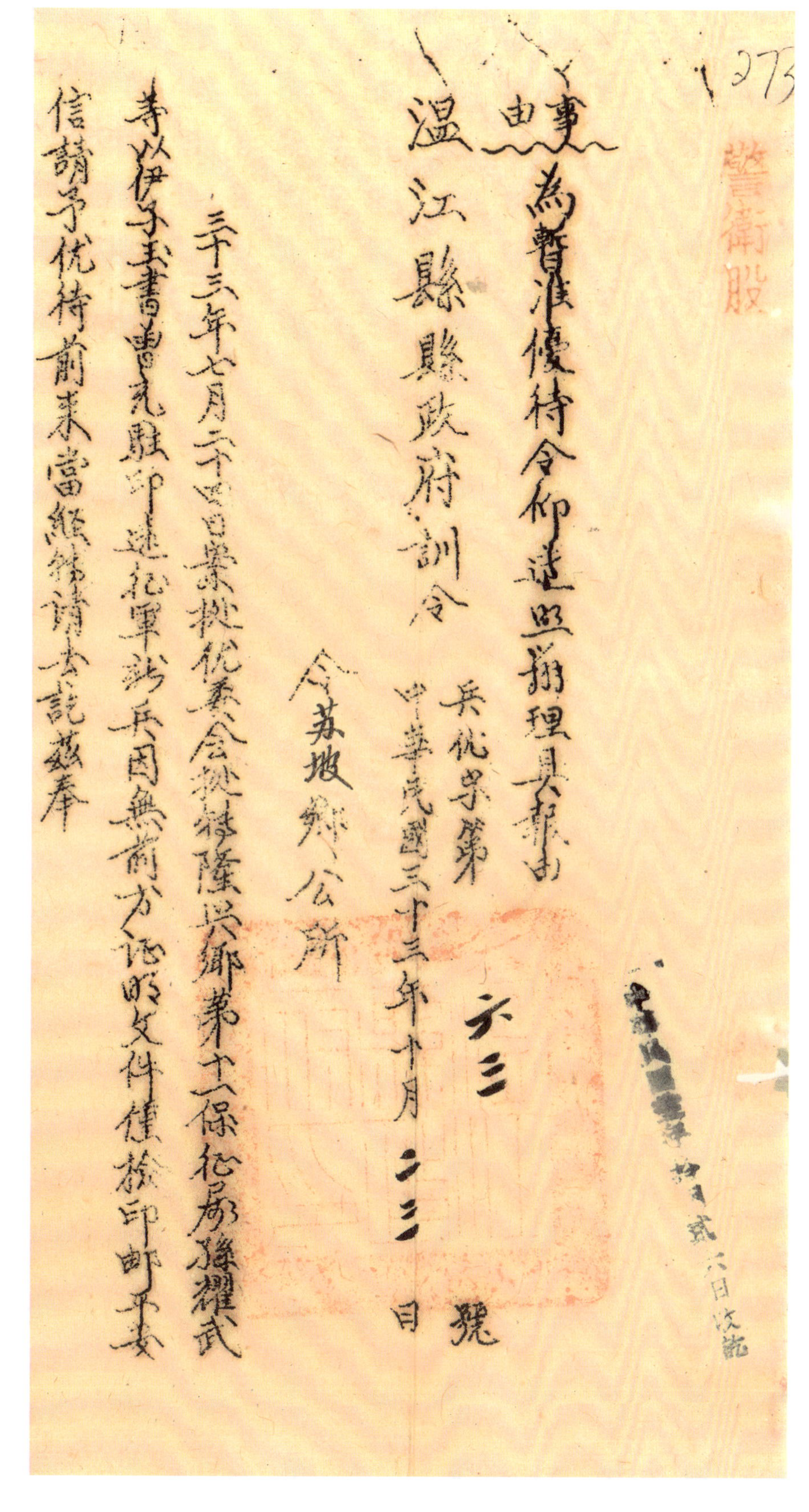

事由　为暂准优待令仰遵照办理具报由

警衛股

温江縣縣政府訓令　兵优字第六三號

中華民國三十三年十月二三日

令苏坡鄉公所

三十三年七月二十四日業據優委會擬稱隆興鄉第十八保征屬孫耀武
等以伊子玉書曾充駐印遠征軍新兵因無前方証明文件候檢印郵寄家
信請予優待前來當經轉請去訖茲奉

成武師管區司令部征優字第一四九號申漾代電：：

「兵優字第一三號代電悉本部曾以征優字〈0956〉號代電飭請軍區核示在案頃奉軍區信三齊字第〈0390〉號代電開「征優字第〈0956〉號代電征屬孫耀武等請發優待一案已悉准予暫發一期交飭其六個月內通知前方提辦合法証明書始能繼續享受優待仰轉飭遵照」等因奉此仰即遵照為要」

等因；奉此。除分令外合行令仰該 即便遵照檢具該征屬孫郎職信件來府証明以憑核辦為要！。

此令。＝

縣長程 岳

核大世代

温江县政府、温江县苏坡乡公所等关于办理故兵叶明章抚恤事宜的一组文件

温江县政府关于奉电检发故兵叶明章恤令及军人户籍调查表致苏坡乡公所的训令（一九四四年十月二十五日）

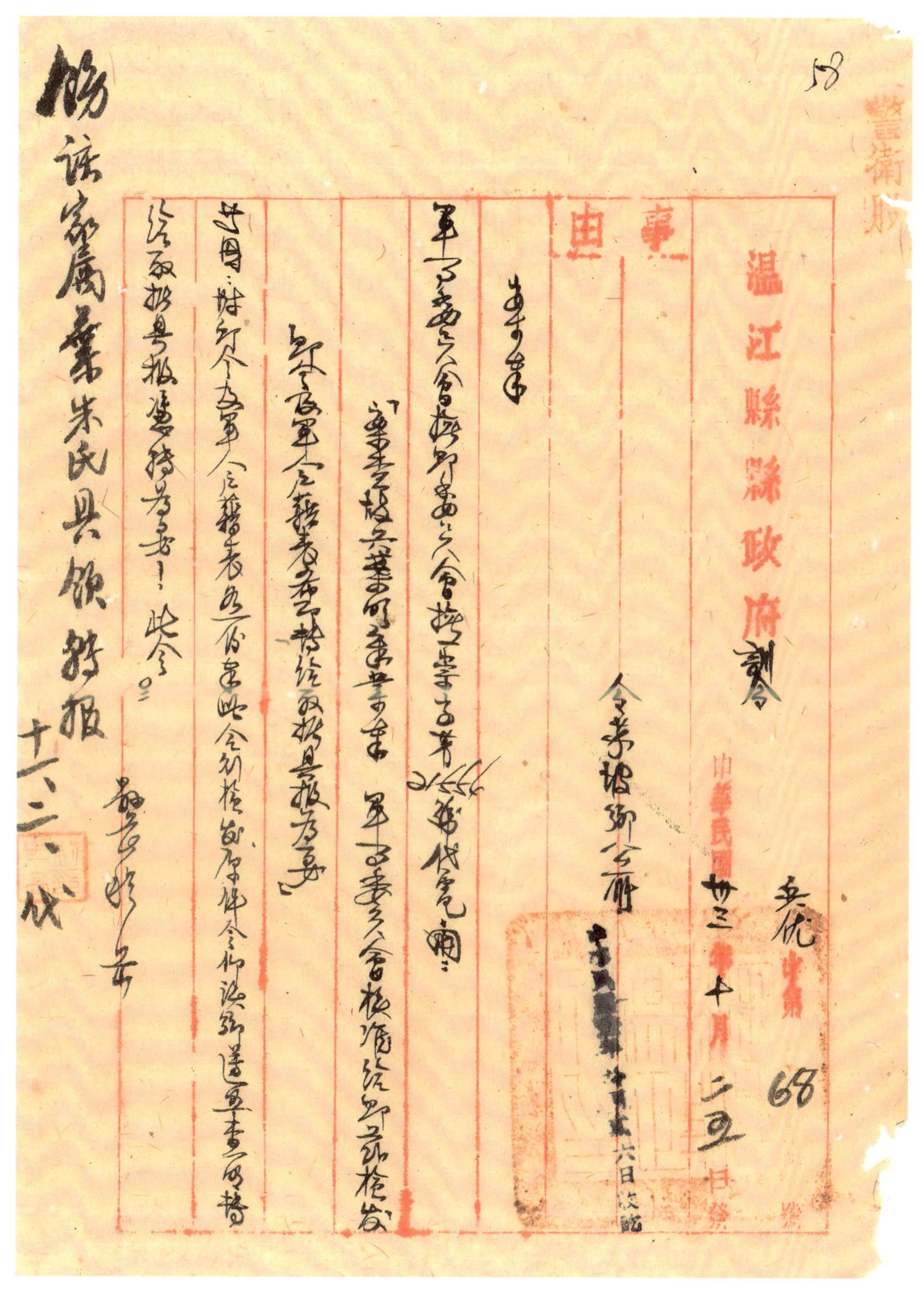

温江縣政府訓令

事由

令蘇坡鄉公所

中華民國卅三年十月二五日發

飭該家屬葉朱氏具領并報

叶朱氏关于领到苏坡乡公所发来恤令、军人户籍表、保证书及领恤注意的领条（一九四四年十一月二日）

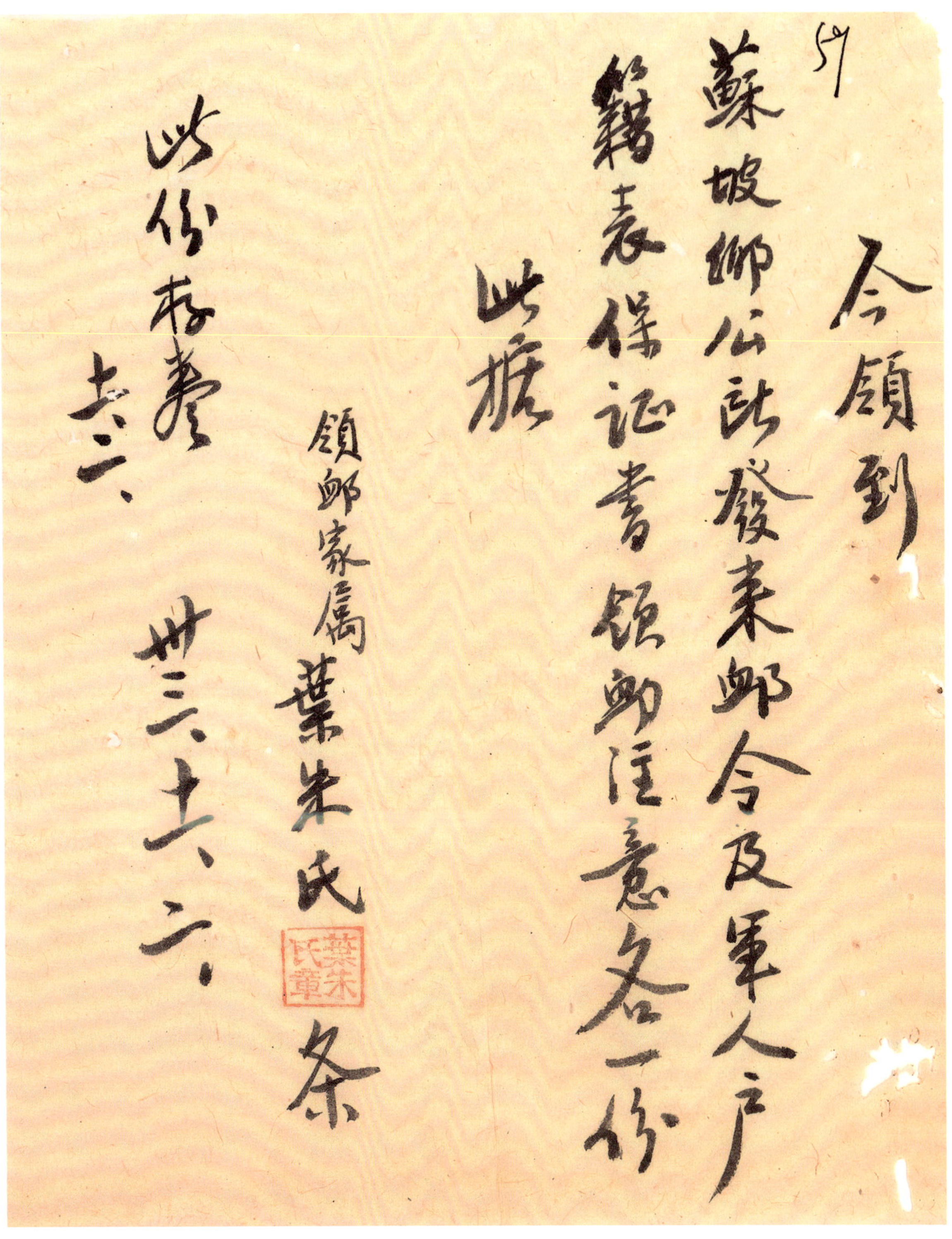

57

今领到

苏坡乡公所发来䘏令及军人户

籍表、保证书、领䘏注意各一份

此据

领䘏家属 叶朱氏（叶朱氏章）条

卅三、十一、二

此份存查 十一、

温江县苏坡乡公所关于报送叶朱氏领条致温江县政府的呈（一九四四年十一月三日）

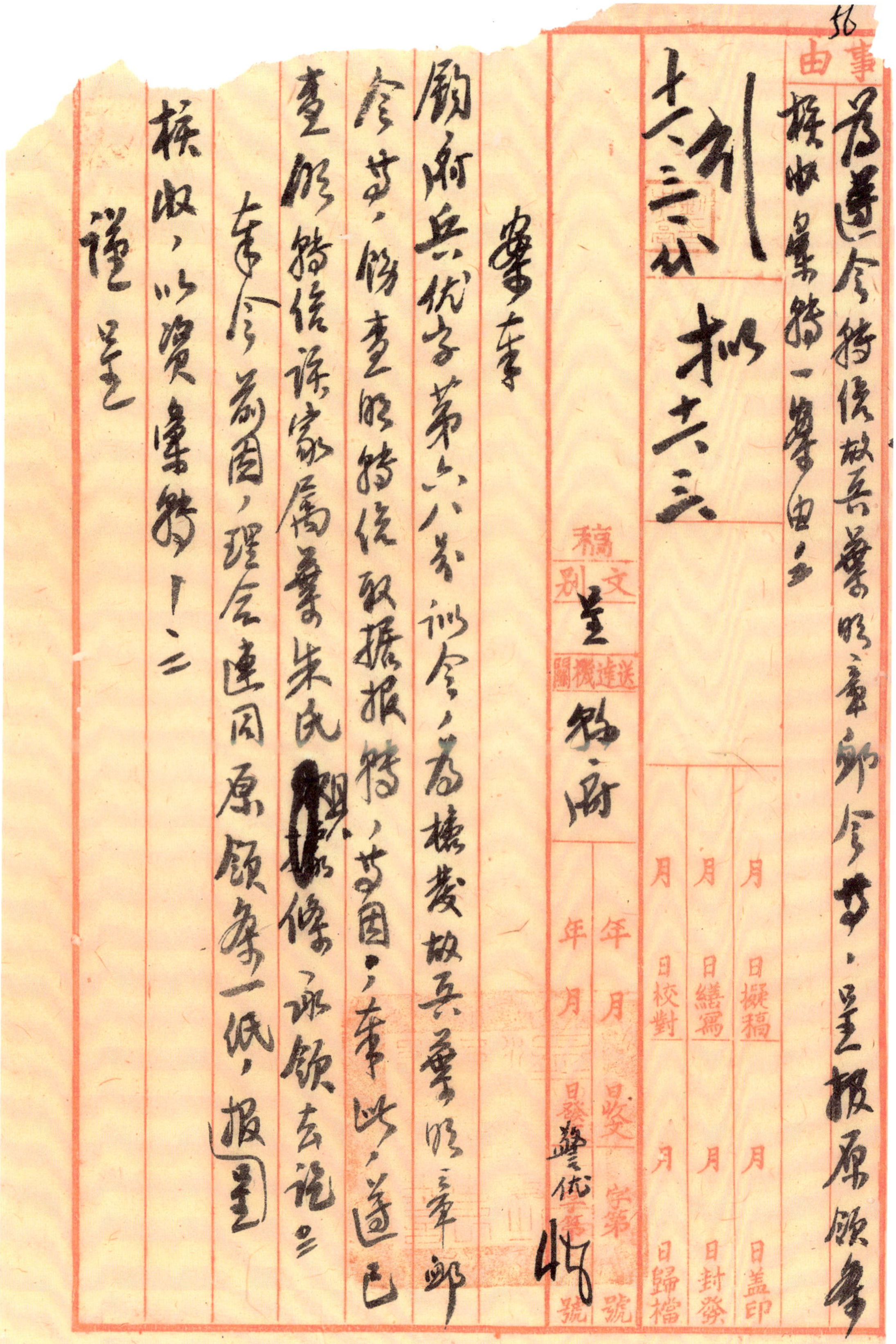

事由：为遵令转催故兵叶明章部令芳，呈报原领条据转一案由

十一月三日 到

十一月三日 拟

稿别：文 呈

送达机关：县府

钧府兵优字第六八号训令，为据发故兵叶明章部令芳，仰查照转饬取据报转，等因，奉此，遵已查照转饬该家属叶朱氏领去讫。兹奉令前因，理合连同原领条一纸，报呈

核收，以资汇转！

谨呈

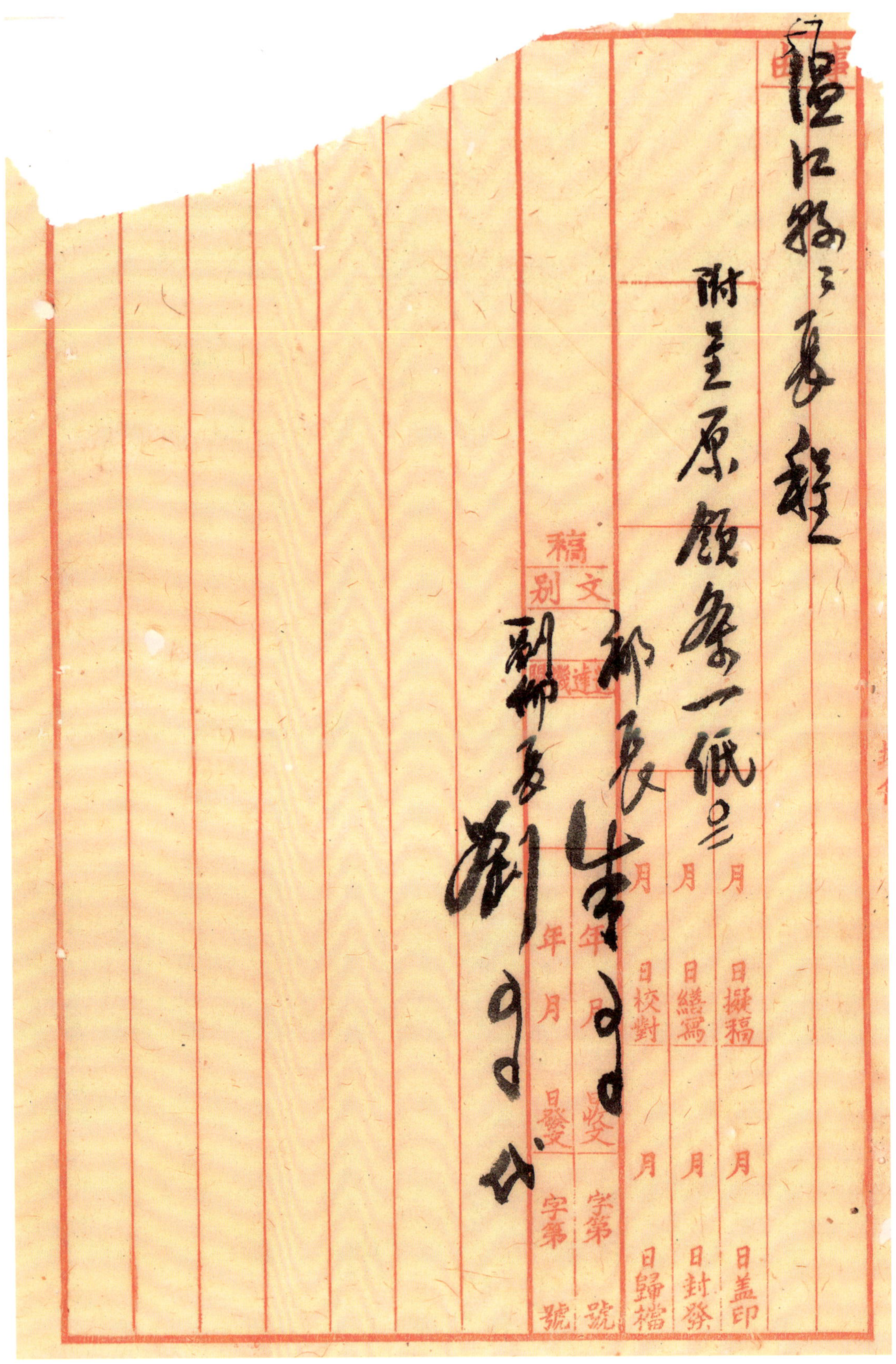

灌江镇公所

附呈原领条一纸。

乡长 李××
副乡长 刘××

温江县政府关于检还叶朱氏承领恤令收据另填具报致苏坡乡公所的训令（一九四四年十二月七日）

温江縣政府訓令

兵优

中華民國三十三年十二月七日

事由：為檢还故兵葉明章家属承領卹令收據仰另填具报由

令蘇坡鄉公所

本年十一月十八日案據該鄉警优字第四八號呈賚故兵葉明章家屬葉朱氏承領卹令收據一案，當經本府指令以"懸案賚據，亦查呈賚收據，核與現在規定不符，隨令發还並檢同卹令收據二份，仰併遵照另填具報為要！"

此令。

縣長程岳

特飭該家屬遵照另填報轄

十二、十一

温江县苏坡乡公所关于奉令报送叶朱氏另填领据致温江县政府的呈（一九四五年二月八日）

事由：为奉令据叶朱氏另填领据报请核收一案由。

核收 文

温江县苏坡乡公所

呈

卅四年二月八日

案奉

钧府兵优字第八七号训令，为检送故兵叶明章家属承领恤金收据……另填报，等因；奉此，遵即转饬另填缴报去讫。兹据该家属叶朱氏填缴前来，理合检同另填原领据二纸，报呈

核收。

谨呈

温江县县长程

附呈另填原领据贰纸

乡长朱……

温江县苏坡乡公所关于请将志愿壮丁刘仲篪等拨归被征兵额并分别给予证明致军政部教导第二团一营四连的公函
（一九四四年十一月十一日）

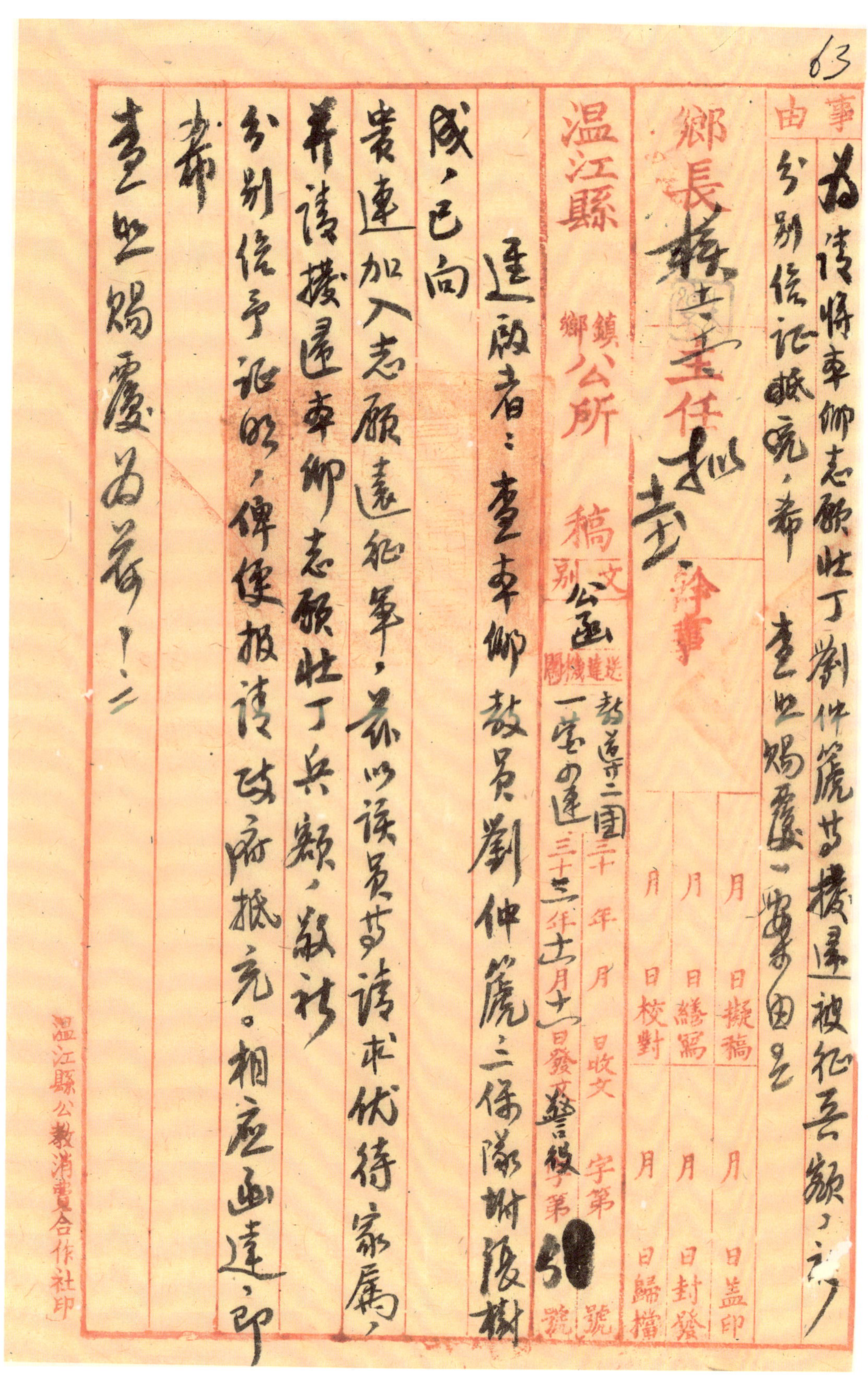

事由：为请将本乡志愿壮丁刘仲篪等拨归被征兵额，分别给证抵充，希查照赐覆一案由

温江县乡镇公所稿

乡长 杨 主任 拟

文别：公函

送达机关：教导第二团一营四连

三十三年十一月十一日发文 苏役字第51号

径启者：查本乡故员刘仲篪、二保队附张树成，已向贵连加入志愿远征军，兹以该员等请求优待家属，并请拨还本乡志愿壮丁兵额，藉资分别给予证明，俾便报请政府抵充。相应函达，即希查照赐覆为荷！

温江县公教消费合作社印

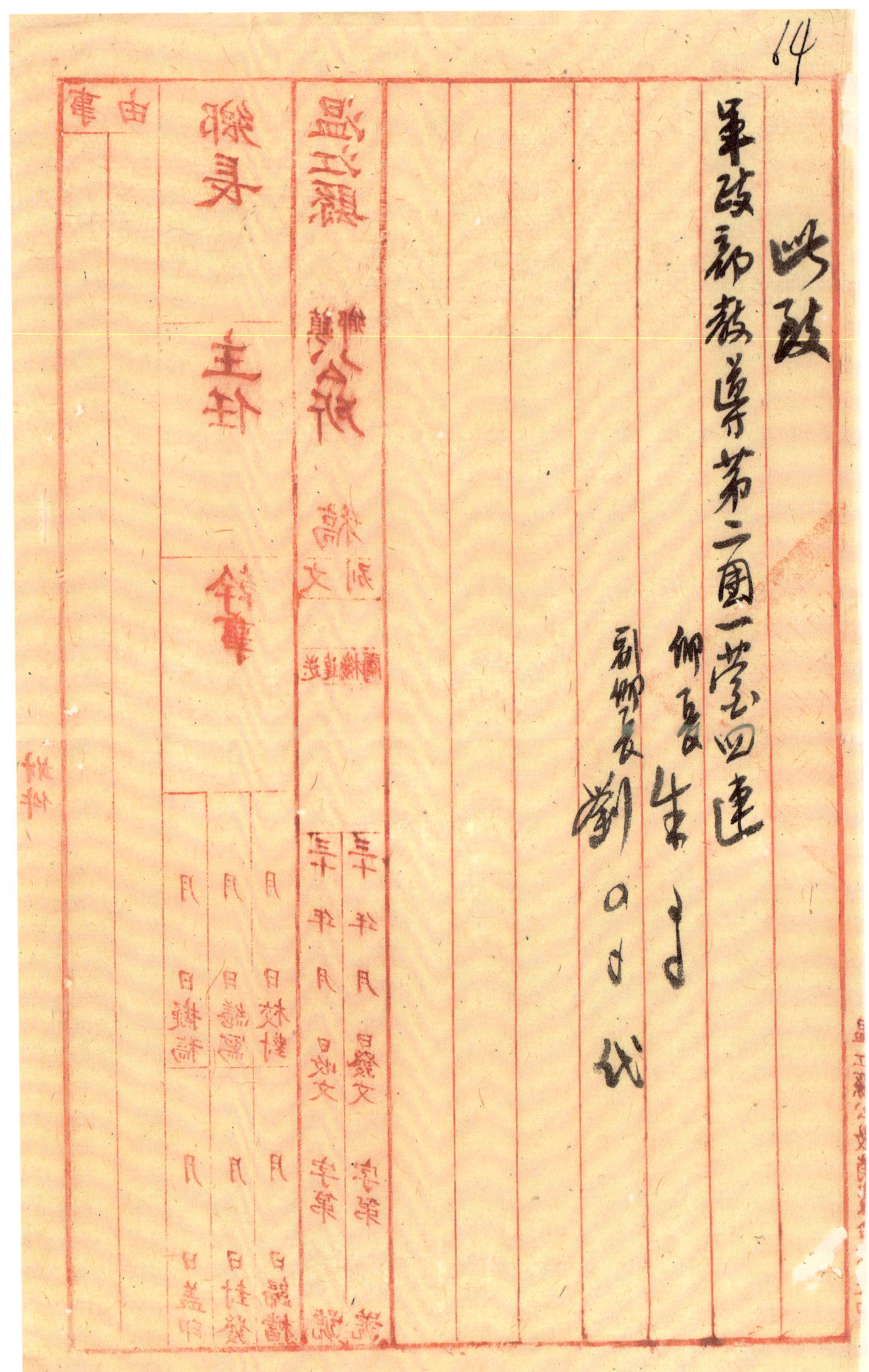

64

此致

軍政部教導第二團一營四連

鄉長 朱○○

副鄉長 劉○○ 代

溫江縣 鄉鎮公所 稿 別文 簡機速遞

鄉長 主任 幹事

事由

三十 年 月 日 發文 字第 號

三十 年 月 日 收文 字第 號

月 日 校對 月 日 歸檔

月 日 繕寫 月 日 封發

月 日 擬稿 月 日 蓋印

征属、温江县苏坡乡公所等关于办理征属刘徐氏、张子明优待事宜的一组文件

征属刘徐氏致苏坡乡公所的呈（一九四五年一月二日收）

事由	擬辦	批示	備考
爲呈明苦情附呈證明文件懇轉一案飭發給從軍時應有安家費食米及以後優待以維生活由	准該優待　元、廿三		
附件：出征抗敵軍人家屬證明書一件			

中華民國卅四年元月貳日 貳收訖

呈　字第　號　年　月　日　時到

收文　字第　號

具報告書人劉徐氏年五十二歲籍隸温江現住本縣蘇坡鄉第四保三甲務農為業緣氏孀居多年守貧渡日家庭用度均賴氏子仲莵每月學校服務所得薪津添補維繫勤儉過活保甲隣近無不咸知自氏子仲莵任教於本縣保國民學校受　委座發動智識青年從軍救國之感乃毅然貸資赴省報名往返數次幸蒙驗取於民國三十三年十二月份入營隸屬於軍政部教導第二團四連早於十二月飛印受訓去訖在該子從軍日、領到市府發洋二千五百元對安家食米優待金迄今未領今蒙教導第二團部頒發優字第224號出征抗敵軍人家屬證明書一件理合附呈懇為轉請　列峯從優發給應有優待費從軍安家食米優待金以維氏家生活用示政府厚惠謹呈

温江縣蘇坡鄉鄉公所

具報告人　劉徐氏

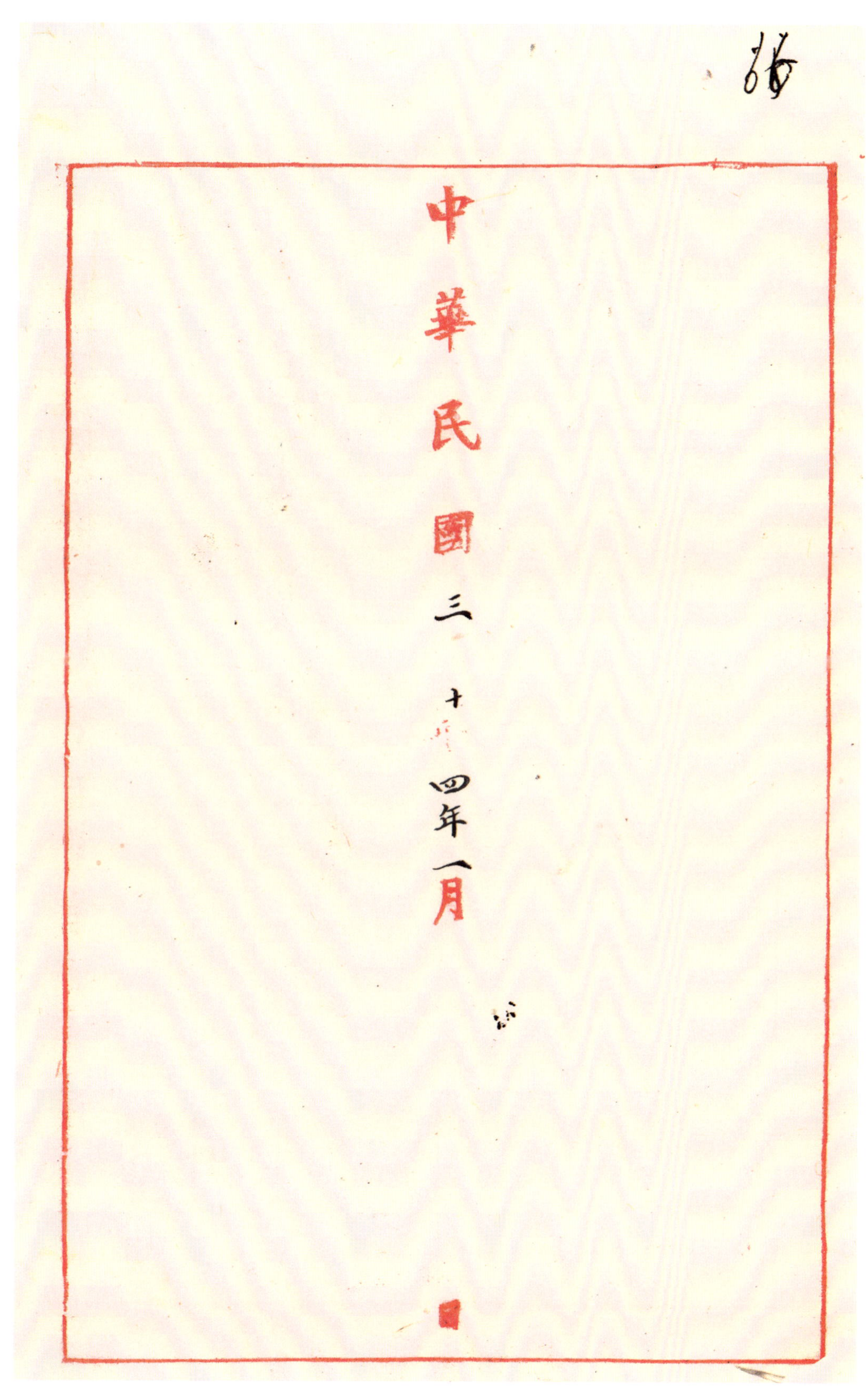

中華民國三十四年一月

征属张子明致苏坡乡公所的呈（一九四五年一月二日收）

事由：為呈証明書懇予核發安家食米及優待以維生活由

附件：出征抗敵軍人家屬證明書一件

擬辦：准給優待 元 廿三

中華民國卅四年一月貳日收

批示

備考

呈　字第　號　年　月　日　時到

收文　字第　號

呈為民子從軍飛印受訓附呈證明書懇為核發安家食米優待金以維生活事緣民子張樹成服務本鄉保校於去歲投筆從軍隸屬於軍政部教導第二團第四連與本鄉同志劉仲篪同連飛印受訓惟入營不久即行開差只領到市府發給之二千五百元所有安家食米及各優待均無法具領民年老居鄉法令不悉更不知於何處機關具領理合據實呈明附呈証明書懇乞核轉上峯從優核發實為沾感之至

謹呈

溫江縣蘇坡鄉鄉公所

具報告人 張子明

年六十歲

籍貫四川溫江

住蘇坡鄉第二保　甲

務農

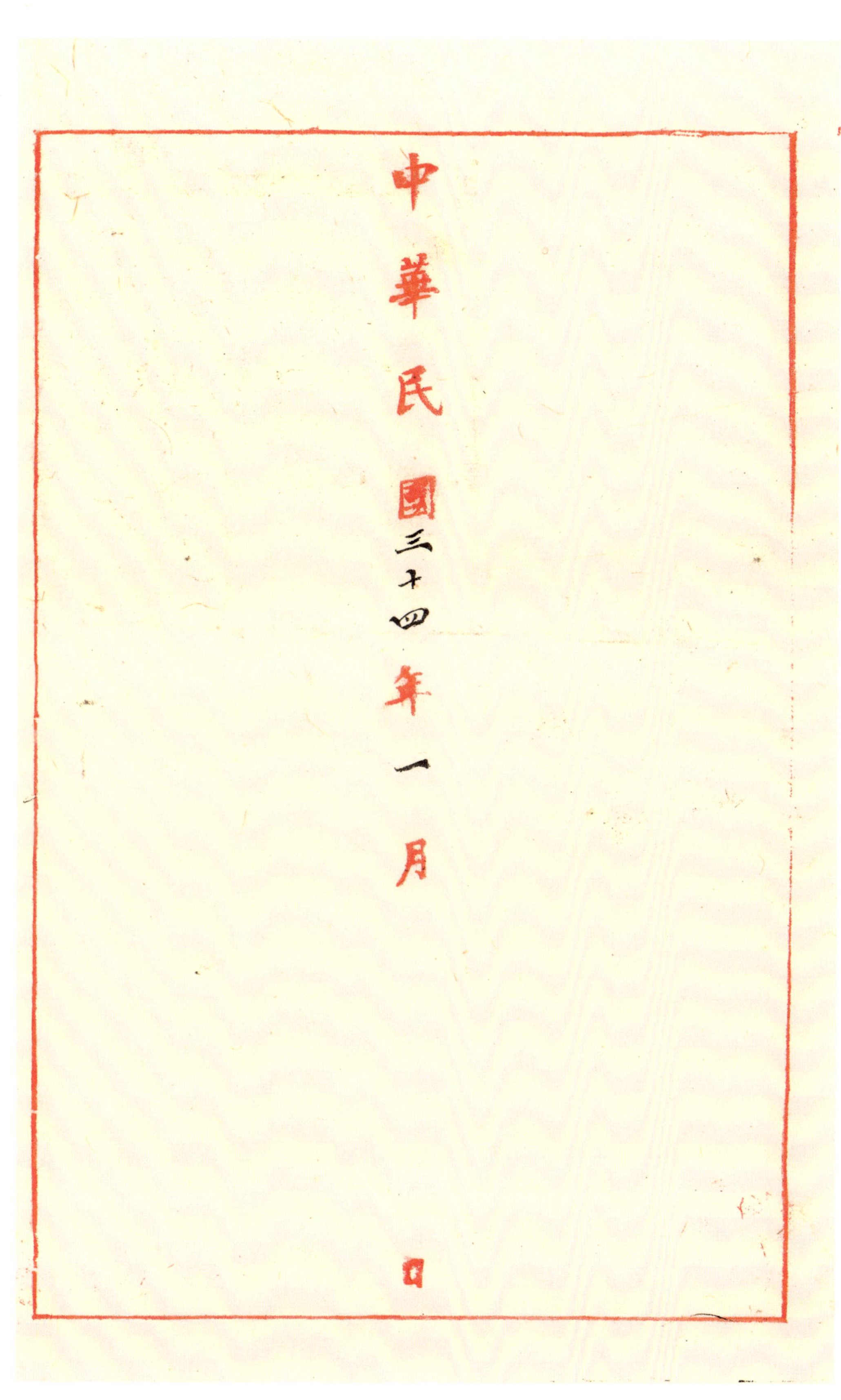
中華民國三十四年一月　　日

温江县苏坡乡公所致温江县出征抗敌军人家属优待委员会的呈（一九四五年二月五日）

事由：為據呈出征抗敵軍人家屬証書，賚請蓋核發給優待領谷憑証，以資轉給一案由。

鄉長　主任　擬　二、〇、　幹事

温江縣　鄉鎮公所　稿　文別　呈

送達機關　出征優待委員會

三十　年　月　日收文　字第　號

三十四年二月五日發　蘇優字第　號

月　日擬稿　月　日盖印

月　日繕寫　月　日封發

月　日校對　月　日歸檔

本所先後案據本鄉第六保出征軍人家屬張子明及第四保出征軍人家屬劉德武報告，為據呈出征抗敵軍人家屬証明書，懇予核轉優待，以維生活，各等情，附呈証明書各一份，據此。查出征軍人張樹成原係本鄉第二保隊附，劉仲虎原係本鄉保國民學校教員，該員等確于三十三年十二月志願從軍遠征，確非虛誣。茲據前情，理合檢同原証明書二份，賚呈鈞会，請予

温江縣公教消費合作社印

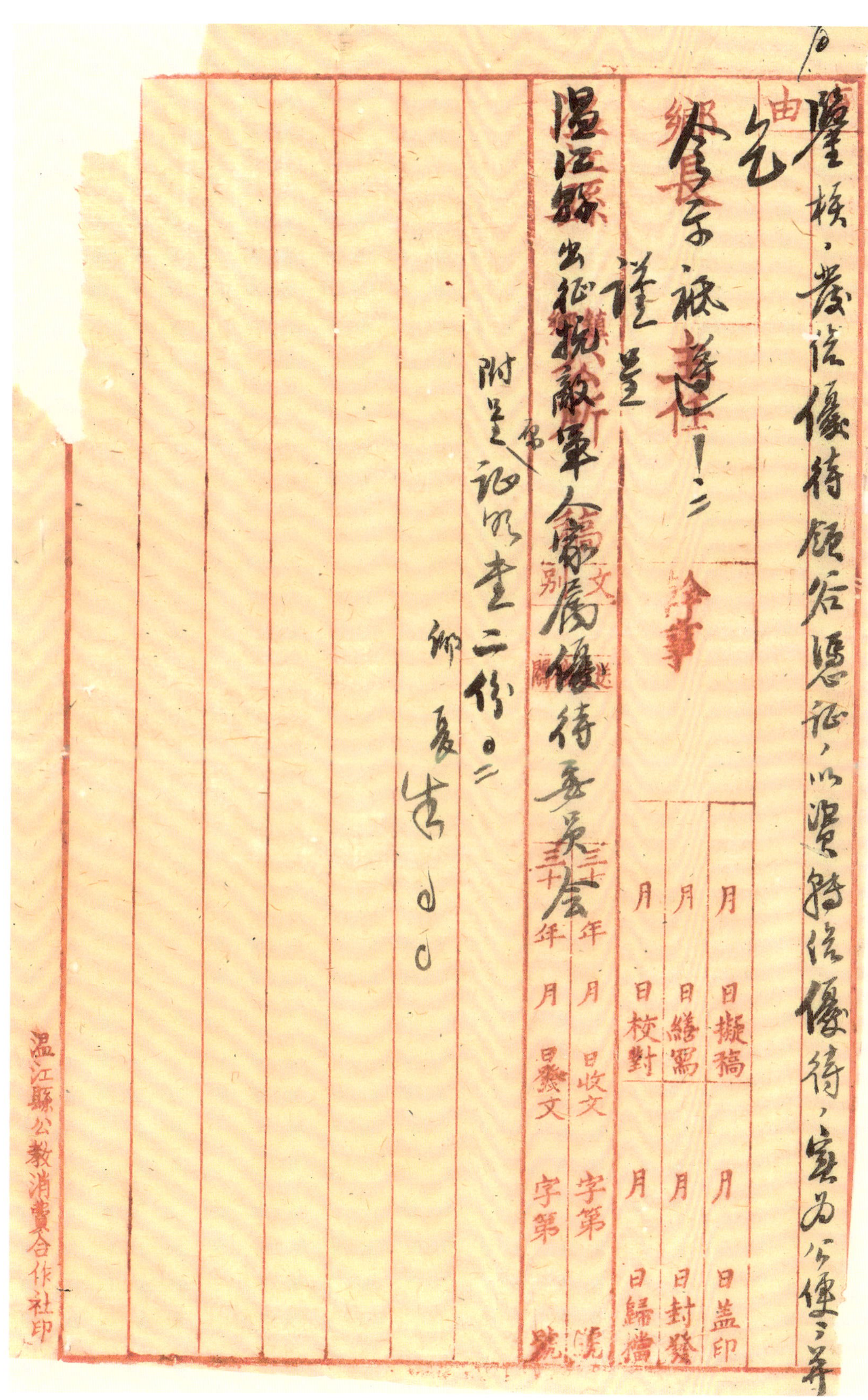

鑒核，發給優待穀谷憑証，以資體恤優待，實為公便。并

乞

令示祗遵！

謹呈

溫江縣出征抗敵軍人家屬優待委員會

附呈區證明書二份。

鄉長 [illegible]○○

擬稿 月 日 蓋印 月 日

繕寫 月 日 封發 月 日

校對 月 日 歸檔 月 日

三十 年 月 日收文 字第 號

三十 年 月 日發文 字第 號

溫江縣公教消費合作社印

温江县出征抗敌军人家属优待委员会给苏坡乡公所的指令（一九四五年二月十日）

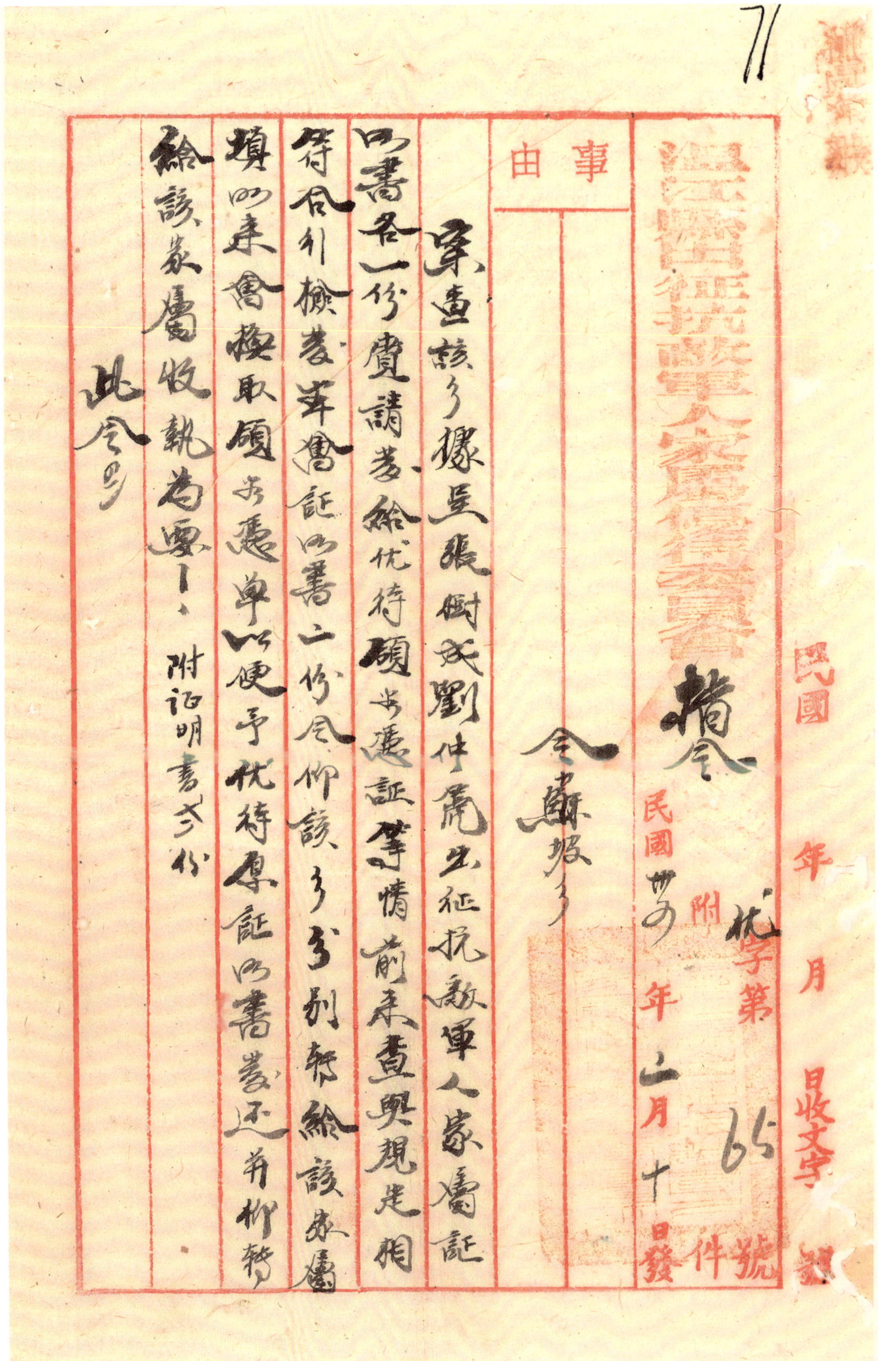

71

温江縣出征抗敵軍人家屬優待委員會指令

民國　年　月　日收文字第　號

優字第65號

附件

民國卅四年二月十日發

令蘇坡鄉

事由

案查該鄉據呈張樹成、劉仲虎出征抗敵軍人家屬證明書各一份，覆請發給優待領取憑證等情，前來。查與規定相符，合行檢發蓋章證明書二份，令仰該鄉公所轉發給該家屬填明來會換取領取憑單，以便予優待。原證明書發還，并仰轉給該家屬收執為要！此令。

附證明書二份

12

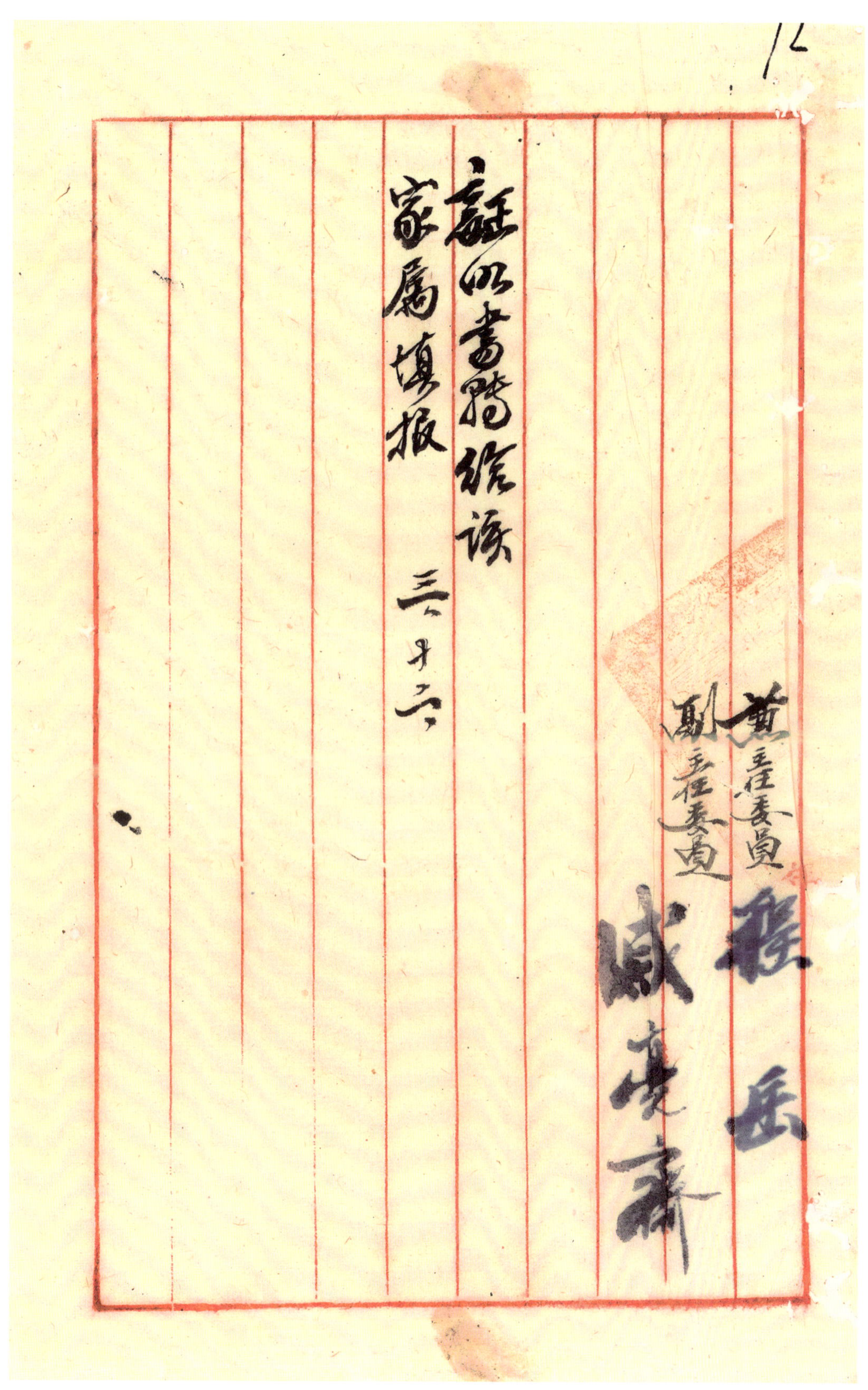

黃主任委員 穀岳
副主任委員 盛慶壽

擬以書簡給該
家屬填報

三、十二

温江县政府关于抄发军事委员会领发优待办法六项致苏坡乡公所的训令（一九四五年一月十六日收）

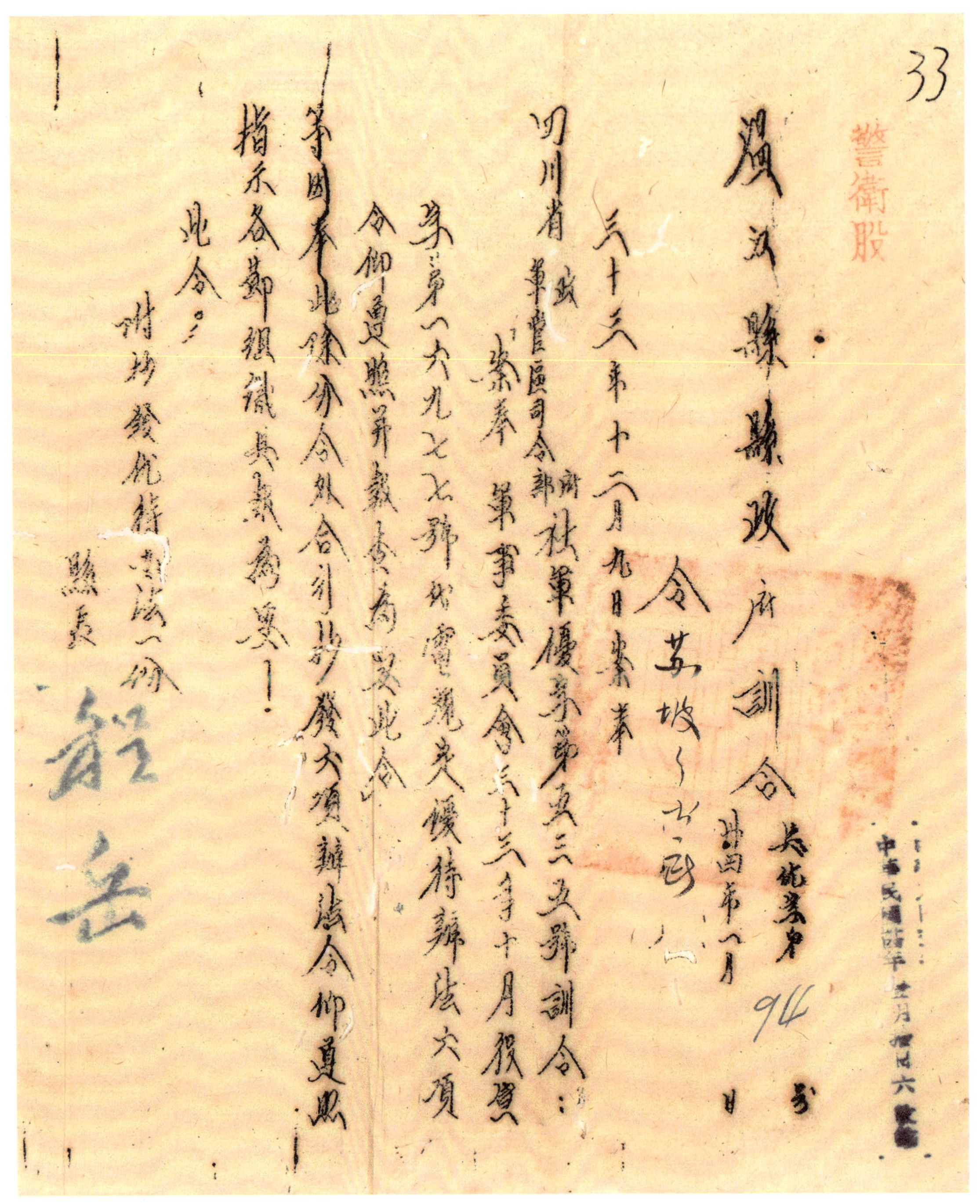

33

警衛股

溫江縣縣政府訓令　民優字第　號　卅四年一月　日

令蘇坡鄉公所

三十三年十二月九日案奉

四川省政府　軍管區司令部　附抄軍優字第三五號訓令：案奉軍事委員會三十三年十月役賞字第一六九七七號代電頒發優待辦法六項，令仰遵照并飭屬一體為要。此令。等因，奉此，除分令外，合行抄發六項辦法，令仰遵照，指示各鄉鎮保長為要！

此令。

附抄發優待辦法一份

縣長

94

中華民國卅四年元月拾日六號收

軍事委員會三十三年十月頒發優待辦法六項

（一）各縣市優待委員會及鄉鎮（區）分會未成立者，統限卅三年十一月底以前成立完竣，會報備查；已成立者應即健全組織，凡從前由縣市兵役社會動員委員會或軍事科辦理之機構，為優待業務統交由優待委員會接管，切實辦理，以專責成。

（二）各縣市應參照本會所頒之征屬調查表擬定調查征屬一次，並將征屬分為赤貧、貧困、小康等級，參照前頒之調查統計表填列統計表，會報本會核備。其調查經費，准按征屬每戶貳元計算，取給於縣市優待金或由省政費節餘項下撥發，據實檢報銷。

（三）優待征屬除疾病、死亡、婚嫁、生育與意外災害等臨時發給特別優待金外，其經常優待之谷物等務

遵辦具報

一、十七、

須發給現成實物，不得再部折價給錢或僅發非現存之支條。

（四）凡每一出征軍人所有之父母、配偶、子女，如係赤貧者以四人爲限，能自給者以一人爲限，每人每年發給黃谷貳市石，或小麥壹市石；不產谷麥地方得用雜糧或其他實物比照折給。赤貧抗屬每戶人口兩人者，計年得黃谷四市石，三人者年得黃谷六市石，四人者年得黃谷八市石。「如發小麥及雜糧或其他實物者，即按照一定之額換算發給之。」小康以上之抗屬只贈給紀念物品，不再另發谷麥雜糧，均于每年農曆端午、中秋、年關分三次在節之前（三日）召開慰勞抗屬大會，當場發給」

（五）上项优待谷物杂粮，合须下拨，先以有不足由各县市依照所差数额予各乡于谷收获后导一照优待出款就款军人家属条例第十九条之规定筹募，交收及由优待委员会负责分配各乡镇，并为保管，不得以任何理由移作用，如有舞弊由保管人、地方法院赔偿，并依法治罪，所有收支账目，应于每次分配后，应由各乡村大会时公开当众宣布，并依法报销。

（六）凡抗属无田可耕，而又确有耕种或经营耕种之能力者，对现在保佃之土地，应予以优先租佃之权，其周积所入之数可有食粮收获总量约四成为基本，并须依照租佃法，地主不得藉词欠租或超过一般租额，抗属租佃之后，应得比照优待予优先租佃者出财者或参加工作之权，但对租佃利息每一出征军人家属均应以一人代表办理，其余则会同耕种或经营之。

以上各项之实施期间，除第一项已有规定外，其余候限文到一月内实施，并令报达之地方上级于本年年内再加完竣

温江县出征抗敌军人家属优待委员会关于奉饬转发征人家属状况调查表致苏坡乡优待分会的训令

（一九四五年一月二十四日）

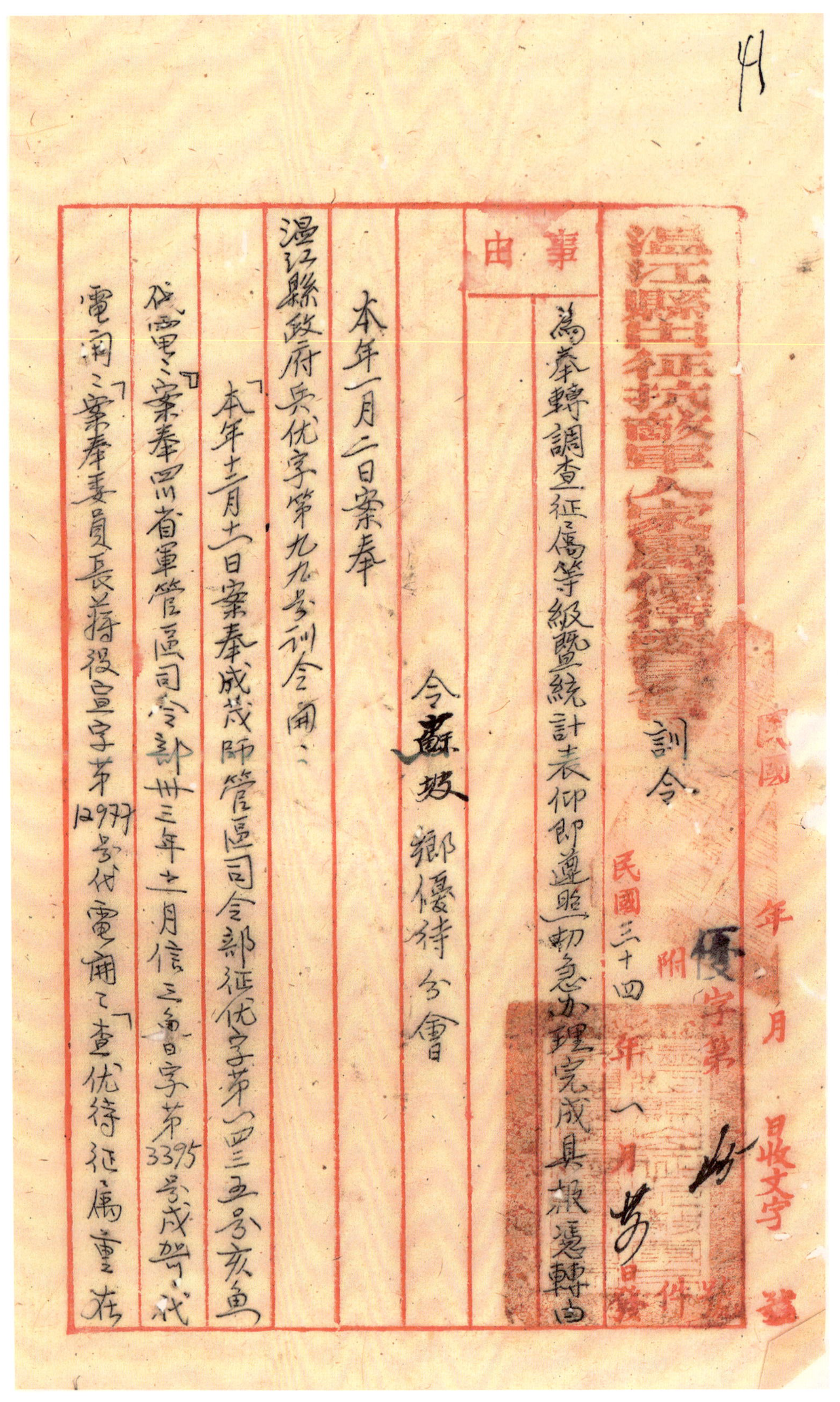

温江縣出征抗敵軍人家屬優待委員會訓令

事由：為奉轉調查征屬等級暨統計表仰即遵照切急辦理完成具報憑轉由

民國三十四年一月　日發

附件

令蘇坡鄉優待分會

本年一月二日案奉

温江縣政府兵优字第九九号訓令開：

「本年十二月十六日案奉成茂師管區司令部征优字第一四三五号亥魚代電開：「案奉四川省軍管區司令部卅三年十二月信三兵字第3395号戍哿代電開：「案奉委員長蔣役宣字第12977号代電開：「查优待征屬重在

42

給予實惠使征人無後顧之憂征屬無凍餒之苦乃近據報各縣市竟有將應發之優待谷任意抵額折價者或短發優待金每々每戶每年發之數百元了事者甚有對征屬優待一事置之不聞不問根本未辦者更有措据中飽私利是圖不顧征屬疾苦者實屬使人痛心須知七年抗戰全賴出征軍人以血肉與暴敵打拼凡我安居後方之官民苟能自與比較必知對此出征軍人之父母妻兒當如何盡其優待之職責與義務方不愧於神明何能以圖敷衍自卸職責又何忍藉漁私利自喪天良茲者勝利業已在望民族復興可想前綫將士正浴血於槍林彈雨之中為國家爭取最後勝利後方官民自當各盡所能切實優待抗戰受苦之征屬用特規定代征屬改進辦法六項務望切實遵行用盡抗戰全功（一）各縣市委員會及區鄉鎮分會未成立者統限卅三年十二月底

43

於□前成立完竣呈會報備查已成立者應即健全組織凡過去由縣市兵役協會委員會或照本科辦理之征屬業務統交由優待委員会接管切實辦理以專責成(二)各縣應參照本会前頒之征屬調查表確實調查征屬一次并將征屬分為赤貧小康自給參照前頒之調查統計冊項列統計表層報來会核備其次係貧准按征屬每戶人口計數在縣市優待金或公家費節目下專案核撥報請(三)優待征屬除疾病死亡婚嫁生育与意外害等臨時救濟依酌數優待金外其經常優待之谷物等務須給現品實物不得存行折價給錢或僅數代現品之支条(四)凡能出征軍人之父母配偶子女如係赤貧者以四人為限能自給者以二人為限每年每人發給黃谷二市石或小麥一市石不產谷麥地方得用雜糧或其他實物或照時估征屬人口兩人者每年得黃谷四市石三人者每年得黃

谷六市石，四人者年得黄谷八市石。如发小麦或其他杂粮实物等，即按以上定额推算发之。小康以上之征属，只赠给纪念物品，不再另发谷麦，均于每年农历端午、中秋、年关於各乡镇区召开慰劳征属大会当场发给。（五）上项优待谷物在积谷项下拨充，如有不足，由各县市依照所差之数额，于每年谷麦收获后，遵照优待出征抗敌军人家属条例第十九条之规定筹集一次，收足由优待委员会负责储备，各乡镇妥为保管，不得以任何理由移作他用。如有亏挪，由保管人加倍赔偿，并依照治罪。所有收支帐目应予每次召开慰劳征属大会时明白宣佈，依照规定报销。（六）凡征属无田可耕而又确有耕种或经营之能力者，对现在保内之土地应予以优先租佃之權其面積以季可有食糧收獲總量約四千市石為準並依照約納租地之不能藉詞提租或超過一般租額加租佔居城市之私屬得以照給優先租佃街房生產等或參加工作之權但對租佃行為每個人家屬均應以一人代表辦理其餘則合同耕種或住營以上六項之實施期間除（一）項以有規定外統限電到一月內實施奉令轉達之地方亦須於本年內補辦完竣除分電省（市）縣外電飭知照并飭屬遵照辦理具報為要」等因奉此除分電外合行電仰該部遵即轉飭所屬各鄉市自本文到一月內實施除第一項已有規定第二項早經通飭應加緊辦理第三、六兩項應切實遵行外其餘四五兩項茲此新谷登場之際亟應從速辦理仰即就該縣現在確實征屬之數連同一年內新增征屬之預計之數將应发谷麦或杂粮一次妥筹将集足额限文到一月内办理完竣先将奉文日期呈报备查切勿延误为要」等因奉此。除分电外，仰即遵照办理并转饬所属限文到一月内办理完竣，先将奉文日期呈报备查切勿延误为要」等因奉此。查此项调查统计，係属利用假期办理，业经奉府饬遵在案，除呈复外，合行令饬遵照妥为筹划切实奉办具报凭转为要。此令」。

等因奉此。查是项办法，因係役政非常严重，本会迭奉令督催，刻不容缓，除分令外，合行令仰该会切实遵照办理，限期完成，併连同造具调查清册暨统计表各三份，具报来会，以凭核转为要。

此令。

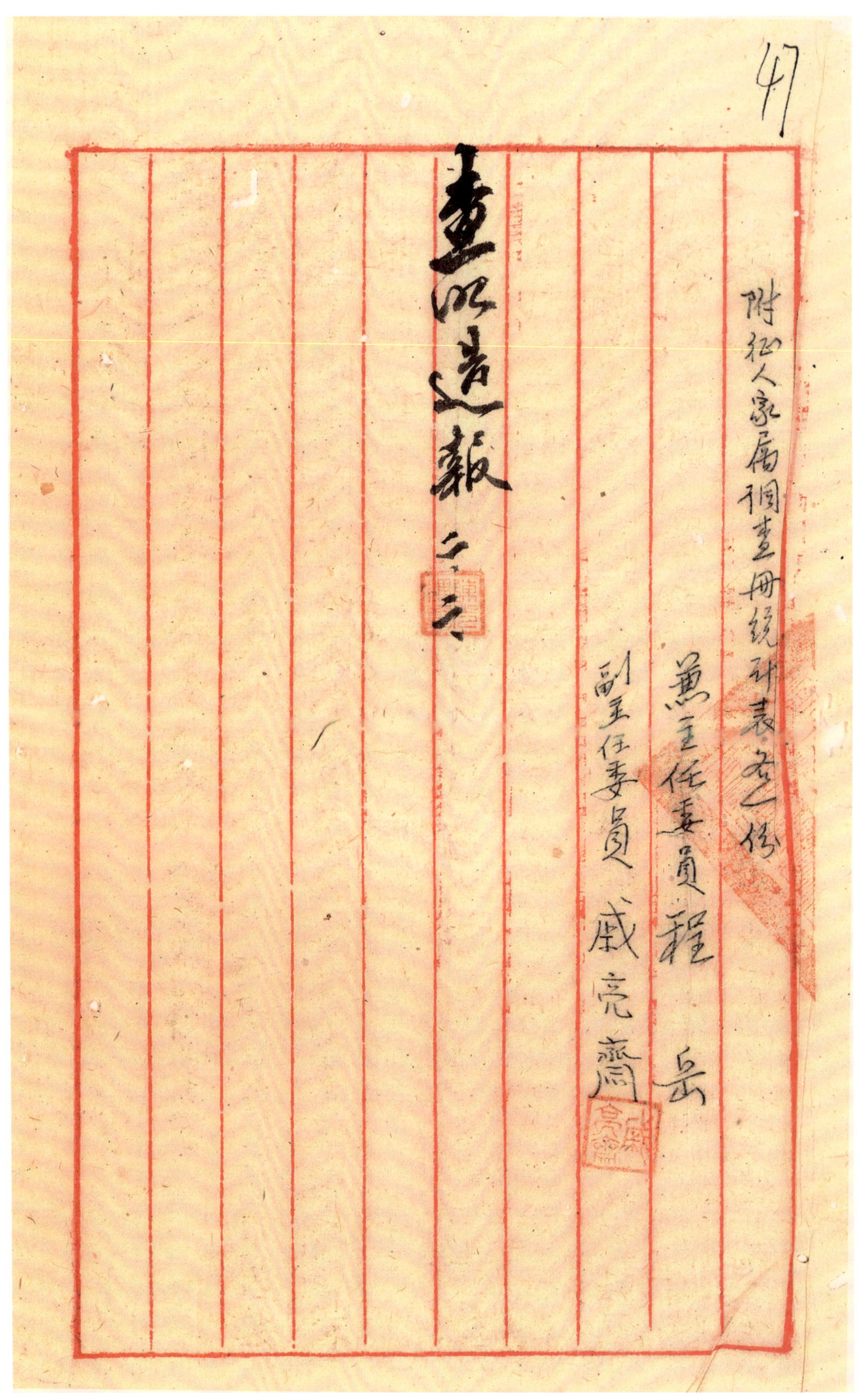
47

附征人家属调查册统计表各乙份

兼主任委员 程岳

副主任委员 戚亮斋

查明造报 二六

附：四川省温江县出征抗敌军人家属状况调查表

四川省温江县出征抗敌军人家属状况调查表　　△乡第△保

出征抗敌军人	
姓名	
住址	
年龄	
籍贯	
入伍日期	
服务部队番号	
现任职务	

出征抗敌军人家属	
祖父	
祖母	
父	
母	
妻	
子	
女	
兄	
弟	
姊	
妹	

家庭经济状况

备考

户主
△△甲长
△△保长　　署名盖章

（某县市出征抗敌军人家属优待委员会分会主任○○○盖章）

中华民国　　年　　月　　日

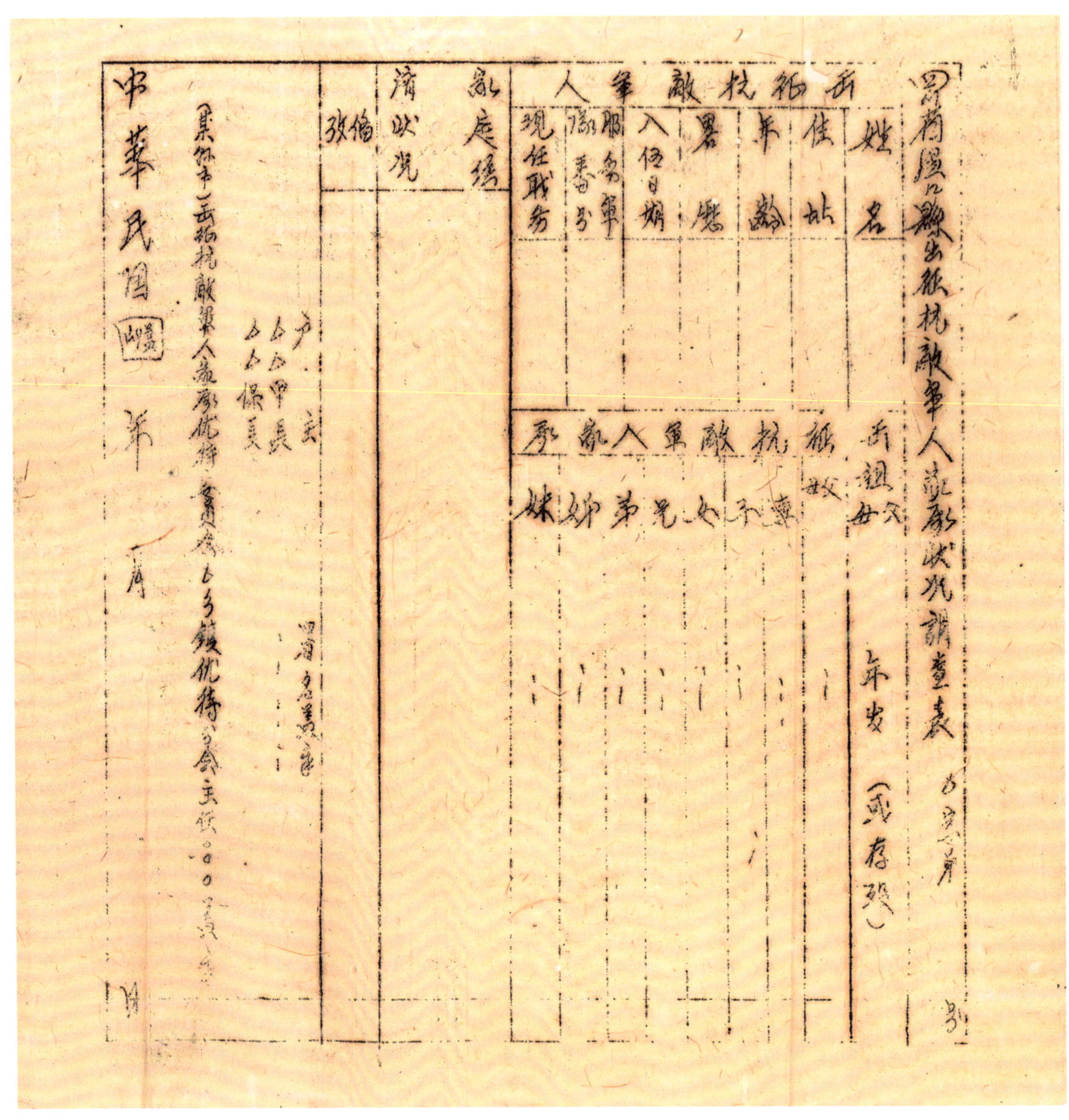

四川省溫江縣出征抗敵軍人家屬狀況調查表 字第 號

出征抗敵軍人	
姓名	
住址	
年齡	
籍貫	
入伍日期	
服務軍隊番號	
現任職務	

出征抗敵軍人家屬	年歲（或存歿）
祖父	
祖母	
父	
母	
妻	
子	
女	
兄	
弟	
姊	
妹	

家庭經濟狀況	
備考	

戶長
○○甲長
○○保長
[illegible] 蓋章

某縣市出征抗敵軍人家屬優待委員會 ○○鄉鎮優待分會主任 ○○○ [illegible]

中華民國 年 月 日

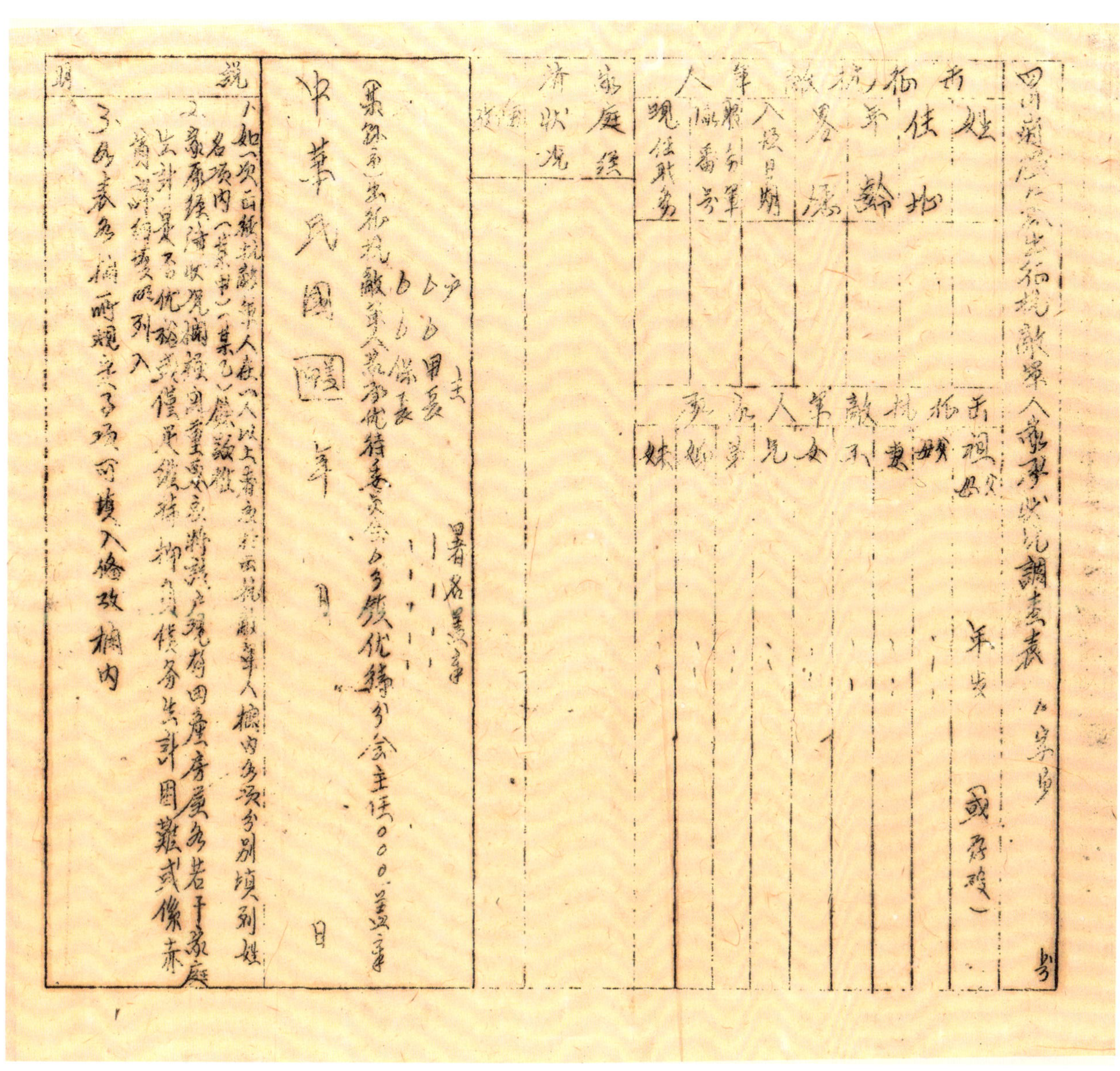

四川省○○县出征抗敌军人家属状况调查表 ○字第 号

出征抗敌军人	
姓名	
住地	
年龄	
籍贯	
入伍日期	
部队番号	
现任职务	

出征抗敌军人家属	祖父母	父母	妻	子	女	兄	弟	姊	妹
年岁（或存殁）									

家庭经济状况	
备考	

（某县市）出征抗敌军人家属优待委员会○○乡镇优待分会主任○○○盖章

○○户 主 署名盖章

○○甲长 | | |

○○保长 | | |

中华民国 年 月 日

说明

1. 如一家有抗敌军人在二人以上者，应于出征抗敌军人栏内各项分别填列姓名，项内（甲某某）（乙某某）余类推。
2. 家庭经济状况栏须注明重要产业，如田若干亩，房屋若干间，及生计是否优裕，或仅足维持，抑贫困难式，像赤贫等，详细填明列入。
3. 各表各栏所规定事项，可填入备考栏内。

温江县国民兵团团部关于颁发壮丁安家费调查表致苏坡乡公所的训令（一九四五年一月三十一日）

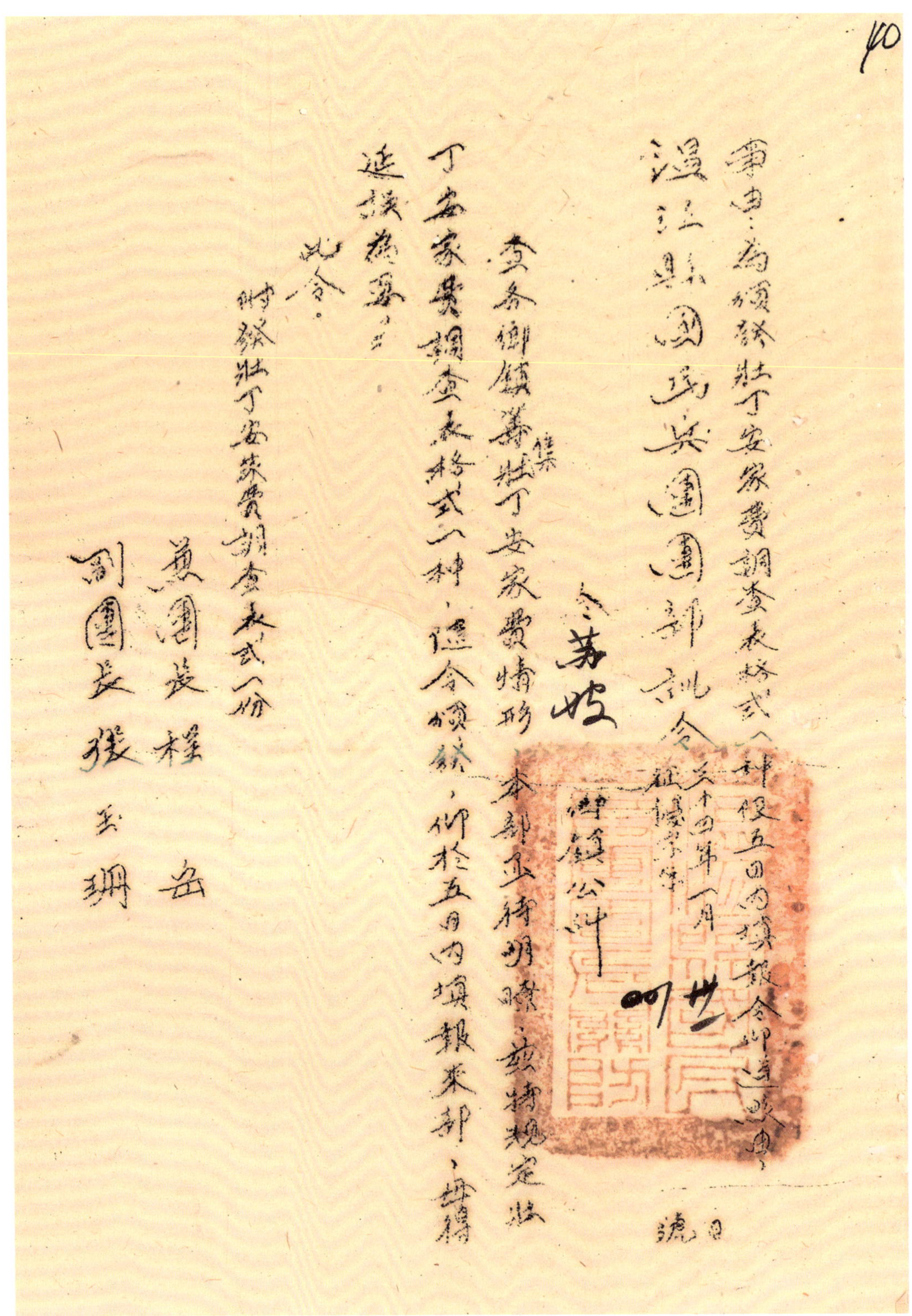

40

事由：為頒發壯丁安家費調查表格式一種，限五日內填報，令仰遵照由。

溫江縣國民兵團團部訓令　徵稽字第　號

卅四年一月卅一日

令蘇坡鄉鎮公所

查各鄉鎮募集壯丁安家費情形，本部亟待明瞭，茲特規定壯丁安家費調查表格式一種，隨令頒發，仰於五日內填報來部，毋稍延誤為要！

此令。

附發壯丁安家費調查表式一份

兼團長　程　岳

副團長　張　玉珊

附：温江县××乡镇筹募一九四五年度壮丁安家费调查表

温江县△△乡镇筹募三十四年度壮丁安家费调查表

中华民国三十四年　月　日

乡镇长　盖章

类别	注明详情
筹募方式	
筹募标准	
筹集数目	
保管情形	
存放何处	
有无挪移及亏蚀情形	
负责保管人姓名住址	
附记	1、各项均须据实填注，不得以「约计」「大概」等字样填注。 2、本表限元月底前填报。

務盼填报呈请

鉴核

六、五、

温江县苏坡乡公所、温江县出征抗敌军人家属优待委员会关于核发征属杨李氏优待事宜及凭证的一组文件

温江县苏坡乡公所致温江县出征抗敌军人家属优待委员会的呈（一九四五年四月五日）

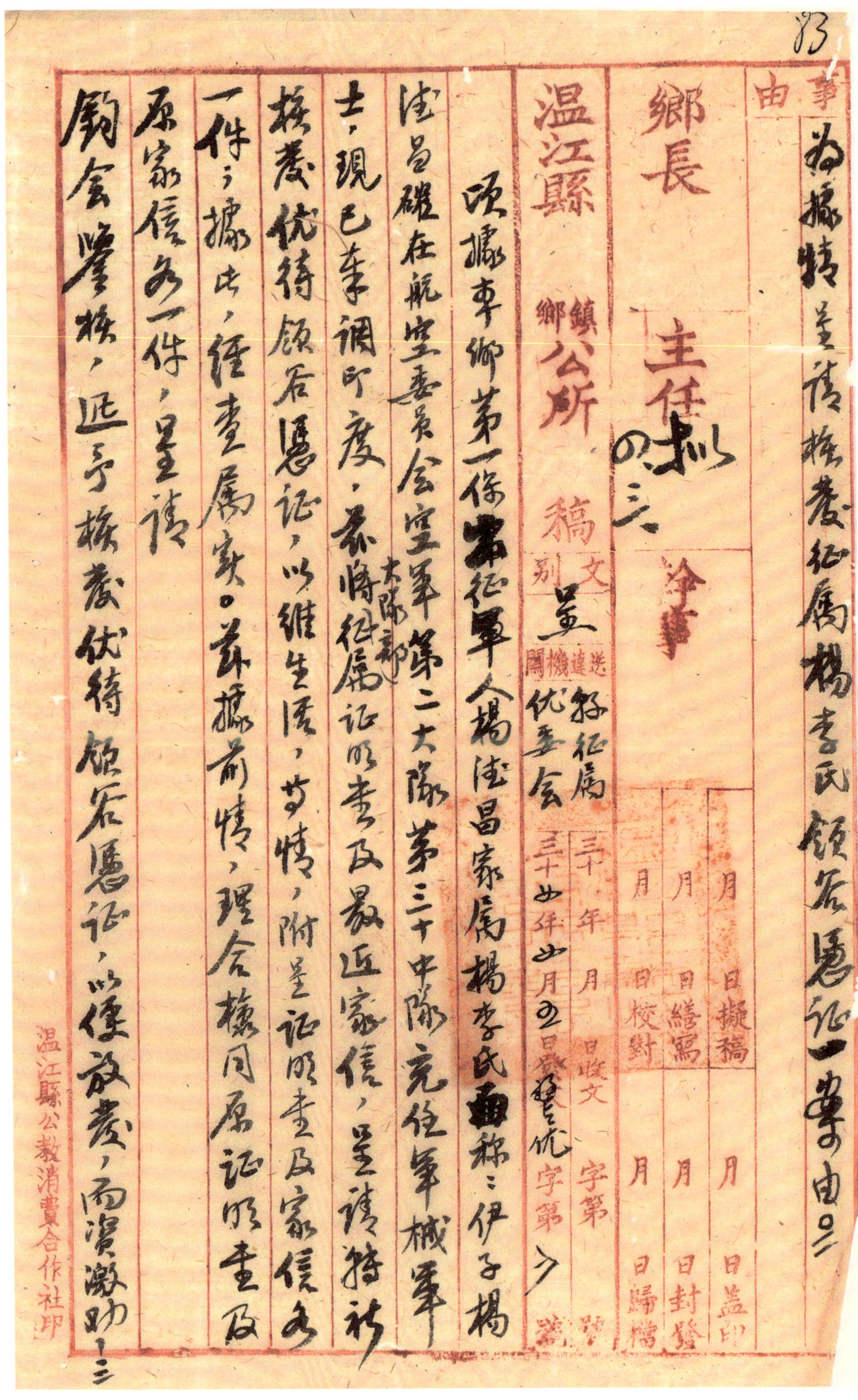

83

事由：为据情呈请核发征属杨李氏领谷凭证一案由。

乡长　主任　拟　四、三

温江县乡镇公所稿

文别：呈

送达机关：征属优委会

三十四年四月五日呈发优字第　号

顷据本乡第一保出征军人杨德昌家属杨李氏面称：伊子杨德昌现在航空委员会空军第二大队第三十中队充任军械军士，现已奉调印度，并将征属证明书及最近家信，呈请转于核发优待领谷凭证，以维生活，等情，附呈证明书及家信各一件。据此，经查属实。兹据前情，理合检同原证明书及原家信各一件，呈请钧会鉴核，迅予核发优待领谷凭证，以便放发，而资激励。

温江县公教消费合作社印

84

謹呈

溫江縣出征抗敵軍人家屬優待委員會

附呈原領照壹張原家信壹件。

鄉長朱□□

溫江縣 鄉鎮公所 稿 別文 機關送達

鄉長 主任 辦事

由事

三十 年 月 日發文 字第 號
三十 年 月 日收文 字第 號

月 日校對 月 日歸檔
月 日繕寫 月 日封發
月 日擬稿 月 日蓋印

温江县出征抗敌军人家属优待委员会指令（一九四五年四月十八日）

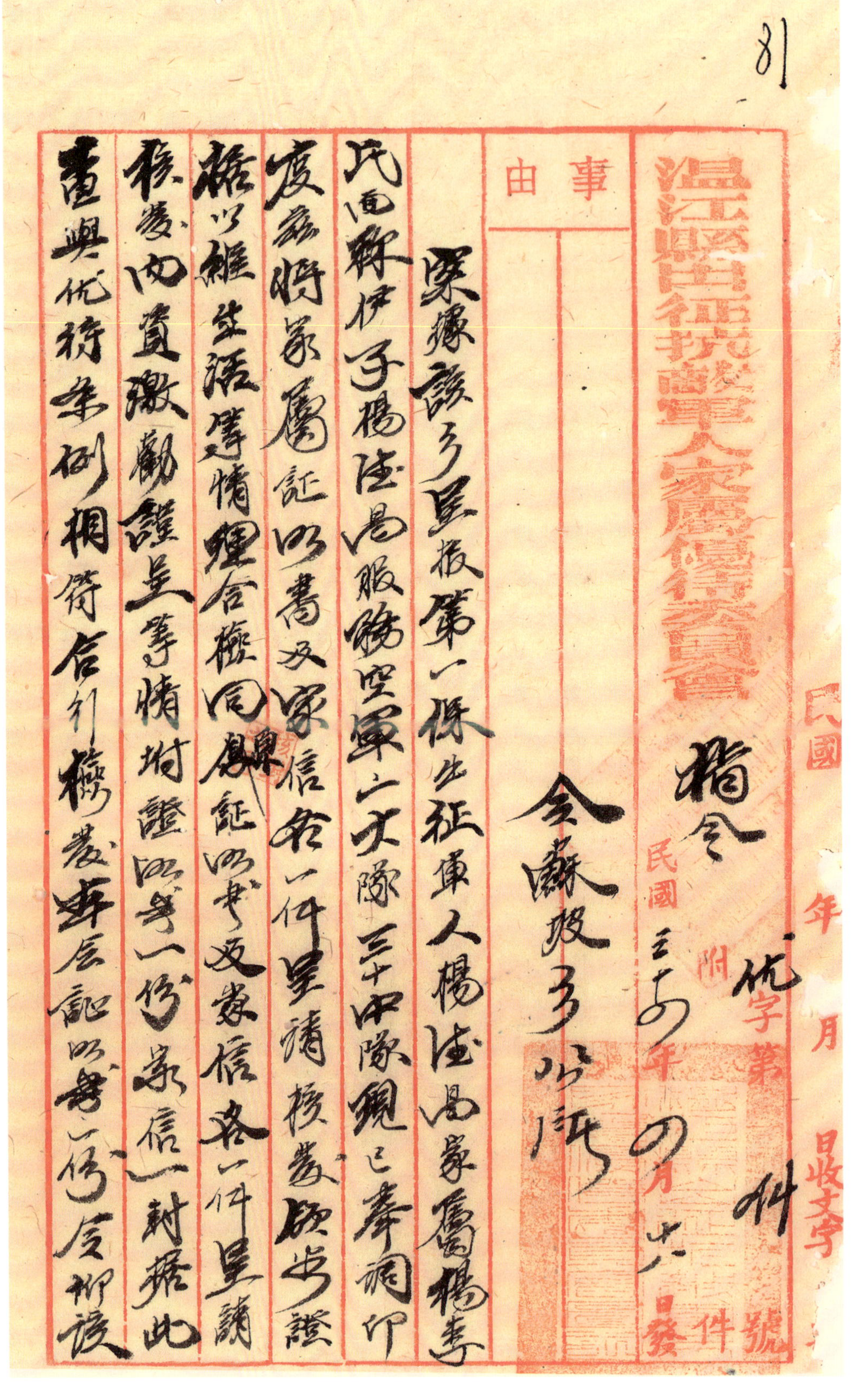

81

温江縣出征抗敵軍人家屬優待委員會

指令 優字第 號

附件

民國三十四年四月十八日發

令蘇坡鄉公所

事由

案據該鄉呈報第一保出征軍人楊陸昌家屬楊壽氏呈稱，伊子楊陸昌服務空軍第二大隊三十四中隊，現已奉調印度，茲將家屬證明書及家信各一件呈請核發優待證據，以維生活等情，理合檢同原證明書及家信各一件呈請核發，以資激勸。謹呈。等情，附證明書一份、家信一封。據此，查與優待條例相符，合行檢發優待證明書一份，令仰該

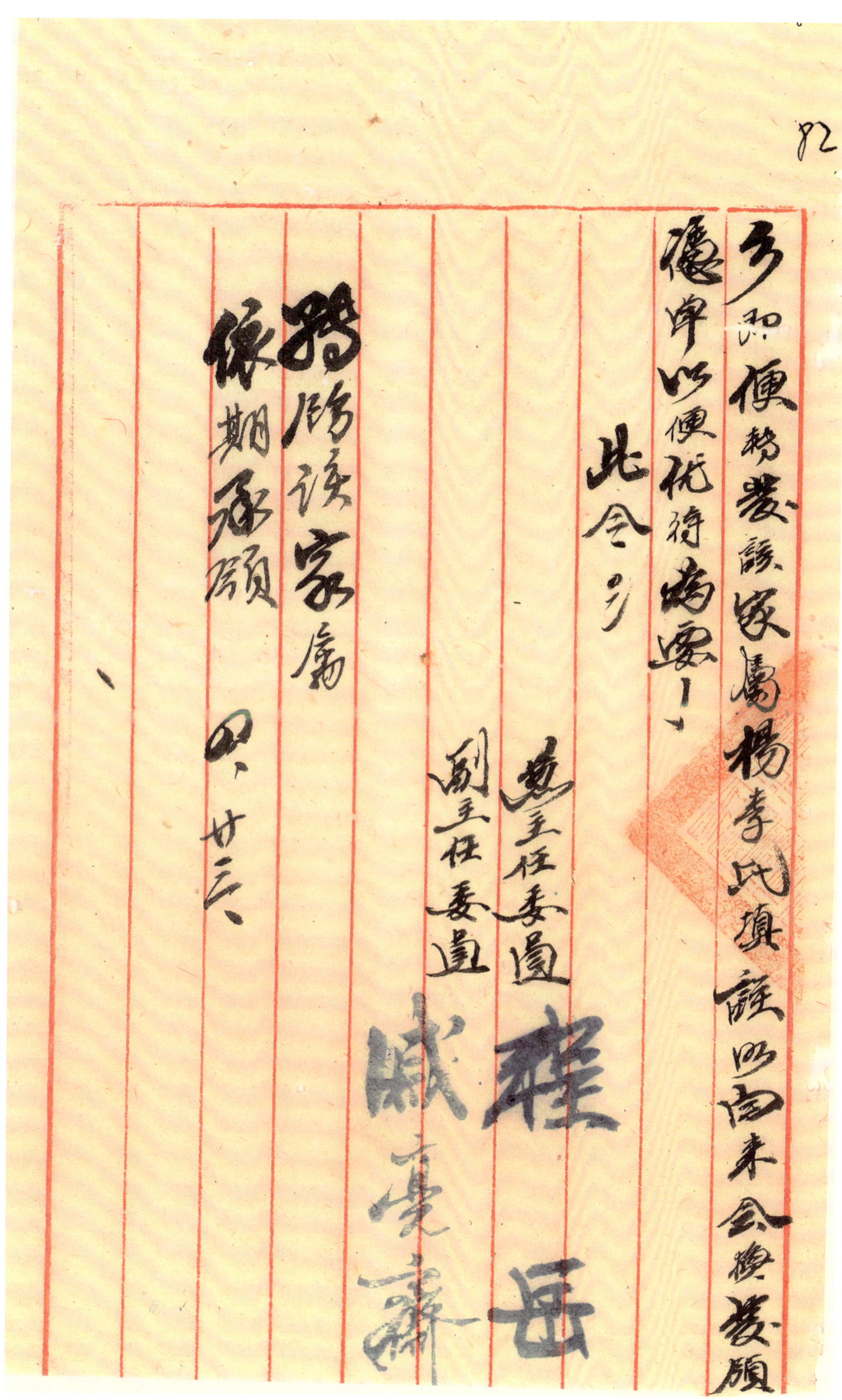

﹂即便轉發該家屬楊孝氏填具證明書來會換發領

憑摺以便優待爲要！

此令。

主任委員 程岳

副主任委員 [illegible]

飭該家屬

依期承領

四、廿六

温江县苏坡乡公所关于报送发放优待积谷数量表、军粮和机关食米积谷数量表及积谷账单致县政府的呈

（一九四五年六月四日）

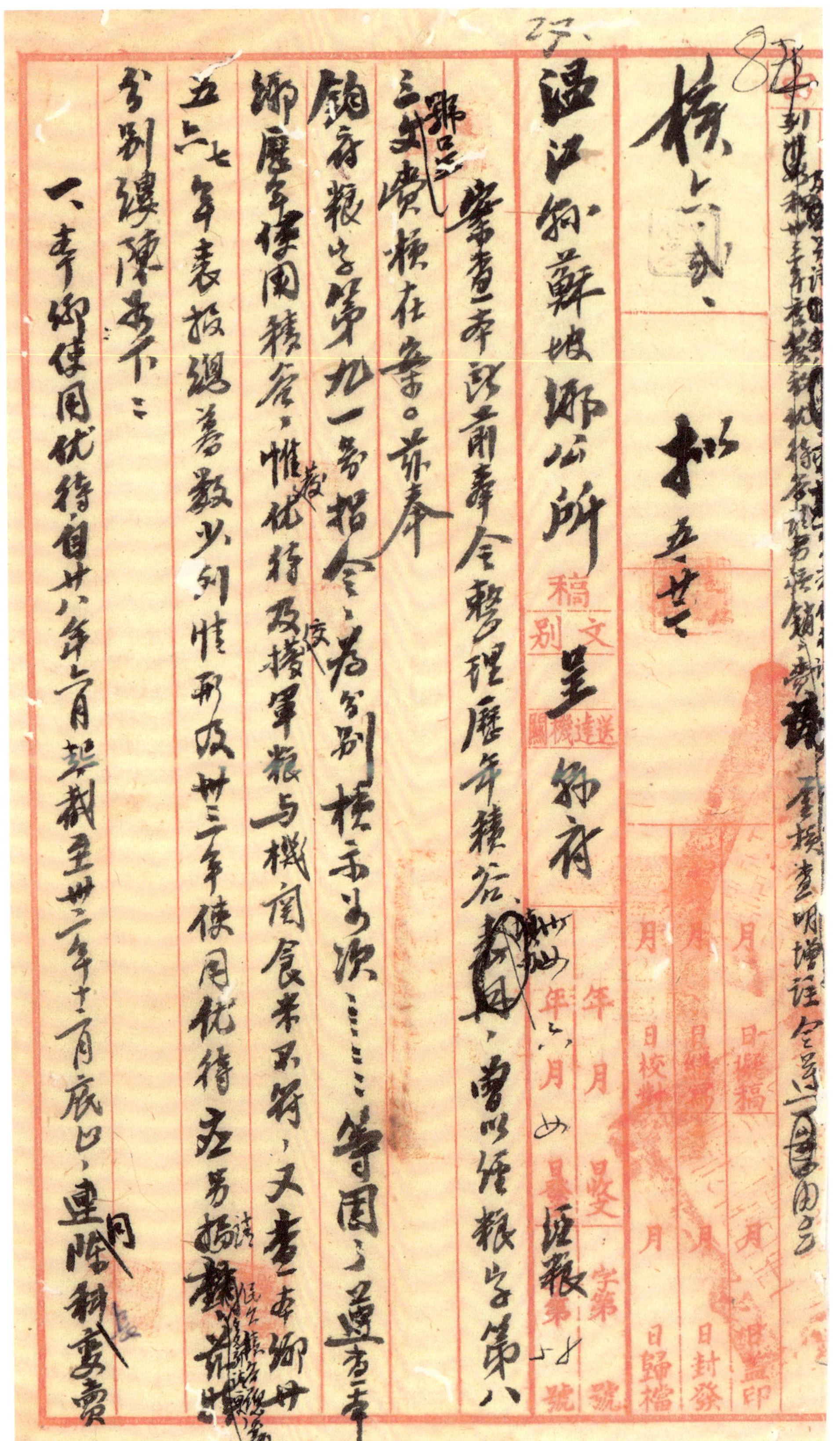

85

事由

查短陆市石、共少什零壹担柒，□、奉由少列[illegible]……請

予補足以昭公。

六、本鄉卅年至卅一年奉撥交政鹽撥軍糧和機關食米，共玖佰壹拾伍市石壹斗伍升伍合（均有收據），奉文少列捌佰壹拾伍市石壹斗伍升伍合，請予增補以符。

三、本鄉廿五、六、七年積谷，表據總募數少列伍拾捌市石壹斗零升，

即丹撥羞數谷、係王前任移交積谷案不符之數，（惟升合因折算係估小有出入）

既予剔除，責由前任，請予令飭繳償。

四、本鄉卅三年度發放優待谷，計壹佰捌拾捌市石，飯示易

撥，請予在卅二年度本鄉倉存積谷數下註銷。

五、本鄉歷年民欠積谷，實計捌佰捌拾捌市石玖斗壹升，奉文

名列伍拾捌石壹陆捌，係以王任移交卅五、六、七年差數谷誤入，請

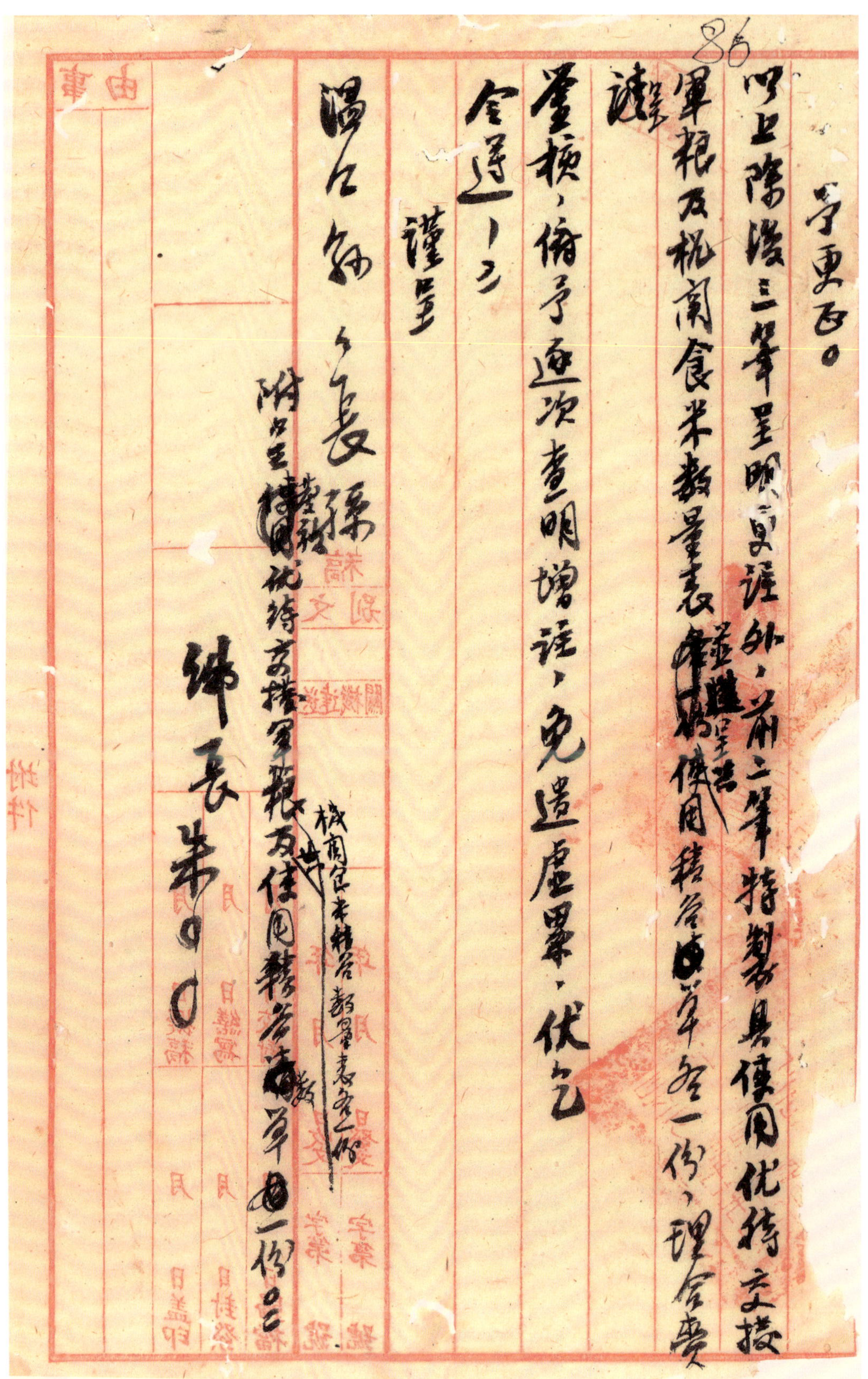

予更正。

以上除涉三笔呈明另案注外，前二笔特制具优待交接军粮及机关食米数量表、使用粮谷单各一份，理合赍请

鉴核，俯予通饬查明增注，免遗虚罪，伏乞

令遵！

谨呈

温江县县长孙

附呈：优待交接军粮及使用粮谷单各一份、机关食米数量表各一份

乡长朱○○

附（一）温江县苏坡乡公所造具自一九三九年起至一九四三年十二月止共发放使用优待积谷数量表

87

溫江縣蘇坡鄉公所造具自二十八年起至三十二年十二月止共發放使用優待積谷數量表

年度	用途	數量		報銷呈文字號	奉准指令字號	備考
二十八年	陳科長交豐作優委會基金	16	000	糧倉字第0017號	縣軍民字第2[illegible]3號	
二十九年	優待	128	000	二十九年十二月二十四日未列字號文報	縣軍字第21號及兵役會優字第[illegible]號	
三十年	優待	144	000	糧倉字第[illegible]號文報	縣兵役會未列號（係三十年九月[illegible]）	
〃〃〃	優待	72	000	糧倉字第20號文報	縣兵役會優字第64號	
〃〃〃	優待	94	000	經字第6號文報	縣[illegible]字第84號及兵役會役字第16號	
三十年[illegible]月至三十一年	優待	245	000	警優字第109號文報	縣[illegible]字第1189號及優委會111號指令	
三十二年	優待	161	000	警優字第16號文報	縣軍字第1793號及優委會11[illegible]號指令	
〃〃〃	優待	140	000	警優字第418號文報	縣兵字第39號	
合計		1014	000			

鄉長朱伯丞　　　製表余文濬

附（二）温江县苏坡乡公所造具交拨及超拨军粮和机关食堂积谷数量表

88

溫江縣蘇坡鄉公所造具交撥及超撥軍粮和機關公堂積谷數量表

年度	用途	交撥數量（市石）		奉撥文字號及函件	備考
三十年	財委會建機場	136	364	粮三字第1087號手令	
〃〃〃	財委會交縣總收[illegible]	363	636	溫粮三字第577號手令	
〃〃〃	撥特務團	54	546	方副主任及陳局長函二件	
〃〃〃	撥二十四軍一三七師八一八團一營	90	909	溫粮三字第575號手令	
〃〃〃	撥四十七軍	28	410	溫粮三字第122[illegible]號手令	
〃〃〃	軍粮超撥	166	291	溫粮字[illegible]號撥米總清單批明	
三十一年	撥財委會	40	909	溫粮三字第60號令	
〃〃〃	撥財委會	34	090	溫粮三字第56號手令	
合計		915	155		

鄉長 朱伯丞　　製表 [illegible]澄

附（三）温江县苏坡乡公所造呈自一九三九年六月起至一九四三年十二月底止共使用积谷账单

89

溫江縣蘇坡鄉公所造呈自廿八年六月起至三十二年十二月底止共使用積谷賬單

		備考
1、	建倉谷：壹百式拾式市石肆斗肆升。	
2、	優待谷：壹仟零壹拾肆市石，	查本鄉前採辦理積谷
3、	運費谷：肆拾市石，	使用數計叁仟伍百叁拾
4、	教[illegible]人員食米谷：叁百式拾捌市石伍斗陸升叁合，	伍市石陸斗捌升[illegible]，除除
5、	平糶谷：肆百伍拾肆市石伍斗肆升伍合，	卅三年度發放代谷[illegible] [illegible]
6、	收購及超撥軍糧與撥城關食米谷：玖百壹拾伍市石壹斗伍升伍合，	[illegible]
7、	撥魚鎮平糶谷：壹百肆拾市石，	谷伍拾[illegible]
8、	撥本鄉平糶谷：壹百陸拾市石，	升捌合共[illegible]
9、	撥司法處囚糧谷：叁拾肆市石壹斗，	[illegible]
10、	折耗谷：玖拾肆市石柒斗零玖合，	市石伍斗[illegible]升式合，
11、	[illegible]積谷收據谷：壹拾市石，	
合計	以上十一筆共使用積谷：叁仟叁佰壹拾叁市石伍斗壹升式合，	

鄉長 朱伯[illegible]　　製表 余文澄

空军家属、温江县苏坡乡公所等关于办理空军家属杨文楷、杨华章优待事宜的一组文件

空军家属杨文楷致苏坡乡公所的报告（一九四五年六月二十一日）

867

51

報告 六月廿一日於溫江蘇坡鄉十保七甲

事由：為民因去歲疏散於此，人地生疏，一切頗覺束手，故去歲繳納糧米之際，託本甲甲長張金福代為繳納，當時誤將困畝糧弍斗肆升亦並繳納，至今業主詢問方知。民則問伊亦言已繳納清楚。特犬子返家時告知，犬子稱：「據軍政部卅一年八月十六日信役字七八〇〇號函，航委会所屬官兵均以現役軍人論。」今犬子効役空軍，可受一切優待，去歲又函呈縣府免派捐款，業經縣座批示恩准，可免一切捐款在案。民擬懇請鈞座查驗下情，將此次誤繳之困畝糧弍斗肆升發還於民，則实沾德便，感恩非淺。所請是否，理當伏乞

遵示

謹呈

副鄉長 劉 核轉

鄉長 朱 鑒核

農民 楊大楷 呈

報告悉。着將該民子姓名及服務機關地点現住

職務開列並連同呈奉

務長批准文件呈驗候再奪！二

此批。

五、六、

經糧第[illegible]號批

航空委员会机件修造厂致苏坡乡公所的公函（一九四五年七月七日）

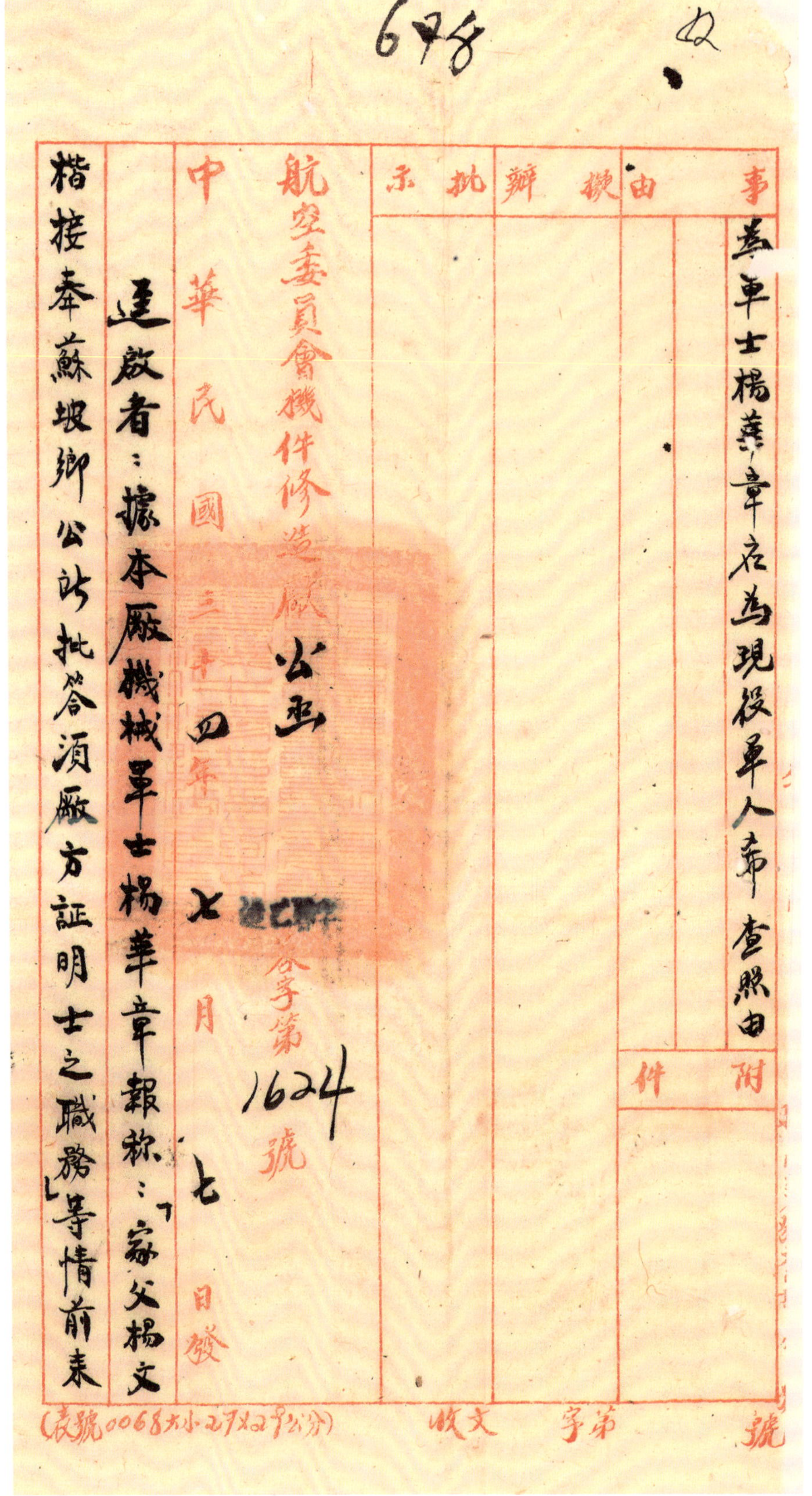

678

事由：為軍士楊華章應為現役軍人希查照由

附件

擬辦

批示

航空委員會機件修造廠 公函 造乙秘字第1624號

中華民國三十四年七月七日發

逕啟者：據本廠機械軍士楊華章報稱：「家父楊文楷接奉蘇坡鄉公所批答須廠方証明士之職務」等情前來

(表號0068 大小27X19.5公分)

收文 字第 號

查軍士楊華章一名在廠服務有年按照軍政部三十二年八月十六日信役務字第七八〇〇号公函規定該楊華章確為現役軍人相應函達即希

查照為荷

此致

温江縣蘇坡鄉公所

代廠長鄔剛 如

既經証明准予在本年內征案闕征時

抄白送可也

七、十五

温江县苏坡乡公所致航空委员会机件修造厂的公函（一九四五年七月十三日）

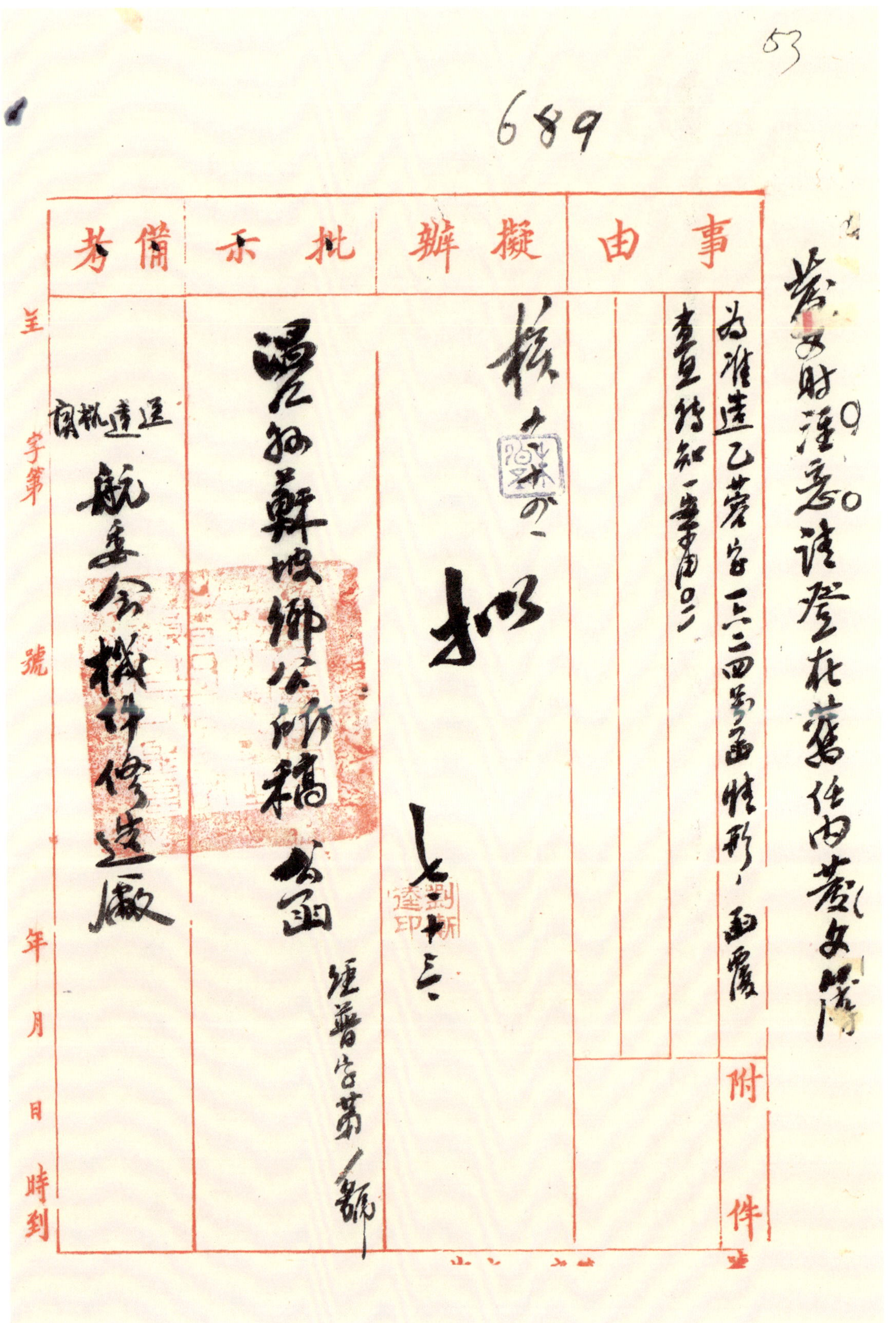

689

事由	擬辦	批示	備考
為准造乙管字一六二四號函情形，函覆查照轉知一案由	核 擬 七十三		

附件

溫江縣蘇坡鄉公所稿 公函

經普字第　號

呈送機密送 航委會機件修造廠

呈　字第　號　年　月　日　時到

逕復者：案准

貴廠造乙（船）字第一六二四號公函，為軍士楊葉育應

為現役軍人，囑即查照，等由。過所□貴廠楊文楷前

招考有子在效服役，安分服務，受一切優待，歷卅三年徵（撤）職

調機械處，當飭將該子姓名及船務機關地點、現任職

務開列來處，再核在案，前既經證明，准予在本年

度招考開始時知照，准函前由，相應函復

查照轉知該員知照為荷！

此致

航空委員會機械修造廠

處長 朱〇〇

温江县政府关于奉电转发故兵曾肇初恤令及军人户籍调查表致苏坡乡公所的训令（一九四五年九月）

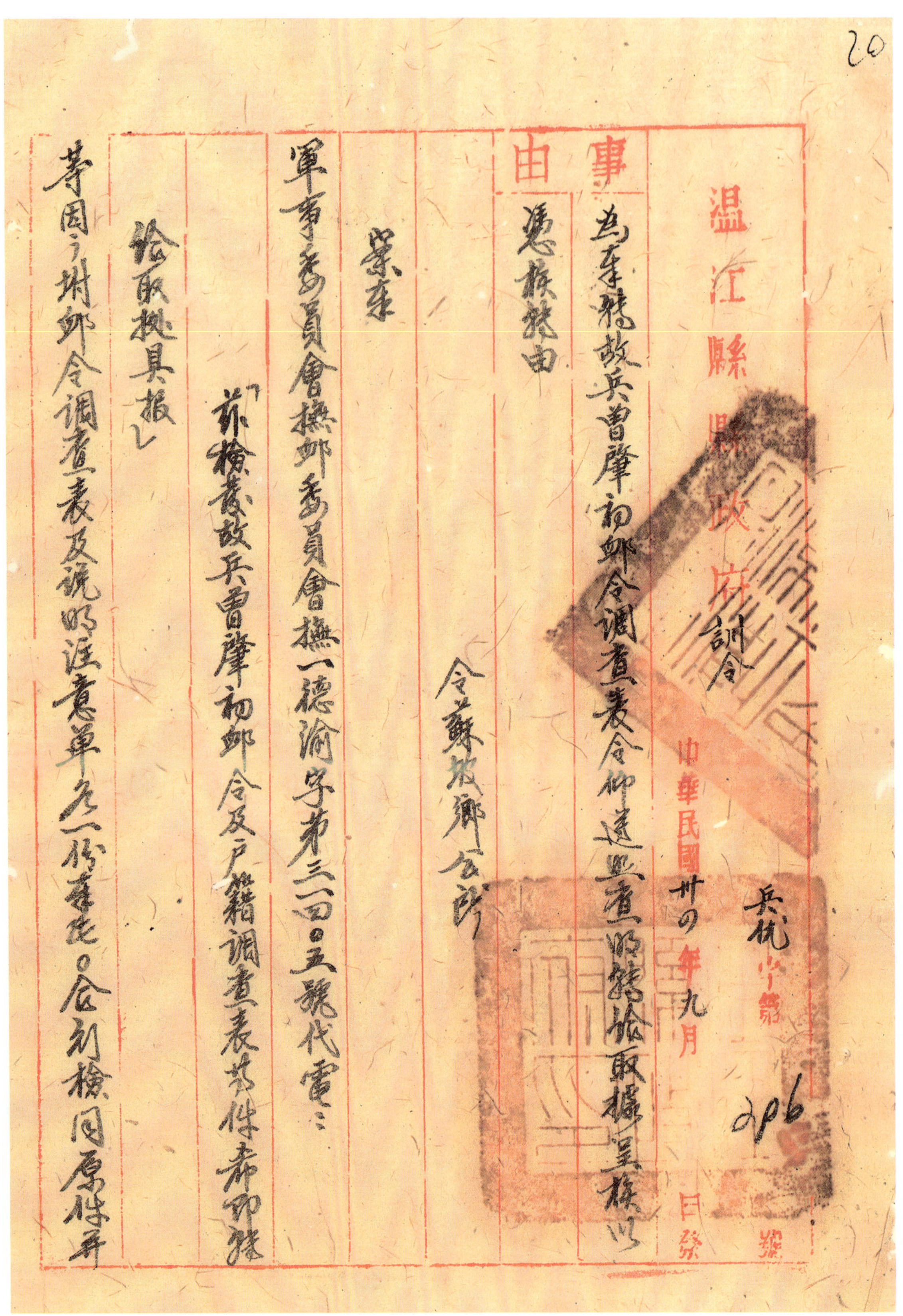

20

温江縣政府訓令　兵（抗）字第 206 號

中華民國卅四年九月　日發

事由：為奉轉故兵曾肇初卹令調查表令仰遵照查明轉給取據呈核以憑核轉由

令蘇坡鄉公所

案奉

軍事委員會撫卹委員會撫一穗渝字第三〇四〇五號代電：「茲檢發故兵曾肇初卹令及户籍調查表各件希即轉給取據具報」

等因；附卹令調查表及說明注意單各一份奉此。合行檢同原件并

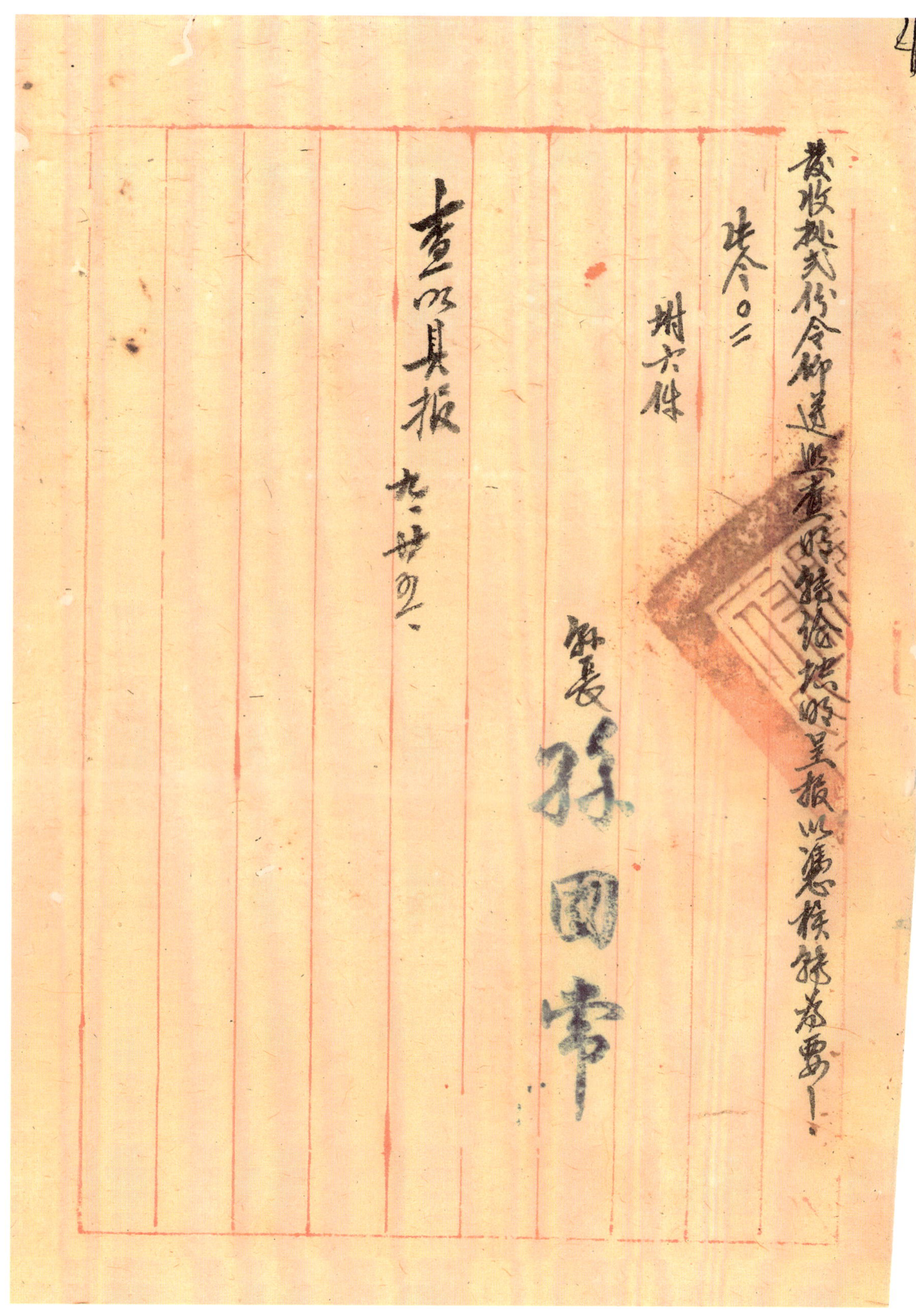

茲收執式份令仰遵照查明詳繪地形呈報以憑核辦為要！

此令〇二

附六件

部長 孫國常

查收具報

九、廿四、

附（一）具领恤令领样

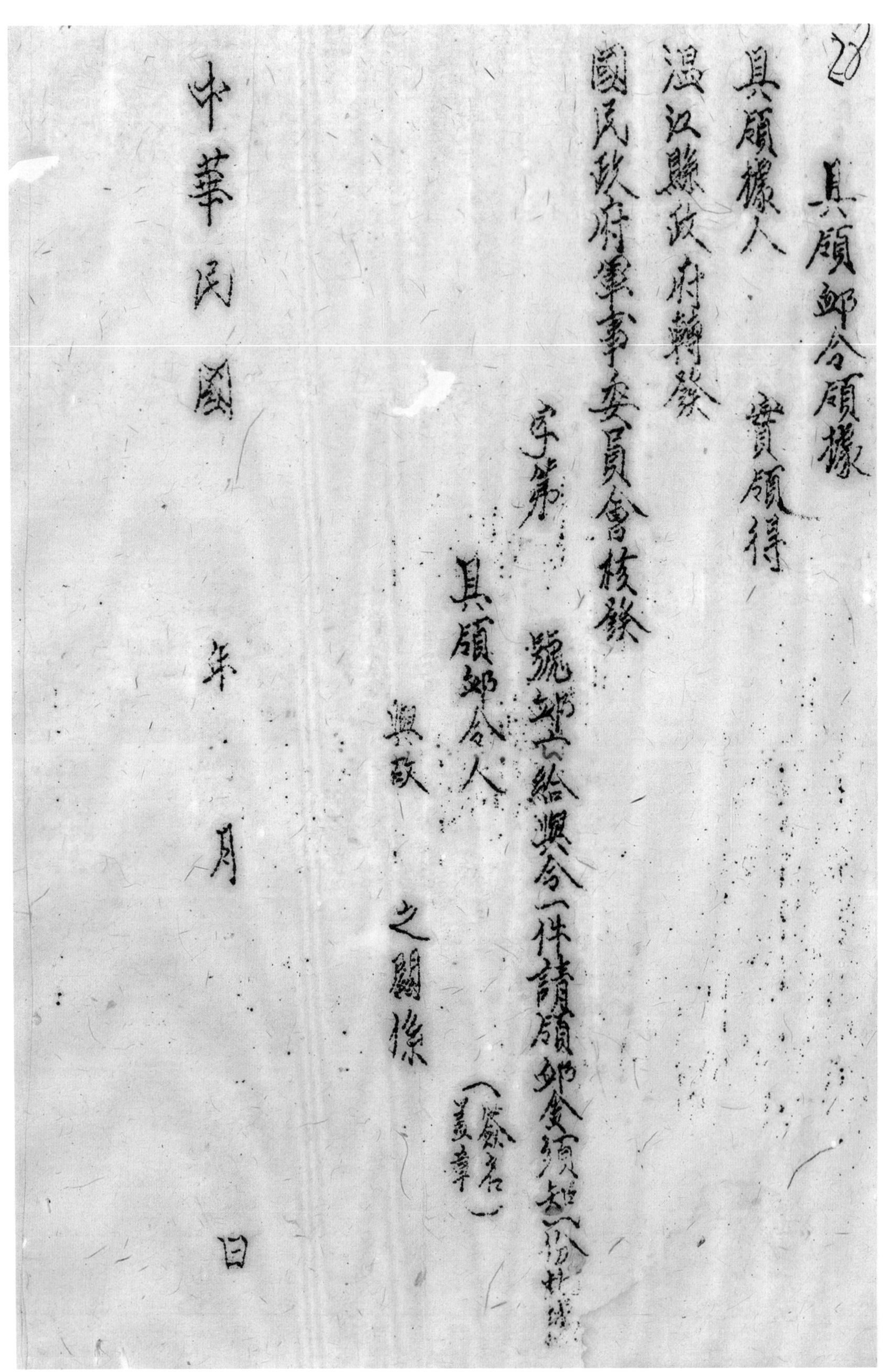

28

具領卹令領據

具領據人　　實領得

温江縣政府轉發

國民政府軍事委員會核發

字第　　號卹令　給與令一件請領卹金須知（附抄件）

具領卹令人　　（簽名蓋章）

與故　　之關係

中華民國　　年　　月　　日

具領卹令保證書

具保證人　　今保得　　確係已故

之遺族實應領得

溫江縣政府轉發

國民政府軍事委員會　　字第　　號卹亡給與令一件請領卹

金須知一切倘有冒頂朦蔽情事保證人願受懲處此證

保證人　　鄉鎮第　　保保長（蓋章）

　　　　　　　保第　　甲甲長（蓋章）

承領卹令人與故　　之關係

中華民國　　年　　月　　日

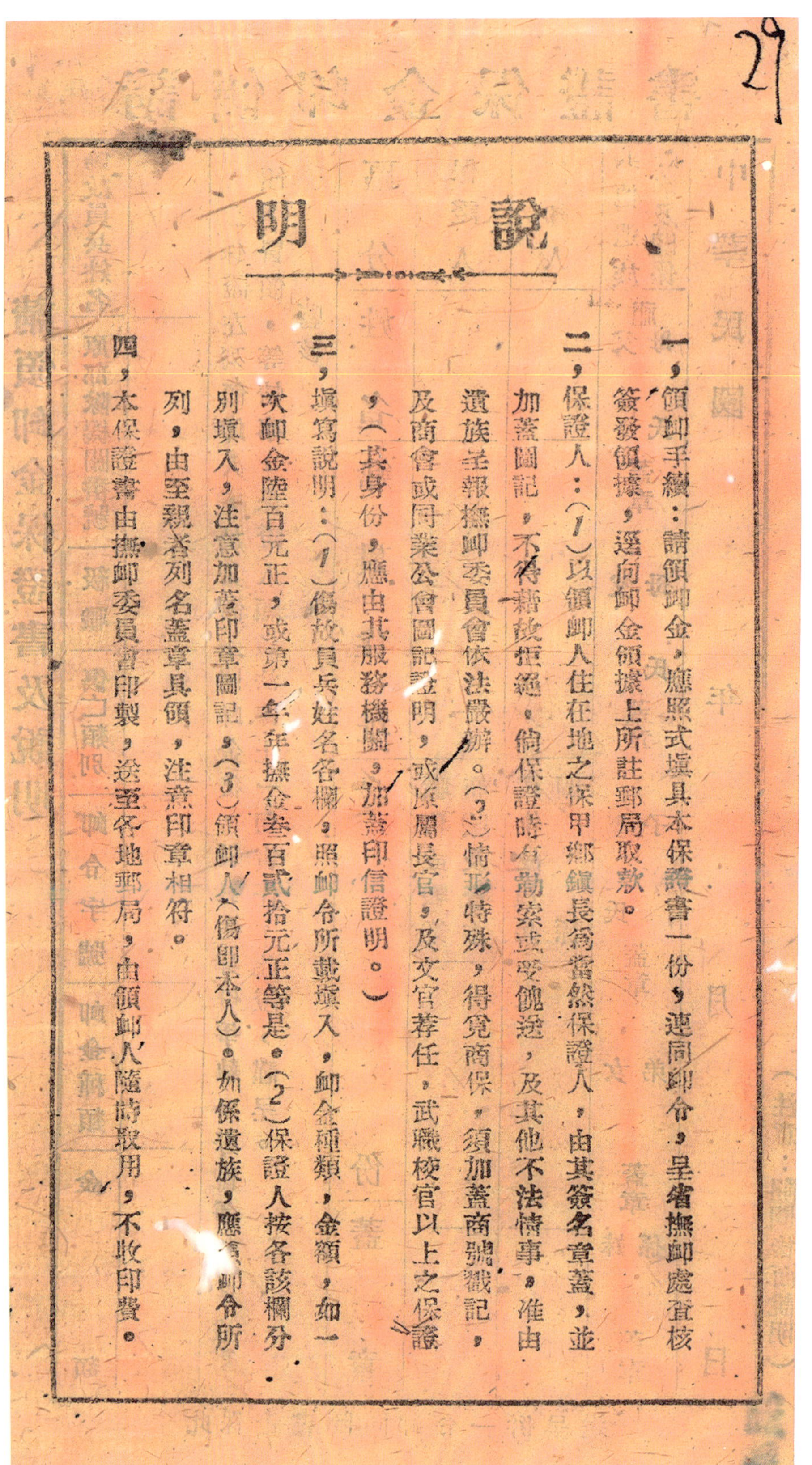

說明

一，領卹手續：請領卹金，應照式填具本保證書一份，連同卹令，呈省撫卹處查核簽發領據，逕向卹金領據上所註郵局取款。

二，保證人：（1）以領卹人住在地之保甲鄉鎮長爲當然保證人，由其簽名章蓋，並加蓋圖記，不得藉故拒絕。倘保證時有勒索或受餽送，及其他不法情事，准由遺族呈報撫卹委員會依法嚴辦。（2）情形特殊，得覓商保，須加蓋商號戳記，及商會或同業公會圖記證明，或原屬長官，及文官薦任，武職校官以上之保證，（其身份，應由其服務機關，加蓋印信證明。）

三，填寫說明：（1）傷故員兵姓名各欄，照卹令所載填入，卹金種類，金額，如一次卹金陸百元正，或第一年年撫金叁百貳拾元正等是。（2）保證人按各該欄分別填入，注意加蓋印章圖記。（3）領卹人（傷卹本人）。如係遺族，應依卹令所列，由至親者列名蓋章具領，注意印章相符。

四，本保證書由撫卹委員會印製，送至各地郵局，由領卹人隨時取用，不收印費。

領卹人注意！

現在本會為便利領卹人起見，已經委託郵政局發給卹金。你們以後領卹，不須親自跑到本會，或縣政府，也不需要填具領據，只要到當地郵政局，或郵政代辦所，免費索取保證書，（附發一份備用，又一次卹金與各年年撫金，應分別各填一份。）照保證書內說明之規定辦理，並由領卹人於保證書左側填註指定住在地通匯之郵局。辦好後連同卹令，一併寄至駐在省撫卹處（但川康兩省及重慶市，則逕寄本會辦理，）俟簽發領據。並發還卹令後，即再持同原件，及原蓋用保證書之私章，向領據上指定之郵局領款。

軍事委員會撫卹委員會

31

民國 年 月 日領訖	民國 年 月 日領訖	民國 年 月 日領訖	民國 年 月 日領訖	民國 年 月 日領訖	民國 年 月 日領訖	民國 年 月 日領訖	民國 年 月 日領訖	民國 年 月 日領訖	民國 年 月 日領訖
民國 年 月 日領訖	民國 年 月 日領訖	民國 年 月 日領訖	民國 年 月 日領訖	民國 年 月 日領訖	民國 年 月 日領訖	民國 年 月 日領訖	民國 年 月 日領訖	民國 年 月 日領訖	民國 年 月 日領訖

附記

一、卹亡給與令内應發之卹金，概由本會撫卹委員會撥交各省市政府轉發各該遺族得有此令後，一次卹金得隨時備具正副領據保證書檢同卹亡給與令向當地省市縣政府具領，如其地方情形特殊或經特准及其住地鄰近者，并得向會撫卹委員會直接領取或開具地址請求匯寄。

一、年撫金按照頒發卹亡給與令之年份於每年四月以後備具領據保證書檢同卹亡給與令向當地省市縣政府具領當年應領之卹金，各該當地省市縣政府并應隨到隨發不得以任何理由藉詞推延。

一、各省市政府於每年份開始之日應發卹金數目造具清冊送請本會撫卹委員會撥款轉發每年份内並有繼續奉准之卹案其卹款應於本年份内發給者則應按月另行造送清冊以便核撥卹款。

一、此項遺族卹金受領人規定如下（一）父母（二）死亡者之妻及子女（再醮或出嫁者不在内下倣此）以上俱存者應計口均分（三）無上列遺族時給其祖父母及孫（四）以上遺族俱無者，給其未成年之胞弟妹（給至其成年為止）

一、得此令者無論遷徙何地均可呈請當地省市縣政府發給卹金。

一、受領年撫金者如有下列事故之一即停止年撫金并註銷卹金給與令（一）喪失中華民國國籍而無其他合法遺族者（二）免官或判處徒刑三年以上而無其他合法遺族者（三）第二十條列舉之遺族全部死亡者（四）自卹令領到之日起五年之内未曾具領卹金或按年具領卹金忽然連續停領逾五年以上者（但有特殊情形者不在此限）

一、此令已經取消違章具領或冒領他人之卹金，除加倍處罰外，并科以應得之罪

一、此令若有遺失受卹人應登報聲明作廢，并補填請卹調查表，檢具報紙邀同聯保親到當地民政機關具結呈報軍事委員會查核補發，惟卹令上加蓋補發字樣，舊卹令即無效。

一、此令不得賣讓典質及抵償貨財債務等等違者查明註銷。

附（三）四川省温江县现役军人户籍调查表

四川省市温江縣現役軍人户籍調查表　32

姓名	曾肇[illegible]	别號		服務機關或部隊	新十六師四十八團二營六連	調查時之級職	[illegible]	年齡	四　四	出生年月日	民前一〇五、一五、
出身	商			任職或入伍日期	一七、六、一	特徵相貌		永久及現在通訊處	温江縣蘇坡橋郵局轉妻收		相片

住址	
世居	四川省温江縣(市)　鎮　蘇坡　鄉　一　保　七　甲　户或　街　巷第　號門牌
現住	四川省温江縣(市)　鎮　蘇坡　鄉　一　保　七　甲　户或　街　巷第　號門牌

家屬及同居親屬人口

稱謂	姓名	年齡	存歿	職業	服務處所	是否中國國民黨員
祖父						
祖母						
父						
母						
妻	彭氏	三六	存	商		
子	道元	一五	存	商		
子	道德	一三	存			
女						
胞弟						
胞妹						
孫						

備攷

1. 該兵遺族有妻一子二共計三人
2. 該兵遺族生活無着
3. 該兵遺族住址永久不變

調查　年　月　日

温江县政府关于颁发陆海空军阵亡官兵遗族抚恤公粮改发代金领发办法及粮食部一九四五年十月份分区代金价目表致苏坡乡公所的训令（一九四六年三月二十八日）

事由：為奉頒發陸海空軍陣「死」亡官兵遺族撫卹公粮改發代金暨粮食部三十四年十月份分區代金價目表各壹份令仰遵照由

温江縣縣政府訓令　軍卹字第　號

民國三十五年三月　日

令蘇坡鄉「鎮」公所

案奉

四川省政府三十五年二月民田財二卹字第〈01569〉號訓令開：

案奉軍事委員會撫卹委員會撫（崇渝字第〈40330〉號訓令：茲為辦卹抗戰陣亡官兵遺族起見，特自卅四年始每戶按年發給撫卹公粮七石二斗，按照粮食部調查各省粮價標準，分別折發代金，合行核發陸海軍陣（死）亡官兵遺族撫

28

卹公粮改發代金領發辦法」一份及「粮食部三十四年十月份分區代金價目表」一份令仰轉飭所屬一体知照並錄令張貼登報公告為要」

等因奉此，除公告外合行抄發陸海空軍陣「死」亡官兵遺族撫卹公粮改發代金領發辦法一份粮食部三十四年十月份分區代金價目表一份令仰該鄉「鎮」即便遵照為要！

此令。〃

附發陸海空軍陣「死」亡官兵遺族撫卹公粮改發代金領發辦法及粮食部三十四年十月份分區代金價目表各壹份

縣長 孫國帝

遵 の 之

附（一）陆海军阵（死）亡官兵遗族抚恤公粮改发代金领发办法

陸海軍陣（死）亡官兵遺族撫卹公粮改發代金領發辦法

第二條　陣亡或死亡官兵遺族自三十四年度起不論階級及遺族之多寡每户每年應隨卹令隨同卹金發給撫卹公粮（以下簡稱撫粮）七石二斗改發代金自三十四年度起發給但補領三十三年以前各一份卹金者不得發給撫粮代金又發卹年限之計算係卹令填發年度計算起至三十三年底止者不發撫卹公粮如遺族有數人而願有分領執照者所領撫卹代金得照分領執照平均分領之

第四條　撫粮代金給與標準以每年五月初旬以命令公佈之

第五條　撫卹代金應按卹令所載死亡官兵原籍所屬地區糧食部核定價格發給但遺族如有異動時應先報請本會或各地撫卹處備案并取得當地縣政府及鄉鎮保甲長或警察或服務機關證明確係當地文件後向核發機關申請按遷移區核定價格發給

第六條　遺族遷移地區核定撫粮價格與原籍地區較有高低者均按遷移

地區標準核發之

第七條　凡遺族請領撫糧代金應在領卹時同時辦理除保証書准備一份外卹金與撫糧代金應分別填具領據各一份不得併列一張以便報銷前項撫糧領據格式另案規定之在未規定前暫用卹金領據（如附式二）

第八條　凡遺族未及請領三十四年撫糧代金得在三十五年領卹時併案補領但須分別年度及科目造填具書據報核呈卹處依例請領三十四年以後各年度如繼續發給撫糧代金而有類似前項情事者均仿卹金領據（如附式二）

第九條　撫糧代金經發訖後須在原卹令上加蓋某年度撫糧發訖戳記（如附式三）以資識別而免重發如漏蓋戳記而致重發時須由核發機關照數賠償並予以處分

第十條　本會各省撫卹處發給撫糧代金得援卹政發卹辦法辦理但卹金及撫糧代金領據與支付書存根應分別編號填造不得混淆

第十三條 此項領據及保証書暫就卹金領據改用之但須註明遺族詳細住址（各撫卹處處）得發現隨時通信查對如有不實不盡情事保証人應負賠償及法律上一切責任

附式一

糧食部三十四年度核定各省區糧價標準表

省別	每年標準價格	
江浙皖區	五百元	
湘鄂贛區	六百元	
閩台區	四百五十元	
粵桂區	五百五十元	
雲貴區	七百五十元	
川康滇黔區	一千元	
新疆區	一千七百八十元	
冀魯晉豫區	七百五十元	
察綏熱區	八百元	
陝甘寧青區	六百八十元	

說明：每戶每年以七石貳斗計算

粮食部三十四年度十月份分區代金價目表

區別	包含省份	代金單價	備考
第一區	江浙皖	五〇〇〇〇	弦
第二區	湘鄂贛	六〇〇〇〇	
第三區	東九省	七五〇〇〇	
第四區	閩台	四五〇〇〇	
第五區	粵桂	五二〇〇〇	
第六區	川康滇黔	一五〇〇〇〇	
第七區	陝甘寧區	六八〇〇〇	
第八區	新疆	一七八〇〇〇	
第九區	冀魯豫晉	七五〇〇〇	
第十區	熱察綏	八〇〇〇〇	

附式三

平襟粮發乾

温江县政府关于奉令抄发领恤邮寄信件优待办法的布告（一九四七年三月十九日）

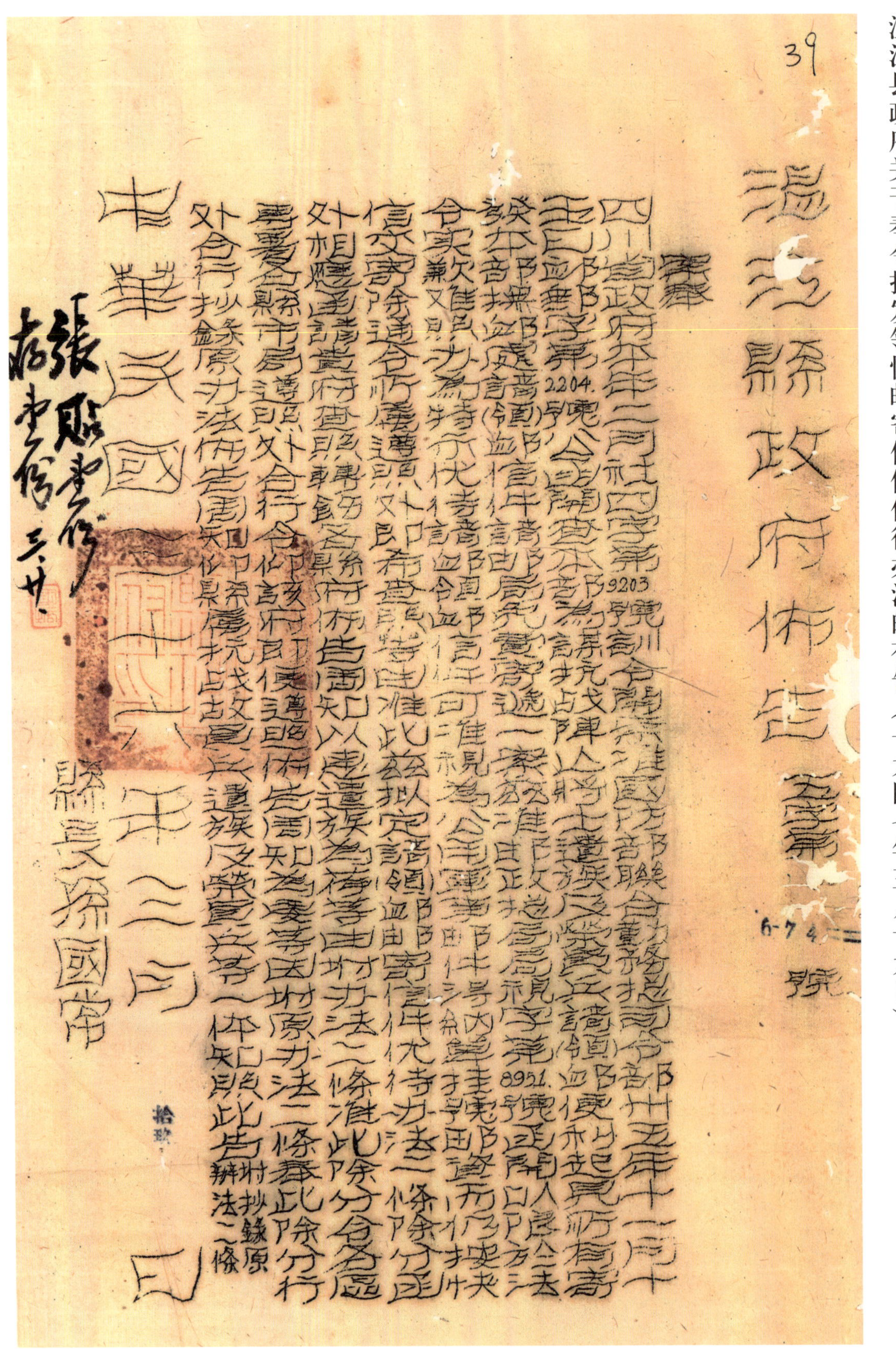

39

温江縣政府佈告 [illegible]字第 號

6-74

案奉

四川省政府本年二月社四字第9203號訓令開案准國防部聯合勤務總司令部卅五年十一月十五日部卹字第2204號公函開查本部為表抗戰陣亡將士遺族及榮譽兵請領卹便利起見所有寄發本部撫卹處證書令卹信件書由局免費寄遞一案茲准交通部郵政總局視字第8951號代電開[illegible]令家屬請卹領卹信件可准視為公[illegible]郵件[illegible]合實欵[illegible]信交寄除遵令分行遵照外即布告[illegible]准此茲擬定請領卹由寄信件優待辦法一條除分令各處外相應函請貴府查照轉飭各縣府佈告周知以慰遺族為荷等由附辦法二條准此除分令各處專電各縣市局遵照外合行令仰該府即便遵照佈告周知為要等因附原辦法二條奉此除分行外合行抄錄原辦法佈告周知仰縣屬抗戰故員兵遺族及榮譽兵等一體知照此告 附抄錄原辦法二條

中華民國三十六年三月 日

縣長 張國常

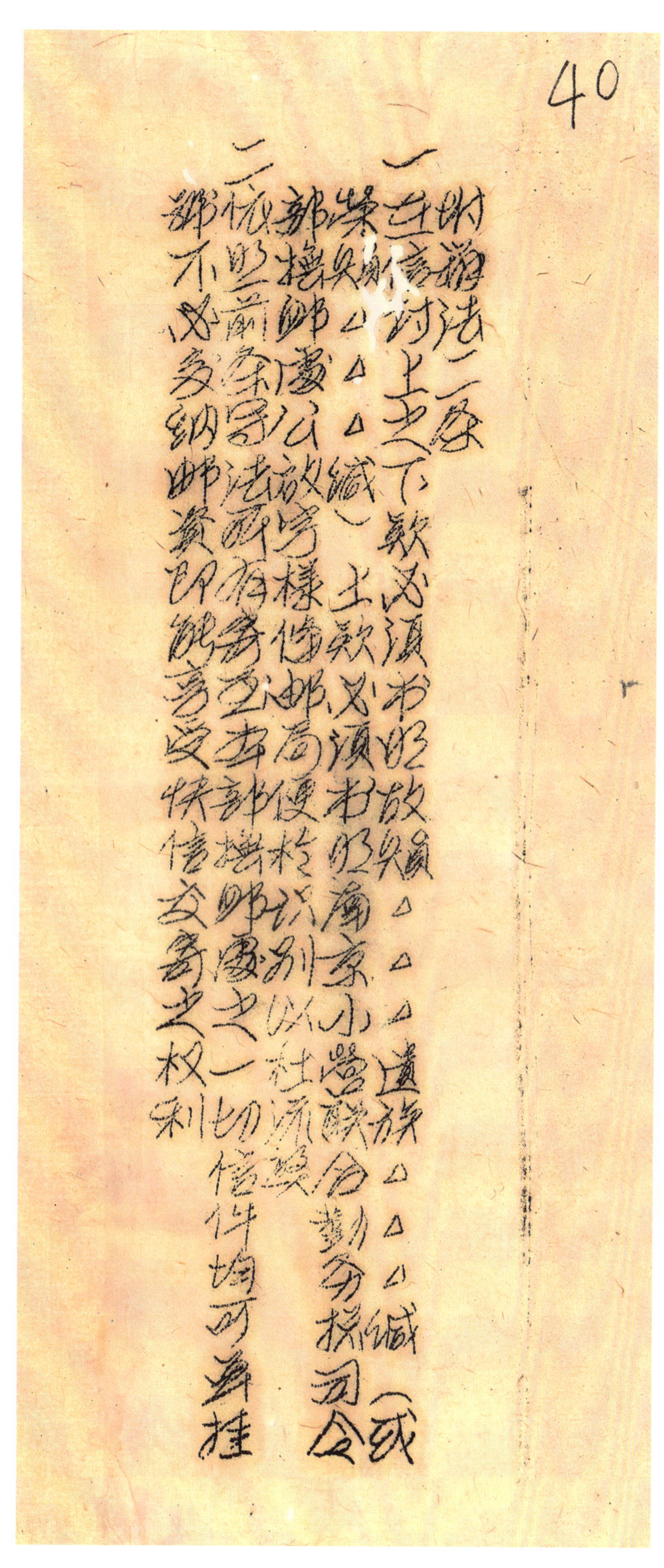
40

附办法二条

一、在信封上之下款必须书明故职△△△遗族△△△职（或某职△△△职）上款必须书明南京小营联合勤务总司令部抚恤处公启字样俾邮局便于识别以杜流弊

二、依照前条写法所有寄至本部抚恤处之一切信件均可免挂邮不必多纳邮资即能享受快信交寄之权利

（二）华阳县

华阳县第一区区署关于奉转出征将士及义勇壮丁优待条例致保和场保长联合办公处的训令

（一九三七年十月十七日）

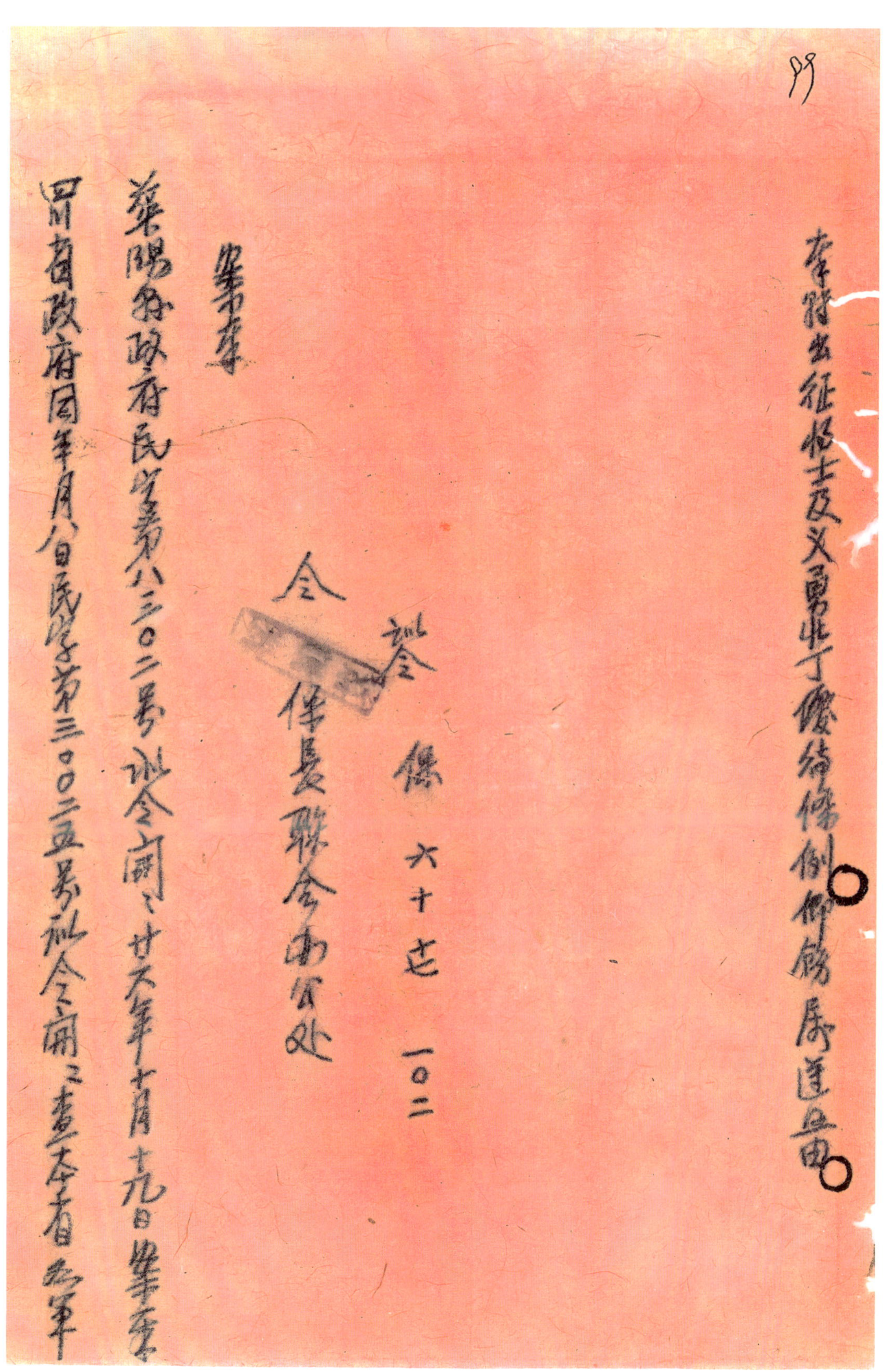

奉转出征将士及义勇壮丁優待條例仰飭遵由

訓令 保六十起 一〇二

令 保長聯合辦公處

案奉

華陽縣政府民字第八三〇二号訓令開：廿六年十月十九日案奉

四川省政府同年月八日民字第三〇〇二五号訓令開：查本省為軍

將士及各市縣义勇壯丁或則奉調出川預備參加抗戰或則到京受
訓從作前綫補充兵任務之艱鉅而忠義則一致凡有血氣莫不同
欽惟出川之後公而忘家义無返顧誠屬策勵酬庸國家有日
勸勇勵士優待舉凡宜先庶無爱國男兒益形振奮征人家
屬生活無虞抗戰前途良多利賴本府有鑒及此爰會同
川康綏靖主任公署制定四川省出征將士及义勇壯丁優待條例公佈
施行除分令外合行檢發條例一份令仰該府即便遵照辦理並將條
例布告週知並將奉文日期及遵辦情形具報查考此令等因
計檢發四川省出征將士及义勇壯丁優待條例一份奉此除布告分行
知各聯保暨分令外合行抄發原條例令仰該區即便轉飭所屬一体

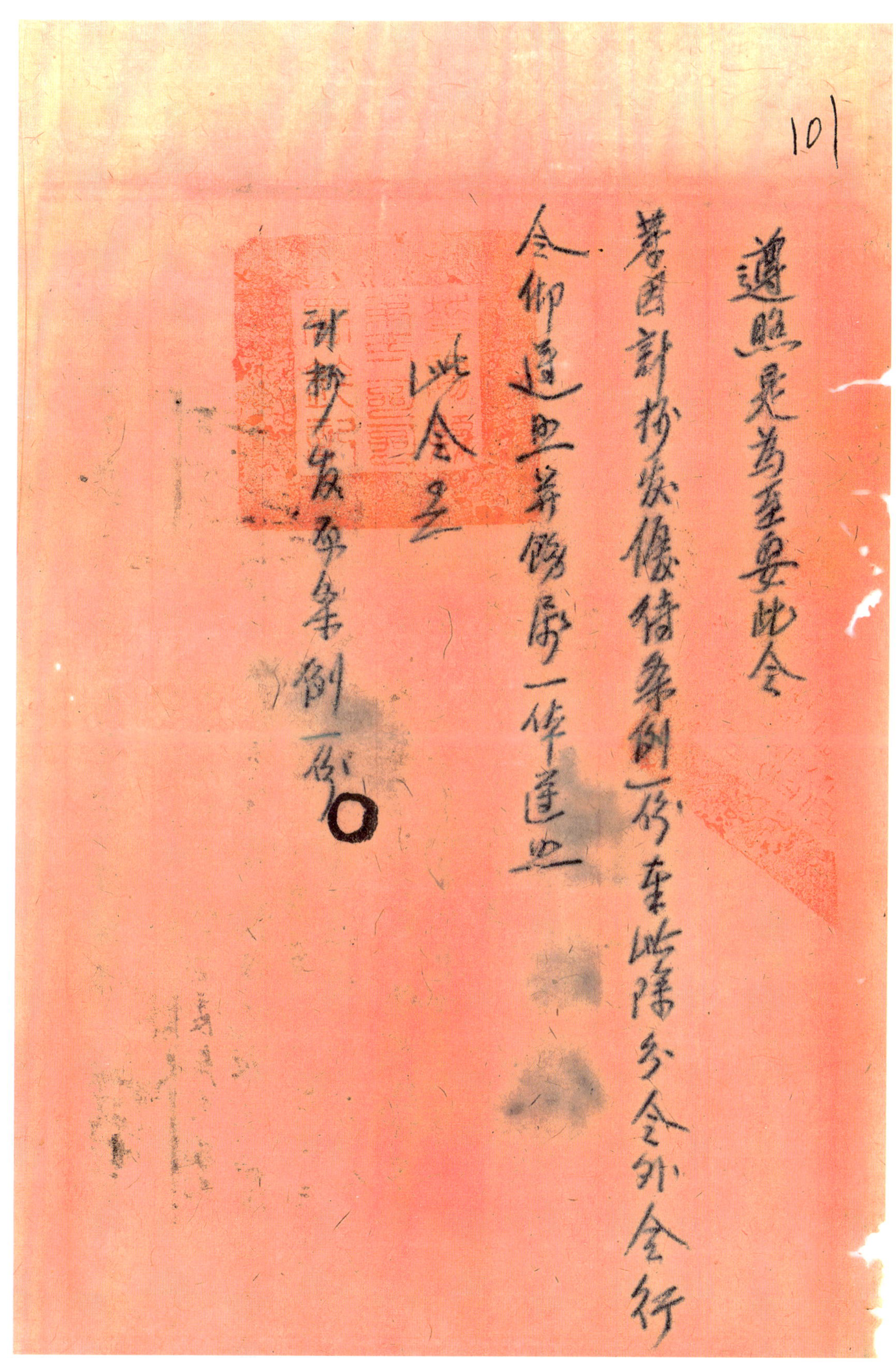
101

遵照是爲至要此令

基隆討撫委員會傳知條例一份奉此除分令外合行

令仰遵照并轉飭一體遵照

此令

計抄發原條例一份〇

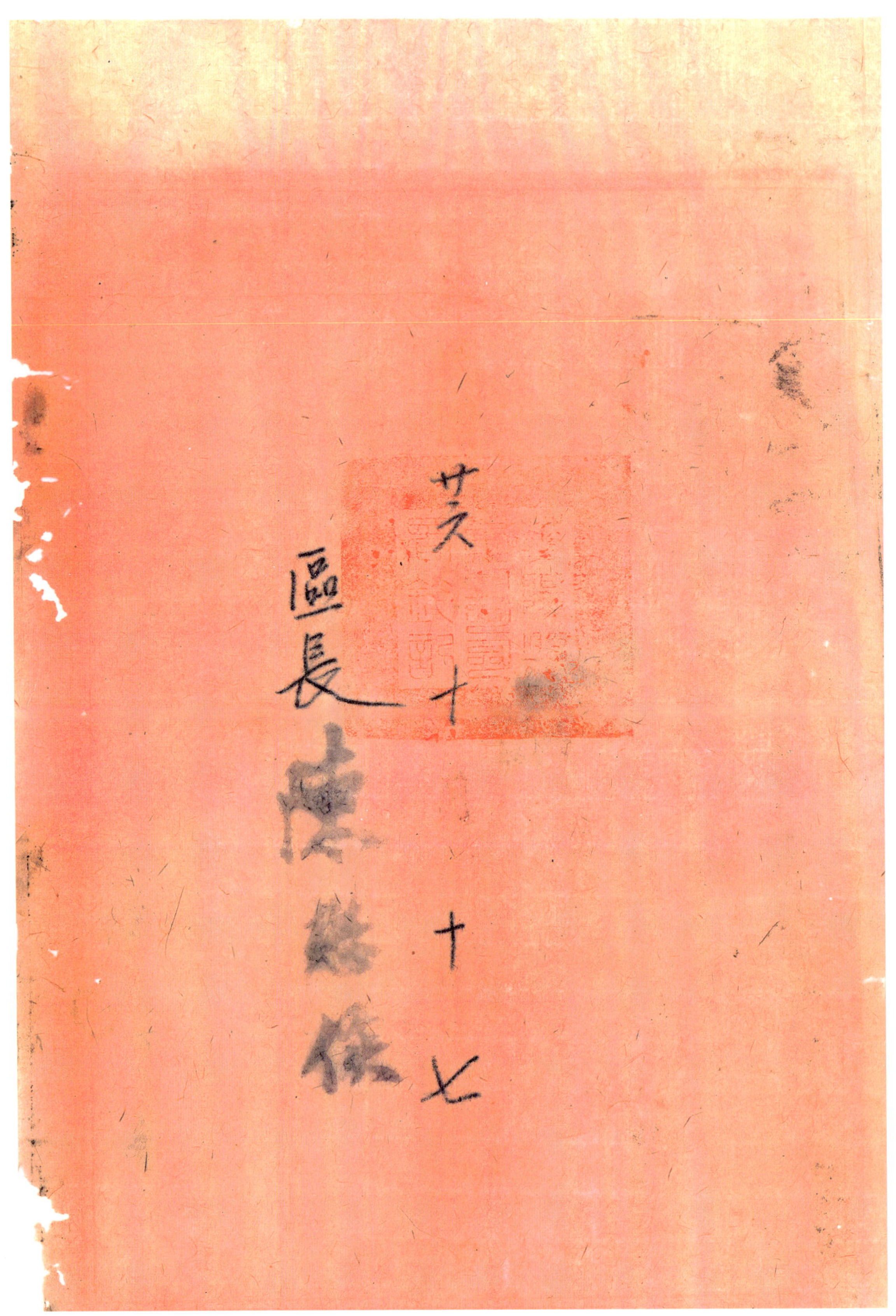

廿八 十 十 七

區長 唐[illegible]修

100

四川省出征將士及义勇壯丁優待條例

第一條　四川省政府（川康綏靖主任公署）為優待本省出征將士及义勇壯丁免除義務及家族生活困難起見特制定本條例

第二條　各出征將士家屬合於生活情形依所及直通信地點由綏靖主任公查明函請省政府特飭所在地各市縣政府遵照調查登記如有生活困難或孤苦無人扶養者應由所在地保甲詢保內或聯保內殷實富民按月募集相當之贍養補助費酌付其家屬經常供給除此項費用列入保甲規約外並由區署統籌辦理報請市縣政府核准備案必要時得征收並層報省政府轉請綏靖公署備查

第三條　各市縣政府申送出川义勇壯丁除由各市縣政府申送到省會辦事處各辦事處時之口食舟車各費在各市縣附近者不無需項下支給暨由省會辦事處或各辦事處送到前方時之口食舟車等費以省款支給外由當地公私團體或私人捐贈衣履藥用品並得於中途時由各市縣政府督飭區署負責將各壯丁家庭生活情形分別各項調查登記如有生活困難或孤苦無人扶養者應比照前條第二項之按月募集補助費列入保甲規約由區署報請市縣政府核准備案必要時得征收並報省政府備查

第四條　各市縣申送出川义勇壯丁時應由市縣政府飭導民眾歡送到縣並製備通過證明函請經過地點申送各站歡送並將送人員詳細點明以備沿途查考致各地方政府及保甲人員查過

义勇壮丁过境时对于经过县地各该县应不分畛域尽量协
助并热烈欢迎出征将士同接过境时间

第五条 本省出征将士连长以下之家属及各市县出川义勇壮丁之家
属均免除一切国难捐款及劳动服役

第六条 各地农村合作贷款及各种仓储义振应先振对出征将士及
出川义勇壮丁之家属现发贷款并应尽先贷与或提早给予

第七条 本省出征将士及出川义勇壮丁所遗田地无人耕种者应由所
在地保甲长组织代耕队轮番代为耕种

第八条 本省出征将士及出川义勇壮丁家属所负债务在出征期间
债权人应暂免催收如有被告未了各案得在出征期间不得
向其家属追讨

第九条 各县市政府应督饬区署分别组织慰问团按期分赴
出征将士及各出川义勇壮丁家庭报告前方消息询问家
属疾苦设法慰劳藉资鼓励并须令保甲人员谕知
民众对其家属特别优待如有欺凌情事当予严惩以昭通法

第十条 本条例呈请
核加修正公布施行

大元帅府
军事委员会委员长行营 备案施行如有未尽事宜再行修改
行政院
府会同发布公布随时以命令修改之

华阳县政府关于印发考试院原呈及战时雇员公役因公伤亡给恤暂行标准致保和场联保主任的训令（一九三八年八月八日）

1

華陽縣縣政府訓令 法字第七七一號

令保和場聯保主任

本年七月二十八日案奉

四川省政府二十七年民字第二八七三號訓令開：

「案奉 行政院二十七年六月渝字第五四九八號訓令

開：案准國民政府文官處二十七年七月一日渝字第一八二八

三號公函開：奉 主席交下考試院二十七年六月二十一

日育字第八四七號呈，為據銓敘部呈擬戰時雇員公役

因公傷亡給卹暫行標準，並聲明本標準至抗戰終了即

行廢止等情，轉呈□□鑒核施行一案，奉 諭准予備案，并報

告國防最高會議暨及由處通函各機關知照等因，除分函外，

相應抄同原件函達查照，轉行知照等由，准此，除分行外，合

行抄發原附件，令仰知照。此令。等因；計發抄件二份。奉此，除

分令外，合行印發原抄件各一份，令仰該府即便轉飭所屬

一體知照為要。此令。」等因；

等因；計印發該院原呈一份、戰時雇員公役因公傷亡給卹暫

行標準。令仰該主任即便知照。為要。

此令

計印發該院原呈一件、戰時雇員公役因公傷亡給卹暫行

標準一份

中華民國二十七年八月八日

縣長 黃□□

抄原呈

案據銓敘部呈稱：查公務員卹金條例僅規定文官司法官警官及長警之傷亡得依本條例給卹，關於各機關雇員公役因公傷亡究應如何撫卹，向無明文規定。值此抗戰時期，戰區各機關中雇員公役常有因公傷亡情事，若照向例予以緊縮，殊無以資鼓勵；爲雇由各機關自行撫卹，報銷復感困難，似非另擬撫卹辦法不足以資救濟而示体卹，暫行標準十一條請轉呈核准公布施行，并聲明本標準至抗戰終了即行廢止等情。經核所擬似屬可行，理合檢同原賚標準一份，備文呈請核准公布施行，實爲公便。謹呈

國民政府

計附呈戰時雇員公役給卹暫行標準一份

考試院院長戴傳賢

副院長鈕永建代

附（二）战时雇员公役因公伤亡给恤暂行标准

戰時雇員公役因公傷亡給卹暫行標準

一、抗戰期間各機關雇員公役因公傷亡依左列標準給卹

（甲）雇員公役在辦公場所或公出差遣遇意外事變以致受傷殘廢或心神喪失不能服務者得按其最後薪資給予十個月薪資之一次卹傷費其受傷未達殘廢或心神喪失程度者得酌給一個月至三個月之一次醫藥費

（乙）雇員公役在辦公場所或因公出差遭遇意外事變以致死亡者得按其最後薪資給予十四個月薪資之一次撫卹費

（二）雇員公役卹金得在各該機關原有經費內撥照前項標準支給但原服務機關經費支絀或經費困難者得由其上級機關支給均作正報銷

华阳县出征抗敌军人家属优待委员会关于优待事张榜住址不明抗敌军人姓名表的通告（一九三八年十二月三日）

附：住址不明抗敌军人姓名表

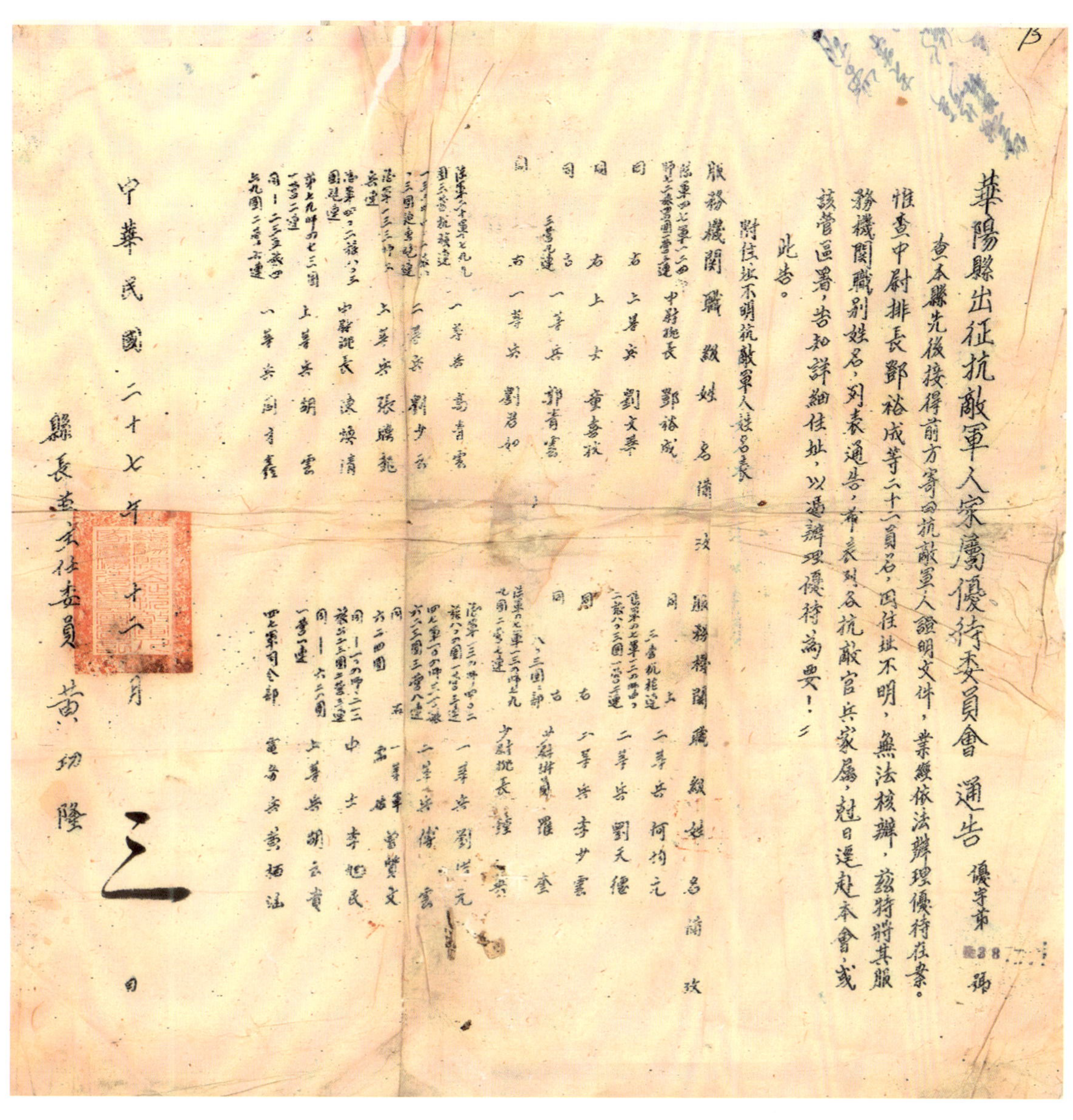

13

华阳县出征抗敌军人家属优待委员会 通告 优字第 号

查本县先后接得前方寄回抗敌军人证明文件，业经依法办理优待在案。惟查中尉排长邓裕成等二十八员名，因住址不明，无法核办，兹特将其服务机关职别姓名，列表通告，希表列各抗敌官兵家属，尅日迳赴本会，或该管区署，告知详细住址，以凭办理优待为要！

此告。

附住址不明抗敌军人姓名表

服务机关	职级	姓名	备考
陆军四七军一〇四师[illegible]连	中尉排长	邓裕成	
同 右	上等兵	刘文华	
同 右	上士	童嘉[illegible]	
同 右 三营九连	一等兵	郭青云	
同 右	一等兵	刘碧如	
陆军[illegible]	一等兵	高青云	
[illegible]	二等兵	刘少[illegible]	
陆军一三三师[illegible]	上等兵	张腾龙	
陆军[illegible]	中尉排长	谭焕清	
第七九师[illegible]	上等兵	胡云	
同 [illegible]	一等兵	刘[illegible]	

服务机关	职级	姓名	备考
同 上 三营机枪连	二等兵	何均元	
陆军四七军[illegible]连	二等兵	刘天德	
同 右	上等兵	李少云	
同 右 八[illegible]团[illegible]部	上尉排附	罗奎	
陆军[illegible]七九团二营七连	少尉排长	钟[illegible]	
陆军[illegible]	一等兵	刘洪元	
[illegible]	二等兵	傅云	
同 右 六二四团	一等军需	曾赞文	
同 [illegible]	中士	李旭民	
同 [illegible]六二八团一营一连	上等兵	胡云贵	
四七军司令部	电务兵	黄[illegible]	

中华民国二十七年十二月三日

县长兼主任委员 黄功隆

华阳县政府兵役科关于限期填报殷志勋、晋斌九、曾应九之壮丁家属调查表的通知书（一九三九年三月十四日）

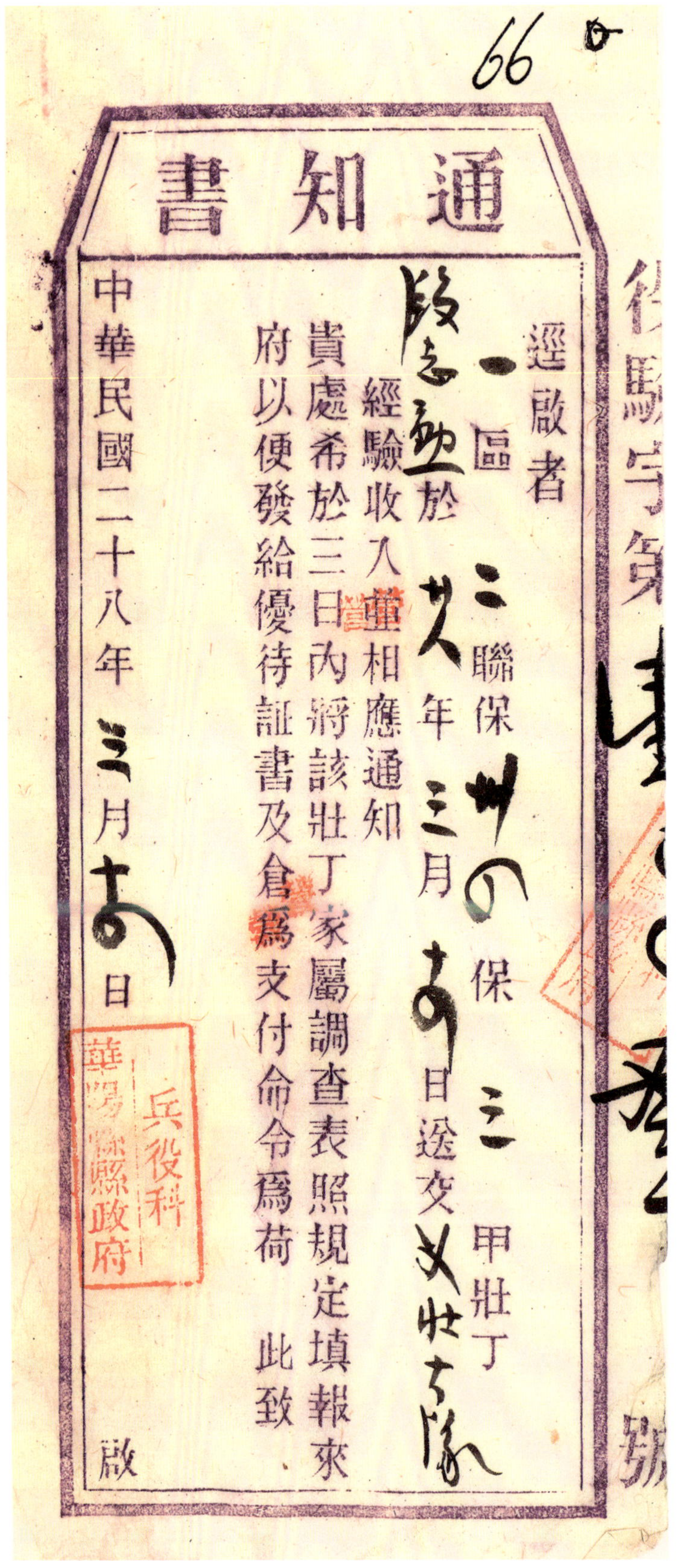
66

役驗字第　號

通知書

逕啟者

一區二聯保卅保三甲壯丁

殷志勛於廿八年三月十四日送交父壯丁隊

經驗收入營相應通知

貴處希於三日內將該壯丁家屬調查表照規定填報來

府以便發給優待証書及倉爲支付命令爲荷　此致

中華民國二十八年三月十四日啟

華陽縣政府　兵役科

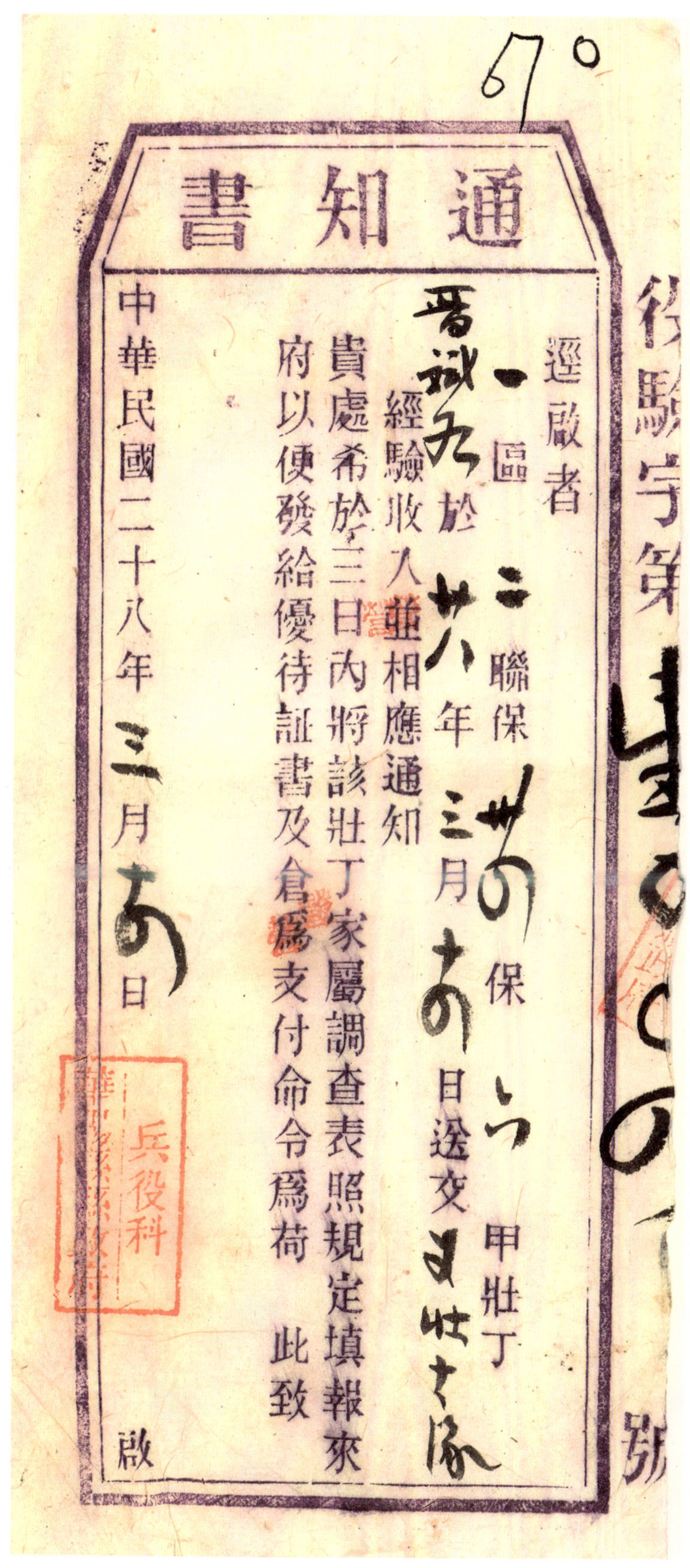

67

役驗字第[illegible]號

通知書

逕啟者
一區二聯保[illegible]保[illegible]甲壯丁
晋識九於廿八年三月[illegible]日送交[illegible]壯丁隊
經驗收入並相應通知
貴處希於三日內將該壯丁家屬調查表照規定填報來
府以便發給優待証書及倉爲支付命令爲荷　此致

中華民國二十八年三月[illegible]日　啟

兵役科
[illegible]縣政府

680

役驗字第[illegible]號

通知書

逕啟者一區二聯保卅三保五甲壯丁曾言九於廿八年三月十四日送交又壯大隊經驗收入營相應通知

貴處希於三日內將該壯丁家屬調查表照規定填報來府以便發給優待證書及倉廒支付命令爲荷　此致

中華民國二十八年三月十四日　啟

華陽縣縣政府

兵役科

华阳县第一区区署关于转饬为欢晏出征抗敌军人家属先行调查致保和联保主任的训令（一九三九年十一月七日）

附：土著出征军人、壮丁家属一览表

華陽縣政府第一區區署訓令　役優字第　號

令保和聯保主任　民國二十八年十一月七日

案奉

縣政府役優字第　號訓令開：

本府擬於國曆二十九年元旦設宴分聯保所在地歡晏出征抗敵軍人家屬，藉表崇敬，當於十月二十四日提交縣行政會議討論，經衆決議先由各區署督飭聯保將現在土著及出籍出征抗敵軍人家屬調查明確，呈由區署匯案報府，由縣府飭優待組按名製表備查，並計劃各聯保應需席棹造具預算，呈請動支團務費等語紀錄在卷，除分令外，合行製表，隨令附發，仰該署即便遵照迅速督飭所屬各聯保於十二月十日以前將該管區土著及寄籍出征軍人壯丁家屬調查明確，具報來府，以憑匯案辦理。仰即遵照爲要。此令。

等因。奉此，除分令外，合行抄發原表式，令仰該主任即便遵限造報來區，以憑彙案轉報爲要。此令。

計抄發原表式一份

區長 陳懋僕

華陽縣第一區△△場聯保造報土著出征軍人壯丁家屬一覽表

出征軍人壯丁姓名	家屬姓名	與出征人之關係	詳細住址			備攷
			保	甲	戶	

同義和造

华阳县兵役协会关于奉电改善壮丁家属优待致保和场联保兵役协会的训令（一九三九年十一月）

附：摘抄第一补训处呈原文

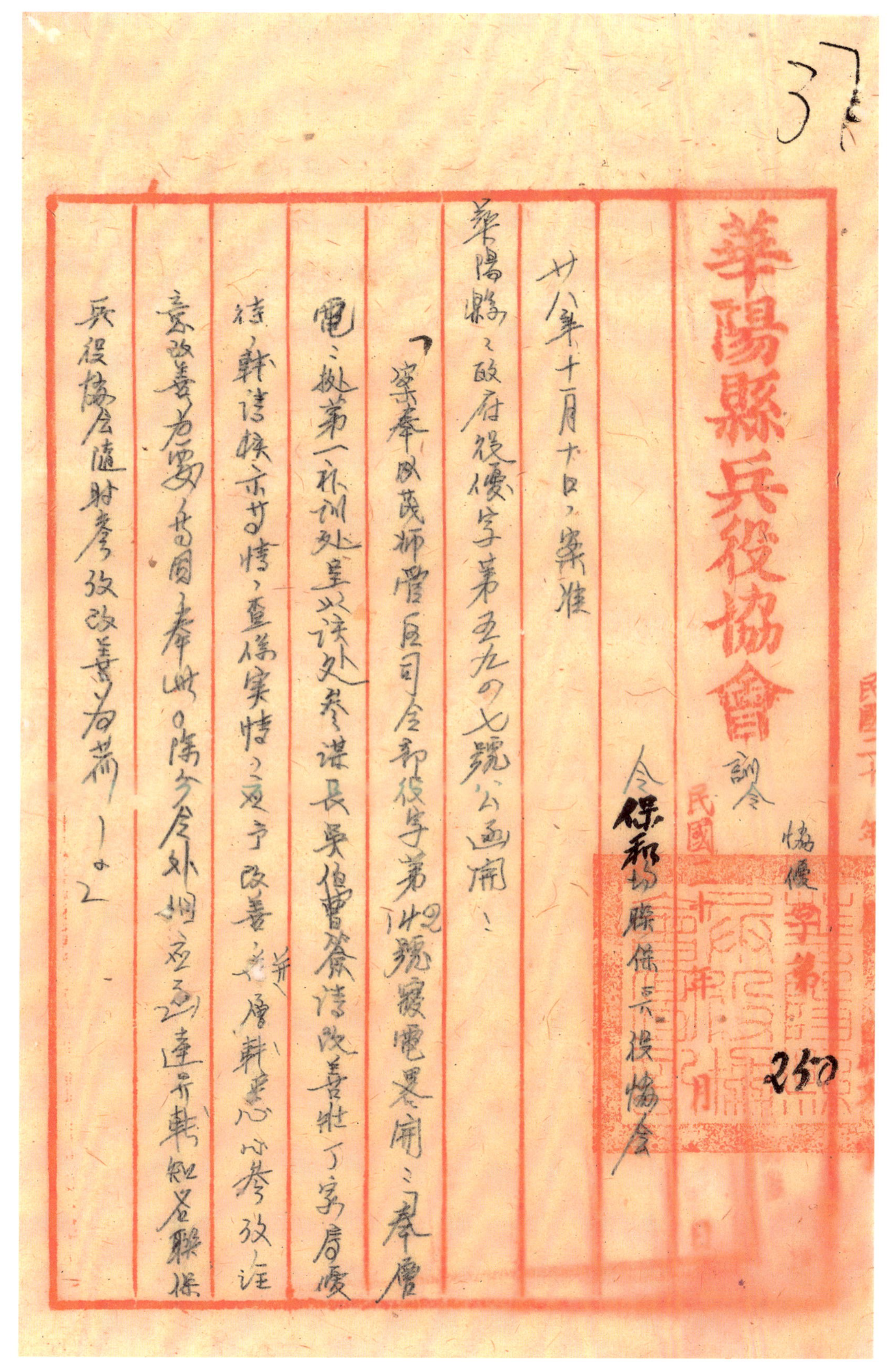

华阳县兵役协会训令　协优字第250号

民国二十八年十一月

令保和场联保兵役协会

廿八年十一月十七日案准

华阳县政府役优字第五九〇七号公函开：

"案奉成都师管区司令部役字第1492号寝电略开：'案奉广电：据第一补训处呈以该处参谋长吴俊曾条陈改善壮丁家属优待办法，请核示等情，查係实情，应予改善，并督饬悉心参核注意改善为要。'等因，奉此，除分令外，相应函达，希转知各联保兵役协会随时参考改善为荷。"

38

等由，附抄摘原文，准此，除照办令行外，合行抄发原件，令仰该会即便遵照，悉心参考，注意改善为要。此令。

~~此令。~~

计抄摘原文

查我国兵役制度流弊甚多，即以优待出征军人家属一端而论，四川办法有给谷者，有给钱者，政府皆有定数，究竟出征军人家属是否实收其利，是否如数实收其利，诚属问题。近查本处所属各乡镇住士兵家属应享之权利，或则仅受少数实惠，或则实惠完全未受，流弊显然。最不平者，竟有士兵身在服役，而其家属犹要摊谷摊钱，是不惟未予其应享权利，反而倍受损失。考其原因，实由被征入伍时，经部队验不及格或因病遣回时

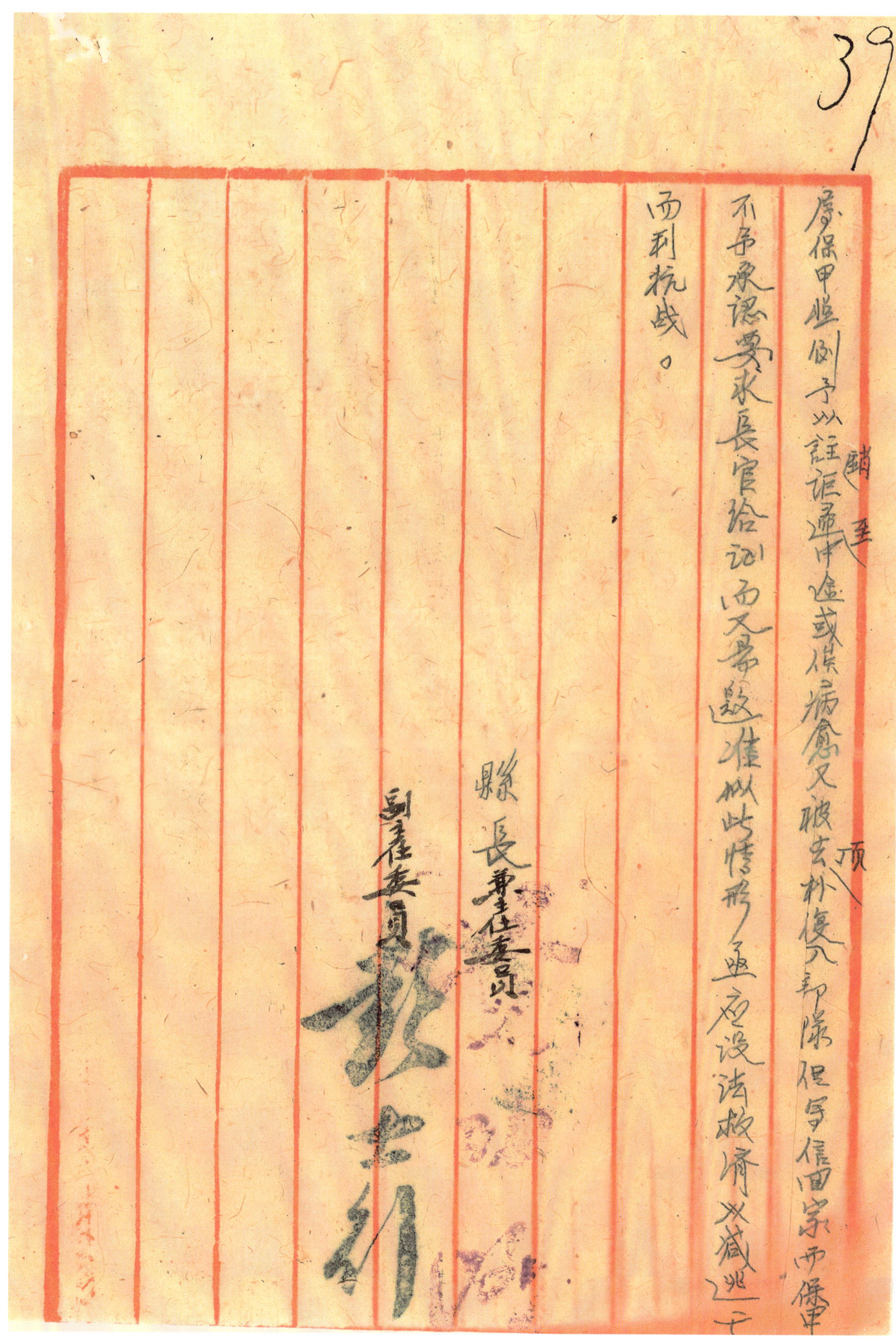

39

層保甲照例予以註銷，迨至中途或係病愈又須被去補復入部隊，但寄信回家而保甲不予承認，要求長官給証而又無從遞准，似此情形，亟應設法救濟，以減逃亡而利抗戰。

縣長兼主任委員

副主任委員

华阳县兵役协会关于据呈优待出征军人刘海云家属豁免杂捐夫役致保和联保兵役协会的训令

（一九四〇年三月十九日）

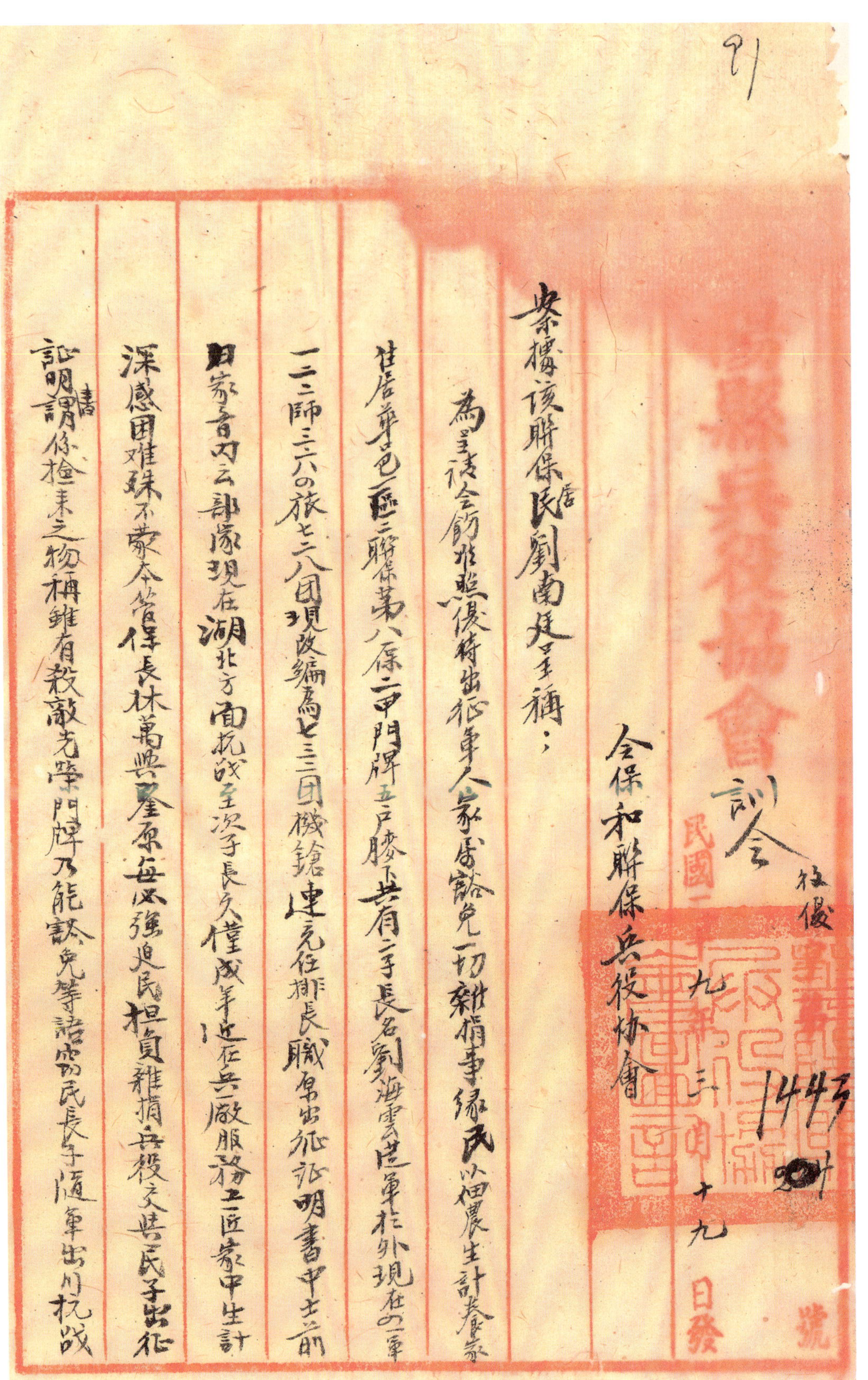

华阳县兵役协会训令 役字第1443号

民国二十九年三月十九日发

令保和联保兵役协会

案据该联保居民刘南廷呈称：

为呈请令饬准照优待出征军人家属豁免一切杂捐事。缘民以佃农生计养家，世居华阳一区二联保第八保二甲门牌五户，膝下共有二子，长名刘海云，从军在外，现在〇一军一三三师三六〇旅七二〇团，现改编为七三三团机枪连充任排长职，有出征证明书中士前因家贫，内云部队现在湖北方面抗战。至次子长久，仅成年，近在兵工厂服务，工匠家中生计深感困难。殊不蒙本管保长林万兴察原，每次强迫民担负杂捐兵役，又与民子出征证明，谓系捡来之物，称虽有杀敌光荣门牌，乃能豁免等语。窃民长子随军出川抗战軍部有名冊可稽，軍人出征證明書詢懇爲此來案呈請，令飭本保保長林萬興准明優待出征軍人家屬，豁免一切雜捐，大夜不勝沾感。

等情。據此，查該氏子劉海雲，出征抗敵，本會有案可稽，除批示外，仰即遵照轉飭該管保長，依法優待爲要！

此令。

縣長兼主任委員

副主任委員

华阳县政府关于转发抗战人员家属保障办法三项致保和联保办公处的训令（一九四〇年三月）

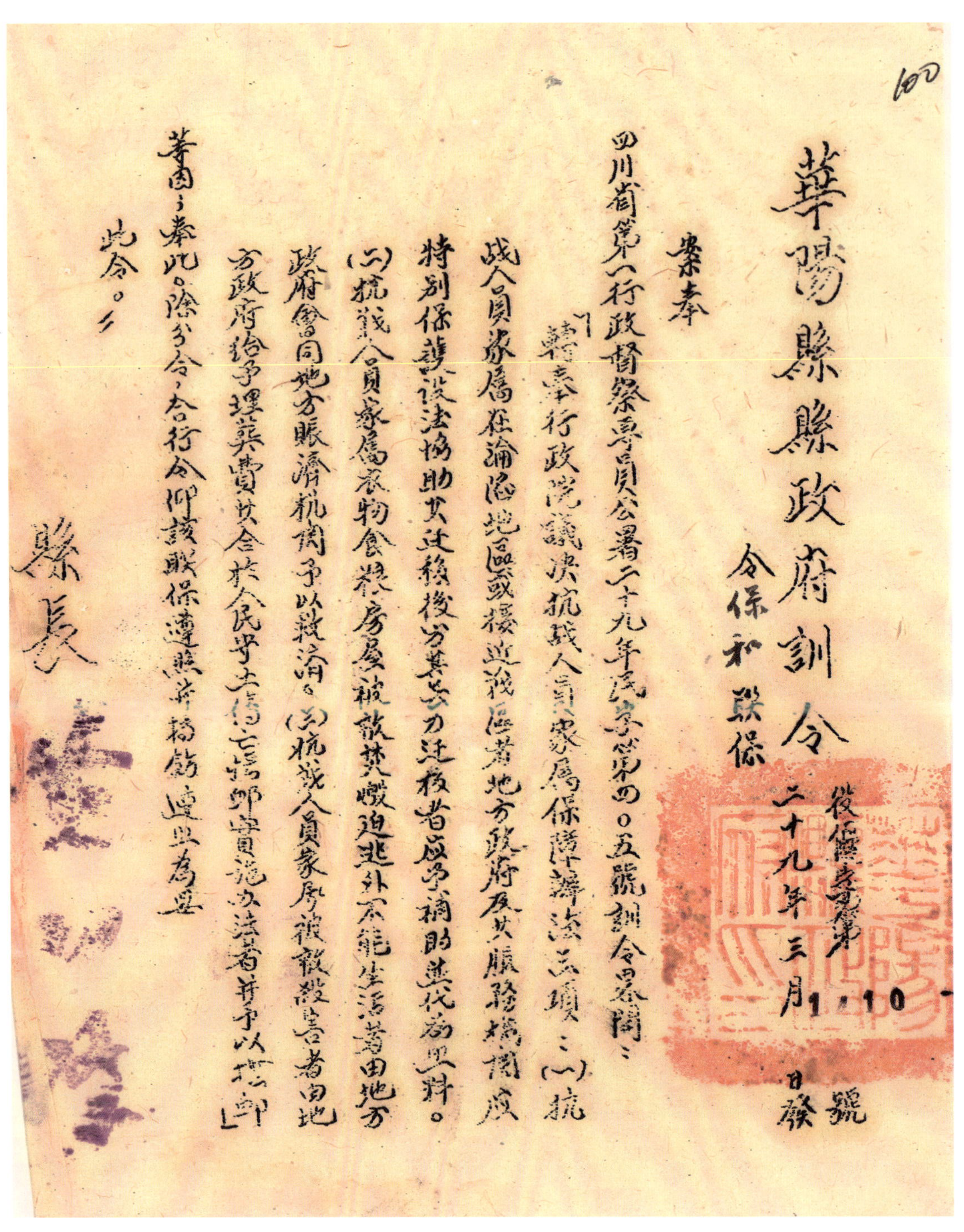

華陽縣政府訓令　役保字第　號

令保和聯保

二十九年三月　日發

案奉

四川省第一行政督察專員公署二十九年民字第四〇五號訓令略開：「轉奉行政院議決抗戰人員家屬保障辦法三項：㈠抗戰人員家屬在淪陷地區或接近戰區者，地方政府及其服務機關應特別保護，設法協助其遷移後方，其無力遷移者，應予補助並代為照料。㈡抗戰人員家屬衣物食糧房屋被敵焚燬，迫逃外不能生活者，由地方政府會同地方賑濟機關予以救濟。㈢抗戰人員家屬被敵殺害者，由地方政府給予埋葬費，其合於人民守土傷亡撫卹實施辦法者，并予以撫卹」等因；奉此。除分令外，合行令仰該聯保遵照，并轉飭遵照為要。

此令。

縣長

华阳县兵役协会关于奉饬停止优待因犯罪受通缉之出征抗敌军人致保和场联保兵役协会的通令（一九四〇年七月）

95

華陽縣兵役協會 通令 協優字第　號

民國二十九年　月　日發

219

令保和場聯保兵役協會

二十九年七月廿三日，案准

華陽縣政府役法字第　號公函開：

案奉四川省軍管區司令部二十八年十月征優字第一六六號訓令開：查各縣辦理優待原為出征抗敵軍人效命疆場，鼓勵其勇往殺敵起見，其有因犯罪行為致受通緝之士兵，自應由其該管縣府停止其應享之一切優待，以明獎懲。除分令外，合行令仰遵照，并轉飭所屬一體遵照。此令。等因。奉此，除分令外，合行令仰遵照。此令。等因，奉此，

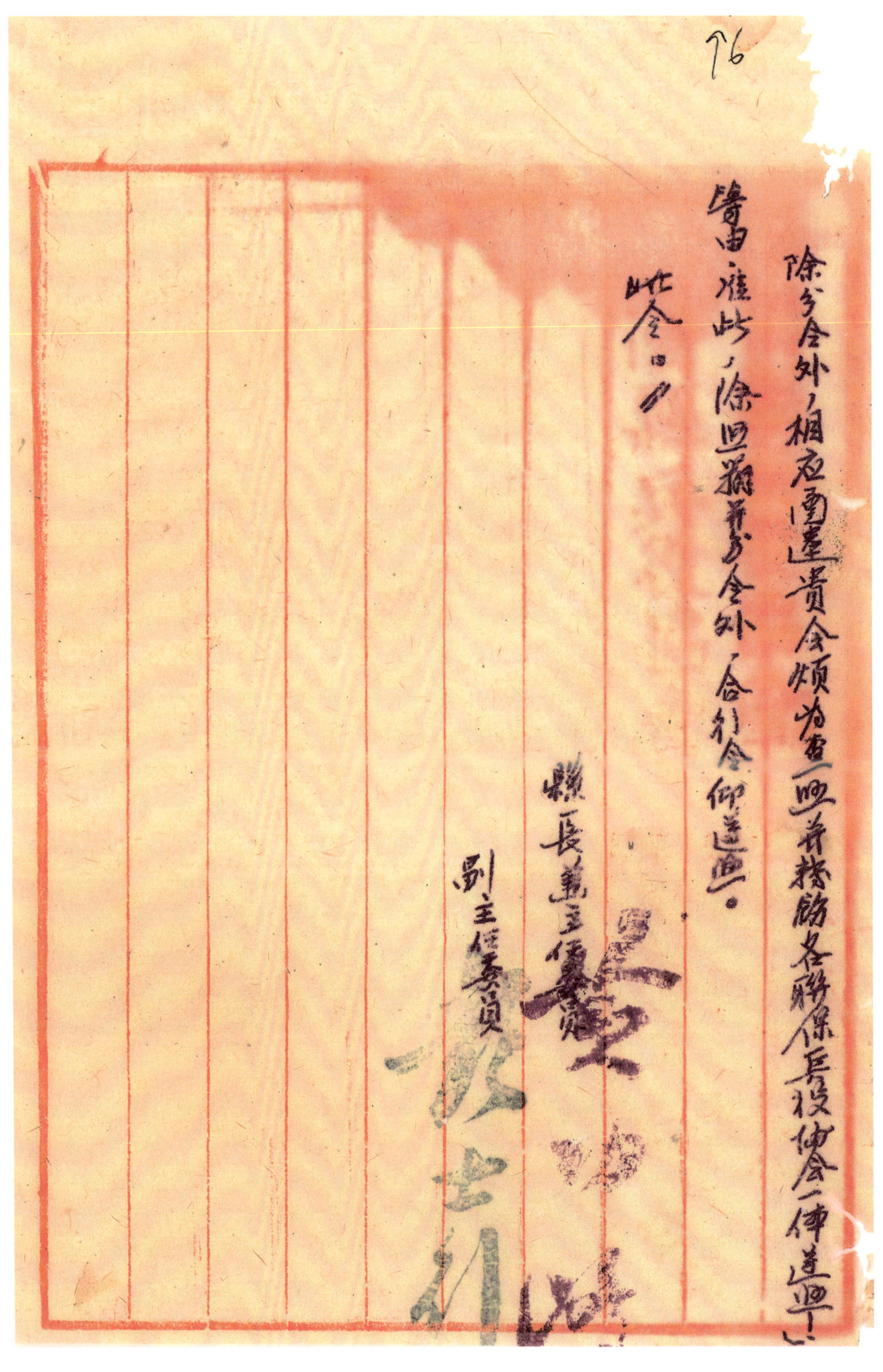

除分令外，相应函达贵会烦为查照并转饬各联保长校使令一律遵照！

等由准此，除照转分令外，合行令仰遵照。

此令。

县长兼主任委员

副主任委员

华阳县政府关于奉电转发出征军人家属证明书印制填发四项规定致保和乡乡长的训令（一九四〇年九月十七日）

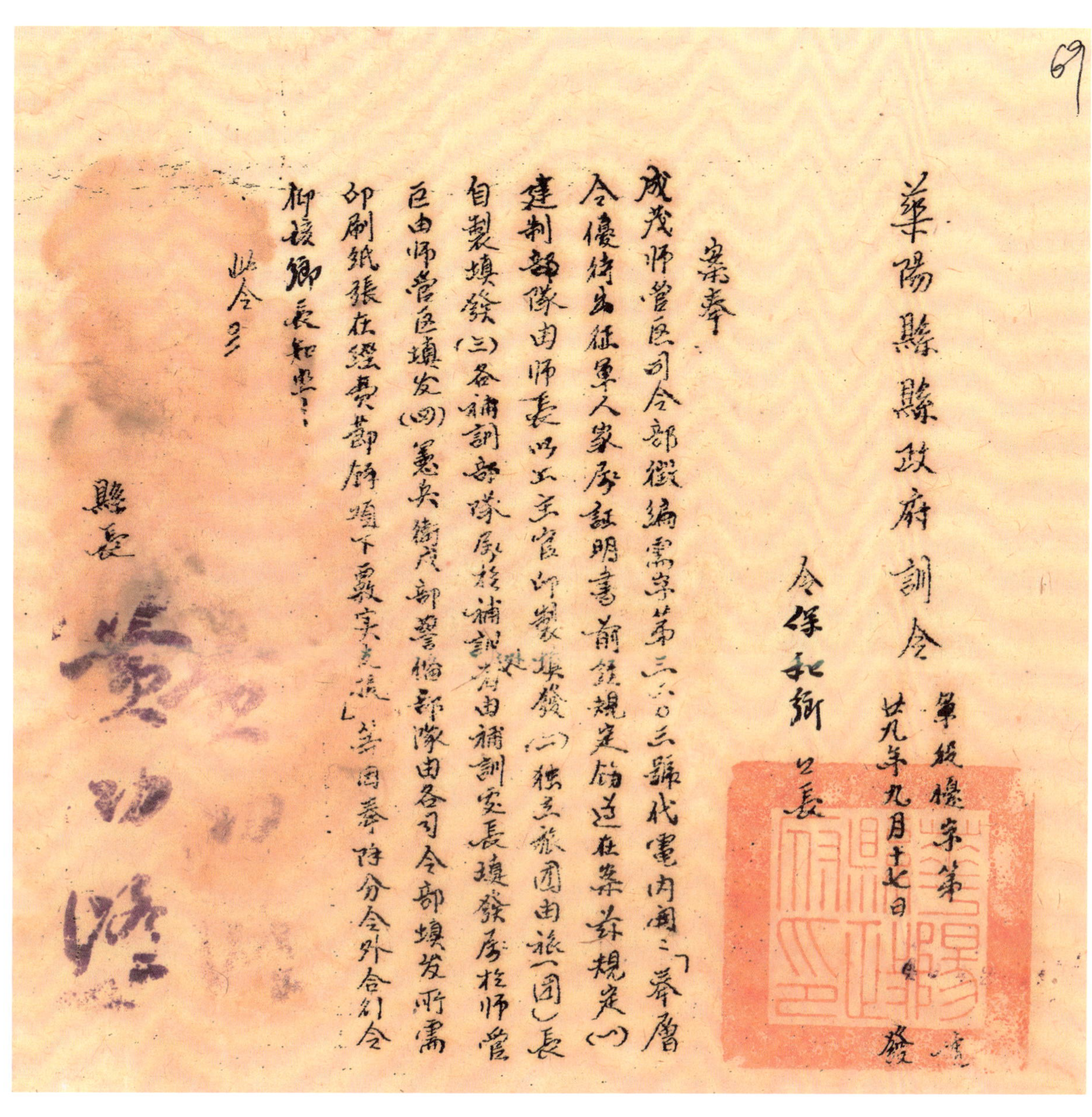

華陽縣縣政府訓令

第 級 橡 字第 號

廿九年九月十七日 發

令保和鄉 鄉長

案奉

成茂師管區司令部徵編需字第三六〇三號代電內開：「舉層令優待出征軍人家屬證明書前經規定飭遵在案，茲規定（一）建制部隊由師長以上主官印製填發（二）獨立旅團由旅（團）長自製填發（三）各補訓部隊屬於補訓處由補訓處長填發，屬於師管區由師管區填發（四）憲兵、衛戍部、警備部隊由各司令部填發，所需印刷紙張在經費節餘項下覈實支銷」等因，奉此，除分令外，合行令仰該鄉長知照！

此令。

縣長 黄

华阳县政府关于转饬查明各阵亡官兵家属尚未给恤者姓名住址致保和乡镇长的训令（一九四〇年十月）

51

華陽縣政府訓令

軍優字第 號

民國二十九年十月 日

令保和鄉鎮長

案奉

四川省第一區行政督察專員公署民字第1960號訓令開：

「案奉四川省軍管區司令部二十九年六月征優字第二一二五號代電開：『案奉軍政部二十九年五月十七日渝孝役組字第三四九一號條代電開：查本年兵役會議議案各陣亡官兵家屬尚未給卹者由各兵役机關協同查明予以撫慰並將姓名住址通知原

部隊或軍事委員會撫卹委員會核轉請卹經討論
決議照辦紀錄在卷除分電各戰區司令長官部各常備部
隊游擊部隊暨各省軍管司令部外特電查照轉飭遵照
辦理爲要等因奉此除分電各師管區暨各專員公署外
合行電仰該長遵照并轉飭所屬一律遵照等因奉此除
分令外合行令仰遵照此令。
等因奉此。除分令外合行令仰該鄉長遵照并轉飭所屬遵
照——
此令。二

縣長 黃功[illegible]

华阳县政府关于奉电规定民工伤亡领取抚恤费办法致各区长、各乡镇长的代电（一九四一年三月三日）

各區長各鄉鎮長均覽：三十年二月二十七日案奉四川特種工程委員會主任張副主任周筧征字第四五號迴代電令查傷亡民工棺埋撫卹各費向係按照非常時期征工服役暫行办法第十八條辦理，茲因物價飛漲，爲顧及實況見准至本工程期内酌予增加，並重行規定因疾病死亡民工棺埋費壹佰弍拾元，一次撫卹費壹佰陸拾元；因空襲本縣避不及致死者給予棺埋費壹佰弍拾元，一次撫卹費壹佰捌拾元；因重傷而致殘廢者給予一次撫卹金壹佰元。嗣後遇有上項情事，先報由衛生處驗明確實，填發証明書，由各該總隊部協具印領，棺埋費由各該總隊部印領，撫卹費由各該縣政府印領，並將所屬中隊長之領款証明書呈請本會民工總管理處填發通知單，持向財務處領款，以符規定。除分令各縣民工總隊部遵照辦理外，特電知照等因。奉此，除分電外，合亟電仰該鄉長即便知照。華陽縣縣長方勁盍 江印

华阳县政府关于检发民工伤亡抚恤费证明书致保和乡公所的训令（一九四一年三月二十四日）

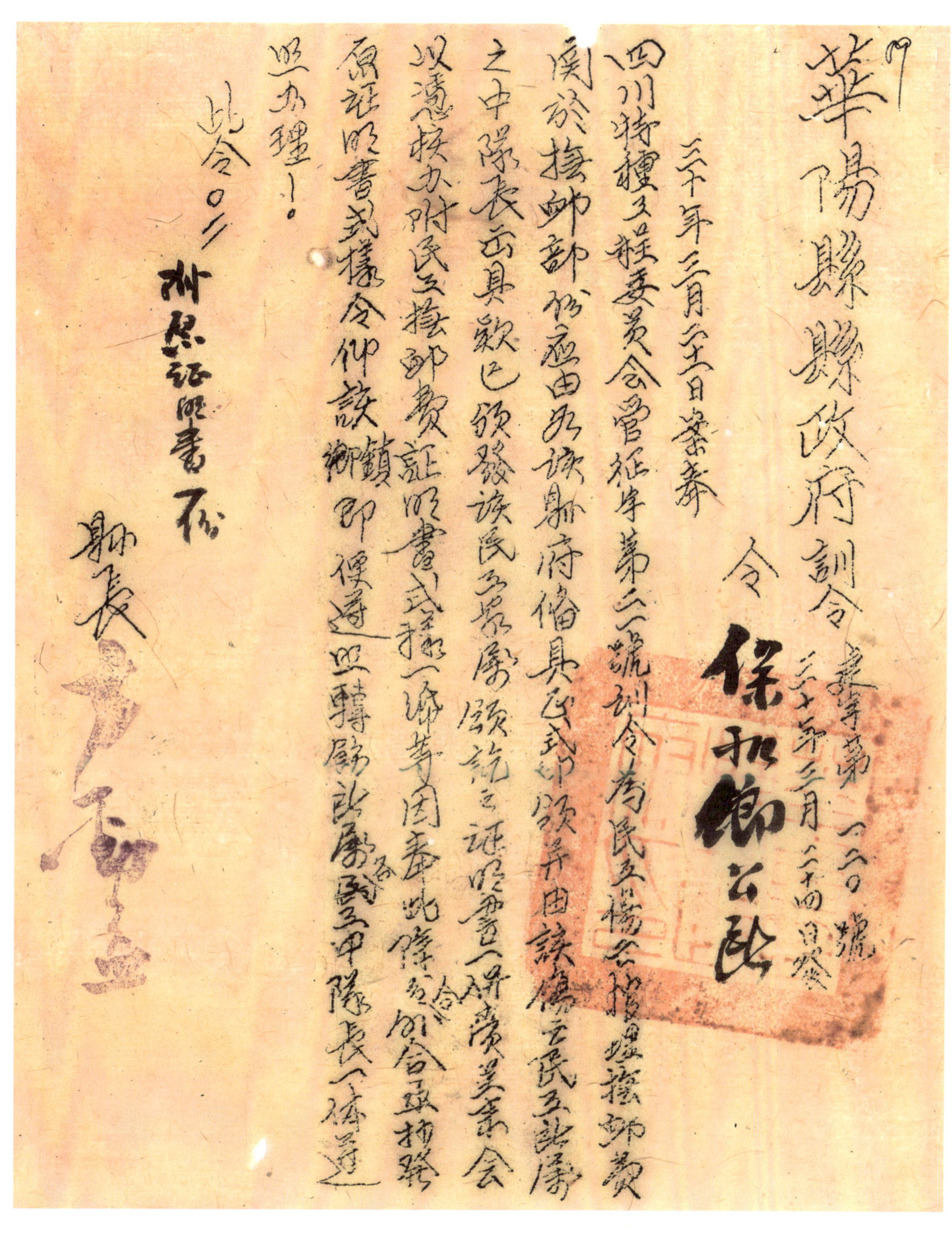

華陽縣政府訓令　秦字第一二〇號
三十年三月二十四日發

令　保和鄉公所

三十年三月二十日案奉

四川特種工程委員會會經字第二八號訓令，為民工傷亡撫卹費關於撫卹部份應由各該縣府備具正式收據，并由該傷亡民工家屬之中隊長出具收據，已頒發該民工家屬領款之證明書一種，一并賫呈本會以憑核辦，附民工撫卹費證明書式樣一份等因，奉此，除分令外，合亟抄發原證明書式樣，令仰該鄉鎮即便遵照，轉飭該家屬各民工甲隊長一體遵照辦理！

此令。

附原證明書一份

縣長

附：民工伤亡抚费恤证明书存根及民工伤亡抚恤费证明书式样

民工傷亡撫卹費証明書存根

查本中隊第　分隊民工　係　縣　鄉鎮

保人民因參加修築新津機場　縣府發交　因公　務轉發該民工家屬領訖

所有撫卹費確經

並出具証明書外留此存根备查

縣第　大隊第　中隊長

中華民国　年　月　日

字第　號

民工傷亡撫卹費証明書

為證明事查本中隊第　分隊民工　係　縣　區　鄉鎮

保人民因參加修築新津機場　縣府具發交　因

所有撫卹費確經

本隊轉發該民工家屬領訖外所具証明具實須至証明者

縣民工總隊第　大隊第　中隊長（簽名盖章）

中華民國　年　月　日

华阳县政府关于奉令抄发一九四一年优待出征抗敌军人家属临时办法致保和乡公所的训令（一九四一年四月八日）

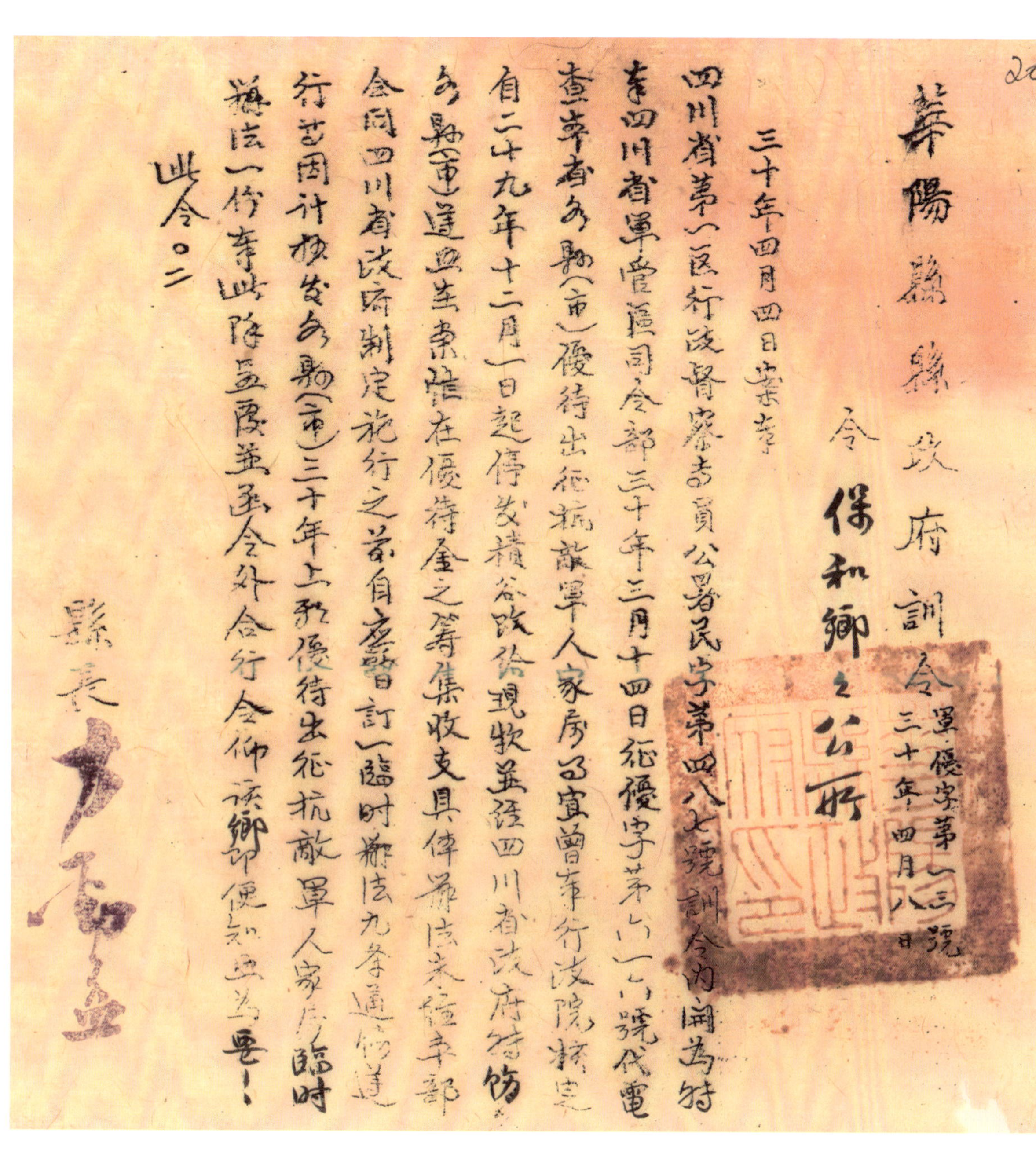

20

華陽縣政府訓令　軍優字第一三號　三十年四月八日

令保和鄉公所

三十年四月四日案奉

四川省第一區行政督察專員公署民字第四八七號訓令內開：為特奉四川省軍管區司令部三十年三月十四日征優字第六一六號代電：查本省各縣（市）優待出征抗敵軍人家屬事宜，曾奉行政院核定自二十九年十二月一日起停發積谷，改給現款，並經四川省政府特飭各縣（市）遵照在案。惟在優待基金之籌集、收支具體辦法未經本部會同四川省政府制定施行之前，自應暫訂一臨時辦法九條，通飭遵行等因，計抄發各縣（市）三十年上期優待出征抗敵軍人家屬臨時辦法一份。奉此，除呈復並分令外，合行令仰該鄉即便知照為要！

此令。

縣長　方[illegible]

华阳县政府关于抄发战时故伤员兵住址不明姓名表致保和乡公所的训令（一九四一年五月）

8

華陽縣政府訓令　軍卹字第一號　民國三十年五月　日

令保和鄉公所

案查本府先後奉到

四川省政府轉發戰時故傷員兵住址不明及姓名不全飭即將該故傷員兵遺族按照規定預備具領保結承領卹金各等因，奉此，查此項卹金各故傷員兵多有住址不明及各有遺族不及週知者，前經本府以軍卹字第二號訓令限期於四月十五日以前飭各依照領卹須知規定手續來府請領，嗣據送各項遺族，仍多未具報前來，殊難查考，除分令外，合行令仰該鄉長即便遵照錄令牌告通知，飭各該故傷員兵遺族人等務於令到七日內照規定呈報來府，以憑轉請核發卹金，勿再延誤為要，此令。

計抄戰時故傷員兵住址不明姓名表

縣長　方[illegible]

故傷員兵住址不明者列次

劉文金	吳伯君	周福成	鄭祥泰
王昌明	吳松廷	王　榮	曾富達
樊妙清	楊　忠	黎子華	周明吉
邱歆徽	鄭青文	劉洪順	葉青云
羅承云	劉金生	嚴自壽	曾海云
鄧　華	吳光成	翁現龍	李世炳
梁一順	羅述林	雷点武	
王　州	晋劍堯	羅青云	

华阳县保和乡公所造报一九四二年度优待出征军人家属证明册（一九四二年六月）

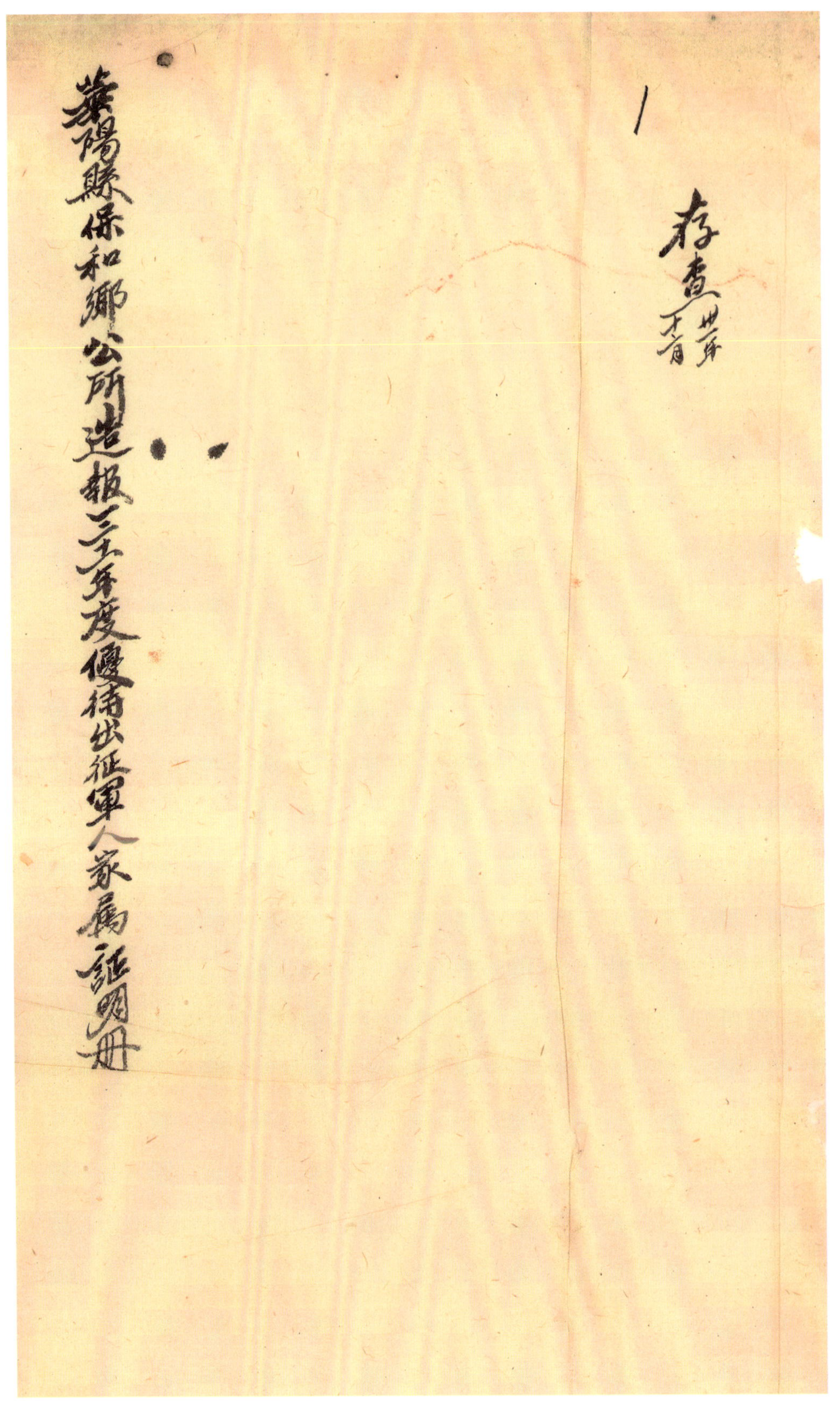
1

存查 卅一年 六月

華陽縣保和鄉公所造報三十一年度優待出征軍人家屬證明册

2

棗陽縣保和鄉造報各保出征軍人家屬証明冊

民三十五年十一月　日填報

保別	甲別	出征姓名	出征年	出征月	部隊番號職務	征屬姓名	有無証件	
1	3	陳治安	28	2	陸軍第四十四軍一二七師三七九旅七五七團三營十二連少尉排長	陳玉表	有	
1	5	李鈞武	26	10		李賴玉祥		已發訖
1	1	張劍潭	27	3	陸軍一三六師三六九團營營司書長、上尉書記	張劍秋	有	已發訖
1	5	李潤章	26	10	陸軍一二七師補充團營附、	李幹表	有	已發訖
1	3	陳禹倫	28	3	陸軍一二六師三七六旅七五一團、	陳馮氏	有	未發
1	8	蘇澤	27	2	陸軍四十七軍一〇四師特務連一等兵、	蘇謝氏	有	
1	9	黃德銑	26	9	陸軍四十五軍一二二師三六四團一營上尉副營長	黃德樑	有	已發訖
1	7	林炳科	27	3	陸軍四十九軍司令部輸送連上等兵、	林元興	有	已發訖

已發訖	19	馮書禧	27	3		馮唐氏（老）	
已發訖	13	張耀庚	26	2	陸軍暫編第一師司令部上尉參謀	張高氏	有
已發訖	24	吳仕年	27	7	陸軍六十七軍一六一師四八四旅九六八團看護中士	吳蕭氏	有
已發訖	23	蘇鳴聲	27	7	陸軍四十四軍一四九師四四五團機槍連上等兵	蘇[illegible]光	有
已發訖	24	嚴楷	26	8		嚴彭氏	
已發訖	26	林如才	26	6	陸軍五七師步一六九團二營四連上等兵	林春禾	有
已發訖	26	劉元才	27	3	陸軍一六一師四八一團三營傳達下士	劉陳氏	有
	21	魏峰	26	6	陸軍一六七師上等傳令兵	魏三成	有
已發訖	22	盧義才	28	10	陸軍六十七軍一六一師四八三團三營看護中士	盧義成	有

3

印	號	姓名	年	月	部隊	家屬	備註
已發訖	25	蘇濬川	27	3	陸軍一六二師司令部軍械處書記官	蘇達先	有
已發訖	27	嚴興凱	27	2	陸軍四十七軍一六六師四旅八團六營五連列兵	嚴阮氏	
已發訖	26	鄒祿青	28	10	廣西昆川縣中央傷兵管理處二中隊	鄒張氏	信一件
已發訖	21	鍾元興	27	10		鍾國[illegible]	
已發訖	21	利興丙	26	9	陸軍一四九師四四六師二營機槍二連列兵	利鍾氏	[illegible]
已發訖	34	馮學松	28	10	陸軍四十七軍一六六師四旅八團二營五連列兵	馮張氏	
已發訖	36	何友于	26	10	陸軍八十三師少校軍械官	何壽化 蔣氏	已亡
已發訖	35	朱興丙	28	10	第二十八補訓處一團三營十二連	朱洪友 朱氏（妹）	
已發訖	39	謝福章	27	3	陸軍四〇軍野炮補充團迫擊炮連	謝利氏	

已發訖	已發訖	31.7.6 已發訖	已發訖	已發訖	已發訖	已發訖	已發訖	重覆	已發訖
3	3	3	3	3	3	3	3	3	3
6	6	2	6	9	2	2	2	4	10
韓甫卿	蕭九如	黄步雲	朱晴[illegible]	黄紹全	李龍禧	蘇鏞聲	陳希鴻	張明三	嚴先峯
27	27	27	27	27	27	26	27	28	27
8	8	8	8	8	8	10	8	8	8
陸軍九八師六四四團三營機槍三連	同右	陸軍四七軍一〇四師三一〇團[illegible]三營機槍排[illegible]	陸軍九五軍一二六師[illegible]六團[illegible]七連	陸軍二十八集團軍[illegible]特務營特務長	陸軍第九軍五四師一六二團上等兵	後[illegible]師[illegible]	陸軍四一軍一〇四師四五團[illegible]上尉副官		陸軍一六七軍一六二師四〇五團傳令兵
韓盧氏	蕭韓氏	黄聯輝	朱松栢	黄三[illegible]	李[illegible]	苏黄氏	陳[illegible]	張刘氏	嚴飞倫
							有		[illegible]

4

印記			姓名			部隊	家屬
已發訖	4	7	楊玉庭	27	8	陸軍第六四師三二一團炮連一等兵、	楊林氏
已發訖	4	7	李元興	27	2	壯丁隊の十大隊六中隊列兵、	李袁氏
已發訖	5	1	黃彷	27	7	新編十三師二旅四團二營六連少尉、	黃張氏（錦清）
已發訖	5	3	葉從新	28	3	新編二三師司令部特訓隊、	葉光波
	5	5	黃少清	28	2	軍政部十八殘廢醫院市隊一分隊、	梁三合
	6						
	6						

號	姓名	年	月	部隊	領款人	備考	印
78	謝子丹	27	4	陸軍[illegible]六軍野戰補充二團二營五連	謝李氏		
78	謝子章	27	9	陸軍四十一軍一二二師三六四團營五連	謝李氏		
89	鄭克表	27	2	特務隊十四大隊四中隊三分隊二長	鄭劉氏		已發訖
89	劉少成	27	3	陸軍七十五軍六師十六團二營二連	劉崇山		
94	林其斌	27	2		林鍾氏	保甲長證明具領	已發訖
95	嚴青云	28	12	陸軍九五師司令部下士	嚴福盛		已發訖
96	蘇瓊	26	6	陸軍四十五軍一二五師三七八團一營二連長	秦吟舫	代領人傅[illegible]	已發訖

5

已發訖	9	6	蘇瑛	26	6	陸軍二十軍一三四師野戰医院上尉副官。	蘇信成
已發訖	9	10	江松廷	27	8	六十二师特务第三連下士。	江海庭
已發訖	9	10	張瑞卿	26	6	軍政部竹補訓處三团營九連。	張嚴氏 章 之母
	9	5	郭江荣	27	3	六十大隊二中隊一分隊二等兵。	郭士華
改正八條 已發訖	10	2	蔡引全	28	2	陸軍四七軍一〇四師輜重營三連列兵。	蔡刁氏
	10	2	李伯章	27	8	陸軍一六二師司令部軍械處。	李天海
已發訖	10	2	林光文	26	10	廣西灵川县中央傷兵医院医务处甲隊。	林袁氏 郭瑞祥姊丈
已發訖	10	3	童春廷	27	3		童李氏 鄭
已發訖	10	4	鄭日華	26	10		鄭金盛

已發訖	已發訖	已發訖	已發訖	已發訖	已發訖	已發訖
11	12	12	12	12	13	13
5	1	1	3	3	9	9
鍾[illegible]坤	馮貴榮	馮貴端	孫少勛	謝鶴秋	李桂廷	李成[illegible]
27	27	27	26	26	27	27
3	3	[illegible]	4	10	2	6
陸軍一二五師一七三團三營八連二等兵 四四年	陸軍四三師一二團[illegible]匪下士	軍政部第二補充兵訓練處	陸軍四十四軍一六一師五三三團三營機槍連[illegible]士	陸軍一〇九師四四七團一營機槍連中尉排長	一五六後方醫院看護	新編十七旅一團二營六連列兵
鍾其山	馮少春	馮少春	孫龍元	謝隆三	李[illegible]	李義盛

该户移廿二保 已發訖　6

已發訖　已發訖　已發訖

13	5	刘燊華	27	8	陸軍一七八师五三二团二营四連列兵	刘光明	
13	5	刘銀舟	27	3	陸軍五十軍一三五师一七三团軍需	刘華英	
13	5	周乾	27	8	陸軍六十二軍第二補充团一营傳達	周福壽	
13	5	賴英義	28	1	新編十四师四团二营炊拙	賴吳氏	
13	2	張明三	29	2	记錄稲蕘 練習屡吃	張刘氏	
14	9	汪傑	26	ㄩ	福建浦城残院二中隊	汪陳氏	
14	9	魏武璧	27	8	中央青年团幹部训練班	魏李氏	
14	1	曾子高	28	2	河南陸軍坦架兵一团一营一連	曾德沍	

已發訖	15	7	鄭榮山	28	12	陸軍四十七軍七八師五三四团二营四連列兵	鄭華 曾氏
已發訖	15	9	魏國權	28	12	二十五師師部會勤庫	魏國禎 葉氏
已發訖	15	9	黃相林	27	7	陸軍第二〇師五团二营三連	黃吳氏
已發訖	15	10	曾仲育	26	11	軍政部第三補充团訓練处第五大隊兵隊	曾順才（陳氏）布鞋
已發訖	15	10	白鳴皋	26		後方勤務野戰第四修械所技士	白袁氏
	15	7	廖士貴	26		陸軍二十九師八五团二营机槍連上等兵	廖刘氏
已發訖	15	7	黃國章	27	8		黃子學 魏氏
	15	8	朱衛氏	28	9		朱炳榮
	15	7	周筱模	27	8	陸軍四十七軍一〇四師三一〇旅六二〇团少尉附员	周楊氏
已發訖	15	8	謝榮	29	9	陸軍七十五軍第四預备師炮兵营三連上等兵	謝榮東

7

已發訖			姓名			部隊	家屬
已發訖	16	5	曾啟駿	27	12	陸軍二〇軍一三四師	曾曉山
	16	2	張玉廷	26	10		張子云
65 已發訖	16	5	羅云	27	7	陸軍九八師政治部中士 二九二團一營機槍連中士班長	羅榮氏
已發訖	17	2	賴榮章（云）	27	2	陸軍三七集團軍野戰補充二團二營五連列兵	賴周氏
32.2.18 已發訖	17	2	胡文[illegible]	27	5	軍政部第三補充團訓練處第一團上尉附員	胡廖氏 [illegible]
	17	2	張玉廷	27	4		張子榮
已發訖	18	1	李德明	28	4	陸軍四五軍一二五師直屬衛生隊上等兵	李萬榮

已发讫	18	5	童金山	27	2	陆军新编十四师三团一营传令兵	童洪顺
	18	4	陈大兴	28	2	陆军四四军一四九师四四五团一营三连列兵	陈洪顺
	18	4	苏启鹏	27	3	陆军四四军一四九师四四七团六营机枪连	苏王氏
	18	4	白容光	28	4	陆军四七军一四四师三二一旅六二团三营三连列兵	白刘氏
已发讫	18	7	侯[叶]华	28	2	陆军二十二集团军司令部参谋处军士	侯茂章
已发讫	18	7	侯学[叶]	27	8	陆军二十八集团军补充二团一营	侯[陈芳]
已发讫	19	2	谢谦	28	9	二十二集团军炮兵大队炮兵	谢瀛洲
已发讫	19	3	宋康明	27	12		宋刘氏
已发讫	19	5	邱初发	27	2	中央第一兵监部一分监部中队	邱三四

8

印記	年	月	姓名			部隊	家屬
已發訖	19	5	董永超	24	4	陸軍新編第一師二團二營機二連上士	董鄭氏
已發訖	19	6	沈漢鈞	27	4	軍政部第四收容所（張冕已領）	沈鄭氏
已發訖	19	6	張孝初	28	2	陸軍二〇軍一三〇師四〇二團衛生隊中士	張[illegible]
已發訖	19	6	馮志堅	28	4	軍政部後方醫院	馮志光
已發訖	19	1	邱中華	27	3	軍政部第三補充兵訓練處軍士教導隊	邱黃氏
已發訖	19	2	羅奎	22	2	第二十七集團軍總司令部 廿軍一三四師	羅[illegible]之（[illegible]）妻
汪榮章印 已發訖	20	4	汪榮章	27	7	陸軍六十七軍一六二師四八〇旅九六〇團迫擊炮連上等兵	汪羅氏
已發訖	20	10	劉燊	26	8	九軍五四師一六二旅三二二團二營七連	劉榮林
已發訖	20	8	孟達五	29	10	陸軍四六師一三七團軍士四[illegible] 上士	孟榮興

119

已發訖	已發訖	已發訖	已發訖	已發訖	已發訖	已發訖	已發訖	已發訖	已發訖
20	20	21	21	21	21	21	21	21	22
8	9	2	6	6	7	2	7	3	
孟鐘勳	曾國華	蔣少武	馬子鈞	林大興	周國鋼	喬林科	張傑	余斌武	袁國忠
27	29	27	27	21	28	29	27	28	28
9	7	8	3	3	2	4	8	2	4
陸軍暫編第五團第二營三等司務佐	陸軍五五師一六五團傳達班列兵			陸軍四十七軍一七八師輜重營一連列兵	三十二集團軍軍人監理處上位	二十八補充兵八第一團訓練處	陸軍四三軍一七六師一三一團三營九連下士	第二九集團軍補充團三營七連列兵	陸軍第四軍九〇師傳達中士
孟冀才	曾三興	蔣王氏	馬吉三	林洪順	周楊秀古（曾氏）押式	喬徐氏	張興元	余玉修	袁興元

後補名册

保别	甲别	出征姓名	出征年	出征月	部隊番號職務	征属姓名	有無证件	保長
8	5	鍾家麒	28	8	陆军四十七军一〇四师搜索连無线电班军士。	鍾唯氏	有	
7		張金山	27	10	陆军担架兵第一团二营九连上等兵。	張洪顺	有	
21	1	卓季高	29	10	空军第三路司令人事股文书上士。	卓榮之 董氏	有	
21	1	卓玉成	27	10	陆军四十七军第一七八师五三三团营三连一等兵。	同右	有	
21	1	卓國民	29	3	陆军新编第二十九师八十五团二营六连。	同右	有	
3	3	馮学福	29	5	陆军七十三军七七师通信兵营無线电台上等兵。	馮刘氏	有	
20	6	邑荣富	30	7	航空委员会防空炮兵旅工兵营部一等兵。	邑世顺	有	
21	7	張重叙	27	6	独立工兵第十团第一营第二连列兵	張全勝	佚一件	

已發訖 已發訖 已發訖 已發訖 已發訖 已發訖 已發訖 已發訖

9

卅年十月十二日

印记			姓名	年龄	部队及职级	领款人	
已發訖	19	五	曾清	廿五	第三十集团军总司令部特务连上等列兵	曾获财	有
已發訖	21	8	张文斌	廿二	第二九集团军叁一课传令兵	时情云	有
已發訖	21	8	黄少清	廿三	中央伤兵管理处第十一临时残废医院 二十三师〇团〇连上等兵	黄树民	有
已發訖	22	8	郑松庚	廿三	七十五军第〇师〇〇队士兵团迫炮连上等炮兵	黄秋民	
			~~[illegible]~~				
已發訖	22	7	王义成		廿二集团军〇一军一二〇师上尉服务员	王宰山	

财政部四川省华阳县田赋管理处关于奉令规定出征抗敌军人家属一概不准豁免征购军粮的布告（一九四四年九月）

財政部四川省華陽縣田賦管理處佈告　田三字第一一六八號

案奉

四川省政府田八征字第三九五四號訓令開：「三十三年七月案奉　國民政府軍事委員會辦八字渝字第13686號訓令開：『查抗屬請求豁免征購軍糧案件，各省辦理情形頗不一致，須知國家征購係供應軍食要需，亦戰時人民應盡之義務，抗屬既有其他優待辦法，嗣後對於此項請求應一概不准，以期劃一，即已照准在前者，如非查明確有特殊困難，亦須予以恢復，而昭公允。除分令外，合行令仰遵照，並轉飭所屬一体遵照。』等因，奉此，除分令外，合亟令仰該處即便遵照。」

等因，奉此。除分令外，合行佈告抗屬人等一体知照！

此告。

中華民國三十三年九月　日

處長　彭善承

副處長　韓鶴卿

华阳县国民兵团部关于造报征属名册致保和乡队部的训令（一九四五年一月二日）

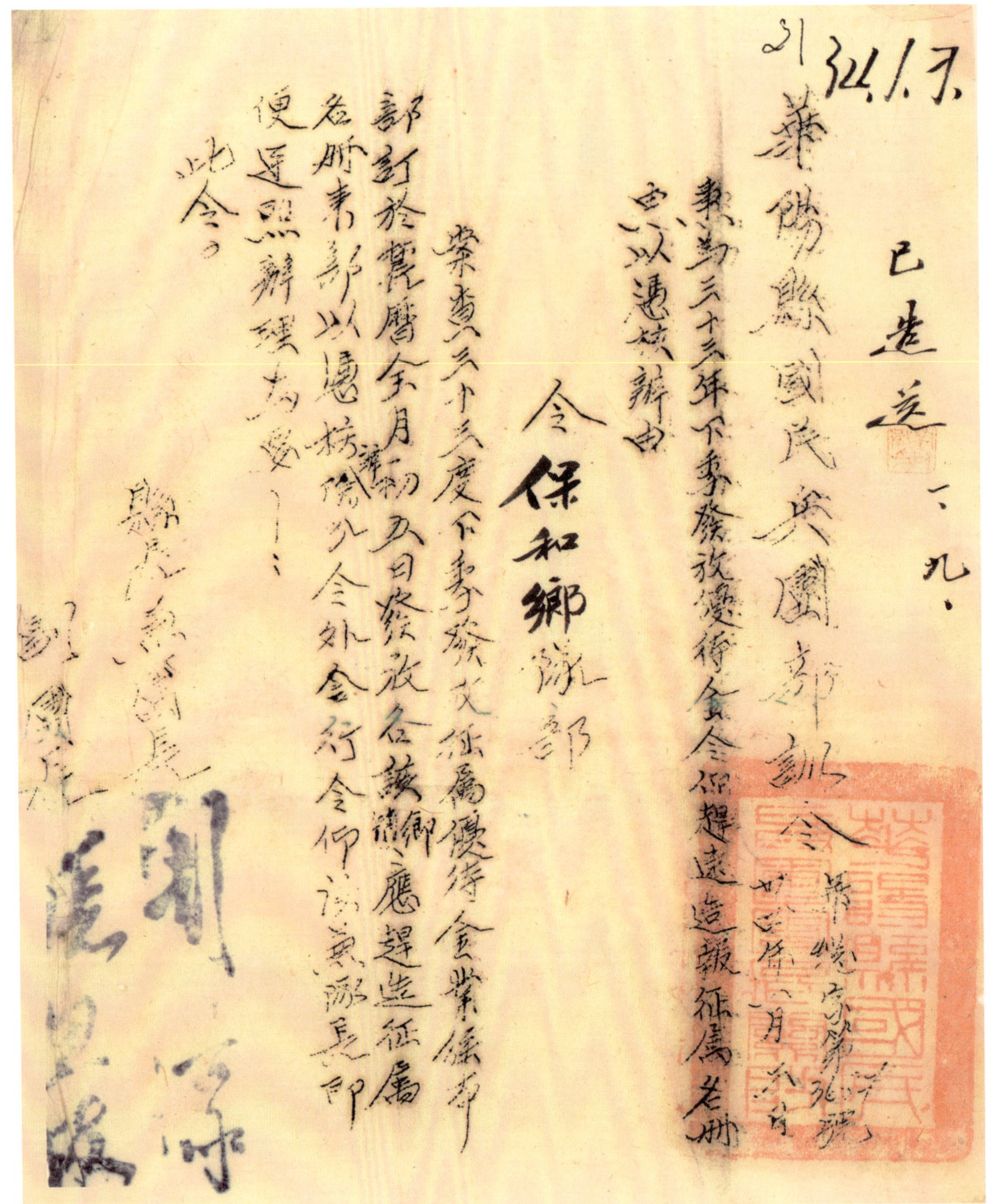

已遣送 一、九

華陽縣國民兵團部訓令 第 號 卅四年一月二日

事由：為三十三年下季發放優待金令仰趕速造報征屬名册以憑核辦由

令保和鄉隊部

案查三十三年度下季發放優待金業經本部訂於舊曆冬月初五日發放，各該鄉應趕造征屬名册來部以憑核辦。除分令外，合行令仰該鄉隊長即便遵照辦理為要！！

此令。

縣民兵團團長 劉

华阳县政府关于检发发放一九四四年下季优待金注意事项致保和乡公所的训令（一九四五年一月六日）

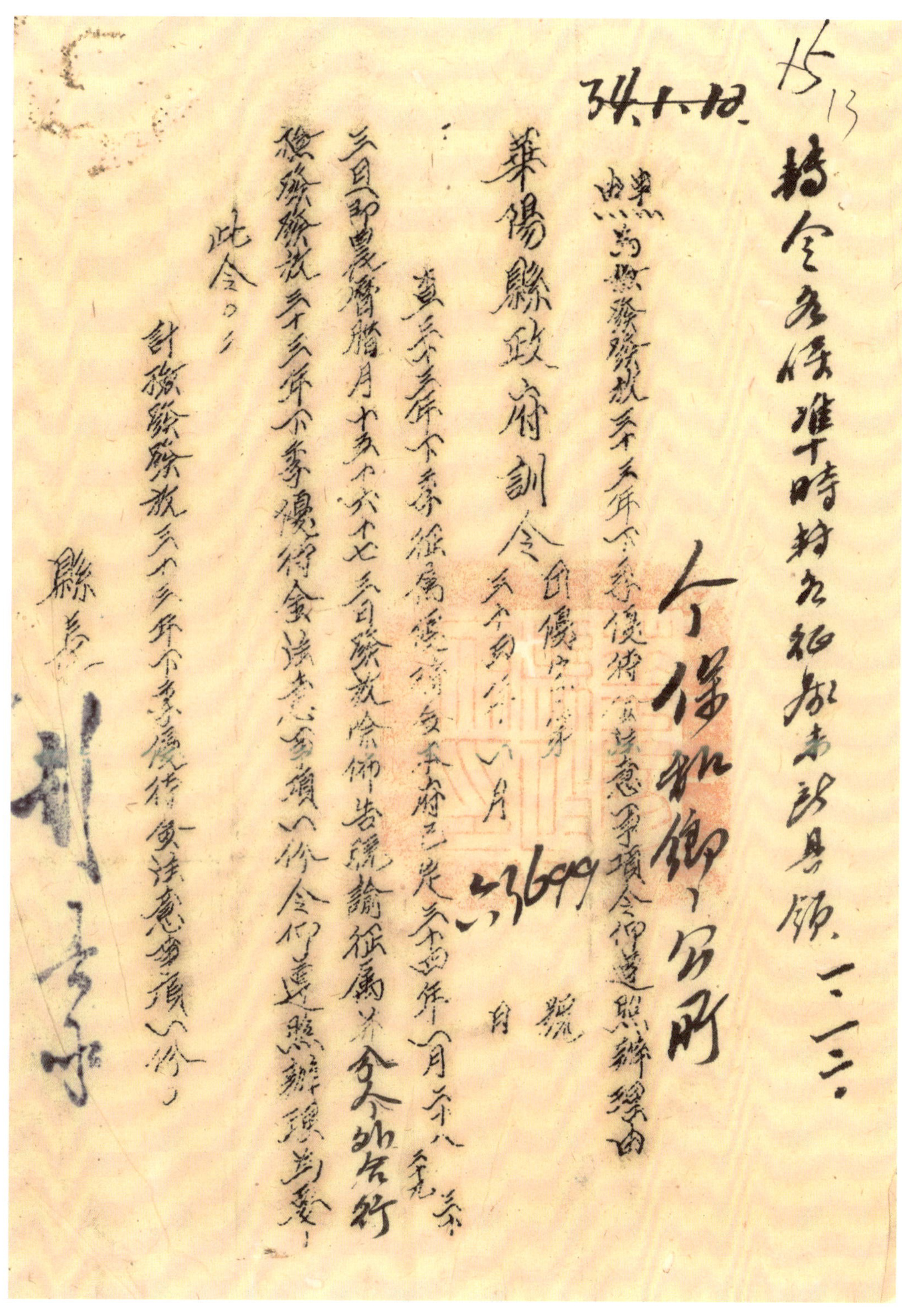

特令各保準時持名冊報來詳具領 一一二

令保和鄉公所

案由　為檢發發放三十三年下季優待金注意事項令仰遵照辦理由

華陽縣政府訓令　三十四年一月　日　府優字第　號

查三十三年下季征屬優待金本府已定三十四年一月二十八、二十九、三十三日即農曆臘月十五、十六、十七三日發放，除佈告曉諭征屬外，合行檢發發放三十三年下季優待金注意事項一份，令仰遵照辦理為要！

此令。

計檢發發放三十三年下季優待金注意事項一份。

縣長

附：华阳县政府发放一九四四年下季优待金注意事项

華陽縣政府發放三十三年下季優待金注意事項

（一）本縣三十三年下季征屬優待金定於三十四年一月二十八、二十九、三十日（即農曆臘月十五、十六、十七三日）分別在各鄉鎮公所發放

（二）本季發放職員[illegible]

（三）本季優待金之發放由優待委員會[illegible]派員前往各鄉鎮監發，所有各項委員領款項及花名備之一切手續事先由縣府[illegible]

（四）縣府於三十四年一月二十七日（即農曆臘月十四日）正午邀集全體監發員赖告發放優待金手續並由各監發員領取款項旅費及表冊等件，然後分別出發

（五）各監發員攜帶款項前往各鄉鎮時，應由各鄉鎮公所事前派遣武裝丁來府迎接以資保護（一月二十九日午前來府）

（六）各監發員應按照規定時間及地點召集保甲人員、征屬暨優待分會委員、士紳、各鄉鎮公所人員監發征屬優待金

（七）各應領優待金征屬應由各鄉鎮長負責通知屆期親往領取優待金

(八)征屬領優待金時應繳驗優待證明書或其他證件經發款員會同審核後依照規定發給優待金，如有證件遺失向機兩張者應提繳一份

(九)征屬領取優待金時應於發款優待金名冊及支付命令上蓋章或捺指印，其證明文件上則由發款員蓋章，以免重複冒領

(十)優待金發完，當畢發款員偕鄉長及優待分會委員支付應會同填具領款書表，連同支付命令、發款優待附繳名冊一份一併送還縣府，以便分別存轉備查

(十一)征屬優待金總數對於上代領如有舞弊冒情事，一經查出屬實，究予嚴懲

华阳县政府关于转发华阳县恤亡给奖令地址不详阵亡官兵姓名册致保和乡公所的训令（一九四五年五月十一日）

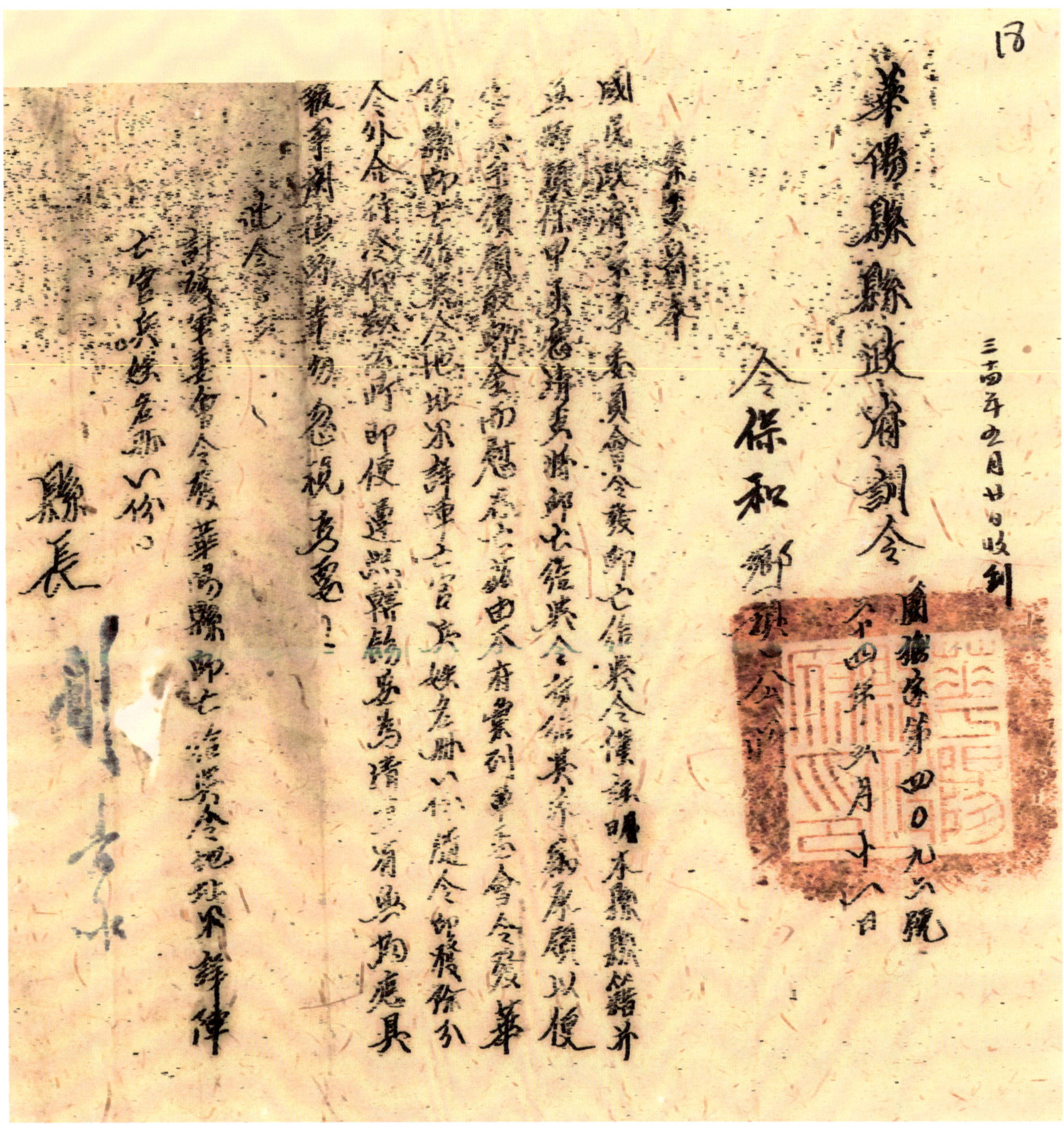

13

三十四年五月廿日收到

華陽縣縣政府訓令　國稽字第四〇九六號　卅四年五月十一日

令保和鄉鄉公所

案奉[illegible]

國民政府軍事委員會令發卹亡給獎令，僅錄明本縣縣籍，并

無鄉鎮保甲，[illegible]卹亡給獎令分給各家屬，以便

[illegible]而慰[illegible]由本府彙列專冊，令發華

陽縣卹亡給獎令地址不詳陣亡官兵姓名冊一份，隨令印發，除分

令外，合行令仰該公所即便遵照，轉飭妥為[illegible]，尚無[illegible]應具

報，事關優卹，毋稍忽視為要！

此令。

計發軍事委員會令發華陽縣卹亡給獎令地址不詳陣

亡官兵姓名冊一份。

縣長

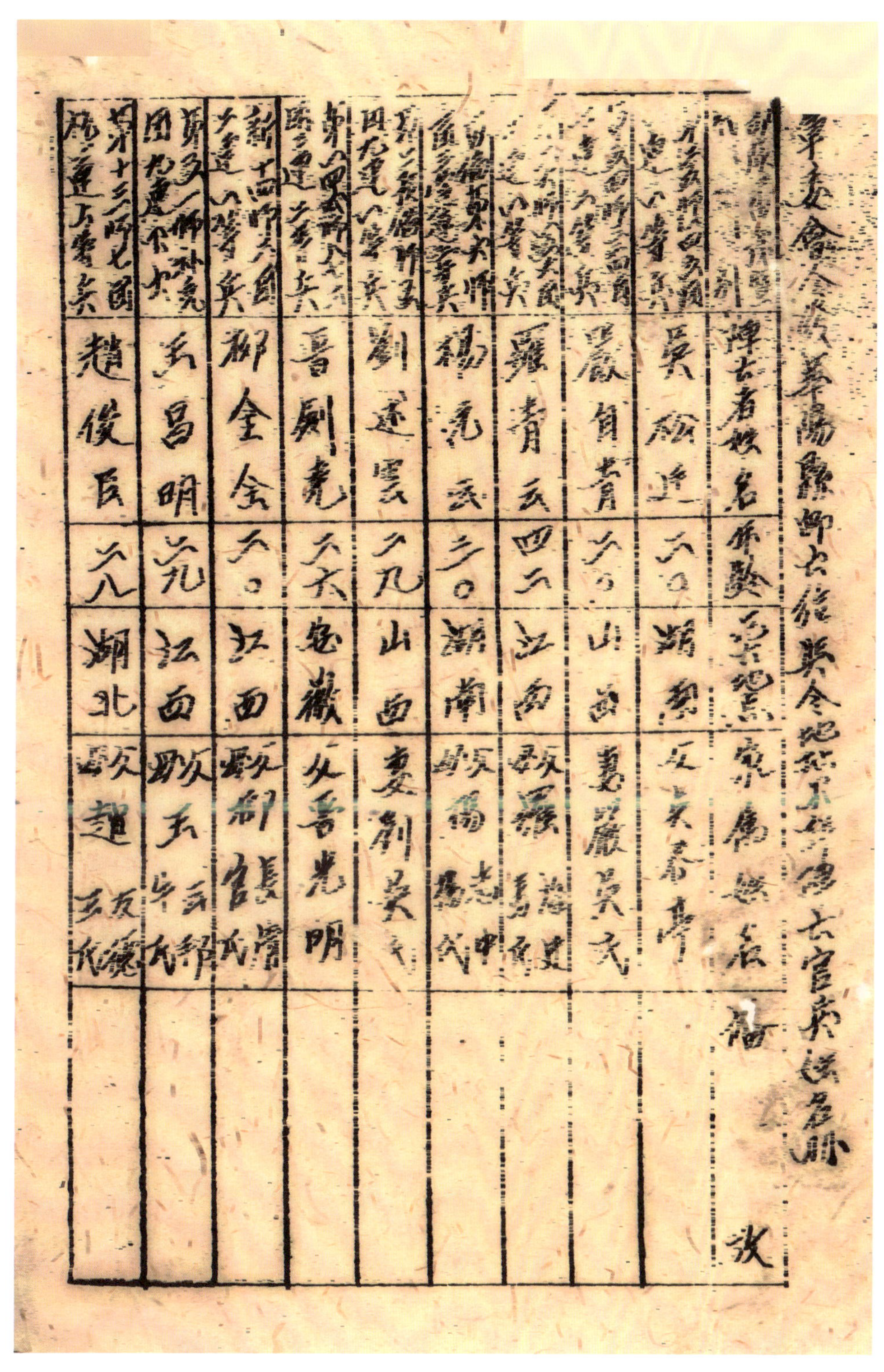

军委会令发华阳县恤亡给奖令地址不详阵亡官兵姓名册

部别	阵亡者姓名	年龄	籍贯	家属领恤人	备考
[illegible]上等兵	吴炳迎	二〇	湖北	父吴春亭	
[illegible]上等兵	严自青	二〇	山西	妻严吴氏	
[illegible]上等兵	罗青云	四二	江西	父罗海贵 母罗易氏	
[illegible]等兵	杨汉云	三〇	湖南	父杨志中 母杨易氏	
[illegible]上等兵	刘述云	二九	山西	妻刘吴氏	
[illegible]二等兵	晋剑光	二六	安徽	父晋光明	
新十四师[illegible]上等兵	郑全金	二〇	江西	父郑长常 母郑官氏	
[illegible]补充团[illegible]	吴昌明	三九	江西	父吴绍 母吴安氏	
[illegible]十三师七团[illegible]上等兵	赵俊良	二八	湖北	父赵友德 母赵王氏	

附：军委会令发华阳县恤亡给奖令地址不详阵亡官兵姓名册

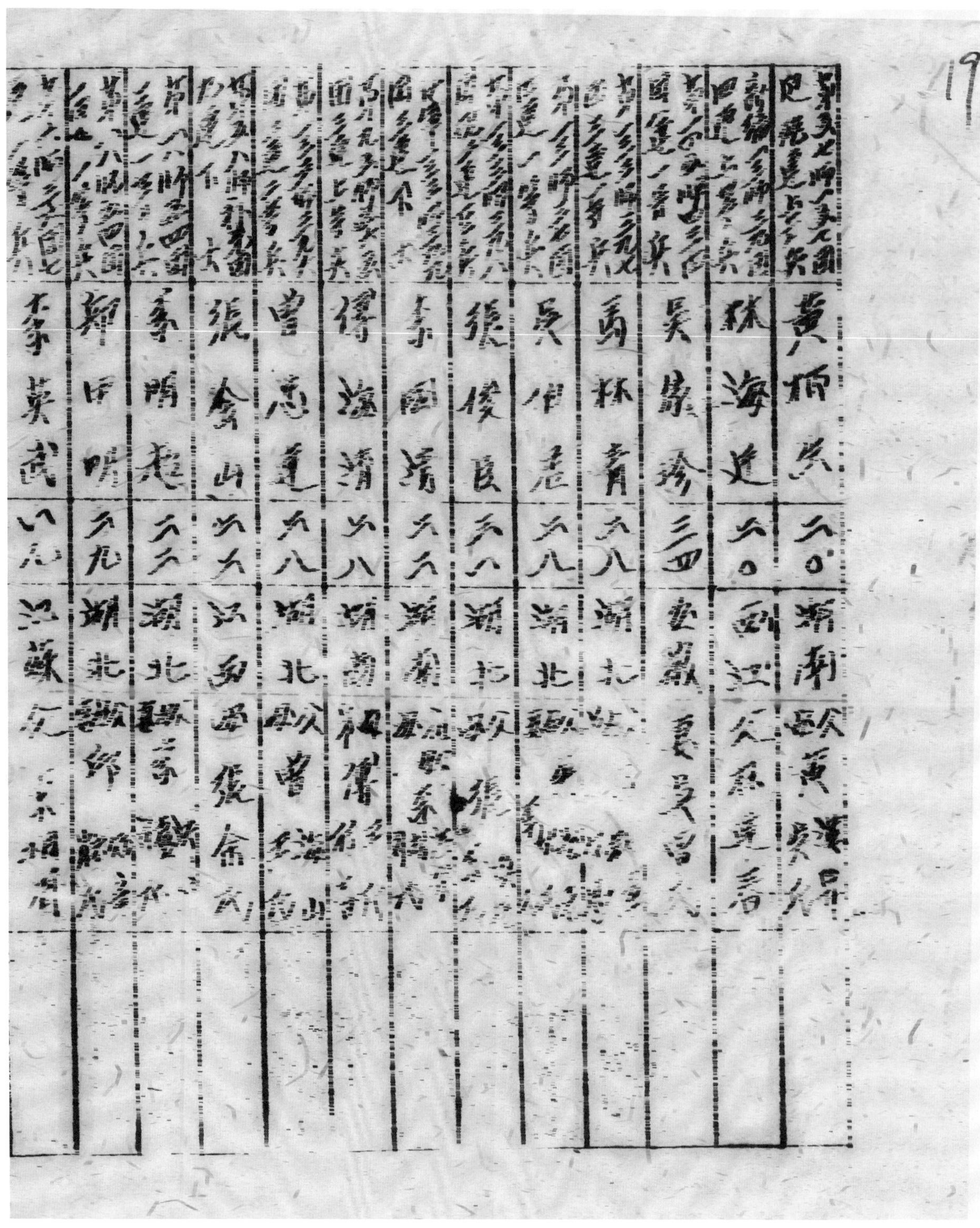

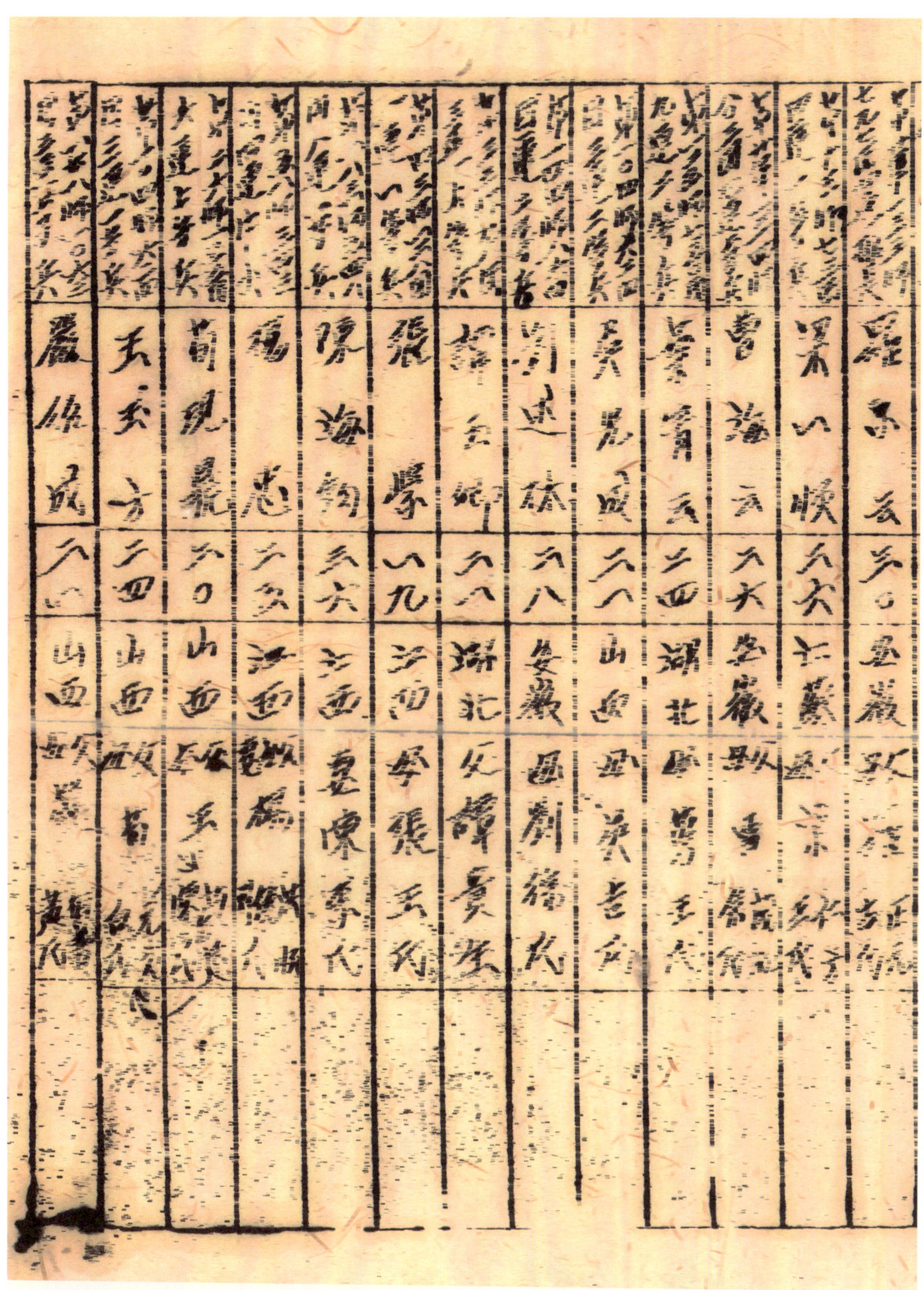

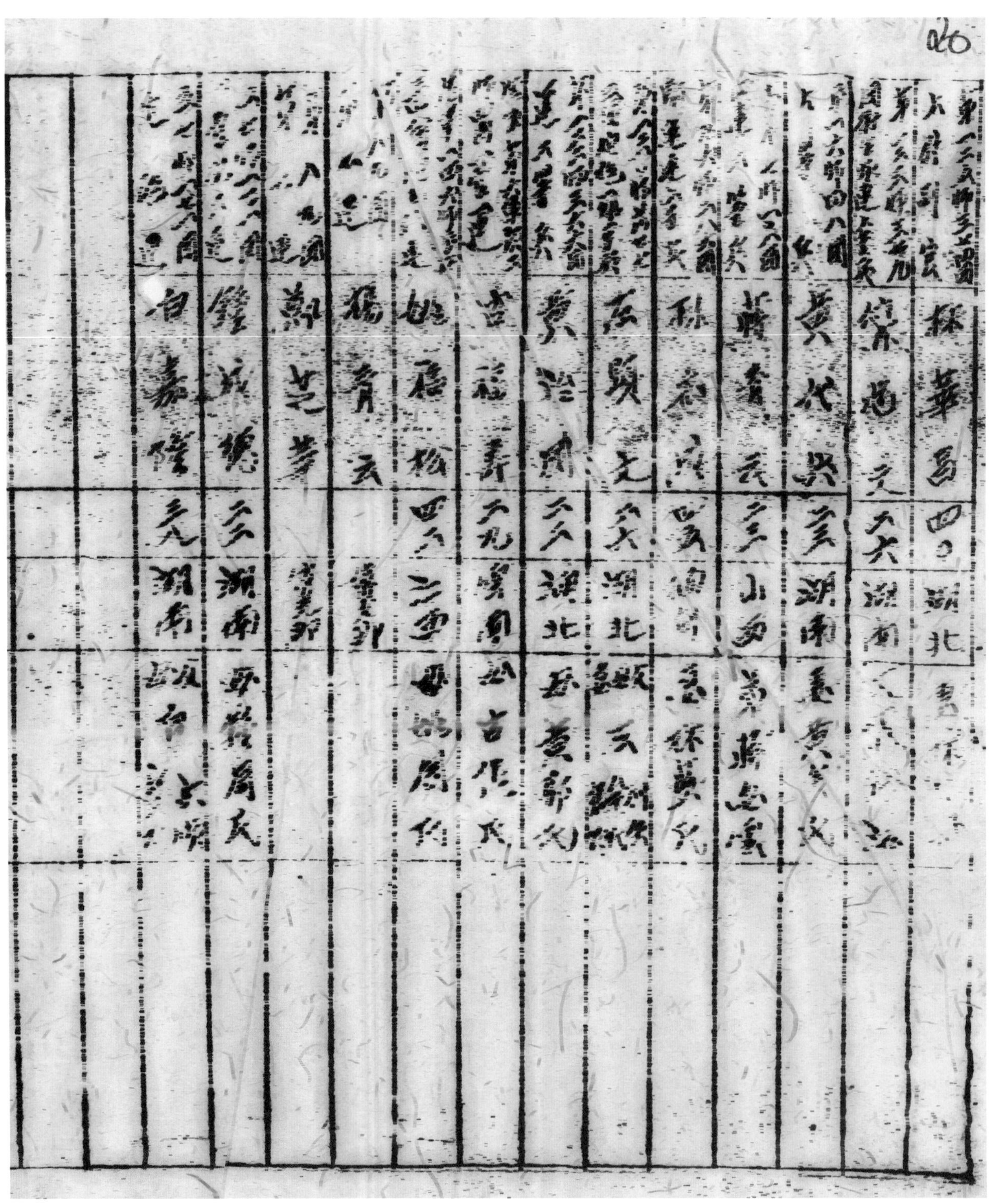

华阳县政府、保和乡镇公所关于办理抗敌伤亡人民调查表式的一组文件

华阳县政府致保和乡镇公所的训令（一九四五年十月）

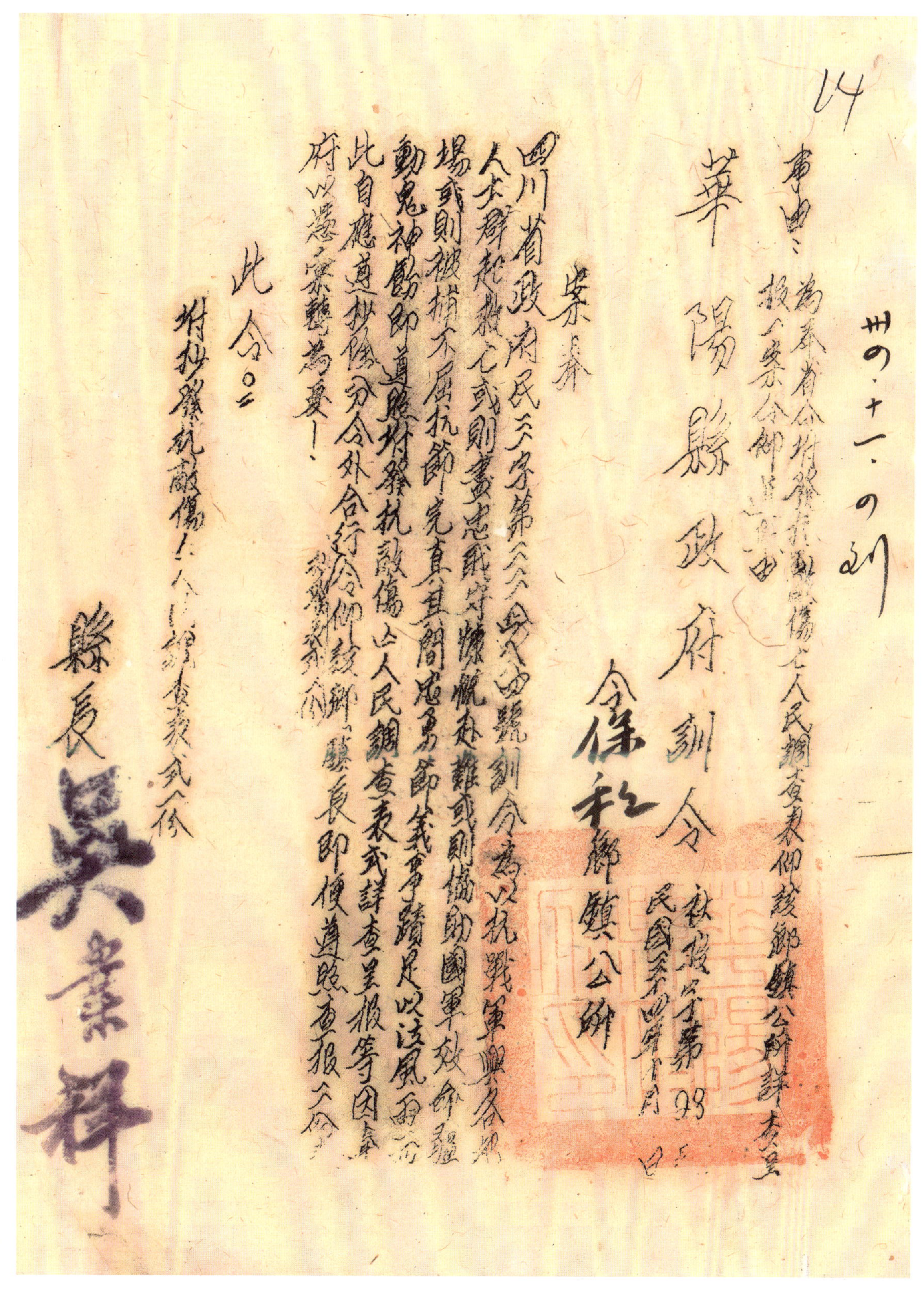

14

卅四．十一．四到

事由：為奉省令附發抗敵傷亡人民調查表式仰該鄉鎮公所詳查呈報，抄附原表令仰遵照由

華陽縣政府訓令　秘役字第93號

民國卅四年十月　日

令保和鄉鎮公所

案奉

四川省政府民三字第〇〇〇〇號訓令：為以抗戰軍興，各鄉人士群起殺敵，或則奮忠戰守，慷慨赴難；或則協助國軍，效命疆場；或則被捕不屈，抗節完貞。其間忠勇節義事蹟，足以泣風雨而動鬼神。飭即遵照附發抗敵傷亡人民調查表式，詳查呈報等因。奉此，自應遵照，除分令外，合行抄附原表，令仰該鄉鎮長即便遵照查報來府，以憑彙轉為要！

此令。

附抄發抗敵傷亡人民調查表式一份

縣長　吳棠祥

保和乡镇公所致华阳县政府的呈（一九四五年十一月十日）

13

全　銜　呈　社數字第　山　號

卅四年十一月十日

事由：為呈送抗敵傷亡人民調查表請核轉由

案奉

鈞府社數字第二八號訓令開：

「為奉省令辦理抗敵傷亡人民調查表仰該鄉鎮公所詳查呈報一案」等因，附發抗敵傷亡人民調查表式一份。奉此，經詳查轄境內傷亡人民大都係征調出川抗敵陣亡者，理合填具調查表二份賫呈

鈞府鑒核彙轉。

謹呈

縣長 吴

附呈抗敵傷亡人民調查表二份

鄉長 廖〇〇

15

以為華陽縣抗敵傷亡人民調查表　32年11月10日查填

姓名	性別	年齡	傷亡當時任務	學歷	職業	傷或亡	傷亡原因及時間	已否領恤及郵寄通訊人	生活現狀	備攷
郭勝田	男	3		私塾	農	亡	卅年作戰	已奉撫卹 全 征伕	貧	
馮学松	男	3			商			未		
龐興凱	男	2			〃					
孫手安	男	2			〃					
韓甫卿	男	3			農					
肖九如	男	3			工					
魏心權	男	15			農					
宋康明	男	19			工					

华阳县政府关于奉电抄发抗战功勋子女就学免费条例致保和乡公所的训令（一九四六年五月十五日）

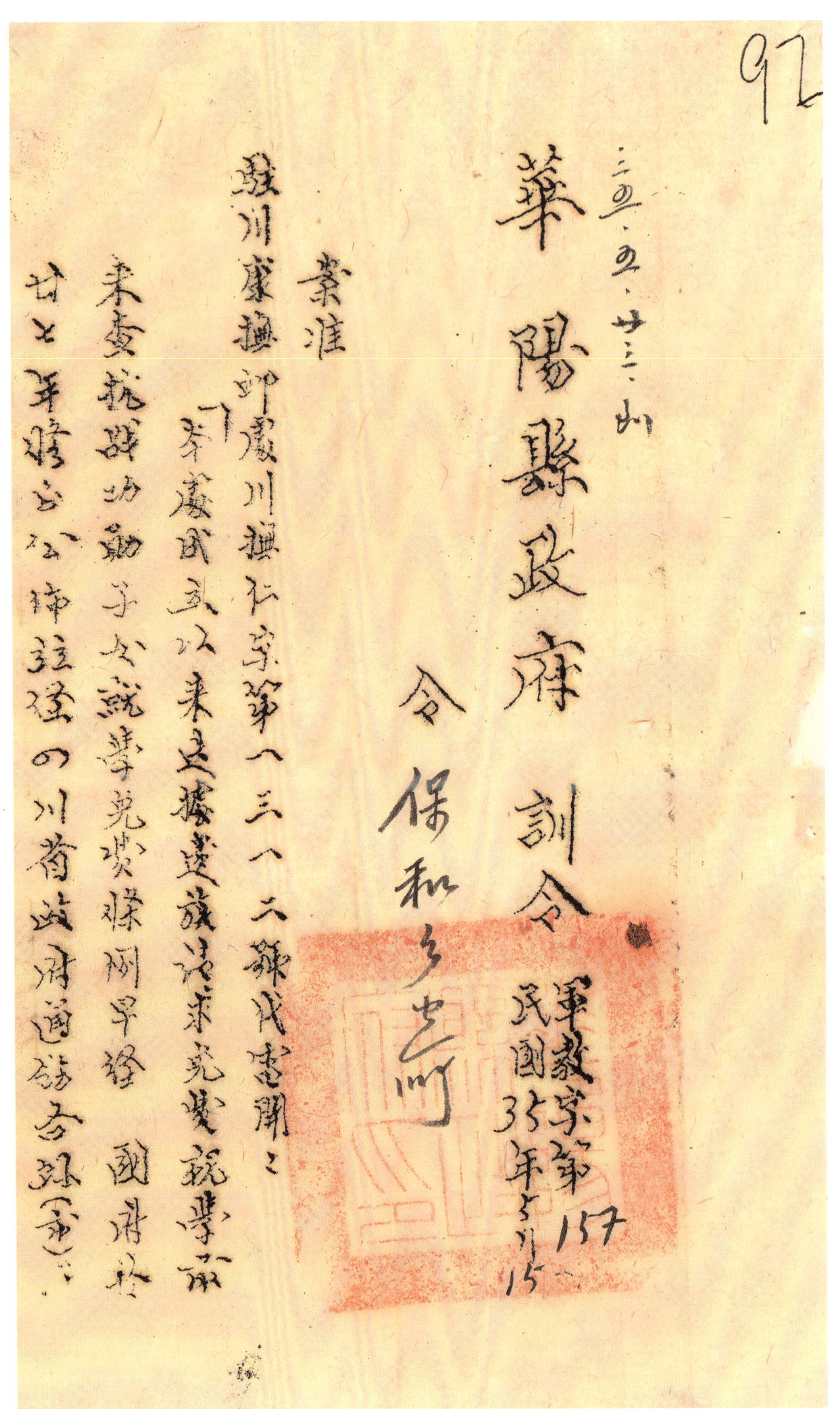

92

三五、五、廿三、收

華陽縣政府訓令

令保和鄉公所

軍教字第157

民國35年5月15

案准

駐川豢撫卹處川撫仁字第八三八六號代電開：「

本處成立以來迭據遺族請求免費就學前

來查抗戰功勳子女就學免費條例早經 國府於

廿七年特公佈並經四川省政府通飭各縣（市）……

照得案准為時已久各抗戰遺族散處鄉間或未之
知或特重籍前頒條例過時後以辦查照一體理之
重等公佈轉飭各鄉鎮保甲切實宣達遺族以嘉惠
忠裔廣育人才為荷
等由：免費條例一份准此除分令外合行令仰該　縣即
便公佈並轉飭該管遺族等知照。
此令。
計抄發抗戰功勳子女就學免費條例一份

縣長 [illegible]致忠

附：抗战功勋子女就学免费条例

抗戰功勳子女就學免費條例（二十七年十月八日國民政府公佈）

第一條 抗戰功勳之子女入公立或已立案之私立學校時，其家境貧寒不能負擔學費用者，得依本條例請求免費待遇。

前項請求以得有國府、軍委會頒給獎令或勳章、褒揚狀等之獎勵條例准免除子女學費者為限。

第二條 免費辦法分左列四種：

一、免學費、宿膳費、書籍等費，並補助在校時膳宿、制服、書籍等費全部；

二、免學費、宿膳費、書籍費，並補助在校時膳宿費全部；

三、免學費、宿膳費、書籍費，並補助在校時膳宿費半數；

四、免學費、膳費、書籍費。

第三條

前條規定之學校所用教科書等，由該校分別選定，校長請明數項於學部批閱，經學部審閱分給各學校，其內校長於辦前於被學用，須除其違背之處者。

前項學部審定之教科書，以學部印行者准用之，以學務為限。

第四條

隨見之學費實行費及錄入數，由各校核定，被入數內照數相除。

應補助之學校編制，並學部籌畫實行各項事宜，須報明學部教育局致

機關在教育發展內外學校，其具詳細辦法，由教育部定之。

第五條

凡先前待遇有在列期限者，須待其期滿。

公務待遇等，不得發給，須按例辦理。

公致撫奪公權者

94

第六條　請求免費待遇時應填具申請書連同附繳第八條第二項所定證件及本人二寸半身照片向原肄業學校呈請主管教育行政機關轉核定

申請書格式如附表

第七條　免費待遇之核定國立學校由教育部組織抗戰功勛子女就學免費審查委員會辦理之省及行政院轄之市所立之學校由省市政府組織審查委員會核定轉報教育部備案縣市所立之學校由縣市政府組織審查委員會核定呈報省教育廳備案

第八條　本條例自公布日施行

（三）成都县

成都县第一区区署关于检发优待证及支付命令致太平联保办公处的训令（一九三八年十一月二日）

訓令為檢發優待証書及支付命令，仰轉飭承領由

廿七年保字第518號

成都縣政府第一區區署訓令

令太平聯保辦公處

二十七年十月份內，先後據各聯保呈報合格壯丁家屬調查表一案，當經本署轉請核發優待証書去訖。茲於本年十一月一日，奉成都縣縣政府檢發九月份合格壯丁家屬調查表內檢式份，飭查照原案分別分發外，合行檢發合格壯丁家屬優待証書，及支付命令各廿份，仰該主任即便遵照，轉給承領，具報備查。

此令。

計檢發優待証及支付命令各廿份

區長 [illegible]光乾

中華民國廿七年十一月二日

成都县政府关于按期造报每月份半月支付优待出征壮丁家属仓谷报告表致太平场联保仓储委员会的训令（一九三九年一月）

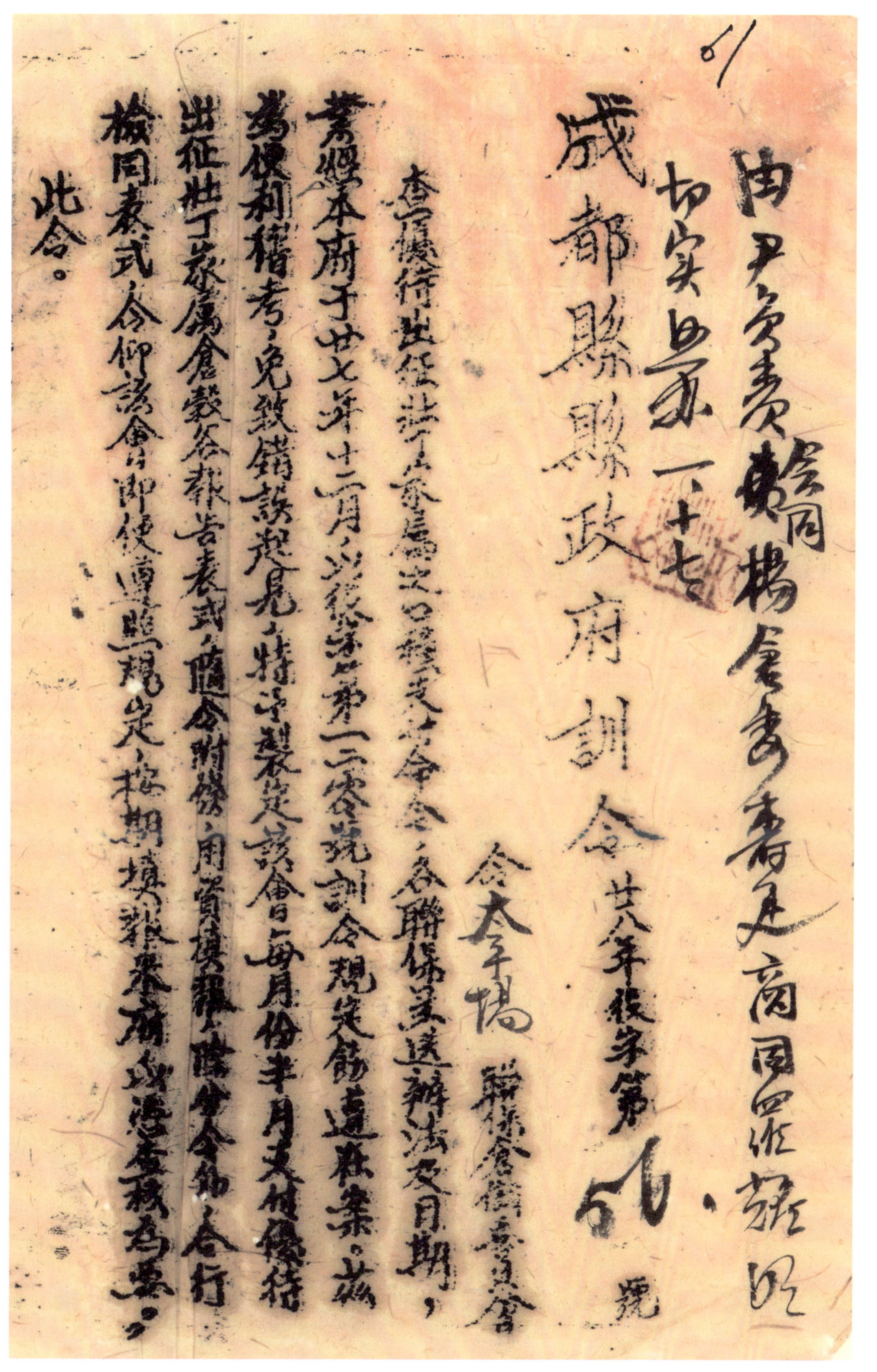

由尹委員轉同楊倉委會委員商同照辦
切實具報 一、十七

成都縣縣政府訓令 廿八年役字第56號

令太平場聯保倉儲委員會

查優待出征壯丁家屬之口糧支出，命令各聯保呈送辦法及日期，業經本府于廿七年十二月以役字第一二〇〇號訓令規定飭遵在案。茲為便利稽考，免致錯誤起見，特製表定該會每月份半月支付優待出征壯丁家屬倉穀報告表式，隨令附發，用資模範。除分令外，合行檢同表式，令仰該會即便遵照規定，按期填報來府，以憑查核為要！

此令。

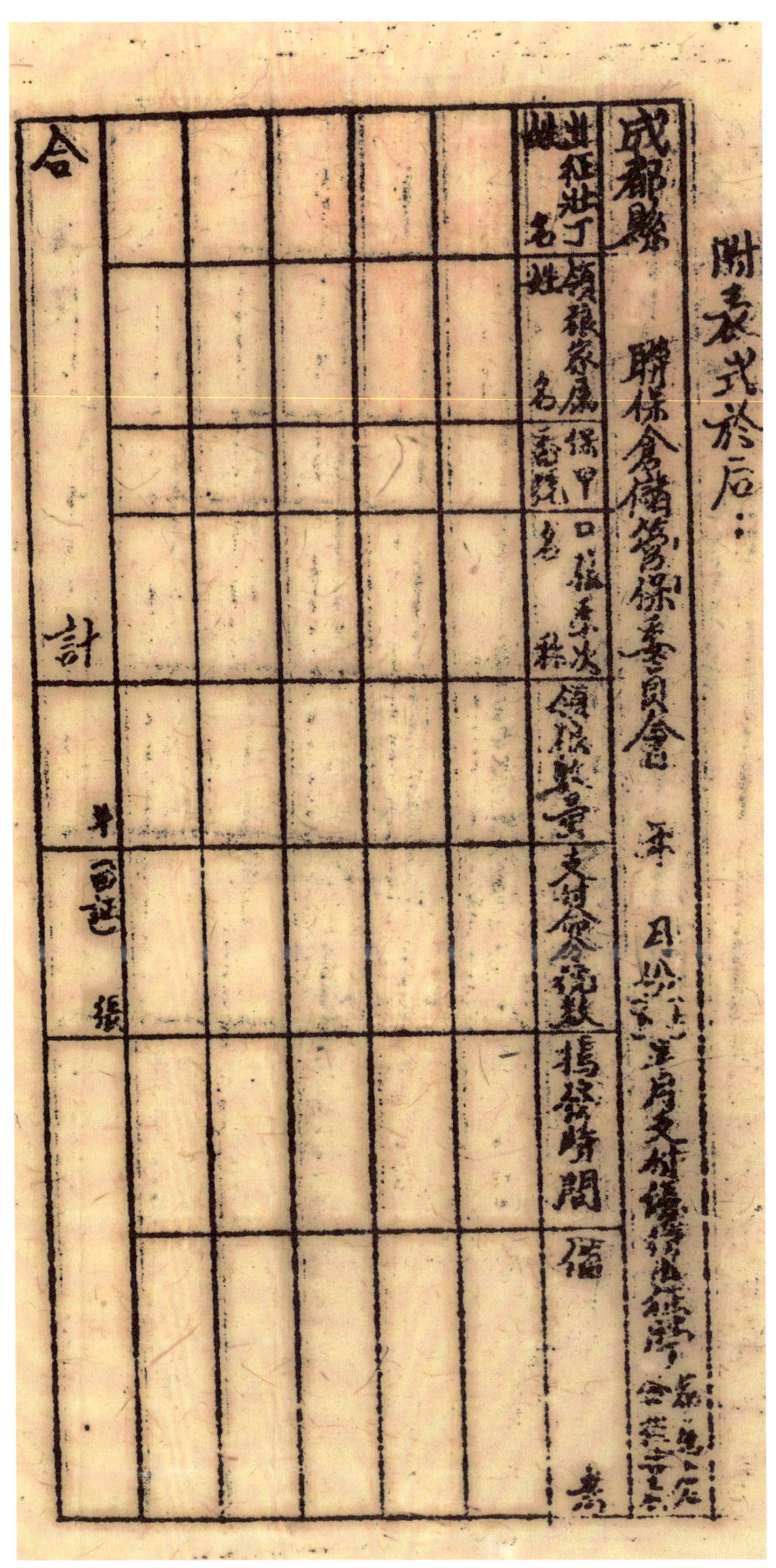

附表式於后：

成都縣　聯保倉儲管保委員會　年　月份（上、下）半月支付優待出征抗敵軍人家屬食米一覽表

出征壯丁姓名	領糧家屬姓名	保甲番號	口糧名次	領糧數量	支付命令號數	填發時間	備考
合計					半(面)證　張		

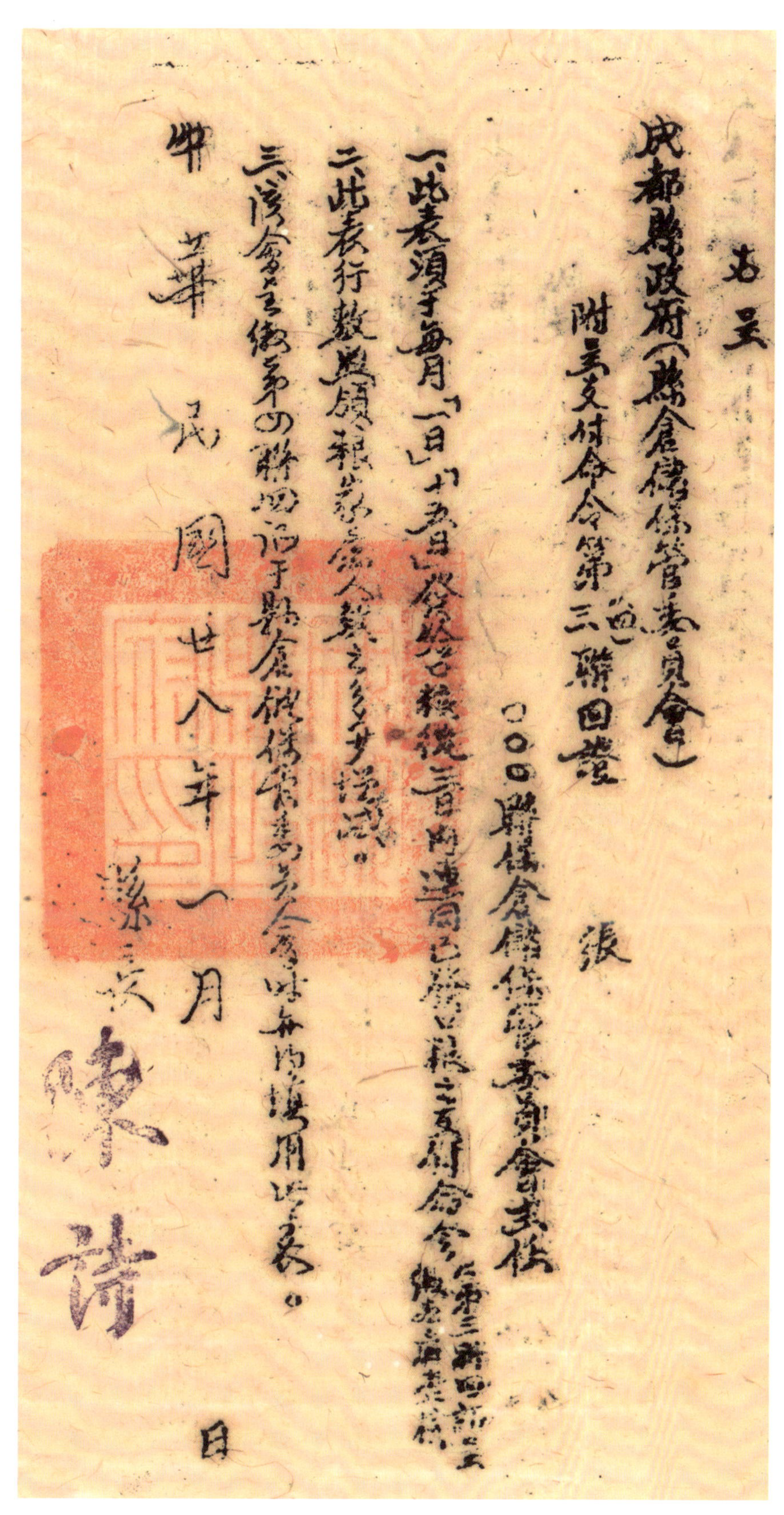

右呈

成都縣政府（縣倉儲保管委員會）

附呈支付命令第三（四）聯回證　　張

○○○鄉保倉儲保管委員會主任

一、此表須于每月「一日」「十五日」發給谷糧後三日內連同已發谷糧之支付命令（第三聯第四聯）繳交縣委會核。

二、此表行數照領報發給人數之多少增減。

三、保倉會之繳第四聯回證于縣倉儲保管委員會之命令時并內換用此表。

中華民國廿八年一月　　日

縣長 陳 請

成都县政府关于发给出征壮丁家属肖福升口粮的口粮支付命令（一九三九年九月）

附记

一 承领口粮人住在地之联保主任，及保甲长，为当然保证人，应在支付命令上署名盖章，不得无故拒绝。

二 出征壮丁，如有中途逃跑，或领粮人有冒领情形，保证人除拒绝作保证外，并须呈报县府查究。否则以通同作弊论罪。

三 承领口粮人在支付命令上必须署名盖章。

四 联保仓储保管委员呈送通知，及回证（即第三四五六各联）时，须署名盖章。

口粮支付命令

第六联 通知

成都县县政府发给出征壮丁家属口粮 拨字第 号

领粮家属姓名：肖福升　出征壮丁姓名：肖 伍 荣　领粮次数：第四季平时口粮

口粮额：黄谷 壹 石 斗正（市斗）　01171

备考

太平场联保办公处

右出征壮丁家属口粮已凭县政府支付命令如数拨交该家属查收无误相应会同保证人及领粮家属备具通知送请存查此致

第壹区太平场联保仓储保管委员

保证人第 联保主任 保保长 甲甲长

承领口粮人

填发日期 中华民国 廿捌 年 月 日

此联由联保仓储委员会送本联保办公处存查

口粮支付命令

第五联 通知

成都县县政府发给出征壮丁家属口粮 拨字第 号

领粮家属姓名：肖福升　出征壮丁姓名：肖 伍 荣　领粮次数：第四季平时口粮

口粮额：黄谷 壹 石 斗正（市斗）　01171

备考

拨字第 壹 壹 柒 壹 号

成都县第壹区区署

右出征壮丁家属口粮已凭县政府支付命令如数拨交该家属查收无误相应会同保证人及领粮家属备具通知送请存查此致

第壹区太平场联保仓储保管委员

保证人第 联保主任 保保长 甲甲长

承领口粮人

填发日期 中华民国 廿捌 年 月 日

右通知经承领口粮人及保证人签名盖章后即作正式收据

此联由联保仓储委员会送本区区署存查

口糧支付命令

第四聯　回證

成都縣縣政府發給出征壯丁家屬口糧　撥字第 01171 號

領糧家屬姓名	肖湘升	出征壯丁姓名	肖少華	領糧次數	第四季平時口糧
口糧額	黃穀	壹石伍斗正（市斗）			
備考					

右出征壯丁家屬口糧已憑支付命令及領糧家屬繳來支付通知如數撥交該家屬查收無誤相應會同保證人及領糧家屬呈繳回證

報請查核此致

成都縣倉儲保管委員會

第壹區太平場聯保　聯保主任

倉儲保管委員　　保證人第　保保長

　　　　　　　　第　甲甲長　　承領口糧人

塡發日期　中華民國卅捌年玖月　日

右回證經承領口糧人及保證人簽名蓋章後即作正式收據

撥字第壹壹柒壹號

此聯由聯保倉儲委員會送交縣保管委員會查核

口糧支付命令

第三聯　回證

成都縣縣政府發給出征壯丁家屬口糧　撥字第 01171 號

領糧家屬姓名	肖湘升	出征壯丁姓名	肖少華	領糧次數	第四季平時口糧
口糧額	黃穀	壹石伍斗正（市斗）			
備考					

右出征壯丁家屬口糧已憑支付命令及領糧家屬繳來支付通知如數撥交該家屬查收無誤理合會同保證人及領糧家屬呈繳回證

報請查核謹呈

成都縣縣政府

第壹區太平場聯保　聯保主任

倉儲保管委員　　保證人第　保保長

　　　　　　　　第　甲甲長　　承領口糧人

塡發日期　中華民國卅捌年玖月　日

右回證經承領口糧人及保證人簽名蓋章後即作正式收據

此聯由聯保倉儲委員會呈報縣政府查核

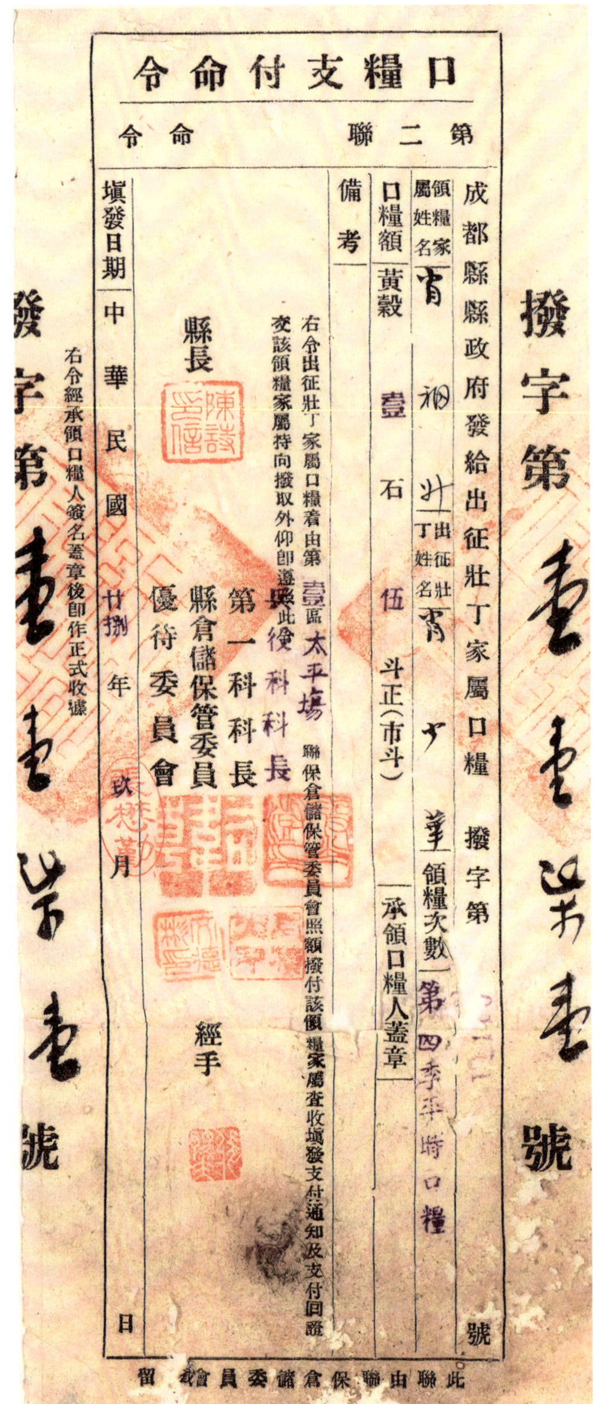
口糧支付命令

第二聯　命令

成都縣縣政府發給出征壯丁家屬口糧　撥字第　號

領糧家屬姓名　胥祖此　出征壯丁姓名　胥少華　領糧次數　第四季平時口糧

口糧額　黄穀　壹石伍斗正（市斗）

承領口糧人蓋章

備考

右令出征壯丁家屬口糧着由第壹區太平場聯保倉儲保管委員會照額撥付該領糧家屬查收填發支付通知及支付回證交該領糧家屬持向撥取外仰即遵照此後

縣長　陳□□

第一科科長

縣倉儲保管委員

優待委員會

經手

填發日期　中華民國卅捌年　月　日

此聯由聯保倉儲委員會存留

右令經承領口糧人簽名蓋章後即作正式收據

撥字第叁叁柒叁號

成都县政府关于检发出征抗敌军人家属优待谷三联单及领谷收据式样致太平联保办公处的训令
（一九三九年十月十四日）

成都縣縣政府訓令　二十八年役字第4715號

令太平聯保

爲檢發該聯保出征抗敵軍人家屬優待谷三聯單　份暨領谷收據式樣一張，仰即遵照轉發承領，核時攄核爲要！

此令。〇二

計檢發三聯單　份、領谷收據式樣一紙

縣長　陳詩

中華民國二十八年十月十四

附：收据式样

領谷收據

今領到

倉積谷保管委員會發給出征抗敵軍人家屬第（某）區優待

谷　石除於優待委員會所發　字第　號三聯單報查聯及

憑單聯上分別簽押外具領是實

領谷人○○○□（簽名蓋章或捺左大指姆印）

住址　第　區　聯保第　保

中華民國二十八年　月　日

太平场仓储保管委员会关于遵令换发出征壮丁优待口粮证书致成都县第一区区署的呈（一九三九年十一月十六日）

为遵令赍呈出征壮丁优待口粮证书请予换发新证一案由

优待证书十九张
优待出征壮丁姓名表一份

廿八年九月廿七日，案奉

钧署同年保字第八四九号训令（略）开：「查前发出征壮丁第一年度优待口粮证书，现已次第满期，亟应收回，另换新证，以便继续优待。合行令仰该主任即便遵照，并转饬所属一体遵照，此令。」等因。奉此，遵即转饬遵照去后，兹已缴呈到案，理合列表具文呈请

钧署俯予转请换发，是否有当，伏乞

令示祇遵！

谨呈

区长刘

太平场主任〇〇
仓储保管委员杨寿亭

十一、十六

成都县第一区署关于换发出征壮丁优待口粮证书及补具支付积谷报告表致太平联保办公处的指令

（一九三九年十一月十八日）

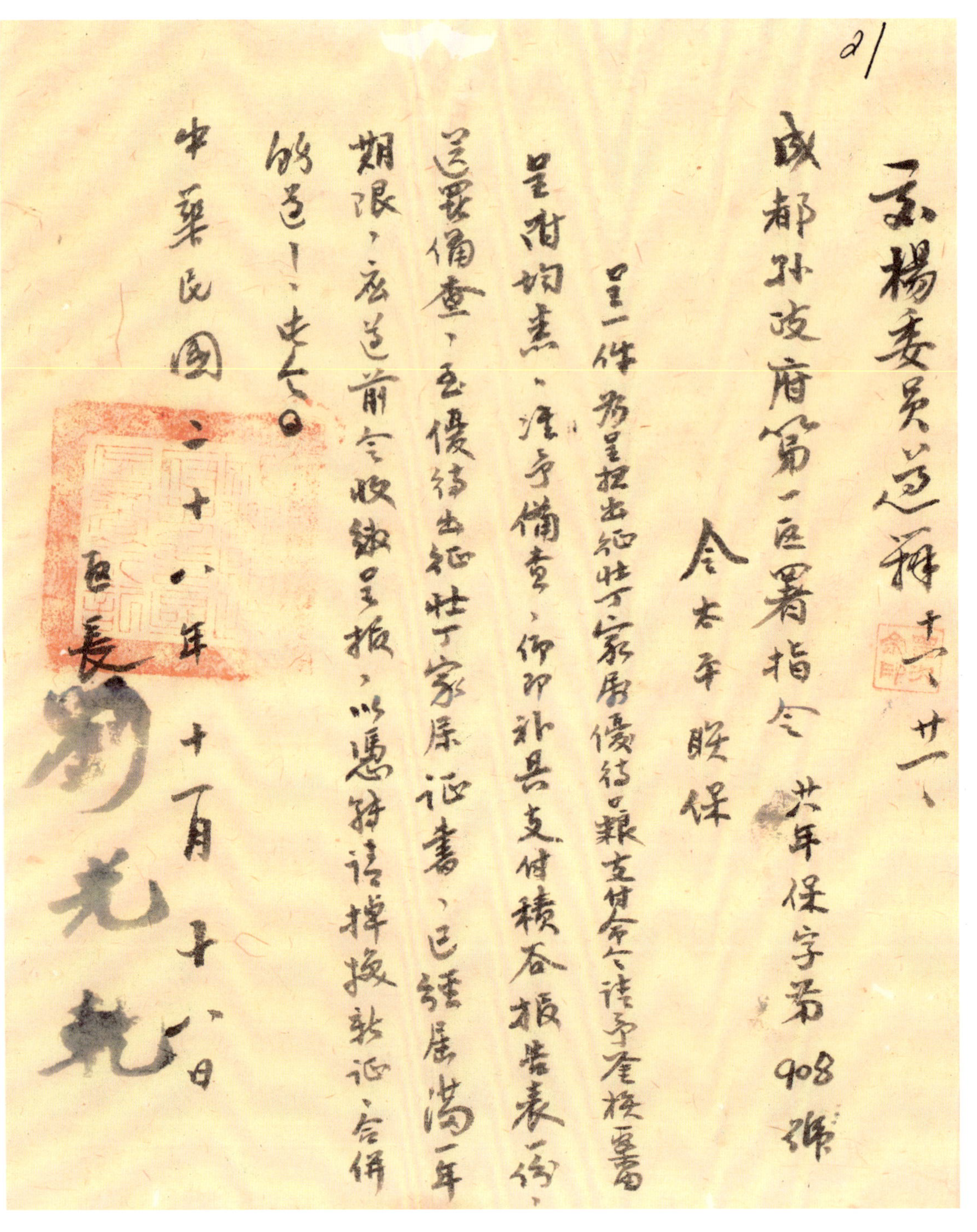

21

示楊委員道璋 十一、廿一、

成都縣政府第一區署指令 廿八年保字第908號

令太平聯保

呈一件為呈報出征壯丁家屬優待口糧支付命令請予查核至當

呈附均悉。准予備查，仰即補具支付積谷報告表一份，送署備查。至優待出征壯丁家屬證書，已經屆滿一年期限，應遵前令收繳呈報，以憑轉請掉換新證。合併飭遵！此令。

中華民國二十八年十一月十八日

區長劉光先

22

成都县第一区太平联保造具换发优待证姓名表

出征军人姓名	年龄	领口粮人姓名	保甲番号	住址	备考
黄少清	二三	黄德盛	五保十甲	红神庙	
田清云	三四	田兴发	六保六甲	封家碾	
廖剑秋	二一	廖陈氏	七保十甲	陈家坡	
江登福	二五	江二合	七保七甲	白马寺	
陈光宗	二三	陈戴氏	十七保五甲	凤凰寺	
叶志如	二五	叶陈氏	十九保二甲	石家碾	
李福元	三四	李大兴	十八保六甲	石家碾	
汪子华	三五	汪锡生	廿保六甲	韩家庙	
陈润生	二六	陈正兴	廿保五甲	韩家庙	
陆洪兴	二五	刘雷氏	廿二保三甲	汉梁子	
傅先福	二一	付茂先	廿一保八甲	踏水桥	
周思承	二〇	周海泉	廿三保一甲	大柏树	
刘子云	二三	刘廖氏	廿一保二甲	谢家店	
萧青云	三四	萧曾氏	九保一甲	肖家碾	
陈光友	二〇	陈金山	十二保九甲	温家店	
周卓荣	二〇	周陈氏	廿一保五甲	谢家店	

23

陈清云　四二　陈蒲氏　廿七保四甲　何家碾

杨安廷　二四　杨焕忠　九保二甲　大悲寺

张先法　二〇　张大兴　十五保七甲　元悟观

合计十九张

该丁尚有廿八年十二月优待谷一石五斗未领

太平场主任〇〇

仓储保管委员杨寿亭

十、十六

成都县政府关于抄发四川省出征军人家属合作社推行方案致太平乡公所的训令（一九四〇年十一月二十三日）

106

將出征軍人家屬詳實查報由民政轉呈趕辦俾具
報備存軍字優待卷尾　十一、廿三

成都縣縣政府訓令　二十九年軍合字第1208號

民國二十九年十一月　日發

令太平鄉公所

案奉

四川省軍管區司令部征優待字第七四三號訓令開：

「案查本省各縣市優待出征軍人家屬，自宜悉遵照《優待出征抗敵軍人家屬條例》及本省施行細則辦理，藉此固可紓各將士後顧之憂，以堅其抗敵之志。然抗戰與建設應齊頭並進，自不能稍存畸輕畸重之心，致有為山九仞之憾。而建設之基本工作，厥在增加生產，現行合作制度實為復興農村經濟之良好工具，亦工業落後國家增加生產之不二法門。本部制定四川省出征軍人家屬合作社推行方案，擬運用合作制度，使優待事務與生產事業配合，推進倚向之消極優待，即變為積極生產的之救濟，經費即變為建設基金，所有千萬戶之出征軍人家屬即變為生產事業之中堅，於國家前途實有利焉。當經提交全川第二次兵役會議決議通過，並促提早施行有案，惟以原創

奉自宜慎重從事。該於方案中規定成都市、重慶市暨成都、華陽、綿陽、巴縣等

三十三市縣為示範區，並由省府財建各廳所與其他有關機關及本部派員協組四川

省出征軍人家屬生產事業促進會，以為監督指導設計之機構，務求切合實際，於事有濟，

且與優待出征抗敵軍人家屬條例及本省施行細則各項規定並行不背。除呈報

軍政部備查，分令各師團管區各專員公署知照外，合亟檢發四川省出征軍人家屬

合作社推行方案一份，仰該府即遵照規定，速督導鄉鎮長依照表式調查境內出征

軍人家屬之經濟、丁口、生產能力各項，並擬具征屬合作社業務計劃書收支概算書，

於文到三月內辦齊呈部候核，事關役政，毋延誤，是為至要。此令。”

因，檢發四川省出征軍人家屬合作社推行方案一份。奉此，除分令外，合行抄發原

仰該鄉長即便遵照，迅將管內各出征軍人家屬經濟、丁口、生產能力各項，按照表

詳寔查填來府，以憑造具征屬合作業務計劃書收支概算書，轉請查核，毋

違延！此令。

計抄發四川省出征軍人家屬合作社推行方案一份。

縣長 陳詩

秘書 尹樹藩 代行

四川省出征軍人家屬合作社推行方案

一、四川省政府四川省軍管區司令部為改進優待出征軍人家屬辦法運用合作制度使出征軍人家屬從事生產堅強其經濟能力並改善其生活起見特訂定本方案。

二、為使優待與生產配合辦理特規定本省各縣市組織出征軍人家屬合作社，其組織本左列各原則進行之：

1.出征軍人家屬（以下稱征屬）合作社採兼營制，各兼營業務部門會計獨立。

2.征屬合作社社員以優待出征抗敵軍人家屬條例及本省施行細則規定應受救濟而具有生產能力之征屬為限，但有合作社法第十一條情事之一者，仍不得為社員，其申請入社時除依合作社法及施行細則辦理外，應須持有各該出征軍人直屬部隊營部以上之証明書或其他足資証明之函件。

3.社股每股定為法幣二元，凡入社社員至少須向合作社認購一股至多一百股，如一時無力認繳者得於其優待費內扣繳。

4.業務區域以社員能實行合作之範圍為準，在同一鄉場劃定區域外尚無征屬合組織地方之征屬願意加入者，取得其所屬鄉鎮長之証明書，仍得許其加入（証明書格式見附式一）。

5.征屬合作社一律採取五倍之保証責任。

三、征屬已加入與征屬合作社相同性質之合作社者，應向原合作社申請退社後，方得加入征屬合作社為社員。

四、各縣市辦理征屬合作社之業務所需資金，由四川省政府籌撥專款，交由軍管區斟酌情形補助之，其補助方式採取認購提倡股本辦法。

五、推行征屬合作社暫選定成都市、成都、華陽、郫縣、崇寧、邛崍、綿陽、遂寧、南充、劍閣、樂山、犍為、瀘縣、宜賓、資中、重慶市、巴縣、江北、永川、涪陵、萬縣、達縣、大竹等二十三縣市為示範區，其餘各縣市亦同時辦理，但成都市、成都、華陽併為一單位，重慶市、巴縣、江北亦併為一單位，由軍管區派員督導辦理之。

六、選定為示範區之各縣市征屬合作社所需資金，得按其業務需要，由軍管區斟酌情形認購十分之一至十分之五之提倡股，其他各縣市亦須籌集資金，積極開辦，其極貧苦之縣，亦得酌為認購若干提倡股。無論示範區及其他各縣市，其籌集資金之辦法如次：(1)借用或征用公有之房產及公有地產荒地；(2)借用救濟院之資產；(3)由富戶認購提倡股本；(4)借用暫不支用之優待金；(5)借用省府四行農貸投資（其辦法由軍管區會商省府決定公佈）；(6)縣市金融机関之貸款；(7)清理未經繳營之緩役金及優待捐；(8)[illegible]農工商及其他公私團体貸款；(9)其他。

七、各縣市関於征屬之家庭經濟狀況、丁口數目及其生產能力，應由縣政府督同鄉鎮長詳加調查、統計股文科各因完成逐報軍管區司令部，其調查表式另定之（見附表一、附表二）。

八、前條所列調查各項辦理之同時，即由縣市政府主持，以縣府合作室主任科及當地兵役協會、公私工農商各業團体、法團、士紳等會同籌組征屬合作社，收集資金，籌備一切，調查完竣後，即根據征屬之一般家庭情形、生產能力，準據當地經濟、物質、交通、市場各條件，決定征屬合作社所經營之主要生產事業，並擬具業務計劃及收支概算，呈報軍管區司令部核定辦理。

提倡股本，軍管區司令部得撥照合作社之需要，以生產工具及原料等實物折價給予之。

九、軍管區司令部認購征屬合作社之提倡股本，由合作社社員就其應得盈餘項下提一部份增股收回，其辦法另訂之。

十、征屬合作社開始辦理時，得應需要，徵召合社社員予以技術上之訓練，按其事業性質編為若干小組，每組指定以一人為組長，負聯絡及督率組員工作之責。

十一、征屬合作社之生產部份，得斟酌當地實際情形，經營下列之業務為原則。

(1)有地產之征屬，以辦理信用貸款、發展農村副業為主。(2)無地產之征屬而有固定家庭者，以適宜於農家之手工業或運銷為主。(3)可以離開家庭或無家可歸之征屬，以集中辦理工廠或農場為主。(4)集中辦理工廠者，以紡織、縫紉為主（如征兵應需之被服，應優先分量交各製衣廠）。(5)集中辦理農場者，得借（徵）用公地或租用私地，其辦法由各縣市政府擬定之。

（4）

某某縣某某鄉（鎮）出徵軍人家屬生產能力調查表

出征軍人		出征軍人家屬						備考
姓名	直屬部隊番號	姓名	年齡	與出征軍人關係	是否有田可耕有自營之工商業	能否離家工作	志願作工作農或運銷	

（5）

填表須知

一、本表式專供各鄉鎮調查之用，填好後即計算出統計數目彙入統計表內，並將統計表呈縣府，本表即存鄉（鎮）公所。

二、年齡欄只填老、壯、幼等字，四十六岁至六十五岁為老年，十八岁至四十五岁為壯年，十二岁至十七岁為幼年。

三、與出征軍人關係欄只填父、母、妻、妾、子、女等字樣。

四、是否有田可耕有自營之工商業欄應填「出有田可耕」或「有自營商業」等字樣，不得僅填「有」字，但二者俱無者可填「無」字。

五、能否離家工作欄可僅填為「能」或「不能」等字樣。

六、不屬於各欄者填入備考欄。

七、志願作工作農或運銷可僅填為「工」或「農」「運銷」等字樣。

八、本表用十行紙填造，每一征屬親人口多寡可伸縮之，但每戶須劃一界線。

調查表示範

滎陽縣永安鄉出征軍人家屬生產能力調查表

出征軍人 姓名	出征軍人 直屬部隊番號	出征軍人家屬 姓名	年齡	與出征軍人關係	是否有田可耕有自營之工商業	能否離家工作	志願作工作農或運銷	備攷
張洪順	二九集團軍(六六師六團七營)	張李氏	壯	妻	有田可耕	不能	農	(張洪順僅妻一子)
		張金元	幼	子	有田可耕	不能	農	
李占春	九十七師特務連	李尹芳蕙	壯	妻	無	能	工	(李占春僅妻一人)
黃元興	湖北保安第六團	黃文氏	老	父	有自營商業	不能	運銷	
		黃刘氏	老	母	有自營商業	不能	工	
		黃金花	幼	女	有自營商業	不能	工	
		黃承東	幼	子	有自營商業	不能	工	
		黃袁芳	壯	妾	有自營商業	不能	工	(黃元興家屬共有五人)

(2)

○○縣(市)出征軍人家屬生產能力統計表

科別						人數	願作工業征屬人數	願作農業征屬人數	願作運銷征屬人數	備考
全縣出征軍人總數										
全縣出征軍人家屬總數										
出征軍人家屬狀況	有可耕田土及自營工商業者	可離家工作者	男性	老年	人數					
				壯年	〃					
				幼年	〃					
			女性	老年	〃					
				壯年	〃					
				幼年	〃					
		不能離家工作者	男性	老年	〃					
				壯年	〃					
				幼年	〃					
			女性	老年	〃					
				壯年	〃					
				幼年	〃					
	無可耕田土及無資產可營工商業者	可離家工作者	男性	老年	〃					
				壯年	〃					
				幼年	〃					
			女性	老年	〃					
				壯年	〃					
				幼年	〃					
		不能離家工作者	男性	老年	〃					
				壯年	〃					
				幼年	〃					
			女性	老年	〃					
				壯年	〃					
				幼年	〃					
附記										

中華民國二十九年 月 日○○縣長○○○ 軍事科長○○○造呈

十二、征屬合作社業務以分左列各部為原則。

(1)生產部　辦理關於社員生產之規劃技術之指導與原料之供給產品之推銷事宜。

(2)消費部　辦理採購社員日常生活上必需用品轉售於社員。

十三、凡有軍管區認購提倡股本之征屬合作社得由軍管區派會計員掌管會計事務。

十四、征屬合作社開辦初期以每縣（市）為單位必要時得設立分社。

十五、軍管區司令部、四川省參議會、川康綏靖主任公署、川陝鄂邊區綏靖主任公署、四川省政府民政所、建設所、財政所、四川省農業改進所、四川省合作事業管理處、四川省合作金庫、四川省棉紡織推廣委員會、川康各軍駐蓉聯合辦公處、（中中交農）四行聯合辦事處成都分處等機關為策進征屬合作事業得協組出征軍人家屬合作事業促進會規劃征屬合作事業稽核征屬合作社提倡股本之用途考核征屬合作社業務狀況調整縣與縣間征屬合作社之關係其組織規則另定之。

十六、本方案由軍管區報　軍事委員會委員長成都行轅核准後施行。

十七、本方案如有未盡事宜由軍管區以命令修正之並報　委員長成都行轅備查。

（1）

證明書

入社人姓名		年齡		住址	鄉鎮　保　甲
家庭人口		能勞動者老人數性別年齡		出征人姓名及其與入社人之親屬關係	

本鄉居民〇〇〇請求加入

貴社爲社員特出具証明書如右　此致

合作社

鄉鎮長〇〇〇

中華民國　年　月　日

成都市第十四区第七保保长韦子模、副保长向正阳关于报请优待复员士兵马云盛、刘绍卿致成都市第十四区区署的报告（一九四六年十二月三十一日）

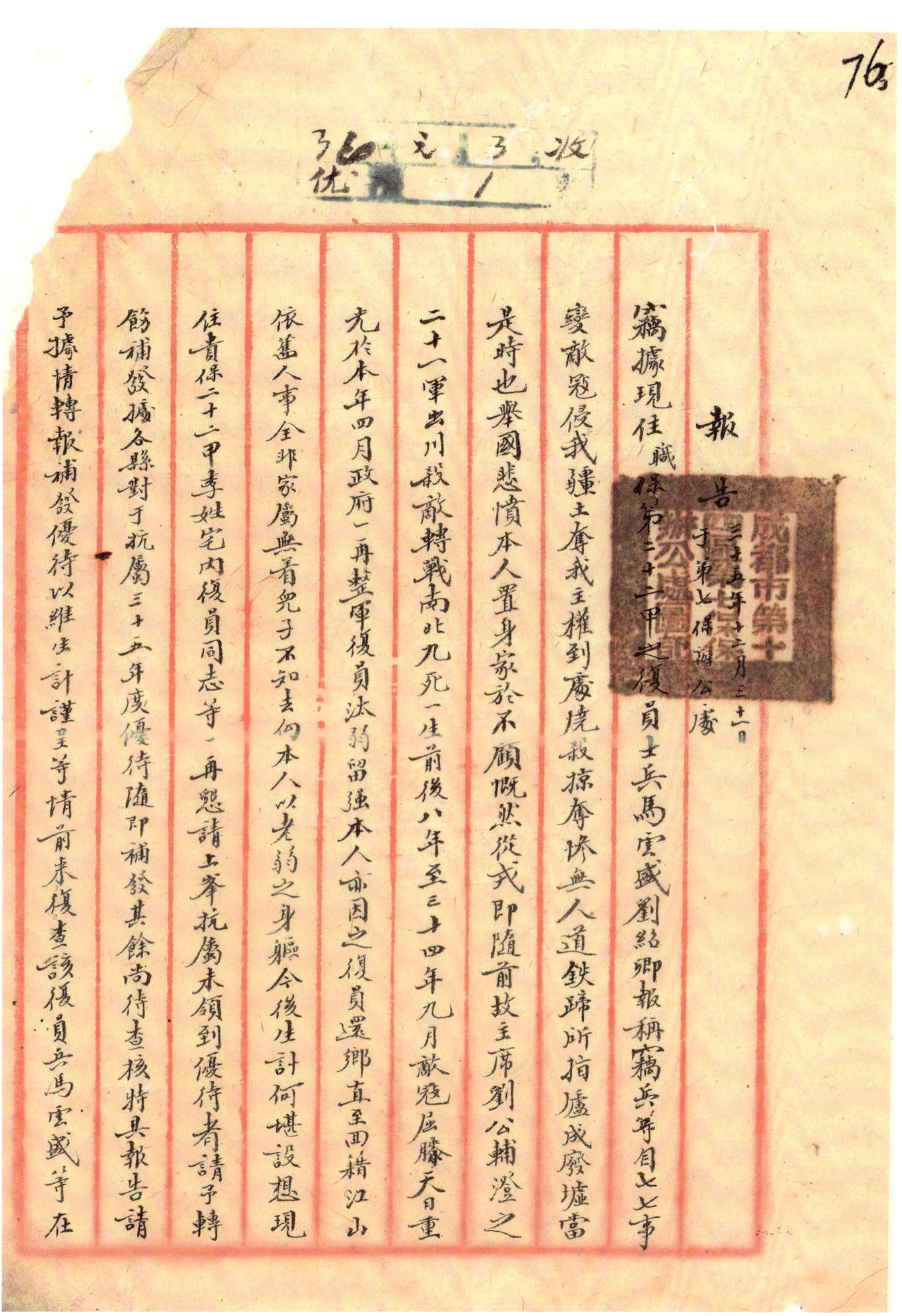

報告　三十五年十二月三十一日 於第七保辦公處

竊據現住職保第二十二甲之復員士兵馬雲盛劉紹卿報稱竊兵等自七七事變敵寇侵我疆土奪我主權到處燒殺掠奪慘無人道鐵蹄所指盧成廢墟當是時也舉國悲憤本人置身家於不顧慨然從戎即隨前故主席劉公輔澄之二十一軍出川殺敵轉戰南北九死一生前後八年至三十四年九月敵寇屈膝天日重光於本年四月政府一再整軍復員汰弱留強本人亦因之復員還鄉直至田籍江山依舊人事全非家屬無着兒子不知去向本人以老弱之身軀今後生計何堪設想現住責保二十二甲李姓宅內復員同志等一再懇請上峯抗屬未領到優待者請予轉飭補發據各縣對于抗屬三十五年度優待隨即補發其餘尚待查核特具報告請予據情轉報補發優待以維生計謹呈等情前來復查該復員兵馬雲盛等在

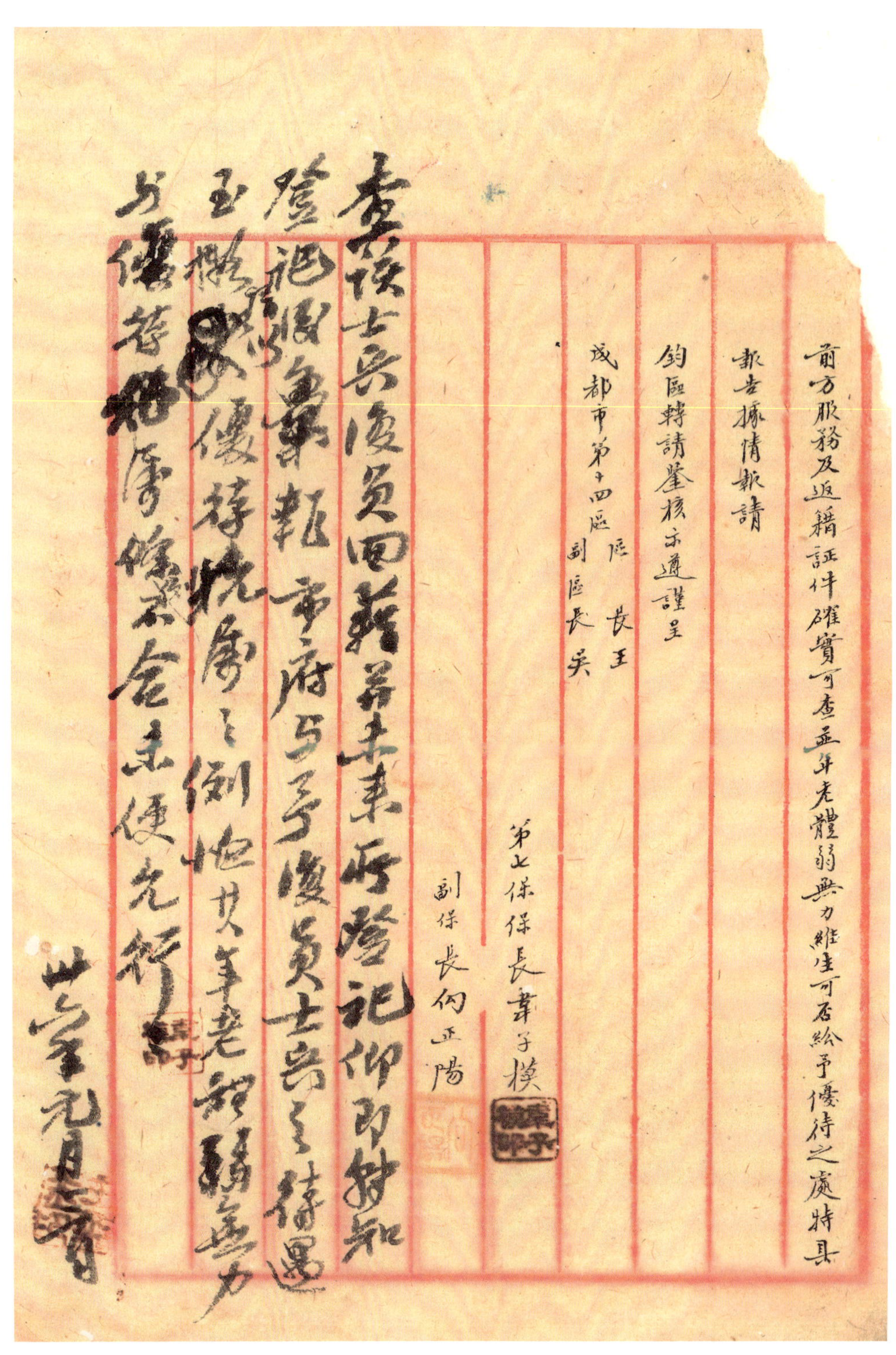

前方服務及返籍証件確實可查並年老體弱無力維生可否給予優待之處特具

報告據情報請

鈞區轉請鑒核示遵謹呈

成都市第十四區　區長王
　　　　　　　副區長吳

第七保保長韋子模
　　副保長何正陽

查該士兵復員回籍尚未來所登記仰即飭知登記後俟彙報市府給予復員士兵之待遇至擬援照優待抗屬之例但其年老體弱無力以優待抗屬條件不合未便允行

卅六年元月

成都市政府关于抄发抗战期中川人阵亡人数及遗族姓名住址册、调查表致第十四区公所的训令（一九四七年一月）

成都市政府訓令

令第十四區區公所

社五字第 0013 號

案奉

四川省政府三十五年八月省館字未列號訓令開：

「查抗战期中川人捐軀殉國者不可勝數，亟應採著蔚冊，以慰忠魂。本府曾於三十六年度以省館字第四六〇號訓令通飭呈報在案，惟呈報期間較早，未能包括在呈報後殉國各烈士，且多未遵照原令所列各項詳確呈報，實不足以應編纂之需要。茲特隨令頒發新表，無論已報未報，均照此表規定各欄，限於文到後六月內確實填發具報，用資編纂為要」

等因；檢刊表式六份，奉此，合行隨令抄刊各該區陣亡人暨遺族姓名住址冊一份、調查表式各　份，仰即協同各該區徵屬代表按冊查明，統限於文到一月內依式如實填發具報來府，以憑彙轉核辦為要！

此令。

附調查表式　份，姓名住址冊一份

中華民國三十六年元月　日

市長　陳鴻光

成都市政府关于抄发成都市积存恤金给与令故伤员兵及遗族名册及国防部勤恤审字第一一二六号代电致第十四区公所的训令（一九四七年二月十九日收）

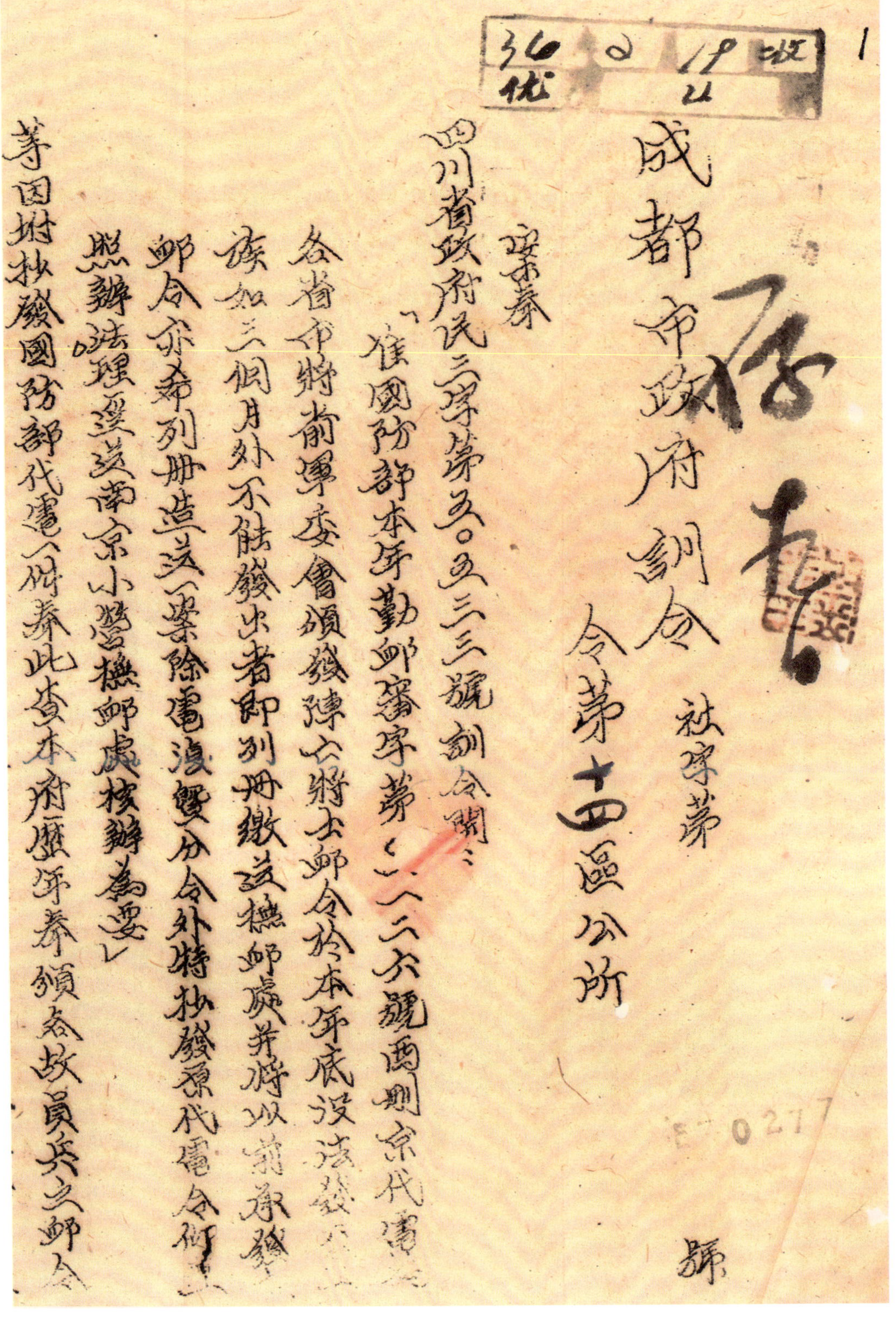

成都市政府训令 社字第 号

令第十四区公所

案奉

四川省政府民三字第五〇五三三号训令开：

"准国防部本年勤恤审字第二一二六号酉删京代电开：

各省市将前军委会颁发阵亡将士恤令于本年底设法发放遗

族，如三个月外不能发出者，即列册缴送抚恤处，并将以前承发

恤令亦希列册造送（案除电复外）合行抄发原代电，令仰

照办法理径送南京小营抚恤处核办为要"

等因；抄发国防部代电，附奉此。查本府历年奉颁各故员兵之恤令

凡遺族住址詳明及無變更者，均經通知各該遺族來府承領在案。惟
因抗戰期間交通阻梗，或因流散他方，以致轉給困難，積存於本府者
計有五百五十六員名之多。茲奉前因，本府特按積存故員兵郵令上
之姓名列冊抄發，除飭造外，合行抄發故員兵名冊一份，仰該區即便遵
照，并鳴鑼催促，務使冊上列名之合法遺族得早日領到郵令為要！

此令。

附國防部代電一件（照抄），附發件（冊）姓名冊一份。

中華民國三十六年二月　日

市長　陳炳光

監印[illegible]澤沛　校對[illegible]文鎮

附（一）原代电

2

抄附原代電

四川省政府公鑒：查前軍委會頒發陣（死）亡軍人卹金給與令條交由各省市政府轉給，前因抗戰期間交通阻梗，人民流動性太大，以致轉給困難，積存於各該地方政府者為數甚多，且間有發生冒領情事。現在抗戰勝利，對於該條利益亟應重視，因特電請貴府轉飭所屬縣市府於本年底將該項久存未發卹令通知各鄉鎮牌示曉諭，公告使合法遺族依規定具領。上三個月後仍無遺族具領者，請列冊匯同卹令寄交南京小營撫卹處。至前已發出之卹令，亦希飭詳查數目，分列卹令字號及領卹人姓名、數額造冊送交該處，以憑核辦，並希見復為荷。國防部勤[illegible]酉刪亥印

本府積存卹金給與令故傷員兵及遺族姓名冊

故傷員兵姓名	遺族姓名
陳亭云	陳楊氏
劉炳如	劉洪發
何鑾華	何(鄧守榜
顏鎮安	顏柳溪
譚真岩	譚樹芬
張延齡	張芬園
袁益林	袁洪順
許澤宸	許王氏
龍雲耀	龍樹佳
張滋文	張朱氏
張倫	張周氏
羅玉興	羅劉氏
鍾茂林	鍾謝氏

故傷員兵姓名	遺族姓名
李寨餘	李壽松
張紹平	張蔣氏
李光南	李賴山
廖斧生	廖彭氏
李清	李相元
魏火清	魏學儒
王彬	王金山
張鑄安	張文成
楊全民	楊伯永
文洪興	文吳氏
鄧青雲	鄧楊珍
張宗富	張洪興
謝方明	謝吳氏

3

劉洋
陳俊
文青書
[illegible]仙成
[illegible]榮
木法
舒家凱
黄萬林
孫崇山
葉乃捲
李曲江
丁紹忠
劉康

劉張氏
陳光兴
艾久海
刘順海
鄧李玉
陳任氏
舒蔣氏
黄余氏
孫馬氏
葉世株
李驗定
劉天錫
刘保書

孫民權
韓崇卿
王时俊
王大云
盧[illegible]壹
蕭乾書
張錦才
藍鈞
徐俊
王守
唐嗣法
萬朝代
李玉林

孫治貴
韓國星
王詢氏
王子清
盧子長
蕭全宋
張傳氏
藍刘氏
涂洪发
王孫氏
唐枝中
萬國政
李華根

壹頁

秦金宇
歐[illegible]丁
李方谷
何纪山
廖世礼
梁仲文
刘[illegible]武
谢南祥
龔[illegible]順
艾和斗
游再武
陳法林

秦李氏
歐黃氏
李焕文
何本松
廖洪彬
梁安仁
刘大兴
谢玉庆
龔玉兴
艾有才
游梅生
陳張氏

張少清
馮楷
楊青云
趙玉凱
蔣秀山
李斌武
何云華
黎少全
胡斌
方健武
林國民
崔海清

張光華
馮清閏
楊本源
趙河清
蔣朱氏
李杜氏
向尊文
黎楊氏
胡林氏
方宜發
林楠森
崔天生

4

盧發
羅兵國
劉榮清
江振樹
陳希洲
蘇大江
周岳明
范楷
陳火洲
賴金山
吳耀清

盧清和
羅雲仁
刘榮宣
江白明
陳星林
蘇文氏
周謝氏
范張氏
陳耀祥
賴孫氏
吳貫洲

盧成貴
黃澤
文誠臣
馮發中
廖洲富
張虎林
葉學英
章興祥
雷斌
張秘其
何海雲

盧廣基
黃元亨
文銘明
馮金山
廖馮氏
張耀兵
葉董氏
章積三
雷漢濤
張曾氏
何高貴

壹貳頁

林理志 周國成 劉樹喜 刘文清 李得榮 劉法甫 趙法富 秦子英 郭有章 鍾玉成 倪濠清 段 榮 蔡葳林 曾鵬程

林夢松 周蓮君 刘清成 刘葉文 李祿田 劉湯氏 趙鷺氏 秦金明 郭貴武 鍾三兴 倪萬才 段陳氏 蔡清泳 曾木林

康像良 張 凱 曾光才 鄭洪發 黃 友 吳少成 張少武 伍 俊 王法華 文 瀅 楊帝然 王德咸 刘兴順 曾亮之

康巖氏 張日武 曾華炳 鄭國才 黃姜氏 吳鮑氏 張刘氏 伍宗遠 王武順 文毛氏 楊虎成 王大順 刘世才 曾林氏

5

賴錫張
[illegible]倫
余炤武
陳元章
高雲
袁海清
范云
刘炎
戴凱
李法貴

戴崇海
賴元榮
董世平
余洪順
陳青雲
高王氏
袁恩振
范巖珍
刘子云
戴堂杰
李金山

趙華昊
范子清
陳清雲
劉天淼
彭成壯
廖慶安
楊俊清
陳鴻年
王健良
趙清雲
羅世秀

趙玉張
范德廷
陳黃氏
劉佐山
彭蘇氏
廖靜齋
楊嚴氏
陳羅氏
王贊炎
趙廖氏
羅世昌

洪善金
羊法鹤
閔子丹
蕭法華
陳定國
鄧昌泰
李[illegible]淨
魏[illegible]凱
胡終發
鄧琢業
楊[illegible]春
許[illegible]榔
佳繼昂
陳忠鑑

洪小山
羊林伯熾
室寅雲
蕭康威
陳海廷
鄧千和
李刘氏
魏吳元
胡何氏
鄧王氏
楊福春
舒敏大
任淑顏
陳子雲

李國民
魏天才
林大忠
周玉光
王資澄
周順澤
黃榮
楊雲
刘俠
魏棣懷
刘海先
汪俊成
刘法金
王岁長

李松泉
魏貴氏
林青山
周才氏
王乃芬
周甫甲
黃裕兴
楊馬氏
刘金章
魏光業
刘娲群
汪王氏
刘三和
王刘氏

6

包清山
張青云
羅志成
吳光榮
朱樹云
唐青云
徐永富
唐健國
伍柏良
何開
周天喜
苟後

包慶云
張戴氏
羅皮氏
吳樹順
朱王氏
唐朝富
徐李氏
唐富三
伍陳氏
何田清
周薛氏
苟福兴

范清儒
顧炳如
王利清
賴心炳
羅海
袁聯奎
柳再兴
曾昌鑫
宋長明
施云五
朱傑平
詹成發

范洪春
顧玉明
王黄氏
賴王貞如
羅王氏
袁禄兴
柳蒲氏
曾康美
宋張氏
施文
朱雲
詹亜九

四

温金允
李大兴
張光和
刘雲
宋子安
張棟臣
楊廷佐
郭建文
王青山
陳大武
曾凱
袁柏舟
張倫

温成章
李分兴
張刘氏
刘鼎午
宋魏氏
張子貞
楊綜氏
郭漢儒
王代煕
陳奎文
曾黄氏
蔣兴陽
張海廷

謝清雲
曹玉生
陳必才
張心绪
蒲光明
趙兴誠
羅廷柏
李良發
楊鋒
羅利云
伍青云
李正有
康成

謝永正
曹趙氏
陳英
張趙氏
蒲兴和
趙蘇氏
羅燦兴
李子銀
楊漢章
羅陳氏
伍姚氏
李敬氏
康張氏

7

尹志成
呂敦實
向明貴
陳青山
張福雲
張永祥
何占云
曾楷
姜鳯玉
彭金山
邱大銀
刘呂武
葉文章

尹宋氏
呂姜孟
向義成
陳洪順
張修理
張吳氏
何光發
曾梁氏
姜王氏
彭青山
邱大光
刘偉陽
葉子春

唐戳
李裕寧
廖永和
趙濱
李曼
吳明山
蔣國成
陳光發
張自清
黃强武
張光國
羅昭遠
李文萊

唐淵如
李榮基
廖國華
趙邱氏
李光中
吳玉廷
蔣長發
陳光文
張美玉
黃楊氏
張萊光
羅泥丙
李刘氏

雷清云
李雲
過廷興
人光礼
雷子英
張棠雲
易大元
劉楷
朱孝友
葉漢君
王誠
魏興明

雷廷兩
李火白
温尧氏
刘容礼
雷從學
張胡氏
易正洪
刘新順
朱李氏
葉光洪
王何氏
魏炳云

冷治和
吴楷
韓春山
刘浩然
侯保昌
楊雲
刘杰
曾棟樑
伍书云
余清云
范全廷
李奎

冷火和
吴子浄
韓廷貴
刘清棠
侯大興
楊玉成
刘胡氏
曾海祥
伍云青
余文全
范青廷
李晶三

8

廖子雲
黃求青
賴國民
張福先
鄭伯榮
王貴龍
劉忠輝
岳　善
周國清
易青云
彭芳伯
徐樹清

廖金山
黃青云
賀光才
張萬山
鄭永亭
王袁氏
刘青云
岳良心
周三先
易周氏
蘇陳榮芝
徐文氏

湯漢清
張玄波
毋治順
曾景雲
黃學昌
胡光華
宋海藏
鄧云武
羅文明
張　培
張發科
王　樹

湯曹氏
湯張云成
毋淑順
曾朋亭
黃利榮
胡羅氏
宋何氏
鄧少堂
羅蔣氏
張李氏
張大成
王載陽

六頁

周樹清
唐以卿
洪夢元
龍[illegible]帰
賴炎發
楊雲
郭府民
楊清雲
李華武
李錫東
莊昭臣
徐青云
周一英

周刘氏
唐王氏
洪夏氏
龍甫全
賴緒根
楊任氏
郭九兰
楊作棻
李榮文
李夢華
莊榮卿
徐張氏
周子丹

曾志雨
張傳輝
林能友
陸定三
胡永章
蘭君
羅必云
史雲章
刘君九
鍾贊傣
葛蔭昌
敖全坌
倪秉權

曹吳氏
張衛記
林先發
陸滋華
胡華青
蘭玉瑩
羅冬三
史曽氏
刘佐寶
鍾羅氏
葛胡天覺
敖黄卿
倪趙氏

9

蘇萬清
葉紹卿
趙子云
呂任林
呂培武
張輝遠
李萬興
韓仁興
杜法榮
曹三才
鄧華海
余青云

蘇昌洪
葉長薇
趙學金
呂羅氏
呂玉林
張陳氏
李志金
韓王氏
杜三才
曹成緒
鄧東山
余興發

周云
何任甫
汪海清
孫金
楊青
馬勇
鞠甫
王英林
朱俊
張文格
王志清
刘紀勛

周成基
何羅氏
汪正發
孫云五
楊宗伯
馬其小
鞠徐氏
王西山
朱彭氏
（傷兵）
王白氏
刘康氏

周青雲
游向明
徐後
謝林
鍾貴康
王少成
姚邦後
胡清寶
李友勝
朱紹武
姚惠坤
羅紹有
李長青

周這意
游林氏
徐甫臣
謝鄭氏
鍾清璋
王才氏
姚古氏
胡杜氏
李坤山
朱大周
姚沈氏
羅王氏
李春山

刘克承
張文彬
馬瀚
郝大玉
陳炳欽
吳茂陞
許永農
唐宏良
苟興發
羅青山
肖子廣
莊志明
周鋭

刘龔氏
張傀氏
馬黄氏
郝午氏
陳道恩
吳有才
許王氏
唐文清
苟隆宗
羅聯有
肖法
莊黄氏
周文學

10

浦瑞清
朱邵之
賴法民
吳永興
曾述三
汪自亮
刘卓元
潘青云
田青云
葉云清
陳國志
唐斌順

浦仁山
朱張氏
賴五福
吳高氏
曾刘氏
汪張氏
刘益氏
潘春山
田玉山
葉張氏
陳張氏
唐林氏

陳斌
刘吉祥
鍾錫和
萬子祥
楊烈
喻懷寬
蘇清雲
李志貴
胡中堅
唐青雲
李福乾
黄心桂

八頁

陳新如
刘春元
鍾林氏
萬大汶
楊陳氏
喻吳氏
蘇李氏
李樹三
胡翼文
唐芳發
李周氏
黄李氏

王正怛
楊子俊
李吉成
袁銀成
古樹長
張華標
李萬清
賴衛洲
張雲山
鍾凱
吳明山
肖占云
刘國華

王書氏
楊發仁
李玉来
袁玉合
古光叅
張王氏
李王氏
賴范氏
張操揚
鍾朱氏
吳有根
肖王氏
刘戴氏

袁炯君
范玉林
李望泉
瞿永慶
王友發
刘絕成
黄金鍚
黄法三
丁榮武
章大坎
陈子云
程遠文
謝國治

袁梁氏
范玉胜
李福廷
瞿陈氏
王肖氏
刘王氏
黄國元
黄彭氏
丁大金
章林氏
陈毛氏
程梁氏
文占云

11

楊成恩
伍禮富
王永林
刘俊
馬占云
廖梅農
羅克南
李昔林
刘火帝
晋光剑
姚达三
刘火武

楊陳氏
伍志光
王文氏
劉玉春
馬陳氏
（傷兵）
羅松娟
李蘇氏
刘王氏
晋漢清
姚楊氏
刘光明

黄長生
趙云成
胡漢順
陳樓[illegible]
蔣吉惟
王玉明
孟憲麟
陳鳳山
李大庚
林達康
蘇炎蓮
周鉉昭

黄李氏貞
趙周氏
胡文發
陳王氏
楊慧秀
王孔氏
孟再氏
陳新昱
李陳氏
林王氏
蘇江
周鄉明

李洒五
周守初
連正乾
羅寔章
孫永清
林聲永
陳崇勳
陳文述
曾火卿
鍾金銀
陳明華
唐伯川
文科云

李法元
周珍賢
連德寬
羅萬鳳玉
孫蔣氏
林潘氏
陳學鑾
陳乐世
曾玉甫
鍾陳氏
陳登英
唐王氏
文叔彬

譚法師
楊家澤
李妙清
吳萬盛堂
劉春雲
吳海洲
張良才
張社貴
鄧傳氏
朱玉康
鄧有發
唐德成
齊銀山

譚明達
楊林氏
李娟氏
吳添盛
劉春貴
吳良伯
張盛氏
張鍾氏
鄧宗詩
朱作貴
鄧劉氏
唐周氏
齊朱氏

12

王青霓
曾華山
羅云
劉漢卿
賀雲
蒲玉良
馮大實
王仲文
王俊
刘龍青
黃青雲
張占斌

王玉堂
曾鄭氏
羅楊氏
劉曾氏
賀仲英
蒲興順
馮家娌
王馬氏
王周氏
刘卿氏
黃楊氏
張順成

歸文誠
葉興宗
王秦凱
余根如
唐[illegible]
張[illegible]仁
張代貴
張魯誠
張堯如
刘占雲
許文棟
胡大武

歸鄧克如
（孫兵）
（楊兵）
余胡氏
唐誠明
（孫兵）
張富壓
張萬氏
張榮興
刘子華
許長松
胡吉成

曾　兆
許春山
羅海雲
王玉就
任正兩
師逮之
周少青
朱才礼
陳樹森
王鴻丕
蔣英模
年敦倍
楊顯明

曾文澤
許曾氏
羅洪順
王李氏
任海雲
師洪順
周張氏
朱文治
陳景山
王三廷
蔣福清
年石福
楊渫云

諸志華
何同生
胡邦宇
李文華
李秉良
鍾毓云
吳壽春
廖子敬
陳吉雲
劉清和
申光清
陳　翔
何洄樹

諸幹芝
何保三
胡幸運
李廖氏
李刘氏
鍾青云山
吳良杰
廖德山
陈金山
邓永安
申白氏
陈騆声
何雲法
陳□長

13

張法
賴青文
陳紹清
輩東漢
周火清
葉青雲
李海如
李國仁
李海清
殷文振
牛福三
周勛
蘇財璟
楊洪亭
張華玉

張俊
賴碧遠
陳東根
輩炳軒
周祝元
葉天良
李何氏
李玉成
李清來
殷義順
（傷兵）
（〃〃）
蘇齊婆
楊劉氏
張元李

陳火雲
陳明高
李樹成
鄒宋
李火清
謝忠國
王忠仁
楊興明
陳家輝
陳樹榮
孫玉元
胡雲貴
鄧治華
劉雲
趙學華

陳東銀
陳炳安
李福泰
鄒澤清
李少唐
謝范氏
王仕勛
楊家祥
（傷兵）
陳玉光
孫聚如
胡海清
鄧季廷
劉劉氏
趙錫良

后记

本书编纂工作在《抗日战争档案汇编》编纂出版工作领导小组和编纂委员会的具体领导下进行。

本书编者主要来自成都市金牛区档案馆。

本书在编纂、修改过程中，诚邀四川大学乔健教授负责书稿编纂的咨询审议工作。王林、王硕、周湘蓉、陈健等同志参与了编纂服务工作。成都市档案馆林波、谢敏、钱阳等同志通过不同方式对本书编纂出版工作给予了支持和帮助，中华书局对本书的编纂出版工作给予了鼎力支持，谨向上述同志和单位致以诚挚的感谢！

编 者